MEYERS
GROSSES
TASCHEN
LEXIKON

Band 8

MEYERS GROSSES TASCHEN LEXIKON

in 24 Bänden

Herausgegeben und bearbeitet
von Meyers Lexikonredaktion
3., aktualisierte Auflage

Band 8:
Gart – Grie

B.I.-TASCHENBUCHVERLAG
Mannheim/Wien/Zürich

Chefredaktion:
Werner Digel und Gerhard Kwiatkowski

Redaktionelle Leitung der 3. Auflage:
Dr. Gerd Grill M.A.

Redaktion:
Eberhard Anger M.A., Dipl.-Geogr. Ellen Astor,
Dipl.-Math. Hermann Engesser, Reinhard Fresow, Ines Groh,
Bernd Hartmann, Jutta Hassemer-Jersch, Waltrud Heinemann,
Heinrich Kordecki M.A., Ellen Kromphardt, Wolf Kugler,
Klaus M. Lange, Dipl.-Biol. Franziska Liebisch, Mathias Münter,
Dr. Rudolf Ohlig, Heike Pfersdorff M.A., Ingo Platz,
Joachim Pöhls, Dr. Erika Retzlaff,
Hans-Peter Scherer, Ulrike Schollmeier, Elmar Schreck,
Kurt Dieter Solf, Klaus Thome, Jutta Wedemeyer, Dr. Hans Wißmann,
Dr. Hans-Werner Wittenberg

CIP-Titelaufnahme der Deutschen Bibliothek
Meyers Großes Taschenlexikon: in 24 Bänden/hrsg. u. bearb.
von Meyers Lexikonred. [Chefred.: Werner Digel
u. Gerhard Kwiatkowski].
Mannheim; Wien; Zürich: BI-Taschenbuch-Verl.
Früher im Bibliograph. Inst., Mannheim, Wien, Zürich.
ISBN 3-411-11003-1 kart. in Kassette
ISBN 3-411-02900-5 (2., neu bearb. Aufl.)
ISBN 3-411-02100-4 (Aktualisierte Neuausg.)
ISBN 3-411-01920-4 (Ausg. 1981)
NE: Digel, Werner [Red.]
Bd. 8. Gart – Grie. – 3., aktualisierte Aufl. – 1990
ISBN 3-411-11083-X

Druck: Klambt-Druck GmbH, Speyer
Einband: Wilhelm Röck GmbH, Weinsberg
Printed in Germany
Gesamtwerk: ISBN 3-411-11003-1
Band 8: ISBN 3-411-11083-X

Gart

Garten [zu althochdt. garto, eigtl. „das Umzäunte"], allg. Bez. für ein kleineres, mit Zaun, Hecke oder Mauer umgrenztes Landstück am bzw. um ein Haus, das intensiv bestellt, jedoch nicht erwerbswirtschaftl. genutzt wird. Je nach Anlage und Aufgabe unterscheidet man zw. *Nutz-G.* (Obst- und Gemüse-G.), *Zier-G.* (z. B. Rosen-G., Staudengärten) und wiss. Gärten (botan. Gärten).

Gartenaere, Wernher der ↑Wernher der Gartenaere.

Gartenampfer (Engl. Spinat, Rumex patientia), bis 2 m hohe Art der zu den Knöterichgewächsen gehörenden Gatt. **Ampfer** in S-Europa und Vorderasien; ausdauernde Pflanze mit fingerdickem, stark gefurchtem Stengel und meist roten, dünnen, am Rande gewellten Blättern; werden als Gemüse gegessen.

Gartenanemone (Anemone coronia), Anemonenart im Mittelmeergebiet und in Vorderasien; bis 40 cm hohe Stauden mit knolligem Wurzelstock und handförmig geteilten, gestielten Blättern; Blüten groß (4–6 cm), endständig, in leuchtenden Farben.

Gartenbänderschnecke ↑Schnirkelschnecken.

Gartenbau (Hortikultur), Form des Landbaus, die sich in die Bereiche Gemüsebau, Blumengärtnerei (↑Zierpflanzenbau), ↑Samenbau und ↑Baumschule untergliedert. Charakterist. für den G. ist der intensive Anbau und die Erzeugung von pflanzl. Produkten, die meist ohne Veredelungsvorgang an den Verbraucher abgegeben werden.

Gartenbauausstellungen (Gartenschauen), nat. oder internat. öffentl. Leistungsschauen des Gartenbaus, die verbunden sind mit der Errichtung bleibender Park- und Gartenanlagen (Essen: Gruga [1929], Stuttgart: Killesberg [1939], Hamburg: Ausstellungspark Planten un Blomen [1953], Köln: Rheinpark mit Tanzbrunnen und Rheinseilbahn [1957], Dortmund: Westfalenpark [1959], Karlsruhe: Stadtgarten- und Schloßpark-Wiederherstellung [1967]). In der BR Deutschland findet in unregelmäßigen Abständen eine Bundesgartenschau statt (Hannover 1951, Kassel 1955, Köln 1957, Dortmund 1959, Stuttgart 1961, Essen 1965, Karlsruhe 1967, Dortmund 1969, Köln 1971, Mannheim 1975, Stuttgart 1977, Bonn 1979, Kassel 1981, Berlin 1985, Düsseldorf 1987, Frankfurt am Main 1989), außerdem die Internat. Gartenbauausstellung „IGA" (Hamburg 1953, 1963, 1973, München 1983); eigenständige Einrichtung ist die Internat. Gartenbauausstellung „iga" in Erfurt (erstmals 1961).

Gartenbaubetrieb, Bez. für einen gärtner. Betrieb, der erwerbswirtschaftl. geführt wird, d. h., in dem Pflanzen oder pflanzl. Erzeugnisse zum Verkauf angeboten werden.

Gartenbaumläufer (Certhia brachydactyla), etwa 12 cm lange Art oberseits graubrauner, hell längsgestreifter, unterseits weißl. Baumläufer, v. a. in Gärten, Parkanlagen, Au- und Laubwäldern Europas (mit Ausnahme von N- und großer Teile O-Europas), NW-Afrikas und Kleinasiens; im Unterschied zum sonst sehr ähnl. ↑Waldbaumläufer mit bräunl. Flanken und etwas längerem, gebogenem Schnabel.

Gartenbohne (Fisole, Phaseolus vulgaris), in S-Amerika (Anden und argentin. Mittelgebirge) beheimatete, heute weltweit verbreitete Bohnenart; einjährige Pflanzen mit windendem oder aufrechtem Stengel, dreizählig gefiederten Blättern und weißen, gelbl., rosafarbenen oder violetten Blüten. Die G. wird in zwei Sorten (**Buschbohne** und **Stangenbohne**) kultiviert, deren unreife Hülsen und reife Samen als Gemüse gegessen werden.

Gartenchampignon ↑Champignon.

Gartenerbse (Gemüseerbse, Pisum sativum), einjährige, mit Blattranken kletternde Erbsenart mit meist einzelstehenden weißen Blüten; Hülsen 6–10 cm lang, derbschalig; Samen (Erbsen) kugelig, glatt, grünlichgelb, dottergelb oder grün; in vielen Sorten als Gemüsepflanze kultiviert.

Gartenerdbeere ↑Erdbeere.

Gartenfenchel ↑Fenchel.

Gartenhaarmücke (Bibio hortulanus), bis 9 mm große Haarmücke; ♂♂ schwarz, ♀♀ gelbrot; Flügel bräunl.; die bis 15 mm langen Larven werden durch Wurzelfraß an Getreide, Gartenpflanzen u. a. schädlich.

Gartenhummel ↑Hummeln.

Gartenkresse ↑Kresse.

Gartenkunst (Gartengestaltung), die künstler. Formung begrenzter Freiräume durch Pflanzen, Wege, Anschüttungen, Planierungen, Architekturelemente, Wasser, Bildwerke. In der G. finden Vorstellungen vom Paradiesgarten, von Arkadien, vom Götterhain mit der Freude an der künstler. gestalteten Natur zugleich ihren Ausdruck.

Als eines der ↑Sieben Weltwunder der **Antike** galten die hängenden Gärten der Semiramis in Babylon (6. Jh. v. Chr.), ein System übereinander angeordneter Terrassen mit künstl. Bewässerung. Berühmt waren auch die pers. Gärten (v. a. schattenspendender Baumbestand, Wasserbecken), in hellenist. und später röm. Zeit (Alexandria, Antiochia) wurde diese G. mit Brunnen, Grotten und vielen Gartenpflanzen übernommen. Die **islam. G.** entstand nach pers. Vorbildern und wurde durch die Mauren nach Spanien gebracht und beeinflußte auch die ind. Gärten. In **China** und **Japan** gliederten künstl. Seen mit Inseln, Brücken und Pavillons die Anlagen, bes. in Japan entwickelte sich eine verfeinerte, religiös-zeremoniell bestimmte G. Die **altamerikan. Kulturen** (u. a. die Inkas) hatten ebenfalls eine reiche G.

In **Mitteleuropa** gab es im MA v. a. Nutzgärten; der *Renaissancegarten* wird als Kunstwerk verstanden und streng durchgegliedert mit Terrassen und Treppenanlagen, Statuen, Wasserbecken (u. a. in den Boboli-Gärten in Florenz, dem Garten der Villa Doria-Pamphili in Rom und der Villa d'Este in Tivoli). Die führende Rolle im Barock auf dem Gebiet der G. übernahm Frankr. mit den Schöpfungen ↑Le Nôtres. Beim *„frz. Garten"* sind Garten und Schloß Teile einer Gesamtkonzeption, die Natur wird in streng symmetr. Achsensystem einer architekton. Gestaltung unterworfen; Rabatten, Boskettgärten, Bildwerke und Steinvasen, Bassins mit Wasserspielen, Irrgarten, Orangerie u. a. sind wichtige Elemente. Das Vorbild von Versailles prägte die barocken Gartenanlagen in ganz Europa. Sie wurden nach und nach vom *engl. Garten* abgelöst. In England erfolgte bereits um 1730 ein Stil- und Geschmackswandel zum maler. geprägten „Landschaftsgarten" mit geschwungenen Wegen, weiten Rasenflächen und natürl. Baumgruppen. Unter chin. Einfluß wurden Pagoden, Moscheen, Tempel, künstl. Ruinen usw. aufgestellt. Der engl. Garten bzw. der Park trat im 19. Jh. seinen Siegeszug in Europa und den USA an. - Moderne Aufgaben der G. sind Stadtdurchgrünung und Erholungszonen (größere Neuanlagen entstanden oft in Zusammenhang mit ↑Gartenbauausstellungen). - Abb. S. 8.

🕮 *Clifford, D.: Gesch. der G. Mchn. ²1981. - Buttlar, A. v.: Der Landschaftsgärten. Mchn. 1980. - Cowell, F. R.: G. Dt. Übers. Stg. 1979.*

Gartenlaube, Die, 1853 gegr. dt. illustrierte Familienzeitschrift; vorwiegend belehrende Beiträge und leichte, sentimentale Unterhaltung (insbes. die Romane von E. Marlitt, später die von H. Courths-Mahler); seit 1938 u. d. T. „Die neue Gartenlaube" fortgesetzt (bis 1944, zuletzt in monatl. Folge).

Gartenlaubkäfer (Junikäfer, Kleiner Rosenkäfer, Phyllopertha horticola), häufiger, 9–12 mm großer Blatthornkäfer in M-, S- und N-Europa; mit grünem bis grünlichblauem Kopf und Halsschild, gelbbraunen Flügeldecken und metall. grün (auch blauschwarz) schillernder Unterseite.

Gartenlaufkäfer ↑Laufkäfer.

Gartenmelisse, svw. Zitronenmelisse (↑Melisse).

Gartennelke ↑Nelke.

Gartenrettich ↑Rettich.

Gartenrotschwanz ↑Rotschwänze.

Gartensalat ↑Lattich.

Gartensänger, svw. Gelbspötter (↑Grasmücken).

Gartenschädlinge, pflanzl. und tier. Lebewesen, die in Gärten Schaden an Pflanzen verursachen können. Von den Säugetieren sind es v. a. Feld- und Wühlmaus, aber auch Feldhase und Wildkaninchen, die durch Fraß an Wurzeln und oberird. Pflanzenteilen große Ausfälle bei Kulturpflanzen verursachen können. Weitaus größere Schäden werden jedoch durch Insekten (und deren Larven) angerichtet, z. B. durch Blattläuse, Kartoffelkäfer, Frostspanner, Kohleulen, Erbsenkäfer, Kohlfliegen, Drahtwürmer und Engerlinge. Pflanzl. G. sind v. a. Mehltaupilze, Rostpilze, Brandpilze und Rußtaupilze.

Gartenschau ↑Gartenbauausstellungen.

Gartenschläfer (Eliomys quercinus), relativ kleine, schlanke Art der Bilche Europas (mit Ausnahme des Nordens) und NW-Afrikas; Körperlänge etwa 10–17 cm, Schwanz etwa 9–13 cm lang; Oberseite etwa zimtfarben, Bauch weiß, Stirn rotbraun, Gesicht unterhalb eines ausgeprägten schwarzen Augenstreifs weiß. Seinen Winterschlaf hält der G. in Erd- oder Baumhöhlen, auch in Nistkästen.

Gartenschnecke, svw. Gartenbänderschnecke (↑Schnirkelschnecken).

Gartenspötter, svw. Gelbspötter (↑Grasmücken).

Gartenstadt, seit Mitte des 19. Jh. diskutierter, von dem Briten E. Howard 1898 durchgesetzter Stadttypus („garden city") mit sozialreformer. Zielsetzungen; von Grünanlagen durchsetzte Siedlung mit Arbeitsstätten in der Nähe übervölkerter Großstädte. Als G. entstanden Letchworth (1903 ff.) und Welwyn Garden City (1920 ff.), in Deutschland Hellerau (1909 ff.; heute zu Dresden); später hießen Vorstädte, die als reine Wohnbezirke angelegt worden waren, G. (z. B. Leipzig-Marienbrunn, Karlsruhe-Rüppur).

Gartenunkräuter, Sammelbez. für Pflanzen, die in Gärten unerwünscht auftreten (z. B. Gemeines Hirtentäschelkraut, Vogelknöterich, Trichterwinde, Gemeine Quecke).

Gartenzwerg, für den Garten bestimmter, buntfarbiger kleiner Zwerg aus Keramik (auch aus Kunststoff), der bei allen mögl. Verrichtungen gezeigt wird, als Angler, Gärtner, Musikant usw.; v. a. in Deutschland üblich (bed. Exportartikel).

Gärtner, Eduard, *Berlin 2. Juni 1801,

† Flecken Zechlin (Landkr. Neuruppin) 22. Febr. 1877, dt. Maler und Lithograph. - Architekturmaler des biedermeierl. Berlin; Veduten von zarter atmosphär. Stimmung.

G., Friedrich Ritter von (seit 1837), * Koblenz 10. Dez. 1792, † München 21. April 1847, dt. Baumeister. - Hofarchitekt König Ludwigs I. von Bayern; vollendete nach Renaissancevorbildern die monumentale Ludwigstraße (Feldherrnhalle, Staatsbibliothek, Ludwigskirche, Univ., Siegestor).

Gärtnerei, Bez. für einen gärtner. Betrieb, bei dem der erwerbswirtschaftl. Zweck der Dienstleistung untergeordnet ist (z. B. Krankenhaus-G., Stadt-G.) oder bei dem die gestalter. Arbeit der Erzeugung übergeordnet ist (z. B. Landschafts-G., Friedhofsgärtnerei).
◆ volkstüml. Bez. für einen † Gartenbaubetrieb.

Gärung, Bez. für den anaeroben (ohne Sauerstoff ablaufenden) enzymat. Abbau von Kohlenhydraten. Im Ggs. zur † Atmung erfolgt der Abbau nicht vollständig zu Kohlendioxid und Wasser, es werden relativ energiereiche Endprodukte gebildet; entsprechend ist die Energieausbeute der G. wesentl. geringer. Nach den entstehenden Endprodukten unterscheidet man u. a. die alkohol. G., die Milchsäure-G. und die Propionsäure-G. Der aerobe (unter Mitwirkung von Sauerstoff ablaufende) enzymat. Abbau von Kohlenhydraten und anderen organ. Verbindungen wurde früher auch als G. bezeichnet, z. B. der Abbau von Äthanol zu Essigsäure (Essigsäure-G.), von Zucker zu Zitronensäure (Zitronensäure-G.). Der anaerobe Abbau von Eiweißstoffen wird als † Fäulnis bezeichnet, der aerobe Abbau als † Verwesung; auch bei der † Fermentierung sind G.vorgänge beteiligt. - Die G. beginnt mit der Reaktionskette der † Glykolyse (Abbau von Glucose zu Brenztraubensäure). Bei der **Milchsäuregärung** wird die Brenztraubensäure zu Milchsäure hydriert. Diese G. ist nicht nur für die Energiegewinnung bei der Muskelarbeit von Bed., durch sie gewinnen auch die Milchsäurebakterien die von ihnen benötigte Energie. Da die hierbei von ihnen ausgeschiedene Milchsäure eine Reihe von unerwünschten Mikroorganismen unterdrückt, ist sie von großer lebensmitteltechn. Bed. Bei der insbes. durch Hefen bewirkten **alkoholischen Gärung** entsteht aus Traubenzucker oder anderen Hexosen Alkohol (Äthanol) und Kohlendioxid (CO_2) gemäß der Bilanzgleichung $C_6H_{12}O_6 \rightarrow 2\,CH_3CH_2OH + 2\,CO_2$. Die **Propionsäuregärung** spielt v. a. bei der Käsereifung eine Rolle (die Löcher im Schweizer Käse entstehen durch dabei freigesetztes CO_2).

Geschichte: Kenntnis und Nutzbarmachung v. a. der alkohol. G. reichen weit ins Altertum zurück. 1815 stellte J. L. Gay-Lussac die Bilanzgleichung der G. auf. Um 1840 erkannte man, daß G. durch Hefezellen verursacht wird. 1897 isolierte E. Buchner das für die alkohol. G. verantwortl., rd. 20 Enzyme enthaltende Enzymsystem Zymase und widerlegte damit die Theorie, daß G.vorgänge nur in Anwesenheit lebender Zellen ablaufen. Bei der danach einsetzenden intensiven Untersuchung, u. a. von O. F. Meyerhof, O. Warburg, wurden zahlr. biochem. Mechanismen fundamentaler Bed. erstmals erkannt und somit die Entwicklung der modernen Biochemie entscheidend gefördert.

Gärungsessig † Essig.

Garve, Christian ['garvə], * Breslau 7. Jan. 1742, † ebd. 1. Dez. 1798, dt. Philosoph. - 1770–72 Prof. in Leipzig; bekannter Popularphilosoph der dt. Aufklärung; moralisierende prakt. Lebensphilosophie. G. übersetzte im Auftrag Friedrichs II., des Großen Ciceros Schrift „De officiis".

Garvey, Marcus Moziah [engl. 'gɑːvɪ], * St. Ann's Bay (Jamaika) 17. Aug. 1887, † London 10. Juni 1940, afroamerikan. Politiker. - Gründete 1914 die Universal Negro Improvement Association (Abk. UNIA) in Jamaika; vertrat eine Doktrin der Reinheit und Trennung der Rassen; wegen Betrugs angeklagt und 1922 verurteilt; lebte zuletzt in Großbritannien.

Gary, Romain [frz. ga'ri], eigtl. Roman Kassew, * Wilna 8. Mai 1914, † Paris 3. Dez. 1980 (Selbstmord), frz. Schriftsteller. - Verf. zeitkrit. und satir. Romane; erfolgreich v. a. der optimist. Roman „Die Wurzeln des Himmels" (1956).
Weitere Werke: Kleider ohne Leute (R., 1949), Erste Liebe - letzte Liebe (autobiograph. R., 1959), Der Hund von Beverly Hills (R., 1970).

Gary [engl. 'gɛrɪ], Stadt am S-Ufer des Michigansees, im Bundesstaat Indiana, USA, 152 000 E. Kath. Bischofssitz, Eisenhütten, Stahl- und Walzwerke, Weißblech- und Zementfabriken. - Gegr. 1906.

Gas [niederl., in Anlehnung an griech. cháos „leerer Raum" gebildet von J. B. van † Helmont], Materie im sog. gasförmigen † Aggregatzustand, bei dem die zwischenmolekularen Kräfte so gering sind, daß diese Materie weder eine bestimmte Form noch ein konstantes Volumen hat, sondern jeden zur Verfügung stehenden Raum durch (im Mittel gleichmäßige) Verteilung der Atome bzw. Moleküle ausfüllt, sofern keine äußeren Kräfte (z. B. die Schwerkraft) einwirken. Volumen und Dichte sind daher nur durch die äußeren Bedingungen bestimmt. Ist ein G. in einem bestimmten Raumgebiet eingeschlossen (z. B. in einem Gefäß), so übt es auf jedes Flächenelement der Oberfläche bzw. eines im G.raum befindl. festen oder flüssigen Körpers einen Druck $p > 0$ aus; dieser **Gasdruck** ist bei gegebener G.menge um so größer, je kleiner das Volumen dieses Raumgebietes und je höher die Temperatur des G. ist.
Der **Zustand eines Gases** wird durch die drei

Gartenkunst. Links oben: Englischer Garten, Exbury Gardens bei Portsmouth; rechts oben: japanischer Garten, Tokio; links Mitte: Schloßgarten auf der Bodenseeinsel Mainau (19. Jh.); unten: französischer Garten, Teil des Großen Gartens von Hannover-Herrenhausen (18. Jh.)

Zustandsgrößen Druck *p*, Temperatur *T* und Volumen *V* festgelegt. Sie sind durch die G.gesetze, insbes. durch die therm. Zustandsgleichung miteinander verknüpft. Als **ideales Gas** wird ein G. bezeichnet, bei dem man voraussetzt, daß die therm. Zustandsgleichung $p \cdot V = R \cdot T$ (R ↑Gaskonstante) für beliebige Drücke p, Volumina V und Temperaturen T gilt. Die wirkl., **realen Gase** verhalten sich erfahrungsgemäß bei genügend hohen Temperaturen und genügend geringen Dichten nahezu wie ideale G. (z. B. Luft und die meisten in der Technik verwendeten G. bei Zimmertemperatur).

◆ ↑Brenngase, ↑Erdgas, ↑Stadtgas.

Gasa (Gaza), ägypt. Stadt an der SO-Küste des Mittelmeeres, zentraler Ort des ↑Gasastreifens; Behörden, Handwerksbetriebe; Hafen (offene Reede); Bahnstation an der Linie Lod–Al Arisch. - Im A. T. als Stadt der Kanaanäer und Philister erwähnt; 332 v. Chr. von Alexander d. Gr. erobert; 635 n. Chr. den Byzantinern von den Arabern entrissen; G.s Zugehörigkeit zum Reich Davids und zum jüd. Staatsgebiet unter Alexander Jannäus und Herodes d. Gr. blieb episodenhaft, so daß es die Rabbinen nie zum Land Israel rechneten. Seine strateg. wichtige Lage war Ursache dafür, daß es seit dem MA in alle Auseinandersetzungen um Palästina verwickelt war. - Das N. T. nennt G. in Apg. 8, 26.

Gasabsorption ↑Gasanalyse.

Gasanalyse, quantitative und qualitative Analyse zur Feststellung der chem. Zusammensetzung von Gasen oder Gasgemischen. Verwendete Verfahren: Bei der **Gasvolumetrie** wird aus einer eingewogenen Substanzmenge durch eine chem. Reaktion eine äquivalente Menge Gas freigesetzt, die volumetr. gemessen wird. Bei der **Gasabsorption** wird die selektive Absorption eines bestimmten Gases durch ein Reagenz ermittelt; die Menge wird durch Messung des Differenzvolumens bestimmt. Die **Gasgravimetrie** mißt eine Gasmenge durch Differenzwägung eines selektiven Gasabsorbens vor und nach der Absorption, während die **Gastitrimetrie** auf der Titration des durch die Meßlösungen perlenden Gases beruht. Vielfach verwendet wird auch ↑Gaschromatographie. - ↑auch Gasspürgerät.

Gasanzünder, Vorrichtung zum Entzünden einer Gasflamme; übl. Ausführungsformen sind der **Reibzünder,** bei dem durch Reiben eines Zündsteins aus Auermetall ein Zündfunken erzeugt wird, der **elektr. Gasanzünder,** bei dem ein zum Glühen gebrachter elektr. Leiter oder ein zw. zwei Kontakten überspringender Funke die Zündtemperatur liefert, und der **katalyt. Gasanzünder,** bei dem ein Platinkatalysator die Zündreaktion einleitet.

Gasastreifen, schmaler, 202 km^2 umfassender Gebietsstreifen an der Mittelmeerküste, erstreckt sich von Gasa bis zur ägypt. Grenze; rund 600 000 E, von denen 43 000 in Israel arbeiten; nach dem ägypt.-israel. Waffenstillstand 1949 unter ägypt. Verwaltung gestellt; 1956 von israel. Truppen besetzt, 1957 wieder geräumt; seit 1967 erneut von israel. Truppen besetzt.

Gasbad, Trockenbad in Kohlensäure- oder Schwefelwasserstoffgas; zur Behandlung von Herz-, Gefäß- und Hautkrankheiten.

Gasbehälter (Gasometer), Speicher- und Druckregulierungsbehälter für Stadtgas und techn. Gase, meist in Stahlbauweise. Die ältere Bauart ist der **Glocken-** oder **Teleskopbehälter:** Ein an der Unterseite offener Zylinder nimmt das Gas auf und senkt sich je nach Entnahme; er übt durch sein eigenes Gewicht Druck auf das Gas aus. Zur Abdichtung taucht der untere Zylinderrand in eine Flüssigkeit (meist Wasser) ein. Beim **Scheibengasbehälter** verschließt eine vertikal. bewegl. Scheibe mit Teerdichtung den Behälter.

Gasbeleuchtung, [Vorrichtung zur] Lichterzeugung mit Gasflammen, z. B. zur Straßenbeleuchtung mit Stadt- oder Erdgas, in ortsveränderl. Anlagen mit Flüssiggas (z. B. für Campingzwecke), Acetylen u. a. Man unterscheidet heute Verbrennungslampen mit selbstleuchtender Flamme (u. a. Acetylenlampe) und Verbrennungslampen mit Glühkörpern (sog. **Gasglühlicht**; z. B. das ↑Auerlicht). Das Zünden und Löschen von Straßenlaternen erfolgt meist von einer Zentrale aus mit Hilfe von Druckwellen, die ein Doppelventil öffnen oder schließen (**Gasfernzündung**); das Gas wird durch eine ständig brennende kleine Zündflamme oder elektr. entzündet.

Gasbrand (Gasödem, Gasgangrän, Gasphlegmone), schwere Wundinfektion durch ↑Gasbrandbakterien, bes. bei tiefgehenden Gewebszerreißungen (z. B. als Folge von Schußverletzungen). Das absterbende Gewebe (v. a. Muskulatur) schwillt an, wobei sich knisternde Gasbläschen bilden; die Haut verfärbt sich bläulichrot bis grünlichgrau; es kommt zu starken Schmerzen, hohem Fieber und Kreislaufschwäche.

Gasbrandbakterien, Clostridiumarten (↑Clostridium), die beim Menschen ↑Gasbrand hervorrufen können. Die G. bilden stark gewebsauflösende Enzyme, die meisten außerdem tödl. Exotoxine. Da die G. überall im Erdboden vorkommen, besteht bei jeder verschmutzten Wunde Infektionsgefahr.

Gasbrenner, eine zur Verbrennung von Gasen (insbes. von Stadt- oder Erdgas) verwendete Vorrichtung. Bei den Leuchtflammenbrennern strömt das Gas aus zahlr. nebeneinanderliegenden engen Löchern oder schmalen Spalten mit niedrigem Druck aus; die Öffnungen liegen bei den pilzförmigen G. der Gaskocher und -herde auf dem Rande, so daß das brennende Gas einen Flammenkranz bildet. Laboratoriumsgeräte besitzen ein Mischungsrohr, in dem das einströmende

Brenngas mit Luft gemischt wird, z. B. Bunsenbrenner, Méker-Brenner.

Gascar, Pierre [frz. gas'ka:r], eigtl. P. Fournier, * Paris 13. März 1916, frz. Schriftsteller. - Erweist sich in seinen Romanen, die oft metaphernhaft eigenes Erleben aus Jugendzeit und Krieg wiedergeben, wie auch in seinen Reportagen und Essays als illusionsloser, realist. Beobachter.
Werke: Die Tiere (Novellen, 1953), Garten der Toten (R., 1953). Der Flüchtling (R., 1960), Les charmes (R., 1965), L'arche (R. 1971), Le diable à Paris (1985).

Gaschromatographie, in der analyt. organ. Chemie bedeutendstes Verfahren zur Trennung von gasförmigen Stoff- und Substanzgemischen, die sich bis zu 500 °C unzersetzt verdampfen lassen. Als mobile Phase dient ein sehr reaktionsträges Trägergas (Helium, Argon oder Stickstoff). Dieses transportiert das Gemisch in eine Trennsäule, die mit einem festen Adsorptionsmittel (Aktivkohle, Aluminiumoxid) und einem mit einer nicht flüchtigen Flüssigkeit imprägnierten Trägermaterial (stationäre Phase) gefüllt ist. Je nach ihrer Bindung zur stationären Phase werden die einzelnen Komponenten des Gemisches mehr oder weniger stark zurückgehalten und treten am Ende der Säule getrennt aus. Der Nachweis der einzelnen Bestandteile erfolgt mit einem Detektor auf Grund der Veränderung der Wärmeleitfähigkeit des Trägergases oder durch Ionisation einer Wasserstoffflamme. Diese Veränderungen werden (nach elektron. Verstärkung) über einen Schreiber wiedergegeben und liefern ein sog. Gaschromatogramm, aus dem die Substanzmengen und die charakterist. Substanzkonstante, die Retentionszeit (Zeit, die zw. dem Auftreten des Trägergaspeaks und des Substanzpeaks vergeht), abgelesen wird. Die G. eignet sich bes. für Nachweis und Trennung kleinster Mengen chem. sehr ähnl. Substanzen (Spurenanalyse). Der Substanzbedarf liegt bei 10^{-3} bis 10^{-7}g, die Nachweisgrenze bei 10^{-10} %, die Analysendauer bei 1 bis 30 Minuten.

Gascogne [frz. gas'kɔɲ], histor. Gebiet in S-Aquitanien (Frankr.). - Das Gebiet der heutigen G. bildete in röm. Zeit die Prov. **Novempopulana.** 602 unterwarfen die Merowinger die hier siedelnden Vaskonen und gliederten deren Gebiet dem Hzgt. Aquitanien ein; ab 768 bildete die G. ein selbständiges Hzgt; im Erbgang fiel es 1052 an Aquitanien.

Gascoigne, George [engl. 'gæskɔɪn], * Cardington (?) (Bedfordshire) zw. 1530 und 1542, † Berrack bei Stamford 15. Okt. 1577, engl. Schriftsteller. - Erster Verf. einer Prosaerzählung über das Alltagsleben, einer Prosakomödie („Supposes“, 1566; nach Ariosto) und eines Maskenspieles; schrieb auch Gedichte.

Gascoyne, David Emery [engl. 'gæskɔɪn], * Harrow (= London) 10. Okt. 1916, engl. Dichter. - Zunächst surrealist. Gedichte („Man's life is this meat“, 1936); später vom christl. Existentialismus beeinflußt; in Essays behandelte er u. a. Probleme der surrealist. Dichtung.

Gascoyne River [engl. 'gæskɔɪn 'rɪvə], period. Fluß in Westaustralien, entspringt in den Robinson Ranges, mündet bei Carnarvon in den Ind. Ozean; etwa 800 km lang.

Gasdichtewaage, svw. ↑Gaswaage.

Gasdrucklader, Maschinenwaffe, bei der ein Teil des Gasdrucks, der bei der Verbrennung der Treibladung des Geschosses entsteht, zur Betätigung des Lademechanismus ausgenutzt wird. - Ggs. ↑Rückstoßlader.

Gasdruckstoßdämpfer ↑Stoßdämpfer.

Gasdynamik, Teilgebiet der ↑Strömungslehre, das sich mit der experimentellen und theoret. Untersuchung der Strömungen von Gasen bei großen Strömungsgeschwindigkeiten (größer als etwa $^1/_7$ der lokalen Schallgeschwindigkeit) befaßt. Bei hohen Strömungsgeschwindigkeiten treten beträchtl. Dichteänderungen des Gases auf (kompressible Strömungen). Die Strömung wird daher wesentl. durch das thermodynam. Verhalten des Gases beeinflußt. Dagegen spielt seine innere Reibung eine untergeordnete Rolle. Die theoret. G. behandelt daher überwiegend die Strömungen reibungsfreier Gase. Meist wird auch vorausgesetzt, daß es sich um ideale Gase handelt; diese Voraussetzung ist für viele Anwendungen in der Aerodynamik und der Theorie der Strömungsmaschinen ausreichend. Wichtigste Kennzahl der G. ist die ↑Mach-Zahl Ma. Strömungen mit $Ma < 1$ (Unterschallströmungen) zeigen ein grundsätzl. anderes Verhalten als Strömungen mit $Ma > 1$ (Überschallströmungen).

Gasel (Gasele) ↑Ghasel.

Gasentartung, Bez. für das von den normalen Gesetzmäßigkeiten abweichende Verhalten von Gasen bei sehr niedrigen Temperaturen bzw. bei sehr hohen Dichten. Ein entartetes Gas besitzt z. B. bei tiefen Temperaturen eine nahezu temperaturunabhängige innere Energie; seine spezif. Wärme ist nur gering und verschwindet am absoluten Nullpunkt. Derartige entartete Gase sind v. a. die Elektronen in Metallen und die Nukleonen in den Atomkernen.

Gasentladung, der Durchgang des elektr. Stromes durch ein Gas oder einen Dampf und die dabei auftretenden physikal. Erscheinungen. Neben meist vorhandenen Leuchterscheinungen können akust. Effekte (Knistern, Zischen, Donnern) und chem. Prozesse (Ozon-, Stickoxidbildung) auftreten. Da Gase normalerweise aus elektr. neutralen Molekülen bestehen, besitzen sie keine oder nicht genügend Ladungsträger zur Leitung des elektr. Stromes. Damit das Gas leitend wird, müssen in ihm Ladungsträger erzeugt werden. Bei der **selbständigen Gasentladung** werden die Ladungsträger von Teilen der Entladung selbst erzeugt; die Ionisierungsenergie wird dabei dem Entladungsstromkreis entnommen. Dagegen verursacht bei der **unselbständigen Gasentladung** ein sog. Ionisator von außen die Ladungsträgerbildung im Gas. Die unselbständige G. erlischt, wenn der Ionisator entfernt wird; sie ist an keine Mindestspannung gebunden. Die selbständige G. hält sich dagegen von selbst aufrecht, bis sie durch einen äußeren Eingriff (Verringerung der Elektrodenspannung unter eine Mindestspannung, die **Löschspannung**) gelöscht wird. Da durch Höhen- und Umgebungsstrahlung stets ionisierende Teilchen vorhanden sind, die als Primärteilchen die Bildung von Ladungsträgerlawinen verursachen können, ist oberhalb einer krit. Feldstärke stets eine selbständige G. möglich. Beispiele dafür sind Glimmentladung, Bogenentladung, elektr. Funke und Büschelentladung. - Die G. wird meist im verdünnten Gas von sog. **[Gas]entladungsröhren,** längl. Glasröhren mit an den Stirnseiten eingeschmolzenen Metallelektroden, beobachtet. Die dabei auftretenden Leuchterscheinungen sind stark vom Gasdruck und von der Stromdichte abhängig. Die G. wird in ↑Gasentladungslampen zur Beleuchtung, als Lichtquelle in der opt. Spektroskopie und in der Laserphysik, im Ozonisator zur Ozonherstellung und in G.detektoren zum Nachweis ionisierender Teilchen ausgenutzt.

🕮 *Wiesemann, K.: Einf. in die Gaselektronik. Stg. 1976. - Wasserrab, T.: Gaselektronik. Mhm. u. a. 1971–72. 2 Bde.*

Gasentladungslampe, eine Lichtquelle, in der die beim Durchgang des elektr. Stroms durch ein Gas (↑Gasentladung) entstehende Strahlung ausgenutzt wird. Man unterscheidet **Niederdrucklampen** (Fülldruck des Gases meist zw. 1 und 20 mbar) und **Hochdrucklampen** (Fülldruck einige bar); bei Gasdrücken von über 20 bar spricht man meist von **Höchstdrucklampen.** Zu den Niederdrucklampen gehören Leuchtstofflampe und Leuchtstoffröhre. Beispiel für eine Hochdrucklampe ist die ↑Quecksilberdampflampe. Höchstdrucklampen sind die mit Edelgasfüllungen versehenen Edelgaslampen (z. B. Xenonhöchstdrucklampe).

Gasfederung, Art der *Luftfederung* mit Gasfüllung (z. B. Stickstoff) als „Gaspolster" in einem geschlossenen System. - ↑auch Federung.

Gasflammkohle ↑Steinkohle.

Gasflasche, Druckbehälter aus Stahl zur Aufnahme verdichteter, verflüssigter oder unter Druck gelöster Gase. G. unterliegen der Druckgasverordnung. Zur Vermeidung von Verwechslungen haben die Anschlußstutzen von G.ventilen für nicht brennbare Gase

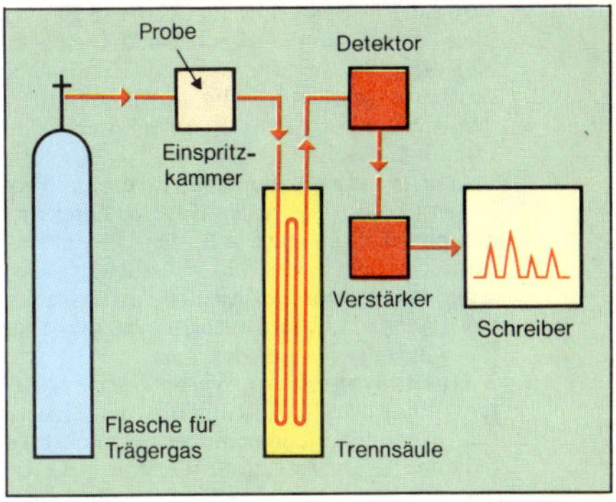

Gaschromatographie. Schema eines Gaschromatographen

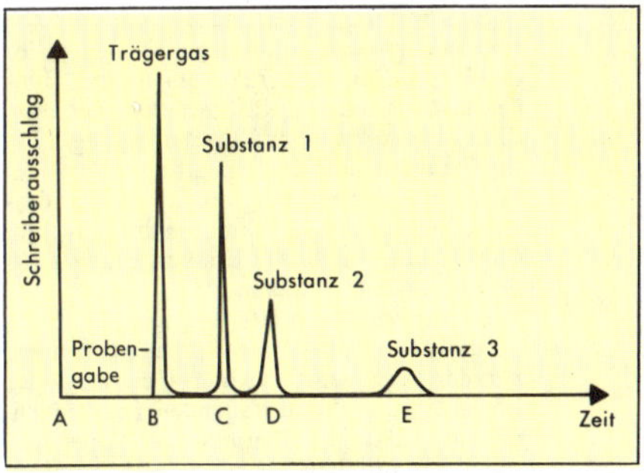

Gaschromatographie. Gaschromatogramm eines getrennten ternären Gemischs

Rechtsgewinde, für brennbare Gase Linksgewinde; für Acetylen ist Bügelanschluß vorgeschrieben; auch die Farbkennzeichnung für G. und Armaturen ist genormt (DIN 4671).

gasförmige Stoffe ↑Aggregatzustand.

Gasgangrän, svw. ↑Gasbrand.

Gasgeräte, durch Verbrennung von Gasen betriebene Geräte, die so wenig Verbrennungsgase erzeugen, daß ihre Abgase nicht durch bes. Abgasanlagen abgeführt zu werden brauchen, z. B. Gaskocheinrichtungen *(Gaskocher)*, Gaskühlschränke und kleine Gaswasserheizer; als Brennstoff dienen Stadt- oder Erdgas, die dem Versorgungsnetz entnommen werden, Flüssiggase (Butan, Propan) oder vergaste Flüssigkeiten (Benzin, Petroleum, Spiritus), die in Gasflaschen bzw. angebauten Behältern aufbewahrt werden. Die Verbrennung erfolgt mit Hilfe von ↑Gasbrennern. Der meist kastenförmige **Gasbackofen** enthält Brennerrohre entlang der inneren Unterseite, die so verstellbar sind, daß die Flammen entweder nach oben (Oberhitze) oder seitl. nach innen (Unterhitze) schlagen (Gasverbrauch etwa 850 l/h). Der **Gasherd** ist eine Kombination von Gaskocher und Gasbackofen. Seit 1962 sind für Gasherde Zündsicherungen vorgeschrieben, die die Gaszufuhr zu den Brennern erst dann freigeben, wenn eine Zündflamme brennt.

Gasgesetze, Sammelbez. für die das Verhalten idealer oder realer Gase beschreibenden physikal. Gesetze, z. B. das ↑Boyle-Mariottesche Gesetz, die ↑Gay-Lussacschen Gesetze, das Daltonsche Gesetz (↑Partialdruck), das ↑Avogadrosche Gesetz sowie die allg. ↑Zustandsgleichungen der Gase.

Gashämoglobine, Verbindung des roten Blutfarbstoffs Hämoglobin mit Gasen, v. a. Sauerstoff, Kohlenmonoxid, Stickstoffoxid und Cyanwasserstoff. Wichtigstes G. ist das natürl. vorkommende **Oxyhämoglobin** (eine Verbindung des Luftsauerstoffs mit Hämoglobin); es ist die häufigste Transportform des Sauerstoffs im Blut.

Gasheizung ↑Heizung.

Gasherbrum I [engl. 'gæʃəbrʌm], (Hidden Peak) Berg im Karakorum, im ind. Bundesstaat Jammu and Kashmir, nahe der chin. Grenze, 8 068 m hoch; Erstbesteigung 1958 durch eine amerikan. Expedition.

G. II, Berg im Karakorum, im ind. Bundesstaat Jammu and Kashmir, nahe der chin. Grenze, 8 035 m hoch; Erstbesteigung 1956 durch eine östr. Expedition.

Gasherd ↑Gasgeräte.

gasieren ([ab]sengen, flämmen), Abbrennen der aus Garnen, textilen Geweben oder Maschenwaren herausragenden Faserenden, um einen glatten Faden bzw. ein klares Warenbild zu erhalten.

Gasira, Al [arab. „die Insel"], wichtigstes Agrargebiet der Republik Sudan, zw. Blauem und Weißem Nil, mit ausgedehntem Bewässerungssystem. Angebaut werden Baumwolle, Mohrenhirse, Futterpflanzen, Weizen, Erdnüsse und Gemüse.

Gaskammer, 1. in einigen Bundesstaaten der USA verwendete Einrichtung zur Vollstreckung der Todesstrafe; in den Hinrichtungsraum werden Giftgase eingeleitet; 2. im Zusammenhang mit der sog. Endlösung der Judenfrage ab 1942 geschaffene Einrichtungen zur Massenvernichtung der Juden in ↑Vernichtungslagern.

Gaskell, Elizabeth Cleghorn [engl. 'gæskəl], geb. Stevenson, * Chelsea (= London) 29. Sept. 1810, † Holybourne bei Alton (Hampshire) 12. Nov. 1865, engl. Erzählerin. - Ihre sozialkrit. Romane entstanden aus der Kenntnis der Not der engl. Arbeiterklasse. *Werke:* Mary Barton (R., 1848), Cranford (R., 1853), Life of Charlotte Brontë (1857), Sylvia's lovers (R., 1863).

Gaskocher ↑Gasgeräte.

Gaskohle ↑Steinkohle.

Gaskonstante, die in der allg. Zustandsgleichung der Gase $p \cdot V = R \cdot T$ (Druck *p*, Volumen *V*, Temperatur *T*) auftretende Konstante *R*. Man unterscheidet dabei zw. der von der Art des betrachteten Gases abhängigen speziellen G. und der stoffunabhängigen, auf 1 Mol eines Gases bezogenen **allgemeinen** oder **universellen Gaskonstante** (Formelzeichen R_0). Es gilt: $R_0 = 8{,}3143\ \frac{\mathrm{J}}{\mathrm{mol\,K}}$.

Gaskrieg, Einsatz von Gasen als Mittel der Kriegsführung; Gaskampfstoffe (Kampfgase) wurden erstmals im 1. Weltkrieg eingesetzt: das Blasverfahren z. B. 1916 bei Ypern, 1918 bei Fey-en-Haye (Dep. Meurthe-et-Moselle), das artillerist. Gasschießen z. B. 1916 bei Verdun, 1918 bei Bailleul. Die Italiener setzten im Abessinienkrieg Giftgas ein. Im 2. Weltkrieg erfolgte kein Einsatz von Gaskampfstoffen (↑auch ABC-Waffen). - Die Verwendung von Gift- oder Reizgasen als Mittel der Kriegsführung ist auf Grund des Genfer Protokolls vom 17. 6. 1925 verboten.

Gaslagerung, Lagerung von pflanzl. Lebensmitteln in einer sauerstoffarmen und kohlendioxidreichen Atmosphäre, in der die Atmungsintensität bed. verringert ist, was wiederum die Lagerdauer erhöht. Da Obst meist unreif gepflückt wird, muß es in Lagern nachreifen. Durch geeignete G. bei geeigneten Temperaturen läßt sich der Zeitpunkt der Reife manipulieren.

Gaslaser ↑Laser.

Gasli, sowjet. Ort im S der Sandwüste Kysylkum, Gebiet Buchara, Usbek. SSR, 7 800 E. Nahebei das größte Erdgasvorkommen der UdSSR. - 1958 gegründet; nach Zerstörung durch Erdbeben (1976) wieder aufgebaut.

Gasmaschine (Gasmotor), mit Generatorgas, Kokereigas, Hochofengichtgas oder Erdgas betriebene Verbrennungskraftmaschine.

Gasmaske (Schutzmaske), Gesichtsmaske mit Filter zum Schutz von Atmungsorganen und Augen gegen die Einwirkung von Gas, Rauch u. a. Die Atemluft wird durch mehrere Schichten absorbierender und durch chem. bindende Stoffe im Filtereinsatz gereinigt.

Gasmesser, svw. Gaszähler (↑Durchflußmessung).

Gasmotor, svw. ↑Gasmaschine.

Gasmultiplikation (Gasverstärkung), bei Gasentladungen, v. a. in Zählrohren, auftretende Erscheinung, bei der ein aus der primären Ionisation stammendes Elektron eine Lawine weiterer Ionisationen auslöst, bevor es den Zähldraht erreicht.

Gasnebel (leuchtender G.), in der Astronomie svw. ↑Emissionsgasnebel.

Gasödem, svw. ↑Gasbrand.

Gasofen ↑Heizung.

Gasöl ↑Erdöl.

Gasometer [niederl./griech.], svw. ↑Gasbehälter.

Gasparri, Pietro, * Ussita (Prov. Macerata) 5. Mai 1852, † Rom 18. Nov. 1934, italien. Kardinal (seit 1907). - Leitete alle Vorarbeiten zur Veröffentlichung des ↑ Codex Iuris Canonici; war als Kardinalstaatssekretär (1914–30) an dem Zustandekommen der ↑ Lateranverträge maßgeblich beteiligt.

Gaspé [frz. gas'pe, engl. 'gæspɛɪ], kanad. Ort an der O-Küste der 250 km langen, 100–140 km breiten, bis 1 268 m hohen **Gaspé Peninsula** (z. T. Provincial Park), am Sankt-Lorenz-Golf, 17 000 E. Kath. Bischofssitz; Fischfang und -verarbeitung; Fremdenverkehr; Hafen, ✈. - An der Stelle der im 17. Jh. angelegten Siedlung war 1534 J. Cartier gelandet und hatte das Land für Frankr. in Besitz genommen.

Gasperi, Alcide De ↑ De Gasperi, Alcide.

Gasphlegmone, svw. ↑ Gasbrand.

Gaspistole ↑ Reizstoffwaffen.

Gasplattieren, Verfahren zur Herstellung von Metallüberzügen und zur Gewinnung rein[st]er Metalle (u. a. Zirkonium, Thorium, Titan) durch therm. Zersetzung flüchtiger Verbindungen dieser Metalle.

Gaspyrometer ↑ Pyrometer.

Gasreinigung, Verfahren zur Isolierung oder Reinigung techn. Gase. Die G. kann erfolgen durch Kondensation der Gase (Gastrocknung, Isolierung von Benzin, Benzol), Adsorption an Aktivkohle mit anschließender Regenerierung des Adsorbens (Anreicherung von Kohlenwasserstoffen), Absorption von Verunreinigungen durch feste Stoffe (Trokkenentschwefelung, Stickstoffoxide durch Eisenoxid) und Flüssigkeiten (Benzolwaschanlagen), Abgasverbrennung (therm. und katalyt.). - Zur Beseitigung von Feststoffen in Gasen ↑ Entstaubung. - ↑auch Abgaskatalysator, ↑ Entschwefelung, ↑ Entstickung.

Gassendi, Petrus [frz. gasɛ̃'di], eigtl. Pierre Gassend, * Champtercier (Basses-Alpes) 22. Jan. 1592, † Paris 24. Okt. 1655, frz. Philosoph und Naturforscher. - 1645–48 Prof. am Collège Royal in Paris; wandte sich gegen das aristotel.-scholast. Weltbild und vertrat anders als Descartes eine mechanist. Physik, die sich an die Ideen der ↑ Epikureer anschloß. G. war um eine Verbindung des epikureischen Atomismus mit der christl. Lehre bemüht. Verfaßte physikal. und astronom. Werke; Kenner der Schriften N. Kopernikus' und Galileis; in seiner Auffassung von Raum und Zeit Vorläufer Newtons und Kants.

Gassenhauer, im 16. Jh. Bez. für „Gassengänger", dann auch für deren Lieder und Tänze. Seit dem ausgehenden 18. Jh. zunehmend in abwertendem Sinn (gegenüber dem Volkslied) verwendet für das volkstüml. Großstadtlied (u. a. Tanzlied, Moritat, Couplet, Operettenmelodien, Schlager).

Gassenlaufen ↑ Spießrutenlaufen.

Gasser, Herbert Spencer, * Platteville (Wis.) 5. Juli 1888, † New York 11. Mai 1963, amerikan. Physiologe. - Entdeckte zus. mit J. Erlanger differenzierte Funktionen einzelner Nervenfasern und erhielt 1944 zus. mit ihm den Nobelpreis für Physiologie oder Medizin.

G., Max, * Sulzberg bei Kempten 13. Febr. 1872, † München 28. März 1954, dt. Geodät. - Pionierarbeit auf dem Gebiet der Lufttopographie; Mitbegr. der Dt. Gesellschaft für Photogrammetrie.

Gassicherung, Vorrichtung an Gasbrennern, die das unbeabsichtigte Ausströmen von Gas verhindert. G. arbeiten im Prinzip mit einem Thermoelement (z. B. Bimetallstreifen), das unter dem Einfluß von Wärme (beim Brennen der Gasflammen) in der Sicherung Spannung erzeugt, die es ermöglicht, die Gaszuleitung zum Brenner offenzuhalten; beim Erlöschen der Flamme wird die Gaszufuhr gesperrt.

Gassmann, Vittorio, * Genua 1. Sept. 1922, italien. Schauspieler, Regisseur und Theaterleiter. - Sehr erfolgreicher Schauspieler, leitete Tourneentheater. Bed. auch als Filmschauspieler, u. a. in „Man nannte es den großen Krieg" (1959), „Im Namen des italien. Volkes" (1975).

Gasspürgerät, tragbares Gerät zur Luftanalyse, insbes. zum Erkennen giftiger oder explosionsgefährl. Gase und Dämpfe an Arbeitsplätzen oder von Leckstellen an Gasleitungen und -behältern. Mittels einer Balgpumpe wird eine bestimmte Menge der zu untersuchenden Luft durch aufsteckbare Röhrchen gesaugt, wobei sich der Farbreagenzien enthaltende Inhalt bei Vorhandensein bestimmter Gase oder Dämpfe verfärbt. Brennbare Gase lassen sich mit G. feststellen, in denen sie an erhitzten Edelmetalldrähten katalyt. verbrannt werden; die dabei infolge Erwärmung der Drähte auftretenden Änderungen des elektr. Widerstandes der Drähte sind ein Maß für die Konzentration der betreffenden Gase.

Gast, Peter, eigtl. Heinrich Köselitz, * Annaberg (= Annaberg-Buchholz) 10. Jan. 1854, † ebd. 15. Aug. 1918, dt. Komponist. - Befreundet mit Nietzsche; 1900–08 Kustos des Weimarer Nietzsche-Archivs; komponierte Orchester- und Kammermusik, Lieder sowie die kom. Oper „Der Löwe von Venedig" (1891).

Gast (Mrz. Gasten), in der Kriegsmarine Bez. eines mit bes. Aufgaben betrauten Soldaten im Mannschaftsrang (Kochgast, Signalgast usw.).

Gastarbeitnehmer, 1. in der amtl. Statistik alle in der BR Deutschland zum Zwecke ihrer berufl. und sprachl. Ausbildung in genehmigter Beschäftigung als Arbeitnehmer stehenden ausländ. Erwerbspersonen; 2. gebräuchl. Bez. für **ausländ. Arbeitnehmer (Gastarbeiter),** das sind Ausländer, Staatenlose und Personen mit ungeklärter Staatsangehörigkeit, die das eigene Land verlassen, um vorübergehend in der BR Deutschland zu arbeiten. Im Zuge des wirtsch. Aufschwungs der BR Deutschland nahm die Nachfrage nach G. (insbes. Gastarbeiterinnen) in starkem Maße zu, da das inländ. Arbeitnehmerangebot nicht mehr ausreichte. Dies gilt insbes. für arbeitsintensive Wirtschaftszweige und Berufsgruppen (v.a. Eisen- und Metallerzeugung und -verarbeitung, verarbeitendes Gewerbe und Bau-, Ausbau- und Bauhilfsgewerbe).

Recht: In der BR Deutschland benötigen nichtdt. Arbeitnehmer vorbehaltl. bes. zwischenstaatl. Vereinbarungen eine ↑Aufenthaltserlaubnis und eine ↑Arbeitserlaubnis. Auf ihre Arbeitsverhältnisse finden die allg. Vorschriften des Arbeitsrechts Anwendung. G. sind bei Wahlen zum Betriebsrat wahlberechtigt und wählbar.

Für das *östr. Recht* gilt sinngemäß das zum dt. Recht gesagte. Die G. besitzen zwar das aktive Wahlrecht bei Betriebsratswahlen, nicht jedoch das passive Wahlrecht, da hierfür die östr. Staatsbürgerschaft erforderl. ist.

In der *Schweiz* gilt eine dem dt. Recht im wesentl. entsprechende Regelung; es wird jedoch von Gast- oder Fremdarbeitern gesprochen. Ihre Höchstzahl ist begrenzt. Die Vorschriften der Europ. Gemeinschaften finden keine Anwendung.

G. kommen aus i. d. R. industriell unterentwickelten, nur über unzureichende Beschäftigungsmöglichkeiten verfügenden Volkswirtschaften in Industrieländer, in denen ein Überangebot an zumeist niedrig bewerteten, wenig Qualifikation erfordernden Arbeitsplätzen besteht. Entsprechend dem Hauptmotiv für den Aufenthalt im fremden Land, bessere wirtschaftl. Chancen für sich selbst und für die i. d. R. im Heimatland zurückbleibenden Angehörigen zu nutzen, konzentriert sich die soziale Orientierung der G. zumeist auf Arbeitsplatz und Betrieb. In einzelnen Ländern (z. B. in der Schweiz) und in industriestädt. Ballungsgebieten stellen die G. bis zu 30% der erwerbstätigen Bevölkerung. Kulturelle Heimatprägung und relative soziale Isolierung führen zu Spannungen und Konflikten sowohl zwischen den G. und der Bev. des Gastlandes als auch unter den G. selbst. Die verstärkte Zuwanderung von G.familien (mit Kindern) hat die Gastländer vor die bevölkerungspolit. Alternative einer Integration der G. (mit allen bildungspolit. Konsequenzen) oder eines zeitl. befristeten Aufenthaltes der G. gestellt.

📖 *Dritte Welt in Europa. Probleme der Arbeitsimmigration. Hg. v. J. Blaschke u. K. Greussing. Ffm. 1980. - Mehrländer, U.: Soziale Aspekte der Ausländerbeschäftigung. Bonn 1973.*

Gastein, östr. Talschaft in den Hohen Tauern mit bed. Fremdenverkehrsorten.

Gasteiner Konvention, Vertrag zw. Preußen und Österreich (1865); regelte das Kondominium über die Elbherzogtümer Schleswig (durch Preußen verwaltet) und Holstein (durch Österreich verwaltet); bestätigte u. a. den Verzicht Österreichs auf das Hzgt. Lauenburg gegen eine Abfindung.

Gaster [griech.], svw. ↑Magen.

Gastheorie ↑kinetische Gastheorie.

Gasthörer, Hörer einer Hochschule, die kein ordentl. Studium durchführen; Voraussetzung ist ein abgeschlossenes Hochschulstudium oder ein bes. berufl. Interesse.

Gastmahl, geselliges Einnehmen eines Festmahls mit Gästen, zu allen Zeiten und bei allen Völkern der Ausdruck gesteigerter Lebensfreude, oft auch eine kult. Handlung. Das G. (Trinkgelage) wurde bei den Griechen Symposion genannt, wobei man vor einem Umtrunk den Göttern opferte (bei den Germanen ↑Minnetrinken). - Im Totenkult wurde das G. zum Leichenschmaus. Im frühen Chri-

GASTARBEITNEHMER

Beschäftigte ausländische Arbeitnehmer in der BR Deutschland

Herkunftsland	1965	30. 6. 1972	30. 6. 1977	30. 6. 1981	30. 6. 1988
Belgien	6575	11005	9192	9852	6778
Frankreich	25787	50882	43631	52145	38581
Griechenland	181658	269689	162495	123767	98759
Großbritannien	7636	18719	25247	34479	35047
Italien	359773	422220	281224	291066	178035
Jugoslawien	64060	471892	377206	340573	295549
Niederlande	59631	70434	42645	39569	25843
Österreich	59587	99326	74985	87441	86021
Portugal	10509	63128	60160	55085	37196
Spanien	180572	183960	100311	81845	63088
Türkei	121121	497296	517467	580868	533766
Summe	1076909	2158551	1694563	1696690	1398663

Quelle: Statist. Jahrbuch für die BR Deutschland, mehrere Jahrgänge.

stentum war das ↑Abendmahl mit einer ↑Agape verbunden, die sich als Armenspeisung bis ins 16. Jh. erhalten hat.
Früh waren Gastmähler auch Themen der Kunst (Ägypter, Griechen und Römer). In der christl. Kunst wird seit dem 5./6. Jh. das Abendmahl dargestellt, daneben auch die Hochzeit von Kana als Festmahl, v. a. in späterer Zeit (Tintoretto, Veronese). P. Bruegels d. Ä. deftige bäuerl. Gastmähler fanden viele Nachfolger (Brouwer, Jordaens usw.). Im 19. Jh. entstanden berühmte G.bilder, u. a. von A. von Menzel („Tafelrunde Friedrichs des Großen", 1850; Berlin, neue Nationalgalerie) und von A. Feuerbach.

Gastoldi, Giovanni Giacomo, * Caravaggio (Prov. Bergamo) um 1550, † 1622, italien. Komponist. - Kirchenkapellmeister in Mantua und Mailand, als Hauptmeister der „Balletti" (Tanzlieder) von großem Einfluß auf dt. (Haßler, Schein) und engl. (Morley) Komponisten; auch Madrigale, Kanzonetten, Messen, Motetten, Psalmen.

Gaston [frz. gas'tõ], frz. männl. Vorname.

Gasträatheorie [griech.], von E. Haekkel begr. Hypothese, nach der alle mehrzelligen Tiere (Metazoen) auf eine gemeinsame, einer ↑Gastrula ähnelnde Stammform (Gasträa) als Grundschema zurückzuführen sind.

gastral [griech.], zum Magen oder zum Magen-Darm-Kanal gehörend bzw. diese betreffend.

Gastralgie [griech.], svw. Magenkrampf.

Gastrecht (Gästerecht), das bes. Recht bzw. der Schutz, den der eigentl. rechtlose Fremde früher genoß, in ältester Zeit durch die **Gastfreundschaft** (zeitweiliges Schutz- und Friedensverhältnis) geregelt. Etwa vom 11. bis ins 18. Jh. das Recht derjenigen Personen, die in einer Stadt kein Bürgerrecht besaßen, sondern sich nur vorübergehend dort aufhielten. Die Gäste (Fremden) konnten gegenüber den Bürgern mannigfach benachteiligt sein: Verbot des Grunderwerbs, Ausschluß vom inneren Handel, Verkaufszwang für mitgeführte Waren (↑Stapelrecht), Haftung für Schulden von Landsleuten.

Gastrektomie [griech.], vollständige operative Entfernung des Magens v. a. bei Magenkrebs.

Gästrikland [schwed. 'jɛstrikland], histor. Prov. im Übergangsbereich zw. M- und N-Schweden, Hauptstadt Gävle; zu 75 % bewaldet; bed. Eisenerzvorkommen, Abbau seit dem 14. Jh.

Gastrin [griech.], ein aus 17 Aminosäuren bestehendes Peptid mit Hormonwirkung, das von den Schleimhautzellen im pylorusnahen Teil des Magens gebildet wird und die Magendrüsen zur Sekretion des Magensaftes anregt.

gastrische Krisen [griech.], bei Rükkenmarksschwindsucht auftretende, heftige Leibschmerzen.

Gastritis [griech.], svw. Magenschleimhautentzündung (↑Magenerkrankungen).

gastro..., Gastro..., vor Selbstlauten meist: gastr..., Gastr... [griech.], Bestimmungswort von Zusammensetzungen mit der Bed. „Magen..., Bauch...".

Gastrobiopsie, Entnahme eines Gewebestückchens aus der Magenschleimhaut zur mikroskop. Untersuchung.

gastroduodenal [griech./lat.], zum Magen und Zwölffingerdarm gehörend, diese betreffend.

Gastrodynie [griech.], svw. ↑Magenkrampf.

Gastroendoskopie, svw. ↑Gastroskopie.

Gastroenteritis [griech.] ↑Darmentzündung.

gastrogen, vom Magen ausgehend (z. B. von Krankheiten).

gastrointestinal, den Magen und die Eingeweide betreffend.

Gastromycetidae [griech.], svw. ↑Bauchpilze.

Gastronom [griech.-frz.], Kochkünstler, Feinschmecker, Speisenkenner.
◆ Gastwirt, Gaststättenfachmann.

Gastronomie [griech.], Bez. für das Gaststättengewerbe.
◆ feine Kochkunst (einschließl. der dazugehörigen Getränke).

Gastropathie [griech.], allg. Bez. für Magenerkrankungen.

Gastropoda [griech.], svw. ↑Schnecken.

Gastroskopie [griech.] (Gastroendoskopie), Untersuchung des Magens mit Hilfe eines Gastroskops (↑Endoskope).

Gastrotomie [griech.], operative Eröffnung des Magens.

Gastrula [griech.] (Becherkeim), im Verlauf der Keimesentwicklung durch ↑Gastrulation aus der ↑Blastula hervorgehendes, oft becherförmiges Entwicklungsstadium des Vielzellerkeims; im Ggs. zur vorangegangenen Blastula aus zwei Zellschichten bestehend, dem inneren (Entoderm) und äußeren Keimblatt (Ektoderm).

Gastrulation [griech.], Bildung der ↑Gastrula; Zeitabschnitt der Keimesentwicklung, während der die beiden primären Keimblätter (Ektoderm und Entoderm) gebildet werden.

Gaststätten, jedermann oder bestimmten Personengruppen zugängl. Betriebe zur Bewirtung oder Beherbergung. Das GaststättenG vom 5. 5. 1970 (mit späteren Änderungen) unterscheidet Schankwirtschaften, Speisewirtschaften und Beherbergungsbetriebe. - Die meist, aber nicht notwendig mit einem wirksamen Beherbergungsvertrag verbundene Gewährung von Unterkunft durch einen Gastwirt begründet eine [nicht abdingbare] Gefährdungshaftung des Gastwirts für Schäden an eingebrachten Sachen des Gastes, ausgenommen Fahrzeuge, Sachen in Fahrzeu-

gen, lebende Tiere. Die Ersatzpflicht entfällt, wenn der Schaden durch den Gast, seinen Begleiter oder höhere Gewalt verursacht oder nicht unverzügl. angezeigt worden ist. Außer bei Verschulden des Wirts oder seiner Leute ist die Haftung begrenzt auf das 100fache des tägl. Beherbergungspreises (mindestens 1 000 DM, höchstens 6 000 DM, bei Wertsachen höchstens 1 500 DM).
Die *Kostenstruktur* von G. ist von der hohen Personalintensität bestimmt. Die Personalkosten betragen in Gastwirtschaften rd. ein Viertel, in größeren Betrieben im Durchschnitt ein Drittel der Gesamtkosten. Auf den Wareneinsatz geht nur etwa die Hälfte der Kosten zurück. In Beherbergungsbetrieben betragen die Personalkosten bis zur Hälfte aller Kosten. Die Erlöse von Gastwirtschaften gehen zu rd. 95 % auf Verpflegung zurück. In Beherbergungsbetrieben, insbes. in Hotels, stammen 37 bis 67 % der Erlöse aus Verpflegung, 27 bis 59 % aus Übernachtungen.
Geschichte: G. und deren Gewerbe lassen sich schon im alten Ägypten und in Mesopotamien nachweisen. Im antiken Rom gab es an den großen Straßen Stationen für Unterkunft („mansio") und Pferdewechsel („mutatio"). In den Städten unterschied man vier Arten von G.: die „popina" (Speisegaststätte und Garküche), die „caupona" (Gaststätte mit Kaufmannsladen), die „taberna" (Weingaststätte) und das „stabulum" (Gaststätte für Reisende mit Zug- und Reittieren). Den Germanen waren G. zunächst fremd; die bei ihnen herrschende Gastfreundschaft machte es ihnen zur Pflicht, einen Fremden aufzunehmen. Mit der Ausbreitung des Christentums verlagerte sich die Pflege der Gastlichkeit zunächst auf kirchl. Einrichtungen (Klöster, Spitäler, Hospize); Bischöfe unterhielten in der Nähe ihrer Kirchen G.- und Beherbergungsbetriebe. - Mit dem Aufkommen der städt. G. im 13. Jh. bildete sich das neue Gewerbe der gewerbsmäßigen Verpflegung heraus. Die G. bedurften der Erlaubnis des Landesherrn oder der Stadtobrigkeit und unterlagen einer strengen behördl. Kontrolle. Oft unterhielt der Rat der Stadt eine eigene Gaststätte, den noch heute meist stadteigenen Ratskeller. - Der seit dem 16. und 17. Jh. regelmäßige Postverkehr ließ an den Stationen Gasthöfe und G. entstehen; seit dem 18. Jh. nahm das G.wesen bes. in den Städten und Erholungsgebieten einen großen Aufschwung.

Gaststättengesetz, BG vom 5. 5. 1970 (mit Änderungen); es macht den Betrieb einer Gaststätte, d. h. einer im stehenden Gewerbe betriebenen *Schank-* oder *Speisewirtschaft* oder eines *Beherbergungsbetriebes* von der Erteilung einer verwaltungsbehördl. Erlaubnis abhängig, enthält Bestimmungen u. a. über die Sperrzeit (Beginn: sog. *Sperrstunde*) und die in Gaststätten beschäftigten Personen sowie allg. Verbote (z. B. das Verabreichen von Speisen von der Bestellung von Getränken abhängig zu machen). Zuwiderhandlungen sind in zahlr. Fällen [als Ordnungswidrigkeiten] mit Bußgeld (bis zu 10 000 DM) bedroht.

Gasturbine, Strömungsmaschine, in der chem. Energie in Strömungsenergie umgewandelt wird. G. bestehen aus Verdichter, Brennkammer, Turbine und Wärmetauscher. Vom Verdichter wird Luft angesaugt und komprimiert. Sie gelangt in die *Brennkammer*, wo Kraftstoff zugeführt und unter hohem Druck verbrannt wird. Die entstehenden heißen Gase mit nunmehr hoher Strömungsenergie expandieren in der Turbine. Bei G. wird die Leistung aufgeteilt in einen Teil, der für den Antrieb des Verdichters notwendig ist, und einen Teil, der als Nutzleistung der Abtriebswelle entnommen werden kann. Die noch vorhandene Restwärme der Abgase wird häufig durch einen Wärmetauscher an die verdichtete Ansaugluft zurückgeführt. Dadurch erhöht sich der Wirkungsgrad. G. werden in Flugzeugtriebwerken eingesetzt (z. T. als sog. Wellentriebwerke [z. B. in Hubschraubern], in großem Umfang auch zur Schuberzeugung in Turboluftstrahltriebwerken), ferner als Schiffsantrieb, in Pumpstationen, in G.kraftwerken u. a.

Gasturbinenreaktor, gasgekühlter Kernreaktor, der Gase auf 700 bis 1 000 °C zur Beschickung einer Gasturbine erhitzt.

Gastvölker, Bez. für Stämme, die zu kulturell und techn. höher entwickelten Nachbarstämmen in einem bestimmten Abhängigkeitsverhältnis stehen und von diesen gleichzeitig geschützt und ausgebeutet werden.

Gastwirt, Eigentümer oder Pächter einer Gaststätte.

Gasuhr ↑ Durchflußmessung.

Gasverflüssigung, die Überführung eines unter Normalbedingungen gasförmigen Stoffes in den flüssigen Aggregatzustand. Die G. wird unterhalb der krit. Temperatur (das ist diejenige Temperatur, oberhalb der ein Gas auch bei Anwendung noch so hoher Drücke nicht verflüssigt werden kann) des Gases durch Druckerhöhung erreicht. Gase mit niedrigen krit. Temperaturen (Sauerstoff, Stickstoff, Wasserstoff, Helium) müssen mindestens auf ihre krit. Temperatur vorgekühlt werden (↑ Kältetechnik). Weitere Methoden der G. (↑ Linde-Verfahren) beruhen auf der Abkühlung der Gase bei ihrer Expansion (↑ Drosselung). Die G. wird techn. v. a. zum Entmischen von Gasen (bes. Luft, Erdgas) ausgenutzt. Die verflüssigten Gase lassen sich außerdem leichter lagern und transportieren; verwendet werden sie u. a. in der ↑ Tieftemperaturphysik.

Gasvergiftung, i. d. R. über die Atemwege erfolgende Vergiftung durch gasförmige Stoffe; i. e. S. svw. ↑ Kohlenmonoxidvergiftung.

Gasvolumetrie ↑ Gasanalyse.

Gaswaage (Gasdichtewaage), Gerät zur Bestimmung der Dichte von Gasen mit Hilfe des Auftriebs.

Gaswerk, Betrieb zur Erzeugung von Stadtgas durch die Verkokung von Steinkohle (↑Kohleveredelung).

Gaszähler ↑Durchflußmessung.
◆ svw. gasgefüllter ↑Tscherenkow-Zähler.

Gaszentrifuge, Gerät zur ↑Isotopentrennung, dessen Wirkungsweise darauf beruht, daß auf die verschieden schweren Isotope eines chem. Elements unterschiedl. große Zentrifugalkräfte in einer sehr schnell rotierenden Zentrifuge wirken. Da bei der G. im Ggs. zu anderen Trennverfahren die Anreicherung von der absoluten Massendifferenz abhängt, ist die G. bes. für schwere Elemente geeignet. Mit Umfangsgeschwindigkeiten von 1 000 m/s wurde eine primäre Anreicherung von mehreren Prozent erreicht. Durch Kaskadenanordnung vieler G. werden hohe Anreicherungsgrade erzielt. Die G. wird voraussichtl. das Diffusionsverfahren bei der Trennung der Uranisotope verdrängen, da sie bereits mit wesentl. kleineren Durchsatzmengen wirtsch. arbeitet.

Gata, Kap, Kap an der span. Mittelmeerküste, östlichster Punkt der Costa del Sol.

Gata, Sierra de, Teil des Kastil. Scheidegebirges, Spanien, bis 1 519 m hoch.

Gate [engl. gɛɪt], (Tor, G-Pol) Bez. für die Steuerelektrode beim ↑Thyristor und beim Feldeffekttransistor (↑Transistor).
◆ in der *Flugtouristik* Bez. für den Ausgang der Wartehalle zum Flugfeld.

Gateshead [engl. 'gɛɪtshɛd], engl. Hafen- und Ind.stadt in der Metropolitan County Tyne and Wear, 81 400 E. Techn. Schule; Museen. U. a. Eisen- und Stahlind., Schiffbau und -reparatur. - 1164 Stadtrecht. - Kirche Saint Mary's-(v. a. 14. Jh.).

Gathas [awest. gatha „Lied"] ↑Awesta.

Gâtinais [frz. gɑti'nɛ], von Loire, Yonne und Seine begrenzte Plateaulandschaft im Pariser Becken mit zahlr. Seen.

Gatling, Richard Jordan [engl. 'gætlɪŋ], * in der Hertford County (N. C.) 12. Sept. 1818, † New York 26. Febr. 1903, amerikan.

Gasturbine eines Kraftwerks (Schema)

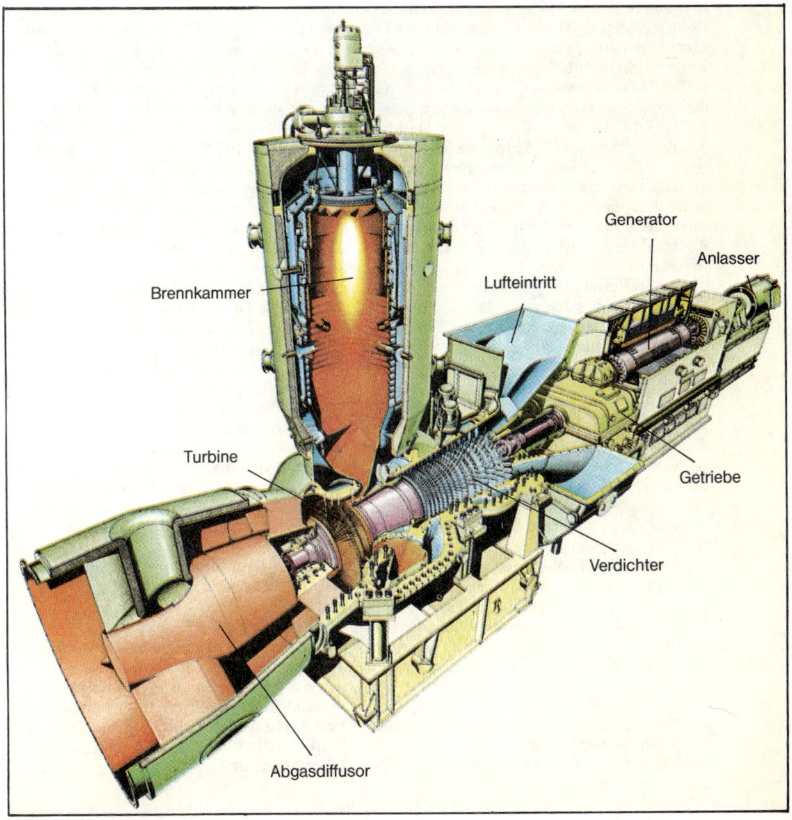

Mechaniker. - Entwickelte Landmaschinen, darunter (1857) einen Dampfpflug, und erfand (1862) eines der ersten Maschinengewehre *(Gatling-Gun)*.

G-Atom, svw. ↑Grammatom.

Gatsch (Paraffingatsch), Gemisch höherer Kohlenwasserstoffe (etwa 18–28 C-Atome), die z. B. bei der Fischer-Tropsch-Synthese anfallen; werden v. a. zur Herstellung von Fettsäuren verwendet.

Gatt (Gat) [niederdt.], enges Loch; z. B. in der Reling für den Ablauf von Wasser bestimmte Schlitze (Spei-G.); auch Bez. für eine enge Meeresdurchfahrt (z. B. Kattegat); kleiner Raum an Bord eines Schiffes (z. B. Kabel-G.).

GATT [gat; engl. gæt], Abk. für: **G**eneral **A**greement on **T**ariffs and **T**rade, Allgemeines Zoll- und Handelsabkommen, am 30. Okt. 1947 unterzeichnetes, als völkerrechtl. Vertrag bisher noch nicht in Kraft getretenes Abkommen zur Durchsetzung einer weltweiten handelspolit. Ordnung; es erfaßt über 80 % des Welthandels.
Die bisherige Tätigkeit des GATT läßt sich in mehrere Abschnitte einteilen: 1. Der Zeitraum zw. 1947 und 1951 (Verhandlungen von Genf und Torquay), der durch hohe Zollsenkungen (insgesamt 23,8 %) gekennzeichnet ist. 2. Die Phase des Abbaus mengenmäßiger Beschränkung des Im- und Exportes und sonstiger Diskriminierungen des internat. Handels. 3. Die Reform des Abkommens nach 1955, die v. a. die Probleme der schwächeren Mitgliedsstaaten berücksichtigte. 4. Die Jahre nach 1961, in denen wiederum bed. Zollsenkungen als Ergebnis der Dillon- und Kennedy-Runde erreicht werden konnten (1961–67 insgesamt 42 %) und die durch noch andauernde Verhandlungen über linearglobale Zollsenkungen gekennzeichnet sind.
Organisation und Arbeitsweise: Ein- oder zweimal jährl. findet eine Konferenz aller Mitgliedsländer statt, in der über die anstehenden Sachfragen entschieden wird, die zuvor von Ausschüssen erarbeitet wurden. Dabei müssen Beschlüsse i. d. R. einstimmig gefaßt werden, jedoch sind auch Mehrheitsvotierungen mögl., denen sich die angeschlossenen Staaten nur durch Austritt entziehen können. Folgt ein Mitgliedsland nach Verabschiedung einer Vorlage dieser nicht, so kann es zur Verantwortung gezogen werden. Kommt es bei grundlegenden Problemen zu keiner Einigung, so wird zunächst den betroffenen Ländern die Möglichkeit gegeben, diesen Fragenkomplex in bilateralen Verhandlungen zu beraten und zu einer Entscheidung zu gelangen. Der *GATT-Rat*, in dem jede Vertragspartei Mgl. werden kann, nimmt die laufenden und dringl. Geschäfte zw. den Konferenzen wahr. Das *Sekretariat* in Genf bereitet die Sitzungen der Vollversammlung vor.
Hauptziel des GATT ist, durch Senkung der Zölle und Abbau sonstiger Außenhandelsbeschränkungen den Welthandel auf der Grundlage der Meistbegünstigung und Nichtdiskriminierung zu fördern; danach müssen Zollvergünstigungen allen Handelspartnern eines Landes gleichermaßen gewährt werden (Meistbegünstigung) und erlaubte Ausnahmen vom Verbot mengenmäßiger Beschränkungen auf alle Partner Anwendung finden (Nichtdiskriminierung). Der Grundsatz der Gegenseitigkeit, auf dem das GATT beruht, führt gegenüber Entwicklungsländern zu unangemessenen Belastungen. Deshalb werden ihnen Vergünstigungen gewährt und sind allgemeine Vorzugsbehandlungen für sie in Abweichung von der Meistbegünstigungspflicht zulässig. Eine Ausnahme von dieser Pflicht läßt das GATT auch zugunsten von Parteien zu, die einer Freihandelszone oder Zollunion angehören. Voraussetzung ist, daß zw. den Mgl. im wesentl. der gesamte Handel von Zöllen und sonstigen Handelsbeschränkungen befreit wird. Hauptfall ist die EWG.
Mitglieder: Die Anzahl der Vertragsparteien hat sich ausgehend von den 23 Gründungs-Mgl. auf 91 Mgl. erhöht (1986; hinzu kommen 31 De-facto-Mgl.), darunter die meisten afrikan. Staaten und eine Reihe von Ostblockländern. Für die Mitgliedschaft der BR Deutschland ist anzumerken, daß der Warenaustausch zw. der DDR und der BR Deutschland grundsätzl. zollfrei ist; für Berlin (West) gelten die Bestimmungen des GATT.
Die **Kennedy-Runde:** Über den 1963 von John F. Kennedy vorgelegten Plan einer allg. Zollunion, der eine generelle Zollsenkung um 50 % vorsah und damit die Abkehr vom System der bilateralen Verhandlungen und Meistbegünstigung bedeutete, wurde 1964–67 verhandelt. Als Ergebnis der Kennedy-Runde wurde das Zollniveau der Mitgliedsländer um etwa 35 % gesenkt.
Die **Tokio-Runde** (1973–79) war stärker darauf ausgerichtet, nichttarifäre Handelshemmnisse zu beseitigen und den bes. Problemen der Entwicklungsländer Rechnung zu tragen (u. a. durch Zollsenkungen).

Gattamelata, eigtl. Erasmo da Narni, * Narni um 1370, † Padua 16. Jan. 1443, italien. Kondottiere. - Stand seit 1433 im Dienste Venedigs, v. a. im 3. Mailänder Krieg (1435/37–41) im Kampf um die Ausdehnung der Terra ferma; berühmtes Reiterstandbild des G. von Donatello vor dem „Santo" in Padua.

Gattenfamilie ↑Familie.

Gatter, wm. Bez. für den Zaun zur Einfriedung eines Wildgeheges.
◆ die Sägeblätter einer ↑Gattersäge.
◆ ein elektr. Schaltkreis, der elementare log. Verknüpfungen realisiert. Grundtypen log. Funktionen sind die „und"-Funktion und die „oder"-Funktion.

Gattermann, [Friedrich August] Ludwig, * Goslar 20. April 1860, † Freiburg im Breisgau 20. Juni 1920, dt. Chemiker. - Prof. in Heidelberg und in Freiburg im Breisgau. Entwickelte ein Verfahren zur Darstellung aromat. Aldehyde (**Gattermannsche Synthese**); berühmt wurde G. durch sein Praktikumsbuch „Die Praxis des organ. Chemikers" (1894), das in über 40 Auflagen erschien.

Gattersäge, Maschine zum Auftrennen von Holzstämmen und Holzblöcken zu Brettern und Bohlen. Nach der Anordnung der Sägeblätter *(Gatter)* unterscheidet man *Senkrecht- (Vertikal-)* und *Waagerechtgatter (Horizontalgatter).*

Gatti, Armand, * Monaco 26. Jan. 1924, frz. Schriftsteller und Regisseur. - Gilt als Hauptvertreter des polit. frz. [Dokumentar]theaters, u. a. mit „V wie Vietnam" (Dr., 1967), „General Francos Leidensweg" (Dr., 1968). Auch Essays, Drehbücher, Filme (u. a. „Nous étions tous des noms d'arbres", 1982).

gattieren, Mischungsverhältnisse von Metall und Zuschlägen zur Erzielung bestimmter Metalleigenschaften ermitteln.

Gattinara, Mercutino Arborio di, * bei Vercelli 10. Juni 1465, † Innsbruck 5. Juni 1530, italien. Großkanzler und Kardinal (seit 1529). - 1518 Großkanzler des späteren Kaisers Karl V. in Spanien, dessen Ratgeber und polit. Lehrmeister; wußte nach der Schlacht von Pavia (1525) Frankr. zu isolieren, konzipierte den Damenfrieden von Cambrai (1529).

Gattschina, sowjet. Stadt im Gebiet Leningrad, RSFSR, 73 000 E. Standort eines Teilchenbeschleunigers (Synchrozyklotron); Maschinenbau. - Schloß (18./19. Jh.).

Gattung, (Genus) allg. Wesenheit; das durch begriffl. Verallgemeinerung von Arten gewonnene übergeordnete Gemeinsame. Während in der *philosoph. Tradition* die Kategorien (z. B. „Qualität", „Substanz") die oberste Einteilung des „Seienden", also die Arten der G. „Gegenstand" bilden, wird die Spitze der noch heute von den Wiss. in ihren klassifikator. Teilen verwendeten Begriffspyramiden vom uneigentl. Prädikator „Gegenstand" gebildet.

◆ (Genus) in der *Biologie* eine systemat. Kategorie, in der verwandtschaftl. einander sehr nahe stehende ↑Arten zusammengefaßt werden, die dann dieselbe Gattungsbez. tragen (z. B. bei Löwe und Leopard: Panthera). - ↑auch Nomenklatur.

Gatter. Symbole eines „und"-Gatters (links) und eines „oder"-Gatters (rechts)

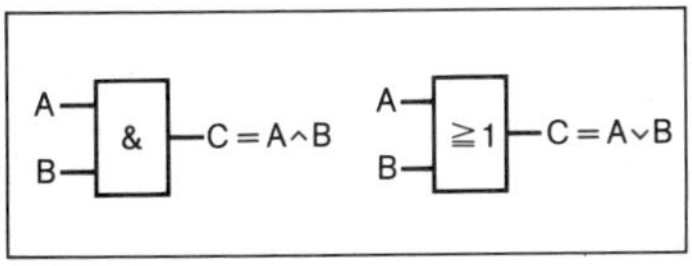

◆ formale *literaturwiss.* Klassifikation der Dichtung; unterschieden werden Lyrik, Epik und Dramatik, wobei die Grenzen fließend sind.

◆ in der *bildenden Kunst* werden Baukunst, Plastik und Malerei unterschieden; seit der Renaissance prägten sich einzelne Bild-G. aus, in der Bildhauerkunst z. B. Denkmal, Grabmal, Porträt, in der Malerei u. a. Altarbild und Andachtsbild, Bildnis, Historienbild, Stilleben, Landschaftsmalerei.

Gattungsbastard, aus einer Kreuzung hervorgegangenes Individuum, dessen Eltern verschiedenen Gatt. angehören (z. B. das Maultier aus Esel und Pferd).

Gattungskauf, der Kauf einer nur der Gattung nach bestimmten Sache (z. B. 100 kg Zwetschgen). Bei deren Mangelhaftigkeit kann der Käufer statt ↑Wandlung oder ↑Minderung Nachlieferung einer mangelfreien Sache verlangen. - Ggs. ↑Stückkauf.

Gattungsname, svw. ↑Appellativ.

Gattungsschuld (Genusschuld), die Schuld, die eine nur der Gattung nach bestimmte Leistung zum Inhalt hat, z. B. Lieferung von 10 Flaschen Wein. Der Schuldner von Sachen muß grundsätzl. *Sachen mittlerer Art und Güte* leisten. Falls er sie nicht hat, muß er sie beschaffen.

Gattungsvollmacht (Artvollmacht) ↑Vollmacht.

Gatwick [engl. 'gætwɪk], internat. ✈ 40 km südl. des Londoner Zentrums.

Gau, im alten Ägypten eine Verwaltungseinheit (im 2. Jt. v. Chr.: 42), an deren Spitze ein Beamter stand.

◆ (mlat. pagus) in german. Zeit die Siedlungsräume der Untergliederungen der Stämme, oft Herrschaftsbereiche von Unterkönigen (**Gaukönige**); im westl. Fränk. Reich für das Umland im Ggs. zur städt. Civitas gebraucht, dort auch Grundlage der fränk. Grafschaftsverfassung, die die G.gliederung überdeckte.

◆ territoriale Organisationseinheit der NSDAP (1939: 42; 1942: 43), an deren Spitze Hitler bzw. dessen Stellvertreter direkt untergeordnete **Gauleiter** standen, die als Reichskommissare, Reichsstatthalter, Oberpräsidenten und Landesmin. eine bed. Rolle spielten.

GAU, Abk. für: **g**rößter **a**nzunehmender **U**nfall, Störfall im Betrieb eines Kernkraftwerks mit den größten Auswirkungen auf die Umgebung der Anlage; wird der zur Erlangung der Baugenehmigung vorzulegenden Sicherheitsanalyse zugrunde gelegt.

Gau-Algesheim, Stadt 22 km westl. von Mainz, Rhld.-Pf., 195 m ü. d. M., 5 400 E. Ölraffinerie, Kleinmotorenbau, Weingroßkellerei. - *Algesheim*, erstmals 766 gen., kam 983 an das Erzbistum Mainz und erhielt 1322/55 Stadtrechte; seit 1818 heutiger Name. - Rathaus (15. Jh. und 1726), Reste der Stadtbefestigung (14. Jh.).

Antoni Gaudí, Casa Batlló (1904–06). Barcelona

Gaube (Gaupe) ↑Dachgaupe.

Gaubenziegel ↑Gaupenziegel.

Gauch, mundartl. für Kuckuck; Narr, Tor, Hahnrei.

Gauchat, Louis [frz. go'ʃa], * Les Brenets (Kt. Neuenburg) 12. Jan. 1866, † Lenzerheide 22. Aug. 1942, schweizer. Romanist. - Prof. in Bern, seit 1907 in Zürich; begründete mit E. Muret u. a. das große Korpus der Mundarten der frz. Schweiz („Glossaire des patois de la Suisse romande", 1924/25).

Gauchheil (Anagallis), Gatt. der Primelgewächse mit etwa 40 über die ganze Erde verbreiteten Arten, davon drei in Deutschland; kriechende oder aufrechte, kleine, ein- bis mehrjährige Pflanzen mit gegen- oder wechselständigen Blättern, in deren Achseln rad- bis glockenförmige, gestielte Blüten stehen. Die häufigste einheim. Art ist der ↑Ackergauchheil.

Gauchismus [go'ʃɪsmʊs: zu frz. gauche „links"], polit. Bewegung in Frankr., aus trotzkist., maoist. und anarchist. Gruppen, die in den Maiunruhen 1968 eine wichtige Rolle spielte.

Gaucho ['gaʊtʃo; indian.-span.], Bez. für die berittenen Viehhirten v. a. der argentin. Pampas; meist Mestizen, hervorgegangen aus nomad. Indianerstämmen, die sehr früh von den Spaniern das Pferd zur Jagd übernommen hatten. Ihre Lieder sind bed. für die argentin. Folklore.

Gauda ↑Bengalen.

Gaudi [lat.], svw. ↑Gaudium.

Gaudí, Antoni, eigtl. A. Gaudí y Cornet [span. gaṷ'ði i kɔr'nɛt], * Reus 25. Juni 1852, † Barcelona 10. Juni 1926, span. Architekt. - Fand eine persönl. Form des Jugendstils von höchster Originalität, für die vegetabile ornamentale Durchgestaltung und von der Plastik abgeleitete Formerfindungen charakterist. sind. 1883 Beginn der bis heute im Bau befindl. monumentalen Kirche „Sagrada Familia" in Barcelona; ebd. 1900–04 Park Güell (urspr. als Trabantenstadt konzipiert), 1904–06 Haus Batlló, 1905–10 Haus Milá.

Gaudig, Hugo, * Stöckey (Landkreis Worbis) 5. Dez. 1860, † Leipzig 2. Aug. 1923, dt. Pädagoge. - Er reformierte im Rahmen der Arbeitsschulbewegung den Unterricht nach dem Prinzip der „freien geistigen Tätigkeit" durch Hinführung zu selbständigem Arbeiten; schrieb u. a. „Die Idee der Persönlichkeit und ihre Bedeutung für die Pädagogik" (1923).

Gaudium [lat.], Scherz, Spaß, Freude, Ausgelassenheit, Belustigung; süddt., bes. bair.: **Gaudi.**

Gaudium et spes [lat. „Freude und Hoffnung"], nach ihren Anfangsworten ben. Pastoralkonstitution des 2. Vatikan. Konzils (1965) über die Kirche und die Berufung des Menschen in der Welt von heute.

Gaudy, Franz Freiherr von, * Frankfurt/Oder 19. April 1800, † Berlin 5. Febr. 1840, dt. Schriftsteller. - Lyriker und Erzähler zw. Spätromantik und Realismus; seine Humoreske „Aus dem Tagebuch eines wandernden Schneidergesellen" (1836) ist Eichendorffs „Taugenichts" verpflichtet.

Gauermann, Friedrich, * Miesenbach (Niederösterreich) 20. Sept. 1807, † Wien 7. Juli 1862, östr. Maler. - Schulebildender Landschafter mit virtuosen Beleuchtungseffekten.

Gaufrage [go'fra:ʒə; zu frz. gaufre „Wabe, Waffel"], Musterung, Narbung von Papier oder Geweben, hergestellt durch **Gaufrieren** (Warmprägen) auf einem Gaufrierkalander.

Gaufré [go'fre:; frz.], gaufriertes Gewebe.

Gaugamela ↑Arbil.

Gauge [engl. gɛɪdʒ], Abk. gg., Zahl der Nadeln, die bei der Flachkulierwirkmaschine auf der Breite von 1,5 Zoll arbeiten; je höher die G.zahl, desto feiner das Erzeugnis.

Gauguin, Paul [frz. go'gɛ̃], * Paris 7. Juni 1848, † Atuona auf Hiva Oa (Marquesasinseln) 8. Mai 1903, frz. Maler und Graphiker. - Seit 1883 ausschließl. und oft unter großer Not als Maler tätig; 1886 in der Bretagne (Begegnung mit É. Bernhard), 1888 bei van Gogh in Arles, 1891–93 auf Tahiti, 1895 Rückkehr nach Tahiti, 1901 infolge von Schwierigkeiten mit der Kolonialverwaltung Übersiedlung auf die Marquesasinseln. G.s Frühwerk zeigt Einfluß des Impressionismus; 1886 in der Bretagne entscheidende Wendung zu betontem Flächenstil mit Konturierung der Flächen. Seine Figurenbilder von der Südsee in expressiv gesteigerter, bunter Farbigkeit haben eine starke ornamentale Wirkung. Nach 1893 schrieb und illustrierte G. mit Farbholzschnitten „Noa-Noa" (1897, Original im Louvre); auch als Keramiker und Holzschnitzer tätig.

Gauhati [engl. gaʊ'hɑ:tɪ], Stadt und hinduist. Pilgerzentrum im ind. B.-Staat Assam, am Brahmaputra, 55 m ü. d. M., 146 000 E. Univ. (gegr. 1948); Assam State Museum; Zoo. Wichtigster Ind.standort in Assam mit Nahrungsmittelind. und Erdölraffinerie; Bahnstation, ✈. - 1826 Distrikthauptstadt von Britisch-Indien.

Gaukler ↑ Schlangenadler.

Gaukler [zu althochdt. goukal „Zauberei"], Trickkünstler und Akrobat auf Jahrmärkten usw. (veraltet).

Paul Gauguin, Vision nach der Predigt oder Jakob kämpft mit dem Engel (1888). Edinburgh, National Gallery of Scotland

Gauklerblume (Mimulus), Gatt. der Rachenblütler mit etwa 150 Arten in den außertrop. Gebieten, v. a. im westl. N-Amerika; meist niedrige Kräuter, mit ungeteilten, gegenständigen Blättern und großen, gelben bis braunen, zuweilen rötl. gefleckten Blüten. Mehrere krautige Arten werden kultiviert und sind z. T. verwildert und eingebürgert, z. B. die **Gelbe Gauklerblume** (Mimulus guttatus) mit gelben, rotgefleckten Blüten.

Gauklerfische (Schmetterlingsfische, Chaetodontinae), Unterfam. meist prächtig bunt gefärbter, etwa 10–20 cm langer Knochenfische (Fam. Borstenzähner) mit über 100 Arten in den trop. und subtrop. Meeren.

Gaul, August, * Großauheim 22. Okt. 1869, † Berlin 18. Okt. 1921, dt. Bildhauer und Graphiker. - Bed. Tierbildhauer; vorwiegend einzelne Tiere, die in der Regel im Ruhezustand wiedergegeben sind.

G., Winfred, * Düsseldorf 9. Juli 1928, dt. Maler und Graphiker. - Prof. an der Kunstakad. Düsseldorf. Arbeitete im Sinne der Signalkunst, dann der analyt. Malerei.

Gaul, [z. T. abwertende Bez. für] Pferd.

Gäulandschaften, zusammenfassende Bez. für einen Teil des südwestdt. Schichtstufenlands, ↑ Baden-Württemberg.

Gauleiter ↑ Gau.

Gaulhofer, Karl, * Feldbach 13. Nov. 1885, † Amsterdam 10. Okt. 1941, östr. Turnpädagoge. - Seit 1932 Rektor der Akademie für Leibesübungen in Amsterdam; Begründer des östr. Schulturnens; schrieb u. a. „Natürl. Turnen" (2 Bde., 1930, ²1949), „System des Schulturnens" (hg. 1965).

Gaulle, Charles de [frz. də'go:l], * Lille 22. Nov. 1890, † Colombey-les-deux-Églises

Charles de Gaulle (1960)

9. Nov. 1970, frz. General und Politiker. - Ausbildung an der Militärakademie Saint-Cyr; Stabsoffizier seit 1937; am 6. Juni 1940 zum Unterstaatssekretär für Nat. Verteidigung berufen. Nach der frz. Kapitulation rief er in der Londoner Rundfunkrede vom 18. Juni 1940 zur Fortführung des Krieges auf und erklärte sich zum legitimen Repräsentanten Frankr. Nach Ausschaltung seiner Gegenspieler F. Darlan und H.-H. Giraud 1942 galt de G. an der Spitze des Frz. Komitees der Nat. Befreiung seit Juni 1943 als Chef der frz. Exil-Reg., die er im Mai 1944 zur Provisor. Reg. der Frz. Republik erklärte. 1945/46 als Min.präs. bestätigt und zum provisor. Staatsoberhaupt gewählt. Nach dem erfolglosen Versuch 1947–53, mit dem Rassemblement du Peuple Français (Abk. RPF) eine ausreichende polit. Massenbasis zu gewinnen, zog sich de G. aus dem öffentl. Leben zurück. Unter dem Eindruck einer ausweglosen innenpolit. Situation nach dem Militärputsch von Algier (13. Mai 1958) beauftragte Staatspräs. R. Coty de G. am 29. Mai 1958 mit der Bildung einer neuen Reg., die die Anerkennung der Unabhängigkeit Algeriens (Juli 1962) durchsetzen und so die Staatskrise überwinden konnte. Die neue Verfassung der 5. Republik, zu deren erstem Präs. de G. am 21. Dez. 1958 gewählt wurde, war auf seinen persönl. Reg.stil zugeschnitten und erleichterte durch ihren stark plebiszitären Charakter eine autoritär-patriarchal., stabile Reg.tätigkeit. De G. vorrangiges außenpolit. Ziel war die Wiederherstellung der Großmachtposition Frankr. und die Schaffung eines eigenständigen Europas unter frz. Führung. Die hierzu notwendige endgültige dt.-frz. Aussöhnung vollzog er 1963 mit der Unterzeichnung des Dt.-Frz. Vertrages. Mit seiner Politik eines „Europas der Vaterländer" war de G. bestrebt, eine übernat. polit. Integration zu vermeiden. In diesem Rahmen muß die allmähl. Distanzierung von den USA gesehen werden (Aufkündigung des NATO-Bündnisses, Aufbau einer eigenen Atomstreitmacht [Force de frappe], Verbesserung der Beziehungen zur UdSSR und zur VR China). 1965 erst im 2. Wahlgang mit 55 % der Stimmen wiedergewählt, verband de G. nach den Maiunruhen 1968 resignierend ein Referendum über eine Regional- und Senatsreform mit einem Plebiszit über seine persönl. Politik und trat nach dessen negativem Ausgang am 28. April 1969 zurück. Sein polit. Wirken in den Jahren 1940–69 hat er in literar. ebenso eigenwilligen wie glänzenden Memoiren dargestellt: „Mémoires de guerre" (1955–59), „Memoiren der Hoffnung" (1971).

🕮 *Kapferer, R.: Charles de G. Stg. 1985. - Mauriac, C.: Un autre De G. Paris 1970. - Viansson-Ponté, P.: Histoire de la république gaullienne. Paris 1970–71. 2 Bde.*

Gaullismus [go...], Bez. für die Gesamtheit der polit., sozialen, wirtsch. und kulturellen Ideen, die de Gaulle seit 1940 zur Wiederherstellung und Wahrung der nat. Größe Frankr. verfocht und die zur Grundlage der polit. Bewegungen (Gaullisten) wurden, die sich zur Unterstützung seiner Ziele bildeten: 1947–52 das RPF (Rassemblement du Peuple Français), 1958–68 die UNR (Union pour la Nouvelle République), 1968–76 die UDR (Union des Démocrates pour la Ve République), seitdem das RPR (Rassemblement pour la République).

Gaullisten [go...], Bez. für die Anhänger und Befürworter des Gaullismus.

Gaultheria [nach dem kanad. Botaniker J.-F. Gaultier, * 1708, † 1756] (Scheinbeere), Gatt. der Heidekrautgewächse mit etwa 150 Arten in N- und S-Amerika, O- und S-Asien, Australien und Neuseeland; niedrige, immergrüne Sträucher mit wechselständigen, gesägten, eiförmigen Blättern; Blüten einzeln oder in Trauben; Frucht eine beerenähnl. Kapsel.

Gaultier (Gaultier), Denis [frz. go'tje], gen. G. le Jeune oder G. de Paris, * Marseille (?) um 1603 oder 1597 (?), † Paris im Jan. 1672, frz. Lautenist und Komponist. - Hatte bed. Einfluß auf die europ. Lauten- und Clavecinmusik; Lautenkompositionen erschienen gedruckt 1669 und 1672 und sind handschriftl. in „La rhétorique des dieux" (um 1655) erhalten.

Gaumata, † Okt. 521 v. Chr., Meder aus dem Stamm der Magier. - Usurpator, gab sich als Bruder des Kambyses II. aus, wurde aber von der Verschwörergruppe um Darius I. getötet.

Gaumen (Munddach, Palatum), obere Begrenzung der Mundhöhle bei den Wirbeltieren, deren Epithel bei den Fischen und Amphibien durch Deckknochen an der Basis des Hirnschädels gestützt wird *(primärer G., primäres Munddach)*. Durch einwärts in die Mundhöhle wachsende Fortsätze des Zwischen- und Oberkiefers und des Gaumenbeins bildet sich bei den höheren (luftatmenden) Wirbeltieren ein *sekundärer G. (sekundäres Munddach)* aus, der nach oben eine Nasenhöhle abteilt (die jedoch über die

↑Choanen mit der Mundhöhle bzw. dem Rachen in Verbindung bleibt). Bei den Säugetieren (einschließl. Mensch) gliedert sich der sekundäre G. in einen vorderen *harten G. (knöcherner G., Palatum durum)* und einen hinten anschließenden *weichen G. (Palatum molle;* ↑Gaumensegel).

Gaumenmandel (Tonsilla palatina), jederseits zw. den Gaumenbögen des weichen Gaumens liegendes lymphat. Organ der Säugetiere; Abwehrorgan gegen Infektionskeime. - ↑auch Rachenmandel, ↑Zungenmandel.

Gaumensegel (weicher Gaumen, Velum palatinum), über der Zungenbasis (im Anschluß an den harten Gaumen) ausgespannte Schleimhaut (mit Muskulatur und Bindegewebe) des sekundären Gaumens mit jederseits zwei bogenförmigen Falten hintereinander. Die Gaumenbögen laufen in der Mitte des Hinterrandes des G. im frei herabhängenden **Gaumenzäpfchen** *(Zäpfchen, Uvula, Uvula palatina)* zusammen. Zw. den Gaumenbögen liegt die ↑Gaumenmandel.

Gaumenspalte (Palatoschisis, Uranoschisis), erbl. bedingte Mißbildung durch Ausbleiben der Verwachsung beider Gaumenhälften untereinander oder mit dem Nasenseptum. Die G. ist mit der Hasenscharte und dem Wolfsrachen eine der häufigsten Mißbildungen. Durch ungenügenden Abschluß des Nasenrachenraums kommt es bei der G. zu Sprachstörungen. Die Behandlung der G. erfordert zuerst den Verschluß des weichen Gaumens im Verlauf des 6. bis 8. Lebensmonats. Nach dem Wachstumsabschluß wird dann die G. mit einem operativ-plast. Verschluß (Gaumenspaltenplastik, Uranoplastik) geschlossen.

Gaumenzäpfchen ↑Gaumensegel.

Gauner, aus dem Rotwelsch übernommene Bez. für Halunke, Spitzbub, Dieb.

Gaunersprache, Sondersprache der Landstreicher und Gauner, oft als Geheimsprache verwendet. Die dt. G. wird als ↑Rotwelsch bezeichnet (frz. Argot).

Gaunerzinken (Bettlerzinken), an Hausmauern oder Türen angebrachte Geheimzeichen der Gauner.

Gaunt, John of [engl. gɔːnt] ↑Lancaster, John of Gaunt, Herzog von.

Gaupe (Gaube), svw. ↑Dachgaupe.

Gaupenziegel (Gaubenziegel, Kaffziegel, Lukenziegel), Dachziegel in Gaupenform zur Belüftung von Dachräumen.

Gaur [engl. 'gaʊə], ind. Ruinenstadt im Bundesstaat West Bengal, 6 km sö. von English Bazar; alte Hauptstadt Bengalens, auch Lakschmanawati oder Lakhnauti gen.; 1198–1575 mit Unterbrechungen Sitz der muslim. Vizekönige von Bengalen.

Gaur ['gaʊər; Hindi] (Dschungelrind, Bos gaurus), sehr großes, kräftig gebautes Wildrind in Vorder- und Hinterindien; Körperlänge etwa 2,6 (♀) bis 3,3 m (♂), Schulterhöhe etwa 1,7–2,2 m, Gewicht bis etwa 1 t; Färbung in beiden Geschlechtern gleich: dunkelbraun bis schwarz, unterer Teil der Extremitäten weiß. Die halbzahme Haustierform des G. ist der **Gayal** (Stirnrind, Bos gaurus frontalis): deutl. kleiner und und kurzbeiniger als der G., Körperlänge bis etwa 2,8 m, Schulterhöhe bis 1,6 m, ♀♀ kleiner.

Gaurisankar, Berg im Himalaja, auf der Grenze zw. Tibet und Nepal, 50 km westl. des Mount Everest, 7 144 m hoch.

Gaus, Günter [Kurt Willi], * Braunschweig 23. Nov. 1929, dt. Publizist und Politiker. - Programmdirektor beim SWF 1965–69; Chefredakteur beim „Spiegel" 1969–73, seit 1973 Staatssekretär im Bundeskanzleramt, 1974–81 Leiter der ständigen Vertretung der BR Deutschland bei der DDR; bis Juni 1981 Wissenschaftssenator in Berlin (West).

Gauß, Carl Friedrich, * Braunschweig 30. April 1777, † Göttingen 23. Febr. 1855, dt. Mathematiker, Astronom und Physiker. - Der seit 1807 als Prof. für Astronomie und Direktor der Sternwarte in Göttingen wirkende G., bereits zu Lebzeiten als Princeps mathematicorum bezeichnet, gehört zu den bedeutendsten Mathematikern. 1801 veröffentlichte er seine „Disquisitiones arithmeticae", das grundlegende Werk der modernen Zahlentheorie. Im gleichen Jahr erzielte G. einen bes. wiss. Erfolg, als W. Olbers die Wiederauffindung des Planetoiden Ceres an einer von ihm vorausberechneten Stelle gelang. G. veröffentlichte seine hierzu entwickelten Methoden der Bahnbestimmung 1809 in seinem astronom. Hauptwerk „Theoria motus corporum coelestium", in dem er der theoret. Astronomie eine neue Grundlage gab. 1827 veröffentlichte er sein grundlegendes differentialgeometr. Werk „Disquisitiones circa superficies curvas". Zus. mit dem Physiker Wilhelm Weber widmete er sich der Erforschung des ↑Erdmagnetismus, wobei er das nach ihm benannte absolute physikal. Maßsystem aufstellte. Der von beiden 1833 konstruierte elektromagnet. Telegraph wurde damals techn. nicht weiterentwickelt. In diese Zeit fallen auch seine grundlegenden Arbeiten zur Physik, insbes. zur Mechanik, zur Potentialtheorie, sowie zur geometr. Optik (↑Gaußsche Abbildung). Auf dem Gebiet der Mathematik sind v. a. noch seine Arbeiten zur Theorie der unendl. Reihen, seine Methoden der numerischen Mathematik sowie seine Beweise des Fundamentalsatzes der Algebra zu nennen.

📖 *Reich, K.: C. F. G. 1777–1855. Gräfelfing ²1985. - C. F. G. Leben u. Werk. Hg. v. H. Reichardt. Bln. 1960.*

Gauß [nach C. F. Gauß], Einheitenzeichen G oder Gs, im amtl. Verkehr nicht mehr zugelassene Einheit der magnet. Flußdichte (magnet. Induktion); $1\ G = 10^{-8}\ Vs/cm^2 = 10^{-4}\ Vs/m^2 = 10^{-4}\ Wb/m^2 = 10^{-4}$ Tesla.

Gesetzl. SI-Einheit ist das ↑Tesla.

Gauß-Krüger-Abbildung [nach C. F. Gauß und dem dt. Geodäten J. H. L. Krüger, * 1857, † 1923], eine ↑konforme Abbildung eines auf dem Erdellipsoid liegenden geograph. Koordinatensystems in ein ebenes kartes. Koordinatensystem, gelegentl. auch als Abbildung der Hannoverschen Landesvermessung bezeichnet, seit 1923 (amtl. 1927) in der dt. Landesvermessung und später auch in zahlreichen anderen Ländern der Erde eingeführt (im engl. sprechenden Ausland oft transversale Mercator-Abbildung genannt).

Gaußsche Abbildung [nach C. F. Gauß], die idealisierte opt. ↑Abbildung, bei der durch die Abbildungsgleichungen alle Geraden und Ebenen des Dingraumes in Geraden bzw. Ebenen des Bildraumes abgebildet werden.

Gaußsche Gleichung [nach C. F. Gauß], die bei einer opt. ↑Abbildung durch eine einzelne brechende Kugelfläche (Radius r) zw. den Schnittweiten (s, s') und Brennweiten (f, f') geltende Beziehung

$$n'/s' + n/s = (n' - n)/r = n'/f' = n/f,$$

wobei n und n' die Brechungsindizes im Ding- bzw. Bildraum sind.

Gaußsche Koordinaten [nach C. F. Gauß] (krummlinige Koordinaten), Koordinaten auf gekrümmten Flächen, z. B. geograph. Länge und Breite auf einer Kugel.

Gaußsche Zahlenebene [nach C. F. Gauß], eine Ebene mit einem kartes. Koordinatensystem zur Darstellung der komplexen Zahlen; die Abszisse (x-Achse) liefert den Realteil, die Ordinate (y-Achse) den Imaginärteil. Jedem Punkt der G. Z. ist genau eine komplexe Zahl zugeordnet und umgekehrt.

Paul Gavarni, Je länger ich dich ansehe, je mehr liebe ich ihn (1853). Lithographie aus der Folge „Les Partageuses"

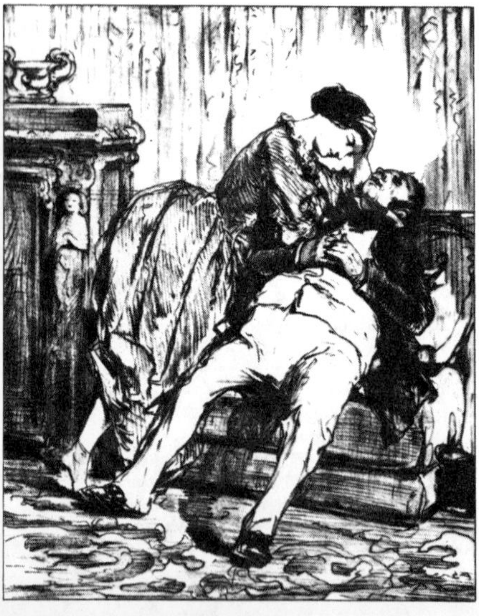

Gauß-Typ [nach C. F. Gauß] ↑photographische Objektive.

Gauß-Verteilung [nach C. F. Gauß], svw. Normalverteilung.

Gautama [Sanskrit], Geschlechtsname des ↑Buddha.

Gauten, einer der beiden großen Stammesverbände, die das ma. schwed. Reich bildeten (↑auch Svear); im 6. Jh. erwähnt; umstritten ist, ob die G. ident. sind mit den „géatas" des „Beowulf". Ihre Siedlungsgebiete liegen hauptsächl. südl. des Vänersees und des Götaälv in Väster- und Östergötland.

Gautier, Théophile [frz. go'tje], * Tarbes 30. Aug. 1811, † Neuilly-sur-Seine 23. Okt. 1872, frz. Dichter und Kritiker. - Stand zuerst unter dem Einfluß der romant. Schule V. Hugos, schrieb Künstlerromane, Friedhofslyrik u. a.; er unternahm zahlr. Reisen und pflegte Kontakte u. a. zu Nerval und Baudelaire (dessen erster Deuter er war). G. gelangte seit den 40er Jahren zu einer ausgefeilten virtuosen Lyrik und nahm mit ihr das Ideal des ↑L'art pour l'art des Parnasse vorweg; er schrieb außerdem phantasievolle, abenteuerl. Romane sowie literarhistor. Werke über die frz. romant. Literatur.
Werke: Mademoiselle de Maupin (R., 1835), Emaillen und Kameen (Ged., 1852), Der Roman der Mumie (1858), Kapitän Fracasse (R., 2 Bde., 1861–63).

Gauting, Gemeinde im sw. Vorortbereich von München, Bayern, 590 m ü. d. M., 18 100 E. Betriebe der Feinmechanik und Elektrotechnik. - Erstmals 753 urkundl. erwähnt. - Got. Pfarrkirche (15. Jh.) mit Rokokoausstattung.

gautschen, in der *Papierherstellung* Fasern entwässern und zu Papierbahnen zusammenpressen.
◆ den angehenden Gehilfen im graph. Gewerbe in ein Wassergefäß oder in einen Brunnen tauchen. Anschließend empfängt er den Gautschbrief, womit er in die Gilde aufgenommen ist, und muß einen Freitrunk geben.

Gavarni, Paul, eigtl. Sulpice Guillaume Chevalier, * Paris 13. Jan. 1804, † Auteuil 24. Nov. 1866, frz. lithograph. Zeichner. - Amüsanter Schilderer des Pariser Lebens; Schärfe haben nur die zwei späten Folgen „Masques et visages" (1852/53 und 1857/58).

Gavazzeni, Gianandrea, * Bergamo 25. Juli 1909, italien. Dirigent, Komponist und Musikschriftsteller. - Trat zunächst als Komponist (v. a. Opern, Ballette, Orchesterwerke) und Musikschriftsteller (Studien zu I. Pizzetti, G. Donizetti und zur Oper [1954]), seit 1940 als Konzert- und bes. Operndirigent hervor, seit 1948 an der Mailänder Scala.

Gaviale (Gavialidae) [Hindi], Fam. der Krokodile mit dem oberseits dunkelblaugrauen bis bleischwarzen, unterseits helleren **Gangesgavial** (Gavial, Gavialis gangeticus) als einziger rezenter Art in Vorder- und Hinterindien; bis fast 7 m langer, schlanker Körper, kräftiger Ruderschwanz, jedoch schwach entwickelte Beine.

Gaviniès, Pierre [frz. gavi'njɛs], * Bordeaux 11. Mai 1728, † Paris 8. Sept. 1800, frz. Violinist und Komponist. - Einer der bedeutendsten frz. Geiger des 18. Jh.; komponierte Violinetüden (1800), Violinsonaten, Konzerte, Triosonaten.

Gävle [schwed. 'jɛ:vlə], schwed. Hafenstadt am Bottn. Meerbusen, 87 700 E. Hauptstadt des Verw.-Geb. Gävleborg; Lehrerhochschule, Museen; Staatsbibliothek; Zellulose- und Papierfabrik, Eisenverarbeitung und Maschinenbau, Nahrungs- und Genußmittel- sowie Textilind. - G. erhielt 1446 Stadtrecht. - Schloß Gävleborg (16. Jh.); unter Denkmalschutz steht ein Teil des alten Fischerviertels.

Gavlovič, Hugolín [slowak. 'gau̯lɔvitʃ], * Čierny Dunajec 1712, † Hořovice (Mittelböhm. Gebiet) 1787, slowak. Dichter. - Hervorragendster Vertreter des slowak. Barock.

Gavotte [ga'vɔtə, frz. ...ɔt, zu provenzal. gavoto „Tanz der gavots (der Bewohner der Alpen)"], alter frz. Volkstanz im $^2/_2$-Takt mit zweiteiligem Auftakt und mäßigem Tempo; kam im 17. Jh. in das frz. Hofballett und war bis ins 19. Jh. Gesellschaftstanz. Seit Lully in der Orchestersuite, bei Rameau und Händel auch in der Oper.

Gawain (Gawan, frz. Gauvain), in der ma. Epik (z. B. bei Wolfram von Eschenbach) Held und Repräsentant der höf. Gesellschaft, Neffe des ↑Artus.

Gawrilow, Andrei [russ. gav'rilɐf], * Moskau 21. Sept. 1955, sowjetruss. Pianist. - Seit seinem Auftritt 1974 bei den Salzburger Festspielen internat. bekannt; v. a. Interpret von Tschaikowski und Chopin.

Gay, John [engl. gɛɪ], ≈ Barnstaple 16. Sept. 1685, † London 4. Dez. 1732, engl. Dichter. - Schrieb neben Gedichten, Fabeln und Eklogen sehr erfolgreiche Komödien; Begründer der Ballad-opera mit „The beggar's opera" (1728, dt. 1770, 1960 u. d. T. „Die Bettleroper") mit eingestreuten Liedern nach altengl. Balladenmelodien (von Brecht als „Dreigroschenoper" erneuert, Musik von K. Weill).

Gaya [engl. 'gaɪə], Stadt im ind. B.-Staat Bihar, am S-Rand der Gangesebene, 247 000 E. Verarbeitungs- und Handelszentrum für landw. Produkte des Umlands; Pilgerort der Hindus mit Wischnupadatempel (18. Jh.). - G. ist seit der Gründungszeit des Buddhismus bekannt durch das nahebei gelegene ↑Bodh Gaya.

Gaye, Marvin [engl. 'gɛɪ], * Washington (D. C.) 2. April 1939, † Los Angeles 1. April 1984, amerikan. Popmusiker (Sänger). - Hatte bis 1971 mit Trivialschlagern Erfolg (12 Hits), danach mit anspruchsvollen auch sozialkrit. Soulsongs.

Gay-Lussac, Joseph Louis [frz. gely'sak], * Saint-Léonard-de-Noblat (Haute-Vienne) 6. Dez. 1778, † Paris 9. Mai 1850, frz. Physiker und Chemiker. - Prof. für Physik an der Sorbonne und für Chemie an der École polytechnique; stellte 1802 das nach ihm ben. Gesetz der Wärmeausdehnung von Gasen (↑Gay-Lussacsches Gesetz) auf. Seine chem. Untersuchungen trugen wesentl. zur Entwicklung der analyt. Chemie bei. Seine Arbeiten zur techn. Chemie betreffen u. a. das Steinkohlengas und die Schwefelsäurefabrikation.

Gay-Lussacscher Versuch [frz. gely'sak; nach J. L. Gay-Lussac] (Überströmungsversuch), Versuch zum Nachweis der Unabhängigkeit der inneren Energie eines [idealen] Gases vom Volumen: Ein Gas strömt nach Öffnen eines Hahnes aus einem Behälter in einen zweiten, gleich großen und vorher evakuierten Behälter; nach Druckausgleich ist dann die Temperatur im zweiten Behälter um ebensoviel gestiegen, wie sie im ersten abgefallen ist.

Gay-Lussacsches Gesetz [frz. gely'sak; nach J. L. Gay-Lussac], Gesetzmäßigkeit im Verhalten idealer Gase: Das Volumen V vergrößert sich bei konstantem Druck p linear mit steigender Temperatur: $V = V_0 (1 + \alpha t) = V_0 \alpha T$ (t in °C bzw. T in K), wobei der [isobare] Ausdehnungskoeffizient für alle idealen Gase den gleichen Wert $\alpha = 1/273{,}15$ hat (V_0 Volumen bei 0 °C). Daraus folgt, daß sich bei konstantem Druck die jeweiligen Gasvolumina wie die absoluten Temperaturen des Gases verhalten, $V_1 : V_2 = T_1 : T_2$.

Gaza, ägypt. Stadt, ↑Gasa.

Gazankulu, Bantuheimatland der Tsonga im O von Transvaal; rd. 6 700 km² in 3 Teilgebieten, 514 000 E (1980), Verwaltungssitz Giyani. Neben Weidewirtschaft Zitrus-, Maulbeerbaum- und Teeanpflanzungen sowie Anbau von Mais, Hirse, Sisal u. a.; abgebaut werden Magnesit und Basalt; Herstellung von Möbeln und Omnibuskarosserien. Ein großer Teil der männl. Bev. arbeitet als Gastarbeiter in der Republik Südafrika.

Polit. Verhältnisse: G. erhielt 1971 eine gesetzgebende Versammlung und ist seit 1973 ein sich selbst regierendes Territorium; Chefmin.: H. W. E. Ntsanwisi.

Gaze ['ga:zə; span.-frz.], netzartiges Gewebe aus feinen Garnen für Gardinen, Insektenschutz und medizin. Zwecke. In der Technik Verwendung als Siebbespannung, in der Stoffdruckerei als Bespannung für die Druckrahmen. Stark appretierte G. wird als Stickereigrundstoff (Stramin, Kanevas) verwendet.

Gazellehalbinsel ↑Neubritannien.

Gazellen (Gazella) [arab.-italien.], Gatt.

0,9–1,7 m langer (Körperhöhe 0,5–1,1 m) Paarhufer aus der Unterfam. *Gazellenartige* (Springantilopen, Antilopinae) mit etwa 12 Arten; meist leicht gebaut mit langen, schlanken Beinen, wodurch hohe Laufgeschwindigkeiten erreicht werden; Kopf zieml. klein, mit relativ großen Augen und (meist bei beiden Geschlechtern) quergeringelten Hörnern, die gerade oder gebogen sein können. - In den Wüstengebieten S-Marokkos und der Sahara lebt die **Damagazelle** (Gazella dama); Oberseite rotbraun, Unterseite, Gesicht, Brustlatz, Beine und hinteres Körperviertel weiß; Hörner bis 30 cm lang, schwarz und geringelt. Urspr. in ganz N-Afrika und im äußersten SW Asiens, heute in weiten Teilen ausgerottet, kommt die **Dorkasgazelle** (Gazella dorcas) vor; Körper hell sandfarben, von der weißen Bauchseite durch einen breiten, rötlichbraunen Flankenstreif abgesetzt und mit rostfarbener, brauner und weißer Gesichtszeichnung. Heute weitgehend ausgerottet ist die **Edmigazelle** (Gazella gazella); Körper dunkel sandfarben mit dunkelbrauner Zeichnung an Kopf und Flanken, Bauchseite weiß, Hörner beim ♂ bis 35 cm lang. In O-Afrika kommt die **Grantgazelle** (Gazella granti) vor; Körper rötlichbraun, Unterseite weiß, Hinterteil um den Schwanz herum weiß, an den Seiten braunschwarz eingefärbt; Gesicht mit kastanienfarbener und weißer Zeichnung. Das ♂ der **Kropfgazelle** (Pers. G., Gazella subgutturosa) hat während der Brunst eine kropfartig angeschwollene Kehle und einen verdickten Nacken; lebt in den Halbwüsten und Wüsten SW- und Z-Asiens. In W-Afrika bis Äthiopien kommt die **Rotstirngazelle** (Gazella rufifrons) vor; rotbraun mit weißer Bauchseite, an den Flanken jederseits ein schmales, schwarzes Längsband. Die oberseits rötl.-sandfarbene, unterseits weiße **Sömmeringgazelle** (Gazella soemmeringi) lebt in NO-Afrika; Gesicht schwarz-weiß gezeichnet. In O-Afrika kommt die **Thomsongazelle** (Gazella thomson) vor; Fell rötl.- bis gelbbraun, von der weißen Bauchseite durch ein breites, schwarzes Flankenband abgesetzt; Schwanz schwarz; Gesicht braun mit schwarz-weißer Zeichnung.

Gebärmutter. Uterus simplex des Menschen (F Fundus uteri, E Eileiter, Hö Gebärmutterhöhle, K Gebärmutterkörper, iM innerer Muttermund, H Gebärmutterhals, L Muttermundlippen, Sg Scheidengewölbe, äM äußerer Muttermund, P Portio vaginalis, S Scheide)

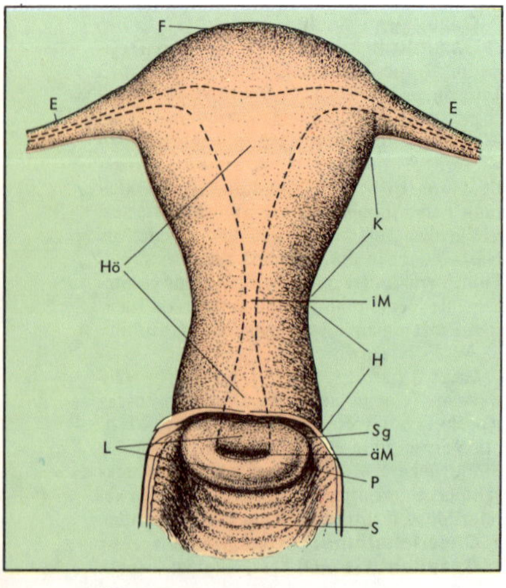

Gazette [ga'tsɛtə, ga'zɛtə; frz. ga'zɛt; nach der venezian. Münze Gazzetta, dem Preis für die älteste venezian. Zeitung], veraltete Bez. (v.a. 17. und 18. Jh.) für Zeitung.

Gaziantep [türk. ga:'ziɑn,tɛp], türk. Stadt an der Bagdadbahn, 800 m ü. d. M., 374 000 E. Hauptstadt des Verw.-Geb. G.; archäolog. Museum; Handelszentrum eines Agrargebiets; Baumwollind., Farbenfabrik.

Gazru ↑Geser.

Gazzelloni, Severino, * Rom 5. Jan. 1919, italien. Flötist. - Bed. Virtuose moderner Musik; unterrichtete in Rom und Siena und ist Lehrer bei den Darmstädter Ferienkursen für Neue Musik. Zeitgenöss. Komponisten (u. a. L. Berio) widmeten ihm Werke.

GB/BHE, Abk. für: ↑**G**esamtdeutscher **B**lock/**B**lock der **H**eimatvertriebenen und **E**ntrechteten.

GCA-Verfahren [engl. 'dʒi:si:'ɛɪ, Abk. für engl.: **g**round **c**ontrolled **a**pproach „von der Bodenstelle kontrollierter Anflug"], Anflugverfahren, bei dem der Pilot über Sprechfunk Anweisungen zur Lenkung des Flugzeugs von der Bodenstelle bekommt, die den Anflug auf dem Radargerät überwacht und leitet („Heruntersprechen").

Gd, chem. Symbol für ↑Gadolinium.

Gdańsk [poln. gdai̯sk] ↑Danzig.

Gdingen, Stadt in Polen, ↑Gdynia.

gdm, Einheitenzeichen für geodynamisches Meter (↑Geopotential).

GDP, Abk. für: ↑**G**esamt**d**eutsche **P**artei.

Gdynia [poln. 'gdɨnja] (dt. Gdingen, 1939–45 Gotenhafen), poln. Stadt am W-Ufer der Danziger Bucht, bis 100 m ü. d. M., 240 000 E. Inst. für Hochseefischerei; Werftind., Fischverarbeitung mit Kühlhäusern; Handels- (mit Containerumschlag), Fischerei- und Passagierhafen. G. bildet mit Zoppot und Danzig eine baul. und wirtschaftl. Einheit. - Das Fischer- und Badedorf G. (1921: 1 300 E) wurde, nachdem seit 1924 ein moderner Seehafen gebaut worden war 1926 Stadt und entwickelte sich zum Konkurrenten Danzigs; 1939 wurde G. in das dt. Reich eingegliedert (bis 1945); in der Folge wurde die poln. Bevölkerung weitgehend ausgesiedelt.

Ge, Nikolai Nikolajewitsch [russ. gjɛ], eigtl. N. N. Gay, * Woronesch 27. Febr. 1831, † Gut Iwanowski (Gebiet Tschernigow) 13. Juni 1894, russ. Maler frz. Abkunft. - In einem durch Licht- und Schatteneffekte dramatisierten genauen Stil malte G. bibl. und histor. Szenen sowie zahlr. Porträts (Herzen, Tolstoi, Nekrassow). G. gehörte zu den Gründungs-Mgl. der Malergruppe ↑ Peredwischniki.

Ge [ʒeː], Gruppe von Indianersprachen in O-Brasilien, z. T. bis nach Paraguay; umfaßt u. a. die Gruppen Akroa, Kayapo und Timbira mit jeweils mehreren Sprachen.

Ge, chem. Symbol für ↑ Germanium.

Geantiklinale (Geantikline) [griech.], großräumiges, weitgespanntes tekton. Gewölbe.

Geäse (Äsung), wm. Bez. für die von Feder- und Haarwild (mit Ausnahme des Wildschweins und Raubwilds) aufgenommene Nahrung.

Geastrum [griech.], svw. ↑ Erdstern.

Geba [portugies. 'ʒeβɐ], wichtigster Fluß von Guinea-Bissau, entspringt in S-Senegal, mündet mit 80 km langem und 8 km breitem Ästuar bei Bissau in den Atlantik; rd. 320 km lang.

Gebälk, Balkenlage einer Holzdecke zwischen zwei Geschossen; auch Gesamtheit der Balken einer Dachkonstruktion.

Gebände, in der ma. Frauentracht für das 13. Jh. typ. Kopfbinde aus Leinen, die mehrfach um Scheitel und Kinn geführt wurde. Darüber wurde ein Stirnband oder eine flache Haube getragen, oft in Verbindung mit einem ↑ Schappel.

◆ svw. Abgesang (↑ Kanzonenstrophe).

Gebärde [zu althochdt. gibaren „sich verhalten"] (Gehabe[n]), Verhaltensausdruck einer bestimmten psych. Verfassung bei Tieren und Menschen. Charakterist. ist das Übermitteln einer Information. Entwicklungsgeschichtl. vorprogrammiert sind die Instinktgebärden, die der innerartl. Kommunikation dienen und instinktiv auch von den Artgenossen verstanden werden. Bekannte Beispiele dafür sind die Demutsgebärde, das Drohverhalten oder das Imponiergehabe. Menschl. G. sind vielfach noch entwicklungsgeschichtl. verwurzelt (sie finden sich folgl. z. T. auch bei Tieren, bes. bei Primaten), doch sind sie meistens überformt und schließl. durch Konventionen fixiert. Ein großer Teil der G. besteht darüber hinaus aus formalisierten und stilisierten Handlungen. Bei Naturvölkern sind die G. in der Regel Teil kult. Handlungen. Das ma. dt. *Recht*, das auf Anschaulichkeit bedacht war, schrieb für die meisten Handlungen außer der Worterklärung noch bestimmte G. vor. Vereinzelt sind solche Rechts-G. noch heute übl., z. B. wird der Eid stehend mit erhobener rechter Hand geleistet, der Kauf eines Stück Viehs mit Handschlag besiegelt.

Gebaren, gesamtpersönl. Ausdrucksgeschehen eines Menschen in Gebärden, Gesten und Mimik. Im übertragenen Sinn auch svw. auffälliges Verhalten.

Gebärfische (Aalmuttern, Zoarcidae), Fam. der Dorschfische mit etwa 60 Arten im N-Atlantik, N-Pazifik sowie in arkt. und antarkt. Gewässern; Körper walzenförmig, aalähnl. langgestreckt. Einige Arten sind lebendgebärend, z. B. die Art **Aalmutter** (Grünknochen, Zoarces viviparus) an den N-Küsten Europas vom Ärmelkanal bis zum Weißen Meer (auch in der Ostsee und in Flußmündungen), etwa 30–50 cm lang, von veränderl., dunkler Färbung.

Gebärmutter (Uterus), Teil der inneren weibl. Geschlechtsorgane, in den die Eileiter münden. Die G. dient der Aufbewahrung der sich im Mutterleib weiterentwickelnden Eier. Sie mündet in die Scheide. Bei den Wirbeltieren ist die G. (durch ihre Entstehung aus dem paarigen Müller-Gang) urspr. doppelt angelegt. Beim Menschen ist die sehr dehnbare, muskulöse G. 6–9 cm lang und birnenförmig. Sie ist verhältnismäßig gut bewegl. im kleinen Becken zw. Harnblase und Mastdarm befestigt. Die verschiedenen, relativ lockeren Mutterbänder halten die G. normalerweise in einer gewissen Vorwärtsneigung *(Anteversio)* und Vorwärtsknickung *(Anteflexio)* fest. Sie wird zusätzl. vom muskelstarken Beckenboden getragen. Der Hauptanteil der G., der *G.körper* verengt sich am *inneren Muttermund* und läuft in den *G.hals* aus. Dessen zapfenartig in die Scheide vorgestülpter Endteil ist die *Portio vaginalis*, deren schlitzförmige Mündung in die Scheide als *äußerer Muttermund* bezeichnet wird. Der vordere bzw. untere und hintere bzw. obere Anteil des äußeren Muttermundes sind die *Muttermundlippen.* Der G.körper ist bei Normallage gegen den G.hals nach vorn abgewinkelt. Die G.wand besteht aus dem innen liegenden *Endometrium* (G.schleimhaut, Uterusschleimhaut; in der Mitte zw. zwei Menstruationen 3–5 mm stark) und dem etwa 1 cm dick ausgebildeten *Myometrium* (Muskelschicht aus glatter Muskulatur und Bindegewebe). Als eine die G. umschließende Hülle bilden Serosaepithel und Bauchfell das *Perimetrium* aus, das jederseits von der G., zus. mit einem Halteband aus elast. Bindegewebe und glatter Muskulatur, das *breite Mutterband* bildet, das auch den Eileiter einbezieht.

Gebärmuttererkrankungen, häufig auftretende G. sind: **Gebärmuttergeschwülste,** die gutartige (Polypen, Myome) und bösartige (Karzinome) Gewebewucherungen sein können; häufigstes Symptom sind unregelmäßige Blutungen. Der von der Gebärmutterschleimhaut ausgehende **Gebärmutterkrebs** (Carcinoma uteri) ist der häufigste Krebs der Frau. Befallen werden zu 20 % der Gebärmutterkörper und zu rd. 70 % der Gebärmutterhals. Der *Gebärmutterkörperkrebs* (Korpuskarzinom) tritt zumeist erst nach den Wechseljahren auf (Häufigkeitsgipfel um das 60. Lebensjahr) und befällt zunächst nur die Gebärmutterschleimhaut, wächst dann aber schnell auch in die Muskulatur ein und greift schließl. auf Eileiter, Eierstöcke, Harnblase und Mastdarm über. Erste und oft auch einzige Anzeichen sind unregelmäßige Blutungen. Bei frühzeitiger Behandlung (operative Entfernung mit eventueller Nachbestrahlung) sind die Heilungsaussichten relativ gut. - Der *Gebärmutterhalskrebs* (Kollumkarzinom) tritt am häufigsten zw. dem 40. und 50. Lebensjahr auf. Er entwickelt sich ohne warnende Anzeichen. Nach einem länger andauernden Frühstadium wächst er in das Stützgewebe ein und erzeugt die ersten deutl. Anzeichen und Beschwerden. Die frühesten Symptome sind Ausfluß und Blutungen. Die Behandlung besteht in der Entfernung der betroffenen Partien. - **Gebärmutterverlagerungen** sind Abweichungen der Gebärmutterlage vom Normalen hinsichtl. Stellung, Neigung und Achsenkrümmung.

Eine *Rückwärtsknickung der Gebärmutter* (Retroflexio uteri) findet sich oft bei allg. Bindegewebsschwäche oder Überlastung der Haltebänder, insbes. wenn sich die Gebärmutter nach einer Schwangerschaft nur langsam zurückbildet. Ist die Gebärmutter sekundär mit der hinteren Beckenwand verwachsen, kommt es zu heftigen Kreuzschmerzen, schmerzhaften Regelblutungen, Stuhlverstopfung und u. U. auch zur Unfruchtbarkeit. Bei Schwangerschaften richtet sich die rückwärtsgeknickte Gebärmutter im Lauf des 4. Schwangerschaftsmonats, wenn sie das kleine Becken ausfüllt, meist spontan auf. Anderenfalls muß sie operativ aufgerichtet und durch Kunststoffringe gestützt werden. Die zu starke *Vorwärtsknickung der Gebärmutter* (Anteflexio uteri) ist meist Teilerscheinung einer allg. Unterentwicklung der Geschlechtsorgane. Die Beschwerden, Unfruchtbarkeit, schmerzhafte, verstärkte oder auch fehlende Regelblutungen, lassen sich i. d. R. durch die Zufuhr von Eierstockhormonen beheben.

Ursachen für eine *Gebärmuttersenkung* (Descensus uteri) sind schlaffes Bindegewebe, nachlassende Elastizität im Alter und Überdehnung oder Einrisse der Beckenbodenmuskulatur nach schweren Geburten. Aus der Gebärmuttersenkung kann sich u. U. ein *Gebärmuttervorfall* (Prolapsus uteri) entwickeln, bei dem die Gebärmutter zw. den Schamlippen hervortritt. Die Behandlung der Gebärmuttersenkung und des Gebärmuttervorfalls besteht in einer operativen Korrektur; zur Vorbeugung sind gymnast. Übungen zur Kräftigung der Beckenbodenmuskulatur, v. a. nach Geburten, ratsam. - Der **Gebärmutterkatarrh** ist eine nichteitrige Entzündung der Gebärmutterschleimhaut, verbunden mit einem klaren bis weißl. Ausfluß und eventueller Abstoßung der oberflächl. Schleimhautzellen.

🕮 *Burghardt, E.: Kolposkopie, Spezielle Zervixpathologie. Lehrb. u. Atlas. Stg. 1984.*

Gebärmuttererkrankungen. Gebärmuttervorfall

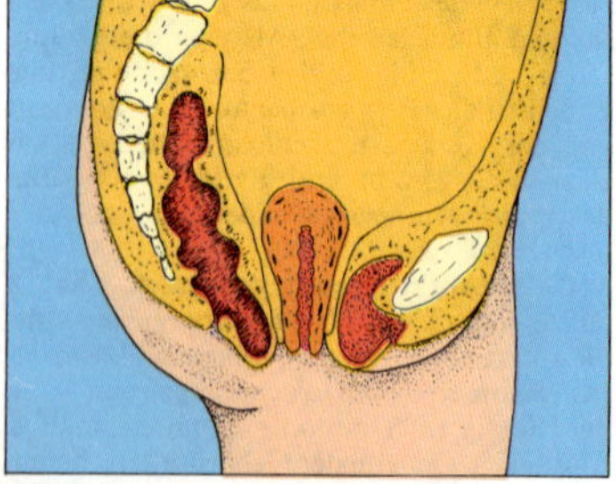

Gebärmutterkatarrh ↑Gebärmuttererkrankungen.

Gebärmutterkrebs ↑Gebärmuttererkrankungen.

Gebärmutterschleimhaut ↑Gebärmutter.

Gebärmuttersenkung ↑Gebärmuttererkrankungen.

Gebärmuttervorfall ↑Gebärmuttererkrankungen.

Gebäude (Exterieur), v. a. in der Pferdezucht Bez. für die Körperform eines Tieres.

Gebäudeversicherung (Immobilien-, Immobiliarversicherung), Versicherung gegen Feuer-, Sturm-, Hagel- und Leitungswasserschäden sowie gegen Glasbruch.

Geber (arab. Dschabir Ibn Haijan), arab. Arzt und Alchimist der 2. Hälfte des 8. Jahrhunderts. - Autorität der Alchimie; ihm werden umfangreiche alchimist. Werke zugeschrieben, die jedoch wahrscheinl. lat. Rezensionen aus dem 13. Jh. sind.

Geber, svw. ↑Meßgrößenumformer. - ↑auch Taster.

Gebet [zu althochdt. gibet (zu bitten)], in der *Religionswiss.* die mit Worten und begleitenden Handlungen (Gebärden wie Niederknien, Händefalten u. a.) verbundene Anrede einer als Person gedachten Gottheit durch den Menschen (**Anbetung**). Themen des G. (urspr. spontaner Gebetsruf, später mit feststehendem Text) sind v. a. die Bitte um ird. Güter oder sittl. Werte (**Bittgebet**), Schuldbekenntnis und Vergebungsbitte (**Bußgebet**), Dank für empfangene Gnaden und Wohltaten (**Dankgebet**) und Lobpreisung der Gottheit (**Lobgebet**), oft verbunden mit einer

Bekenntnis- oder Opferformel. G. ist sowohl persönl. G. als auch Gemeindegebet (Gottesdienst). Begleitgegenstände des G. sind u. a. Gebetteppich (Islam), Gebetsmantel und -riemen (Judentum), Rosenkranz (Buddhismus, kath. Christentum) und Gebetsmühlen (Lamaismus). - Die *christl.* Tradition begründet das G. aus der Bibel, z. B. den ↑Psalmen und den neutestamentl. Lehren Jesu über das Beten, v. a. dem ↑Vaterunser. G. ist im christl. Verständnis letztl. Antwort auf die als Anrede, als Wort Gottes, verstandene Offenbarung; sie geschieht in personaler Art im Glauben an Person.

Gebetbuch, in der *kath. Kirche* die neben den liturg. Büchern bestehende Gebetssammlung, urspr. privat, dann auch im Gottesdienst benutzt; vom 9. Jh. an aus Psalterien entstanden. - Für die *reformator. Kirchen* ↑Gesangbuch.

Gebetsmantel, rituelles jüd. Kleidungsstück, ↑Tallit.

Gebetsmühle (Gebetszylinder), im tibet. Lamaismus gebräuchl. sakrales Gerät, das die mündl. Rezitation hl. Sprüche mechan. ersetzen soll; zylinderförmiger, um eine Achse drehbarer Behälter.

Gebetsnische, Teil der Moschee, ↑Mihrab.

Gebetsriemen ↑Tefillin.

Gebetsteppich, kleiner oriental. Knüpfteppich, der dem Muslim als Unterlage beim rituellen Gebet dient. Das Dekor des G. besteht im stilisierten Umriß einer Gebetsnische (↑Mihrab).

Gebetszylinder, svw. ↑Gebetsmühle.

Gẹbhard, alter dt. männl. Vorname (althochdt. geba „Gabe" und althochdt. harti, herti „hart").

Gẹbhard, Freiherr zu Waldburg, * Heiligenberg bei Überlingen 10. Nov. 1547, † Straßburg 31. Mai 1601, Kurfürst und Erzbischof von Köln (1577–83). - Seine Heirat mit Agnes von Mansfeld (1582) veranlaßte

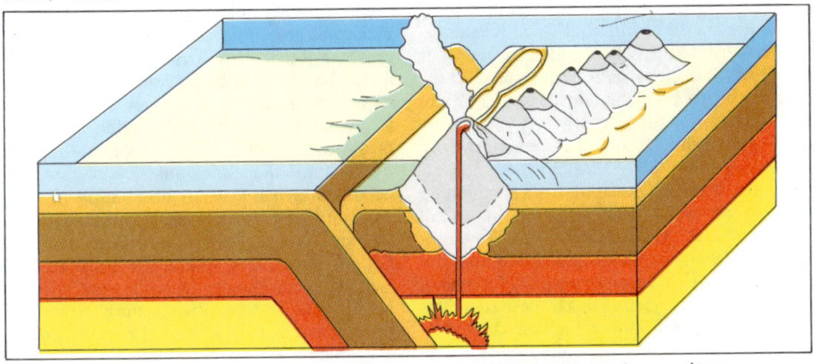

Gebirgsbildung. Entstehung von Gebirgen über der Abtauchzone beim Untertauchen einer Platte an einem Kontinentrand

Gebirgbildung. Entstehung eines Faltengebirges durch den Zusammenstoß von zwei Kontinentalplatten (unten)

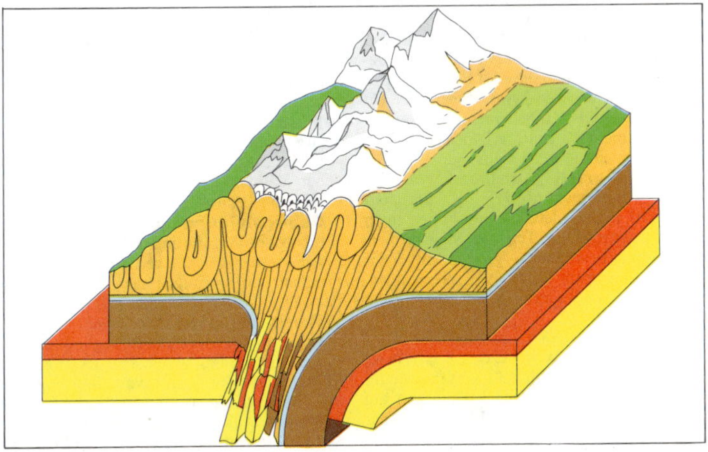

G. zu dem Versuch, das Erzstift Köln zu säkularisieren. Als sich Domkapitel und Stadt widersetzten, G. abgesetzt und Ernst (Herzog von Bayern) gewählt wurde, kam es zum Kölnischen Krieg, in dem G. und sein Heer unterlagen; flüchtete 1589 nach Straßburg, wo er als ev. Domdechant starb.

Gebhardt, Bruno, * Krotoszyn 9. Okt. 1858, † Berlin 13. Febr. 1905, dt. Historiker. - 1891/92 Hg. des „Handbuchs der dt. Geschichte" (2 Bde.), das öfter neu bearbeitet wurde und mehrere Auflagen erlebte (4 Bde., [9]1970, Hg. H. Grundmann).

Gebiet [urspr. „Bereich, über den sich Befehlsgewalt erstreckt"], allg. svw. räuml. oder sachl. Bereich, Fach.

◆ im *Recht* ein abgegrenzter Teil der Erdoberfläche; Territorium.

Gebietserwerb, nach Völkerrecht die Ausdehnung der Gebietshoheit eines Staates auf ein bisher außerhalb des Staatsgebietes gelegenes Territorium. Arten des G. sind: 1. **Erwerb auf Grund natürl. Vorgänge** (z. B. Entstehung einer Insel innerhalb der Küstengewässer); 2. **Okkupation,** die Begründung der Gebietshoheit eines oder mehrerer Staaten in einem bisher herrschaftslosen oder in einem Territorium, das zum Staatsgebiet eines anderen Staates gehört, durch friedl. oder krieger. Besetzung oder durch Waffenstillstandsvertrag; 3. **Abtretung** (Zession), die Überlassung eines Gebietes an einen anderen Staat auf Grund Kaufes (Alaska 1867, Dän.-Westindien 1916), Tausches (Helgoland 1890) oder auf Grund eines Friedensvertrages; 4. **Ersitzung,** d. h. Erwerb auf Grund fakt. Besitzes eines Territoriums und unangefochten dort ausgeübter Gebietshoheit; 5. **Adjudikation,** d. h. Übertragung der Gebietshoheit über ein Gebiet auf Grund der Entscheidung eines internat. Gerichts oder sonstigen Organs (Ålandinseln 1921, Oberschlesien 1921).

Gebietshoheit, 1. im *Völkerrecht* die Befugnis zur Entfaltung staatl. Macht auf dem Staatsgebiet. Der Staat übt seine Hoheitsgewalt grundsätzl. über alle dort befindl. Personen und Sachen aus; 2. im *Kommunalrecht* die Gesamtheit der Hoheitsrechte, die die Gemeinden und Gemeindeverbände über alle Personen in ihrem Gebiet ausüben.

Gebietskartell ↑ Kartellrecht.

Gebietskörperschaft, Körperschaft des öffentl. Rechts, deren Gebietshoheit einen räuml. abgegrenzten Teil des Staatsgebiets sowie dessen Bewohner als gesetzl. Mitglieder ihrer Organisation erfaßt (v. a. Gemeinden, Landkreise; im weiteren Sinne auch Bund und Länder).

Gebietsreform ↑ Kommunalreform.

Gebildbrote, frei (Brezeln, Zöpfe usw.) oder mit Hilfe von Modeln gestaltete oder verzierte Gebäcke, die eine Funktion im Brauchtum des Jahres- und Lebenslaufs haben bzw. hatten.

Gebilde (soziales G.), Bez. der Soziologie für soziale Einheiten, die von mehreren Individuen gebildet werden und bes. soziale Beziehungen ermöglichen (z. B. Familie, Gruppe, Gemeinde, Betrieb, Verein).

Gebinde, (Blumengebinde) Blumenarrangement, Blumengesteck, kunstvoll gebundener Strauß.

◆ bei hölzernen Dachkonstruktionen ein Sparrenpaar mit den dazugehörigen Verbandshölzern.

◆ bestimmtes (genormtes) Quantum von Garn und Strang.

◆ landschaftl. Bez. für ein größeres Faß.

Gebirge [zu althochdt. gibirgi, eigtl. „Gesamtheit von Bergen"], Gebiete der Erde, die durch Berge, Hochflächen, Täler und Senken gegliedert und meist durch einen **Gebirgsfuß** von ihrer Umgebung abgesetzt sind oder in einem Hügelland auslaufen. Nach der Reliefenergie unterscheidet man: **Mittelgebirge** (500–1 000 m Höhenunterschied zw. Gebirgsfuß und Gipfel) mit gerundeten Formen und **Hochgebirge** (über 1 000 m Höhenunterschied) mit schroffen Formen, oft glazial überformt. Nach der äußeren Form unterscheidet man **Kamm-, Ketten-, Kuppen-** und **Tafelgebirge.** Durch die Besonderheiten des ↑ Gebirgsklimas bedingt, weist die Vegetation eine Folge von Höhenstufen auf (↑ Vegetationsstufen). Die G. sind, wenn überhaupt, oft erst spät und nur dünn besiedelt worden, z. T. sind sie Rückzugsgebiete verdrängter Völker. Bei der Besiedlung spielte der Bergbau vielfach eine entscheidende Rolle; die wirtsch. Nutzung ist bes. auf Viehhaltung, Holz- und Energiewirtschaft sowie Fremdenverkehr ausgerichtet.

◆ in der *Geologie*, abgesehen von Vulkanbergen, Großscholle mit in sich gleichartigem Bau, nach Art und Grad der tekton. Verformung eingeteilt in 1. **Schollengebirge** mit Horsten, Gräben, Schollen; 2. **Bruchfaltengebirge,** bei dem die Schollen von Sedimentgestein verhüllt sind, daher Mulden über Gräben, Sättel über Horsten liegen; 3. **Faltengebirge,** gekennzeichnet durch Verbiegung urspr. horizontaler Gesteinsschichten und 4. **Deckengebirge,** gekennzeichnet durch große Überschiebungsdecken. - ↑ auch Gebirgsbildung.

◆ bergmänn. Bez. für das gesamte eine Lagerstätte umgebende Gestein.

Gebirgsbildung (Orogenese), episod. Vorgang der Verformung von Teilen der Erdkruste, verbunden mit vertikalen und horizontalen Verlagerungen der Gesteine, mit Faltung, Bruchtektonik, Deckenbau, Vulkanismus u. a. Die Theorien der G. versuchen, die Kräfte, die diese Bewegungsabläufe verursachen und diese selbst zu erklären. Die **Kontraktionstheorie** geht von Schrumpfung der Erdkruste aus, verursacht durch Abkühlung oder Verdichtung des Rauminhaltes. Die **Oszillationstheorie** erläutert die G. durch Verlagerung von Magmamassen, in deren Folge Deckschichten von weiträumigen Großverbiegungen abgleiten und sich in Senken stauchen. Die **Unterströmungstheorie** sieht als Kraftquelle für die G. Konvektionsströmungen (Wärmeaustausch) im plast. Untergrund der Erdkruste an. Die Theorie der *Kontinentalverschiebung* führt das Entstehen von Faltengebirgen auf Stau bei der aktiven Drift der Kontinente zurück. Den jüngsten Beitrag zur G. liefert die Theorie der *Plattentektonik*, bei der Gebirge durch Kollision kontinentaler Platten und über Abtauchzonen an Kontinentalrändern entstehen; sie stellt die klass. Ansicht, daß Faltengebirge aus Geosynklinalen hervorgehen, in Frage. Über die zeitl. Folge der G. im Laufe der Erdgeschichte ↑ Faltungsphasen. - Abb. S. 29.

🕮 *Wunderlich, H. G.: Das neue Bild der Erde. Hamb. 1975.*

Gebirgsfuß ↑ Gebirge.

Gebirgsjäger, für den Einsatz im bergigen Gelände und im Hochgebirge ausgebildeter Soldat. Die G. zählen in der Bundeswehr zu den Kampftruppen.

Gebirgsklima, unter dem Einfluß des Gebirgsreliefs geprägtes Klima. Typische Merkmale des G.: Abnahme des Luftdruckes mit der Höhe; Absinken der Lufttemperatur mit größerer Tagesschwankung; Zunahme der Niederschläge (in den Alpen bis auf über 2000 mm/Jahr) mit starker Beregnung der Luvseiten der Gebirge; langanhaltende Schneedecke; im Winter geringere, im Sommer stärkere Bewölkung als in der Ebene und größere Häufigkeit von Nebeltagen, bes. Nebeldecken in den Tälern.

Gebirgsknoten, Gebiet, in dem mehrere Gebirgszüge zusammenlaufen (z. B. Pamir).

Gebirgsschlag, schlagartig und plötzl. auftretende Bewegung und Erschütterung im Gebirge um bergmänn. geschaffene Hohlräume als Folge von Entspannungsvorgängen.

Gebirgstruppen, speziell für den Einsatz im Gebirge ausgebildete und ausgerüstete Truppen; in der Bundeswehr die Gebirgsjäger.

Gebirol ↑ Gabirol.

Gebiß, die Gesamtheit der ↑ Zähne. - Das Gegeneinanderdrücken der Schneidezähne von Ober- und Unterkiefer bezeichnet man als **Biß.**

◆ Teil des ↑ Zaumzeugs bei Pferden.

Gebläse, in der *Fördertechnik* Bez. für Verdichter mit niedriger Druckdifferenz zw. End- und Ansaugdruck (zw. 0,1 und 3 bar) zur Erzeugung eines Gasstromes (u. a. bei der pneumat. Förderung) und zur Absaugung und Verdichtung von Gasen, insbes. zur Versorgung von unter geringem Überdruck stehenden Räumen mit Frischluft. Man unterscheidet: 1. *Verdränger-G.*, zu denen die *Kolben-G.* und die *Drehkolben-G.* (Beispiele: Root-G., Kapsel-G., Kreis- oder Rotationskolben-G., Rotations-G.) gehören; 2. *Kreisel[rad]-* oder *Turbo-G.* (Axial- und Radial-G.); 3. *Strahl-G.*, bei denen der Injektor in eine düsenförmige Verengung gesetzt ist, so daß der durch ihn austretende Dampf- oder Wasserstrahl einen Unterdruck erzeugt und das zu fördernde Gas ansaugt.

Geblütsrecht, im MA das Anrecht der Blutsverwandten der Herrscherfamilie, die Nachfolge anzutreten oder zum Herrscher gewählt zu werden, im Ggs. zur freien Wahl.

Gebot, allgemein die auf göttl., staatl., elterl. u. a. Autorität zurückzuführende bzw. von ihr erlassene oder hergeleitete religiöse, polit., soziale oder eth. Norm für eine bestimmte Handlung.

In den *Religionen* wird der Begriff G. ähnl. wie Gesetz gebraucht. - Im A. T. ist *G. Gottes* alles, wozu Jahwe sein Volk beim Bundesschluß verpflichtet hat. Ihre präziseste Formulierung finden die G. Gottes im ↑ Dekalog. - Im N. T. erkennt Jesus den Dekalog als G. Gottes an; als erstes und wichtigstes G. bezeichnet er Gottes- und Nächstenliebe; sein Verständnis des G. ist am eindringlichsten in der Bergpredigt dargestellt. - In der *kath. Kirche* entwickelten sich G. der Kirche, z. B. die Normen des Kirchenrechts, Sonn- und Feiertagsheiligung u. a.

◆ die in der Versteigerung abgegebene Erklärung des Bieters, einen ausgebotenen Gegenstand zu einem bestimmten Preis erwerben zu wollen. Sie stellt den Antrag zum Abschluß eines Kaufvertrags dar, der durch den Zuschlag zustande kommt.

gebotene Feiertage, Festtage, die nach kath. Kirchenrecht zu Meßbesuch und Arbeitsruhe verpflichten.

Gebräch (Gebrech, Gebreche), wm. Bez. für: 1. den Rüssel des Wildschweins; 2. den von Wildschweinen aufgewühlten Boden; 3. die Losung der Rebhühner.

gebrannter Kalk, gemeinsprachl. Bez. für ↑ Calciumoxid.

Gebrauchsdiebstahl ↑ Diebstahl.

Gebrauchsgraphik, zweckbestimmte Druckgraphik, im MA z. B. illustrierte Einblattdrucke (Holzschnitte, Kupferstiche), heute mittels moderner Vervielfältigungstechniken (Hochdruck, Tiefdruck, Offesetdruck, Siebdruck, Lichtdruck sowie chemigraph.-galvanoplast. und photolithograph. Druckverfahren) verbreitete **Werbegraphik** (Warenverpackungen, Anzeigen, Kataloge, Reklamen, Plakate u. a.), **Buch- und Zeitschriftengraphik** (Schutzumschläge, Bucheinbände, Buchhüllen, Bild- und Textanordnungen, die Wahl von Drucktypen- und Schriften), **amtl. Graphik** (Postwertzeichen, Notenscheine, Wappen, Fahnen usw.) und **Kartengraphik** (Glückwunsch-, Trauer-, Einladungs-, Erinnerungs-, Speise- und Spielkarten).

Gebrauchsmusik, in den 1920er Jahren

aufgekommene Bez. für Musik, die für den musizierenden Laien komponiert wurde. - ↑auch funktionale Musik.

Gebrauchsmuster, schutzfähige techn., sich in einer Raumform verkörpernde Erfindung, die eine neue Gestaltung, Anordnung oder Vorrichtung für Arbeitsgerätschaften oder Gebrauchsgegenstände oder Teile davon zum Gegenstand hat und mangels ausreichender Erfinderleistung nicht für den Patentschutz in Betracht kommt.

Gebrauchsmusterrecht, 1. in objektivem Sinn die Gesamtheit der Rechtsnormen, die die Rechtsverhältnisse an Gebrauchsmustern und das behördl. und gerichtl. Verfahren in Gebrauchsmustersachen regeln, insbes. das Gebrauchsmustergesetz vom 5. 5. 1936 i. d. F. vom 2. 1. 1968 (mit Änderungen) und das Patentgesetz; 2. in subjektivem Sinn das absolute Recht, ein Gebrauchsmuster gewerbl. zu nutzen. Das G. entsteht durch Anmeldung und Eintragung in die **Gebrauchsmusterrolle,** die vom Dt. Patentamt geführt wird. Die Schutzdauer beträgt 3 Jahre, vom Tag der Anmeldung an gerechnet, und kann um 3 Jahre verlängert werden. Das G. ist vererbl. und übertragbar. Seine Verletzung ist mit Geldstrafe oder Freiheitsstrafe bedroht und verpflichtet zivilrechtl. zu Schadenersatz, Unterlassung und Herausgabe erlangter Bereicherungen. Der Inhaber des G. kann die dem Gebrauchsmusterschutz unterfallenden Gegenstände und ihre Verpackung mit **DBGM** (**Dt. Bundesgebrauchsmuster;** häufig mit der laufenden Nummer aus der Gebrauchsmusterrolle) zeichnen.
In *Österreich* ist das G. Teil des Patentrechts. - In der *Schweiz* erstreckt sich der Muster- und Modellschutz nur auf Geschmacks-, nicht aber auf Gebrauchsmuster.

Gebrauchtwarenhandel, An- und Verkauf von Gebrauchtwaren. Für den G. ist keine bes. gewerberechtl. Genehmigung erforderlich. Allerdings können die Landesregierungen durch RVO Bestimmungen bezügl. der Buchführungspflicht, der Auskunftspflicht und der Pflicht zur Duldung einer behördl. Nachschau erlassen.

Gebrechen, organ. Fehler, der einen Menschen fortdauernd in seiner geistigen oder körperl. Leistungsfähigkeit behindert; z. B. Taubheit, Blindheit, Fehlen von Gliedmaßen.

Gebrechlichkeitspflegschaft ↑Pflegschaft.

gebrochene Farben ↑gedämpfte Farben.

gebrochener Akkord ↑Akkord, ↑arpeggio.

Gebser, Jean, *Posen 20. Aug. 1905, †Bern 14. Mai 1973, schweizer. Kulturphilosoph. - Seit 1967 Prof. in Salzburg; versuchte in zahlreichen Veröffentlichungen eine neue Sicht von Welt und Persönlichkeit zu geben,

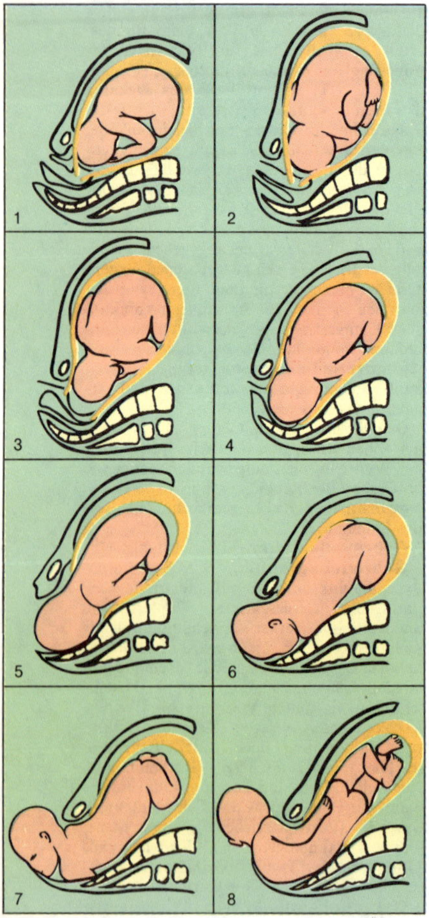

Geburt (schematische Darstellung der einzelnen Geburtsphasen). 1 Zustand im letzten Schwangerschaftsmonat, 2 und 3 Eröffnungsperiode mit Drehung der Frucht in die normale Geburtslage bei Aufrichtung der Gebärmutter, 4 Beginn der Austreibungsperiode (Fruchtblase springt auf), 5 und 6 verschiedene Stadien des „Einschneidens" des kindlichen Kopfes mit Drehung in die Gesichtslage, 7 „Durchschneiden" des Kopfes (Kopf tritt aus der Scheide heraus), 8 Kopf und Schultern sind geboren bes. in seinem Hauptwerk „Ursprung und Gegenwart“ (2 Bde., 1949–53).

Gebụhr, Otto, * Kettwig 29. Mai 1877, † Wiesbaden 13. März 1954, dt. Schauspieler. - Wurde v. a. als Darsteller Friedrichs II., des Großen in Bühnen- und Filmrollen bekannt, u. a. „Fridericus Rex“ (1922), „Der große König“ (1942). Nach dem 2. Weltkrieg Gastspielreisen mit eigenem Ensemble; Unterhaltungsfilme, z. B. „Rosen-Resli“ (1954).

Gebühren [zu althochdt. giburi, eigtl. „was einem zukommt“], Geldleistungen für die Inanspruchnahme öffentl. und privater Dienstleistungen. Als Finanzmittel sind die G. für Bund und Länder heute nur noch von geringer Bedeutung. Sie bilden jedoch weiterhin eine bed. Einnahmequelle der Gemeinden, v. a. als Verwaltungs- und Benutzungsgebühren. Im Ggs. zu den Steuereinnahmen sind bei der G.erhebung die vereinnahmten Mittel zweckgebunden. Zw. dem Wert der Leistung für den Empfänger und der Höhe der G. muß ein angemessenes, vertretbares Verhältnis bestehen.

Von den G. im eigtl. Sinne unterscheidet man Zahlungen an Einrichtungen, die im öffentl. Interesse bestehen. Diese im Rahmen einer Gebührenordnung, die entweder feste Entgelte oder Mindest- und Höchstsätze enthält, vom Staat oder von den Selbstverwaltungsorganen festgelegten Beträge sind außer bei Gerichten und Gerichtsvollziehern v. a. bei freien Berufen anzutreffen, u. a. bei Rechtsanwälten, Notaren, Wirtschaftsprüfern und Ärzten.

Nach *östr. Recht* sind G. Abgaben, die dafür erhoben werden, daß entweder jemand bes. Leistungen der Gebietskörperschaften in Anspruch nimmt (Stempel-G., Gerichts-G.) oder über ein Rechtsgeschäft eine schriftl. Urkunde errichten läßt (Rechts-G.).

In der *Schweiz* gilt für die Bemessung der G. das sog. Kostendeckungsprinzip, d. h., der Gesamtertrag darf nicht über die Gesamtkosten des betreffenden Verwaltungszweiges hinausgehen.

gebührenpflichtige Verwarnung ↑ Verwarnung.

gebundene Rede, durch metr. und rhythm. Mittel gestaltete sprachl. Redeweise.

gebundener Preis ↑ Preisbindung.

gebundener Zustand, der Zustand eines Systems von wenigstens zwei [Elementar]teilchen oder Körpern (auch einer Teilchengesamtheit), bei dem zur völligen Abtrennung eines beliebigen Teilsystems eine positive Arbeit, die ↑ Abtrennarbeit, aufgewendet werden muß. Systeme in gebundenen Zuständen sind im Makroskopischen das Sonnensystem und die Doppelsterne, in der Mikrophysik die Atome, die Atomkerne sowie die Moleküle und Kristalle. Mikrophysikal. Systeme im g. Z. besitzen im allg. neben einem ↑ Grundzustand noch ↑ angeregte Zustände.

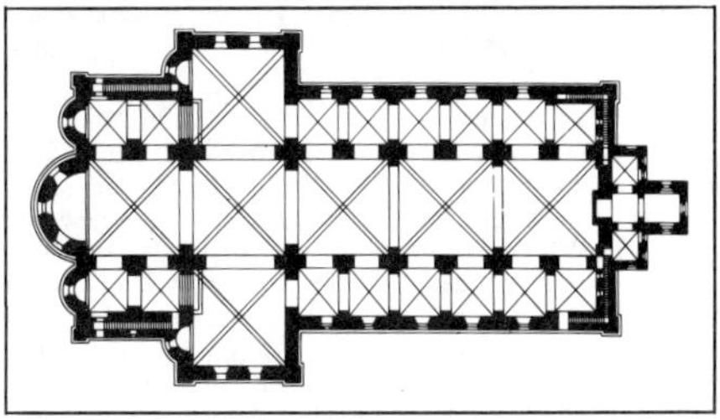

Gebundenes System. Grundriß der romanischen Pfarrkirche Sankt Veit (1182–1233). Ellwangen

gebundenes Systẹm, Grundrißaufteilung roman. Basiliken; Grundlage ist das Vierungsquadrat („quadrat. Schematismus“). Jedes im Grundriß quadrat. Joch erhält eine selbständige Wölbung (Höhe der Seitenschiffe: ein Quadrat, Höhe des Mittelschiffs: zwei Quadrate).

Geburt (Partus), Vorgang des Ausstoßens der Nachkommen aus dem mütterl. Körper bei lebendgebärenden (viviparen) Tieren und beim Menschen (bei letzterem auch als **Niederkunft** oder **Entbindung** bezeichnet). Säugetiere werden in noch embryonalem Zustand geboren (Beuteltiere) oder erst, nachdem sie sich so weit entwickelt haben, daß sie außerhalb des mütterl. Körpers lebensfähig sind (plazentale Säugetiere). Sie können dann noch hilflos sein (z. B. nackt und blind, wie bei Kaninchen, Mäusen, Raubtieren) oder bereits fortbewegungsfähig, behaart und sehend (z. B. Feldhase, Elefanten, Huftiere). *Unipare* Lebewesen gebären nur ein Junges (z. B. Pferd, Rind, Affen, Mensch), *Multipare* Tiere bringen mehrere Junge in einem G.akt zur Welt (z. B. Nagetiere, Katzen, Hunde, Schweine). Die Kräfte, die zur Ausstoßung der Leibesfrucht führen, sind die **Wehen** (Labores). Es sind mehr oder weniger schmerzhafte rhythm. Kontraktionen der Gebärmutter vor bzw. während einer Geburt. Man unterscheidet: unregelmäßige *Vorwehen, Stellwehen* (fixieren den Kopf im kleinen Becken), *Eröffnungswehen, Austreibungs- oder Preßwehen* (werden von den Bauchdeckenmuskeln, der sog. Bauchpresse, unterstützt), *Nachgeburtswehen* (zur Lösung der Nachgeburt). Beim Menschen beträgt die Gesamtdauer einer G. bei Erstgebärenden 15–24 Stunden, bei weiteren Geburten ist sie kürzer (evtl. nur wenige Stunden). Selten kommt es zu einer plötzl., sehr schnell verlaufenden *Sturzgeburt.* Das Herannahen einer G. kündigt sich durch bestimmte **Anzeichen** an. So senkt sich die Gebärmutter mit der Frucht etwa 3–4 Wochen vor G.beginn nach unten ins Becken. In den letzten Tagen vor der G. treten Vorwehen auf. Es kommt zu einem Druck auf die Blase und blutiger Schleimabsonderung. Kurz vor Beginn der G. setzen Herzklopfen, Unruhe, Kreuz- und Nervenschmerzen ein. Der *Zeitpunkt des Eintretens der G.* ist durchschnittl. 280 Tage nach dem ersten Tag der letzten Menstruation erreicht (äußerste Grenze: 236 und 334 Tage). Er zeigt sich mit dem Einsetzen der zunächst in größeren Abständen sich wiederholenden, dann im Abstand von etwa fünf Minuten erfolgenden Wehen an. Mit dem Blasensprung endet die Eröffnungsperiode, und es beginnt die Austreibungsperiode unter starker Dehnung des Geburtskanals einschließl. des Beckenbodens und Damms, wobei die Mutter mitpreßt. Bei normaler G. kommt zuerst der Kopf des Kindes (Hinterhaupt voran) zum Vorschein. Nach der G. des Kindes wird dieses abgenabelt. Die Abnabelung ist eine doppelte Unterbindung und Abtrennung der Nabelschnur, etwa eine Handbreite vom kindl. Nabel entfernt. Die nun beginnende Nachgeburtsperiode dauert etwa eine halbe Stunde bis zwei Stunden. Hierbei wird die Plazenta samt den Embryonalhüllen, dem Rest der Nabelschnur und der obersten Unterschleimhautschicht als **Nachgeburt** ausgestoßen.

Für erstgebärende Europäerinnen liegt das günstigste Lebensalter für den normalen Verlauf von Schwangerschaft und G. *(Gebäroptimum)* etwa zw. dem 18. und 28. Lebensjahr. Zum *Recht* ↑Rechtsfähigkeit.

🕮 *Kitzinger, S.: Natürl. G. Mchn. ^{2}1981. - Macfarlane, A.: Die G. Dt. Übers. Stg. 1978.*

Geburtenbuch (früher Geburtsregister) ↑Personenstandsbücher.

Geburtenhäufigkeit, Begriff der amtl. Bevölkerungsstatistik für den natürl. Bevölkerungszuwachs. Maßzahlen für die relative und absolute G. sind Geburtenanzahl, Geburten- und Fruchtbarkeitsziffer. Die **Geburtenziffer** gibt an, wie hoch der Anteil der Lebendgeborenen an 1 000 Personen der mittleren Bevölkerungsanzahl für eine Periode (i. d. R. ein Jahr) ist.

Geburtenregelung (Geburtenkontrolle), zusammenfassende Bez. für alle Maßnahmen zur gezielten Einflußnahme auf die Geburtenhäufigkeit. Zur G. gehören i. w. S. bevölkerungspolit. Maßnahmen, sittl. Normen und alle sonstigen Einflüsse, die sich mehr oder weniger indirekt (z. B. über das Heiratsalter, die Zahl der Eheschließungen und die Einstufung außerehel. Nachkommen) auf die Geburtenzahl auswirken; i. e. S. v. a. Maßnahmen zur Verhütung unerwünschter Nachkommen im Sinne der Familienplanung durch ↑Empfängnisverhütung.

Geburtenrückgang, Bez. für das Sinken der Zahl der jährl. geborenen Kinder eines Landes (in der BR Deutschland wurden z. B. 1965 über 1 Mill. Kinder geboren, 1975 nur noch 600 000). Als Gründe für den G. gibt es bislang nur eine Reihe von plausiblen Vermutungen: 1. Die Familienplanung hat sich heute stärker durchgesetzt; 2. die Methoden der Empfängnisverhütung sind wirksam (v. a. sog. Antibabypille) vervollkommnet worden; 3. das Rollenverständnis der Frau hat sich gewandelt (Frauenemanzipation, Berufstätigkeit der Frau); 4. die finanzielle Belastung wächst mit der Kinderzahl; 5. die gesellschaftl. Umwelt ist kinderfeindlich.

Geburtenüberschuß, die für einen bestimmten Zeitraum ermittelte Differenz zw. der Anzahl der Lebendgeborenen und derjenigen der Gestorbenen in einer Bevölkerung.

Geburtenziffer ↑Geburtenhäufigkeit; ↑auch Fruchtbarkeitsziffer.

Geburtsgeschwulst, Anschwellung auf dem bei der Geburt eines Kindes vorangehenden Körperteil infolge Ansammlung von Gewebswasser, hervorgerufen durch örtl. Druck nach dem Blasensprung.

Geburtshelferkröte (Feßlerkröte, Glockenfrosch, Alytes obstetricans), etwa 3–5,5 cm großer Froschlurch (Fam. Scheibenzüngler). Die bei der Paarung vom ♀ abgegebenen, durch eine Gallertschnur zusammengehaltenen Eier werden vom ♂ besamt und anschließend um die Lenden oder Hinterbeine gewickelt. Das ♂ trägt die Laichschnüre etwa 3 Wochen mit sich und setzt die schlüpfreifen Larven dann im Wasser ab.

Geburtshilfe (Obstetrik), Teilgebiet der Frauenheilkunde, das sich mit Verhütung, Erkennung und Behandlung krankhafter Zustände während der Schwangerschaft, bei der Geburt und im Wochenbett befaßt.

Geburtslage, svw. ↑Kindslage.

Geburtslähmung (kindl. Entbindungslähmung), durch ungünstige Umstände während der Geburt beim Kind entstandene Lähmung. Es handelt sich meist um Armlähmungen infolge Zerrung von Nervenwurzeln im Halsbereich und (bei Zangenentbindungen) des Gesichtsnervs.

Geburtstag, seit der Antike bekannte Feier der jährl. Wiederkehr des Tages der Geburt; gilt als glückbringend. In kath. Gebieten stand lange der ↑Namenstag im Vordergrund.

Geburtstrauma, Bez. für einen psych. Schaden bei Mutter und Kind, der auf den Geburtsvorgang zurückgeführt werden kann; von der Forschung wird angenommen, daß z. B. Raumangst oder Platzangst des Kindes ihre Ursache auch im Erleben einer schweren Geburt haben können.

Geburtsurkunde ↑Personenstandsurkunden.

Geburtsverletzungen, beim Vorgang der Geburt entstehende Verletzungen des Neugeborenen und der Mutter. Zu den G. des Neugeborenen gehören u. a. Knochenverletzungen (v. a. des Schädels und im Bereich der Extremitäten, auch Schlüsselbeinfrakturen), Blutungen im Schädelinnern, Haut- und

Weichteilverletzungen (u. a. Zangenmarken). Die G. der Mutter bestehen v. a. in Rißverletzungen (Dammriß, Gebärmutterhalsriß). - ↑auch Geburtslähmung, ↑Geburtsgeschwulst.

Geburtszange (Forzeps), aus zwei gefensterten Löffeln bestehendes zangenartiges Instrument zum Fassen des kindl. Schädels bei der Zangengeburt.

Gebweiler (amtl. Guebwiller), frz. Stadt im Oberelsaß, Dep. Haut-Rhin, in der Vorbergzone des östl. Vogesenrandes, 10700 E. Museum (Keramik); Weinbau; Textilind., Glaswaren- und Kartonagenherstellung. - G., seit dem 8. Jh. als Besitz des Klosters Murbach erwähnt, kam mit diesem 1697 in frz. Besitz. - Roman.-got. Kirche Sankt Leodegar (12. Jh.), got. Dominikanerkirche (1306 ff.) und spätbarocke Liebfrauenkirche (1766–85); spätgot. Rathaus (1514).

Geck [niederdt.], gefallsüchtiger, eitler Mensch, Narr.

Geckos [malai.] (Haftzeher, Gekkonidae), Fam. überwiegend nachtaktiver Echsen mit rd. 670 Arten; Körpergestalt meist abgeflacht; mit großen Augen, deren Lider fast stets zu einer unbewegl., durchsichtigen Schuppe verwachsen sind; Pupillen meist senkrecht, schlitzförmig; Schwanz kann (wie bei den Eidechsen) bei Gefahr an vorgebildeten Bruchstellen abgeworfen werden; Finger und Zehen meist verbreitert, häufig mit Haftlamellen, die mikroskop. kleine Haken aufweisen, mit deren Hilfe sich die G. an feinsten Unebenheiten anheften können. Im Ggs. zu den übrigen Echsen geben G. oft zirpende oder quakende, z. T. sehr laute Töne von sich. Zu den G. gehören u. a. ↑Blattfingergeckos, ↑Blattschwanzgeckos. Bekannt ist außerdem die artenreiche Gatt. **Dickfingergeckos** (Pachydactylus); etwa 10–20 cm lang, leben in Wüsten, Halbwüsten und Savannen S-Afrikas; Zehen am Ende zu Haftscheiben verbreitert. Die etwa 10 cm langen Arten der Gatt. **Dünnfingergeckos** (Stenodactylus) kommen in N-Afrika und W-Asien vor; ohne bes. Hafteinrichtungen an den Zehen. Die Gatt. **Halbzeher** (Hemidactylus) hat über 40, 7–20 cm lange Arten, v. a. in den Tropen und Subtropen; die zur Körpermitte hin gelegene Hälfte der Zehen durch doppelreihig angeordnete Haftlamellen stark verbreitert, so daß die Zehen (von unten gesehen) längs halbiert erscheinen. Die bekannteste Art ist der bis 18 cm lange, nachts in Häuser eindringende und dort Insekten jagende **Afrikan. Hausgecko** (Hemidactylus mabouia). In den Mittelmeerländern kommt der 10–15 cm lange **Mauergecko** (Tarentola mauritanica) vor. Die rd. 80 Arten der Gatt. **Nacktfingergeckos** (Gymnodactylus) leben in allen warmen Gebieten; ohne Haftlamellen an den Zehen. Ausschließl. tagaktiv sind die bis 25 cm langen Arten der **Taggeckos** (Phelsuma); kommen auf Madagaskar, den Komoren, Andamanen und Seychellen vor; meist leuchtend grün, oft mit ziegelroten Flecken am Kopf und auf dem Rücken. Der knapp 15 cm lange **Wüstengecko** (Coleonyx variegatus) lebt in Wüstengebieten Kaliforniens; ohne Haftlamellen; mit breiten, dunklen Querbinden auf Rücken und Schwanz.

Gedächtnis, Fähigkeit, Informationen abrufbar zu speichern. Körperl. Grundlage für das G. ist bei Mensch und Tier die Gesamtheit der Nervenzellen. Wie diese die Informationen aufbewahren, d. h. durch welche Vorgänge Erregungen zurückbleiben bzw. Spuren (↑Engramm, Residuen) hinterlassen, ist noch weitgehend ungeklärt. - Das menschl. G. arbeitet in drei Stufen: Im **Ultrakurzzeitgedächtnis** werden für 6–10 Sekunden Eindrükke bewahrt. Das **Kurzzeitgedächtnis** hält Eindrücke für maximal ein bis zwei Stunden fest, im allg. jedoch nur für Sekunden bis Minuten, denn danach wird die Information entweder gelöscht oder vom Langzeit-G. übernommen. Für das Kurzzeit-G. sind wahrscheinl. elektr. Erregungskreise wirksam, in denen Informationsträger so lange kreisen, bis der Vorgang durch eine Hemmung unterbrochen wird, wodurch die Informationen gelöscht werden, die in der Zwischenzeit nicht durch chem. Speicherung vom Langzeit-G. übernommen worden sind. Im **Langzeitgedächtnis** werden Eindrücke dauerhaft gespeichert und manchmal lebenslang aufbewahrt. - Die meisten Informationen werden in dem am stärksten differenzierten Teil der Großhirnrinde, dem Neokortex, gespeichert. Die **Gedächtnisleistung** hängt von der Größe des Gehirns und von der Komplexheit des Nervensystems und z. T. auch von der Größe der Nervenzellen selbst ab. Die Hinterlassung von **Gedächtnisspuren** kann man sich als eine Art ↑Bahnung vorstellen, wobei durch häufigen Gebrauch die Durchgängigkeit der Synapsen gesteigert wird. Darüber hinaus könnte der Vorgang bei genügender Wiederholung zu Daueränderungen führen. - Ungelöst ist das Problem des **Vergessens.** Dieser dem Behalten und Erinnern gegenläufige Vorgang bedingt, daß Wahrgenommenes bzw. Gelerntes nicht mehr oder nur unvollständig reproduziert werden kann. Im allg. gilt: 1. Es wird umso mehr vergessen, je größer der zeitl. Abstand zw. Einspeicherung und Erinnerung ist; 2. Sinnarmes, unwichtiges und umfangreiches Material wird eher vergessen; 3. Art und Anzahl der auf einen Lernvorgang folgenden Eindrücke beeinflußen das Ausmaß des Vergessens.

Von den Tieren haben (mit Ausnahme der Mesozoen und Schwämme) alle vielzelligen Tiere ein Gedächtnis. Man kann ganz allg. deren Entwicklungshöhe danach beurteilen, wieviele Informationen sie sammeln können, d. h. wie groß ihre G.leistung ist. Diese weist zugleich eine hohe Korrelation mit der An-

zahl der Nervenzellen, aus denen das Zentralnervensystem einschließl. des Gehirns besteht, auf.
Die **Gedächtnisforschung** ist ein Grenzgebiet von Biologie, Medizin, Psychologie, Kybernetik und anderen verwandten Disziplinen. Dementsprechend sind ihre Methoden sehr verschieden. So versuchen z. B. amerikan. Biochemiker, Gedächtnismoleküle samt den in ihnen gespeicherten Informationen von verschiedenen Tieren auf andere Tiere zu übertragen.
🕮 *Jüttner, C.: G. Grundll. der psycholog. G.forschung. Basel 1979. - Flavell, J. H.: Kognitive Entwicklung. Dt. Übers. Stg. 1979. - Sinz, R.: Gehirn u. G. Stg. 1978.*

Gedächtnisstörung (Dysmnesie), vorübergehende oder anhaltende Veränderung der Erinnerungs- oder Merkfähigkeit. Eine G. kann im Rahmen einer organ. oder psych. bedingten Erkrankung auftreten. Häufigste G. ist die totale oder teilweise Erinnerungslücke (↑Amnesie), z. B. nach schwerer Gehirnerschütterung. In den meisten Fällen seel. bedingt ist die mangelhafte Erinnerung an Vorgänge, die unter starker Gefühlserregung bei Bewußtseinseinschränkung erlebt werden (**Hypomnesie**). Hochgradige Merkfähigkeitsschwächen (**Gedächtnisschwäche**) treten u. a. bei Gehirnarterienverkalkung, bei Altersblödsinn sowie bei fortschreitender Gehirnerweichung auf.

gedackte Pfeife ↑Pfeife.

gedämpfte Farben (getrübte Farben), in der Malerei und ästhet. Farblehre Bez. für Malfarben, die sich aus reinbunten, d. h. 100%ig gesättigten Farben durch Zumischen einer unbunten Farbe oder einer benachbarten reinbunten Farbe bzw. der jeweiligen Komplementärfarbe (in diesem Fall spricht man von **gebrochenen Farben**) ergeben.

Gedanke, in der Regel durch Sprache vermitteltes Ergebnis eines Aktes oder einer (mehr oder minder komplexen) Folge von Akten des ↑Denkens und als solches wieder Gegenstand neuer Gedankengänge. Als *philosoph.* Begriff bedeutet G. im wesentl. zum einen einen psych. Akt, zum anderen etwas Objektives, das in einem Satz ausgedrückt wird und entweder wahr oder falsch ist.

Gedankenexperiment, Methode (insbes. in den Sozialwiss.) zur Analyse von Wirkungszusammenhängen zw. mehreren (für die Erklärung eines Phänomens als bedeutsam beurteilten) Faktoren, Elementen, Variablen; findet Anwendung, wenn ein reales Experiment nicht oder noch nicht mögl. ist. - ↑auch Modell.

Gedankenlesen, svw. ↑Gedankenübertragung.

Gedankenlyrik ↑Lyrik.

Gedankenstrich, Satzzeichen, das eine Pause oder eine Einschaltung im Satz kennzeichnet (graph. Zeichen: –).

Gedankenübertragung (Gedankenlesen), volkstüml. Bez. für ↑Telepathie als eine Form der ↑außersinnlichen Wahrnehmung.

Gedda, Nicolai, eigtl. N. Ustinow, * Stockholm 11. Juli 1925, schwed. Sänger (Tenor) russ.-schwed. Abkunft. - Gastiert an den bedeutendsten Opernhäusern der Welt sowie bei Festspielen (bed. Mozartsänger).

Geddes, Norman Bel [engl. 'gɛdɪs], * Adrian (Mich.) 27. April 1893, † New York 8. Mai 1958, amerikan. Bühnenbildner und Industriedesigner. - Wegweisende Beispiele einer nicht dekorativen, sondern funktionalen Bühnengestaltung (z. B. für Max Reinhardts amerikan. Inszenierung von K. G. Vollmoellers „Mirakel", 1924). Auf der Basis eines Unternehmens von rd. 2 000 Mitarbeitern wandte sich G. seit Ende der 20er Jahre auch dem modernen Industriedesign zu. Schuf das „General Motors Futurama Building" auf der Weltausstellung 1939 in New York.

Gedeck, (Kuvert, Couvert) Bez. für die Gegenstände der gedeckten Tafel (Besteck, Geschirr, Tischzeug).
◆ Speisenfolge aus mehreren, aufeinander abgestimmten Gerichten.

Gedi, Ruinenstadt an der ostafrikan. Küste, 16 km sw. von Malindi, Kenia; wahrscheinl. im 12. Jh. gegr., im 15. Jh. neben Kilwa Kisiwani eine der reichsten arab.-pers. Handelsstädte Ostafrikas; Niedergang im 16. Jh.

Gedicht, urspr. Bez. für alles schriftl. Abgefaßte; im 18. Jh. auf den poet. Bereich eingeengt; konnte zunächst alle literar. Gattungen umfassen (z. B. „Lehr-G.", „dramat. G."); heute auf kürzere, von Prosa [und Drama] zu unterscheidende Formen beschränkt. - ↑auch Lyrik.

gediegen [zu mittelhochdt. gedigen „ausgewachsen" (von gedeihen)], rein, als Element vorkommend; g. kommen v. a. Metalle (z. B. Gold, Silber, Platin), aber auch Nichtmetalle vor (z. B. Schwefel).
◆ geschmackvoll und von guter Qualität.

Gedimin (Gediminas) ↑Gedymin.

Gedinge [zu althochdt. gidingi „Vertrag, Bedingung"], Form des Leistungslohns im Bergbau; im Ggs. zum eigtl. Akkordlohn wird das G. zw. den G.arbeiten und der Betriebsleitung ausgehandelt.

Gedingelehen, im Lehnswesen Eventualbelehnung für den Fall, daß der derzeitige Lehnsinhaber ohne Leibeserben starb.

Gediz nehri (in der Antike Hermos), Fluß in Westanatolien, entspringt am Murat Dağı, mündet in den äußeren Golf von İzmir, 350 km lang; am Oberlauf gestaut.

Gedok, Abk. für: **Ge**meinschaft **d**eutscher und **o**esterreichischer **K**ünstlerinnen, gegr. 1926; in der BR Deutschland hat die G. (heutiger Untertitel: Gemeinschaft der Künstlerinnen und Kunstfreunde) 16 Ortsverbände, in Östr. eine Sektion (Sitz Wien); Hauptsitz der G. ist Hamburg.

Gedränge, im Rugby eine Formation beider Mannschaften, um nach bestimmten Regelverstößen den Ball wieder ins Spiel zu bringen: In der Aufstellung 3-2-3 stellen sich die Stürmer gegeneinander und bilden einen Tunnel, in den der Ball hineingeworfen wird; jede Partei versucht in Ballbesitz zu kommen.

Gedrosien ↑ Belutschistan.

gedruckte Schaltung, in Miniaturbauweise ausgeführte elektr. Schaltungsanordnung: Eine einseitig mit Kupferfolie kaschierte Isolierstoffplatte wird auf der Folienseite mit dem Bild der gewünschten Leiterbahnen ätzfest bedruckt, das unbedruckte Kupfer wird anschließend abgeätzt. Nach Einstanzen von Bohrungen wird die andere Seite der Platte mit elektr. Bauelementen bestückt, deren Anschlußdrähte durch die Bohrungen hindurchführen und durch Tauchlötung mit den Leiterbahnen verbunden werden.

Gedser [dän. 'gesər], Ort in der Gemeinde Sydfalster auf der Halbinsel **Gedser Odde,** der S-Spitze der dän. Ostseeinsel Falster, 1 200 E. Bed. Fährhafen (Eisenbahn- und Autofähre in die DDR bzw. BR Deutschland).

Geduld [zu althochdt. dolēn „tragen, dulden"], als Tugend sittl. Grundhaltung des Menschen; in der aristotel. und stoizist. Tradition Teil der Tapferkeit. Im christl. Altertum wird die G. als Beharren im Guten zur Grundtugend christl. Daseins. Bibl. Beispiele der G. sind im A. T. Hiob, im N. T. der leidende Jesus. - *G. Gottes* ist seine Langmut, mit der er dem Sünder Zeit zur Bekehrung gibt.

Geduldspiele (Einsiedlerspiele), Spiele, die ein Spieler allein spielen kann und die Konzentration, Geduld und Geschicklichkeit erfordern, z. B. Patience, Fünfzehnerspiel, Puzzle, Solitär.

Gedymin (lit. Gediminas, Gedimin), * um 1275, † 1341, Großfürst von Litauen (seit 1316). - Schöpfer des lit. Großreichs mit Wilna als Hauptstadt; vermählte 1325 seine Tochter Anna (Aldona) mit dem poln. Thronfolger Kasimir III.; holte durch Sendschreiben von 1323 dt. Kaufleute, Handwerker, Bauern, Geistliche ins Land; ließ, ohne selbst Christ zu werden, orth. wie kath. Mission zu.

Geelong [engl. dʒɪ'lɔŋ], austral. Hafenstadt sw. von Melbourne, 16 000 E, städt. Agglomeration 125 000 E. Textilind., Motoren-, Fahrzeug- und Landmaschinenbau, Erdölraffinerie, Herstellung von Düngemitteln, Farben u. a.; auf der Halbinsel Point Henry Aluminiumschmelze. - G. ist seit 1938 Stadt.

Geert, Kurzform des männl. Vornamens Gerhard.

Geertgen tot Sint Jans [niederl. 'xe:rtxə tɔt sɪnt 'jɑns] (Gerrit von Haarlem, Gérard de Saint-Jean), * Leiden (?) zw. 1460/65, † Haarlem vor 1495, niederl. Maler. - Geschult an der Brügger Buchmalerei; malte in Haarlem für die Johanniter den „Kreuzigungsaltar" (nach 1484), von dem der rechte Flügel erhalten ist (Wien, Kunsthistor. Museum); der Prozessionszug der Johanniter gilt als eine Vorstufe der niederl. Gruppenbildnisse; weitere Tafeln von verhaltener Expressivität wie „Hl. Johannes der Täufer" (Berlin-Dahlem) und die „Geburt Christi" (London, National Gallery). - Abb. S. 39.

Gees (Altäthiopisch), semit. Sprache in Äthiopien, ↑ äthiopische Sprachen.

Geest [zu niederdt. gēst „trocken, unfruchtbar" (eigtl. „klaffend, rissig")], Landschaftstyp in NW-Deutschland, Schl.-H. und W-Jütland, der die höhergelegenen, sandigen und weniger fruchtbaren Altmoränengebiete umfaßt.

Geesthacht, Stadt am rechten Ufer der Elbe, Schl.-H., 30 m ü. d. M., 25 500 E. Teppich- und Maschinenfabrik, Werft; Forschungsreaktor; Kernkraftwerk Krümmel (elektr. Leistung 1 260 MW); Elbstaustufe mit Pumpspeicherwerk. - 1420 kam G. von den Herzögen von Sachsen-Lauenburg in den gemeinsamen Besitz von Lübeck und Hamburg; 1924 Stadt, 1937 an Preußen.

Gefahr [zu mittelhochdt. gevāre „Nachstellung, Hinterhalt, Betrug"], allg.: die menschl. Sicherheit bedrohendes Unheil, auch die Bedrohung der Sicherheit von anderen Lebewesen oder Sachen. - Im Recht: 1. im weiteren Sinn: die Möglichkeit eines Schadenseintritts; 2. im engeren Sinn: das Risiko eines zufälligen (unverschuldeten) Schadens. Zu unterscheiden sind: **Personen-** und **Sachgefahren** (für zufällige Schäden an Personen und Sachen), grundsätzl. vom Geschädigten (Eigentümer) zu tragen. Ausnahmen: Gefährdungshaftung, Gewährleistung, Versicherungsvertrag; **Forderungsgefahren,** näml. Leistungs-G., das Risiko, bei zufälliger Unmöglichkeit der Leistung den Anspruch auf die Leistung oder eine Ersatzlieferung einzubüßen. Außer beim Schuldnerverzug trifft diese G. den Gläubiger (§ 275 BGB), im Falle einer Gattungsschuld freil. erst beim Untergang der ganzen Gattung. Preis- oder Vergütungs-G.: das Risiko, den Anspruch auf die Gegenleistung zu verlieren, wenn die eigene Leistung zufällig unmögl. wird.
Für das *östr.* und das *schweizer. Recht* gilt im wesentl. Entsprechendes.

Gefährdungsdelikte, Delikte, deren tatbestandl. Verwirklichung im Unterschied zu den Verletzungsdelikten die bloße Gefährdung eines Rechtsguts voraussetzt. Beim **konkreten Gefährdungsdelikt** (z. B. bei der Straßenverkehrsgefährdung) muß im Einzelfall geprüft werden, ob tatsächl. eine Gefährdung eingetreten ist. Beim **abstrakten Gefährdungsdelikt** (z. B. Brandstiftung) ist die Möglichkeit einer Rechtsgutsverletzung ausreichend.

Gefährdungshaftung ↑ Haftung.

Gefahrensymbole, seit 1955 internat. eingeführte Warnzeichen zur Kennzeichnung gefährl. Stoffe. Es gibt G. für explosive, leicht

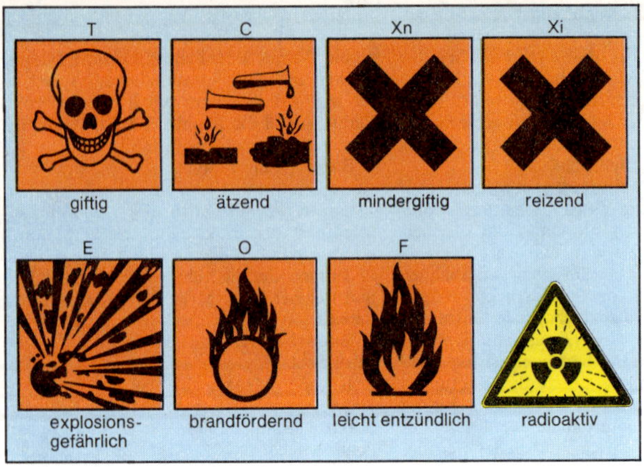

Gefahren-
symbole

entzündl., giftige, radioaktive und ätzende Stoffe.

Gefahr im Verzug, Möglichkeit eines Schadenseintrittes infolge Verzögerung einer Handlung. Bei G. im V. dürfen (bes. im Strafverfahren) Maßnahmen ergriffen werden, die im Normalfall unzulässig sind.

Gefahrklasse ↑gefährliche Güter.

gefährliche Arbeitsstoffe, nach der VO über g. A. vom 29. 7. 1980 Bez. für Stoffe oder Zubereitungen, die eine oder mehrere der folgenden Eigenschaften aufweisen: a) sehr giftig, b) giftig, c) mindergiftig (gesundheitsschädl.), d) ätzend, e) reizend, f) explosionsgefährl., g) brandfördernd, h) hochentzündl. i) leicht entzündl., j) entzündl., k) krebserzeugend, l) fruchtschädigend, m) erbgutverändernd oder n) auf sonstige Weise für den Menschen gefährl. sind. Für g. A. gelten Vorschriften u. a. bezügl. des Inverkehrbringens (z. B. Verpackung, Kennzeichnung, Beförderung), des Umgangs sowie allg. Vorschriften über die gesundheitl. Überwachung.

gefährliche Güter, nach dem BG über die Beförderung g. G. vom 6. 8. 1975 solche Stoffe und Gegenstände, von denen auf Grund ihrer Natur, Eigenschaften und ihres Zustandes im Zusammenhang mit der Beförderung (durch Eisenbahn-, Straßen-, Wasser- und Luftfahrzeuge) Gefahren für die öffentl. Sicherheit und Ordnung, für Leben und Gesundheit von Mensch und Tier ausgehen können. Eine RVO regelt u. a. die Zulassung der in **Gefahrklassen** eingeteilten Güter zur Beförderung, die Art der Beförderung, die techn. Ausstattung von Tankfahrzeugen (erhöhte Wanddicken), die Kennzeichnung der Fahrzeuge mit orangefarbenen Warntafeln. Zuwiderhandlungen gegen die gesetzl. Bestimmungen werden als Ordnungswidrigkeiten mit einer Geldbuße geahndet, vorsätzliche Verstöße mit Freiheitsstrafe.

Gefährte, derjenige, der mit jemandem durch Freundschaft oder gleiche Lebensumstände verbunden ist; allg. Begleiter. ◆ in der *Musik* svw. ↑Comes.

Gefahrübergang, der Übergang des Risikos für den zufälligen Untergang [oder die Verschlechterung] einer Leistung vom einen Vertragsteil auf den anderen. Beim Kauf geht die Gefahr über mit der Übergabe oder der Versendung der Sache, beim Werkvertrag mit der Abnahme des Werks.

GEFAHRKLASSEN

1 a	Explosive Stoffe und Gegenstände
1 b	Mit explosiven Stoffen geladene Gegenstände
1 c	Zündwaren, Feuerwerkskörper und ähnliche Güter
2	Verdichtete, verflüssigte oder unter Druck gelöste Gase
3	Entzündbare flüssige Stoffe
4.1	Entzündbare feste Stoffe
4.2	Selbstentzündliche Stoffe
4.3	Stoffe, die in Berührung mit Wasser entzündliche Gase entwickeln
5.1	Entzündend (oxidierend) wirkende Stoffe
5.2	Organische Peroxide
6.1	Giftige Stoffe
6.2	Ekelerregende oder ansteckungsgefährliche Stoffe
7	Radioaktive Stoffe
8	Ätzende Stoffe

Gefälle, (Neigung) der Höhenunterschied zweier Punkte, bezogen auf ihre horizontale Entfernung *(absolutes G.)*; häufiger das Verhältnis des Höhenunterschieds h zu dem auf einer horizontalen Ebene gemessenen Abstand a dieser Punkte, d. h. der Tangens des Neigungswinkels *(relatives G.)*. Angabe des G. meist in Prozenten bzw. Promillen (Höhenunterschied bezogen auf 100 m bzw. 1 000 m in der Horizontalen) oder als Verhältnis $h:a$ (z. B. bedeutet 5% = 50‰ = 1:20).

Gefälligkeitsakzept ↑Wechsel.

Gefälligkeitsfahrt, einem mitfahrenden Insassen eines Kfz. stehen bei einem Unfall versicherungsrechtl. Ansprüche gegen Fahrer oder Halter des Fahrzeugs nur zu, wenn es sich um eine entgeltl., geschäftsmäßige Personenbeförderung handelt. Bei privaten G. (z. B. Mitnehmen eines Anhalters) liegt i. d. R. keine vertragl. Vereinbarung vor, die eine Haftung ausschließt; jedoch kann z. B. die vereinbarte Zahlung der Benzinkosten für eine solche sprechen. Waren dem Mitfahrer Mängel am Kfz. oder Fahruntüchtigkeit des Fahrers (z. B. Trunkenheit) vor Antritt der Fahrt bekannt, ist stillschweigender Haftungsverzicht gegeben. Minderjährige können i. d. R. nur mit Einwilligung der gesetzl. Vertreter auf Haftung verzichten. Schadenersatzansprüche kann der Geschädigte bei G. i. d. R. nur aus ↑unerlaubter Handlung stellen; er muß das Verschulden des Fahrers oder Halters nachweisen.

Gefangenenbefreiung, Vergehen gemäß § 120 StGB. Danach wird mit Freiheitsstrafe bis zu drei Jahren oder Geldstrafe bestraft, wer einen Gefangenen oder einen auf behördl. Anordnung in einer Anstalt Verwahrten aus der Gefangenenanstalt oder aus der Gewalt der bewaffneten Macht, des Beamten oder desjenigen, unter dessen Beaufsichtigung, Begleitung oder Bewachung er sich befindet, vorsätzl. befreit oder ihm zur Selbstbefreiung vorsätzl. behilfl. ist. Die **Selbstbefreiung** ist, außer im Fall der Gefangenenmeuterei, nicht strafbar.
Im *östr.* und *schweizer. Recht* gilt Entsprechendes.

Gefangenenfürsorge, Maßnahmen, deren Ziel die Verhinderung von sozialen und wirtsch. Schäden für den Gefangenen, die über das vom Gesetzgeber gewollte Strafübel hinaus eintreten können, sowie die Unterstützung der Resozialisierung des Gefangenen ist. Zentrale Aufgabe der G. ist es, den Gefangenen auf seine Entlassung vorzubereiten. Sie muß für eine ordentl. Wohnung oder Unterkunft sorgen, bei der Suche nach einem geeigneten Arbeitsplatz behilfl. sein und ein finanzielles Minimum für den Neubeginn sicherstellen. Getragen wird die G. von staatl. Stellen und den Verbänden der freien Wohlfahrtspflege. Gesetzl. vorgeschrieben ist sie in § 38 JugendgerichtsG.

Gefangenenmeuterei, gemäß § 121 StGB werden Gefangene mit Freiheitsstrafe von drei Monaten bis zu fünf Jahren bestraft, wenn sie sich zusammenrotten und mit vereinten Kräften 1. ihre Wärter angreifen, ihnen Widerstand leisten oder es unternehmen, sie zu nötigen, 2. einen gewaltsamen Ausbruch unternehmen. Der Versuch ist strafbar. Für Gewalttätigkeiten verübende Meuterer tritt Strafschärfung ein (Freiheitsstrafe von 6 Monaten bis 10 Jahren).

Gefangenenseelsorge, spezif., rechtl. geregelte Form der Anstaltsseelsorge an Gefangenen der Strafanstalten. Die *ev.* Gefangenenseelsorger sind in der „Konferenz der ev. Pfarrer an den Justizvollzugsanstalten in der Bundesrepublik und Westberlin", die *kath.* in der „Konferenz der kath. Strafanstaltsgeistlichen" zusammengeschlossen. Beide Vereinigungen befassen sich auch mit den grundsätzl. Problemen des Strafvollzuges.

Gefängnis, 1. svw. Freiheitsstrafe; 2. Anstalt zur Unterbringung Gefangener (↑Justizvollzugsanstalt).

Gefängnisstrafe, bis zum 1. StrafrechtsreformG von 1969 die am häufigsten verhängte Form der ↑Freiheitsstrafe (ein Tag bis fünf Jahre).

Gefäß, Handschutz an Degen und Säbeln in Form eines Bügels oder Korbes.

Gefäßbündel, svw. ↑Leitbündel.

Gefäßchirurgie, Teilgebiet der Chirurgie, das sich meist mit wiederherstellenden Maßnahmen am Gefäßsystem beschäftigt, z. B. mit der Transplantation bzw. dem Ersatz von Blutgefäßen.

Geertgen tot Sint Jans, Heiliger Johannes der Täufer (undatiert). Berlin-Dahlem

Gefäße, röhrenartige Hohlorgane in Organismen zur Leitung von Flüssigkeiten. Bei Tier und Mensch unterscheidet man ↑Blutgefäße und ↑Lymphgefäße. Im pflanzl. Organismus werden die ↑Tracheen als G. bezeichnet.

gefäßerweiternde Mittel (Vasodilatantia), Arzneimittel, die durch Erschlaffung der glatten Gefäßmuskulatur die Lumina des Gefäßsystems weiter stellen und dabei auf bestimmte Arteriengebiete (Herz, Gehirn, Haut, Extremitäten) einwirken oder allg. den peripheren Gesamtwiderstand herabsetzen und dadurch den Blutdruck senken.

Gefäßflöten, Sammelbez. für Flöten, bei denen eine Luftsäule in einem Gefäß (aus Ton oder Fruchtschalen) schwingt; bekannt ist v. a. die ↑Okarina.

Gefäßgeschwulst ↑Hämangiom, ↑Lymphangiom.

Gefäßhautentzündung, in der Medizin: 1. Entzündung der die Gefäßwände aufbauenden Häute (z. B. Arterienentzündung, Venenentzündung); 2. Entzündung der Regenbogenhaut, des Strahlenkörpers sowie der Aderhaut des Auges.

Gefäßkrampf, svw. ↑Angiospasmus.

Gefäßnerven, v. a. die Gefäßweite und damit die Blutverteilung steuernde vegetative Nerven.

Gefäßneurose (Angioneurose) ↑Vasoneurose.

Gefäßsystem, Gesamtheit der ein Lebewesen, eine bestimmte Körperregion bzw. ein einzelnes Organ versorgenden ↑Blutgefäße, i. w. S. auch der ↑Lymphgefäße.

Gefäßteil ↑Leitbündel.

gefäßverengende Mittel (vasokonstriktor. Mittel, Angiotonika, Vasokonstringenzien), Arzneimittel, die durch periphere Wirkung im Bereich der Gefäßwand oder auf dem Umweg über das Zentralnervensystem zu einer Kontraktion der Blutgefäße, v. a. der Arteriolen, und damit gewöhnl. auch zu einer Blutdrucksteigerung führen. Zu den vorwiegend peripher wirkenden g. M. gehören Noradrenalin und Adrenalin sowie die von ihnen abgeleiteten synthet. ↑Sympathikomimetika, einschließl. der Weckamine, ferner Vasopressin, Angiotensin. Zu zentral wirkenden g. M. gehören neben den Weckaminen Koffein, Theophyllin und die zentralen ↑Analeptika.

Gefäßverkalkung, svw. ↑Arteriosklerose.

Gefäßverödung, svw. ↑Venenverödung.

Gefecht, der Kampf der verbundenen Waffen (Panzer, Panzergrenadiere, Artillerie, Pioniere usw.) in zeitl. und örtl. begrenzten Kampfhandlungen. Je nach Zweck eines G. werden die *G.arten* Angriff, Verteidigung und Verzögerung unterschieden.

◆ (Gang) Kampf zw. 2 Fechtern im Wettbewerb auf eine bestimmte Trefferzahl (meist fünf, bei Damen vier) innerhalb bis zu sechs, bei Damen fünf Minuten.

Gefechtspistole ↑Torpedo.

Gefechtsstand, feste (Bunker) oder bewegl. (G.fahrzeug) Einrichtung zur Führung der Truppe im Gefecht.

Gefege, wm. Bez. für den vom Geweih oder Gehörn abgefegten ↑Bast (wm.).

gefeit [zu mittelhochdt. veinen „nach Art der Feen durch Zauber schützen"], geschützt.

Gefieder (Federkleid), Bez. für die Gesamtheit aller Federn eines Vogels; dient vorwiegend als Wärmeschutz, der Fortbewegung (Flügel- und Schwanzfedern) und durch art- und geschlechtsspezif. Färbungsmuster der Art- und Geschlechtserkennung. Man unterscheidet zw. *Groß-G.* (= Schwungfedern des Flügels und Steuerfedern des Schwanzes) und *Klein-G.* (setzt sich aus ↑Deckfedern und ↑Dunen zus.), außerdem zw. Nestlingskleid (Dunenkleid), Jugendkleid, Brut- oder Prachtkleid (Hochzeitskleid) und Ruhekleid (Schlichtkleid). Der G.wechsel erfolgt durch ↑Mauser.

Gefilde, Gegend, Landschaft; poet. für Feld, v. a. in der Wendung „G. der Seligen" (Elysium, Paradies).

gefingerte Blätter, zusammengesetzte Blätter, deren Teilblättchen von einem Punkt am Ende des Blattstiels ausstrahlen, z. B. die dreizählig g. B. der Kleearten.

Geflecht, (Flechtwerk) ↑flechten.

◆ (Plexus) netzartige Vereinigung bzw. Verzweigung von Gefäßen (**Ader-, Lymphgeflecht**) oder Nerven (**Nervengeflecht**).

Gefleckter Schierling ↑Schierling.

Geflügel (Federvieh), Sammelbez. für die Vogelarten, die als Nutz- und Haustiere gehalten werden; z. B. Hühner, Enten, Gänse, Truthühner, Tauben.

Geflügelkrankheiten, nicht selten ansteckende, häufig anzeigepflichtige, z. T. tödl. verlaufende Infektionskrankheiten beim Geflügel. Eine meist rasch zum Tode führende Viruserkrankung der Hühner ist die **Geflügelpest (Hühnerpest),** die durch Ausscheidungen übertragen wird; Symptome: Röcheln, Durchfall, blau- bis schwarzroter Kamm, rötl. Schleim im Schnabel. Ihr ähnl., aber chron. verlaufend ist die **Newcastle-Krankheit.** Durch Tuberkelbakterien hervorgerufen wird die bes. an Darm, Lunge und Haut auftretende **Geflügeltuberkulose,** die sich äußerl. durch Abmagerung, Durchfall, Kräfteverfall bemerkbar macht. Seuchenartig (in Europa jedoch nur noch selten), bes. bei Haushühnern, -gänsen, -enten, -tauben, tritt die **Geflügelcholera** auf; äußerl. gekennzeichnet durch Durchfall, Atembeschwerden, Freßunlust. Der **Pips** ist eine gutartige, unspezif. Entzündung der Mund- und Rachenhöhle bei Hausgeflügel. Durch Viren verursacht wird die meist tödl. verlaufende **Geflügeldiphtherie;** v. a. auf der Zunge entstehen weißlichgelbe Flecken, die später einen klumpigen Belag bilden. Die gleichen Viren verursachen die sog. **Geflügelpok-**

ken (**Pockendiphtherie**), wenn sie bestimmte Hautpartien (v. a. an Kamm, Kehllappen und Augenlidern) infizieren; gekennzeichnet durch grauröt1., bis erbsengroße Knötchen, die eintrocknen und abfallen. - Kükenseuchen sind die meist tödl. verlaufende **weiße Kükenruhr** (Pullorumseuche; eine Bakteriose mit Durchfall, Freßunlust und schneller Abmagerung in den ersten 14 Lebenstagen) und die **rote Kükenruhr** (eine Kokzidiose im Alter von 2–8 Wochen, gekennzeichnet durch Mattigkeit und häufig blutigen Kot).

geflügelte Worte [von J. H. Voß stammende Übersetzung von Homers „épea pteroénta" („vom Mund zum Ohr fliegende Worte")], seit G. Büchmann geläufige Bez. für Redewendungen, deren Herkunft (literar. Zitat, histor. Ausspruch) bekannt ist, z. B.: „Gut gebrüllt, Löwe" (Shakespeare).

Gefolgschaft (lat. comitatus, im fränk. Bereich: trustis „Schutz", altnord. fylgd „Begleitung"), in german. Zeit das krieger. Gefolge eines Fürsten, nach klass. Auffassung an ihn durch einen Treueid gebunden, vielleicht aber als eine Art sakraler Männerbund mit gegenseitiger Eidesleistung organisiert und vom Gefolgsherrn wirtsch. unterstützt. - Im Nationalsozialismus war G. die aus dem Führerprinzip abgeleitete Autoritätsbeziehung in Partei, Massenorganisationen und Wirtschaft.

Gefreiter [eigtl. „(vom Schildwachestehen) Befreiter"], militär. Mannschaftsdienstgrad.

Gefrieren, der Übergang des Wassers, einer wässerigen Lösung oder einer anderen Flüssigkeit in den festen Aggregatzustand. Die Temperatur, bei der dieser Übergang stattfindet, der sog. **Gefrierpunkt,** ist als die Gleichgewichtstemperatur zw. flüssiger und fester Phase definiert (gleiche Stoffmengen gehen vom flüssigen in den festen Aggregatzustand über wie umgekehrt) und steigt bei den meisten Stoffen mit zunehmendem Druck an; eine Ausnahme stellt z. B. das Wasser dar, bei dem eine Drucksteigerung von 1 kp/cm^2 den Gefrierpunkt um 0,0076 grd herabsetzt. Beim G. von Lösungen liegt der Gefrierpunkt niedriger als der des reinen Lösungsmittels, es tritt eine Gefrierpunktserniedrigung auf. ◆ ([Tief]gefrieren, Tiefkühlen, Gefrierkonservierung, Kältekonservierung) Verfahren zur Konservierung von Lebensmitteln durch Abkühlen auf Temperaturen beträchtl. unterhalb des Eispunktes. Nährstoffe, Vitamine, Farbe, Geruch und Geschmack bleiben dabei weitgehend erhalten. Die Wahl zw. den verschiedenen *Gefrierverfahren* hängt von der Art des Lebensmittels ab: 1. Beim **Luftgefrieren** dient rasch bewegte Luft von −30 bis −45 °C als Kälteträger. 2. Für quaderförmig verpackte Lebensmittel eignet sich das **Kontaktgefrieren,** wobei das Gut unter leichtem Anpreßdruck zw. gekühlten Metallplatten im Plattengefrierapparat gefroren wird. 3. In Schrumpffolien verpackte, unregelmäßig geformte Lebensmittel lassen sich durch **Tauchgefrieren** in Kühlsolen gefrieren. 4. Neuerdings gewinnt das **Gefrieren mit verdampfenden Kältemitteln** (wie Stickstoff und Methylchlorid) für verpackte und unverpackte Lebensmittel immer mehr an Bedeutung. - Die Ware wird entweder vor oder nach dem G. verpackt. Bei der anschließenden **Gefrierlagerung** ist das Gut bei mindestens −18 °C, besser −30 °C längere Zeit haltbar (je nach Art des Gutes und je nach Lagertemperatur bis zu einem Jahr und darüber), ohne daß spürbare Qualitätseinbußen auftreten.

Gefriergründung ↑ Gefrierverfahren.

Gefrierkerne (Kristallisationskeime, Eiskeime), Kristallteilchen im Wasser, die das Gefrieren einleiten; bes. wirksam sind G. in Form fester, kristalliner, nicht lösl. Teilchen. Unter −40 °C ist das Gefrieren von Wolkentröpfchen nicht mehr an das Vorhandensein wirksamer G. gebunden; unterkühlte Tröpfchen, die z. B. bei der Wolkenbildung entstehen, gefrieren sofort.

Gefrierkette ↑ Tiefkühlkette.

Gefrierkonzentration, schonendes Verfahren zum Konzentrieren von wässerigen Lösungen, bei dem aus diesen durch Gefrieren Eis ausgeschieden wird, wobei die Restlösung konzentriert wird. Die G. wird in der Lebensmitteltechnik, z. B. zum Eindicken von hochwertigen Obstsäften und von Kaffee-Extrakt, angewendet.

Gefrierlagerung ↑ Gefrieren.

Gefriermöbel ↑ Kühlmöbel.

Gefrierpunkt ↑ Gefrieren.

Gefrierpunktserniedrigung, die Erniedrigung des Gefrierpunktes eines Lösungsmittels durch in ihm gelöste Stoffe. Die G. ist - unabhängig von der Art des gelösten Stoffes - der Konzentration des gelösten Stoffes proportional (Raoultsches Gesetz) und dessen Molekularmasse umgekehrt proportional, weshalb sie zur Molekularmassenbestimmung (↑ Kryoskopie) verwendet werden kann.

Gefrierschachtverfahren ↑ Gefrierverfahren.

Gefrierschnitt, mikroskop. Schnittpräparat aus Gewebsmaterial, das durch Tiefgefrieren schneidfähig gemacht wurde. Er eignet sich bes. für die histolog. Schnelldiagnose.

Gefrierschrank ↑ Kühlmöbel.

Gefrierschutzmittel ↑ Frostschutz.

Gefriertrocknung (Lyophilisation), modernes Verfahren zur Konservierung von hochwertigen Stoffen ([Blut]plasmakonserven, Vitaminpräparate) und Lebensmitteln unter Erhaltung der Qualität des Ausgangsproduktes. Dem zu trocknenden Gut wird das Wasser im gefrorenen Zustand (bis −70°C) im Vakuum entzogen. Da Schrumpfungsprozesse hierbei nicht auftreten, bleibt die Feinstruktur des Materials erhalten. Die G. wird auch zur Aufbewahrung von Organgeweben (z. B. Augenhornhaut) und in der biolog. Präparationstechnik angewandt.

Gefriertruhe ↑Kühlmöbel.

Gefrierverfahren ↑Gefrieren.

◆ (Gefriergründung, Gefrierschachtverfahren) Verfahren, bei dem stark wasserführendem Gebirge an der Stelle, wo der Schacht abgeteuft werden soll, durch Einleiten eines Kälteträgers (z. B. Chlorcalciumlauge) so viel Wärme entzogen wird, daß ein Gefrieren eintritt. Es bildet sich ein Frostzylinder, in dessen Innerem der Schacht abgeteuft werden kann.

Gefrornis ↑Dauerfrostboden.

Gefüge, zusammenfassende Bez. für: **Struktur** (= Art und Grad der Kristallisation, z. B. grob- oder feinkörnig) und **Textur** (= räuml. Anordnung und Verteilung, z. B. Fließgefüge, Schichtung) der Gemengteile von Gesteinen.

◆ der durch tekton. Vorgänge (Faltung, Schieferung, Klüftung) erworbene innere Aufbau von größeren Gesteinskomplexen.

◆ im Schliffbild unter dem Mikroskop zu beobachtender Aufbau metall. Werkstoffe. Das G. besteht aus zahlr. gegeneinander verdrehten Einkristallen *(Kristallite)* und ist gekennzeichnet durch die Korngröße sowie die Form der Kristallite und deren Anordnung. In mehrphasigen G. ist weiterhin zw. den Kristalliten der einzelnen Phasen zu unterscheiden. In den Schliffbildern kann man drei Hauptkristallformen unterscheiden: 1. Polyeder, die in grober Annäherung kugelige Gestalt haben und daher auch *Globulite* genannt werden; 2. in bevorzugte Richtung gewachsene Kristalle, z. B. die *Dendrite (Tannenbaumkristalle)* mit mehreren ausgeprägten Wachstumsrichtungen oder die im Guß-G. zu findenden *Stengelkristalle* mit einheitl. ausgerichteter Längsrichtung; 3. *Sphärolite* mit fast vollkommener Kugelgestalt, die nur selten vorkommen, z. B. beim Sphäroguß von Gußeisen.

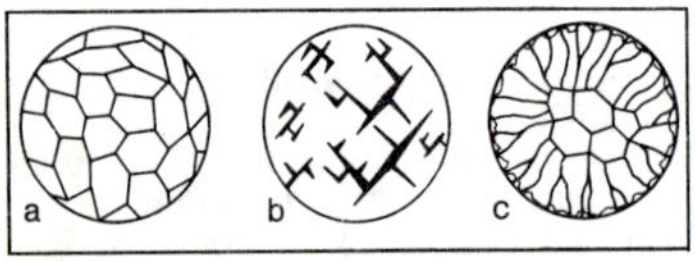

Gefüge. Schematische Darstellung einiger Gefügeformen (a Polyeder, b Dendrite, c Stengelkristalle)

Gefügekunde, Arbeitsrichtung der Petrographie und der Tektonik, die sich mit der statist. Auswertung von Gefügedaten befaßt.

Gefühl, körperl.-seel. Grundphänomen des individuellen oder subjektiven Erlebens einer Erregung (Spannung) oder Beruhigung (Entspannung), jeweils mehr oder minder deutl. von Lust oder Unlust begleitet. Das G. hängt eng mit der Tätigkeit des vegetativen Nervensystems zusammen, die physiolog. Begleiterscheinungen sind hierbei z. B. Änderungen der Puls- und Atemfrequenz oder des Volumens einzelner Organbereiche. Die Funktion der G. besteht v. a. in der Enthemmung bzw. Aktivierung eines Individuums.

◆ gemeinsprachl. für Empfindung und Eindruck.

gefürstet, Prädikat für jene Grafen und Prälaten (Pröpste, Äbte) des Hl. Röm. Reiches, die den Rang, nicht aber den Titel eines Fürsten besaßen. Als g. wurden auch ihre Territorien bezeichnet.

Gegen ↑Albaner.

Gegenbaur, Carl [..baʊər], * Würzburg 21. Aug. 1826, † Heidelberg 14. Juni 1903, dt. Anatom und Zoologe. - Prof. in Jena und Heidelberg; bed. Arbeiten zur vergleichenden Anatomie der Wirbeltiere, die er als einer der ersten nach stammesgeschichtl. Überlegungen betrieb.

Gegenbewegung (lat. motus contrarius), in der Musik das Fortschreiten von 2 Stimmen gleichzeitig in entgegengesetzter Richtung; auch die ↑Umkehrung eines Motivs oder Themas.

Gegenbeweis ↑Beweis (im Recht).

Gegenbuchung, bei der doppelten Buchführung die einer Soll-Buchung entsprechende Haben-Buchung und umgekehrt.

Gegendarstellung (Berichtigung), schriftl. Gegenäußerung einer Person oder Stelle, die durch eine in einer period. Druckschrift aufgestellte Tatsachenbehauptung betroffen ist. Der Anspruch auf G. ist in den Landespressegesetzen geregelt und im Zivilprozeß durchzusetzen. Er richtet sich gegen den verantwortl. Redakteur, z. T. auch gegen den Verleger. Die G. muß sich auf tatsächl. Angaben beschränken, darf ihrem Umfang nach nicht unangemessen sein und keinen strafbaren Inhalt haben. Sie muß in der nächstfolgenden Nummer kostenfrei abgedruckt werden, auch wenn sie den Tatsachen nicht entspricht. Eine weitgehend ähnl. Regelung findet sich in den Rundfunkgesetzen (für Hörfunk und Fernsehen).

Im *östr. Recht* muß der Anspruch auf die **Entgegnung** im Strafverfahren durchgesetzt werden.

In der *Schweiz* ist ein Recht auf G. noch nicht eingeführt.

Gegenfarben, Farben, die zueinander in Gegensatz stehen und sich zu Unbunt mischen (z. B. Kompensationsfarben, Komplementärfarben).

Gegenfarbentheorie ↑Farbensehen.

Gegenfeldmethode, Verfahren zur Bestimmung der Geschwindigkeit geladener Teilchen. Dabei wird die Stärke eines die Teilchen abbremsenden elektr. Feldes *(Gegenfeld)* so lange erhöht, bis kein Teilchen das

Feld mehr überwinden kann; die zugehörige Gegenspannung ist ein Maß für die Maximalgeschwindigkeit.

Gegenfeuer ↑Waldbrand.

Gegenfuge, Fuge, deren ↑Comes die ↑Umkehrung (Gegenbewegung) des ↑Dux ist.

Gegenfüßlerzellen (Antipoden), Bez. für drei an einem Pol im Embryosack der pflanzl. Samenanlage zusammenliegende, kleinere Zellen, die aus den Teilungen des primären Embryosackkerns hervorgehen und dem Eiapparat gegenüberliegen.

Gegengewicht ↑Massenausgleich.

Gegengift (Antidot), Substanz bzw. Arzneimittel, das die schädl. Wirkung eines im Körper befindl. Giftes zu verhindern, abzuschwächen oder aufzuheben vermag. *Unspezif. G.* sind Mittel, die infolge ihrer erbrechenerregenden, abführenden oder adsorbierenden Wirkung im Magen-Darm-Kanal gegen zahlr. (oral eingenommene) Gifte verwendet werden können (Brechmittel, Abführmittel, Medizinalkohle). *Spezif. G.* sind nur gegen bestimmte Gifte (oder Gruppen von chem. ähnl. Giften) wirksam. Sie können auf immunolog. Weg (z. B. als ↑Antitoxine) das Gift durch chem. Reaktionen entschärfen bzw. besser ausscheidungsfähig machen (z. B. als Komplexbildner bei Schwermetallvergiftungen) oder auf Grund gleichgearteter Affinität den Giftstoff durch Konkurrenz vom Wirkort verdrängen.

Gegenklage ↑Klage.

Gegenkönig, der dem herrschenden König entgegengestellte, von einer Gruppe der Fürsten gewählte König. In der dt. Geschichte des MA eine Erscheinung der Epoche, in der sich das freie Königswahlrecht gegenüber dem Geblütsrecht durchsetzte, beginnend in der Zeit der Schwächung der königl. Gewalt während des Investiturstreits.

Gegenkopplung, in der *Elektro-* und *Regelungstechnik* Bez. für einen Vorgang, bei dem die Ausgangsgröße eines Signalübertragers auf den Eingang zurückgeführt und der Eingangsgröße entgegengeschaltet wird. Die G. ist eine negative Rückkopplung.

Gegenkraft (Reaktionskraft), die nach dem dritten Newtonschen Axiom bei der Kraftwirkung eines Körpers *A* auf einen Körper *B* auftretende, der einwirkenden Kraft entgegengerichtete, dem Betrage nach gleich große Kraft, die *B* auf *A* ausübt.

Gegenkultur, Begriff der Theorie abweichenden Verhaltens für Gruppen (in einer Gesellschaft) mit eigenen, von der übrigen Kultur abweichenden Werte- und Normensystemen.

Gegenlaufturbine ↑Dampfturbine.

Gegenlichtblende (Sonnenblende), röhren- oder trichterförmiger Blendschutz, der auf die Vorderfassung des photograph. Objektivs aufgesteckt oder aufgeschraubt wird und dieses vor seitl. Lichteinfall schützt.

Gegenpapst ↑Papst.

Gegenrede, parlamentar., i. w. S. versammlungstechn. Regelung, zu einem eingebrachten Antrag die Gegenposition zu Wort kommen zu lassen; bei *inhaltl. G.* wird die Ablehnung begründet, bei *formaler G.* wird ohne Begründung der Gegenposition eine Abstimmung erzwungen.

Gegenreformation, erstmals 1776 von J. S. Pütter verwendete Bez. für die gewaltsame Rekatholisierung prot. gewordener Gebiete, 1889 von M. Ritter geprägter Epochenbegriff für die dt. Geschichte (1555–1648), später auf die europ. Geschichte ausgeweitet (der Begriff ist von dem der ↑Katholischen Erneuerung zu trennen). Die zunächst im Hl. Röm. Reich (zuerst in Bayern) einsetzende G. stützte sich seit dem ↑Augsburger Religionsfrieden 1555 auf das Jus reformandi aller weltl. Landesherrn nach dem Prinzip des ↑Cuius regio, eius religio bzw. auf den Geistl. Vorbehalt. Sie führte als Teil der allg. polit. Konfessionalisierung in den Dreißigjährigen Krieg und wurde durch den Westfäl. Frieden beendet (Normaljahr 1624). - Die G. wurde auch wirksam in Spanien (Inquisition), im Achtzigjährigen Krieg der Niederlande, in Frankr. (Hugenottenkriege, Revokationsedikt von Fontainebleau 1685) und Polen (Sigismund III.).

📖 *Zeeden, E. W.: Konfessionsbildung. Studien zur Reformation, G. u. kath. Reformation Stg. 1985. - Brandi, K.: Reformation u. G. Ffm. 1979.*

Gegenrevolution, gegen eine siegreiche Revolution gerichtete polit.-soziale Bewegung, die im wesentl. auf die Restauration der vorrevolutionären Verhältnisse hinzielt.

Gegensatz, (Opposition, Antithese) urspr. die einer Behauptung zum Zwecke ihrer Widerlegung entgegengesetzte Behauptung, ihr Gegenteil; in der *klass. Logik* Bez. für die Relation von Aussagen oder Begriffen, die sich ausschließen; *kontradiktor. G.:* sich gegenseitig ausschließende Inhalte; *konträrer G.:* sich gegenseitig [nur] innerhalb eines bestimmten Sachbereichs ausschließende Inhalte; *polarer G.:* Verhältnis zweier entgegengesetzter, aber zusammengehöriger Teile (Aspekte), z. B. „weiß“ und „schwarz“ als die Enden der Grauskala; bei Hegel und in der marxist. Philosophie ist die Rede vom *dialekt. G.* zw. Gegenständen (*Real-G.*, z. B. zw. „Arbeit“ und „Kapital“ in einer kapitalist. Gesellschaft oder zw. anziehenden und abstoßenden Kräften in der Physik) und davon abgeleitet der dialekt. G. zw. den Begriffen dieser Gegenstände bzw. den Aussagen über sie. Gilt als Versuch einer begriffl. Fassung von Entwicklungsprozessen v. a. in Natur und Gesellschaft (↑auch Antagonismus).

◆ in der *Musik* der Kontrapunkt zum Thema einer Fuge, i. e. S. das ↑Kontrasubjekt.

Gegensatzwort, svw. ↑Antonym.

Gegenschein, svw. ↑Opposition.
◆ die Aufhellung des nächtl. Himmels in der Ekliptik am Gegenpunkt der Sonne, ein Teil des Zodiakallichts.

Gegenschluß ↑Argumentum e contrario.

gegenseitiger Vertrag ↑Vertrag.

Gegensonne, atmosphär.-opt. Erscheinung in Form eines leuchtenden Flecks in gleicher Höhe wie die Sonne, aber in entgegengesetzter Himmelsrichtung. Die G. entsteht durch Brechung oder Spiegelung, seltener durch Beugung des Lichtes an den Eiskristallen von Wolken. - ↑auch Halo.

Gegenstand, in der *Philosophie* Bez. für das dem Subjekt gegenüberstehende ↑Objekt, das vom Bewußtsein des Menschen (des Subjekts) aufgenommen wird und von diesem bzw. einem Wissenschaftszweig erkannt und erforscht werden soll.
◆ im *Recht* Oberbegriff für Sachen und Rechte. Ein Recht kann sich nur auf einen G. als Rechtsobjekt beziehen.

gegenständig, auf der Gegenseite angeordnet; von Laubblättern gesagt, die sich an einem Knoten im Winkel von 180° gegenüberstehen.

gegenstandslose Kunst, svw. ↑abstrakte Kunst.

Gegenstandsweite ↑Abbildung.

Gegenstandswort, svw. ↑Konkretum.

Gegenstempel, eine unabhängig vom Prägevorgang nachträgl. vollzogene amtl. Markierung von Münzen durch Wertziffern, Wappenzeichen und sonstige Symbole, meist in Geldkrisen. Durch G. wird fremde Münze im eigenen Wirtschaftsgebiet als kursfähig anerkannt oder eigene weiterhin zugelassen, dann oft mit verändertem Kurswert.

Gegenstrahlung (atmosphärische Gegenstrahlung) ↑Atmosphäre.

Gegenstromprinzip, beim Wärme- oder Stoffaustausch angewandte Methode, bei der zwei Stoffe in entgegengesetzter Richtung aneinander vorbeigeführt werden oder einander durchdringen.

Gegentaktverfahren, in der Nachrichtentechnik die Verwendung zweier Wechselspannungen, die gegenüber einem festen Bezugspunkt jeweils einander entgegengesetzt gleiche Momentwerte besitzen. Anwendung z. B. in der *Gegentaktschaltung* eines Verstärkers. Vorteile dieser Schaltungsart: u. a. geringe nichtlineare Verzerrung, geringer Klirrfaktor, Verdopplung der Wechselstromleistung.

Gegenvormund, derjenige Vormund, der die Tätigkeit des verwaltenden Vormunds zu überwachen hat (§ 1799 BGB). Er soll i. d. R. bei einer erhebl. Vermögensverwaltung eingesetzt werden.

Gegenvorstellung, Rechtsbehelf mit dem Ziel einer Überprüfung der Recht- und Zweckmäßigkeit von Verwaltungsentscheidungen. Die G. ist gesetzl. nicht geregelt und unterliegt keinen Form-, Frist- und Zulassungsvoraussetzungen, hat aber andererseits auch keine verbindl. Rechtswirkungen.

Gegenwart, 1. im strengen Sinn das Jetzt, der Zeitpunkt (in mathemat.-physikal. Sicht ohne zeitl. und räuml. Ausdehnung) zw. Nicht-Mehr (Vergangenheit) und Noch-Nicht (Zukunft); in psycholog. Definition die ↑Präsenz. 2. Im erweiterten Sinn die auszugrenzende Zeitspanne zw. der histor. Dimension der jüngeren Vergangenheit und der durch Pläne, Projekte u. a. bereits erfaßten näheren Zukunft. Dabei kommt der (meist offenen) Frage der Definition der G. in den wiss. Disziplinen, die sich mit der G. befassen, z. B. der (empir.) Soziologie, v. a. hinsichtl. der Probleme der Relevanz ihrer Ergebnisse für die G. grundlegende Bed. zu. Aus dem Blickwinkel der Geschichtswissenschaft erscheint G. als die dauerndem Wandel unterworfene Ausgangsbasis histor. Interesses und histor. Erkenntnis.
◆ in der *Sprachwiss.* svw. ↑Präsens.

Gegenwartssprache, die zum gegenwärtigen Zeitpunkt gebräuchl. Form einer Sprache. Die dt. G. beginnt mit dem 20. Jh., der Schwerpunkt der Beobachtung liegt auf der Zeit nach 1945.

Gegenwertmittel ↑Counterpart funds.

Gegenwort, svw. ↑Antonym.

Gegenzeichnung ↑Gesetzgebungsverfahren.

Gegisch, Dialekt der ↑albanischen Sprache.

Gegner, die andere Partei in einem Rechtsstreit bzw. bei einem Rechtsgeschäft.

Gehabe, svw. ↑Gebärde.

Gehacktes, svw. ↑Hackfleisch.

Gehalt, das dem Angestellten von seinem Arbeitgeber zu zahlende Arbeitsentgelt; i. d. R. nach Monaten bemessen. - ↑auch Lohn.
◆ der Anteil einer bestimmten Substanz in einem Gemisch, einem Gemenge oder einer Legierung, z. B. Metall-G. eines Erzes, Gold-G. einer Legierung. - ↑auch Feingehalt.
◆ in der *Literaturwissenschaft* zusammen mit ↑Gestalt Bez. für den dichter. geformten Inhalt, Stoff, das, was (nach O. Walzel) eine Dichtung an Gedanken, Erkenntnis, an Wollen und Fühlen enthält oder bewirkt.

Gehängeschutt ↑Schutt.

Geheck, wm. Bez. für: 1. Brut und Jungvögel des Wasserflugwildes; 2. den Wurf des Haarraubwildes, hauptsächl. von Fuchs und Wolf (**Gewölf**).

Geheeb, Paul, *Geisa 10. Okt. 1870, † Goldern (Gemeinde Hasliberg, Kt. Bern) 1. Mai 1961, dt. Pädagoge. - Mitarbeiter von H. Lietz in dessen Landerziehungsheimen, gründete 1906 mit G. Wyneken die Freie Schulgemeinde Wickersdorf, 1910 die Odenwaldschule, nach seiner Emigration 1934 in Versoix bei Genf die „École d'Humanité" (u.a. 1939 an den Lac Noir, 1946 nach Goldern verlegt); erstrebte die selbstverantwortl. Mitarbeit der Schüler und Schülerinnen (Koedukation) an der „Schulgemeinde“.

Gehege, wm. Bez. für ein weidgerecht betreutes, meist eingegattertes Revier. Man unterscheidet **Freigehege** (größere Reviere, die der bes. Wildhaltung, Bejagung oder wiss. Erforschung dienen) von **Schaugehegen** (kleinere Reviere, in denen Wild in seiner natürl. Umgebung gezeigt wird).

Geheimbereich ↑Intimsphäre.

Geheimbünde, exklusive, esoter. Gesellungen zum Zweck primitiv-mag. sowie religiöser Erfahrung und Praxis, aber auch polit., meist kämpfer. Geheimorganisationen und terrorist. Untergrundbewegungen. Allen G. gemeinsam ist der Besitz eines geheimen Wissens (**Geheimlehre**), Glaubens und einer geheimen Zwecksetzung, einer oft geheimen hierarch. Gliederung, bestimmter Aufnahme- und Übergangsriten (↑Rites de passage, ↑auch Initiation) und einer zumeist symbol. Geheimsprache. Allgemein suchen kult. G. durch Mythen, Kultfeiern und -mähler, durch Maskerade u.a. (**Geheimriten, Geheimkulte**) Verbindung zu numinosen Wesenheiten zu gewinnen. Getragen werden die G. i.d.R. von Männern und Männerbünden; doch sind auch geheime Frauenvereinigungen bes. in W-Afrika (Senegal, Gabun) bekannt. In mancher Hinsicht verwandt mit den G. der Naturvölker sind die ↑Mysterien der Antike. - Polit. G. verschiedenster Zielrichtung mit bis zu Terror und Mord reichenden Methoden und Formen entstanden im 19. Jh.; u.a. die Karbonaria, Kalderari, Camorra, Mafia (in Italien), Comuneros (in Spanien), Fenier (in Irland), Boxer (in China), Ku-Klux-Klan (in den USA).

Geheimbündelei, bis zum 8. StrafrechtsänderungsG vom 25. 6. 1968 war in § 128 StGB die Teilnahme an einer Verbindung, deren Dasein, Verfassung oder Zweck vor der Staatsregierung geheim gehalten werden sollte und in der Oberen unbedingter Gehorsam versprochen wurde, strafbar. Heute wird nur noch gemäß § 47 Abs. 1 Nr. 7 AusländerG ein Ausländer wegen Teilnahme an einer überwiegend aus Ausländern bestehenden geheimen Verbindung mit Strafe bedroht.

Geheimdienste ↑Nachrichtendienste.

geheimdienstliche Tätigkeit (geheimdienstl. Agententätigkeit) ↑Landesverrat und Gefährdung der äußeren Sicherheit.

Geheimdiplomatie, 1. die seit dem Beginn ständiger Diplomatie übl. Verwendung geheimer diplomat. Agenten neben der offiziellen Diplomatie, 2. die Praxis von Geheimverträgen, v.a. in den Zeiten dynast. Außenpolitik geläufig; durch den demokrat. Anspruch auf Kontrolle der Außenpolitik und die Rolle der G. beim Ausbruch des 1. Weltkrieges diskreditiert.

Geheime Offenbarung ↑Apokalypse des Johannes.

Geheimer Rat, (Geheimes Ratskollegium, Staatsrat, Geheimes Konseil) oberste Reg.behörde des absolutist. Staates; entwickelte sich im 16./17. Jh. in Deutschland als Kollegium von Räten, unmittelbar dem absolutist. Herrscher zu dessen Beratung unterstellt und Exekutivorgan des Landes; durch die Herausbildung von Ministerien im Konstitutionalismus des 19. Jh. nur noch beratende Funktion.

◆ urspr. Titel eines Mgl. der gleichnamigen Behörde, später (bis 1918) Ehrentitel (Wirklicher G. R. als Auszeichnungstitel).

◆ in den schweizer. Stadtrepubliken Bern und Freiburg bis Ende des 18. Jh. geheime Ratskollegien, „die Heimlicher“ (Polizeiaufgaben, Kontrolle der Amtsführung der Magistrate).

geheimes Staatsarchiv, ein Auslesearchiv für Urkunden und Akten von bes. dynast. oder polit. Bed., das sich auch zum Zentralarchiv entwickeln kann; in Deutschland das ehem. Zentralarchiv des preuß. Staates (1803–1945); entstand aus dem 1604 angelegten Archiv des Geheimen Rates, entwickelte sich im 18. Jh. zum Hauptarchiv, seit 1803 unter dem Namen Geheimes Staatsarchiv zum preuß. Zentralarchiv; Bestände heute im Dt. Zentralarchiv (Merseburg/Saale), Restbestände außerdem im 1963 entstandenen g. S. der Stiftung Preuß. Kulturbesitz in Berlin (West).

Geheime Staatspolizei, Abk. Gestapo, die nach rechtl. und organisator. Umformung der polit. Polizeiorgane der Weimarer Republik 1933 entstandene polit. Polizei des NS-Regimes. Die reichseinheitl. Organisation erfolgte 1936 mit der Ernennung Himmlers zum Chef der dt. Polizei und dem organisator. Zusammenschluß der Gestapo mit der Kriminalpolizei zur Sicherheitspolizei (Sipo), 1939 der Sipo mit dem Sicherheitsdienst des Reichsführers SS (SD); die Gestapo wurde als Amt IV im Reichssicherheitshauptamt dessen wichtigste Abteilung. Zur Entdeckung und Verfolgung aller Handlungen, die das NS-Regime als polit. Vergehen und Verbrechen definierte, als „vorbeugende Maßnahme“ gegen tatsächl. oder angebl. Gegner des NS konnte die Gestapo sog. Schutzhaft in Gefängnissen und KZ verhängen, Gefangene foltern und hinrichten. Sie richtete eigene Arbeitserziehungslager ein, war für die Bewachung der ausländ. Zivilarbeiter und Kriegsgefangenen zuständig, beteiligte sich an Deportationen und mit ihren Einsatzgruppen auch an der Massenvernichtung der Juden. Vom Internat. Militärgerichtshof in Nürnberg zur verbrecher. Organisation erklärt.

Geheimkulte ↑Geheimbünde.

Geheimlehre ↑Geheimbünde.

Geheimnis, das [noch] nicht Erkannte, Erforschte wie auch das, was rationaler Erfassung grundsätzl. entzogen ist bzw. nach dem jeweiligen Stand der Wissenschaft der verstandesmäßigen Erkenntnis entzogen scheint; im N. T. der Ratschluß und Heilsplan Gottes, durch Jesus Christus das Heil zu wirken; in der Theologie eine Wahrheit, die nur durch die Wortoffenbarung Gottes bewußt werden kann, aber doch im Dunkeln bleibt.

Geheimnisverrat, im Recht Sammelbegriff für den Bruch zahlr. spezieller Geheimnisse (Amtsgeheimnis, Berufsgeheimnis, Geschäftsgeheimnis, Staatsgeheimnis, Steuergeheimnis), wobei unter *Geheimnis* ein Sachverhalt verstanden wird, dessen Geheimhaltung durch Gesetz, dienstl. Anordnung oder aus der Natur der Sache geboten ist. Der G. wird im StGB (z. B. §§ 203, 353 b, 353 d) und in mehreren Einzelgesetzen unter Strafe gestellt.

Geheimpolizei ↑politische Polizei.

Geheimrat, früher als Anrede gebrauchte Kurzform verschiedener Titel (z. B. Geheimer Regierungsrat). - ↑auch Geheimer Rat.

Geheimratskäse ↑Gouda.

Geheimriten ↑Geheimbünde.

Geheimschrift, Bez. für die schriftl. Darstellung von Informationen in verschlüsselter (chiffrierter), d. h. für Dritte nicht lesbarer Form; Wiedergewinnung des *Klartextes* durch Entschlüsselung (Dechiffrierung) nach einem *Schlüssel (Code);* zahlr. Arten unterschiedl. Sicherheitsgrades; auch unsichtbare, nur durch bestimmte Prozeduren (z. B. Erwärmung) sichtbar werdende Schriften werden als G. bezeichnet.

Geheimsiegelbewahrer ↑Lordsiegelbewahrer.

Geheimsprachen, künstl. Sprachen, die nur Eingeweihten verständl. sind; entstehen meist aus bestehenden Sprachen durch Veränderung (Verlängerung, Verkürzung usw.) der Wortformen.

Geheimverträge, diejenigen völkerrechtl. Verträge, deren Abschluß oder deren Inhalt nach dem Willen der Vertragschließenden der Öffentlichkeit nicht bekanntgegeben werden sollen (wichtig v. a. als Instrument der Geheimdiplomatie). Varianten hierzu sind Geheimartikel oder geheime Zusatzprotokolle zu [im übrigen bekannten] Völkerrechtsverträgen.

Geheimwissenschaften, nur einem eingeweihten Personenkreis zugängl., in verdunkeltem Schrifttum niedergelegte Wissenssysteme um geheime, nicht jedem erkennbare Eigenschaften und Kräfte der Natur; sie wurzeln v. a. in der Naturphilosophie des Neuplatonismus, dem naturphilosoph. und alchimist. Schrifttum der arab. Kultur und der Kabbala des ma. Judentums.

Gehemmtheit ↑Hemmung.

Gehen ↑Fortbewegung.

◆ Disziplin der Leichtathletik für Männer; Wettbewerbe im Bahn- und Straßengehen über verschiedene Distanzen; im Ggs. zu den Laufwettbewerben muß jeweils immer ein Fuß Kontakt mit dem Boden haben. Ist dies nicht der Fall, wird der **Geher** disqualifiziert.

Gehenna [griech.-lat.; nach der hebr. Ortsbez. Ge-Hinnom „Tal Hinnoms"], Bez. für die Hölle (nach 2. Kön. 23, 10).

Gehgips ↑Gehverband.

Gehirn (Hirn, Cerebrum, Encephalon), Abschnitt des Zentralnervensystems, der bei den meisten Tieren in der Kopfregion lokalisiert ist. Das G. nimmt hauptsächl. die Meldungen *(Afferenzen)* aus den Fernsinnesorganen (v. a. Gesichtssinn, Gehör, Geruch) auf, die meist ebenfalls in der Kopfregion konzentriert sind. Die Meldungen werden koordiniert und verrechnet und die (motor.) Antworten an die Muskulatur *(Efferenzen)* programmiert.

Je höher Tiere entwickelt sind, desto notwendiger wird es für sie, Meldungen der Sinnesorgane zentral auszuwerten und die Körpertätigkeiten zentral zu steuern. Dazu werden bei wirbellosen Tieren am Vorderende, wo die Sinnesorgane konzentriert sind, Nervenzellen angehäuft, welche diese Aufgabe übernehmen. Sie bilden bei einfachen Tieren Nervenknoten (**Ganglien**), bei höheren Tieren schließl. das G., das nicht alle wirbellosen Tiere besitzen. Es fehlt bei Einzellern und Hohltieren noch völlig. Strudelwürmer haben das primitivste G. Es wird als **Gehirnganglion** (Zerebralganglion) bezeichnet und ist eine Verdichtung von Nervenzellen. Weichtiere haben durch das Zusammenrücken von Nervenknotenpaaren bereits ein gut ausgebildetes G. Bei Tintenfischen stellt das Zerebralganglion einen einheitl. Ganglienkomplex dar. Es steht über paarige Nervenstränge mit den Augen, dem Geruchssinn und dem stat. Sinn in Verbindung.

Das **Gehirn der Wirbeltiere** ist der von der Schädelkapsel umgebene Teil des Zentralnervensystems. Es ist außerdem von Bindegewebshüllen (Meningen) umgeben. Das G. wird v. a. aus zwei Zellsorten aufgebaut, den Gliazellen mit Stütz- und Ernährungsfunktion und den für die nervösen Prozesse im G. zuständigen Nervenzellen mit ihren Zellfortsätzen. - Mit der stammesgeschichtl. Höherentwicklung tritt jedoch die Tendenz zur Konzentration der Zellkörper der Neuronen in Form von Nervenkernen (Nuclei) an bestimmten Orten in den Vordergrund. Ihre Fortsätze (Nervenfasern), die gleiche Ausgangs- und Endpunkte aufweisen, sind häufig zu einem Faserbündel (Tractus) zusammengefaßt. Faserbündel, die die rechte mit der linken Hirnhälfte verbinden, werden *Kommisuren* genannt. - Zus. mit dem Rückenmark wird die G.anlage in der Embryonalentwicklung als Platte an der Oberfläche des Keims angelegt, die anschließend in die Tiefe sinkt und sich zum Rohr schließt. Im Innern dieses Neuralrohrs bleibt ein Hohlraum (Zentralkanal) übrig, der Gehirn-Rückenmarks-Flüssigkeit

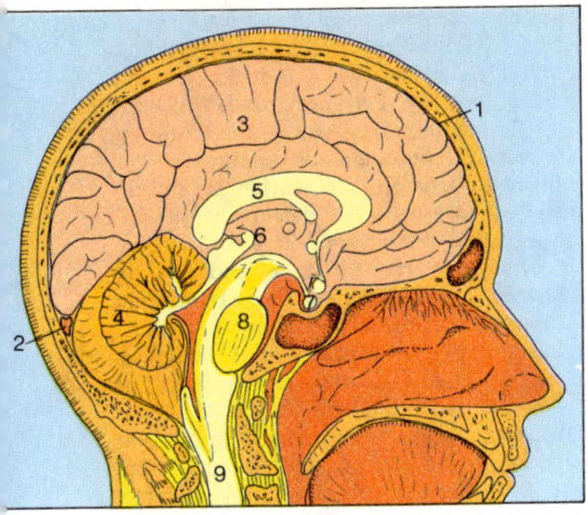

Gehirn des Menschen (Längsschnitt). 1 harte Gehirnhaut, die bei 2 eine Falte (Gehirnzelt) bildet, 3 Großhirn, 4 Kleinhirn, 5 Balken, 6 Zirbeldrüse, 7 Hypophyse, 8 Brücke, 9 verlängertes Mark

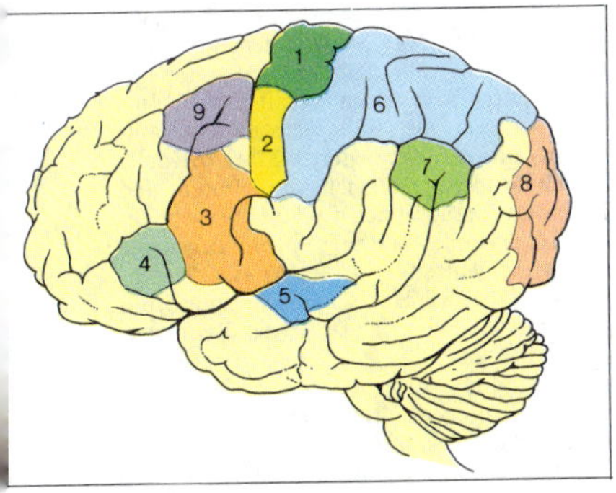

Gehirn. Funktionen der Rindenfelder der linken Großhirnhälfte: 1 Bewegung des Rumpfes und der Beine, 2 Bewegung der Arme und der Hände, 3 Bewegung des Kopfes, 4 Sprechen, 5 Hören, 6 Tasten, 7 Lesen, 8 Sehen, 9 Schreiben

enthält und sich in manchen G.abschnitten zu Aussackungen *(Gehirnventrikel)* weitet. Im frühen Embryonalstadium lassen sich zunächst zwei G.abschnitte (G.blasen) unterscheiden: Rautenhirn und Vorderhirn. Der ventrale Teil des **Rautenhirns** ähnelt in seinem Aufbau dem Rückenmark. Hier entspringen alle Hirnnerven mit Ausnahme der Geruchs- und Sehnerven, die keine echten Hirnnerven sind, sondern Ausstülpungen des G. darstellen. Aus dem Rautenhirn gehen später *Nachhirn, Hinterhirn* und *Mittelhirn* hervor. Im dorsalen Teil des Hinterhirns ist das **Kleinhirn** (Cerebellum) ausgebildet, das als Hirnzentrum für die Erhaltung des Gleichgewichts

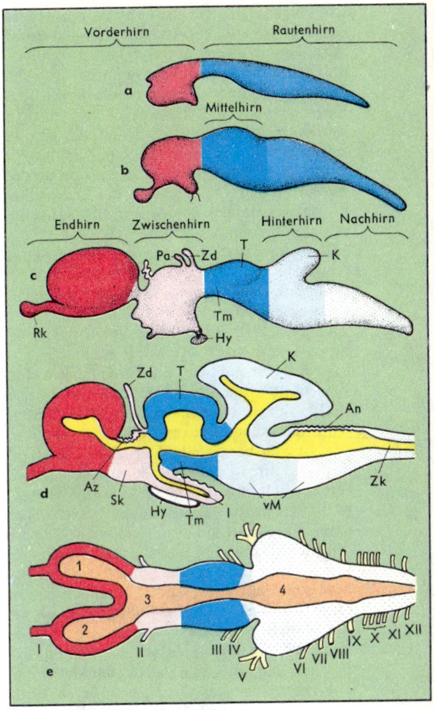

Gehirn. Schema der Entwicklung der Gehirnabschnitte bei den Wirbeltieren (**a, b, c** Zwei-, Drei- und Fünfblasenstadium in Seitenansicht, **d** Sagittalschnitt durch ein späteres Entwicklungsstadium mit stärker entwickeltem Tectum und Kleinhirn, **e** Horizontalschnitt mit den Hirnhöhlen [Ventrikel 1–4] und Hirnnerven I–XII). – An und Az Adergeflecht (Plexus chorioidea) des Nach- beziehungsweise Zwischenhirns, Hy Hypophyse, I Infundibulum, K Kleinhirn, Pa Parietalorgan, Rk Riechkolben (Bulbus olfactorius), Sk Sehnervenkreuzung (Chiasma opticum), T Tectum, Tm Tegmentum, vM verlängertes Mark, Zd Zirbeldrüse (Epiphyse), Zk Zentralkanal

und die Koordination von Bewegungen wichtig ist. In ihm treffen die Meldungen von Gleichgewichtsorgan und den Propriorezeptoren (die Auskunft über Stellung der Gelenke und Kontraktionszustand der Muskeln geben) zus. - Das **Vorderhirn** gliedert sich in *Zwischenhirn* und paariges *Endhirn.* Der Zwischenhirnanteil des Vorderhirns umschließt den dritten Ventrikel. An seinem Boden treten vorn die Sehnerven in das G. ein und bilden die Sehnervenkreuzung. Dahinter liegt die Hypophyse, die wichtigste Hormondrüse des Organismus. Die Wände des Zwischenhirns werden als Thalamus bezeichnet, der sich in Epithalamus, Thalamus i. e. S. und Hypothalamus gliedert. - Am bedeutsamsten in der Evolution ist die Entwicklung der Endhirnhemisphären, die bei den Vögeln und Säugetieren zum Großhirn werden.

Das **Gehirn des Menschen** hat ein mittleres Gewicht von 1 245 g (Frauen) bzw. 1 375 g (Männer). Der Intelligenzgrad steht in keinem Zusammenhang mit dem absoluten G.gewicht. Das **Großhirn,** Hauptanteil des Endhirns, besteht aus zwei stark gefurchten Halbkugeln (Hemisphären), die durch einen tiefen Einschnitt voneinander getrennt sind. Die Verbindung zw. den beiden Hemisphären wird durch einen dicken Nervenstrang, dem sog. Balken hergestellt. Der oberflächl. Teil des Großhirns ist die **Großhirnrinde** (Cortex cerebri, Pallium), die etwa 3 mm dick ist und rd. 14 Milliarden Zellkörper der Nervenzellen enthält. Sie weist in ihrem Feinbau sechs verschiedene Schichten auf, die sich durch die Form der in ihnen enthaltenen Nervenzellen unterscheiden. Als Ganzes bezeichnet man diese Schichten als **graue Substanz.** Nach innen schließt sich die Nervenfaserzone (**Großhirnmark**) als **weiße Substanz** an, die von den Fortsätzen der Nervenzellen gebildet wird. Die Oberfläche der Großhirnrinde ist stark gefaltet und in Windungen *(Gyri)* gelegt, die durch Furchen *(Sulci)* voneinander getrennt werden. Morpholog. lassen sich hier vier Gebiete unterscheiden: Stirnlappen, Scheitellappen, Hinterhauptslappen und die seitl. Schläfenlappen. Funktionell lassen sich in bestimmten Rindenfeldern bestimmte Leistungen lokalisieren. Der Stirnlappen steht in enger Beziehung zur Persönlichkeitsstruktur. Der Hinterhauptslappen enthält Sehzentren, der Schläfenlappen Hörzentren. An der Grenze zw. Stirn- und Scheitellappen liegen zwei Gebiete mit den motor. Zentren für die einzelnen Körperabschnitte und einem Zentrum für Sinneseindrücke aus der Körperfühlsphäre. Das Großhirn ist Sitz von Bewußtsein, Wille, Intelligenz, Gedächtnis und Lernfähigkeit. Zum Großhirn gehört auch das **limbische System,** das sich wie ein Saum um den Hirnstamm legt. Auf Vorgängen im limb. System, die die Verhaltensreaktionen beeinflussen oder bestimmen, beruhen „gefühlsmäßige" Reaktionen (z. B. das Sexualverhalten), als Antwort auf bestimmte Umweltsituationen.

Das **Kleinhirn,** das wie das Großhirn aus zwei Hemisphären besteht, ist v. a. für den richtigen Ablauf aller Körperbewegungen verantwortl.; zudem ermöglicht es die Orientierung im Raum.

Zum **Zwischenhirn** gehören der paarig angelegte Thalamus (Sehhügel) und der Hypothalamus. Der Thalamus ist z. T. einfach nervöse Schaltstation zw. Peripherie und Großhirn, z. T. Bestandteil des extrapyramidal-motor. Systems. Im Hypothalamus befinden sich verschiedene übergeordnete Zentren des autonomen Nervensystems, von denen lebenswichtige vegetative Funktionen gesteuert werden, so z. B. der Wärme-, Wasser- und Energiehaushalt des Körpers. - Den **Hirnstamm** (Stammhirn, Truncus cerebri) bilden die tieferen, stammesgeschichtl. ältesten Teile des G., er umfaßt Rauten-, Mittel- und Zwischenhirn sowie die Basalganglien des Endhirns. Im Hirnstamm liegen bes. wichtige Zell- und Fasersysteme als Steuerungszentren für Atmung und Blutkreislauf. - Als **Formatio reticularis** bezeichnet man ein dichtes Netzwerk von Schaltneuronen mit einigen Kerngebieten, die sich längs über den ganzen Hirnstamm erstrecken. Die Formatio reticularis steht direkt oder indirekt mit allen Teilen des Zentralnervensystems bzw. ihren aufwärts- oder abwärtsführenden Bahnen in Verbindung. Sie kann u. a. die Aufmerksamkeit ein- und ausschalten und den Schlaf-wach-Rhythmus steuern. Sie ist außerdem Teil des extrapyramidal-motor. Systems und somit für den Muskeltonus und die Reflexerregbarkeit mitverantwortl. - Im **verlängerten Mark** (**Medulla oblongata**; Ventralbereich von Hinter- und Nachhirn) kreuzen sich v. a. die Nervenbahnen des Pyramidenstrangs. In ihr liegen die Steuerungszentren für die automat. ablaufenden Vorgänge wie Herzschlag, Atmung, Stoffwechsel. Außerdem liegt hier das Reflexzentrum für Kauen, Speichelfluß, Schlucken sowie die Schutzreflexe Niesen, Husten, Lidschluß, Erbrechen. Das verlängerte Mark geht in das Rückenmark über.

Das G. wird von einem mit Gehirn-Rückenmarks-Flüssigkeit (Liquor) gefüllten Kanal durchzogen, der die Fortsetzung des Rückenmarkskanals darstellt und sich im Rauten-, Zwischen- und Endhirn zu den vier Hirnkammern *(Hirnventrikel)* ausweitet. - Das G. ist, wie das Rückenmark, von drei, durch flüssigkeitserfüllte Spalträume voneinander getrennten ↑Gehirnhäuten umgeben.

Die direkt am G. (in ihrer Mrz. im Hirnstamm) entspringenden zwölf Hauptnervenpaare werden als **Hirnnerven** bezeichnet. Sie werden nach der Reihenfolge ihres Austritts von vorn nach hinten mit röm. Ziffern benannt:

I **Riechnerv** (Nervus olfactorius), geht vom Riechepithel der Nasenschleimhaut aus und zieht von dort zum Riechlappen, der als Ausstülpung des Vorderhirns anzusehen ist.

II **Sehnerv** (Nervus opticus), vom Zwischenhirn bis zur Sehnervenkreuzung reichend; entwicklungsgeschichtl. der umgewandelte Stiel der die Netzhaut liefernden Augenblase;

versorgt die Netzhaut des Auges.
III **Augenmuskelnerv** (Nervus oculomotorius), seine motor. Fasern versorgen die Mrz. der Augenmuskeln; seine parasympath. Fasern bewirken die Verengung der Pupille und die Kontraktion des Ziliarmuskels.
IV **Rollnerv** (Nervus trochlearis), motor. Nerv, der den äußeren Augennerv versorgt.
V **Drillingsnerv** (Trigeminus, Nervus trigeminus), der stärkste aller Hirnnerven, der motor. und sensible Fasern enthält und sich in drei Hauptäste teilt: den **Augennerv** (Nervus ophthalmicus), der die Stirn, Tränendrüse, Augenbindehaut, Augenwinkel, Siebbein und Teile der Nase sensibel versorgt; den **Oberkiefernerv** (Nervus maxillaris), der insbes. die Oberkieferregion, die Oberkieferzähne, den Gaumen und Teile der Gesichtshaut versorgt; den **Unterkiefernerv** (Nervus mandibularis), der, sensibel und motor., Kaumuskulatur, Zunge, den Mundboden sowie die Haut über dem Unterkiefer versorgt.
VI **seitl. Augenmuskelnerv** (Nervus abducens), motor. Nerv, der zum äußeren geraden Augenmuskel zieht.
VII **Gesichtsnerv** (Fazialis, Nervus facialis), der mit zahlr. Verästelungen die Gesichtsmuskeln, die Haut im Bereich der Ohrmuscheln und verschiedene Drüsen im Kopfbereich versorgt.
VIII **Hör- und Gleichgewichtsnerv** (Nervus statoacusticus), er übernimmt die Fortleitung der Gehörempfindung und vermittelt Signale aus dem Gleichgewichtsorgan.
IX **Zungen-Schlund-Nerv** (Nervus glossopharyngeus), die motor. Fasern versorgen die Schlundmuskulatur, die sensiblen Fasern die Schleimhaut der hinteren und seitl. Rachenwand, des hinteren Zungendrittels, der Paukenhöhle und Eustachi-Röhre. Die parasympath. Fasern versorgen die Ohrspeicheldrüse, die sensor. Geschmacksfasern das hintere Zungendrittel.
X **Eingeweidenerv** (Vagus, Nervus vagus), hat motor., sensible und parasympath. Fasern; versorgt außer den Brust- und Baucheingeweiden zahlr. Muskeln (in Rachen, Kehlkopf, Speiseröhre), Drüsen und Drüsenorgane und den Gehörgang.
XI **Beinerv** (Akzessorius, Nervus accessorius), motor. Nerv, der den Kopfwender des Halses und den Trapezmuskel des Schulterblattes versorgt.
XII **Zungenmuskelnerv** (Nervus hypoglossus), versorgt motor. die zungeneigene Muskulatur.

📖 *Eccles, J. C.: Das G. des Menschen. Dt. Übers. Bln. [5]1984. - Creutzfeldt, O. D.: Cortex Cerebri. Leistung, strukturelle u. funktionelle Organisation der Hirnrinde. Bln. 1983. - Vester, F.: Denken, Lernen, Vergessen. Mchn. [2]1978.*

Gehirnabszeß (Encephalitis purulenta), umschriebene akute oder abgekapselte chron. Eiteransammlung im Gehirn; entsteht als Folge einer offenen Hirnverletzung, von chron. Eiterungen des Mittel- oder Innenohrs, von Eiterungen der Nasennebenhöhlen oder durch Verschleppung der Eiterungen auf dem Blutweg. Behandlung besteht in druckentlastenden Punktionen, Anwendung von Antibiotika und (v. a. bei Kapselbildung) Operation.

Gehirnanhangsdrüse, svw. ↑Hypophyse.

Gehirnblutung (Enzephalorrhagie), Blutung in das angrenzende Gehirngewebe nach Zerreißung von Hirngefäßen. Das klin. Bild einer G. reicht von einer leichten Genickstarre über Gliedmaßen- und/oder Hirnnervenlähmung der Körpergegenseite, Sprachstörungen und Gesichtsfeldausfälle bis zu Bewußtlosigkeit und Tod durch Ausfall des Atemzentrums.

Gehirndruck (Hirndruck), der im Schädelinnern herrschende hydrostat. Druck der Gehirn-Rückenmarks-Flüssigkeit (entspricht normal 10–20 mbar).

Gehirnentzündung (Enzephalitis), zusammenfassende Bez. für die verschiedenen, durch Viren, Rickettsien, Bakterien hervorgerufenen Erkrankungen des Gehirns, die auch auf das Rückenmark (**Enzephalomyelitis**) und die Gehirnhäute (**Meningoenzephalitis**) übergreifen können. Die allg. Anzeichen einer G. gleichen zunächst oft denen einer fieberhaften Erkrankung ohne zentralnervöse Symptome. Letztere sind meist Kopfschmerzen, oft in der Stirn- und Augengegend, Benommenheit, Störungen des Schlaf-wach-Rhythmus, Erbrechen, Lichtscheu, Gliederschmerzen sowie manchmal Lähmungen einzelner Hirnnerven, epilept. Anfälle und erhöhter Gehirndruck. - Die vermutl. durch ein Virus hervorgerufene **epidem. Gehirnentzündung** (Encephalitis epidemica, Encephalitis lethargica, Kopfgrippe) trat gehäuft zw. 1915 und 1925 in der ganzen Welt auf; heute kommt sie nur noch vereinzelt und nicht mehr als Epidemie vor. Sie äußert sich in Augenmuskellähmungen und Schlafsucht. Nach langem Zwischenstadium kann es zum ↑Parkinson-Syndrom kommen. - Weitere virusbedingte Formen der G. sind: Coxsackie-Enzephalitis, ECHO-Virus-Enzephalitis, Mumps-Meningoenzephalitis, Masernenzephalitis und die durch Zeckenbiß übertragene zentraleurop. Enzephalitis; außerdem Papageienkrankheit und Tollwut. - Zu den bakteriellen Formen von G. gehört die **embol. Herdenzephalitis** als Folge der Verschleppung erregerhaltiger, gefäßverstopfender Partikel bei subakuter Herzklappenentzündung. - Bei der Diagnose der G. wichtig sind neben der allg. neurolog. Untersuchung auch eine Untersuchung der Gehirn-Rückenmarks-Flüssigkeit und die ↑Komplementbindungsreaktion. Die Behandlung erfolgt mit Chemotherapeutika. - ↑auch Zeckenenzephalitis.

Gehirnerschütterung (Commotio cerebri), Folge einer stumpfen Gewalteinwirkung auf den Schädel. Charakterist. Symptome sind rasch einsetzende Bewußtseinsstörung, Übelkeit, Brechreiz, Kreislauf- und Atemstörungen, Veränderungen der Hirnstromkurve und schließl. eine Erinnerungslücke. Nach einer G. ist v. a. strenge Bettruhe erforderlich; u. U. werden auch Beruhigungsmittel verordnet.

Gehirnerweichung (Enzephalomalazie), herdförmige Erweichung von Gehirnteilen infolge Durchblutungsmangel mit entsprechendem Funktionsausfall, bes. nach Embolie, Thrombose (auf arteriosklerot. Grundlage) bzw. Massenblutung durch Gefäßzerreißung bei Bluthochdruck.

Gehirnhäute (Hirnhäute, Meningen; Einz. Meninx), Gehirn und Rückenmark umgebende, bindegewebige Schutzhüllen der Wirbeltiere. Die außenliegende **harte Gehirnhaut** (Dura mater) ist im Schädelbereich fest mit dem Knochen verwachsen. Ihr liegt die **Spinngewebshaut** (Arachnoidea) verschiebbar an. Gehirn und Rückenmark werden von der **weichen Gehirnhaut** (Pia mater) fest umschlossen. Beim Menschen sind die G. durch flüssigkeitserfüllte Spalträume voneinander getrennt. Spinngewebshaut und weiche G. sind durch Bindegewebsstränge miteinander vernetzt. Dazw. bleiben zahlr. Gewebslücken frei, die mit ↑Gehirn-Rückenmarks-Flüssigkeit gefüllt sind.

Gehirnhautentzündung (Meningitis), entzündl. Erkrankung der Hirnhäute. *Symptome* einer G. sind im allg.: Kopfschmerzen, Fieber, Erbrechen, Nackensteifigkeit, starke Berührungs-, Geräusch- und Lichtempfindlichkeit, Bewußtseinsstörungen bis zur tiefen Bewußtlosigkeit. Die G. kann man in vier Gruppen einteilen, die sich in ihrer Erscheinungsform und v. a. hinsichtl. der erforderl. Behandlung unterscheiden. Die **akute Gehirnhautentzündung** ist eine bakterielle Infektion, die am häufigsten durch Meningokokken und Pneumokokken hervorgerufen wird. Sie entsteht fortgeleitet aus entzündl. Prozessen in umliegenden Geweben, durch eindringende Erreger bei offenen Schädelverletzungen oder (auf dem Blutwege) als Folge der Streuung entzündl. Herde. - Die **epidem. Gehirnhautentzündung** (Meningitis epidemica, epidem. Genickstarre) ist eine durch Meningokokken hervorgerufene, vereinzelt oder in Epidemien auftretende eitrige G. Sie wird durch Tröpfcheninfusion übertragen. - Als **seröse Gehirnhautentzündung** (lymphozytäre G.) wird eine Reihe meist leichter verlaufender Erkrankungen der Hirnhäute mit unterschiedl. Ursache bezeichnet. Die *Behandlung* der bakteriellen Formen erfolgt mit Antibiotika. - Die **chron. Gehirnhautentzündung** kann sich, v. a. bei ungenügender Behandlung aus der akuten G. entwickeln; meist ist sie Ausdruck einer Mitbeteiligung der Gehirnhäute an entzündl. Systemerkrankungen (Toxoplasmose, Syphilis, Brucellose). Sie nimmt im allg. einen leichten Verlauf. Ihre Behandlung richtet sich nach der Grundkrankheit.

Gehirnhauttuberkulose (Meningitis tuberculosa), meist durch Verschleppung auf dem Blutweg entstandene, oft langsam verlaufende tuberkulöse Entzündungen der Hirnhäute mit den übl. Symptomen einer Gehirnhautentzündung. Die Behandlung erfolgt mit Tuberkulosemitteln.

Gehirnnerven, svw. Hirnnerven (↑Gehirn).

Gehirnquetschung (Gehirnkontusion, Contusio cerebri), zusammenfassende Bez. für die schweren Folgen eines stumpfen Schädeltraumas mit Verletzungs- und Blutungsherden in der Großhirnrinde und im Hirnstamm. Symptome: tiefe Bewußtlosigkeit, Unruhe, Schock, Fieber, ungleiche Pupillengröße, Verlust von Sprache und Geruchssinn, psych. Störungen. Wird das Trauma überlebt, so bleiben je nach Alter mehr oder minder ausgeprägte Gehirnschäden zurück.

Gehirn-Rückenmarks-Flüssigkeit (Zerebrospinalflüssigkeit, Liquor cerebrospinalis), lymphähnl. Flüssigkeit, die die Gehirnkammern, den Rückenmarkskanal und die Räume zw. harter Gehirnhaut und Oberfläche von Gehirn und Rückenmark ausfüllt. Die Menge beträgt beim Menschen etwa 120–200 cm^3. Die G.-R.-F. ist normal klar und farblos; sie ist fast zellfrei, eiweißarm und enthält v. a. Chloride. Die Untersuchung von G.-R.-F. (nach Entnahme durch Subokzipital- oder Lumbalpunktion) ist v. a. zur Diagnostik neurolog. Erkrankungen wichtig.

Gehirnschlag, svw. ↑Schlaganfall.

Gehirnstamm, svw. Hirnstamm (↑Gehirn).

Gehirntumor (Tumor cerebri), der häufigste G. ist das bösartige, schnell wachsende **Glioblastom,** das vom Hüllgewebe der Nervenzellen, der Glia ausgeht. Es kann von einer Großhirnhälfte auf die andere übergreifen; dabei kommt es häufig zu Lähmungen und Sprachstörungen. - Die **Kleinhirnbrückenwinkeltumoren** gehen von der Nervenscheide der Gehör- und Gleichgewichtsnerven aus. Zu Beginn treten Ohrensausen, zunehmende Taubheit und Gleichgewichtsstörungen auf; später kommen dann Empfindungsstörungen und auch Muskellähmungen im Gesicht hinzu. - Die häufigsten G. Jugendlicher sind die **Astrozytome.** Sie gehen vom Nervenstützgewebe des Kleinhirns aus und verursachen Gleichgewichts- und Bewegungsstörungen. - Die **Hirnhauttumoren** sind i. d. R. gutartig und wachsen langsam außerhalb des Gehirns. Bevorzugt kommen sie an der Rinne des Riechnervs, der Keilbeinkante und um die Gehirnanhangsdrüse vor. Sie führen zu Störungen des Geruchssinns, einseitigen Sehnervenschädigungen und Augenmuskellähmungen. - Krankheitszeichen, die auf einen G. hinweisen sind Kopfschmerzen, die im Verlauf der Krankheit an Heftigkeit zunehmen. Behandlungsmöglichkeiten sind Operation oder Strahlentherapie.

Gehirnverletzungen (Gehirntraumen), Sammelbez. für alle Gehirnverletzungen infolge akuter Einwirkung von außen, insbes. Gehirnverletzungen durch direkte oder indirekte Einwirkung mechan. Gewalt. Bei **offenen Gehirnverletzungen** sind die Schädelkapsel und die harte Gehirnhaut durch Gewalteinwirkung (Hieb, Stich, Stoß) gerissen und es entsteht durch die Gewebszerreißung eine umschriebene Gehirnwunde mit angrenzender „Quetschzone" und ein (auf der Seite wo die Gewalteinwirkung erfolgte liegendes) Gehirnödem. **Gedeckte Gehirnverletzungen** entstehen durch stumpfe, breitflächig einwirkende Gewalt, die als Druckwelle auf das Gehirn weitergeleitet wird und z. B. eine Gehirnerschütterung hervorruft.

Gehirnwäsche [Lehnübersetzung von amerikan. brainwashing (nach chin. hsi-nao, eigtl. „waschen Gehirn")] (Mentizid), gewaltsame geistige Desorganisation und Umstrukturierung einer Person zur Erzwingung von Geständnissen, Geheimnisverrat, Selbstbezichtigungen und dgl.; die Methode der G. besteht vorwiegend in endlosen Verhören, Folterungen, suggestiven Einwirkungen und einer fortwährenden Überreizung des Nervensystems. Diese physio-psych. Belastung führt zur gewünschten Änderung polit. und moral. Einstellungen, verschiedentl. auch zum völligen Persönlichkeitszusammenbruch.

Gehlen, Arnold, * Leipzig 29. Jan. 1904, † Hamburg 30. Jan. 1976, dt. Philosoph und Soziologe. - 1934–38 Prof. in Leipzig, 1940–44 in Wien, 1947–62 in Speyer, seit 1962 in Aachen. Seine philosoph. Anthropologie stellt den Menschen hinsichtl. seiner Organ- und Instinktausstattung als „Mängelwesen" dar, das seine Umwelt durch ein von Institutionen geleitetes und gesichertes Handeln verändern muß, um überleben zu können (Kulturleistungen als Organersatz).
Hauptwerke: Der Mensch. Seine Natur und seine Stellung in der Welt (1940), Urmensch und Spätkultur (1956), Die Seele im techn. Zeitalter (1957), Anthropolog. Forschung (1961), Moral und Hypermoral (1969).

G., Reinhard, * Erfurt 3. April 1902, † Berg (Landkr. Starnberg) 8. Juni 1979, dt. General. - 1942–45 Leiter der Abteilung Fremde Heere Ost im Generalstab des Heeres; stellte nach 1945 der amerikan. Besatzungsmacht das Material des von ihm eingerichteten Geheimdienstarchivs zur Verfügung und baute den als „Organisation G." bezeichneten Nachrichtendienst auf (1955 von der BR Deutschland übernommen, 1956 in ↑Bundesnachrichtendienst umbenannt).

Gehöft (Hof), landw. Anwesen (mit den dazugehörenden Wohn- und Wirtschaftsgebäuden); ↑auch Bauernhaus.

Gehölz, kleiner, inmitten von Feld- oder Wiesenfluren gelegener Waldbestand.

Gehölze, svw. ↑Holzgewächse.

Gehölzkunde, svw. ↑Dendrologie.

Gehör (Gehörsinn, Hörsinn), die Fähigkeit, Schallwellen wahrzunehmen. Ein G. ist bislang nur für Wirbeltiere (einschließl. Mensch) und Gliederfüßer (v. a. Insekten) nachgewiesen; es setzt meist hochentwickelte mechanosensor. Organe (↑Gehörorgan) voraus, in denen die Schallwellen rhythm. Berührungsreize hervorrufen, die dem Zentralnervensystem zugeleitet werden und eine „Schall"- oder „Hör"empfindung auslösen.
◆ ↑rechtliches Gehör.

Gehörgang (äußerer G., Meatus acusticus externus), Verbindungsgang des äußeren Ohrs (↑Gehörorgan) zw. Ohrmuschel und Trommelfell. Der G. ist beim Menschen im ersten Drittel knorpelig, etwa 2,5–3,5 cm lang, hat einen Durchmesser von 6 bis 8 mm, verläuft S-förmig und ist mit Haaren (zum Abfangen von Fremdkörpern), Talgdrüsen und Ohrschmalzdrüsen ausgestattet.

Gehörknöchelchen ↑Gehörorgan.

Gehörlosigkeit, svw. ↑Taubheit.

Gehörn, svw. ↑Hörner.
◆ wm. Bez. für das Geweih des Rehbocks.

Gehörorgan, dem Gehörsinn (↑Gehör) dienendes Organ. Bei den Wirbeltieren wird das paarig angelegte G. im allg. auch als **Ohr** (Auris) bezeichnet. Das höchstentwickelte G. haben die Säugetiere (einschließl. Mensch). - Man unterscheidet Außenohr (Ohrmuschel und Gehörgang), Mittelohr (Paukenhöhle mit Gehörknöchelchen) und Innenohr (Schnecke und Bogengänge des Gleichgewichtsorgans). Die **Ohrmuschel** besteht mit Ausnahme des Ohrläppchens aus Knorpel. Sie hat die Form eines flachen Trichters, der die auftreffenden Schallwellen sammelt und an den Gehörgang weitergibt. Am inneren Ende des **Gehörgangs** liegt das Trommelfell, das durch Ohrenschmalz geschmeidig gehalten wird. Das **Trommelfell** ist beim Menschen etwa 0,5 cm^2 groß und trichterförmig. Die Trommelfellmembran wird durch die ankommenden Schallwellen in Schwingungen versetzt und überträgt diese auf die drei **Gehörknöchelchen** (Hammer, Amboß, Steigbügel) im Mittelohr. Die gelenkig verbundenen Knöchelchen wirken dabei als Hebelsystem und verstärken die auftreffenden Schallwellen etwa um das 2–3fache. Der Steigbügel gibt über das ovale Fenster (Vorhoffenster) die Schallwellen an das Innenohr weiter. Das **ovale Fenster** hat etwa $^1/_{20}$–$^1/_{30}$ der Fläche des Trommelfells; dadurch wird eine Verstärkung des Schalldrucks auf das 20–25fache erreicht. Schließl. erreicht der Schalldruck vom Eindringen in den Gehörgang an mit rd. 180facher Verstär-

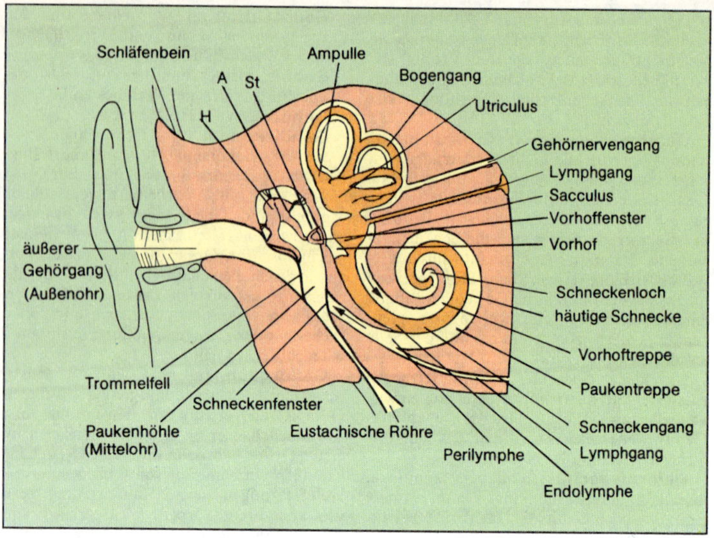

Gehörorgan des Menschen (H Hammer, A Amboß, St Steigbügel)

kung das Innenohr. Dieses ist durch die **Eustachi-Röhre** (Ohrtrompete, Tuba auditiva) mit der Rachenhöhle verbunden; sie dient dem Druckausgleich zw. Außenluft und Mittelohr. Jeder Druckunterschied erzeugt ein Druckgefühl im Ohr; Schlucken beseitigt es. Das **Innenohr** (Labyrinth) besteht aus dem eigentl. G., der Schnecke, und den Bogengängen. Letztere sind Gleichgewichtsorgane und haben keinen Einfluß auf den Hörvorgang. Die **Schnecke** (Cochlea) gliedert sich in zwei Teile. Die knöcherne Schnecke besteht aus der Achse (Schneckenspindel) und einer Knochenleiste, die beide weitporig sind und die Fasern des Hörnervs enthalten. Der häutige Teil der Schnecke (Schneckengang, Ductus cochlearis) ist ein dreieckiger Bindegewebsschlauch, der mit Endolymphe angefüllt und mit seinem spitzen Ende an der Knochenleiste befestigt ist. Durch diese Anordnung wird der Innenraum der Schnecke in sog. Treppen aufgegliedert. Der obere Raum, die **Vorhoftreppe,** ist vom Vorhof aus zugängl. Der untere Raum, die **Paukentreppe,** endet am runden Fenster gegen die Paukenhöhle. Beide Räume stehen an der Spitze der Schnecke in Verbindung und sind mit Perilymphe gefüllt. Diese entspricht weitgehend der Gehirn-Rückenmarks-Flüssigkeit, mit der sie durch einen Gang verbunden ist. Die häutige Schnecke wird mit zwei Membranen gegen die Treppen abgegrenzt. Die Begrenzung gegen die Vorhoftreppe bildet die **Reissner-Membran,** eine zarte, gefäßlose Haut mit dünnen, elast. Fasern. Gegen die Paukentreppe wird die Begrenzung von der **Basilarmembran** gebildet. Auf dieser liegt das eigentl. schallaufnehmende Organ, das **Corti-Organ.** Die Sinneszellen (Hörzellen) des Corti-Organs (beim Menschen rd. 16 000–23 000) liegen zw. Stützzellen und tragen an ihrem oberen Ende feine Sinneshärchen. Unmittelbar über den Sinneszellen befindet sich die Deckmembran, die wahrscheinl. mit den Sinneshärchen verwachsen ist und dadurch die Sinneszellen durch Schwingungen reizen kann. - Bei den übrigen Wirbeltieren findet man ähnl. Verhältnisse. Niedere Wirbeltiere (z. B. Fische) haben nur ein inneres Ohr. Amphibien haben bereits ein Mittelohr.

Hören ist das Wahrnehmen von Schallwellen, wobei eine Umwandlung der Schallwellen in nervale Reize erfolgt, die zum Gehirn weitergeleitet und dort in einen Höreindruck umgewandelt werden. **Hörvorgang beim Menschen** (entspricht dem bei allen Säugetieren): In drei funktionellen Abschnitten des menschl. Gehirns erfolgt 1. der Transport des Hörreizes, 2. die Reizverteilung (in der Schnecke) und 3. die Reiztransformation (im Corti-Organ). Der Reiztransport erfolgt zw. Gehörgang und Vorhoffenster. Die in jedem Augenblick auf das G. einwirkenden Schallwellen werden durch den äußeren Gehörgang zum Trommelfell geleitet. Trommelfell und Gehörknöchelchenkette stellen auf Grund ihrer Elastizität ein schwingungsfähiges Gebilde dar, dessen Eigenfrequenz zw. 100 und 1500 Hz liegt. Durch die auftreffenden Schallwellen, infolge Reflexions- und Resonanzerscheinungen an Kopf, Ohrmuschel und

Gehörgang, ist der Schalldruck am Trommelfell größer als außerhalb des Ohres. Trommelfell und Gehörknöchelchen übertragen die Schallwellen. Durch die bis 2 000 Hz näherungsweise frequenzunabhängige, d. h. lineare Empfindlichkeit wird der Schallwellenwiderstand der Lymphflüssigkeit dem der Luft angepaßt. Die ordnungsgemäße Funktion von Trommelfell und Gehörknöchelchenkette ist dabei abhängig von einer ausreichenden Luftzufuhr über die Eustachi-Röhre in die Paukenhöhle, da ein Teil der darin befindl. Luft ständig von der Haut resorbiert wird. Bei großen Druckdifferenzen erfolgt der Ausgleich spontan (Knacken im Ohr z. B. bei raschem Höhenwechsel), kann aber auch durch Schluck- oder Gähnbewegungen bewußt gesteuert werden. Indem nun die Steigbügelfußplatte ihre Schwingungen über die Membran des Vorhoffensters auf die Lymphflüssigkeit im Vorhof und auf die Vorhoftreppe überträgt, werden darin Druck- und Dichteschwankungen kleiner Amplitude erzeugt; diese übertragen sich auf den schwingungsfähigen, mit Endolymphe gefüllten häutigen Schneckengang. Außerdem pflanzen sie sich durch das Schneckenloch (Helicotrema) an der Schneckenspitze in die Paukentreppe fort, wo über die Membran des runden Fensters ein Druckausgleich stattfindet. Längs des häutigen Schneckengangs findet nun die Reizverteilung statt. Die je nach Frequenz an unterschiedl. Stellen des Corti-Organs erregten Nervenimpulse werden über den Hörnerv, über verschiedene Kerngebiete und Nervenbahnen im Gehirn zur akust. Region der Großhirnrinde geleitet, wo sie einen Höreindruck hervorrufen (Reiztransformation). Da das menschl. G. paarig (binaural) ausgebildet ist, hat es die Fähigkeit zum **Richtungshören.** Dafür wertet das Gehirn zwei Informationen aus: 1. den Zeitunterschied des Schalleinfalls auf die beiden Ohren, 2. den durch die Schallschattenwirkung des Kopfes hervorgerufenen Intensitätsunterschied an beiden Ohren. Da die Schattenwirkung des Kopfes erst bei höheren Frequenzen merkbar wird, spielt bei tiefen Frequenzen der Zeitunterschied die ausschlaggebende Rolle. Eine Zeitdifferenz von nur 0,03 ms ruft beim Menschen bereits einen Richtungseindruck hervor; bei einer Zeitdifferenz von 0,6 ms scheint der Schall von 90° seitl. zu kommen.

🕮 *Plath, P.: Das Hörorgan u. seine Funktion. Bln. [4]1981. - Clasen, B./Geršić, S.: Anatomie u. Physiologie der Sprech- u. Hörorgane. Hamb. 1975.*

Gehörprüfung ↑Hörprüfung.

Gehorsam, Ausführung oder Unterlassung einer Handlung auf Grund eines Gebotes oder Verbotes; zu unterscheiden ist zw. freiwilligem („bedingtem") G., der Autorität voraussetzt, und erzwungenem („unbedingtem") G., dessen Voraussetzung Macht ist. Aber auch der vermeintl. freiwillige G. erfolgt nach einer im Verlauf der Stammesentwicklung erworbenen Verhaltensdisposition, sofern die Autorität frei gewählt oder als legitimiert angesehen wird. Eine schon von Aristoteles, C. Darwin, S. Freud u. a. angesprochene, bei gesellig lebenden Tieren anzutreffende Unterordnungsbereitschaft ist auch beim Menschen anzutreffen. - Zum pflichtgemäßen G. beim Militär ↑Gehorsamspflicht.
In den *Religionen* spielt der G. eine wichtige Rolle. In den einfacheren Religionen wird fast nur kult. G. gefordert (Erfüllung der kult. Vorschriften). In den Hochreligionen steht der G. der Gottheit gegenüber als Unterwerfung unter den Willen Gottes im Mittelpunkt religiösen Verhaltens. So ist z. B. im A. T. G. gegenüber dem Willen Jahwes Bedingung für die Erfüllung des Bundes und Ungehorsam das Wesen der Sünde. - Im N. T. bestimmen Glaube und Liebe das Verhältnis des Menschen zu seinem Schöpfer und Erlöser stärker als der G., dessen letzte Instanz (auch nach der christl. Theologie) das ↑Gewissen ist.

Gehorsamspflicht, die Pflicht des Sol-

Geier. Von links: Königs-, Raben- und Mönchsgeier

daten, einen ihm erteilten verbindl. Befehl auszuführen. Der **rechtmäßige Befehl,** d. h. ein Befehl, der von dem zuständigen Vorgesetzten im Rahmen seiner dienstl. Befugnisse unter Beachtung der Rechtsordnung erlassen wird, ist stets verbindl., auch wenn er sachl. nicht gerechtfertigt ist. Aber auch der **rechtswidrige Befehl** ist dann verbindl., wenn er nur eine Norm des Privatrechts verletzt, gegen einen höheren Befehl oder Dienstvorschriften verstößt oder wenn durch seine Ausführung [nur] ein Übertretungstatbestand oder eine Ordnungswidrigkeit verwirklicht wird. Führt der Untergebene einen solchen Befehl aus, so handelt er zwar rechtswidrig, aber nicht schuldhaft; die Verantwortung trägt allein der Vorgesetzte.
Die **Befehlsverweigerung,** d. h. die Verweigerung der Ausführung eines verbindl. Befehls, stellt grundsätzl. ein [nur disziplinarrechtl. zu ahndendes] Dienstvergehen dar; sie wird aber zur Straftat, wenn sie eine schwerwiegende Folge, näml. eine Gefahr für die Sicherheit der BR Deutschland, die Schlagkraft der Truppe, Leib oder Leben eines Menschen oder Sachen von bed. Wert herbeiführt (militär. **Ungehorsam,** § 19 WehrstrafG [WStG]); dies gilt auch dann, wenn der Befehl leichtfertig nicht befolgt und die schwerwiegenden Folgen mindestens fahrlässig herbeigeführt werden (§ 21 WStG), oder wenn sie in der demonstrativen Form der **Gehorsamsverweigerung** (aktive Befehlsverweigerung durch Wort oder Tat oder Nichtbefolgen eines wiederholten Befehls; § 20 WStG) begangen wird. Der Untergebene hat ein *Recht auf Befehlsverweigerung*, wenn der Befehl nicht zu dienstl. Zwecken erteilt wird oder durch seine Ausführung die Menschenwürde des Soldaten oder eines Dritten verletzt würde. Er ist zur Befehlsverweigerung *verpflichtet*, wenn durch die Ausführung des Befehls ein Verbrechen oder Vergehen begangen, gegen die Verfassung oder allg. Regeln des Völkerrechts (einschließl. des Kriegsrechts) verstoßen oder den übergesetzl. Grundsätzen der Menschlichkeit und Gerechtigkeit zuwidergehandelt würde. Begeht der Untergebene auf Befehl ein Vergehen oder Verbrechen, so trifft ihn, wenn er den Charakter der Straftat erkennt oder diese nach den ihm bekannten Umständen offensichtl. ist, die volle Schuld (§ 5 WStG).

Gehörschutz ↑Lärmschutz.

Gehörsinn, svw. ↑Gehör.

Gehrmaß, Handwerkszeug zum Anreißen und Prüfen der ↑Gehrung in der Holzbearbeitung, z. B. bei der Fertigung von Bilder- und Fensterrahmen.

Gehrock (Redingote), Anzug mit langen Schößen (vorn übereinanderreichend); Ende des 18. bis Mitte des 19. Jh. tägl. Anzug, seit Ende des 19. Jh. für festl. Anlässe.

Gehrung [zu althochdt. gēro (nach der Ähnlichkeit mit einer Gerspitze)], Schrägschnitt (meist unter 45°) an einem Rahmenteil oder Profilstab; auch die Eckfuge oder Eckverbindung zweier in beliebigem Winkel mit einem Schrägschnitt aufeinanderstoßender Profilteile (z. B. an der Ecke eines Bilderrahmens).

Gehverband, zum Schienen des Beins bei Knochenbrüchen, Verstauchungen, Verrenkungen u. ä. angelegter stützender Verband, der frühzeitiges Gehen ermöglicht, um die Heilungsvorgänge zu beschleunigen, wobei die Extremität nicht voll belastet wird; meist als **Gehgips** mit eingegipstem, stählernem Gehbügel mit Gummistollen zum Auftreten und zum Abrollen des Fußes beim Gehen.

Geibel, Emanuel, * Lübeck 17. Okt. 1815, † ebd. 6. April 1884, dt. Dichter. - Von den Vertretern des Jungen Deutschland scharf angegriffener Nationalkonservativer. Gefeierter, repräsentativer Lyriker der dt. Einigungsbestrebungen unter preuß. Führung; 1852–68 Führer des Münchener Dichterkreises. Seine Lyrik (z. T. zum Volksgut geworden wie „Der Mai ist gekommen") erweist ihn als formal virtuosen Epigonen des Klassizismus; als Dramatiker erfolglos, verdienstvoll als Übersetzer frz. und span. Lyrik.

Geier [zu althochdt. gīr, eigtl. „der Gierige"], Bez. für adlerartige, aasfressende Greifvögel aus zwei verschiedenen systemat. Gruppen mit etwa 23 Arten, v. a. in den Tropen und Subtropen der Alten und Neuen Welt. Die Fam. **Neuweltgeier** (Cathartidae) hat sieben Arten. Als Kondor bez. werden: 1. der in den Anden S-Amerikas lebende **Andenkondor** (Vultur gryphus); er ist bis 1,3 m groß und hat eine Flügelspannweite von etwa 3 m; mit nacktem, dunkel fleischfarbenem Kopf und Hals, weißer Halskrause und silbergrauen Armschwingen; ♂ mit fleischigem Scheitelkamm. 2. Der **Kaliforn. Kondor** (Gymnogyps californianus) unterscheidet sich von ersterem durch gelblichroten Kopf und Hals, schwarze Halskrause und fehlende Flügelzeichnung. Der **Königsgeier** (Sarcorhamphus papa) ist fast 80 cm groß und kommt in S-Mexiko bis S-Brasilien vor; Gefieder gelblich und grauweiß mit schwarzen Flügeln und grauer Halskrause; Kopf und Hals nackt, leuchtend rot und gelb gefärbt. Vom südl. Kanada bis fast über ganz S-Amerika verbreitet ist der etwa 75 cm lange und fast 1,7 m spannende **Truthahngeier** (Cathartes aura); Körper schwarz mit Ausnahme des nackten, roten Kopfes. Etwa kolkrabengroß und schwarz ist der **Rabengeier** (Urubu, Coragyps atratus), der in den südl. USA sowie in M- und S-Amerika lebt. Die **Altweltgeier** (Aegypiinae) sind eine Unterfam. der Habichtartigen mit 16 Arten. Bekannt sind u. a.: ↑Bartgeier; **Gänsegeier** (Gyps fulvus), etwa 1 m groß, Flügelspannweite bis 2,4 m, sandfarben, v. a. in den Gebirgen und Hochsteppen NW-Afrikas und S-Europas; mit braunschwarzen Schwingen und Schwanzfedern, einem zieml. langen, gänseartigen, fast unbefiederten Hals und dichter, weißer Halskrause. In S-Afrika lebt der fahlgrau gefärbte **Fahlgeier** (Gyps coprotheres). Der **Schmutzgeier** (Neophron percnopterus) ist etwa 70 cm lang, vorwiegend weiß und kommt in Afrika, S-Europa und W-Asien bis Indien vor; mit nacktem gelbem Gesicht, Hinterkopfschopf und schwarzen Handschwingen. Über 1 m lang und dunkelbraun bis schwarz ist der in den Mittelmeerländern und in Asien bis zur Mongolei lebende **Mönchsgeier** (Kutten-G., Aegypius monachus); mit einem Halskragen aus schmalen, braunen Federn. In den Trockengebieten Afrikas kommt der etwa 1 m lange und bis 2,8 m spannende **Ohrengeier** (Torgos tracheliotus) vor; oberseits dunkelbraun, unterseits braun und weiß. Kein Aasfresser (deshalb sind Kopf und Hals befiedert) ist der bis 60 cm lange **Palmgeier** (Geierseeadler, Gypohierax angolensis) in den Regenwäldern W-, S- und O-Afrikas; Gefieder weiß, mit schwarzen Arm- und Handschwingen, weiße Endbinde am schwarzen Schwanz. - Abb. S. 53.

Geierfalken (Karakara, Polyborinae), Unterfam. der Falken mit etwa 10 Arten, v. a. in den Steppen und Hochgebirgen M- und S-Amerikas. Der etwa 45 cm große **Chimachima** (Gelbkopfchimachima, Milvago chimachima) hat dunkelbraune Flügel und einen dunkelbraunen Rücken, Unterseite und Kopf sind gelblichweiß, Augenstreif dunkelbraun, Schwanz weiß und schwarzbraun gebändert. Der **Chimango** (Milvago chimango) ist etwa 40 cm groß, oberseits braun, unterseits zimtbraun mit weißl. Bänderung und Fleckung, Schwanz weiß gewellt. Das Wappentier Mexikos ist der etwa 55 cm lange **Karancho** (Polyborus plancus); schwärzlichbraun mit gelbbräunl., dunkel quergebändertem Vorderkörper und Schwanz, weißl. Kopf, nacktem, rotem Schnabelgrund und haubenartig aufrichtbarer Kopfplatte.

Geierhaube, aus feinen Goldplättchen zusammengesetztes Diadem der ägypt. Königinnen, bes. des Neuen Reiches, in Gestalt eines Geiers mit ausgebreiteten Flügeln.

Geiersberg, mit 586 m ü. d. M. höchste Erhebung des Spessarts.

Geierschildkröte, svw. ↑Alligatorschildkröte.

Geierstele, Siegesdenkmal des altsumer. Stadtfürsten Eannatum von Lagasch (um 2440 v. Chr.) aus Kalkstein (Bruchstücke heute v. a. im Louvre), benannt nach den Geiern innerhalb der Reliefs. Die altsumer. Inschrift in Keilschrift enthält die Vorgeschichte des Kampfs gegen die Stadt Umma, den Kampfbericht und die Friedensregelungen.

Geige, im MA Bez. für bogengestrichene Saiteninstrumente, oft bedeutungsgleich mit Fidel; seit der Entwicklung der drei Fam. Viola da braccio, Viola da gamba und Lira aus dem gemeinsamen Grundtyp der Fidel (16. Jh.) eingeengt auf die Viola-da-braccio-Familie und heute auf deren Diskantinstrument, die ↑Violine.

Geigenprinzipal, in der Orgel ein hell klingendes Labialregister, meist im 8- oder 4-Fuß.

Geigenrochen (Rhinobatoidei), Unterordnung der Rochen mit etwa 45, meist 1–2 m langen Arten in den Küstengewässern trop. und subtrop. Meere; Vorderkörper abgeplattet, Hinterkörper langgestreckt walzenförmig (wie bei Haien). Die G. schwimmen durch wellenförmiges Schlagen der Brustflossen (wie andere Rochen), im freien Wasser auch zusätzl. durch Seitwärtsbewegungen des Schwanzes (wie Haie).

Geiger, Abraham, * Frankfurt am Main 24. Mai 1810, † Berlin 23. Okt. 1874, dt. Rabbiner und Judaist. - G. lehrte seit 1872 an der Hochschule für die Wissenschaft des Judentums in Berlin und wurde durch seine wiss. Leistung, u. a. durch die Gründung der „Wiss. Zeitschrift für jüd. Theologie" (1835) und der „Jüd. Zeitschrift für Wissenschaft und Leben" (seit 1862), zum Führer des Reformjudentums.

G., Hans, eigtl. Johannes G., * Neustadt an der Weinstraße 30. Sept. 1882, † Potsdam 24. Sept. 1945, dt. Physiker. - Prof. in Kiel, Tübingen und Berlin. Lieferte bahnbrechende Arbeiten zur experimentellen Atomphysik; erkannte, daß die Ordnungszahl eines chem. Elements gleich der Kernladungszahl seiner Atomkerne ist; entwickelte das nach ihm und E. W. Müller ben. ↑Zählrohr, das zu einem der wesentlichsten Meßgeräte der Kernphysik wurde.

G., Hermann, * Savièse bei Sitten (Wallis) 27. Okt. 1914, † Sitten 26. Aug. 1966 (Flugzeugabsturz), schweizer. Flieger. - Führte 1952 als erster Pilot Gletscherlandungen durch; rettete in über 1 000 Einsätzen mehr als 600 Menschen vor dem Bergtod. Verfaßte „Der Gletscherflieger" (1955).

G., Moritz, * Frankfurt am Main 26. Juni 1880, † Seal Harbor (Maine, USA) 9. Sept. 1937, dt. Philosoph. - 1915 Prof. in München, 1923 in Göttingen, nach Emigration 1933 am Vassar College in Poughkeepsie (N. Y.). Bed. u. a. durch seine „Beiträge zur Phänomenologie des ästhet. Genusses" (1913), wodurch die phänomenolog. Methode in die Ästhetik eingeführt wurde.
Weitere Werke: Zugänge zur Ästhetik (1928), Die Wirklichkeit der Wissenschaften und die Metaphysik (1930).

G., Rupprecht, * München 26. Jan. 1908, dt. Maler und Graphiker. - Sohn von Willi G.; arbeitet mit geometr. Elementen, sein Ziel ist die Darstellung von Raum und Bewegung.

G., Theodor, * München 9. Nov. 1891, † auf der Überfahrt von Kanada nach Dänemark

†16. Juni 1952, dt. Soziologe. - 1922–29 Leiter der Berliner Arbeiterhochschule, 1928–33 Prof. in Braunschweig; 1933 Emigration nach Dänemark, 1938–40 und nach 1945 Prof. in Århus, 1943 in Uppsala; zunächst stark vom Marxismus beeinflußt, galt sein wiss. Hauptinteresse den Theorien über soziale Klassen, später - nach erfahrungswiss.-positivist. Neuorientierung in der Emigration - Arbeiten über soziale Schichtung in der modernen Industriegesellschaft.

G., Wilhelm, * Nürnberg 21. Juli 1856, † Neubiberg 2. Sept. 1943, dt. Iranist und Indologe. - 1891 Prof. in Erlangen, 1920–24 in München; widmete sich zunächst der iran. Altertumskunde und Dialektologie, v. a. zum Belutschischen und Paschtu („Grundriß der iran. Philologie", 1895–1904; mit E. Kuhn); nach mehreren Ceylon-Reisen Erforschung der Geschichte und Kultur Ceylons und des Buddhismus.

G., Willi, * Schönbrunn bei Landshut 27. Aug. 1878, † München 1. Febr. 1971, dt. Maler und Graphiker. - Vater von Rupprecht G.; wenn auch die ornamentale Linienführung des Jugendstils bis ins Spätwerk spürbar bleibt, ist sein Werk doch von expressionist., verist. und visionären Zügen geprägt.

Geiger-Müller-Zählrohr (Geigerzähler) [nach Hans Geiger und dem dt.-amerikan. Physiker Walter M. M. Müller, * 1905, † 1979] ↑Zählrohr.

Geigy AG, J. R. ↑CIBA-GEIGY AG.

Geijer, Erik Gustaf [schwed. 'jɛɪər], * Ransäter (Värmland) 12. Jan. 1783, † Stockholm 23. April 1847, schwed. Schriftsteller. - Als Mitbegr. des „Gotischen Bundes" lieferte G. mit E. Tegnér das Programm für die schwed. Romantik. Bekannt sind neben seinen eigenen (z. T. selbst vertonten) bed. Liedern auch die von ihm mit A. A. Afzelius herausgegebenen altschwed. Volkslieder. Schrieb eine wegweisende „Geschichte des schwed. Volkes" (3 Bde., 1832–36).

geil, üppig wuchernd (von Pflanzen).
◆ übermäßig geschlechtl. erregt, vom Geschlechtstrieb völlig beherrscht.

Geilamir ↑Gelimer.

Geilenkirchen, Stadt 25 km nördl. von Aachen, NRW, 75–103 m ü. d. M., 22 300 E. Kreisheimatmuseum; Zentrum eines agrar. Umlandes; Steinzeugröhren-, Falzziegel- und Textilind. - 1170 erstmals gen., kam 1472/84 an Jülich; 1484 galt G. als Stadt. - Klassizist. Pfarrkirche (1822–25); Schloß Trips (Wasseranlage auf vier Inseln, 15.–18. Jh.).

Geiler, Karl Hermann, * Schönau im Schwarzwald 10. Aug. 1878, † Heidelberg 14. Sept. 1953, dt. Jurist und Politiker. - 1921–39 und seit 1947 Prof. in Heidelberg; 1945–47 von der amerikan. Militärregierung ernannter Min.präs. von Großhessen.

Geiler von Kaysersberg, Johannes, * Schaffhausen 16. März 1445, † Straßburg 10. März 1510, dt. Theologe und Volksprediger. - Bedeutendster Kanzelredner des Spät-MA (seit 1486 am Straßburger Münster). Seine Predigten in dt. Sprache sind nach lat. Konzepten und Nachschriften von P. Wickgram und von J. Pauli überliefert. Geißelte mit derbem Humor und drast. Komik unter Einflechtung von Schwänken, Sprichwörtern und Wortspielen weltl. und kirchl. Mißstände. Am berühmtesten wurde seine 1498/99 in Straßburg gehaltene Folge von Predigten über die Narren in S. Brants „Narrenschiff".

Geilo [norweg. ˌjɛjlu] ↑Hallingdal.

Geinitz, Eugen, * Dresden 15. Febr. 1854, † Rostock 9. März 1925, dt. Geologe. - Sohn von Hanns G.; 1878 Prof. in Rostock, 1889 ebd. Direktor der neugegr. Geolog. Landesanstalt für Mecklenburg; veröffentlichte u. a. „Das Quartär von Nordeuropa" (1904), „Die Eiszeit" (1906), „Geologie Mecklenburgs" (1922).

G., Hanns, * Altenburg 16. Okt. 1814, † Dresden 28. Jan. 1900, dt. Geologe und Paläontologe. - Vater von Eugen G.; 1850–94 Prof. in Dresden und ebd. Direktor des mineralog.-geolog. und prähistor. Museums; erforschte v. a. den Zechstein und das Rotliegende sowie die sächs.-böhm. Kreidegebirge.

Geirangerfjord [norweg. ˌjɛjraŋərfju:r], östl. Arm des Synnylvsfjords, Norwegen, 16 km lang, bis zu 233 m tief, 600–1 000 m breit; steil aufragende Felswände mit zahlr. Wasserfällen (u. a. Sieben Schwestern). Der Ort **Geiranger** am Ende des Fjords ist Anlegestelle von Kreuzfahrtschiffen.

Geiringer, Karl, * Wien 26. April 1899, amerikan. Musikforscher östr. Herkunft. - 1941–61 Prof. an der Boston University, seit 1962 an der University of California in Santa Barbara. Seine zahlr. Veröffentlichungen galten v. a. J. Haydn, J. Brahms und der Bach-Familie, u. a. „Die Musikerfamilie Bach" (1954), „J. S. Bach" (1966).

Geisa ↑Géza.

Geisel, Ernesto, * Bento Gonçalves (Rio Grande do Sul) 3. Aug. 1907, brasilian. Offizier. - 1960 Brigadegeneral; gehörte 1964 zum Kreis der Offiziere, die Präs. J. Goulart stürzten und ein Militärregime errichteten; 1964–67 Chef des Militärkabinetts, 1967–69 Vors. des Obersten Militärgerichts; 1974–79 Staatspräsident.

Geiseln [zu althochdt. gīsal, eigtl. „Pfand"], *allg. und im Völkerrecht* Personen, die zur Sicherung eines nicht oder nur z. T. gegen sie selbst gerichteten Anspruchs fremder Gewalt und Gewahrsam unterstellt sind. Durch das *Strafrecht* ist die **Geiselnahme,** auch wenn sie zur Durchsetzung polit. Ziele erfolgt, als Verbrechen nach § 239 b StGB mit Freiheitsstrafe nicht unter drei Jahren bedroht. Die Bestimmung setzt voraus, daß der Täter einen anderen *entführt* oder sich eines anderen *bemächtigt* (z. B. Bankangestellter als Geisel bei Bankraub noch innerhalb der

Bank), um einen Dritten durch die Drohung mit dem Tode oder einer schweren Körperverletzung (§ 224 StGB) des Opfers zu einer Handlung, Duldung oder Unterlassung zu nötigen, oder daß der Täter die von ihm durch eine solche Handlung geschaffene Lage eines anderen zu einer solchen Nötigung ausnutzt. Verursacht der Täter durch die Tat den Tod der Geisel, so ist lebenslange bzw. Freiheitsstrafe nicht unter 10 Jahren verwirkt (↑auch Luftpiraterie, ↑Menschenraub). - In *Österreich* fehlt eine eigene strafrechtl. Bestimmung. Geiselnahme kann jedoch sowohl als Erpressung als auch als Einschränkung der persönl. Freiheit (Freiheitsberaubung) verfolgt werden. Auch das *schweizer. StGB* enthält für die Geiselnahme keinen bes. Tatbestand.

Völkerrecht: Die vertragl. Gestellung von G. im Frieden wie im Krieg (letztmalig vollzogen zw. Großbritannien und Frankr. im Aachener Frieden von 1748) ist völkerrechtl. unbedenklich. Die einseitige Geiselnahme *im Krieg*, die, v. a. beginnend im 18. Jh., die vertragl. G. mehr und mehr verdrängte und die im 2. Weltkrieg [u. a. durch die dt. Besatzungstruppen, v. a. in Frankr. und auf dem Balkan] ins Maßlose übersteigert wurde (Tötung von 100 Geiseln für einen ermordeten Soldaten), galt nach den nat. Heeresinstruktionen grundsätzl. als erlaubt (die Haager Landkriegsordnung von 1907 hatte diese Frage offengelassen); sie ist heute jedoch durch Art. 34 der Genfer Konvention zum Schutz von Zivilpersonen in Kriegszeiten (1949) generell untersagt.

Die Geiselschaft, die Verpfändung oder Pfandnahme einer Person, ist im ältesten röm. und dt. Privatrecht bekannt. G. konnten durch Vertrag zw. Gläubiger und Schuldner gestellt oder vom Gläubiger eigenmächtig genommen werden, befanden sich in der Gewalt des Gläubigers und hafteten für die Erfüllung der Schuldnerverbindlichkeit. Bei „Geiselverfall", wenn die Nichterfüllung der gesicherten Verbindlichkeit feststand, konnte die G. wohl getötet werden, häufiger wird man sie verknechtet haben.

🕮 *Bauer, Günther: G.nahmen aus Gewinnsucht. Lübeck 1973. - Middendorff, W.: Menschenraub - Flugzeugentführungen - G.nahme - Kidnapping. Histor. u. moderne Erscheinungsformen. Bielefeld 1972.*

Geiseltal, eines der bedeutendsten Braunkohlengebiete der Erde, mit Resten tertiärer Tiere und Pflanzen, westl. von Merseburg/Saale, DDR.

Geisenheim, hess. Stadt am rechten Rheinufer, 85 m ü. d. M., 11 700 E. B.-Anstalt für Qualitätsforschung pflanzl. Erzeugnisse, Hess. Lehr- und Forschungsanstalt für Wein-, Obst- und Gartenbau. - 772 erstmals erwähnt; Anfang des 11. Jh. konnten die Erzbischöfe von Mainz den Rheingau mit G. an sich bringen. 1803 fiel G. an Nassau; seit 1864 Stadt. - Spätgot. Pfarrkirche (1510/11) mit neugot. Türmen (19. Jh.), Adelshöfe, u. a. der ehem. Stockheimer Hof (1550).

Geiserich (Gaiserich; lat. Geisericus, Gensirix), * 389 (?), † 25. Jan. 477, König der Vandalen und Alanen (seit 428). - Führte 429 sein Volk über die Meerenge von Gibraltar nach Afrika, wo die Gründung des ersten unabhängigen Germanenreiches auf röm. Boden gelang; machte das Vandalenreich zur bestimmenden Macht im westl. Mittelmeer (Eroberung Sardiniens, Korsikas, der Balearen, des westl. Siziliens; 455 Plünderung Roms).

Geisha ['ge:ʃa, 'gaɪʃa; jap.-engl., zu jap. gei „unterhaltende Kunst" und sha „Person"], jap. Gesellschafterin, die für Teegesellschaften u. ä. gemietet wird; oft seit früher Kindheit für diesen in der Tokugawazeit (1603–1867) entstandenen Beruf u. a. in Tanz, Gesang, Samisenspiel und Konversation ausgebildet.

Geishas, Farbholzschnitt von Kitigawa Utamaro (um 1800)

Geisingen, Stadt im oberen Donautal, Bad.-Württ., 627 m ü. d. M., 5 500 E. - Gründung der Stadt zw. 1250 und 1300; 1806 wurde G. badisch. - Spätgot. ev. Pfarrkirche (15./16. Jh.) mit Grabmälern (16.–18. Jh.).

Geisir ↑Geysir.

Geislingen an der Steige, Stadt am Trauf der Schwäb. Alb, Bad.-Württ., 464 m ü. d. M., 26400 E. Heimatmuseum; metallverarbeitende, Textil- u. a. Ind. - Die 1250 erstmals nachweisbare Stadt ist eine Gründung der Grafen von Helfenstein, deren Burg oberhalb des Ortes steht; 1396 an die Reichsstadt Ulm verkauft. - Spätgot. ev. Stadtpfarrkirche (1424–28) mit Chorgestühl (1512) von J. Syrlin d. J.; Fachwerkbauten, u. a. das Alte Rathaus (ehem. Kaufhalle; 1422).

Geison [griech.], Kranzgesims des antiken Tempels.

Geiß, süddt. Bez. für die ausgewachsene weibl. Ziege.

◆ wm. Bez. für die weibl. Tiere bei Reh-, Gams- und Steinwild.

Geißbart (Aruncus), Gatt. der Rosengewächse mit zwei Arten in der nördl. gemäßigten Zone; Stauden mit kleinen, weißen zweihäusigen Blüten in Ähren, die zus. eine große Rispe bilden; Blätter mehrfach fiederschnittig oder mehrfach dreizählig gefiedert mit gesägten Abschnitten. Die einzige Art in M-Europa ist der **Waldgeißbart** (Aruncus dioicus) in Wäldern und Gebüschen, eine bis 2 m hohe Staude mit Balgfrüchten.

Geißblatt (Heckenkirsche, Lonicera), Gatt. der G.gewächse mit etwa 180 Arten auf der Nordhalbkugel und in den Anden; Sträucher mit zweiseitig-symmetr. Blüten und Beerenfrüchten; in vielen Arten und Formen als Ziersträucher in Kultur, z. B. **Wohlriechendes Geißblatt** (Jelängerjelieber, Lonicera caprifolium), 1–2 m hoher windender Strauch aus S- und dem sö. M-Europa; Blüten dem obersten Blattpaar aufsitzend, gelblichweiß, mit außen oft rot überlaufender Röhre, duftend; Früchte korallenrot. **Schwarze Heckenkirsche** (Lonicera nigra) aus M-Europa; bis 1,5 m hoher, sommergrüner Strauch mit 4–6 cm langen, ellipt., oberseits grünen, unterseits bläul. Blättern und rötl. oder weißen Blüten; Früchte blauschwarz.

Geißblattgewächse (Caprifoliaceae), Fam. der zweikeimblättrigen Pflanzen mit etwa 400 Arten in 15 Gatt.; meist auf der Nordhalbkugel wachsende Bäume, Sträucher oder Stauden mit einfachen oder gefiederten, gegenständigen Blättern (manchmal einem Ziegenfuß ähnl.). Bekannte Gatt. sind ↑Abelie, ↑Geißblatt, ↑Holunder, ↑Schneeball und ↑Weigelie.

Geißbrasse (Geißbrassen), Bez. für zwei Arten der Meerbrassen, v. a. vor den Felsküsten des Mittelmeers sowie des trop. und subtrop. O-Atlantiks; Körper seitl. stark zusammengedrückt, von ovalem Umriß. Die **Große Geißbrasse (Bindenbrasse,** Sargus rondeletii) wird bis etwa 50 cm lang, hat einen braungelben, goldglänzenden Rücken und silbrigglänzende Seiten mit 7–8 braunschwarzen Querbinden. Die Art **Zweibindenbrasse** (Sargus vulgaris) wird bis etwa 40 cm lang und hat einen silbrigglänzenden Körper mit goldfarbenen Längsbinden und je einer schwarzen Querbinde im Nacken und auf der Schwanzwurzel; Speisefische.

Geißel [zu althochdt. geis(i)la, eigtl. „kleiner, spitzer Stab"] (Flagelle, Flagellum), fadenförmiges, bewegl. Organell zur Fortbewegung bei Einzellern bzw. zum Stofftransport bei bestimmten Zellen der Vielzeller. G. sind meist länger als die Zelle, an deren Vorderende sie in den meisten Fällen ansetzen. Sie entspringen am Basalkorn (dem Bildungszentrum der G.). Meist sind G. bei der Fortbewegung nach vorn gerichtet *(Zug-G.)*, seltener nach hinten *(Schlepp-G.)*. Bei der Verbindung einer Schlepp-G. mit dem Zellkörper durch eine Plasmalamelle entsteht eine undulierende Membran.

Geißel ↑Geißelung.

Geißelskorpione (Geißelschwänze, Uropygi), Unterordnung dämmerungs- und nachtaktiver, ungiftiger Skorpionsspinnen mit rund 130 trop. und subtrop. Arten von einer Körperlänge bis etwa 7,5 cm; Körper auffallend flachgedrückt, mit langem, gegliedertem, sehr dünnem Schwanzfaden (Geißel).

Geißelspinnen (Amblypygi), Unterordnung der Skorpionsspinnen mit rd. 60, bis etwa 4,5 cm langen Arten in den Tropen und Subtropen; Körper abgeplattet, langgestreckt-oval; Laufbeine spinnenartig verlängert, erstes Laufbeinpaar sehr dünn, zu einem Tastorgan von mehrfacher Körperlänge entwickelt.

Geißeltierchen ↑Flagellaten.

Geißelträger, svw. ↑Flagellaten.

Geißelung, seit dem Altertum weitverbreitete Körperstrafe, vollzogen mit Riemen- oder Strickpeitschen bzw. mit Ruten (**Geißeln**). Bei den Römern war die G. Nebenstrafe, bei den Juden Strafe für Gesetzesübertretungen. G. wurde als Strafmittel früh in Ordensregeln aufgenommen und z. T. bis in die Neuzeit angewendet. Als freiwillige Bußübung, in der Form der Selbst-G., kam sie im MA auf und wurde auf den Geißlerzügen (↑Flagellanten) geübt.

Geissendörfer, Hans W., * Augsburg 6. April 1941, dt. Filmregisseur. - Fernsehproduktionen, u. a. „Der Fall Lena Christ" (1968); bes. erfolgreich sein Horrorfilm „Jonathan" (1969), seine Kriminalserie „Lobster" (1976) und die Serie „Lindenstraße" (1985/86). Daneben Theater- und Literaturverfilmungen, z. B. „Sternsteinhof" (1975, nach L. Anzengruber), „Die Wildente" (1976, nach H. Ibsen), „Die gläserne Zelle" (1977, nach P. Highsmith), „Zauberberg" (1984, nach T. Mann).

Geißfuß (Aegopodium), Gatt. der Doldengewächse mit zwei Arten in Europa und Sibirien; darunter der **Gewöhnliche Geißfuß** (Giersch, Aegopodium podagraria), eine Ausläufer bildende Staude mit doppelt dreizähligen, oft unvollständig geteilten (ziegenfußähnl.) Blättern, schmutzigweißen Blüten und kümmelähnl. Früchten; häufig an feuchten, buschigen Stellen.

Geißklee (Zytisus, Cytisus), Gatt. der Schmetterlingsblütler mit etwa 50 Arten in M-Europa und im Mittelmeergebiet; hauptsächl. Sträucher mit gelben, weißen oder roten Blüten in Trauben oder Köpfchen. Eine in trockenen Wäldern S-Deutschlands wachsende Art ist der **Schwarze Geißklee** (Cytisus nigricans), ein 0,2–0,3 m hoher Strauch mit gelben Blüten und rutenförmigen Ästen, die beim Trocknen schwarz werden.

Geißler, Heinrich, * Oberndorf am Neckar 3. März 1930, dt. Politiker (CDU). - 1965–67 und erneut seit 1980 MdB; 1967–77 Sozialmin. von Rheinland-Pfalz, 1971–79 dort MdL; 1977–89 Generalsekretär der CDU; Okt. 1982–Sept. 1985 B.min. für Jugend, Familie und Gesundheit.

G., [Johann] Heinrich [Wilhelm], * Igelshieb (= Neuhaus am Rennweg) 26. Mai 1814, † Bonn 24. Jan. 1879, dt. Mechaniker. - Entwickelte 1858 die ↑Geißlerröhren; förderte die moderne Vakuumtechnik.

G., Horst Wolfram, * Wachwitz (= Dresden) 30. Juni 1893, † München 19. April 1983, dt. Schriftsteller. - Liebenswürdiger Erzähler, erfolgreich bes. „Der liebe Augustin" (R., 1921).

Geissler, Christian, * Hamburg 25. Dez. 1928, dt. Schriftsteller. - Schrieb neben sozialkrit. Erzählungen, Hör- und Fernsehspielen u. a. die Romane „Anfrage" (1960), „Das Brot und die Feile" (1973), „Wird Zeit, daß wir leben, Geschichte einer exemplar. Aktion" (1976), „spiel auf ungeheuer" (Ged. 1983).

Geißlerlieder, auf Bußhandlungen bezogene Gesänge der ↑Flagellanten, die auf deren Zügen gesungen wurden.

Geißlerröhren [nach [J.] H. [W.] Geißler] (Spektralröhren), mit verdünnten Gasen gefüllte Glasröhren zur Untersuchung von ↑Glimmentladungen.

Geißraute (Galega), Gatt. der Schmetterlingsblütler mit vier Arten in Europa und Vorderasien. Die einzige einheim. Art ist die **Echte Geißraute** (Galega officinalis), eine bis 1,5 m hohe Staude mit 1- bis 17zählig gefiederten Blättern und weißen bis bläul. Blüten in großen Trauben; wird v. a. in S-Europa als Futterpflanze kultiviert.

Geist [zu althochdt. geist, eigtl. „Erregung"], philosoph. Begriff, der der systemat. Unterscheidung naturgemäßer menschl. Fähigkeiten und Tätigkeiten von bloßen natürl. Gegebenheiten dient. In der älteren Tradition ist der G.begriff zumeist in die Metaphysik bzw. Theologie eingebettet und wird zur Erklärung der Geordnet- und Bewegtheit der Welt *(Welt-G.)* bzw. zur näheren Bestimmung Gottes verwendet. G. ist nach Heraklit die intuitive Einsicht in das göttl. Gesetz, die allerdings nur wenigen Menschen vorbehalten bleibt. Diese Verknüpfung des G.begriffs mit dem oberen Erkenntnisvermögen und mit der Logik bestimmt seit Parmenides die Verwendung des Wortes G. in der griech. Philosophie. Für Anaxagoras ist G. bewegendes und differenzierendes Weltprinzip. Sokrates und Platon definieren G. durch die Orientiertheit aller natürl. und menschl. Ordnung am Guten. Nach Aristoteles ist G. das unleibl., reine Vermögen der Seele, das die Formen aufnimmt und von der Gottheit eingegeben ist. Für Descartes besteht ein Dualismus von G. („res cogitans") und Materie („res extensa"). Nach C. Wolff ist einem denkenden und wollenden Wesen, das der ↑Apperzeption mächtig ist, G. zuzusprechen, den J. G. Fichte als „Produkt unseres abstrahierenden und zusammenfassenden Denkens" definiert. Der bei J. G. von Herder und W. von Humboldt noch sehr unbestimmte kulturphilosoph. G.begriff, näml. das der geschichtl. Entwicklung zugrundeliegende menschheitsvereinigende humanitäre Prinzip wird von G. W. F. Hegel, v. a. in dessen Lehre vom ↑objektiven Geist (↑auch subjektiver Geist, ↑absoluter Geist), inhaltl. gefüllt.

📖 *Klages, L.: Der G. als Widersacher der Seele. Bonn [6]1982. - Charon, J. E.: Der G. der Materie. Dt. Übers. Ffm. 1979. - Cramer, W.: Grundlegung einer Theorie des G. Ffm. [3]1975.*

Geist, Heiliger ↑Heiliger Geist.

Geistchen ↑Federmotten.

Geister, Bez. für Wesen, die nach weltweit verbreitetem Volksglauben dem Menschen überlegen, aber in ihrer Machtfülle begrenzt sind und immateriell oder aus feinster Geistsubstanz bestehend vorgestellt werden.

Geisterhaus, bei Naturvölkern häufig das Versammlungshaus, in dem Ahnenbilder, Masken, Kultgeräte u. a. aufbewahrt werden.

Geisterstadt (engl. ghost town), Bez. für aufgelassene Bergbaustädte und ehem. Goldsucher-Camps.

Geistesarbeiter, vorwiegend geistig tätiger Mensch, nicht nur Künstler oder Wissenschaftler, sondern jeder i. w. S. geistig produktive, qualifizierte Entscheidungen treffende oder Bildung und Wissen vermittelnde Mensch. Der Begriff betont die [berufl.] Arbeitsleistung der G., die sich damit ausdrückl. in den Kreis der arbeitenden Bev. einordnen, und meist weniger eine Abhebung gegenüber manuell Tätigen.

Geistesgeschichte, Betrachtungsweise und Forschungsrichtung, bei der das jeweilige polit., philosoph., künstler. und literar. Geschehen einer Epoche als Manifestation einer einheitl. geistigen Grundhaltung, als „Auswirkung des Gesamtgeistes" (Unger) zu verstehen gesucht wird. Der Begriff G. (belegt 1812 bei F. Schlegel) wurzelt in der dt. Klassik und Romantik (Herder, Hegel, R. Haym). Systematisiert wurde die geistesgeschichtl. Methode mit den Arbeiten W. Diltheys, bed. Vertreter in Philosophie und Germanistik, u. a.: H. A. Korff, P. Kluckhohn, W. Rehm,

R. Unger, E. Rothacker, E. Troeltsch, F. Strich, K. Burdach.

Geisteskrankheit, in der *Medizin* nur noch selten verwendete Bez. für eine „wesensfremde" geistig-seel. Störung (↑auch Psychose). - Im *Recht* jede länger dauernde, schwere Störung der Verstandestätigkeit, des Willens-, Gefühls- oder Trieblebens. Die Entmündigung wegen G. erfordert eine so hochgradige Störung, daß der Erkrankte zur Besorgung seiner Angelegenheiten außerstande ist.

Geistesschwäche, in der *Medizin* ältere Bez. für einen Intelligenzdefekt. - Zum *Recht* ↑Schuldunfähigkeit.

Geisteswissenschaften, [in der Pluralform] seit etwa Mitte des 19. Jh. in der Sprache der Philosophie und einzelner Fachwissenschaften in Konkurrenz zu anderen Begriffen (z. B. Kulturwissenschaften, Gesellschaftswissenschaften, Soziologie, moral.-polit. Wissenschaften, geschichtl. Wissenschaften usw.) verwendeter wissenschaftstheoret. Begriff zur Bez. einer method. und systemat. zusammengehörigen Klasse von Wissenschaften, die nach Gegenstandsbereich und Methodik durch ihren Ggs. zu den ↑Naturwissenschaften bestimmt sind. Die G. werden verstanden als histor.-philolog. bzw. als hermeneut. Wissenschaften, die die Welt des menschl. Geistes in ihren Ausprägungen Sprache, Technik, Kunst, Literatur, Philosophie, Religion, Recht und Moral u. a. ohne Normen und Wertskalen „verstehen" und „auslegen" (interpretieren) wollen. Die Grundlagen der G. werden von W. Dilthey v. a. in der „Einleitung in die G." (Bd. 1, 1883) und „Über die Grundlagen der Wissenschaften von Menschen, der Gesellschaft und dem Staat" (1875) richtungweisend bestimmt und dabei der G. durchaus eine prakt. Funktion (z. B. Begründung individuellen und gesellschaftl. Handelns) zuordnet. Die anschließenden „geisteswissenschaftl. Schule" mit ihren Hauptvertretern G. Misch, H. Nohl, E. Spranger, T. Litt und E. Rothacker entwickelt diesen Ansatz nicht fort. Während das Problem der Eigenständigkeit und Abgrenzung der G. gegenüber den Naturwissenschaften, das nach der Jh.wende zu einer Grundlagenkrise führte, nicht mehr Gegenstand gegenwärtiger Diskussion ist, werden ihre [institutionalisierte] Einheit und Standortbestimmung im Aufbau der Wissenschaften zum Problem. So will z. B. J. Habermas die G. differenzieren in histor.-hermeneut. Wissenschaften, systemat. Handlungswissenschaften (wie z. B. Ökonomie, Soziologie, Politik) und krit. Sozialwissenschaften bzw. Ideologiekritik.

🕮 Habermas, J.: Zur Logik der Sozialwiss. Ffm. Neuaufl. 1985. - Cassirer, E.: Zur Logik der Kulturwiss. Darmst. ⁴1980. - Logik, Ethik, Theorie der G. Hg. v. G. Patzig u. a. Hamb. 1977. - Gadamer, H. G.: Wahrheit u. Methode. Tüb. ⁴1975.

geistige Getränke, Getränke mit mehr als 0,5 Vol.-% Alkohol (Weingeist).

geistiges Eigentum ↑Patentrecht, ↑Urheberrecht.

geistlich, bezeichnet im Ggs. zu „weltl." das, was zum religiösen Bereich gehört.

Geistliche, seit dem 15. Jh. Standesbez. für den Klerus.

geistliche Fürsten, im Hl. Röm. Reich (bis 1803) hohe Geistliche, die dem Reichsfürstenstand angehörten. Zu den geistl. Reichsständen gehörten die geistl. Kurfürsten, die Fürsterzbischöfe und Fürstbischöfe, Fürstäbte und Fürstäbtissinnen, Fürstpröpste und der Hoch- und Deutschmeister sowie der Johannitermeister.

geistliche Fürstentümer, die reichsunmittelbaren Territorien geistl. Fürsten im Hl. Röm. Reich.

geistliche Lyrik ↑Lyrik.

Geistlicher Rat ↑Staatskirchentum.

Geistlicher Vorbehalt (Reservatum ecclesiasticum), Bestimmung des Augsburger Religionsfriedens (1555) zur Erhaltung der reichsunmittelbaren geistl. Fürstentümer und Klöster für die röm.-kath. Kirche.

geistliches Konzert, ein- oder mehrstimmige solist. Gesangsform mit Generalbaß-, später auch Orchesterbegleitung (u. a. von H. Schütz und H. Schein), die im ev. Gottesdienst gepflegt wurde; ging in der 2. Hälfte des 17. Jh. in der Kantate auf, erfuhr im 20. Jh. eine Wiederbelebung.

geistliches Spiel, zusammenfassende Bez. für das ↑Drama des MA: ↑Passionsspiel, ↑Fronleichnamsspiel, ↑Moralität, ↑Mysterienspiel, ↑Mirakelspiel, ↑Auto sacramental.

geistliche Verwandtschaft, in der röm.-kath. Kirche zw. verschiedenen Personen bestehende Beziehung, die in der Taufe bzw. Firmung begründet wird, z. B. zw. Pate und Patenkind; die g. V. bildet ein trennendes Ehehindernis kirchl. Rechts.

Geitau [niederl./dt.] (Geere), in der Schiffahrt: 1. Seil zum seitl. Ausschwenken und zum Festsetzen von Ladebäumen; 2. Seil zum Festsetzen einer Gaffel.

Geitel, Hans, * Braunschweig 16. Juli 1855, † Wolfenbüttel 15. Aug. 1923, dt. Physiker. - Führte gemeinsam mit J. Elster (* 1854, † 1920) bedeutsame Untersuchungen zur Radioaktivität, zum lichtelektr. Effekt und zur Glühemission von Elektronen durch.

Geithain, Krst. in der Leipziger Tieflandsbucht, Bez. Leipzig, DDR, 230 m ü. d. M., 7 300 E. Herstellung von Emaillegeschirr und elektroakust. Geräten; Baustoffind. - Im 12. Jh. gegr. - Spätgot. Stadtkirche Sankt Nikolai (14. Jh.).

G., Landkr. im Bez. Leipzig, DDR.

Geiz, urspr. svw. Gier, Habgier (noch in Ehrgeiz), später eingeengt auf Gier nach Reichtum, übertriebene Sparsamkeit.

Geiztriebe, in Blattachseln stehende Seitentriebe, die v.a. bei Weinreben, Tomaten- und Tabakpflanzen unerwünscht auftreten und deshalb zurückgeschnitten oder ganz entfernt werden *(Geizen)*.

Gekrätz, dünne Schicht von Metallverbindungen und Schlackebestandteilen auf der Oberfläche einer Metallschmelze, die vor dem Vergießen abgezogen werden muß.

gekreuzter Reim (Kreuzreim, Wechselreim), eine der häufigsten Reimstellungen: ab ab (Sonne: Herz; Wonne: Schmerz).

gekreuzter Scheck ↑Crossed cheque.

gekreuzt-gegenständige Blattstellung, svw. ↑Dekussation.

Gekriech, langsame Abwärtsbewegung von oberflächl. Bodenpartien an stark geneigten Hängen, die stark durchfeuchtet sind. Ausstreichende Schichten werden dabei talwärts abgebogen (**Hakenschlagen**).

Gekröpf, Bez. für die Nahrung der Greifvögel.

gekröpftes Gesims, um die Ecken von Mauervorsprüngen, um Wandsäulen oder Wandpfeiler herum in gleichbleibender Ausladung weitergeführtes Gesims.

Gekröse [eigtl. „Krauses"] ↑Bauchfell.

Gel [gekürzt aus **Gel**atine], ein disperses System (↑Dispersion, ↑Kolloide), bei dem die dispergierten Bestandteile (z.B. Eiweiße, Polysaccharide, Pektine, Kieselsäuren) im Dispersionsmittel in unregelmäßigen Gerüsten angeordnet sind, wodurch das System formbeständig wird. Nach Art des Dispersionsmittels unterscheidet man feste **Aerogele,** mit Luft als Dispersionsmittel (z.B. Silicagel), zähelast. **Lyogele** *(Gallerten)*, mit Flüssigkeit in den Gerüstzwischenräumen (speziell Wasser bei den Hydrogelen) und feste, hornartige **Xerogele.**

Gela [italien. 'dʒɛːla], italien. Hafenstadt an der S-Küste von Sizilien, 45 m ü.d.M., 75 000 E. Archäolog. Museum; petrochem. Ind.; Seebad. - Um 690 v.Chr. von dor. Kolonisten aus Rhodos und Kreta gegründet, wurde eine der reichsten Städte Siziliens; 405 von den Karthagern zerstört; Kaiser Friedrich II. gründete die Stadt 1230 als **Terracina di Sicilia** (Name bis 1927) neu. - Ausgegraben wurden u.a. Reste zweier dor. Tempel (6. und 5. Jh. v.Chr.).

Geläger, Bez. für die Trübstoffe im Faß nach der Gärung des Weines; besteht v.a. aus Hefen, Traubenresten; Eiweiß- und Pektinstoffen.

Gelände (Terrain), Gebiet in seiner natürl. Beschaffenheit.

◆ in seinen Grenzen festgelegtes Stück Land.

Geländedarstellung, in der Kartographie mit Hilfe von Höhenlinien, Schraffen, Schummerung u.a. anschaul. wiedergegebenes Relief.

Geländefahrt, Dauer-, Leistungs- oder Zuverlässigkeitsprüfung auf Straßen und in unwegsamem Gelände v.a. für Motorräder.

Geländefahrzeug, geländegängiges Fahrzeug mit großer Bauch- und ↑Bodenfreiheit, oft auch ↑Allradantrieb und Sperrdifferential; v.a. in der Land- und Forstwirtschaft. - ↑auch Gleiskettenfahrzeuge, ↑Luftkissenfahrzeug.

Geländeritt ↑Cross-Country.

Gelasius I., † 19. Nov. 496, Papst (seit 1. März 492). - Nach Leo I. der bedeutendste Papst des 5. Jh.; verteidigte in der Auseinandersetzung mit Ostrom den röm. Primat und formulierte die im MA maßgebl. Lehre von den zwei gleichberechtigten, selbständigen Gewalten (↑Zweigewaltenlehre).

Gelatine [ʒe...; zu lat. gelatus „gefroren"], geruch- und farblose kolloide Substanz (↑Kolloide), die aus dem in Knochen und Häuten enthaltenen Gerüsteiweißstoff Kollagen durch Hydrolyse, anschließende Reinigung und Trocknung gewonnen wird. Verwendung u.a. als Binde- und Verdickungsmittel zum Gelieren von Speisen und zur Herstellung von Sülzen und Gelees. In der pharmazeut. Ind. werden *G.kapseln* als Umhüllungsmittel benutzt, weil sie das Schlucken übelschmeckender Arzneimittel erleichtern und sich erst im Magen-Darm-Trakt auflösen. In der Phototechnik ist G. ein wesentl. Bestandteil der photograph. Schicht.

Geläuf, Bez. für den Boden einer Pferderennbahn.

◆ ↑Fährte.

Gelb, Bez. für jede vom Gesichtssinn vermittelte Farbempfindung, die durch Licht einer Wellenlänge zw. etwa 555 und 590 nm (**gelbes Licht**) oder durch eine additive Farbmischung von Rot und Grün hervorgerufen wird.

Gelbaal ↑Aale.

Gelbbauchunke (Bergunke, Bombina variegata), etwa 3,5 bis 5 cm großer Froschlurch in M-, W- und S-Europa (mit Ausnahme der Pyrenäenhalbinsel); Körper plump, abgeflacht, mit warziger Haut; Oberseite olivgrau bis graubraun, manchmal mit dunklerer Marmorierung, Unterseite blei- bis schwarzgrau mit leuchtend hell- bis orangegelber Fleckung.

Gelbbeeren, svw. Kreuzdornbeeren (↑Kreuzdorn).

Gelbbleierz, svw. ↑Wulfenit.

Gelbbuch ↑Farbbücher.

gelbe Gefahr, seit 1894/95 in den europ. Ländern geläufiges Schlagwort (frz. „péril jaune", engl. „yellow peril"), das insbes. nach dem Aufstand der Boxer (1900) und nach dem Sieg Japans über Rußland (1905) weltweite Verbreitung erlangte; artikulierte die Furcht vor einer polit. Emanzipation Asiens, vor der wirtsch. Konkurrenz und Wettbewerbsfähigkeit insbes. Japans sowie vor dem zu erwartenden asiat. Bev.druck.

gelbe Gewerkschaften ↑Gewerkschaften.

Gelbe Lupine (Lupinus luteus) ↑Lupine.

Gelbe Presse ↑Yellow journalism.

Gelber, Bruno-Leonardo, * Buenos Aires 19. März 1941, argentin. Pianist. - Unternimmt weltweite Konzertreisen, v. a. mit Musik des 19. Jh. (v. a. J. Brahms).

gelbe Rasse ↑Mongolide.

Gelber Babuin ↑Babuine.

Gelber Bellefleur [bɛl'flø:r; frz., eigtl. „schöne Blüte"] ↑Äpfel (Übersicht).

Gelberde, Stadium der Roterdebildung mit gelbl. Oberboden in subtrop. Gebieten.

Gelber Eisenhut (Wolfseisenhut, Aconitum vulparia), giftige Eisenhutart in feuchten Bergwäldern Europas und Asiens; mehrjährige, bis 1 m hohe Staude mit gelben Blüten in lockeren Rispen; Blätter handförmig geteilt, mit 5 bis 7 breiten Abschnitten.

Gelber Enzian ↑Enzian.

Gelber Fingerhut ↑Fingerhut.

gelber Fleck ↑Auge.

Gelber Fluß, Fluß in China, ↑Hwangho.

gelber Galt (Galt, Streptokokkenmastitis), durch Infektion mit Streptokokken hervorgerufene Euterentzündung, bes. bei Hausrindern; äußerl. gekennzeichnet durch zeitweise auftretende Schwellungen am Euter, Knötchenbildungen an den Zitzen, nachlassende Milchproduktion und (durch Ausscheidung von eitrigem Sekret) Veränderungen in der Milch.

Gelber Klee ↑Wundklee.

Gelbe Rübe, svw. ↑Karotte.

Gelbe Schwertlilie ↑Schwertlilie.

Gelbes Höhenvieh ↑Höhenvieh.

Gelbes Meer, flaches Randmeer des Pazifiks zw. der NO-Küste Chinas und der Halbinsel Korea, 417 000 km^2, mittlere Tiefe 40 m, größte Tiefe 106 m.

Gelbe Teichrose ↑Teichrose.

Gelbfieber [nach der dabei auftretenden Gelbsucht] (gelbes Fieber, Ochropyra, Yellow fever), gefährl., im trop. Afrika und Amerika endem. vorkommende, in der BR Deutschland meldepflichtige Infektionskrankheit. Erreger ist das G.virus, Überträger die G.mücke. 3 bis 6 Tage nach dem Insektenstich kommt es zu hohem Fieber, Schüttelfrost, Kopfschmerzen. Hinzu treten starker Druckschmerz im Oberbauch, quälendes Durstgefühl und ein aufgedunsenes Gesicht. Nach einer kurzen Besserung folgt unter erneutem Temperaturanstieg das tox. Stadium des G. mit schweren Leber- und Nierenschäden, kaffeesatzartigem, blutigem Erbrechen *(Vomito negro)*, einem charakterist. Geruch nach frischer Leber und zunehmendem Kräfteverfall. Meist sterben die Kranken nach 6–16 Tagen durch Nierenversagen. Wird die Krankheit überlebt, resultiert eine lebenslange Immunität. Eine kausale Behandlung ist nicht möglich. - Eine vorbeugende Maßnahme ist die bei der Einreise in G.länder vorgeschriebene Schutzimpfung.
Eine bes. Form des G. ist das **Dschungel[gelb]fieber** (Buschfieber), das in Afrika und Südamerika Brüllaffen, Opossum und Ameisenbären und Gürteltiere befällt und ebenfalls durch Aedesmücken übertragen wird.

Gelbfiebermücke (Aedes aegypti), Stechmückenart (Gatt. ↑Aedesmücken), die sich von Afrika aus über die Tropen und Subtropen der Erde verbreitet hat; Brust oben mit weißer, leierartiger Zeichnung, Hinterleibssegmente mit weißen Binden und Flekken; können beim Blutsaugen Gelbfieber und Denguefieber übertragen; Larven entwickeln sich in Kleinstgewässern; Bekämpfung durch Insektizide und Beseitigung der Brutstätten; Laborinsekt.

Gelbfilter ↑Filter (Photographie).

Gelbfußkänguruh (Ringelschwanzkänguruh) ↑Felskänguruhs.

Gelbgrüne Zornnatter ↑Zornnattern.

Gelbgrünfilter ↑Filter (Photographie).

Gelbguß ↑Messing.

Gelbhalsmaus (Große Waldmaus, Apodemus flavicollis), in Waldgebieten Eurasiens sehr weit verbreitete Art der Echtmäuse; Körperlänge 9–13 cm, Schwanz meist etwas über körperlang, Füße relativ lang, Ohren größer als bei der sehr ähnl. Feldwaldmaus; der meist rein weiße Bauch ist fast stets scharf von der gelbbraunen bis dunkelbraunen Oberseite abgegrenzt.

Gelbhaubenkakadu ↑Kakadus.

Gelbholz (Fisettholz, Fustikholz), Bez. für das den orangegelben Farbstoff Fisetin (Luteolin) enthaltende Holz des Färbermaulbeerbaumes und des Perückenstrauchs.

Gelbkörper (Corpus luteum), im Eierstock der Säugetiere (einschließl. Mensch) nach dem Ausstoßen des reifen Eies (Follikelsprung) aus den zurückbleibenden Follikelzellen entstehende endokrine Drüse, die unter dem Einfluß des Luteinisierungshormons (LH) des Hypophysenvorderlappens in den sog. Granulosaluteinzellen u. a. das G.hormon (↑Progesteron) erzeugt. Der G. durchläuft dabei verschiedene Entwicklungsstadien, deren letztes beim Menschen nach 3–4 Tagen erreicht ist und das etwa 12 Tage anhält, falls keine Einnistung des Eies in die Gebärmutterschleimhaut erfolgt. Nistet sich dagegen ein befruchtetes Ei ein, so dauert die G.hormonsekretion an und trägt zur Erhaltung der Schwangerschaft bei. Während des Menstruationszyklus bewirkt das G.hormon eine Gefäßerweiterung in der Gebärmutter und macht deren Schleimhaut aufnahmebereit für das befruchtete Ei. Wird das Ei nicht befruchtet und ausgeschieden, stellt der G. die Hormonsekretion ein; die Gebärmutterschleimhaut wird abgestoßen, es kommt zur ↑Menstruation.

Gelbkreuzkampfstoffe, Bez. für die während des 1. Weltkriegs eingesetzten chem. Kampfstoffe (Kampfgase), deren Wirkung

v. a. auf der Ätzung der Haut beruhte. Bekanntester der G. war das ↑Senfgas.

Gelbling (Sibbaldia), Gatt. der Rosengewächse mit zwei Arten in Europa; die bekanntere ist der **Alpengelbling** (Sibbaldia procumbens) in den Alpen auf Geröll, in Bergwiesen oder Schneetälchen; kleine, mehrjährige, kriechende (dem Fingerkraut ähnl.) Pflanze mit dreizählig gefiederten, in einer Rosette stehenden Blättern und gelben, in dichten seitl. Blütenständen angeordneten Blüten.

Gelblinge (Kleefalter, Heufalter, Colias), Gatt. mittelgroßer Tagschmetterlinge (Fam. Weißlinge) mit etwa 60 Arten in Eurasien, Afrika, N- und S-Amerika, davon in M-Europa sechs Arten; Flügel gelb, orangefarben oder weiß, häufig mit schwärzl. Saum, schwarzem Mittelfleck auf den Vorderflügeln und farbigem Mittelfleck auf den Hinterflügeln; ♂ und ♀ oft verschieden gefärbt. In M-Europa gibt es u. a.: **Moorgelbling** (Hochmoorgelbling, Zitronengelber Heufalter, Colias palaeno), 5 cm spannend; **Postillion** (Wandergelbling, Posthörnchen, Orangeroter Kleefalter, Colias croceus), 5 cm spannend.

Gelbmantellori (Domicella garrula), etwa 30 cm langer Papagei (Unterfam. Loris), v. a. in den Urwäldern der nördl. Molukken; Gefieder prächtig rot (mit Ausnahme der grünen Flügel- und Schwanzfedern sowie einer leuchtend gelben Rückenzeichnung).

Gelboe, in der Vulgata für ↑Gilboa.

Gelbrandkäfer (Dytiscus), Gatt. 22–45 mm langer Schwimmkäfer mit rund 30 Arten in den Süßgewässern der Nordhalbkugel (in M-Europa sieben Arten); Oberseite schwarzbraun mit gelbem Seitenrand. In M-Europa kommt bes. der **Große Gelbrandkäfer** (Gelbrand, Dytiscus marginalis) vor: 3–4 cm lang, Larven bis 6 cm.

Gelbrost (Streifenrost, Puccinia glumarum), v. a. auf Weizen, Gerste, Roggen, aber auch auf anderen Grasarten schmarotzender, sehr schädl. Rostpilz; tritt an Blattflächen und Ähren mit im Sommer streifenförmigen, leuchtend zitronengelben, im Winter strichförmigen, schwarzen Sporenlagern in Erscheinung.

Gelbrückenducker ↑Ducker.

Gelbschnabelsturmtaucher ↑Sturmtaucher.

Gelbschnäbliger Eistaucher ↑Eistaucher.

Gelbschwämmchen, svw. ↑Pfifferling.

Gelbspötter ↑Grasmücken.

Gelbstirnige Dolchwespe ↑Dolchwespen.

Gelbsucht (Ikterus), gelbl. Verfärbung von Haut und Schleimhäuten sowie der meisten inneren Organe, Gewebe und Flüssigkeiten durch erhöhten Gehalt des Blutes an Gallenfarbstoff (auch fälschl. Bez. für ↑Leberentzündung). Die G. ist keine eigenständige Krankheit, sondern ein Symptom, das bei verschiedenen Grundkrankheiten auftreten kann. Erstes Anzeichen einer mit G. einhergehenden Erkrankung ist die Gelbfärbung der Lederhaut der Augen. Auf Haut und Schleimhäute greift die G. erst bei Blutbilirubinwerten von über 2–4 mg % über. Man unterscheidet drei Hauptursachen der G.: 1. Die Gallenfarbstoffe werden von den kranken Leberzellen nicht verarbeitet, wie z. B. bei Leberentzündung. Kennzeichnend für diese Form der G. ist die safran- bis strohgelbe Haut. - 2. Die Gallenfarbstoffe werden zus. mit Gallensaft zwar normal abgeschieden, doch kann die Galle nicht in den Darm abfließen, weil die Gallenwege verschlossen sind. Die Haut verfärbt sich mit der Dauer des Verschlusses zunehmend zitronengrün bis schmutzig-dunkelolivgrün. - 3. Diese Art von G. entsteht, wenn zu viele rote Blutkörperchen aufgelöst und abgebaut werden, so daß die Leber den anfallenden Gallenfarbstoff nicht mehr rechtzeitig verarbeiten kann; z. B. bei schweren Infektionen. Durch dieses Zurückhalten des Bilirubins im Blut kommt es zu der typ. rötl.-gelben Hautverfärbung.

Gelbweiderich ↑Gilbweiderich.

Gelbwurzel (Safranwurzel, Curcuma longa), aus S- und SO-Asien stammendes, in den Tropen vielfach kultiviertes Ingwergewächs; niedrige Stauden mit lanzenförmigen Blättern, und dichter, blaßgelber Blütenähre. Der knollige Wurzelstock und die fingerförmigen Nebenknollen kommen in gekochter und anschließend geschälter und getrockneter Form als **Rhizoma Curcumae** in den Handel. Sie enthalten u. a. äther. Öle, Stärke, Kurkumin und werden z. B. als Gewürz (**Kurkuma,** Hauptbestandteil des Currys) verwendet.

Geld [zu althochdt. gelt „Zahlung, Vergütung"; heutige Bed. seit dem 14. Jh.], allg. Tauschmittel, das durch seine Funktion, gegen alle Waren austauschbar zu sein, in einer arbeitsteiligen Wirtschaft unentbehrlich für die Vermittlung der Tauschakte ist. Diese Funktion setzt voraus, daß das jeweilige G. auch allg. als **Zahlungsmittel** anerkannt wird. Diese Anerkennung wird durch die Festlegung gesetzl. Zahlungsmittel gesichert. Darüber hinaus fungiert G. auch 1. als **Recheneinheit,** indem die G.einheit das gemeinsame Maß ist, in dem alle Güter gemessen werden. Der in G.einheiten ausgedrückte Wert ist der Preis, zu dem ein Gut im wirtsch. Verkehr veranschlagt wird. G. als Recheneinheit gestattet es, die verschiedensten Güter und ihre Preise miteinander zu vergleichen; 2. als **Wertspeicherungsmittel,** da seine allg. Anerkennung als Tauschmittel es ermöglicht, mit ihm potentielle Werte aufzubewahren. Werte, die durch G. repräsentiert werden, können zu dem beliebigen Zeitpunkt verbraucht werden.

An **Geldarten** sind zu unterscheiden: 1. das *Hart-* oder *Münzgeld*, das aus Metall geprägt

ist, 2. das *Zeichen-* oder *Papiergeld*, das aus von der Zentralnotenbank ausgegebenen Scheinen (Banknoten) besteht und 3. das *Buchgeld*, das durch Guthaben bei Banken oder anderen Kontostellen gebildet wird. Dabei ist die Buchgeldmenge wesentlich höher als die von der Summe des Münz-G. und des Zeichen-G. gebildete Bargeldmenge.
Zur *Geschichte* ↑Zahlungsmittel.

Geldbuße, 1. Disziplinarmaßnahme, im Disziplinarverfahren gegen Richter und Beamte verhängt; 2. svw. ↑Bußgeld.

Gelder, Aert (Arent) de [niederl. 'xɛldər], * Dordrecht 26. Okt. 1645, † ebd. Aug. 1727, niederl. Maler. - Schüler Rembrandts (etwa 1661–67), dessen (späten) Stil er weiterpflegte, u. a. Passionszyklus (um 1715; 22 Tafeln, davon 10 im Aschaffenburger Schloß und zwei in Amsterdam, Rijksmuseum).

Gelderland [niederl. 'xɛldərlɑnt] ↑Geldern (Provinz).

Geldern, Stadt im linksrhein. Niederrhein. Tiefland, NRW, 24 m ü. d. M., 26 800 E. U. a. Stahl-, Textil-, Elektro-, Druck-, Tabak-, Nahrungsmittelind. - Erstmals 812 urkundl. erwähnt, erhielt im 13. Jh. Stadtrecht und wurde zur Festung ausgebaut; stand 1543–1703 (mit Ausnahme der Jahre 1578–87) unter span. Herrschaft; 1713 fiel G. an Preußen, 1946 kam es zu NRW. - Starke Zerstörung im 2. Weltkrieg; die spätgot. Pfarrkirche (1400–18) wurde 1952 erneuert.
G. (niederl. Gelderland), niederl. Prov. zw. der BR Deutschland und dem IJsselmeer, 5 128 km², 1,73 Mill. E (1983). Verwaltungssitz Arnheim. Umfaßt die Veluwe im NW, den Achterhoek im SO und die Flußgebiete der Betuwe und der Lijmers an Neder-Rijn, Waal und Maas. Mit Ausnahme des Erholungsgebiets Veluwe spielt die landw. Nutzung eine wichtige Rolle. - Die Prov. G. geht auf die gleichnamige Gft. (11. Jh.) zurück. Anfang des 13. Jh. beherrschten die Grafen von G. die großen Flüsse Rhein, Waal, IJssel und Maas im mittelniederl. Stromgebiet. 1247/48 konnte die Reichsstadt Nimwegen gewonnen werden. Das Geschlecht der 1339 zu Herzögen von G. erhobenen Landesherren starb 1372 aus. Nachfolger wurde 1377 Wilhelm von Jülich (seit 1393 auch Herzog von Jülich). 1423 traten die Grafen von Egmond das Erbe an. 1473 eroberte Karl der Kühne von Burgund das Land, doch erst im Vertrag von Venlo (1543) wurden G. und Zutphen Teil der habsburg. Erblande. 1597 eroberte Moritz von Nassau ganz G. für die Vereinigten Niederlande mit Ausnahme des sog. Oberquartiers (Roermond), von dem Teile 1713–15 an die Niederlande kamen. Die heutige Gestalt von G. entstand 1814/15 auf dem Wiener Kongreß.

Geldersatz, svw. ↑Geldsurrogate.

Geldersche Vallei [niederl. 'xɛldərsə vɑ'lɛi], Niederung (ehem. Rheinlauf) zw. Utrechter Hügelrücken und Veluwe, Niederlande, zentraler Ort Amersfoort.

Geldfälschung ↑Geld- und Wertzeichenfälschung.

Geldinstitute, begriffl. Zusammenfassung sämtl. Kreditinstitute einschließl. Postscheckämter und Postsparkassen.

Geldkapital, Bez. für alle liquiden Mittel, die einem Wirtschaftssubjekt zur langfristigen Anlage und/oder zur Bestreitung der laufenden Ausgaben zur Verfügung stehen. Das G. kann selbst aufgebracht (↑Eigenkapital) oder von Dritten (↑Fremdkapital) zur Verfügung gestellt werden.

Geldkurs, Nachfragekurs für Devisen und Wertpapiere; Ggs. ↑Briefkurs.

Geldmarkt, Markt für Zentralbankgeld und notenbankfähige G.papiere; im weiteren Sinne auch für kurzfristige Kredite. Die Preise für Zentralbankgeld und notenbankfähige G.papiere bezeichnet man als **Geldmarktsätze** (Zins- und Diskontsätze). Die G.sätze sind Instrumente der Geldpolitik.

Geldmarktpapiere, kurzfristige, ohne festen Zinssatz ausgestattete Titel, die an dem festgelegten Fälligkeitstermin zum Nominalwert eingelöst werden. Die Verzinsung liegt im Diskont, dessen Höhe durch die sog. Abgabesätze bestimmt ist. Die wichtigsten G. sind: Schatzwechsel und unverzinsl. Schatzanweisungen des Bundes (meist „U-Schätze" gen.), Vorratsstellenwechsel, geldmarktfähige Handelswechsel (v. a. Privatdiskonte), Bankakzepte und bankgirierte Warenwechsel.

Geldmenge, der Bestand an Zahlungsmitteln, der zum Erwerb von Gütern und finanziellen Forderungen oder zur Schuldentilgung verwendbar ist. Geht man davon aus, daß das Bankensystem (Geschäftsbanken und Zentralbank) selbst kein Geld zu Transaktionszwecken nachfragt, so umfaßt die G. 1. den Bargeldumlauf und 2. die Sichtguthaben inländ. Nichtbanken bei Banken. Die so definierte G. abzüglich der Sichtguthaben öffentl. Haushalte bei der Zentralbank ergibt das **Geldvolumen** der Statistik der Dt. Bundesbank, abgekürzt M_1. Werden darüber hinaus Forderungen berücksichtigt, die rasch in Geld umwandelbar sind und damit zu kaufkräftiger Nachfrage werden können (**geldnahe Forderungen**), ergibt sich das als M_2 bezeichnete Geldvolumen. Ein weiterer G.begriff ist der der Zentralbank-G., die aus den Forderungen gegen die Zentralbank besteht; die Zentralbank-G. ist v. a. von Bedeutung für den mögl. Umfang der ↑Geldschöpfung durch das Geschäftsbankensystem.

geldnahe Forderungen ↑Geldmenge.

Geldpolitik, Gesamtheit der Maßnahmen zur Beeinflussung und Kontrolle des Geldvolumens (↑Geldmenge) und der Zinssätze einer Volkswirtschaft. Träger der G. ist in der BR Deutschland in erster Linie die von der Bundesreg. unabhängige Dt. Bun-

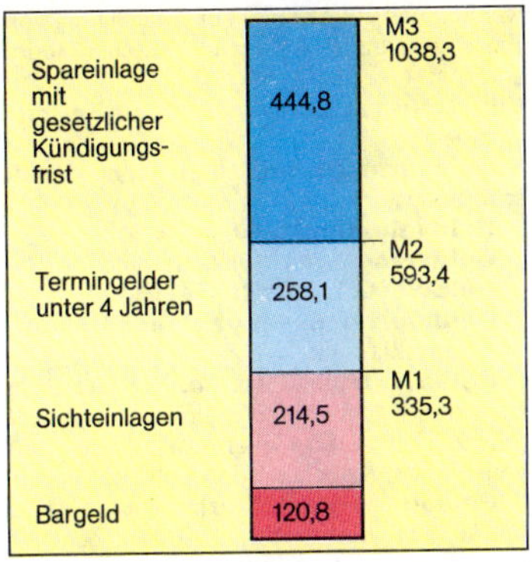

Geldmenge. Zusammensetzung des Geldvolumens in der Bundesrepublik Deutschland in Milliarden DM (Jan. 1987)

desbank. Die wichtigsten der Bundesbank zur Verfügung stehenden Instrumente der G. sind: 1. *Mindestreservepolitik:* Veränderung des Prozentsatzes (Mindestreservesatzes) der Guthaben der Kreditinstitute, der von ihnen bei der Bundesbank als unverzinsl. Guthaben unterhalten werden muß; 2. ↑*Diskontpolitik;* 3. *Offenmarktpolitik:* Veränderung der Geldmenge durch den Verkauf und Ankauf von Wertpapieren durch die Bundesbank auf eigene Rechnung am Geldmarkt. - Probleme für die G. ergeben sich v.a. auch aus außenwirtschaftl. Einflüssen (↑Wechselkurs, ↑Währungspolitik). Die Zielsetzungen der G. ergeben sich aus dem ↑Stabilitätsgesetz, wobei Zielkonflikte mit den anderen dort festgeschriebenen Aufgaben der Wirtschaftspolitik unvermeidlich sind (↑auch magisches Viereck).

Geldschöpfung, Schaffung zusätzl. Geldes durch das Zentralbanksystem, den Staat oder durch Kreditinstitute; i. e. S.: Schaffung zusätzl. Buchgeldes (Giral-G.) durch Kreditschöpfung der Banken und Ausnutzung dieser Kreditmöglichkeiten durch das Publikum oder den Staat (die Rückzahlung führt dann zur **Geldvernichtung**). Die Grenze der Kredit- und Geldschöpfung liegt in der Verfügbarkeit über Zentralbankgeld. Die Möglichkeit der G. ist für eine einzelne Bank um so größer, je niedriger die Mindestreservesätze (↑Geldpolitik), je geringer die Bargeldabflüsse ans Publikum und den Staat und an andere Banken sind.

Geldschrank ↑Tresor.

Geldschuld (Zahlungsverbindlichkeiten), die auf Zahlung in- oder ausländ. Geldzeichen gerichtete Verbindlichkeit. Sie ist eine Summen- oder Betragsschuld, die durch beliebige Geldzeichen und auch durch Einzahlung oder Überweisung auf ein Konto erfüllt werden kann. Ihre Höhe bestimmt sich nach ihrem Nennwert *(Nominalismus)*, nicht nach dem inneren Wert (Kaufkraft) des Geldes *(Valorismus)*. Ledigl. für die **Geldwertschuld** (z.B. Schadenersatz in Geld) ist der Wert eines bestimmten Gegenstandes maßgebend.

Geldstrafe, im Strafrecht eine der beiden Hauptstrafen. Die G. wird in Tagessätzen bemessen, deren Höhe das Gericht nach den Verhältnissen des Täters festsetzt. G. und Freiheitsstrafe können nebeneinander verhängt werden. Ist die G. uneinbringlich, so tritt an ihre Stelle pro Tagessatz je ein Tag Freiheitsstrafe.
Im *östr.* und *schweizer. Recht* gilt Entsprechendes.

Geldsurrogate (Geldersatz), Zahlungsmittel, die nicht Geld (= gesetzl. Zahlungsmittel) sind, aber wie Geld verwendet werden; Beispiele: Scheck und Wechsel.

Geldtheorie, Disziplin der Wirtschaftswiss., in der Wesen und Funktionen, Wert sowie Wirkungen des Geldes untersucht werden.
1. *Theorien zur Definition des Begriffs Geld:* Zunächst wurde das Wesen des Geldes allein aus einzelnen Funktionen erklärt: Die **Wertaufbewahrungsmittelfunktion** betonen solche Theorien, die den Warencharakter des Geldes hervorheben. Danach wird als Geld nur eine Ware mit Eigenwert geschätzt. Dieser Metallismus ist die Geldlehre der Merkantilisten, der Physiokraten, der engl. Klassiker, der dt. histor. Schule. Für die Theorien, die die Funktionen des **gesetzl. Zahlungsmittels** hervorheben, ist im Ggs. zum Metallismus die rechtl. Setzung entscheidend. Es ist die Geldlehre der Scholastik und der Konventionalisten. Aus der **Tauschmittelfunktion** leiten die Funktionswerttheorien und die Anweisungs- oder Zeichentheorien das Wesen des Geldes ab. Das Wesen des Geldes wird heute aus der Gesamtheit der Funktionen bestimmt: Geld ist, was wie Geld funktioniert.
2. *Theorien über den Wert des Geldes:* Nach der **Produktionstheorie** hängt der Wert des Geldes von dem Aufwand an Arbeit ab, der zur Erzeugung des Geldes erforderlich ist. Nach der subjektiven Wertlehre (F. von Wieser) ergibt sich der Wert des Geldes aus dem Grenznutzen, den es dem stiftet, der darüber verfügen kann. Der Grenznutzen des Geldes wird aus dem Gebrauchswert der für das Geld anschaffbaren Güter abgeleitet. Die **[makroökonom.] Markttheorie** bestimmt den Geldwert aus dem Verhältnis von gesamtwirtschaftl. Geldnachfrage und gesamtwirtschaftl. Geldangebot. In der Geldlehre ist diese Theorie unter der Bez. Quantitätstheorie eingeführt. Nach der **[mikroökonom.] Markttheorie** bestimmt sich der Geldwert nach der Vorliebe der Wirtschaftssubjekte, Geld in Kasse zu halten, zur Synchronisation von Ausgaben und Einnahmen und zur Sicherheit als Alternative zu anderen Formen des Vermögens.

Nach der **Einkommenstheorie** ergibt sich der Wert des Geldes aus dem Prozeß der Entstehung und Verwendung des Einkommens. Als Wert des Geldes wird heute im allgemeinen die reale Kaufkraft einer Geldeinheit angesehen.
3. *Theorien über die Wirkung des Geldes:* Im Merkantilismus sind v.a. die Wirkungen auf das Wirtschaftswachstum von Interesse. In der Zeit der engl. Klassik gilt, als Reaktion auf die Überbetonung des Geldes zur Zeit des Merkantilismus, die These von der Neutralität des Geldes. Danach hat das Geld keinen Einfluß auf die gütermäßigen Vorgänge in der Volkswirtschaft. Als Vorläufer der modernen G., die einen aktiven Einfluß des Geldes auch auf die realen Vorgänge der Wirtschaft behauptet, ist H. Thornton zu nennen; dann v.a. J. M. Keynes, bei dem die Verbindung zw. Geld- und Güterbereich allein durch den Zinssatz hergestellt wird. In der modernen G. von M. Friedman führt eine Zunahme der Geldmenge zu steigenden Ausgaben.
🕮 *Issing, O.: Einf. in die G. Mchn. [5]1984. - Duwendag, D. u.a.: G. u. Geldpolitik. Köln [3]1984. - Jarchow, H.-J.: Theorie u. Politik des Geldes. 2 Tle. Köln [4-6]1983/84. - Schaal, P.: Monetäre Theorie u. Politik. Lehrb. der G. u. Geldpolitik. Mchn. 1981. - Claassen, E.-M.: Grundll. der G. Bln. u.a. [2]1980.*

Geldüberhang, bei einer gestauten Inflation eine überschüssige Geldmenge, die sich wegen eines allg. Preisstops nicht in einer entsprechenden Erhöhung der Preise der (konstant gebliebenen oder langsamer als die Geldmenge gewachsenen) Gütermenge ausdrücken kann.

Geld- und Wertzeichenfälschung (frühere Bez.: Münzverbrechen und Münzvergehen), Verstöße gegen die Sicherheit und Zuverlässigkeit des staatl. und internat. Geldverkehrs (§§ 146–152 StGB). Geschützt werden Metall- und Papiergeld aus dem In- und Ausland, amtl. Wertzeichen (z.B. Briefmarken) sowie Inhaberschuldverschreibungen, Aktien, Reiseschecks u.a. (Wertpapiere). Man unterscheidet folgende Delikte: **Falschmünzerei** (Banknotenfälschung); sie begeht, wer Geld nachmacht; dagegen begeht **Münzverfälschung,** wer echtes Geld verändert, um ihm den Schein eines höheren Wertes oder der Fortdauer seiner Geltung zu verleihen. In beiden Fällen ist die Absicht erforderl., das Falschgeld zu gebrauchen oder sonst in den Verkehr zu bringen; die Strafe ist Freiheitsstrafe nicht unter 2 Jahren. **Münzbetrug** begeht, wer absichtslos nachgemachtes oder verfälschtes Geld vorsätzl. in den Verkehr bringt oder wer sich zu diesem Zweck Falschgeld verschafft oder aus dem Ausland einführt (Freiheitsstrafe bis zu 5 Jahren oder Geldstrafe). Die gleiche Strafdrohung gilt für die **Wertzeichenfälschung** und die Fälschung von **Wertpapieren.** Mit Strafe bedroht ist auch, wer Stempel, Platten u.ä. zur Anfertigung von Falschgeld und Wertzeichen anschafft oder anfertigt.
Für das *östr.* und *schweizer. Recht* gilt Entsprechendes.

Geldvernichtung, Ggs. von ↑Geldschöpfung.

Geldvolumen ↑Geldmenge.

Geldwechsler ↑Münzautomat.

Geldwert, Kaufkraft des Geldes.

Geldwertsicherungsklauseln ↑Wertsicherungsklauseln.

Gelee [ʒeˈleː, ʒəˈleː; frz., zu lat. gelare „zum Erstarren bringen"], eingedickter Fruchtsaft (mit Zucker, u.U. Geliermitteln) oder Sud von Fleisch, Knochen oder Knorpel.

Geleen [niederl. xəˈleːn], niederl. Ort 20 km sö. von Maastricht, 35 000 E. Zentrale Forschungsstelle der Staatsminen. Der ehem. bed. Steinkohlenabbau wurde von Stahlbau, chem. Ind. und Trikotagenherstellung abgelöst.

Gelée royale [frz. ʒəlerwaˈjal „königl. Gelee"] (Brutmilch, Weiselfuttersaft, Königinnenstoff), Sekret der Futtersaftdrüsen der Honigbienenarbeiterinnen, mit dem diese die Königinnenlarven füttern; enthält u.a. viele Vitamine, Pantothensäure und Biotin. G. r. wird v.a. zur Herstellung von kosmet. und pharmazeut. Präparaten verwendet, deren Wirksamkeit jedoch umstritten ist.

Gelege, die Gesamtheit der von einem Tier an einer Stelle abgelegten Eier, bes. auf Reptilien und Vögel bezogen; die Gelegegröße kann zw. einem Ei (Pinguine, Alken) und rd. 100 Eiern (Meeresschildkröten) liegen.

Gelegenheitsdichtung, v.a. Gedichte, auch Festspiele, die für bestimmte äußere Anlässe (z.B. Taufe, Geburtstag, Hochzeit, Jubiläum, Abschied, Tod) verfaßt werden; im 16.–18. Jh. bes. verbreitet.

Geleit, Begleitung zum Schutz von Reisenden vor drohenden Gewalttätigkeiten, früher von großer prakt. Bedeutung. Durch ein bewaffnetes Gefolge wurden Reisende vor Raub und Überfall auf den Straßen geschützt. Urspr. war das G. ein königl. Hoheitsrecht, doch eigneten sich die dt. Landesherren die „Geleitsherrlichkeit" seit dem 13. Jh. an. Beginn und Ende eines G.gebietes waren durch G.säulen oder G.tafeln markiert. Die Reisenden hatten einen G.zoll zu erlegen. G.zwang bedeutete nicht nur, daß die Reisenden ein G. annehmen mußten, sondern auch, daß sie nur bestimmte Straßen benutzen durften. Nach dem Ende der Raubritterzeit erhielt das G. Zollcharakter: die Reisenden mußten einen G.brief erwerben (Briefgeleit).
◆ im Recht ↑freies Geleit.

Geleitboot, kleineres Kriegsschiff (z.B. Fregatte), Begleitfahrzeug, z.B. für Geleitzüge.

Geleitzellen ↑Leitbündel.

Geleitzug ↑Konvoi.

Gelenk [zu althochdt. (h)lanka „Hüfte, Lende, Weiche", eigtl. „biegsamer Teil"], (Articulatio, Articulus, Diarthrose, Diarthrosis) *bei Tieren* und *beim Menschen* durch Muskeln bewegl. Verbindung zw. Körperteilen, die in sich mehr oder weniger starr sind; bei Wirbeltieren bes. zw. zwei aneinanderstoßenden, durch Muskeln, Sehnen, häufig auch durch Bänder gestützten Knochenenden. Das G. der Wirbeltiere (einschließl. Mensch) besteht aus zwei Teilen. Das vorgewölbte G.teil wird als **Gelenkkopf,** das ausgehöhlte als **Gelenkpfanne** bezeichnet. Beide Knochenenden sind von Knorpel überzogen und durch einen Gelenkspalt (Gelenkhöhle; kann durch Ausbildung einer ↑ Gelenkscheibe zweigeteilt sein) voneinander getrennt. Nur die Knochenhaut überzieht beide Knochen und bildet die **Gelenkkapsel,** die das G. nach außen abschließt. Die innere Auskleidung der G.kapsel sondert die **Gelenkschmiere** *(Synovia)* ab, die ein besseres Gleiten der beiden G.flächen gewährleistet. Je nach G.form und Freiheitsgraden der Bewegung unterscheidet man verschiedene G.typen: das **Kugelgelenk,** das freie Bewegung nach allen Richtungen ermöglicht (Schultergelenk); eine Sonderform des Kugel-G. mit etwas eingeschränkter Bewegungsfreiheit, jedoch bes. starkem Halt für den G.kopf, da dieser mehr als zur Hälfte von der G.pfanne umschlossen wird, ist das **Nußgelenk** (Hüftgelenk); das **Scharniergelenk,** das Bewegungen nur in einer Ebene gestattet, wobei ein walzenartiger G.kopf sich in einer rinnenförmigen G.pfanne dreht (Gelenke der Fingerglieder, Ellbogen- und Kniegelenk); das **Eigelenk** (Ellipsoid-G.), das Bewegungen in zwei Richtungen ermöglicht, eine Drehung jedoch ausschließt (Handwurzelknochen, G. zw. Atlas und Hinterhauptsbein); das **Sattelgelenk** mit sattelförmig gekrümmten G.flächen, das Bewegungen in zwei Ebenen ermöglicht (z. B. Daumen-G.); das **Drehgelenk,** bei dem sich die Längsachsen des walzenförmigen G.kopfs und der entsprechend geformten G.pfanne bei der Drehung parallel zueinander bewegen (z. B. bei Elle und Speiche); das **Plangelenk,** ein G. mit ebenen G.flächen (z. B. zw. den Halswirbeln oder Teilen des Kehlkopfs), das ledigl. Gleitbewegungen durch Verschieben der G.flächen zuläßt. - Keine echten G. sind die sog. Füllgelenke **(Synarthrosen),** Knochen-Knochen-Verbindungen durch Knorpel oder Bindegewebe ohne G.spalt. - Außer bei den Wirbeltieren kommen G. v. a. auch bei Gliederfüßern vor, bei denen sie die über eine membranartige Haut **(Gelenkhaut)** gegeneinander bewegl. Teile des Außenskeletts miteinander verbinden. - Abb. S. 68.

◆ bei *Pflanzen* Bez. für krümmungsfähige Gewebebezirke mit spezieller anatom. Struktur,

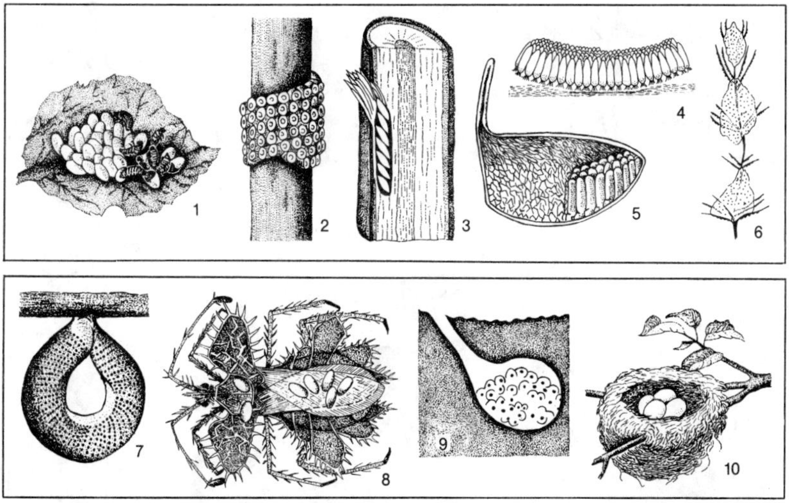

Gelege. 1 Eiplatte des Kartoffelkäfers, 2 Eiringel des Ringelspinners, 3 Eizeile einer Libelle, 4 Eischiffchen der Gemeinen Stechmücke, 5 Eischiffchen des Kleinen Kolbenwasserkäfers, 6 Laichballen der Gemeinen Smaragdlibelle, 7 Laichring der Köcherfliege Phryganea grandis, 8 Eigelege auf dem Rücken eines Männchens der Lederwanze Phyllomorpha laciniata, 9 Bruthöhle einer südamerikanischen Kröte, 10 Nest des Pirols

an denen Bewegungen der angrenzenden Pflanzenteile mögl. sind. **Wachstumsgelenke** sind Zonen noch streckungsfähigen Gewebes inmitten ausdifferenzierten Zellmaterials (z. B. in den Stengelknoten [G.knoten] der Grashalme, in denen durch einseitiges Streckungswachstum die Stellung des folgenden Stengelabschnittes verändert werden kann und so die Wiederaufrichtung zu Boden gedrückter Getreidehalme mögl. ist). **Gelenkpolster** *(Blattpolster)* sind Zonen mit stark entwickeltem peripheren Parenchymgewebe um zentral gelegene Leitbündel an der Basis von Blattstielen (Bohne, Mimose) bzw. Blattfiedern (Mimose). Auf bestimmte Reize ändert sich der ↑Turgor der G.parenchymzellen, wodurch Hebung oder Senkung der Blätter bzw. Blattfiedern erfolgt.

◆ in der *Bautechnik* Bez. für eine bewegl. Verbindung von Bauteilen (Stäben, Trägern u. a.), die Zug- und Druckkräfte aufnimmt und frei drehbar ist, jedoch keine Drehmomente überträgt.

Gelenk. a Gelenkschema,
b Kugelgelenk (z. B. Schultergelenk),
c Sattelgelenk (z. B. Daumengrundgelenk),
d Scharniergelenk (z. B. Ellbogen- und Kniegelenk),
e Ellipsoidgelenk (z. B. Gelenke zwischen Atlas und Hinterhauptsbein),
f Radgelenk (z. B. Drehgelenk zwischen Elle und Speiche)

◆ im *Maschinenbau* eine nichtstarre Verbindung zw. zwei gegeneinander bewegten Maschinenteilen oder Getriebegliedern: z. B. *Dreh-G., Schub-G., Kreuz-G., Kugel-G., Kardan-G.* Häufig werden mechan. Vorrichtungen als G. bezeichnet, die nur aus einem einzigen Glied bestehen, aber eine gewisse Nachgiebigkeit besitzen (z. B. *Feder-G.*).

Gelenkblume (Drachenkopf, Physostegia), nach ihren seitwärts bewegl. Blüten benannte Gatt. der Lippenblütler mit fünf Arten in N-Amerika; hohe Kräuter mit meist gesägten, gegenständigen Blättern und fleischfarbenen, purpurfarbenen oder weißen Blüten in dichten Ähren. Die Art **Physostegia virginiana** wird in mehreren Kulturformen als Gartenblume kultiviert.

Gelenkentzündung (Arthritis) ↑Gelenkerkrankungen.

Gelenkerguß, krankhaft vermehrte Flüssigkeitsansammlung in einem Gelenk; Ursachen können Verstauchungen, Verrenkungen und Entzündungen sein.

Gelenkerkrankungen, Sammelbez. für entzündl. und degenerative Erkrankungen der Gelenke. - Die **entzündl. Gelenkerkrankungen** (Gelenkentzündungen, Arthritiden [Einz. Arthritis]) gehören größtenteils zum rheumat. Formenkreis (Immun- bzw. Autoimmunkrankheiten unter Beteiligung von Antigen-Antikörper-Reaktionen). Hierzu gehören u. a. der akute Gelenkrheumatismus (Polyarthritis rheumatica) im Verlauf des

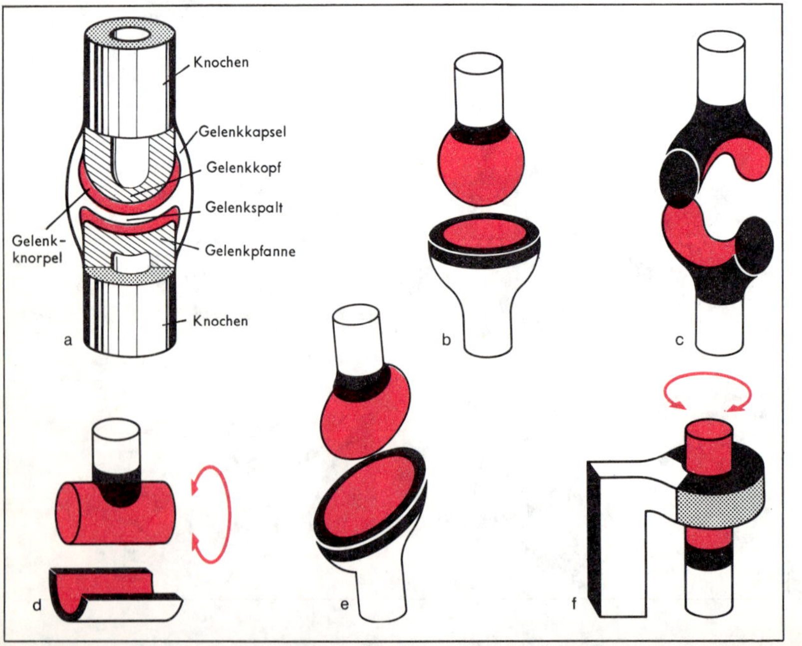

↑rheumatischen Fiebers, der primär chron. Gelenkrheumatismus und die ↑Bechterew-Krankheit. Die übrigen entzündl. G. lassen sich auf direkte Einwirkungen von Krankheitserregern im Bereich der Gelenke zurückführen. - Die **degenerativen Gelenkerkrankungen** (Arthropathien) sind v.a. durch Alter, Krankheit oder Überbeanspruchung bedingte Abnützungserscheinungen der Gelenke. Durch ein längerandauerndes Mißverhältnis zw. Tragfähigkeit und Belastung eines Gelenks kommt es zur **Arthrosis deformans,** einer typ. Verschleißkrankheit. Sie tritt am häufigsten bei Männern nach dem 50. Lebensjahr auf. Zu Anfang besteht eine nervösreflektor. Verspannung durch den Belastungsreiz. Nach Verspannung und Verkrampfung gelenknaher Muskeln, Bewegungsschmerzen sowie Druckschmerzen in den betroffenen Muskeln kommt es zum Abbau der Knorpel- und Knochensubstanz mit sekundärer Knochenwucherung an den Gelenkrändern. Nicht selten splittern von diesen Randwülsten Teile ab, die als freie Gelenkkörper (↑Gelenkmaus) zu plötzl. Bewegungsbehinderungen und starken Schmerzen führen. - Dieser Erkrankung ähnl. ist die im Bereich der Wirbelsäule auftretende **Spondylarthrose** (Spondylosis deformans). Behandelt werden beide mit Wärme, Massage, Bewegungsübungen und medikamentös mit antirheumat. und durchblutungsfördernden Mitteln. In schweren Fällen erfolgt eine künstl. Gelenkversteifung (Arthrodese) oder die Einpflanzung eines künstl. Gelenks. Eine v.a. im Kindesalter auftretende chron.-entzündl. G. als Folge der Infektion eines Gelenks mit Tuberkelbazillen ist die **Gelenktuberkulose.** Sie läuft entweder als feuchte Form mit einem chron. Gelenkerguß ab oder als trockene Form unter spindelförmiger Auftreibung des Gelenks (Gelenkschwamm). Die Behandlung besteht in einer Ruhigstellung des Gelenks und in der Gabe von Tuberkulostatika.

📖 *Heimstädt, P.: Arthrosen - Degenerative G. Hdbg. ²1985. - Cotta, H.: Der Mensch ist so jung wie seine Gelenke. Mchn. ⁴1983.*

Gelenkfahrzeug, Schienen- oder Straßenfahrzeug, das aus mehreren, durch spezielle Gelenkkonstruktionen oder Drehgestellanordnungen gelenkig miteinander verbundenen Teilfahrzeugen besteht, die eine Einheit bilden (**Großraumwagen**). Als Übergang zw. den einzelnen Teilen sind meist kreisförmige Fußbodendrehplatten angebracht, die nach außen durch einen Faltenbalg abgeschlossen werden.

Gelenkflüssigkeit, svw. Gelenkschmiere (↑Gelenk).

Gelenkhöcker (Condylus, Kondylus), der bewegl. Verbindung mit einem anderen Skeletteil dienender, höckerartiger Fortsatz an Knochen; z.B. *Condylus occipitalis* (bildet am Hinterende des Schädels die gelenkige Verbindung mit dem ersten Wirbel, dem Atlas).

Gelenkhöhle, svw. Gelenkspalt (↑Gelenk).

Gelenkkapsel ↑Gelenk.

Gelenkkette (Laschenkette), Maschinenelement, bestehend aus einzelnen durch Drehgelenke verbundenen Laschen; nur zur Übertragung von Zugkräften (z.B. Fahrradkette).

Gelenkkopf ↑Gelenk.

Gelenkmaus (freier Gelenkkörper, Corpus liberum), bei Gelenkerkrankungen auftretendes, aus Bindegewebe, Knorpel- oder Knochensubstanz bestehendes kleines Gebilde im Innern eines Gelenks, v.a. im Kniegelenk, das bei Bewegung und Belastung Schmerzen, Reiben und Knirschen, Einklemmungserscheinungen (**Gelenksperre**) verursacht und zu Gelenkergüssen führt.

Gelenkpfanne ↑Gelenk.

Gelenkresektion, operative Entfernung eines ganzen Gelenks oder von erkrankten Gelenkteilen, und zwar entweder mit teilweiser Erhaltung der Beweglichkeit oder zur künstl. Gelenkversteifung.

Gelenkrheumatismus ↑Gelenkerkrankungen.

Gelenkscheibe, als ganze (Diskus) oder unvollständige Scheibe (↑Meniskus) in manchen Gelenken zw. den Gelenkflächen vorkommende Gebilde aus Faserknorpel; teilt die Gelenkhöhle in Spalträume.

Gelenkschildkröten (Kinixys), Gatt. der Landschildkröten mit drei etwa 20–30 cm langen Arten in Afrika südl. der Sahara; eine knorpelige Naht vor dem hinteren Drittel des Rückenpanzers bildet ein Scharnier, wodurch dieser gegen den Bauchpanzer zugeklappt werden kann und so den Panzer hinten verschließt; Färbung überwiegend braun und grünlich.

Gelenkspalt, svw. Gelenkhöhle (↑Gelenk).

Gelenkfahrzeug. Schema eines sechsachsigen Straßenbahn-Großraumwagens mit zwei Triebdrehgestellen (vorn und hinten) und einem über dem Gelenkpunkt in der Mitte angeordneten Jacobs-Gestell

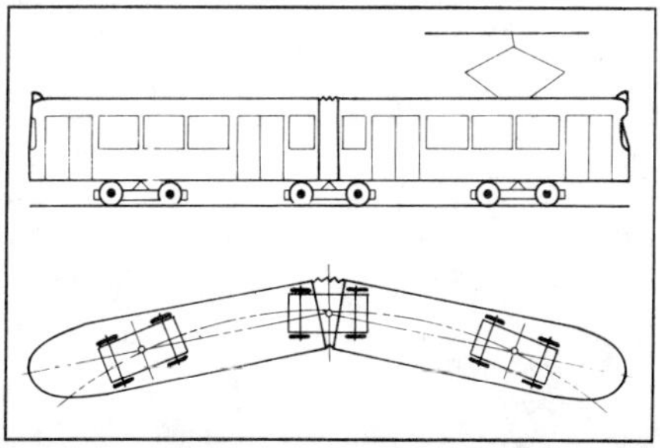

Gelenktuberkulose ↑Gelenkerkrankungen.

Gelenkversteifung, in der Medizin: 1. (**Ankylose**) Versteifung von Gelenken, meist nach Gelenkkrankheiten, v. a. Gelenkrheumatismus. 2. (**Arthrodese**) Aufhebung der Beweglichkeit eines geschädigten Gelenks auf operativem Wege.

Gelenkwelle, nichtstarre Antriebswelle z. B. in Kfz.; meist mit zwei Kreuz- oder Kardangelenken und einem Schiebestück mit Längsverzahnung zum Ausgleich von Längenänderung beim Ein- bzw. Ausfedern der Räder.

Geleucht, bergmänn. Bez. für die Grubenlampe, die entweder als Handlampe verwendet wird oder am Helm befestigt ist.

Gelibolu (früher Gallipoli), Hafenstadt auf der Halbinsel G. in der europ. Türkei, 14 500 E. Landw. Handelszentrum, Fischereihafen; Marinestützpunkt. - Als **Kallipolis** seit dem 3. Jh. v. Chr. belegt, im 4. Jh. n. Chr. Hauptfestung der Dardanellen und wichtiger Übergangspunkt von Europa nach Asien. Gehörte im MA meist zum Byzantin. Reich. Mit der Eroberung durch die Osmanen 1354 begann der osman. Eroberungszug nach Europa; die Osmanen bauten G. zur Flottenbasis aus.

Gelibolu, Halbinsel, Halbinsel im europ. Teil der Türkei, zw. dem Golf von Saros und den Dardanellen, 90 km lang, bis 19 km breit, bis 305 m ü. d. M.; größter Ort Gelibolu. - Von Thrakern bewohnt (in der Antike **Thrakische Chersones**); im 8.–7. Jh. von Griechen kolonisiert. Seit Mitte 6. Jh. v. Chr. athen.; trat dem Att.-Del. Seebund bei; fiel nach spartan. Hegemonie 404–386 an Makedonien (338), 189 an Pergamon, 133 an Rom; teilte das Geschick der Stadt Gelibolu.

Gelidium [lat.], Gatt. der Rotalgen mit etwa 40, in allen Meeren verbreiteten Arten; meist fiederig verzweigte Algen mit stielrundem, knorpeligem Thallus; viele Arten werden zur Herstellung von ↑Agar-Agar verwendet.

Gelieren [ʒeˈliːrən; zu lat. gelare „zum Erstarren bringen"], das durch [zugesetzte] Geliermittel (v. a. Pektine) bewirkte Erstarren bestimmter Flüssigkeiten.

Gelimer (Geilamir), letzter König des afrikan. Vandalenreiches (seit 530). - Durch Sturz des byzanzfreundl. Hilderich als Urenkel Geiserichs zur Macht gekommen; vermochte den Angriff Belisars nicht aufzuhalten und ergab sich im Frühjahr 534 nach zwei Niederlagen 533. Erhielt später reiche Ländereien in Kleinasien zugewiesen.

Gélin, Daniel [frz. ʒəˈlɛ̃], * Angers 19. Mai 1921, frz. Schauspieler. - Spielte komplizierte, meist etwas schüchterne Charaktere, u. a. in den Filmen „Gott braucht Menschen" (1950), „Edouard und Caroline" (1951), „Die freudlose Straße" (1954), „Herzflimmern" (1971).

Geller, Herb [engl. ˈgɛlə], eigtl. Herbert G., * Los Angeles 2. Nov. 1928, amerikan. Jazzmusiker (Saxophonist). - Seit Mitte der 40er Jahre in verschiedenen Gruppen des West-Coast-Jazz tätig, ging 1962 nach Europa, wo er in Rundfunk-Jazzorchestern arbeitet, zuletzt beim NDR Hamburg.

Gellert, Christian Fürchtegott, * Hainichen 4. Juli 1715, † Leipzig 13. Dez. 1769, dt. Dichter. - Zur Zeit seines Studiums der Theologie und Philosophie in Leipzig anfangs im Kreis um Gottsched. Seit 1745 Prof. für Poesie, Beredsamkeit und Moral in Leipzig. Mitarbeiter an den „Bremer Beiträgen". Formale Eleganz und sprachl. Präzision, Pietismus und bürgerl. Moral machten v. a. seine Fabeln und [kom. Vers]erzählungen zu den volkstümlichsten Dichtungen der Aufklärung. Von Einfluß auch seine moral.-didakt., „rührenden" Lustspiele. Der v. a. von Richardson beeinflußte Roman „Das Leben der schwed. Gräfin von G." (2 Bde., 1747/48) wirkte auf die Prosaliteratur der Empfindsamkeit.
Weitere Werke: Die Betschwester (Lsp., 1745), Fabeln und Erzählungen (2 Bde., 1746–48), Lehrgedichte und Erzählungen (1754), Geistl. Oden und Lieder (1757).

Gellerts Butterbirne ↑Birnen (Übersicht).

Gellius, Aulus, * um 130, † nach 170, röm. Schriftsteller. - Sein Werk „Noctes Atticae" enthält neben einem Vorwort 20 Bücher Essays und Abhandlungen zur Literatur, Philosophie und Wiss.; von bes. Interesse die umfangreichen Auszüge und Zitate aus sonst verlorengegangenen Schriften.

Gell-Mann, Murray [engl. ˈgɛlˈmæn], * New York 15. Sept. 1929, amerikan. Physiker. - Prof. am California Institute of Technology in Pasadena. In grundlegenden Arbeiten zur Physik der Elementarteilchen stellte G.-M. u. a. das „Quark"-Modell der Elementarteilchen auf, nach dem alle Baryonen und Mesonen sich aus drei bzw. zwei ↑Quarks und ihren Antiteilchen zusammensetzen. Nobelpreis für Physik 1969.

Gelnhausen, Stadt am S-Abfall des Vogelsberges zur Kinzig, Hessen, 132–165 m ü. d. M., 18 100 E. Milchwirtsch. Lehranstalt für Hessen; Gummiwarenfabriken, Stempelkissen-, Fenster-, Spezialzangenfabrik; Fremdenverkehr. - 1123 erstmals erwähnt, von Kaiser Friedrich I. Barbarossa um 1170 als Doppelmarktanlage neu gegr. Die Reichsburg auf der Kinziginsel war bis ins frühe 14. Jh. ein bevorzugter Aufenthaltsort der dt. Herrscher; Stätte der Reichstage von 1180, 1186 und 1195. Das Gelnhauser Recht bildete eine eigene Stadtrechtsfamilie. G. war Mgl. des Rhein. Bundes von 1226, des Rhein. Städtebundes von 1254 und des Wetterauer Städtebundes. Seit 1326 mehrfach verpfändet; seit 1736/46 bestand die Reichsfreiheit fakt. nicht mehr. 1803 Kurhessen eingegliedert (endgültig 1813). - Kaiserpfalz (1180; Verfall seit dem 14. Jh.), frühgot. Marienkirche (Ende 12. Jh.) mit Wand- und Glasmalereien sowie Lettner (alle Mitte 13. Jh.), spätroman. Peterskirche (1932–38 wiederhergestellt). Die Stadtbefestigung ist im äußeren Ring fast vollständig erhalten, zahlr. alte Stein- und Fachwerkbauten, u. a. Roman. Haus (etwa 1180), Rathaus (14. Jh.).

Gelnica [slowak. 'gɛlnjitsa] (dt. Göllnitz), Stadt im östl. Slowak. Erzgebirge, ČSSR, 372 m ü. d. M., etwa 5 000 E. Bergmuseum; nahebei Abbau von Erzen. - Von Zipser Sachsen gegr. alte Bergstadt; seit 1276 königl. ungar. Freistadt. Nach dem 1. Weltkrieg kam G. zur ČSR.

Gelöbnis, 1. in der *Rechtsgeschichte:* feierl. Versprechen, das eine Rechtspflicht erzeugt. Seit dem Hoch-MA erscheint das G. als Rechtsgeschäft eigener Art, dem eine Bindungswirkung beigelegt ist; 2. gebräuchl. Bez. für den Amtseid.

Gelobtes Land, in der jüd. und christl. Tradition das *Land der Verheißung*, svw. Palästina.

Gelon, * Gela etwa 540, † Syrakus 478 v. Chr., Tyrann von Syrakus (seit 485). - Aus angesehenem Geschlecht von Gela; brachte nach dem Tod des dortigen Tyrannen Hippokrates die Macht in seine Hand, bemächtigte sich 485 der Stadt Syrakus, ließ aber, gestützt auf Aristokratie und Söldner, formell Rat und Volksversammlung bestehen; lehnte die Hilfegesuche der durch Persien bedrohten Griechen ab; mußte sich 480 gegen die Karthager zur Wehr setzen, die er bei Himera besiegte.

Geloplegie [griech.] (Gelolepsie), „Lachschlag", mit Bewußtlosigkeit verbundenes plötzl. Hinstürzen bei Erregungszuständen, besonders beim Lachen.

gelöschter Kalk, svw. ↑ Calciumhydroxid.

Gelsenkirchen, Stadt im Ruhrgebiet, NRW, 40–94 m ü. d. M., 285 000 E. Hygiene-Inst. des Ruhrgebietes, Abteilung für Maschinenbau und Elektrotechnik der Fachhochschule Bochum, Konservatorium; Musiktheater im Revier, städt. Kunstsammlung und Museum; Ruhr-Zoo, Löwenpark; Stadion, Pferderennbahn. Auf dem Steinkohlenbergbau basiert Eisen- und Stahlind.; Großbetriebe der Kohle- und Petrochemie, Flachglasind. u. a.; Häfen am Rhein-Herne Kanal. - Wohl vor 1073 wurde die Kirche gegr., deren im 12. Jh. belegter Name **Geilistirinkirkin** auf die zugehörigen Bauernschaften überging. G. blieb bis 1840 eine dörfl. Siedlung. Das Kirchdorf **Buer** wird 1147 erwähnt. Der Name **Huorste** ist 1223 erstmals belegt. Wirtsch. Bed. erlangten die 3 Landgemeinden durch den Kohlenbergbau ab Mitte 19. Jh. G. wurde 1875 zur Stadt erhoben, Buer 1911. G. entstand 1928 durch Zusammenlegung von G., Buer und Horst als G.-Buer, das 1930 den Namen G. erhielt. - Haus Berge (16. Jh.; heute Hotel), Haus Lüttinghof (15. Jh.). Schloß Horst, eine Wasserburg der Renaissance, verfiel im 19. Jahrhundert.

Gelte (Narrenkopf, Blindsein), wahrscheinl. auf einem Überangebot an Stickstoff beruhende Krankheit des Hopfens; an den Blütenkätzchen werden dabei statt dünner, feiner Blättchen gewöhnlichen Laubblättern ähnelnde Blätter entwickelt.

Gelte [letztl. zu griech. kálathos „Trinkschale"], hölzernes [Schöpf]gefäß; in Brüssel auch altes Hohlmaß (entsprach 2,7 Litern).

Gelttier (Gelt), wm. Bez. für weibl. Wild, das nicht mehr fortpflanzungsfähig ist oder in einem Jahr keine Jungen gesetzt hat.

Geltung, von verschiedenen philosoph. Richtungen angenommene objektive Grundlage des Anerkanntseins von Sätzen, Gesetzen, Normen, Werten oder Ideen.

Geltungsbedürfnis, das Streben nach sozialer Anerkennung und Beachtung. Übersteigertes G. (**Geltungssucht**) ist oft ein Anzeichen für Überkompensation bes. von Frustrationen oder Minderwertigkeitsgefühlen (bei Unsicherheit und Unausgeglichenheit).

Geltvieh (Güstvieh), Bez. für weibl. Vieh (bes. Kühe), das entweder noch nicht zur Zucht herangezogen oder nach dem Decken nicht trächtig wurde oder aber nach einer Geburt noch nicht wieder trägt.

Gelübde (Votum), in den Religionen ein feierlich Gott oder bei Gott gegebenes Versprechen, in dem sich der Gelobende zu etwas verpflichtet; oft in der Erwartung einer Gegenleistung. - In der *kath. Kirche* ist ein G. (öffentl. oder privat; zeitl. begrenzt oder lebenslängl. bindend [= ewig]) ein Gott gegebenes Versprechen, eine bes. wertvolle sittl. Tat zu vollbringen, v. a. realisiert im Mönchtum und Ordensleben, durch dessen Systematisierung seit dem MA drei sittl. Leistungen (Gehorsam, Armut, Ehelosigkeit) als die Kern-G. des Ordenslebens (= ev. Räte) hervorgehoben werden; das G. gilt als Akt der Gottesverehrung. Die *prot. Theologie* lehnt die kath. Definition ab und anerkennt nur das Versprechen zur Erfüllung der allg. Christenpflichten oder zeitl. begrenzter, bes. Leistungen.

Gelzer, Johann Heinrich, * Schaffhausen 17. Okt. 1813, † Witwald (Kt. Basel-Landschaft) 15. Aug. 1889, schweizer. Historiker und Politiker. - Seit 1842 Prof. in Basel, 1844–50 in Berlin; wirkte als konservativ-liberaler Ratgeber Friedrich Wilhelms IV., Wilhelms I. und Großherzogs Friedrichs I. von Baden.

G., Matthias, * Liestal 19. Dez. 1886, † Frankfurt am Main 23. Juli 1974, schweizer. Althistoriker. - 1915 Prof. in Greifswald, 1918 in Straßburg, 1919–55 in Frankfurt am Main; arbeitete v. a. über die Zeit der röm. Republik.

GEMA, Abk. für: **Ge**sellschaft für **mu**sikal. **A**ufführungsrechte und mechan. Vervielfältigungsrechte, 1933 in Berlin gegr. ↑ Verwertungsgesellschaft von Urheberrechten, deren urspr. Name STAGMA (Abk. für: **Sta**atl. **ge**nehmigte Gesellschaft zur Verwertung **m**usikal. **A**ufführungsrechte) 1947 in GEMA geändert wurde; Sitz Berlin (West).

Gemäldegedicht (Bildgedicht), Umsetzung eines Gemäldes (oder allg. einer bildl. Darstellung) in lyr. Sprachform, gepflegt im Barock (Nähe zum Epigramm, J. van den Vondel, P. Harsdörffer, S. von Birken), in der Romantik (Sonette von A. W. von Schlegel), im 19. Jh. (C. F. Meyer), im 20. Jh. (Liliencron, Dauthendey, Rilke, Schaukal).

Gemara [aram. „Vervollständigung, Erlerntes"], Teil des ↑ Talmud, Lehrstoff, zumeist in Form von Diskussionen als Ergänzung und Erklärung der ↑ Mischna, der in die Gebiete ↑ Halacha und ↑ Haggada unterteilt wird; entstanden im 3.–6. Jh.

Gemarkung, urspr. Markung, Grenze; heute im dt. SW in der Bed. von „Feldmark" und „Gesamtgebiet einer Gemeinde".

gemäßigte Zone, Klimagebiet zw. der subtrop. und der subpolaren Zone (zw. den Wende- und den Polarkreisen) mit reger Tiefdrucktätigkeit bei vorherrschenden Westwinden und Regen zu allen Jahreszeiten.

Gematrie [griech.-hebr.], Deutung und geheime Vertauschung von Wörtern mit Hilfe des Zahlenwertes ihrer Buchstaben.

Gemayel, Amin [frz. ʒema'jɛl], * 1942, libanes. Politiker (Phalange). - Maronit. Christ; seit 1970 Mitglied des Parlaments; wurde im Sept. 1982 als Nachfolger seines bei einem Attentat getöteten Bruders Béchir G. (* 1947, † 1982) zum Staatspräs. gewählt (bis 1989).

Gembloux-sur-Orneau, [frz. ʒã'blusyrɔr'no], belg. Gemeinde, 20 km nw. von Namur, 138 m ü. d. M., 18 000 E. Landw. Hochschule; Landmaschinenbau, Metallverarbeitung.

Gemeinde, in der *Bibel* ↑ Ekklesia.

◆ in den *christl. Kirchen* wird der Begriff G. heute für die kleinste Einheit kirchl. Gliederung gebraucht, meist auf regionaler Ebene ([Regional]pfarrei, Pfarrgemeinde).

◆ eine *öffentl.-rechtl. Gebietskörperschaft* mit dem Recht der Selbstverwaltung, d. h. dem Recht, alle Angelegenheiten der örtl. Gemeinschaft im Rahmen der Gesetze in eigener Verantwortung zu regeln.

Im *östr. Recht* gilt eine entsprechende Definition, doch ist die G. zugleich *Verwaltungssprengel.* Auch in der *Schweiz* ist die G. in gleicher Weise definiert. Zu beachten ist aber, daß das Selbstverwaltungsrecht und das polit. Eigenleben der Gemeinden in der Schweiz viel stärker histor. verwurzelt sind als in den Nachbarländern.

In der *Soziologie* eine lokale Einheit mit (nach außen) abgrenzbaren sozialen Handlungsgefügen und gemeinsamen kulturellen, wirtschaftl. und polit. Beziehungen der betreffenden Bewohner. Nach der für den Menschen „primären" Familie wird, neben Schule und Nachbarschaft, die G. als wichtigstes elementares Sozialsystem betrachtet, in dem erste „sekundäre" (rationalisierte, organisierte) Sozialbeziehungen erlebt werden können. Die Verwandtschafts- und Familienordnungen (auf dem Dorfe) oder die Kommunikationssysteme unter den Bewohnern größerer G. wirken als persönlichkeits- und verhaltensprägende Sozialstrukturen, vermittelnd zw. Familie und gesellschaftl. Großgebilden.

Gemeindeabgaben, Gesamtbetrag der Gebühren, Beiträge und Gemeindesteuern zur Deckung des Finanzbedarfs der Gemeinden. Die Erhebung der G. erfolgt entweder nach dem Äquivalenz- oder dem Leistungsfähigkeitsprinzip.

Gemeindebürgerrecht, zus. mit dem Kantonsbürgerrecht Grundlage des Schweizer Bürgerrechts. Der Erwerb des G. ist eine Voraussetzung der Einbürgerung. Die Regelung des G. ist Sache der Kt.; wird das Schweizer Bürgerrecht durch Abstammung oder kraft anderer familienrechtl. Tatsachen erworben, so erfolgt der Erwerb des G. und des Kantonsbürgerrechts ipso iure. Damit ist jeder Schweizer Bürger einer bestimmten Gemeinde. - Das G. knüpft histor. an die Ausbildung eines gemeindl. Armenrechts im späten MA an. Noch heute wird der Anspruch auf Unterstützung durch die Heimatgemeinde aus dem G. hergeleitet. Inhalt des G. ist ferner, daß das Wohnen in der Heimatgemeinde unter keinen Umständen verboten werden kann.

Gemeindediakon ↑ Gemeindehelfer.

Gemeindedirektor ↑ Gemeindeverfassungsrecht.

Gemeindefinanzen, Gesamtheit aller Einnahmen und Ausgaben der Gemeinden und Gemeindeverbände. In der BR Deutschland nimmt durch die überproportionale Zunahme der Gemeindeaufgaben der Finanzbedarf ständig zu. Die Einnahmen der Gemeinden und Gemeindeverbände, die in der Hauptsache aus Einnahmen aus dem eigenen Vermögen, Gebühren und Beiträgen, Zuschüssen und Beihilfen, Steuern (↑ Gemeindesteuern), Umlagen und Einnahmen aus wirtschaftl. Tätigkeit bestehen, reichen zur Beseitigung der vorhandenen Deckungslücken nicht mehr aus. Die wachsenden Ausgaben der Gemeinden und Gemeindeverbände bedingen eine verstärkte finanzielle Unterstützung durch Bund und Länder.

Das System der Gemeindeabgaben in *Österreich* ähnelt dem der BR Deutschland. Neben ausschließl. Gemeindeabgaben (z. B. Gewerbesteuer, Grundsteuer, Gebühren und Beiträge) finden sich Gemeinschaftsabgaben und Zuweisungen an die einzelnen Gemeinden im Rahmen eines Finanzausgleichs. In der *Schweiz* besitzen die Gemeinden noch weitgehend das Recht der Selbstverwaltung. Über die Höhe der Gemeindeausgaben und über den Haushaltsplan entscheiden i. d. R. die Bürger der betreffenden Gemeinde in der Form eines Referendums. Finanzschwache Gemeinden erhalten von ihren Kt. über den Finanzausgleich Zuwendungen.

Gemeindehelfer (Gemeindediakon), in den ev. Kirchen Bez. für den in der Gemeindepflege tätigen Mann bzw. Frau (Gemeindehelferin). Ausbildung u. a. zum Katecheten oder Sozialarbeiter.

Gemeindekirchenrat (Presbyterium, Kirchengemeinderat, Kirchenvorstand), Organ zur Selbstverwaltung in ev. Kirchen, bestehend aus [gewählten] Ältesten und den Pfarrern einer Gemeinde; in größeren Gemeinden meist in Fachausschüsse gegliedert.

Gemeindeordnungen, Landesgesetze, welche die Stellung, Aufgaben und Rechte der Gemeinden, ihre Verfassung und Verwaltung, ihre Wirtschafts- und Haushaltsführung sowie die Staatsaufsicht über sie regeln. Sie wurden von den Ländern nach 1945 anstelle der Dt. Gemeindeordnung von 1935 erlassen. In *Österreich* besteht in jedem Bundesland eine eigene G. Im *schweizer. Recht* bezeichnet man die von den Kt. erlassenen Bestimmungen über Stellung, Aufgaben und Rechte der Gemeinden als **Gemeindegesetze.**

Gemeindepsychiatrie, Teilgebiet der Psychiatrie, das Therapieformen zu entwickeln versucht, die nicht nur auf den psych. Kranken innerhalb seines Milieus zielen, sondern durch die auch eine Einbeziehung der dem Kranken nahestehenden gesellschaftl. Gruppen in den Therapieplan ermöglicht werden soll; am weitesten in den USA und Großbrit. entwickelt.

Gemeinderat, eine vom GG (Art. 28 Abs. 1 Satz 2) vorgeschriebene Volksvertretung in den Gemeinden (**Gemeindevertretung**), die aus allgemeinen, unmittelbaren, freien, gleichen und geheimen Wahlen hervorgehen muß; in den Städten auch **Stadtrat** genannt. Der G. ist das oberste Organ der Willensbildung in der Gemeinde und hat über alle wichtigen Angelegenheiten der Gemeinde, insbes. den Haushaltsplan und den Erlaß von Satzungen, zu beschließen. Seine Stellung im einzelnen ist in den Ländern unterschiedlich ausgestaltet.

Nach *östr. Recht* ist G. der von den Wahlberechtigten der Gemeinde zu wählende allgemeine Vertretungskörper. Die Einrichtung des G. ist unabdingbar. Der G. wählt Gemeindevorstand und Bürgermeister, genehmigt den Jahresvorschlag und schreibt gemeindeeigene Abgaben aus. Die *schweizer. Terminologie* richtet sich nach den jeweiligen kantonalen und kommunalen Bestimmungen.

Gemeindereferent (Seelsorgehelfer), Beruf der kath. Kirche mit Fachhochschulstudium. Der G. (grad.) oder die Referentin, vor Ablegung der zweiten Dienstprüfung **Gemeindeassistent** gen., ist in der Glaubensverkündigung, in der Jugend- und Erwachsenenbildung wie auch im karitativen Bereich tätig.

Gemeinderschaft, im schweizer. Recht Gemeinschaft von Verwandten *(Familien-G.)* zu gemeinsamer wirtschaftl. Tätigkeit (z. B. im Erbrecht). Das Vermögen der G. steht im Gesamteigentum der beteiligten Verwandten. Diese haften für die Schulden der G. solidarisch. Die G. wird i. d. R. durch öffentlich beurkundeten Vertrag begründet. Die Angelegenheiten der G. werden von allen **Gemeindern** gemeinsam geordnet.

Gemeindeschwester, Bez. für die weibl. pfleger. Kraft (Krankenschwester), die die ambulante Kranken- und/oder Altenpflege in einer Gemeinde, Kirchengemeinde oder in einem Kommunalverband versieht.

Gemeindesoziologie, seit Mitte 19. Jh. entwickeltes Teilgebiet einer bes. mit empir.-sozialstatist. Methoden arbeitenden Soziologie, die über die Analyse lokal begrenzter und übersichtl. Sozialstrukturen von Gemeinden Aussagen über sozialen Wandel, über die Entwicklung sozialer Konflikte und Schichtenbildung sowie über Prozesse soziokultureller Integration und Desintegration anstrebt.

Gemeindesteuern, Gesamtheit aller Steuern, aus denen den Gemeinden Einnahmen zufließen; i. e. S. die Steuern, deren Aufkommen nur den Gemeinden zusteht (im Unterschied zu den ↑Gemeinschaftsteuern). Die wichtigsten G. sind Gewerbesteuer, Grundsteuer, Vergnügungssteuer, Getränkesteuer und Schankerlaubnissteuer. Die Lohnsummensteuer wird ab 1. 1. 1980 nicht mehr erhoben.

Gemeindetag ↑kommunale Spitzenverbände.

Gemeindetheologie, zusammenfassende Bez. für theolog. der urchristl. Gemeinde zugeordnete Aussagen, die auf der Grundlage der Ostererlebnisse der Jünger das Kerygma von der Erlösung mit Begriffen aus der jüd.-hellenist.-oriental. Tradition und den Jesusprädikaten zu fassen versuchten; die G. wird mit formgeschichtl. Methode aus den synopt. Evangelien erschlossen.

Gemeindeverbände, kommunale Gebietskörperschaften mit überörtl. Aufgaben und dem Recht der Selbstverwaltung für den Bereich mehrerer Gemeinden, z. B. die **Ämter** (in NRW, Saarland und Schl.-H.), die **Samtgemeinden** (in Nds.), die **Verbandsgemeinden** (in Rhld.-Pf.), die **Landkreise,** die **Bezirke** (in Bayern) und die **Landschaftsverbände** (in NRW). Die Mgl. von G. sind entweder Gemeinden und andere G. (so bei den Landschaftsverbänden) oder die in dem betreffenden Gebiet lebenden Bürger (so bei den Landkreisen). Dementsprechend sind auch die Vertretungsorgane der G. ausgestaltet. Von den G. sind die Zweckverbände und die kommunalen Spitzenverbände zu unterscheiden.

Gemeindeverfassungsrecht, die Gesamtheit der Rechtsnormen, welche die Verfassung der Gemeinden regeln. Das in den Landesverfassungen und den Gemeindeordnungen niedergelegte G. ist sehr zersplittert. Von Bundes wegen ist ledigl. in Art. 28 Abs. 1 GG vorgeschrieben, daß in den Gemeinden das Volk eine Vertretung haben muß, die aus allg., unmittelbaren, freien, gleichen und geheimen Wahlen hervorgegangen ist. Dementsprechend sehen sämtl. Gemeindeordnungen als oberstes Willensbildungsorgan die Bildung einer Gemeindevertretung, auch Gemeinderat, Stadtrat, Rat oder Stadtverordnetenversammlung genannt, vor. Neben der Gemeindevertretung gibt es den Gemeindevorsteher, Bürgermeister, Ersten Bürgermeister, in kreisfreien Gemeinden und großen Kreisstädten Oberbürgermeister genannt, der die Gemeindeverwaltung leitet und die Beschlüsse der Gemeindevertretung ausführt. In NRW und in Nds. hat der Bürgermeister als Vorsitzender der Gemeindevertretung eine mehr repräsentative Funktion, während der Gemeindedirektor (Stadtdirektor, Oberstadtdirektor) die Verwaltung leitet. In Nds. sowie in bestimmten Gemeinden Hessens und Schl.-H. ist zw. Gemeindevertretung und Gemeindevorsteher ein kollegialer Gemeindevorstand (Magistrat, Verwaltungsausschuß) eingeschaltet. Die von den Gemeindeorganen zu erfüllenden Aufgaben werden unterteilt in Angelegenheiten des eigenen und Angelegenheiten des übertragenen Wirkungskreises (↑Selbstverwaltung).
In *Österreich* sind die Grundzüge des G. in den Art. 115–120 B-VG enthalten. Organe der Gemeinde sind Gemeinderat, Gemeindevorstand und Bürgermeister.
In der *Schweiz* ist die Regelung des G. seit alters her sehr zersplittert. Sie richtet sich nach den jeweiligen kantonalen Bestimmungen. Von Bundes wegen wird die Gemeindeautonomie als ungeschriebenes Verfassungsrecht geschützt. In der Gemeindeorganisation ist bis heute in aller Regel die **Gemeindeversammlung** als Versammlung aller Aktivbürger vorgesehen, der die Bestellung der Gemeindebehörden und die Beschlußfassung in allen wichtigen Gemeindeangelegenheiten obliegt. Ihr steht eine meist als **Gemeinderat** bezeichnete Exekutive gegenüber. In den größeren Gemeinden wird immer mehr zur Einrichtung von Volksvertretungen (**Einwohnerrat**) anstelle der Gemeindeversammlungen übergegangen. In einer normalen Gemeindeorganisation kommt dem sog. **Gemeindepräsidenten** als Vorsitzendem des Gemeinderats nicht nur eine repräsentative Rolle zu, vielmehr besitzt er in aller Regel erhebl. polit. und auch administrative Bedeutung. In den administrativen Bereich teilt er sich allerdings oft mit einem neben- oder hauptamtl. **Gemeindeverwalter,** der der eigtl. Administration vorsteht.

Gemeindevermögen, die Gesamtheit der Sachen und geldwerten Rechte der Gemeinde. Man unterscheidet zw. dem *Verwaltungsvermögen*, das zur Erfüllung der gemeindl. Aufgaben dient, wie Amtsgebäude und Sachen im Gemeindegebrauch, dem *Finanzvermögen*, das zur Erzielung von Einnahmen dient, und dem *Sondervermögen*, wie Stiftungsvermögen und Vermögen der Eigenbetriebe. Die Gemeindeordnungen der Länder regeln die Behandlung des Gemeindevermögens. Es ist pflegl., nach den Grundsätzen einer gesunden Wirtschaft und nutzbringend zu verwalten, in seinem Bestand zu erhalten und aus Mitteln des ordentl. Haushalts zu unterhalten.

Gemeindeversammlung ↑Gemeindeverfassungsrecht (Schweiz).

Gemeindevertretung ↑Gemeinderat.

Gemeindevorstand, in Hessen, Nds., Schl.-H. und Bremerhaven ein kollegiales Gemeindeorgan neben der Gemeindevertretung, auch **Magistrat** oder **Verwaltungsausschuß** gen.; die Zusammensetzung ist unterschiedl. (Bürgermeister, Beigeordnete, Stadträte). *Aufgaben:* Leitung der Gemeindeverwaltung, Ausführung der Beschlüsse der Gemeindevertretung.
Nach *östr. Recht* ist der G. ein Organ der Gemeinde (bei Städten mit eigenem Statut: Stadtsenat), der die Vorberatung und Antragstellung an den Gemeinderat zu besorgen hat; Vorstand des G. ist der Bürgermeister.

Gemeindevorsteher ↑Gemeindeverfassungsrecht.

Gemeine, in der graph. Technik fachsprachl. für: Kleinbuchstaben des Alphabets.

Gemeine ↑Commons.

Gemeine Ackerschnecke ↑Ackerschnecken.

Gemeine Braunelle ↑Braunelle.

Gemeine Eibe ↑Eibe.

Gemeine Esche ↑Esche.

gemeine Figuren ↑Wappenkunde.

Gemeine Flockenblume, svw. Wiesenflockenblume (↑Flockenblume).

Gemeine Garnele ↑Garnelen.

Gemeineigentum, urspr. Bez. für das einer Gesamtheit zur gemeinschaftl. Nutzung zustehende Eigentum, bes. im bäuerl. Bereich das gemeinschaftl. Weideland. Im heutigen [Rechts]sprachgebrauch ist G. kollektives, durch Sozialisierung (Verstaatlichung) entstehendes, gemeinwirtschaftl. zu nutzendes Eigentum des Volkes. - Zur *marxist.-leninist. Bestimmung* von G. in Theorie und Praxis ↑sozialistisches Eigentum und ↑Volkseigentum.

Gemeine Kiefer, svw. Waldkiefer (↑Kiefer).

Gemeine Lärche, svw. Europäische Lärche (↑Lärche).

Gemeiner, im dt. Heer bis 1918 verwendete allg. unterste Dienstgradbezeichnung.

Gemeiner Alpenlattich ↑Alpenlattich.

Gemeiner Baldrian ↑Baldrian.

Gemeiner Beifuß (Pfefferkraut, Artemisia vulgaris), an Wegrändern und auf Schuttplätzen wachsende Beifußart, mehrjährige, bis 120 cm hohe, stark verzweigte Pflanze mit zweifach gefiederten, unterseits filzigen Blättern; Blütenköpfchen sehr klein, rötlichbraun, von filzigen Hüllblättern umgeben; als Gewürz für Braten und Geflügel verwendet.

Gemeiner Beinwell (Symphytum officinale), auf feuchten Wiesen, an Ufern und in Sümpfen wachsende Beinwellart; mehrjährige, bis 120 cm hohe, kräftige Pflanze mit bis 25 cm langen, lanzenförmigen Blättern; Blüten gelbl., hellrosafarben oder rot, in nach einer Seite gewendeten Blütenständen.

Gemeiner Beifuß

Gemeiner Beinwell

Gemeiner Hohlzahn

Gemeiner Birnbaum (Birnbaum, Pyrus domestica), Sammelart, die alle europ. Kultursorten des Birnbaums umfaßt, die vermutl. aus dem ↑Wilden Birnbaum durch Einkreuzen mehrerer Wildarten entstanden sind; bis 15 m hohe Bäume mit breit pyramidenförmiger Krone, dornenlosen Ästen, eiförmigen, spitzen, gekerbten oder ganzrandigen Blättern und weißen Blüten mit roten Staubbeuteln; Früchte: kurze bis längl., eiförmige Balgäpfel mit Steinzellen im Fruchtfleisch; Obstbaum nährstoffreicher Böden in warmen, geschützten Lagen; in Asien, Amerika und N-Afrika eingeführt. - ↑auch Birnen (Übersicht).

Gemeiner Bocksdorn ↑Bocksdorn.

Gemeiner Dornhai ↑Dornhaie.

Gemeiner Hohlzahn (Ackerhohlzahn, Galeopsis tetrahit), einjährige, 20–100 cm hohe Hohlzahnart in Europa und Asien; verzweigte Pflanzen mit zugespitzt-eiförmigen Blättern, verdickten Stengelknoten und roten bis weißen Blüten in an den Zweigenden gedrängt stehenden Scheinquirlen; Unkraut auf Äckern, Schutt und in Gebüschen.

Gemeiner Krake ↑Octopus.

Gemeiner Pfennig, Bez. für die auf dem Wormser Reichstag 1495 beschlossene allg. unmittelbare Reichssteuer; die Erhebung scheiterte v. a. an der Zahlungsunwilligkeit der Reichsstände.

Gemeiner Regenwurm ↑Regenwürmer.

Gemeiner Rosenkäfer ↑Rosenkäfer.

Gemeiner Spindelstrauch, svw. Pfaffenhütchen (↑Spindelstrauch).

Gemeiner Thymian ↑Thymian.

Gemeine Runkelrübe ↑Runkelrübe.

Gemeiner Wacholder ↑Wacholder.

Gemeiner Wasserfloh ↑Daphnia.

gemeiner Wert, Begriff des Steuerrechts, der die Bewertung eines Wirtschaftsgutes zum Einzelveräußerungspreis beschreibt, der im gewöhnl. Geschäftsverkehr zu erzielen wäre.

Gemeines Bartgras ↑Bartgras.

Gemeine Schafgarbe ↑Schafgarbe.

gemeines Recht, allg. geltendes Recht eines Staates, im Ggs. zum bes. *(partikularen)* Recht bestimmter Provinzen oder Personen. In diesem Sinn kennen mehrere europ. Staaten g. R.: England bzw. Großbrit. das Common Law, Frankr. das Droit commun, Italien das Diritto commune. In Deutschland versteht man ungefähr seit der Ordnung des Reichskammergerichts von 1495 unter „des Reichs gemeinen Rechten" meist das röm. Privat- und Prozeßrecht, und zwar in der Gestalt, die es durch die Bearbeitung der italien. Juristen erhalten hatte. Das g. R. (in seiner allgemeinsten Bedeutung) wurde in Deutschland von Rechtsprechung und Rechtswissenschaft weiterentwickelt und galt in vielen dt. Staaten, die sich keine Kodifikation gegeben hatten, bis zum Inkrafttreten des Bürgerl. Gesetzbuches am 1. Jan. 1900.

Gemeinfreie ↑Freie, ↑Königsfreie.

Gemeingebrauch, die jedermann eingeräumte Berechtigung, *öffentl. Sachen* (wie Straßen, Wege, Grünanlagen, Wasserstraßen, Luftraum) ohne bes. Zulassung entsprechend ihrer Zweckbestimmung und ohne Beeinträchtigung anderer unentgeltl. zu benutzen. Gesteigerte Benutzungsrechte haben die Anlieger von Straßen und Gewässern (sog. *gesteigerter G.* oder *Anliegernutzung*); so unterliegt dem G. etwa das Unterhalten einer Garagenzufahrt (mit Parkverbotswirkung für andere), das kurzfristige Ablagern von Sachen vor dem Grundstück oder das Aufstellen von Fahrradständern für Kunden.

Gemeingefahr, zentraler Begriff der Gefährdungsdelikte. G. liegt vor bei Gefährdung einer Vielheit von Individuen oder hochwertiger fremder Sachen oder unbestimmter einzelner Menschen oder Sachen.

gemeingefährliche Straftaten, Sammelbez. für die in §§ 306–330c StGB aufgeführten Straftaten, z. B. Brandstiftung, Herbeiführen einer Explosion durch Kernenergie, Mißbrauch ionisierender Strahlen, Gefährdung des Bahn-, Schiffs- und Luftverkehrs, Trunkenheit im Verkehr, Baugefährdung, unterlassene Hilfeleistung.

gemeingefährliche Vergiftung (Brunnenvergiftung), die Vergiftung von Brunnen- oder Wasserbehältern oder von Gegenständen, die zum öffentl. Verkauf oder Verbrauch bestimmt sind (§ 324 StGB); mit Freiheitsstrafe von einem bis zu 10 Jahren (u. U. mit lebenslanger Freiheitsstrafe) bedroht.

Gemeinheitsteilung, Maßnahme der ↑Agrarreform seit dem 18. Jh.: Allmenden wurden aufgeteilt und in Privateigentum überführt.

Gemeinkosten, Kosten, die sich nicht unmittelbar einer bestimmten Leistung zurechnen lassen; z. B. Abschreibungen, Versicherungen, Transportlöhne. Material- und Fertigungs-G. werden zu Betriebs-G. zusammengefaßt.

gemeinnützige Unternehmen, private oder öffentl., nicht auf Gewinn ausgerichtete Unternehmen, die gemeinnützige, mildtätige und/oder kirchl. Zwecke verfolgen und die steuerl. Vergünstigungen erhalten oder ganz von der Steuer befreit sind *(= steuerlich unschädl. Geschäftsbetriebe).*

gemeinnützige Wohnungsunternehmen, Wohnungsunternehmen, die auf Grund des Wohnungsgemeinnützigkeitsgesetzes (WGG) vom 29. 2. 1940 als gemeinnützig anerkannt sind. Die Anerkennung setzt u. a. voraus, daß die g. W. als jurist. Person betrieben werden und sie nicht unter dem überwiegenden Einfluß von Angehörigen des Baugewerbes stehen.

Gemeinplatz, 1770 von C. M. Wieland geprägte dt. Übersetzung für lat. „locus communis": allg. bekannter Ausdruck; meist als „nichtssagende Redensart" negativ bewertet.

Gemeinsame Afrikanisch-Mauritische Organisation ↑OCAM.

Gemeinsamer Ausschuß, spezielles Verfassungsorgan der BR Deutschland (auch als **Notparlament, Notstandsausschuß** bezeichnet), das aus 22 Abg. des Bundestages, die nicht der Bundesreg. angehören dürfen und vom Plenum zu Beginn jeder Wahlperiode entsprechend dem Stärkeverhältnis der Fraktionen bestimmt werden, und aus 11 von den Landesreg. bestellten und im G. A. weisungsfreien Mgl. des Bundesrates besteht. Im Verteidigungsfall hat er die Stellung von Bundestag und Bundesrat und nimmt deren Rechte einheitl. wahr, sobald er mit Zweidrittelmehrheit der abgegebenen Stimmen, die zugleich auch die Mehrheit der gesetzl. Stimmenzahl sein müssen, festgestellt hat, daß dem rechtzeitigen Zusammentritt des Bundestages *unüberwindl. Hindernisse* entgegenstehen oder daß dieser *nicht beschlußfähig* ist (Art. 115e Abs. 1 GG). Gesetze des G. A. dürfen weder die Verfassung ändern, noch Neugliederungen des Bundesgebietes vornehmen oder Hoheitsrechte auf internat. Organisationen übertragen. Sie suspendieren die im normalen Gesetzgebungsverfahren erlassenen Gesetze nur und treten spätestens sechs Monate nach Beendigung des Verteidigungsfalles außer Kraft.

gemeinsamer Markt, möglichst freier, jedenfalls den gleichen Bedingungen unterworfener *Binnenmarkt* im Rahmen der Europ. Gemeinschaften, insbes. freier Waren-, Dienstleistungs- und Kapitalverkehr, Freizügigkeit der Arbeitnehmer und Niederlassungsfreiheit der Selbständigen und Gesellschaften.

Gemeinsamer Markt, fälschl. gebraucht für Europäische Wirtschaftsgemeinschaft.

Gemeinsamer Senat der obersten Gerichtshöfe des Bundes, Spruchkörper zur Wahrung der Einheitlichkeit der Rechtsprechung, Sitz Karlsruhe, errichtet durch Gesetz vom 19. 6. 1968 auf Grund des neugefaßten Art. 95 Abs. 3 GG als Ersatz für das nie errichtete Oberste Bundesgericht (Art. 95 GG alter Fassung). Er besteht aus den Präs. der obersten Gerichtshöfe des Bundes sowie den Präs. und je einem weiteren Richter der beteiligten Senate. Er entscheidet auf Vorlegungsbeschluß, wenn ein Senat, Großer oder Vereinigter Großer Senat eines obersten Gerichtshofes in einer Rechtsfrage von der Entscheidung eines anderen obersten Gerichtshofes abweichen will. Die Entscheidung ergeht nur über die Rechtsfrage und bindet das erkennende Gericht.

gemeinsames Vielfaches, eine ganze Zahl, die sich durch zwei oder mehr gegebene ganze Zahlen ohne Rest teilen läßt. So sind z. B. die Zahlen 120, 240 oder 360 g. V. von 5, 6 und 8.

Gemeinsame Versammlung, das Parlament der Europ. Gemeinschaft für Kohle und Stahl (Montanunion); 1958 vom Europ. Parlament abgelöst.

Gemeinschaft, in der älteren dt. *Soziologie* (von F. Tönnies, 1887) als Ggs. zu „Gesell-

schaft" geprägter Begriff; ein sozialer Zustand instinktiver, gewohnheitsbedingter bzw. ideenbezogener Gemeinsamkeit, auf Neigung, Liebe, „innerer" Verbundenheit beruhend. Herrschaftsverhältnisse in der G. werden interessenintegrativ betrachtet als Gebrauch der Herrschaft zum Nutzen der Beherrschten. G. ist ein histor. und auch ein sozialeth. Ordnungsbegriff, weil und insoweit mit ihm die Tendenz zur Ablösung urspr. „natürl." sozialer Zustände zw. den Menschen durch rationale, „künstl.-mechan." Beziehungsformen der „Gesellschaft" behauptet wird und der Wandel von der „organ. Kultur" zur „mechan. Zivilisation" bedauert wird. In der Gegenwartssoziologie ist die geistesgeschichtl. gebundene Kategorie G. zugunsten differenzierterer Grundbegriffe wie Primärgruppe, Intimgruppe u.a. abgelöst worden.
◆ *G. und Religion* ↑Religionssoziologie.
◆ im *dt. Recht* 1. i.w.S. jede privatrechtl. Verbindung von Personen mit gemeinsamen vermögensrechtl. Interessen, näml. die Zweckgemeinschaft (Gesellschaft), die schlichte Interessengemeinschaft, die ehel. Gütergemeinschaft, die ↑Erbengemeinschaft; 2. i.e.S. die ↑Bruchteilsgemeinschaft.

Gemeinschaft der Heiligen (Communio Sanctorum), Begriff der christl. Theologie zur Bez. 1. der „Gemeinschaft der hl. Gaben", d.h. Gemeinschaft an Leib und Blut Christi in der Eucharistie, 2. der Kirche.

Gemeinschaften Christlichen Lebens, Abk. GCL, seit 1967 unter diesem Namen erneuerte Fortführung der 1563 gegr. kath. **Marianischen Kongregationen:** kirchl. Gemeinschaften (Kleriker und Laien), die sich dem Dienst in Kirche und Welt widmen. 1977 gab es insgesamt 41 Nationalföderationen der GCL. Die Anzahl der Mgl. in der BR Deutschland betrug rd. 55 000.

gemeinschaftliches Testament ↑Testament.

Gemeinschaftsantennenanlage, Abk. GA, gemeinschaftl. genutzte Antenne zum Betrieb zahlr. Hörfunk- und Fernsehgeräte in größeren Wohnanlagen. Die Antennensignale werden von einem breitbandigen Verstärker verstärkt und über Koaxialkabel den einzelnen Wohnungen zugeführt. Vorteile: Vermeidung sog. „Antennenwälder" auf den Dächern. Eine Weiterentwicklung der GA stellt die **Groß-Gemeinschaftsantennenanlage,** Abk. GGA, dar, die der Versorgung ganzer Stadtteile dient und an empfangsgünstigster Stelle - auch außerhalb von Wohngebieten - eingerichtet wird.

Gemeinschaftsaufgaben, Aufgaben auf bestimmten Gebieten, auf denen der Bund bei der Erfüllung von Aufgaben der Länder mitwirkt, wenn diese Aufgaben für die Gesamtheit bedeutsam sind und die Mitwirkung des Bundes zur Verbesserung der Lebensverhältnisse erforderl. ist (Art. 91a GG). Es handelt sich hierbei um den Ausbau und Neubau von Hochschulen einschließl. der Hochschulkliniken sowie um die Verbesserung der regionalen Wirtschaftsstruktur, der Agrarstruktur und des Küstenschutzes. Durch BG sind die G. näher bestimmt und Vorschriften über das Verfahren und über Einrichtungen für eine gemeinsame Rahmenplanung getroffen worden. Der Bund trägt i.d.R. die Hälfte der Ausgaben in jedem Land.

Gemeinschaftsbewegung, zusammenfassende Bez. für eine innerprot. Erneuerungsbewegung, die aus verschiedenen Traditionen hervorging. - Erbauungsversammlungen ohne Anschluß ans Pfarramt nahmen im 19. Jh. Wicherns Aufforderung zur Evangelisation und die aus den angelsächs. Ländern kommende „Heiligungsbewegung" auf. Betonung charismat. Laienarbeit und persönl. Heilssicherheit begünstigten um die Jahrhundertwende ekstat. und Einflüsse der Pfingstbewegung, die aber in den Jahren 1920–30 durch Neuorientierung an der Rechtfertigung zugunsten einer Verkirchlichung wieder verdrängt wurden. - Durch die Herkunft vieler heute amtierender ev. Pfarrer aus der G. wurde eine Zusammenarbeit der G. mit den Landeskirchen ermöglicht, wobei jedoch die G. im Ggs. zur Kirche nach wie vor die Erkennbarkeit der Zugehörigkeit zur Gemeinde betont.

Gemeinschaftserziehung, svw. ↑Koedukation.

Gemeinschaftskunde, 1960 bzw. 1962 eingerichtetes gymnasiales Schulfach der Oberstufe; in ihm soll der Schüler die „gegenwärtige Welt in ihrer histor. Verwurzelung, mit ihren sozialen, wirtschaftl. und geograph. Bedingungen, ihren polit. Ordnungen und Tendenzen" verstehen und krit. beurteilen lernen; es dient der polit. Bildung; heute Wahlfach.

Gemeinschaftsschule (Simultanschule), für alle gemeinsame, nach Bekenntnissen der Lehrer und Schüler nicht getrennte, konfessionell und weltanschaul. neutrale Form der öffentl. Schule. Im Pflichtschulbereich (Grund- und Hauptschule) können auf ausdrückl. Wunsch der Eltern auch **Bekenntnisschulen** eingerichtet werden (im Saarland ist sie Regelform); ihr Ziel ist die weltanschaul.-religiöse Durchdringung des gesamten Unterrichts. Die Kirchen, Religions- und Weltanschauungsgemeinschaften haben das Recht, in den G. meist innerhalb der regulären Schulzeit Religions- bzw. Weltanschauungsunterricht zu erteilen. Da sich die meisten Länderverfassungen zu christl. Bildungsidealen bekennen, spricht man auch von **christl. Gemeinschaftsschule.**
In *Östr.* und der *Schweiz* sind die Pflichtschulen Gemeinschaftsschulen.

Gemeinschaftsteuern, Bez. für die Gesamtheit der Steuern, die Bund und Länder nach Art. 106 GG gemeinsam zustehen: Lohnsteuer, veranlagte Einkommensteuer, Kapitalertragsteuer, Körperschaftsteuer, Umsatzsteuer (Mehrwertsteuer) und Einfuhrumsatzsteuer.

Gemeinschaftswerbung, von einer Unternehmensgruppe oder einer ganzen Branche gemeinsam durchgeführte Werbung ohne Nennung der Firmen; dient der Förderung eines Produktes, ohne auf eine bestimmte Marke abzustellen, der Aufklärung über die Vorteile einer Einrichtung (z. B. Informationen über die Güterbeförderung mit Lastkraftwagen), der Beeinflussung von Konsumsitten.

Gemeinschaftswerk der Evangelischen Publizistik e. V. ↑kirchliche Öffentlichkeitsarbeit.

Gemeinschuldner, derjenige Schuldner [einer Mehrzahl von Gläubigern], über dessen Vermögen der Konkurs stattfindet.

Gemeinsinn, das Zusammengehörigkeitsgefühl innerhalb einer Gruppe (z. B. Gemeinde, Staat) mit der Bereitschaft, über den persönl. Bereich hinaus Verantwortung im sozialen Leben zu übernehmen und an Gemeinschaftsaufgaben mitzuarbeiten.

Gemeinsprache, eine über die Grenzen der Mundarten hinausreichende Einheitssprache; außer als Ggs. zu Mundart wird G. auch als Opposition zu Fach- oder Gruppensprache verwendet; auch svw. ↑Standardsprache, wenn diese unter dem Gesichtspunkt ihrer allg. Geltung in der Sprachgemeinschaft betrachtet wird.

Gemeinwesenarbeit ↑Sozialarbeit.

Gemeinwille ↑Volonté générale.

Gemeinwirtschaft, Wirtschaftsform, die das Ziel der volkswirtsch. Bedarfsdeckung verfolgt und bei der Festsetzung ihrer Preise für Güter und Dienstleistungen nach dem Prinzip der Kostendeckung verfährt. Die G. wird von dem Gemeinwesen getragen und ist durch bes. Formen des Eigentums gekennzeichnet. In der BR Deutschland können v. a. die Dt. Bundespost und die Dt. Bundesbahn als G. bezeichnet werden.

Gemeinwirtschaftsbanken, von Gewerkschaften und Genossenschaften getragene Banken; bed. Bankunternehmen in der BR Deutschland ist die ↑Bank für Gemeinwirtschaft AG (BfG).

Gemeinwohl, polit.-sozialer Begriff, der in einem Gemeinwesen die Gesamtinteressen (im Ggs. zu Einzel- oder Gruppeninteressen) bezeichnet, wobei problemat. ist, was konkret inhaltl. jeweils als G. anzusehen ist (da dies von den jeweiligen polit.-sozialen und wirtsch. Positionen und Zielen der verschiedenen Gruppen sehr unterschiedl. interpretiert wird), wie die Feststellung des G. zustande kommt und inwieweit das G. sich in der Summe der Einzel- bzw. Gruppeninteressen erschöpft oder eine behauptete eigene Qualität darstellt. Die aktuelle Definition des G., das im Zusammenhang mit den - häufig verfassungsrechtl. normierten - Wertentscheidungen einer Gesellschaft steht, wird in pluralist. Gesellschaften in der ständigen Auseinandersetzung der verschiedenen Interessen vorgenommen, für deren Ergebnis letztl. die Machtverteilung unter den gesellschaftl. Gruppen ausschlaggebend ist.

Gemelli, Agostino [italien. dʒe'mɛlli], * Mailand 18. Jan. 1878, † ebd. 15. Juli 1959, italien. Philosoph und Psychologe. - 1902 Arzt, 1903 Franziskaner, 1908 Priester. Gründete in Mailand die „Università del Sacro Cuore“ (1921 eröffnet, 1924 staatl. anerkannt) und leitete sie bis zu seinem Tod. 1936 Präs. der Päpstl. Akademie der Wissenschaften. Das von ihm gegründete Universitätslaboratorium für Psychologie befaßt sich v. a. mit Wahrnehmungs- und Jugendpsychologie sowie Berufsberatung.

Werke: La psicoanalisi, oggi (1953), Psicologia e religione nella concezione analitica di C. G. Jung (1955).

Gemelli [lat.], svw. ↑Zwillinge.

Gemenge ↑Gemisch.

◆ (Gemengesaat) gleichzeitiger Anbau von zwei oder mehreren gleichzeitig reifenden Fruchtarten auf demselben Ackerstück; z. B. Weizen-Roggen-G., Hafer-Lupinen-G., Mais-Sonnenblumen-G.; bringt meist höhere Erträge.

Gemengelage (Gemenglage, Streulage), verstreute Verteilung des in einer Hand befindl. ländl. Grundeigentums (↑Flurformen, ↑Flurbereinigung).

Gemini [lat.] (Zwillinge), Sternbild, ben. nach den Zwillingssternen Castor und Pollux; ↑Sternbilder (Übersicht).

Gemini [lat.], svw. ↑Zwillinge.

Geminiani, Francesco [italien. dʒemi'nia:ni], * Lucca 1680 (?), ≈ 5. Dez. 1687, † Dublin 17. Sept. 1762, italien. Violinist und Komponist. - Ab 1714 als Virtuose und Lehrer in London (1749–55 in Paris). Sein Lehrwerk „The art of playing on the violin“ (1751) war grundlegend für die moderne Violintechnik. Mit seinen 24 Violin-, 6 Cellosonaten und 24 Concerti grossi steht er in der Tradition seines Lehrers A. Corelli.

Geminiden [lat.], ein ekliptikaler Meteorstrom mit dem Radianten im Sternbild Gemini, der zw. 5. und 19. Dez. (Maximum am 12. Dezember) auftritt.

Gemini-Programm, Orbital-Raumflugprogramm der NASA (1961–66) mit zweisitzigen, teilaktiven Raumkabinen (Orbitalmasse: 3 560 kg) als Vorbereitung auf die Apollo-Flüge. Hauptaufgabe des mit Trägerraketen Titan 2 durchgeführten G.-P., das nach zwei Vorversuchen (Gemini 1 und 2) mit unbemannten Raumkabinen zehn Raumflüge mit je zwei Astronauten umfaßte (Gemini 3 bis 12), waren neben einer Vielzahl wiss. (auch wirtsch. und militär.) Experimente die Ausführung raumfahrttechn., biomedizin. und psycholog. Versuche sowie Schwerelosigkeitstests und Arbeitsfähigkeitstests bei Weltraumausstiegen. Die Flugdauer der Raumkabinen lag zw. 4 h 53 min (3 Erdumläufe; Gemini 3) und 13 d 18 h 35 min (205 Umläufe; Gemini 7). Die größte Apogäumshöhe erreichte Gemini 11 nach einem Bahnänderungsmanöver (1 367 km). - Abb. S. 80.

Gemisch (Mischung), eine Substanz, die durch physikal. Trennmethoden in einzelne Bestandteile (Komponenten) zerlegt werden kann. **Homogene Gemische** bestehen aus nur einer Phase (z. B. Flüssigkeits-G., Lösungen, Legierungen), **heterogene Gemische** (Gemenge) aus mehreren Phasen (z. B. Suspensionen, Emulsionen, Aerosole).

Gemischbildung, bei Verbrennungskraftmaschinen Herstellung der zum Betrieb erforderl. Kraftstoff-Luft-Mischung im Vergaser bzw. beim Dieselmotor durch Einspritzen des Kraftstoffs in die im Brennraum befindl. Luft.

Gemischschmierung, Schmierungsart für Zweitaktmotoren. Das Schmieröl wird in Verhältnissen von 1 : 25 bis 1 : 50 dem Kraftstoff zugesetzt.

gemischtes Doppel (Mixed) ↑Doppel.

gemischte Stimmen, in der Orgel Register (wie Mixtur, Kornett u. a.), die aus mehreren ↑Aliquotstimmen zusammengesetzt sind.

gemischte Zahl, jeder unechte Bruch, dargestellt als Summe einer ganzen Zahl und eines echten Bruches, wobei das Pluszeichen weggelassen wird, z. B. $^{11}/_{2} = 5 + {}^{1}/_{2} = 5\,{}^{1}/_{2}$. Das Verwandeln einer g. Z. in einen unechten Bruch bezeichnet man als *Einrichten*.

Gemischtwarengeschäft, Betriebsform des Einzelhandels, durch eine breite Streuung des Warensortiments gekennzeichnet.

gemischtwirtschaftliche Unternehmen, privatrechtl. Unternehmen, deren Eigenkapital sowohl durch öffentl. Körperschaften als auch durch Privatpersonen aufgebracht wird; neben der Eigenkapitalbeteiligung wird z. T. zusätzl. das Kriterium der Beteiligung beider Gruppen an der Verwaltung des Unternehmens gen., z. T. wird auch eine bestimmte Mindestbeteiligung der öffentl. Hand (z. B. 25 %) als Merkmal angeführt.
Da eine Eigenkapitalbeteiligung von Privatpersonen an öffentl.-rechtl. Institutionen nicht mögl. ist, kommen für g. U. nur privatrechtl. Rechtsformen in Frage, die wegen der Vorschriften über die Beteiligungen der öffentl. Hand überdies fast durchweg durch beschränkte Haftungsverhältnisse gekennzeichnet sind. Prakt. bestehen g. U. bes. in der Rechtsform der AG und der GmbH; g. U. finden sich v. a. in der Energieversorgung und im Verkehrswesen.

Gemmatio [lat.], svw. ↑Knospung.

Gemme [lat.-italien.] ↑Steinschneidekunst.

Gemmen [lat.], bei der ungeschlechtl. Fortpflanzung von Pilzen gebildete Dauerzellen am Ende einer Pilzhyphe.

Gemmologie [lat./griech.], die Lehre von den Schmuck- und Edelsteinen, Spezialzweig der Mineralogie; die *prakt. G.* behandelt die techn. Grundlagen der Be- und Verarbeitung der Steine.

Gemmula [lat.], kugelförmiges, meist etwa 0,5–1 mm großes Dauerstadium hauptsächl. bei Süßwasserschwämmen (auch bei einigen marinen Schwämmen). Sie kann mehr oder minder lange Trockenperioden, z. T. auch kürzere Frostperioden überdauern. Nach einer Ruhezeit schlüpfen junge Schwämme aus dem Porus der G.hülle aus. Trop. Süßwasserschwämme bilden eine G. v. a. zu Beginn der Trockenzeit, in den gemäßigten Zonen dagegen entstehen Gemmulae im Spätherbst als Überwinterungsstadien.

Gemsbock, wm. Bez. für die ♂ Gemse.

Gemsbüffel, svw. ↑Anoa.

Gemse (Gams, Rupicapra rupicapra), etwa ziegengroße Art der Horntiere (Unterfam. Ziegenartige) in den Hochgebirgen Europas (mit Ausnahme des N) und SW-Asiens, eingebürgert auch in europ. Mittelgebirgen (z. B. im Schwarzwald und Erzgebirge) und in Neuseeland; Körperlänge etwa 1,1–1,3 m, Schulterhöhe etwa 70–85 cm, Gewicht bis 60 kg; Kopf auffallend kontrastreich gelblichweiß und schwarzbraun gezeichnet, übrige Färbung im Sommer rötlich- bis gelblichbraun mit schwärzl. Aalstrich, im Winter braunschwarz; die bes. verlängerten Haare auf Widerrist und Kruppe liefern den *Gamsbart;* ♂ und ♀ mit hakenartig nach hinten gekrümmtem Gehörn *(Krucken, Krickel, Krückel).* Die in Rudeln lebende G. ist ein sehr flinker Kletterer; ihre spreizbaren, hart- und scharfrandigen Hufe mit einer elast. Sohlenfläche passen sich gut dem Gelände an. Die Brunstzeit der G. ist im Nov. und Dez.; nach einer Tragezeit von 6 bis 6,5 Monaten wird meist nur ein Kitz geboren, das sofort seiner Mutter folgen kann.

Gemskraut, svw. ↑Gamskraut.

Gemskresse (Hutchinsia), Gatt. der Kreuzblütler mit drei Arten in den Hochgebirgen Europas; niedrige Polsterstauden mit fiederschnittigen Blättern und weißen Blüten in Doldentrauben. Eine häufiger vorkommende Art ist die **Alpengemskresse** (Hutchinsia alpina) mit 3 mm breiten Blütenblättern und gefiederten, in einer grundständigen Blattrosette stehenden Blättern.

Gemswild, svw. ↑Gamswild.

Gemswurz (Gamswurz, Doronicum), Gatt. der Korbblütler mit etwa 35 Arten in Europa und Asien, v. a. in Mittel- und Hochgebirgen; Stauden mit wechselständigen, un-

Gemini-Programm. Gemini 6 beim Rendezvousmanöver mit Gemini 7 am 15. 12. 1965 in 295 km Höhe (aufgenommen aus Gemini 7)

geteilten Blättern und einem oder wenigen großen, gelben Blütenköpfchen; viele Arten sind beliebte Zierpflanzen.

Gemünden a. Main, Stadt 40 km nw. von Würzburg, Bay., 161 m ü. d. M., 9 700 E. Maschinenbau, Bekleidungs- und Holzind. - Erstnennung 837; 1466 an Würzburg, seit 1803/14 zu Bayern. - Im 2. Weltkrieg stark zerstört; wiederaufgebaut bzw. neuerbaut wurden u. a. die Stadtpfarrkirche (15. Jh.) und das Kreuzkloster mit Rundkirche (1956–61); erhalten das sog. Huttenschlößchen (1711), Teile der ma. Befestigung und Teile der Scherenburg (13. Jh.).

Gemündener Maar, von einem See gefülltes Maar in der Eifel bei Daun.

Gemüse [zu mittelhochdt. gemüese, urspr. „Brei (aus gekochten Nutzpflanzen)" (zu Mus)], pflanzl. Nahrungsmittel (mit Ausnahme des Obstes und der Grundnahrungsmittel Getreide und Kartoffel), die roh oder nach bes. Zubereitung der menschl. Ernährung dienen. Man unterscheidet: *Wurzel- und Knollen-G.* (Kohlrabi, Rettich, Radieschen, Rote Rübe), *Blatt- und Stiel-G.* (Spinat, Mangold, Rhabarber, Kopfsalat), *Frucht-G.* (Erbse, Tomate, Gurke), *Kohl-G.* (Weißkohl, Rosenkohl, Blumenkohl). G. wird feldmäßig angebaut (im Ggs. zum Wildgemüse) und spielt bei der Ernährung durch seinen hohen Gehalt an Vitaminen und Mineralstoffen eine große Rolle.

Geschichte: Im prähistor. M-Europa ist die Verwendung von Erbse, Linse und Pferdebohne nachweisbar. G.anbau kam durch Griechen und Römer nach M-Europa. In den Kloster- und Pfalzgärten des frühen MA wurden Kohlsorten, Möhren, Pferdebohnen, Kohlrabi, Zwiebeln, Knoblauch, Sellerie, Melde, Lattich (Salat), Endivien, Erbsen, Melonen, Gurken, Mangold und Portulak angebaut. Im 16. Jh. wurde der schon den Römern bekannte Spargel angebaut. Aus Amerika brachten die Spanier Tomaten sowie die Garten- und Feuerbohne nach Europa.

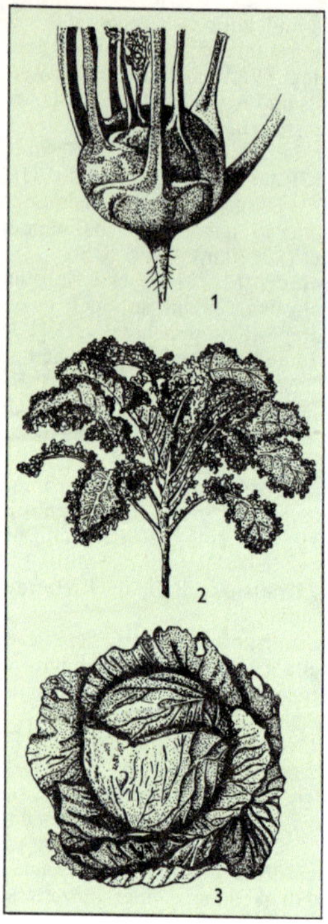

Gemüsekohl. 1 Kohlrabi, 2 Grünkohl, 3 Weißkohl

Gemüsekohl (Brassica oleracea), zweijähriger bis ausdauernder (als Kulturform auch einjähriger) Kreuzblütler; wild wachsend an Strandfelsen; bis 3 m hohe Pflanze (blühend) mit kräftigem, strunk- oder stammartigem Stiel und dicken, blaugrünen, leierförmig-fiederschnittigen Laubblättern; Blüten schwefelgelb (seltener weiß) in Blütenständen; Früchte linealförmig, bis 7 cm lang, mit kurzem „Schnabel". - Der G. ist eine alte (wahrscheinl. vom Wildkohl abstammende) Kulturpflanze mit zahlr. Kulturformen, die sich in folgende morpholog. Gruppen unterteilen lassen: **Stammkohl** mit bes. kräftig entwickelter Sproßachse, die genutzt wird (z. B. Markstammkohl, Kohlrabi); **Blätterkohl** (Blattkohl), dessen Blätter sich entfalten und dann genutzt werden (Grünkohl); **Kopfkohl,** bei dem die Blätter die Knospenlage beibehalten und sich zu einem Kopf zusammenschließen; **Infloreszenzkohl,** dessen fleischig verdickte Blütenstandsachsen gegessen werden (z. B. Blumenkohl, Spargelkohl).

Gemüt, nicht eindeutige Kollektivbez. menschl. Qualitäten wie Charakter, Erleben, Gefühl, womit etwa die seel.-geistige Einheit als „Innerlichkeit" oder „Kern" eines Menschen gemeint ist in der Bindung und Beziehung zur Umwelt. Unter **Gemütsarmut** versteht man meist eine gefühlsmäßige Gleichgültigkeit gegenüber der Umwelt.

Gemütskrankheiten, Leiden, die mit einer krankhaften Veränderung des affektiv-emotionalen („gefühlsbetonten") Verhaltens (ohne Beeinträchtigung des Intellekts) einhergehen; z. B. ↑Depression.

Gen [griech.] (Erbeinheit, Erbanlage), urspr. die letzte, unteilbare, zur Selbstverdopplung befähigte Einheit der Erbinformation. Die Gesamtheit aller Gene eines Organismus wird als **Genom** bezeichnet. Ein G. bestimmt (zus. mit den Umwelteinflüssen) die Ausbildung eines bestimmten Merkmals und wird erkennbar durch das Vorkommen alternativer Formen (↑Allele) für dieses Merkmal. Neue alternative (allele) G. treten sprunghaft und einzeln unter einer großen Zahl von Individuen mit sonst konstantem Merkmalsbild auf (↑Mutation); sie entsprechen in ihrer unveränderten Vererbung und allen weiteren Erbeigenschaften den anderen allelen G. einschließl. der „normalen" (urspr.) Form (Wildtypform). Dementsprechend wurde das G. zugleich als letzte Einheit der Merkmalsausbildung (genet. Funktion), der erbkonstanten alternativen Veränderung (Mutation) und der freien Kombinierbarkeit mit anderen Erbeinheiten (Rekombination) angesehen. - Die mit der steigenden Zahl von bekannten G. entdeckten Einschränkungen der freien Kombinierbarkeit untereinander (bei den sog. *gekoppelten G.*) führten zur Aufstellung von *Kopplungsgruppen* als G.zusammenschlüssen (G.kopplung). Bei der Aufspaltung der elterl. Erbanlage insgesamt werden nicht einzelne G., sondern solche Kopplungsgruppen verteilt und in der Zygote frei [re]kombiniert. Trotzdem kommt es aber auch, v. a. in der Meiose, zw. (homologen) Kopplungsgruppen zu einem gegenseitigen Austausch von G. (Cross-over). Aus den additiven Wahrscheinlichkeiten des Austausches für verschiedene G. aus gleichen Kopplungsgruppen ergibt sich das Bild einer linearen Anordnung aller G. einer solchen Gruppe mit festem, definiertem Platz in einem bestimmten Chromosom bzw. auf der Genkarte (**Genort**). Die auf diese Weise abstrakt gewonnenen Kopplungsgruppen wurden mit den mikroskop. erkennbaren ↑Chromosomen identifiziert, die G. selbst mit den ↑Chromomeren gleichgesetzt. - Die heutige molekulare Genetik definiert das G. als einen einzelnen Abschnitt auf einem viele G. umfassenden Nukleinsäuremolekül und somit als das materielle Substrat eines ↑Erbfaktors; es enthält die genet. Information für die Bildung eines einheitl., vollständigen Genproduktes (meist ein Protein bzw. eine Polypeptidkette). Damit ist (nach dem Muster der früheren Hypothese: ein G. = ein Enzym bzw. ein ↑Cistron = ein Polypeptid) die Definition beibehalten worden, daß das G. die Einheit der genet. Funktion (Einheit der Merkmalausbildung) darstellt. Als Einheit der Mutation (↑Muton) und der Rekombination (↑Recon) wird heute das einzelne Nukleotidpaar der DNS angesehen.

🕮 *Gottschalk, W.: Allg. Genetik. Mchn.; Stg. ²1984. - Winnacker, E.-L.: Gene u. Klone. Einf. in die G.technologie. Weinheim 1984. - Rogers, M.: G.manipulation. Dt. Übers. Bern u. Stg. 1978. - Klingmüller, W.: G.manipulation u. G.therapie. Bln. u. a. 1976.*

...gen [griech.], Nachsilbe mit der Bed. „erzeugend, bildend; erzeugt", z. B. anthropogen.

genant [ʒe'nant; frz.], belästigend, lästig; peinlich; unangenehm.

Genauigkeit, der Grad der Annäherung an einen idealen oder erforderl. Wert. Von einer auf k Dezimalstellen hinter dem Komma verkürzten n-stelligen Zahl ($n > k$) sagt man z. B., sie sei auf k Stellen hinter dem Komma genau, wenn ihr Fehler nicht größer als $\frac{1}{2} \cdot 10^{-k}$ ist. - ↑auch Meßtechnik, ↑Toleranzen.

Genaustausch, svw. ↑Faktorenaustausch.

Genbank, Einrichtung zur Sammlung, Erhaltung und Nutzung des Genmaterials bestimmter Pflanzenarten (v. a. der für die menschl. Ernährung und sonstige Nutzung wichtigen). In der BR Deutschland besteht eine G. für Getreide, Futterhülsenfrüchte, Grasarten und Kartoffeln in der Forschungsanstalt für Landw., Braunschweig-Völkenrode.

Genchirurgie, svw. ↑Genmanipulation.

Gendarm [ʒan'darm; frz., von gens d'armes „bewaffnete Männer], seit dem 19. Jh. Bez. für einen Angehörigen des Polizeidienstes (nicht der Kriminalpolizei). Die **Gendarmerie** war urspr. eine aus dem frz. König dienenden Edelleuten gebildete Truppe. In Preußen bestand bis 1806 ein Kürassierregiment **gens d'armes** zur Sicherheit des Königs. Seit 1809 war die Gendarmerie in fast allen dt. Staaten eine militär. organisierte Polizei auf dem Lande. Ihre Gestalt als staatl. Vollzugspolizei auf dem Lande erhielt sie erst 1820. 1920 wurde sie auf Grund des Versailler Vertrags entmilitarisiert, dem allg. Beamtenrecht unterstellt und in Preußen in **Landjägerei** umbenannt.

Für *Österreich* ↑Bundesgendarmerie. In der

Schweiz ist die G. in den frz.-sprachigen Kantonen neben der *Sicherheitspolizei (Police de sûreté)* ein Teil der Kantonspolizei.

Gendron, Maurice [frz. ʒã'drõ], * Nizza 26. Dez. 1920, frz. Cellist. - Solist und Kammermusiker, leitet Meisterklassen für Cello an der Staatl. Musikhochschule Saarbrücken (seit 1954) und am Pariser Conservatoire.

Genealogie [griech.] (Ahnenforschung, Geschlechterkunde), Lehre von der Herkunft und den Verwandtschaftsverhältnissen von Personen oder Familien; im MA v. a. für den Adel von Bed., Entwicklung zur histor. Hilfswiss. seit der Aufklärung. Man unterscheidet *allg. (theoret.) G.* (Erforschung von Gesetzmäßigkeiten genealog. Zus.hänge u. a.) und *angewandte (prakt.) G.* (v. a. Auswertung genealog. Quellen [Chroniken, Urkunden, Kirchenbücher usw.]). - Genealog. Sachverhalte werden meist in tabellar. Übersichten dargestellt. In der **Aszendenztafel** wird ein Proband an die Spitze seiner Vorfahrenreihe gesetzt (**Ahnentafel**), in der **Deszendenztafel** an die Spitze seiner Nachkommenschaft, die entweder die männl. und weibl. Deszendenz vollständig (**Enkeltafel**) oder nur die Linien der männl. Nachkommenschaft (**Stammtafel**) verzeichnet. Die Verbindung von Aszendenz- und Deszendenztafeln ergibt **Konsanguinitätstafeln** (Verwandtschaftstafeln).

genealogische Taschen- und Handbücher, Verzeichnisse von Personenstand und genealog. Abkunft polit. oder gesellschaftl. bed. Geschlechter, im dt. Sprachbereich v. a. „Gothaische Genealog. Taschenbücher“ (5 Abteilungen, 1763–1944), „Genealog. Handbuch des Adels“ (1951 ff.), „Dt. Geschlechterbuch. Genealog. Handbuch bürgerl. Familien“ (1889 ff.).

Genée, Dame (seit 1950) Adeline [dän. ʃi'ni:], eigtl. Anina Jensen, * Århus 6. Jan. 1878, † Esher (Surrey) 23. April 1970, dän. Tänzerin. - Kam 1897 nach London, wo sie u. a. in „Coppélia“ große Erfolge hatte; maßgebl. für die Anfänge des engl. Balletts.

G., Richard [frz. ʒə'ne], * Danzig 7. Febr. 1823, † Baden bei Wien 15. Juni 1895, dt. Komponist und Librettist. - Seit 1867 Theaterkapellmeister in Wien; übersetzte und schrieb (mit F. Zell) zahlr. Operettentexte (bes. für J. Strauß, Millöcker, Suppé), komponierte kom. Opern und Operetten.

genehmigtes Kapital, der Betrag, um den der Vorstand einer AG das Grundkapital durch Ausgabe neuer Aktien erhöhen kann. Die Ermächtigung gilt für fünf Jahre nach Eintragung der Gesellschaft oder kann durch Satzungsänderung für den gleichen Zeitraum erteilt werden.

Genehmigung, 1. die nachträgl. [d. h. nach dem Abschluß eines zustimmungsbedürftigen Rechtsgeschäfts erteilte] und unwiderrufl. Zustimmung. Sie bewirkt, daß das mangels Zustimmung *schwebend unwirksame Rechtsgeschäft* wirksam wird, und zwar, wenn nichts anderes vereinbart, rückwirkend auf den Zeitpunkt seiner Vornahme; 2. die [vor oder nach Geschäftsabschluß erteilte] behördl. Zustimmung zu einem Privatrechtsgeschäft sowie die behördl. ↑ Erlaubnis.

Genelli, Bonaventura [dʒe'nɛli], * Berlin 28. Sept. 1798, † Weimar 13. Nov. 1868, dt. Zeichner und Maler. - Einer der produktivsten Zeichner des dt. Klassizismus; weit verbreitet (in Stichen) die Bildfolgen (zu Dantes „Göttl. Komödie“, 1840–46; zur „Ilias“ und zur „Odyssee“, 1844).

Genera (Mrz. von Genus) [lat.] ↑ Genus.
◆ in der Biologie ↑ Gattung.

General [zu lat. generalis „allgemein, die (ganze) Gattung betreffend“], in zahlr. Streitkräften höchster Offiziersdienstgrad; in der Bundeswehr: Brigadegeneral, Generalmajor, Generalleutnant, G.; in der dt. Wehrmacht bis 1945: Generalfeldmarschall, Generaloberst, General, Generalleutnant, Generalmajor. - In *Österreich* Brigadier und General. - In der *Schweiz* ist der G. der Oberbefehlshaber der Streitkräfte, der nur im Mobilmachungsfall gewählt wird. - ↑ auch Dienstgradbezeichnungen (Übersicht).

General... [lat.], Bestimmungswort von Zusammensetzungen mit der Bed. „Haupt..., Oberst..., allgemein“, z. B. Generalintendant, Generalabsolution.

Generalabsolution, in der kath. Kirche 1. die sakramentale Lossprechung von Sünden ohne vorhergehendes persönl. Schuldbekenntnis (z. B. in Todesgefahr). - 2. Päpstl. Segen mit vollkommenem Ablaß in Todesgefahr.

Generaladmiral, im 17./18. Jh. Titel des ältesten Admirals einer Kriegsflotte; im Dt. Reich 1936 geschaffener, dem Generaloberst entsprechender Dienstgrad.

General Agreement on Tariffs and Trade [engl. 'dʒɛnərəl ə'gri:mənt ɔn 'tærıfs ənd 'trɛıd] ↑ GATT.

Generalanzeiger, Bestandteil im Titel dt. Zeitungen (seit 1845), zugleich dt. Zeitungstyp; wichtigste Merkmale waren: 1. Finanzierung v. a. über Anzeigeneinnahmen; 2. Rücksichtnahme auf möglichst viele Lesergruppen (Bevorzugung der Nachricht gegenüber Meinung und Parteinahme, Betonung von Unterhaltung und Belehrung gegenüber der Politik, Ausgestaltung insbes. des lokalen und regionalen Teils). Als Schöpfer des G.typs gilt der Aachener Verleger J. La Ruelle. Als Zeitungstyp fand der G. seine größte Verbreitung zw. 1870 und 1914.

Generalbaß (italien. Basso continuo), in der Musik des 17./18. Jh. die der Komposition zugrundeliegende instrumentale Baßstimme, nach der bei der Aufführung auf einem oder mehreren Akkordinstrumenten (Orgel, Cembalo, Laute), die häufig von tiefen Streich- oder Blasinstrumenten verstärkt werden, eine mehrstimmige *G.begleitung* zu spielen ist. In der Regel ist der G. „beziffert", d. h., die vom Komponisten festgelegten Klänge sind durch dem notierten Baßton zugefügte Ziffern, die die Intervalle zu diesem angeben, festgelegt.

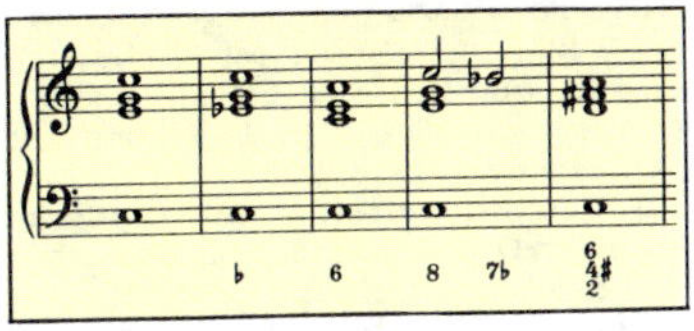

Generalbaß. Beispiel

Erhöhung oder Erniedrigung eines Akkordtons bezeichnete man meist durch ♯ bzw. ♭ neben der entsprechenden Ziffer. Wesentl. für das nur hinsichtl. der Klangfolge gebundene G.spiel war die Improvisation. - Das G.spiel entstand Ende des 16. Jh. in Italien. Um sich das Schreiben einer vollständigen Partitur der meist nur in Einzelstimmen vorliegenden Kompositionen zu sparen, spielten die Organisten aus der Baßstimme, die auch häufig als Direktionsstimme diente. Aufbauend auf dieser Praxis schuf L. Viadana („Concerti ecclesiastici", 1602) obligate G.stimmen. In der weltl. Musik wendete man dieses extemporierte Begleiten zuerst in der höf. Oper in Florenz um 1600 und bei den solist. Gesängen von G. Caccini (↑auch Monodie) an. Im Hochbarock wurde in fast allen Gattungen der Instrumentalmusik und der Vokalmusik der G. vorausgesetzt. Im Rezitativ blieb der G. über das Ende des *G.zeitalters* (↑Barock) hinaus bis zu Rossini übl., beim Orgelpart in kirchl. Kompositionen sogar bis Ende des 19. Jahrhunderts.

Generalbeichte, in der kath. Kirche Beichte über das ganze Leben oder einen größeren Lebensabschnitt; wird v. a. im Rahmen einer Volksmission abgelegt.

Generalbundesanwalt ↑Bundesanwaltschaft.

Generaldirektor, Bez. der Position (Stelle) der obersten Instanz an der Spitze des Leitungssystems großer Unternehmen und Unternehmenszusammenschlüsse. Bei direktorialer Leitung (**Direktorialprinzip**) unterstehen ihm Direktoren, die nur für bestimmte Unternehmensteile zuständig sind, bei kollegialer Leitung (**Kollegialprinzip**) hat er den Vorsitz des Direktoriums inne.

Generaldirektorium, im 18. Jh. oberste preuß. Zentralverwaltungsbehörde; gliederte sich in vier Provinzialdepartements und ihnen unterstellten Fachdepartements. Das G. wurde 1808 aufgehoben.

General Electric Co. [engl. 'dʒɛnərəl ɪ'lɛktrɪk 'kʌmpənɪ], größter Elektrokonzern der Welt; Sitz New York; entstanden 1892 durch Fusion der **Edison General Electric Co.** (gegr. 1878) und der **Thomson-Houston Electric Co.** - Hauptproduktionsgebiete: Elektro- und elektron. Geräte und Anlagen, Turbinen, Kraftwerkanlagen (einschließl. Kernkraftwerke) und Flugzeugtriebwerke, Lokomotiven und Transportsysteme, Radargeräte, Luft- und Raumfahrtsysteme, militär. Ausrüstungen, Industriediamanten.

Generalfeldmarschall ↑Feldmarschall.

General Foods Corp. [engl. 'dʒɛnərəl 'fu:dz kɔ:pə'rɛɪʃən], amerikan. Konzern, Sitz White Plains (N. Y.); entstanden 1925–29 aus Fusionen; Haupttätigkeitsgebiete: Produktion von Nahrungsmitteln, Tierfutter, Kosmetia, Sämereien, Spielsachen sowie Betrieb von Restaurantketten.

Generalgewaltiger ↑Profoß.

Generalgouvernement, Bez. für das Restgebiet Polens nach der dt. und sowjet. Besetzung 1939 und der Abtretung großer Gebiete an Deutschland und die UdSSR; Amtssitz des dt. Generalgouverneurs war Krakau. - ↑auch Polen (Geschichte).

Generalgouverneur, urspr. Gouverneur mit militär. Befehlsgewalt; dann auch oberster Verwaltungsbeamter, der einem größeren, aus mehreren Gouvernements gebildeten Gebiet (**Generalgouvernement**) vorsteht; in mehreren Staaten des Commonwealth Vertreter der brit. Krone; im 1. bzw. 2. Weltkrieg Bez. für den Leiter der Verwaltung eines vorübergehend besetzten, nicht endgültig annektierten Gebiets (so der dt. Verwaltungschef in Belgien bzw. 1939–44 im Generalgouvernement Polen).

Generalhandel ↑Außenhandelsstatistik.

Generalić, Ivan [serbokroat. gɛnɛ'ralitɕ], * Hlebine 21. Dez. 1914, jugoslaw. Laienmaler. - Malt in flächiger Manier und klaren Farben [Öl- oder Hinterglas]bilder aus dem Dorfleben, Landschaften, Blumen, Tiere sowie traumhaft-phantast. Szenen; Begründer der Schule von Hlebine.

Generalinspekteur der Bundeswehr, Dienststellungsbez. für den ranghöchsten Soldaten der Gesamtstreitkräfte der ↑Bundeswehr; unmittelbar dem Verteidigungsmin. nachgeordnete ministerielle Instanz für die Entwicklung und Realisierung einer Gesamtkonzeption der militär. Verteidigung sowie für die Durchführung von Einzelmaßnahmen; Gesamtverantwortlicher für die Bundeswehrplanung im Bundesverteidigungsministerium; militär. Berater des Verteidigungsmin. und der Bundesreg.; Vors. des Militär. Führungsrates und Vertreter der Bundeswehr in höchsten internat. militär. Gremien.

Generalintendant ↑Intendant.

generalisieren [lat.], aus Einzelfällen allg. Begriffe gewinnen; verallgemeinern.
◆ in der *Kartographie* Bez. für die vereinfachte Wiedergabe der Wirklichkeit in Karten, deren Maßstab kleiner als 1 : 1 ist.

Generalisierung [lat.], in der *Logik* und *Wissenschaftstheorie* ein Verfahren, aus einer Allaussage durch Wahl eines generellen Subjektbegriffs eine neue Allaussage zu gewinnen, z. B. ist „alle Menschen sind eigensinnig" eine G. von „alle Kinder sind eigensinnig". - In den *empir. Wissenschaften* wird die Berechtigung der G. von Einzelfällen, den singulären Tatsachen, auf die von Gesetzesaussagen darstellbaren allgemeinen Zusammenhänge unter dem Titel „induktive Verfahren" (↑ Induktion) erörtert.
◆ (Generalisation) in der *Lernpsychologie* Bez. für das Phänomen, daß erlernte Reaktionen außer durch bedingende Reize auch durch solche Reize veranlaßt werden können, die diesen Reizen ähnl. sind. Der **Generalisierungsgradient** ist hierbei das Maß für die Wahrscheinlichkeit einer Verbindung von Reiz und Reaktion.
◆ (Generalisation) in der *Medizin* ↑ Streuung.

Generalissimus [lat.-italien.], Oberstkommandierender, früher in einigen Staaten höchster militär. Dienstgrad; Titel Stalins und Francos.

Generalist [lat.], jemand, dessen Interesse nicht auf ein bestimmtes Gebiet festgelegt ist. Ggs.: Spezialist.

Generalität [lat.], die Gesamtheit der Generale eines Staates.

Generalitätslande, bis 1795/96 diejenigen Gebiete Flanderns, Brabants, Limburgs und Gelderns in der Republik der Vereinigten Niederlande, die nicht Teil der 7 Provinzen oder der diesen angeschlossenen souveränen Gebiete waren. 1648–1795 den ↑ Generalstaaten direkt unterstellt.

generaliter [lat.], im allgemeinen, allg. betrachtet.

Generalkapitän, militär. Oberbefehlshaber (z. B. im Krieg in der Republik Venedig) auch militär. Rang (im 17. Jh. in Frankr. unter dem Marschall); diente in Spanien seit dem 16. Jh. zur Sicherung exponierter Gebiete in Amerika und zur militär. Kontrolle des Mutterlandes; gegenwärtig kommandierender General eines span. Militärbezirks.

Generalkapitel, in kath. Ordensgemeinschaften die regelmäßige Versammlung der Oberen und bevollmächtigten Mgl. aus den Ordensprovinzen oder einzelnen Klöstern; besitzt die höchste gesetzgeber. Gewalt in den Ordensgemeinschaften; von den Zisterziensern eingeführt.

Generalklausel, Gesetzesbestimmung, welche die von ihr erfaßten Sachverhalte nicht abschließend aufzählt, sondern durch Verwendung wertausfüllungsbedürftiger Begriffe abstrakt begrenzt. Die in allen Rechtsbereichen vorkommenden G. sind i. d. R. Auffangtatbestände, die die Lückenlosigkeit des Rechts in Gebieten gewährleisten sollen, für die eine Aufzählung aller in Betracht kommenden Fallgestaltungen unmögl. ist. Sie ermöglichen die Berücksichtigung sich wandelnder Anschauungen und Verkehrssitten, wodurch sie im Gegensatz zu abschließender Einzelfallregelung zur sozialen Dynamik des Rechts beitragen. Zu den bekanntesten G. zählen das Prinzip von *Treu und Glauben* (§ 242 BGB) und die sog. **polizeil. Generalklausel,** die der Polizei die Eingriffsermächtigung *zur Abwendung aller der Allgemeinheit drohenden Gefahren* verleiht.

Generalkommission der Gewerkschaften Deutschlands, zentrales Organ der freien ↑ Gewerkschaften 1890–1919.

Generalkongregation, in der röm.-kath. Kirche die Versammlung aller stimmberechtigten Mgl. einer Verwaltungs- bzw. Organisationseinheit (z. B. bei Konzilien, Synoden, Orden).

Generalleutnant ↑ General.

Generalmajor ↑ General.

General Motors Corp. [engl. 'dʒɛnərəl 'moʊtəz kɔːpə'rɛɪʃən], Abk. GMC (auch GM), Automobilproduzent und Ind.konzern; gegr. von William C. Durant (1908); Sitz Detroit (Mich.). Die Hauptbetätigungsgebiete der GMC sind die Herstellung und der Vertrieb von Personen- und Lastkraftwagen, jedoch arbeitet das Unternehmen u. a. auch auf den Gebieten Elektronik, Bau- und Landwirtschaftsmaschinen, Großmotorenbau, militär. Flugkörper und dem Sektor der elektr. Haushaltsgeräte. Mit *Electronic Data Systems Corp.* besitzt GMC das größte Softwareunternehmen der Erde. Umsatz (1988): 110,23 Mrd. US-$, Beschäftigte (1988): 811 000.

Generalmusikdirektor, Abk. GMD, ↑ Musikdirektor.

Generaloberer, der höchste Obere einer kath. Ordensgemeinschaft.

Generaloberst ↑ General.

Generalpächter (frz. Fermiers généraux), Bez. für die Hauptpächter von Zöllen, Monopolen und anderen Steuern. Das System der Steuerverpachtung, das schon die Römer kannten, gewann seit dem späteren MA in vielen Staaten an Bed., v. a. in Frankr. (Anfang 17. Jh.–1790), und wurde zur Quelle zahlr. Mißstände.

Generalpause, Abk. G. P., in der Musik eine gemeinsame Pause aller Stimmen in einem mehrstimmigen Satz.

Generalprävention ↑ Strafe.

Generalprobe, letzte Spielprobe im Theater vor der Premiere.

Generalprokuratur [lat.] ↑ Staatsanwaltschaft (Österreich).

Generalquartiermeister, seit der 2. Hälfte des 17. Jh. Bez. für die Führungsgehilfen von Oberkommandierenden; in den Koalitions- und Napoleon. Kriegen in Frankr. und Preußen dem neugeschaffenen Generalstab bei- oder untergeordnet (im Großen Generalstab der preuß. Armee Dienststellung unterhalb des Chefs des Generalstabes der

Armee); berühmteste Stelleninhaber: E. Ludendorff (1916–18) und W. Groener (seit 1918). In der Wehrmacht der für die Versorgung eines Wehrmachtsteils Höchstverantwortliche.

Generalsekretär, der oberste Geschäftsführer von Parteien, genossenschaftl., wirtsch. und wiss. Verbänden sowie internat. Organisationen (z. B. UN, NATO); in kommunist. Parteien (häufig auch Erster Sekretär gen.) der eigtl. Parteiführer.

Generalstaaten (niederl. Staten-Generaal [Übers. von frz. états généraux]), die Generalstände der niederl. Provinzen unter burgund. und habsburg. Herrschaft; 1464 erstmals einberufen. Seit dem 16. Jh. die gemeinsame Versammlung der von den 7 souveränen Provinzstaaten zur Leitung des niederl. Staatenbundes gewählten Abg.; dann auch Bez. für die Rep. der Vereinigten Niederlande. Am 1. März 1796 mußten die G. ihre Befugnisse (u. a. Außenpolitik, Finanzverwaltung) der Nationalversammlung der ↑Batavischen Republik abtreten.

◆ seit der Verfassung von 1814 das niederl. Parlament (↑Niederlande, politisches System).

Generalstaatsanwalt ↑Staatsanwaltschaft.

Generalstab, Einrichtung in nahezu allen Armeen der Welt zur Vorbereitung und Durchführung militär. Operationen, bestehend aus ausgewählten und eigens ausgebildeten Offizieren, die als Gehilfen der Befehlshaber fungieren. Im revolutionären Frankr. begann der Aufbau eines G., Preußen folgte seit 1803 in Anpassung an die Massenstrategie. Seine volle Bed. erlangte der preuß. G. 1866, als ihn H. von Moltke als Chef des G. der Armee im Dt. Krieg zum Zentralorgan der strateg.-operativen Befehlsgebung machte. Der Chef des G. der Armee war dem preuß. König unmittelbar unterstellt, nicht abhängig vom Kriegsminister. Sein maßgebl. Einfluß auf die preuß.-dt. Innen- und Außenpolitik war ein wichtiges Element des preuß.-dt. Militarismus. Nach 1919 war der G. in Deutschland durch den Versailler Vertrag verboten, bestand jedoch getarnt weiter fort. Offiziell wurde er 1935 wieder geschaffen und existierte bis zum Ende des 2. Weltkriegs. Die Bundeswehr besitzt keinen G., sie kennt nur Offiziere im G.dienst. Der Moltkesche G. wurde Vorbild u. a. für Frankr. (nach 1871), Großbrit. (1903/04), Österreich(-Ungarn) (1865/66–71 und seit 1875). Nach dem 1. Weltkrieg traten in den verschiedenen Staaten neben die Generalstäbe des Heeres und der Marine solche der Luftwaffe sowie diesen übergeordnete Generalstäbe wie die Joint Chiefs of Staff in den USA. Parallel zum G. bestand in Deutschland bis 1918 ein **Admiralstab** der Marine als deren oberster Führungsstab.

Generalstabsdienst, Summe der Dienststellungen, in denen in der Bundeswehr bes. ausgebildete Offiziere im Verteidigungsministerium, in Kommandobehörden und in Truppenstäben Dienst tun. *Führungsgrundgebiete:*

G 1: Personalwesen, Innere Führung, Öffentlichkeitsarbeit;

G 2: Militär, Sicherheit, Sammlung und Auswertung von Feindnachrichten;

G 3: Führung, Organisation und Ausbildung;

G 4: Logistik (Versorgung).

Im Bereich der Luftwaffe und der Marine werden diese Führungsgrundgebiete als A 1, A 2 usw. bezeichnet; hinzu kommt hier das Gebiet A 6: Führungsdienste und Führungssysteme. (In verschiedenen Streitkräften von NATO-Staaten gibt es das Gebiet G 5: Zivile und militär. Angelegenheiten in NATO-Kommandobehörden). - Alle im G. tätigen Offiziere (mit Ausnahme der Admiralstabsoffiziere) führen die Bez. „i. G." (im G.) als Zusatz hinter ihrer Dienstgradbezeichnung.

Generalstabskarte ↑Karte.

Generalstände (frz. États généraux), Versammlung von Vertretern der drei Stände, des Adels, der Geistlichkeit und städt. Körperschaften im frz. Königreich, 1302 erstmals berufen; alleiniges Recht der Bewilligung allg. Steuern; seit ihrer Berufung 1614 durch das absolutist. Königtum völlig ausgeschaltet. Ihre Wiederberufung 1789 führte zur ↑Französischen Revolution.

◆ ↑Generalstaaten.

Generalstreik ↑Streik.

Generalsuperintendent, in den ev. Kirchen Deutschlands seit der Reformation Titel leitender geistl. Amtsträger, die zw. Konsistorium und Superintendenten stehen.

Generalversammlung ↑Genossenschaft.

Generalversammlung der UN ↑UN.

Generalvertrag ↑Deutschlandvertrag.

◆ während seiner Vorbereitungszeit häufige Bez. für den ↑Grundvertrag.

Generalvikar (Vicarius generalis), in der röm.-kath. Kirche der ständige Vertreter des Diözesanbischofs für den Bereich der allgemeinen Diözesanverwaltung, die er in Weisungsabhängigkeit vom Diözesanbischof mit ordentl. stellvertretender Vollmacht leitet; wird vom Diözesanbischof frei ernannt und abgesetzt. - Das 2. Vatikan. Konzil schuf das Amt des Bischöfl. Vikars, um die Stellung der Hilfsbischöfe (Auxiliarbischof, Weihbischof) zu heben; dadurch wird der Aufgabenbereich des G. eingeschränkt.

Generalvollmacht (Blankovollmacht) ↑Vollmacht.

Generatianismus [zu lat. generatio „Zeugung"], Lehre von der Entstehung der menschl. Seele durch elterl. Zeugung, vertreten im altchristl. *Traduzianismus;* der G. wurde von der kath. Kirche mehrfach verurteilt (Ggs. ↑Kreatianismus).

Generation [lat.], Gesamtheit aller annähernd gleichaltriger Individuen einer Art; bes. beim Menschen werden in der G.folge unterschieden: Großeltern, Eltern, Kinder, Enkel. - ↑auch Genealogie.

◆ *soziolog.* die Gesamtheit der Altersgruppen, die ähnl. kulturelle und soziale Orientierungen, Einstellungen und Verhaltensmuster aufweisen und sich dadurch von anderen Altersgruppen abheben. Mit der Entwicklung zur Industriegesellschaft und zur schnelleren Ablösung und Veränderung jeweils vorherrschender Wert- und Verhaltensnormen verkürzen sich die G.abstände. Zugleich entsteht eine Tendenz zur Verkehrung der sozialen Einflußverhältnisse zugunsten der jüngeren Generation. **Generationskonflikte** als zw. Jugendl. und Erwachsenen bestehende Spannungsprobleme, die es v. a. dort gibt, wo ein einseitiges Abhängigkeitsverhältnis von Jugendl. gegenüber Vertretern der Erwachsenengeneration besteht (z. B. im Verhältnis Sohn/Tocher–Eltern, Schüler–Lehrer, Auszubildender–Ausbilder), äußern sich in verschiedenen Formen des jugendl. Protests. Sie werden im wesentl. durch Ablösungsprozesse der jeweils jüngeren G. von den Lebensstilen und Werten der älteren bestimmt und können als Autoritätskonflikte interpretiert werden, bei denen eine vom Lebensalter und entsprechenden Erfahrungen hergeleitete Autorität von den nachdrängenden Jugend-G. nicht mehr kritiklos anerkannt wird.

◆ in der *Biologie* in bezug auf den ↑Generationswechsel jede der beiden Entwicklungs- oder Fortpflanzungsphasen (geschlechtl. G., ungeschlechtl. G.) eines Organismus.

Generationskonflikt ↑Generation.

Generationswechsel, Wechsel zw. geschlechtl. und ungeschlechtl. Fortpflanzungs-

Sekundärer Generationswechsel am Beispiel der Reblaus (a), deren Weibchen ein einziges befruchtetes Winterei legt, aus dem ein flügelloses Weibchen (Gallenlaus; b) schlüpft; aus deren unbefruchteten Eiern entstehen parthenogenetisch teils Gallenläuse, teils männliche Wurzelläuse (c), aus denen mehrere Generationen Wurzelläuse entstehen, die zum Herbst geflügelte Weibchen (Sexupara; d) erzeugen, aus deren Eiern männliche und weibliche Rebläuse schlüpfen

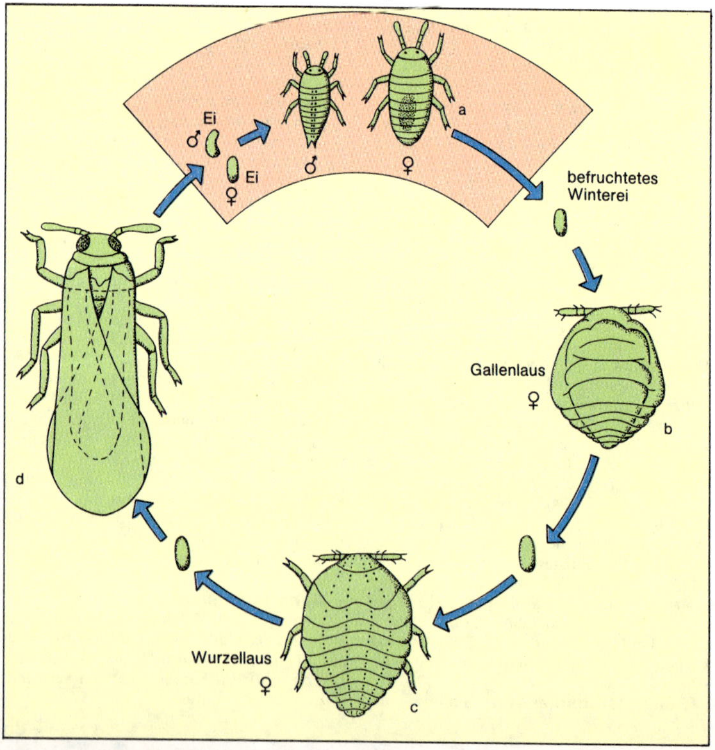

weisen bei Pflanzen und Tieren im Verlauf von zwei oder mehreren Generationen, häufig mit Gestaltwechsel (Generationsdimorphismus) verbunden. Beim **primären Generationswechsel** wechselt eine Geschlechtsgeneration mit einer durch ungeschlechtl. Einzelzellen sich fortpflanzenden Generation ab. Beim **sekundären Generationswechsel** erfolgt der Wechsel zw. einer normalen Geschlechtsgeneration und einer sich sekundär ungeschlechtl. (vegetativ) oder eingeschlechtl. (parthenogenet.) fortpflanzenden Generation.

Generation von 98, Gruppe span. Schriftsteller, die, bes. seit dem Verlust der letzten überseeischen Kolonien im Kubakrieg 1898, eine nat. Regeneration Spaniens durch Wiederanschluß an die geistige Entwicklung Europas erstrebte. Hauptvertreter: M. de Unamuno y Jugo, Azorín, R. de Maeztu y Whitney, P. Baroja y Nessi.

generativ [lat.], geschlechtlich, die geschlechtl. Fortpflanzung betreffend; erzeugend.

generative Grammatik (heute meist generative Transformationsgrammatik, Abk.: TG), Grammatiktheorie, seit den 50er Jahren entwickelt u. a. von N. Chomsky und seinen Anhängern mit dem Ziel, eine formalisierte Beschreibung der Sprache zu geben, in die auch Einsichten der mathemat. Logik und der Psychologie einfließen. Sie will erklären, auf welche Weise es dem Menschen möglich ist, mit einer endl. Menge von Regeln eine unendl. Menge von Sätzen hervorzubringen und zu verstehen. Der Name *generativ* leitet sich also aus dem zentralen Anliegen dieser Grammatiktheorie ab, die Fähigkeit zum *Erzeugen* von Sätzen zu erklären.
Eine g. G. besteht aus der syntakt., der semant. und der phonolog. Ebene. Die Syntax ist Satzerzeuger, hat also die Aufgabe, abstrakte Repräsentationen von Sätzen zu liefern, die alle für die semant. und phonolog. Interpretation notwendige Information enthalten. Auf der semant. Ebene wird die Bed. eines ganzen Satzes durch regelhafte Verknüpfung der Bedeutungen seiner einzelnen Teile abgeleitet. Auf der phonolog. Ebene wird dann die phonet. Repräsentation, d. h. die genaue lautl. Form der Sätze, erzeugt. Der Syntax kommt also eine zentrale Rolle zu. Während die traditionellen Grammatiken meistens von Oberflächenstrukturen ausgingen, beschreibt die g. G. die Oberflächenstrukturen im Verhältnis zu den zugrundeliegenden Tiefenstrukturen mit Hilfe eines expliziten Ableitungsmechanismus. Die Oberflächenstrukturen werden durch Anwendung von Transformationsregeln auf die Basis, die aus einem Regelinventar (Phrasenstrukturregeln, Subkategorisierungsregeln) und dem Lexikon (Gesamtwortschatz) besteht, erzeugt.
Einer der Vorteile einer g. G. besteht darin, daß man mit ihr oberflächl. unterschiedl. Sätze zueinander in Beziehung setzen und oberflächl. ident. Sätze unterscheiden kann. Z. B. weichen die beiden Sätze „Karl verzehrte ein Hühnchen" und „Das Hühnchen wurde von Karl verzehrt" syntakt. in ihrer Oberflächenstruktur voneinander ab, bei Zurückverfolgung ihrer Ableitungsgeschichte wird jedoch deutl., daß sie auf eine ähnl., wenn nicht gar ident. Tiefenstruktur zurückgehen. Andererseits lassen sich der Oberflächenstruktur eines Satzes wie „Wir schreiben dem Patrioten im Gefängnis einen Brief" 2 Tiefenstrukturen zuordnen („Wir, die (wir) im Gefängnis sind, schreiben dem Patrioten einen Brief"; „Wir schreiben dem Patrioten, der im Gefängnis ist, einen Brief"), die grammat. die intuitiv empfundene Mehrdeutigkeit erklären.
Die Einschätzung des Verhältnisses von Syntax zu Semantik hat heute zu unterschiedl. Auffassungen unter den Vertretern der g. G. geführt, die heute häufig für ein generatives Modell der Transformationsgrammatik auf semant. Grundlage plädieren, bei dem sich die gesamte generative Macht der Grammatik in der semant. Komponente befindet, aus der dann die Oberflächenstrukturen durch die sukzessive Anwendung von Transformationsregeln abgeleitet werden.
📖 *Abraham, W., u. a.: Generative Semantik. Wsb. ²1979. - Syntax u. g. G. Hg. v. F. Kiefer u. a. Wsb. 1974.*

Generator [lat.], (Dynamo[maschine]) eine Maschine, in der mit Hilfe der elektromagnet. ↑Induktion mechan. Energie in elektr. Energie umgewandelt wird. Das geschieht z. B. durch Drehen einer Spule in einem Magnetfeld *(Außenpolmaschine)* oder durch Drehung eines [Elektro]magneten um eine feststehende Spule *(Innenpolmaschine).* Primär wird dabei stets eine Wechselspannung erzeugt. Sie kann durch bes. Vorrichtungen (z. B. einem Kommutator) in eine (pulsierende) Gleichspannung umgewandelt werden. Da die Wirkungsweise eines G. im Prinzip die Umkehrung der Wirkungsweise eines Elektromotors darstellt, läßt sich jeder Elektromotor auch als G. betreiben.
◆ ↑Bandgenerator.
◆ (magnetohydrodynam. G.) ↑MHD-Generator.
◆ (Gas-G.) schachtofenartiger Apparat zur Gaserzeugung aus festen Brennstoffen. Bei Zufuhr von Luft oder Sauerstoff entsteht **Generatorgas** (Kraftgas, Luftgas; enthält neben Stickstoff und Kohlendioxid etwa 25 % Kohlenmonoxid und etwa 15 % Wasserdampf; wird v. a. zum Beheizen von Schmelzöfen verwendet), bei Zumischung von Wasserdampf ↑Wassergas. Die Gase werden als Heizgas oder ↑Synthesegas verwendet und dem gewünschten Zweck durch Änderung der Mischungsverhältnisse Dampf-Luft-Sauerstoff entsprechend eingestellt.

Generatorgas ↑Generator.

generell [lat.], allgemein, allgemeingültig; für viele Fälle derselben Art zutreffend.

generös [lat.-frz.], groß-, edelmütig, freigebig, edeldenkend; **Generosität,** Edelmut, Freigebigkeit.

Generosion, Verlust der genet. Vielfalt einer Art (Landsorten, Wild- und Primitivformen) als Folge ihrer Ablösung durch wenige, leistungsfähige, einheitl. Zuchtsorten.

Genese (Genesis) [griech.], Entstehung, Entwicklung, z. B. einer Krankheit.

Genesis [griech. „Schöpfung"], griech.-lat. Bez. für das 1. Buch Mos., erstes Buch des Pentateuchs und der Bibel überhaupt; Abk. 1. Mos. oder Gen. (Gn). Es gliedert sich in zwei Hauptteile: die Urgeschichte (z. B. Schöpfung, Paradies und Sündenfall, Noah und die Sintflut) und die Geschichte der Erzväter Abraham, Isaak und Jakob, Josephs und seiner Brüder. Die **Altsächs. Genesis,** ein um 830 verfaßtes Epos in Stabreimversen, ist neben dem „Heliand" das bedeutendste Denkmal in altsächs. Sprache.

Genesis [engl. 'dʒɛnəzɪs], 1966 gegr., seit 1972 erfolgreiche brit. Rockmusikgruppe; literar. eigenwillige und phantasievolle Songs, die auf der Bühne u. a. mit Lightshows, theatral. Aktionen (v. a. durch den 1975 ausgeschiedenen Sänger P. Gabriel [* 1950]) vorgetragen wurden; seit 1981 als Trio.

Genesung (Rekonvaleszenz), Stadium der Überwindung einer akuten Erkrankung. Die G. kann in eine Dauerheilung übergehen oder nach mehreren Rückfällen in das chron. Stadium einer Krankheit münden.

Genet, Jean [frz. ʒə'nɛ], * Paris 19. Dez. 1910, † Paris 15. April 1986, frz. Schriftsteller. - Wuchs als unehel. Fürsorgekind auf; Fremdenlegionär, lebte dann als Landstreicher in fast allen europ. Ländern, wurde immer wieder ausgewiesen; wegen Raubes, Zuhälterei, Geldfälschung, Opiumschmuggels und Sexualdelikten zahlr. Gefängnisstrafen, schließl. zu lebenslängl. Haft verurteilt, auf Fürsprache von Sartre, Cocteau und Picasso begnadigt. Im Gefängnis entstand 1942 sein erster Roman, „Notre-Dams-des-fleurs" (1944). Seine kriminellen Helden leben, wie er selbst, in ständiger Fehde mit der Gesellschaft, deren Normen ihnen fremd sind. Als sein bedeutendster Roman gilt „Querelle" (1953). Seine Werke sind durch lyr. und bilderreiche, oft obszöne Sprache gekennzeichnet. *Weitere Werke:* Le miracle de la rose (R., 1946), Das Totenfest (R., 1947), Die Zofen (Dr., 1948), Unter Aufsicht (Dr., 1949), Tagebuch eines Diebes (1949), Le condamné à mort (Ged., 1951), Der Balkon (Dr., 1956), Die Neger (Dr., 1958), Wände überall (Dr., 1961), Briefe an Roger Blin (1966), Ein verliebter Gefangener (postum, 1986).

Genetik [zu griech. génesis „Entstehung"] (Vererbungslehre, Erbkunde, Erbbiologie, Erblehre), Teilgebiet der Biologie mit den Zweigen klass. oder allg. G., molekulare G. (Molekular-G.) und angewandte G. Die **klass. Genetik** befaßt sich vorwiegend mit den formalen Gesetzmäßigkeiten (z. B. nach den Mendel-Regeln) der Vererbungsgänge von Merkmalen v. a. bei den höheren Organismen. Die **Molekulargenetik** erforscht die grundlegenden Phänomene der Vererbung im Bereich der Moleküle (Nukleinsäuren), die die Träger der ↑ genetischen Information sind. Die **angewandte Genetik** beschäftigt sich u. a. mit der Züchtung bes. ertragreicher, wirtsch. vorteilhafter Pflanzen und Tiere, mit erbbiolog. Untersuchungen, Abstammungsprüfungen und genet. Beratungen.

genetisch, die Entstehung bzw. Entwicklung der Lebewesen (im Sinne der Genetik) betreffend; entwicklungsgeschichtl. erbl. bedingt.

genetische Auslegung ↑ Auslegung.

genetische Beratung, v. a. bei einer biolog. Eheberatung die Untersuchung und Berechnung der Wahrscheinlichkeit (in Form einer Erbdiagnose), daß Kinder mit genet. bedingten Anomalien (Erbkrankheiten) zur Welt kommen könnten. - ↑ auch Humangenetik.

genetische Definition ↑ Definition.

genetische Information, Gesamtheit der Baupläne (bzw. Teile davon) für alle Moleküle, die in einer Zelle synthetisiert werden können. Alle Moleküle einer Zelle sind entweder direkt als primäre Genprodukte (RNS, Proteine) oder aber indirekt (alle anderen Moleküle einschließl. der einzelnen Aminosäuren und Nukleotide) über die strukturbedingte, spezif. Reaktionsfähigkeit der Enzyme in ihrem Aufbau der Steuerung durch die g. I. unterworfen. Materieller Träger der g. I. ist das Genom bzw. das genetische Material (in den meisten Fällen die doppelsträngige DNS). Jeder einzelne der beiden Stränge eines DNS-Moleküls enthält bereits die vollständige g. I. des Moleküls, der zweite Strang ist als sein komplementärer Gegenstrang (dem Verhältnis zw. Positiv und Negativ in der Photographie vergleichbar) bereits durch den ersten vollständig festgelegt. Die ident. Verdopplung der g. I., also die Konstanz des Informationsgehaltes der Gene, ist die Grundlage des Vererbungsvorgangs. Fehler in diesen Informationsübertragungsprozessen entstehen ungerichtet, zufällig (↑ Mutation).
Die Abgabe von g. I. in einer Zelle erfolgt unter dem Einfluß der Umwelt, in der abschnittsweisen Synthese von Messenger-RNS-Molekülen, die ihrerseits als Matrize für die Proteinsynthese dienen.

genetischer Code ['ko:t] (genet. Alphabet), Schlüssel für die Übertragung ↑ genetischer Information von den Nukleinsäuren (DNS, RNS) auf die Proteine bei der Proteinsynthese (vergleichbar dem Übertragungsschlüssel zw. Morsezeichen und Buchstaben).

Grundbedingung für den Aufbau des g. C. ist die Unmöglichkeit einer direkten spezif. Bindung zw. den einzelnen Aminosäuren des Proteins und den einzelnen Nukleotiden oder Nukleotidgruppen der Nukleinsäure. Die notwendige Bindung zw. der richtigen unter den 20 Aminosäuren und der richtigen unter den 20 Arten von Transfer-RNS wird von je einer unter 20 Arten von Enzymen vollzogen. Die eigentl. Erkennungsreaktion zw. der Aminosäure und der zugehörigen elementaren Einheit der Informationsübertragung auf der Nukleinsäure (↑Codon) wird in dieser Reaktion von je einem dieser Enzyme geleistet. Bei der „Erkennung“ durch das Enzym liegt die Dreiernukleotidsequenz nicht in ihrer normalen Form vor, sondern - mit gleichem genet. Informationsgehalt - in ihrer komplementären Form (als *Anticodon*). Die formale Beschreibung dieses Ablaufs kennzeichnet den g. C. als einen *Triplettcode*. Die drei für eine Aminosäure „codierenden“ Nukleotide stehen in der Nukleinsäure unmittelbar benachbart. Bei insgesamt $4^3 = 64$ mögl. Tripletts und nur 20 korrespondierenden Aminosäuren entsprechen häufig mehrere (bis zu sechs) Tripletts einer einzelnen Aminosäure. Drei der 64 Tripletts entsprechen keiner der Aminosäuren, sondern steuern (als *Terminatorcodon*) den Abbruch der Proteinsynthese und das Freisetzen der fertigen Polypeptidkette vom Ribosom. Eines der Codons steuert zugleich mit der Aminosäure Methionin den Beginn der Proteinsynthese *(Initiatorcodon)*. Auf Grund der bisherigen Untersuchungen scheinen alle Organismen (einschließl. Viren)

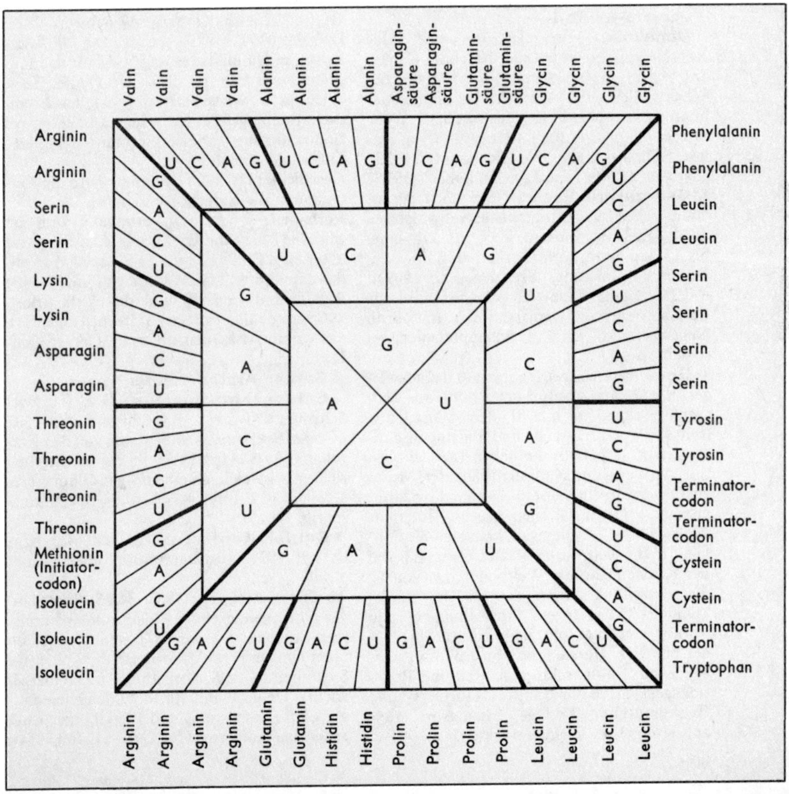

Genetischer Code. U, C, A, G, die vier Basen der Nukleotidbausteine (in der Messenger-RNS): Uracil, Cytosin, Adenin, Guanin. – Das Schema wird von innen nach außen gelesen. Ein Buchstabe des Innenbezirks gibt das gewünschte erste Nukleotid an, ein Buchstabe des mittleren Bezirks das zweite, einer des Außenbezirks das dritte Nukleotid des Triplettcodons, das für die jeweilige Aminosäure (am Rande der Tabelle) eines Proteins „codiert“. Zum Beispiel steuert das Triplett UGG den Einbau Tryptophan bei der Proteinsynthese

den gleichen Schlüssel für die Übertragung von genet. Information zu benutzen (universaler g. C.), ein Beweis für den Ursprung allen bestehenden Lebens aus einer gemeinsamen Wurzel.
🕮 *Schönberger, M.: Verborgener Schlüssel zum Leben. Ffm. Neuausg. 1981.*

genetische Sprachbetrachtung, zusammenfassende Bez. für die beiden Forschungsrichtungen histor. Sprachbetrachtung und vergleichende Sprachbetrachtung, die sich mit *genet. verwandten Sprachen* befassen, d. h. mit solchen, deren einzelne Sprachen von einer gemeinsamen (nur erschlossenen oder nachweisbaren) ↑Grundsprache abstammen. - ↑auch typologische Sprachbetrachtung.

Genetiv, selten für ↑Genitiv.

Genetta [ʒe..., lat.-frz.], svw. ↑Ginsterkatzen.

Genève [frz. ʒəˈnɛːv] ↑Genf.

Genever [ʒeˈneːvər, ʒəˈn..., geˈn...; frz., zu lat. iuniperus „Wacholderstrauch"], niederl. Wacholderbranntwein.

Geneviève [frz. ʒənˈvjɛːv], frz. Form des weibl. Vornamens ↑Genoveva.

Geneviève de Paris [frz. ʒənvjɛvdəpaˈri] ↑Genoveva von Paris.

Genevoix, Maurice [frz. ʒənˈvwa], * Decize (Nievre) 29. Nov. 1890, † Alcudia Cansades bei Javea (Spanien) 8. Sept. 1980, frz. Schriftsteller. - 1958–73 Sekretär der Académie française; begann als Chronist des 1. Weltkrieges („Sous Verdun", 1916), dann v. a. realist. Heimatromane, wie „Raboliot" (1925), „Sanglar" (1946), „Ein Tag - ein Leben" (1976).

Genezareth, See von (See von Tiberias, Galiläisches Meer), fischreicher Süßwassersee in N-Israel, im Jordangraben, 21 km lang, bis 13 km breit, vom Jordan durchflossen. Hohe Verdunstung, Seespiegel rd. 209 m u. d. M.; ein Großteil des Wassers wird für Bewässerung von Agrarland v. a. im nördl. Negev genutzt. - Im N. T. Schauplatz der Geschichte Jesu.

Genf (frz. Genève), Hauptstadt des schweizer. Kt. G., am Ausfluß der Rhone aus dem Genfer See, 375 m ü. d. M., 159 500 E. Univ. (seit 1873), zahlr. Fach- und Fachhochschulen, Staatsarchiv, Bibliotheken (u. a. Bibliothek der Vereinten Nationen); Theater, Museen, Observatorium, botan. Garten, Sitz zahlr. internat. Organisationen, u. a. Internat. Arbeitsamt, Weltgesundheitsorganisation, GATT, Internat. Rotes Kreuz, Ökumen. Rat der Kirchen, Luther. Weltbund; nw. von G. die Forschungsstätten der CERN. Bank-, Handels- (Messen und Ausstellungen) und Verkehrszentrum mit dem zweitgrößten ✈ der Schweiz. Herstellung von Lokomotiven, Turbinen, Nähmaschinen, Uhren und Präzisionsgeräten; Bekleidungs-, Nahrungs- und Genußmittelind. Verlage, Tagungsort internat. Kongresse, Fremdenverkehr.

Geschichte: Geht auf die Hauptstadt der kelt. Allobroger *Genava* zurück; um 400 erstmals als Bischofssitz erwähnt. 443–461 Hauptstadt des Kgr. Burgund; 534 durch die Franken erobert; kam nach 887 zum neuen Kgr. Burgund (Hochburgund). 1124 setzten sich die Bischöfe gegen die Grafen von Genevois in der Herrschaft über G. durch (bis 1534). Nach 1401 wiederholt durch die Hzg. von Savoyen bedroht. Calvin machte nach 1536 aus G. die reformierte Hochburg, 1792 setzte sich eine revolutionäre Reg. nach frz. Muster durch; 1798–1814 von Frankr. annektiert und Hauptstadt des Dep. Leman, seit 1815 Mgl. der Eidgenossenschaft; wurde 1864 Sitz des IRK, 1920 des Völkerbundes.

Bauten: Frühgot. Kathedrale (12./13. Jh.) mit Fassade des 18. Jh., Saint-Germain (15. Jh.), Saint Gervais mit Wandmalereien (15. Jh.), Temple de la Fusterie (1707–10); Moschee (1978); Akademie (1569–63), Rathaus (16./17. Jh.), Reformationsdenkmal (1909–17), Palais des Nations (1930 ff.). - Abb. S. 92.
🕮 *Bertrand, P.: Genève, hier et aujourd'hui. Genf 1962. - Blondel, L.: Le développement urbain de Genève à travers les siècles. Genf u. Nyon 1946.*

G. (frz. Genève), Kt. in der W-Schweiz, 282,2 km², 360 000 E (1985), davon etwa 70 % frz.-sprachig; Hauptstadt Genf. Umfaßt das Hügelland um den sw. Teil des Genfer Sees. Wichtigster Wirtschaftszweig ist der Fremdenverkehr, gefolgt von der Ind.; intensive Bodennutzung (Spezialkulturen: Gemüse-, Obst- und Weinbau).

Geschichte: Der Kt. G. erlangte 1815 die Aufnahme in die Eidgenossenschaft.

Verfassung: Nach der Verfassung vom 24. Mai 1847 liegt die Exekutive beim Staatsrat (Conseil d'Etat; 7 Mgl.). Die Legislative bilden der vom Volk auf 4 Jahre gewählte Große Rat (Grand Conseil) und das Volk selbst. 1960 wurde das Frauenwahlrecht eingeführt.

Genfer Abkommen, svw. ↑Genfer Konventionen.

Genfer Ärztegelöbnis ↑Arzt.

Genfer Katechismus, Bez. für zwei Schriften Calvins: 1. Katechismus von 1537 (*Genfer Bekenntnis*); 2. Katalog von 373 Fragen und Antworten, in der für die ref. Kirchen richtungweisenden Reihenfolge: Glaube-Gesetz; gilt in den ref. Kirchen als Bekenntnisschrift.

Genfer Konferenzen, Genf war bzw. ist seit 1932 Austragungsort verschiedener Konferenzen:

Abrüstungskonferenz (1932–34/35): Trotz langer Vorarbeiten einer Völkerbundskommission konnten sich die 61 Teilnehmerstaaten nicht einigen. Frankr. forderte die kollektive Sicherheit (keine Abrüstung, frz. Übergewicht), Deutschland die dt. Gleichberechtigung (dt. Aufrüstung und dt. Übergewicht).

Indochina-Konferenz (26. April–21. Juli 1954):

Ziel war die Beendigung des Vietnamkriegs. Teilnehmer waren Frankr., die mit ihm assoziierten Staaten Vietnam, Laos und Kambodscha, der Vietminh, Großbrit., die USA, China und und die UdSSR. Ergebnis waren 3 Waffenstillstandsabkommen. Für Vietnam wurde eine Demarkationslinie nahe dem 17. Breitengrad festgelegt, die jedoch keine polit. Grenze sein sollte. Die vietnames. Reg.truppen sollten sich in in die südl., der Vietminh in die nördl. Zone zurückziehen. In ganz Vietnam sollten 1956 freie Wahlen stattfinden. Gegen diese Vereinbarungen protestierte die vietnames. Reg.; auch die USA nahmen sie offiziell nicht zur Kenntnis; führte zu keiner Befriedung.

Gipfelkonferenz (18.–23. Juli 1955): Treffen zw. Eisenhower, Bulganin/Chruschtschow, Eden und E. Faure mit dem Ziel einer weltpolit. Entspannung nach Aufnahme der BR Deutschland in NATO und WEU; fixierte letztmals als gemeinsames Ziel der 4 Großmächte die Wiederherstellung der dt. Einheit.

Außenministerkonferenz (11. Mai–20. Juni und 13. Juli–5. Aug. 1959): Durch das sowjet. Berlin-Ultimatum vom 27. Nov. 1958 veranlaßtes Treffen, an dem die USA, die UdSSR, Großbrit., Frankr. sowie beratend die BR Deutschland und die DDR beteiligt waren. Die Beratungen über die dt. Frage und die europ. Sicherheit blieben ergebnislos.

Laos-Konferenz (16. Mai 1961–23. Juli 1962): Ziel war die Beendigung des Laos-Konflikts und der ausländ. Einmischung (bes. der USA, der UdSSR und Nord-Vietnams) in Laos, Teilnehmer waren u. a. China, Frankr., Großbrit., Indien, Kanada, Nord-Vietnam, Polen, Süd-Vietnam, die UdSSR, die USA und die 3 rivalisierenden laot. Parteien (prowestl. Gruppe, Neutralisten, prokommunist. Pathet Lao). Im Schlußprotokoll erklärte Laos seine Neutralität. Die anderen Konferenzteilnehmer verpflichteten sich zur Respektierung der laot. Neutralität, Souveränität und Integrität.

Genfer Abrüstungskonferenz (seit 1962): ↑Abrüstung.

Nahost-Friedenskonferenz (seit 21. Dez. 1973): Ziel ist die Beendigung des israel.-arab. Kriegs, Teilnehmer der unter dem gemeinsamen Vorsitz der USA und der UdSSR von den UN organisierten Konferenz waren Israel, Ägypten und Jordanien. Während die Konferenz selbst bald vertagt und bislang nicht wieder einberufen wurde, gelang die Unterzeichnung und Durchführung von Truppenentflechtungsabkommen zw. Israel und Ägypten bzw. Syrien und verlagerten sich die Friedensbemühungen auf bilaterale Verhandlungen zw. Israel und Ägypten.

🕮 *Nadolny, S.: Abrüstungsdiplomatie 1932/33. Mchn. 1978.*

Genfer Konventionen (Genfer Abkommen, Genfer Übereinkommen), die zahlr. multilateralen in Genf geschlossenen völkerrechtl. Verträge, in deren [Kurz]titeln der Unterzeichnungsort zum [gebräuchl.] Bestandteil geworden ist, insbes.: die [vier] **Genfer Abkommen zum Schutz der Kriegsopfer** vom 12. 8. 1949 (in der dt. Gesetzessprache **Genfer Rotkreuz-Abkommen** genannt). Das durch die Vertreter von 59 Regierungen angenommene Vertragswerk, dem später noch zahlr. andere Staaten beitraten (die BR Deutschland am 3. 9. 1954) und das heute von nahezu allen Staaten ratifiziert ist, umfaßt folgende Einzelabkommen: 1. Das Genfer Abkommen zur Verbesserung des Loses der Verwundeten und Kranken der Streitkräfte im Felde; 2. das Genfer Abkommen zur Verbesserung des Loses der Verwundeten, Kranken und Schiffbrüchigen der Streitkräfte zur See; 3. das Genfer Abkommen über die Behandlung der Kriegsgefangenen; 4. das Genfer Abkommen zum Schutze von Zivilpersonen in Kriegszeiten. Vorläufer der Verwundetenabkommen war die am 22. 8. 1864 durch 16 Staaten (Deutschland: Baden, Hessen, Sachsen, Preußen und Württemberg) beschlossene **Konvention zur Verbesserung des Loses der verwundeten Soldaten der Armeen im Felde,** angeregt durch die von H. Dunant veröffentlichte Schrift „Un souvenir de Solférino" (1862). Dieses Abkommen, das neben einer Festlegung des Schutzzeichens „rotes Kreuz auf weißem Grund" (↑auch Rotes Kreuz) in seinen 10 Art. bereits die wichtigsten Grundsätze der späteren Verwundetenabkommen enthielt, wurde anläßl. der Haager Friedenskonferenz von 1899 auch für den Seekrieg in Geltung gesetzt. Durch ein späteres Genfer Abkommen am 6. 7. 1906 auf 33 Artikel erweitert, wurde es zur Grundlage für das **Genfer Abkommen zur Verbesserung des Loses der Verwundeten und Kranken im Felde** vom 27. 7. 1929. Am selben Tage wurde erlassen das **Genfer Abkommen über die Behandlung der Kriegsgefangenen,** eine Ergänzung und Verbesserung der unzulängl. Kriegsgefangenenbestimmungen der Haager Landkriegsordnung.

Gemeinsame Grundsätze der Abkommen: Die Abkommen gelangen zur Anwendung, sobald ein bewaffneter Konflikt zw. zwei oder mehreren Vertragsparteien ausbricht. Im Falle eines bewaffneten Konflikts ohne internat. Charakter auf dem Gebiet einer der Vertragsparteien *(Bürgerkrieg)* ist diese gehalten, gegenüber dem geschützten Personenkreis mindestens die Grundsätze der Menschlichkeit anzuwenden und keine Diskriminierung vorzunehmen. Zu diesem Zweck sind - für den geschützten Personenkreis unverzichtbar - jederzeit und überall *verboten:* Angriffe auf das Leben und die Person, namentl. Tötung, Verstümmelung, Grausamkeit und Folterung sowie Geiselnahme, die Beeinträchtigung der persönl. Würde und Verurteilungen und Hinrichtungen ohne vorhergehendes Urteil eines

ordentl. bestellten Gerichts in einem rechtsstaatl. Verfahren. In der gleichen Weise *geboten* ist die Bergung und Pflege der Verwundeten und Kranken. In ähnl. Wortlaut bilden diese Bestimmungen den wesentl. Kern auch der die *internat. Konflikte* betreffenden Artikel.
Eine weitere wichtige G. K. ist das **Abkommen über die Rechtsstellung der Flüchtlinge** (Genfer Flüchtlingsabkommen) vom 28. 7. 1951 (↑Flüchtlinge).

Genfer Protokoll, Vertrag vom 4. Dez. 1922 zur wirtsch. und finanziellen Stützung Österreichs, in dem sich Österreich gegen Gewährung internat. Kredite unter Garantie des Völkerbundes (Finanzkontrollkommission) zur Aufrechterhaltung seiner Unabhängigkeit verpflichtete, während seine Vertragspartner Großbrit., Frankr., Italien und die ČSR die östr. Integrität garantierten.
◆ von der Völkerbundsversammlung am 2. Okt. 1924 beschlossene Empfehlung zur friedl. Regelung internat. Streitigkeiten zum Schutz des Weltfriedens. Das G. P. ächtete den Angriffskrieg als „internat. Verbrechen" und sah ein System kollektiver Sicherheit, verbunden mit gegenseitiger Beistandspflicht, die schiedsgerichtl. Regelung internat. Streitfälle sowie Sanktionen gegen den Aggressor und eine Verpflichtung zur Rüstungsbeschränkung vor. Da die brit. (konservative) Regierung Baldwin wegen des Einspruchs der Dominions nicht unterzeichnete, konnte das G. P. nicht verwirklicht werden.
◆ internat. Abkommen vom 17. Juli 1925 über das Verbot von erstickenden, giftigen oder ähnl. Gasen sowie von bakteriolog. Mitteln im Krieg; von zahlr. Staaten ratifiziert (nicht von den USA).

Genf mit der Kathedrale Saint-Pierre

Genfer See (frz. Lac Léman), sichelförmiger, nach N ausbuchtender See am S-Rand des Schweizer Mittellandes (Schweiz und Frankr.); etwa 70 km lang, bis 14 km breit, bis 310 m tief, von der Rhone durchflossen; mildes Klima, am N-Ufer das größte Weinbaugebiet der Schweiz; bed. Fremdenverkehr.

Genfer Seerechtskonferenzen ↑Seerechtskonferenzen.

Genfer Übereinkommen ↑Genfer Konventionen.

Gengenbach, Pamphilus, *Basel um 1480, †ebd. 1525, schweizer. Dramatiker und Satiriker. - Anhänger der Reformation; seine allegor.-didakt. Fastnachtsspiele bestehen aus einer Bilderfolge mit erklärendem Text, u. a. „Die Gouchmat der Buhler" (Spiel, 1516 oder 1521).

Gengenbach, Stadt im Schwarzwald, im Kinzigtal, Bad.-Württ., 171 m ü. d. M., 10 600 E. Museum; Textil-, Metall-, holzverarbeitende Betriebe. - Die Abtei G. war eine Gründung iroschott. Mönche im frühen 8. Jh., 1230 Stadtrecht, wurde 1360 von Kaiser Karl IV. zur Reichsstadt erhoben; 1689 im Pfälz. Erbfolgekrieg nahezu völlig zerstört; 1803 an Baden. - Kirche der ehem. Benediktinerabtei, ehem. Klosterbauten (1693–1702/03); klassizist. Rathaus (1784).

Genialität [lat.], Begabungskonstellation, die außerordentl. und einzigartige Leistungen ermöglicht. Neben einer überdurchschnittl. Ausstattung an allg. intellektuellen Fähigkeiten gehören hierzu Kreativität, Hochleistungsmotivation und Originalität.

Genick, von den beiden ersten Wirbeln (Atlas und Epistropheus) gebildetes Gelenk bei den Reptilien, Vögeln, Säugetieren (einschließl. Mensch), das eine meist ausgeprägte Beweglichkeit des Kopfes gegen den Rumpf ermöglicht; im allg. Sprachgebrauch meist svw. Nacken.

Genickbruch, Abbruch des zahnförmigen Fortsatzes des zweiten Halswirbels (Epistropheus); tödl. Verletzung durch Zerstörung des Atemzentrums im verlängerten Mark.

Genickstarre, Bez. für die epidem. Gehirnhautentzündung.

Genie [ʒe'ni:; frz. (↑Genius)], seit dem 18. Jh. auf Grund engl. (Shaftesbury) und frz. (Diderot) Theorien eingeführter Begriff für das bes. künstler. (ästhet.) Vermögen, für das Schöpferische und die Originalität des Dichters und des Künstlers; heute auch bei anderen überragenden Leistungen (z. B. auf polit., wiss. oder eth.-moral. Gebiet). Die richtige Beurteilung erfolgt z. T. voreilig oder wird erst den Nachfahren deutlich, ist also von zeitbedingten Normen abhängig.
In der Renaissance wurde die Originalität zum Leitwert und der durch Spontaneität und Originalität bestimmte Künstler, das G., zum Inbegriff menschl. Selbstverwirklichung.

Diese Tendenz verstärkt sich in der Folgezeit, insbes. im Sturm und Drang. G. galt schon Gellert als angeborene, nicht erwerbbare Anlage, als Natur, die der Kunst die Regel gibt. Für Lessing wurde G. etwa seit 1759 Organ der Dichtung und Kunst. Der junge Herder und Goethe vollendeten die Deutung des Dichters und Künstlers überhaupt als G., und zwar als ursprüngliche, originale, an nichts gebundene Subjektivität. Sie beriefen sich dabei auf Aischylos, Sophokles und bes. Shakespeare. Der Sturm und Drang wird auch als **Geniezeit** bezeichnet. Für die Romantiker war G. der natürl. Zustand des Menschen, den es wieder zu erlangen galt. Kant nennt als Vermögen des Gemüts, die das G. ausmachen, Einbildungskraft und Verstand. G. ist nach ihm „die meisterhafte Originalität der Naturgabe eines Subjekts im freien Gebrauch seiner Erkenntnisvermögen"; es ist das „Talent der Erfindung dessen, was nicht gelernt werden kann", die „angeborene Gemütsanlage (ingenium), durch welche die Natur der Kunst die Regel gibt". Hegel bezieht in den G.begriff auch außerkünstler. Persönlichkeiten und ihre Leistungen ein. In Nietzsches Philosophie des „Übermenschen" findet der G.begriff eine extreme Übersteigerung.

genieren [ʒeˈniːrən; frz.], in Verlegenheit bringen; **sich genieren,** gehemmt sein, sich unsicher fühlen, sich zieren.

Genietruppen [ʒeˈniː], Truppengattung der schweizer. Armee, ↑Ingenieurwesen.

Genisa (Geniza) [hebr. „Versteck"], Raum innerhalb der Synagoge (im Keller oder auf dem Dachboden), in dem beschädigte Buchrollen der Hl. Schrift und verbrauchte Kultusgegenstände aufbewahrt wurden. - Von bes. Wichtigkeit für die Wiss. wurde die G. von Al Fustat (Alt-Kairo), in der man Ende des 19. Jh. große Mengen von alten Handschriften, Dokumenten und Büchern fand.

genital [lat.], die Geschlechtsorgane betreffend.

genitale Phase, nach S. Freud die mit der Pubertät beginnende Stufe der menschl. Sexualentwicklung, die der oralen Phase, analen Phase und schließl. der phall. Phase folgt. In der g. P. werden die Teilkomponenten der frühkindl. Sexualität zum Geschlechtstrieb vereinigt.

Genitalien (Genitalorgane) [lat.], svw. ↑Geschlechtsorgane.

Genitiv [lat. (casus) genitivus, zu gignere „hervorbringen"], 2. Fall in der Deklination, Wesfall; der G. wird im Dt. v. a. als **Genitivobjekt,** z. B. er nahm sich *des Freundes* an, er rühmte sich *seines Reichtums*, und für das substantiv. Attribut, z. B. das Dach *des Hauses*, verwendet. Der G. drückt ein Verhältnis, ein Beteiligtsein am Subjekt aus.

Genitivkompositum, zusammengesetztes Substantiv, dessen Bestimmungswort aus einem Substantiv im Genitiv besteht, z. B. *Tages*licht.

Genitivus obiectivus [lat.], Genitiv, der als Bezugswort ein substantiviertes Verb hat und der Objekt zu dem Verb ist, aus dem das substantivierte Verb hervorgegangen ist, z. B. die Verschönerung *der Stadt* (sie verschönern *die Stadt*). **Genitivus subiectivus:** Die Ankunft *des Zuges* (*der Zug* kommt an).

Genitschesk, Straße von [russ. gɪˈnitʃɪsk], einzige Verbindung zw. dem Siwasch und dem Asowschen Meer, 80–150 m breit, 4 km lang.

Genius [lat., eigtl. „Erzeuger"], in der röm. Religion die dem Mann innewohnende göttl. Kraft, die sich speziell auf seine Zeugungsfähigkeit bezieht. Dem männl. G. entspricht die weibl. Juno als Gebärkraft der Frau. Bes. Bed. kam dem G. des Paterfamilias zu. Die Redeweise vom **Genius loci** („G. eines Ortes") ist nicht religiös, sondern dient nur der Charakterisierung des geistigen Klimas einer lokalen Einheit.

Geniza ↑Genisa.

Genk [niederl. xɛŋk], belg. Bergbau- und Ind.gemeinde im Kohlenrevier des Kempenlandes, 69 m ü. d. M., 61 600 E. Größter Kohlehafen am Albertkanal.

Genkelbachtalsperre ↑Stauseen (Übersicht).

Genkopplung, svw. ↑Faktorenkopplung.

Genmanipulation (Genchirurgie, Gentechnologie), Neukombination von Genen durch direkten Eingriff in die Erbsubstanz (DNS) mit biochem. Verfahren. Erst seit Entdeckung der ↑Restriktionsenzyme, die einzelne Gene aus einem DNS-Faden herausschneiden können, lassen sich solche Versuche mit Erfolg durchführen.

Durch die Übertragung von Genen zw. verschiedenen Arten, bes. der Einbau in die ↑Plasmide von Bakterien, ist die Massenproduktion von sonst nur sehr schwer zugängl. Genprodukten (Proteine, Hormone, monoklonale ↑Antikörper) möglich geworden. - Die Diskussion über die Sicherheit und die Risiken dieser Forschung führte 1978 im Bundesministerium für Forschung und Technologie zur Bildung der „Zentralen Kommission für die biolog. Sicherheit", die nach amerik. Vorbild Richtlinien dafür aufstellen soll.

📖 ↑*Gen.*

Gennargentu, Monti del [italien. ˈmonti del dʒennarˈdʒɛntu], Gebirge in M-Sardinien, in der Punta Lamarmora 1 834 m hoch (höchste Erhebung der Insel).

Gennevilliers [frz. ʒɛnviˈlje], frz. Ind.-stadt im nördl. Vorortbereich von Paris, Dep. Hauts-de-Seine, 45 400 E. Flußhafen.

Genocidium [griech./lat.] ↑Völkermord.

Genom [griech.] ↑Gen.

Genopathien [griech.] ↑Mißbildung.

Genosse, allg. Kamerad, Gefährte.

◆ Teilhaber, Mitgenießer an irgendwelchen Sachen oder Rechten. In diesem Sinn bezeichnet das ma. dt. Recht Bauern, die an derselben Allmende berechtigt sind, als Allmendsgenossen.
◆ das Mgl. einer ↑Genossenschaft.
◆ seit 1879 in die Sozialist. Arbeiterpartei Deutschlands eingeführte Bez. und Anrede für Partei-Mgl.; seit der 2. Hälfte der 1960er Jahre auch in der SPD wieder übl. Anrede.

Genossenschaft (eingetragene G.), ein Verein ohne geschlossene Mitgliederzahl, der die wirtsch. Förderung seiner Mgl. mittels gemeinschaftl. Geschäftsbetriebes bezweckt und in das Genossenschaftsregister eingetragen ist. Die G. ist jurist. Person, also ein rechtsfähiger Verein und körperschaftl. organisiert (mit Satzung, Organen und eigenem Namen). Sie wird als Vollkaufmann behandelt (§17 GenG), obwohl sie kein [auf Gewinnerzielung gerichtetes] Gewerbe betreibt, sondern in erster Linie dazu dient, ihre Mgl. zu unterstützen, z. B. durch Gewährung von Krediten, durch gemeinsamen Verkauf, Herstellung und Veräußerung von Waren, Errichtung von Bauten. Sie ist ein Personalverein, dessen Mitgliederzahl und Betriebsvermögen sich durch Ein- und Austritt von Mgl. jederzeit ändern können.
Rechtl. Grundlage ist das Genossenschaftsgesetz (GenG) vom 20. 5. 1898, grundlegend geändert durch ein BG vom 9. 10. 1973 (in Kraft seit 1. 1. 1974). Rechtsform der G. ist die eingetragene Genossenschaft (Abk. e. G.). - Die G. haftet im Falle des Konkurses mit ihrem Vermögen. Die Nachschußpflicht der Genossen ist, bei entsprechender Regelung im Statut, beschränkt, unbeschränkt oder kann ausgeschlossen werden; in jedem Fall muß der Umfang der Haftung im G.register eingetragen werden.
Errichtung: Mindestens sieben Gründer müssen schriftl. eine Satzung aufstellen sowie Vorstand und Aufsichtsrat wählen. Durch Eintragung in dem beim Amtsgericht geführten **Genossenschaftsregister** erlangt die G. Rechtsfähigkeit.
Organe: Die *Generalversammlung* (bei G. mit mehr als 3 000 Mgl. *Vertreterversammlung*) bestellt den Aufsichtsrat und Vorstand und beschließt u. a. über den Jahresabschluß. Jeder Genosse hat [ohne Rücksicht auf die Höhe seines Geschäftsanteils] eine Stimme; die Satzung kann jedoch Mehrstimmrechte vorsehen. Der aus mindestens drei Personen bestehende *Aufsichtsrat* hat den Vorstand zu überwachen und, wenn es die Satzung vorsieht, auch Aufgaben der Geschäftsführung wahrzunehmen. Bei G. mit mehr als 500 Arbeitnehmern entsenden die Arbeitnehmer ein Drittel der Aufsichtsratsmgl. Dem *Vorstand*, bestehend aus mindestens zwei Mgl. obliegt die Geschäftsführung und die Vertretung der G.; Dritten gegenüber ist eine Beschränkung seiner Vertretungsbefugnis unwirksam. Seine Bestellung kann jederzeit widerrufen werden.
Prüfung: Jede G. muß einem *Prüfungsverband* angehören, der bei größeren G. jährl., bei kleineren mindestens alle zwei Jahre eine Prüfung durchzuführen hat. Diese erstreckt sich auf das Rechnungswesen, die gesamte Geschäftsführung und die wirtsch. Verhältnisse.
Auflösung: Auflösungsgründe sind v. a. Beschluß der Generalversammlung ($^3/_4$-Mehrheit), Beschluß des Registergerichts, Löschung im Register wegen Vermögenslosigkeit, Konkurs oder Fusion.
Mitgliedschaft: Sie wird erworben durch Unterzeichnung der Satzung bei Gründung oder durch unbedingte schriftl. Beitrittserklärung und Eintragung in die beim Registergericht geführte Genossenliste. Jeder Genosse hat ein Recht auf Mitverwaltung (Stimmrecht), auf Teilnahme an den gemeinschaftl. Einrichtungen und, falls in der Satzung nicht ausgeschlossen, auf Beteiligung am Reingewinn der G. und am Zuwachs des G.vermögens. Er ist verpflichtet, die satzungsmäßig bestimmte Mindest[pflicht]einlage auf seinen Geschäftsanteil zu leisten, u. U. in der Satzung niedergelegte Bezugs- und Lieferungsverpflichtungen zu erfüllen. Die (vererbbare) *Mitgliedschaft* endet durch Tod eines Genossen, Austritt infolge schriftl. Kündigung, schriftl. Abtretung des Geschäftsguthabens oder Ausschließung durch Beschluß des Vorstandes. Dem Ausgeschiedenen ist sein Geschäftsguthaben auszuzahlen.
Das *östr.* und *schweizer. G.recht* entspricht im wesentl. dem dt. Recht.
Arten: Zu **Förderungsgenossenschaften** gehören die Beschaffungs-G. (Bezugs-G., Einkaufsgenossen-G.) und die Verwertungs-G. (Fischerei- und Fischverwertungs-G.); in den **Produktivgenossenschaften** sind die Mgl. gleichzeitig Unternehmer und Arbeitnehmer; **Spezial- und Universalgenossenschaften** (letztere erfüllen alle genossenschaftl. Funktionen in einer Region, erstere nur besondere); **Markt- und Instrumentalgenossenschaften** (erstere treten in kaufmänn. Weise am Markt auf, letztere sind meist Betriebs-, z. B. Dresch-G.); **Erwerbs- und Wirtschaftsgenossenschaften** (erstere fördern ihre Mgl.; letztere dienen dem Wohl der Verbraucher).
Zur besseren Durchführung ihrer Aufgaben und zur Vermeidung der Einführung einer staatl. Aufsicht schlossen sich einzelne G. schon früh zu **Genossenschaftsverbänden** zus. (1859 gründete Schulze-Delitzsch den ersten dt. G.verband, den Allg. Verband der auf Selbsthilfe beruhenden dt. Erwerbs- und Wirtschafts-G.). Heute bestehen in der BR Deutschland folgende Spitzenverbände: Deutscher Genossenschafts-Raiffeisenverband, Bund dt. Konsumgenossenschaften GmbH, Gesamtverband gemeinnütziger Wohnungsunternehmen e. V.

Die moderne G.bewegung hat sich unter dem Eindruck wirtsch. und sozialer Machtungleichgewichte im 19. Jh. entwickelt. Zwei stets ineinander verwobene Prinzipien lagen ihr zugrunde: Selbsthilfe- und Gesellschaftsreform. Zum einen verstanden sich G. als demokrat. organisierte Zusammenschlüsse („ein Mann - eine Stimme") kleiner „ohnmächtiger" wirtsch. (produzierender oder konsumierender) Interessenträger gegen immer bedeutsamer werdende Großkräfte, und zwar im Rahmen des prinzipiell akzeptierten liberalkapitalist. Wirtschaftssystems. Andererseits wollten die G., ausgehend von sozialeth. Gemeinwohl- und antikapitalist.-sozialist. Demokratievorstellungen, das Profitprinzip aushöhlen und Formen kooperativ kontrollierter und verwalteter Vermögen und Wirtschaftsaktivitäten realisieren. Dementsprechend leiteten sie ihre ideolog. Grundlagen von Vorschlägen des Liberalen H. Schulze-Delitzsch ebenso ab wie von Aktionsprogrammen des Sozialisten F. Lassalle oder von revisionist. Marxisten (wie E. Bernstein), die die Vergesellschaftung der Produktionsmittel nicht als eine Sache des Prinzips, sondern ledigl. der Zweckmäßigkeit betrachteten.

🕮 *Otten, D.: Genossenschaften im Aufwind. Köln 1985. - Faust, H.: Gesch. der G.bewegung. Ffm. [3]1977.*

Genossenschaft Deutscher Bühnen-Angehörigen, gegr. 1871, dem Dt. Gewerkschaftsbund angeschlossen.

Genossenschaftsbanken, Banken in der Rechtsform einer eingetragenen Genossenschaft. Zu den bedeutendsten Bankunternehmen dieses Typs zählen die Volksbanken und Raiffeisenbanken. Spitzeninstitut ist die Dt. Genossenschaftsbank.

Genossenschaftsregister ↑Genossenschaft.

Genotyp [griech.] (Genotypus), die Summe der genet. Informationen eines Organismus. - ↑auch Phänotyp.

Genova [italien. 'dʒɛ:nova] ↑Genua.

Genovefa von Brabant ↑Genoveva von Brabant.

Genoves, Juan [span. xɛno'βes], * Valencia 1930, span. Maler und Graphiker. - Malt nach Photovorlagen Szenen von Gewalt und Terror (v. a. Kriegsfolgen).

Genoveva, alter dt. weibl. Vorname, dessen Herkunft unklar ist. Der Name wurde in Deutschland durch die Legende über G. von Brabant bekannt. Frz. Form: Geneviève.

Genoveva (Genovefa) **von Brabant,** der Legende nach Gemahlin eines Pfalzgrafen Siegfried (8. Jh.). Verleumderisch des Ehebruchs bezichtigt, kann sie in den Wald entfliehen, wo sie mit ihrem Säugling von einer Hirschkuh ernährt wird. Der heimgekehrte Gemahl findet sie und läßt den Verleumder Golo töten. Die lat. Legende (um 1400) ist eine Abwandlung eines frz. Romanstoffes, seit

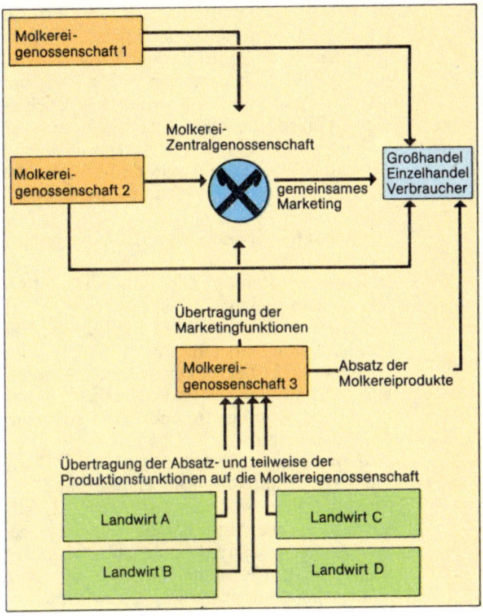

Genossenschaft. Modell der genossenschaftlichen Funktionsteilung im Bereich einer landwirtschaftlichen Absatzgenossenschaft (Molkereigenossenschaft)

Gent. Zunfthäuser des 16. Jh. am rechten Ufer der Leie im Stadtzentrum

dem 17. Jh. verbreitet; beliebtes dt. Volksbuch (18. Jh.), zahlr. dramat. Fassungen.

Genoveva (Genovefa) **von Paris** (frz. Geneviève), hl., * Nanterre um 422, † Paris um 502, Patronin von Paris. - Eine der beliebtesten Heiligen Frankreichs, da angebl. auf ihre Fürbitte hin Paris 451 beim Hunneneinfall verschont blieb; 1791 wurde ihre Kirche (1764–90 erbaut) zum ↑ Panthéon umgewandelt.

Genozid (Genocidium) [griech./lat.] ↑ Völkermord.

Genpool, Summe aller unterschiedl. ↑ Allele innerhalb einer Population.

Genre [ʒã:r; frz., zu ↑ Genus], in der bildenden Kunst Darstellung des alltägl. Lebens. **Genremalerei** ist seit dem späten MA durch alle Jh. hindurch zu finden, insbes. in der niederl. Malerei des 16. und 17. Jh. sowie im 19. Jahrhundert.

Gens [lat. „Geschlecht, Sippe"] (Mrz. Gentes), im antiken Rom ein Verband zw. Staat und Familie, dessen Angehörige (**Gentilen**) sich auf die Abstammung von einem gemeinsamen Ahnherrn („pater gentis") beriefen und einen gemeinsamen Gentilnamen (z. B. Tullius bei Marcus Tullius Cicero) führten.

Hans-Dietrich Genscher (1978)

Genscher, Hans-Dietrich, * Reideburg bei Halle/Saale 21. März 1927, dt. Politiker (FDP). - Jurist; nach 1945 zunächst LDPD-Mitglied; ging 1952 in die BR Deutschland; seit 1965 MdB (FDP), seit 1968 stellv. Parteivors., 1969–74 Bundesmin. des Innern; seit 1974 des Auswärtigen; 1974–85 Vors. der FDP; entscheidend beteiligt am Koalitionswechsel der FDP von der SPD zur CDU/CSU (Okt. 1982).

Gent [niederl. xɛnt] (frz. Gand), belg. Hafen- und Ind.stadt, 50 km nw. von Brüssel, 8 m ü. d. M., 235 000 E (größte Stadt Belgiens); Verwaltungssitz der Provinz Ostflandern; kath. Bischofssitz; Univ. (gegr. 1817); Königl. Fläm. Akad. für Sprache und Literatur; Staatl. Fakultät der Landwirtschaftswiss., Königl. Musikkonservatorium, Staatsarchiv; Kunst-, archäolog. u. a. Museen; Bibliotheken; internat. Messe, Zentrum der belg. Textilind., in den Randgemeinden Blumen- und Ziersträucherzucht. Der Hafen ist mit der Westerschelde bei Terneuzen (Niederlande) durch den 33 km langen **Gent-Terneuzen-Kanal** verbunden, eine weitere Kanalverbindung besteht nach Brügge. Die Kanalzone ist stark industrialisiert, u. a. Hütten- und Stahlwerk, Automontagewerk, Erdölraffinerien.

Geschichte: Geht auf eine Kaufmannsniederlassung des 10. Jh. an der Leie vor ihrer Mündung in die Schelde zurück, die durch eine Burg der Grafen von Flandern geschützt wurde. Die Kaufleute erlangten im frühen 12. Jh. polit. Rechte gegenüber den Grafen, aus ihrer Mitte erwuchs ein Patriziat (seit Anfang des 14. Jh. Beteiligung der Tuchweber am Stadtregiment). Kaiser Karl V. nahm der Stadt 1540 alle polit. Rechte. Zur Zeit des niederl. Aufstandes gegen Spanien mußte G. den span. Truppen die Tore öffnen, wurde zugleich aber Zentrum formierten Widerstands. Nach 1750 Entwicklung zur modernen Industriestadt.

Bauten: Got. Kirchen, u. a. Kathedrale Sint-Baafs, Sint-Niklaaskerk und Sint-Michielskerk; bed. Rathaus (15.–17. Jh.), Justizpalast (1836–46) mit 95 m hohem Belfried (14. Jh.) und Glockenspiel; Zunfthäuser (13.–16. Jh.), Wasserburg s'-Gravensteen (1180 ff.). - Abb. S. 95.

Gent [engl. dʒɛnt], Kurzform von Gentleman, iron. für „feiner Mann", Geck.

Gentamyzin (Gentamycin) [Kw.], Breitbandantibiotikum gegen verschiedene grampositive und gramnegative Erreger (z. B. Kolibakterien, Staphylokokken und Streptokokken, Proteusarten).

Gentechnologie, svw. ↑ Genmanipulation.

Genter Altar, Altar der Brüder van ↑ Eyck in der Kathedrale Sint-Baafs in Gent, 1432 vollendet.

Genter Pazifikation, 1576 in Gent zw. den aufständ. Prov. Holland und Seeland sowie Wilhelm von Oranien einerseits und den Generalstaaten der nichtaufständ. Länder andererseits geschlossener Bund zur Vertreibung der span. Soldaten und Befriedung des Landes.

Gentes, Mrz. von ↑ Gens.

Gentexnetz [Kw. aus engl. **gen**eral **te**legraph e**x**change „allg. telegraph. Austausch"] ↑ Fernschreibnetz.

Genthin, Krst. am Elbe-Havel-Kanal, Bez. Magdeburg, 16 000 E. Ind.standort mit Binnenhafen. - Im 12. Jh. gegr., entwickelte sich im 18. Jh. zur Stadt. - Barocke Pfarrkirche. **G.,** Landkr. im Bez. Magdeburg, DDR.

Gentile da Fabriano [italien. dʒen'ti:le daffa'brja:no], eigtl. G. di Niccolò di Giovanni Massi, * Fabriano zw. 1360/70, † Rom 1427, italien. Maler. - Blieb der got. Tradition verhaftet (Weicher Stil), vollzog aber, geschult an der Miniaturmalerei, in genrehafter Ausgestaltung eine wegweisende Hinwendung zur Frührenaissance. Neben Altargemälden (v. a. „Anbetung der Könige", 1423; Florenz, Uffizien) zahlr. Fresken (zerstört).

Gentile, Giovanni [italien. dʒen'ti:le], * Castelvetrano 30. Mai 1875, † Florenz 15. April 1944 (Ermordung durch antifaschist. Partisanen), italien. Philosoph und Politiker. - Seit 1917 Prof. in Rom; 1922–24 Unterrichtsmin. im 1. Kabinett Mussolini, führte eine grundlegende Reform des italien. Schulwesens durch; 1923/24 und 1925–29 Mgl. des Großrats des Faschismus; 1925–37 leitender Hg. der „Enciclopedia Italiana". Beeinflußt von I. Kant, J. G. Fichte, G. W. F. Hegel und B. Spaventa, ist G. neben B. Croce Hauptvertreter neuidealist. philosoph. Strömungen in Italien zu Beginn des 20. Jahrhunderts. *Werke:* Teoria generale dello spirito come atto puro (1916), Sistema di logica come teoria del conoscere (2 Bde., 1917–23), Grundlagen des Faschismus (1929), Philosophie der Kunst (1931).

Gentilen [lat.], Mgl. einer ↑ Gens.

Gentileschi [italien. dʒenti'leski], Artemisia, * Rom 1597, † Neapel nach 1651, italien. Malerin. - Von ihrem Vater Orazio G. ausgebildet, steht sie in der Caravaggionachfolge; v. a. in Neapel tätig, Gemälde und Bildnisse (u. a. „Judith und Holofernes", Florenz, Uffizien).

G., Orazio, eigtl. O. Lomi, * Pisa 1563, † London nach 1640 (?), italien. Maler. - Vater von Artemisia G.; verband in seinen Andachtsbildern Caravaggios naturalist. Helldunkelmalerei mit transparenten Farben und lyr. Stimmung und vermittelte den derart gemilderten Caravaggismus an frz. und niederl. Künstler. - Abb. S. 98.

Gentilhomme [ʒãti'jɔm; lat.-frz.], frz. Bez. für Edelmann, Adliger (von Geburt); Mann von vornehmer Gesinnung (↑ Gentleman).

Gentilname [lat./dt.] ↑ Gens.

Gentiobiose [lat.] (Amygdalose), weiße, bitter schmeckende Kristalle bildender Zukker; Zuckerkomponente des Amygdalins.

Gentleman [engl. 'dʒɛntlmən], in England (als Lehnübersetzung zu ↑ Gentilhomme) urspr. Bez. für den zur ↑ Gentry gehörenden Adligen; später v. a. Bez. für einen Mann von Anstand, Lebensart und ehrenhaftem Charakter. Das *G.-Ideal* spielte in Großbrit. v. a. in der Erziehung eine bed. Rolle.

Gentlemen's Agreement (Gentleman's Agreement) [engl. 'dʒɛntlmənz ə'gri:mənt] ↑ Agreement.

Gentner, Wolfgang, * Frankfurt am Main 23. Juli 1906, † Heidelberg 4. Sept. 1980, dt. Physiker. - Prof. in Freiburg und Heidelberg; zahlr. Arbeiten auf dem Gebiet der Biophysik, der Radioaktivität und der Kernphysik; entwickelte u. a. mit seinen Mitarbeitern die Kalium-Argon-Methode zur Altersbestimmung von Mineralen.

Gentofte, dän. Gemeinde auf Seeland, mit Kopenhagen zusammengewachsen, 67 000 E. Sitz des Dän. Geolog. Inst., des Meteorolog. Inst., des Arkt. Inst. und des Dän. Inst. für Fischerei und Meeresforschung.

Gentry [engl. 'dʒɛntrɪ], Bez. des niederen Adels in England/Großbrit., der, im 13. Jh. entstanden, erst seit den Tudors seine hohe geschichtl. Bed. gewann. Neben der wappentragenden, zu ritterl. Lebenshaltung durch ein Rentenminimum qualifizierten älteren bzw. reichen G., den **Knights,** gab es die gleichfalls durch einen Mindestrentenbesitz qualifizierte, nichtritterl. Schicht der **Squires.** Die G. war polit. Bindeglied zw. Parlament, Grafschaften und Kommunitäten mit steigendem sozialem Rang und polit. Macht durch den Einstieg bes. finanzkräftiger Schichten des Bürgertums. Im 18./19. Jh. mittelständ. Führungsschicht, die bis heute ihre fließenden Grenzen erhielt.

Gent-Terneuzen-Kanal [niederl. 'xɛnttɛr'nø:zə] ↑ Gent.

Gentz, Friedrich, * Breslau 2. Mai 1764, † Wien 9. Juni 1832, dt. Publizist und Politiker. - Preuß. Kriegsrat 1793–1802; wurde durch seinen Kampf gegen die Prinzipien der Frz. Revolution, seine Deutung des Phänomens der modernen Revolution und seinen Widerstand gegen die europ. Machtpolitik Napoleons I. führender dt. konservativer Staatsdenker und Publizist. Verließ Preußen 1802 und agierte seit 1803 in Wien erfolgreich als polit. Publizist für eine antinapoleon. gemeineurop. Politik; erst 1810 (mit der Lockerung seiner brit. Beziehungen) zum Aufbau einer offiziösen Presse durch Metternich fest verpflichtet, an dessen Seite einflußreiche polit. Laufbahn als außerordentl. östr. Hofrat seit 1813; wurde zum Exponenten der vormärzl. Reaktion.

G., Heinrich, * Breslau 5. Febr. 1766, † Berlin 3. Okt. 1811, dt. Baumeister. - Bruder von Friedrich G.; strenger Frühklassizist, Vorläufer Schinkels; u. a. 1798–1800 Münze in Berlin (abgerissen), 1802–04 Ausgestaltung des großherzogl. Schlosses in Weimar (Treppenhaus, Festsaal), 1810 Mausoleum für Königin Luise im Charlottenburger Park.

Gentzen, Gerhard [Karl Erich], * Greifswald 24. Nov. 1909, † Prag 4. Aug. 1945, dt. Logiker und Mathematiker. - Bewies, ausgehend von dem Hilbertschen Programm, für den Aufbau der Mathematik die Widerspruchsfreiheit der Zahlentheorie sowie den Hauptsatz für die nach ihm ben. Kalküle der Quantorenlogik.

Genua (italien. Genova), Hauptstadt der italien. Region Ligurien am Golf von G., am südl. Steilabfall des Ligur. Apennin, 738 000 E. Sitz eines Erzbischofs; Univ. (gegr. 1471), Kunstakad., Marine- und Schiffbauschule,

Orazio Gentileschi, Maria mit Kind (vor 1610). Privatbesitz

Musikhochschule, ozeanograph. und meteorolog. Inst.; mehrere Museen und Gemäldegalerien und Bibliotheken, Oper; Sitz von Börse, Behörden und Verbänden. G. bildet mit seinen Nachbargemeinden einen der wichtigsten Wirtschaftsräume Italiens. Die Ind.betriebe liegen zw. Voltri im W, Nervi im O und Pontedecimo im N; v. a. Schwerind., Schiff- und Maschinenbau, Kraftfahrzeugind., Raffinerien und viele kleinere Betriebe; zahlr. Banken, Reedereien; internat. Messen. Das Einzugsgebiet des Handelshafens reicht über die norditalien. Ind.zentren Mailand und Turin bis in die Schweiz und nach Süddeutschland. Pipelines nach Aigle (Schweiz) und Ingolstadt (BR Deutschland). Bed. Passagierhafen, einer der wichtigsten Verkehrsknotenpunkte von Italien; ✈.

Geschichte: Schon im Altertum Handels- und Schiffahrtszentrum Liguriens; seit 218 v. Chr. unter röm. Einfluß; 205 von den Karthagern zerstört; nach dem Ende des Weström. Reichs ostgot., byzantin., 641 langobard; in fränk. Zeit Mittelpunkt einer Gft.; im erbitterten Machtkampf mit Pisa (v. a. 1165–76), mit dem zus. es 1016 den Sarazenen Sardinien und Korsika abgenommen hatte, blieb G. erst 1284 siegreich. Zahlr. genues. Niederlassungen in Syrien und Palästina, im Königreich Kleinarmenien, in Ägypten, N-Afrika, Konstantinopel und am Schwarzen Meer. Der Konflikt mit Venedig endete nach wechselvollen Kämpfen mit der Niederlage der Genuesen 1380. Im Innern wurde G. von schweren Verfassungskämpfen erschüttert, in denen das Volk das Übergewicht erlangte. In der Folge weiterer Machtkämpfe war G. meist wechselnd in frz. oder mailänd. Hand. Der genues. Admiral Andrea Doria konnte die Unabhängigkeit wieder herstellen und gab G. eine oligarch. Verfassung. 1684 von den Franzosen bombardiert, im Östr. Erbfolgekrieg von Österreich 1746 vorübergehend besetzt. 1768 trat G. Korsika an Frankr. ab. Durch Napoleon I. wurde G. (mit vergrößertem Gebiet) als Ligur. Republik eingerichtet, 1800 kurze Zeit von den Österreichern besetzt und 1805 Frankr. einverleibt. 1815 mit dem Kgr. Sardinien vereinigt.

Bauten: Wahrzeichen der Stadt ist der 75 m hohe Turm (1543) am Hafen. Der Dom (geweiht 1118) wurde 1307–12 got. erneuert, 1567 mit einer Renaissancekuppel versehen; bed. Domschatz. Adelspaläste, die v. a. 1530–1650 entstanden sind, u. a. Palazzo del Principe und die Paläste der Doria, die die Piazza San Matteo umgeben. Die Univ. wurde 1634 ff. als Jesuitenkolleg errichtet.

🕮 *Kurowski, F.: G. aber war mächtiger. Gesch. einer Seemacht. Mchn. 1983. - Gioffre, D.: Gênes et les foires de change, de Lyon à Besançon. Paris 1960. - Bragadin, M. A.: Histoire des républiques maritimes italiennes. Paris 1955.*

Genuakord ↑Kord.

Genueser Spitze, eine Art der Klöppelspitze.

Genugtuung, im *Völkerrecht* eine Form der Schadenersatzleistung für einen durch ein völkerrechtl. Delikt zugefügten Schaden. Nach der Staatenpraxis gehört zur G. u. a. der Ausdruck des Bedauerns, der durch die Regierung des schadenersatzpflichtigen Staates ausgesprochen wird, ferner die Bestrafung schuldiger eigener Staatsangehöriger.
Im *schweizer. Recht* Schadenersatz für immaterielle Schäden.

genuin [lat.], angeboren, echt, rein, unverfälscht, natürlich.
◆ (idiopathisch) in der *Medizin* ohne erkennbare Ursache, selbständig und nicht als Folge anderer Krankheiten auftretend, von bestimmten, ursächl. noch nicht zu deutenden Krankheitsbildern gesagt.

Genus [lat. „Art, Geschlecht"] (Mrz. Genera), in der *Logik* svw. ↑Gattung.
◆ in der *Biologie* svw. ↑Gattung.
◆ in der *Sprachwissenschaft* grammat. Kategorie („grammat. Geschlecht"), die die Substantive (danach Adjektive und Pronomina) in verschiedene Klassen einteilt und auf der Unterscheidung des natürl. Geschlechts aufbaut: unterschieden werden insbes. männl. G. (Maskulinum: *der Mann, Vater, Hengst*), weibl. G. (Femininum: *die Frau, Mutter, Stute*) und sächl. G. (Neutrum, eigtl. „keines von beiden", d. h. hinsichtl. des Sexus indifferent: *das Geschöpf, Kind, Pferd*). Diese dreiteilige Klassifikation ist nicht in sämtl. indogerman. Sprachen vorhanden: z. T. kennen diese nur

zwei Genera (Maskulinum/Femininum oder eine Unterscheidung Belebtes/Unbelebtes), z. T. ist die G.unterscheidung völlig aufgegeben. Grammat. G. und Sexus stimmen nur z. T. überein (etwa nicht in: *das Weib, Mädchen*). Zum formalen Ausdruck des G. dienen u. a. bestimmte Endungen und Formwörter (z. B. im Dt. der Artikel *der, die, das*). - Als **Genus des Verbs** (G. verbi) wird die jeweilige Verhaltensrichtung des Verbs (Aktiv, Passiv, Medium) bezeichnet.

Genußgifte, Bez. für einige Genußmittel, deren dauernder Genuß zur Sucht bzw. zur Schädigung des Organismus führen kann (z. B. Tabak, Alkohol).

Genußmittel, Produkt, das nicht wegen seines Nährwerts, sondern wegen seines Geschmacks und/oder seiner anregenden Wirkung genossen wird (Gewürze, Kaffee, Tee, Konfekt usw.). - ↑auch Lebensmittelrecht.

Genußschein, Urkunde, die verschiedene Rechte gegenüber einer AG verbrieft; i. d. R. garantiert der G. einen Anspruch auf den Reingewinn und den Liquidationserlös.

Genus verbi [lat.] ↑Genus.

Genzentrum (Allelzentrum), geograph. Gebiet, in dem bestimmte Kulturpflanzenarten in der größten Formenfülle vertreten sind und von denen sie vermutl. ihren Ursprung genommen haben (Ausbreitungszentren); deckt sich im allg. mit einem eiszeitl. Refugialgebiet.

Genzmer, Felix, * Marienburg (Westpr.) 25. März 1878, † Tübingen 19. Aug. 1959, dt. Jurist und Germanist. - Prof. für öffentl. Recht in Rostock, Marburg und Tübingen; Arbeiten zur german. Rechtsgeschichte; Hg. altnord. Sagas, Übersetzung der „Edda" (2 Bde., 1912–20; mit A. Heusler).

G., Harald, * Blumenthal (= Bremen) 9. Febr. 1909, dt. Komponist. - Sohn von Felix G.; 1928–34 Schüler von Hindemith, Kompositionslehrer an den Musikhochschulen Freiburg i. Br. (1946–57) und München (seit 1957). Komponierte Ballette, Orchesterwerke (u. a. drei Sinfonien 1942, 1957, 1958), Konzerte, Kammermusik, Orgel- und Klavierwerke, Chormusik (u. a. „Jiménez-Kantate", 1962), Lieder und Jugendmusik.

Geo..., geo... [zu griech. gē „Erde"], Bestimmungswort von Zusammensetzungen mit der Bed. „Erd..., erd..., Land..., land...", z. B. Geodäsie, Geographie, Geometrie.

Geobotanik (Pflanzengeographie, Phytogeographie), Teilgebiet der Botanik, in dem die Verbreitung und Vergesellschaftung von Pflanzen nach der räuml. Ausbreitung der einzelnen Arten *(florist. G.)*, ihrer Abhängigkeit von Umweltfaktoren *(ökolog. G.)*, den histor. Bedingungen ihrer Verbreitung *(Vegetationsgeschichte)* sowie nach der Zusammensetzung und Entwicklung der Pflanzengesellschaften *(Pflanzensoziologie, Vegetationskunde)* untersucht wird.

Geochemie, die Wiss. von der chem. Zusammensetzung und den chem. Veränderungen der Erde. Aufgaben sind u. a. die chem. Analyse von Gesteinen und Mineralen, die Bestimmung des Vorkommens und der Häufigkeit der chem. Elemente und ihrer Isotope sowie ihrer Verteilung und Wanderung in den verschiedenen Bereichen der Erde und die Erforschung der Gesetzmäßigkeiten, nach denen sich diese Vorgänge abspielen und Minerale, Gesteine und Lagerstätten gebildet oder verändert werden. Prakt. Bed. für den Bergbau, die Metallurgie, die chem. Ind. und die Landwirtschaft.

Geochronologie, Teilgebiet der Geologie, das sich mit relativer und absoluter Altersbestimmung befaßt. Bei Sedimenten gilt bei ungestörter Lagerung das Grundgesetz der Stratigraphie, daß obere Schichten (**Hangendes**) jünger sind als darunter liegende (**Liegendes**). Mit Hilfe der Petrographie werden v. a. [präkambr.] Schichten, in denen kaum oder keine Versteinerungen vorkommen, in eine Reihenfolge gebracht. Vom Kambrium ab erleichtern Makro- und Mikroleitfossilien als Zeitmarken (biostratigraph. Prinzip) die relative zeitl. Einordnung der Sedimente. Magmat. und metamorphe Gesteine werden v. a. mit Hilfe physikal. Methoden chronologisiert, die absolute Werte, d. h. Angaben in Jahren, ergeben (↑Altersbestimmung). Zu absoluten Werten (Kalendern) führen auch die Auszählung von Bändertonen, die Pollenanalyse und die Jahresringchronologie.

Geodäsie [griech.], Wiss. und Technik der Bestimmung von Form und Größe der Erde bzw. von Teilen ihrer Oberfläche. Fundamentale Bed. für die G. haben Messungen des Schwerefeldes der Erde, weil daraus auf die Erdform geschlossen werden kann. Grundlage für Messungen auf der Erdoberfläche ist die Festlegung eines sog. Festpunktfeldes *(Triangulierungsnetz)*. Dieses wird auf eine mathematisch streng definierte Bezugsfläche, zumeist ein Ellipsoid *(Bezugsellipsoid, Referenzellipsoid)* abgebildet. Damit läßt sich das betreffende Gebiet der Erdoberfläche rechnerisch einfach erfassen. Während die einzelnen Staaten der Erde in der Regel ein eigenes, auf ihr Land begrenztes Festpunktfeld haben, wird gegenwärtig vom US Coast and Geodetic Survey mit Hilfe der *Satellitentriangulation* erstmals ein Festpunktfeld bearbeitet, dessen 36 Punkte sich über die ganze Erde verteilen. Dieses Punktfeld ist zugleich eine erste Grundlage für ein zukünftiges einheitl. *geodätisches Weltsystem.*

Die histor. Wurzeln der G. reichen bis zur Feldmessung in den asiatischen Hochkulturen zurück. Ein qualitativ neuer Abschnitt begann 1617 mit der von W. Snellius eingeführten ↑Triangulierung. Die erste Landesaufnahme auf dieser Grundlage führte W. Schikkard in Württemberg durch. Die Gegenwart ist gekennzeichnet von der Schaffung geodät. Fixpunkte mittels Satellitentriangulierung und der Ablösung des Trinagulierungsverfahrens durch die exakteren Laserstrahlmessungen, die mit dem Nachweis der Verschiebung der Kontinente auch die G. vor neue Aufgaben stellen.

geodätische Linie [griech./lat.] (Geodätische), eine Flächenkurve, bei der in jedem ihrer Punkte die Hauptnormale mit der Flächennormalen zusammenfällt; eine g. L. ist bei hinreichend kleinen Flächenstücken die kürzestmögl. Verbindungslinie zw. je zwei auf ihr gelegenen Punkten. Die g. L. der Ebene sind Geraden, die der Kugeloberfläche Großkreise.

geodätisches Dreieck [griech./dt.], Dreieck, dessen Seiten ↑geodätische Linien sind.

Geode [griech.] (Mandel), ↑Konkretion von Mineralen in Blasenhohlräumen von einigen Ergußgesteinen, daher für diese (Melaphyr, Basalt, Diabas u. a.) auch die Bez. **Mandelstein.**

geodynamisches Meter ↑Geopotential.

Geoelektrik, Teilgebiet der *Geophysik*, das sich bei der Bestimmung der physikal. Eigenschaften von Gesteinsmassen und Bodenschichten, bei der Erkundung von Lagerstätten und bei der Untersuchung des Baugrundes künstl. erzeugter oder von Natur aus vorhandener elektr. Felder und Ströme (↑Erdströme) bedient.

geoelektrischer Effekt (geoelektr. Phänomen), infolge erhöhter Diffusionsgeschwindigkeit der Kationen gegenüber den Anionen im Schwerefeld der Erde hervorgerufene positive Aufladung der Unterseite pflanzl. Organe gegenüber der Oberseite um wenige Millivolt.

Geode aus Amethyst (Idar-Oberstein)

Geofaktoren, Bez. für die einzelnen Bestandteile einer Landschaft, durch die sie geformt wird, z. B. Lage, Klima, Vegetation, Tierwelt, Bevölkerung u. a.

Geoffrey of Monmouth [engl. ˈdʒɛfrɪ əv ˈmʌnməθ] (Galfridus Monumentensis), * Monmouth um 1100, † Llandaff bei Cardiff 1154, engl.-walis. Geschichtsschreiber. - Seine oft legendar. Geschichte der Könige Britanniens („Historia regum Britanniae"), vor 1139 geschrieben, ist die Hauptquelle für die Artusdichtung.

Geoffroy Saint-Hilaire, Étienne [frz. ʒɔfrwasɛ̃tiˈlɛːr], * Étampes (Essonne) 15. April 1772, † Paris 19. Juni 1844, frz. Naturforscher. - Prof. für Zoologie in Paris. Bekannt wurde er v. a. durch den „Akademiestreit" (1830) mit Cuvier, in dem er, ähnl. wie Lamarck, die Ansicht vertrat, daß die Entwicklung der Lebewesen (Artenbildung) von einem einzigen Bauplan hergeleitet werden kann.

Geofraktur, svw. ↑Lineament.

Geognosie, veraltet für Geologie.

Geographie (Erdkunde), Wiss., die nicht nur die Erdoberfläche beschreibt, sondern das Ökosystem Erde–Mensch untersucht. In der Antike und im MA standen Beschreibungen von Ländern, Küsten und Häfen im Vordergrund, kartograph. Darstellungen der Erdoberfläche wurden versucht sowie Messungen der Form und Größe der Erde und ihrer Stellung im Weltall. Im 12./13. Jh. erweiterten die Reiseberichte von W. Rubruk, M. Polo u. a. den Horizont. Bei den Erdbeschreibungen des Entdeckerzeitalters (seit dem 15. Jh.) überwogen anfangs die Schilderung der Merkwürdigkeiten, doch erfolgte bereits eine Hinwendung zur Naturbeobachtung. Wiss. verarbeitet wurden die jahrhundertelang gesammelten geograph. Fakten erst im 17. Jh. v. a. durch B. Varenius. Er gliederte die G. in eine allg. und eine spezielle G. (Länderkunde). Mit A. von Humboldt und C. Ritter setzte im 19. Jh. die Frage nach den ursächl. Zusammenhängen ein, wobei auch die Wirkung der räuml. Verhältnisse auf die Geschichte der Völker untersucht wurde. Die Kolonisationspolitik der europ. Staaten, verbunden mit großen Expeditionen, erbrachte nicht nur topograph. Kenntnisse, sondern auch weiterführende Erkenntnisse. Geograph. Gesellschaften wurden 1821 in Paris, 1828 in Berlin, 1830 in London, 1852 in New York gegr. Seit 1871 gibt es das Fach G. an Universitäten. Neben die **physische Geographie,** die sich mit Geomorphologie, Klima, Hydrographie, Bodenkunde, Vegetations- und Tiergeographie befaßt, trat Ende des 19. Jh. die **Länderkunde** in den Vordergrund, die Teilräume der Erdoberfläche, von Staaten, Ländern und Länderteilen, auch Meeresgebiete, erforscht und den individuellen Charakter des betreffenden Raumes herausarbeitete. Im 20. Jh. geht es nicht allein um Beschreibung, Einordnung und Kenntnis von Zusammenhängen, sondern um Mitarbeit und Mitverantwortung an Erschließung und Gestaltung menschl. Lebensräume. Dabei bildeten sich nach dem 2. Weltkrieg mehrere Richtungen heraus, so die **Sozialgeographie** (auch **Anthropogeographie** gen.), die die Beziehungen zw. unterschiedl. sozial und landschaftl. geprägten Verhaltensgruppen und Lebensformen einerseits und geograph. Raum andererseits untersucht in enger Verknüpfung mit der **Wirtschaftsgeographie,** die sich mit Produktion, Versorgung, Siedlung, Verkehr, Bildung, Erholung befaßt. Eine weitere Richtung ist die **Geosystemforschung,** die kurz- und mittelfristige Entwicklungen, Gleichgewichte, Elastizitäten und Steuerungsmöglichkeiten des Naturhaushalts untersucht. Geosystemforschung und Sozialgeographie führen zus. wiederum zurück zur Einheit der Länderkunde, die jetzt als Integration von Natur- und Kulturgeographie verstanden wird, die realitätsbezogene Aufgaben der Umwelt bearbeitet.

🕮 *Dickenson, J. P., u. a.: Zur G. der Dritten Welt. Rheda 1985. - G. Hg. v. G. Fochler-Hauke. Ffm. [14]1980. - Leser, H.: G. Braunschweig 1980. - Lehrb. d. allg. G. Hg. v. E. Obst u. J. Schmithüsen. Bln. [1–3]1965–80. 12 Bde.*

geographische Karten, Bez. für Karten, deren Maßstab kleiner als 1:500 000 ist.

geographische Lage, bei Siedlungsplätzen die großräuml. Verkehrslage, z. B. Küsten-, Ufer-, Paßlage. Die **topographische Lage** wird dagegen von kleinräuml. Eigenschaften bestimmt, z. B. Berg-, Tal-, Sporn-, Insellage.

geographische Meile ↑ Meile.

Geoid [griech.], Bez. für den von der wahren Erdgestalt abweichenden theoret. Körper, dessen Oberfläche die Lotlinien der Schwerkraft überall im rechten Winkel schneidet.

Geokarpie [griech.], Ausbildung von Früchten in der Erde, nachdem sich die Fruchtknoten in die Erde eingebohrt haben (z. B. bei der Erdnuß).

Geokorona, die äußerste Schicht der Erdatmosphäre in etwa 2 000–20 000 km Höhe, in der die Wasserstoffkonzentration größer als im interplanetar. Raum ist; ihre Entstehung wird mit der Diffusion des in der Exosphäre vorkommenden Wasserstoffs in den interplanetaren Raum erklärt.

Geokratie, in der Geologie Bez. für Zeiten, in denen die Festländer bes. weite Teile der Erdoberfläche einnehmen.

Geologenhammer, bei der Arbeit im Gelände verwendeter Hammer aus bes. hartem Stahl.

Geologenkompaß, Kompaß mit Klinometer, 360°-Teilung oder 400-Gon-Teilung und Libelle, bei dem die Bez. für Osten (E) und Westen (W) vertauscht sind; mit dem G. werden Streichen und Fallen von Gesteinsschichten, Klüfte und Störungen gemessen.

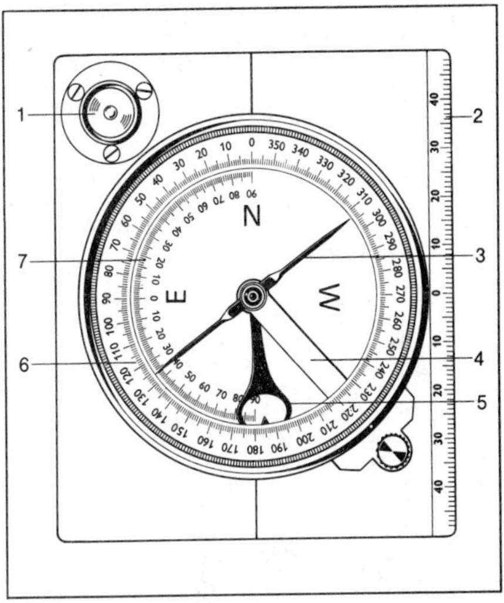

Geologenkompaß. 1 Libelle, 2 Millimeterskala, 3 Kompaßnadel, 4 Arretierung, 5 Klinometer zur Bestimmung des Fallwinkels, 6 linksläufige Gradeinteilung des Kompasses, 7 Gradeinteilung des Klinometers

Geologie, die Wiss. von der Entstehung und Entwicklung der Erde und der sie bewohnenden Lebewesen. Sie war im Altertum Teil der allg. Naturphilosophie. Bereits im 6. Jh. v. Chr. wurden die Fossilien richtig als Überreste von Organismen erkannt (Xenophanes), doch ging diese Erkenntnis wieder verloren. Die ma. Weltanschauung mit Erklärung geolog. Phänomene durch die Sintflut wandelte sich erst in der Zeit der Renaissance, doch waren die Anhänger der Sintfluttheorie, die sog. Diluvianer, noch jahrhundertelang von Einfluß. Bes. der Bergbau förderte die geolog.-mineralog. Beobachtungen. Die Standardwerke G. Agricolas trugen wesentl. zur wiss. Methode der G. bei. Leonardo da Vinci deutete erstmals wieder Versteinerungen als Überreste von Organismen. In der Mitte des 18. Jh. erfolgte der Übergang von einer beschreibenden zur erklärenden Naturwiss. Dabei standen sich zwei Schulrichtungen kraß gegenüber: Plutonismus und Neptunismus. A. G. Werner, der an der Bergakad. Freiberg G. lehrte, war der Begründer des **Neptunismus,** der alle Gesteine als Ablagerungen eines Urmeeres ansah, J. Hutton der des **Plutonismus,** der vulkan. Ursprung annahm. Beider Zeitgenosse G. de Cuvier entwickelte die **Katastrophentheorie,** die weltweite Katastrophen und nachfolgende Neuschöpfungen von Tier- und

Pflanzenwelt annahm. Im 19. Jh. begründete W. Smith die **Stratigraphie,** durch K. von Hoff und später C. Lyell setzte sich der **Aktualismus** durch, der besagt, daß in den früheren Phasen der Erdgeschichte die gleichen Kräfte wirksam waren wie in der Gegenwart. Da die G. sich nicht nur mit dem Raum, sondern auch mit der 4. Dimension, der Zeit, beschäftigt, umfaßt sie zwei große Gebiete: allg. oder dynam. G. und histor. G. Die **dynamische Geologie** gliedert sich wiederum in zwei Bereiche: exogene und endogene Dynamik. Die *exogene Dynamik* untersucht alle Kräfte, die von außen auf die Erdkruste einwirken. In enger Wechselbeziehung zu ihr steht die *endogene Dynamik,* die die innenbürtigen Kräfte untersucht, d. h. sie befaßt sich mit Tektonik und Vulkanologie. Den Ablauf der Erdgeschichte, dargestellt in der sog. Formationstabelle (↑auch geologische Uhr) und die Entwicklung des Lebens auf der Erde zu rekonstruieren ist Aufgabe der **historischen Geologie.** Sie bedient sich dazu der Stratigraphie, der Geochronologie, der Paläontologie und der Paläogeographie. Ermöglicht werden diese Kenntnisse durch genaue geolog. Erforschung von mehr oder weniger begrenzten Gebieten (**regionale Geologie**). Diese ist auch Grundlage für das weite Feld der angewandten G. (z. T. **Ingenieurgeologie**), die sich mit Baugrunduntersuchungen, Tunnelbau, Wasserversorgung, Erkundung von Erdöl, Erdgas, Erzen, Kohlen u. a. Rohstoffen befaßt. Ein Forschungsschwerpunkt der G. ist seit Mitte des 20. Jh. die **Meeresgeologie,** bes. die Untersuchung der mittelozean. Schwellen, deren Ergebnisse zur Aufstellung der Theorie der ↑Plattentektonik führte.

📖 *Richter, D.: Allg. G. Bln. ^{3}1986. - Die Entwicklungsgesch. der Erde. Hg. v. R. Hohl. Lpz.; Ffm. ^{6}1985. - Brinkmanns Abriß der G. Neubearb. v. W. Zeil u. K. Krömmelbein. Stg. ^{13}1984–86. - Abriß der histor. G. Hg. v. K.-A. Tröger. Bln. 1984.*

geologische Karten, themat. Karten, die die geolog. Verhältnisse eines Gebiets darstellen mit Hilfe von Farben und Symbolen sowie beigefügtem Textheft (Erläuterung). Die „klass." Kartierung erfolgt durch Geländebegehungen, bei der alle Beobachtungen und Messungen in ein Feldbuch eingetragen und Gesteinsproben genommen werden. Beim Fehlen topograph. Karten als Grundlage der geolog. Kartierung ist die Auswertung von Luftbildern eine wesentl. Hilfe, v. a. in unwegsamen Gebieten. Im Satellitenbild werden großräumige tekton. Strukturen der Erdkruste, die an der Erdoberfläche nur abschnittsweise bekannt sind, deutl. abgebildet; auf Grund der unterschiedl. Farbtönung der Gesteine bzw. ihres spezif. Bewuchses lassen sich aus Satellitenbildern petrograph. und daraus geolog. Übersichtskarten herstellen.

geologische Uhr, Darstellung der Erdgeschichte auf einem „Zifferblatt", auf dem die geolog. Formationen ihrer Zeitdauer entsprechend eingezeichnet sind, zusätzl. das jeweils erste Auftreten bestimmter Lebewesen.

Geomagnetik, Lehre von den Magnetfeldern der Erde; wird in der angewandten Geophysik bei der Erschließung des Untergrundes herangezogen; die magnetostat. Mes-

GEOLOGIE, FORMATIONSTABELLE

Zeitalter	Formation	Abteilung	Alter in Mill. Jahren	Entwicklung des Lebens
Erdneuzeit (Neozoikum, Känozoikum)	Quartär	Holozän		Veränderung der Umwelt durch den Menschen; Pflanzen- und Tierwelt der Gegenwart
		Pleistozän		Den Eiszeiten und Zwischeneiszeiten angepaßte Tier- und Pflanzenwelt
			1,5	Menschwerdung
	Tertiär	Pliozän Miozän Oligozän Eozän Paleozän		Entwicklung der Vögel und Säugetiere, insbes. der Herrentiere; Höhepunkt in der Entwicklung der Schnecken
			67	
	Kreide	Oberkreide Unterkreide		Höhepunkt und Ende der Dinosaurier und Flugsaurier. Zahlr. Foraminiferen und Muscheln (z. T. Leitfossilien); Entwicklung der Bedecktsamer
			137	

GEOLOGIE, FORMATIONSTABELLE

Zeitalter	Formation	Abteilung	Alter in Mill. Jahren	Entwicklung des Lebens
Erdmittelalter (Mesozoikum)	Jura	Malm Dogger Lias		Reiche marine Fauna mit Ichthyosauriern, Plesiosauriern, Ammoniten (Leitfossilien), Belemniten, riffbildenden Schwämmen. Auftreten des Urvogels Archäopteryx
			195	
	Trias (german. Trias)	Keuper Muschelkalk Buntsandstein		Im Keuper Auftreten der ersten Säugetiere, im Muschelkalk reiche marine Fauna (u. a. Seelilien, Muscheln, Brachiopoden, Kopffüßer), im Buntsandstein Fährten von Chirotherium (ein Saurier)
			225	
Erdaltertum (Paläozoikum)	Perm	Zechstein Rotliegendes		Entwicklung und Differenzierung der Reptilien. Daneben Großforaminiferen, Bryozoen. Glossopteris-Flora in Gondwanaland
			285	
	Karbon	Oberkarbon Unterkarbon		Zahlr. Amphibien; erste Reptilien. Baumförmige Farne, Schachtelhalme, Bärlappgewächse (erhalten in Steinkohlenlagern)
			350	
	Devon	Oberdevon Mitteldevon Unterdevon		Leitfossilien sind Brachiopoden, Kopffüßer und Fische. Im Mitteldevon erste Farne, Schachtelhalme und Bärlappgewächse
			405	
	Silur			Erstes Auftreten der Fische, im obersten Silur der ersten Gefäßpflanzen (Landbewohner). Reiche marine Fauna, u. a. riffbildende Korallen, Graptolithen (Leitfossilien)
			440	
	Ordovizium			Erstes Auftreten der Graptolithen und Korallen. Daneben Brachiopoden, Echinodermen, Kopffüßer, Trilobiten
			500	
	Kambrium			Erstes Auftreten der Trilobiten (Leitfossilien), Brachiopoden, Echinodermen, Kopffüßer
			570	
Erdfrühzeit (Präkambrium)	Algonkium			Abdrücke von Spiculä, Quallen, Seefedern, Arthropoden; Stromatolithen (Kalkausscheidungen von Blaualgen), Algenreste
			etwa 2 500	
	Archaikum			

sungen werden vom Boden oder aus der Luft (Aeromagnetik) vorgenommen.

Geomagnetismus, svw. ↑Erdmagnetismus.

Geomedizin, Zweig der Medizin, der sich mit Vorkommen, Ausbreitung und Verlauf von Krankheiten in ihrer Abhängigkeit von geograph. und klimat. Bedingungen befaßt.

Geometer [griech.], Landvermesser, Feldmesser; heute Vermessungsingenieur.

Geometrie [griech., eigtl. „Feldmeßkunst"], Teilgebiet der *Mathematik*, das sich im ursprüngl. Sinne mit der Größe und Gestalt der Dinge der physikal. Welt befaßt. Als **euklidische Geometrie** bezeichnet man den Teilbereich, der auf dem von Euklid aufgestellten Axiomensystem beruht. **Nichteuklidische Geometrie** i. e. S. ist die auf das Parallelenpostulat Euklids verzichtende sog. *hyperbolische Geometrie.* In der elementaren euklid. G. werden die Beziehungen der Elemente des zwei- und dreidimensionalen Raumes (Punkte, Geraden, Ebenen) untersucht. Die Ergebnisse sind auf den n-dimensionalen Raum übertragbar. Die G. der Ebene bezeichnet man auch als **Planimetrie,** die des (dreidimensionalen) Raumes als **Stereometrie,** die der Kugeloberfläche als **sphärische Geometrie.** Prakt. Bedeutung hat die **darstellende Geometrie,** die räuml. Gebilde durch Projektion auf Ebenen darzustellen lehrt. Die ↑analytische Geometrie stellt Kurven und Flächen als Graphen von Funktionen und Relationen dar.

geometrische Kunst, Stilepoche der griech. Kunst (900–700), ben. nach den Mustern der Ornamentbänder der Keramik.

geometrische Reihe ↑Reihe.

geometrischer Ort, Punktmenge, die bestimmten geometr. Bedingungen genügt; z. B. ist der geometr. Ort aller Punkte, die von zwei festen Punkten A und B gleiche Entfernung haben, die Mittelsenkrechte der Verbindungsstrecke $\overline{AB}$.

Geometrischer Ort. Die Mittelsenkrechte auf $\overline{AB}$ als geometrischer Ort aller Punkte, die von A und B jeweils den gleichen Abstand haben

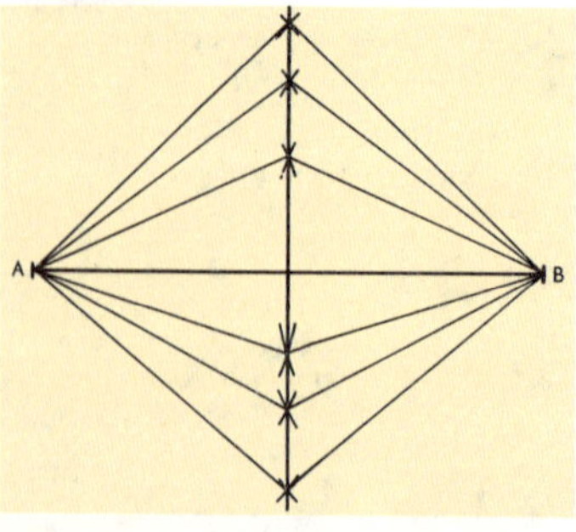

Geomorphologie (Morphologie), die Wiss. von den Oberflächenformen der Erde. Sie entstand als Teilgebiet der phys. Geographie und der dynam. Geologie, da sie nicht nur das Relief der Natur- und Kulturlandschaft beschreibt, sondern auch die Kräfte und gesetzmäßigen Abläufe untersucht, durch die die verschiedenen Formen gestaltet werden: Art des Gesteins, seine tekton. Lagerung, Art der Verwitterung, Abtragung und Anhäufung, Art der Vegetationsdecke, Eingriffe des Menschen usw. Hierbei spielen die spezif. Zusammenhänge zw. Klima und Formenbildung eine bes. wichtige Rolle.

Geonym [griech.], Deckname, der einen geograph. Hinweis enthält, z. B. Stendhal.

Geophagie [griech.] (Erdeessen), Sitte, bes. bei Naturvölkern, Erde oder Ton zu essen; auch als krankhafter Trieb bei Schwachsinnigen vorkommend.

Geophon [griech.] (Erdhörer, Seismophon), elektrodynam. Vertikalseismograph zur Aufnahme und Messung künstl. erzeugter Erdbebenwellen (Sprengseismik); bei der Erkundung von Lagerstätten, aber auch bei der Untersuchung von Rohrleitungen eingesetzt. Bei Messungen auf See treten an die Stelle der G. **Hydrophone,** die in speziellen Bojen untergebracht sind.

Geophysik, Teilbereich der *Physik*, der sich mit den natürl. Erscheinungen auf der Erde, in ihrem Inneren wie auch im erdnahen interplanetaren Raumes befaßt. Zum Forschungsbereich der G. gehören auch die Einflüsse anderer Himmelskörper auf die Erde und die sie umgebende Materie, insbes. Wirkungen von Sonne und Mond.
Teilgebiete der G. sind u. a. die **Gravimetrie** (Lehre von der Schwerkraft), die **Seismologie** (Erdbebenkunde) und die **Lehre vom Erdmagnetismus. Ozeanographie** und **Meteorologie,** die Lehren von den Weltmeeren und der Atmosphäre, haben einen solchen Umfang angenommen, daß sie gewöhnl. wie selbständige Disziplinen behandelt und allenfalls der G. zugezählt werden. Bei der Suche nach nutzbaren Lagerstätten *(Exploration)* und wasserführenden Schichten sowie bei Baugrunduntersuchungen treten häufig Fragen auf, die sich mit Hilfe geophysikal. Methoden beantworten lassen. Die Bearbeitung solcher Probleme ist die Aufgabe der angewandten G.; ihre Methoden *(Aufschlußmethoden)* entsprechen denen der allg. Geophysik.

geophysikalische Karten, themat. Karten, die z. B. Schwerkraft, Erdbeben, Erdmagnetismus darstellen.

Geophysikalisches Jahr (Internationales Geophysikalisches Jahr, internat. Abk. AGI [Année Géophysique Internationale]), Zeitraum, in dem auf Grund internat. Absprachen geophysikal. Daten in allen Teilen der Erde gemessen und gesammelt werden; im bes. die vom 1. 7. 1957 bis zum 31. 12. 1958 auf der ganzen Erde vorgenommenen Forschungen auf dem Gebiet der Geophysik. Vorgänger des Geophysikalischen Jahres waren die 1882/83 und 1932/33 durchgeführten Polarjahre.

Geophyten [griech.], mehrjährige krautige Pflanzen, die ungünstige Jahreszeiten (Winter, sommerl. Dürre) mit Hilfe unterird. Erneuerungsknospen überdauern (z. B. Schwertlilie, Zwiebel, Dahlie).

Geopolitik, Grenzfach zw. Geographie, Staatswiss., Geschichte und Soziologie; beschäftigt sich mit der Raumbezogenheit der polit. Zustände und Vorgänge; verfocht vielfach die determinist., vom Sozialdarwinismus eingefärbte These von der geograph. Bedingtheit der Politik.

geopolitische Karten, themat. Karten, in denen [bevölkerungs]polit. Vorgänge, Wachstumstendenzen u. a. dargestellt werden.

Geopotential, Maß für die Arbeit bzw. Energie, die aufzuwenden ist, um auf der Erde eine Masseneinheit (z. B. 1 kg) von einem Höhenniveau Z_1 (z. B. dem Meeresniveau) entgegen der Schwerebeschleunigung auf ein Höhenniveau Z_2 zu heben. Flächen gleichen G. werden **Äquipotential-** oder **Niveauflächen** genannt; sie liegen über dem Pol enger als über dem Äquator. Einheiten des G. sind das **geopotentielle Meter** (gpm) bzw. das **geodynam. Meter** (gdm). 1 gdm $= 10\,m^2/s^2$; 1 gpm $= 9{,}80665\,m^2/s^2$.

Georg, männl. Vorname griech. Ursprungs, eigtl. „Landmann, Bauer". Als Name des hl. Georg sehr verbreitet, schon im MA sehr beliebt. Niederdt. Form Jürgen, frz. Georges, engl. George, russ. Juri, ungar. György; Nebenform Jörg und Jürg (schweizerisch).

Georg, hl., Märtyrer. Die Existenz des Heiligen ist bis heute umstritten; die Legende macht ihn zum Märtyrer (Offizier) des 4. Jh. oder zum Drachenkämpfer; sein Kult kam im MA v. a. durch die Kreuzfahrer nach Europa. - Die vorherrschende Darstellung ist die des Heiligen als Ritter; seit dem 12. Jh. wird er zum Helden, der den Drachen tötet. Der Drachenkampf entwickelte sich zur verbreitetsten Form der G.darstellung, u. a. Bernt Notkes Sankt-Georgs-Gruppe in Stockholm (1489; in der Storkyrka).

Georg, Name von Herrschern:

Bayern-Landshut:

G. der Reiche, * Landshut vor dem 15. Aug. 1455, † ebd. 1. Dez. 1503, Herzog (seit 1479). - Vermachte sein Erbe seinem Schwiegersohn Rupprecht von der Pfalz, weshalb es zum Landshuter Erbfolgekrieg (1503–05) kam. Zum Gedächtnis an seine auffallend prunkvolle Hochzeit mit Hedwig von Polen (1475) in Landshut wird noch heute die **Landshuter Fürstenhochzeit** alle drei Jahre feierl. begangen.

Böhmen:

G. von Podiebrad und Kunstatt (G. Podibrad), * Poděbrady 6. April 1420, † Prag 22. März 1471, König (seit 1458). - Seit 1452 Reichsverweser an der Seite des jungen Königs Ladislaus (V.) Posthumus und nach dessen Tod (1457) zum König gewählt; konnte das vor seiner Krönung gegebene Geheimversprechen, sein Volk zum röm.-kath. Glauben zurückzuführen, nicht verwirklichen; 1466 von Papst Paul II. als Ketzer verurteilt und seines Königtums für verlustig erklärt; 1469 wurde sein Schwiegersohn Matthias I. Corvinus von einer Minderheit zum böhm. Gegenkönig gewählt.

Griechenland:

G. I., * Kopenhagen 24. Dez. 1845, † Saloniki 18. März 1913, König (seit 1863). - Sohn König Christians IX. von Dänemark; 1863 von der griech. Nat.versammlung unter Zustimmung der Schutzmächte gewählt; erreichte 1864 den Anschluß der Ion. Inseln und 1881 Thessaliens und des Südepirus; kurz nach seinem Sieg im 1. Balkankrieg (1912/13) ermordet.

G. II., * Schloß Tatoi bei Athen 19. Juli 1890, † Athen 1. April 1947, König (seit 1922). - Nach Abdankung seines Vaters Konstantins I. 1922 König; mußte nach Ausrufung der Republik 1924 das Land verlassen, konnte jedoch 1935 wieder auf den Thron zurückkehren; ermächtigte 1936 General J. Metaxas zur Errichtung einer Diktatur; während der dt. Besetzung Griechenlands 1941–44 im Exil, nach Plebiszit 1946 Rückkehr auf den Thron.

Großbritannien und Hannover:

G. Ludwig, * Hannover 7. Juni 1660, † Osnabrück 22. Juni 1727, Kurfürst von Hannover (seit 1698), König von Großbrit. u. Irland (seit 1714, als Georg I.). - Erreichte die Anerkennung der Kurwürde Hannovers; mit G. L. als König Georg I. begann die Personalunion von Großbrit. und Hannover. G. überließ die brit. Reg. v. a. dem Leiter des Kabinetts (seit 1721 R. Walpole); erwarb für Hannover die Hzgt. Bremen und Verden.

G. II. August, * Herrenhausen b. Hannover 10. Nov. 1683, † London 25. Okt. 1760, Kurfürst von Hannover, König von Großbrit. und Irland (seit 1727). - Sohn Georgs I.; verbündete sich im Östr. Erbfolgekrieg 1741 mit Maria Theresia und siegte 1743 bei Dettingen über die Franzosen; nahm als Verbündeter Friedrichs II. am Siebenjährigen Krieg teil; hatte für seinen bed. Min. Pitt d. Ä. wenig Verständnis; gründete als Förderer der Wiss. 1737 die nach ihm ben. Univ. in Göttingen.

G. III. Wilhelm Friedrich, * London 4. Juni 1738, † Windsor 29. Jan. 1820, König von Großbrit. und Irland (seit 1760), Kurfürst von Hannover (seit 1760), König von Hannover (seit 1814). - Enkel Georgs II.; erzwang 1761, um die Stellung der Krone zu stärken, den Rücktritt von Pitt d. Ä., den er durch Bute ersetzte; beendete 1763 den Siebenjährigen Krieg im Frieden von Paris (ohne Preußen); verschuldete durch seine starre Haltung den Abfall der nordamerikan. Kolonien; verfiel seit 1810 dem Wahnsinn; die Regentschaft wurde 1811 seinem Sohn, dem späteren G. IV. August Friedrich übertragen.

G. IV. August Friedrich, * London 12. Aug. 1762, † Windsor 26. Juni 1830, König (seit 1820). - Übernahm 1811 für seinen geisteskranken Vater die Regentschaft; v. a. seine privaten und öffentl. Skandale taten der königl. Machtstellung endgültig Abbruch; erließ 1819 in Hannover eine landständ. Verfassung, die aber keine eigtl. Reform bedeutete.

Großbritannien:

G. V., * London 3. Juni 1865, † Sandringham (Norfolk) 20. Jan. 1936, König (seit 1910). - Sohn von Eduard VII.; 1911 auch zum Kaiser von Indien gekrönt; 1921 um Ausgleich in der ir. Frage bemüht, trug 1926 zur friedl. Beendigung einer schweren innenpolit. Krise anläßl. eines Generalstreiks bei.

G. VI., urspr. Albert, * Sandringham (Norfolk) 14. Dez. 1895, † ebd. 6. Febr. 1952, König (seit 1936). - Bestieg nach der Abdankung seines Bruders Eduard VIII. den Thron und nahm dabei den Namen seines Vaters an; verzichtete 1948 auf den Titel „Kaiser von Indien".

Hannover:

G. V., * Berlin 27. Mai 1819, † Paris 12. Juni 1878, König (1851–66). - Sohn König Ernst Augusts; betrieb eine reaktionäre Politik und setzte 1855 die Verfassung von 1848 außer Kraft; 1866 wurde sein Land von Preußen annektiert. Der Abfindungsvertrag von 1867 wurde von Preußen nicht vollzogen († Welfenfonds). Die letzten Lebensjahre verbrachte G. in Wien, Gmunden und Paris.

Sachsen:

G. der Bärtige (G. der Reiche), * Meißen 27. Aug. 1471, † Dresden 17. April 1539, Herzog (seit 1500). - Vertrat 1488–1500 seinen Vater, Albrecht den Beherzigten; bemüht um eine gute Verwaltung seines Landes (1506 Gerichts-, 1508 Hofordnung); konnte die Ausbreitung der Reformation in Sachsen nicht verhindern; unterdrückte 1525 den Bauernkrieg in Thüringen, gründete 1526 zur Durchsetzung des Wormser Edikts in Dessau einen Bund kath. Fürsten; ließ die neuen Univ.gebäude in Leipzig bauen und Dresden zur Residenzstadt umgestalten.

Sachsen-Meiningen:

G. II., * Meiningen 2. April 1826, † Bad Wildungen 25. Juni 1914, Herzog (seit 1866). - Begrüßte die preuß.-kleindt. Reichsgründung von 1871, lehnte aber die konservative Wendung der Bismarckschen Politik nach 1878 und das Regiment Kaiser Wilhelms II. entschieden ab; schuf einen liberalen Musterstaat; Schöpfer der Meininger Theaterreform („Theaterherzog").

Waldeck:

G. Friedrich, * Arolsen 31. Jan. 1620, † ebd. 19. Nov. 1692, Graf (regierte seit 1645), Fürst (seit 1682). - 1642–51 in militär. Dienst Friedrich Heinrichs von Oranien; 1651–59 im Dienst Kurfürst Friedrich Wilhelms von Brandenburg; sein Plan, eine antihabsburg. Opposition im Reich zu schaffen, scheiterte; kämpfte nach kurzer Tätigkeit für Schweden (1658–60) als Feldmarschall Wilhelms III. von Oranien gegen Frankr.; nach Erhebung in den Reichsfürstenstand (1682) Reichsmarschall im Großen Türkenkrieg (1683–85).

Georg-Büchner-Preis, 1923 gestifteter Kunstpreis für hess. Künstler, 1945 neu ins Leben gerufen, 1951 Umwandlung in einen allg. Literaturpreis des deutschsprachigen Kulturlebens, von der Dt. Akademie für Sprache und Dichtung verliehen (seit 1985 30 000 DM). Preisträger dieses bedeutendsten Literaturpreises der BR Deutschland sind: G. Benn (1951), (1952 nicht verliehen), E. Kreuder (1953), M. Kessel (1954), M. L. Kaschnitz (1955), K. Krolow (1956), E. Kästner (1957), M. Frisch (1958), G. Eich (1959), P. Celan (1960), H. E. Nossack (1961), W. Koeppen (1962), H. M. Enzensberger (1963), I. Bachmann (1964), G. Grass (1965), W. Hildesheimer (1966), H. Böll (1967), G. Mann (1968), H. Heissenbüttel (1969), T. Bernhard (1970), U. Johnson (1971), E. Canetti (1972), P. Handke (1973), H. Kesten (1974), M. Sperber (1975), H. Piontek (1976), R. Kunze (1977), H. Lenz (1978), E. Meister (1979), C. Wolf (1980), M. Walser (1981), P. Weiss (1982), W. Schnurre (1983), E. Jandl (1984), Heiner Müller (1985), F. Dürrenmatt (1986), E. Fried (1987), A. Drach (1988), B. Strauß (1989).

George, Heinrich [-'--], eigtl. Georg Heinrich Schulz, * Stettin 9. Okt. 1893, † Sachsenhausen bei Oranienburg 25. Sept. 1946, dt. Schauspieler. - Zu seinen Glanzrollen gehörten Falstaff, der Richter von Zalamea und der Götz. Vitale, kraftvolle und volkstüml. Rollen auch im Film, z. B. in „Berlin-Alexanderplatz" (1931) und „Der Postmeister" (1940); 1936–44 Intendant des Berliner Schillertheaters.

G., Henry [engl. dʒɔːdʒ], * Philadelphia 2. Sept. 1839, † New York 29. Okt. 1897, amerikan. Wirtschaftswissenschaftler. - Anhänger der Ideen D. Ricardos; entwickelte in seinem Werk „Fortschritt und Armuth" (1879) eine Theorie, die von einer einzigen Steuer („single tax") ausging. Steuerbemessungsgrundlage sollte dabei der Boden sein.

G., Stefan [-'--], * Büdesheim (= Bingen) 12. Juli 1868, † Minusio bei Locarno 4. Dez. 1933, dt. Lyriker. - Nach Gymnasialabschluß nicht zu einer Berufswahl gezwungen, reiste G. zw. 1888 und 1891 in die literar. Zentren Europas, um mit den wesentl. Vertretern der modernen Poesie bekannt zu werden wie A. C. Swinburne in London, S. Mallarmé, P.

Verlaine in Paris, A. Verwey, É. Verhaeren in Belgien. Die Begegnung mit dem frz. Symbolismus führte ihn zur Ausbildung seines elitären Kunstprogramms einer „kunst für die kunst“, das sich gegen Epigonentum und Naturalismus stellte. Die von G. gegr. „Blätter für die Kunst“ (1892–1919) wurden von diesem Programm bestimmt, das sich auch ein um den Dichter sammelnder Kreis von Künstlern und Gelehrten (**George-Kreis**) zu eigen machte, dem (zeitweise) angehörten oder nahestanden Dichter wie K. Wolfskehl, M. Dauthendey, H. von Hofmannsthal, Maler wie M. Lechter, Wissenschaftler wie G. Simmel, E. Kantorowicz, L. Klages, Literaturwissenschaftler wie F. Gundolf, N. von Hellingrath, M. Kommerell. Seit 1900 lebte G. streng zurückgezogen. Aus Protest gegen Umdeutung und Reklamierung seines Werks durch den Nationalsozialismus ging er 1933 in die Schweiz. G. ist der bedeutendste Lyriker der wilhelmin. Epoche, gegen deren von ausschließl. ökonomischem Denken bestimmt erscheinende Gesellschaft sein Werk opponiert. Der von G. an den künstler. Mitteln wahrgenommenen Einwilligung ins Bestehende durch den Naturalismus setzt es Sprödigkeit von Form und Bildern entgegen. Konservativ blieb solche Erneuerung insofern, als sie den im Liberalismus vorgeprägten, von Nietzsche vorgedachten totalitären Individualitätsanspruch nicht aufgeben konnte, der sich im Georgeschen Bild des Narziß oder im Gestus des Dichters als Seher manifestierte. Mit den religiösen Metaphern des Spätwerks versuchte G., der selbst nicht als religiöser Dichter mißverstanden werden wollte, eine durchaus diesseitige Gegenwelt zur vom Kommerz bestimmten Gesellschaft zu gründen.

Werke: Algabal (1892), Das Jahr der Seele (1897), Der Teppich des Lebens und die Lieder von Traum und Tod (1900), Der siebente Ring (1907), Der Stern des Bundes (1914).

Kluncker, K.: Das geheime Deutschland. Über S. G. u. seinen Kreis. Bonn 1985. - Kraft, W.: S. G. Mchn. 1980. - Sämtl. Werke in 18 Bde. Hg. v. G. P. Landmann. Stg. 1982ff.

George-Brown [engl. 'dʒɔːdʒ'braʊn], Baron of Jevington (seit 1970), urspr. George Alfred Brown, * London 2. Sept. 1914, † Cusgarne (Cornwall) 2. Juni 1985, brit. Politiker. - 1945–70 Unterhausabg.; 1951 Min. für öffentl. Bauten; 1960–70 stellv. Vors. der Labour Party; trat schon 1961 für einen brit. Beitritt zur EWG ein; 1964–66 stellv. Premiermin. und Wirtschaftsmin., 1966–68 Außenmin.; seit 1968 als Industrieberater tätig; trat 1976 aus der Labour Party aus.

George-Kreis ↑George, Stefan.

Georgetown [engl. 'dʒɔːdʒtaʊn], Hauptstadt von Guyana, an der Mündung des Demerera River in den Atlantik, 188 000 E. Sitz eines anglikan. Erzbischofs und eines kath. Bischofs; Univ. (gegr. 1963), techn. Fachschule, Theater, Bibliotheken, histor.-ethnolog. Museum, botan. und zoolog. Garten; Handelszentrum und Haupthafen (Gezeitenhafen mit 10 Kais und Trockendock) des Landes; Ind.viertel 4 km südl. von G.; Eisenbahnlinien nach Parika und Rosignol; ✈. - 1782 von Franzosen gegr., seit 1784 in niederl. Hand. 1814 gelangte die Stadt endgültig in brit. Besitz. - Die im Quadratschema angelegte Stadt (früher v. a. Holzbauten) wurde 1945 durch Feuer stark zerstört

G., Hauptort der Cayman Islands, Hafen an der W-Küste von Grand Cayman Island, 7 600 E. Bibliothek, meteorolog. Station; Herstellung von Seilen, Zementblöcken, Ziegeln u. a., Fisch- und Schildkrötenfang mit Verarbeitung, Fremdenverkehr; internat. ✈.

G., Hauptsiedlung auf ↑Ascension.

George Town [engl. dʒɔːdʒtaʊn] (Penang, Pinang), Hauptstadt des malays. Gliedstaats Penang, an der O-Küste der Insel Pinang, 251 000 E. Kathol. Bischofssitz; Universität (gegründet 1969), Technikum,

Georg VI., König von Großbritannien (um 1940)

Heinrich George (1942)

Stefan George (um 1930)

Lehrerseminar, Museen, Kunstgalerie, Bibliotheken, botan. Garten; wirtsch. Zentrum des Staates: Zinnhütte, Nahrungsmittelind., kautschuk-, kopra- und holzverarbeitende Betriebe, Werften; Fischerei; Fremdenverkehr. Durch Fähren ist G. T. mit dem gegenüberliegenden Festland verbunden. Internat. ✈. - Gegr. 1786 von der brit. Ostind. Kompanie. - Neben Bauten aus der Kolonialzeit, u.a. Fort Cornwallis (1808–10), Sankt-Georgs-Kirche (1871), mehrere Tempel und Moscheen sowie die Große Pagode (1915); 10 km sw. von G. T. liegt der Kek-Lok-Si-Tempel (1891 ff.), die wichtigste buddhist. Wallfahrtsstätte Malaysias.

Georgette [frz. ʒɔr'ʒɛt], aus dem Frz. übernommener weibl. Vorname, Verkleinerungsform von Georgia.

Georgette [frz. ʒɔr'ʒɛt], svw. Crêpe Georgette (↑Crêpe).

Georgi, Yvonne, *Leipzig 29. Okt. 1903, †Hannover 25. Jan. 1975, niederl. Tänzerin, Choreographin und Ballettmeisterin dt. Herkunft. - Schülerin von Jaques-Dalcroze und M. Wigman; seit 1926 Tourneen mit H. Kreutzberg; eine der bedeutendsten dt. Ausdruckstänzerinnen. Als Choreographin (1951–54 Düsseldorf, 1954–70 Hannover) wandte sie sich jedoch vom Ausdruckstanz zugunsten eines klassischeren Stils ab.

Georgia, weibl. Vorname, weibl. Form von ↑Georg.

Georgia [engl. 'dʒɔ:dʒjə], B.-Staat im SO der USA, 152 488 km², 5,64 Mill. E (1981), Hauptstadt Atlanta.

Landesnatur: Der größte Teil von G. wird von der Atlant. Küstenebene eingenommen, die allmähl. auf rd. 200 m ansteigt. Im NW hat G. Anteil an den Appalachen. Hier liegt mit 1 458 m (Brasstown Bold) die höchste Erhebung.

Klima, Vegetation: Das Klima ist warmgemäßigt feucht; Niederschläge fallen während des ganzen Jahres; Schnee fällt nur im Gebirge. Etwa ⅔ von G. sind mit Wald bedeckt, im Gebirge v.a. Eichen-, Hickory-, Tannen- und Kiefernarten, in den Sümpfen an der Küste Lebensbaum, Zypressen und Palmen.

Bevölkerung, Wirtschaft, Verkehr: Der Anteil der Neger an der Gesamtbevölkerung beträgt rd. 27 %; 60 % der Bev. leben in Städten; über 50 % sind Baptisten. G. verfügt über zahlr. Colleges und 6 Univ., deren älteste, in Athens, 1785 gegr. wurde. - Der 150 Jahre lang dominierende Anbau von Baumwolle wurde abgelöst von Erdnuß- und Nelkenpfefferproduktion. Stark zugenommen hat die Viehzucht. Die Forstwirtsch. verwertet v.a. die Kiefer (Papierherstellung, Terpentingewinnung). G. ist führend in den USA im Abbau von Kaolin, Granit und Marmor. Neben Baumwollind. sind holzverarbeitende, chem. und Nahrungsmittelind. bed. - Das Eisenbahnnetz ist rd. 9 000 km lang, das Straßennetz rd. 77 000 km. Wichtigster Hafen ist Savannah. G. verfügt über 125 öffentl. ✈.

Geschichte: Das heutige G., 1540 erstmals von Europäern betreten, war lange zw. Engländern, Spaniern und Franzosen umstritten. Die brit. Reg. überließ es 1732 dem engl. Philanthropen J. E. Oglethorpe auf 21 Jahre. Die neue Kolonie wurde nach dem brit. König Georg II. ben.; 1754 Kronkolonie; ratifizierte 1776 die Unabhängigkeitserklärung, gab sich 1777 eine Verfassung. Die noch offene W-Grenze wurde bis 1802 festgelegt; spielte bei der Sezession der Südstaaten eine führende Rolle, 1870 wieder in die Union aufgenommen. Nach dem 2. Weltkrieg wurde das Problem der Gleichstellung und Integration der Schwarzen zentraler Streitpunkt.

Georgia, Strait of [engl. 'streɪt əv 'dʒɔ:dʒjə], südl. Teil der Meeresstraße des Pazifiks zw. dem Festland und Vancouver Island, Kanada, 240 km lang, 30–60 km breit; steht über die nördl. anschließende **Queen Charlotte Strait** mit dem **Queen Charlotte Sound** und im S über die **Strait of Juan de Fuca** (160 km lang, 16–35 km breit) mit dem offenen Pazifik in Verbindung.

Georgiades, Thrasybulos, *Athen 4. Jan. 1907, †München 15. März 1977, dt. Musikforscher griech. Herkunft. - Seit 1949 Prof. in Heidelberg, seit 1956 in München; veröffentlichte u.a. „Musik und Sprache" (1954), „Musik und Rhythmus bei den Griechen" (1958), „Das musikal. Theater" (1965), „Schubert. Musik und Lyrik" (1967).

Georgian Bay [engl. 'dʒɔ:dʒjən 'bɛɪ] ↑Huronsee.

Georgian poetry [engl. 'dʒɔ:dʒjən 'poʊɪtrɪ], Titel einer von E. Marsh 1912–22 in 5 Bänden herausgegebenen lyr. Anthologie und seitdem Bez. für die traditionsgebundene literar. Richtung der darin vertretenen Dichter zur Regierungszeit Georgs V. Ihre Motive stammen aus dem ländl. Milieu und der Natur. Vertreter sind u.a. W. W. Gibson, R. C. Brooke, W. H. Davies, J. Drinkwater, W. J. de la Mare, H. E. Monro, auch D. H. Lawrence, J. Masefield, R. Graves.

Georgien ↑Grusinische SSR.

Georgier (Grusinier, Eigenbez. Khartweli), in mehrere Stämme gegliedertes kaukas. Volk in der UdSSR, in der Türkei und in Iran; 3,571 Mill. G. (1979), davon 3,1 Mill. in der Grusin. SSR.

Georgiew, Kimon Stojanow, *Pasardschik 11. Aug. 1882, †Sofia 29. Sept. 1969, bulgar. Politiker. - 1926–28 Verkehrsmin.; stützte als Min.präs. 1934/35 das autoritäre Regime König Boris III., arbeitete für eine südslaw. Balkanförderation; seit 1943 führendes Mgl. der Widerstandsbewegung; betrieb als Min.präs. 1944–46 die Abschaffung der Monarchie; 1946–62 stellv. Min.präs., 1949–59 Verkehrsminister.

Georgii, Walter [...gi], *Meiningen 12.

Aug. 1888, † München 27. Juli 1968, dt. Naturwissenschaftler. - Prof. für Flugmeteorologie in Darmstadt. Leiter der Dt. Forschungsanstalt für Segelflug (1926–1945). G. hatte wesentl. Anteil an der Entwicklung des Segelflugs.

Georgine [nach dem russ. Ethnographen I. I. Georgi, * 1729, † 1802], svw. ↑Dahlie.

Georgios Pisides, byzantin. Dichter der 1. Hälfte des 7. Jh. - Lebte unter Kaiser Herakleios (610–641); gilt als wichtigster Vertreter der byzantin. Profandichtung (Epigramme, Viten, Lehrgedichte u. a.).

Georgische Heerstraße ↑Grusinische Heerstraße.

georgische Kirche, oriental. Kirche von Georgien, der heutigen Grusin. SSR; seit dem 5. Jh. autokephal; seit 1943 in Gemeinschaft mit der russ. Kirche; 1978 etwa 2 Mill. Gläubige.

georgische Literatur, die *altgeorg. geistl. Literatur* umfaßt u. a. Übers. aus dem Armen., Syr. und Griech. (Byzanz) durch Mönche in Klöstern innerhalb und außerhalb Georgiens (insbes. Euthymios, * um 960, † 1028, Abt des Iwironklosters auf dem Athos, und sein Nachfolger Georgios Hagiorites, † 1066) sowie einige Neuschöpfungen (Märtyrerviten). Die im 12. und 13. Jh. an den Fürstenhöfen gepflegte *mittelalterl. Dichtung und Prosa* steht unter pers. Einfluß. Als Werk der Weltliteratur ragt aus einer Reihe von Ritterromanen das georg. Nationalepos „Der Mann im Pantherfell“ von Rustaweli (um 1200) heraus. In der *vorneugeorg. Periode* (Mitte des 13. bis 19. Jh.) konnte sich erst im 18. Jh. literar. Leben breiter entfalten, gefördert von Wachtang VI. (* 1675, † 1737), dessen Onkel S.-S. Orbeliani (* 1658, † 1725) eine Sammlung von Fabeln, Parabeln, Märchen („Die Weisheit der Lüge“) und ein georg. Wörterbuch verfaßte. Als Lyriker trat W. Gabaschwili (* 1750, † 1791) hervor. Europ. (russ.) Einflüsse zeigten sich zuerst in der Lyrik, bes. bei A. Tschawtschawadse (* 1786, † 1846), G. Orbeliani (* 1804, † 1883) und V. Barataschwili (* 1817, † 1845). Der Schöpfer der Komödie, G. Eristawi (* 1811, † 1864), betätigte sich bereits als krit. Realist. - Die Sprache der *neugeorg. Literatur* wurde vornehml. durch I. ↑Tschawtschawadse und A. ↑Zereteli geschaffen. Zu den Realisten zählen E. Ninoschwili (* 1859, † 1894) und D. Kldiaschwili (* 1862, † 1931). Prominente Vertreter der *georg.-sowjet. Literatur* seit 1921 wie die Dichter G. Tabidse (* 1892) und G. Leonidse (* 1899) begannen als Symbolisten, G. Robakidse (* 1884, † 1962) emigrierte nach Deutschland und wurde hier durch seine Werke bekannt. In den stattl. Kreis der georg. Sowjetliteratur gehören u. a. K. Gamsachurdia (* 1891, † 1975) u. G. Abaschidse (* 1913).

georgische Schrift, Schrift des Georgischen, die in drei zeitl. unterschiedl. Varianten überliefert ist: 1. die „runde Priesterschrift“ gen. Majuskel (5. bis 10. Jh.); 2. die daraus im 10. Jh. entwickelte eckige Buchschrift, die für kirchl. Schrifttum bis ins 18. Jh. benutzt wurde; 3. die daraus im 11. Jh. für den weltl. Gebrauch abgeleitete „Kriegerschrift“, die die Grundlage für die heutige Schrift bildet. Sie ist vermutl. aus einem aramäischen Alphabet abgeleitet, griech. Einfluß ist deutlich.

georgische Sprache, zur Gruppe der südkaukas. Sprachen gehörende größte (2,6 Mill. Sprecher) und einzige Literatursprache der kaukasischen Sprachen. Die lautl. und grammat. Unterschiede zwischen Altgeorg. (5.–12. Jh.) und Neugeorg. (seit 19. Jh.) sind unerheblich. Stärkeren Veränderungen unterlag der Wortschatz, bes. durch die Übernahme türk. und neupers., später auch russ. Wörter. Intensive Sprachpflege und ständiger Ausbau der wiss. und technolog. Terminologie sichern heute die Stellung des Georg. als Kultursprache. Die schwach differenzierten georg. Dialekte zerfallen in die Gruppen Ostgeorg. und Westgeorgisch.

Georgslied, ältester deutschsprachiger Heiligenhymnus in gereimten Vierhebern, entstanden um 900; um 1000 in der Heidelberger Otfrid-Handschrift aufgezeichnet; der Eintrag bricht nach 118 Versen ab.

Georgsmarienhütte, Stadt am N-Rand des Teutoburger Waldes, Nds., 100 m ü. d. M., 31 000 E. - Entstand als Hüttenwerk Mitte des 19. Jh.; seit 1970 Stadt.

Georgstaler, Talermünzen, deren Bildseite den hl. Georg als Drachentöter zeigt; dienten vielfach als Amulett gegen Verwundung und Unfall.

Geos, Abk. für engl.: **Geo**detical **S**atellite, amerikan. Forschungssatelliten des Explorer-Programms, die zu geodät. Messungen verwendet werden.

Geosphäre, der Raum, in dem sich Erdkruste (Lithosphäre), Wasser- (Hydrosphäre) und Lufthülle (Atmosphäre) berühren und durchdringen.

geostationäre Bahn (geostationärer Orbit), svw. ↑Synchronorbit.

Geosynklinale [griech.], weiträumiges, über lange Zeiträume hinweg aktives Senkungsgebiet der Erdkruste, in dem sich größere Mengen von Sedimentgesteinen ansammeln.

Geothermik, Lehre von der Temperaturverteilung und den Wärmeströmen innerhalb des Erdkörpers. Die G. befaßt sich bes. mit dem Nachweis technisch nutzbarer geotherm. Energie.

geothermische Kraftwerke ↑Kraftwerk.

geothermische Tiefenstufe, Bez. für die Strecke, bei der die Temperatur der Erdkruste um 1 °C in Richtung Erdmittelpunkt ansteigt, im Durchschnitt 33 m (Faustregel: 3 °C/100 m). Starke Abweichungen von diesem Mittelwert sind bedingt durch die unterschiedl. Wärmeleitfähigkeit der Gesteine und den geolog. Bau eines Gebiets, so beträgt z. B. die g. T. in alten Schilden 90–130 m, in jungen Faltengebirgen 20–40 m, in Vulkangebieten 5–20 m. Wo Heißdampf und Heißwasser natürl. vorkommen, werden sie seit langem wirtsch. für Heizzwecke genutzt. In Italien, Island, Japan, den USA und der UdSSR arbeiten bereits geotherm. Kraftwerke. Um **Erdwärme** gezielter verwerten zu können, müssen geotherm. Anomalien erfaßt, Probebohrungen abgeteuft sowie die techn. Voraussetzungen für die wirtsch. Nutzung geschaffen werden. In der BR Deutschland weisen die Räume Urach und Landau bes. günstige Anomalien auf. In den USA wird seit 1974 ein Verfahren (**Hot-dry-rock-System** = künstl. Zirkulation von kaltem Wasser in heißem, trockenem Gestein) zur Erzeugung künstl. Thermalquellen 30 km westl. von Los Alamos (N. Mex.) erprobt.

Geotropismus ↑Tropismus.

Geotroposkop [griech.] ↑Gyroskop.

Geowissenschaften, zusammenfassende Bez. für alle Disziplinen, die sich mit der Erforschung der Erde befassen.

geozentrisch, auf die Erde als Mittelpunkt bezogen.

geozentrisches System, ein Weltsystem, bei dem die Erde den Mittelpunkt des Weltalls, insbes. des Planetensystems (einschließl. Sonne und Mond) bildet. G. S. entwickelten und vertraten u. a. Aristoteles, Ptolemäus, T. Brahe und ihre Anhänger.

geozyklisch, den Umlauf der Erde um die Sonne betreffend.

Gepäckträgerkrabbe (Ethusa mascarone), etwa 1,5 cm große, graubraune bis rötl. Krabbenart in den Küstenregionen des Mittelmeers; trägt mit den beiden hinteren (kleineren und nach oben verschobenen) Beinpaaren Muschelschalen über dem Rükken.

Gepard [frz., zu mittellat. gattus pardus „Pardelkatze"] (Jagdleopard, Acinonyx jubatus), schlanke, hochbeinige, kleinköpfige Katzenart, v. a. in den Steppen und Savannen Afrikas und einiger Gebiete Asiens; Körperlänge etwa 1,4–1,5 m, Schwanz 60–80 cm lang, Schulterhöhe etwa 75 cm; Kopf rundl., Ohren klein, Pfoten schmal, mit nicht zurückziehbaren Krallen; Fell relativ kurz und hart, rötl. bis ockergelb, mit relativ kleinen, dichtstehenden, schwarzen Flecken, die an der weißl. Unterseite weitgehend fehlen; vom vorderen Augenwinkel zum Mundwinkel ein kennzeichnender schwarzer Streif. Der als eigene Unterart beschriebene **Königsgepard** (Acinonyx jubatus rex) aus Rhodesien mit zu Längsstreifen zusammenfließender Fleckung ist eine Farbvariante. Der G. ist das schnellste Säugetier. Er erreicht eine Geschwindigkeit bis etwa 100 km pro Stunde, die er jedoch nur über kurze Strecken durchzuhalten vermag. Er läßt sich zieml. leicht zähmen; früher wurde er gern zur Jagd (Jagdleopard) abgerichtet. Die Zucht von G. in Gefangenschaft gelingt erst seit wenigen Jahren.

Gepiden (lat. Gepidae), ostgerman., urspr. zu den Goten gehörendes Volk, das bei deren Abwanderung in das Schwarzmeergebiet um 200 n. Chr. im Mündungsgebiet der Weichsel zurückblieb und im 3. Jh. an den N-Hang der Karpaten zog. Einfälle ins röm. Reichsgebiet; um 400 von den Hunnen unterworfen, stellten sie 451 ein starkes Kontingent für Attilas Feldzug nach Gallien, befreiten sich jedoch nach dessen Tode (453) durch einen Sieg über Attilas Söhne in Pannonien (454) und errichteten das G.reich unter Kg. Andarich zw. Donau, Theiß, Alt und Karpaten; traten zum Arianismus über. 567 wurden die G. von den Ostgoten und Langobarden vernichtend geschlagen.

Ger, german. Wurfspieß.

◆ von F. L. Jahn eingeführtes Übungsgerät mit 1,80 bis 2 m langem Holzschaft und stumpfer Metallspitze; wird heute nicht mehr verwendet.

Gera, Hauptstadt des Bez. G., DDR, im Tal der Weißen Elster, 185–300 m ü. d. M., 131 300 E. Verwaltungssitz des Landkr. G.; Bergbauschule, Museen, Theater; botan. Garten. Produktion von Werkzeug- und Blechbearbeitungsmaschinen, Kompressoren und Hochvakuumpumpen, Kondensatoren, Musikinstrumenten sowie bed. Textilind.; Verkehrsknotenpunkt O-Thüringens, - Im Schutz der herrschaftl. Burg und in der Nachbarschaft eines sorb. Dorfes (später Stadtteil Zschochern) in planmäßiger Gitterform angelegte Siedlung, vor 1237 zur Stadt (Recht nach Magdeburger Muster) erhoben. Auf den letzten Vogt von G. (Herren von Weida) folgte 1550 der Burggraf von Meißen, Heinrich von Plauen; 1562 gingen Stadt und Herrschaft an die jüngere Linie des Hauses Reuß über, die vom Ende des 16. Jh. bis 1918 in G. residierte. Seit 1952 Hauptstadt des gleichnamigen Bezirks. - Barocke Salvatorkirche (1717–20), Trinitatiskirche (14. Jh., 1611 erweitert), spätgot. Marienkirche (um 1440), Renaissancerathaus (1573–76) und Stadtapotheke (1606) am Markt mit Simonsbrunnen (17. Jh.); im Ortsteil Untermhaus barocke Orangerie (1729–32).

G., Landkr. im Bez. Gera, DDR.

G., Bez. in der DDR, 4 004 km², 742 200 E (1985); G. grenzt im S an die BR Deutschland. Der S des Bez. wird vom welligen Mittelgebirgsrumpf des Thüringer Schiefergebirges eingenommen. Im W des Gebirges v. a. ausgedehnte Wälder, die forstwirtsch. genutzt werden; bed. Fremdenverkehr. Im O-Teil des Gebirges beträgt die Waldfläche nur 25 % zugunsten des Ackerbaus (v. a. Roggen, Hafer, Kartoffeln); zum Frankenwald hin nehmen

Dauergrünland und Rinderzucht zu. Zw. dem Gebirge im S und der den N des Bez. einnehmenden ostthüring. Buntsandsteintafel, die mit großen Wäldern bestanden ist, zieht sich in O–W-Richtung die langgestreckte Senke der Orla hin. In den klimat. begünstigten Tälern der mittleren Saale und Weißen Elster werden etwa 30 % der landw. Nutzfläche von natürl. Grünland eingenommen (Rinderzucht), Feldgemüse, Hopfen und Tabak angebaut. Bei Jena und Bad Köstritz Obstkulturen, um G., Jena und Rudolstadt Gemüsebau; im mittleren Saaletal Weinbau. Wichtige Agrargebiete sind außerdem die Orlasenke und die fruchtbaren Lößgebiete im äußersten N des Bez. Die Forstwirtschaft spielt eine bed. Rolle als Holzlieferant und Rohstoffbasis für Ind. und Bergbau. Wirtsch. Bed. haben v. a. die Wismut- und Uranerzvorkommen von Ronneburg und die Eisenerzvorkommen bei Unterwellenborn sowie die Gewinnung von Marmor, Diabas u. a. Gesteinen; im Raum Probstzella-Lehesten-Wurzbach befinden sich die größten Schieferbrüche Europas. Ind.standorte sind die beiden größten Städte G. und Jena sowie die Gebiete um Saalfeld/Saale-Rudolstadt und Greiz mit jeweils charakterist. Struktur. Im Gebiet von G. ist die Textilind. bestimmend, im Raum Jena stehen einzelne Betriebe in engen Beziehungen zu den Forschungsinst. der Univ. (wiss. Gerätebau, elektron. Bauelemente), daneben Porzellanind. in Kahla und Eisenberg sowie Zement-, Kalk- und Phosphatgewinnung im Saaletal. Im Raum Saalfeld/Saale-Rudolstadt herrschen Metallurgie, chem. Ind., Energieerzeugung und Maschinenbau vor. Wichtige N–S-Verbindungen vermitteln den Durchgangsverkehr nach Bayern und in die ČSSR.

Gerade, in der *euklid. Geometrie* die kürzeste Verbindung zweier Punkte, die beiderseits über diese Punkte hinaus verlängert ist; die G. ist also - im Ggs. zur Strecke und zum Strahl - nicht durch Endpunkte begrenzt. Zu je zwei nicht zusammenfallenden Punkten A und B gibt es genau eine G., auf der diese Punkte liegen. Das G.stück zw. diesen Punkten ist die *Strecke* $\overline{AB}$ (↑analytische Geometrie).

◆ gerade verlaufender Teil einer Laufbahn oder Rennstrecke.

◆ bestimmter Schlag beim ↑Boxen.

Gerade und Ungerade (Gleich und Ungleich, Paar und Unpaar), Glücksspiel, bei dem man Münzen oder ähnl. in die geschlossene Hand nimmt und raten läßt, ob man eine gerade oder ungerade Anzahl in der Hand hält.

gerade Zahl, eine durch 2 ohne Rest teilbare natürl. Zahl.

Geradflügler (Orthopteroidea, Orthoptera), mit etwa 17 000 Arten weltweit verbreitete Überordnung kleiner bis großer Landinsekten; mit kauenden Mundwerkzeugen, vielgliedrigen Fühlern; Vorderflügel schmal, nicht faltbar, meist pigmentiert und als pergamentartige Deckflügel ausgebildet; Hinterflügel im allg. groß, häutig, glasklar, faltbar; Hinterbeine oft zu Sprungbeinen verlängert. Man unterscheidet die Ordnungen: ↑Heuschrecken, ↑Gespenstschrecken, ↑Ohrwürmer.

Geradsalmler (Afrikasalmler, Citharinidae), Fam. der Knochenfische mit rd. 100 Arten in den Süßgewässern Afrikas; Körper etwa 3–85 cm lang, fast stets mit Kammschuppen und gerade verlaufender Seitenlinie; im trop. Afrika Speisefische; Warmwasseraquarienfische.

Geradsichtprisma, eine Kombination mehrerer opt. Prismen verschiedener Glassorten, bei der ein hindurchgehendes Lichtstrahlenbündel bestimmter Wellenlänge keine Richtungsänderung erfährt.

Geral, Serra [brasilian. 'sɛrra ʒe'ral], Gebirge in S-Brasilien, bis über 2 000 m hoch, fällt nach W zum Uruguay ab. Am Fuß und in den Flußtälern subtrop. Regenwald, oberhalb 500–600 m große Araukarienwälder.

Gerald (Gerold), alter dt. männl. Vorname, eigtl. etwa „der mit dem Speer herrscht"

François Baron Gérard, Madame Récamier (1802). Paris, Musée Carnavalet

(althochdt. ger „Speer" und waltan „walten, herrschen"). Italien. Form Giraldo, frz. Géraud, engl. Gerald.

Geral de Goiás, Serra [brasilian. 'sɛrra ʒe'ral di go'jas], Teil des Brasilian. Berglandes, an der Grenze der B.staaten Goiás und Bahia, etwa 500 km lang, bis 900 m hoch.

Geraldton [engl. 'dʒɛrəltən], Hafenstadt und Seebad an der Küste Westaustraliens, 370 km nnw. von Perth, 19600 E. Sitz eines anglikan. und eines kath. Bischofs; Superphosphatwerke; Fischfang und -verarbeitung, Gartenbau. Nahebei Erdöl-, Gold- und Vanadiumerzvorkommen.

Geramb, Viktor Ritter von, * Deutschlandsberg bei Graz 24. März 1884, † Graz 8. Jan. 1958, östr. Volkskundler. - Seit 1930 Prof. in Graz, Gründer des Steier. Volkskundemuseums (Leiter 1913–49) und des Heimatwerks in Graz; zahlr. Werke zur Volkskunde, insbes. der Steiermark, und zur Märchenforschung.

Geranie [griech.], gärtner. Bez. für die ↑ Pelargonie.

Geraniol [griech./arab.], ein ungesättigter Terpenalkohol von rosenartigem Geruch; wird aus äther. Ölen (Palmarosaöl, Rosenöl, Pelargoniumöl und v. a. aus Zitronellöl) gewonnen; Verwendung als Riechstoff in der Parfümerie und zur Herstellung synthet. Rosenöle. Chem. Bruttoformel: $(CH_3)_2C = CH-(CH_2)_2-C(CH_3) = CH-CH_2OH$.

Geranium [griech.], svw. ↑ Storchschnabel.

Geraniumöl, svw. ↑ Pelargoniumöl.

Gérard, François Baron (seit 1819) [frz. ʒe'ra:r], * Rom 4. Mai 1770, † Paris 11. Jan. 1837, frz. Maler. - Schüler J. L. Davids, begann mit riesigen Historienbildern. G. war wohl der beliebteste Porträtist des Empire („Isabey und seine Tochter", 1796; Louvre; „Madame Récamier", 1802; „Marquise Visconti", 1810; Louvre). Bed. Skizzen, die er nach seinen Porträts fertigte (v. a. im Versailler Schloß, Marstall). - Abb. S. 111.

Gérardmer [frz. ʒerar'me], frz. Luftkurort und Wintersportzentrum am Lac de G., dem größten See der Vogesen, Dep. Vosges, 665 m ü. d. M., 9100 E. Jährl. Narzissenfest.

Gerasa, antike Stadt in Jordanien, das heutige **Dscharasch,** 35 km nördl. von Amman. Gegr. z. Z. Alexanders d. Gr., neugegr. unter Antiochos IV. Epiphanes (175–164); 63 v. Chr. von Pompejus zur Dekapolis geschlagen. Bed. Ruinen (Tempel, Säulenstraße, Theater aus dem 1. und 2. Jh. n. Chr.).

Gerassimow, Alexandr Michailowitsch, * Koslow (= Mitschurinsk) 12. Aug. 1881, † Moskau 23. Juli 1963, sowjet. Maler. - Als prominenter Vertreter des sozialist. Realismus malte er histor. Kompositionen und Porträts (Gorki, Lenin, Stalin).

G., Sergei Apollinarijewitsch, * Jekaterinburg (= Swerdlowsk) 3. Juni 1906, † Moskau 29. Nov. 1985, sowjet. Filmregisseur. - Internat. Erfolge mit Filmen nach literar. Vorlagen, z. B. „Der stille Don" (nach M. A. Scholochow, 1958).

G., Sergei Wassiljewitsch, * Moskau 26. Sept. 1885, † ebd. 20. April 1964, sowjet. Maler. - Schilderer des dörfl. Lebens in lockerer, von den Impressionisten beeinflußter Malweise.

Geräteturnen, Bez. für Übungen an Turngeräten; für *Männer:* Boden, Seitpferd, Ringe, Längspferd (Sprung), Barren, Reck; für *Frauen:* Boden, Seitpferd (Sprung), Stufenbarren, Schwebebalken (↑ Kunstturnen). Weitere Turngeräte sind u. a. Bock, Kasten, Kletterstange, Tau, Sprossenwand, Trampolin. - ↑ auch Turnen.

Gerätgeld, Tausch- oder Zahlungsmittel primitiver Kulturen in Form von nützl. Gegenständen aus Metall (z. B. Beile [Beilgeld], Messer, Spieße), wie Vieh- oder Schmuckgeld eine Vorstufe zum gemünzten Geld.

Geräusch, ein Gemisch zahlr. Töne rasch wechselnder Frequenz und rasch wechselnder Stärke.

Geräuschkulisse, in Theater, Film, Funk und Fernsehen die akust. Untermalung szen. Geschehens, wobei bestimmte Originalgeräusche vorgetäuscht werden. Übertragen für ständig im Hintergrund vorhandene, nicht bewußt, deutl. als solche wahrgenommene Geräusche.

Geräuschlaut, Sprachlaut mit deutl. Geräusch, bes. stimmlose Konsonanten, z. B. [p t k f s ʃ ç x h]. - Ggs. ↑ Sonor.

Geräuschmine, Mine, deren Zündung durch die Eigengeräusche des Zielobjekts ausgelöst wird.

gerben ↑ Lederherstellung.

Gerber, Carl Friedrich Wilhelm von (württemberg. persönl. Adel 1859, sächs. Adel 1878), * Ebeleben bei Sondershausen 11. April 1823, † Dresden 23. Dez. 1891, dt. Jurist und Politiker. - Wurde als Professor der Rechte (1847 Erlangen, 1851 Tübingen, 1862 Jena, 1863 Leipzig) Mitbegründer des Rechtspositivismus; hatte als sächs. Kultusmin. (seit 1871) entscheidenden Anteil an der Reform des Bildungswesens. Seit März 1891 sächs. Min.präsident.

Gerbera [nach dem dt. Arzt T. Gerber, † 1743], Gatt. der Korbblütler mit etwa 45 Arten in Afrika und Asien; Stauden mit grundständigen Blättern und meist großen, leuchtend gefärbten Blütenköpfen mit 1–2 Reihen langer, zungenförmiger Strahlenblüten; beliebte Schnittblumen.

Gerberei, Betrieb zur ↑ Lederherstellung.

Gerberstrauch (Lederstrauch, Coriaria), einzige Gatt. der zweikeimblättrigen Pflanzenfam. **Gerberstrauchgewächse** (Coriariaceae) mit 10 Arten in den Tropen und Subtropen; meist Sträucher und Kräuter mit lederigen Blättern und fünfzähligen, radiären Blüten; beerenartige, giftige Sammelfrüchte, gelb oder rot bis schwarz; bisweilen Zierpflanzen, wie z. B. der **Gerbersumach** (Coriaria myrtifolia) aus dem Mittelmeergebiet, dessen Blätter und Rinde zum Gerben verwendet werden.

Gerbert de Montreuil [frz. ʒɛrbɛrdəmõ'trœj] (Gibert de M.), altfranzös. Dichter der 1. Hälfte des 13. Jh. aus Montreuil-sur-Mer (Pas-de-Calais). - Verfaßte u. a. um 1227 den „Roman de la violette“, auf dem z. T. das Textbuch zu C. M. von Webers „Euryanthe“ (Uraufführung 1823) beruht.

Gerbert, Martin (Taufnamen: Franz Dominik Bernhard), * Horb am Neckar 12. Aug. 1720, † Sankt Blasien 13. Mai 1793, dt. Benediktiner, Fürstabt (Martin II.) von Sankt Blasien (seit 1764). - Bed. dt. kath. Theologe des Zeitalters der Aufklärung; Wortführer der Opposition gegen den Josephinismus und um einen Ausgleich zw. Episkopalismus und Kurialismus bemüht; ließ die Kuppelkirche von Sankt Blasien erbauen.

Gerberwolle (Kalkwolle), in der Gerberei Bez. für Schafwolle, die von den gekalkten Häuten geschlachteter Tiere gewonnen wird; z. T. etwas minderwertiger als Schurwolle.

Gerbsäuren, verfälschende Bez. für [pflanzl.] ↑Gerbstoffe.

Gerbstoffe, Substanzen, die durch ihre fäulnishemmende Wirkung zur Umwandlung von tier. Häuten in Leder benutzt werden können (↑Lederherstellung). Natürl. vorkommende **organ. Gerbstoffe** (Tannine, Catechine) werden aus Rinden, Hölzern, Früchten und Gallen gewonnen. Ihre gerbende Wirkung beruht auf Phenolkörpern, die auch Bestandteil synthet. G. sind. Sonstige organ. G. sind ungesättigte Fette (Trane) und Formalin. Die wichtigsten **anorgan.** *(mineral.)* **Gerbstoffe** sind bas. Chrom(III)- und Zirkoniumsalze sowie polymere Phosphate.

Gerbung ↑Lederherstellung.

Gerd (Gert), Kurzform von Gerhard.

Gerda, weibl. Vorname, in der 2. Hälfte des 19. Jh. aus dem Nord. übernommen. G. ist zu altisländ. Gerðr gebildet (eigentl. wohl Schützerin, zu altisländ. gerð „Umfriedung, Einhegung“, garðr „Zaun“).
◆ Kurzform von Gertrud.

Gerdauen (russ. Schelesnodoroschny), Ort in Ostpreußen, UdSSR▼, hatte 1939 5 100 E. und war bis 1945 Kreisstadt. - Die Pruzzenburg kam um 1273 in den Besitz des Dt. Ordens, 1398 zur Stadt erhoben.

Gerechtigkeit, im subjektiven Sinne das [ge]rechte Verhalten eines Menschen als Tugend; im objektiven Sinne das Prinzip zur Aufstellung und zur Beurteilung von Rechtsnormen: nach Platons Schichtenlehre für den einzelnen wie für den Staat das richtige Verhältnis der Schichten zueinander. Aristoteles engt G. auf soziale Beziehungen ein. Er unterscheidet die ausgleichende G. *(iustitia commutativa)* zw. einzelnen und die austeilende G. *(iustitia distributiva)* beim Verhältnis zw. Staat und einzelnen. Die später hinzugefügte Gesetzes-G. *(iustitia legalis)* verpflichtet den einzelnen insbes. zur Einhaltung der Gesetze. In der ma. Scholastik wird die G. durch die in der Natur sich zeigende göttl. Ordnung zu bestimmen versucht. In der Neuzeit wird auf die (durch unsere Vernunft zu analysierende) Natur des Menschen zurückgegangen (↑auch Naturrecht).
In allen Kulturen findet sich die Vorstellung, daß G. ein grundlegendes Merkmal und unabdingbares ausgleichendes Element von Herrschaft darstelle. Für die europ. Staats- und Rechtsphilosophie wurde seit dem MA die griech. und röm. Rechtsdenken tradierende Formel, daß „G. die Grundlage von Herrschaft“ sei zu einem zentralen Leitsatz (↑auch Justitia). Der Pflicht der Herrschenden zur G. entsprach das ↑Widerstandsrecht gegen ungerechte Obrigkeit. Gegenüber der neuzeitl. Maxime der Staatsräson hat v. a. Kant die G. als höchstes polit. Prinzip entwickelt. Ihre Sicherung und Wahrung in Gesetzgebung, Verwaltung und Rechtsprechung gilt als eine Hauptaufgabe des Rechtsstaats. Die polit. Problematik und Dynamik des Begriffs G. ist durch ihre Doppelgesichtigkeit bestimmt: G. zielt sowohl auf die Bewahrung überkommener Rechte wie auf die Reform oder im Extremfall: auf die Revolutionierung traditioneller, ungerecht gewordener Rechtsverhältnisse. In der Gegenwart stellt sich im innerstaatl. Bereich v. a. die Frage einer gerechten Verteilung des Sozialprodukts und einer gerechten Produktionsverfassung. Im 20. Jh., v. a. seit dem 2. Weltkrieg, erweist sich G. als zentrale Aufgabe der internat. Ordnung: der Ausgleich des wirtsch.-sozialen Ge-

Gerasa mit dem Südtheater im Vordergrund und dem Forum im Hintergrund

fälles zw. den euro-amerikan. Industriestaaten und Japan einerseits und den asiat., afrikan. und südamerikan. Entwicklungsländern andererseits.

In allen *Religionen* gilt G. als Bestandteil des Sittengesetzes. - Im A. T. ist G. das rechte Verhältnis zw. Personen. - Im N. T. ist „G. Gottes" Heilshandeln Gottes, und „G. des Menschen" aus dem Glauben kommende Frucht der ↑Rechtfertigung.

In der *älteren dt. Rechtssprache* bezeichnet G. außer der Tugend auch das Recht selbst, und zwar das subjektive, einer bestimmten Person zustehende Recht (Berechtigung) wie auch das objektive Recht (die Rechtsordnung, eine bestimmte Gesetzgebung). Schließl. kann G. alles bezeichnen, was Ausfluß oder Zeichen des Rechts ist, wie u. a. Abgaben, Bürgerrecht, Dienstbarkeiten, Urkunden.

📖 *Robbers, G.: G. als Rechtsprinzip. Baden-Baden 1980. - G. u. soziale Interaktion. Hg. v. G. Mikula. Bern 1980. - Rawls, J.: Eine Theorie der G. Dt. Übers. Ffm. 1979.*

Gerechtigkeitspartei (türk. Adalet Partisi), 1961 gegr. türk. Partei, gilt mit Einschränkungen als Nachfolgerin der 1960 verbotenen Demokrat. Partei; im wesentl. von konservativen, ländl., islamfreundl. Wählerschichten getragen; prowestl. orientiert, in der Wirtschaftspolitik liberal; erreichte bei den Wahlen 1965 und 1969 die absolute Mehrheit, 1973 und 1977 wurde sie zweitstärkste Partei; unter der Militärherrschaft 1981 verboten.

Gerechtsame, in der älteren dt. Rechtssprache geläufiges Wort für Berechtigung, Privileg, rechtl. Eigenschaft.

Gerfalke (Falco rusticolus), dem Wanderfalken ähnl., aber bed. größerer, arkt. Falke (51–56 cm lang) ohne kontrastreiche Gesichtszeichnung. Die Island- und Grönlandrasse (**Grönlandfalke,** Falco rusticolus candicans) ist überwiegend weiß mit dunklen Flekken.

Gergovia (frz. Gergovie [frz. ʒɛrgɔ'vi]), Festung der kelt. Arverner, in der Auvergne, südl. von Clermont-Ferrand. Im Aufstand des Vercingetorix 52 v. Chr. errangen die Gallier in G. einen bed. Abwehrerfolg gegen Cäsar.

Gerhaert von Leiden (Leyden), Nicolaus [niederl. 'xe:ra:rt] (Gerhaerts; Niclaus von Leiden), * Leiden zw. 1420/30, † Wiener Neustadt 1473 (?), niederl. Bildhauer. - Geschult wahrscheinl. in Utrecht, tätig in Trier, Straßburg, Konstanz und Wien, weshalb sein für Jahrzehnte einflußreiches Werk der dt. Spätgotik zuzurechnen ist. Es zeigt eine Synthese aus niederl., nordfrz. und burgund. Elementen; charakterist. der Faltenstil, die ausgreifende Bewegung und die beseelte und realist. Gestaltung.

Werke: Hochgrab des Erzbischofs Jacob von Sierck († 1456), vollendet 1462 (erhalten die obere Platte; Trier, Diözesanmuseum), Portal der Alten Kanzlei, Straßburg, 1463, erhalten die Halbfiguren eines Propheten (heute Straßburg, Frauenhaus) und einer Sibylle (heute Frankfurt am Main, Liebighaus), Epitaph des Conrad von Busnang (1464; Straßburger Münster), Steinkruzifix in Baden-Baden (1467; heute Stiftskirche), Deckplatte des Hochgrabs Kaiser Friedrichs III. (1467ff.; Wien, Sankt Stephan).

Gerhard (Gerhart), alter dt. männl. Vorname (althochdt. ger „Speer" und harti, herti „hart"). Italien. Form Gherardo, frz. Gérard.

Gerhard von Cremona, * Cremona um 1114, † Toledo 1187, italien. Gelehrter. - Herausragende Persönlichkeit der Übersetzerschule von Toledo; übertrug nahezu 90 Werke der Philosophie, Mathematik, Physik, Astronomie, Alchimie und Medizin aus dem Arab. ins Lateinische.

Gerhard (Gerhardt), Hubert, * Amsterdam (?) um 1550, † München 1622/23, niederl. Bildhauer. - Für die Fugger (Brunnengruppe „Mars und Venus", 1584–90) und den herzogl. Hof in München tätig, u. a.: „Hl. Michael" (1588–92; an Sankt Michael); „Bavaria" (1594, Hofgartentempel), „Patrona Bavariae" (1590er Jahre, urspr. für den Hochaltar der Frauenkirche, seit 1638 auf der Mariensäule auf dem Marienplatz). Für die Stadt Augsburg schuf G. den „Augustusbrunnen" (1589–94). In seinem Werk verbinden sich niederl. (Florisstil) und italien. Einflüsse (Giovanni da Bologna, B. Ammanati) in einem eigenen, frühbarocken Stil hoher plast. Kraft. Seine Gruppen zeigen einen rhythm. gestaffelten Aufbau.

G., Johann, * Quedlinburg 17. Okt. 1582, † Jena 17. Aug. 1637, dt. luth. Theologe. - Seit 1616 Prof. in Jena; sein Hauptwerk „Loci theologici" (9 Bde., 1610–22) gehört zu den bedeutendsten Werken der luth. Orthodoxie.

Gerhardsen, Einar [norweg. 'gærhardsən], * Oslo 10. Mai 1897, norweg. Politiker. - 1945–65 Vors. der norweg. Arbeiterpartei, 1940 Bürgermeister von Oslo, von der dt. Besatzung abgesetzt und 1941–45 inhaftiert; 1945–51, 1955–63 und 1963–65 Min.-präs. - † 19. Sept. 1987.

Gerhardt, Paul, * Gräfenhainichen 12. März 1607, † Lübben/Spreewald 27. Mai 1676, dt. Dichter. - 1657–66 Pfarrer an der Nikolaikirche in Berlin; als Lutheraner Gegner der vom Großen Kurfürsten angestrebten ev. Union; sein Schaffen bildet den Höhepunkt der ev. Kirchenlieddichtung nach Luther (u. a. „Nun ruhen alle Wälder", 1648; „Befiehl du deine Wege", 1656; „Geh aus, mein Herz und suche Freud", 1656; „O Haupt voll Blut und Wunden", 1656).

Gerhart ↑Gerhard.

Gerhild (Gerhilde), alter dt. weibl. Vorname (althochdt. ger „Speer" und hilt[j]a „Kampf").

Geriatrie [griech.], svw. ↑Altersheilkunde.

Geriatrika [griech.], Arzneimittel zur Steigerung der körperl. und geistigen Leistungsfähigkeit im höheren Lebensalter, auch zur Behandlung von ↑Alterskrankheiten.

Géricault, Théodore [frz. ʒeri'ko], * Rouen 21. Sept. 1791, † Paris 26. Jan. 1824, frz. Maler. - Orientierte sich v. a. an alten Meistern (Rubens, Caravaggio, Velázquez), die er kopierte. Im Widerspruch zur frz. klassizist. Schule wurde G. der Schöpfer einer romant.-realist. Darstellungsweise. Sein bevorzugtes Sujet sind Reiter und Pferde in kühn bewegten Szenenbildern, auch Bildnisse. Sein berühmtestes Werk ist „Das Floß der Medusa" (1818/19; Louvre). - Abb. S. 116.

Gerichte, unabhängige Organe der Rechtspflege mit der Aufgabe, darüber zu entscheiden, was im konkreten Falle rechtens ist. Sie verkörpern die *rechtsprechende Gewalt*, die gemäß Art. 92 GG den Richtern anvertraut ist. Die G. sind an Gesetz und Recht, v. a. an die Grundrechte gebunden (Art. 20 Abs. 3, 1 Abs. 3 GG). Sie sind unabhängig, d. h. nicht an Weisungen gebunden (Art. 97 GG). Träger der G. sind in erster Linie der Bund und die Länder. Ein Teil der *Berufs-* und *Ehrengerichte* wird von Selbstverwaltungskörperschaften (berufsständ. Kammern) unterhalten. Aber auch diese G. sind staatl. G. in dem Sinne, daß ihre Verfassung und ihr Verfahren durch staatl. Gesetze geregelt werden. Außer diesen staatl. G. gibt es *kirchl., Verbands-* und *Schiedsgerichte*, die auf Kirchengesetzen, Vereinssatzungen oder Vereinbarungen beruhen (z. B. Sportgerichte). Von zunehmender Bedeutung auch für den innerstaatl. Bereich sind *supra-* und *internat. G.*, v. a. der Europ. Gerichtshof und der Europ. Gerichtshof für Menschenrechte. - ↑ordentliche Gerichtsbarkeit, ↑Arbeitsgerichtsbarkeit, ↑Berufsgerichtsbarkeit, ↑Disziplinargerichtsbarkeit, ↑Finanzgerichtsbarkeit, ↑Patentgerichtsbarkeit, ↑Sozialgerichtsbarkeit, ↑Verfassungsgerichtsbarkeit, ↑Verwaltungsgerichtsbarkeit.
Nach *östr. Verfassungsrecht* sind die G. *Behörden des Bundes*, deren Organe mit bestimmten verfassungsgesetzl. Garantien ausgestattet sind. In der *Schweiz* gilt eine dem dt. Recht im wesentl. entsprechende Regelung. Träger der Gerichte sind in erster Linie die Kantone.

gerichtete Assoziation ↑Assoziation.

gerichtliche Polizei, in der Schweiz die im Strafprozeßrecht des Bundes und einiger Kt. verwendete Bez. für diejenigen Behörden, die sich ausschließl. mit der Strafverfolgung befassen und denen v. a. die Aufdeckung der strafbaren Handlungen, die Fahndung nach dem Täter sowie die Ermittlung und Sicherung von Spuren und Beweismitteln obliegen.

gerichtliche Psychiatrie, svw. forens. Psychiatrie (↑Gerichtsmedizin).

gerichtliche Zuständigkeit ↑Zuständigkeit.

Gerichtsbarkeit, Ausübung der rechtsprechenden Gewalt durch unabhängige Gerichte. Sie ist nach Maßgabe der dt. Gerichtsverfassung unter den zu Gerichtszweigen zusammengefaßten ↑Gerichten aufgeteilt. Diejenigen Gerichte, die derselben G. angehören, bilden zumeist einen **Instanzenzug** (z. B. Arbeits-, Landesarbeits-, Bundesarbeitsgericht); hiervon gibt es jedoch Ausnahmen: so sind die Verfassungsgerichte der Länder und das Bundesverfassungsgericht nicht durch einen Instanzenzug verknüpft. Eine Reihe von Gerichten üben mehrere G. aus: Das Bundesverwaltungsgericht ist oberstes Gericht der allg. Verwaltungs-G., der Disziplinar-G. über Bundesbeamte und der Wehrdienstgerichtsbarkeit.
In *Österreich* ist die G. gegliedert in die ordentl. G., die Arbeits-G. (als Zweig der ordentl. G.), die Schieds-G. der Sozialversicherung sowie [für Richter] die Disziplinargerichtsbarkeit.
In der *Schweiz* wird die streitige und die freiwillige wie auch die Verwaltungsgerichtsbarkeit vorab durch die [ordentl.] kantonalen Gerichte wahrgenommen, sodann durch das Bundesgericht und zahlr. Spezialverwaltungsgerichte.

Gerichtsberichterstattung, Information der Öffentlichkeit von Verlauf und Ergebnis öffentl. Verhandlungen der Gerichte durch Presse, Funk und Fernsehen. Direkte Rundfunk- oder Fernsehaufnahmen sowie Ton- und Filmaufnahmen zum Zwecke der öffentl. Vorführung oder Veröffentlichung ihres Inhalts sind unzulässig. Berichte über *nichtöffentl. Verhandlungen* sind nur in gewissen Schranken zulässig, dürfen z. B. ein erlassenes Schweigegebot nicht mißachten.

Gerichtsbezirk, räuml. Bereich, für den ein Gericht örtl. zuständig ist (↑Zuständigkeit).

Gerichtsferien, Zeitraum vom 15. Juli bis 15. Sept. eines jeden Jahres, währenddessen bei den ordentl. Gerichten nur in ↑Feriensachen Sitzungen abgehalten und Entscheidungen erlassen werden. Der Lauf gewöhnl. Fristen wird durch die G. gehemmt.

Gerichtsgebühren ↑Gerichtskosten.

Gerichtsherr, frühere Bez. für den Inhaber der Gerichtsbarkeit. Grundsätzl. war die Gerichtsbarkeit über die freie Bev. mit der höchsten Gewalt im Staate verbunden: Im republikan. Rom stand sie den Konsuln und dem Prätor zu, im dt. MA dem König bzw. Kaiser. Ausgeübt wurde die Gerichtsbarkeit meist von Delegierten des G. (Amtsträger, Grafen, Richter, Vögte). - In der BR Deutschland steht die Gerichtsbarkeit dem souveränen Volk zu. - In der *Militärgerichtsbarkeit* war G. der Kommandant der militär. Einheit; er nahm etwa die Stellung der Staatsanwaltschaft ein, ordnete aber auch den Zusammentritt des Kriegsgerichts an und berief die Rich-

Théodore Géricault, Verwundeter Kürassier (1814). Paris, Louvre

ter. Im Krieg hatte der G. das Recht, das Urteil zu bestätigen, aufzuheben und eine neue Verhandlung anzusetzen.

Gerichtshof, früher Bez. für alle Kollegialgerichte, heute für einige Gerichte höherer Instanz, z. B. Bundesgerichtshof, Verwaltungsgerichtshof.

Gerichtshof erster Instanz, im östr. Rechtssprachgebrauch svw. Landes- und Kreisgericht. 1. Der G. e. I. ist *zweite* (Rechtsmittel-)*Instanz* gegenüber den Bezirksgerichten in Zivil- und Strafsachen. Es entscheidet i. d. R. ein Senat aus drei Berufsrichtern. 2. *Erstinstanzl.* entscheidet der G. e. I.: in *Zivilsachen* in allen Angelegenheiten, die nicht in die Zuständigkeit der Bezirksgerichte fallen (Konkurs- und Ausgleichssachen, Führung des Handels- und Genossenschaftsregisters). Es entscheidet ein Einzelrichter, ausnahmsweise ein Senat aus drei Berufsrichtern; in *Strafsachen* in Strafverfahren wegen Vergehen und Verbrechen. Es entscheidet ein Einzelrichter, ein Schöffensenat (zwei Berufsrichter, zwei Schöffen) oder ein aus drei Berufsrichtern zusammengesetzter Senat. Am Sitz eines jeden G. e. I. besteht ein Geschworenengericht.

Gerichtshof zweiter Instanz, im östr. Rechtssprachgebrauch svw. †Oberlandesgericht.

Gerichtshoheit, Befugnis einer Person oder Körperschaft, Gerichtsbarkeit auszuüben. Der G. der dt. Gerichte unterliegen grundsätzl. auch Ausländer. Ausgenommen sind jedoch die Mgl. der diplomat. Vertretungen.

Gerichtskosten, die in einem gerichtl. Verfahren anfallenden **Gerichtsgebühren** sowie die †Auslagen der Staatskasse; für die meisten Gerichtsverfahren geregelt im GerichtskostenG (GKG) und in der Kostenordnung (KostO), beide i. d. F. vom 15. 12. 1975. - In *bürgerl. Rechtsstreitigkeiten* richten sich die Gerichtsgebühren nach dem Wert des Streitgegenstandes und gliedern sich [insbes.] in Prozeßgebühr, Beweisgebühr und Urteilsgebühr. Diese Gebühren werden für jeden Rechtszug nur einmal und nur insoweit erhoben, als die jeweilige gerichtl. Handlung auch tatsächl. erfolgt ist. - In der *freiwilligen Gerichtsbarkeit* bestimmen sich die Gebühren nach dem Geschäftswert. - In *Strafsachen* richten die Gerichtsgebühren sich nach der Höhe der erkannten Strafe. - Für die *Verwaltungs-*, *Arbeits-* und *Finanzgerichtsbarkeit* gelten die Vorschriften des GKG sinngemäß. - In der *Sozialgerichtsbarkeit* ist das Verfahren für den einzelnen grundsätzl. kostenfrei. Die Körperschaften und Anstalten des öffentl. Rechts haben jedoch für jede rechtshängig gewordene Streitsache, an der sie beteiligt sind, eine Gebühr zu entrichten. Im Verfahren vor dem *Bundesverfassungsgericht* entstehen Kosten nur in Ausnahmefällen.
Ähnl. Regelungen gelten im *östr.* und *schweizer. Recht.*

Gerichtsmedizin (gerichtl. Medizin, forens. Medizin), Zweig der Medizin. Er umfaßt: 1. die *forens.-klin. Medizin* (gerichtsärztl. Beurteilung von Körperverletzungen oder der Haft- und Verhandlungsfähigkeit eines Angeklagten, Gutachten bei Sittlichkeitsdelikten, Gutachten zur Feststellung der Geschlechtszugehörigkeit, Gutachten bei Untersuchungen im Rahmen des Eherechts und bei Vaterschaftsprozessen); 2. die *forens. Pathologie* (Durchführung von Leichenschau und Sektion, Feststellung von Todesursachen, Blutalkoholbestimmungen); 3. die *forens. Chemie* und *Toxikologie* (Spurenuntersuchungen, Untersuchung von Vergiftungen); 4. die *forens. Psychiatrie* (Begutachtung der Zurechnungsfähigkeit von Angeklagten); 5. die *ärztl. Rechts-* und *Standeskunde* (Beurteilung des rechtl. Verhältnisses zwischen Arzt und Patient).

Gerichtsschreiber, in der Schweiz derjenige [i. d. R. jurist. gebildete] Beamte, der für den Gang der Kanzleigeschäfte verantwortl. ist und der zur ordnungsgemäßen Besetzung eines jeden Gerichts gehört. Ihm obliegt die Protokollführung und - unter der Kontrolle des Gerichts - die Redaktion der Urteile.
Im *dt. Recht* werden die Aufgaben des G. z. T. von der Geschäftsstelle des Gerichts, im übrigen vom Gericht selbst wahrgenommen.

Gerichtsstand, [nach dem nicht einheitl. gesetzl. Sprachgebrauch hauptsächl.] die *örtl.* Zuständigkeit der Zivil- und Strafgerichte. Im *Zivilprozeß* kann beim allg. G. einer Person (am Wohnsitz) jede Klage gegen sie erhoben werden, für die nicht ein *ausschließl. G.* begründet ist. In vielen Fällen kann der G. vertragl. vereinbart werden (sog. ↑Prorogation). Im *Strafverfahren* ist G. in erster Linie jener des Begehungsortes.

Gerichtsstätte, Ort, an dem Gericht gehalten wurde. Ursprüngl. fanden die Gerichte grundsätzl. unter freiem Himmel statt, unter markanten Bäumen, auf der Königsstraße, auf einer Brücke, vor der Kirchentür. In Gebäude verlegten erst ma. Städte das Gericht, wobei an den älteren Brauch die Konstruktion offener Lauben (**Gerichtslaube**) erinnert oder das weite Öffnen von Türen und Fenstern während der Verhandlung. Das Gericht hinter verschlossener Tür kam erst mit der Neuzeit auf.

Gerichtsverfassung, externe und interne Organisation sowie Zuständigkeit der Gerichte. Geregelt im GG (Art. 92ff.) und in zahlr. (meist Bundes-) Gesetzen: GerichtsverfassungsG, Zivilprozeßordnung, Strafprozeßordnung, JugendgerichtsG, das Gesetz über die Angelegenheiten der freiwilligen Gerichtsbarkeit, ArbeitsgerichtsG, SozialgerichtsG, Finanzgerichtsordnung, Verwaltungsgerichtsordnung. - Im *östr. Recht* ist die G. im GerichtsorganisationsG, der Jurisdiktionsnorm, dem RichterdienstG und in den einzelnen Verfahrensgesetzen geregelt. - In der *Schweiz* ergibt sich die Organisation sowie die Zuständigkeit der kantonalen Gerichte aus den GerichtsorganisationsG und Prozeßordnungen. Für den Bund ist Art. 106ff. BV sowie das BG über die Organisation der Bundesrechtspflege vom 16. 12. 1943, das BG über die Bundesstrafrechtspflege vom 15. 6. 1934 (Strafgerichtsverfassung des Bundes) und das Reglement für das Schweizer. Bundesgericht vom 21. 10. 1944 maßgebend.

Geschichte: Das dt. MA kannte nur Kollegialgerichte, bestehend aus einem „Richter“ als prozeßleitendem Vorsitzenden ohne Stimmrecht und einer größeren Zahl (meist 7 oder 12) von Urteilern (Geschworene, Schöffen), die urspr. die Entscheidung einstimmig finden mußten. Der Richter war staatl. Amtsträger, die Urteiler gewählte Vertreter der Gerichtsgemeinde. Ein Rechtsmittelverfahren im modernen Sinn kannte man nicht. Seit dem Spät-MA verminderte sich durch den Dualismus von Kaiser und Reichsständen die Bedeutung der Reichsjustiz; ihr blieben das Reichskammergericht, der Reichshofrat, das kaiserl. Hofgericht und einige kaiserl. Landgerichte, die übrigen Gerichte waren in der Hand der reichsständ. Landesherren. Neben den staatl. Gerichten gab es zahlr. nichtstaatl., z.B. grundherrschaftl. Gerichte. Die Kirche des Hoch-MA entwickelte eine G. mit jurist. ausgebildeten Einzelrichtern und vielfachem Instanzenzug, der letztl. bis zur röm. Kurie führte.

Etwa seit dem 15. Jh. setzte in Deutschland eine erst im 19. Jh. abgeschlossene Reform der G. ein. Die ehrenamtl. Laienrichter wurden verdrängt, Rechtsmittel zugelassen und ein geordneter Instanzenweg zu einem obersten Gericht geschaffen (im Reich das Reichskammergericht und der kaiserl. Reichshofrat, in den Ländern die fürstl. Hofgerichte). In den unteren Instanzen ging man zum System der Einzelrichter über. Kollegialgerichte, an denen Laien ehrenamtl. mitwirkten, wurden seit der Mitte des 19. Jh. neu geschaffen (Schwurgerichte).

🕮 *Kern, E./Wolf, M.: G.recht. Mchn. ⁶1985. - Döhring, E.: Gesch. der dt. Rechtspflege seit 1500. Bln. 1953.*

Gerichtsverfassungsgesetz, amtl. Abk. GVG, Reichsgesetz vom 27. 1. 1877, das mit zahlr. Änderungen in der Neufassung vom 9. 5. 1975 als Bundesrecht fortgilt. Es regelt - nicht abschließend - die Gerichtsverfassung der ordentl. Gerichte. Seine Bestimmungen gelten kraft Verweisung z.T. auch für andere Gerichtsbarkeiten. Das G. enthält Vorschriften über Richteramt und Gerichtsbarkeit, Amts-, Schöffen-, Land- und Schwurgerichte, Kammern für Handelssachen, Oberlandesgerichte, den Bundesgerichtshof, die Staatsanwaltschaft, Urkunds-, Zustellungs- und Vollstreckungsbeamte, Rechtshilfe, Öffentlichkeit und Sitzungspolizei, Gerichtssprache und -ferien sowie über Beratung und Abstimmung.

Gerichtsvollzieher, in eigener Verantwortung handelnder Beamter des mittleren Dienstes, der für seine Tätigkeit neben festen Bezügen Gebühren erhält („Gebührenbeamter“) und der in einem festen Bezirk v.a. mit der Durchführung der Zwangsvollstreckung betraut ist und u.a. Zustellungen und Ladungen (der Prozeßparteien) (meist mit Hilfe der Post) bewirkt; er nimmt ferner Scheck- und Wechselproteste auf. In Angelegenheiten der Zwangsvollstreckung darf der G. die Wohnung des Schuldners durchsuchen (notfalls mit Gewalt oder mit polizeil. Hilfe). Für die Tätigkeit der G. gilt bundeseinheitl. die Geschäftsanweisung für G. (GVGA).

Im *östr. Recht* entspricht dem G. der **Vollstrecker.** In der *Schweiz* ist die Bez. G. nicht gebräuchlich. Seine Funktionen werden von verschiedenen Beamten ausgeübt.

geringstes Gebot, das niedrigste, in der ↑Zwangsversteigerung zulässige Gebot.

geringwertige Wirtschaftsgüter, bewegl. Wirtschaftsgüter des Anlagevermögens, die der Abnutzung unterliegen, selbständig bewertbar und nutzbar sind und deren Anschaffungs- oder Herstellkosten 800 DM (zuzügl. Umsatzsteuer) je Gut nicht übersteigen. G. W. können im Jahr der Anschaffung oder Herstellung abgesetzt werden.

Gerinne, Bauwerk zur Wasserableitung bei Entwässerungen oder als Zubringer bei Wasserkraftanlagen. Man unterscheidet offene oder Freispiegel-G. (Gräben, Kanäle) und geschlossene G. (z. B. Druckstollen).

Gerinnung, Vorgang, der durch Ausflokkung von Eiweißstoffen (unter Einwirkung z. B. von Wärme, Enzymen oder Elektrolyten) aus einer Lösung gekennzeichnet ist, z. B. beim Abkochen von Eiern, bei der Blut- und Milchgerinnung.

gerinnungsfördernde Mittel, svw. ↑Koagulantia.

gerinnungshemmende Mittel, svw. ↑Antikoagulantia.

Gerippe ↑Skelett.

Gerkan, Armin von, *Subate bei Dünaburg 30. Nov. 1884, †Garstedt (= Norderstedt) 22. Dez. 1969, dt. Bauforscher und Archäologe. - 1938–45 Direktor des Dt. Archäolog. Instituts in Rom; 1948–53 Prof. in Bonn. Arbeiten zur Architektur und Topographie der Antike.

G., Meinhard von, *Riga 3. Jan. 1935, dt. Architekt. - Sein Hauptwerk (in Zusammenarbeit mit V. Marg, *1936, und K. Nickels, *1936) ist der Berliner Flughafen Tegel (1967–74).

Gerke, männl. und weibl. Vorname, niederdt. und fries. Kurz- und Koseform von Namen, die mit „Ger-" gebildet sind, bes. von Gerhard und Gertrud.

Gerlach, Ernst Ludwig von, *Berlin 7. März 1795, †ebd. 18. Febr. 1877, preuß. Jurist und Politiker. - Bruder von Leopold von Gerlach; 1842 Mgl. des Staatsrats; 1844–74 Präs. des Oberlandes- und Appellationsgerichts in Magdeburg. Forderte als entschiedener Konservativer christl.-ständ. Prägung einen theokrat. Staat, der zus. mit der Kirche an der Formung des Gottesreichs arbeiten sollte. Gründete 1848 zus. mit F. J. Stahl die preuß. Konservative Partei und als deren Organ die Neue Preuß. Zeitung („Kreuzzeitung"). Mgl. des preuß. Abg.hauses, Fraktionsführer der äußersten Rechten; MdR seit 1873. Wurde zum Gegner Bismarcks wegen dessen preuß. Interessenpolitik.

G., Helmut von, *Mönchmotschelnitz (Schlesien) 2. Febr. 1866, †Paris 1. Aug. 1935, dt. Publizist und Politiker. - Mitbegr. des Nationalsozialen Vereins und der Demokrat. Vereinigung; MdR für die Freisinnige Vereinigung (1903–06); wirkte im 1. Weltkrieg als radikaler Pazifist; Nov. 1918–März 1919 Unterstaatssekretär im preuß. Innenministerium; führte in der Weimarer Republik einen publizist. Kampf gegen Rechtsradikalismus und Militarismus (Gründungs-Mgl. der Dt. Friedensgesellschaft, Vors. der dt. Liga für Menschenrechte. Chefredakteur der Berliner Zeitung „Die Welt am Montag"); emigrierte 1933 nach Österreich, danach nach Frankreich.

G., [Ludwig Friedrich] Leopold von, *Berlin 17. Sept. 1790, †Potsdam 10. Jan. 1861, preuß. General und Politiker. - Bruder von Ernst Ludwig von G.; 1850 Generaladjutant Friedrich Wilhelms IV., 1859 General der Infanterie; seit 1848 geistiger Führer einer antirevolutionär-ständ. ausgerichteten „Kamarilla". Stand in unüberbrückbarem Ggs. zu Bismarck.

G., Manfred, *Leipzig 8. Mai 1928, dt. Politiker (Liberal-Demokrat. Partei Deutschlands, LDPD). Jurist; seit 1949 Abg. der DDR-Volkskammer, 1950–54 Bürgermeister von Leipzig. Seit 1960 Stellvertr. Vors. des Staatsrats, seit 1967 Vors. der LDPD. Seit 6. Dez. 1989 Staatsratsvors. der DDR.

G., Philipp, *Spandau (= Berlin) 24. Juli 1679, †Berlin 17. Sept. 1748, dt. Baumeister. - Baute in strengem Barockstil u. a. die alte Nikolaikirche in Potsdam (1721–24; 1795 abgebrannt), die Garnisonskirche in Potsdam (1731–35; nach dem 2. Weltkrieg wurde die Ruine beseitigt) und zahlr. Profanbauten.

G., Walther, *Biebrich (= Wiesbaden) 1. Aug. 1889, †München 10. Aug. 1979, dt. Physiker. - Prof. in Frankfurt am Main, Tübingen und München. Führte 1916 Präzisionsbestimmungen der Konstanten des ↑Stefan-Boltzmannschen Gesetzes aus und entdeckte 1922 mit O. Stern die Richtungsquantelung von Atomen im Magnetfeld (↑Stern-Gerlach-Versuch).

Gerland, Ernst, *Kassel 16. März 1838, †Clausthal (= Clausthal-Zellerfeld) 22. März 1910, dt. Physiker und Physikhistoriker. - Prof. an der Bergakademie Clausthal; seine wertvollen Beiträge zur Geschichte der exakten Naturwissenschaften waren richtungweisend für die Entwicklung dieses Faches.

Gerlingen, Stadt im Strohgäu, Bad.-Württ., 336–500 m ü. d. M., 18 100 E. Wohngemeinde für Auspendler v. a. nach Stuttgart; opt., chem., holz- und metallverarbeitende Betriebe. - Das 797 erstmals erwähnte G. kam wahrscheinl. 1308 an die Grafen von Württemberg; seit 1958 Stadt. - Ev. spätgot. Pfarrkirche (1463) mit barocker Ausmalung (17. Jh.).

Gerling-Konzern ↑Versicherungsgesellschaften (Übersicht).

Gerlospaß ↑Alpenpässe (Übersicht).

Gerlsdorfer Spitze, Berg in der Hohen Tatra, mit 2 655 m höchster Gipfel der ČSSR und der Karpaten.

Germanate [lat.] ↑Germanium.

Germanen, Sammelname für Völker und Stämme in N- und M-Europa, die der sog. idgm. Sprachfamilie angehören, untereinander sprachverwandt sind, sich jedoch von den benachbarten Kultur- und Sprachgruppen der Kelten, Illyrer, Balten, Slawen und Finnen durch Sprache, Religion, Sitte, Brauch und

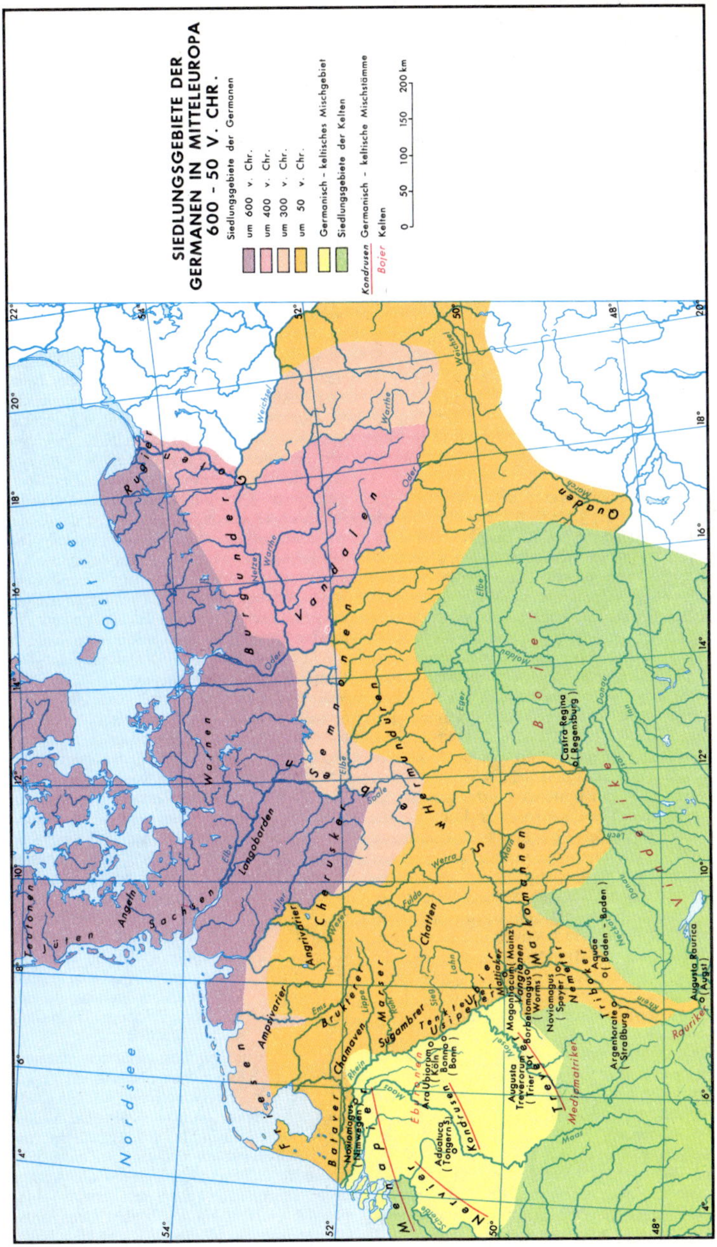
SIEDLUNGSGEBIETE DER GERMANEN IN MITTELEUROPA 600 - 50 V. CHR.
Siedlungsgebiete der Germanen
um 600 v. Chr.
um 400 v. Chr.
um 300 v. Chr.
um 50 v. Chr.
Germanisch - keltisches Mischgebiet
Siedlungsgebiete der Kelten
Kondrusen Germanisch - keltische Mischstämme
Bojer Kelten
0 50 100 150 200 km
Nordsee
Ostsee
Teutonen
Jüten
Angeln
Sachsen
Langobarden
Warnen
Rugier
Goten
Burgunder
Vandalen
Semnonen
Hermunduren
Cherusker
Angrivarier
Ampsivarier
Friesen
Brukterer
Chamaven
Marser
Sugambrer
Tenkterer
Usipeter
Chatten
Bataver
Ubier
Markomannen
Mattiaker
Vangionen
Nemeter
Triboker
Quaden
Bojer
Vindeliker
Treverer
Mediomatriker
Eburonen
Kondrusen
Menapier
Nervier
Rauriker
Castra Regina (Regensburg)
Noviomagus (Nimwegen)
Ara Ubiorum (Köln)
Bonna (Bonn)
Aduatuca (Tongern)
Augusta Treverorum (Trier)
Mogontiacum (Mainz)
Borbetomagus (Worms)
Noviomagus (Speyer)
Aquae (Baden - Baden)
Argentorate (Straßburg)
Augusta Raurica (Augst)
Rhein
Maas
Ems
Weser
Elbe
Oder
Weichsel
Warthe
Netze
Saale
Werra
Fulda
Lippe
Ruhr
Sieg
Lahn
Main
Mosel
Neckar
Donau
Lech
Isar
Inn
Eger
Moldau
March
Schelde
Aller

Gegenstandskultur unterscheiden. Urspr. kelt. Bez. für nichtkelt. Stämme, von den Römern seit Cäsar übernommen; zuerst überliefert von Poseidonios als Name eines Stammes im N Galliens.

Nach Tacitus gab es 3 german. Stammesgruppen: die in Jütland und den angrenzenden Gebieten der Nord- und Ostsee angesiedelten **Ingwäonen,** die zw. Niederösterreich, Donau, Rhein, Niederelbe und Oder lebenden **Herminonen** und die **Istwäonen** zw. Nieder- und Mittelrhein, Untermain und Weser. Zu den ersten zählten *Ampsivarier, Angeln, Chauken, Friesen, Jüten, Kimbern, Teutonen, Vandalen, Warnen;* zur 2. Gruppe die *Chatten, Hermunduren, Langobarden, Markomannen, Sweben, Nemeter, Quaden, Semnonen, Vangionen,* zur letzten die *Bataver, Cherusker, Brukterer, Marsen, Mattiaken, Sigambrer, Tenkterer, Treverer, Ubier, Usipeter.* Hinzu kamen ostgerman. Verbände von der Ostsee und der unteren Weichsel bis zur unteren Donau wie die *Bastarnen, Burgunder, Gepiden, Goten, Rugier, Skiren* und der nordgerman. Stamm der *Sitonen.*

Geschichte: Seit Beginn der Bronzezeit (ca. Mitte des 2. Jt. v. Chr.) bildeten Dänemark, der anschließende Teil N- und NW-Deutschlands, S- und M-Schweden, S-Norwegen wie der westl. und südwestl. Teil Finnlands einen einheitl. german. Kulturkreis. Um 450 v. Chr. hatten sich die G. nach S bis zu den dt. Mittelgebirgen, nach W bis in die nördl. Niederlande (vielleicht bis zum Niederrhein), nach O bis zur unteren Weichsel ausgebreitet. Ursache dieser Wanderbewegung war wohl eine Klimaverschlechterung, hinzu kamen das Auftreten des Eisens (6. Jh. N-Deutschland, 5. Jh. Skandinavien) und ein Kultur- und Bevölkerungsrückgang (bes. in Schweden und Norwegen). Ein weiteres Vordringen der G. wurde durch die kelt. Expansion um 400 v. Chr. verhindert; bis in die 2. Hälfte des 2. Jh. v. Chr. blieb die Grenze zw. G. und Kelten vom Niederrhein entlang der Mittelgebirgsschwelle bis zur Weichsel stabil. In N-Deutschland erfolgte mit Beginn der Eisenzeit die kulturelle Dreiteilung in die Nordseeküsten-, Jastorf-Ripdorf-Seedorfer und die Nienburg-Harpstedter Gruppe. Im W drangen im 3. Jh. v. Chr. G. über den Niederrhein, im O scheinen um 230/200 die Bastarner von der Weichsel in die Donau-Pruth-Dnjestrlandschaft abgewandert zu sein. Zur gleichen Zeit zogen von Jütland die Vandalen zur Oder und Netze und die Langobarden zur unteren Elbe, während im 2. Jh. v. Chr. die Rugier aus N-Jütland an der Weichselmündung und an der pommerschen Küste und die Burgunder aus Bornholm im Küstengebiet der Oder auftraten. Die um 120 v. Chr. offenbar durch eine Sturmflut zum Abzug aus NW-Jütland gezwungenen Kimbern und Teutonen konnten weit in röm. Gebiet eindringen; 102 wurden jedoch die Teutonen bei Aquae Sextiae (= Aix-en-Provence), 101 die Kimbern bei Vercellae (= Vercelli) vernichtend geschlagen. Von 100 bis 50 dehnten sich die elbgerman. Sweben nach S aus, wobei die Markomannen kurz vor Christi Geburt nach Böhmen, die Quaden an den Unterlauf des Mains und bis 21 n. Chr. nach Mähren, die Triboker in die Gegend von Stuttgart, die Vangionen in das Gebiet nördl. des Mains (Wetterau) und nach Rheinhessen, die Hermunduren nach Thüringen, die Semnonen in das Havelland und die Angeln nach SO-Schleswig gelangten. In das von den Sweben geräumte Gebiet an Elbe und Unstrut rückten die Vandalen nach, während sich die Burgunder ostwärts bis an die Weichsel ausdehnten. Um 71 überschritt Ariovist mit etwa 120000 Haruden, Tribokern, Nemetern und Vangionen den Rhein, wurde aber 58 in der Nähe von Mülhausen von Cäsar geschlagen; die G. Ariovists wurden über den Rhein zurückgedrängt, die vor ihnen nach N ausgewichenen Usipeter und Tenkterer 55 besiegt; eine allg. rückläufige Bewegung der G. (bes. Markomannen, Quaden, Burgunder und Vandalen) nach O setzte ein; 38 wurden die Ubier auf dem linken Rheinufer angesiedelt. Die Niederlage des Marcus Lollius gegen die Sugambrer (16) führte zu den röm. Offensivkriegen gegen die G. von 12 v. Chr. bis 16 n. Chr., in deren Verlauf der Sieg des Cheruskers Arminius über Varus im Teutoburger Wald (9 n. Chr.) eine Zäsur darstellt (Aufgabe des röm. Plans einer Grenzverlegung an die Elbe). Während dieser Zeit zogen die Goten aus Skandinavien an die Weichselmündung; um 6 v. Chr. kam es unter Marbod zur Gründung des Markomannenreiches in Böhmen, das 6 n. Chr. in Freundschaft zu Rom trat und dann um 25 mit dem Quadenreich des Vannius (19–50) verschmolz. Nach der Zurückwerfung der Chatten in der Wetterau und am Main (39–41 und 50), der Abwehr der Chauken an der Rheinmündung (41 und 47), der Verhinderung des Siedlungsversuchs der Friesen im röm. Militärterritorium rechts des Niederrheins (57) und der Niederwerfung des Bataveraufstandes (69/70) durch Rom traten an der german. Front verhältnismäßig ruhige Zustände ein, die bis 166 anhielten und nur kurzfristig durch die G.feldzüge Domitians (83–89) unterbrochen wurden.

Die Romanisierung der besetzten german. Gebiete erfolgte seit 50 v. a. durch die Gründung der röm. Bürgerkolonie Colonia Claudia Ara Agrippinensium (= Köln), die Anlage der Kastelle Abusina (= Eining), Regina castra (= Regensburg-Kumpfmühl) und Sorviodurum (= Straubing), durch die Anlage des obergerman. und rät. Limes (etwa 83–145) und die Einrichtung der beiden Grenzprov. Obergermanien (*Germania superior:* linksrhein. ein Streifen von etwa 40 km Breite entlang des Ober- und Mittelrheins und rechtsrhein. das ↑Dekumatland) und Untergermanien (*Germania inferior:* Teile der heutigen Niederlande, Belgiens und das dt. linksrhein. Gebiet am Niederrhein). Im freien Germanien (*Germania libera* oder *magna*) kam es im 2. Jh. zu Unruhen, Kriegen und Völkerverschiebungen. Das entscheidende, die 1. german. ↑Völkerwanderung (um 150–295) auslösende Ereignis war die Abwanderung der Goten von der Weichselmündung zum Schwarzen Meer (um 150 bis um 180). Dadurch wurden die Burgunder nach W, die Vandalen nach S, die Chatten um 162 zur Durchbrechung des Limes und die Markomannen zum Überschreiten der Donau 166/167 genötigt. Folge waren die Markomannenkriege Mark Aurels (166–175 und 177–180). 212 und 233 erschienen Teile der Alemannen am Rhein, an der unteren Donau 236 die Goten, die 249 bis nach Makedonien vorstießen, Kaiser Decius 251 bei Abritus (= Rasgrad) schlugen, 267 bis nach Kappadokien vordrangen und 268 zur See zus. mit den Herulern und Bastarnern bis Sparta gelangten. 257 erreichten Franken über Gallien und Spanien Marokko, 258/259 fielen Alemannen in N-Italien ein, worauf von Rom der obergerman. und rät. Limes aufgegeben werden mußte. 269 begannen die Goten (jetzt erstmals in Ost- und Westgoten geschieden) ihre Wanderung zur Balkanhalbinsel.

Bereits im 3. Jh., bes. seit Konstantin d. Gr., verstärkte sich das german. Element im röm. Heer; G. stiegen zu den höchsten Befehlshaber- und Verwaltungsstellen des Röm. Reichs auf. Die Westgoten erschlossen sich seit 341 dem arian. Christentum. In den Donauländern siedelten sich Goten, Heruler, Rugier, Skiren und Vandalen an. Die Unruhen begannen erst wieder mit der Durchbrechung der Rheinbefestigungen durch die Alemannen und Franken (nach 350; Aufgabe der Rheingrenze durch Rom 401), den Donauüberschreitungen durch Quaden und Markomannen (seit 357) sowie dem Wiederausbruch der Kämpfe mit den Westgoten (367). Durch den Vorstoß der Hunnen (375) wurde die 2. german. Völkerwanderung ausgelöst, in deren Verlauf auf dem Boden des Imperium Romanum german. Reiche entstanden, die im europ. Raum den antiken Zustand der Mittelmeerwelt beendeten. 413–436: burgund. Föderatenreich um Worms; 419–507: Westgotenreich von Tolosa (= Toulouse); 429–534: Vandalenreich in Afrika; 433–534: Burgunderreich in der Sapaudia (= Savoyen); 476: Beseitigung des weström. Kaisertums durch den Skiren Odoaker; 486: Frankenreich Chlodwigs zw. Somme und Loire; 493–553: Ostgotenreich in Italien; 568–774: Langobardenreich in Italien.

Gesellschaft und Siedlung: Die Sippe erscheint als die wichtigste gesellschaftl. Einheit der G.; das Heer war nach Sippen geordnet; über ihnen stand der in Gaue unterteilte Stamm, der von den benachbarten Stämmen in der Regel durch Wald oder Ödlandstreifen getrennt war; darüber hinaus Differenzierung nach Freien, Halbfreien und Sklaven. Die Freien bildeten die Masse der wehrfähigen Bevölkerung, waren zum Kriegsdienst verpflichtet und besaßen polit. Rechte. Aus ihnen hob sich der polit. bedeutsame Adel heraus; aus der Führungsrolle hervorragender Mgl. führender Adelssippen entstand um Christi Geburt das mit sakralen, krieger. und richterl. Aufgaben betraute german. Königtum. Die Halbfreien waren Unterworfene oder Freigelassene, persönl. frei, jedoch an die Scholle gebunden. Sklaven waren Kriegsgefangene, unfrei Geborene oder durch persönl. Schuldhaftung unfrei Gewordene. - Die G. siedelten seit dem Ende der Bronzezeit bei unterschiedl. Siedlungsdichte sowohl in Einzelhöfen als auch in kleinen Dörfern aus dreischiffigen Häusern; in der Eisenzeit im massiven hölzernen Pfostenhaus, das Herdecke und Stall unter einem Giebeldach vereinte. Seit der Zeit um Christi Geburt sind Dörfer mit 20–40 Einzelgehöften nachweisbar.

Wirtschaft: Agrar. strukturierte Wirtschaft, Anbau von Weizen und Gerste, später auch von Hafer, Roggen, Flachs, Hirse und Gemüse; von den Römern wurde der Weinbau übernommen; Haustierhaltung; ohne große Bed. waren Jagd und Fischfang. In Wanderungszeiten wurde der Ackerbau auf dem in Sippeneigentum befindl. Land gemeinwirtschaftl. betrieben. Erzgewinnung und Metallverarbeitung lagen frühzeitig in der Hand von berufsmäßigen Handwerkern. Der Fernhandel mit dem Mittelmeergebiet (bes. mit Bernstein, Fellen und Wolle) geht bis in die Bronzezeit zurück; Kupfer und Zinn als Rohmaterialien für die Bronzeherstellung und Metallgeräte wurden nach Germanien eingeführt. Die Schiffahrt, die mit verhältnismäßig großen und seetüchtigen Schiffen betrieben wurde, erreichte im 4. Jh. n. Chr. (Nydamboot) ihren ersten Höhepunkt und ging von hier bruchlos in die Hochseeschiffahrt der Wikinger über. - Karte S. 122.

📖 *Döbler, H.: Die G. Mchn. 1977. 2 Bde. - Wenskus, R.: Stammesbildung u. Verfassung. Köln ²1977. - Mildenberger, G.: Sozial- u. Kulturgesch. der G. Stg. ²1977. - Haller, J./Dannenbauer, H.: Der Eintritt der G. in die Gesch. Bln. ⁴1970. - Schwarz, E.: German. Stammeskunde. Hdbg. 1956.*

Germani, Fernando [italien. dʒerˈmaːni], * Rom 5. April 1906, italien. Organist. - Seit 1948 1. Organist der Peterskirche in Rom; schrieb „Metodo per organo" (4 Bde., 1942–52).

Germạnia [lat.], Personifikation Germaniens bzw. Deutschlands; in der röm. Antike als trauernde Gefangene, im Hoch-MA als gekrönte Frau, im 19. Jh. als Walküre; nach 1850 volkstüml. Symbolfigur.

Germania [lat.], röm. Name für ↑Germanien.

Germanicum [lat.] (Collegium Germanicum [et Hungaricum]), deutschsprachiges Priesterseminar in Rom, von Papst Julius III. auf Veranlassung von Ignatius von Loyola 1552 gegr., 1580 durch Gregor XIII. mit dem 1578 errichteten ungar. Kolleg vereinigt. Die Alumnen des G. werden *Germaniker* gen.

Germanicus, Gajus Julius Caesar, * Rom 24. Mai 15 v. Chr., † Daphne bei Antiochia (Syrien) 10. Okt. 19 n. Chr., röm. Feldherr. - Sohn des Drusus; 4 n. Chr. von Tiberius adoptiert, ∞ mit Agrippina d. Ä., Vater u. a. Agrippinas d. J. und Caligulas; nahm seit 7 an Kämpfen in Pannonien und 11–14 in Germanien teil. Trotz erfolgreicher Vorstöße nach Germanien (14–16) Rückberufung durch Tiberius (Triumph 17); danach von Tiberius mit großen Vollmachten in die oriental. Prov. geschickt.

Germanien, 1. im Altertum das von den Germanen besiedelte Gebiet (lat. Germania), das sich in die beiden röm. Provinzen **Germania inferior** und **Germania superior** und das von den Römern nicht beherrschte freie G. (**Germania magna** oder **libera**) gliederte (↑auch Germanen). 2. Seit dem 9. Jh. häufig Bez. für die volksmäßig fränk. Gebiete. Die Bez. G. wird dann - anfangs zögernd - für das Ostfränk. Reich verwendet (↑deutsche Geschichte).

Germanin ® [Kw.] (Suramin), chemotherapeut. Mittel gegen Trypanosomenerkrankungen (bes. afrikan. Schlafkrankheit).

germanische Altertumskunde, Wissenschaft von Geschichte und Kultur der german. Stämme und Völker vor der Christianisierung. Ihre Erforschung setzte um 1500 ein.

germanische Dichtung, es sind nur wenige Aufzeichnungen der mündl. überlieferten Texte in literar. Zeit erfolgt, die zudem oft Spuren christl. Bearbeitung erkennen lassen. Es sind zu unterscheiden die Dichtung der bäuerl. Urgesellschaft und die Dichtung der Völkerwanderungszeit. Für die ersteren sind Kulthymnen (Vegetationskult) und von diesem nur schwer trennbare Zaubersprüche (wichtigste Zeugnisse: die althochdt. „Merseburger Zaubersprüche", dazu eine Reihe altengl. Zaubersprüche und Segensformeln) bezeugt, weiter Hochzeits-, Toten-, Schlachtgesänge (↑auch Barditus) und Arbeitslieder, ferner Spruchdichtung, Rätselpoesie, Merkdichtung aller Art. Mit der Herausbildung einer adligen Führungsschicht in der Völkerwanderungszeit kamen das ep. Heldenlied und das panegyr. Preislied hinzu. Gepflegt wurden die heroischen Gattungen an den Adelshöfen; ihre Träger (althochdt. „scoph", „scof", altengl. „scop" gegenüber altnord. „scáld") gehörten als Hofdichter zur Gefolgschaft der Fürsten. Die wenigen einigermaßen authent. Zeugnisse (Heldenlieder: „Hildebrandslied", altengl. „Lied vom Kampf in der Finnsburg"; Preislied: althochdt. „Ludwigslied") zeigen rohe Ausprägungen des Stabreim- und Endreimverses. Im angelsächs. Bereich wurden in christl. Zeit noch Stoffe älterer Heldenlieder zu einem Buchepos („Beowulf") verarbeitet

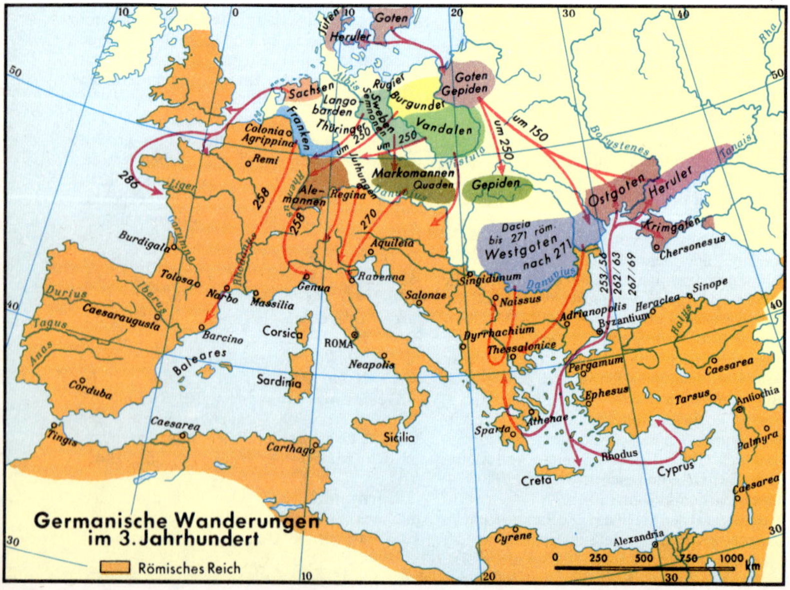

Germanische Wanderungen im 3. Jahrhundert

und auch altererbte Spruchdichtung und Rätselpoesie (allerdings mit christl. Tendenz) ausgefeilt. Am längsten lebte die alte Dichtung in Skandinavien fort: ↑„Edda", ↑altnordische Literatur, ↑Saga.

German. Literaturgesch. Hg. v. H. Paul. Essen 1984. 2 Bde. - See, K. v.: German. Heldensage. Wsb. [2]1981.

germanische Kunst, dem zunehmend differenzierten und zeitl. eingeengten Germanenbegriff entsprechende Sammelbez. für das kunsthandwerkl. Schaffen im german. besiedelten Europa von der späten röm. Kaiserzeit bis zum Ende der Wikingerzeit, soweit es sich nach Darstellungsweisen und -inhalten vom mediterranen Kunstkreis abhebt. Sie ist im wesentl. mit den Tierstilen identisch, die bis um 800 n. Chr. in Mitteleuropa und bis kurz nach 1100 in Skandinavien und auf den Brit. Inseln verbreitet waren. Seit etwa 250 n. Chr. wurden röm. Vorbilder aus dem Darstellungsbereich der Tierwelt zunächst v. a. in Südskandinavien nachgeahmt (Bild- und Schriftzeugnisse [Runen] setzen etwa gleichzeitig ein).

Abgesehen von Keramik mit oft reichem Dekor sind v. a. Arbeiten aus Bronze sowie Eisen (Fibeln, Beschläge, Verzierungen an Waffen u. a.) und auch Stein überliefert. Ein Vergleich mit den wenigen erhaltenen Schnitzwerken zeigt, daß für die meisten Metallarbeiten Vorbilder aus Holz vorauszusetzen sind, eine Abhängigkeit, die bes. für den Kerbschnittdekor an Werken des 4.–6. Jh. gilt. Die Baukunst in Holz und die Bauplastik waren wohl stets bedeutend; diese Annahme wird durch spätwiking. Reste an Stabkirchen gestützt. An Schmucktechniken bei Metall waren übl. die Preßblechformung über Modeln, Tauschierung, meist von Silber in Eisen, Niellierung und Punzierung, v. a. aber die Zellverglasung (Cloisonné) von Almandinen und Glas in einem Netzwerk von Goldstegen. Bei ihr könn-

Germanische Kunst. Von oben: Hörner aus der Bronzezeit. Schwerin, Museum für Ur- und Frühgeschichte; Raubvogel und Wasservogel. Dekor einer Börse aus einem Königsgrab (7. Jh.). London, British Museum; Schwertmundblech (6. Jh.). Stockholm, Riksantikvarieämbet och Statens Historiska Museum

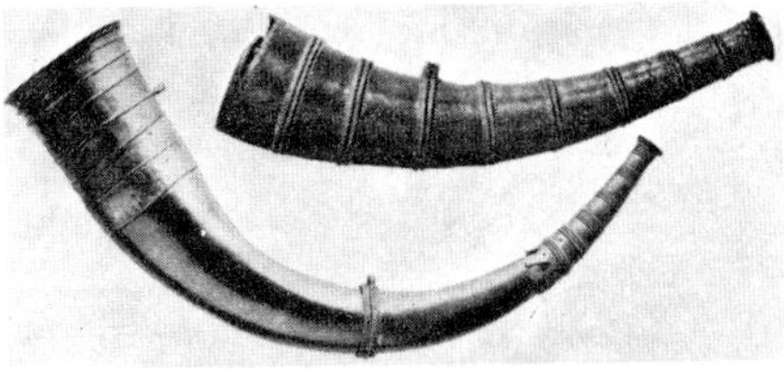

te man von farbigem, auf Farblicht und Strahlkraft berechnetem Stil sprechen, dessen Varianten zwischen etwa 400–700 in enger Fühlung mit den kolorist. Tendenzen im mediterranen Kunstkreis standen. Der Bronzeguß mit anschließender Feuervergoldung, die häufigste Metalltechnik, wurde meist in zweiteiligen, von Positivmodeln abgeformten Schalenformen ausgeführt.
Die g. K. wird von der Wissenschaft zw. dem späten 5. Jh. und der Wikingerzeit in drei Tierstile gegliedert, der erste (mit Vorstufen) war nur in Skandinavien verbreitet, der zweite entstand vor 600 n. Chr. wohl in der german.-roman. Kontaktzone. Neben ihm gibt es außerdem die Vendelstile B und C (in Skandinavien). Der Tierstil III wird auch als Vendelstil E bezeichnet, neben dem noch ein Vendelstil D bestand. Beide gehen in die *Wikingerkunst* über (Mitte 9. Jh.–11. Jh.), die durch das Schiffsgrab von Oseberg bes. bekannt ist. Man unterscheidet den Borrestil, den Jellingestil (10. Jh.) und den etwa gleichzeitigen Mammenstil, den Ringerikestil (spätes 10.–spätes 11. Jh.), neben dem ab 1050 der schönlinige Urnesstil den Abschluß bildet. - Im allg. gilt, daß diese vom Dekor bestimmte Kunst nicht als ornamental (d. h. sinnentleert) begriffen wurde. Anscheinend ist exemplarisch-sakrales Geschehen dargestellt. Besitzer bzw. Träger derartiger Darstellungen wollten sich auf diese Weise offenbar unter den Schutz von „Heilsbildern" stellen.

🕮 *Propyläen-Kunstgesch. Supplement-Bd. 4: Roth, H.: Die Kunst der Völkerwanderungszeit. Ffm. 1979.*

germanische Musik, die Musik der german. Stämme vor ihrer Beeinflussung durch die griech.-röm. Antike und das Christentum. Ihre Kenntnis stützt sich weitgehend auf Funde von Musikinstrumenten (u. a. Luren, metallene Hörner, Knochenflöten, Harfen und Zupfleiern), Felszeichnungen und Berichte antiker Autoren. Der g. M., die sich durch weitgehend syllab. Singen in relativ geringem Tonumfang auszeichnete, wurden mag. Wirkungen zugesprochen. Nach der Christianisierung lebte die g. M., vielfach von der Kirche bekämpft, in den unteren Volksschichten noch mehrere Jh. weiter.

germanische Philologie, zusammenfassende Bez. für dt. Philologie (Germanistik), engl. Philologie (Anglistik) und nord. Philologie (Skandinavistik).

germanische Religion, zusammenfassende Bez. für die Glaubensformen aller german. Stämme, die zwar keine völlige Einheitlichkeit aufweisen, aber in vielen wesentl. Anschauungen und mytholog. Vorstellungen übereinstimmen. Die g. R. erlosch mit der Christianisierung, beginnend bei den Westgoten (Ende 4. Jh.) und endend in Skandinavien (um 1000); nur einzelne Elemente hielten sich in Volks- und Aberglauben.
Die **Entstehung der Welt** vollzog sich nach der g. R. aus den Körperteilen des riesenhaften Urwesens Ymir: Aus seinem Fleisch entstand die Erde, aus seinem Blut das Meer, aus seinen Knochen die Berge, sein Haar wurde zu Bäumen, sein Schädel bildete den Himmel.
Im **räuml. Weltbild** nimmt die Weltesche Yggdrasil, die ihre Äste über das All breitet, die zentrale Stellung ein. An ihren Wurzeln sind die Quellen der Weisheit und des Schicksals, an der sich die drei Schicksalsgöttinnen (Nornen) Urd, Werdandi und Skuld aufhalten. Mittelpunkt der Welt ist der Lebensraum des Menschen, das Reich Midgard, das von der Midgardschlange umgeben ist; außerhalb (in Utgard) wohnen die Riesen, unterhalb liegt die Unterwelt Hel und über der Erde Asgard, das Land der Götter.
Die **Götter** gehören zwei verschiedenen Geschlechtern an, den (älteren) ↑ Wanen und den (jüngeren) ↑ Asen, die mit Odin (Wodan), Thor (Donar) und Tyr (Ziu) bes. Bed. haben. Odin ist ein Herr des Kampfes, der nachts die „wilde Jagd" anführt, Patron der Sänger, Meister der Runen und Herr der Wahrsagekunst. Als Herr des Kampfes gilt auch Thor („Donner"), der mit seinem Hammer Mjöllnir das Chaos besiegt. Tyr schützt Fürstentum und Herrscheramt. Gottheiten vegetativer Fruchtbarkeit sind die Wanen Njörd, sein Sohn Freyr und seine Tochter Freyja. Im Ggs. zu den Göttern haben die Göttinnen nur geringe Bed.; als vornehmste gilt Freyja; Odins Gattin ist Frigg, die des Thor Sif („Gemahlin"), wohl eine Erntegottheit.
Der **Kult** der g. R. war sowohl öffentl. Kult, in dem der König als oberster Priester die rituelle Tötung des Opfertieres (auch Menschenopfer) vollzog, als auch Familienkult. Pflicht und (held.) Ehre prägen die *Moral* der g. R. ebenso wie ihren *Jenseitsglauben:* Die in tapferem Kampf Gefallenen kommen, geführt von den Walküren, nach Walhall, der „Halle der Kampftoten", alle anderen Verstorbenen zur Unterweltsgöttin Hel. Die *Universaleschatologie* ist geprägt von der Vorstellung von einem alles vernichtenden Weltbrand und der mit der Rückkehr Baldrs neu werdenden Erde.

🕮 *Grönbech, W.: Kultur u. Religion der Germanen. Dt. Übers. Darmst. [9]1980. 2 Bde.*

Germanischer Lloyd [lɔʏt], Abk. GL, 1867 gegr. Klassifikationsgesellschaft (seit 1889 AG), Sitz Hamburg. Der GL erläßt behördl. anerkannte Vorschriften für den Bau und die Reparatur von Handelsschiffen und überwacht beides in Zusammenarbeit mit der Seeberufsgenossenschaft. Entspricht ein Schiff in allen seinen Teilen den von der Gesellschaft herausgegebenen Werkstoff- und Bauvorschriften, so werden durch ein zu den vorgeschriebenen Schiffspapieren gehörendes Zertifikat Güte und Sicherheit des Schiffes

GERMANISCHE GÖTTER

Name und Geschlecht	myth. Bedeutung	Attribut
	Götter	
Odin (Ase) (Wodan, Wotan)	Gott des Krieges und der Ekstase	Speer
Thor (Ase) (Donar)	Bauern, Wetter, Kampf	Hammer/Eberesche
Tyr (Ase) (Ziu, Tiu)	Himmelsgott, Fürstenamt	
Freyr (Wane)	Fruchtbarkeit	Eber
Loki	Verkörperung der negativen Eigenschaften	
Heimdall	Lichtgott, Wächter der Götter	Gjallarhorn
Skirnir	Diener des Freyr	
Baldr (Balder)	Sohn Odins	
Wili und We	Brüder des Odin	
Byleistr	Bruder des Loki	
Foseti (Forsete)	Schlichter des Streits	
Ull	Wintergott	
Bragi	Eroberer des Göttertranks, Gott der Dichtkunst	
Fjörgyn	Vater der Frigg und Freya, Erdgott	
Hönir (Ase)	König der Wanen; zw. Götter und Riesenwelt, gibt den Menschen die geistigen Eigenschaften	
	Göttinnen	
Frigg (Frija)	Muttergöttin	Falken- oder Federgewand
Freyja	Muttergöttin, Göttin der Liebe	Schmuck Brísingamen, Federgewand
War	Göttin der Ehe	
Idun	Besitzerin verjüngender Äpfel, Fruchtbarkeitsgöttin	Äpfel
Jörd	Erde, Erdgottheit	
Hel (Riesin)	Herrin des Totenreichs	
Gerd (Riesin)	Erdgöttin	
Skadi (Riesin)	Wintergöttin	
Götterehen		**Kinder**
Skadi (Riesin)	∞ Njörd	Freyr, Freyja
Bestla (Riesin)	∞ Buri (Borr)	Odin
Jörd (oder Frigg)	∞ Odin	Thor
Frigg (Gattin)	∞ Odin	Balder
Grid (Riesin)	∞ Odin	Widar
Rindr (Riesin)	∞ Odin	Wali
Gjalp, Greip,	?	Heimdall,
Eistla, Ulfrun,	?	Sohn von 9 Schwestern
Eyrgjafa,	?	
Angeyja, Imd,	?	
Atla, Jarnsara	?	
Járnsaxa	∞ Thor	Magni
Nonna	∞ Baldr	Forseti
Sif	∞ Thor	
Sigyn	∞ Loki	Nari
Freyja	∞ Odin	
Gerd	∞ Freyr	Fjölnir

bescheinigt; es wird der entsprechenden Klasse zugeordnet. Seit 1927 werden von ihr auch Luftfahrzeuge nach internat. Richtlinien klassifiziert und registriert. Außerdem veröffentlicht der G. L. alljährlich ein Schiffsregister.

Germanisches Nationalmuseum ↑Museen (Übersicht).

germanische Sprachen, Zweig der indogerman. Sprachfamilie mit folgenden Gruppen (mitsamt den jeweiligen früheren Sprachstufen): *Nordgerman.* oder *Nordisch* (Schwed., Dän., Norweg., Isländ., Färöisch), *Westgerman.* (Engl., Fries., Niederdt., Niederländ. [mit Afrikaans], Hochdt. [mit Jidd.]) und die als *Ostgerman.* zusammengefaßten, untergegangenen Sprachen der Goten, Burgunder, Vandalen, Heruler und Gepiden.
Charakterist. für sämtl. g. S., d. h. also auch für das dieser Gruppe zugrunde liegende „Urgerman.", dessen Struktur trotz fehlender direkter Bezeugung durch Vergleich der Einzelsprachen und Rekonstruktion erfaßbar ist, sind v. a. die folgenden Veränderungen gegenüber der indogerman. Grundsprache und damit auch gegenüber allen anderen indogerman. Sprachen: 1. die Erscheinungen der sog. german. (ersten) Lautverschiebung (mitsamt ihren Ausnahmen wie dem ↑Vernerschen Gesetz), mit der u. a. die indogerman. stimmhaften Verschlußlaute stimmlos (lat. **d**ecem, engl. **t**en „zehn") und die indogerman. stimmlosen Verschlußlaute Reibelaute wurden (lat. **p**ater, engl. **f**ather „Vater"); 2. die Festlegung des Intensitätsakzentes auf der (ersten) Stammsilbe, die zur Schwächung unbetonter Silben führte (sog. Auslautsgesetze); 3. die Herausbildung des *n*-stämmigen, sog. „schwachen" Adjektivs und, als Folge, der systemat. Ausbau der Doppelflexion des Adjektivs (dt. ein *blinder* Mann - der *blinde* Mann); 4. die starke Vereinfachung des gesamten grammat. Systems. Die früheste german. Überlieferung ist sehr fragmentarisch: Als ältestes bekanntes Denkmal galt lange Zeit die Inschrift auf einem Helm aus Negau (Steiermark), die heute jedoch anders gedeutet wird. Einzelne german. Wörter und Namen bei antiken (v. a. lat.) Autoren seit dem 1. Jh. v. Chr. sind bedeutsam für die rekonstruktive Erschließung des „Urgerman.", z. B. alcē „Elch", ūrus „Ur, Auerochs". Die verhältnismäßig starke sprachl. Differenzierung schon von Beginn der Überlieferung an hatte zur Folge, daß sich die Ansichten über die Ausbildung und die Heimat der g. S. im Laufe der Forschungsgeschichte mehrfach geändert haben.
Sprachhistor. wird heute eine Gliederung in fünf Gruppen angenommen, die z. T. durch Gemeinsamkeiten wiederum miteinander zu verbinden sind: 1. Ostgerman. (Got. usw.), 2. Nordgerman. (erst in der Wikingerzeit erfolgte eine stärkere Differenzierung in eine O-Gruppe Schwed./Dän. und eine W-Gruppe Norweg./Isländ./Färöisch), 3. Nordseegerman. oder Ingwäonisch (Angelsächs., Fries., Altsächs./Niederdt.), 4. Rhein-Weser-German. oder Istwäonisch („Mitteldt.": Fränk., Thüring.), 5. Elbgerman. oder Herminonisch („Oberdt.": Alemann., Bairisch). Die Verbindungen der g. S. untereinander wechseln jedoch in histor. Zeit ständig auf Grund der geschichtl. Ereignisse; v. a. hierin liegt es begründet, daß sich ein abschließendes Bild von der Ausgliederung der einzelnen german. Sprachen bis heute noch nicht gewinnen läßt.
🕮 *Schweikle, G.: Germanisch-Dt. Sprachgesch. im Überblick. Stg. 1985.*

germanisches Recht, europ. Rechtsfamilie des MA; gliedert sich in das nordgerman. (Island, Skandinavien) und das südgerman. Recht (Kontinent, England), unterteilt in ost- und westgerman. Rechte. Unter den westgerman. Rechten nimmt das ↑angelsächsische Recht eine Sonderstellung im Vergleich zu den anderen german. Volksrechten ein.

germanische Volksrechte (lat. Leges Barbarorum), Rechtsaufzeichnungen v. a. über straf- und prozeßrechtl. Bestimmungen german. Stämme aus dem 5. bis 9. Jh. in überwiegend lat. Sprache. 475/476 entstand im tolosan. Westgotenreich der nur für den got. Bevölkerungsteil gültige (Personalitätsprinzip) **Codex Euricianus,** 506 ein Gesetz für die röm. Untertanen (**Lex Romana Visigothorum;** auch **Breviarium Alaricianum** gen.) und im 7. Jh. die german. geprägte **Lex Visigothorum** für alle Untertanen (Territorialprinzip). Eine ähnl. Konzeption der Ostgoten in Italien entstand vermutl. vor 507 mit dem fast gänzl. dem röm. Recht entlehnten **Edictum Theoderici.** Mit den westgot. sind die Gesetze der Burgunder verwandt: nach 480 **Lex Burgundionum** (**Lex Gundobada**), vor 506 **Lex Romana Burgundionum.** Einwirkung auch auf die Gesetzgebung *westgerman. Stämme,* insbes. der späteren dt. Stämme: das fränk. Recht im **Pactus Legis Salicae** (Gesetz der sal. Franken, um 507) und im **Pactus Legis Ribvariae** (Gesetz der ripuar. Franken, 7. Jh.), ferner **Pactus Legis Alamannorum** (Gesetz der Alemannen, 7. Jh.), **Edictus Rothari** (Gesetz der Langobarden, 643); mit Ausnahme des langobard. Gesetzes in merowing. und karoling. Zeit mehrfach neu redigiert und als „Lex" Salica, Ribvaria usw. bezeichnet. Es folgten um 802/803 die Rechte der Bayern (**Lex Baiuvariorum,** 8. Jh.), der Sachsen (**Lex Saxonum**), des fränk. Teilstammes der Chamaren (**Lex Francorum Chamavorum**), der Thüringer (**Lex Thuringorum** oder **Lex Angliorum et Vuerinorum**) und der Friesen (**Lex Frisionum**). - Soweit es sich um Gesetze nachmals dt. Stämme handelt, galten sie bis ins Hoch-MA und wurden dann vergessen. Das Westgotenrecht blieb demgegenüber in Spanien bis in die Neuzeit in Geltung bzw. wurde nach Abschluß der Reconquista in einer span. Übersetzung als „Fuero Juzgo" neu in Kraft gesetzt.

Germanisierung [lat.], friedl. oder gewaltsamer Prozeß einer Landnahme oder Assimilierung fremder Völker und ihrer Kultur durch Germanen oder Deutsche. Im 19. Jh. vielfach akzeptiertes polit. Programm im Zuge der nat. Einheitsbewegung, das im Nationalsozialismus als rass. motivierte G.politik verbrecher. Höhepunkt wurde.

Germanismus [lat.], oft fehlerhafte Übertragung einer Eigentümlichkeit der dt. auf eine andere Sprache.

Germanisten und Romanisten, Erforscher des ma. dt. Rechts (Germanisten) und des röm. Rechts (Romanisten) in der von F. K. von Savigny zu Beginn des 19. Jh. begründeten histor. Schule der Rechtswissenschaft; diese Fächerteilung der Rechtsgeschichte wird noch heute beachtet, obgleich sie wiss. nicht haltbar ist. Die Germanisten vertraten in den polit. Auseinandersetzungen des Vormärz eine nationaldemokrat. Richtung; ihr Wortführer war G. Beseler.

Germanistik [lat.], Wiss. von der geschichtl. Entwicklung der dt. Literatur und Sprache; Bez. meist in gleichem Sinne wie dt. Philologie, gelegentl. auch wie german. Philologie gebraucht, bisweilen auch die german. Altertumskunde und selbst die Skandinavistik (nord. Philologie) umfassend. Seit dem Ende des 19. Jh. wird die *Alt-G.* (Sprache und Literatur der Frühzeit und des MA) von der *Neu-G.* (Literatur der Neuzeit) unterschieden. - Nach ersten Ansätzen im Humanismus (als Interesse an frühma. Textzeugnissen und Sprachformen, aber auch für die Grammatik der dt. Sprache) waren es v. a. die dt. Sprachgesellschaften, die die Sprachkunde und Textforschung (althochdt. Textausgaben) förderten, bed. v. a. J. G. Schottels „Ausführl. Arbeit von der Teutschen Haubt Sprache" (1663). Im letzten Drittel des 18. Jh. richtete sich das Augenmerk von der Frühzeit auf die Literatur des Hoch-MA, deren Geschichte ebenfalls zu interessieren begann (J. G. Herder). Um Grammatik und Wortschatz bemühten sich F. G. Fulda und J. C. Adelung. Die Romantik griff v. a. die Ansätze Herders auf, die literar. Zeugnisse des MA wurden als Zeugnisse des Wirkens eines Volksgeistes gesammelt (A. von Arnim, C. Brentano), übersetzt (L. Tieck), aufbereitet (A. W. Schlegel, F. Schlegel, F. Bouterwek, L. Uhland), ediert (F. H. von der Hagen). Ihr geistiges und method. Fundament erhielten diese Versuche jedoch erst durch die Forscherperönlichkeiten J. und W. Grimm und K. Lachmann. Ein Markstein in der german. Sprachwiss. ist die „Dt. Grammatik" (1819) von J. Grimm, in der er durch die Entdeckung der Ablautgesetze die dt. Sprache in gesetzmäßige Verbindung mit der german. und indogerman. Sprachentwicklung brachte, ebenso die Konzeption des „Dt. Wörterbuches" (1854 ff.). Wegweisend waren die Brüder Grimm auch mit den „Dt. Rechtsalterthümern" (1828), „Weisthümern" (1840 ff.), „Kinder- und Hausmärchen" (1812–15), „Dt. Sagen" (1816–18), der „Dt. Mythologie" (1835) und ihren Ausgaben zu mittellat., altengl., altnord. („Edda"), alt- und mittelhochdt. Literatur. Lachmann übertrug die textkrit. Methode der Altphilologie auf ma. Texte und begründete die germanist. Textkritik. Lachmanns Editionsmethode führte v. a. M. Haupt fort. W. Wackernagel edierte, wie später K. Bartsch, auch altfrz. Texte. W. H. Riehl begr. die germanist. Volkskunde. - Die sog. Junggrammatiker (H. Paul, W. Braune, E. Sievers) konnten das Werk J. Grimms bis ins Neuhochdt. fortführen. Ihre Grammatiken sind heute noch grundlegend (vgl. auch O. Behaghel, F. Kluge, „Etymolog. Wörterbuch", 1881 ff.). Der Positivismus betrieb v. a. weitere Quellenerschließung. W. Scherers Anstoß zur Erforschung der neueren Literaturgeschichte führten Erich Schmidt, A. Sauer, F. Muncker u. a. fort. - Der große Anreger im 20. Jh. war der Philosoph W. Dilthey („Das Erlebnis und die Dichtung", 1905). Das Organ dieser Richtung wurde die von E. Rothacker und P. Kluckhohn begr. „Dt. Vierteljahresschrift für Literaturwiss. und Geistesgeschichte" (1923 ff.), die Methode bestimmten v. a. R. Unger, H. Korff, F. Strich, F. Schultz, F. Gundolf, O. Walzel. Die „Alt-G." wurde durch A. Heusler, G. Ehrismann, C. von Kraus, H. Schneider, J. Schwietering, T. Frings getragen, Mundartforschung und Sprachgeographie vorangetrieben (G. Wenker, F. Wrede, „Dt. Sprachatlas", 1927 ff.; K. Bohnenberger, W. Mitzka). Nach 1945 begann als Reaktion auf völk.-rassist. Irrwege der G. während des 3. Reiches ein Rückzug auf die textimmanente Methode, die v. a. von E. Staiger beeinflußt wurde; weiter wurde eine Reihe von grundlegenden Sammelwerken in Angriff genommen. In der BR Deutschland ist heute Methodenpluralismus kennzeichnend, z. T. unter Orientierung an anderen Wiss., insbes. der Soziologie, auch am Marxismus, der in der DDR zur Grundlage der G. wurde, oder der Linguistik. Wesentl. Impulse empfing die dt. G. v. a. nach 1945 von der ausländ. G. (u. a. England, Frankr., USA).

🕮 *Das Fremde und das Eigene. Prolegomena zu einer interkulturellen G. Hg. v. A. Wierlacher. Mchn. 1985. - Gansberg, M. L./Völker, P. G.: Methodenkritik der G. Stg. ^{4}1973. - Neumann, F.: Studien zur Gesch. der dt. Philologie. Bln. 1972.*

Germanium [lat.], chem. Symbol Ge; halbmetall. Element aus der IV. Hauptgruppe des Periodensystems der chem. Elemente, Ordnungszahl 32; mittlere Atommasse 72,59. Das metall. grau schimmernde, spröde Element hat einen Schmelzpunkt von 937,4 °C, einen Siedepunkt von 2 830 °C und eine Dichte von 5,322 g/cm³. G. findet sich in den Mineralen Germanit, $Cu_3(Fe,Ge)S_4$, und Argyrodit, Ag_8GeS_6. Die Gewinnung erfolgt aus industriellen Flugstauben und Steinkohleaschen. In seinen Verbindungen tritt G. vierwertig, seltener zweiwertig auf. G. ist amphoter, d. h., es kann in Form von G.salzen (z. B. $GeCl_4$) als Kation oder in Form der den Silicaten entsprechenden **Germanate** (GeO_4^{2-}, GeO_3^{2-}, $Ge_2O_5^{2-}$) als Anion auftreten. G. wird auf Grund seiner Halbleitereigenschaften in Halbleiterbauelementen verwendet (Germaniumdiode).

germanophil [lat./griech.], deutschfreundlich.

germanophob [lat./griech.], deutschfeindlich.

Germanos, eigtl. Lukas Strinopulos, * Delliones (Ostthrakien) 15. Sept. 1872, † London 23. Jan. 1951, griech.-orth. Metropolit von Thyatira. - Seit 1922 Metropolit von Thyatira und Exarch des Ökumen. Patriarchats von West- und Zentraleuropa. Bes. bekannt durch seine vielseitige und bed. ökumen. Mitarbeit an allen ökumen. Konferenzen und Begegnungen seit 1920.

germanotyp [lat./griech.], die Art der Gebirgsbildung bezeichnend, bei der Bruchfaltengebirge entstehen.

Germantown [engl. 'dʒə:məntaʊn], Stadtteil nnw. des Zentrums von Philadelphia, USA; 1. dt. Siedlung in Nordamerika, gegr. 1683 von Mennoniten aus Krefeld, die William Penn zur Ansiedlung eingeladen hatte; 1854 in Philadelphia eingemeindet.

Germanus von Paris (frz. Germain), hl., * bei Autun um 496, † 28. Mai 576, Mönch und Bischof von Paris (seit 555). - Gründete das Kloster Saint-Germain-des-Prés in Paris.

Germer, Lester Halbert [engl. 'gə:mə], * Chicago 10. Okt. 1896, † Gardiner (N. Y.) 3. Okt. 1971, amerikan. Physiker. - Prof. an der Cornell University in Ithaca (N. Y.); wies zus. mit C. J. Davisson 1927 die Wellennatur der Elektronen nach.

Germer (Veratrum), Gatt. der Liliengewächse mit etwa 45 in Europa, N-Asien und N-Amerika verbreiteten Arten; Blätter breit, längsfaltig genervt, mit breiter Blattscheide an der Basis; Blüten in Blütenständen. In Europa zwei Arten: **Schwarzer Germer** (Veratrum nigrum), bis 1 m hohes, mehrjähriges Kraut mit schwarzpurpurfarbenen Blüten, und **Weißer Germer** (Veratrum album), 0,5–1,5 m hoch, Blüten gelblichweiß, Wurzelstock sehr giftig durch hohen Alkaloidgehalt.

Germersheim, Krst. an der Mündung der Queich in den Oberrhein, Rhld.-Pf., 105 m ü. d. M., 13 700 E. Verwaltungssitz des Landkr. G.; Fachbereich für angewandte Sprachwiss. der Univ. Mainz; Werft; kunststoff-, metall- und holzverarbeitende Betriebe. - Erstmals 1055 erwähnt; 1276 zur Freien Reichsstadt erhoben; kam 1330 durch Verpfändung an Kurpfalz; 1674 von frz. Truppen zerstört, 1792–1814 frz., stand 1814–16 unter östr.-bayr. Verwaltung und fiel 1816 an Bayern; erhielt 1834–61 Festungsanlagen, die 1920–28 geschleift wurden. - Spätgot. kath. Pfarrkirche (14. Jh.; 1674 Brand, wiederhergestellt).

G., Landkr. in Rhld.-Pf.

Germi, Pietro [italien. 'dʒɛrmi], * Genua 14. Sept. 1914, † Rom 5. Dez. 1974, italien. Filmregisseur. - Nach erfolgreichen neoverist. Filmen („Der Zeuge", 1946) erzielte er seinen größten Erfolg mit der krit.-sarkast. Filmkomödie „Scheidung auf italienisch" (1961).

germinal [lat.], den Keim betreffend.

Germinal [frz. ʒɛrmi'nal „Keimmonat"], 7. Monat des Kalenders der Frz. Revolution (21. bzw. 22. März bis 19. bzw. 20. April).

germinativ [lat.], den Keim bzw. die Keimung betreffend.

Germiston [engl. 'dʒə:mɪstən], südafrikan. Ind.stadt 15 km osö. von Johannesburg, 155 000 E. Techn. Schule, Bibliothek; größte Goldraffinerie der Erde, Goldbergbau; Metallind., Baumwollentkörnung; Eisenbahnwerkstätten; bed. Bahnknotenpunkt, ✈.

Germyl- [lat./griech.], Bez. der chem. Nomenklatur; kennzeichnend für Verbindungen mit der Gruppe – GeH_3.

Gernot, alter dt. männl. Vorname (althochdt. ger „Speer" und not „Bedrängnis im Kampf, Gefahr").

Gernrode, Stadt am NO-Rand des Harzes, Bez. Halle, DDR, 200–300 m ü. d. M., 5 000 E. Polsterwaren-, Schmuck-, Holzverarbeitungs- und Baustoffind.; Fremdenverkehr. - Erhielt wohl 1539 Stadtrecht. - Die Kirche des ehem. Kanonissenstifts Sankt Cyriacus wurde 961 begonnen; im Innern das roman. Hl. Grab (Anfang des 12. Jh.) und das spätgot. Grabmal des Markgrafen Gero (1519).

Gernsbach, Stadt im unteren Murgtal, Bad.-Württ., 118–180 m ü. d. M., 13 700 E. Meisterschule für Papiermacher; Holzverarbeitung und Papierherstellung, Stahl-, Gewächshaus- und Apparatebau. - 1219 erstmals erwähnt; kurz vor 1250 zur Stadt erhoben. - Spätgot. sind die Liebfrauenkirche (14. Jh.) und die Jakobskirche (15. Jh.); frühbarockes ehem. Rathaus (1617/18); Schloß Eberstein (13., 16. und 19. Jh.).

Gernsheim, hess. Stadt am rechten Ufer des Oberrheins, 90 m ü. d. M., 8 000 E. Petrochem. Ind., Armaturen-, Papier- und Malzfabrik; Rheinhafen. - 1232 kam G. an Mainz und erhielt 1356 Stadtrechte; 1803 an Hessen-Darmstadt. - Die 1945 zerstörte barocke Pfarrkirche wurde unter Beibehaltung alter Teile 1946–51 neu erbaut; klassizist. Stadthaus (1839).

Gero, alter dt. männl. Vorname, Kurzform von Namen, die mit Ger- gebildet sind.

Gero, † 20. Mai 965, Markgraf der Elbmark (seit 937). - Von Otto I. zum Nachfolger seines Bruders, Graf Siegfried von Merseburg, ernannt; eroberte 939 Brandenburg, zerschlug 940 den Bund der Wenden und besiegte 955 mit Otto I. die Elbslawen; gründete 948 die Bistümer Havelberg und Brandenburg.

Gerő, Ernő [ungar. 'gɛrø:], eigtl. E. Singer, * Terbegec 8. Juli 1898, † Budapest 12. März 1980, ungar. Politiker. - Seit 1918 Mgl. der ungar. KP, wirkte aktiv in der Räterepublik Béla Kuns; lebte lange in der Emigration (zuletzt bis 1944 in der UdSSR); 1945 in das ZK und Politbüro der ungar. KP gewählt, mehrfach Min., 1955/56 stellv. Min.präs., 1956 Erster Sekretär des ZK; nach dem ungar. Volksaufstand (Okt. 1956) sämtl. Partei- und Staatsämter enthoben.

Gerold, ⚔ in Pannonien 1. Sept. 779, Graf. - Nahm als Schwager Karls d. Gr. an dessen Kämpfen teil und wurde nach dem Sturz des Bayernherzogs Tassilo III. (788) Statthalter in Bayern, fiel im Kampf gegen die heidn. Awaren.

Gerolf, alter dt. männl. Vorname (althochdt. ger „Speer" und wolf „Wolf").

Geröll, in der Brandung oder durch Transport in fließendem Wasser durch gegenseitiges Abscheuern (**Abrieb**) gerundete Gesteinsbruchstücke, nach Ablagerung **Schotter** genannt.

Gerolstein, Stadt in der Eifel, Rhld.-Pf., 380 m ü. d. M., 6 800 E. Museum; Kohlensäurequellen (Mineralwasserabfüllung), Fremdenverkehr. - Der Weiler der um 1115 gegr. Burg Gerhardstein (= Löwenburg) wurde 1336 Stadt.

Gerolzhofen, Stadt am Fuß des Steigerwaldes, Bay., 245 m ü. d. M., 6 300 E. Mittelpunkt des landw. geprägten Gerolzhöfer Gäulands. - Um 750 erwähnt, erstmals 1327 als Stadt bezeichnet. - Spätgot. Stadtpfarrkirche (1436–79, 1899–1902 erweitert; barock ausgestattet); doppelter Stadtmauerring mit 13 Türmen; Rathaus (15./16. Jh.) mit Treppengiebeln; Wohnbauten des 16. und 17. Jh.

Gerona [span. xe'rona], span. Stadt 85 km nö. von Barcelona, 98 m ü. d. M., 88 000 E. Verwaltungssitz der Prov. G.; Bischofssitz; Provinzmuseum, Diözesanmuseum; Baumwollind., Markt- und Handelszentrum; Fremdenverkehr; ✈. - G. geht auf die keltiber. Stadt **Gerunda** zurück. 1351 Sitz des Hzgt. G., das später in ein Ft. umgewandelt wurde. - Kathedrale in katalan. Gotik (14./15. Jh.) mit zahlr. Grabmälern (13.–16. Jh.) und roman. Kreuzgang (12. Jh.), Stiftskirche San Feliu (1215–1318), arab. Bäder (1295 im Mudejarstil verändert).

Geronten [griech.], Mgl. des Ältestenrates († Gerusia) in vielen griech. Stadtstaaten, nachweisbar u. a. in Argos, Elis, Kreta und bes. Sparta.

Gerontokratie [griech.], Bez. für eine Herrschaftsform eines sozialen Systems, bei der die Entscheidungsbefugnisse i. d. R. in den Händen seiner älteren bzw. erfahreneren Mgl. liegen („Rat der Alten"); findet sich v. a. bei Naturvölkern und am Anfang aller Hochkulturen. - † auch Gerusia.

Gerontologie [griech.], svw. † Alternsforschung.

Gerresheim † Düsseldorf.

Gerrit (Gerit), fries. Kurzform des männl. Vornamens Gerhard und des weibl. Vornamens Gerharde.

Gers [frz. ʒɛ:r], Dep. in Frankreich.

G., linker Nebenfluß der Garonne, SW-Frankr.; entspringt im Pyrenäenvorland, mündet bei Agen; 178 km lang.

Gersau, Hauptort des Bez. G. im schweizer. Kt. Schwyz, am Vierwaldstätter See, 434 m ü. d. M., 1 800 E. Klimat. Kurort; Seidenspinnerei, Sägewerke. - G. gehörte 1359–1798 als selbständige Republik zur Eidgenossenschaft; endgültig kam es erst 1817 zu Schwyz. - Klassizist. Kirche (1807–12).

Gerschenson, Michail Ossipowitsch, * Kischinjow 13. Juli 1869, † Moskau 19. Febr. 1925, russ. Literatur- und Kunsthistoriker. - Schrieb zus. mit W. Iwanow (* 1866, † 1949) den kulturphilosoph. „Briefwechsel zw. zwei Zimmerwinkeln" (1921).

Gerschom (Gerson) **Ben Jehuda,** * um 960, † Mainz 1028, Talmudgelehrter und liturg. Dichter. - Als „Leuchte des Exils" verehrt, prägte G. durch seine Mainzer Talmudakademie das ma. Judentum in Deutschland, Frankr. und Italien.

Gersfeld (Rhön), Stadt in der Hohen

Gerona. Westfront der Kathedrale (14./15. Jh.)

Rhön, Hessen, in einem Talkessel am S-Fuß der Wasserkuppe, 500–950 m ü. d. M. (einschließl. der zur Gemarkung gehörenden Wasserkuppe), 5 900 E. Schloßmuseum; Kneipp- und Luftkurort, Wintersportplatz. - 944 erstmals erwähnt, 1359 Stadtrecht. - Ev. spätbarocke Pfarrkirche (1780–88), Schloß (14.–18. Jh.).

Gershwin, George [engl. 'gəːʃwɪn], eigtl. Jacob G., * New York-Brooklyn 26. Sept. 1898, † Beverly Hills (Calif.) 11. Juli 1937, amerikan. Komponist. - Hatte zunächst mit Unterhaltungsmusik Erfolg; berühmt machten ihn die von P. Whiteman angeregte „Rhapsody in blue" (Klavierkonzert mit Jazzorchester, 1924), Klavierkonzert f-Moll (1925), „Ein Amerikaner in Paris" (1928) und v. a. die Oper „Porgy and Bess" (1935); auch Musik für Film und Funk. Seine als „sinfon. Jazz" charakterisierte Musik vereinigt Elemente der von Europa beeinflußten amerikan. Musik und des Jazz.

Gerson, Jean de [frz. ʒɛr'sõ], eigtl. Jean Charlier de Gerson, gen. Doctor Christianissimus, * Gerson bei Rethel (Ardennes) 14. Dez. 1363, † Lyon 12. Juli 1429, frz. Theologe. - Schüler von Peter von Ailly; 1395 Kanzler der Univ. Paris. Vertrat im Abendländ. Schisma konziliarist. Ideen; führender Theologe auf dem Konstanzer Konzil, Gegner der Erlaubtheit des Tyrannenmords. Bed. Prediger, myst. Theologe und wirkungsvoller Schriftsteller.

Gerson-Kiwi, Edith, * Berlin 13. Mai 1908, israel. Musikforscherin. - Seit 1968 Prof. für Musikwissenschaft in Tel Aviv; veröffentlichte u. a. „Studien zur Geschichte des italien. Liedmadrigals im 16. Jh." (1937), „Musiker des Orients, ihr Wesen und Werdegang" (1962), „The bards of the Bible" (1965).

Gerstäcker, Friedrich, * Hamburg 10. Mai 1816, † Braunschweig 31. Mai 1872, dt. Schriftsteller. - Schrieb spannende Romane und Reiseberichte (1837–43 in den USA, 1849–52 in S-Amerika und Australien), u. a. „Die Flußpiraten des Mississippi" (R., 3 Bde., 1848), „Gold" (R., 3 Bde., 1858).

Gerste (Hordeum), Gatt. der Süßgräser mit etwa 25 Arten auf der Nordhalbkugel und in S-Amerika; Blütenstand eine Ähre mit zwei Gruppen von je drei einblütigen, meist lang begrannten Ährchen an jedem Knoten. Die bekannteste Art ist die in vielen Varietäten und Sorten angebaute **Saatgerste** (Hordeum vulgare); einjähriges *(Sommergerste)* oder einjährig überwinterndes *(Wintergerste)*, 0,5–1,3 m hohes Getreide mit langen, sichelförmigen Öhrchen am Blattgrund; Ährchen einblütig, mit zwei schmalen, in lange Grannen auslaufende Hüllspelzen. In klimat. extremen Gebieten wird die Saat-G. als Brotgetreide verarbeitet, sonst zur Herstellung von Graupen, Grütze u. Malzkaffee. In Europa und N-Amerika werden sie v. a. als Körnerfrucht bzw. Futtermehl verwendet. Die Hauptanbaugebiete liegen zw. dem 55. u. 65. nördl. Breitengrad (Gerstengürtel). Die Weltproduktion betrug 1983 168,4 Mill. t; davon entfielen auf: UdSSR 55,0 Mill. t, Europa 69,1 Mill. t, Asien 11,2 Mill. t, Amerika 22,4 Mill. t, Afrika 3,2 Mill. t, Australien 5,7 Mill. t. - Als Unkraut bekannt ist die an Weg- und Straßenrändern in M- und S-Europa, N-Afrika, Vorderasien und Amerika wachsende, bis 40 cm hohe **Mäusegerste** (Hordeum murinum); Ähren 4–9 cm lang, mit bei der Reife zerbrechender Spindel. An den Küsten W-Europas, des Mittelmeers und Amerikas kommt die 10–40 cm hohe **Strandgerste** (Hordeum marinum) vor; mit aufsteigenden, bis zur Ähre beblätterten Halmen. - Schon um 4000 v. Chr. wurden in Ägypten und Mesopotamien viele wilde Formen angebaut. G. wurde zunächst geröstet und als Brei, bei den Pfahlbauern auch als fladenartiges Brot gegessen. Gerstenabkochung (Tisana) war seit Hippokrates als Kräftigungsmittel gebräuchl.

Gerstenberg, Heinrich Wilhelm von, * Tondern 3. Jan. 1737, † Altona (= Hamburg) 1. Nov. 1823, dt. Dichter und Kritiker. - Sohn eines dän. Offiziers. Mit seinem düsteren Trauerspiel „Ugolino" (1868) Vorläufer des Sturm und Drang; gilt außerdem als Begründer der ↑ Bardendichtung. - *Weitere Werke:* Kriegslieder eines königlich dän. Grenadiers (1762), Briefe über Merkwürdigkeiten der Literatur (4 Bde., 1766–70).

Gerstenkorn (Hordeolum), akute, eitrige Entzündung der Talgdrüsen im oberen oder unteren Augenlid infolge Streptokokken- oder Staphylokokkeninfektion mit Schwellung, Rötung und Berührungsschmerz. Das **äußere Gerstenkorn** (eine Entzündung der Zeis- und der Moll-Drüsen) bricht nach außen, das **innere Gerstenkorn** (eine Entzündung der Meibom-Drüsen) bricht nach innen zum Bindehautsack hin auf.

Gerstenmaier, Eugen, * Kirchheim unter Teck 25. Aug. 1906, † Remagen 13. März 1986, dt. Politiker (CDU) und Theologe. - 1936–44 hauptamtl. Mitarbeiter im Kirchl. Außenamt der Dt. Ev. Kirche; Mgl. der Bekennenden Kirche und des Widerstandes gegen Hitler im ↑ Kreisauer Kreis; nach dem 20. Juli 1944 zu 7 Jahren Zuchthaus verurteilt; 1945 Gründer des Ev. Hilfswerks, das er bis 1951 leitete. 1949–69 MdB, 1954–69 Präs. des Dt. Bundestages (Rücktritt infolge öffentl. Unwillens über seine Wiedergutmachungsansprüche); 1956–69 stellv. Vors. bzw. Mgl. des Präsidiums der CDU.

Gerster, Ottmar, * Braunfels 29. Juni 1897, † Borsdorf bei Leipzig 31. Aug. 1969, dt. Komponist. - V. a. erfolgreich mit realist.-volkstüml. Opern, u. a. „Enoch Arden" (1936), „Die Hexe von Passau" (1941); daneben Instrumental- und Vokalwerke, u. a. „Das Lied vom Arbeitsmann" (1929).

Gersthofen, Stadt im nördl. Vorortbereich von Augsburg, Bay., 469 m ü. d. M., 16 900 E. Chem. Ind., Maschinenbau, Stahlrohrmöbelherstellung. - Seit 1969 Stadt.

Gerstl, Richard, * Wien 14. Sept. 1883, † ebd. 4. Nov. 1908 (Selbstmord), östr. Maler. - Expressionist. Landschaften und Porträts unter dem Einfluß Munchs und van Goghs.

Gert, Valeska, * Berlin 11. Jan. 1900, † Kampen (Sylt) 15. März 1978, dt. Tänzerin, Kabarettistin, Filmschauspielerin. - Gab als Schöpferin der modernen Tanzpantomime seit 1918 Vorstellungen an allen bed. Bühnen Europas; spielte auch in Filmen wie „Die freudlose Gasse“ (1925), „Die Dreigroschenoper“ (1931). Emigrierte 1933 nach New York, wo sie ein eigenes Kabarett eröffnete; nach 1946 in der BR Deutschland tätig (Kabarett und Film, u. a. „Der Fangschuß“, 1977).

Gerthener (Gertener, Gerthner), Madern, * Frankfurt am Main um 1360, † ebd. um 1430, dt. Baumeister und Bildhauer. - 1392 Niederlassung in Frankfurt am Main (Stadtbaumeister). Neben burgund.-westl. Einflüssen verarbeitete G. auch Parlersches Formengut. - *Werke:* Westchor der Katharinenkirche in Oppenheim (1415 ff.), „Dreikönigsportal“ der Liebfrauenkirche (um 1420–25) und Chor von Sankt Leonhard (um 1425 ff.) in Frankfurt, „Memorienpforte“ des Mainzer Domes (um 1425).

Gertler, André, * Budapest 26. Juli 1907, belg. Violinist. - Schüler von J. Hubay und Z. Kodály; Freund B. Bártoks, mit dem er häufig konzertierte; bekannt durch seine Interpretation zeitgenöss. Violinwerke.

Gertrud (Gertrude), alter dt. weibl. Vorname (althochdt. ger „Speer“ und -trud „Kraft, Stärke“); Nebenform Gertraud, Gertraude, Gertraut.

Gertrud, † 1143, Tochter und Erbin Kaiser Lothars III.; ∞ 1127 mit Heinrich X., dem Stolzen, Hzg. von Bayern, worauf sich die Anwartschaft der Welfen auf Lothars Nachfolge gründet; beider Sohn war Heinrich der Löwe. 1142 schloß die 1139 verwitwete G. eine 2. Ehe mit Heinrich II. Jasomirgott, Markgraf von Österreich, um einen Ausgleich zw. Welfen und Babenbergern zu schaffen.

Gertrud von Helfta, hl., gen. die Große, * wahrscheinl. in Thüringen 1256, † Helfta (= Eisleben) 13. Nov. 1302, dt. Zisterzienserin und Mystikerin. - Erlebte seit 1281 mehrmals Christusvisionen, die sie zu einer der größten dt. Mystikerinnen werden ließen. Fest: 16. Nov.

Geruch, die charakterist. Art, in der ein Stoff durch den Geruchssinn wahrgenommen wird.

◆ svw. ↑ Geruchssinn.

Geruchsorgane (Riechorgane, olfaktor. Organe), der Wahrnehmung von Geruchsstoffen dienende chem. Sinnesorgane (↑ auch Geruchssinn) bei tier. Organismen und beim Menschen. Die Geruchssinneszellen (Osmorezeptoren) liegen bei Wirbellosen über den ganzen Körper verstreut oder treten gehäuft an bestimmten Stellen auf. Spinnen und Krebse tragen sie an den Extremitäten, Insekten vorwiegend an den Antennen. Bei den Wirbeltieren sind die Geruchssinneszellen stets in einem als ↑ Nase bezeichneten Organ vorn am Kopf vereinigt. Kriechtiere besitzen als bes. G. das ↑ Jacobson-Organ im Gaumendach, dem die Geruchsstoffe durch die Zungenspitze zugeführt werden (Züngeln). Bei den auf dem Land lebenden Wirbeltieren dient die durch die Nase aufgenommene Luft nicht nur der Atmung (Sauerstoffaufnahme), sondern zugleich zur Geruchswahrnehmung und -orientierung. Die Geruchssinneszellen sind im oberen Teil der Nasenhöhle konzentriert, dem der untere Teil als reiner Atmungsraum gegenübersteht. Das Riechepithel erfährt bei makrosmat. Säugetieren durch Faltenbildung

Geruchsorgane. Nasenhöhlenquerschnitt beim mikrosmatischen Menschen (a) und beim makrosmatischen Reh (b). H Nasenhöhle, N Nasenmuscheln, oN obere Nasenmuschel, mN mittlere Nasenmuschel, uN untere Nasenmuschel, Rf Riechfläche, Sch Nasenscheidewand

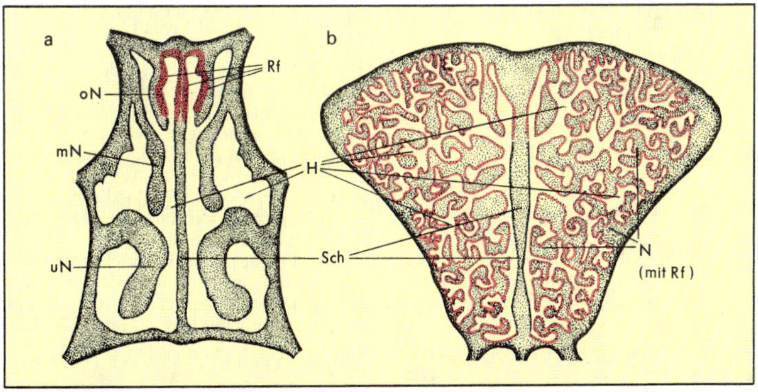

(Nasenmuscheln) eine gewaltige Oberflächenvergrößerung.
Beim Menschen erstreckt sich die Riechschleimhaut *(Regio olfactoria)* insgesamt nur über einen kleinen Teil (etwa 2,5 cm^2) der Nasenschleimhaut, d. h. nur über die obere Nasenmuschel und den benachbarten Teil der angrenzenden Nasenscheidewand beider Nasenhöhlen. Zw. gelbl. pigmentierten Stützzellen stehen, diese etwas überragend (als **Riechkegel**), die schlanken, am freien Ende mit 6–8 etwa 2 µm langen **Riechhärchen** besetzten Ausläufer (**Riechstäbchen**) der Geruchssinneszellen. Ihre Gesamtzahl wird auf $10–20 \cdot 10^6$ geschätzt. Beim normalen Atmen kommt (außer beim „Schnüffeln") nur ein sehr geringer Teil der Luft ans Riechepithel.

Geruchssinn (Geruch, Riechsinn), durch niedrig liegende Reizschwellen ausgezeichneter, bei höheren Tieren und beim Menschen in Nasenorganen lokalisierter Fernsinn (im Ggs. zum ↑Geschmackssinn), der mit Hilfe bes. Geruchsorgane als chem. Sinn die Wahrnehmung von Geruchsstoffen ermöglicht. Die Geruchsreize werden bei Wirbeltieren (einschließl. Mensch) über paarige Geruchsnerven dem Gehirn zugeleitet. Mit Hilfe des G. erkennen tier. Lebewesen Nahrung, Artgenossen und Feinde. Auch zur Orientierung und (z. B. beim Sozialverhalten staatenbildender Insekten) zur gegenseitigen Verständigung (z. B. Duftmarken, Duftstraßen) kann der G. von Bed. sein. Lebewesen mit relativ schwachem G. werden als **Mikrosmaten** (z. B. Mensch, Affen, Robben, Fledermäuse, Vögel, Reptilien, Lurche) von den **Makrosmaten** (mit bes. gutem G.) unterschieden. Ohne G. (**Anosmaten**) sind z. B. die Wale. Bes. hochentwickelt ist der G. i. d. R. bei Insekten und den meisten Säugetieren.
Die Riechzellen des (sonst mikrosmaten) Menschen können für manche Stoffe (z. B. Skatol, Moschus, Vanillin) ebenfalls sehr empfindl. sein. Bei Frauen ist die Riechschwelle kurz vor und während der Menstruation erniedrigt. - Zur Unterscheidung verschiedener Düfte sind mehrere Typen von Rezeptoren notwendig. Eine Vielfalt komplexer Duftqualitäten kann durch das Zusammenwirken nur weniger Rezeptortypen unterschieden werden. Der Mensch kann mehrere tausend Düfte unterscheiden. Der G. spielt bei ihm v. a. bei der Kontrolle von Speisen und Getränken eine Rolle, daneben auch im Geschlechtsleben; ferner ist er geeignet, schädigende Stoffe zu signalisieren. Viele Gerüche haben ausgesprochen angenehme, andere unangenehme Affektkomponenten, wodurch sie großen Einfluß auf das emotionale Verhalten ausüben können. Auch haben Düfte häufig einen hohen Gedächtniswert und können als Schlüsselreize wirken. Bei Dauerreizung durch einen bestimmten Geruchsstoff unterliegt der G. einer ausgeprägten Adaptation, d. h., die Geruchsempfindung erlischt (ohne jedoch die Empfindlichkeit für andere Stoffe zu beeinflussen). Bemerkenswert ist noch, daß derselbe Stoff je nach Konzentration ganz verschiedene Geruchsempfindungen hervorrufen kann (z. B. kann das bei höherer Konzentration übel riechende Skatol bei starker Verdünnung Jasminduft sehr ähnl. werden). Am bekanntesten sind die sechs Kategorien: würzig (z. B. Ingwer, Pfeffer), blumig (Jasmin), fruchtig (Fruchtäther, z. B. des Apfels), harzig (Räucherharz), faulig (Schwefelwasserstoff) und brenzlig (Teer).

Geruchsorgane. Riechepithel des Menschen. C Cilien, V Vesikel, Rk Riechkolben, El Endleisten, D Dendrit, Rz Riechzelle, Sz Stützzelle, Er endoplasmatisches Reticulum, Bm Basalmembran

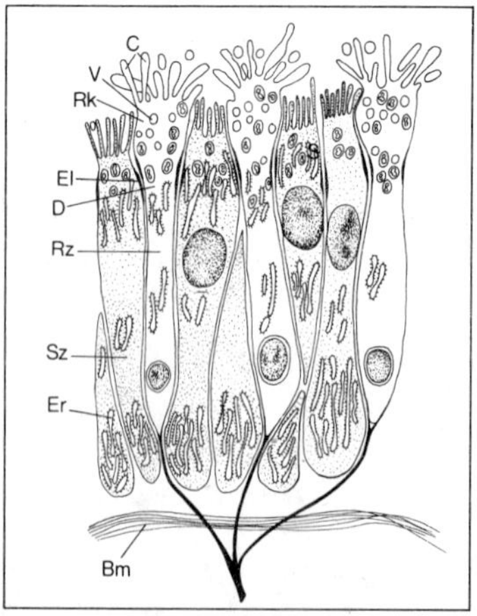

🕮 *Boeckh, J.: Nervensysteme u. Sinnesorgane der Tiere. Freib. [4]1980.*

Geruchsstoffe (Riechstoffe), gas- oder dampfförmige bzw. gelöste chem. Stoffe, auf die die Geruchssinneszellen ansprechen. G. finden sich in großer Vielfalt hauptsächl. unter organ. Substanzen (z. B. äther. Öle, Fruchtester, Fettsäuren, Schwefel- und Stickstoffverbindungen, Terpene, Alkohole, Aldehyde); nur wenige (beim Menschen etwa 30) anorgan. Verbindungen und freie Elemente (für den Menschen Chlor, Brom, Jod und Fluor) sind Geruchsstoffe. Auf welche Weise die G. an den Sinneszellen eine Erregung hervorrufen, ist noch weitgehend unbekannt.

Geruchsverschluß (Siphon), U-förmig gebogenes Rohr oder becherförmiges Gefäß in Abwasserleitungen. Das in ihm zurückbleibende Wasser verhindert den Durchtritt schädl. oder übelriechender Gase in die Räume.

Gerücht, auf ↑Gerüfte zurückgehende Bez. für „Ruf, Leumund"; drang um 1500 ins Hochdt.; heute nur noch im Sinne von „umlaufendes unverbürgtes Gerede" gebräuchlich.

Gerüfte (Gerüchte; lat. clamor „Rufen"), im alten dt. Recht formalisierter Hilferuf (heute noch geläufig „Zeter", „Mordio") zur Abwehr oder Verfolgung von Verbrechern.

Gerundium [lat.], in der lat. Grammatik Bez. für das vom Präsensstamm gebildete Verbalsubstantiv, das den Ausdruck syntakt. Beziehungen des Infinitivbegriffs mittels Kasusformen oder Präpositionen ermöglicht; z. B. *ars scribendi* („die Kunst des Schreibens"), *ad pugnandum paratus* („zum Kämpfen bereit").

Gerundivum [lat.], in der lat. Grammatik Bez. für das passiv. Verbaladjektiv, das die Notwendigkeit einer Handlung bezeichnet, z. B. *homo laudandus* („ein Mann, der gelobt werden muß; ein lobenswerter Mann").

Gerusia (Gerusie) [griech.], Ältestenrat griech. Staaten; am berühmtesten die G. in Sparta; sie bestand aus 28 unbescholtenen, über 60 Jahre alten, lebenslängl. gewählten Personen (↑Geronten) und den beiden Königen. Der G. oblag die Vorbereitung der Volksversammlung und die Kontrolle der polit. Entscheidungen sowie Gerichtsbefugnisse. Seit dem 6. Jh. Einschränkung durch das Ephorat (↑Ephoren).

Gerüst (Baugerüst), eine hölzerne oder stählerne Hilfskonstruktion (auch aus Leichtmetall) zur sicheren Durchführung von Bau- und Montagearbeiten. Die Richtlinien für die Herstellung von G. aller Art sind im Normblatt DIN 4420: *Gerüstordnung* zusammengefaßt und baurechtl. verbindl. eingeführt.

Gerüsteiweiße, unlösl. Proteine, die Organismen als Stütz- und Gerüstsubstanzen dienen. Zu den G. gehören u. a. das Kollagen und Elastin des Bindegewebes, das schwefelreiche Keratin der Haare, Federn, Hufe und Hörner.

Gervais [frz. ʒɛr'vɛ; nach dem frz. Industriellen C. Gervais, * 1830, † 1892], ungereifter, streichfähiger und fettreicher Frischkäse.

Gervasius von Canterbury (Gervase of Canterbury) [engl. 'kæntəbərɪ], * 1141 (?), † um 1210, engl. Benediktiner und Chronist. - Mönch in Canterbury, Anhänger Thomas Beckets, aber Verteidiger der Rechte der Abtei gegenüber den Ansprüchen der Erzbischöfe. Schrieb für die Zeit von 1105 bis 1209 bed. Chroniken.

Gervasius von Tilbury (Gervase of Tilbury) [engl. 'tɪlbərɪ], * Tilbury (Essex) um 1150, † um 1235, engl. Rechtsgelehrter und Geschichtsschreiber. - Angebl. ein Enkel Heinrichs II. von England; durch Kaiser Otto IV. zum Marschall des Kgr. Arles ernannt; zur Unterhaltung des Kaisers schrieb G. sein Hauptwerk „Otia imperialia" („Kaiserl. Mußestunden"; um 1212), eine Sammlung von geograph. und histor. Nachrichten, aufgelokkert durch eingefügte Märchen, Sagen und Erzählungen.

Gervinus, Georg Gottfried, * Darmstadt 20. Mai 1805, † Heidelberg 18. März 1871, dt. Historiker, Politiker und Literarhistoriker. - 1835 Prof. in Heidelberg, seit 1836 in Göttingen, wurde 1837 als einer der ↑Göttinger Sieben seines Amtes enthoben und übernahm 1844 in Heidelberg eine Honorarprofessur. 1847 Mitgründer der Dt. Zeitung, die er bis Aug. 1848 redigierte; in dieser Zeit vorübergehend Mgl. der Frankfurter Nationalversammlung. Nach einem Hochverratsverfahren 1853 und dem Entzug der Lehrbefugnis verfolgte G. mit wachsender Verbitterung die weitere Entwicklung der Reichsgründung.

Werke: Geschichte der poet. Nationalliteratur der Deutschen (5 Bde., 1835–40), Shakespeare (2 Bde., 1849/50), Geschichte des neunzehnten Jh. seit den Wiener Verträgen (8 Bde., 1855–1866).

Gerwig, Walter, * Frankfurt/Oder 26. Nov. 1899, † Heisterschoß (= Hennef [Sieg]) 9. Juli 1966, dt. Lautenist. - Seit 1952 Dozent in Köln, durch Konzertreisen und Schallplattenaufnahmen älterer Lautenmusik bekannt.

Geryoneus ↑Herakles.

Gerz, Jochen, * Berlin 4. April 1940, dt. Schriftsteller und Künstler. - Begann mit konkreter Poesie, schuf seit 1972 Videobänder; internat. bekannt wurde „Die Schwierigkeit des Zentaurs beim Vom-Pferd-Steigen" (37. Biennale in Venedig, 1976, Dt. Pavillon).

gesammelte Werke, Ausgabe, die nur die wichtigsten Werke eines Autors enthält.

Gesamtafrikanische Konferenz der Kirchen (All Africa Conference of Churches), im Zuge der gesamtafrikan. Bewegung 1958 in Ibadan (Nigeria) gegr. Vereinigung fast aller Kirchen Afrikas (Katholiken im Beobachterstatus); Sitz Nairobi.

Gesamtarbeitsvertrag, Abk. GAV, in der Schweiz das zentrale Institut des kollektiven Arbeitsvertragsrechts (↑Tarifvertrag).

Gesamtausgabe, ungekürzte Ausgabe sämtl. Werke, in der Literatur auch einer definierten Gruppe (alle Dramen, die Lyrik) oder eines vorher in Teilen erschienenen einzelnen Werkes eines Autors.

Gesamtbetriebsrat ↑Betriebsverfassung.

Gesamtdeckung (Nonaffektation), im öffentl. Haushaltsrecht Bez. für das Prinzip, daß alle Einnahmen grundsätzl. für alle Ausgaben ohne spezielle Zuordnung zur Verfügung stehen.

Gesamtdeutsche Partei, Abk. GDP, aus der Fusion von Gesamtdeutschem Block/ Block der Heimatvertriebenen und Entrechteten und Dt. Partei 1961 hervorgegangene Splitterpartei in der BR Deutschland.

Gesamtdeutscher Block/Block der Heimatvertriebenen und Entrechteten, Abk. GB/BHE, 1952–61 Bez. des ↑Blocks der Heimatvertriebenen und Entrechteten.

Gesamtdeutsche Volkspartei, Abk. GVP, neutralist. Splitterpartei in der BR Deutschland, als Nachfolgeorganisation der Notgemeinschaft für den Frieden Europas Ende 1952 von bürgerl. Politikern (u.a. G. W. Heinemann, Helene Wessel) mit dem Ziel einer Ablehnung von Wiederbewaffnung und Integration der BR Deutschland in das westl. Bündnissystem gegr.; nach Erfolglosigkeit bei den Bundestagswahlen 1953 Selbstauflösung im Mai 1957.

Gesamtgewicht, das sich aus Leergewicht und Nutzlast zusammensetzende Gewicht eines betriebsfertigen Fahrzeugs, insbes. eines Kfz.

Gesamtgläubigerschaft, die Gläubigermehrheit, bei der jeder Gläubiger die ganze Leistung fordern kann, der Schuldner aber nur einmal [an einen beliebigen Gläubiger] zu leisten braucht (§428 BGB; Ggs. ↑Gesamtschuld). Erfüllung, Erlaß und Verzug eines Gläubigers wirken allen Gläubigern gegenüber, andere Umstände nur für und gegen denjenigen Gläubiger, in dessen Person sie eintreten (§429 BGB). Der Gläubiger, der die Leistung empfangen hat, ist den anderen regelmäßig ausgleichungspflichtig (§430 BGB). Im *östr. Recht* gilt eine im wesentl. entsprechende Regelung. - In der *Schweiz* heißt die G. **Solidargläubigerschaft.** Ihre Regelung entspricht dem dt. Recht.

Gesamtgut ↑Gütergemeinschaft.

Gesamthandsgemeinschaft (Gemeinschaft zur gesamten Hand), die [aus der Hausgemeinschaft hervorgegangene] Gemeinschaft an einem Sondervermögen, über das die Gemeinschafter nur zus. („mit gesamter Hand") verfügen können (Vertretung jedoch mögl., ebenso vielfach Klage des einzelnen auf Leistung an alle). Arten: Gesellschaften (im engeren Sinn), ehel. Gütergemeinschaft, Erbengemeinschaft. - Die G. hat keine eigene Rechtsfähigkeit. Anders als dem Bruchteilberechtigten (↑Bruchteilsgemeinschaft) steht dem Gesamthänder kein verfügbarer Anteil am einzelnen Vermögensgegenstand, sondern ledigl. ein Anteil am gesamten gemeinschaftl. Vermögen zu. Dieser Anteil wiederum ist i.d.R. unübertragbar und meist untrennbar mit der Zugehörigkeit zu einem Personenverband (z.B. Gesellschaft, Ehe) verknüpft. Für die Verbindlichkeiten der G. haftet das gemeinschaftl. Vermögen, daneben i.d.R. jeder Gesamthänder als Gesamtschuldner.

Gesamtherrschaft, svw. ↑Kondominium.

Gesamthochschule, die inhaltl. und organisator. Verbindung herkömml. Hochschulen wie Univ., pädagog. Hochschule, Ingenieur- und/oder anderer Fachhochschulen. In einer G. werden jeweils innerhalb der gleichen Fachrichtung für verschiedene Studienziele nach Schwerpunkten, Dauer und Abschluß unterschiedene Studiengänge angeboten. Eingerichtet wurden u.a. die hess. G. Kassel sowie die G. Essen, Siegen, Wuppertal, Paderborn und Duisburg sowie die sog. Fernuniv. Hagen in NRW.

Gesamthypothek ↑Hypothek.

Gesamtkatalog, im Bibliothekswesen ↑Zentralkatalog.

Gesamtkirchengemeinde (Gemeindeverband), Vereinigung mehrerer benachbarter Kirchengemeinden zur Durchführung gemeinsamer Aufgaben.

Gesamtkunstwerk, Vereinigung mehrerer Künste zu einem einheitl. Kunstwerk. Die Durchsetzung des Begriffs G. ist mit R. Wagners Poetik des Musikdramas verbunden, ihn verwendeten z.B. auch Y. Goll („Überdrama") und E. Piscator („Total-Theater"). Er wird auch für die Bauvorhaben und Festspiele des Barock verwendet und für die Architekturauffassung des Jugendstils und des Bauhauses. In jüngster Zeit heißen auf dem kulturellen Sektor vergleichbare, d.h. verschiedene Künste integrierende Darbietungen Multi-Media-Veranstaltungen.

Gesamtnachfolge (Gesamtrechtsnachfolge, Universalsukzession), die Rechtsnachfolge in ein ganzes Vermögen. Sie vollzieht sich durch ein und denselben Vorgang, ohne daß es einer Übertragung der einzelnen, zu dem Vermögen gehörenden Rechte und Pflichten [nach den dafür geltenden Vorschriften] bedarf. Mögl. ist sie nur in den gesetzl. bestimmten Fällen (z.B. Erbfolge, Fusion).

Gesamtnachfrage, sie setzt sich zus. aus der Nachfrage der Inländer (einschließl. des Staates) nach Konsumgütern und nach Investitionsgütern zur Erhaltung und Erweiterung des volkswirtsch. Produktionsvermögens sowie aus der Nachfrage des Auslandes nach inländ. Gütern, die durch Exporte befriedigt wird.

Gesamtprokura ↑Prokura.

Gesamtrechtsnachfolge ↑Gesamtnachfolge.

Gesamtschuld, das zw. einem Gläubiger und mehreren Schuldnern bestehende Schuldverhältnis, auf Grund dessen jeder Schuldner zur ganzen Leistung verpflichtet ist, der Gläubiger aber die Leistung nur einmal fordern kann. Erfüllung durch einen Gesamtschuldner befreit auch die übrigen; ebenso hat Gesamtwirkung i.d.R. der zw. Gläubiger und einem Gesamtschuldner vereinbarte Erlaß (§421f. HGB). Das Schuldverhältnis entsteht, wenn mehrere eine unteilbare Leistung schulden, ferner im Zweifel dann, wenn mehrere sich durch Vertrag gemeinschaftl. verpflichten, meist auch bei Haftung mehrerer

für denselben Schaden. Zw. den Gesamtschuldnern muß eine Verbindung (vielfach **Zweckgemeinschaft** gen.) in der Weise bestehen, daß die Leistung des einen den anderen zugute kommen soll. Untereinander sind die Gesamtschuldner kraft Gesetzes verpflichtet, zur Befriedigung des Gläubigers mitzuwirken und, wenn einer den Gläubiger befriedigt hat, ihm Ausgleich zu leisten. Falls nichts anderes vereinbart ist und keine gesetzl. Sonderregeln eingreifen, haften die Gesamtschuldner untereinander zu gleichen Teilen.
Nach *östr. Recht* entsteht eine G. dann, wenn entweder mehrere Schuldner dies ausdrückl. mit dem Gläubiger vereinbaren oder das Gesetz die Solidarhaftung vorsieht. Es gilt das zum dt. Recht Gesagte. In der *Schweiz* heißt die G. **Solidarschuld.** Ihre Regelung entspricht im wesentl. dem dt. Recht.

Gesamtschule, eine Schule, in der entweder die verschiedenen herkömml. Schularten (Hauptschule, Realschule, Gymnasium) aufgehen und eine neue organisator. Einheit bilden (**integrierte Gesamtschule**) oder die Schultypen ledigl. räuml. (in Schulzentren) vereinigt werden, meistens unter Einführung einer gemeinsamen Orientierungsstufe im 5. und 6. Schuljahr (**kooperative Gesamtschule, Ko-op-Schule**). In der integrierten G. gibt es nur anfängl. feste Klassenverbände, später hat jeder Schüler seinen eigenen Lehrplan, zusammengesetzt aus Grund- und Leistungskursen, je nach seiner individuellen Begabung bzw. nach seiner eigenen Wahl. Er trifft in den verschiedenen Kursen also verschiedene Mitschüler. In den Grundkursen werden Schüler des gleichen Jahrgangs ohne Berücksichtigung des Leistungsgrads gemeinsam unterrichtet, in den Leistungskursen werden die Schüler je nach dem Stand ihres Wissens in Gruppen mit verschieden hohen Anforderungen zusammengefaßt. G. werden seit den 1970er Jahren als Schulversuch eingerichtet; in verschiedenen Gemeinden Hessens gilt die G. als Regelschule. - Der Unterricht in G. soll das Prinzip der Chancengleichheit der Schüler verwirklichen, da 1. auf die individuellen Fähigkeiten aber auch Lernschwierigkeiten des einzelnen eingegangen werden kann und 2. die Wahl des angestrebten Schulabschlusses hinausgeschoben und individuell korrigiert werden kann. Kritiker der G. sehen hierin eine Tendenz zu „Gleichmacherei" und Niveauverlust, die bes. Begabungen nicht mehr fördert und außergewöhnl. Leistungen nicht mehr zuläßt.

🕮 *Severinski, N.: Die Gesamt-Schul-Idee. Wien 1985. - G. in Europa. Hg. v. B. Dahmen. Köln 1984. - Reinert, G. B.: Leitbild G. versus Gymnasium? Ffm. 1984.*

Gesamtstrafe, diejenige Strafe, die bei gleichzeitiger Verurteilung wegen mehrerer selbständiger Straftaten aus den für diese Straftaten verhängten Einzelstrafen durch Erhöhung der höchsten Einzelstrafe (sog. Einsatzstrafe) gebildet wird. Bei Strafen verschiedener Art (z. B. Geld- neben Freiheitsstrafen) wird die nach ihrer Art schwerste Strafe erhöht. Die G. darf die Summe der Einzelstrafen nicht erreichen und 15 Jahre Freiheitsstrafe, bei Geldstrafen 720 Tagessätze nicht überschreiten.
Für das *östr. Strafrecht* gilt Entsprechendes. Nach *schweizer. Recht* hat der Richter den Täter, der durch eine oder mehrere Handlungen mehrere Freiheitsstrafen verwirkt hat, zur Strafe der schwersten Tat als (angemessen erhöhte) *Einsatzstrafe* zu verurteilen.

Gesamtstrahlung, die von der Flächeneinheit eines strahlenden Körpers (Temperaturstrahler) im gesamten Wellenlängenbereich des Spektrums elektromagnet. Wellen ausgesandte Strahlungsenergie S. Für einen schwarzen Körper ist die G. nach dem Stefan-Boltzmannschen Gesetz: $S = \sigma \cdot T^4$ nur von der absoluten Temperatur T abhängig ($\sigma = 5{,}67 \cdot 10^{-8}\ \mathrm{W \cdot m^{-2} \cdot K^{-4}}$).

Gesamtstreitkräfte, Oberbegriff für die Teilstreitkräfte Heer, Marine, Luftwaffe sowie in der Bundeswehr das Sanitäts- und Gesundheitswesen.

Gesamtverband Deutscher Angestellten-Gewerkschaften, Abk. Gedag (GEDAG), Spitzenorganisation der christl. Angestelltengewerkschaften 1919–33, Sitz: Berlin.

Gesamtvereinbarung (Kollektivvereinbarung) ↑Tarifvertrag.

Gesandter, nach Art. 14 der Wiener Konvention über diplomat. Beziehungen vom 18. 4. 1961 ein Missionschef der zweiten Rangklasse, der beim Staatsoberhaupt akkreditiert ist. Ihm geht im Range der Botschafter vor. Der G. leitet die einer Botschaft entsprechende **Gesandtschaft.**

Gesandtschaftsrecht, 1. im *subjektiven Sinne* die durch das Völkerrecht gewährte Befugnis, Gesandte zu entsenden und zu empfangen; es steht allen Völkerrechtssubjekten zu; 2. im *objektiven Sinne* die Summe der völkerrechtl. Regeln, die den diplomat. Verkehr und die Rechte und Pflichten der Diplomaten zum Gegenstand haben. Das G. zählt zu den ältesten völkerrechtl. Normen, dessen erste umfassende Kodifizierung durch das Wiener Reglement (1815) bzw. das Aachener Protokoll (1818) erfolgte. Eine umfassende Neukodifikation enthält die **Wiener Konvention über diplomat. Beziehungen** vom 18. 4. 1961, der zahlr. Staaten (auch die BR Deutschland) beigetreten sind. Die Wahrnehmung der diplomat. Beziehungen obliegt bes. ausgebildeten Personen (Diplomaten), wobei die *Missionschefs* in drei Klassen eingeteilt werden: Botschafter und Nuntien, Gesandte, Min. und Internuntien und Geschäftsträger. Die Aufnahme der diplomat. Beziehungen setzt das gegenseitige Einvernehmen der beiden Staaten voraus. Der Sendestaat hat vor der Entsendung eines Missionschefs das ↑Agrément des Empfangsstaates einzuholen. Der Empfangsstaat erteilt dem entsandten Missionschef daraufhin das Akkreditiv. Im Empfangsstaat stehen den Diplomaten gewisse Vorrechte und Privilegien zu: die Mission ist berechtigt, Flagge und Hoheitszeichen des Sendestaates am Gebäude der Mission, der Residenz des Missionschefs und an ihren Fahrzeugen zu führen; die Räumlichkeiten der Mission sind unverletzl. und jeder Durchsuchung oder Exekution entzogen; den Diplomaten steht Exterritorialität zu, sie dürfen im Empfangsstaat (vorbehaltl. des Verbotes, bestimmte Zonen aus Gründen der nat. Sicherheit zu betreten) in der vollen Bewegungs- und Reisefreiheit nicht beschränkt werden; die Mission hat das Recht auf chiffrierten Nachrichtenverkehr. Bei Beendigung der diplomat. Beziehungen hat der Empfangsstaat den Diplomaten des Sendestaates das Verlassen seines Hoheitsgebietes zu ermöglichen und die Räumlichkeiten, das Vermögen und die Archive der Mission zu achten; mit Zustimmung des Empfangsstaates kann der Sendestaat in einem solchen Falle die Wahrnehmung seiner Interessen im Empfangsstaat auch einem dritten Staat übertragen.

Gesang, (engl. song; frz. chant; italien. canto; lat. cantus, canticum) Bez. sowohl für die von einem einzelnen (Solo-G.) oder von mehreren Sängern zugleich (Chor-G.) ausgeübte Tätigkeit des Singens wie auch für eine abgeschlossene musikal. Einheit (das G.stück, Lied). I. d. R. kleidet der G. Sprache musikal. ein. - G. ist eine der ältesten kulturellen Leistungen des Menschen und findet sich als Arbeits-, Tanz- oder Kult-G. auch bei Naturvölkern. Hauptformen des mündl. überlieferten höf. G. im MA waren Ballade und Epos. Der Kunst-G. der abendländ. Musiktradition geht auf den christl. Kult-G. (Gregorian. Choral) und auf das italien. Madrigal des 14. Jh. (Trecento-Madrigal) zurück. In dieser Zeit wurde ein wesentl. Moment des G.vortrags die freie Hinzufügung von Ausschmückungen zum Notentext. Seit Anfang des 17. Jh. (G. Caccini) wird im Kunst-G. (Belcanto) der in der Dichtung vorgegebene und musikal. gestaltete dramat. Affekt ausgedrückt. Im Lied seit Ende des 18. Jh. dient die gesangl. Gestaltung überwiegend lyr. Ausdruck. In der Neuen Musik des 20. Jh. wird G. gelegentl. (ohne Wiedergabe sprachl. Texte) als eine Variante des Instrumentalen eingesetzt.

◆ längerer Abschnitt in Versdichtungen, z. B. in Klopstocks Epos „Der Messias" (20 Gesänge).

◆ in der *Biologie* Bez. für mehr oder weniger wohlklingende oder rhythm. Lautäußerungen von Tieren, wie sie z. B. bei Grillen, Heuschrecken, Zikaden und v. a. bei Vögeln vorkommen. Der tier. G. steht meist in enger Beziehung zum Fortpflanzungsverhalten (z. B. der Frühlings-G. der Singvögel). Er dient der Anlockung von Sexualpartnern und meist gleichzeitig auch der Fernhaltung gleichgeschlechtl. Artgenossen (Rivalen) und damit auch der Revierabgrenzung und -behauptung.

Gesangbuch, die für eine Glaubensgemeinschaft bestimmte Sammlung kirchl. oder geistl. Lieder. Seine an die Entwicklung des Buchdrucks gebundene Geschichte beginnt mit einem tschech. G. der Böhm. Brüder von 1501. Auf Luther gehen das Erfurter „Enchiridion" und das „Geystl. gesank Buchleyn" (beide 1524) sowie das Klugsche (1529ff.) und das Babstsche G. (1545ff.) zurück. Ältestes kath. G. ist das „New Gesangbuchlin" von M. Vehe (1537). Wichtige Gesangbücher der Folgezeit sind im prot. Bereich das „Würtemberger G." (1583) und das mehrstimmige „Cantional" von J. H. Schein (1627) sowie in neuester Zeit das „Ev. Kirchengesangbuch" (1950), im kath. Bereich das von Bamberg (1576), München (1586) und Innsbruck (1588) sowie das „Einheitsgesangbuch" (1973; 1975 für das gesamte dt. Sprachgebiet ersetzt durch „Gotteslob - Kath. Gebet- und Gesangbuch") der kath. Kirche.

Gesangverein, Vereinigung von Laiensängern und-sängerinnen zur Pflege überwiegend volkstüml. A-cappella-Chorliteratur. Zahlr. Vereinsgründungen erfolgten zw. dem Anfang des 19. und dem beginnenden 20. Jh.

Gesäß (Gesäßbacken, Sitzbacken, Nates, Clunes), auf Grund seines aufrechten Ganges beim Menschen bes. ausgebildetes, das Sitzen erleichterndes unteres Rumpfende, das sich durch die kräftigen Gesäßmuskeln und die dort (unterschiedl. stark) entwickelten Fettpolster vom Rücken absetzt und vorwölbt (**Gesäßrundung**). In der tiefen, senkrechten **Gesäßspalte** liegt der After. Eine quer verlaufende **Gesäßfurche** (**Gesäßfalte**) grenzt (v. a. beim stehenden Menschen) das G. von den Oberschenkeln ab.

Gesäßmuskeln (Musculi glutaei), von der Außenfläche der Darmbeinschaufel zum äußeren, oberen Ende des Oberschenkelknochens ziehende Muskeln, die den Körper beim Stehen und Gehen sichern.

Gesäßschwielen, unbehaarte, oft lebhaft gefärbte Hornhautstellen am Gesäß vieler Affenarten.

gesättigte Kohlenwasserstoffe, Kohlenwasserstoffe, in denen keine Doppel- oder Dreifachbindungen vorhanden sind, weil alle freien Valenzen der Kohlenstoffkette [meist mit Wasserstoffatomen] abgesättigt sind.

Gesäuge, die Gesamtheit der Zitzen eines Säugetiers.

Gesäuse, Engtalstrecke der ↑Enns.

Geschäftsanteil, 1. bei der Genossenschaft: der Betrag, bis zu dem sich der einzelne

Genosse mit Einlagen an der Genossenschaft beteiligen kann; 2. bei der GmbH: die Mitgliedschaft eines Gesellschafters. Sie bestimmt sich nach dem Betrag der übernommenen Stammeinlage. Ihre Verbriefung in einem Wertpapier ist ausgeschlossen; wie die Aktie ist der G. veräußerl. und vererblich.

Geschäftsbericht, schriftl. Bericht über den Verlauf eines Geschäftsjahres und die Lage einer (Aktien-)Gesellschaft (Lagebericht) sowie über das Zustandekommen einzelner Bilanzpositionen (Erläuterungsbericht). Der G. ist Teil des Jahresabschlusses. Er ergänzt Bilanz und Gewinn-und-Verlust-Rechnung, wird aber vielfach auch als Mittel der Öffentlichkeitsarbeit eingesetzt.

Geschäftsbesorgung, 1. im weiteren Sinn jede Tätigkeit (außer bloßen Handreichungen) im Interesse eines anderen. Bei Unentgeltlichkeit liegt Auftrag oder Geschäftsführung ohne Auftrag vor, bei Entgeltlichkeit vielfach Dienst-, Werk- oder Maklervertrag; 2. im engeren Sinn die selbständige Wahrnehmung fremder Vermögensinteressen, z. B. als Rechtsberater, Treuhänder, Vermögensverwalter, Baubetreuer auf der Grundlage eines **Geschäftsbesorgungsvertrags** (Dienst- oder Werkvertrag).

Geschäftsbriefe, in Briefform abgefaßte schriftl. Mitteilungen von Unternehmen an einen bestimmten Empfänger. Für G. gelten bes. Vorschriften für die AG, die KG auf Aktien und die GmbH. Die G. solcher Unternehmen müssen Angaben über die Rechtsform und den Sitz der Gesellschaft, die Nummer der Eintragung im Handelsregister sowie das Registergericht, sämtl. Vorstandsmgl. (bzw. Geschäftsführer und Komplementäre) sowie den Vorstandsvorsitzenden und den Vorsitzenden des Aufsichtsrates enthalten.

Geschäftsfähigkeit, die Fähigkeit zur wirksamen Vornahme von Rechtsgeschäften, ein Unterfall der Handlungsfähigkeit. Um wirksam verfügen zu können, bedarf es daneben noch der ↑Verfügungsbefugnis.

Stufen der G.: **Unbeschränkt geschäftsfähig** ist der volljährige Mensch, der weder geistesgestört noch entmündigt ist. Da die Rechtsordnung die unbeschränkte G. als Regelfall ansieht, muß der Mangel der G. (falls bestritten) bewiesen werden. **Geschäftsunfähig** ist (§ 104 BGB): der Minderjährige, der das 7. Lebensjahr noch nicht vollendet hat; wer sich infolge krankhafter Geistesstörung in einem Zustand befindet, in dem seine freie Willensbestimmung nicht nur vorübergehend ausgeschlossen ist; wer wegen Geisteskrankheit entmündigt ist. Die Willenserklärung eines Geschäftsunfähigen ist nichtig, ebenso die ihm gegenüber abgegebene Willenserklärung. Rechtswirksam handeln kann der Geschäftsunfähige nur durch seinen gesetzl. Vertreter. **Beschränkt geschäftsfähig** ist (§§ 106, 114 BGB): der Minderjährige ab vollendetem 7. Lebensjahr; wer wegen Geistesschwäche, Trunksucht, Rauschgiftsucht oder Verschwendung entmündigt ist; wer unter vorläufige Vormundschaft gestellt ist. Beschränkt Geschäftsfähige können u. a. wirksam vornehmen: Rechtsgeschäfte, die ihnen ausschließl. rechtl. Vorteile bringen (wie regelmäßig die Annahme einer Schenkung); sog. neutrale Geschäfte, die das Vermögen des beschränkt Geschäftsfähigen nicht berühren; Geschäfte im Rahmen der sog. erweiterten G., nämlich diejenigen Geschäfte, die der Betrieb eines Erwerbsgeschäfts mit sich bringt (**Handelsmündigkeit,** § 112, BGB), Geschäfte zur Eingehung, Änderung, Aufhebung und Erfüllung von Dienst- oder Arbeitsverhältnissen der vom gesetzl. Vertreter gestatteten Art (**Arbeitsmündigkeit,** § 113 BGB). Alle übrigen Rechtsgeschäfte bedürfen grundsätzl. der Einwilligung des gesetzl. Vertreters. Fehlt diese, so sind einseitige Rechtsgeschäfte [unheilbar] nichtig. Sie werden wirksam dadurch, daß der beschränkt Geschäftsfähige den Vertrag mit Mitteln erfüllt, die ihm zu freier Verfügung vom gesetzl. Vertreter oder mit dessen Zustimmung von einem Dritten überlassen worden sind (§ 110 BGB [**Taschengeldparagraph**]).

Für das *östr. Recht* gilt im wesentl. Entsprechendes. Im *schweizer. Recht* entspricht der G. die **Handlungsfähigkeit** für die Vornahme von Rechtsgeschäften.

Geschäftsführer, der gesetzl. Vertreter einer GmbH.

Geschäftsführung, im Gesellschaftsrecht die Tätigkeit für die Gesellschaft. Sie umfaßt alle tatsächl. und rechtl. Maßnahmen, die den Gesellschaftszweck unmittelbar oder mittelbar fördern sollen, ausgenommen Beschlüsse über Grundsatz- und Organisationsfragen. Der G. als Tätigkeit entspricht die **Geschäftsführungsbefugnis,** das im Innenverhältnis [zw. Gesellschaft und dem zur G. berufenen Gesellschafter oder Organ] bestehende Recht zur Geschäftsführung.

Geschäftsführung ohne Auftrag, die Geschäftsbesorgung (im weiteren Sinn), die dem Geschäftsherrn gegenüber weder aus Auftrag noch aus einem anderen rechtsgeschäftl. oder gesetzl. Grund (etwa kraft elterl. Gewalt) gerechtfertigt ist (§§ 677–686 BGB). Sie ist eine Geschäftsfähigkeit voraussetzende geschäftsähnl. Rechtshandlung, zu der das Bewußtsein und der Wille gehören, ein *fremdes Geschäft* [im Interesse eines anderen] zu besorgen.

Zu unterscheiden sind: Die *berechtigte* G. o. A.: sie liegt vor, wenn die Übernahme der Geschäftsführung dem Interesse und dem wirkl. oder mutmaßl. Willen des Geschäftsherrn entspricht, ferner wenn der Geschäftsherr die Geschäftsbesorgung genehmigt. Der Geschäftsführer hat grundsätzl. für jedes Ver-

schulden einzustehen, der Geschäftsherr ist verpflichtet, dem Geschäftsführer Aufwendungsersatz zu leisten. Die *unberechtigte* G. o. A., die entweder dem Interesse oder dem Willen des Geschäftsherrn widerspricht. Bei ihr ist die Geschäftsführung rechtswidrig und geeignet, Schadenersatzansprüche des Geschäftsherrn aus unerlaubter Handlung zu begründen.
Nach *östr. Recht* ist eine G. o. A. i. d. R. verboten und bewirkt Schadenersatzpflicht. Das *schweizer. Recht* unterscheidet zw. der echten G. o. A., die der berechtigten G. o. A. des dt. Rechts entspricht, und der unechten G. o. A., bei der die Geschäftsführung nicht im Interesse des Geschäftsherrn liegt.

Geschäftsgeheimnis (Betriebsgeheimnis), eine für die Wettbewerbsfähigkeit eines Geschäftsbetriebs bedeutsame Tatsache, die nur einem eng begrenzten Personenkreis bekannt ist und nach dem Willen des Geschäftsinhabers geheim gehalten werden soll, z. B. Herstellungsverfahren, Bezugs- und Absatzquellen. Verrat und unbefugte Verwertung eines G. sind strafbar (Geheimnisverrat); sie begründen auch zivilrechtl. Abwehr- und Schadenersatzansprüche.
Für das *östr.* und das *schweizer. Recht* gilt Entsprechendes.

Geschäftsgrundlage, die einem Rechtsgeschäft zugrunde liegenden Vorstellungen der Beteiligten, ohne die das Geschäft nicht oder nicht mit einem solchen Inhalt zustande gekommen wäre. Die G. ist rechtserhebl. Motiv oder Geschäftsvoraussetzung, deren Störung zur Änderung oder Aufhebung des Geschäfts führen kann. *Fehlen* der G. ist gegeben bei beiderseitigem Irrtum über wesentl. Umstände. In diesem Fall wird das Rechtsverhältnis grundsätzl. so abgeändert, wie Treu und Glauben es erfordern (z. B. eine Schuld angemessen erhöht).
Für das *östr.* und *schweizer. Recht* gilt im wesentl. Entsprechendes.

Geschäftsjahr, Zeitraum, zu dessen Ende jeder Vollkaufmann Inventar, Bilanz und Gewinn-und-Verlust-Rechnung aufzustellen hat. Die Dauer des G. darf 12 Monate nicht überschreiten. Namentl. bei Geschäftsgründung ergeben sich mitunter kürzere Zeiträume, die zur Bildung eines **Rumpfgeschäftsjahres** führen. Das G. kann mit dem Kalenderjahr übereinstimmen oder davon abweichen.

Geschäftsordnung, Gesamtheit der rechtl. (gesetzl., satzungsmäßigen, vertragl.) Regeln über den Willensbildungsprozeß und die innere Ordnung einer Organisation des Privatrechts (Verein, Gesellschaft) oder des öffentl. Rechts. Die G. der kollegialen Verfassungsorgane (Bundestag, Bundesrat, Bundesreg.) sind autonome, auf ausdrückl. Verfassungsermächtigung beruhende Satzungen, die ledigl. organinterne Bindungen erzeugen und durch gesetzl. und z. T. auch ungeschriebene Regeln (Verfassungsbrauch) ergänzt werden. Die G. des Bundestages regelt die Details der vom Bundestag durchzuführenden Wahlen, die Bildung der Fraktionen und Ausschüsse, die Rechte und Pflichten der Abgeordneten, die Aufstellung der Tagesordnung, die Reihenfolge der Redner, die Ordnungsmaßnahmen und das Abstimmungsverfahren. Sie ist von allg. Bedeutung, da vielfach auch in anderen Gremien in Analogie zu ihren Regeln verfahren wird.
Der *östr. Rechtssprachgebrauch* bezeichnet als G. meistens jene Normen, die den inneren Geschäftsgang eines Gerichtes oder einer Verwaltungsbehörde betreffen.
Im *schweizer. Recht* gilt eine dem dt. Recht im wesentl. entsprechende Regelung. Die G. der kollegialen Verfassungsorgane werden jedoch nur z. T. als autonome Satzungen erlassen. Häufig wird die G. in eine verbindlichere Rechtsform (Gesetz, VO) gekleidet.

Geschäftsordnungsantrag ↑Antrag.

Geschäftsstelle, bei jedem Gericht eingerichtete, mit Urkundsbeamten besetzte Stelle, durch die u. a. Beurkundungen, Ausfertigungen von Urteilen, Zustellungen, Klauselerteilungen sowie sämtl. nichtrichterl. Handlungen vorgenommen werden, soweit diese nicht dem Rechtspfleger übertragen sind.

Geschäftsträger, nach Art. 14 der Wiener Konvention über diplomat. Beziehungen (1961) in der dritten Klasse eingereihter Missionschef, der nur beim Außenmin. des Empfangsstaates akkreditiert ist. Zu unterscheiden sind der **ständige Geschäftsträger** (Chargé d'affaires en pied oder Chargé d'affaires en titre) und der **Geschäftsträger ad interim,** der den Missionschef vertritt, wenn dieser seine Aufgaben nicht wahrnehmen kann oder wenn dessen Posten unbesetzt ist.

Geschäftsübernahme (Geschäftsübergang), Fortführung eines bestehenden Handelsgeschäftes durch den Erwerber (auch Erben). Bei Einwilligung des bisherigen Geschäftsherrn oder dessen Erben darf die Firma weitergeführt werden. Bei Erwerb unter Lebenden haftet der Erwerber dann für alle im Betrieb des Geschäftes begründeten Verbindlichkeiten des früheren Inhabers; die im Betrieb begründeten Forderungen gelten als auf ihn übergegangen.

Geschäftsunfähigkeit ↑Geschäftsfähigkeit.

Gescheide, wm. Bez. für Magen und Gedärm beim Wild.

Geschein, rispenförmiger Blütenstand der Weinrebe.

Gẹscher, Stadt im westl. Münsterland, NRW, 60 m ü. d. M., 14 500 E. Glocken- und Heimatmuseum; Glockengießerei; Textilind. - Die heutige Stadt entstand durch Zusammenschluß der gleichnamigen Gemeinde mit fünf weiteren am 1. Juli 1969. - Spätgot. Pfarrkirche (um 1490–1510 und 1889–91).

Geschichte [zu althochdt. gisciht „Geschehnis, Ereignis"] (lat. historia), urspr. das augenblickl., zufällige Ereignis. Seit dem 15. Jh. entwickelte sich in Abwendung und schließl. Leugnung der G. als Heilsgeschichte der Begriff zur heutigen säkularisierten Bed. als Naturgeschichte und meint den Ablauf allen Geschehens in Raum und Zeit; im engeren eigtl. Sinn bezieht er sich auf den Entwicklungsprozeß der menschl. Gesellschaft als Ganzes oder ihrer Individuen, ihrer ökonom., polit., ideolog., sozialen und kulturellen Ausformung.

geschichtliche Landeskunde ↑Landeskunde.

Geschichtsatlas, Sammlung von wiss. erarbeiteten Karten, die histor. Zustände oder Abläufe rekonstruieren sowie räuml. und zeitl. einordnen.

Geschichtsbewußtsein, das erst im 19. Jh. terminolog. formulierte Bewußtsein von der geschichtl. Bedingtheit menschl. Existenz und damit der zukünftigen Veränderbarkeit der Gegenwart. Während G. in traditionell verfaßten Gesellschaften unabdingbarer Bestandteil des Rechts- und Legitimationssystems ist, hat die fortschreitende techn.-wiss. Zivilisation offenbar die Tendenz, das G. als irrationalen Rest auszuscheiden oder, wo das G. als quasiwiss. Herrschaftsbegründung dient, in Geschichtsmetaphysik auszuweichen.

Geschichtsbild, vorwiss. oder wiss. begr. Auffassung von den geltenden Kräften bzw. vom Gesamtverlauf der Geschichte; es entwickelt sich in Wechselbeziehung mit dem Gegenwartsbewußtsein und ist damit selbst Produkt des histor. Entwicklungsgangs. Das G. eines einzelnen erweist den histor. Standort seines Urteilens und Handelns; das gegenüber histor. Tatsachen und geschichtswiss. Erkenntnissen abweichende geschichtl. Selbstverständnis der Menschen wird durch die unterschiedlichsten G. der Völker und Nationen und somit ihrer Überzeugungen von ihren geschichtl. Aufgaben religiöser oder polit. Mission, Weltbefriedung oder Menschheitsbefreiung bestätigt; davon abgeleitet wird ein polit. oder kultureller Führungsanspruch, der in Sendungsideologien gipfelt. Daneben bestehen 3 Grundformen weltgeschichtl. Betrachtung: 1. Die *Theorie des Kreislaufs* (Kulturzyklentheorie) als seit der Antike bis ins 19./20. Jh. weiterwirkende Vorstellung vom Kreislauf der Verfassungen (Platon, Aristoteles, Polybius) bzw. der Kulturen (O. Spengler, A. J. Toynbee). 2. Die *Theorie des Fortschritts* in der Geschichte mit dem Ziel der vernünftigen bürgerl. Zivilisation (Aufklärung), der Humanität (dt. Idealismus), der Demokratisierung und Emanzipation (mod. Sozialtheorien). 3. Die *Theorie der dialekt. Entwicklung*, von Hegel aufgestellt, von K. Marx im dialekt. ↑Materialismus angewandt. - Soziolog. Aufklärung bemüht sich um den Abbau noch weit verbreiteter G., die histor. Fakten ledigl. als Taten „großer" Männer oder personalisierter Kollektivgebilde oder nach stereotypen, bloß gegensätzl. konzipierten sozialen und polit. Ordnungsbegriffen (z. B. Demokratie gegen Diktatur) typisieren.

Geschichtskalender, den Annalen ähnl., nach zeitl. Abfolge geordnete Zusammenstellung wichtiger polit. Fakten und Daten innerhalb eines Jahres. Als ältester G. gilt das „Annual register" (seit 1759) von E. Burke; erster dt. G.: der seit 1860 von H. Schultheß hg. „Europ. Geschichtskalender".

Geschichtsklitterung [zu klittern „klecksen, schmieren"], Bez. für einen nicht auf Reflexion und Erkenntnis, sondern auf sinnentstellende und parteil. Beweisführung gerichteten Umgang mit den geschichtl. Stoffen; nach J. Fischarts 1582 in 2. Ausgabe u. d. T. „Affentheurlich Naupengeheurlich Geschichtklitterung..." erschienener Bearbeitung von Rabelais' „Gargantua".

Geschichtsphilosophie, auf Voltaire zurückgehender Begriff sowohl für die (histor. Einzeluntersuchungen überschreitende) Deutung der Geschichte (im Sinne der Universalgeschichte oder der „Geschichte überhaupt") auf ihren Sinn hin oder ihre Erklärung durch allg. Gesetze, als auch für die Methodologie der Geschichtsschreibung. Vorbereitet und beeinflußt wurden die Sinndeutungen der **spekulativen Geschichtsphilosophie** seit G. B. Vico durch die christl. Geschichtstheologie, deren Problem es war, die Macht der göttl. Vorsehung in der Geschichte aufzuzeigen. Der Übergang ma. Geschichtstheologie zur neuzeitl. G. fand v. a. auf Grund der Trennung (und der damit beginnenden Befreiung) des Wissens vom Glauben im Nominalismus (insbes. bei Wilhelm von Ockham), in der Reformation, insbes. im Kalvinismus, statt: Der Mensch ist nicht mehr in eine von ihm nicht veränderbare Sinnordnung der Geschichte eingefügt, sondern hat seine eigene Geschichte, in der sich Gottes Absichten zeigen, und muß deshalb auch deren Sinn erst aufbauen. In eine G. wurden solche Auffassungen allerdings erst durch G. B. Vico gebracht; für ihn ist Geschichte eine Abfolge von Epochen kulturellen Wachstums und Verfalls, die sich auf jeweils höherer Ebene wiederholt; die Vorsehung, obschon als solche noch anerkannt, wird de facto mit den Gesetzen dieses Prozesses identifiziert. In der Aufklärung wurde nicht nach solchen Gesetzen gesucht, sondern die Geschichte im allg. als ein Fortschritt der Vernunft aus Aberglauben und Barbarei dargestellt (Voltaire, Condorcet u. a.). Auch Kant sieht die Geschichte als Fortschritt zu einer „vollkommenen bürgerl. Vereinigung der Menschengattung", die er für die einzige, deshalb notwendigerweise zu realisierende Möglichkeit hält. Dagegen

setzte Herder die Notwendigkeit der organ. Entfaltung der Humanität in jeder Kulturstufe. Fortschrittsglaube einerseits und Epochenaufteilung andererseits führten im dt. Idealismus wieder zur Suche nach den „Gesetzen" geschichtl. Entwicklung, und zwar der Aufeinanderfolge von Epochen jeweils größerer Vernünftigkeit.
Nach Fichtes aprior., d.h. von der Erfahrung unabhängiger Geschichtsaufgliederung stellte Hegel als Hauptvertreter der **idealist. Geschichtsphilosophie** die Weltgeschichte als die in dialekt. Schritten sich vollziehende Selbstverwirklichung des Geistes zu immer größerer Freiheit dar. Marx und Engels übernahmen zwar die dialekt. Schrittfolge als das allg. Bewegungsgesetz der Geschichte, setzten aber in ihrer **materialist. Geschichtsphilosophie** des histor. ↑Materialismus an die Stelle des „im Bewußtsein der Freiheit" fortschreitenden Geistes den [Klassen]kampf um die Befriedigung der Bedürfnisse der „wirkl. Individuen". Nicht dialekt., sondern als linearen Fortschritt ordnete A. Comte seine drei Stadien (↑Dreistadiengesetz), die die Geschichte durchläuft; eine solche lineare Entwicklung wurde von H. Spencer auf die Welt überhaupt bezogen. Die Aufgabe des Fortschrittsgedankens in der europ. G. wurde durch die sozialen, polit. und kulturellen Veränderungen am Ende des 19. und zu Beginn des 20. Jh. begünstigt. Als Folge wurden aus dem Erbe Vicos und der Romantik wieder organ. Gesetze von Wachstum und Verfall der Kultur formuliert (O. Spengler), wobei dies bei A. J. Toynbee zu einer (religiös gedeuteten) tieferen Einsicht über die menschl. Geschichte führte.
Gegenüber den Versuchen spekulativer Sinndeutung und Erklärung der Geschichte durch Bewegungsgesetze ist insbes. von den Vertretern einer **krit. Geschichtsphilosophie** eingewandt worden, daß sie method. ungeklärt oder empir. ungeprüft oder falsch seien (so v.a. K. R. Popper). Allg. Diskussionen der Methodenfragen setzten schon seit G. B. Vico ein; A. Comte und J. S. Mill sahen in der Geschichtsschreibung die Anwendung von Generalisierungen der Sozialwissenschaften auf bes. Situationen der Vergangenheit. H. Rickert wies auf die den Stoff der Geschichte gliedernden Wertbeziehungen hin; G. Simmel und W. Dilthey versuchten, das „Verstehen" bzw. die „Einfühlung" als die diesen Besonderheiten adäquate Methode auszuarbeiten. M. Weber lieferte eine erste Synthese der Positionen, indem er das Verstehen zu einer objektiv kontrollierbaren, an allg. formulierten Idealtypen orientierten Erklärungsmethode sowohl für die Sozialwissenschaften als auch für die Geschichtsschreibung auszuarbeiten versuchte. In der analyt. Philosophie sind die Weberschen Lösungsvorschläge in der Sprache der Logik und Wissenschaftstheorie neu diskutiert und z.T. auch formuliert worden.

📖 *Einf. in die G. Hg. v. R. Schaeffler. Darmst. [2]1982. - Baumgarten, H. M.: Kontinuität u. Gesch. Zur Kritik u. Metakritik der histor. Vernunft. Ffm. 1973. - Thyssen, J.: Gesch. der G. Bonn [4]1970.*

Geschichtsschreibung, die Darstellung der Geschichte. Urspr. v.a. in geschichtstheolog. bzw. herrschaftslegitimierender Funktion, wies die G. bereits in der Antike sozial- und polit.-krit. Züge auf oder deutete auf einen polit. folgenreichen inneren Sinn der Geschichte. Grundlegend für alle G. ist bis heute das vielschichtige Wechselverhältnis von Geschichtsbild und Gegenwartsbewußtsein geblieben. Als Disziplin der Geschichtswissenschaft ist G. auf die erkenntnistheoret. Reflexion der Geschichtstheorie angewiesen, steht jedoch wegen ihres prinzipiell empir. Charakters in einem Spannungsverhältnis zur Geschichtsphilosophie.
Altertum: Bei Ägyptern, Babyloniern, Assyrern u.a. wurden die Taten der Herrscher in *Tatenberichten* von diesen Herrschern selbst oder von anderen Personen meist in *Inschriften*, gelegentl. auch in *Annalen*, festgehalten und verherrlicht. Ansätze zu einer eigtl. G. mit histor. Kritik und der Frage nach geschichtl. Wahrheit finden sich jedoch bereits bei den Hethitern, ähnl. bei den Israeliten, die zudem ihre eigene Vergangenheit als Heilsgeschichte verstanden und ein festes Geschichtsbild entwickelten. Um Erfahrung weiterzugeben, wollten die Griechen das Traditionsgut mit einem unbedingten Wahrheitsanspruch überliefern und Gründe und Zusammenhänge histor. Vorgänge aufzeigen (v.a. Herodot); Thukydides gilt mit der Darstellung des Peloponnes. Krieges als Schöpfer der *histor. Monographie.* Seit dem 4. Jh. v. Chr. entstanden v.a. nach rhetor. Regeln verfaßte Geschichtswerke (in Griechenland z.B. Ephoros, Theopomp, Kallisthenes, im Röm. Reich bes. die jüngeren Annalisten mit Livius und Dionysios von Halikarnassos). In der röm. Kaiserzeit setzte sich diese G. fort und erreichte zu Beginn des 2. Jh. n. Chr. mit Tacitus ihren Höhepunkt. - Neben die G. im eigtl. Sinne trat seit etwa dem 4. Jh. v. Chr. die *Biographie* bzw. biograph. Behandlung histor. Stoffe (Arrian, Curtius Rufus, Plutarch, Sueton).
Mittelalter: Der allg. Rückgang der Schriftlichkeit zu Beginn des MA betraf auch die G.; sie begann nur zögernd im Zuge der Rezeption antiker Kulturformen, getragen fast nur von Geistlichen, daher in lat. Sprache. Es entwickelten sich die für längere Zeit deutl. unterschiedenen Hauptgattungen *Biographie*, *Annalen*, *Chronik* und *Gesta.* Als Vorbilder dienten antike und patrist. Autoren. Die Beziehungen zur Computistik (Kalenderberechnung) und zur *Volksgeschichte* (Origenes) bestimmten die G. des 8. Jh. Seit den Karolingern wuchs das Bedürfnis, die Ereignisse

der eigenen Zeit in *Reichsannalen* sowie in *Viten* weltl. Herrscher (Einhard) aufzuzeichnen. Die geistigen Auseinandersetzungen des 11. Jh. bewirkten u. a. eine verstärkte Hinwendung zur universalgeschichtl. Einordnung und zur *Weltchronik*, die ihren Höhepunkt im geschichtstheolog. Werk Ottos von Freising fand. Im Spät-MA wurde die G. vielfältiger, die Gattungsunterschiede verwischten sich, das Blickfeld verengte sich zeitl. und räuml. Nationalstaatl., territorialgeschichtl. und dynast. orientierte *Chroniken* sowie Biographien, Kloster- und Ordensgeschichten wurden vorherrschend. Hinzu traten bald zahlr. Stadtchroniken als Ausdruck eines neu entstehenden bürgerl. Selbstbewußtseins. Das vom Humanismus beeinflußte gebildete Bürgertum wandte sich jedoch stärker der Weltchronistik zu. Aber schon vom italien. Frühhumanismus des 14. Jh. an wechselte die G. zw. *Quellenkritik* (Konstantin. Schenkung) und *Geschichtsklitterung*, polit.-zeitgeschichtl. Interesse und *Memoirenliteratur*, soweit sich diese nicht miteinander vermengten. Mit der polit.-realist. Geschichtsdarstellung seit dem Ende des 15. Jh. erfolgte die Verbreitung der modernen Staatengeschichte.

16. und 17. Jahrhundert: Unter dem Einfluß der Glaubenskämpfe wurde die von den Humanisten vernachlässigte Kirchengeschichte wiederentdeckt. Als Hauptwerk der prot. G. gelten die „Magdeburger Zenturien“ (1559–74) des M. Flacius. Das kath. Gegenstück schuf Baronius mit den „Annales ecclesiastici“ (1588–1607). In Frankr. fand die von Commynes begr. Gattung der Memoirenliteratur ihre Fortsetzung. Die inneren Auseinandersetzungen im England des 17. Jh. brachten die *Parteien-G.* hervor. J. Sleidanus begründete die Gattung der *reichspublizist. G.* Die Mauriner entwickelten die *philolog. Quellenkritik* und begründeten die *histor. Hilfswissenschaften* wie z. B. die *Urkundenlehre.*

18. Jahrhundert: Die G. der Aufklärung unterzog die histor. Überlieferung und die herkömml. Autoritäten einer schonungslosen, an der Rationalität orientierten Kritik. Die Historiker der Aufklärung waren die ersten, die die Geschichte nicht mehr ausschließl. vom Standpunkt der Regierenden beurteilten, sondern auch aus der Perspektive der Untertanen. Sie überwanden die heils- und territorialgeschichtl. Verengung durch eine an der Entwicklung der Menschheit orientierte *Universalgeschichte.* Neue Sachgebiete wurden erschlossen oder entstanden: *Gesellschaftsgeschichte, Kulturgeschichte, Rechtsgeschichte, Verfassungsgeschichte, Wirtschaftsgeschichte, Kolonialgeschichte;* Hauptanliegen war dabei die systemat. Erforschung von Ursachen und Wirkungen. Von bes. Bed. für die Entwicklung der dt. G. war weniger die brit. (D. Hume, E. Gibbon, W. Robertson) als die frz. Aufklärungshistoriographie (Voltaire, Montesquieu). Eine method. fortschrittl. dt. G. wurde wesentl. gefördert durch die Göttinger histor. Schule (J. C. Gatterer, A. Heeren, A. L. von Schlözer, L. T. von Spittler), die Geschichtsvereine und die wissenschaftl. Akademien.

19. Jahrhundert: Die Vollendung der *histor. Methode* ist Deutschlands klass. Beitrag zur Grundlegung der modernen Geschichtswissenschaft und G. im 19. Jh. Die Kategorien Entwicklung und Individualität wurden im dt. *Historismus* zu Leitprinzipien der G., die die Vergangenheit nun in ihrer Eigentümlichkeit zu verstehen suchte. Die generalisierende Betrachtung geschichtl. Kräfte wurde durch die individualisierende ersetzt (L. von Ranke, B. G. Niebuhr). Die philolog.-histor. Methode *(Quellenedition)* wurde zur Grundlage aller Geschichtsforschung. Befruchtend auf die G. wirkten die histor. Schulen der Rechtswissenschaft und der Nationalökonomie. Die enge Verbindung zu den polit. Tendenzen der Zeit wird deutl. in den verschiedenen Strömungen der G., der liberalen (K. W. von Rotteck, K. T. Welcker, G. G. Gervinus, F. C. Dahlmann) sowie in zwei sich heftig bekämpfenden Richtungen, der preuß.-kleindt. (J. G. Droysen, H. von Treitschke, H. von Sybel) und der östr.-großdt. (Julius von Ficker, A. Ritter von Arneth, O. Klopp) - ein Gegensatz, den im 20. Jh. die Geschichtsauffassung H. [Ritter von] Srbiks überwand. In bewußtem Gegensatz zu dieser polit. G. wurde von W. H. von Riehl, G. Freytag und J. Burckhardt die Kulturgeschichte zum vornehml. Gegenstand histor. Darstellung gemacht. K. Lamprecht, L. von Stein und der Marxismus begründeten die *Sozialgeschichte*, W. Dilthey und F. Meinecke die *Ideengeschichte.*

20. Jahrhundert: Die G. als Erzeugnis und Erbteil der bürgerl. Epoche erlebte am Ende des 19. Jh. mit der „Krise des Historismus“ (F. Meinecke) eine Erschütterung, die vom modernen naturwiss. Weltbild (Positivismus) ihren Ausgang nahm. Der Aufstieg der Sozialwissenschaften, Ausdruck gesellschaftl. Befürfnisse im Industriezeitalter, der z. T. die G. weiterentwickelte (M. Weber), z. T. aber auch scharfe dogmat. Fronten aufriß, hat zunehmend die G. als System universaler Sinndeutung verdrängt. Der Übergang zu einer sich auch als Sozialwissenschaft verstehenden G. setzte sich erst in der Folge der polit. Katastrophen und sozialen Krisen des 20. Jh. durch; *soziale Strukturgeschichte* macht nun die Prozesse der Gesellschaft zu ihrem Gegenstand.

📖 *Tuchman, B. W.: In Geschichte denken. Dt. Übers. Düss. 1982. - Grundmann, H.: G. im MA. Gött. [3]1978. - Wagner, Fritz: Moderne G. Bln. [2]1977. - Kritik der bürgerl. G. Hg. v. W. Berthold u. a. Köln [4]1977.*

Geschichtssoziologie, von Alfred ↑Weber systematisierte Richtung soziolog. Theorienbildung und Forschungsmethode, die sich um ein Begreifen gegenwärtiger Prozesse und Systeme von Verhalten und Ideenbildung aus der Analyse ihrer Vorgeschichte und ihrer zu erwartenden Entwicklungstendenzen bemüht. Die G., häufig auch als „Kultursoziologie" bezeichnet, strebt eine synopt. Betrachtung aller materiellen und immateriellen Faktoren an, die Einfluß auf eine bestimmte histor. Kultur- und Gesellschaftsformation haben, und sucht nach geschichtl. übergreifenden Typen menschl.-kulturellen Lebens, die die Offenlegung gesellschaftl. „Gleichzeitigkeiten" in verschiedenen Regionen und „grundlegender" Veränderungen im histor.-sozialen Wandel ermöglichen sollen.

Geschichtstheologie, Bez. für das theolog. Verständnis der Geschichte. Die G. geht davon aus, daß Gott in der Geschichte der Menschen frei und übernatürl. wirksam ist. Dabei erweist sich das Handeln Gottes als ein Plan, der sich im Verlauf der Geschichte immer mehr enthüllt. Bed. G. schufen Augustinus (↑„Civitas Dei") und Joachim von Fiore. Das 20. Jh. brachte eine Erneuerung der G., v. a. durch K. Barth und O. Cullmann (↑auch Heilsgeschichte).

Geschichtsunterricht, Unterrichtsfach in Haupt-, Real- und Gesamtschulen und Gymnasien, heute nicht mehr durchgängig auf allen Stufen erteilt. Der G. hat die Aufgabe, ein Grundwissen über Kulturen und Gesellschaften zu vermitteln. Zugleich soll er die Schüler geschichtl. Verstehen bzw. Denken lehren und ihnen die Gegenwartsverhaftung dieses Verstehens bzw. Denkens ebenso einsichtig machen wie die histor. Bedingtheit der Welt, in der sie aufwachsen, und sie zu der Erkenntnis führen, daß ein Rückgriff auf histor. Wissen ein höheres Maß an rationaler Orientierung und bessere Entscheidungen ermöglicht.
Geschichte wurde seit der Reformation Unterrichtsfach, oft in Verbindung mit Geographie. Nach der Frz. Revolution wurde, mit Rückschlägen in der Zeit der Restauration, die Geschichte der Nationwerdung und der Aufbau eines Nationalstaates zum zentralen Thema, bis zur Verirrung nationalsozialist. Propaganda. Als Folge einer neuen Reflexion der eigenen Geschichte, die sich in einem langwierigen Prozeß während der Nachkriegsjahre vollzog, rückten Fragen der geistig-polit. und sozialen Neuordnung in das Zentrum des Interesses. Forschungs- wie kulturpolit. Entscheidungen fielen in der BR Deutschland in diesem Sinne und wiesen dem G. einen freiheitl.-demokrat. Bildungsauftrag zu (↑auch politische Bildung). Wesentl. Kennzeichen sind dabei die ausführl. Behandlung der Geschichte des 19. und 20. Jh. einschließl. der Zeitgeschichte und die Berücksichtigung sozialwiss. Fragestellungen. Aus dieser Konzeption ergaben sich auch Versuche, den G. wie den Geographieunterricht nicht mehr in der Form selbständiger Fächer zu führen, sondern in der Gemeinschaftskunde bzw. Sozialkunde aufgehen zu lassen. - Method. ist der G. heute stark vom ↑exemplarischen Unterricht geprägt, dazu von der Erkenntnis, daß sich dem Jugendlichen erst etwa ab dem 12. Lebensjahr die Dimension von Zeit und Geschichte erschließt.

Geschichtsvereine, aus den „Patriot. Gesellschaften" der Aufklärung erwachsene Vereine zur Pflege und Publizierung orts-, heimat- und landesgeschichtl. Studien (**histor. Vereine**) und zur Pflege und Erhaltung von Altertümern und Denkmälern (**Altertumsvereine**), in Deutschland seit 1852 fast vollzählig zusammengefaßt im Gesamtverein dt. Geschichts- und Altertumsvereine. Bed. ist v. a. die 1819 vom Freiherrn vom Stein gegr. „Gesellschaft für Deutschlands ältere Geschichtskunde" (u. a. Herausgabe der „Monumenta Germaniae historica").

Geschichtswissenschaft, das rationale Bemühen, die Geschichte des Menschen als eines sozialen Wesens deutend zu verstehen. Ihr Subjekt-Objekt-Doppelcharakter kommt einerseits in ihrem empir. Vergangenheitsbezug, andererseits in der Entstehung ihrer Fragestellungen in der geistigen Auseinandersetzung mit der Gegenwart zum Ausdruck.
Aufgabe und Funktion der G. wurden im Zuge der wissenschaftstheoret. Diskussion der 1960er Jahre etwa folgendermaßen definiert: 1. Kenntnis des Vergangenen ist Notwendigkeit. Dabei ist das histor. Material an sich unwandelbar, nicht aber die daraus zu gewinnende Erkenntnis. - 2. G. ist eine potentiell ideologiekrit. Wissenschaft. - 3. G. legt Wurzeln der Gegenwart frei, allerdings nicht immer in Form des direkten Ursache-Wirkung-Verhältnisses, sondern auch in dialekt. Vermittlung. - 4. G. schafft Verfremdung. Sie erlaubt durch die Erkenntnis des ganz anderen die Erkenntnis der Gegenwart. - 5. G. kann keine Handlungsanweisungen für morgen bereitstellen. Jedoch erhellt sie die Bedingungen, unter denen sich das Handeln in der Gesellschaft vollzieht. - 6. Die Frage nach dem Sinn der Geschichte kann nicht in positiver Form beantwortet, aber negativ eingegrenzt werden.
Einteilung und Organisation von Forschung und Lehre folgen im wesentl. bis heute der klass. Periodisierung: Alte, Mittlere und Neuere Geschichte, innerhalb der letzteren: Neueste Geschichte (seit der Frz. Revolution bzw. der Industrialisierung) und Zeitgeschichte („zeitgenöss. Geschichte"). Quer zu dieser zunächst von polit.-staatl. Denken ausgehenden Einteilung bildeten sich seit der Mitte des 19. Jh. spezif., z. T. von der allg. G. bekämpfte Varianten der G.: Am bedeutendsten, nicht zuletzt auf Grund ihrer richtungweisenden Funktion für die moderne Sozial- und Wirtschaftsgeschichte und die Revision

des klass. Geschichtsbilds, war die Kulturgeschichte. Eine Fülle von Spezialdisziplinen umfaßt die Bez. histor. Hilfswiss., die die Mittel zur krit. Erforschung der Quellen bereitstellen. Kleinere landschaftl. und staatl.-polit. Einheiten erforscht die Landesgeschichte; bes. Aspekte der Geschichte behandeln Rechts-, Religions-, Wirtschaftsgeschichte u. a. Die Verfassungsgeschichte, urspr. stark an Institutionen und staatl. Normen orientiert, nähert sich heute der Sozialgeschichte. Die Grenze zu den von sozialwissenschaftl. Methodologie bestimmten Nachbardisziplinen wird heute vielfach überschritten.
Geschichte: Im Rahmen von Rhetorik, Poesie und Ethik gelangte die G. an die Universitäten. In der absolutist. Epoche wurde sie zum Bestandteil der neugegr. Akademien und diente zugleich der Hervorhebung der herrscherl. Majestät. Im 19. Jh. erwuchs die starke Stellung der G. v. a. aus dem erwachten nat. Bewußtsein. Im Zeitalter des Historismus nahm insbes. die dt. G. eine polit., aber auch methodolog. Führungsstellung innerhalb der Geisteswissenschaften ein (histor. Methode), führte in den großen Quelleneditionen den Positivismus zur Perfektion, leistete mit der Geschichtsschreibung H. von Treitschkes, H. v. Sybels und R. Kosers einen wichtigen Beitrag zur inneren Konsolidierung der „verspäteten Nation" (H. Plessner), wurde aber um die Jh.wende v. a. durch W. Dilthey, E. Troeltsch, K. Heussi und F. Meinecke einer grundlegenden Revision unterzogen. Der klass. Marxismus stieg zur stärksten Herausforderung an die liberale G. im bürgerl. Verfassungsstaat auf.
🕮 *Chladenius, J. M.: Allg. G. Wien 1985. - Merau, J.: Theorien in der G. Gött. 1985. - Faber, K.-G.: Theorie der G. Mchn. [4]1978. - Vergleichende G. Hg. v. F. Hampel u. I. Weiler. Darmst. 1978. - Theorie-Probleme der G. Hg. v. T. Schieder u. K. Gräubig. Darmst. 1977.*

Geschicklichkeit, Bez. für die Fähigkeit, bestimmte körperl. oder geistige Aufgaben bestmögl., d. h. so „geschickt" zu lösen, daß die vorhandene Begabung am zweckmäßigsten zum Zuge kommt. In einem speziellen Sinn bedeutet G. v. a. *Hand-G.* mit optimaler Koordination von motor. Antrieb und Bewegung der Hände.

Geschiebe, Feststoffe, die in einer strömenden Flüssigkeit oder einem strömenden Gas mitgeführt werden [sofern die Masse des einzelnen Feststoffkorns wesentl. größer als die Masse eines ↑ Turbulenzballens ist (↑ dagegen Schwebstoffe)].
◆ vom Gletscher oder Inlandeis transportierte und in Moränen abgelagerte, der Größe nach unsortierte Gesteinsbrocken, die kantengerundet und gekritzt sind. Große G. werden als **Findlinge** (**errat. Blöcke**) bezeichnet.

Geschiebemergel, Sediment, abgelagert aus Gletschereis.

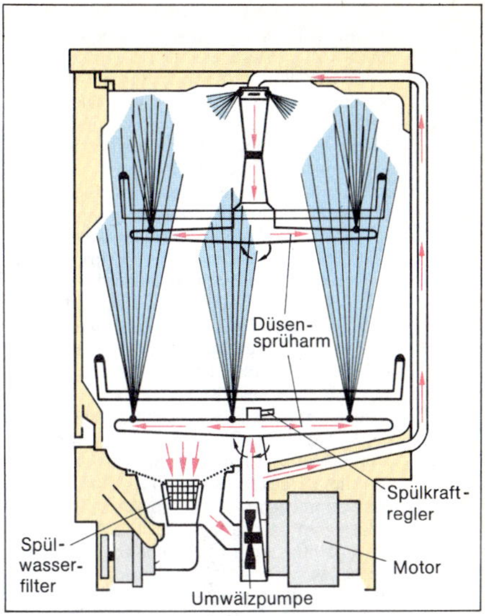

Geschirrspülmaschine. Vereinfachte schematische Darstellung

Geschirr [eigtl. „das (Zurecht)geschnittene" (zu scheren)], allg. (heute veraltend) von Handwerkern gebraucht in der Bed. „Gerät, Werkzeug"; auch im Sprichwort „wie der Herr, so das Gescherr" (= Geschirr).
◆ Gesamtheit der Gefäße und Geräte, die zum Kochen und Essen benutzt werden, bes. die aus Porzellan, Keramik oder Glas.
◆ Riemen- und Lederzeug für die Verbindung der Zugtiere mit dem Fahrzeug; bei Pferden wird für schweren Zug das **Kummetgeschirr** (besteht aus dem Kummet [Kumt], einem gepolsterten Leder- oder Stoffbalg, Steuerketten, Zugsträngen, Rückenriemen und Bandgurt) verwendet. Das **Sielengeschirr** besteht aus einem die Brust umfassenden, von Riemen und Kammdeckel gehaltenen breiten Brustblatt, Zugsträngen und Steuerketten. Beim Rindvieh wird das **Joch,** eine hölzerne oder eiserne, schwach gebogene Platte, an deren Enden Zugstränge befestigt sind, benutzt.
◆ (Webgeschirr, Schaftwerk) Bez. für diejenigen Schäfte in einer Webmaschine, die jeweils an der Fachbildung beteiligt sind.
◆ in der Schiffstechnik Gesamtheit der Vorrichtungen, die einer bestimmten Funktion dienen (z. B. Anker-G., Lade-G.).

Geschirrspülmaschine, Haushaltgerät zur Reinigung verschmutzten Geschirrs mit Heißwasser unter Zugabe von chem. Reinigungsmitteln. In der G. wird die Aufprallwirkung des durch geeignete Spülsysteme in Bewegung gesetzten Wassers zum

Reinigen ausgenutzt, z. B. indem das Spülwasser mit Hilfe einer Umwälzpumpe durch im Gerät verteilte feststehende Düsen oder rotierende Sprüharme (Antrieb durch Rückstoß) auf das Geschirr gesprüht wird. - Die Erwärmung des Wassers erfolgt meist durch kontinuierl. Aufheizung während des Betriebs mittels Rohrheizkörper im Spülraum oder nach Art des Durchlauferhitzers. Ein Siebsystem verhindert, daß abgewaschene Speisereste wieder auf das Geschirr geschleudert werden oder Pumpe und Düsen verstopfen. - Am Schluß des Waschvorgangs wird durch zugefügtes Klarspülmittel das Wasser entspannt und Tropfenbildung verhindert. Das Trocknen des heiß gespülten Geschirrs erfolgt weitgehend beim Abkühlen (auch durch zusätzl. Heizung oder Gebläse).

Geschlecht [zu althochdt. gislahti, eigtl. „was in dieselbe Richtung schlägt, (übereinstimmende) Art (zu schlagen)"], (Sexus) Bez. für die unterschiedl. genotyp. Potenz bzw. die entsprechende phänotyp. Ausprägung der Lebewesen im Hinblick auf ihre Aufgabe bei der Fortpflanzung. Sind Lebewesen angelegt, Spermien zu erzeugen, so spricht man vom *männl. G.* (biolog. Symbol: ♂ = Speer und Schild des Mars). Ist es ihre Aufgabe, Eizellen hervorzubringen, sind sie *weibl. G.* (Symbol: ♀ = Spiegel der Venus). Beim gleichzeitigen Vorhandensein beider Fähigkeiten spricht man vom *zwittrigen G.* (Symbol: ⚥ oder ⚥). - Zum Menschen ↑Frau, ↑Mann.

◆ umgangssprachl. Bez. für das Geschlechtsorgan.

◆ im german. und ma. Rechts- und Sozialleben die durch agnat. Abkunft gekennzeichnete adlige bzw. königl. Verwandtschaftsgemeinschaft. Das G. übte öffentl.-rechtl. Funktionen aus, es bildete den ältesten und engsten Rechts- und Friedensverband innerhalb des Stammes und trat im Kampf als militär. Einheit auf. Im Spät-MA auch Bez. für die wirtschaftl. und polit. einflußreichen Patrizierfamilien größerer Städte.

◆ auf einen gemeinsamen Ahn bezogene zusammenfassende Bez. für die Menschen, die auf Grund ihrer Blutsverwandtschaft erbl. näher miteinander verbunden sind.

◆ *G. der Gottheit* setzt eine Vorstellung des Göttlichen nach Analogie menschl. oder tier. Erscheinungen voraus und wird daher von einer transzendenten Gottesauffassung ausgeschlossen. In polytheist. Religionen führt meist eine menschengestaltige, anthropomorphe Schau der Gottheiten zu geschlechtl. Differenzierung, wobei das G. für ihre Funktionen im allg. nicht ausschlaggebend ist. Nur Gottheiten des Krieges sind vorwiegend maskulin, solche des mütterl. Lebens stets feminin. Bei der Vorstellung von Götterpaaren ist der eigtl. sexuelle Aspekt von Zeugung und Geburt anderer Gottheiten sekundär; er entspringt dem relativ späten Bemühen, die Vielzahl polytheist. Götter nach menschl. Familienverhältnissen zu ordnen. Primär beruht die Vorstellung von göttl. Paaren auf dem Bestreben, in der Gottheit die Summe männl. und weibl. Qualitäten zu erfassen. Auf dieser Voraussetzung beruht auch die Vorstellung androgyner Gottheiten, die die geschlechtl. Gegensätze in sich vereinen.

◆ in der Sprachwissenschaft ↑Genus.

Geschlechterbuch (deutsches Geschlechterbuch), genealog. Handbuch dt. bürgerl. Familien und neu geadelter Geschlechter. Der 1. Band erschien 1889, zuletzt (1980) erschien Band 184.

Geschlechterkunde, svw. ↑Genealogie.

Geschlechterverhältnis (Geschlechtsverhältnis, Geschlechtsrelation, Sexualproportion), Abk. GV., das zahlenmäßige Verhältnis der Geschlechter zueinander innerhalb einer bestimmten Art, Population, Individuengruppe oder unter den Nachkommen eines Elters, ausgedrückt entweder im Prozentsatz der ♂♂ an der Gesamtzahl der Geburten oder im Prozentsatz der ♂♂ an der Gesamtpopulation oder bezogen auf die Zahl der ♂♂ pro 100 ♀♀ (**Sexualindex**). Letzterer ist für die Geburten beim Menschen 106 (in Krisenzeiten bis 108), beim Schlehenspinner etwa 800.

geschlechtliche Fortpflanzung ↑Fortpflanzung.

Geschlechtlichkeit, svw. ↑Sexualität.

Geschlechtsbestimmung, die Festlegung des jeweiligen Geschlechts eines Organismus (oder bestimmter Bezirke) durch Faktoren, die die urspr. allen Zellen zugrundeliegende bisexuelle Potenz in entsprechender Weise, d. h. zum ♂ oder ♀ hin, beeinflussen. Man unterscheidet zw. **phänotyp. Geschlechtsbestimmung (modifikator. Geschlechtsbestimmung),** bei der innere oder äußere Umweltfaktoren das Geschlecht bestimmen (z. B. ändert sich bei Napfschnecken das Geschlecht mit dem Alter, junge Tiere sind ♂, alte ♀) und **genotyp. Geschlechtsbestimmung,** bei der v. a. in den Geschlechtschromosomen liegende geschlechtsdeterminierende Gene das Geschlecht bestimmen.

◆ svw. ↑Geschlechtsdiagnose.

Geschlechtschromatin (Barr-Körper[chen], Sexchromatin, X-Chromatin), nahe der Kernmembran bei etwa 60–70 % der ♀ determinierten Körperzellen des Menschen (bei ♂ nur zu etwa 6 %) vorkommender, entsprechend anfärbbarer, etwa 0,8–1,1 μm großer Chromatinkörper, der vermutl. dem einen der beiden X-Chromosomen der ♀ Zelle entspricht, und zwar dem, das bereits in einer sehr frühen Phase der embryonalen Entwicklung inaktiv geworden ist. In patholog. Fällen mit zusätzl. X-Chromosomen findet man entsprechend mehr Geschlechtschromatin. **Drumstick** wird ein kleines tropfenförmiges, G. enthaltendes Anhängsel am Segmentkern mancher weißer Blutkörperchen genannt; es kommt bei rd. 3 % aller Granulozyten der Frau, dagegen nur äußerst selten beim Mann vor. Da vom äußeren Erscheinungsbild eines Menschen oft nicht ohne weiteres auf die genet. Geschlechtsanlage geschlossen werden kann (↑Intersexualität), ist häufig (z. B. bei klin. Fragestellungen, im Rahmen genet. Beratung oder bei der Kontrolle von Sportlern auf ihre Geschlechtszugehörigkeit) eine zytolog. Untersuchung im Hinblick auf das G. notwendig. G. läßt sich an Epithelzellen v. a. der Mund-, Nasen- und Vaginalschleimhaut und bes. an Haarwurzelzellen nachweisen.

Geschlechtschromosomen ↑Chromosomen.

Geschlechtsdiagnose (Geschlechtsbestimmung), Feststellung des Geschlechtes eines Individuums anhand der primären und sekundären Geschlechtsmerkmale oder (bei Embryos, Intersexen, an Geweben oder Leichenteilen) auf Grund der zellkernmorpholog. Geschlechtsunterschiede (z. B. weisen die Zellkerne weibl. Individuen ↑Geschlechtschromatin bzw. Drumsticks auf).

Geschlechtsdimorphismus (Sexualdimorphismus), äußerl. sichtbare Verschiedenheit der Geschlechter derselben Art (auf Grund sekundärer oder tertiärer Geschlechtsmerkmale). Einen extremen G. stellt das Auftreten von Zwerg-♂♂ dar, wie z. B. bei Igelwürmern der Gatt. Bonellia. Sehr stark geschlechtsdimorph sind auch die Pärchenegel und viele Insekten (z. B. Frostspanner), daneben sehr viele Vögel (auf Grund ihrer unterschiedl. Gefiederfärbung). - Abb. S. 146.

Geschlechtsdrüsen (Keimdrüsen, Gonaden), drüsenähnl. aufgebaute Organe bei den meisten mehrzelligen Tieren und beim Menschen, in denen sich die Keimzellen (Ei- oder Samenzellen) entwickeln. Die G. (beim ♂ ↑Hoden, beim ♀ ↑Eierstock) bilden einen Teil der inneren Geschlechtsorgane.

Geschlechtserziehung ↑Sexualerziehung.

geschlechtsgebundenes Merkmal, Merkmal, dessen Erbsubstanz (Gen) in den Geschlechtschromosomen (X- und Y-Chromosom) lokalisiert ist und sich daher geschlechtsgebunden weitervererbt (**geschlechtsgebundene Vererbung**). So liegen z. B. die Gene, deren Allele die Farbenblindheit und Bluterkrankheit beim Menschen verursachen, im X-Chromosom.

Geschlechtshöcker (Genitalhöcker), während der Embryonalentwicklung der Säugetiere (einschließl. Mensch) sich ausbildende, kegelförmig vorspringende Anlage für den Rutenschwellkörper des Penis bzw. den Kitzler (beim ♀).

Geschlechtshormone (Sexualhormone), i. w. S. alle Hormone, die die Entwicklung und Funktion der Geschlechtsdrüsen und Geschlechtsorgane bestimmen und steuern. Außerdem bestimmen sie die Ausbildung der männl. oder weibl. Geschlechtsmerkmale. Sie werden in den Hoden, den Eierstöcken und in der Nebennierenrinde, während der Schwangerschaft auch in der Plazenta gebildet. Ein durchgehender Ggs. zw. weibl. (Östrogenen und Gestagenen) auf der einen und männl. (Androgenen) auf der anderen Seite besteht nicht. Beide Geschlechter bilden, wenn auch in unterschiedl. Menge, sowohl männl. als auch weibl. G. - Die Sekretion der G. unterliegt dem übergeordneten Einfluß der Hypophyse. Deren Tätigkeit wird durch einen Teil des Zwischenhirns, den Hypothalamus, gesteuert, der Neurohormone produziert. Die Neurohormone wirken als Freisetzungsfaktoren (Releaserfaktoren) auf die Hypophyse, so daß diese die G. direkt ausschüttet oder über Vermittlung anderer Hormone die Sekretion der Nebennierenrindenhormone stimuliert. Der steuernde Einfluß der Hypophyse unterliegt aber wiederum der hemmenden Wirkung der durch sie angeregten Hormonproduktion (so wirken z. B. die Östrogene des Gelbkörpers zurück auf das Hypophysen-Hypothalamus-System und hemmen die Produktion von follikelstimulierendem Hormon). Nach ihrer Zugehörigkeit zu bestimmten chem. Grundverbindungen teilt man die G. in die beiden Gruppen der **Gonadotropine** (gonadotrope Hormone) und der **Steroidhormone** ein. Erstere werden im Hypophysenvorderlappen gebildet. Hierzu gehören: **follikelstimulierendes Hormon** (Abk.: FSH, Follikelreifungshormon), bewirkt bei der Frau die Reifung des Eierstockfollikels und steuert die Östrogenproduktion; beim Mann steuert es den Entwicklungs- und Reifungsprozeß der Samenzellen; **luteinisierendes Hormon** (Gelbkörperbildungshormon, Abk.: LH), löst bei der Frau den Eisprung aus und reguliert Funktion und Lebensdauer des Gelbkörpers; beim Mann steuert es die Produktion und Ausschüttung der Androgene; **luteotropes Hormon** (Prolaktin, Abk.: LTH), bewirkt eine Vermehrung des Brustdrüsengewebes, löst die Milchsekretion aus und bewirkt eine vermehrte Progesteronbildung des Gelbkörpers und damit erhaltend auf die Schwangerschaft. Das **Prolan** (Choriongonadotropin, Abk.: CG) wird während der Schwangerschaft in der Plazenta gebildet und fördert die Östrogen- und Progesteronproduktion und damit das Wachstum der Gebärmutter. - Zu den Steroidhormonen gehören ↑Androgene, ↑Östrogene und ↑Gestagene. G. kommen bei allen Wirbeltieren vor. - Abb. S. 146.

Geschlechtskrankheiten, Infektionskrankheiten, die überwiegend durch Geschlechtsverkehr übertragen werden und deren Erscheinungen v. a. an der Haut und an den Schleimhäuten der Geschlechtsorgane auftreten. Zu den G. des Menschen gehören

↑Tripper, ↑Syphilis, weicher ↑Schanker und ↑Lymphogranuloma inguinale.

In den meisten Staaten regeln gesetzl. Bestimmungen die Bekämpfung der G. Behandlung und Bekämpfung sind in der BR Deutschland nach dem Gesetz zur Bekämpfung der Geschlechtskrankheiten vom 23. 7. 1953 (geändert) geregelt. Danach ist, wer an einer G. leidet oder dies vermutet, verpflichtet, sich unverzügl. ärztl. untersuchen und behandeln zu lassen. Der die G. feststellende Arzt muß die Ansteckungsquelle und eventuelle Kontaktpersonen ermitteln und darauf dringen, daß diese sich in ärztl. Beobachtung bzw. Behandlung begeben. Der Erkrankte ist verpflichtet, sich des Geschlechtsverkehrs zu enthalten und sich im Falle einer Eheschließung (nach Syphiliserkrankung auch bei inzw. erfolgter Heilung) ein Eheunbedenklichkeitszeugnis ausstellen zu lassen.

Maßnahmen zur Verhütung, Erkennung und Behandlung der G. haben seit einiger Zeit wieder erhebl. an Bed. gewonnen, da die Zahl der Geschlechtskranken wieder deutl. im Ansteigen begriffen ist. Der Gipfel größter Häufigkeit hat sich vom 20. bis 25. Lebensjahr zum Jugendlichenalter hin verschoben.

Geschlechtsleite, german. Rechtsbrauch zur Aufnahme eines Sippenfremden in ein freies Geschlecht, meist vorgenommen bei Legitimierung unehel. Söhne, die durch die G. die volle Rechtsstellung eines Geschlechtsangehörigen erhielten.

Geschlechtsmerkmale, unter dem Einfluß der für die ↑Geschlechtsbestimmung maßgebl. Faktoren entstehende, kennzeichnende Merkmale des ♂ bzw. ♀ Geschlechts, deren Bildung bereits während der Embryo-

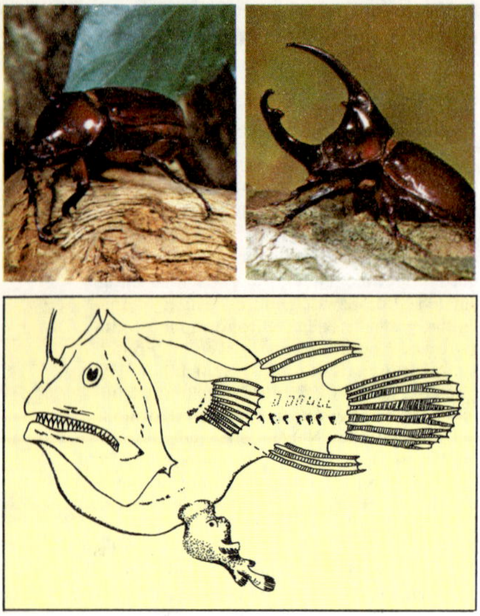

Geschlechtsdimorphismus. Oben: beim Herkuleskäfer. Links: Weibchen; rechts: Männchen mit stark ausgebildeten Hörnern; unten: bei einem Tiefseeanglerfisch. Das Zwergmännchen hat sich am Weibchen festgebissen, verwächst später mit ihm und wird von ihm ernährt

Geschlechtshormone. Beziehungen zwischen Hypothalamus, Hypophysenvorderlappen und Hoden; rote Linien geben fördernde, blaue Linien hemmende Wirkungen an

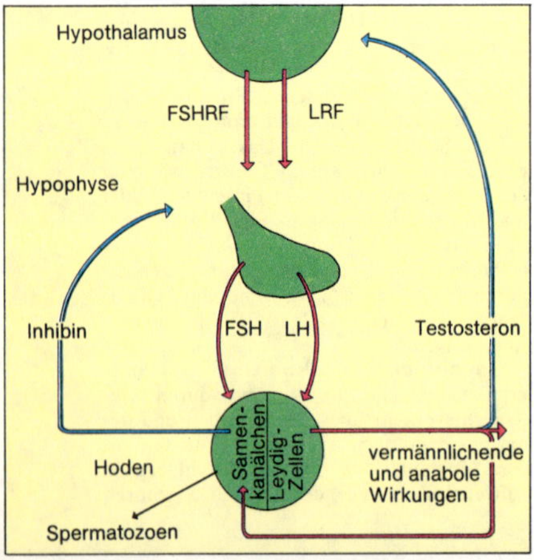

Geschlechtshormone. Abhängigkeit der Hormonausscheidung im Harn vom Lebensalter beim Menschen

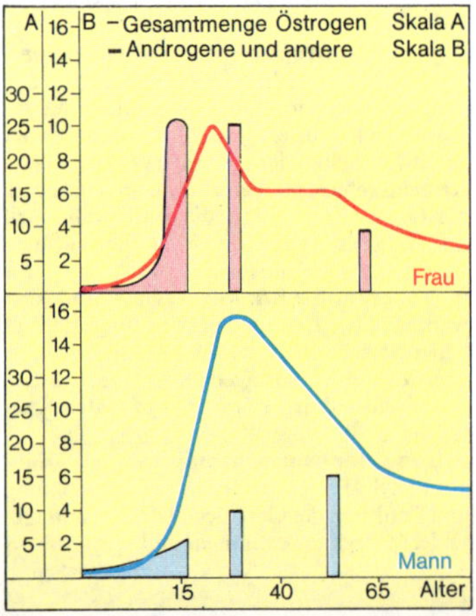

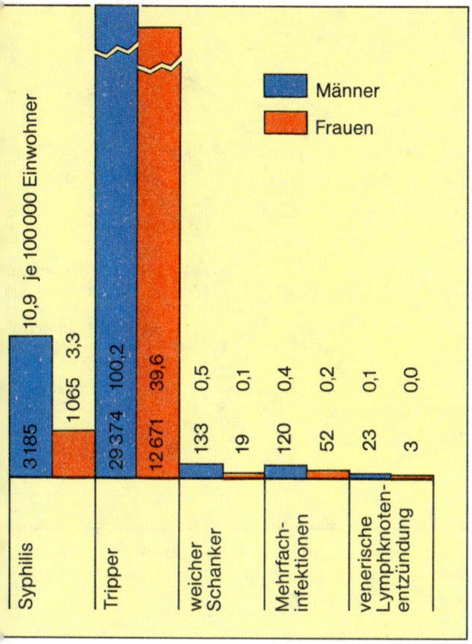

Geschlechtskrankheiten in der Bundesrepublik Deutschland (1984)

nalentwicklung beginnt. Man unterscheidet primäre, sekundäre und tertiäre Geschlechtsmerkmale. **Primäre Geschlechtsmerkmale** sind die ↑Geschlechtsorgane und deren Anhangsdrüsen. In bezug auf die **sekundären Geschlechtsmerkmale** unterscheiden sich ♂♂ und ♀♀ hinsichtl. Gestalt, Färbung und Verhalten äußerl. voneinander. Keine sekundären G. weisen daher zwittrige Organismen (viele Hohltiere, Plattwürmer, Ringelwürmer und Weichtiere) auf. Die sekundären G. werden - außer bei den Insekten - durch Hormone der Geschlechtsdrüsen ausgeprägt. Bes. charakterist. sekundäre G. sind Sonderbildungen zur Begattung und Brutpflege sowie akust., opt. und chem. Reize, die von einem Geschlechtspartner ausgehen. Als sekundäre G. sind bei ♂♂ häufig bes. Körperanhänge wie Hörner, Geweihe, verlängerte Zähne ausgebildet, die v. a. der Abwehr von Rivalen dienen oder die Aufmerksamkeit der ♀♀ auf das ♂ lenken sollen. Gleiche Bedeutung haben auch die Prachtkleider, Paarungsrufe und der Gesang bei Vögeln sowie die Produktion von Duftstoffen aus bes. Duftdrüsen bei verschiedenen Säugetieren während der Brunstzeit. Auffallende sekundäre G. sind außerdem die bunte Färbung des Hodensacks und der Analregion bei manchen Affen und die Mähnenbildung bei Löwen-♂♂ und den ♂♂ mancher Affenarten. Bei ♀♀ tritt die Ausbildung sekundärer G. in Form von bes. Organen zur Brutpflege (z. B. Beutel der Känguruhs, die Milchdrüsen) auf. Sind bestimmte, sonst den ♂♂ eigene Bildungen auch bei den ♀♀ entwickelt (z. B. ein Geweih wie beim Ren, Stoßzähne beim Afrikan. Elefanten), so verlieren diese Bildungen ihren Charakter als sekundäre G. und werden zu Artmerkmalen. - Beim Menschen vollzieht sich die endgültige Ausbildung der sekundären G. während der Pubertät unter dem Einfluß der Geschlechtsdrüsen und Hypophysenhormone. Sie betreffen bes. die Behaarung, Stimme und Ausbildung der Milchdrüsen. - Unterschiede in der Körpergröße, im Knochenbau, in der Herz- und Atemtätigkeit sowie in anderen physiolog., auch psych. Faktoren werden zuweilen auch als **tertiäre Geschlechtsorgane** bezeichnet. Gelegentl. kommen Übergänge zw. ♂ und ♀ G. vor, in extremer Ausprägung bei Hermaphroditen (↑Zwitter) bzw. ↑Intersexen.

Geschlechtsorgane (Fortpflanzungsorgane, Genitalorgane, Genitalien, Geschlechtsteile), die unmittelbar der geschlechtl. Fortpflanzung dienenden Organe der Lebewesen. Bei den Tieren und beim Menschen stellen sie gleichzeitig die primären ↑Geschlechtsmerkmale dar.
Die G. der Tiere und des Menschen lassen

Geschlechtsunterschiede. Unterschiedlicher Körperbau und Körpergröße von Frau und Mann

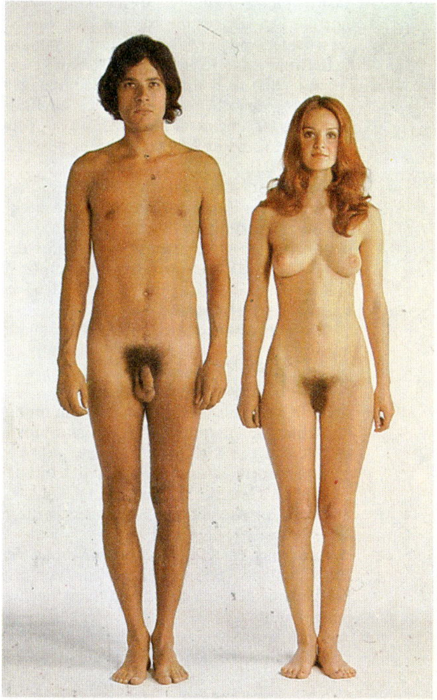

sich in äußere und innere G. gliedern. Die äußeren G. des Mannes umfassen Penis und Hodensack (mit Hoden und Nebenhoden), die der Frau Schamspalte, Schamlippen und Kitzler. Zu den inneren G. gehört beim Mann der Samenleiter nebst Anhangsorganen wie Vorsteherdrüse, bei der Frau Eierstock, Eileiter, Gebärmutter und Scheide nebst Bartholin-Drüsen.
Die G. der Wirbellosen bestehen oft nur aus (meist paarig angelegten) Eierstöcken bzw. Hoden. Bei allen Wirbeltieren (Ausnahme Rundmäuler) besteht eine enge Verbindung zw. Geschlechts- und Exkretionsorganen, die daher als ↑Urogenitalsystem zusammengefaßt werden.
Bei den *Blütenpflanzen* sind die ♂ G. die ↑Staubblätter, deren Pollenkörner nach dem Auskeimen die ♂ Geschlechtszellen bilden. Die ♀ G. sind die ↑Fruchtblätter mit den ↑Samenanlagen; die Eizelle entsteht dann im Embryosack. Die ♂ G. der Moose und Farne sind die Antheridien, in denen die bewegl. ♂ Geschlechtszellen gebildet werden. Die ♀ G. sind die Archegonien, in denen die meist unbewegl. Eizelle entsteht.

Geschlechtsregister (Stammbaum), bibelwiss. Bez. für die Abstammungsliste bibl. Personen; finden sich bes. im chronist. Geschichtswerk. - ↑auch Stammbaum Jesu.

Geschlechtsreife, Lebensalter, in dem die Fortpflanzungsfähigkeit eines Lebewesens eintritt. Der Zeitpunkt ist von Art zu Art verschieden und hängt von klimat., physiolog. (z. B. Ernährung, Krankheiten), soziolog. und individuellen (z. B. Erbanlage) Bedingungen ab. Beim Menschen erfolgt die G. zu Ende der Pubertät, und zwar bei der Frau zw. dem 11. und 15., beim Mann zw. dem 13. und 16. Lebensjahr.

Geschlechtstiere, Bez. für Einzeltiere in Tierstöcken (z. B. in einem Polypenstock), die Fortpflanzungsfunktion haben.
◆ Bez. für die fortpflanzungsfähigen Individuen (♂♂ und ♀♀) bei sozialen Insekten (z. B. Hautflügler, Termiten), im Ggs. zu den geschlechtslosen Arbeitstieren.

Geschlechtstotemismus ↑Totemismus.

Geschlechtstrieb ↑Sexualität.

Geschlechtsumwandlung, (Geschlechtsumkehr, Geschlechtsumstimmung) Umschlag der ursprüngl., genet. (chromosomal) bedingten Geschlechtsanlage während der vorgeburtl. Entwicklung durch Veränderungen im Geschlechtshormonhaushalt, wodurch es zur Ausbildung von Scheinzwittern bzw. Intersexen kommt.
◆ Änderung des Geschlechts im Verlauf der Individualentwicklung als natürl. Vorgang bei Organismen mit phänotyp. ↑Geschlechtsbestimmung.
◆ durch Krankheiten (z. B. Tumoren der Nebennierenrinde) oder (bei Tieren) experimen-

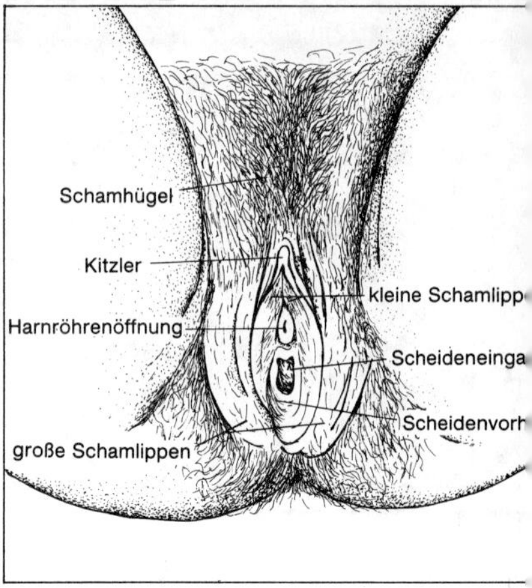

Geschlechtsorgane der Frau (oben und rechte Seite oben) und des Mannes (rechte Seite unten)

tell bedingte starke Zunahme (bzw. Verringerung) von Sexualhormonen, wodurch es zu einer Veränderung in bezug auf die ursprüngl. Geschlechtsmerkmale kommt.
◆ ärztl. Eingriff (durch Operation, Hormontherapie) zur Angleichung der Geschlechtsmerkmale an das ♂ bzw. ♀ Geschlecht bei Hermaphroditismus. Der Operation geht eine gegengeschlechtl. Hormonbehandlung voraus. Bei einer G. von Frau zu Mann werden Androgene gegeben, um v. a. einen Bartwuchs anzuregen, vor einer G. von Mann zu Frau Östrogene, die v. a. das Wachstum der Brüste bewirken. Bei der Operation Mann zu Frau wird der Penisschaft amputiert und aus der Penishaut eine Scheide gebildet. Die Hoden werden entfernt, die Brüste eventuell operativ aufgefüllt. Im umgekehrten Fall werden Gebärmutter und Scheide entfernt und die Brüste amputiert. Durch plast. Operationen wird ein Penis gebildet. - In der Zeit intensiver Nachbehandlung muß der Patient lernen, mit seinem veränderten Körper und v. a. mit den Reaktionen zu leben, die dieser in seiner Umgebung hervorruft. - Rechtl. ist ein geschlechtsverändernder operativ-endokrinolog. Eingriff im Sinne einer Angleichung an das psycholog. Geschlecht der Transsexuellen möglich. Die Eintragung der Geschlechtsänderung in das Geburtenbuch ist nach dem *Transsexuellengesetz* von 1980 möglich; zuständig ist das Amtsgericht.

Geschlechtsunterschiede, den charakterist. Unterschieden zw. Mann und Frau liegen sowohl biolog. bzw. genet. als auch psycholog. und soziolog. Faktoren zugrunde. Aus der bisexuellen Potenz des Keims beider

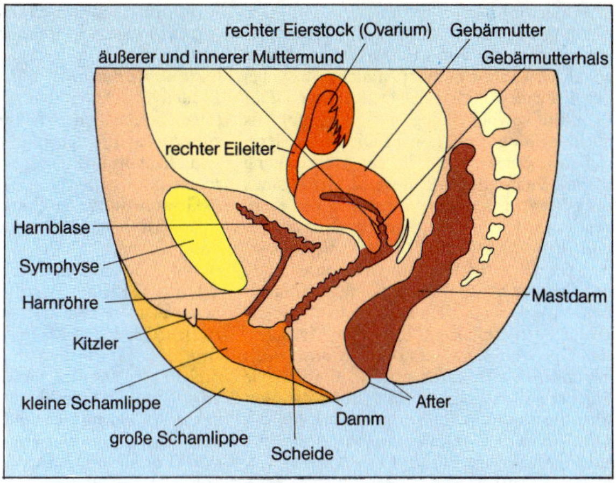

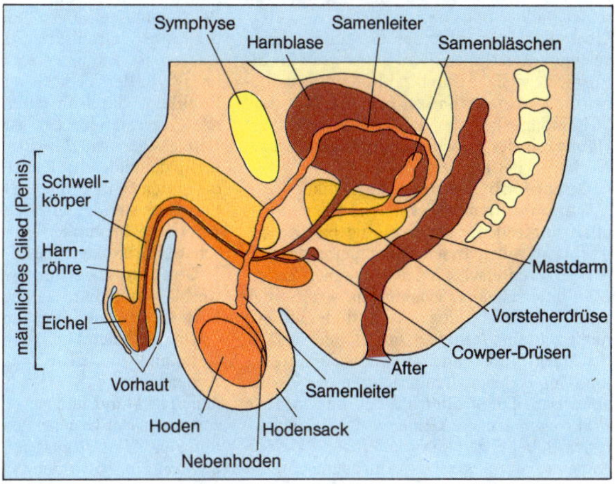

Geschlechter resultiert ontogenet. jeweils ein Überwiegen des einen Geschlechtertyps durch Hemmung der Anlagen des Gegentyps. Mann und Frau sind eindeutiger durch die primären Geschlechtsorgane unterschieden als durch die sekundären Geschlechtsmerkmale, zu denen man auch das geschlechtscharakterist. Verhalten rechnet. Neben den unterschiedl. Fortpflanzungsaufgaben ist für die G. in erster Linie der frühere Wachstumsabschluß der Frau von Bedeutung, die dadurch körperl. auf einer kindnäheren Stufe stehenbleibt. Davon leiten sich die morpholog. Proportions- und Robustheitsunterschiede der Geschlechter ab: beim Mann u.a. größere Körperhöhe, stärkere Körperbehaarung, derbere Knochen, kräftigere Muskeln, längerer Kopf und höheres Gesicht. Ein für die Frau kindnahes weibl. Merkmal ist die viel ausgeprägtere Entwicklung des Unterhautfettgewebes, wodurch die runderen Formen der gesamten weibl. Körperoberfläche bedingt sind. Ein physiolog. Rest der potentiellen Bisexualität des Menschen ist die Tatsache, daß auch Erwachsene jeweils die Geschlechtshormone beider Typen produzieren, wenn auch die des Gegengeschlechtes in weitaus geringerer Menge. Bei den psych. G., deren Vorhandensein umstritten ist, kann es sich ledigl. um ein Überwiegen von Fähigkeiten und Einstellungen beim jeweils einen oder anderen Geschlechtertyp handeln. - ↑ Frau, ↑ Mann. - Abb. S. 147.

Geschlechtsverkehr (Geschlechtsakt, Beischlaf, Coitus, Koitus), genitale Vereinigung, beim Menschen durch Einführung des

↑Penis in die ↑Vagina (entsprechend der ↑Kopulation bei Tieren) und rhythm. Hin- und Herbewegen des Penis in der Vagina. Beim ersten G. kommt es beim Mädchen bzw. bei der Frau gewöhnl. zur ↑Defloration. - Der G. erfüllt sowohl biolog. und psycholog. als auch soziolog. Funktionen. Die *biolog.* bzw. *Zeugungsfunktion* liegt in der Übertragung männl. Keimzellen in den weibl. Organismus über Begattungsorgane mit der in der Konzeptionszeit mögl. Folge einer Befruchtung und Schwangerschaft. Die *psycholog. Funktion* des G. besteht v. a. in der Befriedigung des Geschlechtstriebs. Die damit zusammenhängende *soziolog. Funktion* betrifft die sexuelle Partnerbindung, die beim Menschen (im Ggs. zum Tier) an keine Brunstzyklen gebunden ist. Dadurch erreicht die sexuelle Partnerbindung eine soziale Bed., die weit über die Funktion der Fortpflanzung hinausgeht. Durch die Vervollkommnung der Mittel zur Empfängnisverhütung hat sich der G. v. a. in den Industriegesellschaften weitgehend von seiner biolog. Funktion gelöst.
Über die Normalität des G. gibt es keine verbindl. Richtlinien. Dies gilt sowohl für die Form, die vielfach durch zahlr. Koituspositionen und Sexualtechniken (wie ↑Fellatio und ↑Cunnilingus) variiert wird als auch für die Häufigkeit des Geschlechtsverkehrs. - ↑auch Necking, ↑Petting.

Geschlechtswort, svw. ↑Artikel.

Geschlechtszellen (Keimzellen, Fortpflanzungszellen, Gameten), die bei der Befruchtung miteinander verschmelzenden, als ♂ oder ♀ unterschiedenen, haploiden Zellen. Man unterscheidet: **Isogameten,** wenn die ♂ und ♀ G. morpholog. gleich sind und sich nur in ihrem Verhalten unterscheiden (z. B. bei Algen); **Anisogameten,** wenn sie morpholog. Unterschiede, hauptsächl. in der Größe, aufweisen: Die größeren ♀ G. heißen dann Makrogameten, die kleineren ♂ Mikrogameten (z. B. bei Pilzen, Sporentierchen); **Heterogameten,** wenn sie (als Anisogameten) als größere, im allg. unbewegl. Eizellen und kleinere, bewegl. Samenzellen ausgebildet sind.

Geschlinge, Herz, Leber, Lunge vom Schwein. - ↑auch Gescheide.

geschlossene Anstalt, Ort zur Unterbringung von Personen unter Freiheitsentziehung. G. A. sind z. B. die Heil- und Pflegeanstalten, die Trinkerheil- und Entziehungsanstalten, Krankenanstalten [bei Unterbringung von Seuchenverdächtigen], z. T. die sozialtherapeut. Anstalten.

geschlossene Fonds (engl. closed-end-funds), Investmentfonds mit endgültig festgelegter Anteilszahl. Die Anteile müssen nicht zurückgenommen werden, werden aber meist an der Börse gehandelt.

geschlossene Form ↑offene Form.

geschlossener Blutkreislauf ↑Blutkreislauf.

geschlossener Markt ↑Marktformen.

geschlossene Vereinigungen ↑Vereinigungen.

geschlossene Volkswirtschaft, Modellvorstellung einer fiktiven Volkswirtschaft, bei der keinerlei ökonom. Beziehungen zum Ausland bestehen. In der Realität lassen sich allenfalls hochgradig autarke Volkswirtschaften feststellen.

Geschmack, die charakterist. Art, in der ein Stoff durch den ↑Geschmackssinn wahrgenommen wird.
◆ svw. ↑Geschmackssinn.
◆ (guter G.) ästhet. Begriff für das Vermögen, Schönes und Häßliches zu unterscheiden und zu beurteilen. Seit Mitte des 17. Jh. fand der Begriff Eingang in die ästhet. Diskussion. V. a. drei Fragen standen im Mittelpunkt: Ist G. angeboren oder muß/kann er erworben werden; ist G. ein auf Verstand oder auf Sinnlichkeit gegründetes Vermögen des Menschen; sind G.urteile nur individuell oder allgemeingültig. Kant bestimmt G. als ein „sinnl. Beurteilungsvermögen", das ein „Vermögen der ästhet. Urteilskraft, allgemeingültig zu wählen" ist, und in diesem Verständnis wurde im 18. Jh. der Versuch einer G.bildung des Publikums durch Erweiterung der Erfahrung mit Gegenständen des ästhet. und künstler. Bereichs gemacht. Die Erneuerungsbewegungen in der bildenden Kunst des 20. Jh. verstanden guten G. im Sinne funktionalist. Designs. Das Interesse der empir. Soziologie und der marxist. Theoretiker hat sich den gesellschaftl. Grundlagen des G. zugewandt.

Geschmacksmuster, schutzfähige, gewerbl. verwertbare ästhet. Gestaltungsform (z. B. Gedeckdekor, Stoffmuster), geregelt im Gesetz betreffend das Urheberrecht an Mustern und Modellen vom 11. 1. 1876 (mit Änderungen). Als G. schutzfähig sind nur neue, eigentüml. und gewerbl. herstellbare Erzeugnisse. Der Urheber erwirbt durch Anmeldung und Hinterlegung (offen oder versiegelt) des von ihm entworfenen Musters oder Modells bei dem mit der Führung des Musterregisters beauftragten Amtsgericht das Recht, das G. für eine von ihm selbst gewählte Schutzdauer (1–15 Jahre) ausschließl. selbst gewerbl. zu verwerten. Das G. wird in das jedermann zugängl. **Musterregister** eingetragen und im Bundesanzeiger bekanntgemacht. Die Verletzung eines G.rechts ist mit Geldstrafe (Antragsdelikt) bedroht und verpflichtet zivilrechtl. zu Schadenersatz und Unterlassung.

Geschmacksnerv, svw. Zungen-Schlund-Nerv (↑Gehirn).

Geschmackssinn (Geschmack, Schmecksinn), chemischer Sinn zur Wahrnehmung von Nahrungsstoffen und zum Abweisen ungenießbarer bzw. schädl. Substanzen beim Menschen und bei Tieren. Der G. ist ein Nahsinn mit relativ hohen Reizschwellen.

Die **Geschmackssinneszellen** (**Geschmacksrezeptoren**) sprechen auf gelöste Substanzen *(Geschmacksstoffe)* an. Sie liegen beim Menschen und bei den Wirbeltieren fast ausschließl. im Bereich der Mundhöhle, ohne ein einheitl. Organ zu bilden. Bei Säugetieren und beim Menschen stehen die sekundären Geschmacksrezeptoren mit dazw. liegenden Stützzellen in sog. **Geschmacksknospen** zus. Diese sind v. a. in das Epithel der Seitenwände der meisten Zungenpapillen eingesenkt. Die spindelförmigen Sinneszellen stehen durch einen feinen Kanal mit der Mundhöhle in Verbindung. An ihrer Basis treten Nervenfasern aus, die „Geschmacksimpulse" zu den betreffenden Gehirnzentren weiterleiten. Jede Sinneszelle hat feine Fortsätze, die in eine kleine, nach der Mundhöhle sich öffnende Grube *(Geschmacksporus)* hineinragen. Dort kommen die Geschmacksstoffe mit ihnen in Berührung. Trotz gleichen Aufbaus unterscheiden sich die Geschmacksknospen verschiedener Zungenbezirke dadurch, daß sie auf unterschiedl. Reize (Geschmacksqualitäten) ansprechen. Der erwachsene Mensch hat rd. 2 000 Geschmacksknospen (ihre Zahl verringert sich mit zunehmendem Alter). Sie liegen hauptsächl. auf den vorderen und seitl. Zungenteilen und am Zungengrund. Die vielfältigen, oft fein nuancierten Sinnesempfindungen, die z. B. beim Abschmecken von Speisen und beim Kosten von Getränken auftreten, beruhen auf dem Zusammenwirken von Geschmacks- und von Geruchsempfindungen. Auch der Tastsinn von Lippen, Zunge und Gaumen sowie der Temperatursinn und der Schmerzsinn können eine Rolle spielen. Überlagert werden diese zusätzl. „unspezif." Empfindungen von den vier Grundqualitäten des eigentl. G.: süß, sauer, salzig und bitter. Sie entstehen beim Erwachsenen an verschiedenen Stellen der Zunge und des Zungengrundes. Süß schmeckt man mit der Zungenspitze, sauer an den Zungenrändern, salzig an Rändern und Spitze, bitter erst am Zungengrund. Beim Kind kann noch die ganze Zunge „schmecken", mit zunehmendem Alter geht die Fähigkeit der Geschmacksempfindung in der Mitte der Zunge verloren. Die Fähigkeit, eine Substanz zu schmecken, ist individuell verschieden.

Bei den meisten wirbellosen Tieren ist die Geschmacksempfindung nicht an die Mundregion gebunden und wird über primäre Sinneszellen wahrgenommen (wobei der G. häufig nicht vom Geruchssinn zu unterscheiden ist). - Abb. S. 152.

Geschmackstest ↑PTC.

Geschoß, (Projektil) Sprengkörper, der aus oder mit Hilfe einer Waffe verschossen wird und eine ballist. Flugbahn (Geschoßbahn) beschreibt.

◆ (Stockwerk, Etage) Gebäudeteil, der die auf einer Ebene liegenden Räume umfaßt.

Geschoßbahn, Flugbahn eines Geschosses nach dem Verlassen der Abschußvorrichtung. Die Form der G. hängt von einer Reihe während der Flugzeit auf das Geschoß einwirkender Faktoren ab (↑Ballistik). Für eine kurze G. in großer Höhe (prakt. ohne Luftreibung) oder bei geringer Geschwindigkeit ergibt sich die ideale **Wurfparabel,** eine um die Lotrechte im höchsten Punkt der G. symmetr. Kurve. Wirkt sich v. a. bei hohen

Geschoßbahn. α Abgangswinkel, ω Abgangsfehlerwinkel im Augenblick der Schußabgabe, β Erhöhung, γ Aufsatzwinkel, ε Fallwinkel (Winkel zwischen Flugtangente im Fallpunkt und Abgangsebene), δ Geländewinkel (hier negativ), μ Auftreffwinkel, G Gipfelpunkt, x Entfernung zwischen Abgangspunkt und Gipfelpunkt

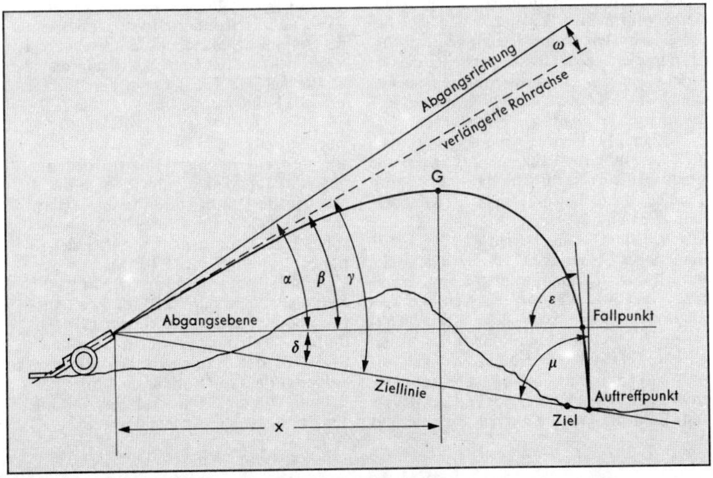

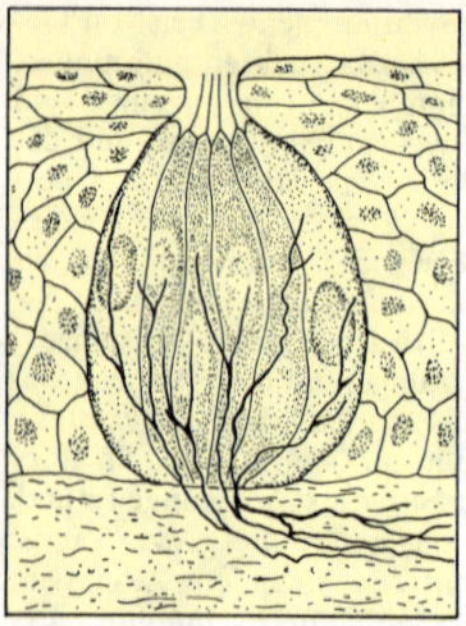

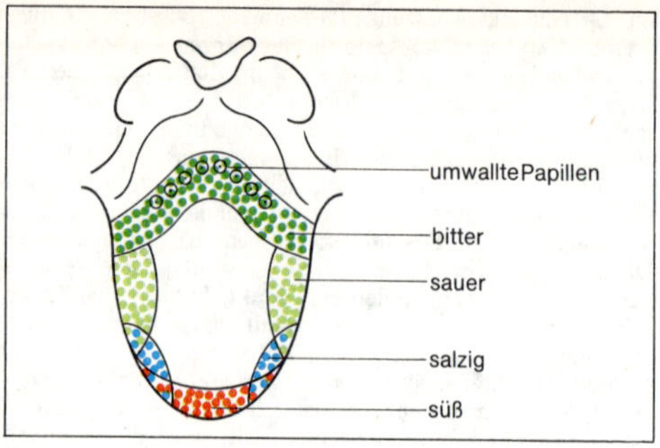

Geschmackssinn. Geschmacksknospe (links) und Geschmacksfelder der menschlichen Zunge

Geschwindigkeiten der Luftwiderstand aus (bewirkt Verzögerung proportional dem Quadrat der Geschwindigkeit), so ergibt sich die sog. **ballistische Kurve.** Sie liegt bei gleichen Anfangsbedingungen ganz innerhalb der idealen Wurfparabel, erreicht früher ihr Maximum (bei etwas geringerer Höhe) und ist auf dem absteigenden Ast nach dem Maximum stärker als auf dem ansteigenden gekrümmt, so daß die Schußweite erhebl. verkürzt ist.

Geschoßflächenzahl, nach der BaunutzungsVO diejenige Zahl, die angibt, wieviel m^2 Geschoßfläche je m^2 Grundstücksfläche zulässig sind.

Geschoßgarbe (Garbe), eine schnelle Folge von (ungezielten) Schüssen (militär.: **Feuerstoß**) aus einer Maschinen[hand]feuerwaffe.

Geschütze, militär. Feuerwaffen, deren Größe und Gewicht eine freihändige Handhabung wie bei Handfeuerwaffen nicht mehr zulassen. Früher bezeichnete man als G. alle Geräte zum Werfen, Schleudern und Schießen von Geschossen, während man heute darunter nur diejenigen Geräte versteht, die ein Abschießen von Geschossen aus einem Geschützrohr mit Hilfe einer detonierenden Pulverladung (Treibladung) ermöglichen. Das G., die Hauptwaffe der Artillerie, gehört auch zur Ausrüstung von Panzern, Flugzeugen und Kriegsschiffen. Nach der Bauweise unterscheidet man Leichtgeschütze, Kanonen, Haubitzen und Mörser.
Kanonen sind G. mit langen Rohren, hoher Geschoßgeschwindigkeit, großer Reichweite und schwach gekrümmter Flugbahn (Panzer- bzw. Flugabwehrkanone, Bordkanone verschiedener Panzer, Schiffsgeschütz). *Haubitzen* sind G. mit kürzeren Rohren (Bauarten: fahrbare *Feldhaubitzen*, Haubitzen auf Selbstfahrlafetten, panzerähnl. *Panzerhaubitzen*). Einsatz bes. gegen verdeckte Ziele. *Mörser* sind Steilfeuer-G. mit kurzen Rohren und meist großem Kaliber zur Bekämpfung starker Befestigungen.
Bewegl. G. bilden die Hauptausrüstung der Feldartillerie; die Rohre sind in fahrbaren Lafetten gelagert, die von Motorfahrzeugen gezogen werden oder als Selbstfahrlafetten gebaut sind. *Eisenbahn-G.* haben meist schwere oder überschwere Kaliber. *Flugabwehr-G.* haben hohe Geschoßgeschwindigkeit, große Feuergeschwindigkeit und große Beweglichkeit nach Höhe und Seite; Kaliber zw. 20 bis etwa 130 mm. *Flugzeug-G.* (Bordkanonen) haben ein Kaliber von 20 bis etwa 50 mm und werden meist starr in die Flugzeuge eingebaut. *Schiffs-G.* stehen am Oberdeck in allseits geschlossenen, drehbaren Geschütztürmen mit starkem Panzer.
Moderne G. zeichnen sich durch hohe Beweglichkeit, geringes Gewicht, große Schußfolge (Kadenz), große Reichweite und maschinelle Ladeautomatik mit wählbarer Munitionsartenzuführung aus. Hauptteile eines Geschützes sind: 1. das *Geschützrohr* samt Verschluß, mechan. oder elektr. Abfeuerungseinrichtung, Mündungsbremse und Rauchabsauger; 2. die *Lafette*, mit der sog. Rohrwiege und den Richtwerken, die die vertikale und horizontale Bewegung des G.rohres ermöglichen (heute oft ferngesteuert); Lafetten nehmen die beim Schuß auftretenden Kräfte auf und leiten sie in den Erdboden bzw. die Fundamentierung ab; 3. die *Ladeein-*

Rechte Seite:
Geschütze. Links (von oben): Riesengeschütz für Steinkugeln („Faule Berta aus Dresden"; um 1500; Kaliber 35 cm); schwere Feldkanone (um 1630); englisches Hinterladergeschütz auf Gleichgewichtslafette (um 1870; Kaliber 17,7 cm); Panzerhaubitze SF M 110 der Bundeswehr (Kaliber 20,3 cm); rechts (von oben): deutscher Mörser („Dicke Berta"; 1911; Kaliber 42 cm); Kanone SF M 107 der Bundeswehr auf gepanzerter Selbstfahrlafette (Rohrlänge 12 m, Kaliber 17,5 cm); Panzerabwehrkanone der Bundeswehr (Kaliber 15,5 cm)

Geschütze. Feldhaubitze der Bundeswehr (Kaliber 15,5 cm)

richtung (z. T. vollautomat.) und 4. die *Zieleinrichtung* (Zielwerke).

Das **Geschützrohr** hat die Aufgabe, Geschosse mit einer konstruktiv bedingten Anfangsgeschwindigkeit und einer vorbestimmten Richtung in den Raum zu schießen und den Geschossen gegebenenfalls einen Drall zu geben. Die Länge des Rohrs (Kaliberlänge = Vielfaches des Rohrdurchmessers) richtet sich nach der angestrebten Geschoßgeschwindigkeit, da das Geschoß nur innerhalb des Rohrs beschleunigt werden kann; neben Mörserrohren mit nur wenigen Kaliberlängen finden sich die Haubitzrohre mit Längen von 20 bis 30 Kalibern und schließl. die Flachbahngeschützrohre mit Längen von 40 bis 120 Kalibern. Die durch den Gasdruck verursachte Höchstbeanspruchung liegt in der Innenwand des Rohres und ist außer vom Gasdruck auch vom Verhältnis der Wanddicke zum Innendurchmesser abhängig. Am ungünstigsten sind die Verhältnisse beim Vollrohr (Einlagenrohr), günstiger beim Zwei- und Mehrlagenrohr, bei denen die äußeren Lagen jeweils auf die inneren Lagen aufgeschrumpft (Schrumpfrohre) werden. Heute werden G.rohre mit auswechselbaren Seelen- oder Futterrohren gefertigt. Das Rohrinnere, die Seele, enthält im hinteren Teil den Ladungsraum.

Beim **Geschützverschluß** unterscheidet man mechan., halb- und vollautomat. Verschlüsse; nach der Bewegungsrichtung des Verschlusses unterscheidet man Zentralverschlüsse (Schraub- oder Bajonettverschlüsse) und Querverschlüsse (Querkeilverschluß mit horizontaler Bewegungsrichtung und Fallblockverschlüsse mit vertikaler Bewegungsrichtung). Die Verschlüsse leichter und mittlerer G. werden von Hand oder mittels Federn, die beim Rohrrücklauf gespannt werden, bewegt. Die Verschlüsse schwerer G. werden meist maschinell angetrieben. Bei automat. und halbautom. G. schließt sich der Verschluß selbsttätig, sobald durch die neue Kartusche oder Patrone die Sperrung des Verschlußantriebs aufgehoben ist. Der Verschluß enthält auch die Einrichtungen zum Sichern und Entsichern, zum Abfeuern, zum Wiederspannen der Schlagbolzenfeder nach einem Zündschraubenversager und die Auswerfer für leergeschossene Hülsen.

Geschichte: Die G. haben sich aus den ersten primitiven Feuerwaffen entwickelt. Anfangs verwendete man kurze, aus Eisen geschmiedete oder aus Bronze gegossene Rohre. Größere Rohre bestanden aus schmiedeeisernen Stäben, über die in erhitztem Zustand Reifen gezogen wurden (wie bei der Faßherstellung). Als Geschosse dienten Steinkugeln, seit der 2. Hälfte des 15. Jh. auch gußeiserne Kugeln. Da bei diesen *Vorderlade-G.* die damals noch staubförmige Pulverladung nur schwer einzubringen war, wurden schon im 15. Jh. „Kammerstücke" gebaut, so gen. nach der auswechselbaren Pulverkammer, die von oben in das hintere Teil des Rohres eingesetzt und mit Keilen befestigt wurde (deshalb auch als „Keilstücke" bezeichnet). - Der Bronzeguß von G. setzte sich schon im 15. Jh. weitgehend durch und erlebte im 16. und 17. Jh. eine hohe Blüte. Die Rohre wurden reich verziert und mit Namen und Inschriften versehen. Es gab eine Fülle verschiedener Geschützarten: Steinbüchsen (verschossen Steine), Klotzbüchsen (für Kugeln aus Eisen und Bronze), Lotbüchsen (für Bleikugeln); Metzen und Kanonen hatten großes Kaliber; Mörser, Böller, Tummler waren kurz und weit; Mauerbrecher, Bombarden oder Hauptbüchsen besaßen eine verengte Pulverkammer und dienten zum Brescheschuß; Kartaunen waren kleine Hauptbüchsen; Schlangen besaßen bis zu 4 m lange Rohre und ein enges Kaliber (10 bis 15 cm); auch sog. Orgel- oder Hagel-G. (mehrere Rohre nebeneinander) wurden eingesetzt. Um die Mitte des 19. Jh. lösten (nach dem Vorbild der Konstruktion der gezogenen Gewehrläufe) die gezogenen *Hinterlade-G.* die Vorderlader ab. Der schwed. Baron M. von Wahrendorff stellte in seiner Geschützgießerei in Åker um 1840 den ersten mit Kolbenverschluß versehenen Hinterlader aus Gußeisen her. Preußen führte 1858/59 von der Firma Krupp gelieferte Gußstahl-G. ein. Um die Jh.wende wurde dann das *Schnellfeuer-G.* entwickelt; Voraussetzungen dafür waren u. a. der Rohrrücklauf (Frankr. 1897, Deutschland 1904), das Gußstahlmantelrohr und Verschlüsse mit selbsttätigem Auswerfer. - Schon zu Beginn des 1. Weltkrieges wurde der ab 1911 gefertigte und auf eine Räderlafette montierte Kruppsche Mörser („Dicke Berta", Reichweite etwa 15 km) eingesetzt, daneben die ebenfalls von Krupp gefertigten *Fern-G.* („Pariser Kanonen"; 21 cm Kaliber und etwa 120 km Reichweite). Eine günstige Konstruktion waren die *Eisenbahn-G.*, da für sie die Bahnkörper als Widerlager benutzt werden konnten und die G. trotz ihres meist hohen Gewichts gut und schnell zu transportieren waren. Gegen Ende des 1. Weltkriegs gab es auch bes. leichte *Infanterie-G.* sowie Flug- und Panzerabwehrkanonen. Im 2. Weltkrieg wurden v. a. Feld- und Kanonenhaubitzen verwendet und die Zünd- und Zielvorrichtungen der G. verbessert (elektr. Zünder, maschinelle Richt- und automat. Zielwerke). Nach dem Krieg schließl. kam es auch zum Bau von *Atomgeschützen*, aus denen Geschosse mit Atomsprengköpfen verschossen werden können.

📖 *Batchelor, J./Hogg, J.: Die Gesch. der Artillerie. Mchn. 1977. - Kosar, F.: Tb. der Artillerie. Mchn. 1971–78. 3 Bde.*

geschützte Pflanzen, wildwachsende Pflanzen, deren Beschädigung oder Entfernung vom Standort auf Grund ihrer Seltenheit verboten oder nur beschränkt zulässig ist. Zuwiderhandlungen gegen die bestehenden Regelungen (Naturschutz) werden zumeist strafrechtl. verfolgt. In der BR Deutschland ist der Schutz durch Landesgesetze geregelt. **Vollkommen geschützt** sind in Deutschland: Akelei (alle Arten), Alpenmannstreu, Alpenrose (alle Arten), Alpenveilchen, Aurikel, Diptam, Edelraute (alle Hochgebirgsarten), Edelweiß, Enzian (die Arten Brauner Enzian, Gefranster Enzian, Gelber Enzian, Lungenenzian, Punktierter Enzian, Purpurroter Enzian, Schlauchenzian, Stengelloser Enzian), Federgras, Gelber und Großblütiger Fingerhut, Frühlingsadonisröschen, Hirschzunge, Karlsszepter, Königsfarn, Küchenschelle (alle Arten), Lilie (alle Arten), Großes und Narzissenblütiges Windröschen, Orchideen (alle Arten), Pfingstnelke, Primel (alle rotblühenden Arten), Schachblume, Sibir. Schwertlilie, Seerose (alle Arten), Seidelbast (alle Arten), Siegwurz (alle Arten), Gelber Speik, Stranddistel, Straußfarn, Teichrose (alle Arten), Winterlieb, Wintergrün (alle Arten) und Zwergalpenrose. Zu den **teilweise geschützten Arten** (geschützt sind die unterird. Teile [Wurzelstöcke und Zwiebeln] oder die Blattrosetten) gehören: Arnika, Blaustern (alle Arten), Christrose, Grüne Nieswurz, Eisenhut (alle Arten), Leberblümchen, Märzenbecher, Maiglöckchen, Narzisse (alle Arten), Schneeglöckchen, Schwertlilie (alle Arten), Silberdistel, Sonnentau (alle Arten), Tausendgüldenkraut (alle Arten), Traubenhyazinthe (alle Arten), Trollblume, Waldgeißbart, ferner alle rosetten- und polsterbildenden Arten der Gatt. Hauswurz, Leimkraut, Mannsschild, Schlüsselblume und Steinbrech.

geschützte Tiere, Tiere, deren mißbräuchl. Aneignung und Verwertung ständig oder zeitweise verboten ist. In der BR Deutschland sind durch Landesrecht (Naturschutzrecht) folgende Tiere **vollkommen geschützt:** von den *Säugetieren:* Biber, Igel, alle Spitzmäuse (Ausnahme: Wasserspitzmaus), alle Fledermäuse, alle Bilche, Birkenmaus, Schweinswal; von den *Vögeln:* alle nicht jagdbaren Arten mit Ausnahme von Rabenkrähe, Haustaube (verwilderte Form), Elster, Eichelhäher, Star, Amsel und Haussperling; von den *Kriechtieren:* Europ. Sumpfschildkröte, alle Eidechsen (Zaun-, Berg-, Smaragd- und Mauereidechse), Blindschleiche, alle nichtgiftigen Schlangen (Ringel-, Würfel-, Schling- und Äskulapnatter); von den *Lurchen:* Feuersalamander, Alpensalamander, alle Kröten der Gattung Bufo, Geburtshelferkröte, Knoblauchkröte, Unken, Laubfrosch, alle Frösche der Gattung Rana mit Ausnahme des Wasser- und Grasfrosches; von den *Insekten:* v. a. Libellen, Bienen, Hummeln, rote Waldameise; Pracht-, Großlauf-, Bock-, Blüten-, Gold-, Rosen-, Hirsch-, Ölkäfer, Puppenräuber, Bärenspinner, Eulenfalter, Schwärmer, Widderchen, fast alle Tagschmetterlinge; ferner Kreuzspinnen, Stein- und Edelkrebs, Weinbergschnecke, Teich-, Flußperlmuschel.
Aus bes. Gründen, v. a. zu wissenschaftl. und unterrichtl. Zwecken und in diesem Zusammenhang zur Haltung in Aquarien und Terrarien, kann die Naturschutzbehörde für bestimmte Personen auf begründeten Antrag hin Ausnahmen zulassen.

Geschwader [urspr. „Reiterabteilung", zu lat.-italien. squadra „Viereck, in quadrat. Form angeordnete Truppe"], fliegender Einsatzverband der *Luftwaffe* auf Regimentsebene; in der *Marine* eine organisator. und takt. Zusammenfassung von (meist gleichartigen)

Kriegsschiffen (z. B. Minensuchbootgeschwader).

Geschwindigkeit, Formelzeichen *v*, bei einer gleichförmigen Bewegung (d. h. bei einer Bewegung, bei der in gleichen Zeitabschnitten gleich lange Wege zurückgelegt werden) der konstante Quotient aus dem zurückgelegten Weg *s* und der dazu benötigten Zeit *t*:

$$\mathbf{v} = s/t$$

Bei ungleichförmiger Bewegung der entsprechende Differentialquotient

$$\mathbf{v} = \mathrm{d}s/\mathrm{d}t$$

Die Geschwindigkeit ist ein *Vektor*, da zu ihrer vollständigen Beschreibung außer der Angabe ihres Betrages auch die Angabe ihrer Richtung erforderl. ist.
Die G. wird im allg. in bezug auf ein als fest angenommenes Koordinatensystem, z. B. das geograph. Koordinatensystem (Erdoberfläche), gemessen und dann auch als *Absolut-G.* bezeichnet, im Ggs. zur *Relativ-G.*, mit der sich zwei Körper bzw. Massenpunkte gegeneinander bewegen.
SI-Einheit der G. ist 1 Meter pro Sekunde (1 m/s). Ein Körper hat die G. 1 m/s, wenn er in 1 Sekunde einen Weg von 1 Meter zurücklegt. Eine weitere häufig verwendete G.einheit ist 1 Kilometer pro Stunde (1 km/h). Zw. m/s und km/h besteht die folgende Umrechnungsbeziehung:

$$1 \text{ m/s} = 3{,}6 \text{ km/h bzw. } 1 \text{ km/h} = \frac{1}{3{,}6}\,\frac{\text{m}}{\text{s}}$$

Geschwindigkeitsfokussierung ↑Fokussierung.

Geschwindigkeitsmesser ↑Tachometer, ↑Log.

Geschwister, die Gesamtheit der von den gleichen Eltern abstammenden Kinder in ihrem Verhältnis zueinander; **Halbgeschwister** (Stief-G.) haben nur einen Elternteil gemeinsam.

Geschwisterehe, Ehe zw. Geschwistern, i. d. R. als Blutschande angesehen; im alten Ägypten war sie mögl., im Königshaus zeitweise (18. Dyn. und Ptolemäer) übl. (mit Auswirkungen auf die allg. Sitten); sie ist auch bei Eingeborenenvölkern in Hinterindien, Polynesien und Peru bekannt.

Geschworene, frühere Bez. der ehrenamtl. Laienrichter, die in voller richterl. Unabhängigkeit und mit gleichem Stimmrecht neben den Berufsrichtern im Schwurgericht mitwirkten (↑Schöffen).
In der *Schweiz* sind G. (Geschworne) nichtständige (i. d. R.: Laien-)Richter, die ihr Amt weitgehend ehrenamtl. ausüben.

Geschwornengericht, östr. Bez. für ↑Schwurgericht.

Geschwulst, seltene Bez. für Schwellung.
◆ (Tumor, Neoplasma, Blastom) krankhafte Neubildung in menschl. oder tier. Geweben, die meist ohne erkennbare Ursache entsteht. **Gutartige (benigne) Geschwülste** sind scharf abgegrenzt, oft abgekapselt. Sie wachsen langsam, dringen nicht in fremde Gewebe und Blutgefäße ein (sie wachsen nicht „infiltrierend"), bestehen histolog. meist aus reifem, differenziertem Gewebe, das dem Ursprungsgewebe sehr ähnl. ist, und führen nicht zu Absiedlungen (Metastasen). **Bösartige (maligne) Geschwülste** dagegen bestehen meist aus unreifen, atyp. Zellen. Sie sind unscharf begrenzt, wachsen schnell („infiltrierend") und die Nachbargewebe zerstörend („destruktiv"), dringen leicht in Gefäße ein, setzen Metastasen, führen zur Stoffwechselvergiftung und neigen nach der Behandlung zu Rückfällen („Rezidiven"). - Bösartige Deckzellgeschwülste nennt man Karzinome (↑Krebs), bösartige nichtepitheliale Geschwülste Sarkome.

Geschwür, volkstüml. Bez. für eitrige Hautentzündungen wie Furunkel und Karbunkel.
◆ (Ulkus, Ulcus) örtl., verhältnismäßig tiefer, schlecht heilender Substanzdefekt an der Haut oder Schleimhaut, gewöhnl. durch Zerfall krankhaft veränderten Gewebes entstanden. Da der Substanzdefekt über das Epithel hinaus bis in das Grundgewebe reicht, heilen G. stets unter Narbenbildung ab.

Geschwürbildung (Verschwärung, Exulzeration), Substanzverlust von Zellgewebe mit begleitender Entzündung; häufig an der äußeren oder inneren Körperoberfläche.

Gese, Bartholomäus ↑Gesius, Bartholomäus.

Geseke, Stadt am Hellweg, NRW, 104 m ü. d. M., 18 300 E. Zement- und Kalkind. - Um 800 erstmals erwähnt, erhielt um 1220 Stadtrecht. - Pfarrkirchen Sankt Cyriakus (10.–13. Jh.) und Sankt Peter (13. Jh.); got. Steinhaus, Dickmannsches Haus (1664; heute Hellweg-Museum).

Geselle [eigtl. „der mit jemandem denselben Saal (Wohnraum) teilt"], Person, die einen Ausbildungsberuf des Handwerks erlernt und vom Prüfungsausschuß der Handwerkskammer bzw. -innung ein Zeugnis, den **Gesellenbrief,** erhalten hat. Der Prüfling soll die erforderl. Fertigkeiten (wozu er ein **Gesellenstück** vorlegt), die notwendigen prakt. und theoret. Kenntnisse und die Vertrautheit mit einem bestimmten Lehrstoff nachweisen. - Der G. lebte im MA in Arbeits- und Wohngemeinschaft im Haushalt des Meisters. Die Herausbildung eines G.standes ist seit dem 13. Jh. bezeugt. Im späten MA bildeten sich das G.wandern *(Walz)* und die *G.bruderschaften* heraus, nicht zuletzt unter sozialem Druck (die Zünfte erhöhten die Anzahl der Meister nicht).

Gesellentaufe, Aufnahmebrauch der Handwerker nach der Lossprechung des Gesellen durch die Zunft (Innung); scherzhafte Nachahmungen der christl. Taufe. - ↑auch gautschen, ↑hänseln.

Gesellenvereine, in der Phase der Desintegration der ständ. Gesellschaft beim Übergang zur Industriegesellschaft entwickelte, vorwiegend konfessionelle Standesorganisationen unselbständiger Handwerker mit dem Ziel, durch soziale Unterstützung und Bildung das Absinken der Handwerksgesellen ins Proletariat und ihre Entfremdung vom Christentum zu verhindern. Die bedeutendsten G. sind das kath. ↑ Kolpingwerk und der ev. ↑ Christliche Verein junger Menschen.

Geselligkeit, zwangloses und zweckfreies, durch gemeinsame Unterhaltung [und Amüsement] bestimmtes Zusammensein von Menschen. I. e. S. eine bewußt gepflegte Form zwischenmenschl. Umgangs im Sinne eines möglichst zwanglosen Kontakts. G. wird als Spielform der Vergesellschaftung des Menschen angesehen, als ein Ausdruck seines Sozialtriebs; insbes. dient sie dem Informations-, Orientierungs- und Unterhaltungsbedürfnis.

Gesellschaft [zu althochdt. giselliscaft „Vereinigung mehrerer Gefährten, freundschaftl. Beisammensein"], vieldeutig gebrauchter Begriff, der im weitesten Sinne die Verbundenheit von Lebewesen (Pflanzen, Tiere, Menschen) mit anderen ihrer Art und ihr Eingeschlossensein in den gleichen Lebenszusammenhang bezeichnet; allein auf den Menschen bezogen meint G. die *Menschheit* schlechthin oder bestimmte begrenzte Teile davon (z. B. die Menschen einer Nation) und weist auf deren Gliederung, [Rang]ordnung und bes. strukturiertes Beziehungssystem hin. Der Begriff G. wurde urspr. auch in vielerlei, z. T. bis heute geltenden bes. Zusammenhängen verwendet, z. B. für gelehrte Vereinigung, Geheim-G. und Handels-G.; in eingeschränktem Sinne heißt G. auch der Verkehrskreis des einzelnen, z. B. „in G. sein".

Jede menschl. G. wird durch ihr Wirtschaftssystem und ihre polit.-staatl. Ordnungsverhältnisse geprägt. Nach diesen Kriterien unterscheidet man daher verschiedene **Gesellschaftssysteme** sowohl im Hinblick auf die geschichtl. Entwicklung der Menschheit (↑ auch Gesellschaftsformation) als auch auf die heute zu beobachtenden Unterschiede, wobei die Bez. für die verschiedenen G.systeme uneinheitl. ist und oft nur auf bestimmte Aspekte eines Systems bezogen ist (z. B. entwickelte bzw. unterentwickelte G., Agrar- bzw. Industrie-G., bürgerl. bzw. sozialist. G., Klassen-G. bzw. klassenlose G.). Jedes etablierte G.system besitzt ein relativ dauerhaftes inneres Gefüge (**Gesellschaftsstruktur** bzw. **Sozialstruktur**), das sich aus der Gesamtheit der gesellschaftl. Elemente (Individuen, Gruppen, Institutionen) zusammensetzt und durch deren sinnvolle Zuordnung und die damit verbundenen Normen, Handlungsmuster und Wertvorstellungen gekennzeichnet ist. Von der *Soziologie* werden grundsätzl. die noch bei Naturvölkern zu beobachtende **genossenschaftl. Gesellschaftsform,** bei der zw. den verschiedenen Individuen und G.gruppen die Macht ausgewogen verteilt ist, und die **herrschaftl. Gesellschaftsform** unterschieden. Letztere zeichnet sich durch v. a. auf Grund gesellschaftl. Arbeitsteilung entstandene Ungleichheit der G.mitglieder sowie damit verbundene unterschiedl. Macht- bzw. Abhängigkeitsverteilung aus und ist v. a. für die moderne Ind.gesellschaft kennzeichnend.

Begriffsgeschichte: Die Vorstellungen von Aristoteles, der das Vorhandensein von G. und Staat (die er als ident. betrachtete) aus der *geselligen Natur* des Menschen *(zōon politikon)* erklärte, bestimmten auch das Verständnis gesellschaftl. Verhältnisse im Europa des 13.–17. Jh.; G., als *societas civilis (civil society; bürgerl. G.)* bezeichnet, wurde weiterhin mit dem Staat identifiziert und nicht als Gesamtheit aller in einem Gemeinwesen lebenden Menschen, sondern nur als Summe aller auf Grund von Besitz und sozialer Herkunft mit polit. Verantwortung ausgezeichneten Personen verstanden (↑ Stand, ↑ Ständewesen), wobei diese hierarch. gegliederte **ständ. Gesellschaft** als Offenbarung göttl. Ordnungsprinzipien akzeptiert wurde. Erst mit der Entwicklung des Bürgertums zum selbstbewußten dritten Stand, mit der Theorie der Aufklärung - die menschl. Rationalität zum wichtigsten Ordnungsprinzip erhob, auf Grund dessen sich die Menschen bewußt zusammengeschlossen hätten (↑ Gesellschaftsvertrag), um eine G. erst zu schaffen - und mit der Erhebung des Bürgertums gegen den feudalist.-absolutist. Staat wurde die begriffl. Identität zw. Staat und G. aufgehoben: Eine nach rationalen Prinzipien organisierte G., in der die Menschen nach ihren jeweiligen Bedürfnissen und Anlagen handeln könnten, erweitere den Freiheitsraum des einzelnen gegenüber dem Staat. Der zu Beginn des 19. Jh. auftretende Widerspruch zw. Anspruch und Wirklichkeit dieser neu verstandenen **bürgerl. Gesellschaft,** in der v. a. auf Grund der industriellen Revolution neue Ungleichheiten und Ungerechtigkeiten zw. Besitzenden und Nichtbesitzenden, wirtsch. Mächtigen und Abhängigen entstanden, führte zur Kritik dieser G. als *Klassen-G.* v. a. durch den Marxismus, der mit Hilfe einer von der besitzlosen Arbeiterklasse (↑ Proletariat) getragenen Revolution diese G. durch eine *klassenlose G.* ersetzen will.

Die weitere gesellschaftl. Differenzierung der sich rapide entwickelnden *Industrie-G.* und die damit verbundene Entstehung vielfältiger hierarch. Strukturen in allen G.bereichen läßt diese G. als eine nach verschiedenen Kriterien (z. B. Bildung, Beruf, Einkommen, Vermögen, Einfluß, Autorität) *geschichtete G.* (↑ Schichtung) erfahren. Die Mgl. dieser *G.schichten* (grob in Unter-, Mittel-, Oberschicht zusammengefaßt) entwickeln je nach Schicht unterschiedl. gesellschaftl., wirtsch. und polit. Denk- und Verhaltensweisen und erhalten durch deren Vermittlung an ihre Kinder die gegebene gesellschaftl. Differenzierung aufrecht. - Die Vorstellung, die der einzelne von Aufbau und Differenzierung der G. hat, wird **Gesellschaftsbild** gen. und ist jeweils nach Schichtzugehörigkeit unterschiedl. (z. B. *dichotom.* oder *polarisiertes G.bild* der Unterschichten: Ggs. von Hand- und Kopfarbeit, „oben" und „unten"; feingestufte Hierarchie bei Mittelschichten).

Gesellschaftskritik: Kritik an bestehenden, z. B. als ungerecht, unmenschl., gegen göttl. Willen gerichtet empfundenen gesellschaftl. Verhältnissen, an der gesamten G. oder ihren Einzelerscheinungen entsteht i. d. R. durch den Vergleich bestehender Verhältnisse mit vergangenen, in anderen G. real existierenden oder zukünftig gedachten *(G.utopie)* G.ordnungen (↑auch Liberalismus, ↑Sozialismus, ↑Kommunismus, ↑Konservatismus) oder artikuliert sich durch G.mitglieder, die mit ihrer objektiven oder subjektiv empfundenen gesellschaftl. Stellung und damit verbundenen Privilegien bzw. Diskriminierungen unzufrieden sind.

📖 *Heinrich, W.: Die Ganzheit von Wirtschaft, Staat u. G. Bln. 1977. - Parsons, T.: Das System moderner Gesellschaften. Dt. Übers. Mchn. 1972 (Neudr. 1985).*

◆ im *Recht* im weiteren Sinn jede privatrechtl. Personenvereinigung, die zur Erreichung eines bestimmten gemeinsamen Zwecks durch Rechtsgeschäft (Gesellschaftsvertrag, Satzung) begründet wird. Man unterscheidet nach dem **Zweck:** 1. G., die ideelle (z. B. wiss., künstler., sportl., polit.) Zwecke verfolgen. Rechtsform: meist Verein oder G. des bürgerl. Rechts; 2. wirtsch. Zwecken dienende G. (Erwerbs-G.), zu denen v. a. die Handelsgesellschaften gehören, ferner Unternehmenszusammenschlüsse wie Interessengemeinschaft, Konzern, Kartell; **nach der Rechtsform:** 1. rechtsfähige G. (Vereine), Grundform: rechtsfähiger Verein. Bei ihnen werden die Organisation der Mgl. und das gemeinsame Vermögen so zusammengefaßt, daß sich ein einheitl. neues Rechtssubjekt (jurist. Person) bildet; 2. nichtrechtsfähige G. (G. im engeren Sinn), deren Gesellschafter die Träger von Rechten und Pflichten der G. sind. Grundform: G. des bürgerl. Rechts; 1. **nach der Organisation:** 1. G., die auf der persönl. Verbundenheit der Gesellschafter beruhen (Personengesellschaft); 2. körperschaftl. organisierte G. (nichtrechtsfähiger und rechtsfähiger Verein), die von der Persönlichkeit der Mgl. unabhängig sind und eine Satzung, einen Gesamtnamen und bes. Geschäftsführungs- und Vertretungsorgane (z. B. Vorstand, Aufsichtsrat) haben. Sie gliedern sich in Kapitalgesellschaften und Personenverein. Von **fakt. Gesellschaft** wird gesprochen, wenn einer Personen-G. kein Gesellschaftsvertrag zugrundeliegt, wenn ein solcher entweder überhaupt nicht abgeschlossen worden oder nichtig ist. Zum Schutze gutgläubiger Dritter wird diese so angesehen, als bestünde sie wirklich (im Hinblick auf die Haftung).

Für das *östr.* und das *schweizer.* Recht gilt im wesentl. das zum dt. Recht Gesagte.

Gesellschaft der Menschen- und Bürgerrechte, eine 1833 in Frankr. entstandene kleinbürgerl. Geheimorganisation, die durch revolutionäre Beseitigung der Julimonarchie eine Republik nach jakobin. Vorbild errichten wollte; am Lyoner Weberaufstand und am Aufstand in Paris beteiligt, bereits 1834 zerschlagen.

Gesellschaft des bürgerlichen Rechts (BGB-Gesellschaft, bürgerl.-rechtl. Gesellschaft), auf einem Gesellschaftsvertrag beruhende, nichtrechtsfähige Personenvereinigung zur Förderung eines von den Gesellschaftern gemeinsam verfolgten ideellen oder materiellen Zwecks (§ 705 BGB). Betreibt die Gesellschaft ein vollkaufmänn. Handelsgewerbe, so ist sie OHG oder KG.

Innenverhältnis: Die Gesellschafter sind einander verpflichtet, den gemeinsamen Zweck zu fördern, insbes. die vereinbarten Beiträge zu leisten. Die *Geschäftsführung* steht ihnen (sofern durch den Gesellschaftsvertrag nicht anders geregelt) grundsätzl. gemeinsam zu; jedes Geschäft erfordert deshalb grundsätzl. einen einstimmig gefaßten (formlosen) **Gesellschafterbeschluß** (bei Personengesellschaften). *Haftungsmaßstab* ist für jeden Gesellschafter die Sorgfalt, die er in eigenen Angelegenheiten anzuwenden pflegt.

Außenverhältnis: Da die G. d. b. R. keine jurist. Person ist, sind die Gesellschafter Träger des Gesellschaftsvermögens. Im Rechtsverkehr mit Dritten müssen sie, falls nicht alle gemeinsam handeln, vertreten werden. Aus Verbindlichkeiten, die von vertretungsberechtigten Gesellschaftern für die Gesamtheit eingegangen werden, haften alle Gesellschafter als Gesamtschuldner, also auch mit ihrem Privatvermögen.

Gesellschafterwechsel: Die *Aufnahme* eines neuen Gesellschafters erfordert im allgemeinen einen Aufnahmevertrag zw. dem Aufzunehmenden und den bisherigen Gesellschaftern. Ein *Ausscheiden* aus der Gesellschaft ist nur mögl., wenn es im Gesellschaftsvertrag vorgesehen ist oder alle Gesellschafter zustimmen und, falls einem Gesellschafter gekündigt werden soll, ein *wichtiger Grund* zur Kündigung vorliegt. Beim Ausscheiden wächst den übrigen Gesellschaftern der Anteil des Ausgeschiedenen an der Gesellschaft zu.

Beendigung der Gesellschaft: Hauptsächl. Auflösungsgründe sind: 1. Zweckerreichung oder deren Unmöglichkeit; 2. Auflösungsbeschluß (der grundsätzl. einstimmig von allen Gesellschaftern gefaßt werden muß); 3. Tod

eines Gesellschafters, außer wenn Fortsetzung der Gesellschaft vertragl. vorgesehen ist; 4. grundsätzl. der Konkurs über das Vermögen eines Gesellschafters; 5. Kündigung durch einen Gesellschafter. *Mit der Auflösung* wandelt sich die Gesellschaft in eine **Auseinandersetzungsgesellschaft** um. Zum Zweck der Auseinandersetzung sind grundsätzl. zuerst die gemeinschaftl. Schulden zu zahlen und dann die Einlagen der Gesellschafter zurückzuerstatten. Reicht das Gesellschaftsvermögen dazu nicht aus, müssen die Gesellschafter Nachschüsse leisten. Ein etwaiger Überschuß wird unter die Gesellschafter verteilt.
In *Österreich* gilt im wesentl. das zum dt. Recht Gesagte. - In der *Schweiz* entspricht der G. d. b. R. die einfache Gesellschaft. Ihre Regelung in Art. 530–551 OR folgt im wesentl. dem dt. Recht.

📖 *Fischer, Lutz: Die G. d. b. R. Bln. 1977.*

Gesellschaft des Göttlichen Heilandes (lat. Societas Divini Salvatoris) ↑Salvatorianer.

Gesellschaft des Göttlichen Wortes (lat. Societas Verbi Divini) ↑Steyler Missionare.

Gesellschaft des katholischen Apostolates (lat. Societas Apostolatus Catholici) ↑Pallottiner.

Gesellschaft Deutscher Chemiker e. V., Abk. GDCh, 1949 hervorgegangen aus der 1946 in Göttingen gegründeten GDCh in der brit. Zone und der 1947 in Frankfurt am Main entstandenen GDCh in Hessen; Sitz Frankfurt am Main; Aufgabe: die Förderung der Chemie und der Chemiker auf gemeinnütziger Grundlage u. a. durch wiss. Tagungen und Herausgabe von Fachliteratur.

Gesellschaft Deutscher Naturforscher und Ärzte e. V., Vereinigung zur Förderung der Naturwissenschaften und Medizin; 1822 in Leipzig gegründet; 1950 in Göttingen neu gegründet; Sitz Wuppertal.

Gesellschaften für Christlich-Jüdische Zusammenarbeit, Vereinigungen in der BR Deutschland, die für ein besseres Verhältnis zw. Christen und Juden und für den Abbau von Vorurteilen gegenüber Minderheiten eintreten; seit 1946/47 entstanden. Heute gibt es 45 Gesellschaften, die im „Dt. Koordinierungsrat der G. f. C.-J. Z." (Sitz: Frankfurt am Main) zusammengefaßt sind. In der seit 1951 durchgeführten **Woche der Brüderlichkeit** verleiht der Koordinierungsrat seit 1966 die von ihm gestiftete Buber-Rosenzweig-Medaille an Persönlichkeiten, die sich um das christl.-jüd. Gespräch verdient gemacht haben.

Gesellschafter, Mgl. einer Personengesellschaft oder Anteilsinhaber einer GmbH.

Gesellschaft für deutsche Sprache ↑Deutscher Sprachverein.

Gesellschaft für Deutsch-Sowjetische Freundschaft, Abk. DSF, eine der größten Massenorganisationen der DDR; 1947 als „Gesellschaft zum Studium der Kultur der Sowjetunion" gegr., 1949 umbenannt.

Gesellschaft für Erdkunde zu Berlin, älteste dt. geograph. Gesellschaft, gegr. 1828.

Gesellschaft für Mathematik und Datenverarbeitung mbH, Abk. GMD, von der BR Deutschland und dem Land NRW 1968 gegr. Gesellschaft mit der Aufgabe, auf dem Gebiet der Datenverarbeitung eine der öffentl. Verwaltung, der EDV-Ind. und den Hochschulen dienende praxisnahe Projektarbeit, Ausbildung und Beratung sowie Grundlagenforschung zu betreiben; Sitz: Sankt Augustin. 1973 wurde das *Dt. Rechenzentrum* in Darmstadt von der GMD übernommen.

Gesellschaft für musikalische Aufführungsrechte und mechanische Vervielfältigungsrechte ↑GEMA.

Gesellschaft für Sport und Technik, Abk. GST, 1956 gegr. Massenorganisation in der DDR zur vormilitär. und wehrsportl. Ausbildung v. a. Jugendlicher; Sitz Neuenhagen b. Berlin.

Gesellschaft für Wirtschafts- und Sozialwissenschaften - Verein für Socialpolitik ↑Verein für Socialpolitik.

Gesellschaft Jesu ↑Jesuiten.

Gesellschaft mit beschränkter Haftung, Abk. GmbH, diejenige rechtsfähige Kapitalgesellschaft, für deren Verbindlichkeiten nur das Gesellschaftsvermögen haftet. Sie ist Handelsgesellschaft, auch wenn sie kein Handelsgewerbe betreibt. Ihr *Stammkapital* (mindestens 50 000 DM) wird durch die *Stammeinlagen* der Gesellschafter (Mindestbetrag 500 DM) aufgebracht; es darf vor Auflösung der GmbH nicht zurückgezahlt werden. Rechtl. Grundlage ist das GmbH-Gesetz (GmbHG) vom 20. 5. 1898 (mit zahlr. Änderungen).
Gründung erfolgt durch eine oder mehrere Personen, die in notarieller Urkunde einen Gesellschaftsvertrag (= Satzung) errichten, darin die Stammeinlagen übernehmen und sogleich oder später einen *Geschäftsführer* bestellen. Durch die Eintragung ins Handelsregister erlangt die Gesellschaft Rechtsfähigkeit.
Organe: 1. [ein oder mehrere] *Geschäftsführer.* Ihnen obliegt die Geschäftsführung und Vertretung der GmbH. Ihre Vertretungsmacht ist unbeschränkt und unbeschränkbar (§§ 35–44 GmbHG); 2. die *Gesamtheit der Gesellschafter*, die ihre [grundsätzl. formlosen] Beschlüsse (Gesellschafterbeschluß) meist in einer **Gesellschafterversammlung** faßt. Diese ist oberstes Geschäftsführungsorgan, zu dessen Aufgaben i. d. R. gehören: Feststellung des Jahresabschlusses, Bestellung, Prüfung, Überwachung, Abberufung und Entlastung der Geschäftsführer, Bestellung von Prokuristen und Handlungsbevollmächtigten; 3. der *Aufsichtsrat*, der nur ausnahmsweise (z. B. auf

Grund des BetriebsverfassungsG in Betrieben mit mehr als 500 Arbeitnehmern) bestellt werden muß.
Auflösung: Auflösungsgründe sind v. a. 1. Gesellschafterbeschluß, 2. Auflösungsurteil auf Grund einer aus wichtigem Grund erhobenen Auflösungsklage, 3. Konkurs, 4. gerichtl. oder behördl. Auflösungsverfügung.
Mitgliedschaft (Geschäftsanteil): Sie gewährt ein Mitverwaltungs-(Stimm-, Auskunfts-)-Recht und einen Anspruch auf einen Gewinnanteil, verpflichtet aber auch zur Erbringung der Stammeinlage, ferner (falls im Gesellschaftsvertrag vorgesehen) zur Leistung von [beschränkten oder unbeschränkten] Nachschüssen. Die *Mitgliedschaft endet* durch 1. Veräußerung des Geschäftsanteils, 2. (falls im Gesellschaftsvertrag vorgesehen) Einziehung des Geschäftsanteils, 3. Ausschluß und Austritt des Gesellschafters aus wichtigem Grund.
Für das *östr.* und *schweizer. Recht* besteht eine dem dt. Recht im wesentl. entsprechende Regelung.

Gesellschaftsbild ↑Gesellschaft.

Gesellschaftsformation, zentraler Begriff des historischen Materialismus für die Gesamtheit der materiellen und ideolog. Verhältnisse einer menschl. Gesellschaft in einer bestimmten histor. Entwicklungsstufe; nach marxist. Theorie werden Urkommunismus, Sklavenhaltergesellschaft, Feudalismus, Kapitalismus, Sozialismus und Kommunismus als histor. bzw. zukünftige G. angesehen.

Gesellschaftsinseln, zu ↑Französisch-Polynesien gehörende Inselgruppe im südl. Pazifik, 1 647 km² (größte der G. ist ↑Tahiti). - 1767 entdeckt; 1769 von J. Cook erforscht; 1842 zum frz. Protektorat erklärt; 1880 frz. Kolonie.

Gesellschaftskleidung, offiziellen Anlässen vorbehaltene Kleidung; *für den Herrn:* schwarzer Anzug, Smoking, Cutaway und Frack; *für die Dame:* das lange Kleid, das Kostüm (v. a. vormittags) und je nach Mode auch Anzüge oder nicht bodenlange Kleider.

Gesellschaftskritik ↑Gesellschaft.

Gesellschaftslehre, eine der Bez. für ein Schulfach in der BR Deutschland, in dem gesellschaftl.-polit., geograph. und geschichtl. Fragen behandelt werden.

Gesellschaftslied, ein von Hoffmann von Fallersleben 1844 eingeführter Begriff zur Bez. der Liedtraditionen v. a. des 17. und 18. Jh., die weder dem Kunstlied noch dem Volkslied zuzurechnen sind. Träger sind verhältnismäßig breite singende Gemeinschaften der Mittelschicht. In formaler Hinsicht dominieren beim dt. G. italien. Liedformen wie Kanzonen, Kanzonetten, Galliarden, Neapolitanen, Villanellen u. a.; daneben spielt die Form des Quodlibets eine große Rolle.

Gesellschaftspolitik ↑Sozialpolitik.

Gesellschaftsrecht, die privatrechtl. Rechtsvorschriften zur Regelung der Rechtsstellung, der Organisation und der Betätigung von Gesellschaften. Geregelt im BGB, HGB und zahlr. Sondergesetzen.

Gesellschaftsroman ↑Roman.

Gesellschaftsschicht, svw. soziale Schicht (↑Schichtung).

Gesellschaftsstruktur ↑Gesellschaft.

Gesellschaftsstück, Bildgattung, die sich in den Niederlanden im 17. Jh. entwickelte. Bäuerl. Feste, Trunk und Streit schildern P. Breughel d. Ä., J. Jordaens, A. Brouwer, D. Teniers, A. und I. van Ostade, J. Steen, bürgerl. geselliges Zusammensein W. P. Buytewech, G. Terborch, P. de Hooch, G. Metsu, N. Maes, J. Vermeer; höf. Feste F. Francken d. J., Rubens. Hier knüpfen die „Fêtes galantes" in Frankr. an (A. Watteau). In Deutschland wurde das G. mit D. Chodowiecki bürgerl., in Großbrit. mit W. Hogarth moralisierend, im 19. Jh. ist es ein unübersehbares Thema geworden (Menzel). Noch im 20. Jh. fand es bed. Nachfolger (É. Manet, P. Cézanne, P. Gauguin).

Gesellschaftssystem ↑Gesellschaft.

Gesellschaftstanz, Bez. für lehrbare, nicht oder wenig improvisierte Tanzformen, die im Ggs. zum Bühnen-, Sakral- und Volkstanz v. a. der Geselligkeit dienen. Aufgekommen an italien. Fürstenhöfen des 15. Jh., waren seine Zentren im 16./17. Jh. der frz. und span. Hof, seine Formen Branle, Bourrée, Gavotte, Allemande, Chaconne, Gigue, Sarabande, Courante und Menuett. Seit 1716 gab es in Paris öffentl. Bälle der höheren Gesellschaft, seit Ende des 18. Jh. Tanzlokale für jedermann. Bes. beliebt waren im 19. Jh. Walzer, Polka, Galopp und Cancan, Anfang des 20. Jh. nord- und südamerikan. Tanzformen, wie Boston, Tango, Charleston, Rumba und nach 1945, neben den in das Programm der Tanzsportvereinigungen eingegangenen Standardtänzen und den lateinamerikan. Tänzen (↑Tanzsport), bes. Blues, Jive, Rock 'n' Roll, Boogie-Woogie und Beat sowie eine Vielzahl von meist kurzlebigen Tänzen wie Bossa Nova, Slop, Twist, Letkiss, La Bostela und Shake.

Gesellschaftsvermögen, das gemeinschaftl. Vermögen der Gesellschafter einer Personengesellschaft, das i. d. R. aus den Beiträgen der Gesellschafter, den für die Gesellschaft erworbenen Gegenständen und deren gesetzl. ↑Surrogaten gebildet wird (§ 718 BGB). Das G. steht grundsätzl. den Gesellschaftern in Gesamthandsgemeinschaft, ausnahmsweise in Bruchteilsgemeinschaft zu. Über seinen Anteil am gesamthänder. G. und den einzelnen zum G. gehörenden Gegenständen kann der Gesellschafter nicht verfügen (§ 719 BGB).

Gesellschaftsvertrag, Versuch, Staat (↑Staatstheorie) und Staatsgewalt in ihrem Ursprung zu ergründen, durch einen G. bzw.

Herrschaftsvertrag zu rechtfertigen und zu begrenzen, bes. die Gesellschaftstheorie der Aufklärung auf der Grundlage des modernen, säkularisierten Naturrechts. Sie führt deren Entstehung auf eine [fiktive] Willenserklärung freier und gleicher Menschen zurück, die durch Zusammenlegung ihrer subjektiven Rechte und deren Übertragung auf einen Souverän aus der Vereinzelung eines [fiktiven] vorpolit. Naturzustands heraus- und in eine staatl. Ordnung eintreten.
Man unterscheidet den **Vereinigungsvertrag** („pactum unionis"), durch den sich die einzelnen zu einem geordneten Macht- und Rechtszustand, d. h. Staat, zusammenschließen und den **Unterwerfungsvertrag** („pactum subiectionis"), durch den die einzelnen die Staatsgewalt einem Herrscher übertragen.
Die Lehre vom G. i. e. S. beginnt mit dem „Leviathan" (1651) von T. Hobbes, dessen Leistung v. a. in der wiss. Verarbeitung von Elementen der älteren ↑ Vertragslehre besteht. Auch bei J. Locke ist der G. ein Vertrag freier Individuen auf der Grundlage aktiver Teilnahme der besitzenden Bürger an der Ausübung der Staatsgewalt, deren Verfassung mehrheitl. beschlossen wird. Während Locke, an der polit. Wirklichkeit orientiert, in seinem G. den institutionellen Rahmen der modernen bürgerl. Gesellschaft entwirft, will J.-J. Rousseau in seinem „Contrat social" (1762) aufzeigen, wie der G. hätte aussehen müssen, wenn die Entwicklung der Gesellschaft anders verlaufen wäre. Bezugspunkt ist nicht der moderne Flächenstaat, sondern die agrar. Kleingesellschaft, deren Kommunikationsstruktur eine natürl. Einheit von Sitte und Gesetz sicherstellt. Mit anderen Mitteln als Hobbes, aber in der Auffassung ihm verwandt, zeichnet er kulturpessimistisch das Bild eines totalen Staates, in dem die bürgerl. Freiheiten keinen Platz haben.
◆ im *geltenden Recht* 1. der [grundsätzl. formlose] Vertrag, durch den eine Personengesellschaft errichtet wird. Mindestinhalt: Angaben über den Gesellschaftszweck und die Art der Zweckverfolgung (Beiträge); 2. die Satzung einer Gesellschaft mit beschränkter Haftung.

Gesellschaftswissenschaften, svw. ↑ Sozialwissenschaften.

gesellschaftswissenschaftliches Grundstudium, in der DDR an allen Hoch- und Fachschulen obligator. Fach zur Vermittlung der Grundlagen des Marxismus-Leninismus.

Gesellschaft zur Verbreitung wissenschaftlicher Kenntnisse ↑ Urania.

Gesellschaft zur Vereinigung des Weltchristentums ↑ Vereinigungskirche e. V.

Gesellschaft zur Verwertung von Leistungsschutzrechten mbH, Abk. GVL, ↑ Verwertungsgesellschaften.

Gesenius, Wilhelm, * Nordhausen 3. Febr. 1786, † Halle/Saale 23. Okt. 1842, dt. ev. Theologe und Orientalist. - Begründer der modernen wiss. Lexikographie des A. T. unter Einbeziehung anderer semit. Sprachen und der semit. Epigraphik; seine „Hebr. Grammatik" (1813) und sein „Neues hebr.-dt. Handwörterbuch über die Schriften des A. und N. T." (1815) sind Standardwerke der alttestamentl. und hebräischen Sprachwissenschaft.

Gesenk, Preßwerkzeug in Gestalt einer Hohlform, zw. deren Oberteil *(Obergesenk, Stempel)* und Unterteil *(Untergesenk)* Preßteile gefertigt werden können *(G.schmieden, G.pressen)*.

Gesenke, Hohes ↑ Hohes Gesenke.

Gesenkschmieden ↑ Gesenk.

Geser (Gezer), Ruinenhügel Tel Gezer, 25 km sö. Tel Aviv, Israel, alte bed. Stadt in Palästina in günstiger Verkehrslage; namentl. belegt seit dem 15. Jh. v. Chr. als **Gazru;** im 2. Jt. v. Chr. Sitz einer einheim. Dyn.; im 12. Jh. zum Gebiet der Philister, unter Salomo zum israelit. Reich, etwa 734 von Tiglatpileser III. erobert, während der Makkabäeraufstände umkämpft; Ausgrabungen seit 1902.

Gesetz, in mittelhochdt. Zeit zum Verb „setzen" in der Bed. „festsetzen, bestimmen, anordnen" gebildetes Wort mit dem Inhalt: „festes Ordnungsprinzip, Richtlinie, Regel". Allg. die sprachl. oder mathemat. Formulierung eines [meist] unwandelbaren, wesentl. Zusammenhanges zw. bestimmten Dingen und Erscheinungen bzw. Vorgängen in Natur, Wiss. und Gesellschaft, durch den ihr Verhalten bzw. ihr Ablauf eindeutig bestimmt und der unter gleichen Bedingungen in gleicher

Gesenk

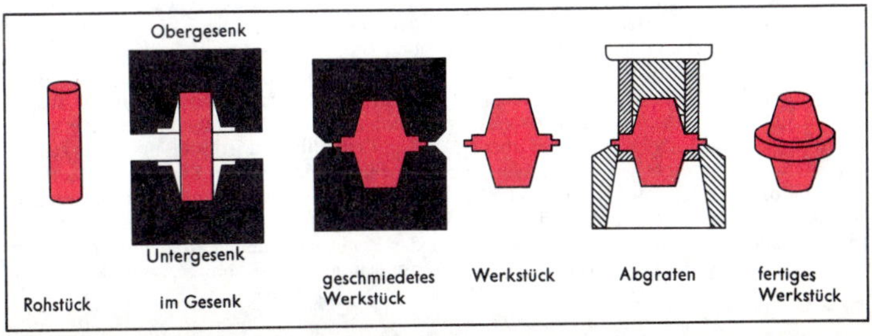

Weise feststellbar ist; auch svw. Regel, Vorschrift, Richtlinie oder Norm, nach der man handeln muß oder handelt. Zu unterscheiden sind Denk- und Naturgesetze. Die **Denkgesetze** beschreiben (als log. G.) die allgemeinsten Verfahrensweisen des Denkens bei der Bildung von Begriffen, Urteilen und Schlüssen oder sie drücken Folgerungen aus, die sich durch Anwendungen der log. G. ergeben. Die sich auf die reale Welt beziehenden **Naturgesetze** erhält man durch generalisierende Induktion aus Einzelfällen. Die Wissenschaftstheorie unterscheidet zw. empir. und theoret. Gesetzen. Die empir. G. stellen die Regelmäßigkeiten im Gegenstandsbereich einer Wiss. fest, erklären die beobachtete Verknüpfung von Beobachtungsgrößen als prinzipiell und ermöglichen so Voraussagen über den Ausgang zukünftiger Experimente. Den Zusammenhang einzelner empir. G. beschreiben und erklären die theoret. G., die in einer [theoret.] Sprache die Struktur des Gegenstandsbereichs aufzeigen.

In der *Physik* ist ein G. ein durch Messung oder wiss. Experiment nicht widerlegter (falsifizierter) allg. gültiger Satz. Physikal. G. sind allg. G., d. h., sie gelten in beliebig reproduzierbaren Situationen. Die empir. G., wie etwa die Fall-G., die Keplerschen G. u. a., werden auf Grund-G. in Form von Differentialgleichungen zurückgeführt, z. B. die Newtonsche Bewegungsgleichung der klass. Mechanik oder die Einsteinschen Gleichungen der allg. Relativitätstheorie. Diese Grund-G. lassen sich nur noch durch Invarianzeigenschaften und Kausalprinzipien weiter begründen.

Auch in der *Mathematik* und der *Logik* ist von G. die Rede; sie treten insbes. in der konkreten Mathematik (Arithmetik, Geometrie) auf, bei der den Konstruktionen ein Korrelat in der Anschauung entspricht (z. B. bei der Addition und Multiplikation das Assoziativ-G., das Kommutativ-G., das Distributiv-G.). In der heute fast ausschließl. formalist.-axiomat. betriebenen abstrakten Mathematik (z. B. Gruppentheorie, Algebra) sind G. rein syntakt. Setzungen, die Axiome oder Theoreme einer Theorie, deren Gültigkeit im Fall der Axiome keine den Mathematiker interessierende Frage ist, im Fall der Theoreme ledigl. die Ableitbarkeit aus den Axiomen bedeutet.

Geschichte: Das erste für die moderne Physik relevante Auftreten des Begriffs physikal. oder Natur-G. ist mit dem Beginn der klass. Physik im 17. Jh. verbunden (Galilei, Newton, Huygens). Ältere, bis in die Scholastik zurückreichende Quellen übergehen das Problem der erfahrungswiss. Kontrolle der Sätze über beobachtetes Naturgeschehen und haben eher naturphilosoph. oder ontolog. Charakter. Auf Newton geht das empirist. Verständnis zurück, wonach die physikal. G. unmittelbar durch Erfahrung bestätigt werden. Dieser Auffassung, die sich in die moderne Physik hinein fortgesetzt hat, wurde in der analyt. Wiss.theorie (Carnap) durch die Unterscheidung einer Beobachtungssprache von einer Theoriesprache widersprochen. Im krit. Rationalismus (Popper) wurde sie durch Bewährung gegenüber deduktiven Falsifizierungsversuchen ersetzt; in dem auf Leibniz und Kant zurückgehenden normativen Wiss.verständnis wird sie relativiert durch einen Nachweis der Abhängigkeit naturwiss. G. von physikal. Grundbegriffen durch Meßvorschriften, ohne die G. weder formuliert noch kontrolliert werden können.

🕮 *Popper, K. R.: Logik der Forschung. Tüb. [8]1984. - Sachsse, H.: Kausalität - Gesetzlichkeit - Wahrscheinlichkeit. Darmst. 1979.*

◆ 1. *im formellen Sinn:* der in einem verfassungsmäßig vorgesehenen, förml. Gesetzgebungsverfahren unter Beteiligung der Volksvertretung zustandegekommene Rechtssatz. Formelle G. als Rechtsgrundlage werden i. d. R. dann vorgeschrieben, wenn wegen der Bedeutung und Tragweite einer Regelung für den einzelnen oder die Allgemeinheit eine Entscheidung des Parlaments erforderlich erscheint; 2. *im materiellen Sinn:* jeder Rechtssatz, d. h. jede hoheitl., generelle und abstrakte Regelung mit allgemeinverbindl. Wirkung. G. im materiellen Sinn sind alle formellen G., soweit sie Rechtssatzqualität haben. Außerdem zählen dazu die Rechtsverordnungen, die Satzungen und das Gewohnheitsrecht. In einigen Fällen haben die Entscheidungen des Bundesverfassungsgerichts G.kraft. Vom Verwaltungsakt und Richterspruch unterscheidet sich das G. dadurch, daß es nicht einen oder mehrere Einzelfälle, sondern eine unbestimmte Vielzahl von Fällen regelt. An das G. sind alle drei Staatsgewalten gebunden.

Für das *östr. Recht* gilt das zum dt. Recht Gesagte mit der Abweichung, daß lediglich zw. Bundes- und Landes-G. und andererseits zw. Verfassungs- und einfachen G. unterschieden wird. Der Satz „Bundesrecht bricht Landesrecht“ gilt in Österreich nicht.

In der *Schweiz* ist der materielle Rechtssatzbegriff definiert als die Gesamtheit aller generellen und abstrakten Normen, die natürl. oder jurist. Personen Pflichten auferlegen oder Rechte einräumen oder die Organisation, die Zuständigkeit oder die Aufgaben der Behörden oder das Verfahren regeln. G. im materiellen Sinn sind auch die RVO von Bundesrat und Bundesversammlung.

🕮 *Hugger, W.: Gesetze ... Baden-Baden 1983.*

◆ *G. und Religion* stehen in engem Zusammenhang, da jede Religion gesetzesbildende Kraft entfaltet und jedes G. urspr. als religiös legitimiert gilt. Während archaische Kulturen eine (kosm., rituelle und eth.) „universist.“ Ordnung und Gesetzlichkeit vertreten, wird das Recht nach dem Zerfall universist. Ordnungen eine selbständige, vom kosm. und kult. Bereich gelöste Größe, ohne aber seine religiöse Bindung ganz zu verlieren. - Teile der *Bibel* werden G. (Thora) genannt (z.B. Deuteronomium und Pentateuch). Im *Spätjudentum* hat G. die Bed. von Einzelweisung (im weitesten Sinn die Summe aller göttl. Weisungen im Pentateuch), und ist konstitutiv für die Religion der Israeliten und des Judentums. - Zur *neutestamentl.* Bewertung des G. ↑Gesetz und Evangelium.

Gesetzblätter, amtl. Verkündungsblätter zur Veröffentlichung der Gesetze und RVO (z.B. das Bundesgesetzblatt).

Gesetzbuch, großes, ein ganzes Sachgebiet erfassendes und regelndes Gesetzeswerk, das häufig die Bez. Buch (Kodex, Code) als Titelbestandteil enthält (z.B. das Bürgerl. G.).

Gesetzentwurf ↑Gesetzgebungsverfahren.

Gesetzesinitiative ↑Gesetzgebungsverfahren.

Gesetzeskompetenz, svw. Gesetzgebungskompetenz (↑Gesetzgebung).

Gesetzeskonkurrenz ↑Konkurrenz von Straftaten.

Gesetzeskraft, die einem Gesetz zukommende Verbindlichkeit.

Gesetzesreligion, Bez. für eine Religionsform, die das Gesetz und seine Befolgung in den Mittelpunkt religiösen Verhaltens stellt. In ihr gilt Gott als allein rechtmäßiger Gesetzgeber. Typ. G. sind u.a. Judentum und Islam.

Gesetzesvorbehalt ↑Gesetzmäßigkeit der Verwaltung, ↑Grundrechte.

Gesetzesvorlage ↑Gesetzgebungsverfahren.

Gesetzgebung, Erlaß von Rechtssätzen, d.h. von Gesetzen [im formellen und materiellen Sinne]. Die G. ist Funktion der **gesetzgebenden Gewalt** (Legislative) innerhalb der drei Staatsgewalten. Allerdings ist die Gewaltentrennung durchbrochen, da auch z.T. die Exekutive zur G. befugt ist (Erlaß von RVO). In der BR Deutschland ist die Befugnis zur G. zw. Bund und Ländern aufgeteilt. Auf gewissen Gebieten hat der Bund die **ausschließl. Gesetzgebungskompetenz** (vgl. Art. 73 GG). Hier können die Länder Gesetze nur dann erlassen, wenn sie in einem BG ausdrückl. ermächtigt werden. Im Bereich der **konkurrierenden Gesetzgebung** (vgl. Art. 74 GG) haben die Länder die Befugnis zur G., solange und soweit der Bund von seinem G.recht keinen Gebrauch macht. Nach dem Erlaß von BG gehen diese jedoch den Landesgesetzen vor. Auf gewissen Gebieten hat der Bund das Recht zur **Rahmengesetzgebung** (vgl. Art. 75 GG). Ohne verfassungsrechtl. Erwähnung hat der Bund schließl. in beschränktem Umfang das Recht zur G. aus der **Natur der Sache** und **kraft Sachzusammenhangs.** Die Befugnis zur G. auf dem Gebiet des Finanzwesens ist gesondert geregelt (vgl. Art. 105 GG). In allen übrigen Fällen haben die Länder die G.kompetenz (Art. 70 GG).
In *Österreich* steht das Recht der G. dem Bund und den Bundesländern nach Maßgabe der Kompetenzverteilung der Art. 10ff. B-VG zu. Es gibt ausschließl. Bundeskompetenzen, ausschließl. Landeskompetenzen und Kompetenzen, wo dem Bund das Recht der *Grundsatzgesetzgebung* zusteht und die Länder die dazugehörigen Ausführungsgesetze erlassen.
Auch in der *Schweiz* ist die Befugnis zur G. zw. Bund und Kt. aufgeteilt. Nur in wenigen Fällen (z.B. Zölle, Post- und Telegraphenwesen, Währung) ist die Bundeszuständigkeit ausschließl., i.d.R. ist sie konkurrierend, teilweise beschränkt auf die Aufstellung von Grundsätzen. In diesen Fällen verdrängt eine Bundesregelung die kantonale Regelung.

Gesetzgebungsnotstand, außerordentl., in Art. 81 GG geregeltes Gesetzgebungsverfahren zur Behebung der Aktionsunfähigkeit der Regierung, wenn diese sich im Parlament nicht mehr auf eine regierungsfähige Mehrheit stützten kann. Ist der Bundeskanzler im Bundestag mit einer Vertrauensfrage unterlegen und der Bundestag daraufhin nicht aufgelöst worden, so kann der Bundespräs. nach seinem polit. Ermessen auf Antrag der Bundesreg. und mit Zustimmung des Bundesrates für eine Gesetzesvorlage den G. erklären, wenn der Bundestag die Vorlage ablehnt, obwohl die Regierung sie als dringend bezeichnet hat oder der Kanzler mit ihr die Vertrauensfrage verbunden hatte. Nach Erklärung des G. muß die Regierung das Gesetz erneut beim Bundestag einbringen. Lehnt dieser die Vorlage wiederum ab, verabschiedet sie nicht binnen 4 Wochen oder nimmt sie in einer für die Regierung als unannehmbar bezeichneten Fassung an, so gilt das Gesetz als zustande gekommen, soweit der Bundesrat ihm zustimmt. Abweichend vom normalen Gesetzgebungsverfahren werden also die Gesetze im G. von Bundesregierung und Bundesrat erlassen. Der G. dauert höchstens sechs Monate, es sei denn, der Kanzler träte vorher zurück oder würde abgewählt werden. Innerhalb dieser Frist kann auch jede andere vom Bundestag abgelehnte Gesetzesvorlage im Notverfahren verabschiedet werden. Nach Ablauf der Frist kann der G. während der Amtszeit desselben Bundeskanzlers nicht wieder erklärt werden. Die Notgesetze haben denselben Rang wie normale Gesetze, dürfen aber die Verfassung weder ändern noch ganz oder teilweise außer Kraft setzen.
Dem *östr.* und *schweizer. Verfassungsrecht* ist eine derartige Regelung unbekannt.

Gesetzgebungsverfahren, Verfahren, in dem *Gesetze im formellen Sinne* zustande kommen. Sie werden entsprechend der Befugnis zur Gesetzgebung von den gesetzgebenden Organen des Bundes oder der Länder beschlossen. Im Bund sind dies Bundestag und

GESETZGEBUNGSVERFAHREN IN DER BUNDESREPUBLIK DEUTSCHLAND

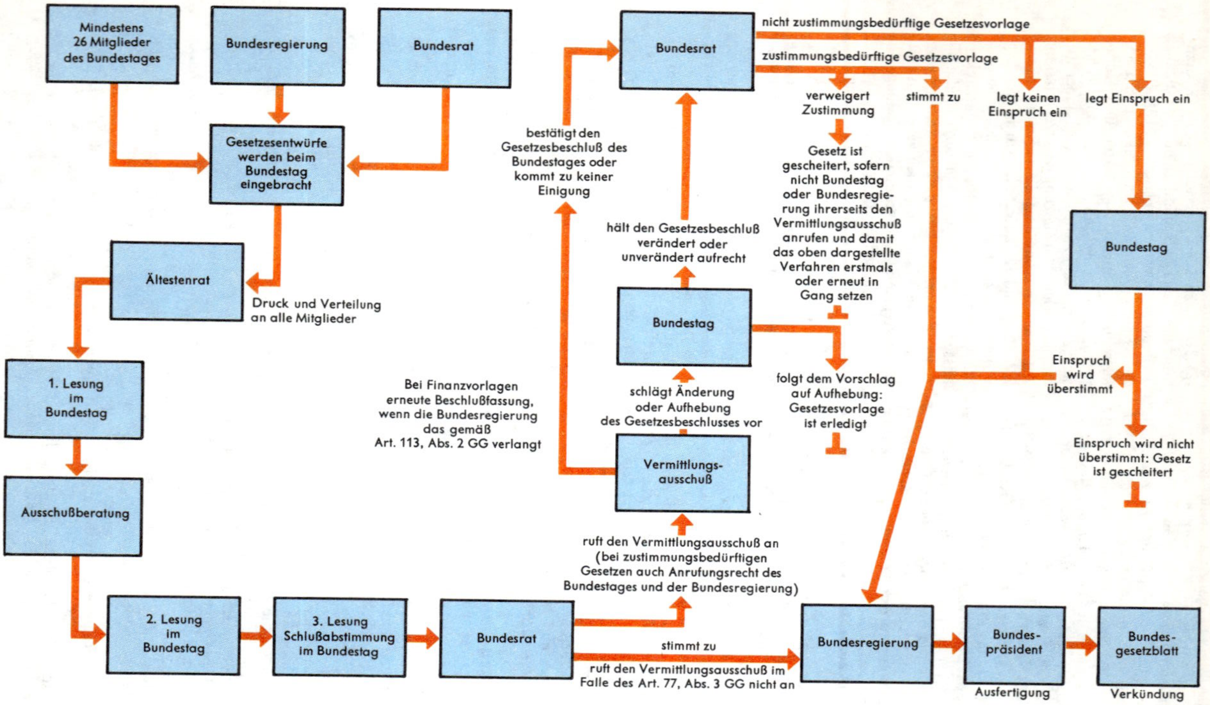

Bundesrat. Das G. für Bundesgesetze beginnt mit der **Einbringung einer Gesetzesvorlage** (Gesetz[es]entwurf, Vorlage) beim Bundestag durch die Bundesreg., aus der Mitte des Bundestages oder durch den Bundesrat (**Gesetzesinitiative**). Vorlagen der Bundesreg. werden zunächst dem Bundesrat zugeleitet, der zur Stellungnahme innerhalb von 6 Wochen berechtigt ist. Vorlagen des Bundesrates hat die Bundesreg. unter Darlegung ihrer Auffassung innerhalb von drei Monaten dem Bundestag zuzuleiten (vgl. Art. 76 GG). Die Gesetzentwürfe werden im Bundestagsplenum in drei Lesungen beraten, wobei sie im Anschluß an die erste Lesung einem Ausschuß überwiesen werden. Gesetzesvorlagen aus der Mitte des Bundestages müssen von Abg. in mindestens der Stärke einer Fraktion gestellt werden und mit der Eingangsformel „der Bundestag wolle beschließen" versehen sein. Nachdem ein BG vom Bundestag beschlossen worden ist, wird es dem Bundesrat zugeleitet. Dieser kann verlangen, daß ein aus Mgl. des Bundestages und des Bundesrates gebildeter Ausschuß einberufen wird (↑Vermittlungsausschuß). Schlägt dieser eine Änderung des Gesetzesbeschlusses vor, so hat der Bundestag erneut Beschluß zu fassen. Für das weitere G. ist entscheidend, ob für das BG kraft ausdrückl. verfassungsrechtl. Vorschrift die Zustimmung des Bundesrates erforderl. ist (sog. ↑Zustimmungsgesetz) oder ob es sich um ein sog. ↑Einspruchsgesetz handelt.

Die nach den Vorschriften des GG zustandegekommenen BG werden vom Bundespräs. nach **Gegenzeichnung** durch den Bundeskanzler oder den zuständigen Bundesmin. **ausgefertigt** (↑Ausfertigung), wobei umstritten ist, ob der Bundespräs. die inhaltl. Übereinstimmung des Gesetzes mit dem GG prüfen darf (sog. materielles Prüfungsrecht). Danach werden sie im Bundesgesetzblatt **verkündet** und **treten** an dem Tag **in Kraft,** den das Gesetz bestimmt. Fehlt eine solche Bestimmung, so treten sie mit dem 14. Tage nach Ablauf des Tages in Kraft, an dem das Bundesgesetzblatt ausgegeben worden ist.

Das G. in den Ländern ist ähnl. ausgestaltet. Mit den Gesetzesvorlagen ist jedoch mit Ausnahme Bayerns nur *eine* gesetzgebende Körperschaft befaßt.

In *Österreich* darf sich die Gesetzgebung des Bundes nur im Rahmen der dem Bund zugewiesenen Kompetenzen bewegen. *Organe* der Bundesgesetzgebung sind der Nationalrat und der Bundesrat. **Gesetzesanträge** gelangen an den Nationalrat als Regierungsvorlagen, Initiativanträge seiner Mgl., Anträge des Bundesrates oder als Volksbegehren. Über solche Anträge ist nach Beratung in einem Ausschuß im Nationalratsplenum abzustimmen. Im allgemeinen Quorum genügt einfache Mehrheit. Der Bundesrat wird nur in bestimmten Angelegenheiten mit den vom Nationalrat angenommenen Anträgen befaßt und kann innerhalb von acht Wochen nach Eingang eines Gesetzesbeschlusses ein aufschiebendes Veto erheben. Der Einspruch kann durch einen Beharrungsbeschluß des Nationalrates entkräftet werden. Der Bundespräs. beurkundet das verfassungsmäßige Zustandekommen der BG unter Gegenzeichnung des Bundeskanzlers und der zuständigen Ressortminister. Die so beurkundeten Gesetze sind im Bundesgesetzblatt zu verkünden, sofern nicht vorher noch eine Volksabstimmung angeordnet wird.

In der *Schweiz* gilt: 1. *im Bund:* Das G. wird durch eine **Gesetzesinitiative** in Gang gesetzt. Diese Befugnis zum Antrag auf Erlaß, Aufhebung bzw. Abänderung eines BG oder allgemeinverbindl. Bundesbeschlusses (= einfache Bundesgesetze) steht zu: jedem der beiden Räte (Nationalrat, Ständerat) durch Erheblicherklärung einer dahingehenden ↑Motion eines Parlamentariers, jedem Kanton, dem Gesamtbundesrat. Im Verfassungs-G. besitzt überdies noch das Volk ein Initiativrecht, das durch ein von Stimmbürgern aufgestelltes [formuliertes oder allg. gehaltenes] Begehren um Partial- oder Totalrevision der BV ausgeübt wird. Auf die Gesetzesinitiative hin arbeitet der Bundesrat einen **Gesetzentwurf** (Vorlage) aus, den er der Bundesversammlung in Form einer **Botschaft** unterbreitet. Jeder der beiden Räte bildet sodann aus seiner Mitte eine parlamentar. Kommission, die den bundesrätl. Entwurf einer Vorberatung unterzieht. Den Präs. der beiden Räte obliegt sodann die Vereinbarung, welche Parlamentskammer die Plenarberatung zuerst aufzunehmen hat (Parallelensystem). Nach der **Eintretensdebatte** und der **Detaildebatte** (es findet nur eine Lesung statt) kommt es zu einer Gesamtabstimmung, wobei das einfache Mehr der Anwesenden entscheidet; danach wird die Beratung im anderen Rate aufgenommen. Weicht der Beschluß des zweitberatenden Rates von demjenigen des erstberatenden ab, so kommt es zum sog. **Differenzbereinigungsverfahren,** d. h., das Geschäft gelangt nochmals an den erstbehandelnden Rat, allerdings beschränkt auf die Streitpunkte. Dieses Verfahren wird, wenn nötig, so lange fortgesetzt, bis in beiden Räten gleichlautende Beschlüsse vorliegen oder aber an den Differenzen festgehalten wird; in diesem Falle, wie auch dann, wenn ein Rat die Vorlage in der Gesamtabstimmung verwirft, ist die Vorlage gescheitert und wird von der **Traktandenliste** gestrichen. Ist die Vorlage in beiden Räten angenommen, so wird sie von der **Redaktionskommission** bereinigt (dt. und frz. Fassung; die italien. wird später erstellt). Alsdann findet in beiden Räten eine Schlußabstimmung statt, und es wird der Erlaß unter dem Datum seiner Annahme im Bundesblatt veröffentlicht. Innerhalb von 90 Tagen nach Veröffent-

lichung können sodann 30 000 Stimmberechtigte oder 8 Kt. verlangen, daß das Gesetz der Volksabstimmung unterbreitet wird. Wird das Referendum nicht ergriffen, so ordnet der Bundesrat die Aufnahme des Erlasses in die amtl. Gesetzessammlung an; kommt das Referendum zustande, so muß der Bundesrat die Volksabstimmung anordnen. Stimmt die Mehrheit der Stimmbürger zu und bestimmt das betreffende Gesetz sein Inkrafttreten nicht selbst, so legt der Bundesrat den Zeitpunkt des Inkrafttretens fest (nicht früher als 5 Tage nach der Veröffentlichung). Für das Verfassungs-G. kommt hinzu, daß die Volksabstimmung in jedem Falle erfolgen muß. 2. In den *Kt.* ist das G. einfacher, da diese nur Einkammerparlamente kennen; im übrigen ist es ähnl. wie im Bund ausgestaltet.
🕮 *Hill, H.: Einf. in die Gesetzgebungslehre. Stg. 1982. - Gesetzgebungstheorie, Jurist. Logik, Zivil- u. Prozeßrecht. Hg. v. U. Klug u. a. Bln. u. a. ⁴1982.*

gesetzliche Erbfolge ↑Erbfolge.

gesetzliche Feiertage ↑Feiertage.

gesetzlicher Richter, der Einzelrichter oder das gerichtl. Kollegium (Kammer, Senat), der bzw. das für eine konkrete richterl. Entscheidung zuständig ist. Gemäß Art. 101 Abs. 1 Satz 1 GG darf niemand seinem gesetzl. R. entzogen werden. G. R. ist nicht nur das sachl., örtl. und funktionell zuständige Gericht (↑Zuständigkeit) als organisator. Einheit, sondern dessen nach dem *Geschäftsverteilungsplan* intern zuständiger Spruchkörper (Kammer) in bestimmter personeller Besetzung.
In *Österreich* und in der *Schweiz* gilt eine dem dt. Recht im wesentl. entsprechende Regelung.

gesetzlicher Vertreter ↑Stellvertretung, ↑elterliche Sorge.

gesetzliches Zahlungsmittel, Zahlungsmittel, mit dem ein Zahlungspflichtiger eine Geldschuld rechtswirksam tilgen kann.

Gesetzmäßigkeit der Verwaltung, der in Art. 20 Abs. 3 GG niedergelegte Grundsatz, daß das Gesetz Richtschnur und Grenze des Verwaltungshandelns ist (sog. **Vorrang des Gesetzes**), und das von ihm vorausgesetzte Prinzip, daß die Verwaltung in bestimmten Bereichen eines förml. Gesetzes als Handlungsgrundlage bedarf (sog. **Gesetzesvorbehalt**). Der Vorbehalt des Gesetzes als Erscheinungsform der G. d. V. gewährleistet, daß die Verwaltung im Bereich der Eingriffsverwaltung nur auf Grund eines förml. Gesetzes tätig wird. Histor. sollte damit bei Eingriffen der Exekutive in „Freiheit und Eigentum" des Bürgers die Mitwirkung des Parlaments sichergestellt werden.

Gesetz und Evangelium, Formel für die gegensätzl., zugleich dialekt. aufeinander bezogenen Grundpositionen des bibl. Ethos, der auf ihr basierenden christl. Ethik und der christl. Existenz überhaupt, wobei das Gesetz als urspr. Wort Gottes grundsätzl. seine Bed. behält, andererseits aber in und durch Jesus Christus, im Evangelium von der sich frei schenkenden Gnade Gottes und der ↑Rechtfertigung allein aus dem Glauben seine Erfüllung und sein Ende findet; d.h. nicht mehr die Leistung der Gesetzeserfüllung (Gesetzesreligion), sondern die Verwirklichung der Liebe (formuliert in der Bergpredigt) aus dem Glauben bringt die Erlösung.

Gesetz vom abnehmenden Ertragszuwachs ↑Ertragsgesetz.

Gesicht [zu althochdt. gesiht „das Sehen, Anblicken"], (Facies) durch Ausbildung einer bes. G.muskulatur gekennzeichneter vorderer Teil des Kopfes der Säugetiere (v. a. des Menschen), die Stirn-, Augen-, Nasen- und Mundregion umfassend. Das *Knochengerüst* des G. wird im wesentl. vom Stirnbein, von den Schläfenbeinen und vom Gesichtsschädel gebildet. Von diesen Skeletteilen ist nur der Unterkiefer bewegl., die übrigen Knochen sind untereinander und mit dem Hirnschädel fest verbunden. Für die äußere Form des G. ist auch der Nasenknorpel von Bed. Wichtigstes *Sinnesorgan* des G. ist das paarige Auge als Lichtsinnesorgan. Die *G.muskeln* stehen durch Bildung von Falten und Grübchen als mim. Muskulatur im Dienst des *G.ausdrucks* und der unwillkürl. (hauptsächl.) und willkürl. Ausdrucksbewegungen (Mimik). - Die *G.haut* ist beim Menschen verhältnismäßig zart und gefäßreich. Im Bereich der Nasenflügel weist sie bes. viele Talgdrüsen auf. Die *G.farbe* hängt von der Durchsichtigkeit der G.haut, ihrer Eigenfarbe bzw. ihrem Pigmentgehalt und der Hautdurchblutung ab. Sensorisch wird das G. hauptsächl. vom Drillingsnerv versorgt. Die motor. Innervation der mim. Muskulatur erfolgt durch den Gesichtsnerv, die der tieferliegenden Muskeln (z. B. des Kiefers) durch den Drillingsnerv.
◆ svw. ↑Gesichtssinn.
◆ in der *Parapsychologie* ↑Zweites Gesicht.

Gesichtsfeld, (Seh[ding]feld) der mit einem oder beiden Augen ohne Kopf- oder Augenbewegung übersehbare Teil des Raumes. Seine Größe und Grenze hängen von der Leuchtdichte der betrachteten Objekte, von der Ermüdung des Auges u. a. ab. Die Bestimmung des G. erfolgt mit dem Perimeter.
◆ (Instrumenten-G., Sichtfeld) das durch die Feldblende begrenzte kreisförmige Gebiet im dingseitigen Raum *(Dingfeld)*, das mit einem opt. Instrument (z. B. einem Fernrohr) erfaßt werden kann. Die Größe des G. wird durch den *G.winkel* charakterisiert, den doppelten Wert des Winkels, den ein zum Rande des G. gehörender Strahl mit der opt. Achse bildet.

Gesichtskreis ↑Horizont.

Gesichtslähmung (Gesichtsmuskellähmung, Fazialisparese, Fazialislähmung), einseitige oder vollständige Lähmung der vom Gesichtsnerv (Fazialis) versorgten Gesichtsmuskulatur. Die häufigere **periphere Gesichtslähmung** (der Nerv ist im Bereich des Nervenkerns bzw. zw. ihm und seinen Endästen geschädigt) entsteht durch Verletzungen (z. B. Schädelbasisbrüchen), Entzündungen (z. B. Mittelohrentzündung), Viruserkrankungen mit Beteiligung des Zentralnervensystems, Durchblutungsstörungen *(ischäm. G.)* oder Gehirntumoren (Kleinhirnbrückenwinkeltumor). Kennzeichen sind: weit offen stehende Lidspalte durch Unfähigkeit zum Lidschluß, Herabhängen des Mundwinkels. In den meisten Fällen ist die Entstehung einer G. jedoch unklar (sog. *idiopath.* oder *rheumat. G.*). Die idiopath. G. bildet sich meist nach spätestens 3–4 Monaten vollständig zurück. - Die **zentrale Gesichtslähmung** (die Störung liegt im Bereich der motor. Großhirnrinde) wird bes. durch Blutungen im Großhirn oder durch einen Schlaganfall verursacht. Kennzeichen ist der schlaff herabhängende Mundwinkel auf der Gegenseite des Gehirnherdes.

Gesichtsnerv ↑Gehirn.

Gesichtssinn (Gesicht), die Fähigkeit von Organismen, sich mit Hilfe der im Gesicht lokalisierten Augen als Lichtsinnesorganen in der Umwelt zu orientieren.

Gesichtsurnen, Bez. für hochhalsige Tongefäße, die im oberen Teil meist grob angedeutete Gesichtsdarstellungen aufweisen; seit dem 6. Jt. v. Chr. in Vorderasien bekannt (Hacılar, Troja), wurden in Europa aber erst in der Eisenzeit gebräuchl., wo sie bes. die **Gesichtsurnenkultur** im Oder-Weichsel-Gebiet prägten (6.–3. Jh.).

Gesichtswinkel, svw. ↑Sehwinkel.

Gesims (Sims), vortretende Platten mit waagerechten oder schrägen Abdeckflächen *(Schräg-G.)* an Außenwänden, dient z. T. dem Regenschutz, horizontales Gliederungselement. Es ist z. T. unterschnitten *(Kaff-G.)* und liegt vielfach auf Konsolen auf. Man unterscheidet *Fuß-* oder *Sockel-G.* am Unterbau, *Gurt-G.* zw. den einzelnen Geschossen und *Kranz-G.* am Dachansatz. Ferner kommen G. an Fenstern und Türen vor. Das *gekröpfte G.* ist um vorspringende Bauteile herumgeführt.

Gesinde [zu althochdt. gisind „Gefolgsmann" (eigtl. „jemand, der den gleichen Weg hat")], Bez. für Dienstboten, Menschen in persönl. Abhängigkeit, die zu häusl. Arbeitsleistungen verpflichtet waren.

Gesinnung, Gesamtheit eth. [positiv oder negativ zu qualifizierender] Vorstellungen und Motivationen des Menschen.

Gesinnungsethik ↑Ethik.

Gesinnungstäter, jemand, der aus einer ideolog. Überzeugung heraus eine Tat begeht, die nach geltendem Recht mit Strafe bedroht ist.

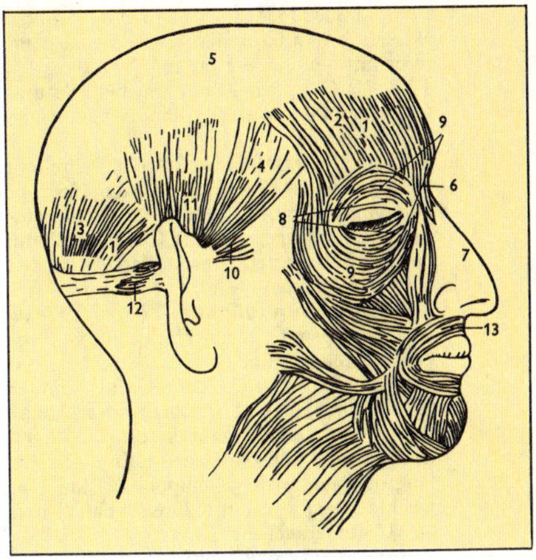

Gesichtsmuskeln. 1 Musculus occipitofrontalis, 2 Schädelhaubenmuskel, 3 Hinterhauptsmuskel, 4 Schläfen-Scheitel-Muskel, 5 Sehnenhaube, 6 Musculus procerus, 7 Nasenmuskel, 8 Augenschließmuskel, 9 Augenringmuskel, 10 vorderer Ohrmuskel, 11 oberer Ohrmuskel, 12 hinterer Ohrmuskel, 13 ringförmiger Mundmuskel

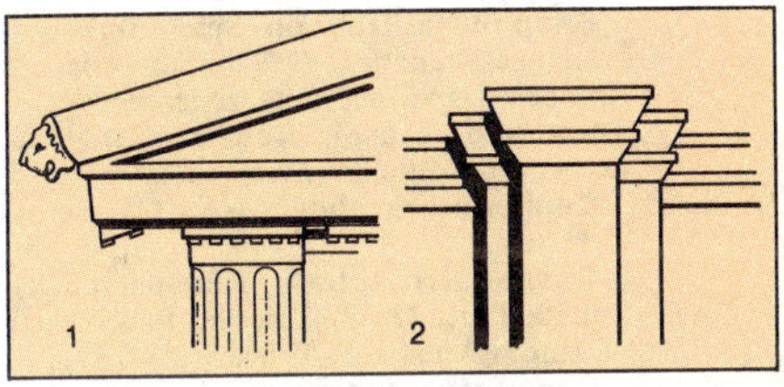

Gesims. 1 griechisches Kranzgesims, 2 gekröpftes Gesims

Gesius (Göß, Gese), Bartholomäus, * Müncheberg (Landkreis Strausberg) 1562, † Frankfurt/Oder im Aug. 1613, dt. Komponist. - Seit 1593 Kantor an der Frankfurter Marienkirche; komponierte, stilist. stark traditionsgebunden, v. a. prot. Kirchenlieder, Hymnen, Motetten, Johannespassion (1588), Matthäuspassion (1613) sowie „Missae" (1611).

Gesner, Conrad, latinisiert Gesnerus, * Zürich 26. März 1516, † ebd. 13. Dez. 1565, schweizer. Polyhistor, Natur- und Sprachforscher. - Prof. der griech. Sprache in Lausanne, danach Prof. für Naturkunde und praktizierender Arzt in Zürich. Der „Mithridates" (1555) ist ein erster Versuch sprachvergleichender Darstellung. Seine „Historia animalium" (5 Bde., 1551–87) behandelt das zoolog. Wissen von Antike und MA; das gleiche plante er mit den „Opera botanica" (2 Bde., hg. 1753–71). G. legte in Zürich eine bed. Naturaliensammlung an und gründete ebd. einen botan. Garten.

G., Johann Matthias, * Roth b. Nürnberg 9. April 1691, † Göttingen 3. Aug. 1761, dt. Pädagoge. - Prof. für Poesie und Beredsamkeit an der neugegr. Univ. in Göttingen; hatte bed. Einfluß auf den Sprachunterricht an den gelehrten Schulen.

Gesneriengewächse (Gesneriaceae) [nach C. Gesner], in den Tropen und Subtropen verbreitete Fam. der Zweikeimblättrigen mit rd. 1 800 Arten in 140 Gatt.; Kräuter (z. T. Epiphyten), Sträucher oder kleine Bäume mit meist gegen- oder quirlständigen Blättern und fünfzähligen, radförmigen bis langröhrigen, leicht zweilippigen Blüten in leuchtenden Farben, u. a. Drehfrucht, Gloxinie, Usambaraveilchen.

gespalten ↑ Wappenkunde.

Gespan [ungar.], in Ungarn seit dem 11. Jh. oberster Amtsträger eines Verwaltungsbezirkes (Komitats) als Vertreter des Königs; seit 1867 war der **Obergespan** Vertreter der Regierung; 1950 abgeschafft.

Gespenst [zu althochdt. gispensti „Verlockung, (teufl.) Trugbild"], im Volks- und Aberglauben unheilverkündende, grauenerregende Erscheinung [in Menschengestalt].

Gespenstaffen, svw. ↑ Koboldmakis.

Gespensterkrabben (Spinnenkrabben, Inachinae), Unterfam. 2–3 cm körperlanger Krabben, v. a. in den Strandzonen des nördl. Atlantiks, an der europ. Küste von der Nordsee bis zum Mittelmeer verbreitet.

Gespensterkrebse, svw. ↑ Gespenstkrebschen.

Gespenstfrösche (Heleophryninae), Unterfam. der ↑ Südfrösche mit fünf bis 6,5 cm langen Arten in S-Afrika.

Gespenstkrebschen (Gespensterkrebse, Caprella), Gatt. meerbewohnender, bis einige cm langer ↑ Flohkrebse mit sehr schlankem, fast zylindr. Körper, bei dem der Hinterleib fast vollkommen rückgebildet ist.

Gespenstschrecken (Gespenstheuschrecken, Phasmida), Ordnung etwa 5–35 cm langer Insekten mit rd. 2 000 Arten, v. a. in den Tropen und Subtropen; mit schlankem, stengelartigem bis abgeflachtem, blattartigem, meist grün oder braun gefärbtem Körper mit relativ kleinem Kopf; häufig flügellos. Zu den G. gehören die Fam. **Stabschrecken** (Bacteriidae, Phasmidae) mit zahlr., 5–35 cm langen Arten in Afrika, auf Madagaskar und im Mittelmeergebiet. In S-Frankr. kommt die bis 10 cm lange, grüne oder gelblichgraue **Mittelmeerstabschrecke** (Bacillus rossii) vor. Von S-Asien bis Neuguinea verbreitet sind die etwa 5–10 cm langen Arten der Fam. **Wandelnde Blätter** (Phylliidae); Körper, Flügel und Beine abgeflacht, mit gelappten Rändern. Die bekannteste Art ist das in SO-Asien vorkommende, bis 8 cm (♀) lange **Wandelnde Blatt** (Phyllium siccifolium).

Gesperre ↑ Getriebe.

Gespinst, aus einzelnen Fäden (Spinnfäden) bestehendes Gebilde, das manche Insekten und Spinnen aus dem erhärtenden Sekret von Spinndrüsen anfertigen.

◆ der bei einem mechan. Spinnverfahren aus Fasern endl. Länge hergestellte endlose Faden.

Gespinstblattwespen (Pamphiliidae), Fam. der Pflanzenwespen mit etwa 160 Arten auf der Nordhalbkugel, davon rd. 50 Arten in M-Europa; mit breitem Kopf, langen, 14- bis 36gliedrigen Fühlern und abgeflachtem, seitl. scharfrandigem Hinterleib; Larven leben in Gespinsten an Laub- und Nadelbäumen.

Gespinstlein ↑ Flachs.

Gespinstmotten (Yponomeutidae), in allen Erdteilen verbreitete Schmetterlingsfam. mit etwa 800 (in Deutschland 18) kleinen bis mittelgroßen Arten; Vorderflügel häufig grau oder weißl. mit schwarzen Punkten; Raupen leben in großen Gespinsten an Bäumen; bei Massenauftreten sehr schädl. in Forst- und Obstkulturen (z. B. ↑ Apfelbaumgespinstmotte).

Gesprächstherapie ↑ Psychotherapie.

Gesprenge, holzgeschnitzter Aufbau über spätgot. Flügelretabeln.

Geßler, (Gryßler) Hermann, gen. G. von Bruneck, schweizer. Sagengestalt. - Erscheint in der Tellsage als tyrann. Landvogt in Schwyz und Uri; erstmals im „Weißen Buch" von Sarnen um 1470 erwähnt. Histor. gesichert ist der Name eines habsburg. Ministerialengeschlechts G. im Aargau, nicht aber die Person.

G., Otto, * Ludwigsburg 6. Febr. 1875, † Lindenberg i. Allgäu 24. März 1955, dt. Jurist und Politiker. - 1918 Mitbegr. der DDP in Nürnberg, 1919/20 Reichsmin. für Wiederaufbau, 1920–24 MdR; als Reichswehrmin. (1920–28) mit Seeckt maßgebl. am Aufbau der Reichswehr beteiligt; 1931–33 Vors. des Bundes zur Erneuerung des Reiches und des Vereins für das Deutschtum im Ausland; kam 1944 in das KZ Ravensbrück; 1950–52 Präs. des DRK.

Geßner, Salomon, * Zürich 1. April 1730, † ebd. 2. März 1788, schweizer. Dichter. - Von der antiken Bukolik (v. a. Theokrit) beeinflußt; zeichnete in seinen naturverbundenen Gedichten mit mytholog. Stoffen ein behagl.-gefühlvolles Bild des Rokokobürgertums. Illustrierte seine Werke selber und schuf Kupferstiche, Aquarelle und Gouachen (v. a. Landschaftsmotive). - *Werke:* Idyllen (1756), Der Tod Abels (Prosa-Epos, 1758).

Gessoriacum ↑ Boulogne-sur-Mer.

Gesta [lat.], Sonderform ma. Geschichtsschreibung in lat. Sprache und ausgeschmücktem Erzählstil über Leben und Handlungen bed. Personen, Völker und Menschengruppen.

Gestagene [lat./griech.], aus Cholesterin hervorgehende Steroidhormone (hauptsächl. Progesteron), die überwiegend im Gelbkörper des Eierstocks (als *Eierstock-* bzw. *Gelbkörperhormone*) und im Mutterkuchen, in geringem Maße auch in der Nebennierenrinde gebildet werden und v. a. die Sekretionsphase der Uterusschleimhaut zur Vorbereitung der Schwangerschaft einleiten sowie für die Erhaltung der Schwangerschaft sorgen (als *Schwangerschaftshormone*). Künstl. oral verabreichte G. werden v. a. zur Empfängnisverhütung durch Ovulationshemmung angewendet.

Gestalt, allg. svw. Aussehen; Beschaffenheit, Art und Weise; Person.

◆ in der *Psychologie* Bez. für Figuren oder Fakten, die nur in ihrer Gesamtheit, d. h. als geschlossenes, von einem Grund sich abhebendes Ganzes zu verstehen sind (z. B. Raum-G., Bewegungs-G.). Die Verhaltensforschung sieht in der G. weniger ein Phänomen der (objektiven) Ganzheit als vielmehr ein (subjektives) Wahrnehmungsphänomen.

◆ in der *techn. Morphologie* die (gelungene) äußere Erscheinung eines Produkts, nicht einfach eine bloße Vielheit von Bestandteilen der äußeren Erscheinung, wie Formen, Farben, Gewichte, Oberflächenbeschaffenheiten, auch z. B. akust. Eigenschaften, sondern G. als eine gesetzmäßige Ganzheit solcher Bestandteile.

◆ in der *Literaturwiss.* unterschiedl. verwendeter Begriff, entweder als Synonym für Form (in Ggs. zum Stoff gesetzt: die äußere Erscheinung eines Kunstwerks) oder als Begriffsergänzung zu Gehalt gebraucht, wobei der Gehalt erst durch und in der G. existiert.

Gestaltgesetze (Gestaltfaktoren), aus gestaltpsycholog. Untersuchungen über die Wahrnehmung hervorgegangene Prinzipien, die erklären sollen, welche Phänomene auf welche Weise und aus welchem Grund als Gestalten erlebt werden. Das wichtigste Gestaltgesetz ist das *Gesetz der guten Gestalt* (**Prägnanzprinzip**). Es besagt, daß unter allen Möglichkeiten des Zusammenschlusses von Gliedern eines Ganzen diejenige bevorzugt ist, die die einfachste und deutlichste Gestalt darstellt.

Gestaltpsychologie, psycholog. Schule, die sich in den zwanziger Jahren des 20. Jh. unter Führung W. Köhlers in Berlin konstituierte. Im Unterschied zur Ganzheitspsychologie beschränkt sich die mehr naturwiss. orientierte G. auf die Erforschung objektiver, gestalthafter Gegebenheiten (Eigenschaften, Bildungsgesetze, Gliederungsverhältnisse von Gestalten).

Gestaltqualität, von C. von Ehrenfels („Über Gestaltqualitäten", 1890) geprägte und in die Psychologie eingeführte Bez. für eine Eigenschaft, die nur am Gesamtkomplex einer jeweiligen Gestalt und nicht an deren einzelnen Teilen erkannt werden kann. Ein Musterbeispiel der G. ist die Melodie. Sie bleibt als Verlaufsgestalt erhalten, selbst wenn sie von verschiedenen Instrumenten gespielt wird und auch, wenn ihre „Elemente", die Töne, durch Übertragung in eine andere Tonart ausgewechselt werden.

Gestalttherapie ↑Psychotherapie.

Gestaltungsklage, diejenige Klage, mit der ein auf Rechtsänderung durch Gestaltungsurteil gerichtetes Gestaltungsrecht geltend gemacht wird (z. B. Eheaufhebung).

Gestaltungsrecht, das subjektive Recht, durch eine Willenserklärung oder eine Handlung einseitig (ohne Mitwirkung eines Betroffenen) eine Rechtsänderung herbeizuführen (z. B. Rücktritt, Kündigung).

Gestaltungsurteil, das auf eine Gestaltungsklage ergehende, eine Rechtsänderung herbeiführende Urteil. G. wirken z. T. nur für die Zukunft (so bei Eheaufhebung), z. T. entfalten sie rückwirkende Kraft (z. B. bei Ehenichtigkeit).

Gestaltwandel, von W. Zeller geprägter Begriff für typ. Veränderungen der körperl. Proportionen und psych. Funktionen eines Menschen beim Übergang vom Kleinkindalter zum Schulkindalter und in der Pubertät.

Geständnis, 1. im *Zivilprozeß:* die Erklärung einer Partei in der mündl. Verhandlung oder zu Protokoll des beauftragten oder ersuchten Richters, daß die von dem Gegner behaupteten Tatsachen wahr seien. Diese bedürfen in Verfahren, in denen die Verhandlungsmaxime gilt, keines Beweises mehr. Nichtbestrittene Tatsachen gelten als zugestanden; 2. im *Strafprozeß:* das Zugestehen von Tatsachen, die für die Schuldfrage erhebl. sind, durch den Angeklagten. Das G. des Angeklagten unterliegt der freien Beweiswürdigung. Ein durch Täuschung, Drohung oder Zwang zustande gekommenes G. darf nicht verwertet werden.

Gestänge, aus mehreren durch Gelenke verbundenen Stangen und Hebeln zusammengesetzte Vorrichtung zum Übertragen von Kräften, z. B. Brems-G. bzw. Kupplungs-G. zum Betätigen einer Bremse bzw. Kupplung.

Gestapo, Abk. und Bez. für die ↑**Ge**heime **Sta**ats**po**lizei im nat.-soz. Deutschland. Seit dem 2. Weltkrieg mitunter zur Charakterisierung für polizeil. Terrorherrschaft in totalitären Staaten gebraucht („G.methoden").

Gesta Romanorum [lat. „Taten der Römer"], mittellat. Novellensammlung des 13./14. Jh., die wahrscheinl. in England, vielleicht auch in Deutschland entstanden ist. Die Verbindung mit der Geschichte der röm. Kaiser ist nur äußerlich. In fast alle europ. Sprachen übersetzt; bed. als Quellenwerk, aus dem sich Dichter Stoffe entnommen haben.

Geste [lat., zu gerere „zur Schau tragen, sich benehmen"], Körperbewegung (v. a. der Hände und Arme), meist als Ausdruck einer bestimmten inneren Haltung.

Geste [frz. ʒɛst] ↑Chanson de geste.

Gesteine, Bez. für Mineralgemenge, die in mehr oder weniger konstanter Ausbildung selbständige Teile der Erdkruste sind. Ein großer Teil der G. sind wichtige industrielle Rohstoffe. Nach der Entstehung unterscheidet man magmat., sedimentäre und metamorphe G. 95 % der G. gehören zu den **magmatischen Gesteinen** (Erstarrungsgesteine, Magmatite), die als *Tiefengesteine* (Intrusivgesteine, Plutonite, z. B. Granit, Gabbro, Syenit u. a.) in der Erdkruste sehr langsam oder als *Ergußgesteine* an der Erdoberfläche sehr rasch erstarren (Eruptivgesteine, Vulkanite, z. B. Basalt, Porphyr, Diabas u. a.). Zw. beiden stehen die *Ganggesteine* (z. B. Aplite, Pegmatite, Lamprophyre). Nach der chem. Beschaffenheit unterscheidet man bei den magmat. G. saure, basische und intermediäre G.; saure Magmatite sind hell, sie enthalten sehr viel Quarz und Silikate (Gesamt-SiO_2-Gehalt über 65 %), z. B. Granit, Quarzporphyr, Liparit u. a. Basische Magmatite sind dunkel und bestehen aus Silikaten (weniger als 52 % Gesamt-SiO_2-Gehalt) und Metalloxiden, sie enthalten keinen Quarz. Intermediäre Magmatite stehen zw. diesen beiden Gruppen, sie haben wenig oder keinen Quarz (52–65 % Gesamt-SiO_2-Gehalt); hierher gehören Trachyt, Phonolith, Diorit, Syenit u. a. Die **Sedimentgesteine** (Schichtgesteine) werden als *Lockergesteine* (Sand, Schlick, Kies) abgelagert und durch ↑Diagenese verfestigt. Sie werden nach ihrem Entstehungsraum eingeteilt in marine Sedimente (wobei wiederum Flachsee- und Tiefseeablagerungen unterschieden werden) und in kontinentale Ablagerungen (d. h. auf dem Festland und in dessen Gewässern) oder beschreibend in *klastische Gesteine* (Trümmergesteine) wie Löß, Sandstein, Grauwacke, Geschiebemergel, einige Kalksteine, in *chemische Sedimente*, die durch chem. Reaktionen ausgeschieden werden wie z. B. Salz- und Gipsgesteine, einige Kalke und Dolomite und in *organogene Sedimente*, die von Organismen aufgebaut werden. Durch Pflanzen entstehen z. B. Kohlen und Algenkalke, durch Tiere Korallenkalke, Radiolarite u. a. (↑auch Biolithe). Die dritte Gruppe sind die **metamorphen Gesteine** (Metamorphite, wegen ihres Gefüges z. T. auch kristalline Schiefer genannt). Sie entstehen aus Erstarrungs- und Sedimentgesteinen durch ↑Metamorphose, d. h. unterschiedl. starke Umgestaltung durch Druck und Temperatur. So entstehen z. B. aus Graniten Orthogneise, aus Basalten Amphibolite, aus Tongesteinen Paragneise, aus Kalksteinen Marmore. Die Metamorphose kann über die teilweise Aufschmelzung des urspr. G. (Anatexis), wobei *Migmatite* (Mischgesteine) entstehen, bis zur völligen Aufschmelzung führen (Palingenese), bei der sich Magma neu bildet.

Kreislauf der Gesteine

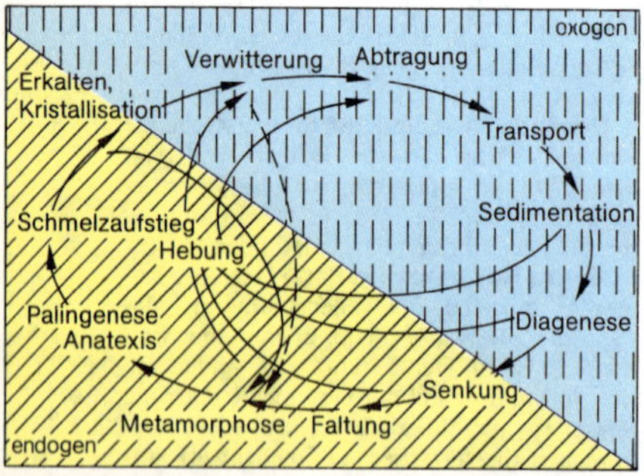

📖 *Wimmenauer, W.: Petrographie der magmat. u. metamorphen G. Stg. 1985. - Pfeiffer, L., u. a.: Einf. in die Petrologie. Stg. 1981.*

Gesteinsfasern, svw. ↑Steinwolle.

Gesteinskunde ↑Petrographie.

Gesteinsmetamorphose ↑Metamorphose.

Gesteinswolle, svw. ↑Steinwolle.

Gestellung, bis 1918 die Vorstellung eines Militärdienstpflichtigen bei den Ersatzbehörden auf Grund Gestellungsbefehls zur Musterung oder Aushebung bzw. Ableistung der Wehrpflicht oder zum Kriegsdienst bei einem bestimmten Truppenteil.

Gestiefelter Kater, in der ganzen Welt verbreitetes Märchen vom helfenden Tier, das seinen Herrn durch geschickt inszenierten Schwindel zum königl. Schwiegersohn macht.

Gestik [lat. (zu ↑Geste)], Gesamtheit der Gesten.

gestikulieren [lat.], Gebärden, Gesten machen; sich mit Hilfe von Gesten verständlich machen.

Gestirn, selbstleuchtender oder Licht reflektierender Himmelskörper (Sonne, Mond, Planeten, Fixsterne).

Gestose (Gestationstoxikose) [lat./griech.], Sammelbez. für alle durch eine Schwangerschaft ausgelösten Gesundheitsstörungen, bes. Stoffwechselerkrankungen der Mutter.

Gestricke, textile Maschenwaren, die aus einem Faden bestehen, der quer zur Ware läuft und wieder aufgezogen werden kann.

gestromt, im Fell einzelne ineinanderlaufende Querstreifen aufweisend; von Hunden und Katzen gesagt.

gestürzt ↑Wappenkunde.

Gestüt, staatl. oder private Einrichtungen für die Pferdezucht. *Haupt-G. (Stamm-G.)* halten sowohl Hengste als auch Stuten und züchten selbst. *Land-G. (G.ämter)* halten nur

Hengste. - Alle Hengste und Zuchtstuten tragen an den Hinterschenkeln oder am Hals das geschützte Brandzeichen des jeweiligen Zuchtgebiets bzw. des anerkannten Zuchtverbands oder Landgestüts, das im zugehörigen Stutbuch eingetragen ist.

Gesualdo, Don Carlo [italien. dʒezu'aldo], Fürst von Venosa, * Neapel um 1560, † ebd. 8. Sept. 1613, italien. Komponist. - Komponierte v. a. ausdrucksstarke, affektbetonte Madrigale, deren kühne, bis zur Enharmonik getriebene Chromatik ohne Nachfolge blieb.

Gesundbeten, Krankenbehandlung mittels Gebet; enthält sowohl christl. als auch heidn. Elemente; in der Volksmedizin aller Kulturen anzutreffen.

Gesundheit, das „normale“ (bzw. nicht „krankhafte“) Befinden, Aussehen und Verhalten sowie das Fehlen von der Norm abweichender ärztl. und laboratoriumsmedizin. Befunde. Nach dem Postulat der Weltgesundheitsorganisation ist G. ein „Zustand vollkommenen körperl., geistigen und sozialen Wohlbefindens und nicht allein das Fehlen von Krankheiten und Gebrechen“.

Gesundheitsamt, die in jedem Stadt- und Landkreis bei der unteren Verwaltungsbehörde zur einheitl. Durchführung des öffentl. Gesundheitsdienstes eingerichtete Behörde. Aufgaben: Durchführung der ärztl. Aufgaben der Gesundheitspolizei, der gesundheitl. Volksbelehrung, der Schulgesundheitspflege, der Mütter- und Kinderberatung, der Fürsorge für Tuberkulöse, für Geschlechtskranke, körperlich Behinderte, Sieche und Süchtige u. a. Leiter des G. ist ein staatl. Amtsarzt.

Gesundheitsfürsorge, medizin., soziale und materielle Hilfe für erkrankte, behinderte und/oder pflegebedürftige Personen aller Lebensalter mit dem Ziel der weitgehenden Beseitigung gesundheitl. Notstände; Teilgebiet der öffentl. Fürsorge. Hauptträger der G. sind neben den Trägern der Sozialversicherung und den Verbänden der freien Wohlfahrtspflege die staatl. Gesundheitsämter. G. wird vom Fürsorgearzt bzw. von der Gesundheitsfürsorgerin in den Formen der offenen (Beratung) oder „nachgehenden“ G. (Hausbesuche), der geschlossenen G. (in Anstalten oder Heimen) sowie der halboffenen G. (Unterbringung und Betreuung tagsüber) ausgeübt.

Gesundheitspaß, zur Einführung vorgeschlagener Ausweis mit Angaben über alle überstandenen bzw. fortbestehenden körperl. oder geistig-seel. Erkrankungen sowie über evtl. vorhandene familiäre Krankheitsbereitschaft des Inhabers mit dem Ziel, in lebensbedrohl. Situationen ein schnelleres ärztl. Eingreifen zu ermöglichen. Die Funktion eines G. auf freiwilliger Basis kann (beschränkt) z. Z. in der BR Deutschland der Notfallausweis des Dt. Grünen Kreuzes oder das 1961 eingeführte Neugeborenenimpfbuch erfüllen.

Gesundheitspflege ↑Hygiene.

Gesundheitsstatistik, Erhebungen auf dem Gebiet des Gesundheitswesens zur Ermittlung der Gesundheitsverhältnisse der Bev. mit dem Zweck, gezielte Maßnahmen zur Krankheitsbekämpfung, Gesundheitsvorsorge und -fürsorge in die Wege zu leiten. Erhoben werden u. a. Daten über Morbidität, Mortalität, Säuglings- und Müttersterblichkeit, allg. Todesursachen, meldepflichtige

Gestüt. Verschiedene Brandzeichen (1 Haflinger, 2 Mecklenburgisches Kaltblut, 3 Ostpreuße, 4 Trakehner, 5 Mecklenburger, 6 Holsteiner, 7 Hannoveraner, 8 Westfale, 9 Oldenburger, 10 Ostfriese, 11 Württemberger, 12 Rottaler)

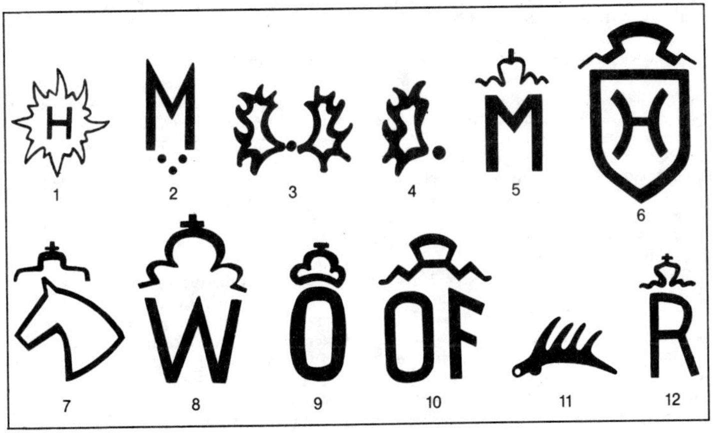

Krankheiten sowie über Art und Anzahl des medizin. Personals und der Krankenhausbetten.

Gesundheitswesen (öffentl. Gesundheitswesen), Gesamtheit der staatl. Einrichtungen zur Förderung und Erhaltung der Gesundheit der Bev. sowie zur Vorbeugung und Bekämpfung von Krankheiten oder Seuchen. Das öffentl. G. stellt die notwendige Ergänzung zur individuellen Behandlung der Erkrankten durch den Arzt dar.

Dem *Bund* kommen auf dem Gebiet des G. fast ausschließl. Gesetzgebungsaufgaben *(Gesundheitsrecht)* zu (z. B. Bundesseuchengesetze, Approbationsordnungen für Ärzte, Zahnärzte, Tierärzte und Apotheker, Bundesärzteordnung, Krankenpflegegesetz, Hebammenrecht, Arzneimittelgesetz, Betäubungsmittelgesetz, Lebensmittelgesetze). Der Bund besitzt zusätzl. das Recht der konkurrierenden Gesetzgebung bei gesundheitspolit. Maßnahmen auf den Gebieten des Wirtschaftsrechts, des Schutzes gegen Gefahren beim Freiwerden von Kernenergie, der Sozialversicherung und des Arbeitsschutzes sowie der öffentl. ↑ Fürsorge.

Unter die *Ländergesetzgebung* fallen die Organisation des öffentl. Gesundheitsdienstes, die Ausübung der Heilberufe hinsichtl. Prüfung der Berechtigung, die Struktur des Krankenwesens (Krankenhausbedarfsplanung), die Organisation der Hilfe für psych. Kranke u. a.

Im *östr. Rechtssprachgebrauch* besteht für das G. v. a. die Bez. **Sanitätswesen.** Die Kompetenzen des G. sind zw. Bund und Ländern geteilt. In der *Schweiz* bestehen ähnl. Regelungen wie in der BR Deutschland.

🕮 *Bruckenberger, E.: Planungsanspruch u. Planungswirklichkeit im G. Stg. 1978. - Recht im G. Hg. v. W. Thürk. Köln u. a. 1970 ff.*

Gesundheitszeugnis, für bestimmte Personen (z. B. an Schulen Beschäftigte), in bestimmten Krankheitsfällen (z. B. bei Geschlechtskrankheiten) oder zur Vorlage bei einer Versicherung auszustellende Bescheinigung des Gesundheitsamts oder eines approbierten Arztes, in der Auskunft darüber erteilt wird, ob der Zeugnisinhaber frei ist von bestimmten ansteckenden Krankheiten bzw. über seinen allg. Gesundheitszustand.

Geszty, Sylvia [ungar. 'gɛsti], verh. Duncker, * Budapest 28. Febr. 1934, ungar. Sängerin (Koloratursopran). - Seit 1961 Mgl. der Dt. Staatsoper in Berlin (Ost), tritt an den großen Opernbühnen auf.

Geta, Publius Septimius, * Rom 27. März 189, † ebd. 26. Febr. 212, röm. Kaiser (seit 211). - Jüngster Sohn des Septimius Severus und der Julia Domna; Bruder des seit Kindheit mit ihm verfeindeten Caracalla; wurde nach dem Tod des Septimius Severus Mitkaiser. Caracalla ließ G. ermorden und dessen Anhänger hinrichten.

Geta [jap.], jap. Holzsandalen; gehalten durch einen Riemen zw. großer und zweiter Zehe; zu den G. werden **Tabi** getragen, Stoffsocken mit abgeteilter großer Zehe.

geteilt ↑ Wappenkunde.

geteiltes Blatt ↑ Laubblatt.

Gethsemane [aram. „Ölkelter"] (Getsemani), Gartengebiet auf dem Ölberg bei Jerusalem, in dem sich wohl eine Ölkelter befand. Nach Mark. 14 Ort der Gefangennahme Jesu.

Getränke, Flüssigkeiten, die zum Decken des Wasserhaushalts des Körpers geeignet sind, v. a. geschmackl. abgestimmte Zubereitungen, die oft auch eine anregende Wirkung haben (koffein- oder alkoholhaltig).

Getränkesteuer (Gemeindegetränkesteuer, Schankverzehrsteuer), eine von den Gemeinden auf den Ausschank an Ort und Stelle verzehrter Getränke erhobene Verbrauchsteuer. Gegenstand der Besteuerung sind dabei alle Getränke außer Bier, Milch, Milchmixgetränken und reinen Fruchtsäften.

Getreide [zu althochdt. gitregidi „das, was getragen wird"; „Ertrag, Besitz"], Sammelbez. für die aus verschiedenen Arten von Gräsern gezüchteten landw. Kulturpflanzen Roggen, Weizen, Gerste, Hafer, Reis, Mais und verschiedene Hirsen. Die G.körner werden als Nahrungsmittel, ferner zur Herstellung von Branntwein, Malz, Stärke und als Viehfutter verwendet. Die Halme dienen als Futter, Streu, Flecht- und Verpackungsmaterial sowie zur Zellulosegewinnung.

Getreidegesetz, Kurzbez. für das Gesetz über den Verkehr mit Getreide und Futtermitteln i. d. F. vom 3. 8. 1977. Das G. ist Grundlage der innerstaatl. Marktordnung für Getreide und Getreideprodukte. Es sieht die Aufstellung eines jährl. Versorgungsplans vor und ermächtigt den Bundesmin. für Ernährung, Landw. und Forsten, den Getreidemarkt durch VO zu lenken. Die Einhaltung seiner Maßnahmen gewährleistet die **Mühlenstelle,** eine Anstalt des öffentl. Rechts.

Getreidehähnchen, Bez. für zwei in großen Teilen Eurasiens verbreitete Blattkäferarten, deren Imagines und Larven durch Blattfraß an Getreide schädl. werden können: **Blaues Getreidehähnchen** (Lema lichenis), 3–4 mm groß, Körper blau oder blaugrün, mit schwarzen Fühlern und Füßen; **Rothalsiges Getreidehähnchen** (Lema melanopus), 4–5 mm lang, Körper blau oder grün, mit rotem Halsschild, schwarzem Kopf und schwarzen Füßen.

Getreidehalmwespe ↑ Halmwespen.

Getreidekäfer, (Mexikan. G., Paraxonatha kirschi) 4–5 mm großer, längl., rotbrauner Käfer (Fam. Schimmelkäfer), dessen Imagines und Larven durch Fraß an Getreidekörnern schädl. werden.

◆ svw. ↑ Getreidelaubkäfer.

Getreidelaubkäfer (Getreidekäfer, Anisoplia segetum), etwa 10 mm großer, erzgrüner Blatthornkäfer M-Europas; mit langer, gelber Behaarung und dunkelgelben Flügeldecken. Schädlinge bes. am Roggen.

Getreidemotte (Weißer Kornwurm, Sitotroga cerealella), weltweit verbreiteter, kaum 2 cm spannender Schmetterling (Fam. Tastermotten) mit ocker- bis lehmgelben Vorderflügeln und helleren Hinterflügeln. Raupen sind Vorratsschädlinge an Getreidekörnern und Bohnen.

Getreidenager (Schwarzer G., Brotkäfer, Tenebrioides mauretanicus), weltweit verbreiteter, 6–11 mm großer, schwarzbrauner Flachkäfer; Vorratsschädling, v. a. an Getreideprodukten.

Getreideplattkäfer (Oryzaephilus surinamensis), weltweit verbreiteter, bis 3 mm langer, schlanker, fein behaarter, brauner Plattkäfer mit drei Längsleisten auf dem (an den Seiten gezähnten) Halsschild; Vorratsschädling.

Getreiderost, durch Rostpilze verursachte Getreidekrankheiten, z. B. ↑Streifenrost, ↑Schwarzrost.

Getreidespitzwanze ↑Rüsselwanzen.

Getrenntgeschlechtlichkeit, bei tier. Lebewesen als *Gonochorismus* bezeichnet, d. h. die ♂ und ♀ Geschlechtszellen werden in verschiedenen Individuen derselben Art gebildet; es treten daher ♂ und ♀ Tiere auf. Bei Pflanzen ↑Diözie.

Getrenntleben der Ehegatten, das auf dem Willen zur Trennung beruhende G. d. E. bedeutet Aufhebung der ehel. Lebensgemeinschaft (↑Ehescheidung).

Getriebe [urspr. Bez. für die Treibvorrichtung in Mühlen], i. w. S. jede Vorrichtung *(kinemat. Kette)*, die der Kopplung und [zwangsläufigen] Umwandlung von Bewegungen und der Energieübertragung dient; i. e. S. eine Vorrichtung, die eine Drehbewegung von einer Welle auf eine andere überträgt (Drehmomentenwandler). G. bestehen aus mehreren Getriebegliedern: *Starrglieder* sind Körper, die auf Zug, Druck, Biegung, Schub und Drehung beansprucht werden können (z. B. Kurbeln, Räder, Stangen, Wellen). *Verformbare Glieder* sind z. B. Riemen, Bänder, Seile, Ketten, die nur Zugkräfte übertragen können, oder auch Flüssigkeiten und Gase, die nur Druckkräfte übertragen können. Trotz der Vielzahl von G.arten lassen sich sämtl. G.formen auf wenige Grund-G. zurückführen, die nach ihrem typ. Glied benannt werden: Schrauben-G., Kurbel-G., Zugmittel- oder Rollen-G., Kurven-G., Sperr-G., Räder-G., Druckmittelgetriebe.
Schraubengetriebe *(Schraub[en]triebe)* dienen zur Umwandlung einer Drehbewegung in eine Schubbewegung oder umgekehrt.
Kurbelgetriebe formen im allg. eine gleichförmige Drehbewegung in eine period. veränderl. Bewegung um und umgekehrt. Grundlage jedes Kurbel-G. ist das Gelenkviereck. Von den Abmessungen der Glieder des Gelenkvierecks und der Gestellwahl hängt es ab, ob einzelne Glieder volle Umläufe (als Kur-

Modernes Synchrongetriebe

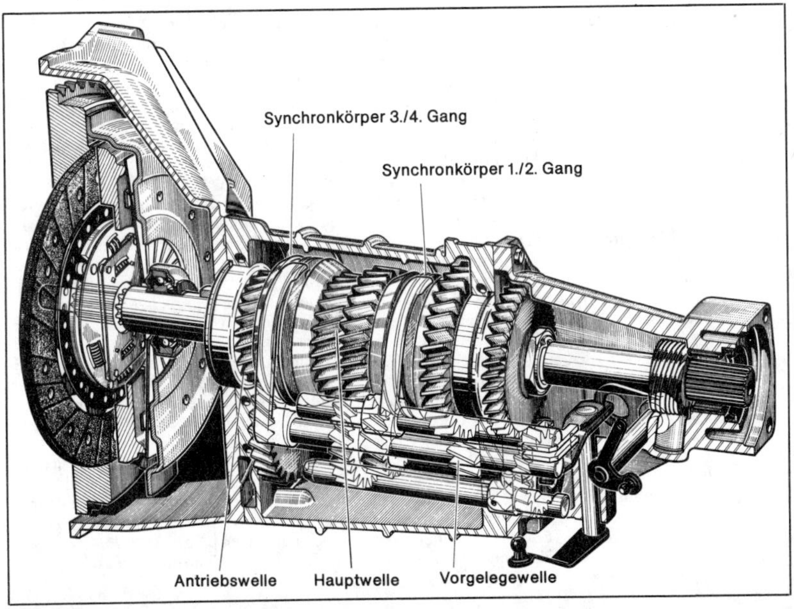

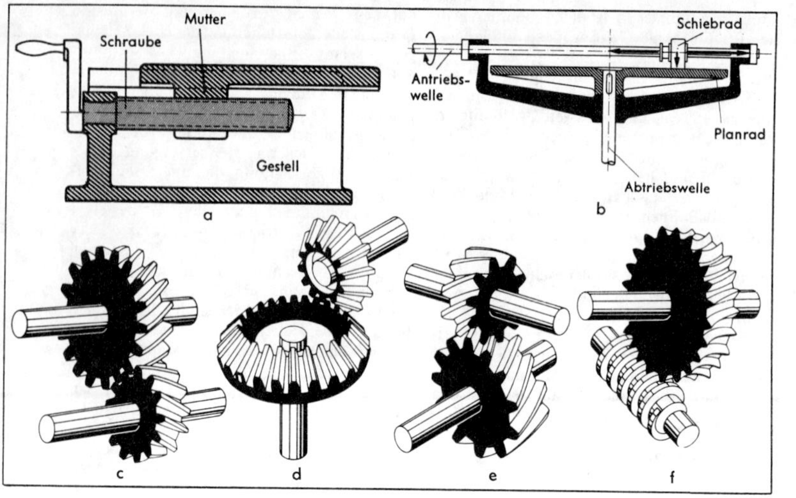

Getriebe. a Schraubengetriebe, b–f Rädergetriebe: b Reibradwechselgetriebe, c–f Zahnradgetriebe: c Stirnradgetriebe mit Schrägverzahnung, d Kegelradgetriebe, e Schraubenradgetriebe, f Schneckengetriebe

bel) oder nur Schwingbewegungen (als Schwinge) ausführen. Lenkt man an einzelne Punkte der Koppel einer Kurbelschwinge ein weiteres Gelenkviereck an, so läßt sich an dessen Abtriebsglied nahezu jede gewünschte Bewegung erzeugen *(Koppel-G.)*. Werden beim Gelenkviereck einzelne Drehgelenke durch ein Schubgelenk ersetzt, erhält man die sog. umlaufende Schubkurbel, die als vielfach angewendeter Kurbeltrieb der Umwandlung einer oszillierenden in eine rotierende Bewegung [und umgekehrt] dient.

Zugmittelgetriebe *(Rollen-G.)* haben zw. Antriebs- und Abtriebswelle ein band- oder kettenförmiges Zugmittel (Track). Beim Riemen- oder Keilriementrieb erfolgt die Kraftübertragung im allg. durch Reibung, wobei zw. An- und Abtrieb Schlupf auftritt (nicht bei Zahn[keil]riemen; zur stufenlosen Einstellung der Übersetzung bei Keilriementrieben ↑automatisches Getriebe). Beim *Kettentrieb (Ketten-G.)* ist wegen des Formschlusses zw. Kette und Kettenrädern immer eine zwangsläufige Übertragung vorhanden.

Beim **Kurvengetriebe** *(Kurventrieb)* erfolgt die Bewegungsübertragung mittels sich berührender Kurvenkörper, die als Kurvenscheibe, bei räuml. G. als Kurvenzylinder (Kurvenkegel) ausgebildet sind. Zu diesen G. gehören z. B. die *Wälzgleit-G.* in der Ventilsteuerung bei Verbrennungskraftmaschinen, bei der eine Kurvenscheibe (Nocken) die gewünschte Ventilbewegung erzeugt.

Sperrgetriebe *(Gesperre)* werden zum willkürl. oder selbsttätigen Sperren einer Bewegung verwendet. Die Sperrung kann formschlüssig, z. B. durch Zähne oder Klinken (wie beim Hemmwerk einer Uhr), oder kraftschlüssig durch Reibung (hierzu gehören alle Reibungsbremsen) erfolgen.

Rädergetriebe übertragen das eingeleitete Drehmoment durch Reibschluß mit Hilfe von Reibrädern *(Reibrad-G.)* oder durch Formschluß mit Hilfe von Zahnrädern *(Zahnrad-G.)*, die die schlupflose Übertragung großer Leistungen bei geringem Raum- und Gewichtsbedarf und hohem Wirkungsgrad ermöglichen; man unterscheidet *Stirnrad-G.* bei parallelen Wellen, *Kegelrad-G.* bei sich schneidenden Wellen, G. mit versetzten Kegelrädern (Hypoidgetriebe) bei sich mit geringem Abstand kreuzenden Wellen, *Schraubenrad-G.* (für kleine Drehmomente) und *Schnekken-G.* (zur Übertragung großer Drehmomente bei sich in großem Abstand kreuzenden Wellen). Letztere ermöglichen in einem Radpaar große Übersetzungen bei hohen Wirkungsgraden. Sind bei einem Zahnrad-G. die Achsen aller Räder raumfest, dann handelt es sich um ein *Stand-G.*, andernfalls um ein *Umlauf-G.* (z. B. ein Planetengetriebe [Dreigangschaltung beim Fahrrad] oder das Differentialgetriebe beim Kfz.). Läßt sich die Drehrichtung der Abtriebswelle ändern, so liegt ein *Wende-G.* vor. *Wechsel-G.* erlauben allg. die Änderung des Übersetzungsverhältnisses [in Stufen]. In *Wechselräder-G.* wird die gewünschte Übersetzung durch Austau-

schen von Räderpaaren oder durch Einschwenken von Rädern zur Herstellung des Eingriffs erreicht. Häufig werden auch auf einer parallel zur An- und Abtriebswelle liegenden *Nebenwelle* mehrere Zahnräder mit verschiedenen Durchmessern angebracht, die wahlweise mit entsprechenden, auf der Abtriebswelle sitzenden Zahnrädern, z. B. durch deren Verschieben auf einer genuteten Welle, in Eingriff und damit zur Kraftübertragung gebracht werden können. Bei *Schubklauen-G.* sind die Zahnradpaare dauernd im Eingriff. Das auf der Welle frei laufende Zahnrad wird erst beim Schalten durch eine in den Wellennuten gleitende *Schubmuffe*, die mit Klauen in das Zahnrad eingreift, kraftübertragend. Zur Erzeugung des Gleichlaufs zw. den in Eingriff zu bringenden Teilen können *Schubklauen-G.* eine Gleichlaufschaltung oder **Synchronisierung** aufweisen: Die Klauenkörper tragen [kegelige] Reibungsflächen, die vor dem eigtl. Einrücken des Klauenkörpers am Zahnrad zur Anlage kommen und so die Drehzahlangleichung bewirken.
Druckmittelgetriebe benutzen fast überwiegend Flüssigkeiten als energieübertragende Medien; unterschieden werden Druckflüssigkeits-G. und Strömungsgetriebe.

G.technik. Hg. v. J. Volmer. Wsb. 1979. - Kraemer, O.: G.lehre. Karlsruhe ⁷1978.

Getriebeautomat ↑automatisches Getriebe.

Getter [engl.] ↑Vakuumtechnik.

Getto ↑Ghetto.

Gettysburg [engl. 'gɛtɪzbəːg], Stadt in S-Pennsylvania, USA, 7300 E. College, luther. theolog. Seminar; Handelszentrum in einem Agrargebiet. - Vom 1. bis 3. Juli 1863 fand bei G. eine der Entscheidungsschlachten des Sezessionskrieges statt, die mit der Niederlage der Konföderierten endete und zusammen mit der gleichzeitigen Eroberung von Vicksburg, Miss., die Wende zugunsten der Nordstaaten brachte. Ein Teil des Schlachtfeldes wurde am 19. Nov. 1863 als Soldatenfriedhof eingerichtet, das gesamte Schlachtfeld 1895 zum National Military Park erklärt.

Getz, Stan[ley], * Philadelphia 2. Febr. 1927, amerikan. Jazzmusiker (Tenorsaxophonist). - Entwickelte sich zu einem der stilbildenden Vertreter des Cool Jazz und des modernen Mainstream.

Geulincx, Arnold [niederl. 'xøːlɪŋks], * Antwerpen 31. Jan. 1624, † Leiden im Nov. 1669, niederl. Philosoph. - 1646–58 Prof. in Löwen; nach seiner Entlassung Übertritt zum Kalvinismus; 1662 Lektor, 1665 Prof. in Leiden. Vertrat in seiner Erkenntnistheorie u. a. einen ↑Okkasionalismus, bei dem das Problem einer Wechselwirkung zw. Körper und Geist - etwa bei willkürl. Handlungen und Schmerzempfindungen - durch Annahme entweder eines direkten oder indirekten göttl. Eingriffs gelöst wird.

Geusen (niederl. geuzen) [zu frz. gueux „Bettler"], seit 1566 Bez. zunächst für die Mgl. eines Bundes aus dem niederen Adel; urspr. abfällig gemeint, wurde die Bez. G. schnell als Ehrentitel angenommen und später auf alle Teilnehmer des niederl. Aufstandes übertragen. Bes. bekannt die **Wassergeusen,** gefürchtete Seeräuber im Kampf gegen die Spanier, die mit der Einnahme von Brielle die Befreiung der aufständ. niederl. Provinzen einleiteten. Als Abzeichen wurde der **Geusenpfennig** getragen.

GeV, Einheitenzeichen für Gigaelektronenvolt; 1 GeV = 10^9 eV (↑Elektronenvolt).

Gevaert, François Auguste Baron (seit 1907) [niederl. 'xeːvaːrt], * Heusden bei Gent 31. Juli 1828, † Brüssel 24. Dez. 1908, belg. Komponist und Musikforscher. - 1867 Musikdirektor der Pariser Grand Opéra, 1871 als Nachfolger von F. J. Fétis Direktor des Brüsseler Konservatoriums. Arbeiten v. a. zur Musik der Antike und zum Gregorian. Choral.

Gevatter, im 8. Jh. als Lehnübersetzung von kirchenlat. „compater" („Mitvater, Taufpate") als althochdt. „gifatero" aufgetauchter Begriff. Bezog sich auf das Verhältnis des Taufpaten zu den Eltern des Täuflings oder zum Täufling selbst, dann auch auf das Verhältnis der Taufpaten untereinander. Im MA entstand auch die Bed. „Onkel, Freund [der Familie]"; so noch heute gebräuchlich.

Gevatter Tod, weltweit verbreitetes Märchen; unter der Bedingung, auch dem Tod seinen Anteil an den Menschen zu lassen, verleiht der Tod seinem Patenkind übernatürl. Fähigkeiten als Arzt. Dieser bricht wiederholt die Abmachung; wird vom Tod in die Höhle der Lebenslichter aller Menschen geführt, wo der Tod sein Licht auslöscht.

Gevelsberg ['geːvəlsbɛrk, 'geːfəls...], Stadt an der Ennepe, NRW, 160 m ü. d. M., 30 700 E. Metallverarbeitende und Elektroind. - Entstand im 13. Jh. bei einem Zisterzienserinnenkloster; seit 1886 Stadt.

Gewächs, allg. svw. Pflanze.
◆ (Wachstum, Kreszenz) bei Weinen Bez. der Reb- und Traubensorte.

Gewächshaus, künstl. erwärmtes Glashaus zur An- und Aufzucht von Blumen, Zierpflanzen und Gemüse während des ganzen Jahres. Nach der Innentemperatur während der kalten Jahreszeit unterscheidet man **Kalthaus** (12 °C, zur Überwinterung subtrop. Pflanzen) und **Warmhaus** (Treibhaus; 18–20 °C, zur Kultivierung trop. und subtrop. Pflanzen).

Gewächshausspinne (Theridion tepidariorum), weltweit verbreitete, bis 8 mm große Kugelspinne, die häufig in Gewächshäusern, aber auch in Wohnungen und Kellerräumen vorkommt; Körper meist gelblichbraun mit schwärzl. Flecken oder Fleckenreihen (bes. am Hinterleib) und schwärzl. Rin-

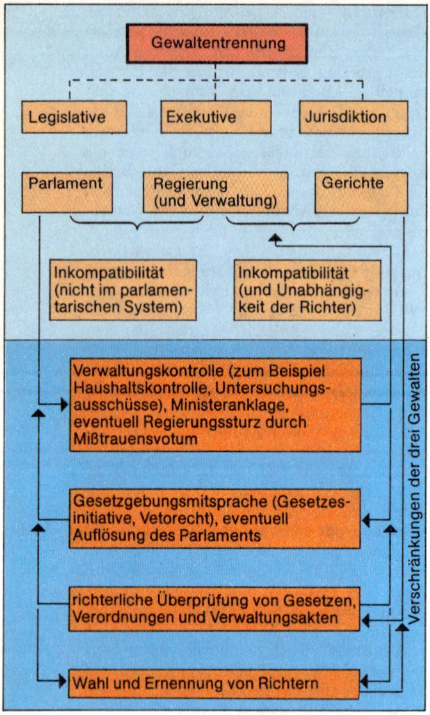

Gewaltentrennung. Die drei Staatsfunktionen und ihre möglichen Verschränkungen

geln an den dünnen, gelbl. Beinen.

Gewaff, wm. Bez. für die vorstehenden Eckzähne beim männl. Wildschwein (Keiler) und für die Krallen der Greifvögel.

Gewährleistung ↑Mängelhaftung.

Gewahrsam, im Unterschied zum Besitz die von einem entsprechenden natürl. Willen getragene tatsächl. Herrschaft über eine Sache mit der Möglichkeit der derzeitigen ungehinderten und unmittelbaren körperl. Einwirkung auf sie. Von bes. Bedeutung im Strafrecht ist der **Gewahrsamsbruch** (= Bruch fremden G.) als Teilakt der Wegnahme beim Diebstahl.

Gewahrsamsbruch ↑Gewahrsam, ↑Verwahrungsbruch.

Gewalt, 1. im *Strafrecht* - als Einsatz phys. Kraft zur Beseitigung eines wirkl. oder vermuteten Widerstandes - häufig Tatbestandsmerkmal einer strafbaren Handlung, z. B. bei Widerstand gegen die Staatsgewalt, Vergewaltigung, Menschenraub, Raub und Erpressung. Die G. kann die Willensbildung oder die Willensbetätigung des Gezwungenen völlig ausschalten (z. B. betäubendes Niederschlagen, Fesselung) oder durch unmittelbare oder mittelbare Einwirkung auf den anderen darauf gerichtet sein, dessen Willen zu beugen oder seine Willensbetätigung in eine bestimmte Richtung zu lenken (z. B. Einsperren, Bedrohen von Angehörigen mit der Waffe). Nach der neueren Rechtsprechung bedeutet auch die Anwendung berauschender oder narkot. Mittel sowie die Hypnose, der den Gleiskörper einer Straßenbahn blockierende Sitzstreik sowie das Erzwingen oder das bewußte Verhindern des Überholens im Straßenverkehr Anwendung von Gewalt; 2. im *Zivilrecht* ↑elterliche Sorge, ↑Schlüsselgewalt; 3. im *öffentl. Recht* ↑Gewaltentrennung, ↑Staatsgewalt.

Für das *östr.* und *schweizer. Recht* gilt Entsprechendes.

In der *älteren dt. Rechtssprache* bezeichnet das Wort auch Herrschaft, Regierung, Herrschaftsgebiet, Vollmacht, Auftrag.

In den *Sozialwissenschaften* bedeutet G. die Anwendung von phys. und/oder psych. Zwang gegenüber einem anderen, um diesem Schaden zuzufügen bzw. ihn der Herrschaft des G.ausübenden zu unterwerfen oder um solcher G.ausübung (mittels Gegen-G.) zu begegnen.

Der Staat hat das „Monopol phys. Gewaltsamkeit" (Max Weber), das ihm einerseits die Verwirklichung der Freiheits-, Rechts- und Wohlfahrtsordnung für die Bürger der Gesellschaft ermöglicht, das andererseits jedoch verfassungsmäßigen Bindungen und Begrenzungen unterliegt. Sofern der Staat einseitig oder völlig von bestimmten gesellschaftl. Gruppen oder Klassen beherrscht wird, entsteht **strukturelle Gewalt:** nicht mehr nur personale oder direkte, sondern (indirekte) in das gesellschaftl. System eingebaute, die Entstehung von (durch Gesetz und Recht legitimierten) ungleichen Macht- und Besitzverhältnissen zulassende G., die Gegen-G. provozieren kann.

In den revolutionären Theorien des Marxismus und Leninismus wird die Rolle der polit. und staatl. G. in ihrer geschichtl. Notwendigkeit begründet und von zeitgenöss. Autoren für die Verhältnisse des revolutionären Kampfes unter verschiedenen geograph. und ökolog. Bedingungen weiterentwickelt. Solchen strateg.-geschichtsphilosoph. Konzepten von G. stehen wiss. Bemühungen gegenüber, die die Ursachen von Frustration und Aggression sozialer Gruppen untersuchen und die Voraussetzungen für polit. Aufklärung, für rationale Auseinandersetzung unter Gegnern und für eine Institutionalisierung von Konflikten erforschen.

🕮 *Arendt, H.: Macht u. G. Dt. Übers. Mchn. [5]1985. - Höfelmeyer, A./Küster, G.: Aggression u. G. Ffm. [2]1982.*

Gewaltentrennung (Gewaltenteilung),

Unterscheidung der drei Staatsfunktionen in Exekutive (vollziehende Gewalt), Legislative (Gesetzgebung), Jurisdiktion (Rechtsprechung) sowie ihre Zuweisung an voneinander unabhängige Staatsorgane (Regierung, Parlament, Gerichte) zur Verhinderung von Machtmißbrauch und zur rechtsstaatl. Sicherung der bürgerl. Freiheiten. Als grundlegendes Ordnungs- und Strukturprinzip moderner Verfassungen zuerst von J. ↑Locke 1690 formuliert und von ↑Montesquieu in „De l'esprit des lois" (1748) zu einem System kontrollierenden Gleichgewichts entwickelt. In der Verfassungswirklichkeit der USA (seit 1776/87) mangels monarch. Tradition zu charakterist. Ausprägung gelangt, erhielt die G. in der Frz. Revolution 1789 im Artikel 16 der Déclaration des droits de l'homme et du citoyen grundgesetzl. Charakter, in den Verfassungen von 1791 und 1795 Realität und in den frz. und dt. Verfassungen 1848/49 ihre liberalrechtsstaatl. Anwendung, die im Dt. Reich jedoch erst 1919 (Weimarer Reichsverfassung) Realität wurde. - Die marxist.-leninist. Staatstheorie lehnt die G. als arbeitsteilige, organisator. Aufgliederung der einheitl. Staatsgewalt der Bourgeoisie ab.
Geltendes Recht: Für die BR Deutschland ist die G. in Art. 20 Abs. 2 GG festgelegt, wonach die Staatsgewalt durch bes. Organe der Gesetzgebung, der vollziehenden Gewalt und der Rechtsprechung ausgeübt wird. Diese Bestimmung gehört zu den Verfassungsvorschriften, die nicht geändert werden können. Der Grundsatz der *funktionellen G.* ist allerdings nicht immer eingehalten: So stehen z. B. dem Parlament vereinzelt exekutive Rechte zu, und die vollziehende Gewalt übt über den Erlaß von RVO Befugnisse der Gesetzgebung aus. In *personeller* Hinsicht soll die G. durch ↑Inkompatibilität erreicht werden.
Für das *östr. Verfassungsrecht* ist der Grundsatz der G. ausdrückl. ledigl. für den Bereich der Justiz und Verwaltung ausgesprochen (Art. 94 B-VG). Materiell gilt das zum dt. Recht Gesagte.
Für das *schweizer. Bundesverfassungsrecht* sowie das Verfassungsrecht der Kt. gilt eine dem dt. Recht entsprechende Regelung, meist jedoch ohne daß das Prinzip der G. ausdrückl. erwähnt wird.

Gewalt geht vor Recht, auf Habak. 1,3 zurückgehende Redewendung.

Gewaltlosigkeit, Ablehnung von Gewaltpolitik und/oder gewaltsamer Aktionen unter Anknüpfung an eth. Postulate z. B. im Christentum, Humanismus oder Buddhismus. Anhänger der G. versuchen ihre Ziele durch nichtverletzende Aktionen durchzusetzen (Boykott, Streik, ziviler Ungehorsam, Flugblätter). Einzelne Anhänger der G. differenzieren in Gewalt gegen Personen, die abgelehnt wird, und Gewalt gegen Sachen, die noch als mit der G. vereinbar angesehen wird.
Im zwischenstaatlichen Bereich ↑Gewaltverzicht.

Gewaltverhältnis (öffentl.-rechtl. G.), Verhältnis des Bürgers zum Staat. Man unterscheidet das allg. G. und das bes. Gewaltverhältnis.
Das **allgemeine Gewaltverhältnis** beschreibt die Rechte und Pflichten eines jeden Bürgers gegenüber dem Staat, z. B. Steuerpflicht, Wehrpflicht u. a.; Grundrechte; Wahlrecht; Rechtsschutzanspruch. Das **besondere Gewaltverhältnis** ist gekennzeichnet durch ein bes. enges Verhältnis des Gewaltunterworfenen zu einem bestimmten Träger staatl. Gewalt. Es kann auf freiwilliger Grundlage (z. B. Beamte, Richter) oder auf gesetzl. Zwang beruhen (z. B. Strafgefangene, Wehrpflichtige, schulpflichtige Schüler). Durch das bes. G. wird der aus dem allg. G. sich ergebende Status zwar nicht aufgehoben, jedoch weiteren Beschränkungen unterworfen, die ihre Schranke wiederum in den Erfordernissen des betreffenden bes. G. finden. Absolute Grenzen für Grundrechtseinschränkungen im bes. G. ergeben sich aus der Menschenwürde, dem Gleichheitsgebot und der sog. Wesensgehaltsgarantie. Freiheitsbeschränkungen im Rahmen eines bes. G. bedürfen grundsätzl. einer gesetzl. Grundlage.
In *Österreich* ist die Begründung eines bes. G. wegen des aus Art. 18 B-VG hervorgehenden Gebotes der Gesetzmäßigkeit der Verwaltung ausgeschlossen. In der *Schweiz* ist die Unterscheidung zw. allg. und bes. G. ohne dogmat. Erkenntniswert, da wegen der absoluten Geltung des Grundsatzes der Gesetzmäßigkeit der Verwaltung alle Freiheitsbeschränkungen der gesetzl. Grundlage bedürfen.

Gewaltverzicht, im Völkerrecht Verzicht auf Androhung oder Anwendung von Gewalt zur Lösung strittiger Fragen. Als Einschränkung von Gewalt schon im 19. Jh. praktiziert, im 2. Haager Abkommen (18. 10. 1907), in der Völkerbundsatzung (29. 4. 1919) und in der UN-Charta (26. 6. 1945) als Gewaltverbot formuliert. Die BR Deutschland erklärte den G. bereits auf der Londoner Neunmächtekonferenz (28. 9.–3. 10. 1954). Der G. wurde ein zentrales Instrument der Ostpolitik der BR Deutschland ab 1969. Von den Staaten des Warschauer Paktes ist G. als eine Grundlage der Außenpolitik und des Völkerrechts anerkannt. Völkerrechtl. Verträge mit G.klauseln wurden geschlossen zw. der BR Deutschland und der UdSSR (12. 8. 1970), Polen (7. 12. 1970), der DDR (21. 12. 1972) und der ČSSR (11. 12. 1973). Eine umfassende G.erklärung enthält Art. II der Erklärung über die „Prinzipien, die die Beziehungen der Teilnehmerstaaten leiten" in der Helsinkier Schlußakte der Konferenz über Sicherheit und Zusammenarbeit in Europa (KSZE) vom 1. Aug. 1975.

Gewand [zu althochdt. giwant, urspr. „das Gewendete", d. h. „das gefaltete Tuch"], selten für Oberbekleidung, v. a. gebraucht für außereurop. oder histor., auch liturg. Kleidungsstücke.

Gewände, Bez. für die durch schrägen Einschnitt in die Mauer entstehende Fläche an Fenstern und Portalen. Bes. die G. der Portale sind im roman. und im got. Stil reich mit Zierformen (Säulen, Diensten, Kapitellen), oft mehrfach hintereinander gestaffelt, oder mit **Gewändefiguren** versehen.

Gewandhaus (Tuchhalle), im späten MA auf Grund des wirtsch. Aufschwungs der Gilden der Gewandschneider errichtetes Lager-, Verkaufs-, Fest- und Repräsentationshaus. Berühmte G. in den flandr. Städten (z. B. Brügge, 13.–15. Jh.), in Deutschland in Braunschweig (14. und spätes 16. Jh., nach 1945 wiederaufgebaut) und Leipzig (nach 1477 ff.; Neubau 1882–84, z. Zt. im Wiederaufbau).

Gewandhausorchester, ben. nach dem Leipziger Gewandhaus, in dessen Saal ab 1781 die zuerst von J. A. Hiller geleiteten Gewandhauskonzerte stattfanden. Kapellmeister: F. Mendelssohn-Bartholdy, A. Nikisch, W. Furtwängler, B. Walter, H. Abendroth, F. Konwitschny, V. Neumann, K. Masur.

Gewann, urspr. (mittelhochdt. gewande) Ackergrenze, an der der Pflug gewendet wird, später Bez. für die Gesamtheit der Felder, die an einen gemeinsamen Grenzstreifen reichen. - ↑auch Flurformen.

Gewannflur ↑Flurformen.

Gewässer, die Gesamtheit aller natürl. und künstl. stehenden und fließenden Wassermassen auf und unter der festen Erdoberfläche. - Zum *Recht* ↑Wasserrecht.

Gewässerkarten, beinhalten die Darstellung aller Gewässer des Landes und des Meeres.

Gewässerkunde ↑Hydrologie.

Gewässernamen (Hydronymie), Namen fließender und stehender Gewässer; in der Namenforschung haben die Namen der fließenden Gewässer bes. Bed. wegen ihrer Altertümlichkeit, während die Namen der stehenden Gewässer verhältnismäßig jung und etymolog. durchsichtig sind.

Gewässerschutz ↑Wasserrecht.

Gewebe, (Ware, Zeug) textiles Flächengebilde aus zwei rechtwinklig sich kreuzenden Fadensystemen (Kette und Schuß). Die regelmäßige Fadenwerkkreuzung wird Bindung genannt.

◆ in der *Biologie* Verbände aus miteinander in Zusammenhang stehenden Zellen annähernd gleicher Bauart und gleicher Funktion (**einfache Gewebe**) oder zusammengesetzt aus zwei oder mehr Zelltypen (**komplexe Gewebe**). Durch Zusammenschluß mehrerer G. können höhere Funktionseinheiten (Organe, Organsysteme) entstehen. **Pflanzl. Gewebe:** Algen und Pilze haben im allg. Schein-G. (Plektenchyme; aus miteinander verflochtenen Zellfäden bestehende Zellverbände). Moose (auch hochdifferenzierte Algen) haben z. T., die Sproßpflanzen (Farne und Samenpflanzen) stets unterschiedl. differenzierte echte G. Ihr Entstehungsort sind die ↑Meristeme. Durch Zellteilung, Zellstrekkung und Differenzierung zur endgültigen Form gehen aus den Meristemen ↑Dauergewebe hervor. **Tier. Gewebe** treten bei den Eumetazoen (G.tiere) auf. Sie gehen aus den verschiedenen Keimblättern bzw. einem ↑Blastem hervor. Nach Entwicklung, Bau und Leistung werden hauptsächl. unterschieden: Deck-G. (↑Epithel), Stütz- und Füll-G. (↑Bindegewebe), ↑Muskelgewebe, ↑Nervengewebe.

Gewebebank, Vorratsstelle für konserviertes menschl. Gewebematerial, das für Transplantationen bereitgehalten wird.

Gewebekultur (Gewebezüchtung), das Züchten von Zellen höherer Organismen (z. B. Hühnerembryozellen, Rattenzellen, menschl. Tumorzellen) im Reagenzglas.

Gewebshormone, in verschiedenen Geweben erzeugte hormonähnl. Stoffe, z. B. Gastrin, Sekretin, Angiotensin, Acetylcholin.

Gewebstod, svw. ↑Nekrose.

Gewebsverpflanzung, svw. ↑Transplantation.

Gewebszerfall, svw. ↑Histolyse.

Gewehr [zu althochdt. giwer „Verteidigung, Schutz"], langläufige Handfeuerwaffe. Die ältesten Handfeuerwaffen waren ungeschäftete Knallbüchsen (Donnerbüchsen), die Bolzen oder Kugeln in feindl. Stellungen warfen. Um die Mitte des 14. Jh. versah man sie mit roh gearbeiteten Holzfassungen als Vorläufer des Schaftes. Pulver und Kugel wurden bei diesen **Vorderladern** mit einem Ladestock in den Lauf geschoben. Die Zündung erfolgte anfangs durch eine mit der Hand geführte Lunte, dann mit dem Luntenschloß. Ein wesentl. Fortschritt war das 1517 erfundene Radschloß, bei dem ein Zahnrad von einem Feuerstein Funken schlug. Dem überlegen war das gegen 1550 in Spanien entwickelte Schnapphahnschloß, ein Vorläufer des um 1630 in Frankr. aufkommenden Stein- oder Flintenschlosses, bei dem der in den Hahn eingeklemmte Feuerstein (Flint) gegen die Schlagfläche eines stählernen Pfanndeckels schlug (Feuersteinschloß). - Nach den Befreiungskriegen wurde das Steinschloß-G. durch das auch bei Regen zuverlässige Perkussions-G. verdrängt. Bei ihm schlägt der Hahn auf ein mit Knallquecksilber gefülltes Kupferzündhütchen, dessen Feuerstrahl die Pulverladung entzündet (chem. Zündung). Mit N. von Dreyses Erfindung des von hinten zu ladenden Zündnadel-G. und seiner Einführung beim preuß. Heer begann eine neue Epoche in der Geschichte des Gewehrs. Die meisten Staaten rüsteten nach den preuß. Erfolgen von 1866 auf **Hinterlader** um, unter Verwendung der 1860 erfundenen Metallpatrone, in der Pulverladung, Zündmasse und Geschoß vereinigt waren. Ab 1860 begann die Entwicklung der **Mehrfachlader** bzw. Repetier-G. (mit Magazinen für 3 bis 10 Patronen), die erstmals im amerikan. Sezessionskrieg von der Kavallerie der Nordstaaten verwendet wurden (Spencer-Karabiner). Für die dt. Armee wurde aus dem Gewehr M/71 von

Gewehr. a Vorderlader mit Luntenschloß und Knopfabzug (böhmische Arbeit; um 1500). Pilsen, Západočeské Múzeum; b Infanteriegewehr (Vorderlader) mit Steinschloß (1777; Kaliber 17,5 mm). Paris, Musée de l'Armée; c Vorderlader (Detail) mit Steinschloß (französische Arbeit; um 1660). Stockholm, Kungliga Livrustkammaren; d moderne Großwildwaffe. Wetherby-Wildbüchse mit Teleskop; e Schema des automatischen Gewehrs G 3 (Kaliber 7,62 mm × 51): 1 Feuerdämpfer (Gewehrgranatenführung), 2 Rohr, 3 Handschutz, 4 Kornhalter mit Korn, 5 Verschlußkopf, 6 Verriegelungsstück, 7 Magazin, 8 Zubringerfeder, 9 Schlagbolzen mit Schlagbolzenfeder, 10 Schließfeder, 11 Abzug, 12 Handgriff, 13 Hahn, 14 Pufferfeder, 15 Drehvisier, 16 Schulterstütze

Mauser der Mehrfachlader M/71.84 entwickelt, dessen Vorderschaftmagazin 9 Patronen enthielt. Während noch im 1. Weltkrieg die Mehrfachlader-G. eine große Rolle spielten, wurden sie im 2. Weltkrieg zunehmend von den Maschinenwaffen verdrängt. Das 1944 eingeführte „Sturmgewehr 44“, ein sog. Maschinenkarabiner, mit dem sowohl Einzel- als auch Dauerfeuer geschossen werden konnte, wurde zum Ausgangsmodell der meisten nach dem 2. Weltkrieg entwickelten automat. Schnellfeuer-G. im militär. Bereich. Das Kaliber moderner Schnellfeuer-G. liegt zw. 5,56 mm und 7,62 mm, ihre Länge zw. 900 mm und 1 050 mm. Einige Typen dieser Art sind: das bei der Bundeswehr eingeführte G. G 3, das amerikan. M-14, das sowjet. Ad-47 Kalaschnikow, das schweizer. SG 510–4. Die Magazine nehmen i. d. R. 20–30 Schuß auf. **Sportgewehre** sind entweder ein- oder mehrschüssige Luft-G., die runde oder becherförmige Bleigeschosse mittels komprimierter Luft verschießen, oder Kleinkalibergewehre (Kaliber .22 = 5,6 mm). **Jagdgewehre** zum Verschießen von Schrotpatronen besitzen einen (Flinte) oder zwei glatte Läufe (Doppel- oder Bockflinte), zum Verschießen von Kugelpatronen einen (Büchse) oder zwei gezogene Läufe (Doppel- bzw. Bockdoppelbüchse).
🕮 *Swensson, G. W.: Das G. Die Gesch. einer Waffe. Stg. 1973.*

Geweih [eigtl. „Geäst“], paarig ausgebildete Stirnwaffe der Hirsche für Brunst- und Abwehrkämpfe. In der Jägersprache wird das nicht ausladende G. des Rehbocks als **Gehörn** bezeichnet. Mit Ausnahme des Rens sind zur G.bildung nur die ♂♂ befähigt. Im Unterschied zum Gehörn (↑Hörner) der Rinder ist das G. eine Hautknochenbildung, die während ihrer Entwicklung von einer plüschartig behaarten, blutgefäßreichen Haut (**Bast**) überzogen ist. Diese Haut wird alljährl. nach ihrem Absterben und Eintrocknen an Baumstämmen abgescheuert. Dabei wird der ursprüngl. weiße *G.knochen* durch Substanzen (v. a. Gerbstoffe) der Baumrinde je nach Holzart mehr (z. B. bei Eichen, Erlen) oder weniger dunkel (z. B. bei Birken, Buchen, Weiden) gefärbt. Die an der Oberfläche des blankgefegten G. erkennbaren Rillen rühren von Eindrücken der Blutgefäße des Bastes her. Jährl., beim Abklingen der Brunst, wird das G. durch Einwirkung der Geschlechtshormone abgeworfen. Die Neubildung erfolgt unter der Einwirkung der Schilddrüsenhormone. Das noch im Wachstum begriffene, bastüberzogene G. heißt **Kolbengeweih (Kolben)**. Zur Abwurfzeit der Stangen (beim Rothirsch etwa im Febr. und März, beim Rehbock Ende Okt. bis Dez., beim Elchhirsch Anfang Okt. bis Anfang Nov., beim Damhirsch April und Mai) erfolgt eine ringartige Auflösung des Knochens am **Knochenzapfen (Stirnzapfen, Rosenstock)** des Stirnbeins dicht unterhalb der *Rose*, einem Wulst mit perlartigen Verdickungen (Perlen bzw. Perlung). Das G. besteht aus den beiden *G.stangen* (**Stangen**) und deren Abzweigungen (**Enden** bzw. **Sprosse**). Bildet die Stangenspitze drei oder mehr Enden aus, so spricht man von einer **Krone.** Eine Abflachung und Verbreiterung der Stange heißt **Schaufel.** Die ersten noch unverzweigten G.stangen werden als **Spieße,** das häufig darauf folgende, einmal verzweigte G. als **Gabelgeweih** bezeichnet.
Beim Rothirsch zeigen sich im zweiten Jahr rosenlose, 20–25 cm lange Spieße; im dritten Jahr weist das G. im allg. bereits sechs oder mehr Enden auf. - Beim Rehbock erscheinen im ersten Herbst zuerst 1–2 cm lange, knopfartige Bildungen (Knopfspießchen; werden im Jan. und Febr. abgeworfen), im zweiten Jahr zeigt sich das für den „Spießbock“ typ. „Spießergehörn“.
Am G. des Rothirschs unterscheidet man von der Rose ab *Augsproß* (erster, nach vorn weisender Sproß), *Eissproß*, *Mittelsproß* und *Endsproß* mit Gabelenden. Die Endenzahl eines G. ist die verdoppelte Zahl der Enden der Einzelstange, die die meisten Enden trägt. Je nach Endenzahl und Gleich- oder Ungleichheit der Enden beider Stangen spricht man z. B. von geraden oder ungeraden Sechs-, Acht-, Zehn-, Zwölfendern usw. Beim Rehbock unterscheidet man am Gehörn im Anschluß an die Rose den nach vorn stehenden *Vordersproß*, den nach hinten weisenden *Hintersproß* und das *Stangenende (Obersproß)*. - „Korkenzieher-“ und „Widdergehörne“ entstehen durch Krankheiten, v. a. durch Kalkmangel oder Parasitenbefall. Eine Mißbildung, z. B. infolge einer Hodenverletzung, ist das **Perückengeweih,** das nur aus weichen, unförmig verdickten Wucherungen oder schwammig verdickten Stangen besteht.

Geweihfarn (Platycerium), Gatt. der Tüpfelfarngewächse mit 17 (epiphyt.) Arten in den trop. Regenwäldern; Rhizompflanzen mit aufrechten, lederigen, gabelig verzweigten, geweihähnl. Blättern; als Zimmerpflanze der **Elchfarn** (Platycerium alcicorne).

Gewerbe, jede selbständige, nachhaltige, wirtschaftl. Tätigkeit mit der Absicht, Gewinn zu erzielen, mit Ausnahme der ↑Urproduktion und der freiberufl. Tätigkeit.

Gewerbeaufsicht, die Überwachung der Einhaltung der Bestimmungen über den Arbeitsschutz. Die G. ist in der Gewerbeordnung und in zahlr. weiteren Vorschriften geregelt. Die Durchführung der G. obliegt staatl. Sonderbehörden, den **Gewerbeaufsichtsämtern,** die zum Bereich des Arbeitsministeriums gehören. G. im weiteren Sinne ist die Überwachung der Gewerbebetriebe auf die Einhaltung der gewerberechtl. Vorschriften schlechthin. - In *Österreich* und in der *Schweiz* entspricht der G. die ↑Arbeitsinspektion.

Gewerbebetrieb, ein Betrieb des Handels, Handwerks, der Ind. oder des Verkehrs zum Betrieb eines Gewerbes. Die Voraussetzungen sind in der Gewerbeordnung und in zahlr. Nebengesetzen geregelt. Die Gewerbeordnung unterscheidet zw. dem Betrieb eines ↑stehenden Gewerbes und dem eines Reisegewerbes.

Geweih. 1 Rothirsch, ungerader Vierzehnender (Kronenhirsch, Kapitalhirsch); 2 Rothirsch, Gabler; 3 Rehbock, Spießbock; 4 Rehbock, Gabelbock; 5 Rehbock, Sechserbock (Kapitalbock); 6 Damhirsch, Damschaufler (Kapitalschaufler); 7 Elchhirsch, Schaufelgeweih eines Kapitalschauflers. A Augsproß, E Eissproß, H Hintersprosse, K Krone (rechts 4, links drei Kronenenden als Endsprossen), M Mittelsproß, O Obersprosse (Stangenende), P Perlung und Riefen, R Rose, S Stirnzapfen, Sch Schaufel mit den Enden (Sprossen), Sp Sprosse, St Stange, T Tragstange, V Vordersprosse

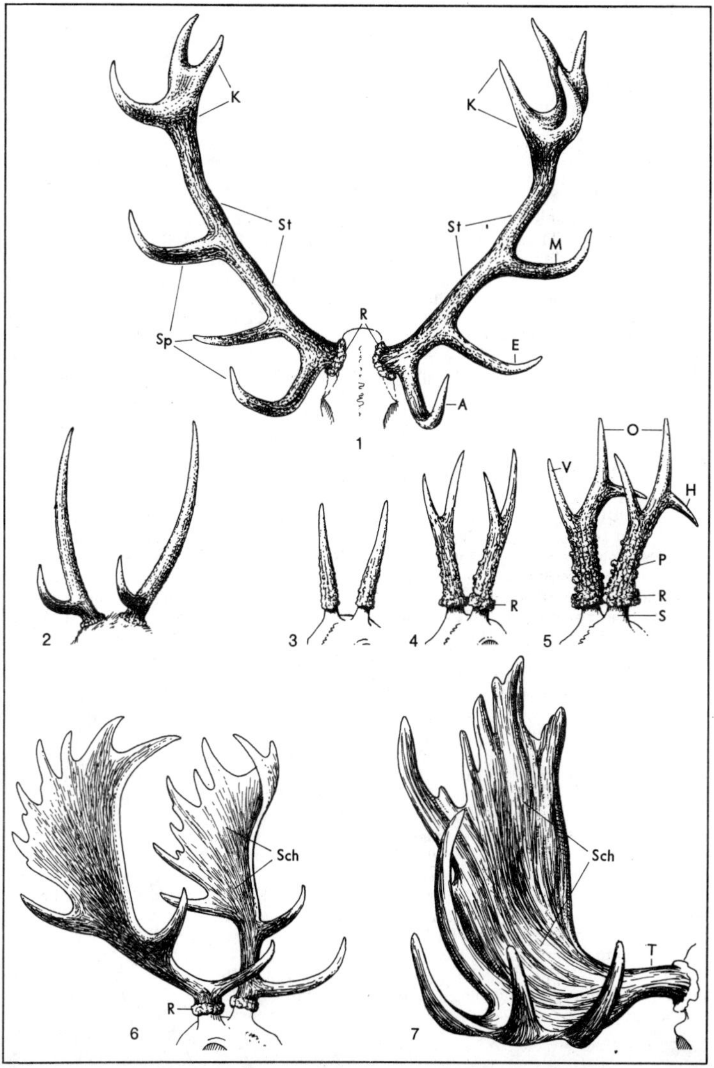

Gewerbefreiheit, das in § 1 der Gewerbeordnung niedergelegte Recht eines jeden, ein Gewerbe zu betreiben und fortzuführen, soweit nicht gesetzlich Ausnahmen oder Beschränkungen (z. B. Art. 12 GG) vorgeschrieben oder zugelassen sind. Die G. wurde in Deutschland erst mit der Gewerbeordnung von 1869 eingeführt, während bis ins 19. Jh. hinein der Betrieb eines Gewerbes von einer behördl. Genehmigung (Konzession) oder von der Mitgliedschaft in einer Zunft abhängig war (↑auch Berufsfreiheit).
In *Österreich* kann nach der heute herrschenden Rechtslage von voller G. nicht gesprochen werden, da sogar bei den freien Gewerben (die wirtschaftl. nur von geringer Bedeutung sind) Anmeldung und Prüfung, ob der Gewerbetreibende den allg. gesetzl. Bedingungen entspricht (Straffreiheit u. a.), erforderl. ist. In der *Schweiz* ist nach Art. 31 BV die Handels- und Gewerbefreiheit in der ganzen Eidgenossenschaft gewährleistet, soweit sie nicht durch die BV oder die auf ihr beruhende Gesetzgebung beschränkt ist.

Gewerbegerichte, in der Schweiz Sondergerichte zur Beilegung bzw. Entscheidung von Streitigkeiten zw. Arbeitgebern und Arbeitnehmern aus dem Arbeitsverhältnis, wobei im Richterkollegium paritätisch Berufsangehörige der Parteien als Richter mitwirken (Arbeitgeber- und Arbeitnehmervertreter derselben Branche). Sie entscheiden im allg. erst- und letztinstanzlich. - Zum dt. Recht ↑Arbeitsgerichtsbarkeit.

Gewerbelehrer, nichtamtl., eingebürgerte Berufsbez. von Lehrkräften an gewerbl. und hauswirtschaftl. Berufs-, Berufsfach-, Fachschulen und Berufsoberschulen; heute ist in der BR Deutschland ein Hochschulstudium Voraussetzung, während in Österreich die Ausbildung an berufspädagog. Lehranstalten erfolgt, in der Schweiz am Schweizer. Institut für Berufspädagogik.

Gewerbeordnung, Abk. GewO, Gesetz, das die öffentl.-rechtl. Gewerbeüberwachung regelt. Am 21. 6. 1869 als Gesetz des Norddt. Bundes erlassen, wurde die G. später Reichsrecht und ist nunmehr Bundesrecht; gültig ist die Neufassung vom 1. 1. 1978. Die G. enthält insbes. Regelungen über die Einteilung der Gewerbe [in stehendes und Reisegewerbe sowie Marktverkehr], Taxen, gewerbl. Arbeiter [und hier auch über den Betriebsschutz], die Errichtung eines Gewerbezentralregisters (Eintragungen von Versagung, Entzug einer Gewerbeerlaubnis, Bußgeldentscheidungen), Straf- und Bußgeldvorschriften. In *Österreich* gilt die G. von 1973. Im *schweizer. Recht* bestehen in diesem Sachgebiet verschieden ausgestaltete kantonale Regelungen.

Gewerbepolitik, Maßnahmen des Staates und der Wirtschaftsverbände, die die gewerbl. Wirtschaftszweige betreffen. Die histor. Entwicklung kann man in vier Epochen unterteilen: 1. Die ma. zunftgebundene G. strebte einen „standesgemäßen Unterhalt" an. Als Mittel zur Einkommenssicherung dienten Zunftzwang sowie Produktions- und Preiskontrolle. 2. Die merkantilist. G. förderte Handel und Verkehr durch Erweiterung des Absatzgebietes (Förderung von Handel und Verkehr) und Vergrößerung des Produktionsausstoßes durch staatl. konzessionierte Manufakturbetriebe. 3. Die liberale G. vertrat die Prinzipien der Gewerbe-, Berufs- und Handelsfreiheit. Sie setzte sich in Großbrit. um die Mitte des 17. Jh., in Frankr. während der Frz. Revolution und in Deutschland seit Anfang des 19. Jh. durch. 4. Die sozialgebundene G. sieht ihre Aufgabe v. a. in der Einkommenssicherung der Lohnempfänger, der Sicherung der Arbeitsplätze sowie der Stärkung der Klein- und Mittelbetriebe im Konkurrenzkampf.

Gewerbeschein ↑Reisegewerbe.

Gewerbeschulen, Berufsfachschulen des gewerbl.-techn. Bereichs. In Österreich berufsbildende, mittlere Schulen, deren Besuch eine Lehre ersetzt (Vollzeitschule). Sie führen bis zur Meisterprüfung (nach 4 Jahren). In der Schweiz die gewerbl.-industriellen Berufsschulen.

Gewerbesteuer, bedeutendste der Gemeindesteuern in der BR Deutschland. Rechtsgrundlage für die Erhebung der G. ist das G.gesetz i. d. F. vom 22. 9. 1978 (mit Änderungen). Die G. ist bundeseinheitl. geregelt und zählt innerhalb der Besitzsteuern zu der Gruppe der Real- oder Sachsteuern. Steuerbemessungsgrundlagen sind der Gewerbeertrag (unter diesem Aspekt zählt sie zu den Ertragsteuern), das Gewerbekapital und die Lohnsumme (Lohnsummensteuer; bis 1. 1. 1980). Berechnungsgrundlage für den *Gewerbeertrag* ist der nach § 15 EinkommensteuerG ermittelte Gewinn, der u. a. durch die Hinzurechnung von langfristigen Schulden erhöht und u. a. durch den Abzug von Spenden verringert wird. Hiervon wird der Meßbetrag nach dem Gewerbeertrag (§ 11 G.G) mit Hilfe einer Steuermeßzahl von 5 % berechnet. Bei der Besteuerung des *Gewerbekapitals* wird der zu Beginn eines Jahres festgestellte Einheitswert zugrunde gelegt und unter Anwendung einer Steuermeßzahl von 2 ‰ der Meßbetrag nach dem Gewerbekapital ermittelt (§ 12 G.G). Die beiden Steuermeßbeträge werden anschließend zusammengefaßt und vom Betriebsfinanzamt im G.meßbescheid festgesetzt. Darauf basierend wird mit Hilfe der von den Gemeinden unterschiedl. hoch festgesetzten Hebesätzen die G.schuld errechnet. Bei der *Lohnsummensteuer* wird der gleiche Weg beschritten (Steuermeßzahl 2 ‰), doch ist ihre Erhebung nur in begründeten Fällen und nur nach der Genehmigung durch die Landesregierung gestattet (ab 1. 1. 1980 abgeschafft). Seit der Finanzreform von 1969 muß ein Teil des G.aufkommens an Bund und Länder abgeführt werden. Zum Ausgleich erhalten die Gemeinden einen Teil des Einkommensteuerertrags.

Gewerbeuntersagung, das behördl. Verbot, ein Gewerbe weiter auszuüben; in der Gewerbeordnung geregelt. Eine G. ist u. a. möglich, wenn Tatsachen vorliegen, welche die Unzuverlässigkeit des Gewerbetreibenden dartun, sofern die weitere Ausübung des Gewerbes für die Allgemeinheit oder die im Betrieb Beschäftigten eine Gefährdung des Lebens, der Gesundheit, der Freiheit oder der Sittlichkeit oder eine Gefährdung des Eigentums oder des Vermögens anderer mit sich bringt und diesen Gefährdungen nur durch eine G. begegnet werden kann.

Gewerbevereine, freie, gewerbl. [Handwerker]vereinigungen mit dem Hauptzweck, das Gewerbewesen (oder bestimmte Zweige) im Vereinsbezirk zu fördern. Der erste G. wurde 1825 in Leipzig gegr.; 1891 Zusammenschluß im „Verband dt. G."; 1933 Auflösung der G.; seit 1950 Wieder- und Neugründungen, Zusammenschluß im Dt. Gewerbeverband e. V.

Gewerbezulassung, die Erlaubnis zum Betrieb eines Gewerbes. Sie bezieht sich entweder auf bestimmte Anlagen, auf die Befähigung und Zuverlässigkeit des Gewerbetreibenden, oder sie ist vom Nachweis eines Bedürfnisses abhängig. Zur Errichtung bestimmter Anlagen, die durch ihre Lage oder Beschaffenheit erhebl. Nachteile, Gefahren oder Belästigungen herbeiführen können, ist eine *Genehmigung* erforderlich. Dazu gehören z. B. Hochöfen, Gießereien, Müllverbrennungsanlagen und Glasfabriken. Für bestimmte Gewerbearten, die bes. Kenntnisse und Fähigkeiten voraussetzen, ist eine *persönl. G.* erforderl., die i. d. R. in der Form eines Befähigungsnachweises erteilt wird (z. B. für Handwerker, Seeleute, Lotsen, Hebammen).
In *Österreich* ist die **Gewerbeberechtigung** die durch Bescheid erteilte Befugnis, ein bestimmtes Gewerbe im Rahmen der gesetzl. Grenzen ausüben zu können. Sie wird nur bei Erfüllung bestimmter Voraussetzungen, die von Gewerbe zu Gewerbe oft verschieden sind, erteilt. In der *Schweiz* gilt eine dem dt. Recht im wesentl. entsprechende Regelung.

gewerblicher Rechtsschutz, Sammelbegriff für die Gesetze zum Schutz des *geistigen Schaffens auf gewerbl. Gebiet* (Patent-, Gebrauchs- und Geschmacksmuster-, Warenzeichen- und Wettbewerbsrecht).

gewerbsmäßiges Handeln, im Strafrecht eine Handlungsweise des Täters, die durch dessen Absicht, sich durch die wiederholte Begehung einer Straftat eine fortlaufende Einnahmequelle von einiger Dauer und einigem Umfang zu verschaffen, gekennzeichnet ist. Die Gewerbsmäßigkeit ist teils *strafbegründend* (z. B. beim Betreiben eines Bordells), teils *straferhöhend* (z. B. bei Hehlerei).
Für das *östr.* und *schweizer. Strafrecht* gilt Entsprechendes.

Gewere, Begriff im german.-dt. Recht zur Bez. für den Besitz einer Sache, d. h. die tatsächl. sowie rechtl. geschützte Sachherrschaft (v. a. bei Grundstücken).

Gewerk, Gewerbe, Handwerk, Zunft.

Gewerkschaft (bergrechtl. Gewerkschaft), im Bergrecht alte und selten gewordene Unternehmensform. Die G. verfügt über kein bestimmtes nominelles Grundkapital wie die AG; das Kapital ist vielmehr in quotenmäßige Anteile (**Kuxe**) eingeteilt, die auf einen Bruchteil des G.kapitals lauten. Die **Gewerken** (Anteilsinhaber) sind zu Nachzahlungen (**Zubußen**) verpflichtet, die entsprechend dem sich ändernden Kapitalbedarf erhoben werden. Den Gewerken steht das Recht auf ↑Abandon zu. Organe der G. sind die Gewerkenversammlung, die ungefähr der Hauptversammlung einer AG entspricht, der Grubenvorstand, der die G. als jurist. Person gerichtl. und außergerichtl. vertritt und die Geschäfte führt, sowie der Aufsichtsrat.

Gewerkschaften, im weitesten Sinne alle Organisationen, in denen sich abhängig Beschäftigte (Arbeiter, Angestellte, Beamte) zusammenschließen, um bestimmte in ihrem Interesse liegende Ziele zu erreichen. Nach Gesetzgebung und Rechtsprechung gelten G. ebenso wie Arbeitgeberzusammenschlüsse in der BR Deutschland als *Koalitionen*, die vom Mitgliederwechsel unabhängig sind, die freiwillig gebildet, von Parteien, Kirchen sowie vom Staat unabhängig sind, die auf überbetriebl. Grundlage organisiert sind, deren wichtigste Aufgabe der Abschluß von Tarifverträgen ist, die zu diesem Zweck Druck ausüben können, dabei aber die geltenden Schlichtungsregelungen anerkennen. Rechtl. umstritten ist, ob auch die Bereitschaft zu Arbeitskampfmaßnahmen Voraussetzung für die Anerkennung als G. anzusehen ist. - Über diese rechtswissenschaftl. Definition hinaus gilt und galt v. a. in der Geschichte der Arbeiterbewegung als wichtigstes Ziel gewerkschaftl. Zusammenschlüsse die *Selbsthilfe* Lohnabhängiger (v. a. zu Beginn der industriellen Revolution) gegen Armut sowie körperl. und geistige Verelendung durch Kinder- und Frauenarbeit, unzumutbare Arbeitsbedingungen (12- bis 17-Stundentag bei gleichzeitiger hoher Arbeitslosigkeit, zu niedrige Löhne usw.) und fehlende soziale Sicherung (v. a. gegen Arbeitslosigkeit, Krankheit und Alter; ↑auch soziale Frage). Gewerkschaftl. Kampf um die Verbesserung der Lebens- und Arbeitsbedingungen richtete sich nicht allein gegen Arbeitgeber, sondern auch gegen den Staat, der die notwendigen gesetzl. Rahmenbedingungen schaffen sollte (Normalarbeitstag, Arbeitsschutzgesetzgebung, staatl. So-

AFRIKA
In den 1880er Jahren bildeten sich hier die ersten G. europ. Arbeiter und Angestellter. Vor dem 1. Weltkrieg gegr. G.organisationen einheim. Arbeiter bestanden jeweils nur kurze Zeit. Die zw. den Weltkriegen gegr. zahlr. G. wurden von den Kolonialmächten – mit Ausnahme der tunes. G. – erst nach 1945 anerkannt und legalisiert. Die Organisationsformen entsprachen meist denen der Kolonialländer. Afrikan. Dachorganisationen sind die 1961 gegr. **All-African Trade Union Federation (AATUF)** und die 1962 gegr. **African Trade Union Confederation (ATUC),** die dem IBFG und dem WVA nahesteht. Seit der Entkolonisation stehen die afrikan. G. fast ausschließl. unter polit. Kontrolle durch die jeweiligen Reg.; 15 Dachorganisationen in 13 arab. Ländern sind in der 1956 gegr. **International Confederation of Arab Trade Unions (ICATU)** zusammengeschlossen.
Ägypten: Die 1957 gegr. **Egyptian Federation of Labour** (heute **Egyptian Trade Union Federation, ETUF**) ist Dachverband von 16 Einzel-G. mit 2,5 Mill. Mgl.; Mgl. der AATUF und der ICATU.
Algerien: **Union Générale des Travailleurs Algériens (UGTA),** gegr. 1956, mit 12 nach dem Industrieverbandsprinzip organisierten Einzel-G., 1 Mill. Mgl. (1980).
Ghana: **Ghana Trades Union Congress;** gegr. 1945; 17 Einzel-G. mit 576 000 Mgl. (1982).
Marokko: **Union Marocaine du Travail (UMT),** linkssozialist., 700 000 Mgl. (1985); **Union Générale des Travailleurs du Maroc (UGTM),** gegr. 1960, 670 000 Mgl. (1985).
Südafrika: Den Schwarzafrikanern ist es nicht erlaubt, einer anerkannten G. beizutreten. Der 1954 gegr. **Trade Union Council of South Africa (TUCSA)** umfaßte 1984 47 G. mit 420 000 Mgl.; die nur Weißen vorbehaltene, 1957 gegr. **South African Confederation of Labour (SACOL)** schließt 12 G. mit 130 000 Mgl. zusammen.
Tunesien: Die **Union Générale Tunisienne du Travail (UGTT),** gegr. 1946, ist Dachverband von 23 Einzel-G. mit 175 000 Mgl. (1985); sie wurde 1965 der Reg.kontrolle unterstellt.

AMERIKA
Kanada: 1886 Gründung des **Trades and Labour Congress** und 1902 des **All Canadian Congress of Labour,** die sich 1956 zum **Canadian Labour Congress (CLC)** zusammenschlossen, der 1985 114 Einzel-G. mit 2,1 Mill. Mgl. umfaßte. Die frz.-sprachigen Arbeiter sind in der 1921 gegr. **Confédération des Syndicats Nationaux** mit 200 000 Mgl. organisiert.
USA: Nach Gründung einzelner Berufs-G. und nat. Facharbeiterverbände und nachdem Versuche gescheitert waren (am wichtigsten der 1869 gegr. und als Einheits-G. konzipierte **Noble Order of the Knights of Labor**), gewerkschaftl. Dachorganisationen zu gründen, wurde 1886 die **American Federation of Labor (AFL)** als Dachorganisation von 90 Berufsverbänden geschaffen, die exklusiv (ungelernte Arbeiter und ethn. Minderheiten waren ausgeschlossen), unpolit. und pragmat. allein auf die wirtsch. und soziale Besserstellung der Facharbeiter ausgerichtet war (Mgl. 1897: 250 000; 1904: 1,7 Mill.; 1920: 5,1 Mill.); zur Zeit der Depression der 1920er Jahre Rückgang auf 4,3 Mill.; 1938 Abspaltung des sich 1935 nach dem Industrieverbandsprinzip innerhalb der AFL gebildeten **Committee for Industrial Organization (CIO),** das auch Ungelernte und Farbige aufnahm; 1955 Zusammenschluß zur **American Federation of Labor and Congress of Industrial Organizations (AFL/CIO)** mit 95 (1984) sowohl nach dem Berufs- als auch nach dem Industrieverbandsprinzip organisierten Einzel-G. (mit insges. 15 Mill. Mgl.), deren größte die **United Steelworkers of America (USW)** mit 1,2 Mill. Mgl. ist. Von den 66 (1977) unabhängigen G. sind die wichtigsten die 1968 aus der AFL/CIO ausgeschlossenen **International Brotherhood of Teamsters, Chauffeurs, Warehousemen and Helpers of America (IBT;** Transportarbeitergewerkschaft, gegr. 1903, 2 Mill. Mgl. [1984]) und die **International Union, United Automobile, Aerospace and Agriculture Implement Workers of America (UAW,** gegr. 1935; 1,5 Mill. Mgl.); die 1905 gegr. radikale Industrie-G. **Industrial Workers of the World (IWW)** ist seit Ende des 1. Weltkriegs ohne Bedeutung.
Lateinamerika: Kurz vor Ende des 19. Jh. wurden die ersten lateinamerikan. G. von anarchist. und anarchosyndikalist. Einwanderern gegr. Nach dem 1. Weltkrieg entstanden in allen Staaten G. und internat. Zusammenschlüsse. Auf Grund der geringen Industrialisierung, hohen Arbeitslosenzahlen und überwiegend diktator. Reg.systeme liegt der Organisationsgrad unter 10% der Erwerbstätigen. Regionalorganisation des IBFG ist die **Organización Regional Interamericana de Trabajadores (ORIT),** gegr. 1951.
Argentinien: Bis zur Errichtung der Militärdiktatur (1976) bildeten die argentin. G. eine Ausnahme, da sie einen wichtigen wirtsch. und polit. Machtfaktor darstellten; die **Confederación General del Trabajo (CGT),** gegr. 1930, 3,5 Mill. Mgl. (1965) und Mgl. des IBFG, wurde 1977 aufgelöst. Dem WGB gehörte die ebenfalls verbotene **Movimiento de Unidad y Coordinación Sindical (MUCS)** an.
Brasilien: Es gibt keinen zentralen Dachverband, auf nat. Ebene bestehen 9 nach Wirtschaftssektoren getrennte Konföderationen; die Arbeitnehmer einer Branche sind je nach Bundesland in 139 Föderationen organisiert, die wiederum nach Berufsgruppen und Gemeinden in 3 345 G. *(sindicatos)* unterteilt sind; offizielle internat. Beziehungen gibt es nicht; der gewerkschaftl. Handlungsspielraum ist stark eingeschränkt.
Chile: Die kommunist. **Central Única de Trabajadores de Chile (CUT)** ist seit 1973 verboten.
Mexiko: Größter Dachverband ist die dem IBFG angehörende **Confederación de Trabajadores de México (CTM),** gegr. 1936, 3,5 Mill. Mgl. (1985).
Venezuela: Der dem IBFG angeschlossenen **Confederación de Trabajadores de Venezuela (CTV),** 1959 gegr., 1,5 Mill. Mgl. (1980), sind 16 Industrie-G. angegliedert.

ASIEN

China: Die **All-China Federation of Trade Unions,** gegr. 1948, dem WGB angegliedert, umfaßt rd. 80 Mill. Mgl. in 23 Industriegewerkschaften.

Indien: Der **Indian National Trade Union Congress (INTUC),** gegr. 1947, dem IBFG angeschlossen, umfaßt 3179 Verbände mit 3,7 Mill. Mgl., der **All-India Trade Union Congress,** gegr. 1920, dem WGB angeschlossen, 4213 Verbände mit 3 Mill. Mgl. (1984).

Israel: Der Allg. G.verband Israels, **Histadrut,** 1920 gegr., mit 1,6 Mill. Mgl. (1984) in 40 Einzel-G., ist der wichtigste Interessenverband Israels, der neben rein gewerkschaftl. auch Aufgaben im Bereich des Sozial- und Sozialversicherungswesens und ökonom. Aktivitäten (v.a. Genossenschaftsbetriebe) ausübt.

Japan: Die G. sind i.d.R. selbständige Betriebsorganisationen, die alle Berufssparten eines Betriebes umfassen. Die wichtigsten Dachverbände sind der sozialist. **Nihon Rodo Kumiai Sohyogikai (SOHYO;** Generalrat der G. Japans), 4,6 Mill. Mgl. (1980); der dem IBFG angeschlossene **Zen Nihon Rodo Sodomei (DOMEI;** Jap. G.verband), gegr. 1964, 2,2 Mill. Mgl. (1983); **Churitsu Rodo Kumiai Renraku Kaigil (CHURITSUROREN;** Bund unabhängiger G. Japans), gegr. 1964, 1,5 Mill. Mgl. (1983).

Demokrat. VR Korea: Der **Gesamtverband korean. Gewerkschaften,** gegr. 1945, umfaßt 2,2 Mill. Mgl. in 9 Verbänden (1970).

Republik Korea: Dachverband von 17 Einzel-G. ist der **Korean. Gewerkschaftsbund,** 1946 gegr., 980000 Mgl. (1980), dem IBFG angeschlossen.

Türkei: Die nach Branchen organisierten G. sind im **Türk. Gewerkschaftsbund (Türk-İş),** gegr. 1952, 1,9 Mill. Mgl. (1984), zusammengeschlossen, der dem IBFG angeschlossen ist; daneben besteht der **Bund Revolutionärer Arbeiter (DISK)** mit etwa 600000 Mgl.

Vietnam: Der Gesamtverband vietnames. G. ist ein 1976 erfolgter Zusammenschluß der beiden gewerkschaftl. Dachverbände N- und S-Vietnams. Der **Vietnames. Gewerkschaftsbund** zählt 3 Mill. Mgl. (1983).

AUSTRALIEN

Von den fast 300 nach Berufsbranchen organisierten G. sind 139 dem **Australian Council of Trade Unions (ACTU)** angeschlossen, der 1927 gegr. wurde. Bei einer Mitgliedschaft von 55% aller Beschäftigten verzeichnen die austral. G. einen sehr hohen Organisationsgrad.

EUROPA

Frankreich: Nach mehreren seit 1884 erfolgten Gründungsversuchen gewerkschaftl. Dachverbände kam es 1895 zur Gründung der marxist. ausgerichteten **Confédération Générale du Travail (CGT),** die heute dem WGB angeschlossen ist (1,6 Mill. Mgl. [1985]), 1919 der christl. **Confédération Française des Travailleurs Chrétiens (CFTC),** die 1964 in **Confédération Française Démocratique du Travail (CFDT)** umbenannt wurde, heute 700000 Mgl. umfaßt und Mgl. des EGB ist, sowie der 1948 von der CGT abgespaltenen **Force Ouvrière (FO)** mit 1 Mill. Mgl., dem IBFG und dem EGB angeschlossen. Unter dem Namen CFTC besteht eine vom CFDT abgespaltene G. mit 200000 Mgl. weiter.

Großbritannien und Nordirland: Obwohl sie gleiche Strukturen aufweisen, sind die G. in England, Wales, Schottland und Nordirland getrennt organisiert. Als zentrales G.organ Englands fungiert der jährl. tagende und 1868 gegr. **Trades Union Congress (TUC),** der den 50köpfigen *General Council* wählt. Dem TUC gehören rd. 100 G. mit 9,8 Mill. Mgl. (1985) an. Dem 1897 gegr. **Scottish Trades Union Congress** gehören 73 G. mit 1,0 Mill. Mgl. an; Nordirland besitzt keinen Dachverband; in Wales wurde 1973 ein entsprechender Verband (**Wales Trades Union Council**) gegr. Der TUC ist Mgl. des IBFG und des EGB. Obwohl die weitaus größte Zahl der Organisierten einer TUC-G. angehört, gibt es in England fast 500, also knapp 400 nicht der TUC angeschlossene G.; die Organisationsformen differieren stark; sie können jedoch auf drei Idealtypen zurückgeführt werden: *Industrial Unions* (Industrie-G.), *Craft Unions* (Berufs-G.), *General Unions* (allgemeine G., die ihre Mgl. unabhängig von Berufszugehörigkeit und Industriezweig organisieren).

Italien: Zu Beginn des 20. Jh. bildeten sich 3 gewerkschaftl. Dachorganisationen, die reformsozialist. **Confederazione Generale del Lavoro (CGL),** 1906 gegr., rund 2 Mill. Mgl. (1920), die **Unione Sindicalista Italiana** sowie die christl. **Confederazione Italiana del Lavoro,** 1918 gegr. Nach der Zerschlagung des Faschismus wurde 1944 die Confederazione Generale Italiana del Lavoro (CGIL) als Einheits-G. gegr., die jedoch ab 1948 Abspaltungen hinnehmen mußte. Heute bestehen 3 große *Richtungsgewerkschaften:* die kommunist./sozialist. CGIL mit 4,3 Mill. Mgl. in 38 Verbänden, die christl. **Confederazione Italiana Sindacati Lavoratori (CISL),** gegr. 1950, 3 Mill. Mgl. in 17 Verbänden, die sozialdemokrat./republikan. **Unione Italiana del Lavoro (UIL),** gegr. 1950, 1,3 Mill. Mgl. in 35 Verbänden. Seit Mitte der 1960er Jahre bemühen sich die Dachverbände um einen erneuten Zusammenschluß, der 1971 in der Metallbranche zum Zusammenschluß in der **Federazione Lavoratori Metalmeccanici (FLM)** führte. Seit 1974 gehören alle 3 Dachorganisationen dem EGB an. 1978 trat die CGIL aus dem WGB aus.

Österreich: 1893 wurde die **Provisor. Kommission der Gewerkschaften Österreichs** als erste Dachorganisation örtl. und branchengebundener Arbeitervereine gegr., etwa ab 1900 entstanden christl. G. und einige „gelbe" Betriebs-G. 1934 wurden alle der Sozialdemokratie nahestehenden G. aufgelöst. 1945 wurde der **Östr. Gewerkschaftsbund (ÖGB)** als Einheits-G. gegr., er umfaßt in 15 Industrie-G. 1,6 Mill. Mgl. (1984) und ist Mgl. des IBFG. Innerhalb des ÖGB bestehen polit. Fraktionen (v.a. die sozialist., christl., kommunist. Fraktionen).

Polen: Die 23 staatl. Branchen-G. zählen etwa 8 Mill. Mgl. Ihr Dachverband **Centralna Rada Związków Zawodowych (CRZZ,** Zentralrat der G.) löste sich auf, nachdem infolge der Streikbewegung seit Sept. 1980 zahlr. von der Vereinigten Poln. Arbeiterpartei unabhängige G. entstanden waren, deren Mgl.zahl rasch auf ca. 5 Mill. anstieg. Als Dachorganisation der unabhängigen G. wurde 1980 der G.verband **Solidarność (Solidarität)** unter dem Vorsitz des Streikführers L. Wałęsa gegründet, der 1982–89 verboten war. Nach den polit. Veränderungen in Polen im Lauf des Jahres 1989 konnte die Solidarność bei den Parlamentswahlen die überwiegende Zahl der Mandate gewinnen und bestimmenden Einfluß auf die Regierungsbildung ausüben.

Schweden: Die sich seit 1869 bildenden schwed. G. gründeten 1898 als Dachorganisation die **Landsorganisationen i Sverige** (**LO;** Zentralverband der G. Schwedens), der heute 24 meist nach dem Industrieverbandsprinzip organisierte Einzel-G. mit rd. 2,1 Mill. Mgl. (= 95% der Arbeiter) angehören (1983); die LO ist Mgl. des IBFG und des EGB. In der **Tjänstemännens Centralorganisation** (**TCO;** Zentralorganisation für Beamte und öffentl. Angestellte) sind 1,1 Mill. Mgl. in 24 Einzel-G. organisiert. Die TCO ist Mgl. des IBFG und des EGB.

Schweiz: Nach einem gescheiterten Versuch, eine gewerkschaftl. Dachorganisation zu gründen, erfolgte 1880 die Gründung des **Schweizerischen Gewerkschaftsbundes (SGB),** zuerst marxist., seit Ende des 1. Weltkrieges sozialdemokrat. ausgerichtet. Der SGB umfaßt in 15 Einzel-G. rd. 443 000 Mgl. (1985) und ist Mgl. des IBFG. Der **Christlichnat. Gewerkschaftsbund (CNG),** 1907 als **Zentralverband der christl. Gewerkschaften** gegr., zählt heute etwa 109 000 Mgl. in 13 Einzelverbänden und ist Mgl. des WVA.

Sowjetunion: Es bestehen 31 nach dem Industrieverbandsprinzip organisierte Branchen-G. mit 137 Mill. Mgl. (1986); der alle 5 Jahre tagende **Unionsgewerkschaftskongreß** wählt den Zentralrat der G. der UdSSR. Die sowjet. G. besitzen keine Tarifhoheit; auf betriebl. Ebene kontrollieren sie über die Betriebsgewerkschaftskommissionen die Betriebsleitungen und bemühen sich um eine Verbesserung der Lebens- und Arbeitsbedingungen der Arbeiter und Angestellten.

Spanien: Seit dem Tod Francos 1975 entwickelten sich neue G. (formell zugelassen 1977), die sich zwar parteipolit. nicht binden dürfen, de facto jedoch an den verschiedenen Parteien orientiert sind. Die **Confederación Sindical de Comisiones Obreras** (**CCOO;** G.bund der Arbeiterkommissionen; 1,6 Mill. Mgl. [1985]) steht den Kommunisten nahe, die **Unión General de Trabajadores de España** (**UGT;** 1,4 Mill. Mgl.) den Sozialisten. Die **Unión Sindical Obrera** (**USO;** 640 000 Mgl.) ist parteiunabhängig und vertritt ein sozialist. Programm.

Tschechoslowakei: Der 1945 gegr. **Zentralrat der Gewerkschaften,** Mgl. des WGB, faßt die beiden Dachorganisationen, den **Tschech. Gewerkschaftsrat** und den **Slowak. Gewerkschaftsrat,** zusammen, die in 18 Fach-G. rd. 7 Mill. Mgl. organisiert haben.

zialversicherung, Betriebsverfassung sowie als notwendige Voraussetzung gewerkschaftl. Zusammenschlüsse eine gesetzl. abgesicherte ↑ Koalitionsfreiheit). Heute gelten als wichtigste, auch gesetzl. abzusichernde Ziele betriebl. und überbetriebl. Mitbestimmung, Vermögensbildung in Arbeitnehmerhand, Wiederherstellung der Vollbeschäftigung durch verschiedene Maßnahmen der Arbeitszeitverkürzung (35-Stundenwoche, Urlaubsverbesserungen, Herabsetzung der Altersgrenze bei der Rentenversicherung, Verlängerung der Schulpflicht), Verbesserung des Bildungs- und Ausbildungswesens sowie der Schutzgesetze für Jugendliche, Frauen und Behinderte.

Organisationsformen: G. bildeten sich zunächst nach dem **Berufsverbandsprinzip,** bei dem sich Arbeitnehmer getrennt nach Berufsgruppen organisieren und somit in einem Betrieb mehrere G. vorhanden sind, die unabhängig voneinander verhandeln und Kampfmaßnahmen durchführen. Dieses Prinzip ist heute noch z. B. in Großbrit. und den USA vorherrschend; in W-Europa entwickelte sich bereits um die Jahrhundertwende das diesem entgegenstehende **Industrieverbandsprinzip** (ein Betrieb - eine G.), nach dem sowohl die Einzelgewerkschaften des *Dt. Gewerkschaftsbundes (DGB)* als auch die Arbeitgeberverbände in der BR Deutschland gegliedert sind. Sind G. auf bestimmte Weltanschauungen festgelegt bzw. die G.bewegung eines Landes nach Weltanschauungszugehörigkeit gegliedert, spricht man von **Richtungsgewerkschaften.** Die *G.geschichte* kennt hauptsächl. folgende Richtungs-G.: 1. **freie** bzw. **sozialist. Gewerkschaften** als Teil der sozialist. Arbeiterbewegung; in Deutschland schlossen sich nach Aufhebung des Sozialistengesetzes 1890 die der SPD nahestehenden G.gruppen zur Generalkommission der G. Deutschlands zusammen. Die SPD hatte ideolog. und personell auf diese G. großen Einfluß. Entgegen den Absichten Bebels u. a., die dafür eintraten, daß die Partei die Richtlinien ihrer Arbeiterorganisationen bestimmte, blieben diese jedoch unabhängig; 1919 bildeten die freien G. in Deutschland den *Allgemeinen Dt. Gewerkschaftsbund (ADGB)*, dem der *Allgemeine freie Angestelltenbund (Afa-Bund)*, gegr. 1921, und der *Allgemeine Dt. Beamtenbund (ADB)*, gegr. 1921, angeschlossen waren. Die freien G. vertraten insbes. eine reformist. Politik (↑ auch Reformismus, ↑ Sozialdemokratie), lehnten den u. a. von R. Luxemburg propagierten polit. Massenstreik ab, verzichteten während des 1. Weltkriegs auf Lohnerhöhungen und Streiks und setzten unter dem ADGB nach dem Krieg ihre auf Tarifvertragspolitik ausgerichtete Arbeit fort. Ledigl. während des

Kapp-Putsches kam es zu einem vom ADGB ausgerufenen polit. Generalstreik. Wichtigstes polit. Konzept in den 1920er Jahren war die Forderung nach *Wirtschaftsdemokratie* (sozialpolit. Maßnahmen gegen wirtschaftl. Macht, Ausbau betriebl. Mitbestimmung, Einführung regionaler und überbetriebl. Selbstverwaltungsorgane, Förderung der öffentl. Unternehmen sowie der Genossenschaften); 2. **kommunist. Gewerkschaften** mit revolutionären Zielen entstanden in Rußland bzw. der Sowjetunion, ČSR, Großbrit., Frankr., Österreich und Polen und bildeten 1921 die *Rote Gewerkschaftsinternationale (RGI)*, der sich auch revolutionäre Gruppen innerhalb der dt. freien G. anschlossen, die sich 1928 als *Revolutionäre Gewerkschaftsopposition (RGO)* unter der Führung der KPD vom ADGB spaltete. Ziel kommunist. G. ist weniger die kurzfristige Verbesserung der Lebens- und Arbeitsbedingungen, sondern letztl. die revolutionäre Umgestaltung der kapitalist. Gesellschaft; ihnen kommt innerhalb der kommunist. Bewegung die Aufgabe der Mobilisierung der Arbeiter in den Betrieben zum polit. Massenstreik zu; 3. **syndikalist. Gewerkschaften** bestanden v.a. in den letzten anderthalb Jahrzehnten des 19. Jh.; sie haben den Gedanken des Industrieverbandsprinzips am stärksten propagiert, da nach Meinung des ↑Syndikalismus nur Zusammenschlüsse der Arbeiter in den Betrieben (sog. Syndikate), nicht aber Parteien Träger revolutionärer Bestrebungen seien. Ziel der syndikalist. G. ist ein Wirtschaftssystem der *Arbeiterselbstverwaltung;* ihr Mittel der Massenstreik der Arbeiterbewegung. Syndikalist. G. entstanden zuerst in Frankr. (1892 Gründung der *Fédération des Bourses du Travail*) und hatten v.a. in S-Amerika und Spanien (v.a. 1931–39) größeren Einfluß; 4. **christl. Gewerkschaften** entstanden innerhalb der christl.-sozialen Bewegung zuerst Ende des 19. Jh. in Deutschland; sie gründeten 1901 den *Gesamtverband christl. G.*, der nach dem Prinzip der Interkonfessionalität arbeitete. 1919 kam es zur Gründung des ↑Deutschen Gewerkschaftsbundes (DGB), der sich an der Zentrumspartei orientierte. Auch in der BR Deutschland gibt es noch christl. (kath. orientierte) G. mit dem 1959 gegr. *Christl. Gewerkschaftsbund Deutschlands (CGB)* als Dachorganisation; 5. gegen die klassenkämpfer. Gewerkschaftsauffassung der freien, kommunist. und syndikalist. G. bildeten sich neben den christl. G. die dem Linksliberalismus nahestehenden ↑Hirsch-Dunckerschen Gewerkvereine, die nach dem Selbsthilfeprinzip schon früh Hilfskassen für ihre Mgl. einrichteten; 1868 erfolgte die Gründung des *Verbandes der Dt. Gewerkvereine*, der 1919 mit Angestellten- und Beamtenorganisationen den *Gewerkschaftsring dt. Arbeiter-, Angestellten- und Beamtenverbände* gründete; 6. die wirtschaftsfriedl. Gewerkschaften (sog. gelbe G.) lehnten den Arbeitskampf als Mittel zur Durchsetzung der Arbeitnehmerinteressen ab und proklamierten die Arbeitgeber und -nehmer zusammenfassende *Werkgemeinschaft*. 1899 in Frankr. entstanden, entwickelten sie sich meist mit Arbeitgeberunterstützung seit 1905 auch in Deutschland. - **Mitgliederstruktur:** Die G. entwickelten sich zuerst als Berufsgruppengewerkschaften getrennt für Arbeiter, Angestellte und Beamte. In der BR Deutschland sind die ↑Deutsche Angestelltengewerkschaft (DAG) und der ↑Deutsche Beamtenbund (DBB) nach diesem Berufsgruppenprinzip organisiert. Die Interessenvertretung der leitenden Angestellten, die *Union der leitenden Angestellten (ULA)* ist keine G. im Rechtssinne, jedoch der *Marburger Bund*, in dem die angestellten Ärzte organisiert sind. - Dem Prinzip der Richtungs-G., dem Berufsverbands- sowie dem Berufsgruppenprinzip steht das Prinzip der **Einheitsgewerkschaft** gegenüber, die alle Berufsgruppen umfaßt und nach dem Industrieverbandsprinzip in Einzelgewerkschaften gegliedert ist. 1949 wurde in der BR Deutschland der ↑Deutsche Gewerkschaftsbund (DGB) nach diesem Prinzip aufgebaut. Trotz Konkurrenz von DAG, DBB und CGB ist er sowohl mit seinen 16 Einzel-G. in der Tarifpolitik als auch als Dachorganisation in der Wirtschafts- und Sozialpolitik eine einflußreiche Kraft. Bereits 1949 forderte der DGB „eine Volkswirtschaft, die unter Wahrung der Würde freier Menschen die volle Beschäftigung aller Arbeitswilligen, den zweckmäßigsten Einsatz aller volkswirtschaftl. Produktivkräfte und die Deckung des volkswirtschaftl. wichtigen Bedarfs sichert", Mitbestimmung, Überführung der Schlüsselind. in Gemeineigentum, „soziale Gerechtigkeit durch angemessene Beteiligung aller Werktätigen am volkswirtschaftl. Gesamtertrag und Gewährung eines ausreichenden Lebensunterhalts für die ... nicht Arbeitsfähigen". Zur Verwirklichung dieser Ziele wird eine zentrale volkswirtschaftl. Planung angestrebt. 1963 wurde das Grundsatzprogramm des DGB beschlossen, in dessen Mittelpunkt die Forderung nach parität. Mitbestimmung steht. Polit. Nahziele wurden 1955, 1965, 1972 in Aktionsprogrammen formuliert (1972 u.a. Arbeitszeitverkürzung, Einkommensumverteilung, gerechte Vermögensverteilung, Arbeitsplatzsicherheit, mehr Mitbestimmung, gleiche Bildungschancen und bessere Berufsausbildung). 1977 beschloß der Bundeskongreß die Erstellung eines neuen Grundsatzprogrammes. Obwohl Mgl. bzw. Wähler aller Parteien im DGB organisiert sind, besteht - auch in den Führungsgremien - eine starke SPD-Mehrheit, wobei es seit der Reg.beteiligung der SPD 1966 mehrfach zu Konflikten zw. SPD-Reg.mitgliedern und Gewerkschaftlern und oft zur Lähmung gewerkschaftl. Aktivitäten (z. B. im Falle des diskutierten, aber nicht durchgeführten Generalstreiks zur Verhinderung der von CDU/CSU und SPD im Bundestag 1968 verabschiedeten Notstandsgesetze) kam. - In der SBZ wurde 1945 ebenfalls eine Einheits-G., der ↑Freie Deutsche Gewerkschaftsbund (FDGB) als Dachorganisation von 15 Einzel-G. gegr. Der FDGB hat - die „führende Rolle" der SED in der DDR betonend - bes. Aufgaben in der sog. sozialist. Gesellschaft (Erziehung zu sozialem Bewußtsein und Arbeitsdisziplin, Erfüllung der Wirtschaftspläne, Verwaltung der Sozialversicherung, Kontrolle der Einhaltung der Arbeitsschutzbestimmungen usw.). Ein Streikrecht wird vom FDGB mit Hinweis auf die bereits vollzogene Vergesellschaftung der Produktionsmittel abgelehnt.

Internat. Organisationen: Die freien G. gründeten 1913 den *Internat. Gewerkschaftsbund (IGB)*, der 1919 als internat. Dachorganisation der reformist. G. Europas und zeitweilig der USA neu konstituiert wurde (1919: 32 Mill. Mgl.; zu Beginn des 2. Weltkriegs fakt. aufgelöst). 1921 gründeten die kommunist. Gewerkschaften die *Rote Gewerkschaftsinternationale (RGI)*. 1945 kam es zur Gründung des *Weltgewerkschaftsbundes (WGB)*, in dem auch amerikan. und sowjet. G. vertreten waren. Auf Grund durch den kalten Krieg einsetzender Spannungen kam es 1949 zur Gegengründung des *Internat. Bundes Freier G. (IBFG)* durch nichtkommunist. G., so daß der WGB als internat. Organisation der kommunist. G. angesehen werden kann. Als christl. G.internationale ging 1968 aus dem 1920 gegr. *Internat. Bund Christl. Gewerkschaften (IBCG)* der *Weltverband der Arbeitnehmer (WVA)* hervor.

🕮 *Limmer, H.: Die dt. Gewerkschaftsbewegung. Mchn. [11]1986. - Köpping, W.: Die G. Köln 1980. - Kendall, W.: G. in Europa. Dt. Übers. Hamb. 1977. - Zacher, H. F.: Staat u. G. Hdbg. 1977.*

gewerkschaftliche Bildungsarbeit, Weiterbildung v. a. von Gewerkschaftsmgl. insbes. als Vermittlung gesellschaftspolit. Bildung. Dafür stehen - neben örtl. Veranstaltungen - 14 Gewerkschaftsschulen des DGB und das Haus der Gewerkschaftsjugend des DGB zur Verfügung. Darüber hinaus ist der DGB Mitträger der Akademie der Arbeit und der Hochschule für Wirtschaft und Politik und des Arbeitskreises Arbeit und Leben. Daneben hat der DGB ein Berufsfortbildungswerk und - seit 1965 eingegliedert - ein Fernlehrinstitut (Briefschule) gegr. sowie ein Wirtschafts- und Sozialwiss. Institut, die Stiftung Mitbestimmung und die Hans-Böckler-Gesellschaft (in der Hans-Böckler-Stiftung zusammengefaßt). Kulturelle Aktivitäten: Ruhrfestspiele (1947 vom DGB und der Stadt Recklinghausen gegr.), Europ. Gespräche und die Büchergilde Gutenberg.

Gewerkschaftsbanken (Arbeitnehmerbanken), i. e. S. die Hausbanken der Gewerkschaften oder anderer Arbeitnehmerorganisationen zur Verwaltung des durch Mitgliedsbeiträge entstandenen Gewerkschaftsvermögens, Finanzierung von Streiks usw. Durch Ausweitung des Geschäftsbereichs auf die allg. Kreditwirtschaft sind G. heute i. d. R. als gemischte G. tätig. Nach 1945 gründeten in der BR Deutschland Gewerkschaften und Konsumgenossenschaften die Bank für Gemeinwirtschaft AG.

Gewerkschaftsjugend, die in einer Gewerkschaft organisierten 14–25jährigen Jugendlichen. 1978 waren in der BR Deutschland rd. 1,2 Mill. in der „G./DGB" und 110000 in der „Jugend der DAG" organisiert. Die G. verfügt über eigene Gremien, deren Vertreter meist Mitspracherecht in den entsprechenden Erwachsenengremien besitzen, führt eigene Schulungen durch und gibt eigene Zeitschriften heraus.

Gewerkschaftspresse, die von gewerkschaftl. Gremien oder Institutionen hg. Presseorgane, die der Information und Meinungsbildung der Mgl. und/oder der gewerkschaftl. Öffentlichkeitsarbeit dienen. Erste gewerkschaftl. Organe entstanden Mitte des 19. Jh. Nach Verbot und Wiedererstehen infolge Aufhebung des Koalitionsverbots in den 1860er Jahren blühte v. a. die sozialdemokrat. G. trotz Bedrückung durch das Sozialistengesetz auf. Die nat.-soz. Machtergreifung 1933 zog Verbot bzw. Gleichschaltung der dt. G. nach sich. 1946/47 entstanden die ersten gewerkschaftl. Nachkriegsorgane, und mit der Gründung des DGB 1949 wurde eine die westl. Besatzungszonen übergreifende G. ermöglicht.

Gewerkschaftsstaat, in der BR Deutschland von Gewerkschaftsgegnern verwendetes diskriminierendes Schlagwort, das eine der Mgl.stärke der Gewerkschaften nicht angemessene polit. Macht und Einflußmöglichkeit auf Parlament und Reg. unterstellt.

Gewicht, im tägl. Leben übliche, im geschäftl. Verkehr bei der Angabe von Warenmengen auch gesetzl. zugelassene Bez. für die Masse von Warenmengen, Gütern u. a.

◆ svw. ↑Gewichtskraft.

◆ Zahlenfaktor, der in einer mathemat. Beziehung einer oder mehreren Größen einen stärkeren Einfluß verleihen kann; z. B. kann das arithmet. Mittel der n Zahlen $a_1, \ldots, a_n$ bezüglich der G. $p_1, \ldots, p_n$ gebildet werden:

$$m = \frac{a_1 p_1 + \cdots + a_n p_n}{n}.$$

Man bezeichnet diesen Ausdruck dann als **gewogenes Mittel.**

◆ im *Pferderennsport* Bez. für die von einem Pferd im Rennen zu tragende Last (G. von Reiter und Sattelzeug).

Gewichtheben (Stemmen), seit etwa 1890 betriebene schwerathlet. Sportart, bei der ein Gewicht (Hantel, seit 1910 Scheibenhantel) ein- (bis 1946) oder beidarmig vom Boden zur Hochstrecke gebracht werden muß. Beim beidarmigen G. gibt es drei Disziplinen: Drücken, Reißen und Stoßen. Bei Wettkämpfen sind nur noch Reißen und Stoßen übl. (*olymp. Zweikampf;* 1928–72 einschließl. Drücken als *olymp. Dreikampf* ausgetragen). Beim **Drücken** darf das Gewicht nur mit Hilfe der Arme ohne Schwung nach oben gebracht werden, im Ggs. zum **Stoßen,** wo das zur Brust umgesetzte Gewicht mit einem kräftigen Stoß zur Hochstrecke gebracht wird. Beim **Reißen** muß das Gewicht in einem Zug vom Boden nach oben gebracht werden. Die Gewichtheber werden in Gewichtsklassen eingeteilt.

Gewichtsanalyse ↑Gravimetrie.

Gewichtsaräometer ↑Aräometer.

Gewichtsklassen, Einteilung der Wettkämpfer nach Körpergewicht; übl. im Boxen, Gewichtheben, Judo, Rasenkraftsport, Ringen und Rudern (Mannschaftsgewicht). - ↑Sport (Gewichtsklassen, Übersicht).

Gewichtskraft (Gewicht), diejenige Kraft, mit der ein Körper infolge der Anziehung der Erde (oder auch irgendeines anderen Himmelskörpers) auf seiner Unterlage lastet, an seiner Aufhängung zieht oder, falls beides nicht vorhanden, zum Erdmittelpunkt hin beschleunigt wird. Ist g die Fallbeschleunigung und m die Masse eines Körpers, dann gilt für den Betrag G seiner Gewichtskraft: $G = mg$. SI-Einheit der Gewichtskraft ist das ↑Newton.

Gewichtsprozent ↑Konzentration.

Gewichtsstaumauer ↑Talsperre.

Gewichtwerfen, Disziplin im ↑Rasenkraftsport.

gewillkürte Erbfolge ↑Erbfolge.

gewillkürte Form ↑Form.

gewillkürter Erbe, Erbe, der nach dem Willen des Erblassers [und nicht kraft Gesetzes] zur Erbfolge gelangt (im Gegensatz zum gesetzlichen Erben).

Gewinde, in Form einer Schraubenlinie in die Außenfläche eines zylindr. Körpers (Außen-G.) oder in die Innenfläche eines zylindr. Hohlkörpers (Innen-G.) eingeschnittene Nut, die es einerseits ermöglicht, zwei mit korrespondierendem G. versehene Teile, z. B. Schrauben[bolzen] und [Schrauben]muttern, jederzeit wieder lösbar miteinander zu verbinden, andererseits eine drehende Bewegung in eine Längsbewegung umzuwandeln (Schraubengetriebe). Einen vollen Umlauf der Schraubenlinie bezeichnet man als **Gang.** Der Weg, um den sich die Schraubenmutter bei einer vollen Umdrehung auf dem Schraubenbolzen verschoben hat, ist die **Ganghöhe** oder **Steigung.** Der **Steigungswinkel** ist der Winkel, unter dem die Schraubenlinie gegenüber einer auf der Schraubenachse senkrecht stehenden Ebene ansteigt. Steigt bei einem senkrecht stehenden Bolzen die Schraubenlinie nach rechts an, so handelt es sich um das normalerweise verwendete Rechts-G., bei Anstieg nach links um das Linksgewinde. Werden auf den Schraubenbolzen oder in die Schraubenmutter zwei oder mehr gleiche G.profile so einge-

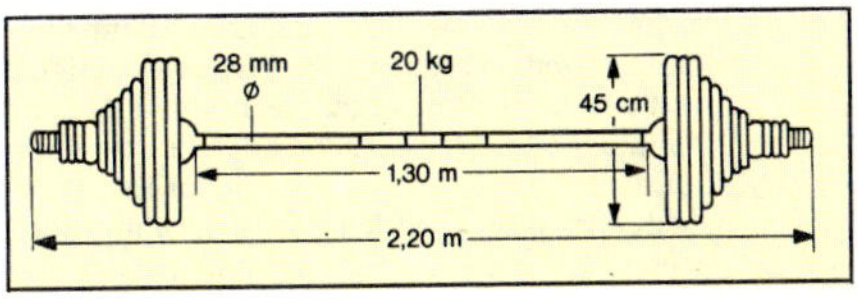

Gewichtheben. Oben: Form und Maße der Hantel; unten: Reißen (c Ausfall)

Gewinde. Schema eines scharfgängigen Gewindes

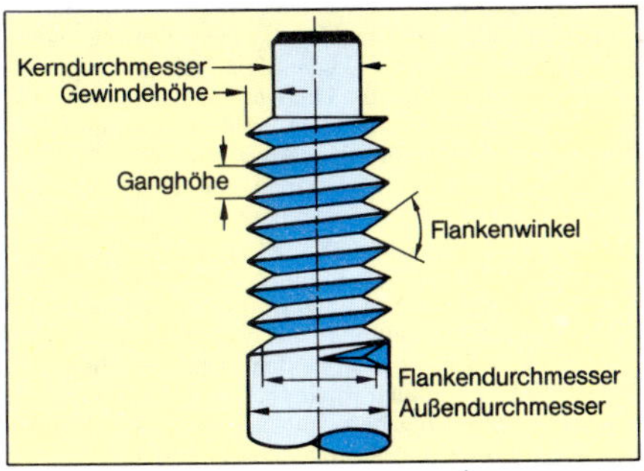

Gewinde. Von links: Spitz-, Sägen-, Rund-, Flach- und Trapezgewinde

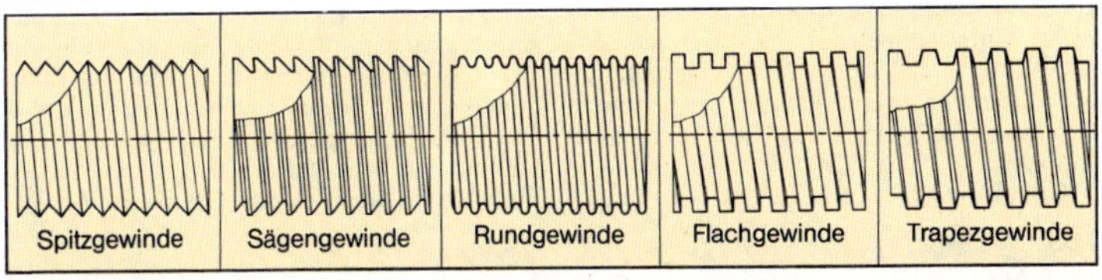

schnitten, daß sie gleichmäßig auf dem Umfang verteilt beginnen, so wird das eingängige zum zwei- oder mehrgängigen Gewinde. Die Gängigkeit einer Schraube oder Mutter kann durch Abzählen der G.ausläufe an der Stirnseite bestimmt werden. - Die Grundgrößen eines G. sind Außendurchmesser (Nenndurchmesser), Kerndurchmesser (Innendurchmesser), Flankendurchmesser (mittlerer Durchmesser der Schraubenfläche), Steigung und Flankenwinkel. Die G.tiefe ist der senkrecht zur Achse gemessene Abstand der äußersten und innersten Punkte des G. Nach dem Schnittbild eines G.gangs, dem G.profil, unterscheidet man Spitz-G. (Dreiecksprofil), Sägen-G., Rund-G., Trapez-G., Flach-G. (Rechteckprofil). Spitz-G. (scharfgängige G.) mit kleinem Steigungswinkel werden wegen der größeren Reibung v. a. für Befestigungsschrauben, Trapez- und Flach-G. mit größerem Steigungswinkel für Bewegungsschrauben verwendet. Bei den für Befestigungsschrauben genormten G. unterscheidet man Normal-G., Grob-G. (mit größerer Steigung) und Fein-G. (mit kleinerer Steigung).
G. können von Hand, z. B. mit Gewindebohrern (für Innen-G.) sowie Schneideisen oder Schneidkluppen (in denen die Schneidbacken verstellbar sind; für Außen-G.), oder auch auf Maschinen hergestellt werden, mit G.stählen auf der Drehbank, durch Fräsen, Schleifen und Walzen auf speziellen Maschinen, aber auch durch Pressen oder Gießen (z. B. Schrauben aus Kunststoff). - ↑auch Schraube.

Gewindemeßschraube (Gewindemikrometer), Sonderform der Bügelmeßschraube zum Messen von Außengewinden, Flankendurchmessern u. a.

Gewinn, in der Betriebswirtschaftslehre Differenz zw. Einnahmen und Ausgaben, Ertrag und Aufwand oder bewerteten Leistungen bzw. Erlösen und Kosten. Die Differenz zw. allen Einnahmen und allen Ausgaben während der Lebensdauer eines Unternehmens wird als **Totalgewinn** bezeichnet. Aus der Notwendigkeit der Ermittlung von G.größen für Teilperioden folgt die Periodisierung von Ausgaben und Einnahmen als Aufwand und Ertrag, deren positive Differenz den **Bilanzgewinn** oder **pagator. Gewinn** des Unternehmens ergibt. Er wird in der G.-und-Verlust-Rechnung ermittelt, ergibt sich aber auch als Saldo der Aktiv- und der Passivseite der Bilanz (**Buchgewinn**). Der **Betriebsgewinn** bzw. **kalkulator. Gewinn** ergibt sich mit Hilfe der Erfolgsrechnung aus der Differenz der Erlöse und Kosten.

Gewinnabführungsvertrag, aktienrechtl. Unternehmensvertrag, durch den sich eine AG oder eine KG auf Aktien als abhängiges Unternehmen verpflichtet, ihren ganzen Gewinn an das herrschende Unternehmen abzuführen.

Gewinnanteil ↑Dividende.

Gewinnausschluß- und Verlustübernahmevertrag (Ergebnisabführungsvertrag), Vertrag zw. einem Unternehmen (Muttergesellschaft bzw. Organträger) und einer AG oder einer KG auf Aktien (Tochtergesellschaft bzw. Organ), in dem sich die Tochtergesellschaft verpflichtet, ihren Gewinn an die Muttergesellschaft abzuführen, und in dem sich die Muttergesellschaft verpflichtet, den Verlust der Tochtergesellschaft zu übernehmen.

Gewinnbeteiligung, Beteiligung der Arbeitnehmer am Gewinn eines Unternehmens. **Ziel** der G.: Umverteilung der Einkommen und über die besseren Möglichkeiten zur ↑Vermögensbildung auch Umverteilung der Vermögen. Begründung für die G.: Der Produktionsfaktor Arbeit soll wie der Produktionsfaktor Kapital über die vereinbarte Entlohnung hinaus am Erfolg beteiligt werden, an dessen Zustandekommen er mitgewirkt hat.
Arten der G.: 1. Beteiligung an Kostenersparnissen bzw. Leistungssteigerungen; 2. Beteiligung am Produktionsergebnis; 3. Beteiligung am Betriebs- oder Unternehmensgewinn *(Ergebnisbeteiligung)*; 4. Beteiligung an dem ausgeschütteten Gewinn; 5. Beteiligung am Wachstum des Unternehmens.
Formen der G.: 1. Ausschüttung; 2. Gutschrift auf ein Sperrkonto; 3. Ausgabe von Anteilscheinen *(Belegschaftsaktien)*.
Probleme der G.: 1. G. bedeutet einen Eingriff in das Privateigentum und seinen Ertrag; 2. G. könnte die Investitionsneigung der Unternehmer und ihre Risikobereitschaft dämpfen, wenn die Arbeitnehmer wohl am Erfolg, nicht aber am Verlust beteiligt werden; 3. Gefahr der Überwälzung (d. h. der Behandlung der im Rahmen der G. gezahlten Beträge als Kosten, die über erhöhte Preise zusätzl. eingenommen werden); 4. G. könnte unterschiedl. Begünstigung der Arbeitnehmer je nach ihrer Betriebszugehörigkeit bedeuten.
Geschichte: In der dt. Landwirtschaft hat zuerst 1847 H. von Thünen eine G. für Tagelöhner eingeführt, in der dt. Ind. 1867 der Berliner Messingwarenfabrikant Wilhelm Borchert jun. Ein berühmter Versuch zur G. stammt von E. Abbe in den von ihm in die Carl-Zeiss-Stiftung eingebrachten Unternehmen: Es wurden Minimallohnsätze festgelegt, die der durchschnittl. Wirtschaftslage angepaßt waren; das gesamte Arbeitseinkommen setzte sich zus. aus einem konstanten Teil und einem variablen Teil, der vom Gewinn des Unternehmens bestimmt wurde. Mitte der 50er Jahre entstand der sog. *Gleitze-Plan* der Gewerkschaften, der eine Gewinnabführung der Großunternehmen an einen zentralen Fonds vorsah, an dem alle Arbeitnehmer und ihre Familien zu gleichen Teilen beteiligt sein sollten. Das Problem dieses Plans lag in der Verwaltung dieses Fonds. Die G. der Arbeit-

nehmer, die bereits ohne gesetzl. Grundlage nach unterschiedl. Modellen praktiziert wird, ist weiter in der Diskussion.

Gewinnermittlung, Ermittlung des steuerl. Gewinns bei Einkünften aus Land- und Forstw., Gewerbebetrieb und selbständiger Arbeit. Die G. kann erfolgen durch: 1. Schätzung, 2. unvollständigen Betriebsvergleich, 3. vollständigen Betriebsvergleich, 4. Einnahmen-Ausgaben-Rechnung und 5. Anwendung von Durchschnittsätzen. Bei den Einkünften aus nichtselbständiger Arbeit, Kapitalvermögen, Vermietung und Verpachtung und bei den sonstigen Einkünften erfolgt die G. auf dem Wege der Überschußrechnung (Überschuß der Einnahmen über die Werbungskosten).

Gewinnmaximierung, Ziel einer Unternehmensstrategie, die darauf ausgerichtet ist, die Differenz zw. Erlös und Kosten für einen bestimmten Zeitraum so groß wie möglich zu gestalten.

Gewinnschuldverschreibung, eine Schuldverschreibung, mit der eine AG dem Inhaber der G. eine Gewinnbeteiligung in der Weise zusichert, daß die Zinsen bzw. die zu zahlenden Beträge zur Höhe der Dividende in Beziehung gesetzt werden. G. bedürfen eines Beschlusses der Hauptversammlung und werden in der Höhe ihres Nennwerts in die Bilanz eingestellt. Im Unterschied zu der Aktie ist die G. ein Gläubigerpapier und kein Anteilspapier.

Gewinn-und-Verlust-Rechnung (Erfolgsbilanz), Teil des Jahresabschlusses, Erfolgsrechnung im Rahmen der doppelten Buchführung, in der sich der Erfolg einer Periode (Gewinn oder Verlust) als Saldo zw. Aufwendungen und Erträgen ergibt. Im Ggs. zur Bilanz, in der sich der Erfolg als Saldo zw. Vermögens- und Kapitalposten ergibt, ist es Aufgabe der G.-u.-V.-R., Einblick in das Zustandekommen des Erfolgs zu vermitteln. Inwieweit diese Aufgabe erfüllt wird, hängt von der Tiefe und Zweckmäßigkeit der Gliederung der Positionen ab. Die Erfolgsbilanz weist als reine Salden- oder Nettorechnung nur den Gewinn oder Verlust auf Teilgebieten betriebl. Betätigung aus. Durch die Saldierung von Aufwands- und Ertragspositionen (z. B. Zinsaufwendungen und Zinserträge) geht jedoch ein großer Teil der Aussagefähigkeit verloren. Das AktienG schreibt deshalb eine Mindestgliederung für die G.-u.-V.-R. vor. Die G.-u.-V.-R. kann in Konten- oder Staffelform erstellt werden. Wird sie in Kontenform erstellt, stehen die Aufwendungen auf der Soll-, die Erträge auf der Habenseite. Das AktienG schreibt die Staffelform vor.

Gewinnvortrag, der nach dem Beschluß über die Gewinnverwendung verbleibende Rest des Gewinns; wird in der Bilanz als gesonderter Posten ausgewiesen und auf das nächste Jahr übertragen.

Gewirke, textile Maschenware aus einem oder mehreren Fadensystemen, die parallel zur Fertigungsrichtung verlaufen. Die von den *Ketten-G.* unterschiedenen *Kulier-G.* sind eigentlich Gestricke.

Gewissen [Lehnübers. von lat. conscientia (nach griech. syneídesis), eigtl: „Mitwissen"], Urteilsbasis zur (zweifelsfreien) Begründung der allg. persönl. moral. Überzeugungen und Normen insbes. für die eigenen Handlungen und Zwecke wie der einzelnen Urteile auf Grund dieser Überzeugungen.

G. im Christentum: Im A. T. ist G. („Herz" oder „Nieren" gen.) immer bezogen auf Gott, ist Hören seines Wortes und Bewußtsein der eigenen Verantwortung vor ihm und seinem Gericht. - Das N. T. entwickelt ebenfalls keine systemat. G.lehre. Gott spricht an, fordert und beurteilt den Menschen im G. (Syneidesis) und gibt ihm darin das Bewußtsein der Gebote und seiner Gnade; G. ist Richtschnur des Wandels vor Gott, an menschl. Erkenntnis gebunden und Norm des Handelns. - Die *christl. Theologie* bildet erst in der Hochscholastik eine systemat. G.lehre: Es gibt ein doppeltes G.: Synderesis (als unverlierbare Grundlage aprior. G.erkenntnis) und Conscientia (als aktuelles G.urteil). G. ist also immer ein Zweifaches: Organ, das sittl. Normen vermittelt, die es nicht selbst schafft (*normierte Norm* [norma normata]) und Motivation zur sittl. geschuldeten Handlung (*normierende Norm* [norma normans]). Trotz der Verpflichtung, das G. an objektiven Normen (Hl. Schrift, kirchl. Lehre u. a.) zu bilden, bleibt doch in jeder sittl. Entscheidung das subjektive G. letzte Instanz.

Gewissenserforschung, Selbstprüfung des sittl. Handelns und seiner Motivierung, v. a. im Rahmen des Bußsakraments.

Gewissensfreiheit ↑Glaubens- und Gewissensfreiheit.

Gewitter [zu althochdt. giwitiri, urspr. „Witterung, Wetter"], eine bei hochreichender, sehr labiler Schichtung der Atmosphäre und relativ hohem Wasserdampfgehalt der Luft auftretende Wettererscheinung, die gekennzeichnet ist durch die Ausbildung bes. mächtiger Quellwolken (G.wolken) und durch fortwährende, zeitl. ganz unregelmäßig und zw. ganz unterschiedl. Stellen der G.wolken (bzw. zw. diesen und der Erde) auftretende, mit starken Schallerscheinungen (Donner) verbundene elektr. Entladungen in Form von Blitzen, außerdem auch durch kräftige Niederschläge und heftige, böige Winde.

Gewitterarten: *Wärme-G.* sind eine Folge starker Überhitzung der bodennahen Luftschichten bei gleichzeitig hohem Feuchtigkeitsgehalt. Sie treten bei sommerl. Wetterlagen und sehr flacher Luftdruckverteilung am häufigsten in den Nachmittagsstunden, über warmen Wasserflächen jedoch in den Abend- und Nachtstunden auf und führen zu keiner nachfolgenden Wetterverschlechterung. *Front-G.* entstehen durch Abkühlung der oberen Luftschichten infolge einbrechender Kaltluftmassen an einer Front, also im Grenzbereich zweier verschiedener Luftmassen. Sie sind die häufigste Art von G. in gemäßigten Breiten (zu allen Tages- und Jahreszeiten).

Gewitterhäufigkeit: Im allg. nimmt die Zahl der G. von den Tropen nach höheren Breiten ab. In der Äquatorialzone ist im Mittel mit 100 bis 150 G.tagen pro Jahr zu rechnen, in mittleren Breiten mit 15 bis 50. Die G.häufigkeit nimmt zum Landinnern zu; in Deutschland sind das Vorland der Alpen, das Oberrhein. Tiefland, das Vorland des Rhein. Schiefergebirges, des Thüringer Waldes und der sächs. Gebirge bevorzugte Entstehungsgebiete für Gewitter.

Entwicklung des Gewitters: Jedes G. besteht aus mehreren etwa gleich großen Zellen; jede G.zelle durchläuft ihre eigene, typ. Entwicklung. Jeweils mehrere Zellen sind in einem G. gleichzeitig wirksam; alte, absterbende Zellen werden durch neue ersetzt; erst wenn keine Zellen mehr neu gebildet werden, endet das Gewitter.

Elektr. Ladungsverteilung in der Gewitterwolke: Eine G.wolke im Reifestadium ist wegen der bereits im Kumulusstadium einsetzenden Ladungstrennung in den oberen Teilen positiv, in den unteren negativ geladen; meist ist aber in den unteren, negativ geladenen Wolkenteilen in Nähe der Wolkenuntergrenze noch ein kleines Gebiet mit positiver Ladung eingelagert, das mit der Hauptniederschlagszone zusammenfällt. Erfahrungsgemäß beginnt die Elektrisierung in den Quellwolken mit der Bildung und Bewegung von Niederschlag. Da sich der Prozeß bei Temperaturen unter 0 °C vollzieht, muß flüssiger und fester Niederschlag beteiligt sein.

Blitz: Der Blitz ist eine Funkenentladung großen Ausmaßes, die zu einem Ausgleich von starken elektr. Potentialdifferenzen (bis $300 \cdot 10^6$ V) zw. den Wolken bzw. zw. Wolken und Erde führt. Blitze treten als *Erdblitze* zw. Wolke und Erde oder als *Wolkenblitze* innerhalb einer Wolke, zw. verschiedenen Wolken oder zw. einer Wolke und dem Luftraum auf. Der Erdblitz nimmt mit der Ausbildung eines elektr. leitenden Kanals zw. Wolke und Erde seinen Anfang. Diese Kanalbildung erfolgt in einzelnen Blitzstößen von der Wolke her. Mit Verzweigungen erreicht der Kanal nach einigen Millisekunden den Erdboden, jetzt beginnt der Hauptstromfluß in Richtung von unten nach oben. Allerdings kann sich von Berg- oder Turmspitzen auch die Kanalbildung von unten nach oben vorschieben. Nach dem Ende des Blitzes wird der leitende Kanal häufig noch von weiteren Entladungen von unten nach oben benutzt, im Mittel von vier bis fünf Teilentladungen pro Blitz (sie erklären das Flackern des Blitzes). Die beobachteten Stromstärken zeigen Maxima von im Mittel 20 000 A, doch sind auch einige hunderttausend A möglich. Die Temperaturen in der Hauptentladung eines Erdblitzes wurden in Mittel zu 25 000 bis 30 000 °C bestimmt. Der Blitzkanal ist in dieser Phase wenige Zentimeter weit. Die *Blitzenergie* (die während der Hauptentladung in Wärme umgesetzt elektr. Energie) wird auf einige hundert Kilowattstunden geschätzt. Der Blitz leuchtet durch die glühend erhitzte Luft im Blitzkanal. Die äußerst starke Erhitzung der Luft bewirkt ihre explosionsartige Ausdehnung; die Druckwelle pflanzt sich als Schall in den Raum fort, der **Donner** ist also eine Folge des Blitzes. Aus Reflexionen der Schallwellen an den Wolken und an der Erdoberfläche erklärt sich das 15–20 km weit hörbare *Donnerrollen.* Blitze mit mehr oder weniger verzweigten Bahnen werden als *Linienblitze* bezeichnet. Flächenblitze sind wahrscheinl. meist als durch Wolken verdeckte Linienblitze anzusehen. *Kugelblitze,* Blitze in Form einer leuchtenden Kugel, sind sehr selten zu beobachten und konnten photograph. bisher nicht festgehalten werden. *Wetterleuchten* ist der Widerschein von gewittrigen Entladungen in einer so großen Entfernung, daß der Donner nicht zu hören ist. - Abb. S. 194.

🕮 *Baatz, H.: Mechanismus des G. u. Blitzes. Bln. ²1985. - Israël, H./Ries, G.: Probleme der G.forschung. Köln u. Opladen 1964–65. 2 Bde.*

Gewitterfliegen, Bez. für sehr kleine, zu den Blasenfüßen (v. a. der Getreideblasenfuß) gehörende Insekten, die v. a. im Spätsommer (bes. an schwülen Abenden) schwärmen.

gewogenes Mittel ↑Gewicht.

gewohnheitsmäßiges Handeln, strafbegründendes oder straferhöhendes Merkmal einer Straftat, die auf dem durch wiederholte Begehung hervorgerufenen Hang des Täters zu dem betreffenden Delikt beruht. Gewohnheitsmäßigkeit setzt voraus, daß der Täter zumindest zwei gleichartige Delikte begangen hat und bei den weiteren Straftaten keine sittl. Bedenken mehr aufkommen läßt.

Gewohnheitsrecht, Rechtsquelle des geltenden Rechts, die nicht gesetztes Recht ist. Das G. hat denselben Rang wie Gesetzesrecht. Es kann sich auf jeder Ebene der Normenpyramide bilden. Voraussetzung für die Entstehung von G. ist einmal eine auf allg. Rechtsüberzeugung beruhende langdauernde Übung. Ferner ist es erforderl., daß die Gewohnheit auch in Zukunft als Recht gelten, also eine für alle verbindl. Rechtsquelle darstellen soll *(Rechtsgeltungswille).* G. entsteht vornehml. durch die Rechtsprechung im Zuge der richterl. Rechtsfortbildung. Wenn sich ein Brauch so weit zur Norm entwickelt hat, daß ein Richter die tatsächl. Übung für Recht halten muß und die Öffentlichkeit dem nicht widerspricht, liegt G. vor.

In *Österreich* schließt Art. 18 B-VG das Entstehen und die Anwendung von G. aus. In der *Schweiz* ist das G. im Bereich des Zivilrechts ausdrückl. als Rechtsquelle anerkannt. Aber auch im Bereich des öffentl. Rechts ist nach der kantonalen und eidgenöss. Praxis anerkannt, daß sich dort, wo nicht eine ausdrückl. Gesetzesvorschrift eingreift, G. zu bilden vermag. - Zur Geschichte ↑Recht.

Gewohnheitsverbrecher, veraltete Bez. für ↑Hangtäter.

Gewöhnung, (Habituation) in *Medizin* und *Pharmakologie* die fortschreitende Anpassung des Körpers an immer höhere Dosen v. a. von Genuß- und Suchtmitteln.

◆ in der *Physiologie:* Anpassung an [Dauer]-reize (z. B. Gerüche), bis diese kaum noch oder nicht mehr wahrgenommen werden. Oft ist damit eine Abnahme der Bereitschaft verbunden, mit bestimmten Verhaltensweisen auf bestimmte (auslösende) Reize zu reagieren.

◆ in der *Psychologie:* durch häufige Wiederholung psych. und phys. Abläufe geschaffene Bereitschaft zu routinemäßigem, automatisiert erscheinendem Verhalten. Eine verfestigte G. (**Gewohnheit**) kann zum (sekundären) Bedürfnis werden.

Gewölbe, Baukonstruktion von bogenförmigem Querschnitt, auch Bez. für einen von einer derartigen „Decke" überdeckten Raum. Statisch ist ein G. dadurch definiert, daß es bei lotrechten Belastungen auf die stützenden Bauteile auch seitlich wirkende Drücke ausübt.

Das **Tonnengewölbe** besteht aus einem liegenden Halbzylinder von halbkreis-, segment- oder spitzbogenförmigem Querschnitt auf zwei durchgehenden Auflagern. Als Lichteinlaß können in Tonnen-G. rechtwinklig angeordnete kleinere Tonnen-G. als Stichkappen einschneiden *(Stichkappentonnengewölbe).* Das durch Gurtbogen verstärkte Tonnen-G. ergibt eine Unterteilung in Joche und wird als **Gurtgewölbe** bezeichnet. Die rechtwinklige Durchdringung von zwei Tonnen-G. gleicher Größe in einer Ebene führt zum **Kreuzgratgewölbe.** Die dabei entstehenden, diagonal verlaufenden Durchdringungskurven bilden einen Ellipsenbogen (z. B. im Erdgeschoß - sog. Krypta - des Westwerks von Corvey, 873–885). Sind die Grate durch Rippen vestärkt, so entsteht das für die Gotik typ. **Kreuzrippengewölbe.** Kreuzrippen-G. mit stark überhöhtem Scheitel und zusätzl. Rippen in den Kappenscheiteln nennt man *Dominikalgewölbe.* Weitere **Rippengewölbe:** das sog. *Dreistrahl-G.* (Chorumgänge), *Stern-G.,* jochweise aus einer sternförmigen Rippenfiguration gebildet, *Netzgewölbe,* eine zusammenhängende Netzbildung der Rippen (meist in Sternform oder als Raute) ohne Jochteilung. Die spätgot. Stern- und Netz-G. werden auch als **figurierte Gewölbe** bezeichnet. Ähnl. das *Fächergewölbe* (auch Palmen-, Strahlen- oder Trichter-G. genannt) mit fächerförmig ausstrahlenden Rippen (England, Dt. Orden). Das **Klostergewölbe** (östr. Kappen-G.) kann über quadrat. oder polygonalem Grundriß errichtet werden. Die entsprechende Anzahl von Tonnenausschnitten wölben sich als Wangen auf durchgehenden Auflagern (z. B. Aachener Dom), ist der G.scheitel durch eine Fläche ersetzt, spricht man von *Spiegelgewölbe.* Eine islam. Sonderform stellt das **Stalaktitengewölbe** dar, die Stalaktiten (oder Mukarnas) lassen kaum die angewandte G.- oder Kuppelform erkennen. - ↑auch Kuppel.

🕮 *Glossarium Artis. Wörterbuch zur Kunst. Bd. 6: G. u. Kuppeln. Mchn. ²1982.*

Gewölbejoch (Gewölbefeld, Travée), durch Gurtbögen begrenzter Abschnitt eines Gewölbes.

Gewölle [zu mittelhochdt. gewelle, von wellen „Ekel empfinden, erbrechen"], unverdaul., in Klumpen ausgewürgte Nahrungsreste (Haare, Federn, Chitin, Fischschuppen, auch Knochen), hauptsächl. der Eulen und Greifvögel. Da Greifvögel im Ggs. zu den Eulen Knochen ganz oder teilweise verdauen, enthalten ihre G. (auch **Speiballen** genannt) keine oder höchstens angedaute Knochenreste. G. würgen auch Krähen, Störche, Ziegenmelker, Möwen und Reiher hervor.

Gewürze [zu althochdt. wurz „Pflanze, Wurzel"], Teile von Gewürzpflanzen, die frisch oder getrocknet [und gemahlen] einer Speise zugesetzt werden und durch ihren pikanten oder aromat. Geschmack den Charakter einer Speise bestimmen (z. B. Curry) oder den Eigengeschmack der Speise betonen, auch deren Bekömmlichkeit fördern. - ↑auch Übersicht Gewürze (S. 195f).

Gewürznelken (Nägelein, Flores caryophylli), getrocknete, tiefbraune Blütenknospen des Gewürznelkenbaumes; enthalten 16–21 % äther. Öle (Nelkenöl), v. a. Eugenol; Verwendung als Küchengewürz sowie bei der Herstellung von Likören, Seifen, Parfümen.

Gewölbeformen

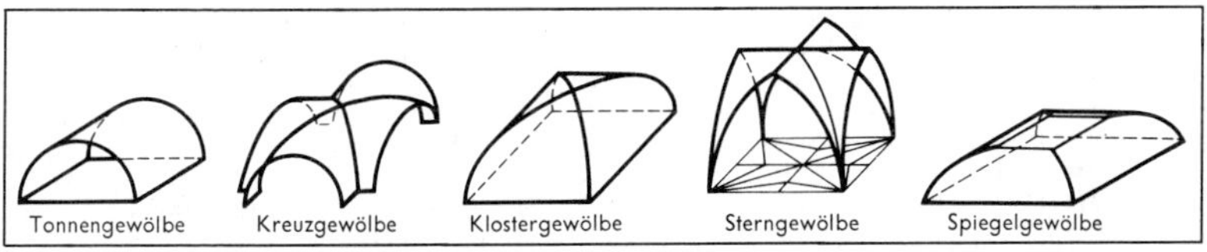

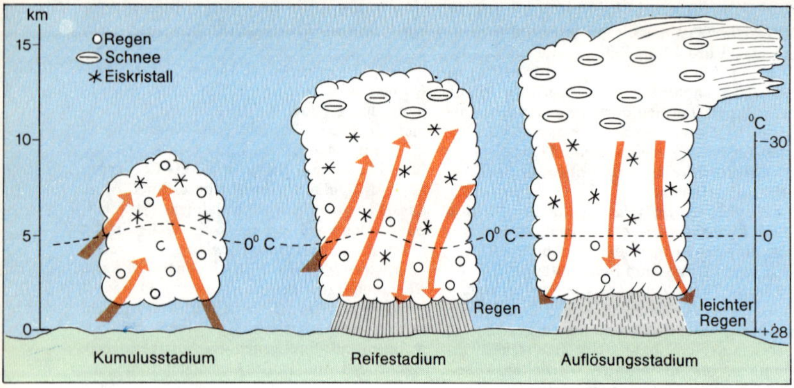

Gewitter. Schema der Entwicklungsstadien einer Gewitterzelle

Geschichte: G. wurden durch die Araber in den europ. Handel gebracht, wo sie seit dem 7. Jh. als Gewürz und Arzneimittel eine Kostbarkeit waren. Nachdem 1511 die Portugiesen und 1521 die Spanier die Molukken erreichten, begann der Kampf um diese „Gewürzinseln" und um das 1529 auf die G. ausgedehnte Gewürzmonopol, das dann bis Anfang des 17. Jh. die Portugiesen, anschließend bis 1796 die niederl. Ostind. Kompanie innehatte.

Gewürznelkenbaum (Syzygium aromaticum), urspr. auf den Molukken verbreitetes Myrtengewächs; bis 10 m hoher Baum mit längl.-eiförmigen Blättern und roten Blüten in Trugdolden; heute v. a. auf Sansibar und Madagaskar zur Gewinnung von Gewürznelken und von Öl aus den Blättern zur Vanillinherstellung kultiviert.

Gewürzpflanzen, Pflanzen, deren Wurzeln, Rinde, Sprosse, Blätter, Blüten, Früchte oder Samen sich wegen ihres aromat. oder scharfen Geschmacks und Geruchs als würzende Zugaben zur menschl. Nahrung eignen. Der Nährwert der G. ist gering, bedeutsam ist hingegen die appetitanregende und verdauungsfördernde Wirkung ihrer äther. Öle und ihrer Bitterstoffe.

Gewürzstrauch (Calycanthus), Gatt. der Gewürzstrauchgewächse mit fünf Arten in N-Amerika und Australien; Bäume oder Sträucher mit nach den Blättern erscheinenden, mittelgroßen Blüten, bei denen die zahlr. Blütenblätter schraubig angeordnet sind. Viele Arten sind beliebte Ziersträucher, z. B. der **Erdbeergewürzstrauch** (Calycanthus floridus) mit dunkelrotbraunen, stark nach Erdbeeren duftenden Blüten.

Gewürztraminer, Spielart der Rebsorte Traminer mit rosafarbenen, blaubereiften Trauben; ergibt würzige, säurearme, alkoholreiche Weine.

Geyer, Florian, * Giebelstadt bei Ochsenfurt um 1490, † Rimpar bei Würzburg 10. Juni 1525, dt. Reichsritter und Bauernführer. - Leitete 1519 im Auftrag des Schwäb. Bundes ein militär. Unternehmen gegen Herzog ↑ Ulrich von Württemberg und Götz von Berlichingen, schloß sich jedoch 1525 den aufständ. Bauern an. Gewann als Unterhändler mehrere kleine Städte, u. a. Rothenburg ob der Tauber, trat für eine Reichsreform ein, die die Privilegien des Adels und der Kirche beseitigen sollte, fand aber mit seinen gemäßigten Forderungen nicht die Zustimmung der Bauern und wurde, als diese bei Ingolstadt i. Ufr. und Königshofen geschlagen waren (G. war an der Schlacht nicht beteiligt), ermordet. - Zahlr. Dramatisierungen; bed. G. Hauptmanns Drama „F. G." (1896).

Geysir [isländ. 'gjɛjsɪr], größte Springquelle auf Island, deren Wassersäule bis 60 m Höhe erreichen kann.

G. [gaɪzɪr; isländ., zu geysa „in heftige Bewegung bringen"] (Geisir, Geiser, Springquelle), heiße Quelle, bei der period. oder unregelmäßig ein Wasserausstoß in Form einer Fontäne erfolgt, der durch Druckentlastung überhitzten Wassers entsteht. Im Wasser gelöste Mineralstoffe lagern sich als Sinter um die Quelle ab. G. finden sich in jungvulkan. Gebieten (Island, Yellowstone National Park [USA], Neuseeland u. a.).

Géza [ungar. 'ge:zɔ] (dt. Geisa), Name ungar. Herrscher aus der Dyn. der Arpaden:

G., * um 940/45, † 1. Febr. 997, ▭ Székesfehérvár, Großfürst (seit 972). - 974 auf den Namen Stephan getauft, begann er mit der Christianisierung Ungarns; legte mit dem Ausbau seiner Herrschaftsgewalt den Grund für den Aufstieg Ungarns unter seinem Sohn Stephan I.

G. I., * um 1044, † 25. April 1077, König (seit 1074). - Sohn König Bélas I.; schlug in den ungar. Thronkämpfen 1074 seinen Vetter König Salomon und wurde daraufhin als König anerkannt.

GEWÜRZE UND GEWÜRZKRÄUTER (Auswahl)

dt. Name	Stammpflanze	Heimat	verwendeter Pflanzenteil	Verwendung
Angostura	Angosturabaum	nördl. S-Amerika	Rinde	Süßspeisen, Cocktails
Anis	Bibernellenart Anis	östl. Mittelmeergebiet	Früchte	Süßspeisen, Liköre Gebäck
Basilikum	Basilie	Indien	Kraut bzw. Blätter	Salate, Fisch, Käse südeurop. Gerichte
Cayennepfeffer	Paprikaarten Capsicum annuum, Capsicum frutescens	S-Amerika	Früchte	Soßen, Fleischgerichte
Chilipfeffer	wie Cayennepfeffer	S-Amerika	Früchte	Soßen, Fleischgerichte, milde Arten werden roh gegessen
Curry	Gewürzmischung aus Kurkuma, Kardamom, Cayennepfeffer, Koriander, Ingwer, Kümmel, Muskat, Nelken, Pfeffer, Zimt	Indien		Reis- und Fleischgerichte, Soßen, fernöstl. Spezialitäten
Gewürznelken	Gewürznelkenbaum	Molukken	Blütenknospen	Süß- und Fleischspeisen, Gebäck, zum Einmachen
Ingwer	Ingwer	O-Asien	Wurzelstock	Backwaren, Konfekt
Kapern	Kapernstrauch	Mittelmeergebiet	Blütenknospen	Fisch- und Fleischgerichte, Salate, Soßen
Kardamom	Malabarkardamom	Asien	Samen	Backwaren, Getränke, Gewürzmischungen
Koriander	Koriander	Mittelmeergebiet	Blätter, Samen	Fleischgerichte, Süßspeisen, Wurst, Backwaren
Lorbeer	Echter Lorbeer	Kleinasien	Blätter	Fleischgerichte, Soßen
Muskat	Echter Muskatnußbaum	Bandainseln	Samen	Fleisch-, Fisch-, Gemüsegerichte, Wurst, Süßspeisen
Origano	Gemeiner Dost	Mittelmeergebiet	Kraut	italien. Gerichte
Paprika	wie Cayennepfeffer	S-Amerika	Früchte Samen entfernt = süßer Paprika; mit Samen gemahlen = scharfer Paprika	Fleischgerichte, Suppen, Salate, Gemüse, Fisch
Peri-Peri	Paprikaart	O-Afrika	Früchte	
Pfeffer	Pfefferstrauch	Malabarküste	Früchte ganze, unreif geerntete, ungeschälte Früchte = schwarzer Pfeffer; reife, geschälte Früchte = weißer Pfeffer	Fleischspeisen, Salate, Soßen, Suppen
Piment	Pimentbaum	W-Indien, M- und S-Amerika	Früchte	Backwaren, Fleisch-, Fischgerichte, Suppen, Soßen
Safran	Echter Safran	Griechenland, Kleinasien	Blütennarben	Backwaren, Fischsuppen und -gerichte

GEWÜRZE UND GEWÜRZKRÄUTER (Forts.)

dt. Name	Stammpflanze	Heimat	verwendeter Pflanzenteil	Verwendung
Soja	Sojabohne	SO-Asien	Samen	ostasiat. Gerichte, Fleischgerichte, Soßen
Thymian	Gartenthymian	Mittelmeergebiet	Kraut	Fleisch-, Fischgerichte, Soßen, Suppen
Vanille	Gewürzvanille	M- und S-Amerika	Fruchtkapseln	Süßspeisen
Zimt	Ceylonzimtbaum	Ceylon	Rinde	Süßspeisen, Backwaren, Getränke, Gewürzmischungen

G. II., * um 1130, † 31. Mai 1162, ▭ Székesfehérvár, König (seit 1141). - Sohn König Bélas II.; war der erste ungar. König, der größere Gruppen westl. Siedler aus den Niederlanden und vom Rhein („Sachsen") ins Land (Zips und Siebenbürgen) rief.

gezähntes Blatt ↑ Laubblatt.

Gezeiten, Massenbewegungen der Atmosphäre, des Erdkörpers und, bes. auffallend, des Meeres, die verursacht werden durch das Zusammenwirken von Schwer- und Fliehkräften, die bei der Bewegung des Mondes um die Erde und bei der Bewegung der Erde um die Sonne entstehen. Die G. der Atmosphäre äußern sich in period. Schwankungen des Luftdrucks, sie haben keine Bed. für das Wettergeschehen. Die G. des Erdkörpers äußern sich in geringen Hebungen und Senkungen der Erdkruste innerhalb von 12 Std. Die G. des Meeres (**Tiden**) äußern sich bes. an den Küsten, zumeist als zweimal tägl. (im Abstand von 12 Std. 25 Min.) Ansteigen (= **Flut**) und Absinken (= **Ebbe**) des Meeresspiegels. Bei Neu- und Vollmond verstärken sich die G. zu kräftigen **Springtiden,** bedingt durch die Stellung von Sonne und Mond zueinander. Bei Halbmond hebt die Sonne einen Teil der G.kräfte des Mondes auf, so entstehen die bes. schwachen **Nipptiden.** Der höchste Wasserstand wird Hochwasser, der niedrigste Niedrigwasser genannt. Bei Niedrigwasser fallen seichte Teile von Randmeeren trocken (↑ Watt). Der **Tidenhub** gibt den Höhenunterschied zw. Hoch- und Niedrigwasser an. Er ist im offenen Ozean gering, in Buchten können Werte von mehr als 20 m erreicht werden. Die G. werden beeinflußt von der unregelmäßigen Verteilung von Land und Meer, von der Küstenform und vom Wind. In Meerengen und Fjorden erreichen die G.ströme durch Einengung des Wasserprofils Geschwindigkeiten bis zu 8 sm/h. Bei Flüssen wirken sich die G. von der Mündung landeinwärts ebenfalls aus, beim Amazonas z. B. auf einer Länge von 800 km. Beim Eindringen der Flut, v. a. der Springflut, kann sich bei einigen Flüssen eine Sprungwelle bilden, die, bis einige Meter hoch, flußaufwärts braust. Zur Vorausberechnung des Eintreffens der Tiden an einzelnen Küstenabschnitten, wichtig für Schiffahrt, Fischerei, Badegäste, wurden vor dem Einsatz von Computern spezielle Rechengeräte, sog. **Gezeitenmaschinen,** verwendet, so z. B. seit 1919 von der Dt. Seewetterwarte.

Gezeiten. Springflut bei Voll- beziehungsweise Neumondkonstellation (oben) und Nippflut bei Halbmondkonstellation (die blauen Linien deuten die Anziehungskraft des Mondes, die roten Linien die der Sonne an)

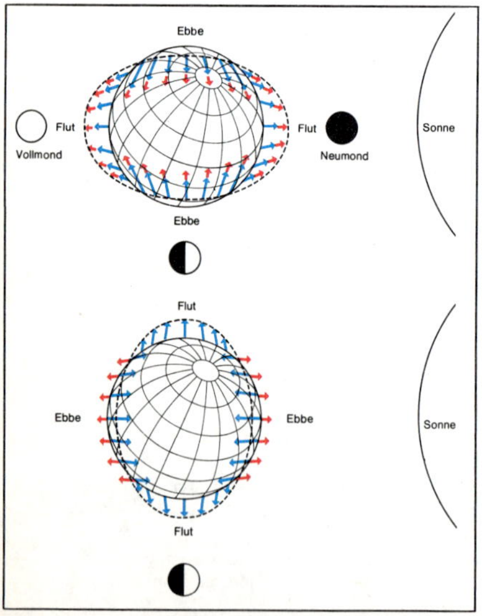

🕮 *Petter, G./Garau, B.: Meeresströme u. G. Dt. Übers. Würzburg 1979. - Defant, J.: Ebbe u. Flut des Meeres, der Atmosphäre u. der Erdfeste. Bln. u. a. ²1973.*

Gezeitenbarre, vor Flußmündungen liegende Aufschüttungsbarriere an Gezeitenküsten.

Gezeitenkraftwerk ↑Kraftwerke.

Gezeitenstrom, durch die Gezeiten verursachte Strömung im Meer, die die gesamte Wassersäule bis zum Grund erfaßt.

Gezeitenwald ↑Mangrove.

Gezelle, Guido Pierre [niederl. xə'zɛlə], * Brügge 1. Mai 1830, † ebd. 27. Nov. 1899, fläm. Dichter. - Priester, lehrte Philosophie, Literatur, Naturwiss.; gilt als bedeutendster fläm. Lyriker. Von ausgeprägtem Nationalbewußtsein, religiöser Tiefe und großer Liebe zu Heimat und Volk. Schrieb musikal. Verse und eine sehr lebendige Prosa in einer mit westflandr. Dialektelementen durchsetzten Sprache. Übersetzte Longfellows Versepos „Das Lied von Hiawatha" (1886).

gezogene Feuerwaffen, Feuerwaffen, deren Rohre oder Läufe innen mit schraubenlinig verlaufenden Zügen versehen sind.

GFK-Technik, Kurzbez. für **g**lasfaserverstärkte **K**unststoffe verarbeitende Technik; Gesamtheit der techn. Verfahren, mit Glasfäden, -geweben, -matten und -strängen (**Rovings**) laminierte Kunststoffwerkstücke oder -teile herzustellen. Die entstehenden Produkte sind bei hoher Festigkeit [und Elastizität] von geringem Gewicht, chem. beständig, wenig materialermüdend, kaum alternd und leicht zu bearbeiten. Mehrere Verarbeitungsmethoden haben sich herausgebildet: 1. manuelle Verarbeitung der Materialien in oder über Formen zu Einzelstücken; 2. maschinelle Verarbeitung in Pressen unter Vakuum oder Druck bei meistens gleichzeitiger therm. Aushärtung zu Halbzeugen (Platten, Profile, Rohre usw.) oder Serienformteilen; 3. Wickeltechnik durch radiale, axiale oder geodät. Faden- oder Roving- und gleichzeitige Kunstharzauftragung auf rotierende Formkörper mit anschließender therm. Aushärtung.

GG, Abk. für: ↑**G**rund**g**esetz.

gg, Einheitenzeichen für ↑Gauge.

Ghaem-Magham, Mirsa Abolghasem Farahani [pers. ɣaemmæ'ɣɑ:m], * Teheran um 1799, † ebd. 1835 (ermordet), pers. Politiker. - Bed. Politiker des 19. Jh., Modernist und Aufklärer; Berater von Fath Ali Schah; reformierte Staatsverwaltung und Amtssprache. Unter seiner Leitung wurde die Armee modernisiert und die Waffen- und Textilind. begründet.

Ghana

(amtl. Vollform: Republic of G.), Republik in Westafrika, zw. 4° 44′ und 11° 10′ n. Br. sowie 3° 15′ w. L. und 1° 12′ ö. L. **Staatsgebiet:** G. grenzt im W an die Elfenbeinküste, im N an Burkina Faso, im O an Togo, im S an den Golf von Guinea. **Fläche:** 238 537 km² (davon Landfläche 230 020 km²). **Bevölkerung:** 12,2 Mill. E (1984), 51,2 E/km². **Hauptstadt:** Accra. **Verwaltungsgliederung:** 8 Regionen, 1 Distrikt. **Amtssprache:** Englisch. **Nationalfeiertage:** 6. März (Unabhängigkeitstag) und 1. Juli (Tag der Republik). **Währung:** Cedi (₵) = 100 Pesewas (p). **Internationale Mitgliedschaften:** UN, OAU, ECOWAS; der EWG assoziiert. **Zeitzone:** Westeurop. Zeit, d. i. MEZ – 1 Std.

Landesnatur: G. erstreckt sich vom Golf von Guinea (Küstenlänge etwa 400 km, Ausgleichsküste mit Lagunen) rd. 675 km landeinwärts. An die 15–25 km breite Küstenebene schließen sich Hochebenen an, die von SW–NO-verlaufenden Mittelgebirgszügen überragt werden. Den zentralen Teil nimmt das Hochland von Aschanti ein, den N das Voltabecken, das durch markante Schichtstufen begrenzt ist und durch die Nebenflüsse

Ghana. Wirtschaftskarte

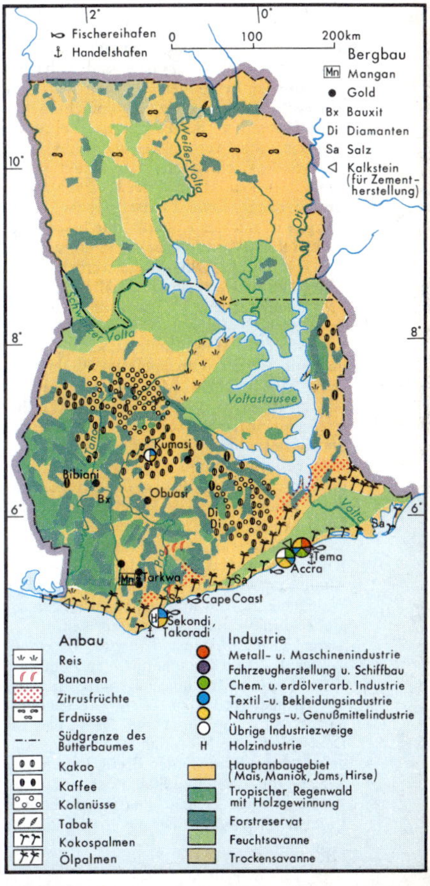

des Volta in Plateaus gegliedert wird. Im O wird der Volta bis in seine Quell- und Nebenflüsse zum drittgrößten künstl. See der Erde gestaut.
Klima: G. hat trop. Klima mit zwei Regenzeiten im S (Mai/Juni und Okt./Nov.) und einer Regenzeit im N (Juli-Sept.).
Vegetation: Auf einen schmalen Saum mit Strand- und Lagunenvegetation (fast keine Mangrove) schließen Küstendickicht und Küstengrasland an. Im SW findet sich immergrüner Regenwald, der nach N und O in regengrünen Feuchtwald übergeht. Im N sind Savannen verbreitet, die im NW und NO in offene Grasländer übergehen.
Bevölkerung: Die Bev. setzt sich aus Völkern und ethn. Gruppen der Sudaniden zus. (u. a. Twi, Mossi, Ewe, Fanti, Ga-Adangme, Yoruba). Am dichtesten besiedelt (mindestens 70 E/km²) sind der Küstenstreifen und sein Hinterland um Accra/Koforidua, die Gebiete um Kumasi und um Tamale. Hohe Werte (40–100 E/km²) hat auch der äußerste NO, während das nördl. Zentralgebiet und die Umgebung des oberen Voltasees dünn besiedelt sind (unter 5 E/km²). 68 % der Bev. sind Anhänger traditioneller Religionen, 20 % Christen, 12 % Muslime. Es besteht allg. Schulpflicht, neben weiterführenden Schulen und Lehrerbildungsanstalten verfügt G. über drei Univ.
Wirtschaft: Wichtigstes Agrarprodukt ist Kakao. Er wird auf rd. 35 % der landw. Nutzfläche angebaut. Etwa ⅓ der in der Landw. Tätigen ist mit der Kakaokultur beschäftigt, da kleine und mittlere Betriebe dominieren. Zur Haupternte (Okt.–März) werden bis zu 300 000 zusätzl. Arbeiter beschäftigt (Taglöhner, Wanderarbeiter). Grundnahrungsmittel sind neben Gemüsen und Hülsenfrüchten im Küstenbereich Mais, Maniok und Taro (Fettlieferant ist die Ölpalme), im Waldgürtel Jams, Süßkartoffeln, Maniok und Mais, in der Savanne Hirse, Reis und Jams (Fettlieferanten sind Erdnüsse und die Früchte des Sheabutterbaumes). Die bed. Holzwirtschaft wird von einer staatl. Gesellschaft kontrolliert. Fisch wird zu 70 % in der Saison Juni–Aug. gefangen. An Bodenschätzen werden Gold, Manganerze, Industriediamanten, Bauxit u. a. abgebaut; Erdölvorkommen vor der Küste. Wichtigster Ind.standort ist Tema, mit Aluminiumschmelze, Erdölraffinerie u. a. Im Waldgebiet des SW arbeiten Sägewerke und 7 große Furnier- und Sperrholzfabriken.
Außenhandel: Weitaus wichtigstes Exportgut ist der Kakao (Kakaobohnen und -butter). Holz ist das zweitwichtigste Exportgut, gefolgt von Bergbauprodukten. Wichtigste Handelspartner sind Großbrit., die USA, die BR Deutschland, die Niederlande, die Sowjetunion u. a. Eingeführt werden Erdöl, Maschinen, Kfz., Garne, Eisen und Stahl, Fische, Zucker, Weizen, Papier, Zement, Pharmazeutika u. a.
Verkehr: G. verfügt über ein Eisenbahnnetz von 953 km Länge; das Straßennetz ist 41 190 km lang, davon rd. 5 000 km asphaltiert. Die Binnenschiffahrt hat nur auf dem Voltasee größere Bed. Wichtigste Überseehäfen sind Takoradi (v. a. Export) und Tema (v. a. Import). Die nat. G. Airways Corporation fliegt außer inländ. ✈ mehrere afrikan. Hauptstädte sowie London, Rom und Beirut an; internat. ✈ Kotoka bei Accra.
Geschichte: Zur Zeit der Ankunft der Europäer (1471 Portugiesen) spielten im Gebiet des heutigen G. die Aschanti eine bed. Rolle. Haupthandelsobjekt zw. Portugiesen und den Küstenstämmen war der aus dem Hinterland stammende Goldstaub, nach dem die Küste benannt wurde. Vom 16.–19. Jh. versuchten Franzosen, Niederländer, Briten, Schweden, Dänen und Brandenburger, an der Goldküste Fuß zu fassen; Mitte des 19. Jh. rivalisierten nur noch Briten und Niederländer, denen die Briten 1872 ihre Niederlassungen abkauften. 1844 schlossen die Briten mit den Küstenstämmen Protektoratsverträge, 1850 wurde die Kolonie **Goldküste** proklamiert. Nach fast 30jährigem Krieg mit den Aschanti wurde deren Land nach einem letzten Aufstand (1900) endgültig von brit. Truppen erobert. Die Küstenkolonie stand unter direkter brit. Verwaltung, das Mitspracherecht der Eingeborenen wurde stetig erweitert. Erst 1935 durfte sich Aschanti wieder als Reich konstituieren und erhielt den Status eines Protektorates, allerdings unterstanden König und Häuptlingsrat dem Gouverneur. Dem N-Protektorat wurde 1946 ein Häuptlingsrat zugestanden.
1956 wurden erstmals in der gesamten Goldküste allg. Wahlen zu einer verfassunggebenden Versammlung abgehalten. Am 6. März 1957 wurde die Goldküste unter dem Namen G. unabhängig; das Land blieb im Commonwealth, zunächst als Monarchie, seit dem 1. Juli 1960 als Republik, deren Staatspräs. K. Nkrumah wurde. 1966 wurde Nkrumah durch Armeeputsch gestürzt. G. wurde in der Folgezeit vom „Nat. Befreiungsrat" regiert, es löste sich vom Ostblock, v. a. von China, und trieb eine mehr prowestl. Außenpolitik. Die 2. Republik (1969–72) scheiterte v. a. an wirtsch. Problemen. In einem unblutigen Putsch übernahm das Militär 1972 erneut die Macht. Die für 1979 in Aussicht genommene Rückkehr zu demokrat. Verhältnissen wurde trotz zwei weiterer Militärputsche (Juli 1978 und Juni 1979) und der Hinrichtung der früheren Staatschefs durch den neuen Machthaber, den Luftwaffenhauptmann Jerry Rawlings (* 1947), durchgeführt. Der im Juli 1979 gewählte Staatspräs. Hilla Limann (* 1934) proklamierte am 24. Sept. 1979 die 3. Republik, wurde jedoch nach einem erneuten Putsch Rawlings im Jan. 1982 abgesetzt. Die plötzliche Heimkehr Anfang 1983 von über 1 Mill. Ghanaern, die aus Nigeria vertrie-

ben worden waren, stürzte G. in ein wirtsch. Chaos.
Politisches System: Die Verfassung der 3. Republik vom 24. Sept. 1979 wurde nach dem Militärputsch vom 31. Dez. 1981 suspendiert. Sie hatte ein Präsidialsystem mit einem auf vier Jahre gewählten Einkammerparlament (140 Abg.) als Legislative installiert. *Staatsoberhaupt* ist seit dem Militärputsch vom 31. Dez. 1981 J. J. Rawlings. Er ist Vors. des Kabinetts sowie des fünfköpfigen Provisional National Defence Council (PNDC; Provisor. Nat. Verteidigungsrat), bei dem die oberste *Exekutiv-* und *Legislativgewalt* liegt. *Parteien* waren erst 1979 wieder zugelassen worden und wurden nach dem Militärputsch vom 31. Dez. 1981 erneut verboten. Mehrheitspartei war die People's National Party unter Führung Hilla Limanns, die an die Politik K. Nkrumahs anknüpfte. Die Oppositionsparteien (Popular Front Party, United National Convention - beide in der Tradition der Progress Party K. A. Busias - und Social Democratic Front) hatten sich im Sommer 1981 zur All People's Party zusammengeschlossen. Ein Großteil der Opposition agiert von Großbrit. aus, wo das Ghana Democratic Movement seinen Sitz hat. Dachverband der *Gewerkschaften* ist der Ghana Trades Union Congress (TUC) mit 556000 Mitgliedern in 17 Branchengewerkschaften, deren führende Funktionäre ebenso wie die Satzung des TUC im März 1982 suspendiert wurden. *Verwaltung:* An der Spitze der neun Regionen stehen ernannte Sekretäre. Die Organe der lokalen Selbstverwaltung wurden im März 1982 aufgelöst und durch Volksverteidigungskomitees ersetzt. Die *Streitkräfte* haben eine Stärke von 15100 Mann (Heer 12500 Luftwaffe 1400, Marine 1200); die paramilitär. Kräfte umfassen 5000 Mann. Der Militärdienst ist freiwillig.

📖 *Göhring, C.: Strukturanalyse traditioneller u. moderner Herrschaft in G. Gött. 1981. - Kennedy, P. T.: Ghanaion businessmen. Mchn. 1980. - Lühring, J.: Urbanisierung u. Entwicklungsplanung in G. Hamb. 1976. - Ansprenger, F., u. a.: Die polit. Entwicklung Ghanas v. Nkrumah bis Busia. Mchn. 1972.*

Gharbi [frz. gar'bi] ↑Kerkennainseln.

Ghardaïa [frz. garda'ja], alger. Stadt an der Transsaharastraße über den Ahaggar, 71000 E. Handelszentrum des Mzab mit Leder- und Schmuckwarenherstellung; ⌘. - Die Stadt ist so an den Hang gebaut, daß sie wie eine Häuserpyramide wirkt, überragt von einem hohen Minarett.

Gharjan, Provinzhauptort in NW-Libyen, 80 km ssw. von Tripolis, 717 m ü. d. M., 11000 E (zum großen Teil in Höhlenwohnungen). Bewässerungslandw.; Teppichweberei.

Ghasel (Ghasele, Gasel) [arab., eigtl. „Gespinst"], lyr. Gedichtform, seit dem 8. Jh. im ganzen islam. Raum verbreitet, Höhepunkt im Werk des pers. Dichters Hafes (14. Jh.); besteht aus einer nicht festgelegten Anzahl von Langversen, die in je zwei Halbverse zerfallen. Die beiden Halbverse des Eingangsverses reimen, die Langverse behalten diesen Reim bei. Bei den dt. Nachahmungen (F. Schlegel, Rückert, Platen) entsprechen den zweigeteilten Langversen (auch **Beit** gen.) Verspaare.

Ghasi [arab. „Kämpfer gegen die Ungläubigen"], urspr. Bez. für die türk. Glaubenskämpfer gegen das Byzantin. Reich, später Ehrentitel der osman. Sultane.

Ghasi I., * Mekka 21. März 1912, † Bagdad 4. April 1939 (Autounfall), König des Irak (seit 1933). - Sohn Faisals I.; förderte die Konsolidierung des 1932 souverän gewordenen Landes.

Ghasnawiden (Ghasnewiden), türk.-iran. Dyn. in Ghazni und Lahore (977–1187), begr. von Sebüktigin, einem türk. Heerführer der Samaniden. Bedeutendster Herrscher der G. war sein Sohn ↑Mahmud.

Ghasr e Schirin, Stadt im nördl. Sagrosgebirge, Iran, an der Grenze gegen Irak, 24000 E. - Um 600 Residenz der Sassaniden.

Ghassali, Al (Al Ghasali, Al Ghazali, Al Gazzali, Algazel, Algazelius), Abu Hamid Muhammad, * Tus (Chorasan) 1059, † ebd. 1111, islam. Theologe. - Gilt als einer der bedeutendsten Denker und Theologen des Islams, dem es gelang, die Frömmigkeit der Mystik (↑Sufismus) mit der orth. Theologie zu versöhnen.

Ghassaniden, arab. Fürstendyn. aus dem Stamm Ghassan, der sich 490 n. Chr. auf byzantin. Gebiet ansiedelte und das monophysit. Christentum annahm. Unter byzantin. Oberhoheit herrschten die G. bis 636 über das Ostjordanland, Südpalästina und die syr. Wüste.

Ghassulkultur, Kulturgruppe Südpalästinas, aus der 2. Hälfte des 4. Jt. v. Chr.; Keramik meist plast. verziert, Geräte aus Feuerstein und Kupfer, Felskammergräber mit Brandbestattungen in Urnen (z. T. in Hausform).

Ghaswin, Stadt am S-Fuß des Elbursgebirges, Iran, 244300 E. Verwaltungs- und Handelszentrum eines Agrargebiets mit Baumwollind. - Um 260 n. Chr. als **Schad Schapur** gegr., war bis zu den mongol. Eroberungen im 13. Jh. eine bed. Stadt.

Ghats, Bez. für die Küstengebirge Vorderindiens; ↑Ostghats, ↑Westghats.

Ghaur, Al, Bez. für den Jordangraben zw. dem See von Genezareth und dem Toten Meer.

Ghazni, Provinzhauptstadt im östl. Afghanistan, 2200 m ü. d. M., 30400 E. Handelszentrum in einem extensiven Landw.gebiet; Garnison. - Das im 2. Jh. n. Chr. erstmals erwähnte G. war 977–1187 Hauptstadt des Reichs der Ghasnawiden und gehörte 1504–1738 zum Mogulreich. - Lehmziegelmauer

Ghetto. Das hermetisch abgeschlossene Warschauer Ghetto (April 1943)

um die Altstadt (12. Jh.); nö. liegt ein großes Ruinenfeld. Nahebei in einem Dorf das Mausoleum Mahmuds von G. († 1030). - Abb. Bd. 1, S. 107.

Ghedini, Giorgio Federico [italien. ge'di:ni], * Cuneo 11. Juli 1892, † Genua 25. März 1965, italien. Komponist. - 1951–62 Direktor des Mailänder Konservatoriums. Komponierte Opern, u. a. „Le baccanti" (1948), „Billy Budd" (1949), Oratorium „La messa del venerdì santo" (1929), Orchesterwerke, Kammer- und Klaviermusik, Lieder.

Ghee [engl. gi:] (Ghi), aus Büffel- und Kuhmilch hergestelltes butterschmalzähnl. Fett (in Indien verwendet).

Ghega, Karl Ritter von (seit 1851), * Venedig 10. Jan. 1802, † Wien 14. März 1860, östr. Bauingenieur. - Generalinspekteur der östr. Staatseisenbahn; erbaute 1848–54 die Semmeringbahn.

Ghelderode, Michel de [niederl. 'xɛldəro:də, frz. gɛldə'rɔd], eigtl. Aldemar Martens, * Ixelles 3. April 1898, † Brüssel 1. April 1962, fläm. Dramatiker. - Expressionist.-visionärer Dramatiker einer grotesken Welt. - *Werke:* Escorial (Dr., 1930), Pantagleize (Dr., 1930), Barabbas (Dr., 1931), Ausgeburten der Hölle (Dr., 1938), Ein Abend des Erbarmens (Dr., 1955).

Gheorghe Gheorghiu-Dej [rumän. 'gʲorge gʲor'giu̯'deʒ], rumän. Stadt im Vorland der Ostkarpaten, 48 200 E. Marionettentheater. Wichtiges rumän. Ind.zentrum (Erdölraffinerien, chem. und petrochem. Kombinat u. a.).

Gheorghiu-Dej, Gheorghe [rumän. gʲor'giu̯'deʒ], * Bîrlad (Kreis Vaslui) 8. Nov. 1901, † Bukarest 19. März 1965, rumän. Politiker. - Seit 1930 Mgl. der rumän. KP; 1944 Teilnahme am Sturz der faschist. Militärdiktatur I. Antonescus; Generalsekretär des ZK 1945–54, 1. Sekretär des ZK seit 1955; 1944–48 Min. verschiedener Ressorts; 1952–55 Min.präs.; seit 1961 Präs. des Staatsrats (Staatsoberhaupt).

Gherardesca, Ugolino della [ital. gerar'deska], Graf von Donoratico, * um 1220, † Pisa 1289, ital. Adliger; Ghibelline. - Errichtete in Pisa eine grausame Herrschaft; 1288 von Erzbischof R. Ubaldini gestürzt; mit zwei Söhnen und zwei Enkeln dem Hungertod preisgegeben; Schilderung in Dantes „Divina Commedia".

Gherla (dt. Armenierstadt), rumän. Stadt im nördl. Siebenbürgen, 18 000 E. Museum; Holzverarbeitungskombinat, Ziegelfabrik, Teppichherstellung. - Im 16. Jh. gegr., im 18. Jh. in **Armenopolis** umbenannt, Zentrum der Armenier in Siebenbürgen. - Spätgot. Kirche der Kalvinisten, barocke armen.-kath. Kirche, Schloß Martinuzzi (16. Jh.), Festung (um 1540) an der Stelle eines röm. Castrums.

Gheschm ↑ Hormos, Straße von.

Ghesel Ausan, im Sagrosgebirge entspringender 560 km langer linker Quellfluß des ↑ Safid Rud.

Ghetto (Getto) [italien.; Herkunft umstritten], Bez. für in sich geschlossene jüd. Wohnviertel, zuerst für Venedig belegt (1531), das letzte wurde 1870 in Rom geöffnet.

Die Juden lebten freiwillig schon in der Antike und im frühen MA in Straßen oder in Stadtvierteln zusammen. Etwa seit dem Jahre 1000 wurde von christl. Seite das Zusammenwohnen von Christen und Juden verboten; es entstanden Judenquartiere oder -gassen, die mit Mauern umgeben und nachts durch Tore geschlossen wurden. Mit dem Aufkommen der Emanzipation und der Erlangung der Bürgerrechte (19. Jh.) entfiel in Europa für die Juden der Zwang, in G. zu leben. - In der Zeit des NS wurden in den besetzten Ostgebieten die Juden erneut in G. („Judenviertel", „jüd. Wohnbezirke") gezwungen. - Der Begriff G. bezeichnet heute, v. a. in der Soziologie, generell einen Ort, in dem rass.

Lorenzo Ghiberti, Einzug in Jerusalem (zwischen 1403–24). Florenz, Baptisterium, Feld der Nordtür

oder religiöse Minderheiten in aufgezwungener (auch geistiger oder polit.) Segregation leben müssen.

🕮 *Bartoszewski, W.: Das Warschauer G. - Wie es wirklich war. Ffm. 1983. - Kurzman, D.: Der Aufstand. Mchn. 1979. - Ringelblum, E.: G. Warschau. Stg. 1967.*

Gheyn, Jacob de [niederl. xɛi̯n], d. Ä., * Antwerpen 1565, † Den Haag 29. März 1629, niederl. Kupferstecher, Zeichner und Maler. - Bed. v. a. seine Federzeichnungen.

Ghibellinen und Guelfen, seit Anfang des 13. Jh. Bez. für die beiden widerstreitenden Parteien in Italien, die sich aus dem polit. Ggs. der Staufer und Welfen während des Thronstreites zw. Friedrich II. und Otto IV. (1212–18) ergaben. Die Bez. gingen nach dem Ende der Stauferzeit auf andere Parteigruppierungen, v. a. im stänḍ. Kampf um die ober- und mittelitalien. Städte, bzw. auf den ghibellin. Adel über, der sich für einen unitar. Zentralismus mit kaiserl. Spitze einsetzte, sodann auf die guelf. föderalist.-partikularist. Volkspartei, die für den Papst an ihrer Spitze optierte. Beide Namen fanden im 14. Jh. erneut Anwendung bei dem Streit zw. den Röm. Königen und der Kurie. Obwohl der Gebrauch beider Parteibez. 1334 von Papst Benedikt XIII. verboten wurde, fanden sie bis ins 17. Jh. hinein Anwendung im innerstädt. Kampf.

Ghiberti, Lorenzo [italien. gi'bɛrti], * Florenz 1378, † ebd. 1. Dez. 1455, italien. Bildhauer. - G. begann als Maler und Goldschmied, gewann 1401 u. a. gegen Brunelleschi mit seinem Relief „Die Opferung Isaaks" (Florenz, Bargello) den Wettbewerb für die 2. Bronzetür (Nordtür) des Baptisteriums in Florenz, an der er 1403–24 arbeitete, es folgte die sog. Paradiesestür (1424–52) mit 10 Feldern mit Szenen aus dem A. T. in perspektiv. Raumbühnen, ein bed. Werk der Frührenaissance. Für Or San Michele schuf G. drei große Bronzestatuen (1412–28). Daneben entstanden zwei Reliefs für das Taufbecken des Baptisteriums in Siena (1417–27).

Ghica (Ghika, Gyka) [rumän. 'gika], aus Makedonien stammende rumän. Bojarenfamilie, die mit Gheorghe G. (* 1624 ?), der von der Pforte 1658 zum Fürsten der Moldau (bis 1659), 1659 zum Fürsten der Walachei (bis 1660) ernannt wurde, in die Donaufürstentümer kam und dort vom 17. bis 19. Jh. im polit. Leben eine bed. Rolle spielte.

Ghirlandaio, Domenico [italien. gir-

Domenico Ghirlandaio, Bildnis der Giovanna Tornabuoni (1488). Privatbesitz

lan'da:jo], eigtl. D. Bigordi, * Florenz 1449, † ebd. 11. Jan. 1494, italien. Maler. - Bed. Vertreter der Frührenaissance. Sein Werk (Fresken, Gemälde) zeichnen eine klare kühle Farbigkeit, reiche, bewegte Komposition und eine Fülle von Gegenständlichkeit (Landschaft, Architektur, Innenraum) aus. Der Erzählstil findet unter dem Einfluß Botticellis und Signorellis sowie der niederl. Malerei (Hugo van der Goes) in den Fresken der Cappella Sassetti in Santa Trinità (1483–85) und der Cappella Tornabuoni (Hauptchorkapelle) in Santa Maria Novella in Florenz (1486–90) seinen Höhepunkt. Die Gemälde haben oft mytholog. Thematik. Für den Realismus von G. zeugt das bekannte Bild „Großvater und Enkel" (1488; Louvre).

Ghislandi, Giuseppe [italien. giz'landi], * Bergamo 4. März 1655, † ebd. 3. Dez. 1743, italien. Maler. - Franziskaner; gesuchter Porträtist.

Ghom, iran. Stadt 130 km ssw. von Teheran, 424 000 E. Stadtmuseum; Töpfereien, Baumwollverarbeitung, Teppichherstellung; Bahnknotenpunkt. Wallfahrtsziel der Schiiten (Fatima-Heiligtum); Gräber mehrerer Safawidenherrscher.

Ghom (Kum) ↑Orientteppiche (Übersicht).

Ghorkhar [pers.], svw. ↑Khur.

Ghosh, Sri Aurobindo [engl. goʊʃ] ↑Aurobindo.

Alberto Giacometti, Zeigender Mann (1947). London, Tate Gallery

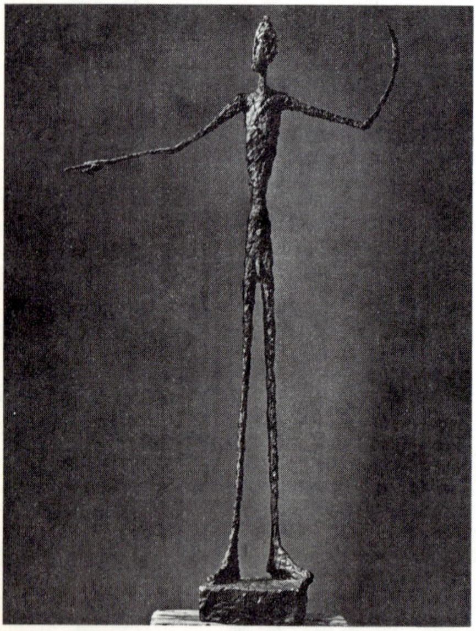

Ghost town [engl. 'goʊsttaʊn], svw. ↑Geisterstadt.

Ghostword [engl. 'goʊstwəːd „Geisterwort"] (Vox nihili), Wort, das durch einen Schreib-, Druck- oder Aussprachefehler entstanden ist, z. B. der Name Hamsun aus dem eigtl. Pseud. Hamsund.

Ghostwriter [engl. 'goʊstraɪtə „Geisterschreiber"], anonymer Autor, der im Auftrag und unter dem Namen anderer Personen Reden, Zeitungsartikel und Bücher (v. a. Memoiren) schreibt.

Ghudamis, Oase in W-Libyen, 351 m ü. d. M., 2 600 E. Herstellung von Teppichen und Lederarbeiten; Handelsplatz, Karawanenstützpunkt und Zollstation; ✈. - G. ist das röm. **Cydamus.**

Ghuriden, iran. Dynastie aus Ghur, einem unzugängl. Gebiet in Zentralafghanistan; urspr. Vasallen der Ghasnawiden, verdrängten sie diese im 12. Jh.; das G.reich zerfiel bald nach 1206.

Ghutschan, Stadt in NO-Iran am Atrak, etwa 30 000 E. Verwaltungs- u. Handelszentrum. - 1587–1629 Hauptstadt eines kurd. Ft., mehrfach durch Erdbeben zerstört.

GHz, Einheitenzeichen für Gigahertz; 1 GHz = 10^9 Hz (↑Hertz).

G. I. ['dʒiː'aɪ; engl.-amerikan.], Abk. für: Government Issue („Regierungsausgabe"), früher Aufdruck auf den staatl. gelieferten Ausrüstungsgegenständen für die Soldaten, daher auch volkstüml. Bez. für den einfachen Soldaten der USA.

Giacometti [italien. dʒako'metti], Alberto, * Stampa (Kt. Graubünden) 10. Okt. 1901, † Chur 11. Jan. 1966, frz. Bildhauer und Graphiker schweizer. Herkunft. - Lebte seit 1923 (ausgenommen 1940–45) in Paris. Sein frühes Werk (1925–35) steht dem Surrealismus nahe. Nach 1945 entstanden die für ihn typ., dünnen, überlängten Figuren (auch Köpfe), einzeln oder in Gruppierung. Auch Lithographien in feinnerviger, dünner Strichführung („Paris sans fin", 1969).

G., Augusto, * Stampa (Kt. Graubünden) 16. Aug. 1877, † Zürich 9. Juni 1947, schweizer. Maler. - V. a. Glasfenster (Farbrhythmen) für zahlr. schweizer. Kirchen (u. a. Großmünster in Zürich); auch Tafel- und Wandbilder.

Giacomo da Lentini [italien. 'dʒaːkomo da len'tiːni], † vor 1250, italien. Dichter. - Ein Hauptvertreter der ↑Sizilianischen Dichterschule; entwickelte das Sonett.

Giaever, Ivar [norweg. 'jeːvər], * Bergen 5. April 1929, amerikan. Physiker norweg. Herkunft. - Bestimmte experimentell die im Anregungsspektrum eines Supraleiters auftretende Energielücke und erhielt dafür zus. mit L. Esaki und B. Josephson den Nobelpreis für Physik 1973.

Giambono, Michele [italien. dʒam'bɔːno], eigtl. M. di Taddeo Bono, italien. Maler und Mosaizist des 15. Jh. - Als Leiter der Mosaikarbeiten in San Marco in Venedig stattete er die Cappella dei Mascoli aus; als Maler von Gentile da Fabriano beeinflußt.

Giannone, Pietro [italien. dʒan'no:ne], * Ischitella (Prov. Foggia) 7. Mai 1676, † Turin 17. März 1748, italien. Historiker und Jurist. - Veröffentlichte 1723 die verfassungs- und rechtsgeschichtl. angelegte, antiklerikale „Istoria civile del regno di Napoli“ (dt. „P. G. bürgerl. Geschichte des Kgr. Neapel“, 1758–70), die seine Flucht nach Wien bzw. Genf und spätere lebensländl. Einkerkerung zur Folge hatte.

Giant's Causeway [engl. 'dʒaɪənts 'kɔ:zweɪ], Naturdenkmal in N-Irland, unter Einwirkung der Brandung entstandener, etwa 5 km langer Kliffküstenabschnitt aus Basalt.

Giap, Vo Nguyên, vietnames. General und Politiker, ↑ Vo Nguyên Giap.

Giauque, William Francis [engl. dʒɪ'oʊk], * Niagara Falls (Kanada) 12. Mai 1895, † Oakland (Calif.) 28. März 1982, amerikan. Physikochemiker. - Prof. in Berkeley; lieferte bed. Beiträge zur chem. Thermodynamik und zur Tieftemperaturphysik; entdeckte 1929 mit L. Johnston die Sauerstoffisotope O 17 und O 18 in der Erdatmosphäre; 1933 erzielte er mit dem von ihm entwickelten Verfahren der adiabat. Entmagnetisierung erstmals Temperaturen von etwa 0,1 K. Nobelpreis für Chemie 1949.

Giaur [gi'aʊər; pers.-türk.], türk. Schimpfwort für Nichtmuslime, bes. für Christen.

Gibb, Sir (seit 1954) Hamilton Alexander Rosskeen, * Alexandria (Ägypten) 2. Jan. 1895, † Oxford 22. Okt. 1971, brit. Orientalist. - Prof. für Arabisch in London, Oxford und an der Harvard University in Cambridge (Mass.); Verfasser wichtiger Werke zur Geistesgeschichte des Islams. - *Werke:* Arab. Literaturgeschichte (1926), Modern trends in Islam (1947), Islamic society and the West (2 Bde., 1950–57; mit H. Bowen), Studies on the civilization of Islam (1962).

Gibberd, Sir (seit 1967) Frederick [engl. 'gɪbəd], * Coventry 7. Jan. 1908, † London 9. Jan. 1984, brit. Architekt und Städteplaner. - Wegweisend war sein Entwurf 1947 ff. für die Trabantenstadt Harlow bei London (mit Grünzonen u. a.); neben weiteren städtebaul. Plänen baute er Kernkraftwerke sowie Sakralbauten.

Gibberelline [lat., nach dem Pilz Gibberella fujikuroi], Gruppe von Pflanzenhormonen, die als Wuchsstoffe im gesamten Pflanzenreich weit verbreitet sind; chem. Diterpenverbindungen mit einem tetracycl. Ringsystem aus 20 oder 19 C-Atomen.

G. entstehen bei höheren Pflanzen in der Streckungszone von Sproß und Wurzel und in jungen Blättern; sie sind in unreifen Samen angereichert. G. sind gemeinsam mit anderen Wuchs- und Hemmstoffen, in Abhängigkeit von den Außenbedingungen, an verschiedenen Entwicklungs- und Stoffwechselprozessen beteiligt. Wirtschaftl. Verwendung finden G. in der Mälzerei zur Förderung der Keimung von Braugerste sowie in der Blumengärtnerei zur Steigerung von Blüten-, Stiel- und Blütenblattgröße. - ↑ auch Pflanzenhormone.

Gibraltar

Gibberellinsäure (Gibberellin A_3), $C_{19}H_{22}O_6$, zu den Gibberellinen zählendes, als deren Grundkörper anzusehendes Pflanzenhormon; chem. Strukturformel:

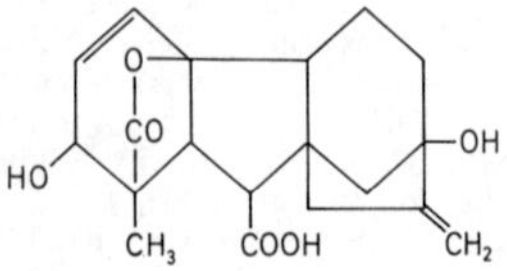

Gibbon, Edward [engl. 'gıbən], * Putney (= London) 8. Mai 1737, † London 16. Jan. 1794, engl. Historiker und Schriftsteller. - Bed. (auch durch die künstler. Sprache und Struktur) seine die Zeit von 180 bis 1453 behandelnde „Geschichte des Verfalls und Untergangs des Röm. Reiches" (6 Bde., 1776–88), in der er die These von der Schuld des Christentums am Untergang Roms vertritt.

Gibbons [engl. 'gıbənz], Grinling, * Rotterdam 4. April 1648, † London 3. Aug. 1721, engl. Bildhauer. - Schnitzte die Innenausstattung der Königsschlösser Kensington, Whitehall, Windsor und Hampton Court sowie das Chorgestühl von Saint Paul's Cathedral in London; auch Marmor- und Bronzearbeiten.

G., Orlando, ≈ Oxford 25. Dez. 1583, † Canterbury 5. Juni 1625, engl. Komponist. - Mit Anthems, weltl. und geistl. Madrigalen sowie v. a. Werken für Tasteninstrumente einer der führenden Vertreter der engl. Virginalisten.

Gibbons [frz.] (Hylobatidae), zur Überfam. ↑ Menschenartige zählende Affenfam. mit sieben Arten in den Urwäldern SO-Asiens; Körperlänge etwa 45–90 cm, Schwanz fehlt; Körper schlank, Brustkorb kurz und breit, Arme stark verlängert; Kopf klein und rundl., ohne vorspringende Schnauze; Fell dicht und weich, Färbung variabel. - Man unterscheidet die Gatt. Siamangs (Symphalangus) und Hylobates. Erstere mit den Arten **Siamang** (Symphalangus syndactylus; in den Bergwäldern Sumatras, Malakkas und Thailands; Körperlänge etwa 90 cm, Fell lang, schwarz) und **Zwergsiamang** (Symphalangus klossi; auf den Mentawaiinseln; Körperlänge etwa 75 cm, sonst der vorherigen Art sehr ähnl.). ♂ und ♀ dieser Gatt. mit nacktem, aufblähbarem schallverstärkendem Kehlsack. Die zur Gatt. *Hylobates* (G. i. e. S.) gehörenden Tiere haben eine Körperlänge bis etwa 65 cm; schlankes Gesicht, das häufig von einem Haarkranz umsäumt ist; meist ohne Kehlsack; ♂ und ♀ sind oft recht unterschiedl. gefärbt. Diese Gatt. umfaßt fünf Arten: **Weißhandgibbon** (Hylobates lar), **Schopfgibbon** (Hylobates concolor; schwarz bis gelbbraun; bes. bei ♂♂ ausgeprägter Haarschopf auf dem Scheitel), **Hulock** (Hylobates hoolock; mit weißer Stirnbinde), **Silbergibbon** (Hylobates moloch; Fell lang, dicht, silbergrau) und **Ungka** (Hylobates agilis).

Gibbs, James, * Aberdeen 23. Dez. 1682, † London 5. Aug. 1754, engl. Baumeister. - Schuf zahlr. klassizist. Bauten, u. a. Saint-Martin-in-the-Fields, London (1722–26), Senate House in Cambridge (1722–30), Radcliffe Camera in Oxford (1737–49).

G., Josiah Willard, * New Haven (Conn.) 11. Febr. 1839, † ebd. 28. April 1903, amerikan. Physiker und Mathematiker. - Prof. am Yale College in New Haven. G. gehört zu den Begründern der modernen Thermodynamik und der statist. Mechanik. Er stellte 1876 die nach ihm ben. ↑ Gibbssche Phasenregel auf. In der Mathematik lieferte G. wichtige Beiträge zur Theorie der Fourier-Reihen.

Gibbssche Funktion [nach J. W. Gibbs], allg. eine den makrophysikal. Zustand eines physikal. Systems eindeutig kennzeichnende Funktion, z. B. die Energie, die Hamilton- und die Lagrange-Funktionen.

Gibbssche Phasenregel [nach J. W. Gibbs], Aussage über die Anzahl der thermodynam. Freiheitsgrade eines Systems, dessen koexistierende Phasen und chem. Komponenten sich im mechan., therm. und chem. Gleichgewicht befinden.

Gibbssche Wärmefunktion [nach J. W. Gibbs], svw. ↑ Enthalpie.

Gibbula [lat.], Gatt. der Kreiselschnecken in den Küstenzonen gemäßigter und wärmerer Meere; Gehäuse rundl. kegelförmig, bis etwa 3 cm hoch, mit stark entwickelter Perlmuttschicht.

Gibbus [lat.] (Spitzbuckel), Buckelbildung mit spitzwinkeligem Knick der Wirbelsäule infolge Zusammenbruchs eines oder zweier Wirbelkörper, v. a. bei Wirbeltuberkulose.

Gibea [hebr. 'gi:bea, gi'be:a, gibe'a:] (Vulgata: Gabaa), Ort 6 km nördl. von Jerusalem, heute Tall Al Ful; erste israelit. Residenz (1 000 v. Chr.); wichtige Ausgrabungen zur alttestamentl. Geschichte.

Gibellinen, eindeutschende Schreibung für: Ghibellinen (↑ Ghibellinen und Guelfen).

Gibeon (Vulgata: Gabaon), Ort im alten Israel, entweder Al Dschib, 9 km nw. von Jerusalem, oder bei Ram Allah, 14 km nördl. von Jerusalem; berühmte Opferstätte der alttestamentl. Könige, v. a. Salomos und Davids.

Gibli (Ghibli) [arab.], v. a. im Frühjahr auftretender heißer, trockener Staubsturm aus den Wüsten N-Afrikas.

Gibraltar [gi'braltar, gibral'tar], von Großbrit. abhängiges Gebiet an der S-Spitze Spaniens, 28 300 zivile E (1984). G. und der Djebel Musa an der afrikan. Gegenküste flankieren als mächtige Felsklötze (in der Antike „Säulen des Herkules") das östl. Ende der etwa 60 km langen, 14–44 km breiten **Straße von Gibraltar,** die das Mittelmeer mit dem Atlantik verbindet. Den Kern der G.halbinsel bildet eine schmale Felsrippe aus Jurakalk (bis 425 m hoch), die im O senkrecht zum

Meer abfällt. Am Fuß der W-Flanke erstreckt sich der Hauptteil der Stadt. Im S endet die Halbinsel in einem 15 m hohen Kliff, nach N ist sie durch eine rd. 800 m lange Nehrung mit dem span. Hinterland verbunden. - Die Niederschläge fallen im Winter; sie werden auf betonierten Hangverebnungen gesammelt und in unterird. Tanks gespeichert. Die Vegetation ist spärl., Ackerbau fehlt.
Bev.gruppen aus zahlr. Hafenstädten des Mittelmeeres bilden die Llanitos gen. Bev. von G.; sie spricht einen südspan. Dialekt; Amtssprache ist Englisch. Von wirtsch. Bed. sind v. a. die Reparaturwerften, Konservenfabriken, Kaffeeröstereien und der Fremdenverkehr. Kriegs- und Handelshafen; ✈.
Geschichte: Ben. nach dem maur. Feldherrn Tarik, der um 711 n. Chr. die Meerenge überschritt und am N-Hang des G.felsens eine Burg errichten ließ (G. „Dschabal At Tarik" „Berg des Tarik"). Seit 1462 kastil., 1704 von brit. Truppen erobert, gehört seit 1713 zu Großbrit.; 1963 mit Spanien eingeleitete Rückgabeverhandlungen scheiterten 1966, woraufhin Spanien den Grenzübergang von und nach G. für den gesamten Verkehr sperrte. 1967 stimmten bei einem Referendum nur 0,3 % der wahlberechtigten Bev. für den Anschluß an Spanien, 95 % dagegen. Die Grenze zw. G. und Spanien wurde im Dez. 1982 wieder geöffnet. - G. besitzt beschränkte Autonomie; der brit. Kommandant ist gleichzeitig Gouverneur mit Exekutiv- und Gesetzgebungsgewalt. - Abb. S. 203.

Gibraltaraffe ↑Magot.

Gibson, John [engl. gɪbsn], * Gyffin bei Conway 19. Juni 1790, † Rom 27. Jan. 1866, engl. Bildhauer. - Seit 1817 mit Unterbrechungen in Rom, schuf, beeinflußt von Thorvaldsen, klassizist. (polychrome) Statuen.

Gibsonwüste [engl. gɪbsn], 330 000 km² große Halbwüste in Westaustralien zw. Großer Sandwüste im N und Großer Victoriawüste im S.

Gicht [zu althochdt. gigiht, eigtl. „Besprechung, Behexung"], (Zipperlein, Arthritis urica) Stoffwechselstörung, die u. a. zur Erhöhung des Harnsäurespiegels im Blut und zur Ablagerung von harnsaurem Natrium in der Nähe bestimmter Gelenke führt.
Die **primäre Gicht** ist eine dominant erbl. Störung des Purinstoffwechsels, die zu 95 % bei Männern vorkommt und sich meist erst nach dem 40. Lebensjahr bemerkbar macht. Beim **Gichtanfall** werden harnsaure Salze in den Gelenkknorpeln, Gelenkkapseln, Sehnenscheiden und Schleimbeuteln, in den benachbarten Weichteilen, u. U. sogar in den Gelenken selber abgelagert. Der typ. Gichtanfall beginnt plötzl. und befällt in rd. 70 % der Fälle nur das Großzehengrundgelenk (**Podagra**). Manchmal gehen dem Anfall rheumat. Beschwerden, Nervosität, Übelkeit und vermehrter Harndrang voraus. Ohne Behandlung dauern die Anfälle tage- und wochenlang an, vergehen dann wieder und wiederholen sich nach beschwerdefreien Zwischenzeiten. Sie befallen nun auch andere Gelenke. Die Gelenkknorpel werden durch eingelagerte Harnsäure zerstört, es kommt zu Gelenkverformungen und schließl. auch zur Gelenkversteifung. Harnsäureablagerungen in Schleimbeuteln und Sehnenscheiden verunstalten die Gelenke auch äußerlich. Schließl. sind viele Gelenke befallen, und es entsteht die **chron. Gicht** mit langsam fortschreitender Gelenkzerstörung. Äußeres Anzeichen der chron. Gelenk-G. sind die mit harnsauren Salzen beladenen **Gichtknoten** (Gelenktophi), die u. U. eitrig-geschwürig zerfallen (Gichtgeschwüre). Der G.anfall wird mit Kolchizin, Kortisonderivaten, Phenylbutazon und ähnl. Medikamenten behandelt. Auf die Dauer muß eine Abnahme des Harnsäurebestandes durch Harnsäureausschwemmung angestrebt werden.
Bei der **sekundären Gicht** (sekundäre Hyperurikämie) tritt die Harnsäurespiegelerhöhung im Gefolge anderweitiger Erkrankungen (z. B. chron. Niereninsuffizienz) auf. Die sekundäre G. zeigt ähnl. Symptome wie die primäre Gicht. Die Behandlung richtet sich - neben Maßnahmen zur beschleunigten Ausschleusung der Harnsäure über die Nieren - vornehml. gegen das Grundleiden.
📖 *Mertz, D. P.: G. Grundll., Klinik u. Therapie. Stg. ⁴1983.*
◆ bei Pflanzen ↑Radekrankheit.

Gicht, in der *Hüttentechnik:* Oberteil des Hochofens mit Beschickungsöffnung und Arbeitsplattform (**Gichtbühne**). Auch svw. Beschickungsmenge bei intermittierender Beschickung (**Begichtung**).

Gichtel, Johann Georg, ≈ Regensburg 4. März 1638, † Amsterdam 21. Jan. 1710, dt. Spiritualist. - Schüler J. Böhmes. Wollte das erstarrte luth. Kirchenwesen spiritualist. erneuern. Seine Anhänger werden **Gichtelianer** oder nach Matth. 22, 30 **Engelsbrüder** genannt.

Gichtgas (Hochofengas, Schwachgas), Abgas bei der Verhüttung von Eisenerzen im Hochofen. Bestandteile: rd. 12 % Kohlendioxid (CO_2), 28 % Kohlenmonoxid (CO), 55 % Stickstoff (N_2), 3 % Wasserstoff (H_2), 2 % Methan (CH_4).

Gichtglocke, Verschluß der ↑Gicht zur Verhinderung von Gasverlusten.

Giddings, Franklin Henry [engl. 'gɪdɪŋz], * Sherman (Conn.) 23. März 1855, † Scarsdale (N. Y.) 11. Juni 1931, amerikan. Soziologe. - Seit 1894 Prof. an der Columbia University; zählt zu den Begr. der amerikan. Soziologie; anfängl. Vertreter einer psycholog. Entwicklungstheorie, widmete sich später Fragen der Methodologie und des Behaviorismus.

Gide, André [frz. ʒiːd], * Paris 22. Nov.

1869, † ebd. 19. Febr. 1951, frz. Schriftsteller. - Von der Mutter nach dem frühen Tod des Vaters streng prot. erzogen; 1891 lernte er O. Wilde kennen; 1893/94 Reise nach Algerien und Tunesien, Zusammentreffen mit O. Wilde; 1895 heiratete G. seine Kusine Madeleine Rondeaux, mit der er Europa und Afrika bereiste. 1909 Mitbegr. der Zeitschrift „La Nouvelle Revue Française“. Einige Jahre stand er dem Kommunismus nahe; eine Reise in die UdSSR (1936) ernüchterte ihn jedoch („Zurück aus Sowjet-Rußland“, 1936). Neben anderen Auszeichnungen erhielt G. 1947 den Nobelpreis. - G. gehört zu den vielseitigsten und einflußreichsten Persönlichkeiten des literar. Lebens zu Beginn des 20. Jh. Sein durch eine klass. reine Sprache gekennzeichnetes Werk reicht von Übersetzungen (Goethe, Shakespeare, Blake, Whitman, Puschkin u. a.) über ein umfangreiches literaturkrit. Werk und Biographien bis zu [polit.] Reisebeschreibungen, Erzählungen, Romanen, Dramen und Gedichten. Er begann als Symbolist; starke Einflüsse durch Beschäftigung mit Pascal, Nietzsche, Dostojewski und Goethe, der sein Schaffen seit Mitte der 20er Jahre wesentl. bestimmte. In seinem Werk proklamiert G. das Recht des Individuums auf sein ganz persönl. Leben. Er wendet sich gegen jede Konvention, die er als Einschränkung der Persönlichkeit ablehnt. Künstler. am bedeutendsten ist seine mehrbändige Autobiographie, beginnend mit „Stirb und werde“ (2 Bde., 1920/21); die folgenden Bände enthalten in der Literatur in dieser Form bisher unübl. Schilderungen [homo]sexueller Erlebnisse („Et nunc manet in te und Intimes Tagebuch“, 1951, und „So sei es oder Die Würfel sind gefallen“, 1952). Als sein erzähler. Hauptwerk gelten „Die Falschmünzer“ (1926).

Weitere Werke: Ein Liebesversuch (En., 1893), Paludes (E., 1895), Der schlechtgefesselte Prometheus (Dr., 1899), Die Rückkehr des verlorenen Sohnes (E., 1907; dt. von Rilke 1914), Die Verliese des Vatikan (R., 1914, auch dramatisiert), Die Pastoralsymphonie (Nov., 1919), Die Schule der Frauen (R., 1929), Oedipus (Dr., 1931), Theseus (R., 1946).

🕮 *Cler, P./Nadeau, M.: Album G. Paris 1985. - Theis, R.: A. G. Darmst. 1974.*

Giebel. 1 flacher Dreiecksgiebel der Antike, 2 spätgotischer Treppen- oder Staffelgiebel, 3 spätgotischer Dreiecksgiebel mit Maßwerk und Fialen, 4 geschweifter Giebel der deutschen Renaissance, 5 Dreiecksgiebel der deutschen Renaissance, 6 geschweifter Knickgiebel der Barockzeit

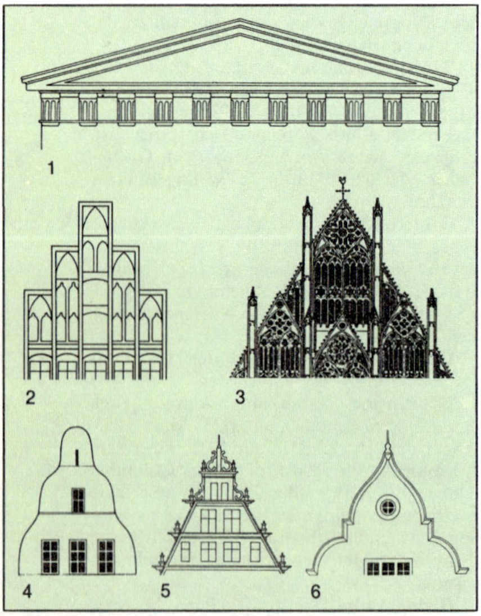

Gideon (Vulgata: Gedeon), bibl. Person, einer der großen Richter, um 1100 v. Chr.; Befreier der Israeliten von räuber. Kamelnomaden.

Giebel, Agnes, * Heerlen (Niederlande) 10. Aug. 1921, dt. Sängerin (Sopran). - Wirkt als Oratorien-, Lied- und Konzertsängerin; hervorragende Bach-Interpretin.

Giebel, Abschlußwand an der Schmalseite eines Satteldaches, aber auch Bekrönung von Fenstern, Portalen u. a.; folgt meist der Dachform (Dreiecks-G., Treppen- oder Staffel-G., Knick-G. oder kurvenförmig ausgebildeter G.). Beim griech. Tempel ist das G.feld (Tympanon) abgeschlossen (gerahmt durch das ↑ Geison) und oft mit G.skulpturen gefüllt. G.mitte und G.ecken krönen figürl. ↑ Akrotere. In der ma. Baukunst wird das G.feld der Kirchenportale mit Reliefs geschmückt. Die G. laufen in der Gotik sehr spitz zu, reine Zier-G. (Wimperge) mit Maßwerk werden auch gerne über Fenstern angebracht und prägen z. B. das Bild der Kirchenfassaden. In der profanen Baukunst Verwendung von Malerei im G.feld, das oft Teil der Fassade ist. Seit der Renaissance wird der G. wieder flach, das Barock bildet z. B. einen offenen G. aus, den gesprengten G. mit einer Aussparung in der Mitte. Häufig werden auch Volutenformen angebracht.

Giebeldach, svw. Satteldach, ↑ Dach.

Giefer, Alois, * Frankfurt am Main 7. Sept. 1908, † ebd. 5 Dez. 1982, dt. Architekt. - Neben undogmat. Kirchenbauten entstand u. a. 1957–59 die Dt. Bibliothek in Frankfurt am Main, ein Turmbau mit durchbrochener Betonstruktur; 1965–72 Bau des Flughafens in Frankfurt am Main.

Giehse, Therese, eigtl. T. Gift, * München 6. März 1898, † ebd. 3. März 1975, dt. Schauspielerin. - 1925 von O. Falckenberg an die

Münchner Kammerspiele verpflichtet; 1933 emigrierte sie nach Zürich. Nach dem Krieg v. a. an den Münchner Kammerspielen, am Schauspielhaus Zürich und an der Schaubühne am Halleschen Ufer in Berlin tätig. Ihr Repertoire umfaßte bes. Brecht (Mutter Courage), Hauptmann (Mutter Wolffen in „Biberpelz“, Frau John in „Die Ratten“), Kleist (Marthe Rull in „Der zerbrochene Krug“), Dürrenmatt (Claire Zachanassian in „Besuch der alten Dame“).

Therese Giehse (1971)

Gielen, Michael [Andreas], * Dresden 20. Juli 1927, östr. Dirigent und Komponist dt. Herkunft. - Setzt sich als Dirigent bes. für zeitgenöss. Musik ein. Als Komponist schloß er sich der Schönberg-Schule an.

Gielgud, Sir (seit 1953) John [engl. 'gɪlgʊd], * London 14. April 1904, brit. Schauspieler und Regisseur. - Intellektueller Inszenierungsstil (Tschechow, Congreve, Wilde, Fry), Interpret v. a. klass. Rollen, u. a. Hamlet. Auch Filmrollen, u. a. Cassius in „Julius Caesar“ (1953), Clarence in „Richard III.“ (1955), Lord Raglam in „Charge of the Light Brigade“ (1967), „Plenty“ (1985).

Giemsa, [Berthold] Gustav [Carl], * Blechhammer (Oberschlesien) 20. Nov. 1867, † Biberwier (Tirol) 10. Juni 1948, dt. Pharmazeut und Histochemiker. - Führte die nach ihm benannte Giemsa-Färbung ein. Seine Arbeiten über Chininderivate, Arsenverbindungen und Wismutpräparate haben die chemotherapeut. Forschung angeregt.

Giemsa-Färbung [nach G. Giemsa], mikroskop. Färbeverfahren für Blut, Auswurf, Eiter und verschiedene Körpergewebe, u. a. zur Darstellung von Protozoen und Spirochäten.

Gien [engl.-niederl.; letztl. zu lat. ingenium „Erfindung“] (Gientalje), seemänn. Bez. für einen starken Flaschenzug mit mehrscheibigen Blöcken *(G.blöcken)*.

Giengen an der Brenz, Stadt in einem Talkessel am S-Rand der Schwäb. Alb, Bad.-Württ., 464 m ü. d. M., 18 500 E. Spielwaren-, Elektroind., Leinwand- und Filzfabriken, Orgelbau. - Nach 1147 Mittelpunkt der stauf. Güter im Brenztal; zählte 1307 zu den zwölf alten schwäb. Reichsstädten; seit 1803 zu Württemberg. - Die Stadtkirche mit barocker Innenausstattung geht auf eine roman. Pfeilerbasilika zurück.

Gierek, Edward [poln. 'gjɛrɛk], * Porąbka Nowy Sącz 6. Jan. 1913, poln. Politiker. - 1923–34 in Frankr., nach Polen ausgewiesen, 1937–48 in Belgien, in der belg. KP aktiv, am antidt. Widerstand beteiligt; seit 1956 Sekretär und seit 1959 Mgl. des Politbüros des ZK. 1970 als Nachfolger Gomułkas zum 1. ZK-Sekretär gewählt, war er um die Stabilisierung der binnen- wie außenwirtsch. Lage bemüht; infolge der Streikbewegung Anfang Sept. 1980 von S. Kania abgelöst; 1981 aus der Partei ausgeschlossen und 1981–82 interniert.

Gieren [niederl.], seitl. Abweichen des Schiffes oder Flugzeugs vom Kurs durch Drehen um die Hochachse.

Gierke, Otto [Friedrich] von (seit 1911), * Stettin 11. Jan. 1841, † Berlin 10. Okt. 1921, dt. Jurist und Rechtshistoriker. - Prof. in Berlin seit 1871/72 und 1887–1921), Breslau (1872–84), Heidelberg (1884–87). Er verfaßte monumentale Arbeiten zur Geschichte und Dogmatik des Genossenschaftsrechts, die auf Gesetzgebung und Rechtsprechung in Deutschland großen Einfluß gewannen. Sein [unvollendetes] „Dt. Privatrecht“ ist die bislang größte Darstellung der dt. Privatrechtsentwicklung unter germanist. Aspekt. Zukunftsweisend v. a. für die Entwicklung des dt. Arbeitsrechts war die Betonung der sozialen Funktion des Privatrechts.

Giermoment, Drehmoment um die Hochachse eines [Luft]fahrzeugs.

Giers, Nikolai Karlovitš, * bei Radziwiłłów (= Tscherwonoarmeisk, Gebiet Rowno) 21. Mai 1820, † Petersburg 26. Jan. 1895, russ. Politiker finn. Herkunft. - Als Nachfolger des Fürsten Gortschakow seit 1882 Außenmin. Alexanders III.; Verfechter einer maßvoll-konservativen Außenpolitik in Anlehnung an das Dt. Reich und Österreich-Ungarn.

Giersch, Herbert, * Reichenbach (Eulengebirge) 11. Mai 1921, dt. Nationalökonom. - Prof. in Saarbrücken (seit 1955) und Kiel (seit 1969), Leiter des Instituts für Weltwirtschaft. Er arbeitet v. a. auf den Gebieten der Wirtschafts-, insbes. der Konjunktur-, Wachstums- und Strukturpolitik, sowie der internat. Wirtschaftsbeziehungen.

Giersch [zu althochdt. giers, eigtl. „(Un)kraut“] ↑ Geißfuß.

Gies, Ludwig, * München 3. Sept. 1887, † Köln 27. Jan. 1966, dt. Bildhauer. - Seine Plastiken und Reliefs (Holz, Bronze, Beton) zeigen stark expressionist. Züge, im Spätwerk von linearen Elementen geprägte ruhige Formensprache (Bildnisplaketten und Medaillen). Sein Kruzifix (1920) für den Lübecker Dom ist 1944 in Berlin verbrannt.

Giese, Hans, * Frankfurt am Main 26. Juni 1920, † Saint-Paul (Alpes-Maritimes) 22. Juli 1970, dt. Psychiater und Sexualforscher. - Leitete ab 1950 das Institut für Sexualforschung in Frankfurt am Main, 1959 der Univ. Hamburg angegliedert. Seine Studien galten sowohl den allg. Problemen der Sexualität als auch den Formen des von der sog. Norm abweichenden Sexualverhaltens (v. a. Homosexualität). G. trat bes. in den Auseinandersetzungen um ein neues Sexualstrafrecht in der BR Deutschland hervor.

Gieseking, Walter, * Lyon 5. Nov. 1895, † London 26. Okt. 1956, dt. Pianist. - Bed. Interpret Bachs und der Wiener Klassiker, v. a. aber der frz. Impressionisten (Debussy, Ravel). Schrieb „So wurde ich Pianist" (hg. 1963).

Gießen, hess. Stadt an der Lahn, 159 m ü. d. M., 70 600 E. Verwaltungssitz des Landkr. und des Reg.-Bez. G.; Univ. (gegr. 1607 bzw. 1957), Fachhochschule mit acht Fachbereichen, Oberhess. Museum, Papyrussammlung, Liebig-Museum; Theater; botan. Garten. Tonwerke, Werkzeugmaschinenbau, Büromöbelfabriken, Pharma- u. a. Ind. - Entstand bei der wohl um 1150 entstandenen Wasserburg der Herren von Gleiberg und wird 1248 zuerst als Stadt bezeichnet. 1265 erwarben die Landgrafen von Hessen die Stadt. Ende des 13. Jh. befestigt, erhielt um 1330 eine zweite Burg, das Alte Schloß. Die Stadt wurde im 16. Jh. zur Festung umgebaut. Nach 1650 bestimmten die kleine Landesuniv. und eine starke Garnison das Gesicht der Stadt. 1944 stark zerstört. Vom 1. Jan. 1977 bis 31. Juli 1979 Teil der Stadt Lahn. - Erhalten u. a. Neues Schloß (16. Jh.; heute Univ.institut), Zeughaus (16. Jh.), Fachwerkhäuser (15. Jh.). Neubauten: Univ.bibliothek (1957–59), Kongreßhalle (1964–66) u. a. Im Ortsteil *Schiffenberg* Kirche des ehem. Augustiner-Chorherrenstifts (12. Jh.).

G., Landkr. in Hessen.

G., Reg.-Bez. in Hessen.

Gießen ↑ Gießverfahren.

Gießener Becken, Ausweitung des mittleren Lahntals zw. Vogelsberg im O und Rhein. Schiefergebirge im W.

Gießerei ↑ Gießverfahren.

Gießharze, flüssige Kunststoffe (Kunstharze), die ohne Druck aushärten; zur Herstellung von Halbzeug, zum Einbetten von elektr. oder elektron. Bauelementen und zum Vergießen von Fugen.

Gießkannenmuscheln (Siebmuscheln, Brechites), Gatt. mariner Muscheln mit mehreren Arten im Roten Meer und Ind. Ozean; Schalenklappen weitgehend zurückgebildet und mit einer sekundär entstandenen, bis 16 cm langen, den Tierkörper völlig umhüllenden Kalkröhre verschmolzen. Die Tiere stecken mit dem brausenförmig gestalteten und siebartig durchlöcherten Röhrenvorderende tief im Schlamm und Sand.

Gießkannenprinzip, für die Verteilung von etwas getroffene Regelung, nach der jeder Empfänger, jeder Bereich in gleicher Weise mit etwas bedacht wird ohne Berücksichtigung der unterschiedl. Verhältnisse.

Gießkannenschimmel (Kolbenschimmel, Aspergillus), Gatt. der Schlauchpilze mit etwa 60 Arten; bilden am Ende ihrer Hyphen radial ausstrahlende Konidienketten aus (Ähnlichkeit mit Brausestrahlen einer Gießkanne); häufig auf Lebensmitteln.

Gießkannenschwamm (Venuskörbchen, Venusblumenkorb, Euplectella aspergillum), meist etwa 30 cm hoher Kieselschwamm (Unterklasse Glasschwämme) im Pazif. Ozean (bes. bei den Philippinen und um Japan); Körper röhrenförmig, häufig leicht gebogen, Körperwände mit Innenskelett aus feinen, netzartig verflochtenen Kieselnadeln; Ausströmöffnung durch einen gitterartigen Deckel verschlossen. Der G. wird in O-Asien als Schmuckgegenstand verwendet.

Gießverfahren, Verfahren zum Einbringen *(Gießen)* geschmolzener Metalle in dafür vorgesehene Hohlformen in Gießereien, wobei man entweder große Platten oder Blöcke (Formate) erhält, die weiterverarbeitet werden (durch Schmieden, Walzen, Umschmelzen u. a.), oder aber Formstücke bestimmter Gestalt, die keiner oder nur noch geringer Nachbearbeitung bedürfen.

Gießen von Blöcken

Beim **Blockguß** werden Blöcke, die für die Warmverformung bestimmt sind, in (z. T. wassergekühlte) Formen (sog. Kokillen) aus Stahl oder Gußeisen gegossen. Das flüssige Metall wird aus dem Ofen oder aus schwenkbaren Gießpfannen bei *fallendem Guß* direkt in die in einer Grube aufgestellten Kokillen eingegossen oder beim *steigenden Guß* über einen Gießkanal, der unten mit der Form verbunden ist, so daß das Metall in der Kokille hochsteigt. Beim *Schwenkguß* wird das Metall aus der Gießpfanne in die Form gegossen, wobei die Kokille aus nahezu waagerechter Stellung langsam in die Senkrechte gekippt und die Pfanne entsprechend angehoben wird. Der **Strangguß** ist ein urspr. für Aluminium entwickeltes Gießverfahren. Blöcke, Rohre und Profile aus Aluminium und seinen Legierungen werden heute v. a. im *Senkrechtstrangguß* hergestellt, bei dem das Metall in einer oben und unten offenen, wassergekühlten Kokille zu einem Strang geformt wird. Die Form ist bei Beginn des Gießprozesses zunächst unten durch einen absenkbaren Gießtisch abgeschlossen, so daß sich darin die Erstarrung einleiten und durch Absenken des Gießtisches langsam der feste Metallstrang kontinuierlich herausziehen läßt. Bei Rohren u. a. Hohlprofilen *(Rohrstrangguß)* wird von oben in die

Kokille ein entsprechend geformter, wassergekühlter Kern eingebaut. Beim *Waagerechtstrangguß* wird der Strang mit Förderrollen horizontal herausgezogen. Während diese Verfahren für Aluminium und Kupfer bereits einen hohen techn. Stand erreicht haben, befinden sich diejenigen für Stahl und Gußeisen noch in der Entwicklung.

Gießen von Formgußstücken

Beim sog. **Gießen in verlorene Formen** (für jedes Gußstück wird eine neue Form benötigt) werden in der Formerei zunächst die einzelnen Modellteile von Hand oder maschinell abgeformt und dann zu der Form zusammengesetzt. Die Formstoffe bestehen vorwiegend aus mineral. Materialien wie Sand, Zement, Schamotte und Gips, die die Grundmasse bilden, und aus Bindemitteln (Sulfitlauge, Wasserglas, Kunstharz u. a.), die der Form durch Trocknung oder durch chem. Verfestigungsvorgänge die für den Guß erforderl. Festigkeit und Maßhaltigkeit verleihen. Beim *Trockenguß* werden die Formen vor dem Gießen gebrannt, beim *Naßguß* wird das Metall in die feuchte Form gegeben. Zu diesen *Sandgußverfahren* gehört auch das Grubenformverfahren zum Gießen sehr großer, komplizierter und schwerer Stücke, bei dem die Form in einer Gießgrube aufgebaut wird.

Während beim Sandguß die Form nach jedem Guß zerstört werden muß, lassen sich beim **Gießen in Dauerformen** *(Kokillenguß)* zahlr. Abgüsse mit immer derselben Form erzielen. Die Kokillen bestehen aus Stahl, Gußeisen oder warmfesten, legierten Stählen. Daneben verwendet man auch Kokillen aus Aluminium oder Kupfer und für das Gießen von Stahl, Gußeisen und Uran solche aus Graphit. Die bei Sand gegebene Gasdurchlässigkeit muß bei den geschlossenen Kokillen durch feine Kanäle in den Trennfugen und zusätzl. Entlüftungsbohrungen erzielt werden; die Schwindung, die durch die Starrheit der Wände behindert werden kann, macht bes. konstruktive Maßnahmen erforderlich. Meist werden die teilweise sehr kompliziert gestalteten zwei- oder mehrteiligen Kokillen über ein spezielles Eingußsystem gefüllt, das so gestaltet sein muß, daß das flüssige Metall schnell, wirbelfrei und ohne Schaum- bzw. Blasenbildung einfließt.

Die wirtschaftlichste Herstellung größerer Stückzahlen von NE-Metallgußteilen mit komplizierter Gestalt bei größter Maßgenauigkeit und Oberflächengüte sowie geringstem Werkstoffverbrauch ist durch die **Druckgußverfahren** möglich. Hierbei werden die Metalle im teigigen oder flüssigen Zustand unter Druck (meist mit Hilfe eines Kolbens oder mit Druckluft) in eine Dauerform gegossen. In jüngerer Zeit wurde der *Vakuumdruckguß* entwickelt, der bes. dichte, porenfreie Druckgußteile liefert.

Unter dem Begriff **Schleuderguß (Zentrifugalguß)** sind alle Arten von G. zusammengefaßt, bei denen durch Rotation eines Teiles der

Gießverfahren. Schematische Darstellung der beiden wichtigsten Verfahren für das Gießen von gußeisernen Druckrohren: a Briede-de-Lavaud-Verfahren, b Moore-Verfahren. 1 Zuteilungspfanne, 2 flüssiges Eisen, 3 Gießkanne, 4 auf Rollen gelagerte Kokille, 5 Kühlwasser, 6 Antrieb der Kokille, 7 Sandkern, 8 Laufschiene, 9 Gießstrahl, 10 Kokillenlaufrollen, 11 Maschinenlaufrad, 12 Gießpfanne, 13 Einlaufrinne, 14 Drehform, 15 Sandauskleidung, 16 Laufrollen, 17 Lauffläche der Drehform, 18 Magnetkupplung

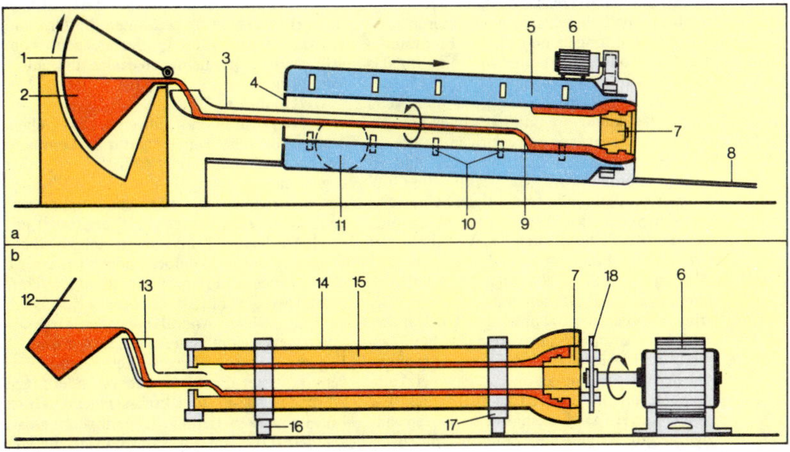

Gießeinrichtung die Zentrifugalkraft Einfluß auf die Formgestaltung, die Formfüllung und die Kristallisation nimmt. Beim *Schleuderformguß* rotiert die Kokille während des Gießvorganges um ihre eigene Achse, wodurch die Formfüllung begünstigt und eine genaue Gußtoleranz erzielt wird und sich ein bes. feines, dichtes Gefüge mit sehr guten Festigkeitseigenschaften ausbildet (Eisenbahnräder, Zahnräder, Zylinderlauf-, Kolbenlauf- und Ventilsitzbüchsen u. a.). Beim *Schleuderguß* wird die Zentrifugalkraft zur Herstellung zylinderförmiger Hohlkörper (z. B. Rohre) aus flüssigem Metall benutzt, wobei die Umdrehungsgeschwindigkeit so groß sein muß, daß die Schwerkraft überwunden wird. Während die äußere Form des Hohlzylinders der Innenwand der rotierenden Form entspricht, kann seine Stärke oder sein Innendurchmesser durch entsprechende Dosierung der Metallmenge variiert werden. Für die Herstellung von Muffenrohren wird am Ende der Schleuderform ein Sandkern eingesetzt.

Als **Verbundguß** bezeichnet man alle Verfahren, bei denen an ein festes Metallteil ein weiteres aus einem anderen Metall angegossen wird. Dabei sollen die günstigen mechan.-technolog. Eigenschaften eines Werkstoffes mit denen eines anderen kombiniert werden (z. B. hohe Festigkeitseigenschaften mit guten Gleiteigenschaften für Gleitlager). Außerdem wird häufig eine Verringerung der Bearbeitungskosten oder eine Einsparung an wertvollen Metallen angestrebt.

Geschichte: G. hatten in der Bronzezeit eine größere Bed. als das Hämmern und Schmieden, weil sich Bronze leichter als Kupfer gießen läßt. In Mesopotamien tauchten die ersten Bronzen zu Beginn des 3. Jt. auf, am Nil um 2600, doch wurde die Bronzeherstellung dort erst um 2000 heimisch. Die dazu benötigten Zinnerze wurden aus Syrien importiert. Die Schmelzöfen der Sumerer besaßen zwei Öffnungen, eine für das Brennmaterial (Holz oder Holzkohle) und eine für das Erz. Außerdem befanden sich in Höhe der Feuerstelle Löcher für die Luftzufuhr. Um die Schlacke und Fremdkörper nach dem ersten Schmelzvorgang zu beseitigen, wurde die Masse vermutl. zerkleinert, gereinigt und erneut geschmolzen. Als Material für die Gußformen benutzte man tonhaltigen Sand, Diorit oder Sandstein. Gegossen wurde im offenen Herdguß, bald auch im Verfahren der „verlorenen Form". - Die ältesten aus dem Mittelmeerraum bekannten Schmelzöfen (Anfang des 2. Jt.) ähnelten den Backöfen der frühen Töpfer. Zw. der unteren Brennkammer und der oberen Schmelzkammer befand sich ein durchlöcherter Boden. Durch Öffnungen wurden in die kuppelförmige Schmelzkammer Tiegel mit dem zu schmelzenden Erz und etwas Holzkohle eingestellt. Später wurden metall. Kupfer und Zinn zusammen geschmolzen. Eisen konnte in der Hallstatt- und La-Tène-Zeit wegen der erforderl. hohen Temperaturen noch nicht geschmolzen werden. Schüttete man Eisenerz direkt in die obere Ofenkammer, so verband sich das Ganggestein zu Schlacken, aus denen das Eisen als schwammige Masse herausgebrochen werden mußte. Schmelzbare Metalle konnte man in derartigen Öfen in größerer Menge gewinnen, indem man eine Abflußrinne für das geschmolzene Material einbaute. Man legte solche Öfen in Europa bevorzugt an einem Berghang an und fing den Hangwind in einem rechteckigen, aus Steinplatten gebauten Kanal auf. So erzielte man Temperaturen von über 1 000 °C. Die Verwendung von Gebläsen, in der Antike längst bekannt, kam in Europa erst spät auf. Das Gießen des Eisens gelang hier erst im 15. Jahrhundert.

🕮 *Gießerei-Lex. Ausg. 1985/86. Hg. v. E. Brunhuber. Bln. 1985. - Wübbenhorst, H.: 5 000 Jahre Gießen von Metallen. Düss. 1984. - Nielsen, F.: Gieß- u. Anschnittechnik. Düss. 1979.*

Giffard, Henry [Jacques] [frz. ʒiˈfa:r], * Paris 8. Jan. 1825, † ebd. 14. April 1882, frz. Ingenieur. - Konstruierte 1852 das erste halbstarre, von einer kleinen Dampfmaschine (3 PS) angetriebene Luftschiff; baute später große Fesselballone.

Gifhorn, Krst. am S-Rand der Lüneburger Heide, Nds., 65 m ü. d. M., 33 600 E. Maschinenfabrik, Textilind., Betonwerke. - Das im 13. Jh. zuerst erwähnte G. entwickelte sich nach 1350 zur Stadt. - Erhalten sind einige Schloßgebäude (16. Jh.); barocke Pfarrkirche (1734–44).

G., Landkr. in Niedersachsen.

Giftbeere (Nicandra), Gatt. der Nachtschattengewächse mit der einzigen Art **Blasengiftbeere** (Nicandra physaloides) in Peru; bis über 1 m hohes Kraut mit stark ästigem Stengel, grob buchtig gezähnten Blättern und großen blauen Blüten; Beerenfrucht vom grün und rot gezeichneten Kelch umschlossen; giftig.

Giftdrüsen ↑Gifttiere.

Gifte [zu althochdt. gift, eigtl. „das Geben, Übergabe; Gabe"], in der Natur vorkommende (v. a. ↑Alkaloide) oder künstl. hergestellte organ. und anorgan. Stoffe, die nach Eindringen in den menschl. oder tier. Organismus zu einer spezif. Erkrankung (**Vergiftung**) mit vorübergehender Funktionsstörung, bleibendem Gesundheitsschaden oder Todesfolge führen; auch für Pflanzen schädl. Stoffe (Herbizide) werden oft als G. bezeichnet. Nach dem hauptsächl. Angriffspunkt im Organismus unterscheidet man Atem-, Enzym-, Blut-, Kapillar-, Herz-, Muskel-, Leber- und Nerven-G., ferner die zu Gewebsveränderungen führenden Ätz-G. und krebserregende Gifte. Im allg. wirken tier. G. in geringerer Dosis als pflanzl. G., am wirksamsten sind die von

Bakterien gebildeten G. (↑Toxine). Manche relativ harmlosen Stoffe werden erst innerhalb des menschl. Körpers zu G. umgewandelt (**Giftung**). - Die Wirkung aller G. ist abhängig von der verabreichten Menge (**Giftdosis**) bzw. der (u. U. kumulativ entstandenen) Konzentration im Organismus, vom Zustand und von der Empfindlichkeit des Organismus (z. B. ↑Giftfestigkeit) und vom Zufuhrweg. Dies gilt insbes. für manche „überdosierten" Arzneimittel, die zu tox. Reaktionen führen können.

Geschichte: Pflanzl. G. werden von primitiven Völkern als Pfeil-G. oder Zaubermittel verwendet. Die alten Griechen benutzten G. (z. B. Gefleckter Schierling) auch zur Hinrichtung. Ihnen war bewußt, daß die Grenze zw. Gift und Arzneimittel fließend ist (das griech. Wort „phármakon" bedeuet beides). Erst Paracelsus stellte fest, daß der Unterschied zw. beiden nur in der Dosis liegt. Die arzneil. Verwendung von G. war aber erst im 19. Jh. mögl., als die Erprobung an Tieren vervollkommnet worden war und man die Giftstoffe auch isolieren konnte.

Giftfestigkeit (Giftresistenz), natürl. oder (durch Gewöhnung bzw. Antikörperbildung) erworbene Unempfindlichkeit bzw. Immunität unterschiedl. Grades gegenüber giftigen Stoffen. Die natürl. G. kann auf dem Fehlen entsprechender Rezeptoren im Organismus oder auf der raschen bzw. weitgehenden Inaktivierung des Giftes (durch Abbau oder Bindung zu unwirksamen Komplexen) beruhen. Die erworbene G. ist entweder die Folge einer Gewöhnung oder einer Bildung entgiftender Antikörper.

Giftfische, Fische, die durch mit Giftdrüsen in Verbindung stehende Stacheln Gift auf Angreifer übertragen können. Als Giftstacheln können Flossenstacheln (z. B. bei Petermännchen, Drachenköpfen), Kiemendeckelstacheln (z. B. bei Antennenfischen) oder eigens entwickelte Giftstacheln (z. B. am Schwanz der Stechrochen) dienen. Die *Fischgifte* können beim Menschen bei Nichtbehandlung zum Tode führen. - Als G. können auch Fische mit giftigen Organen (z. B. Keimdrüsen, Gallenblase und Leber bei Kugelfischen) oder giftigem Blut (z. B. Aale) bezeichnet werden.

Giftgase, svw. chem. Kampfstoffe (↑ABC-Waffen, ↑Gaskrieg).

Gifthahnenfuß ↑Hahnenfuß.

giftig, nach der VO über gefährl. Arbeitsstoffe vom 29. 7. 1980 gelten Stoffe und Zubereitungen als g., die nach Einatmen, Verschlucken oder Aufnahme durch die Haut Gesundheitsschäden erhebl. Ausmaßes oder den Tod verursachen können.

Giftklassen, nach den VO der Länder über den „Handel (Verkehr) mit Giften" (GiftVO) und für die Anwendung von Giften als Schädlingsbekämpfungs-, Pflanzenbehandlungs- und Holzschutzmittel werden nach den Gifteigenschaften vier G. unterschieden: *Giftabteilung 1:* giftige Stoffe und Zubereitugen (Kennbuchstabe T), z. B. Cyanamid, Phosphorwasserstoff; *Giftabteilung 2:* ätzende Stoffe und Zubereitungen (Kennbuchstabe C), z. B. Chloracetylchlorid, Schwefelsäure; *Giftabteilung 3:* gesundheitsschädliche Stoffe und Zubereitungen (Kennbuchstabe Xn), z. B. Cyclohexanol, Toluol; *Giftabteilung 4:* reizende Stoffe und Zubereitungen (Kennbuchstabe Xi), z. B. Chloramin T, Tetrahydrofuran. Die Abgabe von Giften mit dem Kennbuchstaben T darf nur gegen Giftempfangsschein und nach Eintragung in ein Giftbuch erfolgen. Die Behältnisse und abgabefertigen Packungen müssen an auffallender Stelle mit den ↑Gefahrensymbolen gekennzeichnet sein.

Giftlorchel, svw. ↑Frühlorchel.

Giftmehl ↑Arsenoxide.

Giftnattern (Elapidae), mit rd. 180 Arten bes. in den Tropen und Subtropen verbreitete Fam. 0,3–5 m langer Giftschlangen (fehlen in Europa); Körper schlank, natterähnl., mit meist langem Schwanz; im Vorderteil des Oberkiefers mit Giftdrüsen in Verbindung stehende Furchenzähne; Giftwirkung beim Menschen meist sehr gefährl. (überwiegend Nervengifte), nicht selten mit tödl. Ausgang. Zu den G. gehören ↑Mambas, ↑Kobras, ↑Korallenschlangen, ↑Taipan, ↑Kraits und ↑Todesotter.

Giftpflanzen, Pflanzen, die Substanzen enthalten, die durch Berührung oder Aufnahme in den Körper beim Menschen und bei Tieren Vergiftungserscheinungen mit u. U. tödl. Ausgang hervorrufen. Der Giftgehalt der einzelnen Pflanzenteile ist unterschiedl. und abhängig von Klima, Standort, Jahreszeit und Alter. So sind z. B. grüne, am Licht gewachsene Kartoffelknollen stark solaninhaltig und somit giftig, die unter der Erde gewachsenen Knollen dagegen ungiftig. - Übersicht S. 212 ff.

Giftpilze, Fruchtkörper höherer Pilze, die bestimmte Substanzen als Stoffwechselbestandteile in so hohen Anteilen enthalten, daß nach ihrem Genuß bei Mensch und Tier Vergiftungserscheinungen hervorgerufen werden. Von den etwa 200 Giftpilzarten der nördl. gemäßigten Zone sind 40 gefährl. giftig, 10 tödl. giftig. Auch nach dem Verzehr zu alter, durch Frost, unsachgemäße Lagerung oder Zubereitung verdorbener Speisepilze können Vergiftungserscheinungen auftreten. Nach der Wirkung der Gifte auf den Organismus sind drei Gruppen der G. zu unterscheiden: 1. G. mit Protoplasmagiften, die schwere, lebensgefährl. Vergiftungen hervorrufen: Wirkung erst nach 6–48 Stunden; Tod durch Kollaps, Herzlähmung (z. B. Knollenblätterpilz) oder Leberversagen; 2. G. mit Nervengiften (Muskarin, Muskaridin), die schwere Vergiftungen, jedoch selten mit tödl. Ausgang,

GIFTPFLANZEN

Die wichtigsten wildwachsenden einheimischen und kultivierten nichteinheimischen Giftpflanzen

dt. Name (lat. Name)	Giftstoffe	Wirkung	Gegenmittel
Aronstab (Gefleckter Aronstab; Arum maculatum)	Alkaloid Aroin und blausäurehaltige Verbindungen, v. a. in Blättern, Beeren und Wurzeln	hautätzend, Schleimhautentzündungen; bei hoher Dosis Herzanfälle und Lähmung des Zentralnervensystems	medizin. Kohle, viel Flüssigkeit
Attich (Zwergholunder; Sambucus ebulus)	Alkaloid Sambicin (?), Glykosid Sambunigrin, in frischen Blättern und frischer Rinde sowie in den Beeren	Erbrechen, starker Durchfall	Milch, Haferschlei Brechmittel
Bilsenkraut (Schwarzes Bilsenkraut; Hyoscyamus niger)	Alkaloide Hyoscyamin, Atropin, Scopolamin, Bitterstoff Hyoscypikrin, in den Wurzeln, Samen, Blättern, Blüten; Bitterstoff nur in den Samen	zentral erregend (Raserei, Tobsucht), dann lähmend; u. U. Tod durch Atemlähmung	Magenspülung, medizin. Kohle
Buchsbaum (Gemeiner Buchsbaum; Buxus sempervirens)	Alkaloid Buxin, v. a. in Blättern und Rinde	Durchfall, Erbrechen, Lähmung des Zentralnervensystems	Magenspülung mit Kaliumpermangan lösung
Drachenwurz (Calla palustris)	Alkaloid Aroin, Saponine und blausäurehaltige Verbindungen, in Blättern, Beeren und Wurzelstöcken	hautätzend, Schleimhautentzündungen, Durchfall, Herzanfälle, Lähmung des Zentralnervensystems	medizin. Kohle, viel Flüssigkeit
Eibe (Gemeine Eibe; Taxus baccata)	Alkaloid Taxin, geringe Mengen des Alkaloids Ephedrin, hauptsächl. in den Nadeln	Magen-Darm-Entzündungen, Nierenschäden; höhere Dosis wirkt als Herz- und Atemgift	Abführmittel, medizin. Kohle
Einbeere (Paris quadrifolia)	Paridin, Paristphrin (ähnl. aufgebaut wie Saponine), v. a. in Blättern und Wurzeln	Erbrechen, Durchfall	Abführmittel
Eisenhut (Blauer Eisenhut; Aconitum napellus)	Alkaloid Aconitin, v. a. in der Wurzel, aber auch in allen anderen Pflanzenteilen	Erregung des Zentralnervensystems, Herz- und Atemlähmung	viel Flüssigkeit, medizin. Kohle, Magenspülung
Fingerhut (Roter Fingerhut; Digitalis purpurea)	Digitalisglykoside (Digitoxin, Gitoxin, Gitorin, Gitaloxin), Saponinglykoside, Flavonglykoside, erstere v. a. in den Blättern	Erbrechen, Durchfall, Herzrhythmusstörungen, Herzlähmung	Brech-, Abführmitt medizin. Kohle
Geißblatt (Rote Heckenkirsche; Lonicera xylosteum)	Saponine und ein Phenol, v. a. in den Blättern	Durchfall, Erbrechen	Magenspülung
Germer (Weißer Germer; Veratrum album)	Alkaloide Protoveratrin und Germerin, v. a. in den unterird. Sprossen und in den Wurzeln	Schleimhautreizungen, Kreislaufstörungen, Kollaps	medizin. Kohle, gerbsäurehaltige Präparate
Giftlattich (Lactuca virosa)	Laktone Lactucin und Lactucopikrin im Milchsaft, außerdem ein Triterpen und ein Alkaloid	Schwindel, Schweißausbruch	medizin. Kohle
Goldregen (Gemeiner Goldregen; Laburnum anagyroides)	Alkaloid Cytisin in Wurzel, Samen und Blüten	Verwirrung, Krämpfe, Atemlähmung	medizin. Kohle

t. Name (lat. Name)	Giftstoffe	Wirkung	Gegenmittel
ahnenfuß (Scharfer Hahnenfuß, ifthahnenfuß; anunculus acris, anunculus sceleratus)	Glykosid Ranunculin, das daraus freigesetzte Protoanemonin, Saponine, in den Blüten	Haut- und Schleimhautreizungen, Nierenschäden, Kreislauf- und Atemlähmung	Magenspülung mit verdünnter Kaliumpermanganatlösung, Abführmittel
erbstzeitlose (olchicum autumnale)	Alkaloid Kolchizin, v. a. in den Blüten	Darm- und Kreislaufstörungen, Atemlähmung	Trinken von 10%iger warmer Kochsalzlösung
undspetersilie (ethusa cynapium)	Alkaloid Koniin, überall in der Pflanze	Erregung, Bewegungsstörungen, Atemlähmung	Brech-, Abführmittel, medizin. Kohle, viel Flüssigkeit
ornrade (grostemma githago)	Saponin Githaginglykosid, v. a. in reifen Samen und trockenen Wurzeln	Auflösung der roten Blutkörperchen, Lähmung des Zentralnervensystems	
reuzdorn (urgierkreuzdorn; hamnus cathartica)	Glykosid mit dem Abführmittel Emodin als Bestandteil, v. a. in den unreifen und reifen Früchten	Magen-Darm-Entzündungen	medizin. Kohle, Magenspülung, Brechmittel
ebensbaum (bendländ. ebensbaum; huja occidentalis)	äther. Öl mit dem Hauptbestandteil Thujon und Terpene, hauptsächl. in den Schuppenblättern	Magen-Darm-Entzündungen, irreversible Leber- und Nierenschäden	Magenspülung, Brechmittel, medizin. Kohle
iguster (Ligustrum vulgare)	unbekannter Giftstoff, v. a. in Beeren und Blättern	Magen-Darm-Entzündungen	
aiglöckchen (onvallaria majalis)	Glykoside Convallatoxol, Convallamarin, Convallarin; Convallamarin v. a. in den Blüten und Blättern	Convallarin wirkt ähnl. wie die Digitalisglykoside	Abführmittel, medizin. Kohle
achtschatten (Bittersüßer Nachtschatten, chwarzer Nachtschatten; olanum dulcamara, olanum nigrum)	Steroidalkaloid Soladulcin, v. a. in unreifen Beeren, auch in Blättern und Stengeln; Alkaloide Solasonin und L-Solamargin, hauptsächl. in unreifen Früchten	Schleimhautreizungen, Durchfall, Auflösung der roten Blutkörperchen, Atemlähmung	Magenspülung, Abführmittel, medizin. Kohle
ieswurz (Schwarze Nieswurz; elleborus niger)	Glykosid Hellebrin, Saponin Helleborin (mit digitalisglykosidähnl. Wirkung), v. a. in den Samen	Erkrankungen des Nervensystems	Abführmittel
faffenhütchen (Euonymus europaea)	alkaloidhaltige Substanzen, v. a. Evonin sowie das herzwirksame Evonosid, in Samen, Blättern und Rinde	Darmentzündung, Durchfall, Krämpfe, Kreislaufstörungen	medizin. Kohle, Abführmittel
adebaum (Juniperus sabina)	Terpene Sabinol, Sabinen, Thujol u. a., bes. in den Zweigspitzen	Erbrechen, Krämpfe, Bewußtlosigkeit, Atem- und Kreislauflähmung	Brechmittel, Magenspülung, medizin. Kohle
chierling (Gefleckter Schierling; onium maculatum)	Akaloid Koniin, in den reifen Früchten, auch in Blättern und Blüten	Erregung, Depressionen, Bewegungsstörungen, Atemlähmung	Brech-, Abführmittel, medizin. Kohle, viel Flüssigkeit
chlafmohn (Papaver somniferum)	Alkaloide Morphin, Kodein, Noskapin, Papaverin, Thebain u. a. im Milchsaft, in den halbreifen Kapseln	Darmstörungen, Kreislauf- und Stoffwechselstörungen, Benommenheit, Atemlähmung	Magenspülung, Kohleaufschwemmung, Abführmittel, gerbsäurehaltige Präparate

GIFTPFLANZEN (Forts.)

dt. Name (lat. Name)	Giftstoffe	Wirkung	Gegenmittel
Schöllkraut (Großes Schöllkraut; Chelidonium majus)	Alkaloide Chelerythrin, Chelidonin, Chelidoxanthin, Sanguinarin, Spartein u. a. im Milchsaft.	Magenreizung, Erbrechen, beschleunigte Atmung	Magenspülung, medizin. Kohle
Seidelbast (alle Arten; Daphne)	Mezerein, bes. in der Rinde und in den Früchten	Haut- und Schleimhautreizungen, Nierenschäden, Herz- und Kreislaufstörungen	
Stechapfel (Datura stramonium)	Alkaloide Hyoscyamin, Atropin, Scopolamin	beschleunigte Atmung, Erregung, Atemlähmung	Magenspülung, medizin. Kohle
Tabak (Nicotiana tabacum)	Alkaloid Nikotin in der ganzen Pflanzen (Ausnahme: reife Samen)	in kleinen Dosen (Rauchen) Störungen am autonomen Nervensystem; in hohen Dosen zentralerregend, dann lähmend	medizin. Kohle
Taumellolch (Lolium temulentum)	Alkaloid Temulin, v. a. in den reifen Früchten	Taumeln, Lähmungen, Krämpfe, Atemlähmung	medizin. Kohle
Tollkirsche (Atropa belladonna)	Alkaloide Hyoscyamin, Atropin, Belladonin, Scopolamin u. a., v. a. in der Wurzel, aber auch in allen anderen Pflanzenteilen	beschleunigte Atmung, Erregung (kann zu Tobsucht führen), Atemlähmung	Magenspülung medizin. Kohle
Wasserschierling (Giftwasserschierling; Cicuta virosa)	Cicutoxin, Cicutol, in der Wurzel; geringere Mengen im Sproß	Erbrechen, Tobsuchtsanfälle, starke Krämpfe, Atemlähmung	sofern noch keine Krämpfe aufgetreten sind Magenspülung mit Kaliumpermanganatlösung
Wolfsmilch (Zypressenwolfsmilch; Euphorbia cyparissias)	Euphorbon und Euphorbin im Milchsaft	Hautreizungen, Magen-Darm-Entzündungen, Krämpfe, Lähmungen	medizin. Kohle

hervorrufen; Wirkung nach 15 bis 30 Minuten (z. B. Fliegenpilz, Ziegelroter Rißpilz); 3. G. mit lokal wirkenden Giften; bewirken weniger starke Vergiftungen (z. B. Giftreizker).

Giftreizker (Birkenreizker, Lactarius torminosus), bis 8 cm hoher, fleischfarbener Lamellenpilz in lichten Wäldern, oft unter Birken; Hut 5–15 cm breit; Lamellen blaßweiß bis orangegelb; Stiel hohl; roh giftig.

Giftschlangen, Schlangen, die ihre Beute durch Gift töten; das Gift wird durch Giftzähne injiziert. Der Biß vieler G. ist auch für den Menschen tödlich. Man unterscheidet die beiden großen Gruppen Röhrenzähner (mit Vipern und Grubenottern) und Furchenzähner (mit Giftnattern und Seeschlangen). Die einzigen in Deutschland vorkommenden G. sind ↑Kreuzotter und ↑Aspisviper. - Abb. S. 216.

Giftspinnen, Bez. für (bes. für den Menschen) giftige Spinnentiere. Hierbei gehören u. a. Malmignatte, Schwarzer Wolf, Schwarze Witwe, Tarantel und Skorpione. Unter den in M-Europa vorkommenden Spinnen sind Wasserspinne und Dornfinger am gefährlichsten, Kreuzspinnen dagegen werden dem Menschen kaum gefährlich.

Gifttiere, Bez. für Tiere, die zum Beutefang und/oder zur Verteidigung (meist in Giftdrüsen erzeugte) Giftstoffe abgeben, z. B. Giftfische, Giftschlangen, Giftspinnen, Stechimmen, Nesseltiere, Schnabeltier, Ameisenigel.

Giftweizen, rot angefärbte, mit Gift (Rodentizide) präparierte Weizenkörner, die zur Bekämpfung von Mäusen und Ratten ausgelegt werden.

Giftzähne, modifizierte Zähne für den Beutefang bei Giftschlangen (im Oberkiefer) und Krustenechsen (im Unterkiefer).

Giftzüngler (Giftschnecken, Conoidea), Überfam. meerbewohnender Schnecken, bei denen ein Teil der Radulazähne zu Stiletten umgewandelt ist, die mit Giftdrüsen in Verbindung stehen. Manche G. können auch für den Menschen gefährl. werden (z. B. bestimmte ↑Kegelschnecken).

Gifu, jap. Stadt auf Hondo, 410 400 E. Verwaltungssitz der Präfektur G.; Univ. (gegr.

DIE WICHTIGSTEN EINHEIMISCHEN GIFTPILZE

dt. Name	lat. Name	Inhaltsstoffe	Wirkungsweise	Verwechslungsmöglichkeiten
Fliegenpilz	Amanita muscaria	Alkaloide Muskarin und Muskaridin	Wirkung nach 30 Minuten; verstärkter Speichelfluß, verstärkte Nasenschleimhautsekretion, tränende Augen, langsamer Puls, Erstickungsanfälle, Rauschzustand	Kaiserling (Amanita caesarea)
Giftreizker	Lactarius torminosus	unbekannter Giftstoff	Magen- und Darmstörungen	Edelreizker, Speisetäubling
Kartoffelbofist	Scleroderma vulgare	unbekannter Giftstoff	Magen- und Darmstörungen	jung mit anderen Bofisten und Stäublingen
Blasse Koralle, Bleicher Ziegenbart	Clavaria pallida	unbekannter Giftstoff	Darmkoliken, Erbrechen, Durchfall	mit anderen eßbaren Keulenpilzen
Frühlingsknollenblätterpilz Grüner Knollenblätterpilz Weißer Knollenblätterpilz	Amanita verna Amanita phalloides Amanita virosa	Polypeptide Amantin und Phalloidin	Wirkung nach 8–40 Stunden; Erbrechen, Durchfall, Schweißausbruch, Durst, Schüttelfrost, schwacher Puls, Leber- und Nierenschädigung, Tod nach 2–5 Tagen	Rosablättriger Schirmpilz, Ritterlinge, Champignon, jung mit Bofisten und Champignons
Frühlorchel	Helvella esculenta	unbekannter Giftstoff, Helvellasäure	Übelkeit, Erbrechen, Durchfall, Leberschwellung, Gelbsucht, Bewußtlosigkeit, Tod	Speisemorchel
Ölbaumtrichterling (Leuchtender Trichterling)	Clitocybe olearia	Alkaloid Muskarin	Erbrechen, Darmkoliken	Eierschwamm
Purpurröhrling	Boletus purpureus	unbekannter Giftstoff	Magen- und Darmstörungen	Flockenstieliger Hexenröhrling
Riesenrötling	Rhodophyllus sinuatus	Alkaloid Muskarin	wie Ziegelroter Rißpilz	Schildrötling, Nebelgrauer Trichterling
Rinnigbereifter Trichterling	Clitocybe rivulosa	Alkaloid Muskarin	wie Ziegelroter Rißpilz	Gelbbräunl. Trichterling, Feldtrichterling
Schwefelgelber Ritterling Tigerritterling	Tricholoma sulphureum Tricholoma tigrinum	unbekannter Giftstoff	Magen- und Darmstörungen	Grünling Erdritterling
Satanspilz	Boletus satanas	unbekannter Giftstoff	Magen- und Darmstörungen	Steinpilz
Buscheliger Schwefelkopf	Naematolema fasciculare	unbekannter Giftstoff	Magen- und Darmstörungen	mit buschig wachsenden Pilzen wie Stockschwämmchen bzw. mit eßbaren Täublingen
Tintenchampignon	Agaricus xanthoderma		Reizung der Magenschleimhaut	Schaf-, Anischampignon
Ziegelroter Rißpilz	Inocybe patouillardi	Alkaloid Muskarin	Wirkung nach 15–30 Minuten; Übelkeit, Brechreiz, Schwindel, Schweißausbrüche, Speichel- und Tränenfluß, Lungenödem, Kreislaufkollaps	Mairitterling

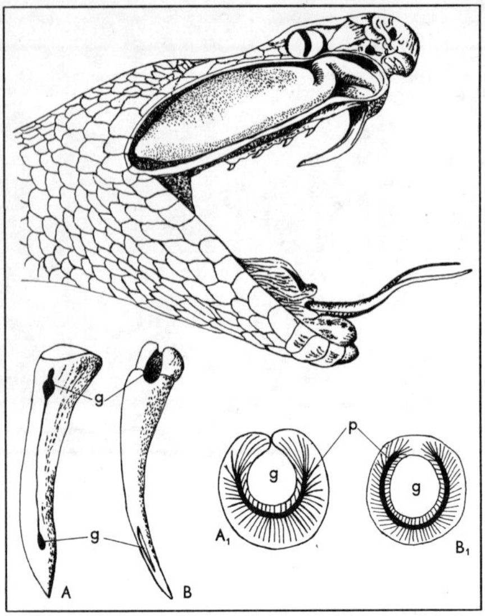

Giftschlangen. Oben: Kopf einer Klapperschlange mit freigelegter Giftdrüse; unten: Giftzähne; A Furchenzahn, B Röhrenzahn (A_1, B_1 im Querschnitt), g Giftkanal, p Pulpahöhle

1949); entomolog. Inst.; Planetarium. V.a. Herstellung von Papierschirmen und -laternen, Textil- und Maschinenbau.

Gig [engl.], offener, zweirädriger Wagen (Einspänner) mit einer Gabeldeichsel.
◆ zum Training und für Wanderfahrten verwendetes, leichtes Ruderboot (mindestens 80 cm breit) mit Rollensitzen und Auslegern. - ↑auch Rudersport.

Giga... [griech. (zu ↑Gigant)], Vorsatzzeichen G, Vorsatz vor physikal. Einheiten, bezeichnet das 10^9fache der betreffenden Einheit, z.B. 1 GeV (Gigaelektronenvolt) = 10^9 eV (↑Elektronenvolt), 1 GHz (Gigahertz) = 10^9 Hz (↑Hertz).

Gigant [griech.], Riese (nach den Riesen der griech. Mythologie); **gigantisch,** riesenhaft, ungeheuer, groß.

Giganten, erdgeborene Riesen der griech. Mythologie, von ihrer Mutter gesandt, die junge Herrschaft des Zeus und der Olympier zu stürzen; der Kampf wird **Gigantomachie** genannt. Schon früh verstand man diesen Sieg der Zeusherrschaft als Triumpf von Kultur und Ordnung über Chaos und Barbarei. Die berühmteste bildner. Darstellung der Antike ist diejenige am großen Fries des Zeusaltars von Pergamon (180–160; Berlin, Museumsinsel).

Gigantensäulen ↑Jupitersäulen.

Gigantismus (Gigantosomie) [griech.], durch Erkrankung der vorderen Hirnanhangdrüse bedingter Riesenwuchs.

Gigantomachie [griech.] ↑Giganten.

Gigantopithecus [griech.], Bez. für eine Gruppe ausgestorbener höherer Primaten, deren Gebiß größer war als das der rezenten Gorillas.

Gigartina [griech.], marine Gatt. der Rotalgen mit etwa 90 Arten; Thalli verschieden gestaltet, stets verzweigt. Die bekanntesten Arten sind *G. stellata* und *G. mamillosa*, aus denen das ↑Irländische Moos hergestellt wird.

Gigasform [griech./lat.] (Gigaswuchs), genet. bedingter Riesenwuchs bei Pflanzen und Tieren.

Gigli, Beniamino [italien. 'dʒiʎʎi], * Recanati (Prov. Macerata) 20. März 1890, † Rom 30 Nov. 1957, italien. Sänger (Tenor). - Gastierte als Opern- und Konzertsänger in ganz Europa und Amerika (bis 1955). Er drehte auch Filme und schrieb die Autobiographie „Und es blitzten die Sterne" (1943).

Gigolo ['ʒi:golo, frz. ʒigɔ'lo; frz.], Eintänzer, der früher in Tanzlokalen als Tanzpartner oder -lehrer für weibl. Besucher angestellt war; eitler, geckenhafter (von Frauen ausgehaltener) Mann.

Gigots [ʒi'go:; frz., eigtl. „Hammelkeulen"] (Schinkenärmel, Hammelkeulen), oben weite, zum Handgelenk hin verengte Ärmel; erstmals im späten 16. Jh., v. a. im Biedermeier und erneut um 1900 modern.

Gigoux, Jean [frz. ʒi'gu], * Besançon 8. Jan. 1806, † ebd. 12. Dez. 1894, frz. Graphiker. - Mit seinen romant. Holzschnittillustrationen zu „Gil Blas" (1835) erneuerte er die frz. Buchillustration. Als Maler schuf er Historien- und Genrebilder sowie Porträts.

Gigue [ʒi:k, frz. ʒig] (engl. Jig, italien. Giga), aus der ↑Jig hervorgegangener, instrumentaler Tanz des 17./18. Jh., ein Grundbestandteil der ↑Suite. Verschiedene Ausprägungen: 1. die frz. G. im punktierten $^4/_4$- oder $^3/_4$-Takt mit imitierender oder fugierter Stimmführung, 2. die nicht fugierte italien. Giga im schnellen $^{12}/_8$- oder $^6/_8$-Takt. Durch Weiterentwicklung der Fugentechnik der frz. G. entstand die Fugen-G., die bei J. S. Bach ihren Höhepunkt fand.

Gijón [span. xi'xɔn], nordspan. Hafen- und Ind.stadt an der astur. Küste, 256 000 E. TH, Handels- und Seefahrtsschule; Pferderennbahn. Umschlaghafen für Steinkohle (Export) und Eisenerze, zweitgrößter astur. Fischereihafen. Traditionelle Glas- und Keramikind., bed. Schwer- und Nahrungsmittelind.; 2 km langer Badestrand. - G. geht auf das römerzeitl. **Gigia** zurück; im 17. Jh. entwickelte es sich zum Handelshafen Asturiens. 1936 wurde die Stadt im Verlauf des Span. Bürgerkrieges fast völlig zerstört. - Paläste (15./16. Jh.), Stiftskirche mit Fassade des 16. Jh.

Gijsen, Marnix [niederl. 'xεi̯sə], eigtl. Jan-Albert Goris, * Antwerpen 20. Okt. 1899, † Lubbeek 29. Sept. 1984, fläm. Schriftsteller. - Begann mit expressionist. Gedichten, in New York (1939–45) entschiedene Abkehr von christl. Vorstellungen; u.a. „Joachim von Babylon" (R., 1947).

Gila Desert [engl. 'hi:lə 'dεzət], vom **Gila River,** einem linken Nebenfluß des unteren Colorado, durchflossenes Trockengebiet in Arizona, USA.

Gila-Krustenechse [engl. 'hi:lə; nach dem Gila River] ↑ Krustenechsen.

Gilan, iran. Landschaft und Prov., umfaßt die Küstenebene am SW-Ufer des Kasp. Meeres, die anschließenden N-Hänge des Elbursgebirges und die O-Hänge des Talyschgebirges; Hauptstadt Rascht. Feuchtwarmes Klima; Reisanbau, Tee- und Obstkulturen.

Gilbert, Kurzform von Giselbert.

Gilbert de la Porrée [frz. ʒilbεrdəlapɔ're] (G. von Poitiers; auch: G. Porreta, Gilbertus Porretanus), * Poitiers um 1080, † ebd. 4. Sept. 1154, frz. scholast. Philosoph und Theologe. - Seit 1142 Bischof von Poitiers. Die sprachlog. vorgenommene Unterscheidung von Gott und Gottheit in seiner Trinitätslehre wurde bes. von Bernhard von Clairvaux angegriffen. - Die von ihm ausgehende Schule der **Porretaner** bzw. **Gilbertiner** beeinflußte in bed. Weise die theolog.-dogmat. Entwicklung, bes. der Christologie.

Gilbert, Robert [frz. ʒil'bε:r], * Berlin 29. Sept. 1899, † Locarno 20. März 1978, dt. Komponist und Schriftsteller. - Schrieb die Gesangstexte zu etwa 60 Operetten („Im weißen Rössl", „Feuerwerk") und 100 Spielfilmen („Die Drei von der Tankstelle", „Der Kongreß tanzt"), übersetzte amerikan. Musicals („Annie get your gun", „My fair lady") und komponierte Operetten- und Filmmusik.

G., Walter [engl. 'gılbət], * Boston 21. März 1932, amerikan. Molekularbiologe. - Prof. an der Harvard University in Boston; entwickelte eine neue chem. Methode zur Bestimmung der Reihenfolge der Nukleotide der DNS. Erhielt 1980 (zus. mit P. Berg und F. Sanger) den Nobelpreis für Chemie.

G., William [engl. 'gılbət], * Colchester 24. Mai 1544, † London 30. Nov. 1603, engl. Naturforscher und Arzt. - Leibarzt Elisabeths I. und Jakobs I. von England. Sein Hauptwerk über den Magnetismus (1600) übte auf das 17. Jh., v.a. auf J. Kepler und O. von Guericke, großen Einfluß aus. Er machte auch erstmals auf das bernsteinartige Verhalten einer Reihe von Stoffen („corpora electrica") aufmerksam und leitete damit die Untersuchungen der Elektrizität ein.

Gilbert and Ellice Islands [engl. 'gılbət ənd 'εlıs 'aılәndz], ehem. brit. Kolonie, ↑ Tuvalu, ↑ Kiribati.

Gilbertiner ↑ Gilbert de la Porrée.

Gilbertinseln [engl. 'gılbət], Kette von Atollen im Pazifik beiderseits des Äquators, Teil der Republik ↑ Kiribati.

Gilbgras (Fingergras, Chloris), Gatt. der Süßgräser mit etwa 40 Arten in den Tropen und Subtropen. Die südafrikan. Art **Rhodesgras** (Chloris gayana) wird v.a. im trop. Amerika als Futtergras angebaut.

Gilboa, Bergmassiv in N-Israel, 600–800 m über dem Jordangraben, höchster Punkt ist Mizpe G. mit 494 m ü. d. M.

Gilbreth, Frank [Bunker] [engl. 'gılbrəθ], * Fairfield (Maine) 7. Juli 1868, † Lackawanna (N.Y.) 14. Juni 1924, amerikan. Bauingenieur und Rationalisierungsfachmann. - Zeitweilig Mitarbeiter von F. W. ↑ Taylor. G. versuchte aus der Zurückführung auf Elementarbewegungen den rationellsten Ablauf körperl. Tätigkeit zu ermitteln.

Gilbweiderich (Gelbweiderich, Felberich, Lysimachia), Gatt. der Primelgewächse mit etwa 150 Arten in gemäßigten Gebieten, v.a. in Europa und O-Asien; meist Kräuter und Stauden mit beblättertem Stengel. In M-Europa kommen fünf Arten vor, v.a. der **Gemeine Gilbweiderich** (Lysimachia vulgaris), eine bis über 1 m hohe Staude an feuchten Stellen, mit gelben Blüten in Rispen und quirlständigen Blättern, sowie der ähnl. **Punktierte Gilbweiderich** (Lysimachia punctata) mit am Rand gewimperter Blumenkrone, eine häufig verwildernde Zierpflanze aus SO-Europa.

Gildas der Weise (Gildas Sapiens, Gildas Bandonicus), hl., * Strathclyde um 500, † um 570, frühester brit. Geschichtsschreiber. - Verfaßte vor 547 eine Geschichte Britanniens („De excidio et conquestu Britanniae"), die bes. für die Spätzeit und den Zusammenbruch der röm. Herrschaft eine wertvolle, jedoch oft schwer zu deutende Quelle ist. - Fest: 29. Jan.

Gilde [niederdt., urspr. „Opfergelage" anläßl. einer eingegangenen rechtl. Bindung (zu Geld oder gelten in der urspr. Bed. „zurückzahlen", „opfern")], genossenschaftl. Vereinigung v.a. im MA mit religiösen und/oder weltl. Zielen (gegenseitige Unterstützung, Schutz, Geselligkeit), nachweisbar seit dem 8. Jh. in den german. Ländern und in N-Frankr.; später Gliederung nach Berufsständen (z. B. Kaufmannsgilde); für das handwerkl. Gewerbe entwickelte sich die ↑ Zunft.
◆ Name verschieden motivierter Gruppenbildungen innerhalb der Jugendbewegung nach dem 1. Weltkrieg, meist überbünd. Art, z. B. die „Musikantengilden" von Fritz Jöde (seit 1919), die Älterenvereinigung „Gilde Soziale Arbeit" (1928) oder die akadem. Gilden.

Gildenschaft (Gilde), 1920–34 farbentragende student. Korporation, die ein Gemeinschaftsleben im Sinn der bünd. Jugend pflegte. Der heutige Verband der **Deutschen Gildenschaft** wurde 1958 wiedergegründet.

Gildensozialismus, eine in Großbrit. entstandene sozialist. Bewegung, die in Abwendung von der parlamentar. Politik der Labour Party versuchte, sozialist. Politik von den Gewerkschaften her auf inner- und überbetriebl. Ebene zu betreiben; hielt am Klassenkampfgedanken fest, erstrebte jedoch industrielle Selbstverwaltung; ging vom 1906 gegr. Guilds Restoration Movement aus, das sich um Wiederbelebung der ma. Zünfte bemühte; erreichte seine größte Bed. 1913–25 (1915 Gründung der National Guilds League); Haupttheoretiker war G. D. H. Cole (* 1889, † 1959). Nach dem Scheitern des G. 1925 lebten seine Ideen z. T. in der Verstaatlichungspolitik der Labour Party nach 1945 und in gewerkschaftl. Forderungen nach Mitbestimmung fort.

Gilead (Vulgata: Galaad), bibl. Landschaft im Ostjordanland; gehörte zum Nordreich (Israel), wurde im 9. Jh. von Damaskus erobert und fiel 733 an Assyrien. Zu neuer Blüte kam es in röm. Zeit.

Gilels, Emil Grigorjewitsch, * Odessa 19. Okt. 1916, † Moskau 14. Okt. 1985, sowjet. Pianist. - Interpret der Klavierwerke u. a. von Tschaikowski, Mozart, Schubert und Schumann. Seit 1938 Lehrer am Moskauer Konservatorium.

Gilet [ʒiˈleː; arab.-span.-frz.], svw. Weste.

Gilgal (Vulgata: Galgal[a]), Heiligtum im alten Israel nö. von Jericho, an dem u. a. um 1000 v. Chr. die Israeliten Saul zum König einsetzten (1. Sam. 11, 14 f.).

Gilgamesch, frühgeschichtl. Herrscher von Uruk (28./27. Jh.). - G. erbaute die große Mauer um Uruk und wurde ab etwa 2600 göttl. verehrt, später als Unterweltsgott, Sohn des Lugalbanda und der Göttin Ninsun. Um G. bildete sich ein Zyklus sumer. myth.-ep. Dichtungen, fragmentar. überliefert seit etwa 1900 v. Chr., aus dem 18. Jh. stammen akkad. G.-Texte in altbabylon. Sprache; diese akkad. Version findet sich (neben churrit. und hethit. Versionen) im 13. Jh. in Boğazkale und Megiddo.

Gilgamesch-Epos, bedeutendstes Werk der babylon. Literatur (Ende des 2. Jt. v. Chr.), sog. ninivit. Fassung des Stoffes um ↑Gilgamesch in jungbabylon. Sprache (um 1200); es hatte urspr. etwa 3 600 Verszeilen auf elf Tafeln (v. a. aus Ninive). In diese Fassung sind auch andere Stoffkreise eingearbeitet (Flutsage). Als 12. Tafel wurde eine Teilübersetzung des sumer. Epos „Gilgamesch, Enkidu und die Unterwelt“ angefügt.

Gilge ↑Memel.

Gilgit, Hauptort der G. Agency im nw. Kaschmir, 1 490 m ü. d. M., 4 500 E. Endpunkt der Industalstraße von Islamabad, Ausgangspunkt des Karakorum-Highway; ✈.

G. (amtl. G. Agency), Landschaft im nw. Kaschmir, rd. 46 000 km², 120 000 E. Hauptort G. Schwer zugängl., z. T. vergletscherte Hochgebirgslandschaft bis 6 705 m ü. d. M. im Schnittpunkt von Hindukusch, Karakorum

Gilgamesch als Löwenbezwinger von der Fassade des Palastes Sargons II. (722–704) in Dur-Scharrukin. Paris, Louvre

und nw. Himalaja. In den Tälern werden Reis, Baumwolle, Mais, Weizen und Gerste angebaut; außerdem Obstbau. Straßenverbindungen nach Islamabad und China. - Seit 1947 von Pakistan beansprucht und verwaltet.

Gill [engl. gɪl], Sir David, * Aberdeen 12. Juni 1843, † London 24. Jan. 1914, brit. Astronom. - G. beobachtete 1874 den Durchgang der Venus vor der Sonne; 1879–1907 Direktor der Sternwarte am Kap der Guten Hoffnung, die unter seiner Leitung Weltruf erlangte. Führte 1882 die photograph. Messung von Sternpositionen ein und schuf die Cape Photographic Durchmusterung (CPD).

G., Eric, * Brighton 22. Febr. 1882, † Harefield (= London) 17. Nov. 1940, engl. Graphiker. - Schuf Buchschmuck (Kupferstiche und Holzschnitte) und Schriften („Perpetua“, „Gill sans serif“, „Felicitas“).

Gill [engl. dʒɪl; zu lat. gillo „Kühlgefäß“ (für Wein)], angloamerikan. Volumeneinheit: 1 gill = $^1/_{32}$ gallon. In Großbrit.: 1 gill = 142,065 cm³, in den USA, wo das G. nur für Flüssigkeiten (und im Apothekenbereich) benutzt wird, 1 gill = 118,29483 cm³.

Gilles, Werner, * Rheydt 29. Aug. 1894, † Essen 22. Juni 1961, dt. Maler. - Ein großer Teil seiner Werke entstand auf Ischia, dessen

Natur G. durch Einbeziehung mytholog. Staffierung zur Versinnbildlichung des Mittelmeerischen verdichtete.

Gillespie, Dizzy [engl. gɪ'lɛspɪ], eigtl. John Birks G., * Cheraw (S. C.) 21. Okt. 1917, amerikan. Jazzmusiker (Trompeter, Bandleader, Komponist). - Entwickelte sich in den 40er Jahren neben C. Parker und T. Monk zum führenden Vertreter des ↑Bebop. G. leitete seit 1945 mehrere Orchester, in denen er den im Rahmen kleiner Gruppen entwickelten Bebop auf die Big Band übertrug. Er beeinflußte v. a. durch seine techn. Perfektion zahlr. Trompeter des Modern Jazz.

Gillette, King Camp [engl. ʒɪ'lɛt], * Fond du Lac (Wis.) 5. Jan. 1855, † bei Los Angeles 10. Juli 1932, amerikan. Industrieller und Erfinder. - Erfand die Rasierklinge und den Rasierapparat; gründete 1901 in Boston die G. Razor Co. (heute: *The Gillette Co.*).

Gilliéron, Jules [frz. ʒije'rõ], * La Neuveville (Kt. Bern) 21. Dez. 1854, † Schernelz (Gem. Ligerz, Kt. Bern) 26. April 1926, schweizer. Romanist. - Prof. für frz. Dialektologie in Paris; Begr. der modernen Sprachgeographie durch seine Sprachatlanten, v. a. den „Atlas linguistique de la France" (1902–10; mit E. Edmont) und seine method. wegweisenden Abhandlungen.

Gillingham [engl. 'dʒɪlɪŋəm], engl. Hafen- und Ind.stadt am Medway, Gft. Kent, mit Chatham und Rochester verwachsen, 93 700 E. Kriegsmarinehafen mit Werften und Arsenalen. - Seit 1903 Stadt.

Gillray, James [engl. 'gɪlrɛɪ], * Chelsea (= London) 13. Aug. 1757, † London 1. Juni 1815, engl. Radierer. - Schuf bis zu seiner geistigen Umnachtung (1811) rd. 1 500 Stichradierungen mit schonungsloser polit. Satire und beißendem Witz.

Gilly ['ʒɪli], David, * Schwedt/Oder 7. Jan. 1748, † Berlin 5. Mai 1808, dt. Baumeister. - Vater von Friedrich G.; Vertreter des Berliner Vorklassizismus. Baute u. a. für Friedrich Wilhelm III. Schloß Paretz (1796–1800), für Königin Luise Schloß Freienwalde (1798/99).
G., Friedrich, * Altdamm bei Stettin 16. Febr. 1772, * Karlsbad 3. Aug. 1800, dt. Baumeister und Bautheoretiker. - Von entwicklungsgeschichtl. Bed. wurde sein Entwurf eines monumentalen Denkmals für Friedrich d. Gr. in Form einer oktogonalen Anlage, in deren Mitte sich auf mächtigem Sockel ein dem Parthenon nachgebildeter griech.-dor. Tempel erhebt (1796). G. war u. a. Lehrer von K. F. Schinkel.

Gilson, Étienne [frz. ʒil'sõ], * Paris 13. Juni 1884, † Cravant (Yonne) 19. Sept. 1978, frz. Philosoph. - 1913 Prof. in Lille, 1919 in Straßburg, 1921–32 an der Sorbonne, 1926–28 zugleich an der Harvard University, 1932 am College de France; Mgl. der Académie française. Bed. Arbeiten zur Philosophiegeschichte des MA.

James Gillray, Pitt und Napoleon teilen sich die Welt (1805). Radierung

Gimmi, Wilhelm, * Zürich 7. Aug. 1886, † Chexbres (Waadt) 29. Aug. 1965, schweizer. Maler. - Lebte 1912–40 vorwiegend in Paris; malte v. a. Interieurs mit menschl. Figuren.

Gimpel [zu mittelhochdt. gumpen „hüpfen, springen"] (Pyrrhula), Gatt. der Finkenvögel mit sechs Arten in Eurasien; mit kurzem, kräftigem Schnabel, schwarzen Flügeln und schwarzem Schwanz und (im ♂ Geschlecht) meist rötl. Brust; in M-Europa nur der ↑Dompfaff.

Gin [engl. dʒɪn; gekürzt aus geneva „Genever"], engl. Branntwein (42 Vol.-%Alkohol) aus mehrmals destillierter vergorener Maische aus Mais u. a. Getreide. Das Destillat wird mit angequetschten Wacholderbeeren und anderen Aromastoffen versetzt und nochmals destilliert. In Deutschland v. a. Grundlage für Mixgetränke, z. B. **Gin-Fizz** (mit Mineralwasser, Zucker und Zitrone).

Gina [italien. 'dʒi:na], italien. Vorname, Kurzform von Regina.

Ginger [engl. 'dʒɪndʒə; lat.], engl. Bez. für Ingwer, womit z. B. das „g. ale" (ein alkoholfreies Erfrischungsgetränk) gewürzt wird.

Gingiva [lat.], svw. ↑Zahnfleisch.

Gingivitis [lat.], svw. ↑Zahnfleischentzündung.

Ginkgo [jap.], bekannteste Gatt. der Ginkgogewächse mit vielen, v. a. vom Jura bis zum Tertiär verbreiteten Arten; auch in Europa bis zum Pliozän nachgewiesen; einzige rezente Art ist der **Ginkgobaum** (Fächerbaum, Ginkgo biloba), ein sommergrüner, bis 30 m hoher, zweihäusiger Baum; Blätter meist zweiteilig gelappt, fächerförmig verbreitert; Samen kirschenähnl, mit gelber äußerer Samenschale; in Parks angepflanzt.

Ginsberg, Allen [engl. 'gɪnzbə:g], * Paterson (N. J.) 3. Juni 1926, amerikan. Lyriker. - Dichter der ↑Beat generation, Kritiker der amerikan. Gesellschaft. Die Suche eines Auswegs durch (künstl.) visionäre Zustände spiegelt sich in seiner bilderreichen rhythm. Lyrik. - *Werke:* Das Geheul u. a. Gedichte (1956), Empty mirror. Poems 1948–51 (1960), Reality sandwiches (Ged., 1963), Ind. Tagebuch (1969), Der Untergang Amerikas (Ged., 1972), Herzgesänge (Ged., 1980).

G., Ernst [´--], * Berlin 7. Febr. 1904, † Zollikon bei Zürich 3. Dez. 1964, dt. Schauspieler und Regisseur. - Mußte emigrieren, 1933–62 am Zürcher Schauspielhaus, daneben 1946–50 in Basel, 1952–61 in München. Spielte klass. Rollen (Franz Moor, Don Carlos, Hamlet, Mephisto). G. inszenierte Schiller, Shakespeare, Molière und Dürrenmatt.

Ginsburg, Alexandr, * 1938, sowjetruss. Schriftsteller. - Gab 1959/60 (bis zu seiner Verhaftung) die illegale literar. Zeitschrift „Sintaxis" heraus, brachte 1967 u. a. ein Weißbuch zum Fall Sinjawski und Danijel in Umlauf und wurde bei einer Demonstration für inhaftierte Freunde erneut verhaftet (erhielt 5 Jahre); verwaltete Hilfsfonds für Gefangene; Febr. 1977 erneut verhaftet, im Juli 1978 zu 8 Jahren Zwangsarbeit verurteilt; wurde 1979 mit anderen sowjet. Dissidenten gegen Spione ausgetauscht; lebt in den USA.

G., Witali Lasarewitsch, * Moskau 4. Okt. 1916, sowjet. Physiker. - Leiter der theoret. Abteilung des Physikal. Instituts der Akademie der Wissenschaften der UdSSR in Moskau und Prof. in Gorki. Entwickelte 1950 gemeinsam mit L. D. Landau eine phänomenolog. Theorie der Supraleitung (↑ Ginsburg-Landau-Theorie), die erhebl. Bed. für die Deutung der Supraleitung 2. Art gewann.

Ginsburg-Landau-Theorie, von W. L. Ginsburg und L. D. Landau 1950 aufgestellte, von A. A. Abrikossow 1957 wesentl. erweiterte, phänomenolog. Theorie der Supraleitung. In der G.-L.-T. wird angenommen, daß neben den für die Normalleitung verantwortl. Leitungselektronen (die im supraleitenden Zustand kurzgeschlossen sind) eine geordnete Phase von „suprafluiden Elektronen" existiert, die eine effektive Masse m^* und eine effektive Ladung e^* haben und durch eine Materiewellenfunktion beschrieben werden können. Die Aussagen der G.-L.-T. sind experimentell weitgehend bestätigt; es ist $e^* = 2e$ und $m^* = 2m$ zu setzen (e Elementarladung, m Elektronenmasse), d. h. die „suprafluiden Elektronen" sind gebundene Elektronenpaare (sog. *Cooper-Paare*), deren Dichte halb so groß ist, wie die Dichte der Elektronen im ungebundenen Zustand.

Ginseng [chin.], Bez. für zwei Araliengewächse, aus deren rübenförmigem Wurzelstock ein allg. anregendes Mittel gewonnen wird: **Panax ginseng,** eine bis 50 cm hohe Staude, verbreitet in der Mandschurei und in Korea (in Japan angebaut), mit gefingerten Blättern und grünlichweißen Blüten; **Amerikan. Ginseng** (Panax quinquefolius) aus dem östl. N-Amerika, eine bis 40 cm hohe Staude mit fünf- bis siebenzählig gefingerten Blättern. - Die echte G.wurzel der ersten Art ist seit etwa 2 000 Jahren in O-Asien ein geschätztes Allheilmittel, dessen Anwendung mit myst. Vorstellungen verbunden war.

Ginsheim-Gustavsburg, hess. Gemeinde an der Mündung des Mains in den Rhein, 87 m ü. d. M., 15 100 E. Maschinenbau, Werft, Drahtwerk. - Das Reichsdorf **Ginsheim** gehört seit 1600 zu Hessen. Die 1632 auf Befehl von König Gustav II. Adolf von Schweden zur Verstärkung von Mainz angelegte Festung erhielt 1632 den Namen **Gustavsburg.** 1930–45 waren Ginsheim und Gustavsburg Stadtteile von Mainz.

Ginster (Genista) [lat.], Gatt. der Schmetterlingsblütler mit etwa 100 von Europa nach N-Afrika bis W-Asien verbreiteten Arten; gelbblühende, gelegentl. dornige Sträucher mit grünen, elast. Zweigen, kleinen, ein- bis dreifiedrigen (manchmal fehlenden) Blättern und Blütenständen; vorwiegend an warmen, trockenen Stellen. Einheim. Arten sind: **Färberginster** (Genista tinctoria), ein auf trockenen Wiesen und in lichten Wäldern wachsender Strauch mit aufrechten, rutenförmigen Stengeln und goldgelben Blüten in Trauben; **Flügelginster** (Genista sagittalis), ein bis 50 cm hoher Zwergstrauch mit breit geflügelten, aufrechten Zweigen und kleinen, früh abfallenden ellipt. Blättchen und gelben Blüten in Trauben.

Ginsterkatzen (Genetten, Genetta), Gatt. 45–60 cm körperlanger, nachtaktiver Schleichkatzen mit 9 Arten, v. a. in den Strauch- und Grassteppen Afrikas, S-Arabiens, Israels und SW-Europas; Körper schlank, sehr langgestreckt, kurzbeinig, mit kleinem Kopf, langgestreckter, zugespitzter Schnauze und knapp körperlangem Schwanz; Grundfärbung gelbl. bis gelbgrau mit dunkelbraunen bis schwärzl., meist in Reihen angeordneten Flecken, Schwanz dunkel geringelt. Die etwa 55 cm körperlange und bis 20 cm schulterhohe **Nordafrikan. Ginsterkatze** (Kleinfleckginsterkatze, Genetta genetta) kommt in Afrika, Israel und S-Arabien bis nach SW-Europa vor. Ihr Fell wird im Rauchwarenhandel als *Buschkatze* bezeichnet.

Ginza [mandäisch „Schatz"] (auch Sidra rabba [„Großes Buch"]), bedeutendstes literar. Werk der ↑ Mandäer, Zusammenfassung älterer Werke mytholog., lehrhaften und liturg. Inhalts.

Ginzburg, Natalia, geb. Levi, * Palermo 14. Juli 1916, italien. Schriftstellerin. - Gehört mit ihren in kargem, zärtl., unsentimentalem Stil geschriebenen [kurzen] Romanen und Dramen sowie mit ihren Essays zu den bedeutendsten Vertretern der italien. Literatur der Nachkriegszeit. - *Werke:* Alle unsere Jahre (R., 1952), Valentino (R., 1957), Die Stimmen des Abends (R., 1961), Mein Familienlexikon (Erinnerungen, 1963), L'inserzione (Dr., 1968), La strada che va in città (Prosa, 1975).

Ginzkey, Franz Karl, * Pola (= Pula) 8. Sept. 1871, † Wien 11. April 1963, östr. Schriftsteller. - Seine liedhafte (Heimat)lyrik, die Balladen und meist kulturgeschichtl. Romane und Novellen weisen ihn als späten Nachfahren der Romantik aus, u. a. „Das heiml. Läuten" (Ged., 1906), „Der von der Vogelweide" (R., 1912), „Der Gaukler von Bologna" (R., 1916), „Seitensprung ins Wunderliche" (Ged., 1953).

Gioberti, Vincenzo [italien. dʒo'bɛrti], * Turin 5. April 1801, † Paris 26. Okt. 1852, italien. Philosoph und Politiker. - 1825 Priesterweihe; 1833–48 im Exil in Frankr. und Belgien. Mit seinen Schriften förderte er entscheidend die Herausbildung des italien. Nationalbewußtseins. U. a. von Dez. 1848 bis Febr. 1849 Min.präs. im Kgr. Sardinien und 1849 sardin. Gesandter in Paris. In seinen philosoph. Werken war G. stark von F. W. G. von Schelling und G. W. F. Hegel beeinflußt.

Gioconda, La [italien. la dʒo'konda], nach dem Familiennamen der Dargestellten Name für das Bild „Mona Lisa" Leonardo da Vincis.

giocondo [dʒo...; italien.], musikal. Vortragsbez.: heiter, fröhlich, anmutig.

giocoso [dʒo ...; italien.], musikal. Vortragsbez., scherzhaft, freudig.

Giolitti [italien. dʒo'litti], Antonio, * Rom 12. Febr. 1915, italien. sozialist. Politiker. - Bis 1957 Mgl. der italien. KP; 1963/64, 1970–72 und 1973/74 Min. für Budget und Wirtschaftsplanung; 1977–85 EG-Kommissar für Regionalpolitik und Koordinierung der EG-Fonds.

G., Giovanni, * Mondovì 27. Okt. 1842, † Cavour 17. Juli 1928, italien. Politiker. - Seit 1882 liberaler Abg., 1889/90 Schatz-, 1901–03 Innenmin. und 1892/93, 1903–05, 1906–09 und 1911–14 (sog. G.-Ära) Min.präs.; förderte die Sozial- und Arbeitsgesetzgebung, verstaatlichte die Eisenbahnen, schuf ein Staatsmonopol für Lebensversicherungen und erweiterte das Wahlrecht. 1914/15 als Führer der Neutralisten Gegner eines italien. Kriegseintritts; 1920/21 zum 5. Mal Min.präs.; suchte zunächst das Bündnis mit dem aufsteigenden Faschismus, dem er seit 1925 jedoch oppositionell gegenüberstand.

Giono, Jean [Fernand] [frz. ʒjɔ'no], * Manosque (Basses-Alpes) 30. März 1895, † ebd. 8. Okt. 1970, frz. Schriftsteller. - In seinem pazifist. Schaffen eng mit seiner Heimat, der Provence und ihrem Bergbauerntum, verbunden; später chronikartige Romane. - *Werke:* Pan-Trilogie (Der Hügel, R., 1929; Der Berg der Stummen, R., 1929; Ernte, R., 1933), Das Lied der Welt (R., 1934), La femme du boulanger (Dr., 1943), Der Husar auf dem Dach (R., 1951), Die poln. Mühle (R., 1952), Das unbändige Glück (R., 1957).

Giordano, Umberto [italien. dʒor'da:no], * Foggia 28. Aug. 1867, † Mailand 12. Nov. 1948, italien. Komponist. - Erlangte Weltruhm mit z. T. noch heute viel gespielten Opern verist. Prägung, v. a. „Andrea Chénier" (1896), „Fedora" (1898), „Madame Sans-Gêne" (1915), „Il Re" (1929).

Giordano Bruno [italien. dʒor'da:no 'bru:no] ↑ Bruno, Giordano.

Giorgione [italien. dʒor'dʒo:ne], eigtl. Giorgio da Castelfranco, * Castelfranco Veneto 1478, † Venedig vor dem 25. Okt. 1510, italien. Maler. - Angeregt von den Werken G. Bellinis und V. Carpaccios sowie Leonardos, bed. Vertreter der venezian. Hochrenaissance. Bereits das „Urteil Salomos" und der „Mosesknabe vor dem Pharao" (Uffizien) zeigen die für G. typ., von Licht durchflutete Landschaft. Es folgten „Judith" (Leningrad, Eremitage) und die „Anbetung der Könige" (London, National Gallery). Mit dem Hochaltarbild für San Liberale in Castelfranco Veneto (1504) schuf G. einen neuen Typus der ↑ Sacra conversazione. Die „Drei Philosophen" (Wien, Kunsthistor. Museum), das „Gewitter" (Venedig, Gallerie dell'Accademia), die „Ruhende Venus" (Dresden, Gemäldegalerie) und das „Ländl. Konzert" (Paris, Louvre) machen seine neue Interpretation der Natur als kosm. Rätsel deutlich. Seine Behandlung von Farbe und Licht ist Grundlage der venezian. Malerei des 16. Jh. (Tizian, Sebastiano del Piombo, Palma il Vecchio).

Giorgisches Vierersystem [italien.

Giorgione, Drei Philosophen (Ausschnitt; undatiert). Wien, Kunsthistorisches Museum

'dʒordʒi], das von dem italien. Physiker G. Giorgi (* 1871, † 1950) eingeführte physikal. Maßsystem mit den Grundeinheiten Meter (m), Kilogramm (kg), Sekunde (s) und Ohm (Ω), das sog. MKSΩ-System, aus dem das MKSA-System **(Giorgisches Maßsystem)** mit den Grundeinheiten Meter, Kilogramm, Sekunde und Ampere (A) hervorging.

Giornico [italien. dʒor'ni:ko], schweizer. Gem. im Tal des Tessin, Kt. Tessin, 391 m ü. d. M., 1 300 E. Stahl- und Walzwerk. - Roman. Kirche San Nicolao (Weihe 1168?).

Giotto [italien. 'dʒotto], Name einer Raumsonde der ESA, die, im Juli 1985 im europ. Raumfahrtzentrum Kourou (Frz.-Guayana) mit einer Ariane-Rakete gestartet, am 13./14. März 1986 in nur 600 km Abstand den Kern des Halleyschen Kometen passierte und der Kometenforschung eine Vielzahl neuer Erkenntnisse lieferte.

Giotto di Bondone [italien. 'dʒotto di bon'do:ne], * Colle di Vespignano bei Florenz 1266, † Florenz 8. Jan. 1337, italien. Maler und Baumeister. - Der Überlieferung zufolge von Cimabue (möglicherweise in Assisi) ausgebildet, doch sicher auch in Rom geschult. 1287/88 bis 1296 arbeitete G. in der Oberkirche von San Francesco in Assisi. In diese frühe Schaffenszeit ordnet man u. a. auch das Kruzifix von Santa Maria Novella (Florenz) ein. Vermutl. 1305/06 schmückte G. die Arenakapelle (Cappella degli Scrovegni) in Padua mit Fresken aus. Von Padua aus ging er nach Rimini (Kruzifix im Tempio Malatesta) und kehrte von dort nach Assisi zurück (Unterkirche von San Francesco, Plan der Ausgestaltung der Cappella della Maddalena). 1311–29 in Florenz, schuf er in seiner letzten Schaffensphase neben Tafelbildern („Maestà" für die Kirche Ognissanti, um 1310; Florenz, Uffizien; „Marientod", zw. 1315/20; Berlin-Dahlem) zw. 1317/26 Bilderzyklen in den Kapellen Peruzzi und Bardi in Santa Croce. Sein letztes großes Werk ist der Kampanile des Domes von Florenz (1334–37). - Schon von den Zeitgenossen als Neuerer der italien. Malerei gefeiert, gilt G. heute als Wegbereiter einer auf Naturbeobachtung und Psychologie gestützten Gestaltungsweise, die in der italien. Kunst die Abkehr vom strengen Schematismus der byzantin. Schule („maniera greca") einleitete und eine für die Entwicklung der Renaissance wesentl., persönl. Auffassung der Künstler von Umwelt und Gesellschaft zeigte. - Abb. S. 224, S. 305 und Bd. 9, S. 341.

📖 *Hetzer, T.: Schriften. Bd. 1: G. Mchn. 1982. - Bellosi, L.: G. Königstein i. Ts. 1981. - Eimerl, S.: G. u. seine Zeit. Mchn. 1973.*

Giovagnoli, Raffaello [italien. dʒovaɲ'ɲɔ:li], * Rom 13. Mai 1838, † ebd. 15. Juli 1915, italien. Schriftsteller. - Mitkämpfer Garibaldis. Verfaßte bes. histor. Romane aus der röm. Geschichte („Spartaco", 1874), auch eine Darstellung der röm. Republik von 1848.

Giovanna [italien. dʒo'vanna], italien. Form des weibl. Vornamens Johanna.

Giovanni [italien. dʒo'vanni], italien. Form des männl. Vornamens Johannes.

Giovanni da Bologna [italien. dʒo'vanni dabbo'loɲɲa], gen. Giambologna (Jean Boulogne), * Douai 1529, † Florenz 13. Aug. 1608, italien. Bildhauer fläm. Herkunft. - Ging 1554 nach Italien (Rom) und lebte seit 1556 in Florenz. Unter dem Einfluß Michelangelos entwickelte sich G. im Dienste der Medici zum bedeutendsten Bildhauer des Spätmanierismus, dessen Stilprinzipien sich über Hubert Gerhard und Adriaen de Vries über Europa ausbreiteten. Die kompliziert nach oben geschraubten Figuren oder Gruppen bieten sich nach allen Seiten zur Ansicht dar. - *Werke:* Neptunsbrunnen in Bologna (1563–66), Merkur (1580; Florenz, Bargello), Raub der Sabinerin (1583; Florenz, Loggia dei Lanzi). - Abb. S. 224.

Giovanni d'Alemagna [italien. dʒo'vanni dale'maɲɲa] (G. d'Alamagna), gen. Zuane da Murano, † Padua 1450, italien. Maler dt. Herkunft. - Begründete gemeinsam mit A. Vivarini die sog. Schule von Murano (altertüml. spätgot. Traditionalismus).

Giovanni da Milano [italien. dʒo'vanni dammi'la:no], eigtl. G. di Giacomo di Guido da Caversago, * Caversaccio bei Como, italien. Maler der Mitte des 14. Jh. - Steht in der Giotto-Nachfolge, u. a. in den Fresken der Rinuccinikapelle in Santa Croce in Florenz (um 1365).

Giovanni da Modena [italien. dʒo'vanni dam'mɔ:dena], eigtl. G. di Pietro Faloppi, italien. Maler des 15. Jh. - Sein Hauptwerk sind die lebendig erzählenden Fresken der Bologninikapelle in San Petronio in Bologna (1410–20).

Giovanni di Paolo [italien. dʒo'vanni di'pa:olo], * Siena 1403 (?), † ebd. 1482, italien. Maler. - Von frz. Miniaturmalerei ebenso wie von Sassetta und Gentile da Fabriano beeinflußte dramat., gelegentl. phantast. aufgefaßte bibl. Szenen („Szenen aus dem Leben des hl. Johannes des Täufers", um 1453/54; u. a. Chicago, Art Institute).

Giovio, Paolo [italien. 'dʒɔ:vi̯o], latin. Paulus Jovius, * Como 19. April 1483, † Florenz 10. Dez. 1552, italien. Humanist und Geschichtsschreiber. - Anfangs Arzt; von Papst Leo X. (1513–21) an die Univ. Rom berufen; 1528 Bischof von Nocera Inferiore; siedelte während des Pontifikats Pauls III. (1534–49) nach Florenz über. G. behandelte v. a. die Geschichte seiner Zeit („Historiarum sui temporis Libri XLV", 2 Tle., 1550–52); zahlr. biograph. Werke.

Gipfelflur, die in fast allen Gebirgen anzutreffende Erscheinung der Niveaugleichheit benachbarter Gipfel und der nahezu gleichen Höhe der höchsten Gipfel.

Gipfelkonferenzen, Bez. für internat.

Treffen auf höchster Ebene; urspr. auf Konferenzen der 4 Hauptsiegermächte des 2. Weltkrieges bezogen.

Gipfelwert, in der Statistik im Ggs. zu ↑Mittelwert und Median (↑Zentralwert) der Wert aus einer Reihe von Werten, um den die restl. Werte am dichtesten geschart sind.

Gippsland [engl. 'gɪpslænd], Landschaft in Australien, reicht von der S-Küste östl. von Melbourne bis in die Ostaustral. Kordilleren. Zum größten Teil fruchtbare Küstenebene; Vorkommen von Braunkohle, Bauxit, Erdöl und Erdgas; Fremdenverkehr.

Gips [zu semit.-griech. gýpsos (mit gleicher Bed.)], Bez. für das in der Natur als Mineral vorkommende Dihydrat des Calciumsulfats, $CaSO_4 \cdot 2H_2O$, sowie für die durch Erhitzen daraus hervorgehenden, teilweise oder ganz dehydratisierten Formen, die im Baugewerbe wegen ihrer Fähigkeit, durch Wasseraufnahme wieder in das Dihydrat überzugehen und dabei zu erhärten (abzubinden), als Bindemittel verwendet werden. Bei Erhitzen des Dihydrats auf etwa 110 °C entsteht **gebrannter Gips** (Halbhydrat, $CaSO_4 \cdot {}^1/_2\ H_2O$), bei 130–160 °C **Stuckgips** (Gemisch aus viel Halbhydrat und wenig Anhydrit). Der beim Erhitzen auf über 650 °C entstehende Anhydrit kann mit Wasser nicht mehr erhärten, er ist *totgebrannt.* Beim Brennen bei 800–1 000 °C entsteht **Estrichgips,** der mit Wasser sehr langsam zu einem wasserbeständigen Produkt abbindet (die übrigen G.arten erweichen unter Wasser). Oberhalb von 1 200 °C wird Schwefeltrioxid abgespalten, es entsteht eine feste, glasartig durchscheinende Lösung von CaO in $CaSO_4$, die mit Wasser zu **Mörtel** oder **Baugips** erhärtet. Mischt man diesen mit Sand, entsteht ein Luftmörtel (**Gipsmörtel),** beim Mischen mit Wasser und Kies entsteht **Gipsbeton.** - G. wird zur Herstellung von Fertigteilen, Zement, Mineralfarben, Papier und Schreibkreide, zur Produktion von Schwefelsäure und Ammoniumsulfat und als Düngemittel verwendet.

Gipsbett, zur ruhigstellenden Behandlung von deformierenden Wirbelsäulenerkrankungen modellierte Liegeschale aus Gips; v. a. bei Brüchen der Wirbelsäule verwendet.

Gipsbinde ↑Binde.

Gipsen, Aufbringen von Gips auf Kulturböden, z. B. nach Seeüberschwemmungen zur Abschwächung von Bodenverdichtungen und auf Salzböden zur Senkung der übermäßig hohen alkal. Reaktion durch Verdrängung der Natriumionen.

Gipshut, toniger, gipsreicher Lösungsrückstand über Salzstöcken.

Gipskartonplatte, mit Karton ummantelte Gipsplatte; G. werden bes. für Wand- und Deckenverkleidungen, auch als Schallschutzplatten verwendet.

Gipskorsett, Gipsverband um den Rumpf zur Ruhigstellung bei Erkrankungen oder Verletzungen der Wirbelsäule.

Gipskraut (Gypsophila), Gatt. der Nelkengewächse mit etwa 130 v. a. vom Mittelmeergebiet bis zum mittleren Asien verbreiteten Arten; niedrige Kräuter oder Stauden mit kleinen, weißen oder rosa Blüten in Blütenständen. In M-Europa kommt u. a. das dichte Rasen bildende **Kriechende Gipskraut** (Gypsophila repens) in trockenen Gebirgsregionen vor. Kultiviert wird das **Schleierkaut** (Rispiges G., Gypsophila paniculata), bis 1 m hoch, mit zahlr. kleinen, weißen oder rosafarbenen Blüten in einem vielfach zusammengesetzten Rispenbusch.

Gipsmörtel ↑Gips.

Gipsverband, aus Gipsbinden hergestellter fester, dauerhafter Verband zur möglichst vollständigen Ruhigstellung von traumat. veränderten Knochen und Gelenken.

Gipsy [engl. 'dʒɪpsɪ; zu Egyptian, eigtl. „Ägypter"], engl. Bez. für Zigeuner.

Giraffe [arab.-italien.] ↑Sternbilder (Übersicht).

Giraffen [arab.-italien.] (Giraffidae), Fam. der Wiederkäuer (Ordnung Paarhufer) mit nur noch zwei rezenten Arten in Afrika südl. der Sahara: 1. **Giraffe** (Giraffa camelopardalis), in den Savannengebieten lebend, Körperlänge etwa 3–4 m, Schwanz 0,9–1,1 m lang, mit lang behaarter Endquaste; Schulterhöhe 2,7–3,3 m, Scheitelhöhe 4,5–6 m; Hals sehr lang (wie bei den meisten übrigen Säugetieren mit nur sieben Wirbeln), mit aufrecht stehender, bis zum Vorderrücken reichender Mähne; Rücken stark abschüssig; in beiden Geschlechtern 2–5, von Haut überzogene Knochenzapfen auf der Stirn. Die G. lebt von Blättern und Zweigen (bes. von Akazien), die sie mit der langen Zunge und der als Greiforgan dienenden Oberlippe erfaßt. - Entsprechend der sehr variablen braunen Zeichnung auf hellem Grund (teilweise auch nach der Ausbildung der Hörner) werden etwa acht Unterarten unterschieden: z. B. die **Netzgiraffe** (Giraffa camelopardalis reticulata) mit großen, kastanienbraunen, nur durch eine schmale, helle Netzzeichnung unterbrochenen Flecken (in Somalia und N-Kenia) und die **Sterngiraffe** (Massai-G., Giraffa camelopardalis tippelskirchi) mit unregelmäßig sternförmigen, weiter auseinander stehenden dunklen Flecken (in Kenia und Tansania). 2. **Okapi** (Okapia johnstoni), erst 1901 entdeckt, in den Regenwäldern von Z-Zaïre lebend; etwa 2,1 m körperlang, meist tief kastanien- bis schwarzbraun, an den Oberschenkeln zebraähnl. weiß quergestreift, mit mäßig verlängertem Hals, großen Ohren und (im ♂ Geschlecht) zwei Hörnern. - Abb. S. 225.

Giraffenflügel, ein in der 1. Hälfte des 19. Jh. gebauter aufrechter Hammerflügel (↑Klavier) in Harfenform.

Giraffengazelle (Gerenuk, Litocranius

walleri), ostafrikan. Art der Gazellenartigen mit langem Hals und ungewöhnl. dünnen, stelzenartigen Beinen; Körperlänge etwa 1,4–1,6 m, Schulterhöhe 0,9–1,0 m; Kopf klein, sehr schmal, Augen auffallend groß; ♂ mit geringelten, nach hinten, am Ende aufwärtsgeschwungenen Hörnern, ♀ ungehörnt; Färbung etwa zimtbraun, Rücken deutl. dunkler als die abgesetzt helleren Körperseiten, Bauch weiß; braucht kein Wasser zu trinken.

Girai, tatar.-mongol. Herrscherdyn. auf der Krim. Ihr Begründer war Haddschi G. († 1466); sie stellten lange Zeit einen gewichtigen Machtfaktor in O- bzw. SO-Europa dar (Brandschatzung Moskaus 1571). 1783 wurde die Krim von Katharina II. Rußland einverleibt, und der letzte Khan Schahin G. abgesetzt.

Giraldi, Giambattista [italien. dʒi'raldi], gen. Cinzio oder Cintio, * Ferrara 1504, † ebd. 30. Dez. 1573, italien. Dichter. - Sein Werk zeigt eine stark moralisierende Tendenz. „Orbecche", die erste Tragödie (Schauerdrama) der neueren italien. Literatur (Vorbild Seneca d. J.) hatte bei der Aufführung in Ferrara 1541 ungeheueren Erfolg. Schrieb auch 113 Novellen („Gli hecatommithi", 1565), die er in der Art Boccaccios in eine Rahmenhandlung hineinstellte.

Giralgeld [ʒi...; italien./dt.] (Buchgeld), Guthaben bei Kreditinstituten, über die der Inhaber durch Überweisung oder Scheck verfügen kann (bargeldloser Zahlungsverkehr). G. entsteht durch Bareinzahlung oder durch Kreditgewährung der Banken. Da G. jederzeit durch Abhebung in Bargeld umgewandelt werden kann, müssen die Banken Liquiditätsvorsorge treffen (Mindestreserve).

Giralnetz [ʒi...; italien./dt.], Gesamtheit der zu einer einheitl. Giroorganisation zusammengeschlossenen Geldinstitute, die bei einer oder mehreren Zentralgirostellen über Konten verfügen. G. in der BR Deutschland: das Zentralbanksystem (Dt. Bundesbank und Landeszentralbanken), die Sparkassen, die Kreditgenossenschaften, die Postscheckämter und die privaten Kreditbanken.

Girandole [ʒiran'do:lə; italien.-frz.] (Girandola), mehrarmiger Leuchter aus Silber oder Bronze.

Girard [frz. ʒi'ra:r], Albert * Saint-Mihiel (Meuse) 1595, † Leiden 8. Dez. 1532, frz. Mathematiker. - Formulierte erstmals den Fundamentalsatz der Algebra und veröffentlichte als erster die Inhaltsformel für das sphär. Dreieck.

G., Jean-Baptiste, gen. Père Grégoire (Ordensname), * Freiburg 17. Dez. 1765, † ebd. 6. März 1850, schweizer. Pädagoge. - Trat 1781 in den Minoritenorden ein; leitete 1805–23, z. T. nach Pestalozzis Grundsätzen, die frz. Knabenschule in Freiburg. G. war schulreformer. tätig, wobei er den Schwerpunkt auf die Muttersprache legte.

Girardet, Wilhelm [frz. ʒirar'dɛ], * Lennep (= Remscheid) 14. Juni 1838, † Bad Honnef am Rhein 4. Mai 1918, dt. Verleger. - Richtete in Essen 1865 eine Buchbinderei ein, aus der sich die Verlags- und Druckereibetriebe W. G. entwickelten; zahlr. liberal und objektiv geführte Fachzeitschriften und Tageszeitungen (u. a. „General-Anzeiger" für Leip-

Giotto di Bondone, Der heilige Franziskus teilt seinen Mantel (1296–99). Assisi, San Francesco

Giovanni da Bologna, Raub der Sabinerin (1583). Florenz, Loggia dei Lanzi

zig, Elberfeld, Hamburg, „Düsseldorfer Nachrichten"). Der heutige Verlag veröffentlicht v. a. Fachbücher und -zeitschriften.

Girardi, Alexander [ʒi'rardi], * Graz 5. Dez. 1850, † Wien 20. April 1918, östr. Schauspieler und Sänger. - An mehreren Wiener Bühnen, seit 1918 am Burgtheater. Erreichte als Operettenbuffo und Volksschauspieler große Popularität. Nach ihm ben. ist der **Girardihut,** ein flacher geradrandiger Strohhut, den er mit Vorliebe trug.

Girardin, Émile de [frz. ʒirar'dɛ̃], * Paris 22. Juni 1806, † ebd. 27. April 1881, frz. Publizist. - Gründete 1836 die erste polit. Tageszeitung („La Presse"), die wegen ihres niedrigen Preises einem großen Publikum zugängl. war.

Girardon, François [frz. ʒirar'dõ], * Troyes 17. März 1628, † Paris 1. Sept. 1715, frz. Bildhauer. - 1648–50 in Rom; arbeitete z. T. nach Entwürfen von Le Brun und Perrault; schuf u. a. techn. vollendete barocke Gruppen in Versailles.

Giraudoux, Jean [frz. ʒiro'du], * Bellac (Haute-Vienne) 29. Okt. 1882, † Paris 31. Jan. 1944, frz. Schriftsteller. - In ihm verbindet sich der Humanismus Gides, das Erbe der dt. Romantik und frz. Esprit. Glänzender Stilist in Romanen und Bühnenwerken. Hinter Leichtigkeit und Phantasie steht immer eine polit. oder auch allg. menschl. Problematik. G. reduziert die Handlung oft auf ein Minimum, seine Figuren sind keine Charaktere, sondern Typen. Moderne Probleme behandelt er häufig vor antikem oder bibl. Hintergrund. Auch Essays u. a.
Werke: Suzanne und der Pazifik (R., 1921), Siegfried oder Die zwei Leben des Jacques Forestier (R., 1922), Eglantine (R., 1927), Amphitryon 38 (Dr., 1930), Die Abenteuer des Jérôme Bardini (R., 1930), Judith (Schsp., 1931), Intermezzo (Dr., 1933), Kampf mit dem Engel (R., 1934), Der trojan. Krieg findet nicht statt (Dr., 1935), Elektra (Trag., 1937), Impromptu (Dr., 1937), Undine (Dr., 1939), Sodom und Gomorrha (Dr., 1943), Die Irre von Chaillot (Dr., 1945), Um Lukrezia (Dr., 1953).

Giresun, türk. Hafenstadt am Schwarzen Meer, 45 700 E. Hauptstadt des Verw.-Geb. G.; Handelszentrum, v. a. für Haselnüsse, Tee und Holz. - G. ist das antike **Kerasus.**

Giri, Varahagiri Venkatagiri, * Berhampur (Orissa) 10. Aug. 1894, † Madras 24. Juni 1980, ind. Politiker. - Mitbegr. der ind. Gewerkschaftsbewegung; 1952–54 Arbeitsmin., 1957–67 Gouverneur der ind. Gliedstaaten Uttar Pradesh, Kerala und Mysore, 1967–69 Vizepräs., 1969–74 Präs. Indiens.

Girl [gø:rl, engl. gə:l], engl. Bez. für Mädchen; auch für das weibl. Mgl. einer Tanztruppe.

Girlande [italien.-frz.], durchhängendes Gebinde aus Blumen oder Blättern, auch mit Früchten zur festl. Dekoration, als Bauskulptur und auch als Motiv der Malerei.

Girlitz (Serinus serinus), etwa 12 cm großer, gelbl., dunkel längsgestreifter Finkenvogel, in NW-Afrika, Kleinasien und Europa (mit Ausnahme von Großbrit., Skandinavien und Großteilen O-Europas); mit auffallend kurzem, kon. Schnabel, leuchtend gelbem Bürzel und (im ♂ Geschlecht) leuchtend gelber Stirn und Brust; ♀ stärker gestreift, mit mehr Grautönen. Teilzieher, dessen nördl. Populationen in S-Europa überwintern; eng verwandt mit dem Kanarienvogel.

Girnar, hl. Berg auf der ind. Halbinsel Kathiawar mit mehreren Tempeln, u. a. dem großen Neminathtempel (13. Jh.). An einem Granitfelsen sind die Inschriften Aschokas und die älteste Sanskritinschrift (Rudradaman-Inschrift, 150 n. Chr.) eingemeißelt.

Giraffen. Sterngiraffe (oben) und Okapis

Giro ['ʒi:ro; italien. „Umlauf"; zu griech. gŷros „Kreis"] ↑Indossament.
◆ Bez. für die Überweisung einer Zahlung.

Giro d'Italia [italien. 'dʒi:ro di'ta:lja] (Italien-Rundfahrt), erstmals 1909 ausgetragenes Etappenradrennen durch Italien (seit 1973 auch Strecken außerhalb Italiens).

Girogeschäft ['ʒi:ro], die Durchführung des bargeldlosen Zahlungsverkehrs und des Abrechnungsverkehrs.

Gironde [frz. ʒi'rõ:d], Dep. in Frankr. **G.** ↑Garonne.

Girondisten [ʒirõ'dɪstən], Bez. für die nach dem Dep. Gironde, aus dem mehrere ihrer Führer kamen, ben. gemäßigte republikan. Gruppe in der frz. Nationalversammlung zur Zeit der Frz. Revolution. Die G. - auch **Brissotisten** (nach ihrem Führer Brissot), **Buzotins** (nach ihrem Führer Buzot) und **Rolandais** (nach ihrem Führer Roland) gen. - bildeten die Partei des nationalist., wohlhabenden, von den Ideen der Aufklärung erfüllten Bürgertums in W- und S-Frankr. Sie vertraten den Gedanken der Volkssouveränität, forderten daher den Kampf gegen die europ. Fürsten zur Befreiung der unterdrückten Völker und setzten die Kriegserklärung (4. April 1792) gegen Östr. und Preußen durch. Gemeinsam mit den ↑Jakobinern stürzten sie das frz. Königtum, gerieten aber bald in Ggs. zu der sich immer stärker radikalisierenden jakobin. Bergpartei; im Konvent wurden sie in die Opposition gedrängt und ihre Mgl. während der Schreckensherrschaft 1793/94 zum großen Teil hingerichtet.

Gironella, José María [span. xiro'neʎa], * Darníus (Prov. Gerona) 31. Dez. 1917, span. Schriftsteller. - In seiner Romantrilogie „Die Zypressen glauben an Gott" (1953), „Reif auf Olivenblüten" (1963) und „Ha estallado la paz" (Der Friede ist ausgebrochen, 1966) behandelt G. die Zeit des Span. Bürgerkriegs und die Nachkriegsjahre.

Giroverbände ['ʒi:ro], Verbände der Sparkassenorganisation zur Durchführung ihres Abrechnungsverkehrs; 1924 im Dt. Sparkassen- und Giroverband e.V. zusammengeschlossen.

Giroverkehr ['ʒi:ro] (Überweisungsverkehr), bargeldloser Zahlungsverkehr durch Gutschrift oder Belastung auf einem dem Zahlungsverkehr dienenden Konto bei einem Geldinstitut. Über die auf Girokonten befindl. Beträge wird durch Überweisung oder Scheck verfügt.

Girozentralen ['ʒi:ro], regionale Zentralinstitute der Sparkassen; werden als öffentl.-rechtl. Körperschaften geführt und unterstehen staatl. Aufsicht. Haftungsträger sind im allg. die kommunalen Gewährsträger. Spitzeninstitut der G. ist die Dt. Girozentrale - Dt. Kommunalbank, Berlin (West) und Frankfurt am Main.
Aufgaben: Verwaltung von Sicht- und Termineinlagen der ihnen angeschlossenen Sparkassen (Liquiditätsreserve) und Vornahme des Liquiditätsausgleiches innerhalb des Regionalbereichs; überregional übt die Dt. Girozentrale diese Funktion aus; Durchführung des Zahlungs- und Inkassoverkehrs innerhalb des Giralnetzes; Gewährung von Gemeinschaftskrediten, soweit die Kredithöhe im Einzelfall die Kompetenz der Sparkasse übersteigt; Erledigung von Kommissions- und Dienstleistungsgeschäften, wie Effektenhandelsgeschäfte einschließl. Aufbewahrung und Verwaltung von Wertpapieren für die Sparkassen und deren Kunden; Ausgabe von Hypothekenpfandbriefen zur Finanzierung des langfristigen Kreditgeschäfts (Realkredite); ferner Pflege des kurz-, mittel- und langfristigen Kommunalkredits.

Girsu, altoriental. Stadt, ↑Telloh.

Girtin, Thomas [engl. 'gə:tɪn], * London 18. Febr. 1775, † ebd. 9. Nov. 1802, engl. Maler. - Seine Aquarelle wurden richtungweisend für die Landschaftsmalerei des 19. Jh. (u. a. „Das weiße Haus", 1800).

Gis, Tonname für das um einen chromat. Halbton erhöhte G.

Gisbert, alter dt. männl. Vorname, Kurzform von Giselbert; weibl. Form: **Gisberta.**

Gisborne [engl. 'gɪzbɔ:n], Stadt an der O-Küste der Nordinsel von Neuseeland, 32 600 E. Botan. Garten; Herstellung von Konserven, Gefrierfleisch, Milchprodukten und Düngemitteln, Wollaufbereitung; Sommerfrische; Bahnendpunkt, Hafen, ✈. - Hier landete am 8. Okt. 1769 erstmals J. Cook; die Stadt wurde 1870 angelegt.

Valéry Giscard d'Estaing (1974)

Giscard d'Estaing, Valéry [frz. ʒiskardɛs'tɛ̃], * Koblenz 2. Febr. 1926, frz. Politiker. - Aus bed. Beamten- und Politikerfam.; 1959–62 Staatssekretär für Finanzen, 1962–66 und 1969–74 Min. für Wirtschaft und Finanzen; bildete 1966 die Fédération Nationale des Républicains Indépendants aus dem Centre des Indépendants et Paysans, bis 1973 deren Präs.; Staatspräs. 1974–81.

Gischt, aufschäumende See, von starkem Wind versprühtes [Meer]wasser.

Gise, ägypt. Gouvernementshauptstadt am linken Nilufer, südl. von Kairo, 1,25 Mill. E. Kopt. Bischofssitz; Univ. (gegr. 1908); Zigarettenind.; Bahnstation. - 8 km sw. liegen die bedeutendsten ägypt. Pyramiden und die Sphinx.

Gisela, alter dt. weibl. Vorname, dessen Bed. unklar ist; schon im MA häufig.

Gisela, * um 990, † Goslar 15. Febr. 1043, Röm. Kaiserin (seit 1027). - Tochter Hzg. Hermanns II. von Schwaben und Gerbergas von Burgund; in 2. Ehe ∞ mit Hzg. Ernst I. von Schwaben, nach dessen Tod wohl 1017 mit dem späteren Konrad II. Als Nichte Rudolfs III. von Burgund erreichte sie die Designation Konrads als dessen Nachfolger, wodurch Burgund ans Reich kam. Mutter von Hzg. Ernst II. von Schwaben und des späteren Kaisers Heinrich III.; die „Gesta Chuonradi II imperatoris" Wipos berichten von großem Einfluß auf die Politik Konrads.

Giselbert (Giselbrecht), alter dt. männl. Vorname (die Bed. von Gisel- ist unklar; 2. Bestandteil: althochdt. beraht „glänzend").

Giselbert, * um 890, † bei Andernach 2. Okt. 939, Hzg. von Lothringen (seit 915). - Um Lothringen als selbständiges Teilreich behaupten zu können, unterwarf er sich 925 König Heinrich I., der ihn 928 mit seiner Tochter Gerberga verheiratete. 939 schloß er sich dem Aufstand gegen König Otto I. an, huldigte dem westfränk. König Ludwig IV.

Giselher, alter dt. männl. Vorname (die Bed. von Gisel- ist unklar, der 2. Bestandteil ist althochdt. heri „Heer").

Giskra, Karl, * Moravská Třebová 29. Jan. 1820, † Baden (bei Wien) 1. Juni 1879, östr. Politiker und Jurist. - 1846–48 Prof. der Staatswiss. in Wien; 1848/49 Mgl. der Frankfurter Nat.versammlung (linkes Zentrum); 1861–67 als Führer der Deutschliberalen mähr. Landtagsabg. und Mgl. des östr. Reichsrats; Innenmin. 1867–70.

Gislebert (Gillebert) **von Mons,** * um 1150, † 1223/25, dt. Geschichtsschreiber. - Seit 1180 als Notar Graf Balduins V. von Hennegau bezeugt, in dessen Diensten er 1189–91 Verhandlungen mit den Kaisern zur Verteidigung der balduin. Erwerbungen in Flandern und Namur führte. Verwertete seine Erfahrungen in „Chronicon Hanoniae" (behandelt die Jahre 1086–1195), das eine einzigartige Quelle für die Verfassungsgeschichte des 12. Jh. darstellt.

Gislebertus (Gillebert), frz. Bildhauer der 1. Hälfte des 12. Jh. - Um 1115 vermutl. in Cluny; schuf zw. 1125 und 35 fast sämtl. Skulpturen und Reliefs der Kathedrale Saint-Lazare in Autun; als Hauptwerk gilt das Tympanon der Westfassade mit dem Jüngsten Gericht. - Abb. Bd. 7, S. 218.

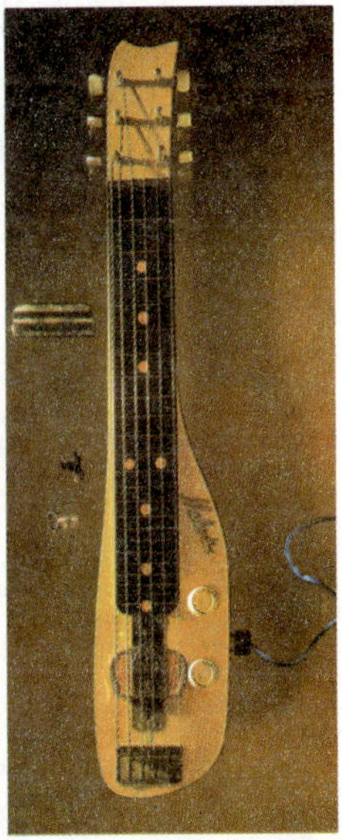

Gitarre. Von links: italienische Gitarre mit fünf Saitenpaaren (1. Hälfte des 17. Jh.), spanische Gitarre (Anfang des 19. Jh.), moderne Hawaiigitarre mit sechs Metallsaiten, daneben zwei Plektren und Metallstab zur Erzielung der charakteristischen Glissando- und Vibratoeffekte. Brüssel, Musée Instrumental du Conservatoire de Musique

gissen [niederdt.], naut. Werte (speziell den Standort des Schiffes) schätzen.

Gitarre [griech.-arab.-span. (zu ↑Kithara)] (ältere Form Guitarre; span. guitarra), Zupfinstrument mit flachem, 8förmigem Korpus, Zargen, Schalloch in der Decke, breitem Hals mit chromat. angeordneten Metallbünden und abgeknicktem Wirbelkasten. Die 6 an einem Querriegel befestigten Saiten der modernen einchörigen G. sind auf E-A-d-g-h-e[1] (Notation eine Oktave höher als klingend) gestimmt. Eine 4saitige Frühform der G. („guitarra latina") ist seit dem 13. Jh. in Spanien nachweisbar; im 16. Jh. bildete sie, nunmehr mit 5 Saitenpaaren (= Chören) versehen, das volkstüml. Gegenstück zur gleichgebauten, 5–7chörigen Vihuela der span. Kunstmusik. Als „guitarra española" gelangte sie in ihrer Blütezeit im 17. Jh. nach Italien und Frankreich und wurde gleichermaßen von Künstlern wie Amateuren gespielt. Im 18. Jh. erhielt die G. die heute übl. Bespannung mit 6 Einzelsaiten. In der Folge nur selten von großen Virtuosen gepflegt (z. B. F. Sor, N. Paganini), erlebte die G. im 20. Jh. u. a. durch A. Segovia, N. Yepes, J. Bream und S. Behrend eine künstler. Wiederbelebung, die sich in anspruchsvoller G.literatur niederschlug (u. a. M. de Falla, J. Turina, A. Roussel, H. Villa-Lobos, H. W. Henze, C. Halffter). Die dt. Jugendbewegung erhob die G. (Klampfe, Zupfgeige) zu ihrem Standardinstrument. - Breite Verwendung findet die G. in der modernen Unterhaltungs-, Jazz- und Popmusik als Melodie- und Begleitinstrument, bes. in der Form der ↑Elektrogitarre. Bei der 6- oder 8saitigen **Hawaiigitarre** wird durch eine bes. Griffart (Saitenverkürzung mittels Metallstab) ein charakterist. Glissando- und Vibratoeffekt erzielt. Die modernen G.arten haben häufig eine asymmetr. Korpusform mit eingebuchtetem oberen Zargenteil (zur Erleichterung des Spiels in hohen Lagen). - Nebenformen der G. sind die Terz- und Quint-G., die Baß-G. der Schrammelmusik mit zusätzl. freischwingenden Saiten, die Lyra-G., das Arpeggione und das Ukulele. - Abb. S. 227.

🕮 *Zuth, J.: Hdb. der Laute u. G. Wien 1926–28. Nachdr. Hildesheim 1972.*

Gitter, im *Bauwesen* Bez. für Bauteile, die aus (parallelen oder gekreuzten) Holz- oder Metallstäben, aus Drahtgeflecht o. ä. gefertigt sind und als Schutzwand, als Abschluß von Fenster- und Türöffnungen, als Geländerfüllungen, Heizkörperverkleidungen usw. verwendet werden.

◆ (Punkt-G.) jede period. Anordnung von Punkten *(G.punkten)* oder von Materieteilchen (Atomen, Ionen, Molekülen). Je nachdem, ob die Anordnung sich in einer, in zwei oder in drei Richtungen period. wiederholt, spricht man von linearen, von Kreuz- oder von Raumgittern. Den Abstand der G.punkte bezeichnet man als *G.konstante.*

◆ in *Elektronenröhren* eine gitterförmige Elektrode (Steuergitter) zw. Anode und Kathode zur Steuerung des Anodenstromes. Bei positiver Aufladung des G. gegen die Kathode bewirkt es eine Verstärkung, bei negativer Aufladung eine Schwächung des Anodenstromes.

◆ (opt. G.) svw. ↑Beugungsgitter.

◆ svw. ↑Gitternetz.

Gitterbaufehler (Gitterfehler, Gitterstörungen), die in einem Realkristall stets vorhandenen lokalen Abweichungen von der räumlich period. Anordnung der Gitterbausteine des idealen Kristallgitters (↑Fehlordnung). Sie entstehen entweder bereits bei der Bildung des Kristalls oder nachträgl. durch plast. Verformung, Bestrahlung u. a.

Gitterbausteine, allg. Bez. für die Atome, Ionen oder Moleküle, die in ihrer Gesamtheit das Kristallgitter eines festen Körpers aufbauen.

Gitterdynamik, svw. ↑Gittertheorie.

Gittergleichung, Gleichung der Beugungstheorie, die die Richtungen derjenigen an einem ↑Beugungsgitter gebeugten Strahlen angibt, die sich durch Interferenz verstärken und damit auf einer Bildebene Beugungsmaxima hervorrufen.

Gitterkonstante, der Abstand benachbarter Gitterelemente (Gitterstriche, -furchen) eines Beugungsgitters, genauer: der Abstand von einer Kante eines Gitterelements bis zur nächsten, entsprechenden.

◆ der Abstand zweier gleichwertiger Netzebenen im Raumgitter eines Kristalls.

Gitterleiter, Gerät der schwed. Gymnastik; frei stehende, an Decke und Fußboden befestigte, 5 m hohe Leiter mit Holmen und Sprossen, die 52 cm voneinander entfernt sind; die G. wird für Steig- und Durchwindeübungen verwendet.

Gitterleitfähigkeit, in Festkörpern der von der Wärmeleitung durch die Gitterschwingungen eines Kristalls herrührende Anteil an der Wärmeleitfähigkeit. Während die G. in Isolatoren (Dielektrika) allein zur Wärmeleitfähigkeit beiträgt, ist sie in Metallen klein gegenüber dem von der Wärmeleitung durch die Leitungselektronen herrührenden Anteil.

Gittermast, freistehender stählerner Mast in vergitterter Fachwerkkonstruktion, mit quadrat. oder rechteckigem Querschnitt, z. B. als Freileitungsmast.

Gitternavigation (Gradnetznavigation), Navigation mit Hilfe eines Gitternetzes, das anstelle der geograph. Koordinaten auf die Abbildung der Erdoberfläche gelegt wird; G. wird wegen der Meridiankonvergenz insbes. in Polnähe betrieben.

Gitternetz (Gitter), in topograph. Karten aufgedrucktes Quadratnetz, das mit Hilfe eines Planzeigers das genaue Eintragen und Auffinden von koordinierten Punkten ermöglicht. Auf Stadtplänen ist das G. meist mit Buchstaben und Zahlen versehen.

Gitterrost, svw. ↑ Birnengitterrost.

Gitterschwamm (Clathrus ruber), v. a. in S-Europa unter Laubbäumen vorkommende Bauchpilzart mit kugelförmigem, gitterartig ausgebildetem, bis 12 cm hohem, rotem Fruchtkörper, der sich aus einer becherförmigen Hülle erhebt; reif mit aasartigem Geruch.

Gitterschwingungen (Atomschwingungen), die Schwingungen der Gitterbausteine (Atome, Ionen oder Moleküle) eines Kristallgitters um ihre Gleichgewichtslagen (die Gitterpunkte). Die G. sind als Nullpunktsschwingungen auch am absoluten Nullpunkt der Temperatur vorhanden; sie können u. a. durch Zuführung von Wärmeenergie (therm. Anregung) verstärkt werden.

Gitterspannung, elektr. Spannung (U_g) zw. Steuergitter und Kathode einer Elektronenröhre zur Steuerung des Anodenstroms. Durch den Gleichspannungsanteil, die **Gittervorspannung,** wird der stat. Arbeitspunkt auf der Anodenstrom-G.-Kennlinie (I_a-U_g-Kennlinie) festgelegt, dessen Wahl die Eigenschaften der Röhre (Größe der Verstärkung, Aussteuerbereich, Größe der Verzerrungen) beeinflußt. Der Gittervorspannung wird die **Gitterwechselspannung** überlagert.

Gitterspektrograph ↑ Spektrograph.

Gitterstoffe, Bez. für einige grobfädige, stark appretierte Gazegewebe aus Baumwolle, Leinen (**Gitterleinen**) oder Chemiefasern, die für Vorhangstoffe, Wäsche- und Kleiderstoffe sowie als Einlage- und Stickereigrundstoffe verwendet werden (z. B. Stramin).

Gitterstruktur, in der Kristallphysik Bez. für den regelmäßigen, dreidimensionalperiod. Aufbau der Kristalle aus den Gitterbausteinen (Atome, Ionen und/oder Moleküle).

Gittertheorie (Gitterdynamik), die allg. Theorie der Bewegungen der Gitterbausteine eines Kristallgitters und der dadurch hervorgerufenen physikal. Erscheinungen (z. B. Gitterelastizität, Wärmeausdehnung, spezif. Wärme des Gitters, Gitterleitfähigkeit, Piezoelektrizität).

Gitterwanzen (Netzwanzen, Tingidae), mit etwa 700 Arten weltweit verbreitete Fam. 2–5 mm großer Wanzen, davon etwa 60 Arten in Deutschland; Körper flach, mit oft blasig aufgetriebenem und (wie die Flügeldecken) netzartig strukturiertem Halsschild; können an Kulturpflanzen schädl. werden.

Gitterwiderstand (Gitterableitwiderstand, äußerer G.), hochohmiger Widerstand, über den bei einer Elektronenröhre dem Steuergitter die Gitter[vor]spannung zugeführt wird.

Giuffre, Jimmy [engl. 'dʒʊfrə], eigtl. James Peter G., * Dallas 26. April 1921, amerikan. Jazzmusiker (Klarinettist, Saxophonist und Komponist). - Gründete 1956 ein eigenes Trio, in dem er einen kammermusikal., an die europ. Avantgarde und amerikan. Folklore anknüpfenden Stil entwickelte.

Giuliani, Giovanni [italien. dʒu'li̯a:ni], * Venedig 1663, † Stift Heiligenkreuz (Niederöstr.) 5. Sept. 1744, italien. Bildhauer. - Hochbarocke Arbeiten für das Stift Heiligenkreuz (1694 ff.; erhalten u. a. zwei Heiligenfiguren, Berlin, Museumsinsel; Chorgestühl).

Giuliano da Maiano [italien. dʒu'li̯a:no damma'i̯a:no], * Maiano bei Fiesole 1432, † Neapel 17. Okt. 1490, italien. Baumeister und Bildhauer. - Bruder von Benedetto da Maiano; 1477 Dombaumeister in Florenz; verbreitete den Renaissancestil Brunelleschis und Michelozzos (Siena, Palazzo Spannochi, 1473, Neapel, Porta Capuana 1484–88; berühmt die Villa di Poggioreale, 1487 ff., 1782 zerstört). Sein Hauptwerk ist der Dom von Faenza (1474–86), den er mit Gewölbe versah.

Giulini, Carlo Maria [italien. dʒu'li:ni], * Barletta 9. Mai 1914, italien. Dirigent. - War ständiger Dirigent beim italien. Rundfunk in Rom (1946–50) und Mailand (1950–53); 1973–76 Chefdirigent der Wiener Symphoniker; 1978–81 Leiter des Philharmon. Orchesters Los Angeles.

Giulio [italien. 'dʒu:li̯o], italien. Form des männl. Vornamens Julius.

Giulio Romano [italien. 'dʒu:li̯o ro'ma:no], eigtl. G. Pippi, * Rom 1499, † Mantua 1. Nov. 1546, italien. Maler und Baumeister. - Enger Mitarbeiter Raffaels (Loggien des Vatikans), führte 1520–24 dessen Arbeiten zu Ende (Dekorationen der röm. Villa Madama, Sala di Costantino im Vatikan). 1525–35 schuf er mit dem Palazzo del Te in Mantua ein Hauptwerk des Manierismus.

Giunta [italien. 'dʒunta] (Giunti, span. Junta), aus Florenz stammende Drucker- und Verlegerfam. des 15. bis 17. Jh. Sitz Florenz und Venedig, Zweigniederlassungen u. a. in Lyon, Madrid, Burgos und London. Die Klassikerausgaben von Filippo G. (* 1450, † 1517) und seinem Sohn Bernardo G. (* 1487, † 1551) heißen **Giuntinen** (u. a. erste Plutarchausgabe; Boccaccios „Decamerone", 1527).

Giurgiu [rumän. 'dʒurdʒu], rumän. Stadt an der Donau, 61 600 E. Techn. Lehranstalten; Werften, Zucker- und Obstkonservenfabrik, Teppichweberei. Wichtiger Grenzübergang nach Bulgarien über die „Freundschaftsbrücke"; Donauhafen (Erdölexport). - Erstmals 1403 erwähnt; 1417–1829 unter osman. Herrschaft. - Reste der ma. Befestigung.

Giuseppe [italien. dʒu'zɛppɛ], italien. Form des männl. Vornamens Joseph.

Giustiniani [italien. dʒusti'ni̯a:ni] (Giustinian, Zustinian), alte, aus Istrien stammende venezian. Familie, schon im 11. Jh. bezeugt, die zu ihren Mgl. zwei Dogen und vier Heilige zählt. Die G. existieren noch. Bed.:

G., Bernardo, * Venedig 6. Jan. 1408, † ebd. 10. März 1489, venezian. Amtsträger und Geschichtsschreiber. - Sohn von Leonardo G.; 1474 Prokurator der Republik; schrieb die erste, 1492 gedruckte krit. Untersuchung der Frühzeit Venedigs (bis 809).

G., Leonardo, * Venedig 1388, † ebd. 10. Nov. 1446, italien. Dichter und Humanist. - Bekannt seine volkstüml., von ihm selbst vertonten Liebeslieder in venezian. Mundart.

Giustiniani [italien. dʒusti'nja:ni], alte Genueser Familie, 1362 durch Verbindung mehrerer Fam. entstanden, später auch auf Inseln im östl. Mittelmeer (u. a. Chios) ansässig; zu ihren Mgl. zählen neun Dogen. Die Familie existiert noch.

Giustizia e Libertà [italien. dʒus'tittsja elliber'ta „Gerechtigkeit und Freiheit"], 1929 in Frankr. gegr. italien. antifaschist. Widerstandsgruppe linksliberal-republikan. Prägung, aus der 1942 der Partito d'Azione hervorging.

giusto ['dʒʊsto; italien.], musikal. Vortragsbez.: im angemessenen, normalen Zeitmaß; *allegro g.*, normales Allegro.

Gjamysch [russ. gɪ'mɨʃ], höchster Berg des Kleinen Kaukasus, UdSSR, 3 724 m ü. d. M.

Gjaurov, Nicolai [...rɔf], * Welingrad 13. Sept. 1929, bulgar. Sänger (Baß). - Trat 1959 erstmals an der Mailänder Scala auf; feierte als einer der führenden Bassisten (im italien., russ. und frz. Fach) triumphale Erfolge.

Gjellerup, Karl Adolph [dän. 'gɛlˀərob], * Roholte (Seeland) 2. Juni 1857, † Dresden 11. Okt. 1919, dän. Schriftsteller. - Theologe; wandte sich unter dem Einfluß Brandes' und Darwins vom Christentum ab. Ließ sich nach zahlr. Reisen in Deutschland nieder, fühlte sich als Jünger der dt. und griech. Klassik, ab 1900 neigte er dem Buddhismus zu. Seine letzten Werke („Das heiligste Tier", En., hg. 1920) verfaßte er in dt. Sprache. Nobelpreis (mit H. Pontoppidan) 1917. - *Weitere Werke:* Ein Jünger der Germanen (R., 1882), Pastor Mors (R., 1894), Die Hügelmühle (R., 1896), Der Pilger Kamanita (R., 1906), Die Weltwanderer (R., 1910).

Gjerstad, Einar [schwed. 'jæ:rstad], * Örebro 30. Okt. 1897, schwed. Althistoriker. - 1939–57 Prof. in Lund. Die von ihm 1927–31 durchgeführten Ausgrabungen auf Zypern sind grundlegend für die Kenntnis der zypr. Frühgeschichte; nach dem 2. Weltkrieg Grabungen am Comitium und Forum Romanum in Rom.

Gjirokastër [alban. gjiro'kastər] (italien. Argirocastro), unter Denkmalschutz stehende alban. Stadt, 75 km sö. von Vlorë, 22 000 E. Hauptstadt des Verw.-Geb. G.; Museum; Textil-, Nahrungsmittel- und Holzind. - Terrassenförmige Stadtanlage; Ruinen einer Festung (14. Jh.).

Glabella [lat. „die Glatte, Unbehaarte"] (Stirn-Nasen-Wulst), anthropolog. Meßpunkt am unteren Rand des Stirnbeins, der oberhalb der Nasenwurzel und zw. den oberen Augenhöhlenrändern liegt.

Glacé [gla'se:; lat.-frz., eigtl. „vereist"], schillerndes Gewebe mit changeantähnl. Aussehen; besteht aus verschiedenfarbigen Kett- und Schußgarnen.

Glacéleder [gla'se:], feines, glänzendes Zickel- oder Lammleder.

Glacier National Park [engl. 'gleɪʃə 'næʃənəl 'pa:k], 4 094 km² großer Naturpark in den Rocky Mountains, Mont., USA, mit über 60 Gletschern.

G. N. P., 1 349 km² großer Nationalpark in den kanad. Rocky Mountains.

Glacis [gla'si:; lat.-frz.], militär.: feindwärts flache, ins Vorfeld verlaufende Erdaufschüttung vor dem Grabenrand einer Befestigung.

Gladbeck, Stadt im nw. Ruhrgebiet, NRW, 50 m ü. d. M., 76 700 E. Metall-, Bau-, Textil-, feinmechan. und Kunststoffind. - Um 900 erstmals erwähnt; bis 1802/03 gehörte G. zum Vest Recklinghausen im Kurfürstentum Köln, 1815 an Preußen; 1919 Stadt.

Gladenbach, hess. Stadt 14 km sw. von Marburg, 260–280 m ü. d. M., 11 100 E. Luft- und Kneippkurort. - 1937 Stadt. - Urspr. roman., spätgot. umgebaute ev. Pfarrkirche.

Gladiatoren [lat.], die Teilnehmer an den röm. Kampfspielen auf Leben und Tod, den **Gladiatorenspielen,** die seit 105 v. Chr. zur Unterhaltung des Volkes von den Ädilen oder anderen Magistraten, später von den Kaisern veranstaltet wurden. Die G. (Sklaven, Kriegsgefangene, verurteilte Verbrecher, aber auch Angeworbene) wurden in den sog. **Gladiatorenschulen** ausgebildet; verschiedene Kampfarten.

Gladiole [zu lat. gladiolus, eigtl. „kleines Schwert"], svw. ↑ Siegwurz.

◆ allg. Bez. für die aus verschiedenen, v. a. afrikan. Arten der Gatt. Siegwurz erzüchteten Gartenformen; mehrjährige, nicht winterharte, bis 1 m hohe Pflanzen mit stark abgeplatteten Knollen und breiten, schwertförmigen Blättern; Blüten trichterförmig, in vielen Farben, in einem Blütenstand.

Gladius [lat.], in der Antike das Kurzschwert der röm. Legionäre.

Gladsheim, in der nord. Mythologie Wohnsitz Odins.

Gladstone [engl. 'glædstən], John Hall, * Hackney (= London) 7. März 1827, † London 6. Okt. 1902, brit. Chemiker und Physiker. - Schüler von J. von Liebig; 1874 Prof. für Chemie an der Royal Institution in London; fand einen Zusammenhang zw. dem Brechungsindex und der Dichte einer Substanz (**[Dale-]Gladstonsche Refraktionsformel**).

G., William Ewart, * Liverpool 29. Dez. 1809, † Hawarden (Wales) 19. Mai 1898, brit. Staatsmann. - Aus reicher Kaufmannsfamilie;

seit 1832 konservativer Abg. im Unterhaus. Als Leiter des Handelsministeriums 1843–45 setzte G. den Übergang zum Freihandel durch. 1845/46 war er als Kolonialmin. in die Spaltung der Konservativen und den Sturz Peels verwickelt; 1852–55 Schatzkanzler in der Koalitionsregierung Aberdeen. In seiner 2. Amtsperiode im Schatzamt (1859–66) setzte er als Liberaler v. a. bed. finanztechn. Reformen und die Zusammenfassung aller Steuern und Ausgaben in jährl. Budgets durch, und förderte durch den brit.-frz. Handelsvertrag von 1860 die wirtschaftl. Expansion. Ende 1867 Führer der Liberalen Partei. Als Premiermin. (1868–74, 1880–85, 1886 und 1892–94) prägte G. entscheidend die engl. Politik: Aufhebung der Staatskirche in Irland, Education Act (allg. Schulpflicht, 1870), Wahlrechtsreform, Bemühungen um die ir. Autonomie (Homerule Bill). In scharfem Ggs. zu B. Disraeli; lehnte den engl. Imperialismus ab und trat für das Selbstbestimmungsrecht der Völker ein. Seine Reform- und Integrationspolitik legten im 19. Jh. die Grundlagen für die Krisenfestigkeit der brit. Demokratie im 20. Jh.

glagolitischer Kirchengesang, svw. ↑altslawischer Kirchengesang.

Glagoliza [slaw.], die älteste von ↑Kyrillos vor 862 geschaffene kirchenslaw. Schrift, deren Vorbild nicht endgültig geklärt ist, in der die Mehrzahl der ältesten altkirchenslaw. Sprachdenkmäler geschrieben sind. Die ältere bulgar.-makedon. oder runde G. mit ihrem fließenden Duktus wurde seit dem 10. Jh. von der offizielleren Kyrilliza zurückgedrängt, blieb aber als kroat. oder eckige G. in Küstenkroatien und auf dalmatin. Inseln (Krk) bis ins 20. Jh. in gedruckter und geschriebener Form im Kirchendienst in Gebrauch. - ↑auch Altkirchenslawisch.

Glaise von Horstenau, Edmund, * Braunau am Inn 27. Febr. 1882, † Lager Langwasser (= Nürnberg) 20. Juli 1946, östr. Offizier und Politiker. - Arbeitete ab 1918 als Historiker im Kriegsarchiv, 1925–38 dessen Leiter; 1936–38 Min. ohne Geschäftsbereich bzw. Innenmin., 1938 Vizekanzler; Bevollmächtigter Dt. General in Kroatien 1941–44.

Glåma [norweg. ˌglo:ma], längster und wasserreichster Fluß Norwegens, Abfluß des Sees Rien bei Røros, mündet in den Oslofjord, 598 km lang.

Glamour [ˈglɛmər; engl. ˈglæmə „Blendwerk, Zauber"], bezaubernde Schönheit, durch Anwendung kosmet. Mittel betörende Aufmachung; **Glamourgirl,** raffiniert aufgemachtes Mädchen, Reklame-, Filmschönheit.

Glan, rechter Nebenfluß der Nahe, entspringt am Westrich, mündet nördl. von Odernheim am Glan, 68 km lang.

Glandula [lat.], svw. Drüse.

Glans [lat.] ↑Eichel.

Glanville (Glanvill, Glanvil), Ranulf de [engl. ˈglænvɪl], * Stratford Saint Mary, † Akko 1190, engl. Staatsmann und Jurist. - Dem normann. Adel entstammend; 1180–89 hoher Amtsträger (Chief Justiciar) König Heinrichs II.; auf dem 3. Kreuzzug gestorben. - Seit dem 13. Jh. wird G. eine Ende des 12. Jh. entstandene Darstellung der königl. Gerichtsbarkeit zugeschrieben, der „Tractatus de legibus et consuetudinibus regni Angliae", die zu den ältesten und berühmtesten Quellen des Common Law zählt.

Glanz, die Eigenschaft einer Licht reflektierenden Fläche (speziell von Kristalloberflächen), je nach Beleuchtungs- und Beobachtungsrichtung verschieden hohe Leuchtdichten zu zeigen. Als physikal. Größe ist der G. der Quotient aus dem gerichtet und dem diffus reflektierten Anteil des auf eine Fläche auffallenden Lichts.

Glanze, Bez. für eine Gruppe von Mineralen, die aus Schwermetallsulfiden bestehen, sich aber von den ebenfalls aus Schwermetallsulfiden zusammengesetzen Blenden und Kiesen durch ihre Undurchsichtigkeit und ihren meist dunklen, metall. Glanz unterscheiden (eindeutige Unterscheidung nicht mögl.).

Glänzende Skabiose ↑Skabiose.

Glanzenten (Cairinini), Gattungsgruppe der Enten mit 13 Arten, v. a. in den Tropen; Gefieder häufig metall. grün schillernd, Erpel z. T. recht bunt. Zu den G. gehören u. a. Brautente, Mandarinente, Moschusente.

Glanzfasanen ↑Fasanen.

Glanzfisch ↑Glanzfische.

Glanzfischartige (Lampridiformes), Ordnung mariner Knochenfische überwiegend in der Tiefsee; Körperform häufig sehr langgestreckt, seitl. abgeplattet, Rückenflosse stets stark verlängert, der vordere Teil häufig auffallend erhöht, Afterflosse ebenfalls lang; Kiefer sehr weit vorstreckbar. Zu den G. gehören die Fam. Glanzfische, Schopffische, Sensenfische und Bandfische.

Glanzfische (Lampridae), Fam. der Glanzfischartigen mit der einzigen Art **Glanzfisch** (Gotteslachs, Königsfisch, Sonnenfisch, Mondfisch, Lampris regius); bis etwa 2 m lang und über 100 kg schwer; seitl. stark abgeplattet, von ovalem Körperumriß; Rücken dunkel- bis violett- oder grünlichblau, über verschiedene Blaustufen in die rosarote Bauchfärbung übergehend, am ganzen Körper metall. glänzende Flecken; Flossen leuchtend zinnoberrot, sichelförmig; Kiefer zahnlos.

Glanzfliege ↑Schmeißfliegen.

Glanzgarn, lüstriertes oder merzerisiertes Baumwoll- oder Wollgarn.

Glanzgras (Phalaris), Gatt. der Süßgräser mit zehn v. a. im Mittelmeergebiet verbreiteten Arten; Blätter flach, schilfartig; Ährchen einblütig, in einer Rispe. Die einzige einheim. Art ist das einjährige **Kanariengras** (Kanar. G., Phalaris canariensis), 15–50 cm hoch, Hüllspelzen weiß, grün gestreift.

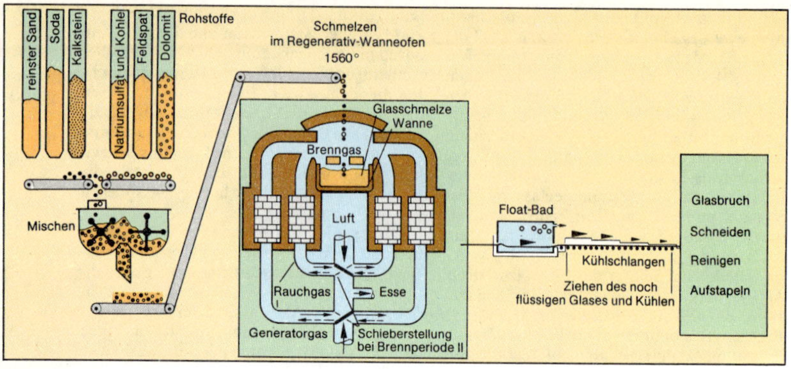

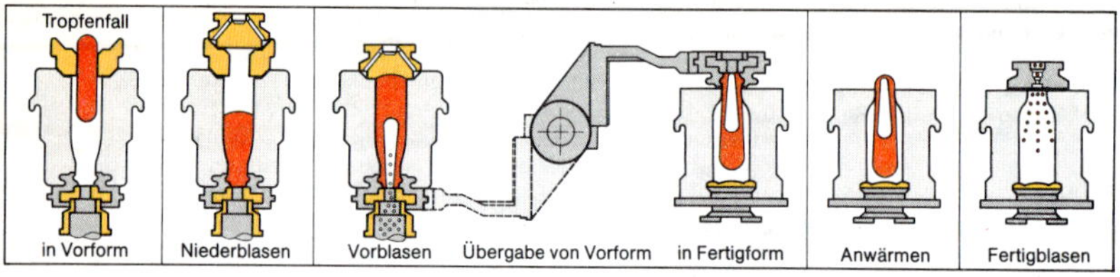

Glas. Herstellung eines Glasgefäßes mit der Glasmacherpfeife (rechts); Schema der Glasherstellung im Float-Verfahren (oben); maschinelle Herstellung einer Flasche (Mitte)

Glanzkäfer (Nitidulidae), mit fast 2 600 Arten weltweit verbreitete Fam. meist metall. glänzender, nur 2–3 mm großer Käfer, davon in Deutschland etwa 150 Arten; z. T. Schädlinge (z. B. Rapsglanzkäfer).

Glanzkobalt, svw. ↑Kobaltglanz.

Glanzkohlenstoff, aus Mikrokristallen aufgebaute, metall. glänzende Abart des Graphits, die bei Auftreffen einer Methan- oder Stadtgasflamme auf eine 650 °C heiße, glatte Porzellanfläche entsteht.

Glanzkopfmeise, svw. Sumpfmeise (↑Meisen).

Glanzkraut (Glanzwurz, Liparis), Gatt. der Orchideen mit etwa 260 Arten in den gemäßigten Gebieten. Die einzige auf der Nordhalbkugel in Flachmooren und in Torfsümpfen verbreitete Art ist das **Sumpfglanzkraut** (Torf-G., Liparis loeselii), bis 15 cm hoch, mit zwei längl.-ellipt., stark fettig glänzenden Blättern und blaß grüngelben Blüten; in Deutschland sehr selten.

Glanzloris ↑Loris.

Glanzmispel (Photinia), Gatt. der Rosengewächse mit etwa 40 Arten in S- und O-Asien; Sträucher oder Bäume mit wechselständigen, ledrigen, ganzrandigen oder gesägten Blättern; Blüten meist weiß, in Doldenrispen. Einige sommergrüne Arten werden als Zierpflanzen angepflanzt.

Glanzruß, an Schornsteinwänden niedergeschlagener teerhaltiger Ruß; Ursache von Schornsteinbränden.

Glanzschnecken, Bez. für die Landlungenschneckengatt. *Oxychilus* und *Retinella* mit rd. 10 einheim. Arten, deren flaches, glänzendes Gehäuse meist hell bis bräunl. gefärbt ist und einen Durchmesser von 4 bis 15 mm hat.

Glanzstare, Gattungsgruppe 20–50 cm langer Stare mit rd. 45 Arten, v. a. in Steppen und Savannen Afrikas; Gefieder glänzend, häufig metall. grün, purpurn, violett oder blau schillernd, Regenbogenhaut der Augen bei vielen Arten auffallend gelb oder orange. Etwa 21 cm lang ist der in den Savannen und Steppen Afrikas lebende kurzschwänzige, oberseits metall. schwarz, blau und grün schillernde **Dreifarbenglanzstar** (Lamprospreo superbus). Ein oberseits v. a. grün und blau schimmerndes Gefieder hat der etwa 25 cm lange, in den Galeriewäldern des trop. Afrikas vorkommende **Prachtglanzstar** (Lamprotornis splendidus). In den Savannen O-Afrikas verbreitet ist der bis 35 cm lange **Königsglanzstar** (Cosmopsarus regius); oberseits metall. grün und blau schillernd, Brust violett, Bauch goldgelb.

Glanzstoßen, maschinelle Oberflächenbearbeitung von Boxkalf- und Chevreauleder mit einer Glaswalze unter Druck.

Glanzvögel (Galbulidae), Fam. 13 bis 30 cm langer Spechtvögel mit etwa 15 Arten, v. a. in den Urwäldern M- und S-Amerikas; mit meist buntem, oberseits metall. grün oder blau schillerndem Gefieder, langgestrecktem, leicht gekrümmtem Schnabel und kurzen Flügeln; Füße spechtartig.

Glanzwinkel, in der Optik der Winkel zw. einfallendem [Licht]strahl und reflektierender Oberfläche.

Glanzwurz, svw. ↑Glanzkraut.

Glareanus, Henricus Loriti, eigtl. Heinrich Loriti, * Mollis (Kt. Glarus) im Juni 1488, † Freiburg im Breisgau 28. März 1563, schweizer. Humanist. - Lehrte in Köln, Basel und Paris, seit 1529 in Freiburg im Breisgau. Neben Ausgaben antiker Autoren Abhandlungen zur Geographie und an Boethius anknüpfende musiktheoret. Arbeiten („Dodekachordon“, 1547), auch neulat. Dichtungen.

Glarner, Fritz, * Zürich 20. Juli 1899, † Locarno 18. Sept. 1972, amerikan. Maler schweizer. Herkunft. - Lebte in Paris, seit 1936 in New York. Seit 1944 Konstruktivist, u. a. Wandbilder in der Hammarskjöld-Bibliothek des UN-Gebäudes (1961) in New York.

Glarner Alpen, Gebirgsgruppe der schweizer. Nordalpen, im Tödi 3 614 m hoch.

Glärnisch, vergletscherter Bergstock in den nördl. Glarner Alpen, sw. von Glarus, Schweiz; höchste Gipfel sind der 2 914 m hohe **Bächistock** und das **Vrenelisgärtli** (2 904 m).

Glarus, Hauptort des schweizer. Kt. G., an der Linth, 478 m ü. d. M., 5 800 E. Kunsthaus, Museum; Landesarchiv; Behörden; v. a. Textil- und Holzind. - Seit 1419 Hauptort des Kantons. Nach dem Großbrand von 1861 wurde die Stadt neu angelegt. - Ev. Stadtkirche (1864–66); erhalten sind einige alte Bürgerhäuser.

G., Kt. in der O-Schweiz, 685 km², 36 200 E (1984), Hauptort Glarus; umfaßt im wesentl. das Einzugsgebiet der Linth in den Glarner Alpen. G. ist der am stärksten industrialisierte in den Alpen liegende schweizer. Kt.: Textilind., Maschinen- und Apparatebau sowie Möbelfabriken haben ihren Standort fast ausschließl. im unteren Linthtal im Gebiet um Glarus. Im Sernftal Schieferbergbau (belegt seit 1279). Das Kulturland wird v. a. weidewirtsch. genutzt.

Geschichte: Das urspr. rät., in der Völkerwanderung von Alemannen besiedelte Gebiet kam vermutl. im 9. Jh. an das Kloster Säckingen. Die Habsburger erwarben später die Reichsvogtei (bis 1388, eidgenöss. Sieg bei Näfels). Seit 1352 Mgl. der Eidgenossenschaft. Der Ort Glarus kaufte 1395 sämtl. Rechte von Säckingen. Nach 1528 verbreitete sich rasch die reformierte Lehre. 1803 wurde das ehem. Glarner Gebiet als Kt. anerkannt.

Verfassung: Nach der Verfassung vom 22. Mai 1887 liegt die Exekutive beim vom Volk gewählten Regierungsrat (7 Mgl.). Die Legislative bilden der vom Volk auf 4 Jahre gewählte Landrat (77 Mgl.) und die Landsgemeinde.

Glas [urspr. Bez. für Bernstein], ein fester, in seiner überwiegenden Masse nichtkristalliner, spröder anorgan. Werkstoff, der keinen definierten Schmelzpunkt besitzt, sondern mit steigender Erwärmung stetig (d. h. ohne sprunghafte Änderung seiner Eigenschaften) in einen weichen und schließl. flüssigen Zustand übergeht. Strukturell gesehen besteht G. aus einem unregelmäßig räuml. verketteten Netzwerk bestimmter Bauelemente (z. B. SiO_4-Tetraeder), in das große Kationen eingelagert sind. Die Dichte des G. schwankt zw. 2,2 und 6 g/cm³; es besitzt eine geringe Wärmeleitfähigkeit und einen hohen elektr. Widerstand. G. kann durch Gießen, Blasen, Pressen und Walzen verformt werden.

Die Hauptbestandteile des G. werden eingeteilt in die eigtl. Glasbildner, Flußmittel und Stabilisatoren. Der **Glasbildner** kristallisiert aus der Schmelze nicht aus, sondern verbleibt im amorphen Zustand einer unterkühlten, sich aber verfestigenden Flüssigkeit; die wesentlichsten G.bildner sind Siliciumdioxid (SiO_2), Bortrioxid (B_2O_3) und Phosphorpentoxid (P_2O_5), z. B. in Form von Quarzsand, Bergkristall (v. a. für Quarzglas), Borsäure u. a. Das **Flußmittel** reagiert mit dem G.bildner bereits bei Temperaturen, die unter seinem Schmelzpunkt liegen, und bewirkt, daß die G.schmelze bereits bei Temperaturen unterhalb 1 500 °C durchgeführt werden kann; als Flußmittel dienen v. a. Carbonate, Nitrate und Sulfate von Alkalimetallen. **Stabilisatoren** sollen das G. chem. beständig machen; es werden hierzu v. a. Erdalkalimetalle sowie Blei und Zink, meist in Form ihrer Carbonate oder Oxide, verwendet.

Für die Verarbeitung und Formgebung des G. sind Zähigkeit, Oberflächenspannung und Neigung zur Kristallisation von bes. Bed.; diese Eigenschaften werden u. a. durch Art und Menge der erschmolzenen **Rohstoffe** bestimmt: Quarzsand, Soda, Natriumsulfat, Kalkstein, Dolomit, Feldspat, Pottasche, Borax, Salpeter, alkalihaltige Gesteine, Mennige, Baryt, Zinkoxid, Arsenik und Natriumchlorid. Kleinere Mengen werden in Tiegeln erschmolzen, die elektr. (auch durch induktive Erwärmung) beheizt werden. Bei größeren Mengen erfolgt das Schmelzen in Hafen- oder in Wannenöfen. **Hafenöfen** sind period. betriebene Tiegelschmelzöfen mit mehreren Schamottetiegeln, den sog. Häfen (meist nur noch zum Schmelzen hochwertiger Spezial- und Sondergläser verwendet). In der Hohl- und Flachglasind. werden kontinuierl. arbeitende **Wannenöfen** eingesetzt, bei denen die Flammen oberhalb der Wanne aus den Brennerköpfen austreten und über den Glasschmelzspiegel streichen. In modernen Großanlagen werden die Rohstoffe über automat. Waagen mit Hängebahnen oder Transportbändern zum Mischer und das Gemenge dann zum Ofen befördert. Glasscherben werden als Schmelzhilfe zusätzl. beigegeben. Die sich im Ofen im Gemenge abspielenden Vorgänge laufen über mehrere Reaktionsstufen ab. Zunächst sintert das Gemenge, wobei sich Alkali- und Erdalkalisilicate sowie Doppelcarbonate bilden, die anschließend aufschmelzen und unter lebhafter Gasabgabe aus den reagierenden Rohstoffen den restl. Quarzsand lösen. Hierzu sind Temperaturen um 1 400 °C notwendig. Am Ende dieser **Rauhschmelze** liegt eine inhomogene, stark schlierige und blasenreiche Schmelze vor. Im Verlauf des anschließenden Läutervorganges, der **Blankschmelze,** wird die Schmelze von allen sichtbaren Einschlüssen, insbes. den Gasblasen, befreit. Dies geschieht z. B. durch Zugabe von Läuterungsmitteln; sie führen zur Bildung großer Dampf- und Gasblasen, die die kleinen Blasen in sich aufnehmen, aufsteigen und aus der Schmelze austragen. Gegen Ende des Schmelzprozesses wird die Schmelze auf etwa 1 200 °C abgekühlt. Hierbei erhöht sich die Zähigkeit so weit, daß eine Verarbeitung bzw. Formgebung möglich ist.

Flachgläser

Tafelglas wird durch Ziehen aus der Schmelze erzeugt und ist weder poliert noch geschliffen. **Spiegelglas** wird durch Gießen und Walzen sowie anschließendes Planschleifen und Polieren hergestellt. **Sicherheitsglas** umfaßt Einscheiben- und Verbundsicherheitsglas. Ersteres wird durch Vorspannen (gesteuerte äußere Abschreckung) bei der Kühlung des G. erzeugt, wobei eine höhere Festigkeit erreicht wird. Außerdem wird dadurch die Entstehung scharfkantiger Splitter beim Bruch verhindert. Verbundsicherheits-G. (**Verbundglas**) besteht aus zwei Flachglasscheiben mit zwischengeklebter Kunststoffschicht zur Erhöhung der Elastizität und zum Festhalten der Splitter beim Bruch. **Farbglas** umfaßt alle gefärbten Flachgläser und wird durch Zugabe färbender Oxide und Kolloide zum Gemenge erzeugt.

Flach-G. wird nach maschinellen Zieh- oder Walzverfahren hergestellt. Das **Senkrechtziehverfahren** benutzt eine an der Schmelzoberfläche befindl. Schamottedüse, durch die das G.band stetig nach oben in einen senkrechten Schacht gezogen und dabei spannungsfrei gekühlt wird; auf der Schneidbühne am oberen Ende des Schachtes wird es auf die gewünschte Länge geschnitten. Beim **Waagrechtziehverfahren** wird das G. aus der freien Oberfläche der Schmelze gezogen. Das G.band wird über eine gekühlte Stahlwalze umgelenkt und in einen waagerecht angeordneten Ziehkanal gezogen und spannungsfrei gekühlt. Bei den **Walzverfahren** wird die aus Häfen oder Wannen kontinuierl. ausfließende Schmelze zw. zwei rotierenden Walzen geformt. Ornament-G. wird durch profilierte Walzen, Draht-G. durch Einführen von Drahtgeflechten hergestellt.

Beim **Floatglasverfahren** erstarrt die Glasschmelze auf der Oberfläche einer Zinn-Metallschmelze.

Hohlgläser

Flaschen werden vollautomat. durch Blasen hergestellt. Alle im Haushalt und Schankgewerbe benutzten **Hohl- und Preßgläser** sowie **Beleuchtungsgläser** werden im Mundblasverfahren, durch maschinelle Blasverfahren oder durch Pressen hergestellt. **Chem.-techn. Gläser** (Laborgeräte, Ampullen, Lampenkolben usw.) werden nach automat. Ziehverfahren gefertigt. Das älteste Verfahren zur Hohlglasherstellung ist das **Mundblasverfahren** (**Glasblasen**). Der G.posten wird vom G.macher mit der Glasmacherpfeife aufgenommen und frei oder in Hohlformen unter ständigem Drehen ausgeblasen und in die gewünschte Form gebracht, sodann von der Pfeife abgeschlagen und gekühlt. - Automat. **Glasverarbeitungsmaschinen** v. a. für die Flaschenherstellung arbeiten entweder nach dem **Saug-Blas-Verfahren,** bei dem das Glas in die Vorform eingesaugt, in die Fertigform übergeben, fertiggeblasen und ausgeworfen wird, oder nach dem **Speisetropfen-Blasverfahren,** bei dem der Glasposten durch eine Düse als Tropfen auf die Maschine gelangt. Bei der Herstellung von Hohl-G. durch Pressen wird in den Unterteil der Form der G.posten eingebracht, der dann durch den Stempel seine endgültige Form erhält. Röhren und Stangen werden gezogen. Große, schwere Hohlkörper werden nach dem Zentrifugenprinzip geschleudert. An die Formgebung des G. schließt sich die Kühlung an. Eine gesteuerte, kontrollierte Kühlung des G. hat den Zweck, therm. Spannungen, wie sie durch das unterschiedl. schnelle Erkalten der G.gegenstände an der Oberfläche und im Innern entstehen, auszugleichen. Hierzu werden Kühlöfen in Form von Kühlkanälen benutzt.

Sondergläser

Zu den **opt. Gläsern** gehören neben den Gläsern zur Herstellung von Linsen und Spiegeln für opt. Geräte auch alle übrigen Gläser für strahlungs- und lichttechn. Zwecke. Sie müssen völlig homogen, d. h. frei von Fremdeinschlüssen, Blasen, Schlieren und Spannungen sein. Die Verformung erfolgt meist durch Pressen oder durch Schneiden mit rotierenden, gekühlten Schneidscheiben. Die Kühlung von opt. G. geschieht bes. sorgfältig in programmgesteuerten elektr. Kühlöfen, um völlige Spannungsfreiheit zu erzielen.

Gerätegläser sind alle Gläser zur Herstellung von Laboratoriumsgeräten und flammfesten Wirtschaftsgeräten, aber auch von großtechn. G.geräten und -apparaturen, insbes. für die chem. Ind. Sie zeichnen sich durch bes. hohe chem. und therm. Beständigkeit aus (↑auch Glaskeramik). Es werden v. a. *Borosilicatgläser* (Jenaer G. Ⓦ, Vycor-G. Ⓦ, Pyrexglas Ⓦ) und reines *Kiesel-G.* verwendet. Kiesel-G. wird durch ein- oder mehrmaliges Schmelzen von reinem Bergkristall unter Vakuum in Hochfrequenzinduktionsöfen in Graphittiegeln hergestellt.

Glasverarbeitung

Sie umfaßt alle Nachbearbeitungsvorgänge des G. im kalten Zustand und bei erhöhter Temperatur. Zu den Bearbeitungsvorgängen bei erhöhter Temperatur gehören das Biegen und Wölben, die Verarbeitung vor der Flamme u. a. Zahlr. chem., physikal. und pharmazeut. Laboratoriumsgeräte, daneben aber auch Schmuck- und Kunst-G., werden aus Röhren und Stäben als Halbprodukt vor der **Glasbläserlampe** (Gebläseflamme) hergestellt. Zu den Verarbeitungsvorgängen bei Normaltemperatur gehören Schleifen und Polieren, Ätzen, Sandblasen, Malen und Drucken, Gravieren und Ritzen sowie das Aufbringen von Oberflächenschichten und die Herstellung von Verbundsicherheitsglas.

Geschichte: Schmuckteile aus G. sind in Ägypten und im östl. Mesopotamien seit dem 3. Jt. v. Chr. nachweisbar. Seit etwa 2000 v. Chr. zerfiel der Herstellungsprozeß in zwei Abschnitte. Zuerst wurden die gemischten Bestandteile (Sand, Soda) in flachen Tiegeln in Öfen bis zu maximal 750 °C erhitzt. Die Teilchen backten hierbei aneinander („fritteten"). Diese Masse wurde pulverisiert und in kleinen Schmelztiegeln bei etwa 1 100 °C geschmolzen. Das Ergebnis war eine pastenartige, undurchsichtige, von Luftblasen durchsetzte G.masse *(Glasfluß)*, z. T. in - durch Metalloxidzusatz - leuchtenden Farben. Z. Z. Tutanchamuns (14. Jh.) fand sich als Seltenheit durchsichtiges G. Um 1500 traten in Ägypten die ersten G.gefäße auf (kleine blaue Salbbehälter), sog. Sandkerngefäße, weil sie über tonigem Sandkern geformt wurden. Seit dem 8. Jh. (Assyrien, Persien) ist dickes Glas bekannt, das Schnitt und Schliff erhielt. Die Entdeckung des G.blasens wird syr. G.arbeitern im 1. Jh. v. Chr. zugeschrieben. Das G., das bis dahin v. a. für Schmuck verwendet wurde, wurde nun in wachsendem Umfang für Gefäße verwendet (v. a. Alexandria). Die Römer gründeten berühmte Werkstätten, u. a.

Glas. Links: Gläser „Lotus" von Richard Latham (1966) nach einem Porzellanentwurf von Björn Wiinblad; Gläser „Papyrus" von Michael Boehm (1976)

am Rhein (insbes. in Köln). Sie entwickelten Fadenglas, Diatretglas (Netzglas), Millefioriglas, Überfangglas, Goldglas. Die röm. G.kunst wurde im Vorderen Orient weitertradiert, andererseits gelangte die Technik der G.herstellung vermutl. schon im 6./7. Jh. über Gallien nach England. Auf der Insel Murano bei Venedig befanden sich seit dem Ende des 13. Jh. die meisten G.hütten des alten Europas, sie wurde Hauptsitz der Brillenherstellung. Ebenfalls am Ende des 13. Jh. erfand Briani in Venedig das Aventuringlas. Hier begann unter dem Einfluß islam. G.künstler im 14./15. Jh. die eigtl. Entwicklung des europ. Kunstglases. Eine verfeinerte farblose G.masse („cristallo“) wurde hergestellt, die Millefioritechnik wiederentdeckt. Diatretglas (Netzglas), Fadenglas, Emailmalerei und Diamantritzung (Diamantgravierung) erreichten im 16. Jh. Höhepunkte. Auch in anderen europ. G.hütten wurde nach venezian. Art („façon de Venise“) gearbeitet. Nach Erfindung des klaren Kreide-G. und des Bleikristalls (1674) wurden gegen Ende des 17. Jh. G.schliff und G.schnitt beliebt. Diese in Prag zur Vollendung gebrachte Technik breitete sich im 18. Jh. v. a. in Nürnberg, Böhmen, Schlesien, Hessen und den Niederlanden aus. Bes. ragt das böhm. Zwischengoldglas hervor. Anfang des 19. Jh. bemalte man Milchglas. Die Biedermeierzeit bevorzugte G. aus mehreren Schichten (Überfang-G.) mit Schnittdekor und bemaltes G. Am Ende des 19. Jh. begann man mit der Massenfertigung im Preßglasverfahren. Um 1900 versuchte der Jugendstil die alten handwerkl. Techniken zu beleben. Geschnittenes Überfang-G. wurde in Frankr. von E. Gallé hergestellt, irisierendes G. in Amerika von L. C. Tiffany. Das Bauhaus führte die Ansätze einer neuen G.kunst weiter. Bekannte G.designer unserer Zeit sind T. Sarpaneva, T. Wirkkala, B. Wiinblad in Skandinavien, W. Wagenfeld, R. Süßmuth in Deutschland, P. Venini in Italien.

🕮 *Lohmeyer, S.: Werkstoff G. II. Sindelfingen 1985. - Dexel, T.: Gebrauchsglas. Gläser des Alltags vom Spät-MA bis zum beginnenden 20. Jh. Mchn. ²1983. - Pfaender, H.: Schott-Glaslex. Mchn. ²1983.*

◆ (Gesteinsglas) Bez. für das amorphe Gefüge von vulkan. Gesteinen, die so schnell erstarrten, daß sich keine Kristalle bilden konnten, z. B. beim Obsidian.

Glasaale ↑Aale.

Glasauge ↑künstliches Auge.

Glasbarsche (Centropomidae), Fam. 3–180 cm langer Barschfische mit etwa 30 Arten in Meeres-, Brack- und Süßgewässern der trop. Küstenregionen. Die Arten der Gatt. Chanda sind glasartig durchscheinend. An den Küsten Amerikas kommen die 30–150 cm langen Arten der **Schaufelkopfbarsche** (Centropomus) vor; Kopf hechtartig vorgestreckt, Körper schlank. Bis 1,8 m lang wird der grünlichbraune **Nilbarsch** (Lates niloticus), der bes. im Nil, Niger und Senegal vor-

Glas. Von links: kleine Glasamphora (Ägypten; um 1350 v. Chr.). Berlin-Charlottenburg; Pokal mit Schnittdekor (1. Hälfte des 18. Jh.); Tulpenvase (Jugendstil)

kommt. Diese und der ↑Plakapong sind geschätzte Speisefische.

Glasbatist, durch Merzerisieren, Säurebehandlung und erneutes Merzerisieren glasig und steif gemachter feiner Batist in Weiß. Entsprechend behandelter gemusterter und bunter Batist wird als **Organdy,** ein durch Spezialbehandlung milchig trübes Gewebe als **Opalbatist** bezeichnet.

Glasbau, Bauwerk, das durch großzügige Glasfassaden und/oder -bedeckungen charakterisiert ist. Aus dem Typus der Orangerie entwickelt, entstanden G. seit der Mitte des 19. Jh. v. a. als Ausstellungsgebäude (z. B. Kristallpalast, London 1851). Glasüberdachungen wurden in der Folgezeit mehrfach angewandt (z. B. Börse von Amsterdam, 1897, von Berlage), und in den USA entstanden die ersten Glasfassaden, ermöglicht durch die ↑Stahlskelettbauweise (↑auch Hochhaus). Den ersten „Curtain-wall" in Deutschland hatte das Warenhaus Tietz in Berlin (1900, von B. Sehring). Bed. moderne Architekten wie B. Taut und Mies van der Rohe machten die Glaswand und damit die Öffnung nach außen und den flexiblen, fließenden Raum zum Thema der modernen Architektur.

Glasbausteine (Glassteine), lichtdurchlässige, beschränkt durchsichtige, auch farbige Bausteine aus Glas, die v. a. für lichtgebende Abschlüsse von Außen- und Innenöffnungen verwendet werden (bei wandartiger Verbauung dürfen sie keinen stärkeren Druckbelastungen ausgesetzt sein).

Glasbeizen, das Färben von Glas mit Hilfe von aufgetragenen Metallsalzen, deren Metallionen bei höheren Temperaturen (etwa 550 °C) in die Oberfläche eindiffundieren; auch Bez. für diese Metallsalze.

Glasen, das halbstündl. Schlagen der Schiffsglocke (G.glocke) für die Wache. Die Bez. G. geht auf die in der Zeit der Segelschiffe verwendete Sanduhr (das „Glas") zurück, die eine Laufzeit von jeweils $^1/_2$ Stunde hatte.

Glasenapp, [Otto Max] Helmuth von, * Berlin 8. Sept. 1891, † Tübingen 25. Juni 1963, dt. Indologe und Religionswissenschaftler. - 1928–45 Prof. für Indologie in Königsberg, seit 1946 in Tübingen; arbeitete bes. über die ind. Religionen, mit denen er sich auf zahlr. Reisen befaßte.

Glaser, Donald Arthur [engl. 'glɛɪzə], * Cleveland (Ohio) 21. Sept. 1926, amerikan. Physiker. - Prof. an der University of Michigan und an der University of California in Berkeley. Entwickelte die ↑Blasenkammer; Nobelpreis für Physik 1960.

G., Julius [Anton] [´--], eigtl. Josua G., * Postelberg (= Postoloprty, Nordböhm. Gebiet) 19. März 1831, † Wien 26. Dez. 1885, östr. Jurist und Politiker. - Prof. in Wien (1856–68, 1870/71); Justizmin. im Kabinett von Adolf Fürst Auersperg (1871–79); arbeitete v. a. auf dem Gebiet des östr. Strafrechts und schloß die Reform der östr. Strafprozeßordnung ab.

Glasbau. Ludwig Mies van der Rohe, Seagram Building (1956/57). New York

G., Walter [´--], * Oberbaumgarten (Böhmen) 31. Juli 1906, † Wien 3. Febr. 1960, östr. Physiker und Mathematiker. - Prof. in Prag und Wien; maßgebl. an der Entwicklung des magnet. Elektronenmikroskops und am Ausbau der zugehörigen Theorie beteiligt; u. a. stellte er 1943 eine Theorie der Bildentstehung und des Auflösungsvermögens auf wellenmechan. Grundlage auf.

Gläser (Glaeser), Ernst, * Butzbach 29. Juli 1902, † Mainz 8. Febr. 1963, dt. Schriftsteller. - Schrieb handlungsreiche zeitkrit. Romane, v. a. „Jahrgang 1902" (R., 1928), „Der letzte Zivilist" (1935), „Glanz und Elend der Deutschen" (R., 1960). Auch Dramen, Erzählungen und Hörspiele.

Glaser-Kammer [nach D. A. Glaser], svw. ↑Blasenkammer.

Glasfasern (Glasfiber), aus wieder aufgeschmolzenem Rohglas, auch unmittelbar aus einem geschmolzenen Gemenge (↑Glas) durch Ziehen, Schleudern oder Blasen hergestellte Fasern. Der Faserdurchmesser beträgt 0,003–0,03 mm. Aus G. hergestellte Gewebe und

Matten werden zu elektr. Isolierungen, zur Wärmeisolierung, zur Schalldämpfung und für Filter verwendet. Daneben werden, v. a. im Karosserie-, Boots-, Segelflugzeug- und Behälterbau, glasfaserverstärkte Kunststoffe eingesetzt. Hochwertige G. werden für die Glasfaseroptik verwendet.

Glasfaseroptik (Fiberoptik), Teilgebiet der *Optik*, das sich mit der Übertragung von Licht durch vielfache Totalreflexion in Glasfasern beschäftigt. Dünne Fasern aus hochtransparenten opt. Gläsern sind dabei von einem wenige tausendstel Millimeter dicken Mantel eines anderen Glases niedrigerer Brechzahl umgeben. Ein Lichtstrahl, der auf die polierte Eingangsfläche einfällt, wird im Innern der Lichtleitfaser durch Totalreflexion weitergeleitet; er folgt allen Biegungen und tritt am Ende wieder aus. Lichtleitfasern werden in Durchmessern von 0,005 bis 0,5 mm hergestellt und zu faseropt. Bauteilen weiterverarbeitet. Flexible **Lichtleiter** bestehen aus einem Bündel flexibler Lichtleitfasern, die an den Enden gefaßt und miteinander verklebt sind. Die Stirnfläche ist poliert. Zum Schutze gegen Beschädigung befindet sich das Faserbündel in flexiblen Metall- oder Kunststoffschläuchen. Für bildübertragende G. werden Lichtleitfasern in genau paralleler Anordnung verbunden. Das auf die Eingangsfläche entworfene Bild wird durch die einzelnen Fasern zerlegt und zum anderen Ende übertragen. Hier wird das Bild rasterförmig wieder zusammengesetzt (über 10 000 Bildpunkte pro mm^2). Flexible **Bildleiter** sind geordnete Faserbündel, die nur an den Enden gefaßt und verklebt, im mittleren Teil aber flexibel sind. Es lassen sich Bilder hoher Auflösung auf flexiblen Wegen übertragen. Bei **Faserstäben** sind die Lichtleitfasern in der ganzen Länge miteinander verschmolzen. **Faserplatten** bestehen aus vakuumdicht miteinander verschmolzenen geordneten Lichtleitfasern, wobei die Faserlänge gleich der Plattendicke ist (bis 40 000 Bildpunkte pro mm^2). Bei **Gradientenfasern** nimmt die Brechzahl von der Faserachse in radialer Richtung nach einer quadrat. Funktion ab; das Licht durchläuft die Faser auf einer wellenförmigen Bahn. In der Medizin werden Bildleiter in Endoskopen zur Kaltlichtbeleuchtung innerer Organe für die Beobachtung, Photographie und Aufnahme mit einer Fernsehkamera verwendet. In der Nachrichtentechnik werden **Glasfaserkabel** (Lichtleiterkabel) zur Informationsübertragung verwendet. Elektroopt. (bzw. optoelektr.) Wandler an beiden Enden des Lichtleiters setzen analoge Signale (z. B. Sprache bzw. Sprechstrom im Fernsprechbereich) oder digitale Signale (z. B. bei der Datenübertragung) in Lichtschwankungen oder -impulse um und umgekehrt (Übertragungskapazität beim ↑BIGFON bis 140 Megabit/s).

Glasfiberstab ↑Stabhochsprung.

Glasflügler (Aegeriidae), mit etwa 800 Arten weltweit verbreitete Fam. kleiner bis mittelgroßer Schmetterlinge, davon in Deutschland etwa 20 Arten; Körper meist bienen- oder wespenähnl. gestaltet und gezeichnet; mit schmalen, überwiegend unbeschuppten und glasklaren Flügeln. Bis etwa 3,5 cm spannt der **Hornissenschwärmer** (Aegeria apiformis); mit hornissenartig gelb und schwarz geringeltem Hinterleib und glasklaren Flügeln. Einen blauschwarzen Hinterleib mit 3–4 gelben Ringen hat der etwa 2 cm spannende **Himbeerglasflügler** (Bembecia hylaeiformis); Vorderflügel braun, mit zwei glasklaren Stellen, Hinterflügel glasklar; Raupen schädl. an Himbeer- und Brombeerruten. Knapp 2 cm spannt der blauschwarze **Johannisbeerglasflügler** (Synanthedon tipuliformis); Raupen schädl. an Johannis- und Stachelbeerzweigen.

Glasfluß (Glaspaste), stark glänzendes, milchig trübes Bleiglas mit farbgebenden Metalloxiden; seit der Antike zur Schmuckherstellung verwendet. - ↑auch Glas (Geschichte).

Glasfrösche (Centrolenidae), Fam. meist 1–3 cm langer, laubfroschähnl. Lurche, v. a. in gewässerreichen Gegenden M- und S-Amerikas; oberseits überwiegend grüne, unterseits glasartig durchscheinende Baumfrösche mit meist breitem Kopf, stumpfer Schnauze und zieml. kleinen, nach oben gerichteten Augen (Pupille waagrecht).

Glasgow, Ellen [engl. 'glæsgoʊ], * Richmond (Va.) 22. April 1874, † ebd. 21. Nov. 1945, amerikan. Schriftstellerin. - Ihre realist. Darstellungsweise in psycholog. Differenziertheit ist von H. James beeinflußt. Iron., mitunter satir., schildert sie das Leben in den Südstaaten. - *Werke:* Barren ground (R., 1925), The romantic comedians (R., 1926), Die eiserne Ader (R., 1935).

Glasgow [engl. 'glɑ:goʊ], Stadt in den schott. Lowlands, Mittelpunkt und Verwaltungssitz der Strathclyde Region, 762 300 E. Größte Stadt und größter Hafen Schottlands, seine Ind.- und Handelsmetropole; Sitz eines kath. Erzbischofs und eines anglikan. Bischofs; zwei Univ. (gegr. 1451 bzw. 1796). Königl. Schott. Akad. für Musik und Drama, TH, Landw.hochschule; Museen und Bibliotheken, Gemäldegalerie; sechs Theater; Rundfunk- und Fernsehstudios; botan. und zoolog. Garten; Hampden Park ist eines der größten Fußballstadien der Erde. Größtes brit. Schiffbau- und Schiffsmaschinenbauzentrum; zahlr. Unternehmen des Maschinenbaus, der Elektro-, Aluminium-, Textil-, Tabak-, Nahrungsmittel-, Holzind., auch Reifenfabrik. Im Stadtgebiet wird der Clyde von 11 Brücken überspannt und von einem Straßentunnel unterfahren; U-Bahn; ✈. - Um 548 baute der hl. Kentigern die erste Kirche von G., das erst 1115 wieder erwähnt wird. 1136 Bischofs-, 1492 Erzbischofssitz (1560 anglikan.; kath. Erzbistum wieder seit 1878); erhielt 1189 Marktrecht, 1689 Stadtrecht; seit dem 17. Jh. bed. Handelsstadt, die sich ab 1707 (durch die engl.-schott. Union) auch am Amerikahandel beteiligte. - Die Kathedrale stammt aus dem 12. Jh.; das Stadtbild wird von Bauten des 19. und 20. Jh. geprägt.

Glasharfe, ein ab 1929 entwickeltes Glasspiel mit aufrechten, in einem Resonanzboden feststehenden Glasglocken, die so angeordnet sind, daß Dreiklänge mit einer Hand gespielt werden können (Tonumfang d-c⁴).

Glasharmonika, aus den Musical glasses (↑Glasspiel) 1762 entwickeltes Friktionsinstrument. Es besteht aus verschieden großen Glasglocken, die ineinandergeschoben

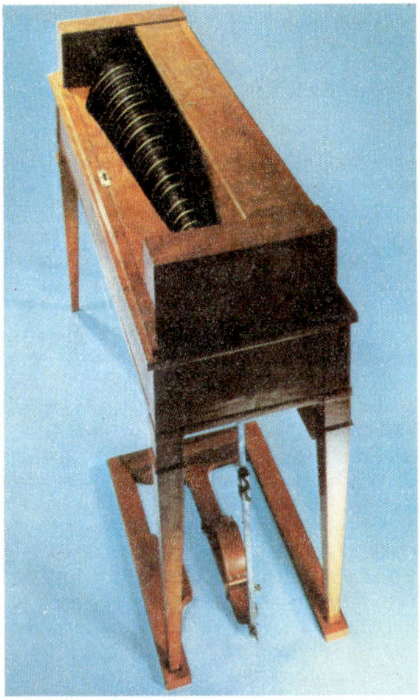

Glasharmonika (Ende des 18. Jh.). Brüssel, Musée Instrumental du Conservatoire de Musique

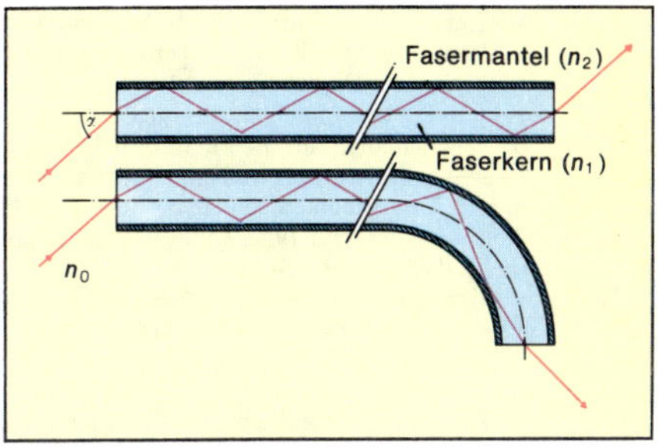

Glasfaseroptik. Strahlengang in einer geraden und einer gebogenen Lichtleitfaser (α Einfallswinkel, n_0 Brechzahl der Umgebung, n_1 Brechzahl des Faserkerns, n_2 Brechzahl des Fasermantels)

Glasfasern. Verschiedene Herstellungsverfahren: a Düsenzieh-, b Düsenblas-, c Stabziehverfahren (1 Ausgangsform und Rohstoffzustand, 2 Übergangsform, 3 Endform)

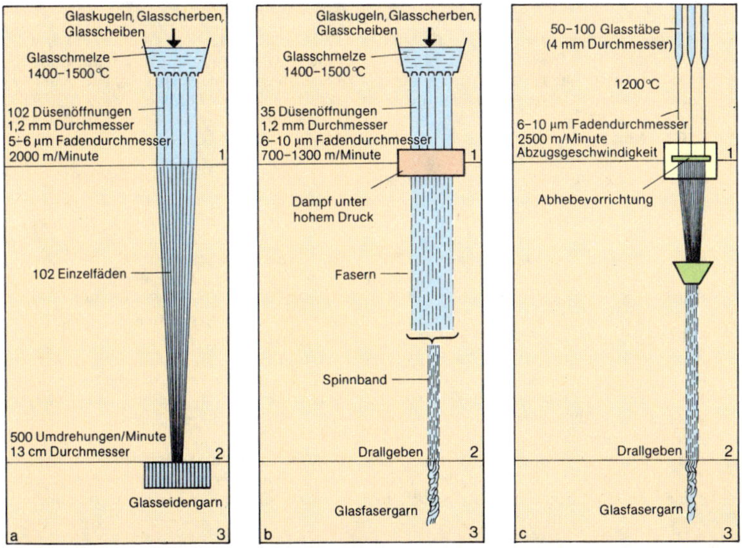

auf einer horizontalen Achse lagern und durch Pedalantrieb in Umdrehung versetzt werden. Der Spieler berührt die Glasglockenränder mit befeuchteten Fingerspitzen. Tonumfang anfangs 2 ½, später bis zu 4 Oktaven (chromatisch). Die G. wurde ein Lieblingsinstrument der Empfindsamkeit.

Glashauseffekt (Treibhauseffekt), Bez. für den Einfluß der Erdatmosphäre auf den Strahlungs- und Wärmehaushalt der Erde, der der Wirkung eines Gewächshausglasdaches ähnelt: Wasserdampf und Kohlendioxid in der Atmosphäre lassen die kurzwellige Sonnenstrahlung mit relativ geringer Abschwächung zur Erdoberfläche gelangen, absorbieren bzw. reflektieren jedoch den von der Erdoberfläche ausgehenden langwelligen Wärmestrahlungsanteil (↑auch Atmosphäre).

Glashow, Sheldon Lee [engl. ˈglæʃoʊ], * New York 5. Dez. 1932, amerikan. Physiker. - Prof. in Berkeley und Cambridge. Bed. Arbeiten zur Theorie der Elementarteilchen und ihrer Wechselwirkungen, insbes. zum Quarkmodell der Elementarteilchen; erhielt 1979 den Nobelpreis für Physik (zus. mit A. Salam und S. Weinberg).

Glashütte, Industriebetrieb zur Herstellung und Verarbeitung von Glas.

Glasieren, (G. keram. Erzeugnisse) ↑Glasur.

◆ Dickzuckerbehandlung von Früchten oder Gebäck, auch Überziehen von Braten oder Gemüse mit einer Zucker-Fett-Lösung.

Glaskeramik, keram. Werkstoff auf der Basis von Glas. G. entsteht durch gesteuerte *Entglasung:* Durch Wärmebehandlung wird die Glasphase (unterkühlte Schmelze) größtenteils (bis 90 %) in eine feinkörnige, kristalline Struktur übergeführt. Vorteile der G.: sehr große *Temperaturwechselbeständigkeit.* Verwendung: Haushaltgeschirre, bes. aber in der Astronomie als Material *(Zerodur ®)* für Teleskopspiegel (bis 4 m ø) auf Grund des äußerst geringen therm. Ausdehnungskoeffizienten ($1{,}5 \cdot 10^{-7}$/K).

Glaskopf (Glatzkopf), Bez. für kugelige, traubige oder nierenförmige, radialfaserige Mineralaggregate mit glatter, glänzender Oberfläche, die sich aus rundl. Gelmassen gebildet haben. **Brauner Glaskopf** ist Brauneisenstein (Limonit), **roter Glaskopf** Hämatit (Eisenglanz, Roteisenstein), **grüner Glaskopf** Grüneisenstein (Dufrenit, Kraurit), **schwarzer Glaskopf** Psilomelan (Hartmanganerz).

Glaskörper ↑Auge.

Glasmalerei, Herstellung von Fenstern bzw. Scheiben figuralen oder ornamentalen Charakters in Farbe und Grisaille, wobei die einzelnen, in ihrer Größe wegen der Stabilität beschränkten Glasscherben in Bleistege eingebettet werden *(musivische G.).* Bei reiner Bemalung von Glas spricht man von *G.gemälden.* Im MA wurden von den mittels Metalloxiden durchgefärbten oder z.T. auch nur mit dünnen Farbschichten überzogenen Glastafeln (Überfangglas) mit heißem Eisendraht einzelne Stücke abgesprengt und mit einem Kröseleisen (ab 16. Jh. Diamantschneider) in die gewünschte Form gebracht. Danach begann das Auftragen der Malfarbe, des Schwarz-Braun-Lots, bestehend aus pulverisiertem Bleiglas, einem pulverisierten Metalloxid und einem Bindemittel (Wein und Gummiarabikum). Es wurde vorderseitig, beginnend beim hellsten Ton, aufgetragen (teilweise auch auf der Rückseite). Häufig wurden die Malschichten dann noch einmal negativ bearbeitet, d.h. Lichtgrate und zarte Ornamente ausradiert. Das Brennen erfolgte anschließend bei 600 °C. Um 1300 trat zu dem Schwarz-Braun-Lot das Silbergelb, bestehend aus mit Ocker oder Ton vermischtem Schwefelgelb. Es wurde rückseitig aufgetragen, das Gelb variierte nach dem Brennen von heller Zitronenfarbe bis Dunkelorange. Im 15. und 16. Jh. traten weitere Lotfarben hinzu (Eisenrot u.a.). - G. ist eine abendländ. Erscheinung. Vorstufen finden sich in der röm. Antike und in Byzanz. Ausschlaggebend für ihre Entwicklung dürfte der Wille zur künstler. Gestaltung der Maueröffnung gewesen sein. Die frühesten Zeugnisse, bei denen sie bereits voll ausgebildet erscheint, stammen aus dem Kloster Lorsch (wohl 9. Jh.; heute Hess. Landesmuseum in Darmstadt). In derselben Tradition stehen die im 1. Drittel des 12. Jh. entstandenen Prophetenfenster im Augsburger Dom. Mit der Gotik setzte mit dem Wunsch, die Wände aufzulösen, die eigtl. Blütezeit der G. ein, v.a. in Frankr. (Chartres, Bourges, Reims, Paris), dessen G. einwirkt auf England (Canterbury, Lincoln, York), Spanien (León), Italien (Assisi, Orvieto) und Deutschland (Marburg a.d. Lahn, Regensburg, Köln, Freiburg im Breisgau, Erfurt), das dann im 14. Jh. führend wird. - Im Profanbau kommt Ende des 15. Jh. die mit Emailfarben bemalte *Kabinettscheibe* auf, der Hausbuchmeister, H. Suess von Kulmbach, H. Baldung, gen. Grien, A. Dürer, J. Breu d. Ä. u.a. haben Entwürfe und Skizzen geliefert (u.a. für Peter Hemmel von Andlau). Seit der Romantik gibt es Wiederbelebungsversuche, im 20. Jh. Werke von M. Lechter, J. Thorn Prikker, H. Matisse, F. Léger, Marc Chagall, A. Manessier, J. Schreiter u.a. - Abb. S. 242.

📖 *Halliday, S./Lushington, L.: Die Welt der Glasfenster. Dt. Übers. Freib. ²1981. - Frodl-Kraft, E.: Die G. Entwicklung, Technik, Eigenart. Wien u. Mchn. ²1979.*

Glasnost [russ. ˈglaznɔstj „Öffentlichkeit"], polit. Schlagwort, das die neuen innen- und wirtschaftspolit. Zielsetzungen der gegenwärtigen Sowjetführung, insbes. des Generalsekretärs M. Gorbatschow, zum Ausdruck bringen soll. G. ist im Rahmen des angestrebten Umbaus (↑Perestroika) des sowjet. polit. Systems und der Wirtschaftsverfassung der

Appell der Parteiführung an die nachgeordneten Macht- und Verantwortungsträger, die Bevölkerung mit ihren Entscheidungen und dem jeweiligen Entscheidungsprozeß bekanntzumachen und diese zu erläutern.

Glaspapier ↑Schleifpapier.

Glaßbrenner, Adolf, Pseud. Adolf Brennglas, * Berlin 27. März 1810, † ebd. 25. Sept. 1876, dt. Schriftsteller. - Journalist, zeitweilig seiner liberalen Haltung wegen verfolgt. G. gilt als Begr. der humorist.-satir. Berliner Volksliteratur, schrieb u. a. „Berlin, wie es ist - und trinkt“ (30 Hefte, 1832–49), „Verbotene Lieder“ (1843), „Neuer Reinecke Fuchs“ (Epos, 1846).

Glasschnecken (Vitrinidae), Fam. der Landlungenschnecken mit rd. 10 einheim. Arten, v. a. in feuchten, kühlen Gegenden; große Teile ihres Gehäuses werden vom Mantel überdeckt; Gehäuse flach kegelförmig bis ohrförmig, sehr dünn, glasartig durchscheinend, glänzend, grünl., bis etwa 7 mm hoch.

Glasschneider, Werkzeug zum Anritzen von Glas[scheiben] mit Diamant oder gehärtetem Stahlrädchen, die unter Druck oberflächl. in das Glas eindringen; unter der geritzten Linie bildet sich ein feiner Spalt, der das Glas bei leichter Belastung (z. B. leichtem Klopfen) entlang dieser Linie springen läßt.

Glasschwämme (Hexactinellida), Unterklasse 0,1–1 m hoher, becher- oder trichterförmiger Kieselschwämme mit zahlr. Arten in großen Meerestiefen; mit filigranartigem Skelett, das aus dreiachsigen Kieselnadeln gebildet wird. Hierher gehören u. a. ↑Gießkannenschwamm und ↑Schopfschwamm.

Glasspiel (Gläserspiel, frz. verrillon, engl. musical glasses), Musikinstrument aus Glas, das durch Reiben (seltener durch Anschlagen) zum Klingen gebracht wird. In Persien seit dem 14. Jh. bekannt, in Europa, bes. in Großbrit., im 18./19. Jh. beliebt. Das G. bestand aus einer Anzahl durch Wassereinfüllung abgestimmter Trinkgläser, die mit wasserbenetzten Fingerspitzen am oberen Rand angerieben wurden. - ↑auch Glasharmonika, ↑Glasharfe.

Glasunow, Alexandr Konstantinowitsch, * Petersburg 10. Aug. 1865, † Neuilly-sur-Seine 21. März 1936, russ. Komponist. - Schüler von Rimski-Korsakow. Sein umfangreiches Werk gehört zur musikal. Spätromantik; es zeichnet sich durch hohe kompositor. Qualität aus und ist nicht ausschließl. nat.-russ. geprägt. Zu seinen Kompositionen zählen u. a. 9 Sinfonien, sinfon. Dichtungen, Konzerte (für Klavier, Violine, Saxophon), Kammermusik, Orgelwerke, Lieder sowie Ballette und Bühnenmusiken.

Glasur, dünne, glasartige Schicht auf keram. Erzeugnissen, die ihnen Glanz und Glätte verleiht und das Eindringen von Flüssigkeiten oder Gasen in die meist porösen Scherben verhindert. Als Rohstoff für die *Porzellan-G.* wird z. B. eine Mischung aus Feldspat, Quarz, Kaolin, Kalkspat und Dolomit verwendet, die zu einer wäßrigen Suspension vermahlen wird. Das **Glasieren,** d. h. das Aufbringen der G., erfolgt durch Tauchen oder Spritzen des (nach dem Glühbrand noch gut saugfähigen) Scherbens. Beim anschließenden Glattbrand (bei 1 380–1 445 °C) fließt die G.masse zu einer durchsichtigen Glasschicht aus. Feinsteinzeug erhält meist eine G. aus Feldspäten, Kaolinen, Quarz, Erdalkalicarbonaten (seltener gefrittete Anteile). Grobkeramik versieht man häufig mit einer *Anflug-G. (Salz-G.)*, indem man bei der Garbrandtemperatur Kochsalz in den Ofen einbringt und so an der Oberfläche des Brennguts eine Natriumaluminiumsilicat-G. erzeugt. - Durch spezielle Beimengungen zur G.masse oder bes. Techniken lassen sich Farbe und Aussehen der G. variieren: Durch fein verteilte Kristallausscheidungen ergeben sich z. B. *Matt-G.* mit seidigem Schimmer, durch stern- oder eisblumenförmige Ausscheidungen *Kristall-G.*, bei Verwendung bestimmter Metalloxide die irisierenden *Lüsterglasuren.* Trägt man verschiedenfarbige G. neben- oder auch übereinander auf, so ergeben sich beim Brennen durch die verlaufende G.masse farbl. reizvolle *Laufglasuren.*

◆ Überzug bei Speisen durch ↑Glasieren.

Glaswelse (Schilbeidae), Fam. kleiner bis mittelgroßer Welse in den Süßgewässern S-Asiens und Afrikas; Körper mehr oder minder durchscheinend, meist seitl. zusammengedrückt, mit langer Afterflosse, gegabelter Schwanzflosse, kleiner Fettflosse und 2–4 Bartelpaaren; z. T. Warmwasseraquarienfische, z. B. der **Kongo-Glaswels** (Zwergglaswels, Bänderglaswels, Eutropiella debauwi; im Kongogebiet; bis etwa 8 cm lang, durchscheinend, mit silbrigem, irisierendem Schimmer und drei schwärzl. Längsbinden).

Glattbutt ↑Steinbutte.

Glattdelphine ↑Delphine.

Glatte Brillenschote ↑Brillenschote.

glatte Feuerwaffen, Handfeuerwaffen und Geschütze mit Rohren ohne Züge (↑Drall) (Ggs. ↑gezogene Feuerwaffen).

Glatteis, glatter, glasiger Eisüberzug, der entsteht, wenn entweder unterkühlter Regen beim Auftreffen auf den Boden sofort gefriert oder wenn Regen auf einen stark unterkühlten Boden fällt und dort gefriert.

glatte Muskulatur (vegetative Muskulatur), die nicht dem Willen unterliegende Muskulatur (z. B. der Darmwand, der Gefäßwände).

Glatthaarpinscher (Edelpinscher), mittelgroße Hunderasse mit glatt anliegendem, glänzendem Haar; Ohren stehend, spitz kupiert; Schwanz kurz kupiert; Fellfarben schwarz mit rostroten bis gelben Abzeichen, dunkelbraun, gelb, Pfeffer-und-Salz-farben.

Glatthafer (Wiesenhafer, Arrhenatherum), Gatt. der Süßgräser mit etwa 50 Arten in Europa, Asien, trop. Gebirgen Afrikas, Südafrika und N-Amerika. Einzige einheim. Art ist der **Hohe Glatthafer** (Arrhenatherum elatius), ein 0,5–1,8 m hohes, in Horsten wachsendes, ausdauerndes Gras; Ährchen in Rispen; gutes Futtergras.

Glatthaie (Marderhaie, Triakidae), Fam. meist 1,5–2 m langer Haie mit etwa 30 Arten in den Meeren warmer und gemäßigter Regionen; Körper langgestreckt schlank, mit zwei Rückenflossen, zugespitzter Schnauze und kleinen, pflasterartigen oder mehrspitzigen Zähnen. In europ. Küstengewässern kommen zwei (für den Menschen ungefährl.) Arten vor: **Südl. Glatthai** (Hundshai, Mustelus mustelus; im Mittelmeer und O-Atlantik von Frankr. bis SW-Afrika; einheitl. grau mit aufgehellter Bauchseite); **Nördl. Glatthai** (Sternhai, Mustelus asferias; im Mittelmeer und O-Atlantik, von NW-Afrika bis zur Nordsee; Rücken und Körperseiten grau bis graubraun mit weißen Flecken).

Glattnasen ↑Fledermäuse.

Glattnatter ↑Schlingnattern.

Glattstirnkaimane [dt./indian.-span.] (Paleosuchus), Gatt. bis 1,5 m langer Krokodile (Gruppe Kaimane) mit zwei Arten, v. a. in schnellfließenden Gewässern des nördl. und mittleren S-Amerikas; mit meist schwärzl.-brauner Oberseite, hellerer, dunkelgefleckter Unterseite, sehr stark entwickelter Hauptpanzerung.

Glattwale (Balaenidae), Fam der Bartenwale mit 5 rd. 6–20 m langen Arten mit sehr großem, hochgewölbtem Kopf; Maulspalte sehr weit, Unterkiefer bogenförmig nach oben gekrümmt, Kehle glatt, ohne Furchen; bis über 700 sehr lange, biegsame Barten; mit Ausnahme des Zwergglattwals ohne Rückenfinne; Brustflossen relativ kurz. In arkt. Meeren kommt der etwa 15–18 m lange, schwarze **Grönlandwal** (Balaena mysticetus) vor; Schwanzflosse bis 8 m breit. Der bis 18 m lange, überwiegend schwarze **Nordkaper** (Biskayawal, Eubaleana glacialis) kommt im kalten und gemäßigten nördl. Atlantik vor. In den Meeren der südl. Halbkugel lebt der bis 15 m lange, meist völlig schwarze **Südkaper** (Eubalaena australis). Ohne wirtschaftl. Bed. ist der bis 6 m lange **Zwergglattwal** (Neobalaena marginata), der in den Gewässern um Südafrika, S-Australien, Neuseeland und S-Amerika vorkommt. Nach nahezu vollständiger Ausrottung sind die ersten drei Arten durch das 1936 getroffene Internat. Walfangabkommen völlig geschützt.

Glasmalerei. Oben: Herrscherbild (um 1200). Straßburg, Frauenhausmuseum; unten: Marc Chagall, Jesaja empfängt die Heilsbotschaft (1970). Zürich, Chorfenster des Fraumünsters

Glattzähner (Aglypha), veraltete systemat. Bez. für Nattern, deren Zähne im Ggs. zu den ↑Furchenzähnern keine Furche oder Röhre zur Giftleitung haben. Zu den G. zählen u. a. die einheim. Natternarten.

Glatz (poln. Kłodzko), Krst. in Niederschlesien, Polen▾, 303 m ü. d. M., 26 500 E. Metall-, holzverarbeitende, Textil- und Nahrungsmittelind.; Bahn- und Straßenknotenpunkt in strateg. bed. Lage. - G. entstand bei der seit 981 belegten Burg, wird um 1114 erstmals als Stadt bezeichnet. Etwa seit 1300 war G. bereits mehrheitl. dt. besiedelt. Es war Hauptstadt der gleichnamigen Gft. - Spätgot. Pfarrkirche (14./15. Jh.) mit barocker Innenausstattung, barocker Rathausturm; Häuser des 16.–18. Jh., z. T. mit Arkaden.

G., ehem. Gft. in Niederschlesien, erstreckte sich über die Städte G., Habelschwerdt und Neurode sowie deren Umgebung. Urspr. zu Böhmen gehörig, seit 1278 mehrfach wechselnd als böhm. Lehen im Besitz der schles. Fürstentümer, seit 1454 der Familie Podiebrad, seit 1501 der Grafen von Hardegg, kam 1554 wieder an Böhmen, 1742 an Preußen.

Glatze [zu mittelhochdt. glat „glänzend, blank, glatt"], durch Haarausfall verursachte kahle Stellen der Kopfhaut.

Glatzer Kessel, Becken in den Sudeten, begrenzt von den Gebirgen des **Glatzer Berglandes** (Polen und ČSSR), 65 km lang, 20–30 km breit; zahlr. Mineralquellen.

Glatzer Neiße, linker Nebenfluß der Oder, in Schlesien, Polen▾, entspringt im Glatzer Schneegebirge, durchfließt den Glatzer Kessel, ist bei Ottmachau im Sudetenvorland gestaut (Kraftwerk), mündet nw. von Oppeln; 195 km lang.

Glatzer Schneegebirge, Gebirge der Sudeten am S-Rand des Glatzer Kessels, auf der Grenze zw. Polen▾ und der ČSSR, im Großen Schneeberg 1 425 m hoch.

Glatzflechte (Herpes tonsurans), ansteckende Hautkrankheiten bei Tieren, bes. bei Rindern, hervorgerufen durch Pilze aus der Gruppe Deuteromyzeten. Symptomat. sind Haarausfall und Ausbildung runder, kahler Flecken (später Borken), v. a. am Kopf, bei Kälbern vorwiegend im Bereich des Mauls *(Teigmaul, Teiggrind, Maulgrind, Rindertrichophytie)*. Die G. ist auch auf den Menschen übertragbar (↑Bartflechte).

Glaube, innere Sicherheit, die keines Beweises bedarf; Grundelement des religiösen Lebens, das für die Existenz des religiösen Menschen schlechthin entscheidend ist. G. bedeutet primär [gefühlsmäßiges] Vertrauen, feste Zuversicht und nicht ausschließl. ein Fürwahrhalten außerdird., transzendenter Gegebenheiten. Diese Bed. bringt auch die sprachl. Ableitung, nach der G. (althochdt. giloubo) mit althochdt. „liob" („lieb, vertraut") etymolog. verwandt ist, zum Ausdruck.

In der *Philosophie* ist G. ein Fürwahrhalten ohne method. Begründungen, im Ggs. zum Wissen. Während die klass. antike Philosophie den G. (griech. „pístis") wie das bloße Meinen (griech. „dóxa") noch als Vorstufe eines rational begründeten Wissens verstand, steht der G. in der christl. beeinflußten Philosophie (v. a. seit der Scholastik) in Ggs. zum Wissen. Trotz Kants Versuch, dem G. als Postulat der prakt. Vernunft einen Platz in der Philosophie zu sichern, setzte sich die Tendenz der Aufklärung, Wissen nur empir. zu begründen, durch, so daß der G. in der prakt.-philosoph. Diskussion kaum noch eine Rolle spielt.

Obwohl in allen *Religionen* das Element des G., v. a. an Dämonen und das Numinose anzutreffen ist (oft nur negativ greifbar als Furcht vor diesen), spielt er eigtl. nur in den monotheist. prophet. Offenbarungsreligionen (Judentum, Christentum, Islam) eine sie konstituierende und ihre Ethik normierende Rolle.

Im *Christentum* ist G. im bibl. Sinn eine Kategorie des personalen Vertrauens, das das rational-intellektuelle Moment menschl. Seins durchaus einschließt; d. h. der G. ist Reaktion, Antwort auf das ihm vorgängige Wort Gottes in Schöpfung und Erlösung, das seinen Höhepunkt in der Person Jesu Christi hat, kommt also aus dem Hören dieses Wortes (Röm. 10, 17) und zielt auf volle und ungetrübte personale Gemeinschaft zw. Gott und Mensch.

Die erst relativ spät (auf dem Tridentinum) einsetzende lehramtl. Festlegung der *kath. Lehre* vom G. betont sehr stark die sachhafte Inhaltlichkeit des G. als Summe der von der Kirche vermittelten göttl. Offenbarung („fides, quae creditur" „der G., der geglaubt wird"), ohne deshalb zu vergessen, daß der personale G.akt („fides, qua creditur" „der G., durch den [in dem] geglaubt wird") durch die göttl. Gnade allein begründet wird und als solcher Anfang, Wurzel und Grundlage der Rechtfertigung ist.

In der *reformator. Theologie* gewinnt der G. die umfassende Bed. von Heilsweg und Heilsgeschehen überhaupt: Die Gerechtigkeit des Menschen vor Gott (↑Rechtfertigung) geschieht allein im G. und aus dem G. („sola fide"), nicht auf Grund eigener „guter Werke", die selbst nur, und zwar notwendige, Folge des G. sind, womit der ausschließl. gnadenhafte Charakter des G. deutlicher ausgedrückt ist als in der kath. Theologie.

📖 *Ebeling, G.: Das Wesen des christl. G. Gütersloh [5]1985. - Ratzinger, J.: Zur Lage des G. Mchn. 1985. - Keil, G.: Philosoph. Grundlegung zu einer Enzyklopädie des G. Königstein/Ts. 1975. - Leeuw, G. van der: Phänomenologie der Religion. Tüb. [4]1977. - Tillich, P.: Wesen u. Wandel des G. Dt. Übers. Neuaufl. Ffm. 1969. - Buber, M.: Zwei G.weisen. Zürich 1950.*

Glaubensartikel (Articuli fidei), im Christentum Bez. für die einzelnen Abschnitte des Glaubensbekenntnisses.

Glaubensbekenntnis, formelhafte Zusammenfassung der wesentl. Aussagen der christl. Glaubenslehre. Bes. Bed. haben die G. der ökumen. Konzilien als Norm der reinen Lehre, v. a. das ↑Apostolische Glaubensbekenntnis (das Credo [Kredo] der westl. Kirchen) und das ↑Nizänokonstantinopolitanum (im Osten). - ↑auch Bekenntnisschriften.

Glaubensdelikte, im kath. Kirchenrecht Vergehen gegen den christl. Glauben und die Einheit der Kirche, z. B. Apostasie, Häresie und Schisma, die automat. die Exkommunikation nach sich ziehen.

Glaubenseid, das Ablegen des christl. Glaubensbekenntnisses unter Eid; in der kath. Kirche vor Empfang des Weihesakramentes gefordert. - In den ev. Kirchen entspricht dem G. eine meist eidl. Lehrverpflichtung.

Glaubenskriege ↑Religionskriege.

Glaubens- und Gewissensfreiheit, das in Art. 4 GG verankerte Grundrecht, das in Glaubens- und Weltanschauungsangelegenheiten und bei inneren Gewissensentscheidungen die Freiheit von staatl. Zwang garantiert. Sie wird ergänzt durch die Freiheit des religiösen und weltanschaul. Bekenntnisses (↑Bekenntnisfreiheit), durch das Recht zur ungestörten Religionsausübung im privaten und öffentl. Bereich (**Kultusfreiheit**) und durch die Befugnis zur Vereinigung in Religions- oder Weltanschauungsgemeinschaften. Im einzelnen ist die Freiheit der inneren Überzeugung in religiösen, weltanschaul. und Gewissensfragen geschützt. Dabei erstreckt sich das Grundrecht sowohl auf religiöse als auch auf irreligiöse Anschauungen. Ferner erlaubt es nicht nur auszusprechen, sondern auch zu verschweigen, ob und was man glaubt oder nicht glaubt (negative G.- u. G.). Die G.- u. G. schließt auch das Recht zur Werbung für den eigenen Glauben und zur Abwerbung von einem fremden Glauben ein, soweit nicht unlautere Methoden oder sittlich verwerfl. Mittel angewendet werden. Das Recht zur Kriegsdienstverweigerung wird in Art. 4 Abs. 3 GG ausdrückl. gewährleistet.
Für das *östr. Recht* gilt im wesentl. Entsprechendes, es ist aber nur das Bekenntnis zu einer bestimmten Religion, nicht aber zu einer Weltanschauung geschützt.
In der *Schweiz* ist die G.- u. G. in Art. 49 BV verankert. Jedermann ist demnach befugt, seiner religiösen - oder auch irreligiösen - Überzeugung in Wort und Schrift Ausdruck zu geben und sich seinem Glauben gemäß zu betätigen. Hingegen schließt die verfassungsrechtlich garantierte G.- u. G. das Recht auf *Kriegsdienstverweigerung* nicht in sich.

Glauber, Johann Rudolph, * Karlstadt 1604, † Amsterdam 10. März 1670, dt. Chemiker. - G. entwickelte zahlr. chem.-techn. Prozesse und wurde so zu einem Begründer der chem. Industrie.

Glaubersalz [nach J. R. Glauber] (Mirabilit), farbloses, monoklin-prismat. kristallisierendes Mineral; $Na_2SO_4 \cdot 10\,H_2O$; Dichte 1,49 g/cm^3; Mohshärte 1,5–2. Verwendung in der Glasfabrikation, beim Färben und Ausrüsten von Textilien sowie als Abführmittel.

Glaubhaftmachung, der Beweis geringeren Grades, der bereits erbracht ist, wenn für den zu beweisenden Sachverhalt eine erhebl. Wahrscheinlichkeit besteht. Er ist nur zulässig in den gesetzl. bestimmten Fällen. Mittel sind die gesetzl. Beweismittel, ferner die eidesstattl. Versicherung.

Gläubiger, 1. im *materiellen Recht* derjenige, der von einem anderen (Schuldner) eine ↑Leistung verlangen kann; 2. in der *Zwangsvollstreckung* der Inhaber des im Vollstrekkungstitel festgestellten Anspruchs.

Gläubigerausschuß, das der Unterstützung und Überwachung des Konkursverwalters dienende Organ der Konkursgläubiger.

Gläubigerbegünstigung ↑Konkurs- und Vergleichsdelikte.

Gläubigerbeirat, das Organ der an einem Vergleichsverfahren beteiligten Gläubiger.

Gläubigerversammlung, die Zusammenkunft der Konkursgläubiger, in der die Gläubiger ihre Rechte auf Mitwirkung am Konkursverfahren ausüben. Hauptaufgaben: endgültige Ernennung des Konkursverwalters, Bestellung eines Gläubigerausschusses, Genehmigung bes. Geschäfte des Konkursverwalters, Entgegennahme der Schlußrechnung. Die G. entscheidet mit der Mehrheit der abgegebenen Stimmen, berechnet nach Forderungsbeträgen.

Gläubigerverzeichnis, das Verzeichnis der an einem Vergleichs- oder Konkursverfahren beteiligten Gläubiger. Im Vergleichsverfahren stellt das G. in Verbindung mit dem bestätigten Vergleich einen Vollstrekkungstitel dar; im Konkursverfahren bildet es die Grundlage für die Schlußverteilung.

Glauchau, Krst. an der Zwickauer Mulde, Bez. Karl-Marx-Stadt, DDR, 250 m ü. d. M., 29 300 E. Bauingenieurschule, Theater; Textil-, Maschinen- und feinmechan. Ind. - Entstand im 12. Jh., erhielt im 13. Jh. Stadtrecht. - Barocke Stadtkirche (1726–28), Schloß Hinterglauchau (v. a. 1460 und 1525 ff.) und Schloß Vorderglauchau (1527–34).
G., Landkr. im Bez. Karl-Marx-Stadt, DDR.

Glaukom [zu griech. glaúkōma „Augenfehler“] ↑Starerkrankungen.

Glaukonit [griech.], zur Gruppe der Glimmer gehörendes Eisenaluminiumsilicat wechselnder Zusammensetzung mit 2–15 %

Kaliumoxid (K_2O); intensiv grünes, körniges Mineral; in marinen Sandsteinen und Mergeln vieler geolog. Formationen (wichtigster Bestandteil des Grünsandes bzw. der Grünerde); Mohshärte 2–3; Dichte 2,3–2,8 g/cm^3.

Glaukos von Chios, griech. Kunstschmied der 1. Hälfte des 6. Jh. v. Chr. - G. soll das Löten oder Schweißen von Eisen erfunden und einen Silberkessel auf eisernem Untersatz gefertigt haben (Weihegabe des Lyderkönigs Alyattes für Delphi).

Glaux (Mrz. Glaukes) [griech.], Eule, hl. Vogel der Athena, seit dem 6. Jh. v. Chr. stets Münzbild des athen. Geldes, dessen Tetradrachmen daher auch Glaukes genannt wurden. Auf sie bezieht sich möglicherweise das antike Sprichwort „Eulen nach Athen tragen".

glazial [lat.], während einer Eiszeit entstanden, mit einer Eiszeit in Zusammenhang stehend.

Glazialerosion, abschleifende und abtragende Tätigkeit der ↑Gletscher.

Glaziallandschaft, Landschaft, deren Oberflächenformen durch Gletscher und Inlandeisbedeckung geprägt worden ist. In Gebirgen ist Abtragung, im Tiefland Ablagerung typisch.

Glazialrefugien ↑Refugialgebiete.

Glazialseen, infolge von Vergletscherung entstandene Seen.

glaziär [lat.], im Umkreis eines Gletschers oder des Inlandeises entstanden, z. B. von Schmelzwasserablagerungen gesagt.

glazigen [lat./griech.], unmittelbar vom Eis geschaffen (gesagt von bestimmten Ablagerungs- und Abtragungsformen).

Glaziologie [lat./griech.] ↑Gletscherkunde.

Gleba [lat. „Erdscholle, Klümpchen"], Basidiosporen bildendes Hyphengeflecht im Inneren der Fruchtkörper der Bauchpilze.

Gleditsch, dt. Buchhändlerfamilie des 18. Jh. in Leipzig, die Buchhandlungs- und Verlagsunternehmen verband; Gründer der Leipziger Unternehmen waren die Brüder *Johann Friedrich G.* (* 1653, † 1716) und *Johann Ludwig G.* (* 1663, † 1741), *Johann Gottlieb G.* (* 1688, † 1738), der Sohn von Johann Friedrich G., machte die Buchhandlung zu einem der größten Unternehmen der Branche in Europa. Nach mehrfachem Besitzwechsel wurde es 1831 an F. A. Brockhaus verkauft.

Gleditsia [nach dem dt. Botaniker J. G. Gleditsch, * 1714, † 1786] (Dornkronenbaum, Gleditschia, Gleditschie), Gatt. der Caesalpiniengewächse mit rd. 15 Arten im gemäßigten Asien, in N-Amerika und im trop. Amerika; hohe Bäume mit gefiederten Blättern und kleinen, weißen oder grünl. Blüten in Trauben. Als Parkbaum wird die Art **Gleditsia triacanthos** mit 20–40 cm langen und 3–4 cm breiten, lederigen, braunen, gedrehten Hülsenfrüchten angepflanzt.

Glee [gliː; engl., zu altengl. glīw „Vergnügen, Musik"], in der engl. Musik des 17. bis 19. Jh. (Blütezeit 1750 bis 1830) Bez. für ein geselliges Lied für drei oder mehr Stimmen (meist Männerstimmen).

Gleiboden [russ./dt.] (Gley) ↑Bodenkunde.

Gleich, Joseph Alois, * Wien 14. Sept. 1772, † ebd. 10. Febr. 1841, östr. Schriftsteller. - Schrieb weit über 200 Wiener Volksstükke und Zauberpossen (Vorläufer F. Raimunds), ferner damals äußerst beliebte Ritter- und Schauerromane.

Gleichbehandlungsgrundsatz, vom allg. Gleichheitssatz abzuleitendes arbeitsrechtl. Schutzprinzip gegenüber willkürl. Benachteiligung von Arbeitnehmern innerhalb eines Betriebes, insbes. bei der Ausgestaltung der Arbeitsbedingungen sowie der Gewährung freiwilliger Sonderleistungen (Urlaubsgeld, Gratifikationen, Pensionen). Der Geltungsumfang des G. für die Lohnfestsetzung ist umstritten; er zwingt aber als Verbot willkürl. Differenzierungen zur Anwendung objektiver Leistungsbewertungsgrundsätze.

Gleichberechtigung, das in Art. 3 Abs. 2 GG garantierte Grundrecht der rechtl. Gleichheit von Mann und Frau. Es enthält ein Gebot der Gleich- und ein Verbot der Ungleichbehandlung der Geschlechter. Deren tatsächl. Verschiedenheiten rechtfertigen jedoch eine Ungleichbehandlung in Lebensbereichen, die durch die biolog. oder funktionalen (arbeitsteiligen) Unterschiede von Mann und Frau gekennzeichnet werden, so v. a. bei geschlechtsbezogenen Sachverhalten (Beispiel: Mutterschutz). - Der *Rechtsnorm* der G. steht allerdings eine *soziale Realität* gegenüber, in der die Frau trotz rechtl., gesellschaftl. und polit. Fortschritte bei ihrer Gleichstellung mit dem Mann im Verlauf der Entwicklung zur Industriegesellschaft der Gegenwart weiterhin eine unterprivilegierte Stellung einnimmt.
Im *östr. Recht* ergibt sich der Grundsatz der G. aus Art. 7 B-VG, der generell Vorrechte des Geschlechtes ausschließt. - Im *schweizer. Recht* besteht eine G. zw. Mann und Frau nicht.

Gleichberechtigungsgesetz, BG vom 18. 7. 1957, in Kraft seit 1. 7. 1958. Es hat das bürgerl. Recht an den verfassungsrechtl. Grundsatz der Gleichberechtigung von Mann und Frau angepaßt. Im Ehepersonenrecht und im Recht der ehel. Kinder wurde die Frau dem Mann weitgehend gleichgestellt.

Gleichdruckdampfturbine (Aktionsdampfturbine) ↑Dampfturbine.

Gleichen (die drei G.), Bez. für 3 zw. Arnstadt und Gotha gelegene Höhenburgen: Wachsenburg, Mühlberg und die namengebende Wanderslebener Gleiche (1034 erstmals erwähnt). Sie befanden sich nie in der Hand eines Besitzers. Die Burg Gleiche kam im 12. Jh. in den Besitz der Mainzer Erzbischöfe, die sie als Lehen an die Grafen von Tonna gaben (seit 1162 Grafen von G.; starben 1631 aus). - An einen Graf von G. knüpft sich (ohne histor. Grundlage) die Sage, daß er, um heimkehren zu können, einer Sarazenin die Ehe verspricht, seine Gemahlin dafür Verständnis aufbringt und der Papst seinen Konsens zur Doppelehe gibt. Zahlr. literar. Darstellungen dieser Doppelehe vom 16.–20. Jahrhundert.

Gleicheniengewächse (Gabelfarne, Gleicheniaceae), v. a. in den Tropen vorkommende Farnfam. mit vier Gatt.; die bekannteste ist die zehn Arten umfassende Gatt. **Gleichenie**; bodenbewohnende Farne mit doppelt gefiederten Blättern und bisweilen mehrfach gabelig geteilter Blattspindel.

Gleichen-Rußwurm, fränk.-thüring. Adelsfamilie (Einheirat der thüring. von Gleichen) seit dem 18. Jh.:

G.-R., Alexander Freiherr von, *Schloß Greifenstein ob Bonnland (Unterfranken) 6. Nov. 1865, † Baden-Baden 25. Okt. 1947, dt. Schriftsteller. - Enkel von Emilie von G.-R., Urenkel Schillers; pflegte die idealist.-humanitären Traditionen, u. a. breite kulturhistor. Abhandlungen, Schillerbiographie.

G.-R., Emilie Freifrau von, *Weimar 25. Juli 1804, † Schloß Greifenstein ob Bonnland (Unterfranken) 25. Nov. 1872, dt. Schriftstellerin. - Jüngste Tochter Schillers, dessen Lebensgeschichte ihre literar. Arbeit galt.

gleicherbig, svw. ↑homozygot.

gleiche Stimmen (lat. Voces aequales), in der Chormusik (im Ggs. zu ↑gemischte Stimmen) die Besetzung entweder mit Männer- oder mit Frauen-(Kinder-)Stimmen.

Gleichflügler (Pflanzensauger, Homoptera), mit rd. 30 000 Arten weltweit verbreitete Ordnung pflanzensaugender, wanzenartiger Landinsekten; Vorder- und Hinterflügel, wenn vorhanden, gleichartig häutig ausgebildet (im Ggs. zu den Wanzen) und in Ruhe dachförmig zusammengelegt. Man unterscheidet fünf Unterordnungen: ↑Blattläuse, ↑Blattflöhe, ↑Schildläuse, ↑Zikaden, ↑Mottenschildläuse.

gleichförmige Bewegung ↑Bewegung.

gleichgeschlechtliche Liebe, svw. ↑Homosexualität.

Gleichgewicht, in *Physik* und *Technik* der Zustand eines Körpers oder eines [Teilchen]systems, bei dem maßgebende Zustandsgrößen zeitl. konstant sind und/oder Wirkungen und Gegenwirkungen sich aufheben.

Mechanik: An einem Körper bzw. in einem Teilchensystem herrscht G. *(Kräfte-G.)*, wenn die Summe aller einwirkenden Kräfte bzw. Drehmomente gleich Null ist. Der Körper bzw. das System befindet sich dann im Zustand der Ruhe oder der gleichförmigen Bewegung (**statisches Gleichgewicht**). - Auch ein System, in dem Beschleunigungen auftreten, läßt sich als G.system auffassen, bei dem die beschleunigenden Kräfte mit den auftretenden Trägheitskräften im G. stehen. Nach der Stabilität eines G.zustands unterscheidet man drei G.arten: 1. Ein Körper befindet sich im **stabilen Gleichgewicht,** wenn er nach einer kleinen Auslenkung aus seiner G.lage wieder in diese zurückkehrt. Seine potentielle Energie besitzt in der stabilen G.lage ein Minimum. Beim stabilen G. eines Körpers im Schwerefeld hat sein Schwerpunkt die tiefstmögliche Lage. 2. Ein Körper befindet sich im **labilen Gleichgewicht,** wenn er nach einer kleinen Auslenkung aus seiner G.lage nicht mehr in diese zurückkehrt, sondern eine andere, stabile G.lage anstrebt. Seine potentielle Energie besitzt in der labilen G.lage ein Maximum. Beim labilen G. eines Körpers im Schwerefeld hat sein Schwerpunkt die höchstmögliche Lage. 3. Ein Körper befindet sich im **indifferenten Gleichgewicht,** wenn er nach einer kleinen Auslenkung aus dieser G.lage weder in die ursprüngl. Lage zurückkehrt noch eine andere Lage anstrebt, sondern vielmehr in der Lage bleibt, in die er durch die Auslenkung gebracht wurde. Seine potentielle Energie ändert sich somit nicht.

Thermodynamik: Ein abgeschlossenes thermodynam. System ist im G., wenn seine ↑Entropie den größtmögl. Wert besitzt und wenn sie sich bei allen mit den vorgegebenen Versuchsbedingungen verträgl. Zuständsänderungen nicht ändert. Aus dem 1. Hauptsatz (Erhaltung der Energie) und dem 2. Hauptsatz (die Entropie kann nur zunehmen oder ausgetauscht werden) lassen sich die G.bedingungen für jedes vorgegebene System ableiten.

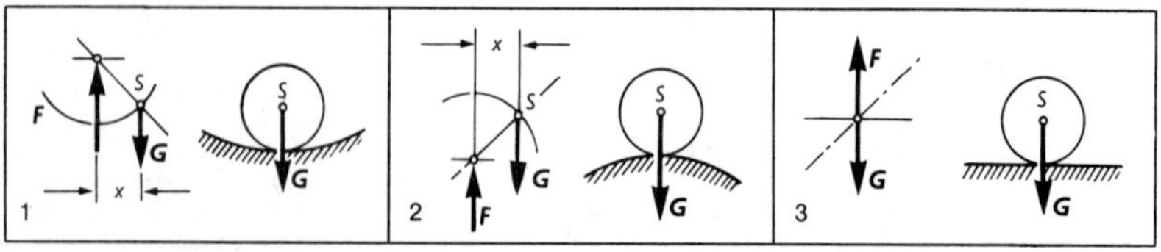

Gleichgewicht. 1 stabiles, 2 labiles, 3 indifferentes Gleichgewicht (*G* Gewicht, *F* Reaktionskraft, *x* senkrechter Abstand der Wirkungslinien von *G* und *F*, *S* Schwerpunkt)

Kernphysik: Ist das Folgeprodukt (Tochtersubstanz) eines radioaktiven Stoffes selbst radioaktiv und hat es eine kürzere Halbwertszeit als der Ausgangsstoff (Muttersubstanz), so herrscht **radioaktives Gleichgewicht,** wenn das Zusammenwirken von Neuerzeugung und Zerfall konstant geworden ist. Die Radioaktivität von Mutter- und Tochtersubstanz klingt dann nach der gleichen Zeitfunktion ab.
◆ in der *Biologie* bzw. *Physiologie* ↑Fließgleichgewicht, ↑ökologisches Gleichgewicht.
◆ in der *Psychologie* ↑seelisches Gleichgewicht.
◆ in der *innenpolit. Theorie* lehrten bereits die röm. Juristen das G. als verfassungsmäßige Gewaltentrennung zur Vermeidung einer Tyrannis. Einen modernen Ausdruck fanden diese Gedanken bei den Autoren von „The Federalist" und bei A. de Tocqueville. Während die marxist. Klassenkampftheorie ein G. der polit.-sozialen Kräfte ablehnt, zählt die G.idee in sozialen, parlamentar. Demokratien zu den konstitutiven Elementen einer Balance von Freiheit und Gleichheit (↑auch Föderalismus).
In der *Außenpolitik* ist G. eine Konzeption bzw. ein Zustand, dessen Voraussetzung eine Pluralität von souveränen Staaten ist und dessen Ziel es ist, die Hegemonie eines Staates oder einer Staatengruppe zu verhindern mit Hilfe „sich die Waage haltender" Bündnissysteme. Entstanden in der italien. Staatenwelt des 13.–16. Jh., wurde G.politik zum beherrschenden Prinzip der Politik des europ. Staatensystems (**Gleichgewicht der europäischen Mächte**), insbes. der brit. Europapolitik des 17. Jh. (**Balance of power**). Nach dem Scheitern dieser Politik im 1. Weltkrieg wurde ein System der kollektiven Sicherheit (Völkerbund) angestrebt. Das Ergebnis des 2. Weltkrieges war ein bipolares G. zw. den beiden Supermächten USA und UdSSR.
◆ in der *Wirtschaftstheorie* Bez. für den Zustand eines Systems, das keine systemimmanenten Änderungstendenzen aufweist. Im G. besteht für kein Wirtschaftssubjekt Veranlassung, sein Verhalten zu ändern, da die geplanten mit den realisierten ökonom. Größen übereinstimmen. Die Erreichung des gesamtwirtschaftl. G. als Ziel der Wirtschaftspolitik in der BR Deutschland bestimmt das Gesetz zur Förderung der Stabilität und des Wachstums der Wirtschaft. - ↑auch außenwirtschaftliches Gleichgewicht.

Gleichgewichtsorgane (statische Organe), Organe des Gleichgewichtssinns bei vielen Tieren und beim Menschen; dienen der Wahrnehmung der Lage des Körpers im Raum und zwar meist mit Hilfe der Schwerkraftwirkung. Im allg. liegen ein einheitl., größerer Körper (**Statolith**) oder mehrere kleine Körnchen bei Normallage des Körpers der Lebewesen mehr oder weniger bewegl. einer bestimmten Gruppe von Sinneshärchen eines Sinnesepithels (**Schwererezeptoren, Gravirezeptoren**) auf, das meist in einer mehr oder weniger tiefen Grube oder in einer offenen oder geschlossenen, flüssigkeitserfüllten Blase (**Statozyste**) gelegen ist. Die Sinneshärchen werden durch den Statolithen bei einer Lageveränderung des Körpers in Richtung Schwerkraft verschoben, wodurch sich der Reiz auf die Sinneshärchen der betreffenden Seite verlagert. Diese einseitige Reizung löst reflektor. Kompensationsbewegungen aus, die den Körper wieder in die normale Gleichgewichtslage zurückzubringen versuchen. Bei den Wirbeltieren befindet sich das G. in Form des ↑Labyrinths im Innenohr.

Gleichgewichtssinn (statischer Sinn, Schwerkraftsinn, Schweresinn), mechan. Sinn zur Wahrnehmung der Lage des Körpers bzw. der einzelnen Körperteile im Raum unter zentralnervaler Verarbeitung der von der Schwerkraft ausgehenden Reizwirkung auf die ↑Gleichgewichtsorgane. Bei den Wirbeltieren ist der G. im Hinter- bzw. Kleinhirn lokalisiert.

Gleichgewichtsstörungen, v. a. beim Stehen und Gehen auftretende bzw. empfundene Störungen des Gleichgewichtssinns. Objektiv machen sich G. durch Unsicherheiten beim Stehen oder Gehen, subjektiv v. a. durch Schwindelgefühl, u. U. auch Erbrechen bemerkbar. Die Ursachen der G. können im Gleichgewichtsorgan des Innenohrs (Labyrinth), im Bereich der Vestibulariskerne oder im Kleinhirn lokalisiert sein. Neben Entzündungen, Nervenerkrankungen und Hirntumoren können u. a. auch Kreislaufstörungen zu G. führen.

Gleichheit, im Recht verstanden als G. vor dem Gesetz (↑Gleichheitssatz), darüber hinaus als allg. Gerechtigkeitsprinzip. Die polit. Grundüberzeugung, daß alle Menschen nach ihrer Natur und unantastbaren Würde gleich sind, ist älter als die christl. Botschaft. Die ständ.-herrschaftl. Gesellschaft des MA und der frühen Neuzeit kannte nur gestufte G. bzw. Sonderrechte. Erst das moderne Naturrecht (↑auch Aufklärung) erarbeitete mit den Prinzipien der Freiheit die revolutionären Neuansätze der G.prinzipien, die dann erstmals in der amerikan. Unabhängigkeitserklärung (1776) verfassungspolit. wirksam wurden. Neben Freiheit und Brüderlichkeit wurde G. in der Frz. Revolution Grundlage der Erklärung der Menschen- und Bürgerrechte (1789), Basis der europ. Verfassungsbewegung und des Rechtsstaates. Die im 19. Jh. entstandene Arbeiterbewegung dehnte die G.forderungen über den rechtl. Bereich hinaus auf die Fragen der gesellschaftl. Besitzordnungen aus. Vom Marxismus wurde das Ziel der klassenlosen Gesellschaft proklamiert, in der alle Ungleichheit zw. den Menschen beseitigt sei. In den heutigen kapitalist.-demokrat. Massengesellschaften steht G. in Spannung zum Prinzip der Freiheit, da die unabdingbare Verwirklichung sozialer G. Einschränkungen der individuellen Freiheit verlangt.

◆ (Gleichheitsrelation) zweistellige, durch das Gleichheitszeichen (=) symbolisierte ↑Relation (in einer Menge *M*), die genau dann zw. zwei Elementen *a* und *b* aus der Menge *M* besteht ($a = b$), wenn *a* jede [in der jeweiligen Betrachtung relevante] Eigenschaft hat, die auch *b* hat und umgekehrt.

Unter **log. Gleichheit** versteht man eine mit formallog. Mitteln allein definierte zweistellige Relation „=". - ↑auch Identität.

Gleichheitssatz (Gleichheitsgrundsatz), in Art. 3 Abs. 1 GG verankertes Grundrecht und Menschenrecht, wonach *vor dem Gesetz* alle Menschen gleich sind. Diese Gewährleistung rechtl. Gleichheit ist sowohl formell wie materiell zu verstehen. *Formelle Rechtsgleichheit* bedeutet staatl. Handeln ohne Ansehen der Person, d. h., jeder wird in gleicher Weise durch bestehendes Recht verpflichtet und berechtigt. Als *materiellinhaltl.* Rechtsgrundsatz verlangt der G. aber darüber hinaus, daß das Gesetzesrecht selbst dem Rechtsgebot der Gleichheit entspricht. Dessen Grenzen sind freil. kaum allgemeingültig zu ermitteln; denn nur gleichartige Lebenssachverhalte sollen gleich, ungleichartige entsprechend ungleich behandelt werden. Trotz dieser Schwierigkeiten ist der Gesetzgeber gehalten, nicht nur frei von Willkür, sondern im Sinne *umfassender Gerechtigkeit* zu handeln. Über den allg. G. hinaus enthält das GG unmittelbar wirkende *spezielle Gleichheitsrechte*, wie die Wahlrechtsgleichheit und die Gleichheit des Zugangs zu allen öffentl. Ämtern, ferner in Art. 3 Abs. 2 und 3 das Verbot der Benachteiligung oder Bevorzugung wegen Geschlechts, Abstammung, Rasse, Sprache, Heimat, Herkunft, Glaubens, religiöser und polit. Anschauung. Der G. bindet Gesetzgebung, Rechtsprechung und Verwaltung gleichermaßen. Seine Bindungswirkung im Bereich der Verwaltung wirkt sich insbes. im Rahmen des behördl. Ermessens aus und führt zum Verbot unbegründeter Abweichungen von einer bisherigen, rechtmäßigen Verwaltungspraxis *(sog. Selbstbindung der Verwaltung).* Für das *östr. Verfassungsrecht* gilt im wesentl. das zum dt. Recht Gesagte. Die Gleichheit vor dem Gesetz ist allerdings ausschließl. östr. Staatsbürgern gewährleistet.

In der *Schweiz* bestimmt Art. 4 BV: „Alle Schweizer sind vor dem Gesetze gleich. Es gibt in der Schweiz keine Untertanenverhältnisse, keine Vorrechte des Orts, der Geburt, der Familien oder Personen". Das in Art. 4 BV niedergelegte Prinzip der Rechtsgleichheit gilt für alle drei Gewalten. Entgegen dem [enggefaßten] Wortlaut des Art. 4 können den Schutz nicht nur Schweizer beanspruchen, sondern auch Ausländer (und jurist. Personen). Das Gleichheitsgebot gewährt - nach der einschränkenden Rechtsprechung des Bundesgerichtes - nur Schutz vor sog. *materieller Rechtsverweigerung*, d. h. vor willkürl. Rechtssetzung und -anwendung.

📖 *Robbers, G.: Gerechtigkeit als Rechtsprinzip. Baden-Baden 1980. - Egger, H.: Gestaltungsrecht u. Gleichbehandlungsgrundsatz im Arbeitsverhältnis. Hdbg. 1979. - Feige, K.: Der G. im Recht der EWG. Tüb. 1973.*

Gleichlauf, Übereinstimmung des Drehrichtungssinns bei zwei oder mehreren sich drehenden Maschinenteilen (im Ggs. zum *Gegenlauf*).

◆ beim Fernsehen die mit Hilfe von Synchronsignalen erzielte Übereinstimmung der Kathodenstrahlablenkung in der Bildröhre eines Fernsehempfängers mit der Ablenkung des Abtaststrahles bei der Bildabtastung in der Aufnahmekamera.

Gleichmacherei, im allg. Sprachgebrauch abwertend für die Aufhebung aller [sozialen] Unterschiede.

◆ kommunist. Schlagwort, bezeichnet und verurteilt jedes Eintreten für Gleichheit in der Entlohnung; gilt im Sowjetkommunismus als Abweichung von der Parteilinie.

Gleichnamigmachen, Brüche durch Kürzen oder Erweitern auf den gleichen Nenner bringen.

Gleichnis, sprachl. Gestaltungsmittel, bei dem eine Vorstellung, ein Vorgang oder Zustand (Sachsphäre) zur Veranschaulichung und Intensivierung mit einem entsprechenden Sachverhalt aus einem anderen, meist sinnl.-konkreten Bereich (Bildsphäre) verglichen wird. Bild- und Sachsphäre sind im allgemeinen durch Vergleichspartikeln („so ... wie") ausdrückl. aufeinander bezogen, sie decken sich aber nicht wie in der ↑Allegorie in mehreren Einzelzügen, vielmehr konzentrieren sich die einander entsprechenden Züge beider Sphären in einem einzigen, für die Aussage wesentl. Vergleichsmoment, dem ↑Tertium comparationis, in dem die beiden Seiten sich berühren. Das G. ist vom bloßen Vergleich durch die breitere Ausgestaltung und eine gewisse Selbständigkeit des Bildbereichs unterschieden, wird des öfteren auch gleichbedeutend mit ↑Parabel verwendet; vielfach werden jedoch beide Begriffe in dem Sinne unterschieden, daß bei der Parabel die Sachseite nicht ausdrückl. genannt ist, sondern erschlossen werden muß (demnach setzt die Parabel das Bild *statt* der Sache, das G. setzt es *neben* sie). - Bekannteste Beispiele sind die homer. G., die in ihrer breiten Ausgestaltung die betrachtende Haltung des Epikers zum Ausdruck bringen, und die bibl. Gleichnisse.

Gleichrichter, Geräte mit Ventilwirkung, die einen elektr. Strom nur in eine Richtung leiten, d. h. eine Wechselspannung gleichrichten. Bei den *mechan. G.* werden Kontakte synchron von der gleichzurichten-

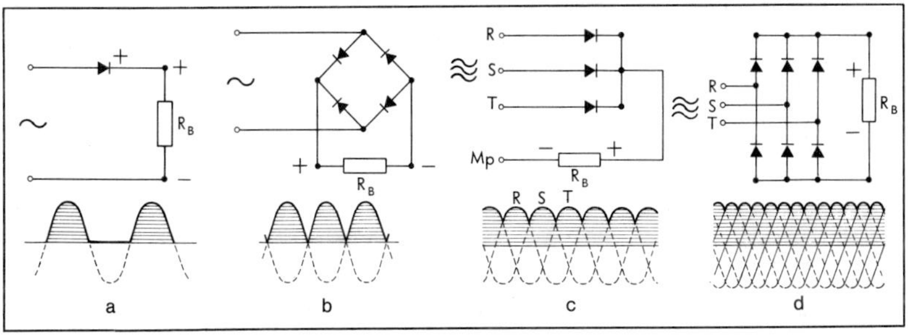

Gleichrichter. Gleichrichterschaltungen und die sich jeweils ergebenden Stromformen. a Einwegschaltung, b Brückenschaltung, c Drehstrom-Sternschaltung, d Drehstrom-Brückenschaltung (R_B Belastungswiderstand; R, S, T Leiter des Drehstromnetzes, M_p Mittelpunktleiter)

den Wechselspannung gesteuert. Die *elektron. G.* beruhen auf der Ventilwirkung der elektr. Entladung im Vakuum, der elektr. Gasentladung und dem G.effekt von Halbleitern. Verwendung von Hochvakuumröhren (Elektronenröhren) ist wegen ihres hohen Innenwiderstandes nur für kleinste Leistungen möglich. Für große Leistungen verwendet man Quecksilberdampf-G. (mit Quecksilberkathode und Eisenanode). *Halbleiter-G.* werden wegen ihrer geringen Größe, ihren kleineren Spannungsverlusten und ihrer mechan. Unempfindlichkeit in steigendem Maße verwendet. Die sog. *Trocken-G.* nutzen die Ventilwirkung des Überganges von einer p- oder n-leitenden Halbleiterschicht zu einem metall. Leiter. Dazu zählen die Kupferoxydul- und Selen-G. Bei den Germanium- und Silicium-G. wird die Ventilwirkung durch den Übergang von einer p- zu einer n-leitenden Halbleiterschicht (p-n-Übergang) bewirkt (↑auch Diode). *Steuerbare G.* sind gasgefüllte G. (Thyratron) und Quecksilberdampf-G. mit Steuergitter sowie Halbleiter-G. mit drei p-n-Übergängen (Thyristor).
Jede G.schaltung liefert einen Gleichstrom, dem ein Wechselanteil überlagert ist. Er ist beim Einweg-G. am größten und bei den Brücken-G. am geringsten. Ladekondensatoren und Glättungsdrosseln vermindern die Welligkeit.

Gleichschaltung, polit. Schlagwort während der nat.-soz. Machtergreifung 1933; bezeichnet die (weitgehende oder vollständige) Aufhebung des polit.-gesellschaftl. Pluralismus zugunsten der NS-Bewegung und ihrer Ideologie (1933/34, beginnend mit dem Vorläufigen Gesetz zur G. der Länder vom 31. 3. 1933) und wird analog auf ähnl. polit. Führungspraktiken in bürgerl.-autoritären und kommunist. Gesellschaftssystemen angewandt.

Gleichschein, svw. ↑Konjunktion.

gleichschenkliges Dreieck ↑Dreieck.

Gleichschlag ↑Drahtseil.

Gleichschritt, Gehbewegung beim Marschieren (meist militär. Einheiten) in gleichem Schritt und gleichem Rhythmus (oft musikal. unterstützt). - Ggs. ohne Tritt.

gleichseitiges Dreieck ↑Dreieck.

Gleichspannung, eine zeitl. konstante elektr. Spannung (im Ggs. zur Wechselspannung); *G.quellen* sind z. B. die elektrochem. Elemente, [Trocken]batterien, Akkumulatoren und Gleichstromgeneratoren.

Gleichstrom, ein elektr. Strom gleichbleibender Richtung (im Ggs. zum Wechselstrom). Ein G. konstanter Stärke wird v.a. von elektrochem. Elementen geliefert, ein **pulsierender Gleichstrom,** d. h. ein in der Stromstärke, jedoch nicht in der Stromrichtung sich period. ändernder Strom von G.generatoren oder Gleichrichtern.

Gleichstrommaschinen, rotierende elektr. Maschinen, die Gleichstrom erzeugen *(Generator)* oder verbrauchen *(Motor).* Sie bestehen aus einem feststehenden Teil, dem *Ständer (Stator)* mit den Polen, die die Erregerwicklung tragen (bei Kleinstmaschinen auch Permanentmagnete) und einem darin umlaufenden Teil, dem *Anker (Rotor).* In den auf dem Ankerumfang gleichmäßig verteilten Nuten liegt die Ankerwicklung, deren Teilspulen an je zwei Lamellen des Kollektors (Stromwender) enden; Stromzuführung über Bürsten. Beim Generator werden in den im Erregerfeld bewegten Ankerspulen Wechselspannungen induziert und in ihrem Maximum von den Bürsten auf dem Kollektor abgegriffen, so daß an den Bürsten prakt. eine Gleichspannung anliegt. Beim Motor wird auf die im Erregerfeld befindl. stromdurchflossene Ankerspule ein Drehmoment ausgeübt. Der Kollektor sorgt für gleichbleibende Stromrichtung in der unter den Polen befindl. Ankerwicklung.
Man unterscheidet je nach Parallel- oder Reihenschaltung der Anker- mit der Erregerwicklung: 1. *Nebenschlußmaschine* (Drehzahl

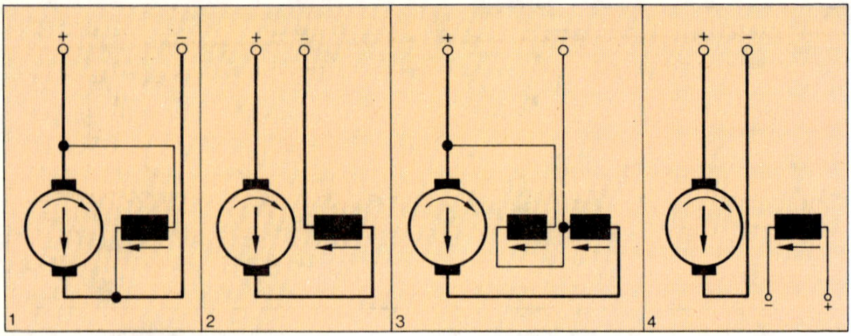

Gleichstrommaschinen.
1 Nebenschlußmaschine,
2 Reihenschlußmaschine,
3 Doppelschlußmaschine,
4 fremderregte Nebenschlußmaschine

durch konstante Erregung fast lastunabhängig; durch Vorwiderstände im Erregerkreis weitgehend regelbar); Verwendung: Antrieb von Werkzeugmaschinen, Lichtmaschinen in Kfz. 2. *Reihenschlußmaschine* (Erregerwicklung vom Ankerstrom durchflossen; Drehzahl lastabhängig); mit hohem Anzugsmoment bes. zum Antrieb elektr. Fahrzeuge. 3. *Doppelschlußmaschine (Verbund-, Compoundmaschine)* verbindet die Eigenschaften von 1 und 2. Durch stromabhängige Feldverstärkung erreicht man bei Generatoren konstante Klemmenspannungen (Erregermaschinen für Synchrongeneratoren) bzw. bei Motoren eine Drehzahlabsenkung und Erhöhung des Anzugsmomentes (Schwungantrieb an Pressen und Stanzen).
Fremderregung eines Generators und Motors findet z. B. in der *Leonardschaltung* Anwendung, bei der die Motordrehzahl kontinuierl. von einer Drehrichtung zur anderen geregelt werden kann.

Gleichstromtelegrafie ↑Telegrafie.

Gleichungen, mathemat. Aussagen oder Aussageformen, die ein Gleichheitszeichen enthalten. Man unterscheidet **ident. Gleichungen,** die entweder nur bekannte Größen enthalten oder für alle Werte von in ihnen enthaltenen Variablen gelten wie z. B. $3+7 = 10$ oder $(a+b)^2 = a^2+2ab+b^2$, **Bestimmungsgleichungen,** die nur für bestimmte Werte ihrer Variablen gelten wie z. B. $3x+2 = 11$ oder $\sin x = 0$, und **Funktionsgleichungen,** die eine funktionale Abhängigkeit angeben wie z. B. die Geradengleichung $y = 2x+6$ oder die Hyperbelgleichung $x \cdot y = 1$ (↑auch Funktion). Spezielle Bestimmungs-G. sind G., in denen Funktionen gesucht werden, z. B. Differential-G., Integral-G., allg. Funktionalgleichungen. Bestimmungs-G., häufig auch einfach G. gen., können eine oder mehrere Unbekannte enthalten (z. B. diophant. G.). Die große Anzahl aller mögl. [Bestimmungs]-G. unterteilt man in die **algebraischen Gleichungen** der Form

$$a_n x^n + a_{n-1} x^{n-1} + \ldots + a_1 x + a_0 = 0$$

mit konstanten *Koeffizienten* a_k ($k = 0, 1, \ldots, n$), in denen die Unbekannte x nur algebraischen Rechenoperationen unterworfen ist (der höchste auftretende Exponent von x bezeichnet den *Grad* der algebraischen G.), und in die **transzendenten Gleichungen,** das sind alle nicht algebraischen Bestimmungsgleichungen.
Für algebraische G. sind die Fragen nach Lösungsmöglichkeit, Eindeutigkeit der Lösungen und nach evtl. vorhandenen Lösungsformen in der klass. Algebra beantwortet worden. N. H. Abel wies nach, daß algebraische G. von mehr als viertem Grad im allg. nicht formelmäßig gelöst werden können. Von C. F. Gauß stammt der *Fundamentalsatz der Algebra*, der besagt, daß eine algebraische G. n-ten Grades (mit reellen oder komplexen Koeffizienten) genau n Lösungen im Bereich der komplexen Zahlen hat. Diese n Lösungen brauchen jedoch nicht alle verschieden zu sein.
Im Ggs. zu den algebraischen G. gibt es bei den transzendenten keine systemat. aufgebaute Theorie. Man kann unterscheiden zw. **Exponentialgleichungen,** bei denen die Unbekannte im Exponenten auftritt (z. B. $e^{-x} = x$, $4^{2x} = 16$), **logarithm. Gleichungen,** bei denen die Unbekannte im Argument eines Logarithmus vorkommt (z. B. $6-2 \lg x = \lg 12$; $\ln x + x = 0$) und **goniometr. Gleichungen,** bei denen die Unbekannte im Argument einer trigonometr. Funktion steht (z. B. $\sin 2x + \sin x = 0$; $x - 2/3 = \sin x$). Es können jedoch auch transzendente G. auftreten, die nicht diesen Typen angehören (z. B. $e^{-x} = \sin x$, $\cosh x = 2 + \sin x$).

Gleichzeitigkeit, die durch zwei an verschiedenen Orten und in verschiedenen Bewegungszuständen befindl. Beobachter an ihren Uhren festgestellte zeitl. Übereinstimmung des Eintretens eines physikal. Ereignisses. Der auf der Annahme eines gleichen (synchronen) Ablaufs der Zeit in jedem Punkt des Raumes (absolute Zeit) beruhende Begriff der G. wurde durch A. Einstein in der Relativitätstheorie einer krit. Analyse unterzogen und neu gefaßt.

Gleim, Johann Wilhelm Ludwig, * Ermsleben 2. April 1719, † Halberstadt 18. Febr. 1803, dt. Dichter. - 1738–41 in Halle, begründete dort u. a. mit J. P. Uz und J. N. Götz den Halleschen Dichterkreis, wurde der führende Vertreter der Anakreontik; 1747–91 Sekretär des Domkapitels in Halberstadt. Neben erot. verspielten anakreont. Gedichten („Versuch in scherzhaften Liedern", 3 Tle., 1744–58) stehen Gedichte mit patriot. Tendenz („Preuß. Kriegslieder in den Feldzügen 1756 und 1757 von einem Grenadier", 1758) und v. a. der Versuch, das Denken und Fühlen des Volkes darzustellen oder es zu erziehen.

Gleis, die Fahrbahn von Schienenfahrzeugen; besteht aus zwei in gleichbleibendem Abstand (Spurweite) verlaufenden Stahlschienen, die auf Schwellen aus Holz, Stahl oder Beton befestigt sind.

Gleisbau ↑ Eisenbahn.

Gleisbildstellwerk ↑ Eisenbahn.

Gleisdreieck, dreieckförmige Gleisanlage; ermöglicht das Wenden von Schienenfahrzeugen ohne Drehscheibe.

Gleiskettenfahrzeug (Raupenfahrzeug), Fahrzeug, dessen Räder zur Verminderung des Bodendrucks sowie zur Verbesserung der Bodenhaftung auf Gleisketten (gelenkig verbundenen Stahlplatten) laufen; verwendet als geländegängige Fahrzeuge für militär., bau-, land- und forstwirtsch. Zwecke.

Gleismessung ↑ Eisenbahn.

Gleisschaltmittel ↑ Eisenbahn.

Gleitaare (Elaninae), Unterfam. 18–60 cm langer Greifvögel (Fam. Habichtartige) mit acht Arten, v. a. in offenen Landschaften der Tropen und Subtropen; in M-Europa kommt (als seltener Irrgast) der **Schwarzflügelgleitaar** (Elanus caerulens) vor; bis 35 cm lang, mit hellgrauer Oberseite, schwarzem Flügelbug, kurzem, weißem Schwanz und weißer Unterseite.

Gleitbilche (Flugbilche, Idiurus), Gatt. 7–10 cm langer Dornschwanzhörnchen mit drei Arten, v. a. in den Wäldern W- und Z-Afrikas; Schwanz über körperlang, mit Reihen verlängerter Haare; Färbung blaß- bis rötlichbraun, Oberseite mit dichtem, weichem Fell, Flughaut oberseits ebenfalls dicht, unterseits spärl. behaart.

Gleitboot, schnelles Motorboot mit einem bes. ausgebildeten Schiffsboden (in Knickspantbauweise flach, beim *Stufenboot* mit stufenförmigem Absatz). Das in Fahrt befindl. G. erfährt einen dynam. Auftrieb, der das Boot mit zunehmender Geschwindigkeit aus dem Wasser hebt.

Gleitbruch ↑ Bruch.

Gleitebene ↑ Gleitung.

gleitende Arbeitszeit (Gleitzeit) ↑ Arbeitszeit.

Gleiter, Bez. für antriebslose, ledigl. zu Gleitflügen befähigte Luftfahrzeuge mit ↑ Gleitzahlen bis zu 1:15; früher z. B. zur Schulung von Segelfliegern verwendet.

Gleitflug, ohne zusätzl. Schub auf geneigter *Gleitbahn* erfolgender Flug (im normalen Anstellwinkelbereich) eines Flugsystems, wobei durch die [vorwiegend an den Tragflächen] wirksamen Auftriebskräfte eine zusätzl. Bewegungskomponente in Flugrichtung erzeugt wird.

Gleithang ↑ Hang.

Gleitklausel, Klausel in einem Vertrag, durch die vereinbart wird, daß die Höhe einer Zahlung (z. B. Miete, Gehalt) nach einer bestimmten Frist den veränderten [Lebensunterhaltungs]kosten angepaßt wird.

Gleitlager, Lager, bei dem ein bewegter Teil auf Gleitflächen in einer feststehenden Lagerschale gleitet (Maschinenbau).

◆ Lager, über das bei temperaturbedingter Längenänderung ein Balken weggleiten kann (Bauwesen).

Gleitlagerlegierungen, Lagerwerkstoffe, z. B. Weißmetall, Bleibronze, spezielle Aluminiumlegierungen und Sinterwerkstoffe, die sich auf Grund ihrer Einlauf- und Notlaufeigenschaften gut für Gleitlager eignen.

Gleitmodul (Drillungsmodul, Schubmodul, Schermodul, Torsionsmodul), Formelzeichen G, Quotient aus der bei Schubbeanspruchung eines Stoffes (Werkstücks) erfolgenden Schubspannungsänderung $\mathrm{d}\tau$ und der zugehörigen Winkeländerung (Verzerrung) $\mathrm{d}\gamma$, die dabei an der ursprüngl. Normalen zw. zwei Schubspannungsquerschnitten auftritt: $G = \mathrm{d}\tau/\mathrm{d}\gamma$. - ↑ auch Hookesches Gesetz.

Gleitpfad (Gleitweg), der in der Ebene der Pistenmittellinie eines Flugplatzes verlaufende [vorgeschriebene] Weg eines Flugzeugs beim Landeanflug. - ↑ auch Instrumentenlandesystem.

Gleitreibung ↑ Reibung.

Gleitschalung, bei turmartigen Betonbauten verwendete Schalung, die dem Baufortgang entsprechend am Bauwerk hochgedrückt wird.

Gleitung, in der *Kristallphysik* und *Werkstoffkunde* Bez. für die bei Schubbeanspruchung eines Körpers nach Überschreiten einer bestimmten krit. Spannung (der sog. Streckgrenze) auftretende plast. Verformung. Bei kristallinen Stoffen beruht die G. auf einer Verschiebung von Kristallschichten parallel zu einer kristallograph. bestimmten Ebene, der **Gleitebene,** und in einer festgelegten Richtung, der **Gleitrichtung.** Dabei werden größere Gitterbereiche gegeneinander verschoben, bis die Gitterbausteine wieder in ein Minimum des period. Gitterpotentials gelangt sind. Durch röntgenograph. Untersuchungen hat sich gezeigt, daß nicht nur eine Gleitebene

auf ihrer benachbarten abgleitet, sondern ganze Schichten, sog. **Gleitlamellen,** um den gleichen Betrag verschoben sind. Die Spuren der Gleitlamellen sind mit bloßem Auge an Oberflächen als **Gleitlinien** sichtbar, die wiederum die **Translationsstreifung** bilden. Der Abstand zweier Gleitlinien liegt in der Größenordnung einiger Tausendstel mm. Die Verschiebung (im Verhältnis zu der sie verursachenden äußeren Kraft) ist durch den Kehrwert des Gleitmoduls gegeben.
Eine G. ist nicht notwendigerweise auf eine Gleitebene und eine Gleitrichtung beschränkt, es können vielmehr gleichzeitig mehrere Gleitsysteme betätigt werden. Die einfachste Mehrfach-G. ist die **Doppelgleitung,** die in einer Ebene, aber längs zweier verschiedener Richtungen stattfindet, die allgemeinste ist die G. nach fünf unabhängigen Gleitsystemen bei vollkommen kontinuierl. Gleitung. Da mit der G. eine Drehung des Kristallgitters verbunden ist, tritt nach entsprechend langer Verformung eine Mehrfach-G. auf (es können die krit. Schubspannungskomponenten anderer Gleitsysteme erreicht werden). - Die G. wird durch Gitterbaufehlstellen und Inhomogenitäten begünstigt. Modellmäßig kann man die G. als Fortpflanzung von eindimensionalen Gitterbaufehlern, den sog. Versetzungen, längs einer Gleitebene auffassen. Der Übergang von Versetzungen der verschiedenen Gleitebenen ineinander, die sog. **Quergleitung,** ist ein therm. bedingter Prozeß und führt zur Ausbildung von **Gleitbändern,** die aus Gleitlamellen zusammengesetzt sind. Die Versetzungen sind den äußeren Spannungen entgegengerichtet, was zu einer Verfestigung eines Körpers bei Gleitprozessen führt.

Gleitweg, svw. ↑Gleitpfad.

Gleitwegsender (Gleitwegfunkfeuer) ↑Instrumentenlandesystem.

Gleitwinkelbefeuerung, Markierung des vorgegebenen Gleitwinkels für den Landeanflug. Flugzeuge werden mit dieser Einrichtung bis zum Aufsetzpunkt geführt.

Gleitzahl, das Verhältnis von Widerstandskraft zu Querkraft (Auftriebskraft) bei der Umströmung eines Tragflügels oder des gesamten Flugzeugs. Die G. ist der Tangens des sog. **Gleitwinkels.** Im reinen Gleitflug entspricht die G. dem Verhältnis des Höhenverlustes zur zurückgelegten Flugstrecke bzw. dem Verhältnis von Sinkgeschwindigkeit zu Horizontalfluggeschwindigkeit.

Gleiwitz (poln. Gliwice), Stadt am W-Rand des Oberschles. Ind.gebiets, Polen▾, 223 m ü. d. M., 211 200 E. TH, Hüttenschule, Krebsforschungsinst., naturwiss. Forschungsinst.; Museum. G. ist eines der ältesten Schwerind.zentren Europas. Seit 1909 wird im Stadtgebiet Kohle abgebaut; wichtiger Umschlaghafen am rd. 40 km langen **Gleiwitzkanal,** der G. mit der Oder bei Cosel verbindet. - Als Stadt erstmals 1276 erwähnt, als dt. Neugründung auf gitterförmigem Grundriß angelegt; gehörte zu verschiedenen schles. Hzgt.; fiel 1742 an Preußen. Anlage des ersten Kokshochofens auf dem europ. Festland (1795). Ein vom Sicherheitsdienst der SS unter Verwendung poln. Uniformen organisierter Überfall auf den Sender G. am Abend des 31. Aug. 1939 sollte den dt. Angriff auf Polen am folgenden Tag als berechtigte Abwehrreaktion erscheinen lassen.

Gleizes, Albert [frz. glɛ:z], * Paris 8. Dez. 1881, † Avignon 24. Juni 1953, frz. Maler. - Vertreter des Kubismus bzw. der ↑Section d'or; später christl. Thematik; verfaßte u. a. „Über den Kubismus" (1912).

Glemp, Józef, * Inowrocław (Woiwodschaft Bydgoszcz) 28. Dez. 1928, poln. kath. Theologe. - Sohn eines Bergmanns; 1967–79 Sekretär von Kardinal St. Wyszyński in Warschau; 1979 Bischof von Warmia (Ermland), seit Juli 1981 Erzbischof von Gnesen und Warschau und Primas von Polen, seit 1983 Kardinal.

Glen [schott.-engl.], schott. Bez. für ein glazial überformtes Tal, in Irland **Glean,** in Wales **Glyn** genannt.

Glencheck ['glɛntʃɛk; engl., zu schott. glen „Tal" und engl. check „Karomuster"], Bez. für eine großflächige, vom Schottenmuster abgeleitete Karomusterung bei Geweben (insbes. solchen aus Kammgarnen) in Leinwand- oder Köperbindung.

Glendale [engl. 'glɛndɛɪl], Stadt im nö. Vorortbereich von Los Angeles, Calif., 139 100 E. Inst. für Luftfahrttechnik, Kernforschungslabor; Flugzeugindustrie.

Glendower, Owen [engl. 'glɛndaʊə], * um 1354, † um 1416, Fürst von Wales. - Aus walis. königl. Familie; unterstützte die Rebellion gegen König Richard II., rief 1400 aber auch gegen Heinrich IV. zu einem Aufstand auf, der Wales zum letzten Mal Unabhängigkeit von England verschaffte; dabei wurde G., der sich bis 1408 als „Prince of Wales" halten konnte, zum walis. Nationalhelden.

Glenn, John [Herschel] [engl. glɛn], * Cambridge (Ohio) 18. Juli 1921, amerikan. Astronaut. - Umkreiste am 20. Febr. 1962 als erster Amerikaner die Erde (drei Umrundungen). Bewarb sich 1984 erfolglos um die Präsidentschaftskandidatur.

Glenrothes [engl. glɛn'rɔθɪs], schott. Ind.stadt (New Town) in der Region Fife, 60–90 m ü. d. M., 32 700 E. - Gegr. 1948, geplant für 55 000 E.

Glesker (Gleßkher, Klesecker), Justus, * Hameln zw. 1610/23, † Frankfurt am Main 2. Dez. 1678, dt. Bildhauer. - Schuf von F. Duquesnoy und G. L. Bernini beeinflußte Skulpturen von pathet. Aussagekraft und beeinflußte die Entwicklung der dt. Barockskulptur; u. a. 1648 ff. Ausstattung des Bamberger Doms (z. T. zerstört), Grabmal des

Fürstbischofs Melchior Otto Veit von Salzburg (1659, Michaelskirche in Bamberg).

Gletscher [roman., zu lat. glacies „Eis"] (in Salzburg, Kärnten und Osttirol **Kees,** im übrigen Tirol **Ferner**), Eisströme, die oberhalb der Schneegrenze in Firnmulden entstehen. In diesem **Nährgebiet** entwickelt sich der Schnee über Firn und Firneis zu **Gletschereis** durch den Druck der überlagernden Schneemassen und durch wiederholtes Schmelzen und Gefrieren. Durch diese sog. **Regelation,** bei der sich Gleitfilme aus Wasser bilden, wird das Gletschereis außerdem beweglich. Es fließt mit Geschwindigkeiten von 1–2 cm/Std. Der G. endet unterhalb der Schneegrenze (Firnlinie) als **Gletscherzunge** im **Zehrgebiet.** Hier ist die ↑Ablation wirksam, durch deren wechselndes Ausmaß **Gletscherschwankungen** (Vorstöße und Rückzüge) zustande kommen. Die Oberfläche ist durch zahlr. **Gletscherspalten** zerrissen: Längsspalten treten an der Gletscherstirn auf, Randspalten entstehen, da sich der G. in der Mitte schneller bewegt als am Rand, Querspalten bilden sich bei Versteilung des Untergrunds; bei starkem Gefälle löst sich der G. in einen **Gletscherbruch** auf. Fällt er über eine Felskante (**Gletschersturz**), bilden die Eistrümmer mitunter einen neuen G. (**regenerierter Gletscher**). Anstehendes Gestein wird abgeschliffen (**Gletscherschliff**) oder zu Rundhöckern mit flacher Luv- und steiler Leeseite geformt. Diese **Glazialerosion** erweitert und übertieft außerdem Becken, Mulden und Täler, letztere bekommen einen trogförmigen Querschnitt. Helle und dunkle Streifen auf der Oberfläche des G. (**Ogiven**) entstehen durch Schichtung des Eises (mit Staubeinlagen) oder durch Druck; ihre bogenförmige Lage zeigt die Fließbewegung an. Die von umgebenden Berghängen herabgestürzten sowie die vom G. abgeschürften Gesteinsbrocken werden kantengerundet und zeigen zumeist Schleifspuren (gekritzte Geschiebe). Einzelne Geschiebe schützen das darunterliegende Eis vor dem Abschmelzen, so daß es als Pfeiler mit krönendem Gesteinsblock (**Gletschertisch**) über seine Umgebung ragt.

Die Geschiebe werden als **Moräne** mittransportiert und abgelagert. Man unterscheidet **Seitenmoränen** (auch *Ufer-* oder *Randmoränen*), **Mittelmoränen,** die entstehen, wenn zwei G. zusammenfließen; **Grundmoränen** bestehen aus abgesunkenem und am G.boden ausgeschürften Geschieben. An der G.stirn entstehen **Endmoränen** (auch *Stirn-* oder *Stauchmoränen*), die oft girlandenförmig Zungenbekken umgeben. Das Schmelzwasser eines G. fließt teils auf der Oberfläche, teils in Tunneln oder an der G.sohle. Durch strudelnde Bewegung können im festen Gesteinsuntergrund Kolke (**Gletschertöpfe**) und durch zusätzl. wirbelnd bewegte Geschiebe **Gletschermühlen** entstehen. Am Zungenende tritt das Schmelzwasser als **Gletscherbach** aus **Gletschertoren** aus. Es ist durch fein zerriebenes Gesteinsmaterial trübe (**Gletschermilch**).

Zu den Gebirgs-G. zählen **Talgletscher, Hängegletscher, Kargletscher** u. a., daneben gibt es G.flächen, die nach vielen Seiten abfließen, untergliedert in **Eiskappen, Plateaugletscher** und **Inlandeis.** - Abb. S. 254.

🕮 *Bachmann, R. C.: G. der Alpen. Bern 1978. - Wilhelm, F.: Hydrologie u. Glaziologie. Braunschweig ^{3}1976.*

Gletscherbach ↑Gletscher.

Gletscherbrand (Erythema glaciale), Haut- und Bindehautentzündung, die durch ultraviolette Strahlung und deren Reflexion (bes. an Schnee oder Eis) entsteht.

Gletschereis ↑Gletscher.

Gletscherfalter (Oeneis glacialis), auf die Alpen beschränkter Augenfalter mit 50 bis 55 mm Flügelspannweite.

Gletscherfloh (Isotoma saltans), 1,5–2 mm langes, schwarzes Urinsekt (Unterklasse Springschwänze), das oft in Massen auf Schnee- und Eisfläche in den Alpen vorkommt.

Gletschergarten, Teil eines ehem. vergletscherten Gebietes mit typ. glazialen Formen wie Rundhöcker, Gletscherschliffe, Gletschermühlen u. a.

Gletscherkunde (Glaziologie), die Lehre von Entstehung und Wirkung des Eises und der Gletscher sowie allen damit zusammenhängenden Erscheinungen.

Gletschermilch ↑Gletscher.

Gletschermühle ↑Gletscher.

Gletscherschliff ↑Gletscher.

Gletscherspalte ↑Gletscher.

Gletschersturz ↑Gletscher.

Gletscherwind (Firnwind), flache, kühle, talabwärts gerichtete Luftströmung an Gletscherzungen, die durch das Abfließen bodennaher Kaltluft von den schnee- und eisbedeckten Gletscherflächen hervorgerufen wird.

Gletscherzunge ↑Gletscher.

Gleve (Glefe, Gläve, Glene) [frz., zu lat. gladius „das Schwert"], eine im hohen und späten MA für Fußtruppen gebräuchl. hellebardenähnl. Hieb- und Stichwaffe mit einschneidiger messerförmiger Klinge als Spitze, daran ein Rückenstachel (Klingenfänger), oft auch an der Schneidenseite ein Stachel.

◆ militär. Einheit der Ritterheere, bes. im 14. und 15. Jh.; die zu einem Schwerbewaffneten (Träger der G.) gehörenden Schützen, Knechte, Pferde usw.

Glia [griech. „Leim"] (Gliagewebe, Neuroglia), bindegewebsähnl., aus *G.zellen (Gliozyten)* bestehendes ektodermales Stützgewebe zw. den Nervenzellen und den Blutgefäßen des Zentralnervensystems, dort v. a. auch Stoffwechselaufgaben erfüllend.

Gliadin [griech.], zu den Prolaminen gehörender Eiweißkörper, Hauptproteinbestandteil des Weizen- und Roggenkorns

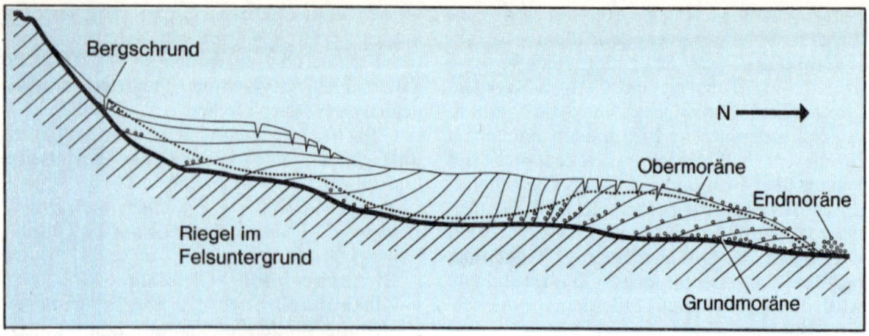

Gletscher. Grundriß (oben); Gletscherzunge (Svinafellsjökull am Südrand des Vatnajökull; Island (links)

bzw. -mehls, aus dem es mit Alkohol extrahiert werden kann. G. enthält sehr viel Glutaminsäure (bis 50 %) und Prolin (bis 25 %). Da die bas. Aminosäuren Lysin, Arginin und Histidin nahezu fehlen, zählt es zu den biolog. unterwertigen Eiweißen (↑Gluten).

Glibber [niederdt.], schlüpfrige, glitschige, klebrige Masse.

Glied, Arm oder Bein im Ggs. zum Rumpf (↑Gliedmaßen); allg. Teil eines Ganzen.
◆ (männl. G.) svw. ↑Penis.
◆ *militär.* eine Reihe nebeneinanderstehender Soldaten.

Gliederfrucht (Bruchfrucht), bei Hülsen und Schoten auftretende Fruchtform, bei der sich zw. den Samen Scheidewände ausbilden. Bei der Reife zerfällt die Hülse *(Gliederhülse)* oder Schote *(Gliederschote)* in die einzelnen Glieder, die dann als Schließfrüchte verbreitet werden. - ↑auch Fruchtformen.

Gliederfüßer (Arthropoden, Arthropoda), seit dem Kambrium bekannter Stamm der Gliedertiere, der mit über 850 000 Arten rd. $^3/_4$ aller Tierarten umfaßt; Körperlänge von unter 0,1 mm bis etwa 60 cm; mit Außenskelett aus Chitin. Da die Chitinkutikula nicht dehnbar ist, sind beim Wachstum der G. laufend Häutungen und Neubildungen der Kutikula erforderlich. - Die G. stammen von Ringelwürmern ab. Demnach ist auch ihr Körper segmentiert, wobei zwei oder mehrere Segmente zu größeren Körperabschnitten (Tagmata) miteinander verschmelzen können (z. B. Kopf, Thorax). Urspr. trägt jedes Segment ein Paar Gliedmaßen, die sehr unterschiedl. ausgebildet sein können (z. B. als Lauf-, Schwimm-, Sprungbeine, Flügel, Kiefer, Stechborsten, Saugrüssel, Fühler). Die Sinnesorgane (v. a. chem. und opt. Sinn) sind meist hoch entwickelt, ebenso das Zentralnervensystem mit (bes. bei sozialen Insekten) sehr hoch differenziertem Gehirn. Die Atmung erfolgt durch Kiemen (bei vielen wasserbewohnenden Arten oder Larven) oder durch Tracheen. Neben den ausgestorbenen Trilobiten zählen zu den G. als rezente Gruppen v. a. Pfeilschwanzkrebse, Spinnentiere, Asselspinnen, Krebstiere, Tausendfüßer, Hundertfüßer und Insekten.

Gliederkaktus, svw. ↑Weihnachtskaktus.

Gliederreißen, volkstüml. Bez. für Rheumatismus.

Gliedertiere (Artikulaten, Articulata), über $^3/_4$ der Tierarten umfassende Stammgruppe der ↑Protostomier; mit gegliedertem (segmentiertem) Körper und Strickleiternervensystem. Die Segmentierung ist entweder gleichartig (*homonom;* bei Ringelwürmern) oder ungleichartig (*heteronom;* z. B. bei Gliederfüßern). Als G. werden fünf Stämme zusammengefaßt: Ringelwürmer, Stummelfüßer, Bärtierchen, Zungenwürmer und Gliederfüßer.

Gliederungszahlen, Verhältniszahlen in der beschreibenden Statistik, bei denen der Zähler eine Teilmenge (Teilgesamtheit) der durch den Nenner gegebenen Gesamtmenge (Gesamtheit) ist; G. geben also einen Anteil an. Beispiel: Anzahl der Knabengeburten/Anzahl der Geburten insgesamt (diese G. mit 100 multipliziert gibt an, wieviel % der Geburten Knaben sind).

Gliedkirche, autonome [ev.] Kirche als Glied einer größeren Vereinigung, z. B. der EKD.

Gliedkraut (Sideritis), Gatt. der Lippenblütler mit etwa 60 Arten im Mittelmeergebiet bis Vorderasien. Einzige einheim. Art ist das gelegentl. an Schuttplätzen, Wegen und Dämmen wachsende **Berggliedkraut** (Sideritis montana), ein einjähriges, bis 30 cm hohes, wollig-zottig behaartes Kraut; Blätter lanzenförmig, an der Spitze gezähnt; Blüten klein, zitronengelb, rotbraun gesäumt, in Scheinquirlen.

Gliedmaßen (Extremitäten), v. a. der Fortbewegung (Bein, Flossen, Flügel), aber auch dem Nahrungserwerb (z. B. Mundgliedmaßen), der Fortpflanzung (z. B. Gonopoden), der Atmung (z. B. bei Kiemenfußkrebsen) oder als Tastorgane (die Antennen der Krebstiere und Insekten) dienende, in gelenkig miteinander verbundene Teile gegliederte, paarige Körperanhänge bei Gliederfüßern und Wirbeltieren (einschließl. Mensch). Bei den Wirbeltieren unterscheidet man *vordere G. (Vorderextremitäten;* ↑auch Arm) und *hintere G. (Hinterextremitäten;* ↑auch Fuß).

Gliedsatz, svw. ↑Nebensatz.

Gliedstaaten, generelle Bez. für die Mitgliedstaaten eines Staatenbundes oder Bundesstaates. Die Benennungen variieren im einzelnen (z. B. BR Deutschland: Länder; Österreich: Bundesländer; Schweiz: Kantone; UdSSR: Sozialist. Sowjetrepubliken; Jugoslawien: Sozialist. Republiken; USA: Staaten; Dt. Bund, Norddt. Bund und Dt. Reich bis 1918: Bundesstaaten).

Glier, Reingold Morizewitsch, eigtl. Reinhold Glière, * Kiew 11. Jan. 1875, † Moskau 23. Juni 1956, sowjet. Komponist belg. Abstammung. - Lehrer von S. S. Prokofjew und A. I. Chatschaturjan. Seine Werke stehen innerhalb der nat.-russ. Tradition, mit starken Anregungen von der Volksmusik Mittelasiens, teilweise von revolutionärer Thematik bestimmt, so in dem Ballett „Roter Mohn" (1927); u. a. 3 Sinfonien, sinfon. Dichtungen, Opern, Ballette und Kammermusik.

Glima [isländ.], eine in Island seit dem 14. Jh. ausgeübte Form des *Gürtelringens,* bei dem der Gegner nur am Gürtel angefaßt werden und auf den Boden geworfen werden darf. Ähnl. dem schweizer. *Kleiderringen.*

Glimmentladung, eine zumeist bei niedrigem Gasdruck zw. zwei an einer Gleichspannungsquelle liegenden Elektroden auftretende selbständige ↑Gasentladung. Bei einer vollständig ausgebildeten G. treten folgende charakterist. Leuchtschichten und Dunkelräume auf: Der **Astonsche Dunkelraum,** eine sehr dünne, absolut lichtlose Schicht vor der Kathode. Die **erste Kathodenschicht (Kathodenlichtsaum),** eine dünne, schwach leuchtende Glimmhaut. Der **Hittorfsche** oder **Crookessche Dunkelraum (Kathodendunkelraum),** eine ausgedehnte lichtschwache Zone, die wegen der lichtstarken Nachbargebiete dunkel erscheint. Das **negative Glimmlicht,** der hellste Teil des Kathodengebiets mit dem **Glimmsaum** als scharfer kathodenseitiger Grenze. Der **Faradaysche Dunkelraum,** vom negativen Glimmlicht durch einen allmähl. Übergang abgetrennt, eine schwach oder nicht leuchtende, ausgedehnte Zone. Die **positive Säule,** ein je nach Entladungsbedingungen zusammenhängendes oder durch dunkle Stellen unterbrochenes Lichtband, das vom sog. Scheitel, der Grenze gegen den Faradayschen Dunkelraum, die ganze Strecke bis kurz vor die Anode ausfüllt. Das **anod. Glimmlicht (Anodenglimmhaut),** eine dünne Leuchtschicht. Der **Anodendunkelraum,** eine nur schwer zu beobachtende, dünne, dunkle Zone zw. Anode und anod. Glimmlicht. Alle Erscheinungen sind von Gasdruck und Gasart abhängig.
In der Praxis wird die Lichtemission der positiven Säule in Leuchtröhren, die des negativen Glimmlichts in Glimmlampen zu Beleuchtungs- und Anzeigezwecken verwendet.

Glimmer, Gruppe gesteinsbildender Minerale, die elastisch-biegsame, blättrig-tafelige, monokline (pseudohexagonale) Kristalle ausbilden; diese sind spaltbar und zeigen Perlmutterglanz. Ihre Kristallgitter bestehen aus zweidimensionalen Netzen von in Sechserringen angeordneten Silicium- und Aluminiumatomen, die jeweils von vier Sauerstoffatomen umgeben sind; jeweils zwei solcher Netze wer-

Glimmentladung

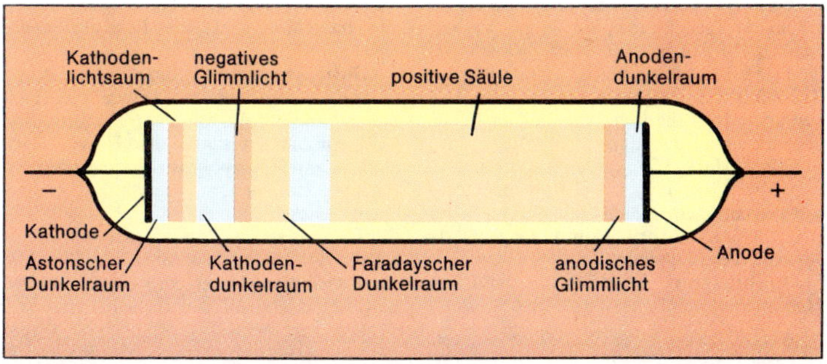

den durch Aluminium-, Magnesium- oder Eisenatome zu festen Doppelnetzen verknüpft, die ihrerseits von Kalium- oder Calciumionen zusammengehalten werden. G. sind chemisch sehr variabel zusammengesetzt. Wichtige G.arten sind die als Bestandteile vieler Granite, Gneise, G.schiefer, Pegmatite, Sand- und Kalksteine vorkommenden *Tonerde-G.* und die als Bestandteile der meisten magmat. Gesteine, Gneise und G.schiefer vorkommenden *Magnesiumeisen-G.* sowie *Magnesium-G.* Zu den härteren und schlechter spaltbaren *Spröd-G.*, in denen die Doppelschichten durch Calcium fester gebunden sind als bei den eigentl. G., zählen der Kalk- oder Perl-G. und der Xanthophyllit. - Große Spalttafeln von G. (insbes. Muskovit) werden als hochwertige Dielektrika und zur therm. und elektr. Isolation, für Ofenfenster verwendet.

Glimmerschiefer, Gruppe metamorpher Gesteine, die durch hohen Gehalt an Quarz und Glimmermineralen (meist Muskovit) und Feinschiefrigkeit charakterisiert sind.

Glimmkathode, kalte Kathode einer Gasentladungsröhre, an der Elektronen bei Aufprall positiver Ionen ausgelöst werden.

Glimmlampe (Glimmröhre), meist mit Neon oder einem Helium-Neon-Gemisch von 15–30 mbar Druck gefüllte Gasentladungslampe, die nur das negative Glimmlicht der Gasentladung (↑Glimmentladung) ausnutzt; v. a. als Signal- und Kontrollampen (z. B. in Spannungsprüfern) verwendet.

Glinka, Michail Iwanowitsch, * Nowospasskoje bei Smolensk 1. Juni 1804, † Berlin 15. Febr. 1857, russ. Komponist. - Mit seiner Oper „Das Leben für den Zaren" (zuerst als „Ivan Susanin", 1836) beginnt die nat.-russ. Schule; u. a. Bühnenmusik zu „Fürst Cholmski" (1840), Oper „Ruslan und Ludmilla" (1842), Orchesterfantasie „Kamarinskaja" (1848), Ouvertüren „Jota aragonesa" (1845) und „Recuerdos de Castilla" (1848); daneben Kammer- und Klaviermusik, Chorwerke und Lieder.

Glinski, Michail Lwowitsch Fürst, gen. **Dorodny,** * um 1470, † 15. Sept. 1534, lit.-poln. und russ. Heerführer. - Tatar. Herkunft; zunächst Hofmarschall Großfürst Alexanders in Litauen; trat 1508 in russ. Dienste und eroberte 1514 Smolensk. Die mißlungene Rückkehr nach Litauen wurde mit Verbannung (1514–26) bestraft. Nach Wassilis III. Tod (1553) Vormund für den minderjährigen Thronfolger Iwan (den späteren Iwan IV.); versuchte 1534 die Macht an sich zu reißen, scheiterte aber und starb im Kerker.

Glinz, Hans, * Sankt Gallen 1. Dez. 1913, schweizer. Germanist. - 1957 Prof. in Kettwig, seit 1965 in Aachen. Zahlr. von eigener Schulpraxis geprägte Arbeiten zur dt. Gegenwartssprache. 1962 Dudenpreis.

Glioblastom [griech.], bösartiges ↑Gliom.

Gliom [griech.], Sammelbez. für in Gehirn, Rückenmark, Netzhaut des Auges und peripheren Nerven vorkommende Geschwülste aus ↑Glia oder dieser entsprechenden Geweben.

Glišić, Milovan D. [serbokroat. 'gli∫itɕ], * Gradac bei Valjevo 7. Jan. 1847, † Dubrovnik 20. Jan. 1908, serb. Schriftsteller. - Gilt als Begründer der realist. serb. Dorfnovellistik. Übersetzte Werke I. N. Gontscharows, A. N. Ostrowskis und L. Tolstois.

gliss., Abk. für: ↑**gliss**ando.

Glissade [glɪ'saːdə; frz., zu glisser „gleiten"], im Ballett ein Gleitschritt.

glissando [italien.], Abk. gliss., in der Musik die gleitende (kontinuierl.) Ausfüllung eines größeren Tonraums auf Klavier, Streich- oder Blasinstrumenten und im Gesang.

Glisson, Francis [engl. glɪsn], * Bristol (?) um 1597, † London 16. Okt. 1677, engl. Mediziner. - Beschrieb 1650 erstmals ausführl. die Rachitis und in seinem bed. Werk über die Leber (1654) die Bindegewebskapsel der Leber (**Glisson-Kapsel**); erfand die ↑Glisson-Schlinge.

Glisson-Schlinge [engl. glɪsn; nach F. Glisson], Zugvorrichtung (gepolsterter Ring mit Schlaufen) zur Streckung und dadurch Entlastung der Wirbelsäule bei Wirbelsäulenerkrankungen.

Glittertind [norweg. ˌglitərtin], einer der beiden höchsten Berge Nordeuropas, im O-Teil des norweg. Gebirgsmassivs Jotunheim, etwa 2 451 m hoch, darüber reicht ein Firnfeld bis 2470 m Höhe. Mit Firnfeld ist der G. um 1 m höher als der 2 469 m hohe **Galdhøpigg,** der im NO von Jotunheim liegt.

Gliwice [poln. gli'vitsɛ] ↑Gleiwitz.

global [lat.], auf die gesamte Erdoberfläche bezüglich; weltumspannend, umfassend.

Global Atmospheric Research Programme [engl. 'gloʊbəl ætməs'fɛrɪk rɪ'səːtʃ 'proʊgræm], Abk. GARP, ein von der Weltorganisation für Meteorologie (WMO) in Zusammenarbeit mit dem International Council of Scientific Unions (ICSU) organisiertes globales atmosphär. Forschungsprogramm. Es soll Aufschluß darüber geben, wie ein optimales Beobachtungsnetz für die Belange der angewandten Meteorologie, speziell der Weltwetterwacht, aussehen müßte (Einsatz von Wettersatelliten und geostationären Satelliten).

Globalsteuerung, Bez. für die Beeinflussung makroökonom. Größen wie Geldmenge, Investitionsvolumen, Konsum und Volkseinkommen durch den Einsatz wirtschafts- und finanzpolit. Instrumente zur Erreichung eines gesamtwirtschaftl. Gleichgewichts. Diese Maßnahmen sind so durchzuführen, daß sie im Rahmen der marktwirtschaftl. Ordnung gleichzeitig zur Stabilität des Preisniveaus, zu einem hohen Beschäftigungsstand und außenwirtschaftl. Gleichgewicht bei stetigem und angemessenem Wirtschaftswachstum führen. - ↑auch konzertierte Aktion.

Globe Theatre [engl. 'gloʊb 'θɪətə], eines der wichtigsten Zentren des elisabethan. Theaters, 1599 erbaut, nach Brand 1613 wieder errichtet, 1647 zerstört; stand am Ufer der Themse in London.

Globetrotter ['glo:ptrɔtər, engl.], Weltbummler.

Globigerinen (Globigerina) [lat.], seit dem Jura bekannte Gatt. bis 2 mm großer Foraminiferen in allen Meeren (bes. der trop. und subtrop. Regionen); mit poröser, mehrkammeriger Kalkschale, bei der die einzelnen, blasig aufgetriebenen Kammern traubig angeordnet sind und oft lange Schwebestacheln aufweisen. Die G. schweben frei im Hochseeplankton. Viele Arten sind wichtige Leitfossilien. Abgestorbene G. bauen die als **Globigerinenschlamm** bekannten Ablagerungen auf, die etwa 35 % der Meeresböden bedekken.

Globine [lat.], Proteinbestandteile von Chromoproteiden, z. B. des roten Blutfarbstoffes Hämoglobin sowie des Myoglobins der Muskeln. Im menschl. Hämoglobin beträgt der Anteil des Globins 94 %.

Globke, Hans, * Aachen 10. Sept. 1898, † Bonn 13. Febr. 1973, dt. Jurist. - 1932–45 Ministerialrat im Reichsinnenministerium; trat 1949 in das B.kanzleramt ein, das er zu einem Reg.instrument Adenauers ausbaute (Staatssekretär 1953–63); v. a. wegen Mitwirkung an einem Kommentar zu den Nürnberger Gesetzen heftigen Angriffen ausgesetzt.

Globoid [lat./griech.], die Fläche, die von einem um eine beliebige Achse rotierenden Kreis erzeugt wird.

Globokar, Vinko, * Anderny (Meurthe-et-Moselle) 7. Juli 1934, jugoslaw. Komponist und Posaunist. - Entwickelte die Posaunenspieltechnik weiter und führte Gruppenimprovisationen ein. Kompositionen u. a. „Fluide" für Blechbläser und Schlagzeug (1967), „Drama" für einen Pianisten und einen Schlagzeuger (1971), „Ausstrahlungen" für einen Solisten und 20 Instrumentalisten (1971), „Laboratorium" für 11 Musiker (1973), „Misere" für Stimmen und Orchester (1982).

Globule [zu lat. globulus „Kügelchen"], kleine runde Dunkelwolke, die vor hellem galakt. Nebel sichtbar wird.

Globuline [lat.], Proteine, die in Pflanzen als Reservestoffe, im tier. und menschl. Organismus (z. B. Aktin und Myosin als Muskelglobuline) als Träger wichtiger physiolog. Funktionen und als Energielieferant vorkommen. Außerdem treten sie als Bausteine von Enzymen, Genen, Viren auf.

Globus [lat. „Kugel"] (Mrz. Globen), maßstabsgerecht verkleinertes Kugelmodell der Erde, auch anderer Himmelskörper oder der (gedachten) Himmelskugel. Der älteste

Globus. Der älteste erhaltene Globus von Martin Behaim (1492). Nürnberg, Germanisches Nationalmuseum

erhaltene Erd-G. stammt von M. Behaim (1492; heute im German. Nationalmuseum in Nürnberg). Wertvolle Globen schufen u. a. G. Mercator und J. W. Blaeu.

Glocke [kelt.], hohler, meist konkav gewölbter, nahezu kegelstumpfförmiger, aus Metall gegossener Klangkörper, der durch Anschlagen mit einem metallenen Klöppel zu Eigenschwingungen angeregt wird (Idiophone). Ihr Klang ist durch nichtharmon. ↑Teiltöne gekennzeichnet. - Zunächst legt der G.gießer mit dem Entwurf des Halbprofils, der „Rippe", wichtige Eigenschaften der G. fest (Tonhöhe, Innenharmonie). Zur Herstellung wird dann aus Backsteinen und Lehm ein „Kern" gemauert, der dem inneren Hohlraum der G. entspricht. Auf diesem Kern wird eine Modell-G. („falsche G.") aus Lehm geformt, auf die der „Mantel" aufgetragen wird. Nach dem Trocknen des Mantels wird dieser und die Modell-G. vom Kern entfernt, danach der Mantel wieder aufgesetzt. In den so entstandenen Hohlraum wird das flüssige Metall, meist Bronze (20–22 % Zinn, 78–80 % Kupfer), gegossen (↑Gießverfahren). - Die gegossene Bronze-G., als deren Vorläufer G. aus Holz, Fruchtschalen, Ton, Eisen oder Edelmetallen gelten, ist seit dem 9. Jh. v. Chr. in Vorderasien nachweisbar. Verwendung fand sie im mag.-kult. wie im profanen, nach ihrer Verbreitung über Europa seit dem 6. Jh.

im sakralen Bereich. Daneben hat sich etwa bis ins 19. Jh. ihr Gebrauch als Wetter-, Feuer-, Gerichts- und Rats-G. und bis heute als Zeit-(Uhr-)G. erhalten. - Die Technik des G.gießens hat sich über die Jh. wenig geändert. Zunächst wurde der G.guß von Mönchen betrieben; seit dem 13. Jh. bilden die G.gießer eine eigene Zunft. - Aus zwei G.formen, der fast zylindrischen Bienenkorbform und der nach unten ausladenden Zuckerhutform, entwickelte sich im MA die bis heute vorherrschende Kelchform.

🕮 *Thurm, S.: Dt. G.atlas. Mchn. 1959–73. 3 Bde.*

Glockenapfel ↑Äpfel (Übersicht).

Glockenbecherkultur, nach einer ihrer Leitformen, dem meist strich- oder stempelverzierten, rötl. gefärbten glockenförmigen Becher benannte endneolith. Kulturgruppe (um 2000 v. Chr.), die zu den Becherkulturen gerechnet wird. Ihr Verbreitungsgebiet umfaßt v. a. M-, W- und SW-Europa, ihre Herkunft ist umstritten (Iber. Halbinsel?).

Glockenberg (Zuckerhutberg), in den wechsel- und immerfeuchten Tropen sowie in einigen Monsungebieten häufige, steilwandig konvexe Bergform.

Glockenblume (Campanula), Gatt. der Glockenblumengewächse mit etwa 300 fast ausschließl. in den arkt., gemäßigten und subtrop. Gebieten der Nordhalbkugel verbreiteten Arten; meist Stauden mit glockigen, trichter- bis radförmigen Blüten in Trauben. In Deutschland kommen 18 Arten vor, darunter ↑Ackerglockenblume, **Büschelglockenblume** (Knäuel-G., Campanula glomerata), dunkelblaue Blüten sitzen in einem knäueligen Köpfchen auf aufrechtem Stengel, untere Stengelblätter am Grund abgerundet oder herzförmig; **Kleine Glockenblume** (Campanula cochleariifolia), 15 cm hohe, rasenartig wachsende Staude, Blüten hellblau oder weiß, glockig in einer zwei- bis sechsblütigen Traube, Blätter eiförmig bis lanzettförmig; **Nesselblättrige Glockenblume** (Campanula trachelium), bis 1 m hoher, rauh behaarter, scharfkantiger Stengel, 3 bis 5 cm große, blauviolette oder hellblaue Blüten, untere Stengelblätter langgestielt, tief herzförmig; **Pfirsichblättrige Glockenblume** (Campanula persicifolia), 30–80 cm hohe, meist kahle Pflanze mit glänzenden lanzettförmigen Blättern und großen, weitglockigen himmelblauen Blüten; **Rundblättrige Glockenblume** (Campanula rotundifolia), 10–30 cm hoch, mit lineallanzettförmigen Stengelblättern und violettblauen Blüten; **Wiesenglockenblume** (Campanula patula), Stengelblätter länglich, blauviolette Blüten mit ausgebreiteten Zipfeln in armblütigen Rispen.

Glockenblumengewächse (Campanulaceae), Pflanzenfam. mit etwa 70 Gatt. und rd. 2 000 Arten, v. a. in den gemäßigten und subtrop. Gebieten; hauptsächl. Kräuter, Blüten meist fünfzählig, verwachsen-kronblättrig. Bekannte einheim. Gatt. sind u. a. ↑Glockenblume, ↑Sandglöckchen, ↑Teufelskralle.

Glockenbronze ↑Bronze.

Glockendon, Nürnberger Künstlerfamilie des 15./16. Jh., tätig v. a. als Zeichner für den Holzschnitt und Illuministen. Bedeutendster Vertreter ist **Nikolaus Glockendon** († 1543), der farbenfrohe Miniaturen unter dem Einfluß der niederl. Buchmalerei schuf (u. a. ein N. T. und ein Missale, Wolfenbüttel, Herzog-August-Bibliothek, bzw. Aschaffenburg, Hofbibliothek).

Glockenheide (Heide, Erika, Erica), Gatt. der Heidekrautgewächse mit etwa 500, v. a. in S-Afrika verbreiteten Arten; wenige Arten kommen auch im trop. Afrika, im Mittelmeerraum (↑Baumheide) und vom Alpengebiet bis Großbritannien (Grauheide) vor; meist niedrige, dicht verzweigte, immergrüne Sträucher mit nadelförmigen Blättern; Blüten glocken-, krug-, röhren- oder tellerförmig, zu mehreren an den Enden der Äste und Ästchen.

Glocke. Abformen der Modellglocke (links) und Abheben des Glockenmantels

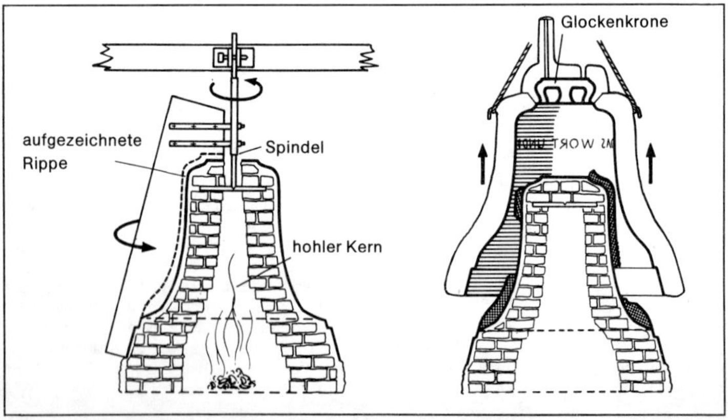

Einheim. Arten: **Grauheide** (Erica cinerea), 20–60 cm hoch, Zweige aufrecht, Blätter zu dreien wirtelig zusammenstehend, lineal. bis fadenförmig, stark eingerollt, Blüten in dichten, endständigen Trauben oder Dolden, violett- oder fleischrot; **Moorheide** (Erica tetralix), bis 40 cm hoch, mit weichhaarigen, grauen, am Rand drüsigen Blättern und rosafarbenen Blüten; **Schneeheide** (Erica carnea), 15–30 cm hoher Zwergstrauch, grüne nadelförmige Blätter in vierzähligen Scheinwirteln, Blüten rosafarben bis hell karminfarben.

Glockenmessing, Legierung aus 60–63 % Kupfer und 40–37 % Zink für den Glockenguß.

Glockenrebe (Cobaea), Gatt. der Sperrkrautgewächse mit rd. 10 Arten im trop. Amerika; mit Blattranken bis 10 m hoch kletternde Sträucher; Blüten einzeln in den Blattachseln, langgestielt, groß, glockenförmig, nikkend oder hängend, violett bis grün; nicht winterharte Zierpflanzen, von denen v. a. die Art **Cobaea scandens** mit gefiederten Blättern und bläul.-violetten oder weißen Blüten kultiviert wird.

Glockenspiel (frz. Carillon), Musikinstrument, das aus einer Zusammenstellung von verschieden gestimmten Glocken besteht. Seit dem 12. Jh. verwendete man ein aus vier Glocken bestehendes und mit dem Hammer angeschlagenes G. vor dem Stundenschlag der Turmuhren. Seit dem 14. Jh. kannte man Stiftwalzen, die ein mechan. G. von außen anschlugen. Die Vermehrung der Glocken (meist 2–4 Oktaven) und die Einführung von Klaviatur (Oudenaarde 1510) und später Pedal ermöglichte selbständiges Musizieren auf dem G. Sein Hauptverbreitungsgebiet war Belgien, Holland und Nordfrankreich, wo sich in seiner Blütezeit im 16.–18. Jh. Glokkenspielerschulen ausbildeten. - Die seit Ende des 17. Jh. im Orchester verwendeten G. bestehen aus waagrecht in einem Rahmen angeordneten abgestimmten Metallplatten (Umfang chromat. g^2–e^5), die mit Hämmerchen angeschlagen werden. Beim tragbaren G. der Militärkapellen sind die Metallplättchen in einen Lyrarahmen aufgehängt (↑Lyra).

Glockenstuhl, Gerüst zum Aufhängen von Glocken.

Glockentierchen (Vorticellidae), Fam. der Wimpertierchen mit zahlr. Arten, v. a. im Süßwasser; Zellkörper von glockenförmiger Gestalt, mit langem, dünnem, kontraktilem Stiel; einzeln an der Unterlage festsitzend.

Glockenwinde (Codonopsis), Gatt. der Glockenblumengewächse mit 40–50 Arten in den Gebirgen O-Asiens; windende oder niederliegende Stauden mit meist einzelnen, großen, glocken- oder röhrenförmigen, grünl., blauen oder weißl. Blüten. Einige Arten werden als Zierpflanzen für Steingärten und Trockenmauern verwendet.

Glockenwindengewächse (Nolanaceae), zweikeimblättrige Pflanzenfam. mit zwei Gatt. und rd. 80 im westl. S-Amerika verbreiteten Arten; Kräuter oder kleine Sträucher mit meist fleischigen Blättern und glocken- bis trichterförmigen Blüten.

Glọckner, Herman, * Fürth 23. Juli 1896, † Braunschweig 11. Juli 1979, dt. Philosoph. - 1930 Prof. in Heidelberg, 1933 in Gießen, 1951 in Braunschweig; bed. Beiträge zur Hegelforschung; Hg. der Jubiläumsausgabe der Werke Hegels (mit Biographie und Lexikon, 26 in 24 Bden., 1927–58, ^{4}1961–68).

Glọcknergruppe, östr. Bergmassiv in den Hohen Tauern mit zahlr. über 3 000 m hohen Gipfeln (u. a. Großglockner 3 797 m, Kleinglockner 3 770 m); stark vergletschert, u. a. die rd. 10 km lange **Pasterze,** der größte östr. Gletscher.

Glogau (poln. Głogów), Hafenstadt an der Oder, Polen', 70 m ü. d. M., 34 000 E. Zentraler Ort für das westl. Niederschlesien; Maschinenbau, Kupfererzbergbau und -verhüttung. - Entstand aus der Burgsiedlung mit einer Missionskirche auf der Oderinsel, auf der eine 1010 bezeugte poln. Herzogsburg entstand, sowie aus einer 1253 gegr. Neustadt; Sitz des Ft. G., seit 1742 preuß.; im 2. Weltkrieg fast völlig zerstört. - Die urspr. got. Burg und der spätgot. Dom sind wiederaufgebaut.

G., ehem. schles. Ft., 1248 durch Erbteilung entstanden, wonach Hzg. Konrad I. in G. eine neue Linie der schles. Piasten begr., danach mehrmals geteilt; unter wechselnder Oberhoheit von Böhmen und Polen; fiel 1526 als nicht mehr selbständiges Hzgt. an die Habsburger.

Glogau-Baruther Urstromtal, O–W gerichtete Talung im Norddt. Tiefland, verläuft vom Warthetal bis zur mittleren Elbe.

Gloger-Regel [nach dem dt. Zoologen C. W. L. Gloger, * 1803, † 1863], Klimaregel, nach der in feuchtwarmen Gebieten die Melaninbildung hauptsächl. bei Vögeln und Säugetieren stärker ausgeprägt ist als in kühltrockenen Regionen. In feuchtwarmen Gebieten überwiegen die rötlichbraunen Farbtöne, in kühlen Trockengebieten die grauen.

Gloggnitz, Stadt am N-Rand der Buckligen Welt, Niederöstr., 442 m ü. d. M., 7 100 E. Weberei, Parkett-, Faßfabrik u. a. Ind.; Moorbad. - Entstand vermutl. im 7. Jh.; erhielt 1926 Stadtrecht. - Schloß mit barocken Gebäuden (1741 vollendet); got. Pfarrkirche, im 18. Jh. barockisiert.

Gloire [frz. glwa:r; zu lat. gloria (mit gleicher Bed.)], frz. svw. Ruhm.

Glomerulus [lat.] ↑Nieren.

Glomus [lat. „Kloß, Knäuel"], in der Anatomie Bez. für ein Gefäß- oder Nervenknäuel.

Gloria, weibl. Vorname lat. Ursprungs, eigtl. „Ruhm".

Gloria in excelsis Deo [lat. „Ehre (sei)

Gott in der Höhe"], psalmenähnl. christl. Lob- und Bittgesang, im 4. Jh. im östl. Mittelmeerraum entstanden. Urspr. und in der östl. Liturgie ein Morgengesang; im W im 6. Jh. in die Eucharistiefeier übernommen.

Glorie [lat.], Ruhm, Glanz.
◆ atmosphär.-opt. Lichterscheinung, bestehend aus farbigen Ringen um den Schatten eines Objekts auf einer von der Sonne (oder dem Mond) beschienenen Nebelwand oder Wolkenoberfläche.

Glorienschein ↑Heiligenschein.

Gloriette [frz., zu lat. gloria „Ruhm"], meist offenes, pavillon- oder tempelartiges Bauwerk in barocken und klassizist. Parkanlagen, z. B. im Park von Schönbrunn in Wien (1775 vollendet).

Gloriette

glorifizieren [lat.], verherrlichen; **Glorifikation,** Verherrlichung.

Gloriole [lat.] ↑Heiligenschein.

glorios [lat.], ruhm-, glanzvoll; veraltet für: prahlerisch.

Glorious revolution [engl. 'glɔːrɪəs rɛvə'luːʃən „glorreiche Revolution"], Bez. für den Thronwechsel von 1688 in der Geschichte Großbritanniens, der die Herrschaft des 1660 restaurierten Stuartkönigtums beendete. Die Revolution wird „glorreich" genannt, weil sie ohne Blutvergießen verlief; sie war keine Revolution im eigentl. Sinn; die bisherige staatl. und gesellschaftl. Ordnung erfuhr keine Veränderung, vielmehr wurde sie in ihrem aristokrat. Charakter eher gestärkt. Mit der Bindung des Königs an das Parlament wurde jedoch die konstitutionelle Entwicklung des 18. und 19. Jh. begründet.

Glossa [griech.-lat.], svw. ↑Zunge.

Glossar [griech.-lat.], erklärendes Verzeichnis schwer verständl. (fremdsprachiger, altertüml., mundartl.) Wörter bzw. Wendungen eines bestimmten Textes, oft als dessen Anhang gedruckt oder als selbständiges Wörterbuch. - ↑auch Glosse.

Glossatoren ↑Glosse.

Glosse [zu griech.-lat. glossa, eigtl. „Zunge", „Sprache"], fremdes oder ungebräuchl. Wort, dann die Übersetzung oder Erklärung eines solchen Wortes (nicht der Sache). Glossen erscheinen in Handschriften entweder zw. den Zeilen des Textes *(Interlinear-G.)* oder an den Rand geschrieben *(Marginal-G.)*. Sie wurden entweder gemeinsam mit diesem Text wieder abgeschrieben und so tradiert oder zu Glossaren gesammelt. Die Abfassung von G. reicht in die antike Homer-Erklärung zurück (5. Jh. v. Chr.). Im MA erschienen schon früh neben lat. auch volkssprachige G. zu lat. Texten, bes. als Zusätze in lat. Rechtstexten, zur Bibel und zu den im Unterricht verwendeten lat. Autoren. Bis ins 14. Jh. hinein sind bisher nahezu 1 000 Handschriften mit dt. G. bekanntgeworden, dazu mehrere zweisprachige Wörterbücher.
Bes. Bed. haben die G. zu den german. Volksrechten, die durchweg in lat. Sprache aufgezeichnet worden waren. Die G. ist keine Übers. der lat. Vorlage, sie nimmt vielmehr volkssprachige Formeln der techn. Gerichtssprache auf. Berühmt ist die aus dem 6. Jh. stammende Malberg. G. zur „Lex Salica". Nach der Wiederentdeckung des ↑Corpus Juris Civilis im 11. Jh. mußte diese schwierige Rechtsquelle erst allg. verständl. gemacht werden. Die **Glossierung** übernahmen Juristen der Univ. Bologna (**Glossatoren).** Sie gaben philolog. und sachl. Erläuterungen zu einzelnen Stellen, wiesen übereinstimmende oder widersprechende Belege nach, arbeiteten allg. Rechtsregeln heraus und schufen damit die Anfänge einer jurist. Dogmatik. Bis zur Mitte des 13. Jh. waren etwa 100 000 G. zum Corpus Juris Civilis erarbeitet worden.
◆ urspr. span. Gedichtform, vom 15. bis Ende des 17. Jh. sehr beliebt. Die G. variiert und kommentiert ein vorgegebenes Thema bzw. Motto (meist Verse eines bekannten Gedichts), wobei jedem Vers des Mottos eine ↑Dezime zugeordnet wird. U. a. in der dt. Romantik nachgeahmt.
◆ Randbemerkung; knapper, meist polem.-feuilletonist. Kommentar zu aktuellen polit. oder kulturellen Ereignissen in Presse, Hörfunk, Fernsehen.

Glossem [griech.] ↑Glossematik.

Glossematik [griech.] (Kopenhagener Schule), sprachwiss. Theorie, die Anfang der 1930er Jahre von L. Hjelmslev und seinen Anhängern entwickelt wurde. Sie bemüht sich, eine immanente, d. h. in ihren Grundlagen von keiner anderen Wissenschaft abhängige Linguistik zu schaffen. Das Objekt der glossemat. Analyse ist der Text, aus dem das System gewonnen wird, indem er zunächst in Ausdrucks- und Inhaltsebene aufgegliedert und dann in immer kleinere Teile zerlegt wird. Die kleinsten Elemente, d. h. die nicht weiter reduzierbaren Invarianten auf der Ausdrucks-

und Inhaltsebene, sind die **Glosseme.** Untersucht werden dann die Beziehungen zw. den Glossemen mit dem Ziel, eine universelle Grammatik zu erstellen, aus der dann die Grammatiken tatsächl. vorkommender wie auch möglicher Sprachen abgeleitet werden können.

glossieren [griech.-lat.], durch die ↑Glosse erläutern; mit [spött.] Randbemerkungen versehen.

Glossitis [griech.], svw. ↑Zungenentzündung.

Glosso... (vor einem Vokal: Gloss...) [zu griech. glossa „Zunge"], Bestimmungswort einer Zusammensetzung mit der Bed. „Zunge, Sprache".

Glossolalie [griech.] (Zungenreden), ekstat., unverständl. (religiöses) Sprechen, das der Deutung bedarf; in modernen ekstat. Gemeinschaften (z. B. Pfingstbewegung) üblich.

glottal [griech.], in der Phonetik: in der Glottis (Stimmritze) oder mit Beteiligung der Glottis artikuliert.

Glottis [griech.], 1. das aus den beiden Stimmlippen (Stimmbändern) bestehende Stimmorgan im Kehlkopf, 2. bes. in der Phonetik die von beiden Stimmlippen gebildete Stimmritze (= Ritze, Spalt, Zwischenraum zw. den Stimmlippen).

Glottisschlag, beim Sprechen und Singen der harte Ansatz von Vokalen.

Glottogonie [griech.], die Entstehung einer Sprache oder der menschl. Rede überhaupt, insbes. Bez. für die Richtung der Sprachwiss., die sich mit der Erforschung der Entstehung einer Sprache, Sprachfamilie oder der menschl. Rede überhaupt befaßt.

Glotz, Peter, * Eger 6. März 1939, dt. Politiker (SPD). - 1972–77 und seit 1983 MdB; 1974–77 parlamentar. Staatssekretär im Bundesministerium für Bildung und Wiss.; 1977–81 Senator für Wiss. in Berlin; 1981–87 Bundesgeschäftsführer der SPD.

Gloucester [engl. 'glɔstə], engl. Earls- und Hzg.würde. Sie wurde 1122 für Robert, illegitimen Sohn König Heinrichs I., geschaffen, gelangte 1221 an die engl. Adelsfamilie Clare, mit deren Aussterben sie 1314 erlosch. Seither wird an Mgl. der königl. Familie der Titel eines Hzg. von G. vergeben, zuerst an Thomas (* 1355, † 1397), Sohn Eduards III. - Weitere Träger des Titels:

G., Humphrey Hzg. von (seit 1414), * 1390, † Bury Saint Edmunds (Suffolk) 1447. - Der 4. Sohn König Heinrichs IV. führte nach dem Tod Heinrichs V. (1429) die Regentschaft für den unmündigen Heinrich VI.

G., Richard Hzg. von, ↑Richard III., König von England.

G., Robert Earl of (seit 1122), * um 1090, † 31. Okt. 1147. - Erster Träger der Earlswürde von G.; unehel. Sohn König Heinrichs I. In den Thronwirren nach dem Tod des Vaters unterstützte er die Ansprüche seiner Halbschwester Mathilde gegen König Stephan (von Blois) und war maßgebl. an der Erhebung ihres Sohnes Heinrich (II.) zum engl. König beteiligt.

Gloucester [engl. 'glɔstə], engl. Hafenstadt am Severn, 92 100 E. Verwaltungssitz der Gft. Gloucestershire; anglikan. Bischofssitz (seit 1541); Fachhochschule für Hauswirtschaftslehre; Bau von Eisenbahnwagen, Flugzeugteilen, Landmaschinen, Radio- und Fernsehgeräten; Teppichherstellung u. a. Ind., ✈. - Geht auf die Ende 1. Jh. n. Chr. gegr. röm. Kolonie **Gleva** zurück, von den Walisern später **Caer Glow,** den Angelsachsen **Gleawecastre** gen.; wurde Ende 7. Jh. Hauptstadt des Kgr. Mercia; seit 1483 selbständige Gft., 1605 City. - Kathedrale (geweiht 1100; umgebaut 13.–15. Jh.) im Perpendicular style.

Gloucestershire [engl. 'glɔstəʃɪə], Gft. in SW-England.

Gloverturm [engl. 'glʌvə; nach dem brit. Chemiker J. Glover, 19. Jh.], mit Füllkörpern bestückter Turm des Bleikammerverfahrens (↑Schwefelsäure), in dem Nitrosylschwefelsäure zu 78 %iger Schwefelsäure (**Gloversäure**) denitriert wird.

Gloxinie [nach dem elsäss. Arzt B. P. Gloxin, † 1784], (Gloxinia) Gatt. der Gesneriengewächse mit sechs im trop. S-Amerika verbreiteten Arten; mit Wurzelstöcken wachsende Pflanzen mit glocken- bis röhrenförmigen Blüten. Bekannteste Art: **Gloxinia perennis,** bis 70 cm hoch, mit herzförmigen Blättern und purpurblauen, in langen Ähren stehenden, nach Pfefferminz duftenden Blüten.

◆ (Sinningia speciosa) Gesneriengewächs der Gatt. Sinningie aus S-Brasilien; bis 20 cm hohe Pflanze mit knolligem Wurzelstock; Blätter oval, weich behaart; Blüten groß, glockenförmig, violettblau; Ausgangsform für die in vielen Farben blühenden, als **Gartengloxinie** (Sinningia hybrida) bekannten Zuchtformen.

Glubb, Sir (seit 1956) John Bagot [engl. glʌb], gen. G. Pascha, * Preston (Lancashire) 16. April 1897, † Mayfield (Sussex) 17. März 1986, brit. Offizier. - Trat nach techn. und administrativer Tätigkeit im Irak (seit 1920) 1930 in die transjordan. Armee (von den Briten Arab. Legion. gen.) ein, deren Oberbefehlshaber er 1939–56 war und mit der er im 2. Weltkrieg die Alliierten im Irak und in Syrien unterstützte.

Glucagon [griech.], ein Peptidhormon der Bauchspeicheldrüse, das aus 29 Aminosäuren besteht. G. wird in den α-Zellen der Langerhans-Inseln produziert und bewirkt physiolog. als Gegenspieler des Insulins indirekt einen Anstieg des Blutzuckerspiegels; wurde 1967 erstmals synthet. dargestellt.

Glucinium (Glucinum) [griech.], histor. Bez. für Beryllium.

Gluck, Christoph Willibald Ritter von, * Erasbach (Landkreis Neumarkt i. d. OPf.)

2. Juli 1714, † Wien 15. Nov. 1787, dt. Komponist. - G. wuchs in Böhmen auf, wurde 1736 Kammermusiker in Wien und studierte von 1737 bis zu seinem ersten Auftreten als Opernkomponist („Artaserse“, 1741) in Mailand bei G. B. Sammartini. Bis 1745 folgten sieben weitere Opern. Nach einer Berufung nach London und der Mitarbeit bei reisenden Operntruppen wirkte G. ab 1752 als Hofkapellmeister in Wien. - Die Zusammenarbeit mit dem Textdichter Calzabigi führte zu den sog. Reformopern „Orfeo ed Euridice“ (1762), „Alceste“ (1767) und „Paride ed Elena“ (1770). Im Gegensatz zur Intrigen- und Arienoper Hasses und Metastasios war ihr Ideal echter, einfacher Ausdruck und Unterwerfung der Musik unter die Erfordernisse der Handlung. Dies hatte musikal. die Verwendung von ausdrucksstarker Melodik und Harmonik, den Verzicht auf das dürre Seccorezitativ, die Ersetzung der stat. angelegten Soloarie durch frei komponierte Szenen und die Aufnahme von Chorszenen zur Folge. - Den durch die Pariser Aufführung von Reformopern entfachten Streit zw. den Parteigängern G.s und denen Piccinnis über den Vorrang der reformierten frz. Tragédie lyrique oder der italien. Oper entschied G. mit dem Erfolg von „Iphigénie en Tauride“ (1779, Text von N.-F. Guillard) für sich. Nach dem Mißerfolg seiner letzten Oper „Echo et Narcisse“ (1779) zog sich G. nach Wien zurück. - Da G.s Reformwerk v. a. eine Rückkehr zur Barockoper darstellte, war seine unmittelbare Nachwirkung relativ gering. Erst R. Wagner hat für seine Reform des Musikdramas teilweise an G.s Zielsetzungen angeknüpft.

🕮 *Vetter, W.: C. W. G. Lpz. 1964.*

Glück, das Eins-Sein mit seinen Hoffnungen, Wünschen, Erwartungen; als Ziel individuellen Handelns in der Philosophie seit der Antike viel diskutiert († auch Eudämonismus, † Hedonismus).

Glück auf!, Zuruf und Grußformel; um 1600 als Gegenstück zu dem älteren *Glück zu!* aufgekommen; wurde um 1675 im Erzgebirge zum Bergmannsgruß, später im ganzen dt.sprachigen Raum.

Glucke, Huhn, das brütet oder Küken führt.

Glückel von Hameln, * Hamburg 1645, † Metz 17. Sept. 1724, jüd. Schriftstellerin. - Ihr in jüd.-dt. Sprache geschriebenes Memoirenwerk ist eine bed. Quelle für die Kultur- und Wirtschaftsgeschichte der dt. Juden im 17./18. Jh.

Glucken (Wollraupenspinner, Lasiocampidae), mit über 1 000 Arten weltweit verbreitete Fam. bis 9 cm spannender Nachtfalter; Körper kräftig, plump, dicht behaart, mit breiten, nicht selten gezackten, meist braun, gelb oder grau gefärbten Flügeln, die in Ruhe steil dachförmig über den Körper gelegt werden; Raupen dicht pelzig behaart. In M-Europa kommen 20 Arten vor, darunter Kupferglucke, Grasglucke und Schädlinge wie Kiefern-, Ringel-, Eichen- und Brombeerspinner.

Glücksburg, europ. Dyn., Zweig der Linie Sonderburg des Hauses Oldenburg. Stammvater war Hzg. August Philipp von Schleswig-Holstein-Beck (1612–75). Die Belehnung mit Glücksburg durch Dänemark und die Verleihung des Titels Hzg. von G. (jüngere Linie) erfolgte 1825. Mit Hzg. Christian als König Christian IX. kam das Haus G. 1863 auf den dän. Thron, mit dessen Sohn (Georg I.) auf den griech. und mit Christians Enkel (Håkon VII.) auf den norweg. Thron.

Glücksburg (Ostsee), Stadt und Seebad an der Flensburger Förde, Schl.-H., 7 500 E. Wohnvorort von Flensburg. - Entstand im 13. Jh.; 1622–1779 war G. (O.) Regierungssitz des Hzgt. Schleswig-Holstein-Sonderburg-Glücksburg; seit 1900 Stadt. - Wasserschloß der Renaissance (1582–87) mit bed. Gobelinsammlung.

Glückshaube (Caput galeatum), die den Kopf des Neugeborenen nach Ausbleiben des termingerechten Blasensprungs haubenartig überziehenden Eihäute. Die G. bedeutet für das Kind eine erhöhte Erstickungsgefahr. - Nach dem Volksglauben kennzeichnet die G. Glückskinder.

Glückskäfer, svw. † Marienkäfer.

Glücksklee, volkstüml. Bez. für einheim. Kleearten, v. a. für den Wiesenklee, wenn er (in seltenen Fällen) vierzählige Blätter bildet. ◆ Bez. für zwei Arten der Gatt. Sauerklee (mit vierzählig gefingerten Blättern), die als Topfpflanzen kultiviert werden: **Oxalis deppei** aus Mexiko, bis 25 cm hoch, Blätter gestielt, Fiederchen oberseits mit purpurbrauner Binde; Blüten rosen- oder purpurrot, am Grunde gelb, in 5- bis 12blütiger Scheindolde; **Oxalis tetraphylla** aus Mexiko, bis 25 cm hoch, Fiederchen fast halbmondförmig ausgeschnitten; Blüten violettpurpurn.

Glucksmann, André [frz. glyks'man], * Paris 19. Juni 1937, frz. Philosoph. - Hauptvertreter der „Neuen Philosophie“ in Frankreich, lehnt polit. Weltanschauungen ab; betont die Verantwortlichkeit des Philosophen für die Folgen seines Denkens.

Glücksrad, allegor. Darstellung vom Wechsel des Glücks und der menschl. Schicksale, Attribut der Glücksgöttin, bes. der röm. † Fortuna.

Glücksspiel, Spiel um Vermögenswerte, bei dem die Entscheidung über Gewinn und Verlust allein oder überwiegend vom Zufall, dem Wirken unberechenbarer und dem Einfluß der Beteiligten entzogener Ursachen bestimmt wird (z. B. Roulette, Bakkarat, Kasinospiel, Sektorenspiel, Würfeln um Geld und verschiedene Kartenspiele). Um der wirtschaftl. Ausbeutung der natürl. Spielleidenschaft zu begegnen, wird für die öffentl. Veranstaltung von G. ohne behördl. Erlaubnis sowie die Beteiligung hieran Geld- oder Freiheitsstrafe bis zu zwei Jahren bzw. sechs Monaten und für das gewerbsmäßige G. Geld- oder Freiheitsstrafe bis zu fünf Jahren angedroht (§§ 284 f. StGB). Als öffentl. gilt auch das G. in Vereinen oder geschlossenen Gesellschaften, wenn es gewohnheitsmäßig veranstaltet wird. Ähnl. Bestimmungen gelten im *östr.* und *schweizer. Recht.*

Glückstadt, Stadt in der Kremper Marsch, Schl.-H., 3 m ü. d. M., 11 900 E. Museum; Zellstoff-, Papier-, Holz- und Farbenfabrik, Gemüseanbau zur Versorgung des Hamburger Marktes. - G. wurde 1616 von König Christian IV. von Dänemark gegr. - Vom zentralen Marktplatz verlaufen die Straßen radial, deren Bild von barocken Häusern geprägt wird.

Gluco... ↑auch Gluko...

Gluconsäure [griech./dt.], $CH_2OH-(CHOH)_4-COOH$, sirupartige, im reinen Zustand kristalline Carbonsäure; ihre Salze werden als *Gluconate* bezeichnet. G. wird als Metallbeizmittel, Textilhilfsmittel und Limonadenzusatz sowie in der Calciumtherapie verwendet.

Glucosamin [Kw.] (Aminoglucose, α-Aminohexose, Chitosamin, Mannosamin), 2-Amino-2-desoxyglucose, ein Aminozucker mit Glucosekonfiguration. G. kommt im Chitin und in der Hyaluronsäure, in Glykolipiden, Blutgruppensubstanzen, Mukopolysacchariden und Glykoproteinen vor.

Glucose [zu griech. glykýs „süß"] (D-Glucose, Traubenzucker, Dextrose, Glykose, Blutzucker), zu den Aldohexosen gehörender, biolog. bedeutsamster und in der Natur meistverbreiteter wichtigster Zucker ($C_6H_{12}O_6$). Er kommt in vielen Pflanzensäften und Früchten sowie im Honig (in der D-Form) vor und ist am Aufbau vieler Di- und Polysaccharide (z. B. Rohrzucker, Milchzucker, Zellulose, Stärke, Glykogen) beteiligt. Im menschl. und tier. Organismus findet sich stets eine geringe Menge von G. im Blut gelöst, beim Menschen etwa 0,1 %. Dieser Wert wird streng konstant gehalten; bei plötzl., starkem Absinken des Blutglucosespiegels (Hypoglykämie) kommt es zu Bewußtseinsverlust, da G. im Normalfall der einzige Energielieferant des Gehirns ist. Beim Diabetes ist die Blutglucosekonzentration erhöht (Hyperglykämie).

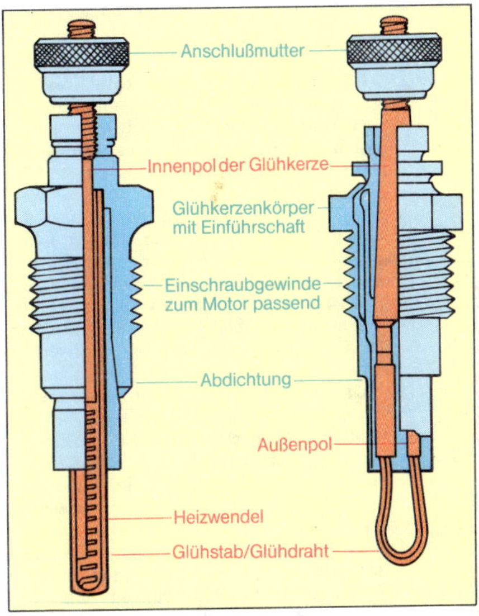

Glühkerze mit Glühstab (links) und mit Glühdraht

Glücksburg. Wasserschloß

G. ist ein wichtiges Zwischenprodukt im Stoffwechsel der Kohlenhydrate; in den Pflanzen entsteht G. durch Photosynthese. Räuml. Struktur:

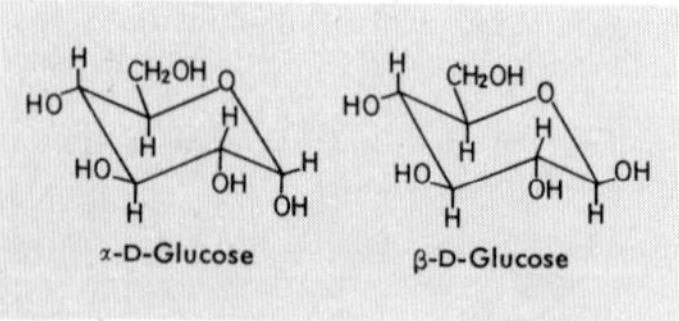

Glucoside [griech.], ↑Glykoside, die Glucose als Kohlenhydratkomponente enthalten.

Glucuronsäure [griech./dt.], durch Oxidation der Glucose entstehende Uronsäure. Die G. kann mit Stoffwechselprodukten **Glucoronide** (Glykoside der G.) bilden, ein Vorgang, der u. a. für Entgiftungsreaktionen der Abbauprodukte von Arzneimitteln in Leber und Niere von Bedeutung ist und deren Ausscheidung durch die Niere beschleunigt.

Glühanode, eine aus Metallsalzen bestehende oder mit einer Metallsalzschicht bedeckte Anode, die bei Erhitzen positive Metallionen aussendet.

Glühbrand (Verglühbrand), erster Brand von keram. Formlingen (↑Keramik).

glühelektrischer Effekt (Edison-Effekt, Glühemission, Richardson-Effekt, thermi[oni]sche Elektronenemission), die 1883 von T. A. ↑Edison entdeckte Erscheinung, daß aus glühenden Metallen Elektronen (**Glühelektronen**) austreten. Die große prakt. Bedeutung des glühelektr. E. liegt in der Möglichkeit der einfachen Erzeugung freier Elektronen, die z. B. die Entwicklung der Elektronenröhren ermöglichte.

Glühen, das Leuchten erhitzter Körper, das mit steigender Temperatur von der kaum sichtbaren Grauglut (ca. 400 °C) über Rot- (700–900 °C) und Gelbglut (ca. 1 100 °C) bis zur Weißglut (über 1 300 °C) reicht. Die Temperaturabhängigkeit der **Glühfarben** kann daher zur [näherungsweisen] Temperaturbestimmung glühender Körper ausgenutzt werden.

◆ ↑Wärmebehandlung.

Glühkathode, negative Elektrode in Elektronenröhren, Röntgenröhren u. a., die unter Ausnutzung des glühelektr. Effektes Elektronen aussendet. Ein durch elektr. Energie zum Glühen gebrachter Metallfaden bildet entweder selbst die *direkt geheizte G.* oder gibt seine Wärme an die eigentl. G. ab *(indirekt geheizte G.).*

Glühkerze, elektr. betriebene Zündhilfe zum Anlassen von Dieselmotoren mit unterteilten Verdichtungsräumen. Man unterscheidet G. mit *Glühdraht* und mit *Glühstab (Stabglühkerze,* deren Glühwendel isoliert im Glühstab eingebettet ist). Sobald der Motor läuft, wird die G. abgeschaltet. - Abb. S. 263.

Glühkohlenfisch (Glühkohlenkorallenfisch, Amphiprion ephippium), meist bis 8 cm lange Art der Clownfische, v. a. in den Korallenriffen um Madagaskar, Ceylon und im Bereich der Andamanen, Nikobaren und des Malaiischen Archipels; Körper glutrot mit weißer Kopfbinde, die mit der Geschlechtsreife verschwindet; dafür dann ein von der Rükkenflossenbasis bis zur Afterflosse reichender kohlschwarzer Fleck; Seewasseraquarienfisch.

Glühlampe, die am weitesten verbreitete, zur Gruppe der Temperaturstrahler gehörende elektr. Lichtquelle. Ein Metallfaden, der sog. **Glühdraht** (meist eine Wolframwendel), wird in einem evakuierten oder mit einem indifferenten Gas (meist Argon mit 10 % Stickstoff oder Krypton) gefüllten Glaskolben durch den elektr. Strom zum Glühen (2 500 bis 3 000 °C) und damit zur Lichtemission gebracht. Dabei werden etwa 95 % der zugeführten elektr. Energie in Wärme umgewandelt, nur der Rest von etwa 5 % in Licht. **Geschichte:** Der nach Amerika ausgewanderte dt. Uhrmacher H. Goebel erfand 1854 die erste prakt. brauchbare G., indem er einen verkohlten Bambusfaden in eine luftleer gemachte Flasche einschmolz. Den Strom entnahm er einer Batterie von Zink-Kohle-Elementen. Goebel wertete seine Erfindung jedoch nicht techn. aus. Verbreitete Anwendung fanden erst die nach Einführung der Dynamomaschine von J. W. Swan (Swan United Electric Light Company Ltd, London 1881) und T. A. Edison 1879 entwickelte Glühlampen. - Abb. S. 266.

Glührohr, kleines, dickwandiges Glasröhrchen zur Erhitzung kleiner Substanzmengen bei der chem. Analyse.

Glühwein, mit Zucker oder Honig und Gewürzen (Teeblätter, Nelken, Zimt, Kardamom, Zitrone) erhitzter [Rot]wein, z. T. mit einem Schuß Rum, Arrak oder Weinbrand.

Glühwürmchen ↑Leuchtkäfer.

Gluko... ↑auch Gluco...

Glukokortikoide, Gruppe von Steroidhormonen aus der Nebennierenrinde (↑Nebennierenrindenhormone).

Glukosurie [griech.] ↑Blutzucker.

Glurns (italien. Glorenza), italien. Gemeinde in Südtirol, Trentino-Südtirol, 920 m ü. d. M, 728 E. - 1178 als Dorf gen., 1304 Stadt. - Die ma. Befestigungsmauern mit Tortürmen, Graben und Zwinger sind vollständig erhalten; spätgot. Pfarrkirche (1481–95).

Glutamat [zu lat. gluten „Leim"] (Glutaminat), u. a. aus Weizenkleber, Sojamehl, Melasse gewonnene, weiß kristallisierende, wasserlösl. und geruchlose Substanz (das Mononatriumsalz der ↑Glutaminsäure). Wird in der Lebensmittelind. Suppen und Konserven als geschmacksverbesserndes Mittel zugesetzt. Untersuchungen ergaben, daß G. von bestimmten Menschen nicht vertragen wird. In der Medizin auch als Mittel gegen mangelnde Konzentrationsfähigkeit, Antriebsschwäche u. a. bei Kindern verwendet.

Glutamate, neutrale Salze der ↑Glutaminsäure.

Glutamin [Kw.], eine weitverbreitete Aminosäure, das Monoamid der Glutaminsäure.

Glutaminat [Kw.], svw. ↑Glutamat.

Glutaminsäure (2-Aminoglutarsäure), in der Natur weitverbreitete Aminosäure, kommt vor allem im Eiweiß des Quarks und der Getreidekörner (bis 45 %) vor. G. spielt im Zellstoffwechsel eine überragende Rolle, da sie über den Zitronensäurezyklus in Verbindung zum Kohlenhydratstoffwechsel steht. Sie ist an der Bildung von Aminosäuren beteiligt und bindet das beim Proteinabbau freiwerdende giftige Ammoniak unter Bildung von Glutamin.

Glutarsäure [lat./dt.] (Brenzweinsäure, Pentandisäure), $HOOC-(CH_2)_3-COOH$, eine wasserlösl., höhere, gesättigte Dicarbonsäure; kommt im Saft unreifer Zuckerrüben vor.

Glutathion [lat./griech.], γ-Glutamylcysteinylglycin; in fast allen lebenden Zellen vorkommendes Tripeptid, das im Stoffwechsel als Redoxsystem bei der Wasserstoffübertragung eine Rolle spielt. Im menschl. und tier. Körper wird das G. in der Leber synthetisiert.

Glutäus [griech.], Kurzbez. für: Musculus glutaeus ... (↑Gesäßmuskeln).

Gluteline [lat.], einfache Eiweißstoffe des Getreidemehls mit hohem Anteil an den Aminosäuren Glutaminsäure und Prolin. Zus. mit den Prolaminen bilden sie das Gluten.

Gluten [lat. „Leim"] (Kleber, Klebereiweiß), Hauptanteil des Eiweißes aus Weizenmehl, im Endosperm des Weizenkorns enthalten. Die Quellfähigkeit und plast.-zähe Konsistenz dieses aus dem Prolamin Gliadin und dem Glutelin Glutenin bestehenden Proteingemisches beim Anteigen bewirken die Backeigenschaften des Weizenmehls. Das als Nebenprodukt bei der Stärkefabrikation gewonnene G. dient zur Herstellung eiweißreicher Nähr- und Futtermittel sowie von Glutaminsäure.

Glutin [lat.], svw. ↑Gelatine.

Glyceride (Glyzeride) [griech.], Ester des ↑Glycerins.

Glycerin [zu griech. glykerós „süß"] (Glyzerin, Propantriol-(1, 2, 3)), einfachster dreiwertiger, gesättigter Alkohol; Bestandteil (als Glycerinfettsäureester) aller natürl. Fette, aus denen es techn. durch ↑Fettspaltung gewonnen wird. G. ist eine farblose, süß schmeckende Flüssigkeit. Das techn. wichtige Grundprodukt dient zur Herstellung von ↑Nitroglycerin und Kunststoffen. Wird außerdem als Gefrierschutzmittel, Schmiermittel und Textilhilfsmittel verwendet. Chem. Strukturformel:

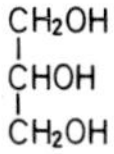

Glycerinaldehyd, der einfachste opt. aktive Zucker; wurde von E. Fischer als Bezugssubstanz zur Festlegung der Konfiguration von Kohlenhydraten eingeführt. Chem. Strukturformeln:

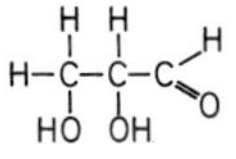

D-Glycerinaldehyd

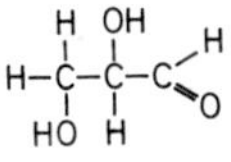

L-Glycerinaldehyd

Glycin [griech.] (Glyzin, Glykokoll, Aminoessigsäure), H_2N-CH_2-COOH, einfachste, nichtessentielle Aminosäure.

Glycyrrhizinsäure [griech./dt.] (Glyzyrrhizin, Süßholzzucker), $C_{42}H_{62}O_{16}$, sehr süß schmeckendes, im Süßholzstrauch vorkommendes Glykosid, dessen Moleküle aus einem Molekül *Glycyrrhetinsäure* ($C_{29}H_{45}O_2 \cdot COOH$) und zwei Molekülen Glucuronsäure bestehen; Verwendung als Hustenmittel, zur Geschmacksverbesserung von bitteren Arzneien sowie bei der Herstellung von Backwaren, Lakritzen und Limonaden.

Glykocholsäure [griech./dt.], $C_{26}H_{43}O_6N$, eine gepaarte Gallensäure, bei der Cholsäure und Glycin säureamidartig miteinander verbunden sind.

Glykogen [griech.] (Leberstärke, tier. Stärke), ein aus α-D-Glucose in der Leber und im Muskel aufgebautes Polysaccharid, das als rasch mobilisierbares Reservekohlenhydrat im Stoffwechsel eine große Rolle spielt. G. hat eine verzweigte, amylopektinartige Struktur, seine Molekülmasse liegt zw. 1 Mill. (Muskel) und 16 Mill. (Leber). Der G.auf- und -abbau wird durch Hormone gesteuert.

Glykogenie [griech.] (Glykogensynthese), Aufbau von Glykogen aus Glucoseeinheiten. Der Syntheseweg verläuft nicht als Umkehrung des Abbaus (Glykogenolyse), sondern über ein eigenes Enzymsystem, wodurch beide Wege getrennt reguliert werden können.

Glykogenolyse [griech.] (interzellulärer Glykogenabbau), der innerhalb einer Zelle ablaufende enzymat. Abbau des Glykogens, der im Ggs. zum extrazellulären Abbau durch Amylase Glucosephosphat liefert. Die G. im Muskel ist stimulierbar durch das in Streß- oder Gefahrensituationen vom Nebennierenmark ausgeschüttete Hormon Adrenalin. Dadurch ist eine Mobilisierung von Energiereserven für mögl. Flucht- oder Kampfreaktionen gewährleistet.

Glykogenspeicherkrankheit (Glykogenose), Enzymdefekt des Glykogenstoffwechsels, der mit einer patholog. vermehrten

Glykogenspeicherung in Leber, Nieren, Herz, Muskulatur und Zentralnervensystem einhergeht. Bei der **hepatorenalen Glykogenose** (Gierke-Krankheit) ist die Freisetzung von Glucose aus Glykogen gestört. Anzeichen sind Kleinwüchsigkeit, Lebervergrößerung und ein „Puppengesicht". Bei der generalisierten, **malignen Glykogenose** (Pompe-Krankheit) kommt es zu einer Glykogenablagerung in der Herz- und Skelettmuskulatur, in Leber, Milz, Haut und im Gehirn. Das Herz ist erhebl. vergrößert, und die Patienten sterben spätestens im zweiten Lebensjahr an Herzversagen. Eine spezif. Behandlung gibt es nicht.

Glykokoll [zu griech. glykýs „süß" und kólla „Leim"], svw. ↑Glycin.

Glykol [griech./arab.] (Äthylenglykol, 1,2-Äthandiol), $HO-CH_2-CH_2-OH$, einfachster, zweiwertiger Alkohol. Verwendet wird G. als Frostschutzmittel, als Lösungsmittel für Zellulosenitrat sowie bei der Synthese von Polyestern. - ↑auch Diäthylenglykol.

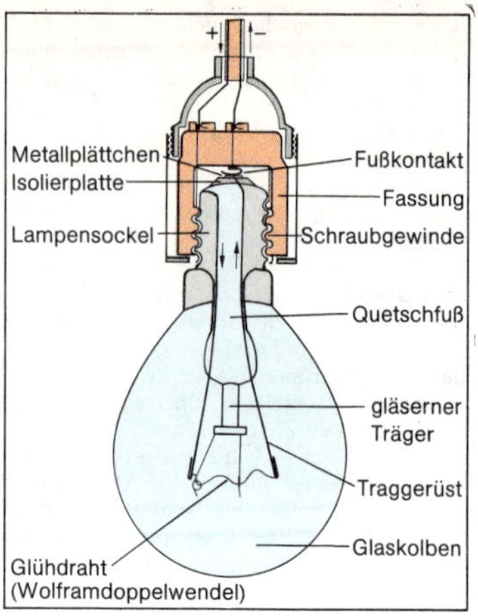

Glühlampe. Schematische Darstellung

Glykolyse. Embden-Meyerhof-Parnas-Weg (unten)

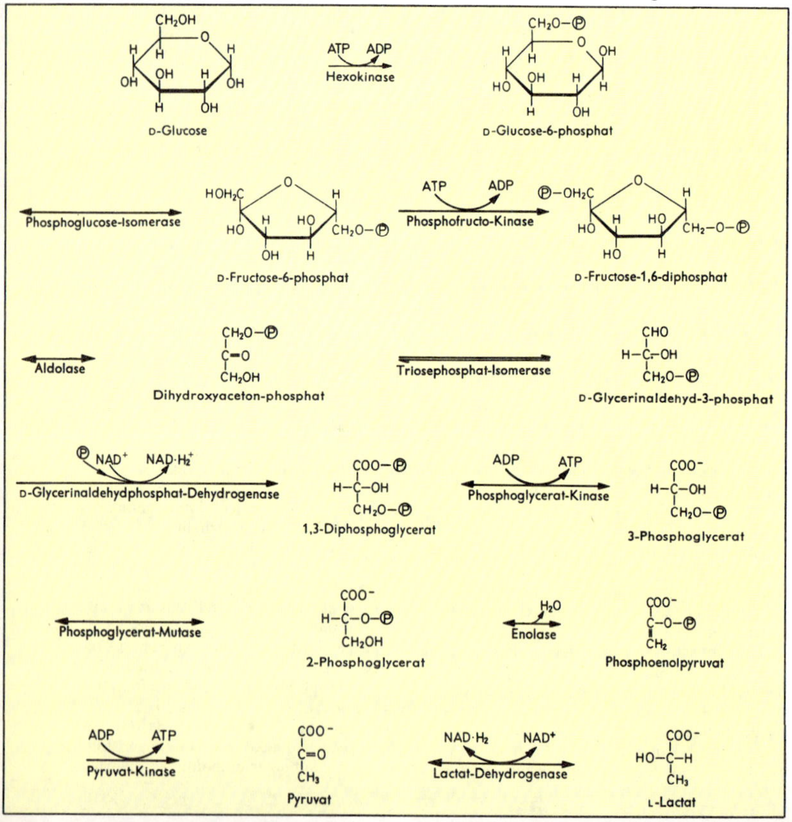

Glykole (1,2-Diole), Sammelbez. für zweiwertige ↑Alkohole mit benachbarten Hydroxylgruppen.

Glykolipide (Glykolipoide) [griech.], organ. Verbindungen, die neben einem Lipid- auch einen Kohlenhydratanteil (meist Glucose oder Galaktose) enthalten.

Glykolsäure (Äthanolsäure, Hydroxyessigsäure), $CH_2OH-COOH$, die einfachste Hydroxysäure, die z. B. in Fruchtsäften, unreifen Weintrauben und im Zuckerrohr vorkommt. Verwendet wird die G. in der Gerberei zum Entkalken der Häute sowie zum Veredeln von Leder und Pelzen.

Glykolyse [griech.], der in lebenden Organismen ablaufende enzymat., anaerobe (ohne Mitwirkung von Sauerstoff) Abbau von Glucose oder ihren Speicherformen (z. B. Glykogen). Dabei entstehen aus 1 Mol Glucose 2 Mol Brenztraubensäure, wobei etwa 60 kJ verwertbare Energie frei wird, gespeichert in 2 Mol ATP, und 1 Mol $NADH_2^+$ gebildet wird. Die entstehende Brenztraubensäure kann anaerob zu Milchsäure (z. B. im Muskel) oder in Hefen zu Alkohol abgebaut werden; ihr aerober Abbau mündet im ↑Zitronensäurezyklus. Die G. ist der wichtigste Abbauweg der Kohlenhydrate im Organismus, der häufig auch nach den bei der Aufklärung dieser Reaktionskette führenden Wissenschaftlern benannt wird. Neben dem Embden-Meyerhof-Parnas-Weg kann Glucose auch auf den Pentosephosphat-Weg (Warburg-Dikkens-Horecker-Weg) abgebaut werden.

Glykoneus [griech.-lat.], nach einem sonst unbekannten hellenist. Dichter Glykon ben. antikes Versmaß nach dem Grundschema ◡◡ – ◡◡ – ◡ –.

Glykoproteide [griech.] (Glykoproteine, Eiweißzucker), zusammengesetzte Eiweißstoffe, die Kohlenhydratkomponenten tragen, die glykosidisch mit den Aminosäureresten verbunden sind. Zu den G. zählen viele Hormone, Proteine des Blutserums, die Blutgruppensubstanzen und Bestandteile von Körperschleimen.

Glykoside [griech.], große Gruppe von Naturstoffen und synthet. organ. Verbindungen, deren Kohlenhydratanteil durch ↑glykosidische Bindung mit einem Nichtkohlenhydratbestandteil (**Aglykon,** Genin) verbunden ist. Das Kohlenhydrat kann über ein Sauerstoffatom *(O-Glykoside)* oder ein Stickstoffatom *(N-Glykoside)* an das Aglykon gebunden sein. Die meisten in der Natur vorkommenden G. sind O-Glykoside, die wichtigsten N-Glykoside sind die Nukleoside, die Bestandteil von Nukleinsäuren und Koenzymen sind. Die biolog. Bed. der pflanzl. G. (z. B. die ↑Saponine) liegt darin, daß durch die Glykosidbindung das Aglykon wasserlösl. gemacht wird. Viele G. haben pharmakolog. Wirkung (z. B. Digitalisglykoside).

glykosidische Bindung (Glykosidbindung), Bindungstyp organ. Verbindungen, der durch Wasserabspaltung bei der Reaktion einer halbacetal. Hydroxylgruppe (meist eines Kohlenhydrates) mit einer Hydroxyl- oder Aminogruppe gebildet wird. Im ersten Fall entsteht eine *O-glykosid. Bindung:*

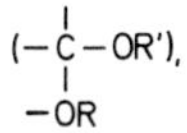

im zweiten Fall eine *N-glykosid. Bindung:*

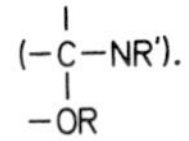

Glykosurie [griech.], vermehrte Ausscheidung von Zucker im Urin.

Glyoxal [Kw.] (Äthandial, Oxalaldehyd), $OHC-CHO$, der einfachste Dialdehyd; er entsteht bei Oxidation von Äthylalkohol mit Salpetersäure. Verwendet wird G. bei der Herstellung von Kunststoffen und synthet. Proteinfasern.

Glyoxylsäure [Kw.] (Äthanalsäure, Glyoxalsäure), die einfachste Aldehydsäure; findet sich bes. in unreifen Früchten (z. B. im Rhabarber und in Stachelbeeren).

Glyoxylsäurezyklus (Glyoxalatzyklus, Krebs-Kornberg-Zyklus), Stoffwechselweg, der in Mikroorganismen und in Pflanzen eine Rolle spielt, bei höheren Tieren jedoch nicht vorkommt. Der G. ist eine Variante des ↑Zitronensäurezyklus, bei der aktivierte Essigsäure (Acetyl-CoA) nicht abgebaut, sondern zur Synthese von Dicarbonsäuren verwendet wird. Die biolog. Bed. des G. liegt in der Möglichkeit, aus Acetyl-CoA, das z. B. aus dem Fett[säure]abbau stammt, Kohlenhydrate (über die Bernsteinsäure) aufzubauen, ein Vorgang, der in Pflanzensämlingen große Bed. hat. Manchen Mikroorganismen ermöglicht der G., mit Fettsäuren als einziger Kohlenstoffquelle zu wachsen.

Glyphe ↑Glypte.

Glyptalharze (Glyptale) [Kw.], Gruppe von ↑Alkydharzen, die durch Veresterung von Phthalsäure mit Glycerin hergestellt werden.

Glypte (Glyphe) [zu griech. glýphein „ausmeißeln"], Eingemeißeltes; geschnittener Stein; Skulptur.

Glyptik [griech. (zu ↑Glypte)], svw. ↑Steinschneidekunst.

Glyptodonten [griech.], svw. ↑Riesengürteltiere.

Glyptothek [griech.], Sammlung geschnittener Steine, auch antiker Skulpturen (z. B. Münchner G., als Bau 1816–34 von L. von Klenze errichtet, 1972 wiedereröffnet).

Glyzeride ↑Glyceride.

Glyzerin ↑Glycerin.

Glyzin ↑Glycin.

Glyzine [zu griech. glykýs „süß"] (Blauregen, Glyzinie, Wisterie, Wisteria), Gatt. der Schmetterlingsblütler mit neun Arten in N-

Amerika und O-Asien; sommergrüne, hochwindende Klettersträucher mit unpaarig gefiederten Blättern; Blüten groß, duftend, in langen, hängenden Trauben, blau, weiß oder lilafarben.

GM, Abk. für: ↑**G**old**m**ark.

GmbH, Abk. für: ↑**G**esellschaft **m**it **b**eschränkter **H**aftung.

GmbH & Co, KG ↑Kommanditgesellschaft.

GMD, Abk. für: **G**eneral**m**usik**d**irektor (↑Musikdirektor).

Gmeiner, Hermann, * Alberschwende (Vorarlberg) 23. Juni 1919, † Innsbruck 26. April 1986, östr. Sozialpädagoge. - Gründete 1949 das erste von rund 250 SOS-Kinderdörfern und entwickelte die Organisation der Dorfgemeinschaften mit Familien von 5–8 Kindern verschiedener Altersstufen, die von einer Frau als „Mutter" betreut werden.

Gmelin [...li:n], Johann Friedrich, * Tübingen 8. Aug. 1748, † Göttingen 1. Nov. 1804, dt. Chemiker. - Prof. in Göttingen; verfaßte eine „Allgemeine Geschichte der Gifte" (3 Bde., 1776/1777), eine „Einleitung in die Chemie" (1780), eine „Einleitung in die Pharmazie" (1781) und eine „Geschichte der Chemie" (3 Bde., 1797–99).

G., Leopold, * Göttingen 2. Aug. 1788, † Heidelberg 13. April 1853, dt. Chemiker. - Prof. in Heidelberg; sein „Handbuch der theoret. Chemie" (3 Bde., 1817–19) betreute er bis zur 5. Auflage (1853) selbst; das Werk wurde weitergeführt u.d.T. „Gmelins Handbuch der anorgan. Chemie". Es wird seit 1948 vom *Gmelin-Institut für anorgan. Chemie und Grenzgebiete in der Max-Planck-Gesellschaft* betreut.

Gminder-Halblinnen ® [nach dem dt. Ingenieur E. Gminder], Gewebe mit Fäden aus einer Mischung von 50 % Baumwolle und 50 % kotonisierten Flachs- und Hanffasern (Flockenbast).

GMT [engl. 'dʒi:ɛm'ti:], Abk. für engl.: **G**reenwich **M**ean **T**ime ['grɪnɪdʒ mi:n 'taɪm „mittlere Greenwicher Zeit"], ↑Weltzeit.

Gmünd, östr. Stadt am O-Ende der Hohen Tauern, Kärnten, 732 m ü. d. M., 2 600 E. Luftkurort und Wintersportplatz. - Im 13. Jh. als Burgstadt gegr., die 1292 als Stadt erscheint. - Spätgot. Stadtpfarrkirche mit zahlr. Grabdenkmälern; Wohnhäuser aus Renaissance und Barock; roman. Bergfried und got. Bauteile des Alten Schlosses; Neues Schloß (1651–54).

G., Bez.hauptstadt im Waldviertel, Niederösterreich, 492 m ü. d. M., 6 500 E. Museum; Nahrungsmittel-, Möbel-, Textilind. - Vor 1200 als Grenzstadt mit Burg angelegt. - Roman. Pfarrkirche mit got. Chor (14. Jh.) und W-Turm von 1954; Schloß (16. Jh.).

Gmunden, Bez.hauptstadt an der N-Spitze des Traunsees, Oberösterreich, 445 m ü. d. M., 12 200 E. Handelsakad., Bundesförsterschule; Museen; Theater, Freilichtbühne. Luftkurort, Einkaufszentrum; Bekleidungs-, Schuh-, Keramikind., Herstellung von Skiern und Möbeln. - Seit etwa 1280 Stadt. - Barockisierte Pfarrkirche mit einem Holzschnitzaltar von T. Schwanthaler (1678); Rathaus (16.–18. Jh.); in **Ort** bei G.: Seeschloß (mit got. Bauteilen) und Landschloß (17. Jh.).

Gnade [zu althochdt. ginâda, eigtl. „Hilfe, Sicherheit"], *religionswissenschaftl.* die Hilfe [eines] Gottes, in den prophet. Religionen (z. B. Judentum, Christentum, Islam) vornehml. als unverdiente Vergebung menschl. Sünde, in den myst. Religionen ind. Herkunft in erster Linie als Erlösung aus ird. Vergänglichkeit. - In der *Bibel:* Im A. T. erfährt Israel Gottes G. v. a. in der grundlosen Auserwählung zum Bundesvolk und in der alle Gerechtigkeit überbietenden Treue, die Gott auch seinem untreuen Volk gegenüber beweist. - Im N. T. bezeugt Jesus selbst in den Gleichnissen und durch sein Verhalten den gnädigen Vatergott. Das Evangelium der G. (Charis) steht im Mittelpunkt der Paulin. Theologie. Der Sünder wird nach Paulus (Röm. 3, 23) allein durch Gottes G. ohne eigenes Verdienst gerechtfertigt und mit neuem Leben beschenkt. - Im *kath. Verständnis:* G. wurzelt in Gottes freiem Willen zur Selbstmitteilung. G. bezeichnet sowohl Gott selbst, insofern er sich dem Menschen schenkt (ungeschaffene G.), als auch die Wirkung von Gottes Selbsterschließung im Menschen (z. B. Gotteskindschaft, totale Sündenvergebung durch die **heiligmachende Gnade**), wobei die G. die Natur voraussetzt und vervollkommnet. - Im Verständnis der *reformator. Kirchen* ↑Rechtfertigung.

Rechtshistor. ist der Begriff G. nicht klar zu fassen. Bis ins Spät-MA versteht man unter G. das billige Ermessen oder die unbeschränkte Gewalt. Gegenübergestellt werden in engerer Bedeutung Recht und Gnade.

📖 *Greshake, G.: Geschenkte Freiheit. Einf. in die G.lehre. Freib. ²1981.*

Gnadenbild, im kath. Verständnis das an Wallfahrtsorten (**Gnadenorten**) verehrte gemalte oder plast. Bild von Christus oder von Heiligen, v. a. von Maria.

Gnadengesuch ↑Gnadenrecht.

Gnadenhochzeit ↑Hochzeit.

Gnadenkirchen, Bez. für die 6 ev. Kirchen in Schlesien, die in der Konvention von Altranstädt (1707) den ev. Schlesiern bewilligt und mit Sonderrechten ausgestattet wurden: in Landeshut i. Schles., Hirschberg i. Rsgb., Sagan, Freystadt i. Niederschles., Militsch und Cieszyn.

Gnadenkraut (Gratiola), Gatt. der Rachenblütler mit 20 Arten in den gemäßigten Zonen und trop. Gebirgen. Einzige einheim. Art ist das **Gottesgnadenkraut** (Gratiola officinalis): mehrjährige, bis 60 cm hohe Pflanze mit lanzenförmigen, scharf gesägten Blättern und einzeln stehenden, langgestielten, weißen, rötl. geäderten Blüten; auf nassen Wiesen, an Ufern und in Sümpfen.

Gnadenorte ↑Gnadenbild.

Gnadenrecht, die das Gnadenwesen betreffenden Rechtsvorschriften (↑Begnadigung). Die in Bund und Ländern zuständigen Stellen entscheiden z.T. auf der Grundlage von **Gnadenordnungen,** die den Gnadenerweis als ein bes. Verwaltungsverfahren rechtl. regeln. Normalerweise wird die Gnadenfrage auf Grund eines **Gnadengesuches** [des Verurteilten oder eines Dritten] aufgegriffen, sie kann aber auch von Amts wegen geprüft werden. Ein Gnadenerweis kann statt in Straferlaß auch in Strafaussetzung zur Bewährung bestehen.

Gnadenstreit ↑Molinismus.

Gnadenstuhl, kunstgeschichtl. Bez. für eine etwa seit dem 12. Jh. bekannte Darstellungsform der Dreifaltigkeit: Der auf einem Thron sitzende Gottvater hält das Kreuz mit dem Corpus Christi vor sich; zwischen beiden (später auch über beiden) schwebt der Hl. Geist in Gestalt einer Taube.

Gnägi, Rudolf, * Schwadernau (Bern) 3. Aug. 1917, † Bern 20. April 1985, schweizer. Politiker. - Mgl. der Schweizer. Volkspartei; 1966–79 Bundesrat (Verkehrs- und Energiewirtschaftsdepartement, seit 1968 Militärdepartment); 1971 und 1976 Bundespräsident.

gnathogen [griech.], vom Kiefer herrührend oder ausgehend (z.B. von Krankheiten gesagt).

Gnathostomuliden (Gnathostomulida) [griech.], Tierstamm mit nur vier marinen Arten; 0,4–3,5 mm lange bewimperte Würmer; leben im Meeressand, von der Gezeitenzone bis in etwa 30 m Tiefe.

Gneis, weitverbreitete Gruppe metamorpher Gesteine, Hauptgemengteile: Feldspat, Quarz, Glimmer. **Orthogneis** entstand aus magmat., **Paragneis** aus sedimentären Gesteinen. Wegen seiner Paralleltextur und kristallinen Korngefüges zählt G. mit Phyllit und Glimmerschiefer zu den **kristallinen Schiefern.**

Gneisenau, August Wilhelm Anton Graf Neidhardt von (seit 1814), * Schildau 27. Okt. 1760, † Posen 23. Aug. 1831, preuß. Generalfeldmarschall. - 1780 Eintritt in die ansbach-bayreuth. Armee, wurde 1782 Leutnant und nahm 1782/83 auf der Seite Großbrit. am nordamerikan. Unabhängigkeitskrieg teil. Als Premierleutnant seit 1786 in preuß. Dienten; erhielt im April 1807 das Kommando über die Festung Kolberg, die er mit Nettelbeck und Schill bis zum Frieden von Tilsit verteidigte; trat danach in die Kommission zur Reorganisation des Heeres ein, setzte mit Scharnhorst die Errichtung der Kriegsschule durch, trug mit der Forderung nach Abschaffung ständ. Vorrechte in der Armee, Einführung der allg. Wehrpflicht und Humanisierung des militär. Dientes entscheidend zu Steins Werk der preuß. Reformen bei, nach dessen Entlassung 1808 er ebenfalls aus dem preuß. Dienst ausschied. Warb seit 1811 für den Volkskrieg gegen Napoleon I. Wurde 1813 Generalquartiermeister Blüchers und Generalleutnant; erwies sich in den Befreiungskriegen, so in den Schlachten von Leipzig und Belle-Alliance, als genialer Heerführer. Nahm 1816 aus polit. Gründen seinen Abschied. 1818 wurde er Gouverneur von Berlin, 1825 Generalfeldmarschall. Starb, während des poln. Aufstands an die Spitze der östl. Armeekorps berufen, an der Cholera.

Gneist, Rudolf von (seit 1888), * Berlin 13. Aug. 1816, † ebd. 22. Juli 1895, dt. Rechtslehrer und Politiker. - 1845 Prof. in Berlin. Als liberaler Antipode F. J. Stahls entwickelte er, ausgehend von der histor. Schule der Rechtswissenschaft F. K. von Savignys, der Philosophie Hegels und der Gesellschaftslehre L. von Steins, seine einflußreiche Lehre von der Selbstverwaltung; wurde seit 1869 zum führenden Vertreter einer selbständigen Verwaltungsgerichtsbarkeit. Gehörte 1859–93 (mit kurzer Unterbrechung 1862) als Mgl. des linken Zentrums bzw. der Nationalliberalen dem preuß. Landtag an, MdR 1867–84. *Werke:* Der Rechtsstaat (1872), Engl. Verfassungsgeschichte (1882), Die nat. Rechtsidee von den Ständen und das preuß. Dreiklassensystem (1894).

Gnesen ↑Gniezno.

Gnesiolutheraner [zu griech. gnḗsios „echt"], spätere Bez. für eine von M. Flacius angeführte theolog. Gruppierung innerhalb des frühen Luthertums, die behauptete, das Erbe Luthers unverfälscht zu bewahren.

Gnetum [malai.-nlat.], einzige Gatt. der Nacktsamerfamilie **Gnetumgewächse** (Gnetaceae) mit etwa 30 Arten in Afrika, auf den Pazif. Inseln und im äquatorialen Amerika; meist Sträucher oder Lianen mit gegenständigen, netzadrigen Blättern und kleinen Blüten in ährenförmigen Blütenständen. Die Früchte einiger Arten sind eßbar.

Gniezno [poln. 'gnjɛznɔ] (dt. Gnesen), poln. Stadt 50 km onö. von Posen, 120 m ü.d.M., 55 000 E. Erzbischofssitz; archäolog. Museum; Maschinenbau, Herstellung von Präzisionsinstrumenten, Textil- und Nahrungsmittelind. - Nach Überlieferung und Ausgrabungsbefunden (8./9. Jh. Burg, 2. Hälfte des 10. Jh. befestigte Siedlung) die älteste poln. Stadt, um 1000 (Errichtung des Erzbistums) die größte Polens. 1793–1807 und seit 1814/15 unter preuß. Herrschaft; kam nach dem 1. Weltkrieg zu Polen. - Spätgot. Dom (1342–1415; 1959–61 wiederhergestellt) mit roman. Bronzetür (um 1170).

G., Erzbistum, errichtet im Jahre 1000, erhielt die Suffragane Kolberg, Breslau, Krakau, bald auch Posen. Der Metropolit von G. krönte die poln. Könige und war seit 1416

Primas von Polen und Litauen. 1821 wurde Posen zum Erzbistum erhoben und G. ihm in Personalunion verbunden; seit 1948 in Personalunion mit Warschau.

Gnitzen [niederdt.] (Bartmücken, Ceratopogonidae), mit rd. 500 Arten weltweit verbreitete Fam., 0,3–3 mm langer Mücken; meist dunkel gefärbt mit gedrungenem Körper, 13- bis 15gliedrigen (im ♂ Geschlecht stark behaarten) Fühlern und meist breiten, oft behaarten und gefleckten Flügeln; Blutsauger an Insekten und Wirbeltieren (rufen beim Menschen starken Juckreiz und bis 2 cm große Quaddeln hervor).

Gnoli, Domenico [italien. 'ɲɔ:li], * Rom 3. Mai 1933, † New York 17. April 1970, italien. Maler. - Füllt die Bildfläche völlig aus in minutiöser Wiedergabe (z. T. unter Beimischung von Sand) der Stofflichkeit seines Gegenstandes (oft ins Monumentale vergrößerte Details). Schuf auch Objekte („Schuh") und Bühnendekorationen.

Gnom [von Paracelsus geprägt; Herkunft ungeklärt], Erd-, Berggeist (↑ Zwerge).

Gnome [griech.-lat., zu griech. gignṓskein „(er)kennen"], kurze Sprüche, in älteren Literaturen Form der Lehrdichtung, oft in Sammlungen vereinigt (Florilegien); z. B. die unter dem Namen des Theognis von Megara laufende Gnomologie des 6. Jh. v. Chr. oder die Sammlung des apokryphen Dionysius Cato („Dicta Catonis", 2. Jh., eines der didakt. Grundbücher des MA).

Gnomon [griech.], senkrecht stehender Schattenstab (z. B. auch Obelisk); antikes astronom. Meßinstrument; Vorläufer der ↑ Sonnenuhr.

gnomonische Projektion (gnomische Projektion, orthodromische Projektion), Zentralprojektion einer Kugel[fläche] (speziell der Erdkugel) von ihrem Mittelpunkt aus auf eine Tangentialebene (von Bed. für kartograph. Entwürfe von Navigationskarten, auch für die Kristallographie).

Gnomonische Projektion der nördlichen Halbkugel

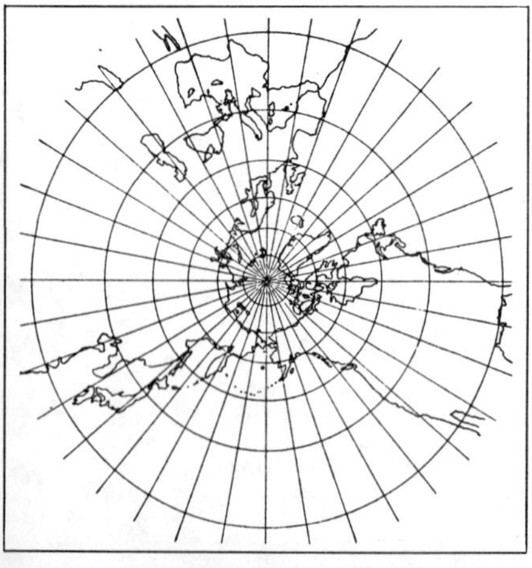

Gnoseologie [griech.], Erkenntnislehre; heute gebräuchl. Bez. für Erkenntnistheorie, soweit sie das Verhältnis des erkennenden Subjekts zum erkennenden Gegenstand behandelt.

...gnosie, ...gnosis [griech.], Grundwort von zusammengesetzten Substantiven mit der Bed. „Kunde, Wissenschaft".

Gnosis [griech. „Erkenntnis, Wissen"], allg. Begriff der Religionsphänomenologie zur Bez. eines systemat. gefaßten Wissens um göttl. Geheimnisse, das nur wenigen Menschen als aprior. Vermögen gegeben ist, aus dem Menschen selbst und nicht aus einer Offenbarung (Gnade) stammt und sich selbst als das umfassende Heil des Menschen versteht. - Der Begriff G. wurde früher (bis 1966) mit ↑ Gnostizismus gleichgesetzt.

Gnostiker [griech.], Anhänger oder Vertreter der ↑ Gnosis.

Gnostizismus [griech.], zusammenfassende Bez. für mehrere auf ↑ Gnosis beruhende philosoph.-theolog. (synkretist.) Richtungen (Sekten) umstrittener Herkunft v. a. des 2. Jh. n. Chr., deren Erforschung zunächst nur indirekt auf der Grundlage der christl. Antihäretikerliteratur möglich war und sich erst seit der Entdeckung von (oft schwer übersetzbaren) kopt. Originaltexten in ↑ Nag Hammadi auf authent. Quellen stützen kann. Grundlegend für den G. ist die Interpretation der menschl. Existenz im Rahmen einer myth. geschauten streng *dualist.* Kosmologie: Mensch und Kosmos enthalten Teile einer jenseitigen (guten) Lichtwelt, die aus der gottfeindl. (bösen) Materie erlöst werden müssen. Diese Erlösung geschieht durch Gesandte des Lichts (v. a. durch Christus). Sie ist abgestuft, so daß zur vollen „Erkenntnis" (Gnosis) nur gelangt, wer den „Geist" (griech. „pneũma") besitzt. Andere bleiben auf der niederen Stufe des „Glaubens". Bed. Vertreter des G. waren u. a. Basilides (2. Jh.), Valentinos (3. Jh.), Herakleon 2. Jh.) und Ptolemaios (um 180).

Gnothi seauton [griech. „erkenne dich selbst"] (lat. nosce te ipsum), Inschrift des Apollontempels in Delphi; wird Thales von Milet oder Chilon zugeschrieben.

Gnotobiologie [griech.], Forschungsrichtung der Biologie und Mikrobiologie, die sich mit **gnotobiotischen Tieren** (Gnotobionten; keimfrei zur Welt gebrachte und keimfrei aufgezogene Tiere) befaßt, um Aufschluß über den Aufbau und die Entwicklung ihres immunolog. Abwehrsystems und die Wechselbeziehungen zw. **Gnotophoren** (nur von bestimmten bekannten Keimen besiedeltes Tier) und bestimmten Mikroorganismen zu erhalten.

Gnubberkrankheit, svw. ↑ Traberkrankheit.

Gnus [afrikan.] (Connochaetes), Gatt. der Kuhantilopen in den Steppen O- und S-Afrikas; 1,7–2,4 m lang, Schulterhöhe 0,7–1,5 m; Fell sehr kurz und glatt; Mähne an Stirn, Nacken, Hals und Brust; Schwanz am Ende mit langer Haarquaste; Beine lang und schlank, Hals auffallend kurz; Kopf groß mit breiter Schnauze; beide Geschlechter mit hakig gebogenen Hörnern. Zwei Arten: **Streifengnu** (Schwarzschwanzgnu, Connochaetes taurinus) mit grauer bis graubrauner Färbung mit meist dunklen Querstreifen; Kehlbart weiß (*Weißbartgnu;* Connochaetes taurinus albojubatus) oder schwarz (*Blaues Gnu;* Connochaetes taurinus taurinus). **Weißschwanzgnu** (Connochaetes gnou) mit schwärzlichbrauner Färbung, schwarzer Brustmähne; Nasenrücken, Nacken und Schulter mit Stehmähne; Schwanz überwiegend weiß.

Go [niederdt. „Gau"], Verwaltungs- und Gerichtsbezirk des MA in Friesland (ab 10. Jh.) und Sachsen (seit dem 12. Jh.). Im 16./17. Jh. verschmolzen die Goe, denen der **Gograf** vorstand, mit den landesherrl. Ämtern und Vogteien.

Go [jap.], altjap. Brettspiel; auf einem quadrat. Spielbrett mit 19 × 19 Linien (361 Schnittpunkte) werden abwechselnd schwarze und weiße Steine gesetzt; durch Bildung von Ketten sollen die gegner. Steine eingeschlossen werden. Jeder der beiden Spieler hat 181 Steine.

Goa ['go:a, engl. 'goʊə, portugies. 'goɐ], ehem. kleine portugies. Kolonie an der W-Küste Vorderindiens, 545 km², gehört heute zu ↑ Goa, Daman and Diu.

Goabohne (Psophocarpus tetragonolobus), Schmetterlingsblütler im trop. Asien; Windepflanze mit dreizählig gefiederten Blättern und violetten Blüten in Trauben; wird in den Tropen als Gemüsepflanze kultiviert; auch die gerösteten Samen sind eßbar.

Goa, Daman and Diu [engl. 'goʊə, də'mɑ:n ənd 'di:u:], Unionsterritorium von Indien, bestehend aus Goa, Daman und Diu, drei ehem. portugies., räuml. weit auseinanderliegenden Kolonialenklaven; 3 813 km², 1,08 Mill. E (1981), Hauptstadt Panaji. - Goa (1479 gegr.; erobert 1510) bildete mit Daman (erobert 1559) und Diu (erobert 1509–37) die Hauptstützpunkte der Portugiesen in Indien, bis sie 1961 mit Waffengewalt der Ind. Union eingegliedert wurden.

Goal [go:l; engl., eigtl. „Ziel"], engl. Bez. für Tor bei Sportspielen, auch in Österreich und der Schweiz gebraucht.

Goar, hl., fränk. Missionar des 6. Jh.; Patron der [Rhein]schiffer und der Gastwirte.

Gobang [engl. goʊ'bæŋ, 'goʊbæŋ], engl. Brettspiel (Variante des Go) für 2–4 Teilnehmer, von denen jeder 20–30 Steine erhält. Das Spielbrett enthält 15 × 15 Felder, auf die man ebenso wie auf die Schnittpunkte der Linien setzt.

Gobat, Charles Albert [frz. gɔ'ba], * Tramelan (BE) 21. Mai 1843, † Bern 16. März 1914, schweizer. Jurist. - Mitbegr. des ständigen Büros der Interparlamentar. Union, seit 1906 dessen Leiter; Ständerat (1884–90), Nationalrat (1890–1914); erhielt 1902 mit É. Ducommun den Friedensnobelpreis.

Gobbi, Tito, * Bassano del Grappa 24. Okt. 1913, † Rom 5. März 1984, italien. Sänger (Bariton). - Sang seit 1942 an der Mailänder Scala; seit 1942 auch Opernregisseur.

Gobelin [gobə'lɛ̃:; frz.], handgewirkter [Wand]teppich, auch Polstermöbelbezug, der in der frz. königl. Manufaktur (gegr. 1662 im Hause der Färberfam. Gobelin in Paris, daneben kleiner Betrieb in Beauvais) im 17. und 18. Jh. hergestellt worden ist. Große figürl. mytholog. und histor. Kompositionen; Entwürfe lieferten Künstler wie N. Poussin, A. Caron, S. Vouet, im 18. Jh. v. a. F. Boucher, J. Restout, C. J. Natoire. - In farblose Kettfäden aus Leinen wird ein bereits in Farbe und Länge auf das Muster abgestimmter „Schußfaden" (Wolle, Seide) eingeflochten.

Gobelinmalerei [gobə'lɛ̃:], Malerei, die, auf ripsartigem Stoff angebracht, einen gewirkten Gobelin nachahmt. Auch Entwürfe für Gobelins wurden so gemalt.

Gobelinstich [gobə'lɛ̃:], Stickereistich, der auf abzählbarem Gewebe im allg. schräg, halbschräg oder auch senkrecht, und zwar meist über einen vorgespannten Faden (um die Stickerei zu verdichten) dicht an dicht ausgeführt wird. Die **Gobelinstickerei** bevorzugt Landschaften oder Blumen, aber auch Motive nach histor. Vorlagen und Gemälden (Stuhl- u. a. Bezüge, Polstermöbel u. a.).

Gobert, Boy, * Hamburg 5. Juni 1925, † Wien 30. Mai 1986, dt. Schauspieler und Intendant. - Spielte mit viel Persiflage und Selbstironie v. a. Bohemien- und Dandyrollen, sowohl auf der Bühne, 1964 u. a. die Titelrolle in C. Sternheims „Der Snob", wie im Film, z. B. „Wer sind Sie, Dr. Sorge?" (1961). Ab 1969 Intendant des Hamburger Thalia Theaters; seit 1980 Generalintendant der Staatl. Schauspielbühnen Berlins.

Gobi (chin. Schamo „Sandwüste"), trockene Beckenlandschaft in Z-Asien, in der Inneren Mongolei (China) und der Mongol. VR, etwa 1 500 km lang (WSW–ONO), bis 250 km breit, durchschnittl. 1 000 m hoch. Der in den Randgebirgen sowie in zahlr. Gebirgszügen, Einzelbergen, Höhenrücken und Hügeln innerhalb der G. zutagetretende ältere Untergrund ist weitgehend von Hangschutt, Flußgeröll, Löß und Flugsand verhüllt. Durch niedrige Rücken ist die G. in zahlr., meist langgestreckte flache Einzelbecken gegliedert. In ihnen liegen vielfach Salztonebenen, -sümpfe und -seen, die von meist nur episod. wasserführenden kurzen Flüssen gespeist werden. Die G. besitzt extremkontinentales winterkaltes Trockenklima. Die Niederschläge sind unregelmäßig; sie sinken in den Kerngebieten oft unter 50 mm oder setzen für mehrere Jahre ganz aus. Die Vegetation ist die der Wüstensteppe und Wüste. Bäume fehlen außer in den Oasen: Pappeln, Tamarisken, Ulmen. Die Tierwelt ist spärl. nach Artenzahl und -fülle: Gazellen, Antilopen, Wildpferde, -esel und -kamele, Vögel; in den Gebirgen Wildschafe und -ziegen. Die G. ist fast nur von nomadisierenden Mongolen bewohnt, deren Wanderungen unter dem sozialist. System allerdings stark reglementiert sind (Viehzuchtkollektive). Die Oasen werden zunehmend für den Anbau genutzt. Als wichtigste Verkehrslinie führt durch die G. die von einer Straße begleitete Transmongol. Bahnlinie von Ulan Bator nach Peking. Der chin. Bereich ist v. a. durch die am Gebirgsfuß verlaufenden Bahnlinien und Straßen (ehem. Seidenstraße) erschlossen.

🕮 *Leynse, G. P.: G. Dt. Übers. Marburg 1979.*

Gobialtai ↑Altai.

Gobineau, Joseph Arthur Graf von [frz. gɔbiˈno], * Ville-d'Avray bei Paris 14. Juli 1816, † Turin 13. Okt. 1882, frz. Schriftsteller. - Diplomat; Beziehungen zum Kreis R. Wagners. In seinem „Versuch über die Ungleichheit der Menschenrassen" (4 Bde., 1853–55, dt. 4 Bde., 1898–1901) behauptet er die Überlegenheit der „arischen" Rasse; diese Theorie lieferte Argumente für den Rassenfanatismus des Nationalsozialismus.

Weitere Werke: Das Siebengestirn (R., 1874; 1964 u. d. T. Die Plejaden), Die Renaissance (Dichtung, 1877).

Goch, Stadt im Niederrhein. Tiefland, NRW, 18 m ü. d. M., 28 800 E. Museum; Ind.ansiedlung nach dem 2. Weltkrieg. - Um die Mitte des 13. Jh. als Stadt gegr.; nach seiner Zugehörigkeit zu Kleve (1473–1614) wurde G. brandenburgisch. - Pfarrkirche (14.–16. Jh.; Wiederaufbau nach Kriegsschäden); Steintor (14. Jh.), „Haus zu den fünf Ringen" (16. Jh.), ein Backsteinbau mit doppelgeschossigem Giebel.

Göchhausen, Louise Ernestine Christiane Juliane von, * Eisenach 13. Febr. 1752, † Weimar 7. Sept. 1807, sachsen-weimar. Hofdame. - Seit 1775 Gesellschafterin der Hzgn. Anna Amalia und seit 1783 Erste Hofdame am „Musenhof" in Weimar; von ihrer Hand stammt die einzige Abschrift, in der Goethes „Urfaust" überliefert ist.

Godard, Jean-Luc [frz. gɔˈdaːr], * Paris 3. Dez. 1930, frz. Filmregisseur. - Seit seinem ersten Spielfilm „Außer Atem" (1960) einer der führenden Vertreter der frz. „Neuen Welle", daneben v. a. „Der kleine Soldat" (1960), „Eine Frau ist eine Frau" (1961). Bed. Beiträge für die polit. Aktualisierung des Kinos sowie neue Formen der Bewußtmachung gesellschaftl. Wirklichkeit; film. Analysen über die materialist. Forderungen der modernen Leistungsgesellschaft sind u. a. „Die Geschichte der Nana S." (1962), „Eine verheiratete Frau" (1964), „Die Verachtung" (1965). Z. T. theoret.-intellektuelle Filme wie „Elf Uhr nachts" (1965), „Masculin-Féminin" (1966), „Made in USA" (1967), „Weekend" (1967), „Zwei oder drei Dinge, die ich von ihr weiß" (1967), „Die Chinesin" (1967), ein Film über die chin. Kulturrevolution. Seit 1968 v. a. krit. polit. Problemfilme, die z. T. überhaupt nicht in den Verleih kamen sowie Experimente mit Fernseh- und Videoaufnahmen (einige Arbeiten wurden 1976 u. d. T. „Nummer zwei" als Film herausgebracht). Später auch wieder Spielfilme wie „Tout va bien" (1972), „Maria und Joseph" (1985), „Detektive" (1986).

Jean-Luc Godard (1965)

Godavari [engl. goʊˈdaːvərɪ], Fluß in Indien, entspringt in den nördl. Westghats, quert den Dekhan, durchbricht die nördl. Ostghats und bildet 65 km oberhalb seiner Mündung in den Golf von Bengalen ein Delta; rd. 1 450 km lang. Oberhalb des Deltas Stau mit 400 km langem Verteilernetz für die Bewässerung eines Reisanbaugebiets.

Goddard, Robert [Hutchins] [engl. ˈgɔdəd], * Worcester (Mass.) 5. Okt. 1882, † Baltimore 10. Aug. 1945, amerikan. Physiker und Raketenpionier. - Prof. an der Clark University in Worcester (Mass.); baute 1914 eine zweistufige Feststoffrakete, startete 1926 die erste Flüssigkeitsrakete und 1929 die erste mit Meßinstrumenten ausgestattete Rakete.

Goddard Space Flight Center [engl. ˈgɔdəd ˈspeɪs ˈflaɪt ˈsɛntə; nach R. Goddard], das amerikan. Raumfahrtforschungszentrum in Greenbelt (Md.); 1959 gegründet.

Godefroid de Huy (G. de Claire) [frz. gɔdfrwadəˈɥi], * Huy bei Lüttich nach 1100, † nach 1173/84, niederl. Goldschmied und Emailleur. - Ausgang der Zuschreibungen sind die angebl. von „Godefridus aurifex" angefertigten beiden Schreine in Notre-Dame in Huy (vor 1173). Zugeschrieben (umstritten) wird ihm u. a. der Heribertschrein (um 1170, Köln, Sankt Heribert), das Kopfreliquiar Papst Alexanders I., der Servatiusschrein in

Maastricht, Sankt Servatius (Spätwerk).

Gödel, Kurt, * Brünn 28. April 1906, † Princeton (N. J.) 14. Jan. 1978, östr. Logiker und Mathematiker. - Prof. am Institute for Advanced Study in Princeton (N. J.). Bed. Forscher auf dem Gebiet der mathemat. Grundlagenforschung; bewies u. a. die Vollständigkeit der (klass.) ↑ Quantorenlogik erster Stufe.

Gödelisierung, ein von K. Gödel entwickeltes Verfahren zur eindeutigen Zuordnung von natürl. Zahlen zu den sinnvollen Ausdrücken eines formalen Systems. Mit Hilfe des G.verfahrens kann man formale Systeme ganz innerhalb der Zahlentheorie abhandeln und darstellen.

Godemiché [frz. gɔdmi'ʃe], künstl. Nachbildung des erigierten Penis; wird von Frauen zur Selbstbefriedigung oder zur Ausübung gleichgeschlechtl. Verkehrs benutzt.

Goden [altnord.], in der Frühzeit Priester und Gauvorsteher in Skandinavien.

Godesberg, Bad ↑ Bad Godesberg.

Godesberger Programm (G. Grundsatzprogramm), im Nov. 1959 beschlossenes Programm der SPD, in dem sich die SPD unter Ausscheidung marxist. Gedanken und Zielsetzungen als „entideologisierte Volkspartei" darstellt, deren Ziele durch die Grundwerte des demokrat. Sozialismus: Freiheit, Gerechtigkeit und Solidarität definiert sind. Statt der Beseitigung kapitalist. Produktionsverhältnisse durch Sozialisierung und Planwirtschaft wird die Kontrolle wirtsch. Macht insbes. durch Mitbestimmung gefordert. Mit dem G. G. wurde der traditionelle Widerspruch von revolutionär-marxist. Programmatik und sozialreformer. Praxis der SPD überwunden. Die SPD wurde für weite bürgerl. Schichten wählbar. Im ökonom.-polit. „Orientierungsrahmen '85" wurde 1975 eine Konkretisierung und Umsetzung der allg. Ziele des G. P. beschlossen.

Godetie [nach dem schweizer. Botaniker H. Godet, * 1797, † 1879] (Atlasblume, Godetia), Gatt. der Nachtkerzengewächse mit etwa 20 Arten im westl. Amerika; etwa 40 cm hohe Kräuter mit bis zu 10 cm breiten, trichterförmigen, rosa, lila oder weißen Blüten in Blütenständen; v. a. die Art **Sommerazalee** (Godetia grandiflora) mit rosafarbenen bis roten, azaleenähnl. Blüten sowie viele gefüllte oder einfach blühende Sorten sind beliebte Schnitt- und Gartenblumen.

Godin, Jean-Baptiste André [frz. gɔ'dɛ̃], * Esquéhéries (Aisne) 26. Jan. 1817, † Guise (Aisne) 14. Jan. 1888, frz. Unternehmer und Sozialpolitiker. - Gründete in Guise einen Genossenschaftsbetrieb („Familistère"), den er zum Großunternehmen mit einigen tausend Arbeitern entwickelte. Setzte sich für eine fortschreitende Enteignung des Großbesitzes durch eine progressive Erbschaftsteuer zur Beseitigung des sozialen Elends ein.

Godofredus, dän. König, ↑ Göttrick.

Gödöllő, ungar. Stadt 25 km nö. von Budapest, 26 000 E. Landw. Hochschule; Maschinenbau. - Stadtrecht seit 1966. - Barockschloß (1744–47; 1867–1918 königl. Sommerresidenz; heute Hochschule).

Godolphin, Sidney [engl. gə'dɔlfɪn], Earl of G. (seit 1706), * Godolphin Hall (Cornwall) 15. Juni 1645, † Saint Albans 15. Sept. 1712, brit. Politiker. - 1680 in den Geheimen Rat berufen, wo er bis 1696 das Ministerium leitete. Unter Königin Anna war G. als Lordschatzkanzler (1702–10) zus. mit dem Hzg. Marlborough Leiter der brit. Politik, ermöglichte die Beteiligung Großbrit. am Span. Erbfolgekrieg und war maßgebl. an der Union mit Schottland (1707) und der Reorganisation der Ostind. Kompagnie (1708) beteiligt. 1710 zus. mit Marlborough gestürzt.

Godomar II., König der Burgunder (524–532). - Zweiter Sohn König Gundobads; wurde nach der Ermordung seines Bruders Sigismund (523) zum König ausgerufen und konnte die Franken 524 bei Vézéronce schlagen. Versuchte die Reorganisation des Reiches in Anlehnung an die Ostgoten; wurde 532 bei Autun von den Franken besiegt, die 534 ganz Burgund besetzten. Mit ihm endete das Königtum der Burgunder.

Godoy, Manuel de, eigtl. M. de G. Álvarez de Faria Ríos Sanches Zarzosa, Hzg. von

Godefroid de Huy, Büstenreliquiar des Papstes Alexander I. (1145). Brüssel, Musées Royaux des Beaux-Arts de Belgique

Alcudiam und Grande von Spanien (seit 1793), * Badajoz 12. Mai 1767, † Paris 4. Okt. 1851, span. Politiker. - Aus niederem Adel; stieg infolge eines Verhältnisses mit Königin ↑Maria Luise 1792 zum leitenden Min. auf (bis 1798; erneut 1801–1808); äußerst einflußreich. Regierte im Sinne des aufgeklärten Absolutismus; erhielt für den Abschluß des frz.-span. Friedens von 1795 den Titel „Friedensfürst". Bereicherte sich skrupellos; wurde während des Aufstandes von Aranjuez 1808 gestürzt und gefangengenommen, von den Franzosen befreit; lebte danach in Paris.

God save the King [engl. 'gɔd 'sɛɪv ðə 'kɪŋ „Gott schütze den König"] (God save the Queen [engl. 'kwi:n „Gott schütze die Königin"]), brit. Nationalhymne; wahrscheinl. von Henry Carey um 1745 komponiert und getextet.

Godthåb [dän. 'gɔdhɔ:'b] (Nuuk), Hauptstadt von Grönland, an der südl. W-Küste, eisfreier Hafen am **Godthåbfjord** (etwa 110 km lang, 3–30 km breit), 10 200 E. Sitz eines ev.-luth. Bischofs, Lehrerseminar, meteorolog. Station; Fischfang und -verarbeitung; ✈. - Gegr. 1721; entwickelte sich als Zentrum der Missionstätigkeit der dän. Staatskirche und der Herrnhuter Brüdergemeine schließl. zum Verwaltungssitz des Landes.

Godunọw, ungefürstetes russ. Dienstadelsgeschlecht, möglicherweise tatar. Herkunft; 1515 erstmals erwähnt als Name eines Woiwoden im ehem. Teilfürstentum Rjasan; seit 1580 im Besitz des Bojarentitels; zu Beginn des 18. Jh. erloschen. Bed. Vertreter:

G., Boris Fjodorowitsch, * um 1550/51, † 13. April 1605, russ. Zar (seit 1598). - Gehörte zur berüchtigten Opritschnina Iwans IV., war dessen Günstling und stieg unter dem schwachsinnigen Zaren Fjodor I. Iwanowitsch seit 1584 zum eigtl. Herrscher in Rußland auf; errichtete das Patriarchat Moskau (1589) und machte damit die russ. Kirche von Konstantinopel unabhängig. Wurde nach dem Tod Fjodors zum Zaren gewählt; erzielte mit der Rückgewinnung des 1583 an Schweden verlorenen Küstenstreifens am Finn. Meerbusen (1595), der Inbesitznahme Westsibiriens (um 1600) zwar bed. außenpolit. Erfolge, konnte jedoch die soziale Befriedung des unter Iwan IV. schwer erschütterten Landes nur teilweise erreichen. Die Entscheidung in den Auseinandersetzungen mit der von der Hocharistokratie und der Fam. Romanow angeführten Opposition, die dem verhaßten Emporkömmling den 1591 erfolgten, bis heute ungeklärten Tod von Dmitri Iwanowitsch anlastete, stand unmittelbar bevor, als G. starb. Sein Sohn und Nachfolger Fjodor Borissowitsch wurde schon sieben Wochen später gestürzt. - Literar. Gestaltung u. a. in A. S. Puschkins Tragödie „Boris G." (1825); gleichnamige Oper von M. P. Mussorgski.

Godwin [engl. 'gɔdwɪn], Mary, geb. Wollstonecraft, * Hoxtont (?) (= London) 27. April 1759, † ebd. 10. Sept. 1797, engl. Schriftstellerin ir. Herkunft. - Seit 1797 ∞ mit William G.; erste Frauenrechtlerin Großbritanniens; bed. v. a. ihr Werk „Rettung der Rechte des Weibes, mit Bemerkungen über polit. und moral. Gegenstände" (1792).

G., William, * Wisbech (Cambridgeshire) 3. März 1756, † London 7. April 1836, engl. Schriftsteller. - ∞ mit Mary G.; hatte als Anreger der engl. Romantik großen Einfluß (Shelley, Bulwer-Lytton, Coleridge, Wordsworth, Southey). Trat für die Freiheit der Persönlichkeit ein, stellte sich gegen jeden Zwang, verkündete anarchist. Ideen.

Werke: An enquiry concerning political justice (1793; Bd. 1 dt. u. d. T. Untersuchung über polit. Gerechtigkeit...), Caleb Williams oder Die Dinge wie sie sind (R., 1794).

Godwin Austen, Mount [engl. 'maʊnt 'gɔdwɪn 'ɔstɪn] ↑K2.

Goebbels, Joseph ['gœbəls], * Rheydt 29. Okt. 1897, † Berlin 1. Mai 1945 (Selbstmord), dt. Politiker und Journalist. - Aus kleinbürgerl. Haus; studierte Germanistik, Philosophie, Kunstgeschichte und bemühte sich danach vergebl. um eine Karriere als Schriftsteller oder Dramaturg. 1924 Redakteur der Elberfelder „Völk. Freiheit" und Eintritt in die NSDAP. 1926 machte ihn Hitler vom Geschäftsführer des Gaues Rheinland-Nord der NSDAP (seit 1925) zum Gauleiter von Berlin-Brandenburg, wo er sein rhetor.-demagog. Talent entfaltete. 1927–34 Hg. des „Angriff"; seit 1928 MdR; seit 1929 Reichspropagandaleiter der NSDAP mit wachsendem Einfluß auf Hitler. Als Reichsmin. für Volksaufklärung und Propaganda und Präs. der neuen Reichskulturkammer (seit März bzw. Herbst 1933) leitete G. die Gleichschaltung aller Massenmedien sowie des Kulturlebens und wurde zum publizist. Organisator des Führermythos. Trotz seines schwankenden Einflusses in der NSDAP trug G. neben Hitler und mit seinen Rivalen Himmler und Bormann die Hauptverantwortung für die NS-Verbrechen. Den Höhepunkt seiner Propagandatechnik erreichte G. im 2. Weltkrieg. Am 18. Febr. 1943 rief er im Berliner Sportpalast zum „totalen Krieg" auf; nach dem 20. Juli 1944 „Generalbevollmächtigter für den totalen Kriegseinsatz". Von Hitler zur Nachfolge im Reichskanzleramt bestimmt, ermordete er wenige Stunden nach dessen Tod seine Kinder und nahm sich zus. mit seiner Frau das Leben.

Goebel, Henry ['gøbəl], eigtl. [Johann] Heinrich Göbel, * Springe 20. April 1818, † New York 16. Dez. 1893, amerikan. Erfinder dt. Herkunft. - Wanderte 1848 nach Amerika aus; verfertigte 1854 elektr. ↑Glühlampen.

G., Karl [Immanuel Eberhard] Ritter von (seit 1909) ['gø:bəl], * Billigheim (Neckar-Odenwaldkreis) 8. März 1855, † München 9. Okt. 1932, dt. Botaniker. - Prof. in Rostock, Marburg und München. Schöpfer des Rostocker und des Nymphenburger botan. Gartens; Arbeiten zur Systematik, Entwicklungsgeschichte und Morphologie der Pflanzen.

Goedeke, Karl Ludwig ['gø:...], * Celle 15. April 1814, † Göttingen 27. Okt. 1887, dt. Literarhistoriker. - 1873 Prof. in Göttingen. Verfaßte den „Grundriß zur Geschichte der dt. Dichtung. Aus den Quellen" (in 3 Bdn. 1857–81, in 21 Bdn. 1884–1966; eine „Neue Folge", 1962 ff.).

Goeppert-Mayer, Maria ['gœpərt], * Kattowitz 28. Juni 1906, † San Diego 20. Febr. 1972, amerikan. Physikerin dt. Herkunft. - Prof. an der University of California in La Jolla. G.-M. entwickelte ab 1947 unabhängig von J. H. D. Jensen, O. Haxel und H. E. Suess das ↑ Schalenmodell des Atomkerns, das eine Deutung der Stabilität von Atomkernen bei bestimmten Nukleonenzahlen, den ↑ magischen Zahlen, erlaubt. 1963 erhielt sie gemeinsam mit J. H. D. Jensen und E. P. Wigner den Nobelpreis für Physik.

Goerdeler, Carl Friedrich ['gœr...], * Schneidemühl 31. Juli 1884, † Berlin 2. Febr. 1945, dt. Verwaltungsjurist und Politiker. - Seit 1930 Oberbürgermeister von Leipzig, 1931/32 und 1934/35 zugleich Reichskommissar für Preisüberwachung; deutschnat., zunächst auch unter Hitler auf kommunalem und wirtsch. Sektor tätig, ehe er aus Opposition zur Entwicklung der NS-Politik 1937 als Leipziger Oberbürgermeister zurücktrat; wurde seit 1939 zum führenden zivilen Kopf der nichtkommunist. Widerstandsbewegung gegen Hitler, als dessen (provisor.) Nachfolger im Reichskanzleramt er für den Fall eines erfolgreichen Staatsstreiches vorgesehen war; nach dem Attentat des 20. Juli 1944, das er ablehnte, zum Tode verurteilt und hingerichtet.

Goeree-Overflakkee [niederl. xu:'re:-'o:vərflɑke:], niederl. Doppelinsel im Rhein-Maas-Delta, 263 km²; Ackerbau, Fischerei und Fremdenverkehr.

Goering, Reinhard ['gø:rɪŋ], * Schloß Bieberstein bei Fulda 23. Juni 1887, † Flur Bucha bei Jena 14. Okt. 1936 (Selbstmord), dt. Schriftsteller. - Bed. v. a. die expressionist. Dramen, in denen er nach dem Sinn der Kriegsopfer fragt. - *Werke:* Seeschlacht (Trag., 1917), Scapa Flow (Dr., 1919), Die Südpolexpedition des Kapitäns Scott (Dr., 1930).

Goes, Albrecht [gø:s], * Langenbeutingen (Landkr. Heilbronn) 22. März 1908, dt. Schriftsteller. - Ev. Pfarrer. G. schreibt Lyrik, Erzählungen, Essays, Laienspiele, Biographien und Predigten. Bekannt v. a. durch die Erzählungen „Unruhige Nacht" (1950) und „Das Brandopfer" (1954). Schrieb auch „Noch und schon" (1983).

G., Hugo van der [niederl. xu:s], * Gent um 1440, † Kloster Roodendale bei Brüssel 1482, fläm. Maler. - 1467 Meister in Gent; seit 1478 Laienbruder im Kloster Roodendale; gesichert ist der dreiflügelige Portinari-Altar (zw. 1475/78, für Sant'Egidio, Florenz; heute Uffizien) mit der Mitteltafel „Anbetung der Hirten", in dem sich Monumentalität der Auffassung mit realist. Genauigkeit verbindet. Kurz vorher entstand wahrscheinl. der wohl erst im 16. Jh. in das span. Kloster Monforte gebrachte Altar, dessen Mittelbild mit „Anbetung der Könige" sich in Berlin-Dahlem befindet. Bes. sein Spätwerk („Anbetung der Hirten" [um 1480; ebd.] und der „Tod Mariens" [Brügge, Städt. Museum]) ist von großen geistigen Spannungen erfüllt.

Goes [niederl. xu:s], niederl. Stadt auf der Halbinsel Zuid-Beveland, 31 400 E. Landw. Versuchsanstalt; Museum; Obstauktionen. - Wurde um 1400 Stadt. - Spätgot. Rathaus (1463; 1771–75 umgebaut), spätgot. Basilika (1619–21 und 1922–32 restauriert).

Goethe ['gø:tə], August von, * Weimar 25. Dez. 1789, † Rom 28. Okt. 1830. - Sohn von Johann Wolfgang von G.; seit 1817 ∞ mit Ottilie Freiin von Pogwisch (* 1796, † 1872), Vater von Walter Wolfgang von G.

G., Christiane von, * Weimar 1. Juni 1765, † ebd. 6. Juni 1816. - Schwester von C. A. ↑ Vulpius; seit 1788 lebte sie mit Johann Wolfgang von G. in freier Gemeinschaft und führte seinen Haushalt; rettete ihm 1806 das Leben, wurde ihm im gleichen Jahr angetraut; Mutter von August von Goethe.

G., Cornelia Friederica Christiana, * Frankfurt am Main 7. Dez. 1750, † Emmendingen 8. Juni 1777. - Schwester von Johann Wolfgang von G.; seit 1773 mit dessen Freund J. G. ↑ Schlosser verheiratet.

G., Johann Kaspar, * Frankfurt am Main 31. Juli 1710, † ebd. 25. März 1782. - Vater von Johann Wolfgang von Goethe; Jurist; verfaßte einen Reisebericht über Italien (1740). Seit 1742 kaiserl. Rat.

G., Johann Wolfgang von (seit 1782), * Frankfurt am Main 28. Aug. 1749, † Weimar 22. März 1832, dt. Dichter. - **Jugendzeit und Frühwerke:** Sein Vater, Johann Kaspar G., entstammte einer aus Thüringen nach Frankfurt am Main zugezogenen Familie und war kaiserl. Rat; G.s Mutter, Katharina Elisabeth, geb. Textor, gehörte zum Frankfurter Patriziat. G., der seine Jugendausbildung durch den Vater und durch Hauslehrer erhielt, begann 1765 trotz schöngeistiger Neigungen auf Wunsch des Vaters ein Jurastudium in Leipzig. Hier entstanden erste Lyrik im Stil des Rokoko (Liederbuch „Annette", 1767; „Neue Lieder", 1769) und dramat. Versuche. 1768 veranlaßte ein gefährl. Lungenleiden seine Rückkehr ins Elternhaus. Dort stand er 1768/69 unter dem Einfluß von pietist. und myst. Lektüre, vermittelt durch S. von Klettenberg. Zur Fortsetzung des Studiums ging

G. im Frühjahr 1770 nach Straßburg. In der Begegnung mit der elsäss. Landschaft, in der Liebe zur Pfarrerstochter F. Brion und in der Freundschaft mit Herder fand G. seinen Durchbruch zum Sturm und Drang, einer neuen Haltung zu Leben und Dichten. Hierzu gehören die Aneignung der Naturauffassung Rousseaus, die geistige Auseinandersetzung mit dem Ursprüngl. in Sprache, Volkslied und Architektur („Von dt. Baukunst", 1773), ferner die geistige Begegnung mit Homer, Shakespeare und Ossian. Erträge der Straßburger Zeit sind die subjektive Lyrik („Mailied"; „Willkommen und Abschied" u. a.) und die erste Fassung des „Götz"-Dramas (1771). Das jurist. Abschlußexamen berechtigte G. zu einer Advokatur in Frankfurt am Main, die er im Herbst 1771 erhielt. Hier schloß G. sich als Rezensent der krit. Zeitschrift „Frankfurter gelehrte Anzeigen" an, befreundete sich mit dem damaligen Herausgeber, J. H. Merck, und knüpfte über ihn Beziehungen zum Darmstädter Kreis. Damit setzte G.s hymn. Dichtung ein. Von Mai bis Sept. 1772 arbeitete G. als Praktikant am Reichskammergericht in Wetzlar. V. a. aus der eigenen Lebenslage und der Begegnung mit Charlotte Buff, der Braut von J. C. Kestner, entwikkelte G. die Problematik des äußerst erfolgreichen Briefromans „Die Leiden des jungen Werthers" (1774, Neufassung 1787). Ferner entstanden 1774 unter dem Einfluß Pindars u. a. die Hymnen „Prometheus", „Ganymed", Höhepunkte der Sturm-und-Drang-Lyrik, sowie eine erste Fassung des „Egmont" (endgültige Fassung 1788). 1775 reiste G. mit den Grafen Stolberg in die Schweiz.

Weimar (1775–86): Im Nov. 1775 folgte G. einer Einladung des Herzogs Karl August nach Weimar, wo er einen literar. engagierten Hofkreis vorfand; dazu gehörte auch Charlotte von Stein, der für mehr als ein Jahrzehnt G.s Leidenschaft galt, wovon beider Briefwechsel zeugt. Seine Aufgabe als Erzieher und Minister bestimmte seinen weiteren Berufsweg; er leitete die Gebiete der Finanzen, des Bergbaus, des Militärwesens, später auch das Theater und das Bildungswesen. In Weimar entstanden die großen Werke der Reifezeit, dazu die ästhet., naturwiss. und autobiograph. Werke. „Faust" reicht in die Frühzeit zurück (erhalten ist der bei Hof vorgelesene „Urfaust", ↑Faust, J.). 1777 begann G. mit „Wilhelm Meisters theatral. Sendung" (Romanfragment, erschienen 1911), der nach der italien. Reise zu „Wilhelm Meisters Lehrjahren" (4 Bde., 1795/96) erweitert wurde. „Iphigenie auf Tauris" (1779 aufgeführt) und 1780/81 auch „Torquato Tasso" wurden begonnen (Prosafassungen); die Lyrik erweiterte den hymn. Stil wieder um liedhafte Elemente. Bis zur italien. Reise beschränkte sich G. auf die konkreten Aufgaben im Herzogtum; daneben naturwiss. (Entdeckung des menschl. Zwischenkieferknochens, 1784), zeichner. und sammler. Betätigungen. Unter dem Druck der amtl. Verpflichtungen und der letztl. hoffnungslosen Leidenschaft für Frau von Stein entschied sich G. für eine Reise nach Italien, die ihm durch die Begegnung mit der Antike ein Durchbrechen des Alltags und ein Neubeginn sein sollte.

Italienische Reise (1786–1788): Im Sept. 1786 brach G. von Karlsbad fast fluchtartig auf und kehrte erst Mitte 1788 nach Weimar zurück. Zu dem Hauptaufenthalt in Rom kam eine mehrmonatige Reise nach Neapel und Sizilien. In Italien vertiefte G. seine dichter. und ästhet., aber auch die naturwiss. Anschauungen (Vorstellungen der „Urpflanze" anhand eines Eindrucks in einem Park von Palermo) und suchte bes. den Kontakt zu bildenden Künstlern. Die früheren Elemente wurde hier zum Klassischen umorientiert, z. B. verschiedene Faustszenen und Versfassungen von „Iphigenie" (erschienen 1787) und „Torquato Tasso" (erschienen 1790).

Weimarer Klassik (1788–1805): Nach der Rückkehr entstanden die „Röm. Elegien" (erschienen 1795), beeinflußt von G.s außerbürgerl. Lebensgemeinschaft mit C. Vulpius, die er, nachdem 1789 der Sohn August geboren war, 1806 heiratete. 1790 reiste G. für wenige Monate nach Venedig, um die Herzoginmutter abzuholen („Venetian. Epigramme", erschienen 1795). In Weimar übernahm G. 1791 die Leitung des Hoftheaters. Seine Beziehungen zur Univ. Jena führten G. zu neuen naturwiss. Studien, bei denen er das Verhältnis des Subjektiven zum Objektiven in den Vordergrund rückte und bes. Newtons Spektraltheorie verbissen bekämpfte. In seinen damaligen Werken, den Lustspielen „Der Groß-Cophta" (1792) und „Der Bürgergeneral" (1793) sowie dem ep. Fragment „Reineke Fuchs" (1794) setzte sich G. mit der Frz. Revolution auseinander. 1792 beteiligte sich G. als Begleiter des Herzogs am 1. Koalitionskrieg gegen das revolutionäre Frankr. Bedeutsam wurde die nähere Begegnung mit Schiller seit 1794, den er nach Weimar holte und mit dem er bis zu Schillers Tod 1805 eng zusammenarbeitete. Daraus erwuchs die programmat. Grundlage der *Hochklassik*. Die gemeinsame Herkunft aus dem Sturm und Drang, die Orientierung an Antike und Renaissance, G.s naturwiss. Objektivität und Schillers Kant-Erlebnis bilden dabei die Ansätze. Der Briefwechsel zw. G. und Schiller dokumentiert den wechselseitigen Einfluß, v. a. aber die Rolle Schillers als Kunstrichter bei entstehenden Schriften: die Umbildung des „Wilhelm Meister", die Fortführung des „Faust"-Plans, das Versepos „Hermann und Dorothea" (1797). Gemeinsame Zeit- und Literaturkritik enthalten die „Xenien" (1796); die Zeitschriften „Die Horen", „Die Propyläen", ferner der „Musenalmanach" wurden zu

Organen der klass. Kunst- und Literaturprogrammatik. Die anregende Zusammenarbeit bezeugen auch die Balladen des „Balladenjahres" 1797 („Der Zauberlehrling", „Der Gott und die Bajadere"), die Bearbeitung von „Faust I" und der Entwurf des Kernstücks des II. Teils (Helena-Akt, 1800), dann der Abschluß (1804) eines Teils einer geplanten gesellschaftskrit. Dramentrilogie („Die natürl. Tochter"), 1806 von „Faust I" und 1808 des ep. Fragments einer „Achilleis".

Goethe und die Romantik: Nach dem Tod Herders (1803), Schillers (1805) und Wielands (1813) veränderte sich das literar. Leben am Weimarer Hof. Wichtig wurde für G. damals der Kreis der Romantik in Jena, zu dem er vielfältigen Kontakt aufnahm. Aus der Auseinandersetzung mit den romant. Vorstellungen von Ich, Bewußtsein, Volk und Zeit entstanden G.s „Sonette" (erschienen 1815). Eigene Faszination durch junge Frauen ergänzte die Anregungen der Romantik, sie spiegeln sich im Festspiel „Pandora" (Teilabdruck 1808, 1. Teil vollständig 1810) und in dem Roman „Die Wahlverwandtschaften" (2 Teile, 1809) wider. - Die Gestalt des Prometheus ist von G.s kosmopolit. Auffassung des geschichtl. großen Mannes geprägt, den G. symbol. in Napoleon verkörpert sah, mit dem er 1808 in Erfurt zusammentraf. Reisen führten in jenen Jahren bes. in die böhm. Bäder; sie brachten v. a. eine Erweiterung der mineralog. Studien, hatten aber auch eine ständig wachsende gesellschaftl. Bedeutung durch den Umgang mit der europ. Oberschicht. Zu philosoph.-naturwiss. Auseinandersetzungen, bes. mit Schelling, trat eine weltliterar. Orientierung G.s (Beschäftigung mit Calderón und Boccaccio).

Goethes Altersperiode: Sie begann mit dem Sturz Napoleons, über den G. sich in dem Festspiel „Des Epimenides Erwachen" (1815) rückblickend äußerte. Bezeichnend ist die autobiograph. Beschäftigung mit dem eigenen Leben als Kunstwerk: „Aus meinem Leben. Dichtung und Wahrheit" (Teil 1–3, 1811–13; Teil 4 postum 1833), „Die Campagne in Frankreich 1792" (1822), „Italien. Reise" (1829) und Redaktion von Briefen, Tagebüchern und „Annalen", die als Tages- und Jahreshefte die Erinnerung an die Zeit von 1786 bis 1822 festhalten. Durch die Beschäftigung mit altpers. Dichtung seit 1814 und die Begegnung mit Marianne von Willemer auf einer Sommerreise an Rhein und Main entstand sein neuer lyr. Stil, der zum „West-östl. Divan" (1819) führte, in den G. auch Gedichte Mariannes aufnahm. Über das lyr. Dokument einer Liebe hinaus ist der „Divan" von Weltanschauungsdichtung bestimmt, enthält naturwiss., theolog. und ästhet. Spruchdichtung, ist ein Weltbild der Altersweisheit, getragen von kosmopolit. Formenvielfalt und spieler. Leichtigkeit. Von Altersleidenschaft getragen sind auch die weiteren Liebesgedichte: „Trilogie der Leidenschaft" mit der „Marienbader Elegie" (entstanden 1823/24, erschienen 1827), „Dornburger Lieder" (1828). Resignation und Unstillbarkeit des Verlangens sind die Grundtöne der erot. Alterslyrik. Seine späten Weltanschauungsgedichte, so „Urworte. Orphisch" (1817), sind teilweise in naturwiss. Schriften aufgenommen und schon von G. kommentiert. Zu den Alterswerken gehören ferner „Wilhelm Meisters Wanderjahre" (1. Teil 1821, abgeschlossen 1829), für die der Untertitel („oder die Entsagenden") ein Schlüsselwort enthält und die Wilhelms Bildung zum verantwortl. Vater und nützl. Bürger abrunden. Kurz vor seinem Tod schloß G. den „Faust" ab (erschienen postum 1833), dessen zweiter Teil eine Harmonie von Antike und abendländ. Bewußtsein des MA anstrebt und Faust - bes. durch Einbeziehung der Dimension des geschichtl. Tatmenschen - zum allseitigen Menschen werden läßt, der letztlich erlöst werden kann und erlöst wird. G.s Universalität beweisen außer seinen dichter. Werken die zahllosen literar- und kunstkrit. und v.a. naturwiss. Schriften. - Abb. S. 278.

🕮 *Friedenthal, R.: G. Mchn. [15]1986. - Müller, Günther: Kleine G.biogr. Wsb. [5]1969. - Goethes Werke. Hamburger Ausg. in 14 Bdn. Hg. v. E. Trunz u.a. Hamb. [5–11]1975–78.*

G., Katharina Elisabeth, gen. „Frau Rat", „Frau Aja", * Frankfurt am Main 19. Febr. 1731, † ebd. 13. Sept. 1808. - Älteste Tochter des Frankfurter Stadtschultheißen J. W. Textor. Heiratete 1748 Johann Kaspar G.; von sieben Kindern blieben nur Johann Wolfgang und Cornelia am Leben. Ihre lebensmutige, heitere, gesellige Natur und eine urwüchsige Erzählbegabung spiegeln sich in ihren Briefen.

G., Walther Wolfgang Freiherr von (seit 1859), * Weimar 9. April 1818, † Leipzig 15. April 1885. - Sohn von August von G.; als Nachlaßverwalter Johann Wolfgang von G.s legte er den Grundstein für das Goethe- und Schiller-Archiv und das Goethehaus in Weimar.

Goetheanum [gø...; nlat.], „freie Hochschule für Geisteswissenschaft", von R. Steiner 1913 in Dornach bei Basel, dem Hauptsitz der Allg. anthroposoph. Gesellschaft, gegr.; das expressionist. gestaltete Gebäude brannte 1922/23 ab, es wurde 1924 ebenfalls nach Entwürfen Steiners wieder aufgebaut.

Goethe-Gesellschaft ['gø:tə], internat. literar.-wiss. Vereinigung; gegr. 1885, Sitz Weimar. Herausgabe eines Jahrbuchs sowie von Schriften. Ihre Bibliothek ist heute in die „Zentralbibliothek der dt. Klassik" eingegliedert und untersteht seit 1953 den „Nat. Forschungs- und Gedenkstätten der klass. dt. Literatur in Weimar".

Goethehaus ['gø:tə], 1. **Goethes Ge-**

burtshaus „zu den drei Leiern" in Frankfurt am Main, Großer Hirschgraben 23, urspr. zwei Häuser aus dem 16. Jh., 1733 von Goethes Großmutter Anna Cornelia erworben, von Goethes Vater 1755/56 umgebaut, 1795 von Goethes Mutter verkauft. 1863 von O. Volger für das ↑Freie Deutsche Hochstift - Frankfurter Goethe-Museum erworben. 1895/96 um einen Bibliotheksbau, 1932 um ein Museumsgebäude erweitert. Nach Kriegszerstörung 1944 wiederaufgebaut (1951 eröffnet), Bestände dank Auslagerung gerettet, u. a. 20000 Handschriften und 100000 Bände, über 400 Gemälde, Büsten, Handzeichnungen usw. aus der Goethezeit. 2. **Goethes Wohnhaus** am Frauenplan in Weimar, ↑Goethe-Nationalmuseum. 3. **Goethes Gartenhaus** „am Stern" in Weimar, am unteren Park nahe der Ilm, im 17. Jh. gebaut, seit 1776 als Geschenk des Hzg. Karl August in Goethes Besitz; 1966/67 wiederhergestellt.

Goethe-Institut ['gø:tə] (offiziell G.-I. zur Pflege der dt. Sprache im Ausland und zur Förderung der internat. kulturellen Zusammenarbeit e. V.), eine gemeinnützige Organisation, die im In- und Ausland Deutschunterricht erteilt und im Ausland kulturelle Veranstaltungen durchführt oder vermittelt. Gründung 1932 bzw. 1951; 1959 begann das Auswärtige Amt, dem G.-I. die bundeseigenen Kulturinstitute im Ausland zu übertragen. In der BR Deutschland und Berlin (West) bestehen (1986) 16 Institute, im Ausland 107 mit 29 Nebenstellen in insgesamt 55 Ländern.

Goethe-Nationalmuseum ['gø:tə], Goethes Wohnhaus am Frauenplan in Weimar, das sog. Helmershausensche Haus, mit angeschlossenem Museum; das Haus wurde 1709 erbaut, 1781 von Goethe gemietet und 1782 bezogen. 1792 von Herzog Karl August von Sachsen-Weimar-Eisenach als Geschenk für Goethe gekauft. Seit 1844 vermietet, 1885 von Walther Wolfgang Freiherr von Goethe dem Staat Weimar-Eisenach vermacht, 1886 von der Goethe-Gesellschaft als G.-N. eröffnet. 1913/14 wurde das G.-N. um den Zwischenbau, 1934/35 um den Museums-Neubau erweitert. Es enthält außer authent. Einrichtungsgegenständen (kleineres Arbeitszimmer, Sterbezimmer) und Zeitdokumenten Goethes Sammlungen, Zeichnungen Goethes und seine Bibliothek von rund 6000 Bänden. Seit 1953 gehört das G.-N. zu den „Nat. Forschungs- und Gedenkstätten der klass. dt. Literatur in Weimar".

Goethe-Preise ['gø:tə] ↑Frankfurter Goethe-Preis, ↑Hansischer Goethe-Preis.

Goethe- und Schiller-Archiv ['gø:tə], bed. literaturwiss. Forschungsinst. der neueren dt. Literatur von 1700 bis 1900, Sitz Weimar. Bewahrt mehr als 40 Nachlässe von Dichtern sowie von Zeitgenossen Goethes und Musikern. Gegr. 1885 von der Großhzgn. Sophie von Sachsen-Weimar-Eisenach, der

Johann Wolfgang von Goethe.
Johann Heinrich Wilhelm Tischbein,
Goethe in der Campagna (1787).
Frankfurt, Städel

Walther Wolfgang Freiherr von Goethe den literar. Nachlaß Goethes vermacht hatte. Der Name G.- u. S.-A. besteht seit dem Erwerb des Schiller-Nachlasses (1889). Seit 1953 ist das Archiv Abteilung der „Nat. Forschungs- und Gedenkstätten der klass. dt. Literatur in Weimar". U.a. entstand hier 1887–1919 die erste textkrit. Goethe-Ausgabe (Weimarer oder Sophienausgabe, 143 Bde.), 1947–70 eine Ausgabe seiner naturwiss. Schriften (11 und 2 Bde.), 1943 ff. zus. mit dem Deutschen Literaturarchiv im Schiller-Nationalmuseum in Marbach am Neckar die Schiller-Nationalausgabe.

Goetz [gœts], Curt, eigtl. Kurt Götz, * Mainz 17. Nov. 1888, † Grabs (Kt. Sankt Gallen) 12. Sept. 1960, dt. Schriftsteller. - ∞ mit Valérie von Martens. Schrieb Gesellschaftskomödien, die ihre Wirksamkeit der glänzenden Situationskomik und den pointierten Dialogen verdanken (teilweise unter seiner Regie verfilmt), u. a. „Dr med. Hiob Prätorius" (1934), „Das Haus in Montevideo" (1953).

G., Walter, * Leipzig 11. Nov. 1867, † Sanatorium Adelholzen (Oberbayern) 30. Okt. 1958, dt. Historiker. - Seit 1905 Prof. in Tübingen, Straßburg und Leipzig, 1920–28 MdR (DDP); 1933 freiwillige Emeritierung; Hg. der „Beiträge zur Kulturgeschichte des MA und der Renaissance" (1908 ff.), der „Propyläen-Weltgeschichte" (11 Bde., 1929–33), des „Archivs für Kulturgeschichte" (1934 ff.; seit 1912 Mitherausgeber).

Goeze (Goetze), Johann Melchior ['gœtsə], * Halberstadt 16. Okt. 1717, † Hamburg 19. Mai 1786, dt. luth. Theologe. - Anhänger der luth. Orthodoxie, bes. bekannt durch den sog. Fragmentenstreit mit Lessing (Reimarus-Fragmente).

Goffiné, Leonhard [gɔfi'ne:], * Broich bei Jülich (Köln?) 6. Dez. 1648, † Idar-Oberstein 11. Aug. 1719, dt. Prämonstratenser (seit 1669) und religiöser Volksschriftsteller. - Sein Hauptwerk ist die 1687 vollendete (erbaul.) „Hauspostille" (1690), die in fast alle europ. Sprachen übersetzt und immer wieder neu aufgelegt wurde.

Gog ↑ Gog und Magog.

Gogarten, Friedrich, * Dortmund 13. Jan. 1887, † Göttingen 16. Okt. 1967, dt. ev. Theologe. - Zus. mit K. Barth, R. Bultmann, E. Brunner u. a. einer der Begr. der ↑ dialektischen Theologie; bekämpfte mit K. Barth den Historismus und Anthropozentrismus der ev. Theologie des 19. Jh.; durch G.s Beitritt zu den ↑ Deutschen Christen kam es zum Bruch mit Barth. Der Titel seines Werkes „Der Mensch zwischen Gott und Welt" (1952) bezeichnet zugleich auch das Hauptthema seiner theolog. Arbeit.

Gogh, Vincent (Willem) van [go:k, gɔx; niederl. xɔx], * Groot-Zundert bei Breda 30. März 1853, † Auvers-sur-Oise (Val-d'Oise) 29. Juli 1890 (Selbstmord), niederl. Maler. - 1880 begann van G. zu zeichnen, malte 1881–85 dunkle, tonige Bilder. Ein kurzer Aufenthalt in Antwerpen bewirkte durch die Beschäftigung mit Rubens und Delacroix eine neue Farbgebung und in Paris (1886–88) durch die Konfrontation mit dem Impressionismus die Verwendung von hellen und reinen Tönen. Van G. ließ sich außerdem vom jap. Farbholzschnitt beeinflussen. 1888 zog van G. nach Arles, wo er seine bekanntesten Werke schuf („Boote am Strand", 1888; Amsterdam, Rijksmuseum V. van G.; „Sonnenblumen", 1888; London, Tate Gallery). Hier entwickelte G. auch seine Technik der Rohrfederzeichnung. Gemeinsam mit Gauguin wollte er eine Künstlerkolonie gründen; das Zusammenleben endete mit einem Zusammenbruch im Dez. 1888. Nach der Selbstverstümmelung seines Ohres, klin. Behandlung und wiederholten Anfällen geistiger Verwirrung ging G. 1889 in die Heilanstalt von Saint-Rémy-de-Provence, wo Gemälde von ekstat. Ausdruckskraft, G. bedeutendste Werke, entstanden („Sternennacht", 1889; New York, Museum of Modern Art). Im Mai 1890 begab sich G. nach Auvers. Dort nahm er sich nach einer kurzen, produktiven Schaffenszeit das Leben. - Bei der ornamentalen, den Jugendstil ankündigenden Gestaltungsweise von Auvers werden die Formen aufgebrochen und ihre Rudimente zugunsten einer absoluten Bildwirkung verselbständigt („Im Grünen", 1890; Amsterdam, Rijksmuseum V. van G.). G. extremen Lebensweg spiegeln nicht nur viele Selbstbildnisse, sondern auch die zahlr. dokumentar. und literar. wertvollen Briefe wider (u. a. an seinen Bruder Theo, der ihn in jeder Weise unterstützte). Neben Cézanne ist van G. für die Kunst des 20. Jh. von fundamentaler Bedeutung. - Abb. S. 280.

📖 *Leymarie, J.: Van G. Die Entdeckung des 19. Jh. Dt. Übers. Stg. 1977. - Uitert, E. van: V. v. G. Dt. Übers. Köln 1976.*

Go-Go-Girl ['goʊgoʊ,gə:l, zu amerikan. go-go „aufreizend" (zu to go „gehen")], Animiertänzerin im Showgeschäft.

Gogol, Nikolai Wassiljewitsch, * Bolschije Sorotschinzy (Gebiet Poltawa) 1. April 1809, † Moskau 4. März 1852, russ. Schriftsteller. - Sohn eines ukrain. Gutsbesitzers, ging 1828 nach Petersburg, dort u. a. Beamter; Freundschaft mit Puschkin. Trotz des großen Theatererfolges seines „Revisors" (Kom., 1836), den er auf ein Mißverständnis zurückführte, ging er ins Ausland und lebte v. a. in Italien (1836–48). In seinen letzten Jahren verfiel er einem selbstzerstörer. religiösen Mystizismus; 1848 pilgerte er ins Heilige Land; kurz vor seinem Tode verbrannte er das Manuskript des 2. Teils seines Romans „Die toten Seelen" (1. Teil 1842, 2. Teil fragmentar. hg. 1855), der ihn als Meister der Ironie und Groteske erweist. Der Roman steht in der

Tradition des Schelmenromans und war als Trilogie geplant. Auch bed. Novellist, u.a. „Abende auf dem Vorwerk bei Dikanka" (1831/32), zwei Bände, die das Bauernleben in der Ukraine schildern, wobei er folklorist. mit romant. Elementen verbindet, „Arabesken" (3 Bde., 1835), darunter „Der Newski-Prospekt", „Das Bildnis" (2. Fassung 1842), „Die Aufzeichnungen eines Wahnsinnigen", und „Mirgorod" (2 Bde., 1835), darin „Der Vij" und „Taras Bulba", eine histor. Novelle über die Kämpfe der Kosaken gegen die Polen im 17. Jh., sowie „Der Mantel" (1842), seine bedeutendste Novelle. Obwohl sich viele Realisten auf G. berufen, bes. auf die Sozialkritik in dieser Novelle, ist das groteske Element seiner Darstellung ausschlaggebend. Er gilt als Begr. der ↑natürlichen Schule und gehört nach Stil und Thematik zur russ. Romantik.

Gogra [engl. 'goʊgrə], linker Nebenfluß des Ganges, entspringt als **Map-chu** in S-Tibet, fließt als **Karnali** durch Nepal, durchbricht die Siwalikketten, mündet oberhalb von Patna; rd. 1 030 km lang; während der Regenzeit bis Faizabad schiffbar.

Gograf ↑Go.

Gog und Magog, in der rabbin. Literatur und Apk. 20, 8 myth. Doppelname für den endzeitl. Feind des Gottesvolkes. Die Schlacht wogt zwölf Monate im Jerichotal, bis Gott sich als Sieger erweist. Der Name ist aus Ezech. 38 und 39 übernommen, wo Magog der Bereich des mächtigen Fürsten Gog ist, der, aus dem Norden kommend, Israel überfallen wird.

Vincent van Gogh, Der Spitalgarten von Saint-Paul (1889/90). Otterlo, Rijksmuseum Kröller-Müller

Goi [hebr.], im A. T. „Volk", in der rabbin. Literatur der einzelne Nichtjude. Der **Schabbes-Goi** verrichtet in einem frommen jüd. Haushalt die am Sabbat verbotenen Arbeiten.

Goiânia [brasilian. go'i̯ɐni̯a], Hauptstadt des brasilian. B.staates Goiás, 760 m ü. d. M., 702 900 E. Erzbischofssitz; B.-Univ. (gegr. 1960), kath. Univ. (gegr. 1959), Museum; Zentrum eines Viehzucht- und Ackerbaugebiets; Eisenbahnendpunkt, ✈. - Seit 1933 planmäßig als Hauptstadt von Goiás (seit 1937) angelegt.

Goiás [brasilian. go'i̯as], zentralbrasilian. B.-Staat, 642 092 km², 4,5 Mill. E (1983). Hauptstadt Goiânia. G. umfaßt eine wellige Hochfläche, die im S bis 1 678 m ü. d. M. ansteigt und mit der Serra das Divisões die Wasserscheide zw. Amazonas und Paraná bildet. Trop.-sommerfeuchtes Klima; fast ausschließl. von Campos cerrados bedeckt. - Die Bev. ist v. a. in der Landw. tätig; neben Ackerbau Sammelwirtschaft und Viehzucht. - Erste Besiedlung gegen Ende des 17. Jh.

Go-in [zu engl. to go in „hineingehen"], [meist unbefugtes] Eindringen engagierter Gruppen in Vorlesungen, Univ.- wie auch öff. Gremien in der Absicht, eine Diskussion über dort verhandelte oder sonstige brisante Themen zu erzwingen; seit Mitte der 1960er Jahre Mittel [friedl.] polit. Demonstration.

Go-Kart [engl. 'goʊkɑ:t; amerikan., zu engl. gocart „Laufwagen (für Kinder)"], ein in den USA Mitte der 50er Jahre entwickeltes niedriges, meist unverkleidetes Rennfahrzeug, das von einem Zweitaktmotor über die Hinterachse angetrieben wird; Länge 182 cm, Breite 101–127 cm; Gewichtsbegrenzung zw. 120 kg und 140 kg (jeweils für Fahrer und Fahrzeug); Spitzengeschwindigkeit über 200 km/h.

Gokstad [norweg. ˌgɔksta], Fundstelle (bei Sandefjord, Norwegen) eines wikingerzeitl. Bootgrabes. Die Grabkammer, in der auf einem Prunkbett ein Mann, vermutl. der altschwed. König Olaf Geirstadralf (2. Hälfte des 9. Jh. n. Chr.) bestattet war, befand sich auf einem hochseegehenden Langschiff aus Eichenholz. Als Grabbeigaben fanden sich u. a. 3 kleine Segelboote, 12 Pferde und 6 Hunde.

Göksu nehri (in der Antike **Calycadnus,** im MA **Salef**), Zufluß zum östl. Mittelmeer in der Türkei, entspringt (zwei Quellflüsse) im Westtaurus; etwa 250 km lang. - Im G. n. ertrank Kaiser Friedrich I. Barbarossa.

Golanhöhen, Basaltplateau im äußersten SW Syriens, im S bis etwa 700 m ü. d. M. ansteigend, im N von zahlr. kleinen Vulkankuppen und Schlackenkegeln durchsetzt, die 1 200 m ü. d. M. erreichen. Zentraler Ort Kunaitra. V. a. als Weideland genutzt, vereinzelt Weizen- und Baumwollanbau, Reb- und Ölbaumbestände sowie Maisanbau auf sorgfäl-

tig vorbereiteten Feldern.
Mit der israel. Besetzung 1967 wurden nahezu alle Bewohner (etwa 130 000) aus dem Gebiet vertrieben, ursprüngl., um es in eine unbesiedelte Pufferzone zu verwandeln, später erfolgte aber eine israel. Neubesiedlung; 1970 bestanden bereits 14 neue israel. Siedlungen. Im Krieg 1973 waren die G. heftig umkämpft, 1981 wurden sie von Israel annektiert.

Golaseccakultur [italien. gola'sekka], nach der Fundstelle eines Brandgräberfeldes am Ausfluß des Lago Maggiore benannte eisenzeitl. (800 bis etwa 200) Kulturgruppe Oberitaliens. Bed. durch ihre Vermittlerrolle zw. dem süd- und nordalpinen Gebiet.

Gölbaşı [türk. 'gœlbɑˌʃɨ], Dorf an der westl. S-Küste der Türkei, Verw.-Geb. Antalya. Bekannt durch die 1841 von J. A. Schönborn entdeckte, 1881 von O. Benndorf wiedergefundene antike Bergfeste **Trysa,** die am Rande eines küstennahen Hochplateaus (866 m) im südl. Lykien liegt. Bekannt ein um 400 v. Chr. angelegter Grabbezirk.

Golconda [engl. gɔl'kɔndə], Ruinenstadt im ind. B.-Staat Andhra Pradesh, 8 km westl. von Hyderabad. Ehem. Hauptstadt des gleichnamigen Dekhansultanats (1512–1687).

Gold, Käthe, * Wien 11. Febr. 1907, östr. Schauspielerin. - 1933–44 am Staatsheater Berlin mit gleichem Erfolg in heiteren wie in trag. Rollen des klass. Repertoires. Seit 1947 am Wiener Burgtheater und Akademietheater, interpretierte u. a. Blanche („Endstation Sehnsucht", von T. Williams, 1951), Laura („Der Vater", von Strindberg, 1967). Käthe G. wirkte auch in einigen Filmen mit, z. B. „Amphitryon" (1935).

Gold [zu althochdt. gold, eigtl. „das Gelbliche, Blanke"], chem. Symbol Au (von lat. „aurum"); metall. Element aus der I. Nebengruppe des Periodensystems der chem. Elemente. Ordnungszahl 79; relative Atommasse 196,9665. An Isotopen sind heute Au 177 bis Au 204 mit Ausnahme von Au 180, 182 und 184 bekannt, wobei Au 195 mit 183 Tagen die größte Halbwertszeit hat. Das natürl. vorkommende G. besteht ausschließl. aus dem Isotop 197. Das rötlichgelb gefärbte, edle Schwermetall hat eine Dichte von 19,32 g/cm^3, sein Schmelzpunkt liegt bei 1 064 °C, sein Siedepunkt bei 2 807 °C. In seinen Verbindungen tritt das Element dreiwertig, seltener einwertig auf. Chem. ist G. entsprechend seinem edlen Charakter überaus widerstandsfähig gegen Säuren, Basen und Salze. Ledigl. Goldscheidewasser vermag das Metall schnell zu lösen. Flüssiges Quecksilber kann G. unter Bildung von Amalgamen lösen (↑Amalgamation). Das reine Metall ist auf Grund seiner Verformbarkeit und Dehnbarkeit (Mohshärte 2,5 bis 3,0) mechan. außerordentl. gut bearbeitbar und kann zu sehr dünnen Drähten und zu Folien *(Blattgold)* von fast $^1/_{10\,000}$

Gold. Schema des Scheidens von Gold, Silber und Platin

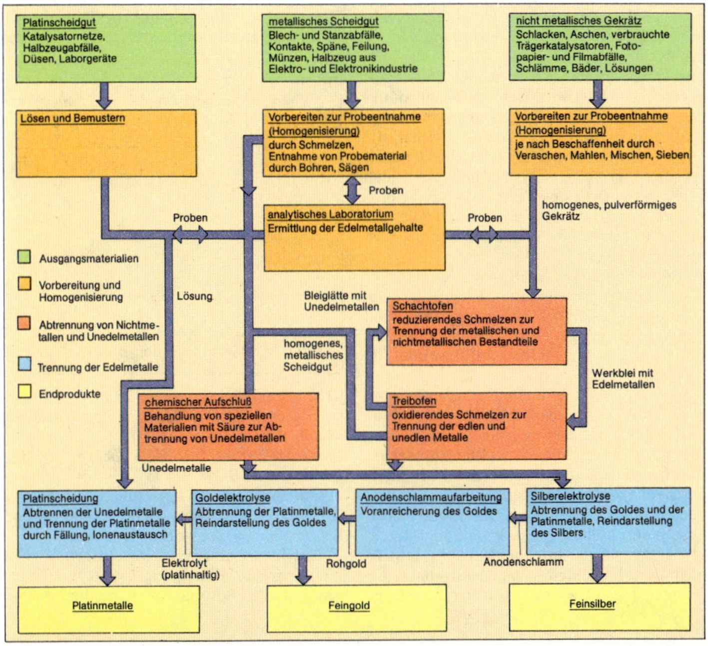

mm ($^{1}/_{10}$ µm) ausgewalzt oder gehämmert werden. Die elektr. Leitfähigkeit und die Wärmeleitfähigkeit erreichen ungefähr 70 % der entsprechenden Werte des Silbers. Legierungen bildet G. mit relativ vielen Metallen, wodurch zum Teil eine Erhärtung des sehr weichen Metalls oder auch eine gezielte Veränderung des lebhaften Farbtons erreicht wird. Zur Herstellung von sog. *Rotgold* wird es mit Kupfer, zur Herstellung von *Weißgold* mit Silber oder Platinmetallen legiert. In natürl. Vorkommen liegt G. meistens gediegen vor mit Verunreinigungen bzw. als Legierungen mit Silber und Kupfer in Form von sog. **Berggold,** das sich z. T. durch natürl. Verwitterung und Transport durch Bäche und Flüsse in Flußsanden als **Waschgold** *(Seifengold)* wiederfindet und dort infolge seines hohen spezif. Gewichtes durch G.wäscherei abgeschlämmt werden kann. Daneben kommt G. auch in Verbindungen, v. a. in Form von Telluriden vor. Die wichtigsten davon sind: Sylvanit oder Schrifterz, $AuAgTe_4$, Nagyagit oder Blättertellur, $AuTe_3 \cdot 6\,Pb(S, Te)$, und Calaverit, $AuTe_2$, das meist silberhaltig ist. Die größten Vorkommen des sehr seltenen G. befinden sich in Südafrika und Z-Asien, daneben in N-Amerika, im Uralgebiet und in Australien. Das größte G.reservoir sind die Ozeane, in denen sich nach Schätzungen viele Mill. Tonnen G. in Form lösl. Natriumkomplexsalze befinden, die durch die Meereszuflüsse in die Ozeane gespült worden sind. Trotz großer techn. Anstrengungen ist es bis heute noch nicht gelungen, ein kostengerechtes techn. Verfahren zur Gewinnung von G. aus Meerwasser zu finden.

Gewinnung: Etwa 90 % allen G. stammen aus G.erzen, der Rest wird aus Zwischenprodukten der Schwermetallerzeugung gewonnen. Zur Aufbereitung der G.erze werden die ↑Amalgamation sowie heute bes. die ↑Cyanidlaugung angewendet. Das *Rohgold* aus beiden Prozessen enthält stets Silber und häufig auch andere Bestandteile, z. B. Platinmetalle, die durch verschiedene Verfahren herausgelöst werden können.

Wirtschaft: Die wirtschaftl. Bed. des G. liegt - neben seiner Verwendung als Metall - v. a. in seiner Rolle in nat. Währungssystemen und im Weltwährungssystem sowie in seiner Funktion als Wertaufbewahrungsmittel im privaten Bereich.

Geschichte: G. ist mindestens seit 5000 v. Chr. bekannt. Es wurde schon früh zur Herstellung von Kunstgegenständen, für Schmuck und als Zahlungsmittel benutzt. - Die Ägypter gewannen G. anfangs v. a. durch G.wäscherei aus dem Sand des Nils in Nubien, ab 2000 auch durch G.bergbau in Unternubien. Das abgebaute goldhaltige, stark mit Silber durchsetzte Erz wurde anschließend im Schmelzofen weiterbehandelt. - Die wichtigsten G.lieferanten des MA waren in Europa die gebirgigen Landschaften der Karpaten, Alpen und Pyrenäen. Die Sucht nach G. wurde angefacht durch die Entdeckung und Eroberung M- und S-Amerikas. Aus Mexiko und Peru, wo bereits im 9. Jh. v. Chr. G. verarbeitet wurde, kamen im 16. Jh. große G.mengen nach Europa. Im 17. und 18. Jh. bestritten die Bergwerke in S-Amerika (v. a. Kolumbien) den größten Teil der Weltproduktion. Zu Beginn des 19. Jh. schob sich Rußland an eine führende Stelle, bis kurz vor der Jh.mitte der amerikan. Goldrausch einsetzte. Innerhalb von 25 Jahren wurde damals mehr G. gewonnen als in der gesamten Zeit seit der Entdeckung Amerikas. In Afrika, das schon im MA große G.mengen produziert hatte, begann die G.förderung in der 2. Hälfte des 19. Jh., bes. in den südafrikan. Minen. Die Funktion des G. in den Währungssystemen hat sich im Laufe der Jh. gewandelt: vom ausgemünzten G. in G.umlaufswährungen bzw. in Doppelwährungen (↑Bimetallismus) über die Funktion als Deckungsmittel in G.kernwährungen zum Deckungsmittel in G.devisenwährungen. Der **Goldmarkt** war bis 1967 weitgehend stabil; G. wurde zum festen Preis von 35 $ je Unze Feingold gehandelt. Währungskrisen in Verbindung mit der kräftig ansteigenden G.nachfrage im privaten Bereich brachten Spannungen hervor. Der Preis für Währungs-G. wurde auf 38 $ je Unze Fein-G. festgelegt; der Preis auf dem freien G.markt richtete sich fortan nach Angebot und Nachfrage. In den 70er Jahren wurde auch der offizielle Preis für Währungs-G. abgeschafft. Die Bed. des G. für das Weltwährungssystem ging weiter zurück.

Goldgewinnung 1981–85 (in Tonnen)

Land	1981	1982	1983	1984	1985
Südafrika	658	664	680	683	673
Kanada	52	65	73	83	86
USA	43	45	61	69	79
Brasilien	35	35	59	55	63
Australien	18	27	31	39	57
Philippinen	25	31	33	34	38
Papua-Neuguinea	17	18	18	19	33
Welt*	976	1025	1112	1149	1213

* ohne UdSSR und andere sozialist. Länder

📖 *Bandulet, B.: G. Rastatt 1980. - Morenz, O.: Edelsteine, G. u. Schmuck als Geldanlage. Mchn. 1979. - Flüeler, N.: Das Buch vom G. Ffm.; Luzern 1975. - Wilsberger, J.: G. Die Gesch. des G. Dortmund 1975.*

Goldamalgam, Legierung aus Gold (bis 40 %) und Quecksilber, die in Kolumbien und Kalifornien natürl. vorkommt.

Goldammer (Emberiza citrinella), etwa 17 cm großer Finkenvogel, v. a. in offenen Landschaften Europas (mit Ausnahme großer

Teile S-Europas) und der gemäßigten Regionen Asiens (bis O-Sibirien); mit gelbem Kopf und gelber Unterseite, Seiten, Rücken und Schwanz braun gestreift; Teilzieher.

Goldbachsche Vermutung, von dem dt. Mathematiker C. Goldbach (* 1690, † 1764) 1742 [in abgeschwächter Form] zuerst geäußerte Vermutung, nach der jede gerade natürl. Zahl $\neq$ 2 als Summe zweier Primzahlen darstellbar ist; bisher nicht bewiesen.

Goldbandsalmler (Creagrutus beni), etwa 8 cm langer Salmler im trop. Südamerika; Rücken hellbraun, Körperseiten blaß ockergelb mit breitem, rotgolden glänzendem Längsstreifen, der in der hinteren Körperhälfte durch eine dunkelbraune bis tiefschwarze Mittellinie gespalten wird; meist mit deutl. dunklem „Schulterfleck"; Flossen teilweise rot; ♀ intensiver gefärbt als ♂; Warmwasseraquarienfisch.

Goldbarren, Handelsform von Gold in Stangen. G. werden im Gewicht von 10, 20, 50, 100, 250, 500 und 1 000 g gehandelt; ihr Feingehalt beträgt 999,9 oder 1 000 ‰.

Goldbarsch ↑ Rotbarsch.

Goldberg, Emanuel, * Moskau 1. Sept. 1881, † Tel Aviv 13. Sept. 1970, dt.-israel. Photochemiker. - Prof. an der TH Dresden und Direktor bei der Zeiss-Ikon AG; 1937 gründete er ein Laboratorium für angewandte Optik in Tel Aviv. G. entwickelte moderne Verfahren der photograph. Densitometrie, u. a. einen densitometr. Graukeil (1911), eine Mikrofilmemulsion (1921), den Spektrodensographen (1927) und das G.-Refraktometer (1942).

G., Johann Gottlieb, * Danzig 14. März 1727, † Dresden 13. April 1756, dt. Cembalist. - Schüler von W. F. und J. S. Bach, der für ihn die „Goldberg-Variationen" schrieb. Er komponierte u. a. zwei Cembalokonzerte, sechs Triosonaten, 24 Polonäsen und zwei Kantaten.

Goldberg, prähistor. Fundstelle am W-Rand des Nördlinger Ries; 1911–35 planmäßige Ausgrabung von mehreren vorgeschichtl. Siedlungen (Dörfer der Rössener Kultur, der Michelsberger Kultur, der Hallstattzeit und der La Tène-Zeit); dabei wichtige Aufschlüsse für die Geschichte des Hausbaues.

Goldberg (poln. Złotoryja), Stadt im Bober-Katzbach-Gebirge, Polen▼, 235 m ü. d. M., 13 000 E. Abbau von Kupfererz, Kalk und Gips. - Seit 1211 Magdeburger Stadtrecht, 12.–16. Jh. Goldgewinnung, seit dem 16. Jh. Kupfererzbergbau; 1742–1945 preuß. - Got. Pfarrkirche (13., 15. Jh.) mit spätgot. Deckenmalerei.

Goldblatt (Sternapfel, Chrysophyllum cainito), Art der Gatt. Chrysophyllum; immergrüner, bis 15 m hoher Baum mit unterseits seidiggolden behaarten Blättern und wohlschmeckenden, apfelgroßen, violetten Früchten; Kulturpflanze der Tropen.

Goldbrasse (Dorade, Chrysophrys aurata), bis 60 cm lange Meerbrasse im Mittelmeer und Atlantik; hochrückig, seitl. abgeflacht, mit schlankem Schwanzstiel; Rücken hellgrau bis graugrün, Körperseiten silbrig mit zahlr. schmalen, goldgelben Längsstreifen mit dazwischenliegenden graubraunen Längslinien; am oberen Rand des Kiemendeckels ein etwas auf den Rumpf übergreifender, dunkelvioletter bis schwarzbrauner Fleck; auf der Stirn von Auge zu Auge eine gold- bis silberglänzende Querbinde; Speisefisch.

Goldbraune Algen (Chrysophyceae), Klasse der Algen mit rd. 10 000 Arten im Süßwasser (nur wenige im Meer); einzellige, bewegl. oder festsitzende, goldbraune bis braune Algen, die einzeln oder in Gallertkolonien leben. Bekannteste Ordnung sind die ↑ Kieselalgen.

Goldbronze, Messing mit 77 % bis 85 % Kupfer; von goldähnl. Aussehen.

Goldbrüstchen (Amandava subflava), 9–10 cm langer Prachtfink, v. a. auf Feldern und in Steppen Afrikas südl. der Sahara; ♂ mit bräunlichgrauer Oberseite, rotem Schnabel, rotem Augenstreif, gelber Kehle, orangefarbener Unterseite, schwarzem Schwanz und rotem Bürzel; ♀ in der Färbung matter, ohne roten Augenstreif; beliebter Stubenvogel.

Goldbulle (Goldene Bulle) ↑ Bulle.

Goldbutt ↑ Schollen.

Goldchrom, Legierung aus 98 % Gold und 2 % Chrom, die sich bes. gut für elektr. Präzisionswiderstände eignet.

Gold Coast [engl. 'goʊld 'koʊst], aus 18 Ortschaften bestehende austral. Stadtgemeinde im äußersten SO von Queensland, erstreckt sich über rd. 35 km an der Küste, 174 500 E. Am weitesten ausgebautes Fremdenverkehrsgebiet Australiens.

Golddeckung, Deckung der umlaufenden Banknoten in einer festen Relation durch Gold.

Golddevisenwährung ↑ Goldwährung.

Golddistel, svw. ↑ Goldwurzel.

Golddollar, offizielle Währungseinheit (↑ auch Dollar) der USA seit Übergang zur reinen Goldwährung 1900; Ausprägung des G. als Münze 1849–89, von Mehrfachwerten bis 1933.

Goldelfenbeintechnik ↑ chryselephantin.

Golden Delicious [engl. 'goʊldən dɪl'ɪʃəs „der goldene Köstliche"] ↑ Äpfel (Übersicht).

Goldene Acht (Gemeiner Heufalter, Colias hyale), etwa 4–5 cm spannender Tagschmetterling (Gatt. Gelblinge) in W- und M-Europa sowie in der UdSSR bis zum Altai; Flügel gelb (♂) oder weißl. (♀) mit schwärzl. Saum auf der Oberseite; in der Mitte der Hinterflügel ein Augenfleck, meist in Form einer 8.

Goldene Aue, Agrarlandschaft im nw. Thüringer Becken, DDR, erstreckt sich als Niederung zu beiden Seiten der Helme zw. Harz und Kyffhäuser, 110–130 m ü. d. M.; Anbau von Zuckerrüben, Weizen, Gerste.

goldene Bankregel, formeller Grundsatz von Kreditinstituten, nach dem Umfang und Terminierung im Aktiv- und Passivgeschäft einander entsprechen sollen.

goldene Bilanzregel ↑Bilanz.

Goldene Bistritz, Fluß in Rumänien, ↑Bistritz.

Goldene Bulle [nach ihrer goldenen Siegelkapsel], von König Andreas II. von Ungarn 1222 mit den ungar. Ständen geschlossener Herrschaftsvertrag, in dem unter ausdrückl. Bestätigung des ständ. Widerstandsrechts deren Freiheitsrechte festgelegt wurden.

◆ wichtigstes Grundgesetz des Hl. Röm. Reiches Kaiser Karls IV. von 1356; kodifiziert in lat. Sprache das Recht der Königswahl, sichert die exponierte Stellung der 7 Kurfürsten (Kurfürstenverfassung) und regelt das Zeremoniell für die feierl. Repräsentation des Reiches; enthält ferner das Verbot aller Bündnisse mit Ausnahme der Landfriedenseinungen.

goldene Hochzeit, 50jähriges Ehejubiläum.

Goldene Horde, histor. mongol. Reich in O-Europa und W-Sibirien. Den Namen G. H. erhielt das Khanat Kiptschak durch die Russen. Beim Tod Dschingis-Khans (1227) fiel das Erbteil seines schon verstorbenen ältesten Sohnes Dschotschi (das Reich hieß nach ihm urspr. **Ulus Dschotschi,** Heerlager oder Erbteil des Dschotschi) an ↑Batu Khan, den 2. Sohn des Großkhans; dieser Reichsteil umfaßte damals Sibirien westl. des Irtysch und Choresmien. In siegreichen Feldzügen dehnte Batu sein Reich nach W aus; er eroberte das Reich der Wolgabulgaren (1236) und die altruss. Ft. Rjasan (1237), Wladimir (1238) und Kiew (1240); die Hauptstadt seines Reiches war ↑Sarai. Mit dem Übertritt der Mongolen zum Islam (sie wurden von den Europäern fälschl. „Tataren" gen.), der in der 2. Hälfte des 13. Jh. begann, ordnete sich das Reich der G. H., das seine militär. und wirtsch. Kraft dem Durchgangshandel von O-Asien in den Mittelmeerraum verdankte, dem islam. Kulturkreis ein. Die Schließung der Dardanellen durch die osman. Eroberung (1354) und innere Machtkämpfe schwächten das Reich, das 1395 durch Timur-Leng erobert wurde und im 15. Jh. zerfiel.

Goldene Legende ↑Legenda aurea.

Goldene Mark ↑Eichsfeld.

Goldene Meile (engl. Golden Mile), Goldlagerstätte bei Kalgoorlie in W-Australien.

Goldene Regel, seit dem 16. Jh. nachweisbare Bez. für die Grundregel rechten Handelns, bes. für deren bibl. Formulierung (Matth. 7,12), v. a. in ihrer negativen Wendung als Sprichwort bekannt: „Was du nicht willst, das man dir tu', das füg' auch keinem andern zu"; findet sich sinngemäß auch in der ind. und chin. Tradition.

Goldene Regel der Mechanik, Gesetzmäßigkeit der Mechanik, nach der es keine mechan. Vorrichtung (einfache Maschine) gibt, durch die Arbeit gewonnen werden kann; verkleinert sie eine Kraft, so verlängert sie den Weg und umgekehrt. Beispiel: Flaschenzug.

Goldener Grund, Bez. für den nördl. Teil der Idsteiner Senke und das Emsbachtal, Hessen, ben. nach den „goldenen" Getreidefeldern im Ggs. zur waldreichen Umgebung.

Goldene Rose, eine in kostbarer Goldschmiedearbeit verfertigte Rose, gefüllt mit Moschus und Balsam, die vom Papst am Sonntag Lätare geweiht und einer verdienstvollen [kath.] Persönlichkeit übersandt wird („*Tugendrose*" genannt); seit 1049 (Leo IX.) nachweisbarer Brauch.

Goldener Plan, von der Dt. Olymp. Gesellschaft (DOG) im Okt. 1959 verkündetes und mehrmals aktualisiertes Programm zur Errichtung von Erholungs-, Spiel- und Sportanlagen in der BR Deutschland.

Goldener Schnitt (stetige Teilung), Bez. für die Teilung einer Strecke durch einen auf ihr liegenden Punkt derart, daß sich der größere Abschnitt zur ganzen Strecke verhält wie der kleinere Abschnitt zum größeren Abschnitt. Die Regel des G. S. wurde vielfach in der Kunst angewendet, die Rolle eines allgemeingültigen Kunstgesetzes hat sie aber nie gespielt.

goldenes Buch, Ehrenbuch von Städten, Körperschaften usw., in das man hohe Besucher ihre Namen eintragen läßt.

Goldenes Buch, seit dem frühen 16. Jh. Bez. für das seit 1314 existierende Verzeichnis der 1200 (später 1 600) Patrizierfam. Venedigs, aus deren Mgl. seit 1297 der Große Rat gewählt wurde.

Goldenes Dreieck, Gebiet in Laos an der Grenze gegen Birma und Thailand. Die hier lebenden Bergstämme bauen Schlafmohn zur Opiumgewinnung an.

Goldenes Horn, Hafenbucht von Istanbul.

Goldenes Kalb, aus Gold gegossener Jungstier, der im alten Israel unter Anknüpfung an kanaanäische Symbolik als Fruchtbarkeitssymbol verehrt wurde; von den Propheten heftig bekämpft; bes. bekannt ist das von Aaron am Sinai aufgestellte G. K. (2. Mos. 32).

Goldenes Vlies, in der griech. Mythologie das Fell des goldenen Widders, das die ↑Argonauten erobern.

Goldenes Vlies (Orden vom Goldenen V.; frz. Ordre de la Toison d'or; span. Orden

Toisón de oro), 1429 gestifteter burgund. Ritterorden; Ordenszeichen: (in Anlehnung an die griech. Sage von den Argonauten) ein goldenes Widderfell, das durch einen goldenen Ring gezogen ist. Im Span. Erbfolgekrieg entstanden zwei getrennte Orden, ein östr. und ein spanischer.

Goldenes Zeitalter, Bez. für eine angebl. ideale Vorzeit, nachweisbar in altind. und antiken (z. B. Hesiod, Vergil) Quellen; gekennzeichnet durch einen paradies. Allgemeinzustand ohne polit. oder soziale Probleme und durch ein idealisiertes Menschenbild.

Golden Gate [engl. 'gouldən 'geɪt „goldenes Tor"], die von der G. G. Bridge überspannte Einfahrt in die San Francisco Bay, Calif., USA.

Golden twenties [engl. 'gouldən 'twɛntɪːz „goldene Zwanziger"], zunächst in den USA, dann allg. (in Deutschland „goldene zwanziger Jahre") Bez. für das durch wirtsch. Prosperität gekennzeichnete Jahrzehnt vom Ende des 1. Weltkriegs bis zur Weltwirtschaftskrise 1929–32.

Goldfaden, Abraham, * Starokonstantinow (Gebiet Chmelnizki) 12. Juli 1840, † New York 9. Jan. 1908, jidd. Dramatiker. - Begr. des jidd. Theaters und Berufsschauspielertums. Stellte 1876 eine Truppe zus., zog mit ihr durch Rumänien, Polen und Rußland und schrieb für sie histor. Operetten, denen Purimspiele zugrundeliegen.

Goldfasan ↑ Fasanen.

Goldfieldit [nach dem amerikan. Ort Goldfield], Fahlerzvarietät mit bis zu 17 % Tellur.

Goldfisch (Carassius auratus auratus), als Jungfisch einfarbig graugrüne Zuchtform der Silberkarausche; ändert nach meist etwa 8–12 Monaten sein Farbkleid (rotgold bis golden, auch messingfarben bis blaßrosa, z. T. mit schwarzen Flecken); wird in Aquarien etwa 10–30 cm lang, in Teichen bis 60 cm; teilweise monströse Zuchtformen, z. B. Kometenschweif, Schleierschwanz, Teleskopfisch und Himmelsauge. Der G. wurde vermutl. seit dem 10. Jh. in China gezüchtet; Ende des 16. Jh. kam er nach Europa.

Goldfliegen ↑ Schmeißfliegen.

Goldgehalt, bei Münzen der Feingehalt von Goldstücken.

Goldgewichte, bei den Aschanti in Z-Ghana früher benutzte Gewichtseinheiten, meist figürl. geformt. Sie umfaßten als Einzelstücke den Gewichtsraum von $^1/_{12}$ bis 500 Gramm, jedes Stück trug eine eigene Bezeichnung.

Goldglas, röm. Glasgefäß, bei dem Glasscheibchen mit aufgeklebtem Blattgold, in das figürl. Darstellungen, Ornamente, auch Inschriften geritzt sind, mit einem farblosen Glas überfangen sind. Bei den Christen war die vielfach in Katakomben gefundene Sonderform der **Fondi d'oro** verbreitet, bei denen sich die Bilder bzw. Goldplättchen unter dem Boden befinden. - ↑ auch Zwischengoldglas.

Goldgrund, mit Blattgold belegter Malgrund, in der abendländ. sowie der byzantin. Kunst (Buch- und Tafelmalerei). In der westl. Tafelmalerei des 15. Jh. löst sich über die Punzierung die Flächenstruktur des G. auf, um schließl. landschaftl. Elementen Raum zu geben. In der Ikonenmalerei bis heute.

Goldgulden, verdeutlichende Bez. für den Floren und seine Nachfolgeformen seit dem Aufkommen silberner Sorten des Guldens. 1252 zuerst in Florenz und im allg. nur bis ins 16. Jh. ausgeprägt.

Goldhafer (Grannenhafer, Trisetum), Gatt. der Süßgräser mit rd. 70 Arten, v. a. in der nördl. gemäßigten Zone; Ährchen bei der Reife oft mit Gold- oder Silberschimmer; bekannteste Art ist der 60–80 cm hohe **Wiesengoldhafer** (Trisetum flavescens) mit meist goldgelben Ährchen.

Goldhähnchen (Regulinae), Unterfam. 8–10 cm langer Singvögel (Fam. Grasmücken) mit sieben Arten in Eurasien, NW-Afrika und N-Amerika; Gefieder oberseits meist graugrünl., unterseits heller, mit leuchtend gelbem bis orangerotem, oft schwarz eingesäumtem Scheitel. In M-Europa kommen zwei Arten vor: **Wintergoldhähnchen** (Regulus regulus) und **Sommergoldhähnchen** (Regulus ignicapillus) mit weißem Überaugenstreif.

Goldhamster ↑ Hamster.

Golding, William Gerald [engl. 'gouldɪŋ], * Saint Columb Minor (Cornwall) 19. Sept. 1911, engl. Schriftsteller. - Schrieb pessimist. Romane in bilderreicher Sprache mit philosoph.-allegor. Untersuchungen über die (gewalttätige) Natur des Menschen. Bed. v. a. „Herr der Fliegen" (1954), „Der Felsen des zweiten Todes" (1956), „Papier-Männer" (1984). - G. erhielt 1983 den Nobelpreis für Literatur.

Goldkernwährung ↑ Goldwährung.

Goldkatzen (Profelis), Gatt. 0,5–1 m körperlanger, hochbeiniger Katzen mit 3 Arten in Afrika und S- und SO-Asien.

Goldklausel ↑ Wertsicherungsklauseln.

Goldköpfe (Bramidae), artenarme Fam. der Barschartigen in warmen und gemäßigten Meeren; Körper hochrückig mit steil gewölbter Stirn, silbrig bis goldglänzend; z. T. Speisefische.

Goldkronen, 1. Vereinsgoldmünze des durch den Wiener Münzvertrag von 1857 geschaffenen Münzvereins; 2. amtl. Bez. des goldenen Zehnmarkstücks des Dt. Reiches 1871–1914; 3. in Österreich-Ungarn 1892–1914 Rechnungseinheit.

Goldkugelkaktus ↑ Igelkaktus.

Goldküste, Küstengebiet am Golf von Guinea, Ghana, zw. Elfenbein- und Sklavenküste, benannt nach dem Gold, das im Hinterland gefunden wurde.

Goldlack (Lack, Cheiranthus), Gatt. der Kreuzblütler mit rd. 10 Arten auf der Nordhalbkugel; flaumig behaarte Kräuter oder Halbsträucher mit schmalen Blättern und gelben, braunen oder dunkelroten Blüten in Blütenständen. Bekannteste Art ist **Cheiranthus cheiri** (Gelbveigelein), ein bis 80 cm hoher Halbstrauch mit gelben bis schwarzbraunen, einfarbigen oder mehrfarbigen, stark duftenden Blüten in Trauben.

Goldlaufkäfer, svw. ↑Goldschmied.

Goldmakrelen (Coryphaenidae), Fam. der Barschartigen mit vom Nacken bis zum Schwanzstiel reichender Rückenflosse und tief gegabelter Schwanzflosse am schlanken, prächtig metall. schillernden Körper. Man unterscheidet zwei Arten: **Große Goldmakrele** (*Dorade*, Coryphaena hippurus), etwa 1 m lang, Gewicht bis 30 kg; in trop. und gemäßigt warmen Meeren (auch im Mittelmeer); mit steil hochgewölbter Stirn, Rücken blaugrün, Körperseiten rötl. golden, ebenso die Flossen (mit Ausnahme der Rückenflosse), Bauch silbrigweiß; rascher Schwimmer (bis etwa 60 km/Std.). - **Kleine Goldmakrele** (Coryphaena equisetis), bis 75 cm lang, in wärmeren Meeren.

Goldmalerei, in der Tafelmalerei des 13. und 14. Jh.: Goldstaub wird mit Eiweiß gemischt und aufgetragen (v. a. für Ornamente). ◆ in der asiat. Lackmalerei übl. Verfahren unter Verwendung von Gold- und Silberfolien.

Goldmann, Lucien [–ˊ], * Bukarest 20. Juli 1913, † Paris 3. Okt. 1970, frz. Philosoph, Literaturtheoretiker und -soziologe. - 1958 Prof. in Paris, seit 1965 zugleich in Brüssel. Befaßte sich mit marxist. Erkenntnistheorie („Dialekt. Untersuchungen", 1958); begründete Methode und Theorie des „genet. Strukturalismus". - *Weitere Werke:* Gesellschaftswissenschaften (1948), Der verborgene Gott (1956).

G., Nahum [ˊ–], * Wiszniewiec (Wolynien) 10. Juli 1895, † Bad Reichenhall 29. Aug. 1982, Präs. des Jüd. Weltkongresses (1949–78). - 1926–33 Leiter der Zionist. Vereinigung in Deutschland; 1933 Flucht aus Deutschland; 1935–40 Vertreter der Jewish Agency beim Völkerbund in Genf. G. setzte sich nachdrückl. für die Gründung des Staates Israel ein und war maßgebl. an der Regelung der Wiedergutmachung durch die BR Deutschland und Österreich beteiligt. 1956–68 Präs. der Zionist. Weltorganisation.

Goldmasken. Gesichtsmaske eines Fürsten aus einem Schachtgrab von Mykene (16. Jh. v. Chr.). Athen, Archäologisches Nationalmuseum

Gọldmann Verlag (Wilhelm G. V.) ↑Verlage (Übersicht).

Gọldmark, Karl, * Keszthely (Bez. Veszprém) 18. Mai 1830, † Wien 2. Jan. 1915, östr. Komponist ungar. Herkunft. - In seinen Bühnenwerken v. a. an Wagner sowie an der großen frz. Oper orientiert; setzt als einer der ersten oriental. Kolorit als Klangmittel ein. Von seinen Werken wurden hauptsächl. die Ouvertüre „Sakuntala" (1865) und die Oper „Die Königin von Saba" (1875) bekannt.

Goldmark, Abk. GM, 1919–23 im Dt. Reich Rechnungseinheit im Geldwesen, definiert als der 1395. Teil des Pfundes Feingold.

Goldmasken, in Königs- und Fürstengräbern u. a. Ägyptens, Vorderasiens und Mykenes gefundene, aus Gold getriebene Masken, die über den Gesichtern der Toten lagen und z. T. porträthafte Züge aufweisen. Auch in den altamerikan. Kulturen (Peru, Costa Rica) wurden G. gefunden. Sie sollten vor Verwesung schützen.

Goldmulle (Chrysochloridae), Fam. der Insektenfresser mit rd. 15 Arten in fünf Gatt. in S-Afrika; Körper walzenförmig, etwa 8 bis knapp 25 cm lang; Kopf keilförmig zugespitzt, Schnauzenspitze verhornt, Nasenlöcher durch Hautfalte geschützt; Augen verkümmert und von Haut überwachsen, Ohren sehr klein, im Fell verborgen; Fell sehr dicht und weich, braun bis dunkelgrau, metall. golden oder grünl. golden glänzend. Die bekannteste Art ist der **Kapgoldmull** (Chrysochloris asiatica), mit graubraunem, metall. grünl., golden schimmerndem Fell.

Goldmünzen ↑Münzen.

Goldnessel ↑Taubnessel.

Goldọni, Carlo, * Venedig 25. Febr. 1707, † Paris 6. Febr. 1793, italien. Dramatiker. - Ging trotz triumphaler Erfolge v. a. in Venedig 1762 wegen Zwistigkeiten mit seinen Rivalen Chiari und Gozzi nach Paris, wo er 1762–64 das italien. Theater leitete, dann ein Hofamt bekleidete und zahlr. Komödien zum größten Teil in frz. Sprache schrieb. Starb verarmt. Reformator der italien. Komödie;

oben links:
Stierkopf (Teil des Dekors einer Harfe) aus einem der Königsgräber von Ur (Mitte des 3. Jahrtausends v. Chr.). Bagdad, Irak-Museum;
oben rechts: Tafelgefäß aus Bubastis (um 1250 v. Chr.). Kairo, Ägyptisches Museum;
unten links: Meßkelch (um 1750). Freiburg im Breisgau, Münstermuseum;
unten rechts: Schrein des heiligen Eleutherius (um 1245). Tournai, Kathedrale

ersetzte die „Commedia dell'arte" durch eine v. a. an Molière geschulte italien. Rokokokomödie mit geschickter psycholog. Motivierung, realist. Charakterzeichnungen, volkstüml. Milieu und lebhafter Handlungsführung.

Werke: Das Kaffeehaus (Kom., 1743), Mirandolina (Kom., 1753), Der Diener zweier Herren (Kom., 1753), Die vier Grobiane (Kom., 1760).

Goldorange ↑Aukube.

Goldorfe, Farbvarietät des ↑Aland, meist orangegelb, auch mit rotgoldenem Rücken.

Goldparität ↑Wechselkurs.

Goldparmäne [dt./engl.] ↑Äpfel (Übersicht).

Goldpflaume (Chrysobalanus), Gatt. der Goldpflaumengewächse mit fünf Arten im trop. und subtrop. Amerika und Afrika. Eine Nutzpflanze ist die Art **Ikakopflaume** (**Kakaopflaume,** Chrysobalanus icaco), ein immergrüner Strauch oder Baum mit rundl. Blättern, kleinen, weißen Blüten und pflaumenähnl., gelben, roten oder schwarzen, eßbaren Früchten.

Goldpräparate, Goldverbindungen enthaltende Arzneimittel, die v. a. zur Behandlung des Anfangsstadiums der (rheumat.) primär chron. Polyarthritis verwendet werden.

Goldprimel (Douglasia), Gatt. der Primelgewächse mit sieben Arten in Europa und N-Amerika; niedrige, polsterbildende Stauden mit dichten Blattrosetten und primelähnl. Blüten in kurzgestielten, bis siebenblütigen Dolden. In den Alpen kommt auf Felsen und Bergwiesen die Art **Douglasia vitaliana** vor, eine bis 5 cm hohe, kriechende Staude mit lineal. Blättchen und meist einzelnen, kurzgestielten, goldgelben Blüten.

Goldprobe, Strichprobe zur Feststellung des Feingehalts einer Goldlegierung durch Vergleich ihres Strichs auf einem Probierstein mit denen von Probiernadeln bekannten Feingehalts.

Goldpunkt, ein primärer Fixpunkt der internat. Temperaturskala; die bei 1063,0 °C liegende Gleichgewichtstemperatur zwischen festem und flüssigem Gold.

Goldregen (Bohnenbaum, Laburnum), Gatt. der Schmetterlingsblütler mit drei Arten in S-Europa und W-Asien; Sträucher oder Bäume mit langgestielten, dreizähligen Blättern und langen, hängenden, gelben Blütentrauben; giftig. Als Ziersträucher angepflanzt werden **Traubiger Goldregen** (Laburnum anagyroides; mit unterseits seidig behaarten Blättern, etwa 2 cm langen, goldgelben Blüten und behaarten Hülsen) und **Alpengoldregen** (Laburnum alpinum; mit am Rand gewimperten Blättchen, bis 1,5 cm langen, hellgelben Blüten und kahlen Hülsen).

Goldrenette ↑Äpfel (Übersicht).

Goldröhrling (Boletus elegans), unter Lärchen wachsender, eßbarer Ständerpilz aus der Fam. der Röhrlinge; goldgelb, 5–12 cm breit, kuppelartig gewölbt, mit schwefelgelber Röhrenschicht; Stiel rötlichgelb, weiß beringt; Fleisch gelb.

Goldrute (Goldraute, Solidago), Gatt. der Korbblütler mit rd. 100, v. a. in N-Amerika verbreiteten Arten; Blütenköpfchen in schmalen Rispen, klein, goldgelb. Die häufigsten Arten sind: **Gemeine Goldrute** (Solidago virgaurea), eine bis 70 cm hohe Staude in trockenen Wäldern und Gebüschen; **Kanad. Goldrute** (Solidago canadensis) und **Riesengoldrute** (Solidago gigantea var. serotina), bis 2,5 m hohe Stauden.

Goldscheidewasser (Königswasser), Mischung von Salz- und Salpetersäure (im Verhältnis 3:1), in der u. a. Gold löslich ist.

Goldschlägerei, Herstellung von ↑Blattgold durch Hämmern zwischen Pergamentblättern oder (später) *Goldschlägerhaut* (Oberhaut des Rinderblinddarms).

Goldschmidt, Adolph, * Hamburg 15. Jan. 1863, † Basel 5. Jan. 1944, dt. Kunsthistoriker. - Prof. in Berlin. Emigrierte 1939 nach Basel. Verfaßte grundlegende Werke v. a. über die karoling. und otton. Buchmalerei.

G., Dietrich, * Freiburg im Breisgau 4. Nov. 1914, dt. Soziologe. - Prof. in Berlin (West) seit 1958. Hauptforschungsgebiete: Bildungs- und Erziehungs-, Wirtschafts-, Religions- und polit. Soziologie.

G., Hans, * Berlin 18. Jan. 1861, † Baden-Baden 25. Mai 1923, dt. Chemiker und Industrieller. - 1888–1918 in der väterl. Firma (Th. Goldschmidt AG, Chem. Fabriken) in Essen tätig; entwickelte das aluminotherm. Verfahren (↑Aluminothermie) zur Darstellung schwer reduzierbarer Metalle wie Mangan und Chrom, das Thermitschweißverfahren (↑aluminothermisches Schweißen) und (zus. mit seinem Bruder Karl G., * 1857, † 1926) ein Verfahren zur elektrolyt. Entzinnung von Weißblechabfällen (G.-Verfahren; ↑Zinn).

G., Henriette, * Krotoschin (Prov. Posen) 23. Nov. 1825, † Leipzig 30. Jan. 1920, dt. Sozialpädagogin. - 1865 Mitbegr. des ↑Allgemeinen Deutschen Frauenvereins. Fußte auf Fröbels Ideen und suchte einen sozialpädagog. Bildungs- und Berufsweg für Frauen aufzubauen.

G., Herrmann, * Frankfurt am Main 17. Juni 1802, † Fontainebleau 30. Aug. 1866, dt. Maler und Amateurastronom. - Ließ sich als Historienmaler in Paris nieder; ab 1847 astronom. Studien; entdeckte insgesamt 14 Planetoiden und beobachtete v. a. Kometen und veränderl. Sterne.

G., Richard, * Frankfurt am Main 12. April 1878, † Berkeley (Calif.) 25. April 1958, amerikan. Zoologe dt. Herkunft. - Grundlegende Arbeiten zur Genphysiologie und über die genet.-entwicklungsphysiolog. Probleme der Evolution; entwickelte eine allg. Theorie der Geschlechtsbestimmung.

G., Victor Moritz, * Zürich 27. Jan. 1888, † Vestre Aker bei Oslo 20. März 1947, dt. Mineraloge und Geochemiker. - Prof. in Oslo (1914–28, 1936–41), Göttingen (1929–35) und Aberdeen; erforschte die physikal.-chem. Gesetzmäßigkeiten, die die Verteilung der chem. Elemente im Erdkörper bestimmen; Begründer der modernen Geochemie.

Goldschmied (Goldlaufkäfer, Carabus auratus), 20–27 mm langer, oberseits goldgrüner Laufkäfer in M-Europa; Flügeldecken mit je drei Längsrippen und goldrotem Seitenrand.

Goldschmiedekunst, die künstler. Verarbeitung von Gold und Silber sowie deren Legierungen zu Geräten, Gefäßen und Schmuck. Die wichtigsten Techniken waren bereits seit dem Altertum bekannt: Treiben, Schmieden, Gießen sowie zum Verzieren: Ziselieren, Punzieren, Gravieren, Tauschieren, Ätzen, Niello, Granulation, Filigran, verschiedene Emailtechniken. Zur G. gehört auch seit alters die Montierung bzw. Fassung von edlen Steinen und Perlen.
Goldschmiedearbeiten sind schon für das **Chalkolithikum** (Gräberfeld von Warna, 2. Hälfte des 5. Jt.) bezeugt, ebenso für die **Bronzezeit,** so in Mittel- und Nordeuropa („Hut von Schifferstadt" [um 1300 v. Chr.; Speyer], Funde von Eberswalde [ebd.] und Boeslunde [Kopenhagen], beide um 800 v. Chr.), Thrakien (Schatz von Waltschitran, Bulgarien [Beginn des 1. Jt.; Sofia]). Seit dem 8. Jh. entfaltete sich der skyth.-sibir. Tierstil, Goldarbeiten v. a. des 4. Jh. fanden sich u. a. in den Kurganen Kul Oba auf der Krim, Tolstaja Mogila in der Südukraine oder Pasyryk im Altai. In **Ägypten und Mesopotamien** (Ur) sind G. aus dem 3. Jt. belegt, ihren Höhepunkt erreichte die ägypt. G. in der 12. und 18. Dyn. (Grab des Tutanchamun, 1347–1338). Aus dem 2. Jt. v. Chr. stammen die Treibarbeiten des **kret.-myken. Kulturkreises** (in Athen Becher von Vaphio, um 1500 v. Chr.; Totenmasken und Schmuck aus Mykene und Troja). Vorzügl. Arbeiten entstanden unter den Sassaniden in Persien. Die **griech. Goldschmiedekunst** erlangte erst z. Zt. des Hellenismus größere Bed. (Schatz von Panagjurischte). Filigran- und Granulationstechnik, in Babylonien seit etwa 2500 v. Chr. bekannt, zeichnete die **etrusk. Goldschmiedekunst** des 7.–4. Jh. aus. Aus **röm. Zeit** ist v. a. Tafelgerät des 1. Jh. n. Chr. erhalten (Hildesheimer Silberfund). Die G. der **Germanen** wurde durch die röm. Tradition und den Tierstil der Skythen beeinflußt (Schatz von Pietroasa [Rumänien], 4. Jh.; Funde von Haßleben [Thüringen], 4. Jh.; Schatz von Sînnicolau Mare [Rumänien], 9./10. Jh.). Im **europ. MA** mehrten sich die Zeugnisse seit der karoling. Zeit (Reliquiar aus Enger, 8. Jh.; Berlin-Charlottenburg; Arnulfziborium [um 870; München] und Buchdeckel des ↑Codex aureus [870], jüngere Reimser Schule). Hildesheim, Trier, Echternach, Reichenau und Regensburg sind Zentren otton. G., u. a. Goldene Madonna des Essener Münsterschatzes (um 980). In roman. Zeit Standkreuze, Reliquiare, Leuchter, Kelche und Altäre (Basler Antependium, vermutl. 1019; Paris, Musée Cluny). Einen neuen Aufschwung nahm die G. im 11./12. Jh. in Köln, Trier, Lüttich mit Reliquienschreinen. Aus dem 12./13. Jh. sind dann Namen überliefert: Roger von Helmarshausen (Tragaltäre in Paderborn), Reiner von Huy, Eilbertus von Köln (Tragaltar, um 1150–60; Berlin-Charlottenburg), Godefroid de Huy, Nikolaus von Verdun (Altar in Klosterneuburg, 1181; Mitarbeit am Dreikönigenschrein, Kölner Dom), Hugo von Oignies. In got. Zeit traten neben die kirchl. Geräte profane Goldschmiedearbeiten (Trinkgefäße, Schmuck). Die G. der **Renaissance** erlebte in Italien seit dem 15. Jh. eine große Blüte. wo Caradosso (* 1452, † 1527) und B. Cellini arbeiteten. In Deutschland ist bes. das Lüneburger Ratsilber (entstanden zw. 1443 und 1620; Berlin-Charlottenburg) zu nennen, v. a. Pokale und Trinkgefäße. Bed. Zentren waren im 16. Jh. Antwerpen, Utrecht (A. van Vianen), Nürnberg (M. Baier, W. Jamnitzer, H. Lenkker, H. Petzolt) und Westfalen (A. Eisenhoit), und im **17. Jh.** Paris (kaum etwas erhalten), Amsterdam (J. Lutma d. Ä.), Augsburg, fürstl. Residenzen München, Dresden (J. M. Dinglinger), Prag, Breslau. Im **18. Jh.** ist neben Frankr. (T. Germain) Großbritannien zu nennen, wo seit 1800 Tafelsilber gefertigt wurde. Wie allg. im Kunstgewerbe brachte erst die Jh.wende (**Jugendstil**), vorbereitet durch die engl. ↑Arts and Crafts Exhibition Society, neue Impulse (J. M. Olbrich, L. C. Tiffany, W. van de Velde, R. Lalique, C. Fabergé), bes. auf dem Gebiet des Schmucks.
China: Von der bed. chin. G. der Tangzeit sind eine größere Anzahl von Gefäßen, Spiegeln usw. des 8. Jh. erhalten (Tempel von Nara, Boston), dagegen nur wenige der kostbaren Werke der Mingzeit (1368–1644; Philadelphia). **Altamerikan. Kulturen:** Blütezeit um 1000 bis 1470 (Kulturen von Lambayeque und Chimú im N und Ica im S des Gebietes der Chibcha-Sprachfam. sowie der Mixteken). **Afrikan. Kulturen:** Goldschmuck war sehr verbreitet, es sind aber nur wenige größere Stücke erhalten; bed. Arbeiten sind z. B. die goldenen Treibarbeiten aus Mapungubwe. - Tafel S. 287.

🕮 *Schade, G.: Dt. G. Hanau 1976. - Rosenberg, M.: Gesch. der G. auf techn. Grundl. Ffm. 1910–25. Neudr. Baden-Baden 1972.*

Goldschnitt, Verzierung des beschnittenen Buchblocks (Buchschnittes) mit $^{1}/_{8000}$ mm dickem ↑Blattgold.

Goldschwämmchen, svw. ↑Pfifferling.

Goldschwefel, svw. Antimonpentasulfid (↑Antimonsulfide).

Goldseifen ↑Seifen.

Goldsmith, Oliver [engl. 'gouldsmɪθ], * Pallasmore (Irland) 10. Nov. 1728, † London 4. April 1774, engl. Schriftsteller ir. Herkunft. - Befreundet mit S. Johnson. Berühmt ist sein Familienroman „Der Vikar von Wakefield" (1766) dank seines Humors und der vorzügl. Charakterzeichnungen. Seine erfolgreichen Komödien sind gegen die Empfindsamkeit der Zeit gerichtet.

Goldstein, Eugen, * Gleiwitz 5. Sept. 1850, † Berlin 25. Dez. 1930, dt. Physiker. - Forschungen auf dem Gebiet der elektr. Entladungen in verdünnten Gasen; wies 1876 die elektr. Ablenkbarkeit der Kathodenstrahlen nach, entdeckte 1886 die Kanalstrahlen.

G., Joseph Leonard [engl. 'gouldstaɪn], * Sumter (S. C.) 18. April 1940, amerikan. Mediziner und Molekulargenetiker. - Erhielt für die gemeinsamen Forschungen mit M. S. Brown über den Cholesterinstoffwechsel und den Cholesterinrezeptor mit diesem den Nobelpreis für Physiologie oder Medizin 1985.

Goldstern (Gelbstern, Gagea), Gatt. der Liliengewächse mit rd. 90 Arten in Europa, Asien und N-Afrika; niedrige Zwiebelgewächse mit sternförmigen, schwefel- bis (v. a. außen) grünlichgelben Blüten.

Goldstirnblattvogel (Chloropsis aurifrons), etwa 20 cm großer Singvogel (Fam. Blattvögel) v. a. in den Wäldern des Himalajas, Vorder- und Hinterindiens und Sumatras; Ober- und Unterseite grün mit schwarzer Kehle und Vorderbrust sowie orangegelber Stirn.

Goldsworthy, Mount [engl. 'maunt 'gouldzwə:ðɪ], eisenerzhaltiger Berg im nw. Westaustralien; Abbau von Hämatit.

Goldtinktur, Lösung von Goldchlorid in Äther; zum Vergolden verwendet.

Goldtombak, Legierung aus 85 % Kupfer und 15 % Zink.

Goldtopas, unkorrekte Bez. für topasfarbenen Zitrin oder gebrannten Amethyst.

Goldwährung, Währungssystem, in dem das Geld an Gold gebunden oder in dem Gold Münzmetall ist. Die Notenbank verpflichtet sich zur Einlösung des Geldes in Gold und umgekehrt zu einem festen Preis. Goldein- und -ausfuhr sind frei; damit ist durch die Goldparität auch der Wechselkurs gegenüber dem Ausland fixiert. Die wichtigsten G. sind: 1. **Goldumlaufswährung:** Das Geld besteht aus Goldmünzen. Nominalwert der Münzen und Metallwert der Münzen sind identisch. 2. **Goldkernwährung:** Geld- und Goldmenge stimmen nicht überein. Papiergeld besteht neben dem Währungsmetall, ist aber jederzeit in Gold einlösbar. In den meisten Fällen wird dabei eine Goldreservehaltungspflicht in einer bestimmten Relation zur Geldmenge verlangt. 3. **Golddevisenwährung:** Die Notendeckung erfolgt durch Gold und Golddevisen (Forderungen in einer anderen Währung, die bei den ausländ. Notenbanken in Gold eingelöst werden).

Goldwater, Barry Morris [engl. 'gouldwɔ:tə], * Phoenix (Ariz.) 1. Jan. 1909, amerikan. Politiker. - Republikaner des äußersten rechten Flügels, 1952–64 und seit 1969 Senator für Arizona; 1964 erfolgloser Präsidentschaftskandidat (gegen L. B. Johnson); vertritt die konservativen Interessen des weißen Mittelstandes.

Goldwertklausel ↑Wertsicherungsklauseln.

Goldwespen (Chrysididae), mit fast 2 000 Arten (in Deutschland rd. 60) weltweit verbreitete Fam. 1,5–13 mm großer Hautflügler; rot, rotgold, blau- oder grünglänzend.

Goldwurzel (Golddistel, Scolymus), Gatt. der Korbblütler mit drei Arten im Mittelmeergebiet; distelartige, Milchsaft führende Pflanzen mit großen Blütenköpfchen mit gelben Zungenblüten.

Goldwyn, Samuel [engl. 'gouldwɪn], eigtl. S. Goldfish, * Warschau 22. Aug. 1884, † Los Angeles 31. Jan. 1974, amerikan. Filmproduzent poln. Herkunft. - 1913 Mitbegr. der späteren „Paramount" und 1924 der Firma „Metro Goldwyn Mayer".

Goldziher, Ignác [ungar. 'goltsiɛr], * Székesfehérvár 22. Juni 1850, † Budapest 13. Nov. 1921, ungar. Orientalist. - Bahnbrechender Erforscher der Religionsgeschichte des Islams; zeigte die histor. Bedingtheit des islam. Gesetzes und der Prophetentradition auf.

Golem [hebr. „formlose Masse"], in der jüd. Literatur und Mystik vom frühen MA an Bez. für ein - meist aus Lehm oder Ton - künstl. von Weisen und Magiern mittels Buchstabenmystik erschaffenes, stummes menschl. Wesen, das oft gewaltige Größe und Kraft besitzt und gelegentl. als Retter der Juden in Zeiten der Verfolgung erscheint. In der dt. Literatur aufgegriffen bei J. Grimm („Zeitung für Einsiedler", 1808), A. von Arnim („Isabella von Ägypten", Nov., 1812), E. T. A. Hoffmann („Die Geheimnisse", Nov., 1822) und (für versteinerte Seelen) von A. von Droste-Hülshoff („Die G.", Ged., 1844) sowie in Verbindung mit der Gestalt des Hohen Rabbi ↑Löw. Im Roman „Der G." (1915) von G. Meyrink wird der G. zum Symbol des jüd. Volkes.

Golf [italien., zu griech. kólpos „(Meer)busen"], Bez. für größere Meeresbucht.

Golf [engl.], auf Rasenflächen (bis zu 50 ha) betriebenes, in seiner heutigen Form erstmals 1457 in schott. Parlamentsakten erwähntes Ballspiel. Sinn des G.spieles ist es, den Ball mit einem Schläger (und möglichst wenig Schlägen) über verschieden lange (insges. 18) Bahnen in ein Loch zu treiben (**einlochen**). Eine Spielbahn besteht aus **Abschlag (Tee),** der eigtl. **Spielbahn (Fairway),** dem mit bes. gepflegtem und kurzgeschnittenen Rasen versehenem **Grün (Green),** in das ein **Loch (Hole)**

von 10,8 cm Durchmesser eingeschnitten ist, in dem eine Richtungsflagge steckt, die vor dem **Einlochen** des Balles entfernt werden muß. Die Spielbahn wird eingerahmt von hochgeschnittenem **Gras (Rauhes = Rough)**; Bäume, Büsche sowie Bäche, Flüsse und Seen bilden natürl. Hindernisse; es gibt auch künstl. angelegte **Sandhindernisse (Bunker)**. Die Spielbahnen sind zw. 100 und 550 m lang und 20–50 m breit. Beim Abschlag darf der Ball auf einen Holz- oder Kunststoffstift (ebenfalls Tee gen.) aufgesetzt werden, ansonsten ist er von der Stelle aus zu spielen, wo er nach dem letzten Schlag liegen geblieben ist.

Für jede Spielbahn ist eine Mindestzahl von Schlägen, das sog. *Par* festgesetzt. Bis 228 m sind 3, zw. 229 und 434 m 4, über 434 m sind 5 Schläge festgelegt. Aus der Gesamtlänge aller 18 Spielbahnen ergibt sich der Platzstandard, der zw. 63 und 74 Schlägen schwankt. Man unterscheidet u. a.: *Lochwettspiele*, bei denen jedes erzielte Loch gewertet wird, und *Zählwettspiele*, bei denen die Gesamtzahl der benötigten Schläge gezählt wird.

Das Gewicht des Balles darf nicht mehr als 46 g, sein Durchmesser nicht weniger als 41 mm betragen. Ein Spieler darf nur bis zu 14 G.schläger mit auf die Runde nehmen. Es gibt Schläger mit Holz- und Eisenköpfen (Woods und Irons) an dünnen Stahlschäften mit Gummi- oder Ledergriffen. Je nach Länge des Schaftes und Neigungswinkel der Schlagfläche des Schlägerkopfes kann man mit demselben Körperschwung den Ball verschieden weit und hoch schlagen. Die Schläger werden in einer Köchertasche getragen oder auf zweirädrigen Wagen gezogen. Dieses kann ein Helfer besorgen, der **Caddie**, der als einziger seinem Spieler auf der Runde auch Ratschläge geben darf. - In allen Regelfragen entscheidet der 1754 gegr. „Royal and Ancient Golf Club of Saint Andrews" (Schottland).

Golfkrieg, Bez. für den seit 1980 geführten Krieg zw. ↑Irak und ↑Iran.

Golfküstenebene, lagunenreiche westl. Fortsetzung der Atlant. Küstenebene entlang dem Golf von Mexiko bis zur Halbinsel Yucatán (USA und Mexiko); Erdölvorkommen.

Golfstrom, Meeresströmung im Nordatlantik, entsteht durch Vereinigung von Florida- und Antillenstrom, wendet sich in einem nur etwa 100 km breitem Band nach O. Östl. der Neufundlandbank tritt der G. fächerartig auseinander, der Hauptarm an der Oberfläche (**Nordatlantischer Strom**) erreicht die europ. Gewässer. Der weitaus größere Teil der vom G. transportierten Wassermenge wird im Innern des Atlantiks als südwärts gerichtete Kompensationsströmung abgeführt. Das System schließt sich durch den Kanarenstrom, der in die breite Trift des Nordäquatorialstroms einmündet. Der G. nimmt laufend subtrop. Wasser auf, befördert es ein Stück in höhere Breiten und gibt es dann an das umgebende Wasser ab. Im gesamten G.gebiet bestehen daher hohe positive Unterschiede

Golfstrom im System der nordatlantischen Oberflächenströmungen

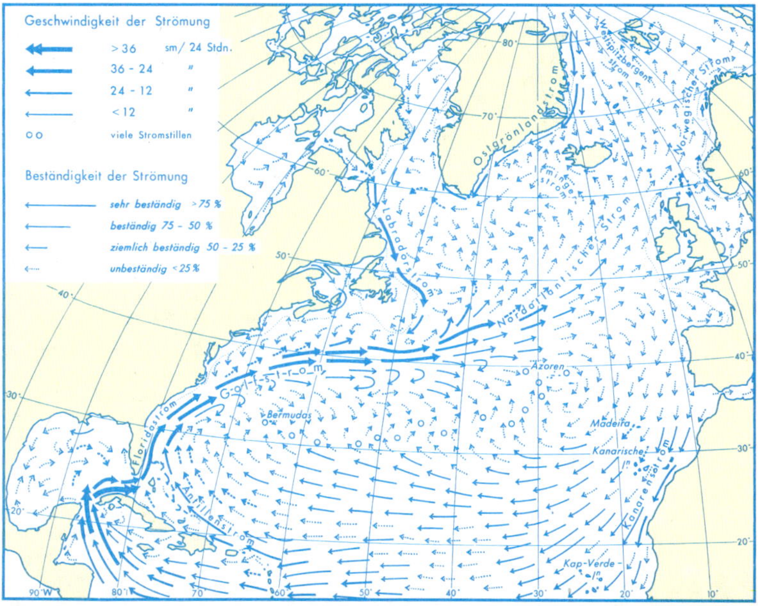

zw. Wasser- und Lufttemperatur, die die Verdunstung fördern. Ihre latente Verdampfungswärme bildet eine der Hauptenergiequellen der Atmosphäre über dem Nordatlantik und letzthin für einen Teil des europ. Klimas.

Golgatha (Golgotha, Golgota, lat. Calvaria, Kalvaria), schädelförmig gewölbte Anhöhe außerhalb der alten Stadtmauer Jerusalems, Ort der Kreuzigung und Bestattung Jesu.

Golgi, Camillo [italien. 'gɔldʒi], * Corteno 7. Juli 1844, † Pavia 21. Jan. 1926, italien. Histologe. - Prof. in Siena und Pavia; entwikkelte zahlr. neue histolog. Färbemethoden und gewann wichtige Erkenntnisse über den Feinbau des Nervensystems, wofür er 1906 den Nobelpreis für Physiologie oder Medizin erhielt. G. beschrieb u. a. den nach ihm ben. **Golgi-Apparat,** ein submikroskop. Membransystem im Zellplasma der Organismen, das v. a. den Sekretionsleistungen der Zelle dient.

Golgota ↑ Golgatha.

Goliarden [frz., letztl. zu lat. gula „Kehle, Gurgel"], umherziehender, kirchenfeindl. frz. Kleriker und Scholar (bes. des 13. Jh.).

Goliath, bibl. Gestalt, Krieger der Philister, der durch seine Größe auffiel; nach 1. Sam. 17 vom jungen David im Zweikampf mit einer Steinschleuder getötet.

Goliathfrosch ↑ Frösche.

Golizyn [russ. ga'litsɨn] (Galitzin, Galizin, Galizyn, Gallitzin), russ. Fürstenfamilie. Als ihr Stammvater gilt ↑ Gedymin, ihr Name datiert jedoch erst aus dem 16. Jh. Bed.:

G., Alexandr Nikolajewitsch Fürst, * 19. Dez. 1773, † Gaspra 4. Dez. 1844, Politiker. - Ratgeber Kaiser Alexanders I.; 1803 Oberprokuror des Allerheiligsten Dirigierenden Synods, 1814 Vorsitzender der Russ. Bibelgesellschaft, leitete ab 1814 das Unterrichtsministerium; 1824 gestürzt.

G., Dmitri Michailowitsch Fürst, * 1665, † Schlüsselburg (= Petrokrepost) 25. April 1737, Politiker. - Mitarbeiter Zar Peters I.; 1730 Führer einer hochadligen Gruppe, die die kaiserl. Autokratie einschränken wollte; später als Verschwörer verurteilt.

G., Wassili Wassiljewitsch Fürst, * 1643, † Kologora (Nordrußland) 2. Mai 1714, Politiker. - 1682–89 Außenmin.; Günstling der Zarin Sophie Alexejewna; 1689 von Zar Peter I. verbannt.

Goll, Claire [frz. gɔl], * Nürnberg 29. Okt. 1890, † Paris 30. Mai 1977, frz.-dt. Schriftstellerin. - Gab Werk und Nachlaß von Yvan G. heraus, an dessen Werk sie z. T. beteiligt war; schrieb Romane, Gedichte und Erinnerungen („Traumtänzerin. Jahre der Jugend", 1971; „Ich verzeihe keinem", 1978).

G., Jaroslav [tschech. gɔl], * Chlumec nad Cidlinou (Südböhm. Gebiet) 11. Juli 1846, † Prag 8. Juli 1929, tschech. Historiker und Dichter. - 1880–1910 Prof. in Prag; Begr. der tschech. Geschichtswiss.; redigierte seit 1895 die Zeitschrift „Český časopis historický" (Tschech. Histor. Zeitschrift); führte den Beweis für die Fälschung der ↑ Königinhofer Handschrift durch V. Hanka (1886); übersetzte Baudelaire, schrieb Gedichte.

G., Yvan [frz. gɔl], * Saint-Dié 29. März 1891, † Neuilly-sur-Seine 27. Febr. 1950, Dichter elsäss.-lothring. Abstammung. - In der Schweiz Verbindung zu den Dadaisten, befreundet mit Joyce, S. Zweig und Arp; ∞ mit Claire G.; von 1919 bis zur Flucht nach Amerika (1939) in Paris; schrieb in dt., frz. und engl. Sprache. In seinen frühen Gedichten Expressionist, dann Surrealist, z. T. dunkle Metaphorik. Sein „Überdrama" ist ein groteskes Maskentheater.

Werke: Der Panamakanal (Ged., 1921), Methusalem oder Der ewige Bürger (Dr., 1922), Poèmes de la vie et de la mort (Ged., 1926; mit Claire G.), Die Eurokokke (E., 1928), Der Mitropäer (R., 1928), Jean sans terre (Ged., entstanden 1934–44, hg. 1957).

Gollancz, Sir (seit 1965) Victor [engl. gə'lænts], * London 9. April 1893, † ebd. 8. Febr. 1967, engl. Verleger. - Gründete 1928 einen Verlag (**Victor Gollancz, Ltd.**) für Belletristik und Sachbücher, 1936 den für den engl. Sozialismus bed. „Left Book Club"; aktiver Philanthrop auf internat. Ebene; erhielt u. a. 1960 den Friedenspreis des Dt. Buchhandels. Autobiographien: „Aufbruch und Begegnung" (1952), „Auf dieser Erde" (1953).

Gollenstein ↑ Blieskastel.

Goller, Bruno, * Gummersbach 5. Jan. 1901, dt. Maler. - Figuren und Gegenstände sind ornamental und flächenhaft aufgefaßt.

Göllheim, Gemeinde 8 km ssö. von Kirchheimbolanden, Rhld-Pf., 3 000 E. Auf dem Hasenbühl bei G. unterlag am 2. Juli 1298 König Adolf (von Nassau) seinem Rivalen, Hzg. Albrecht I. von Österreich in der Schlacht im Kampf um die Krone und fiel.

Göllnitz, Stadt in der ČSSR, ↑ Gelnica.

Gollwitzer, Helmut, * Pappenheim 29. Dez. 1908, dt. ev. Theologe. - Seit 1957 Prof. für systemat. Theologie in Berlin; seine wiss. Arbeit wird stark durch seine seelsorgerl. Tätigkeit und sein polit. Interesse bestimmt.

Golo, alter dt. männl. Vorname, Kurzform von Namen, die mit Gode- (Gott-) gebildet sind, wie z. B. Godehard.

Golon, Anne [frz. gɔ'lõ], eigtl. Simone Golonbinoff, * Toulon 17. Dez. 1921, frz. Schriftstellerin. - Verf., anfangs in Zusammenarbeit mit ihrem Mann Serge G. (* 1903, † 1972), der Serie der abenteuerl.-erot. „Angélique"-Romane aus der Zeit Ludwigs XIV.

Golowin, Fjodor Alexejewitsch Graf (seit 1702), * 1650, † Gluchow 10. Aug. 1706, russ. Generaladmiral (seit 1700) und Diplomat. - Schloß als Bevollmächtigter 1689 den Vertrag von ↑ Nertschinsk mit China; Mitarbeiter und Ratgeber Zar Peters I.

Golowkin, Gawriil Iwanowitsch Graf (seit 1707), * 1660, † Petersburg 1734, russ. Politiker. - Leitete seit 1706 als Nachfolger von F. A. Golowin die auswärtigen Angelegenheiten; 1709 Kanzler. Unter Katharina I. und Peter II. Mgl. des Obersten Geheimen Rats.

Goltz, von der, wahrscheinl. aus der Uckermark stammendes, erstmals 1297 erwähntes Uradelsgeschlecht (1786 preuß. Grafenstand):

G., August Graf von der, * Dresden 20. Juli 1765, † Berlin 17. Jan. 1832, preuß. Politiker. - 1808–14 Außenmin., preuß. Delegationsleiter in Tilsit und auf dem Erfurter Fürstentag (1808). 1816–24 Gesandter bei der Bundesversammlung in Frankfurt am Main.

G., Colmar Freiherr von der (**Goltz-Pascha**), * Bielkenfeld bei Labiau 12. Aug. 1843, † Bagdad 19. April 1916, preuß. Generalfeldmarschall (1911). - Kriegsgeschichtslehrer an der preuß. Kriegsakademie (1878–83); einer der bedeutendsten Militärschriftsteller seiner Zeit. 1883–96 reorganisierte G. die türk. Armee. Seit 1898 wieder in preuß. Diensten; 1914 Generalgouverneur in Belgien, danach Berater des Sultans. Als Kommandeur der 6. türk. Armee brach er mit der Eroberung von Kut-el-Amara (1916) den brit. Einfluß in Mesopotamien.

G., Robert Graf von der, * Paris 6. Juni 1817, † Charlottenburg (= Berlin) 24. Juni 1869, preuß. Diplomat. - Seit 1839 im preuß. Verwaltungsdienst; beteiligte sich 1848/49 an der Sammlung der Konservativen und an der Gründung der „Kreuzzeitung“; übernahm seit 1854 diplomat. Missionen in Athen, 1859 in Konstantinopel, 1860 in Petersburg; als Leiter der preuß. Vertretung in Paris (seit 1863) hatte er eine preuß.-frz. Verständigung zum Ziel, was ihn bald in einen unüberbrückbaren Ggs. zu Bismarck brachte.

G., Rüdiger Graf von der, * Züllichau 8. Dez. 1865, † Kinsegg (= Bernbeuren bei Schongau) 4. Nov. 1946, General. - Wirkte 1918 maßgebl. an der militär. Begründung der nat. Unabhängigkeit Finnlands mit; 1924–33 1. Vors. der Vereinigten Vaterländ. Verbände Deutschlands; 1934 Führer des Reichsverbandes Dt. Offiziere.

Goltzius, Hendrik [niederl. 'xɔltsi:ʏs], * Mühlbracht bei Venlo im Jan. oder Febr. 1558, † Haarlem 1. Jan. 1617, niederl. Kupferstecher und Zeichner. - Bed. Vertreter des späten niederl. Manierismus; 1590/91 Italienreise; neben Kupferstichen Clair-Obscur-Schnitte, Radierungen, Farbholzschnitte, realist. Federskizzen (Dünenlandschaften, 1603); bed. sind auch seine Porträts.

Gołuchowski [golʊ'xɔfski, poln. gɔu̯u'xɔfski], Agenor Maria Adam Graf, * Lemberg 25. März 1849, † ebd. 28. März 1921, östr.-ungar. Politiker. - Sohn von Agenor Romuald Graf G.; seit 1872 im diplomat. Dienst; seit 1875 Mgl. des Herrenhauses; 1887–94 Gesandter in Bukarest, 1895–1906 östr.-ungar. Außenmin.; vertrat die Reichseinheit.

G., Agenor Romuald Graf, * Lemberg 8. Febr. 1812, † ebd. 3. Aug. 1875, östr. Politiker poln. Herkunft. - Gouverneur von Galizien (1849–59, 1866/67, 1871–75); 1859–61 Innenmin.; sein Versuch, mit dem Oktoberdiplom von 1860 der Donaumonarchie eine halbparlamentar.-föderalist. Verfassung zu geben, scheiterte. Seit 1861 Mgl. des Herrenhauses.

Goma, Paul, * in Bessarabien 2. Okt. 1935, rumän. Schriftsteller. Seine Romane (Ostinato, dt. 1971; Die Tür, dt. 1972), die den Stalinismus kritisch beleuchten, konnten nur im Ausland erscheinen; seit 1977 lebt G. in Paris. Schrieb ferner „Garde inverse“ (R., 1979), „Chassé croisé“ (Bericht, 1983).

Goma, Stadt nahe dem N-Ufer des Kivusees, Zaïre, 1 500 m ü. d. M., 82 000 E. Kath. Bischofssitz; Handelszentrum eines Gebietes mit Kaffee- und Bananenplantagen.

Gomarus (Gomar), Franciscus, * Brügge 30. Jan. 1563, † Groningen 11. Jan. 1641, niederl. ref. Theologe. - Führte seit 1604 als Vertreter einer streng kalvinist. Theologie heftige Fehden mit J. Arminius und den Arminianern, v. a. über die Prädestinationslehre. Auf der ↑ Dordrechter Synode konnten er und seine Anhänger (**Gomaristen**) sich nicht durchsetzen.

Gombert, Nicolas [niederl. 'xɔmbərt], * Brügge(?) nach 1490, † um 1556, niederl. Komponist. - Schüler von Josquin Desprez, mindestens seit 1526 im Dienst Karls V. Seine Kompositionen gelten als vollendete Ausprägung des niederl. Stils (10 Messen, 8 Magnifikat, etwa 160 Motetten, etwa 60 Chansons).

Gömbös von Jákfa, Gyula [ungar. 'gømbøʃ, 'ja:kfɔ], * Murga (Komitat Tolna) 26. Dez. 1886, † München 6. Okt. 1936, ungar. General und Politiker. - Berufsoffizier, 1918 Mitbegr. und -leiter der Organisation Erwachende Ungarn, 1919 enger Mitarbeiter Horthys in dessen gegenrevolutionärer „Nationalarmee“; 1920–23 Abg. der Kleinlandwirtepartei; 1929–36 Kriegsmin.; Min.präs. 1932–36, steuerte schließl. einen nationalist. Rechtskurs (u. a. Anlehnung an Deutschland).

Gombrowicz, Witold [poln. gɔm'brɔvitʃ], * Małoszyce bei Krakau 4. Aug. 1904, † Vence 25. Juli 1969, poln. Schriftsteller. - Lebte 1939–63 in Argentinien, seitdem v. a. in Frankr.; dem Existentialismus nahestehender Vertreter einer grotesk-phantast. Erzählweise, der mit allen Möglichkeiten der Sprache arbeitet; stellt den Zerfall alter und die künstl. Schaffung neuer Formen sowie die Unreife des Menschen dar; bed. Tagebücher. *Werke:* Ferdydurke (R., 1938), Yvonne (Schausp., 1938), Trans-Atlantik (R., 1953), Die Trauung (Traumsp., 1953), Verführung (R., 1960).

Gomel [russ. 'gɔmılj], sowjet. Gebietshauptstadt im SO der Weißruss. SSR, 452 000 E. Univ. (gegr. 1969), Hochschule für Eisenbahnverkehrswesen; Museum, Planetarium; Theater; Maschinen- und Apparatebau, Superphosphatfabrik, Nahrungsmittelu. a. Ind.; Flußhafen am Sosch. - G. wird erstmals 1142 erwähnt.

Gomera, La, eine der Kanarischen Inseln, 378 km², im zentralen Bergmassiv Alto de Garajonay bis 1 487 m ü. d. M. ansteigend; Ackerbau auf terrassierten, bewässerten Hängen; Hauptort San Sebastián de la Gomera.

Gomes, Francisco da Costa [portugies. 'gomıʃ], * Chaves 30. Juni 1914, portugies. General und Politiker. - Zw. 1949/72 im Militärdienst in portugies. Kolonien, zuletzt als Oberbefehlshaber der Streitkräfte in Moçambique bzw. in Angola; 1972–74 portugies. Generalstabschef; nach der Revolution von 1974 Mgl. der Militärjunta; 1974–76 Staatspräsident.

Gómez [span. 'gomes], José Miguel, * Sancti Spiritus (Las Villas) 6. Juli 1858, † New York 13. Juni 1921, kuban. General und Politiker. - 1895–98 einer der Führer des Aufstands gegen die Spanier; führte in der Rep. Kuba die Liberalen; veranlaßte 1906 durch einen Aufstand die Intervention der USA. 1909–13 Präsident.

G., Juan Vicente, * San Antonio del Táchira 24. Juli 1857, † Maracay (Aragua) 18. Dez. 1935, venezolan. General und Politiker. - Gouverneur von Caracas, Vizepräs. und Oberbefehlshaber der Armee (1902–08); behauptete nach einem Staatsstreich 1908, auf die Armee gestützt, seinen bestimmenden Einfluß auf das Land als Präs. 1908–14, 1915–29 und 1931–35 sowie während der Präsidentschaft von J. B. Pérez (1929–31).

Gómez Castro, Laureano Eleuterio [span. 'gomes 'kastro], * Bogotá 20. Febr. 1889, † ebd. 13. Juli 1965, kolumbian. Politiker. - 1911–18 und 1921–23 Parlamentsabg., 1931–44 Senator, seit 1932 Vors. der Konservativen Partei, 1948 Außenmin., regierte als Staatspräs. (1950–53) mit diktator. Mitteln; durch Staatsstreich gestürzt.

Gómez de Avellaneda, Gertrudis [span. 'gomeð ðe aβeʎa'neða], * Puerto Príncipe (= Camagüey, Kuba) 23. März 1814, † Madrid 1. Febr. 1873, span. Dichterin. - Erfolgreich mit überschwengl. Gedichten, Dramen und sozialen Romanen.

Gómez de la Serna, Ramón [span. 'gomeð ðe la 'sɛrna], * Madrid 5. Juli 1891, † Buenos Aires 12. Jan. 1963, span. Schriftsteller. - Geistreich und brillant seine spieler. Aphorismen („Greguerías", 1917), Essays, Romane, Novellen und Künstlerbiographien. - *Weitere Werke:* Das Rosenschloß (R., 1923), Torero Caracho (R., 1926).

Gomorrha (Gomorra) ↑ Sodom und Gomorrha.

Gompers, Samuel [engl. 'gɔmpəz], * London 27. Jan. 1850, † San Antonio (Texas) 13. Dez. 1924, amerikan. Gewerkschaftsführer. - Konservativer Gewerkschafter, Mitbegr. der American Federation of Labor (AFL), deren Präs. 1886–1924 (ausgenommen 1895).

Gomringer, Eugen, * Cachuela Esperanza (Bolivien) 20. Jan. 1925, schweizer. Schriftsteller. - Vertreter der konkreten Poesie, veröffentlicht seit 1953 „Konstellationen", 1969 in dem Band „worte sind schatten" zusammengefaßt. Gründete 1960 die „eugen gomringer press".

Goms, oberster Abschnitt des Rhonetales im schweizer. Kt. Wallis; Hauptort Münster.

Gomułka, Władysław [poln. gɔ'muu̯ka], * Krosno 6. Febr. 1905, † Warschau 1. Sept. 1982, poln. Politiker. - 1926 Mgl. der KP, in deren ZK seit 1931; 1932–34 und 1936–39 in Haft; während der dt. Okkupation Untergrundkämpfer und Reorganisator der KP (seit 1943 Poln. Arbeiterpartei, Abk. PPR); seit 1943 Generalsekretär der PPR; seit 1945 zugleich stellv. Min.präs. und Min. für die Westgebiete; 1948/49 zur Aufgabe aller Partei- und Reg.ämter gezwungen und 1951–54/55 als „Nationalist" und „Titoist" inhaftiert; kurz nach seiner Rehabilitierung (1956) im „poln. Oktober" erneut zum Parteiführer (1. Sekretär des ZK, Mgl. des Politbüros) gewählt, mußte Ende 1970 nach Unruhen wegen Mängeln auf dem privaten Versorgungssektor die Parteiführung Gierek überlassen und auch seine anderen Parteiämter niederlegen.

Gomulka-Plan [poln. gɔ'muu̯ka], 1964 vorgelegter Plan des poln. KP-Chefs Gomułka, die Kernwaffen in der BR Deutschland, DDR, ČSSR und Polen „einzufrieren"; von den Westmächten abgelehnt, da er das militär. Gleichgewicht zugunsten des Ostens verschiebe.

Gon [griech.], Einheitenzeichen gon, eine v. a. in der Geodäsie verwendete Einheit für ebene Winkel: der 100. Teil eines rechten Winkels (90°); 1 gon = $\pi/200$ rad = 0,9°. Unterteilung: 1 gon = 10 dgon (Dezigon) = 100 cgon (Zentigon) = 1 000 mgon (Milligon). - Das G. wurde früher auch als *Neugrad* (Einheitenzeichen ^{g}) bezeichnet, $^{1}/_{100}$ gon als *Neuminute* (Einheitenzeichen ^{c}), $^{1}/_{10000}$ gon als *Neusekunde* (Einheitenzeichen ^{cc}). SI-Einheit für den ebenen Winkel ist der ↑ Radiant.

Gonaden [griech.], svw. ↑ Geschlechtsdrüsen.

gonadotrope Hormone [griech.], svw. Gonadotropine (↑ Geschlechtshormone).

Gonaïves [frz. gɔna'i:v], Hafenstadt am Golf von G., Haiti, 34 200 E. Verwaltungssitz des Dep. Artibonite, Bischofssitz; Versand von Agrarprodukten, Fischerei.

Gonaïves, Golf von [frz. gɔna'i:v], Bucht des Karib. Meeres an der W-Küste Haitis; Hauptstadt ist Port-au-Prince.

Gonarthritis [griech.], svw. ↑Kniegelenkentzündung.

Goncourt, Edmond [Huot] de [frz. gõ'ku:r], * Nancy 26. Mai 1822, † Champrosay (= Draveil, Essonne) 16. Juli 1896, und sein Bruder Jules [Huot] de G., * Paris 17. Dez. 1830, † ebd. 20. Juni 1870, frz. Schriftsteller. - Schrieben und veröffentlichten ihre Werke meist gemeinsam, v. a. Studien über Kunst-, Gesellschafts- und Sittengeschichte des 18. Jh. sowie Romane, mit denen sie als Vorläufer des Naturalismus gelten, für den sie auch die ersten theoret. Grundlagen legten (Vorwort zu „Germinie Lacerteux. Der Roman eines Dienstmädchens", 1864). Die von E. de G. begr. Académie Goncourt vergibt jährl. den ↑Prix Goncourt. - *Weitere Werke:* Renée Mauperin (R., 1864), Manette Salomon (R., 1867), Madame Gervaisais (R., 1869).

Gond, Volk in Z-Indien, das in zahlr. Gruppen zerfällt, die kulturell auf verschiedenen Stufen stehen und in unterschiedl. Maße dem Hinduismus integriert sind. Ihre urspr. Sprache, das **Gondi,** gehört zu den drawid. Sprachen.

Gondar, Provinzhauptstadt nördlich des Tanasees, Äthiopien, 2222 m ü. d. M., 69 000 E. Hochschule für Öffentl. Gesundheit; Handelszentrum eines Kaffeeanbaugebiets; Herstellung von Leder- und Metallwaren. - G. wurde in der 1. Hälfte des 17. Jh. die Hauptstadt Äthiopiens (bis 1887). - Im Stadtzentrum liegen in einem ummauerten Bereich Paläste und Kirchen des 17. und 18. Jahrhunderts.

Gondel [venezian.-italien.], schmales, z. T. überdachtes venezian. Boot mit steilem, verziertem Vorder- und Achtersteven. - Abb. S. 296.

◆ Korb oder Kabine eines Ballons; Besatzungs- und Passagierraum eines Luftschiffs; Kabine einer Seilbahn; mit dem Rumpf oder den Tragflächen eines Flugzeugs verbundener Bauteil, der die Triebwerke o. ä. aufnimmt.

◆ von allen Seiten zugängl. Verkaufsstand in einem Kaufhaus.

Gondi ↑Gond.

Gondomar, Diego Sarmiente de Acuña, Graf von [span. gɔndo'mar], * Gondomar (Pontevedra) 1. Nov. 1567, † Casalarreina (im NW der Prov. Logroño) 2. Okt. 1626, span. Offizier und Diplomat. - Wies 1609 einen niederl. Flottenangriff auf Galicien ab. 1613–18 und 1620–24 Gesandter in London, der König Jakob I. stark in seinen Entscheidungen beeinflußte. G.s Intervention führte 1618 zur Hinrichtung von Sir Walter Raleigh.

Gondwana, histor. Landschaft in Z-Indien, vom 12.–18. Jh. von den Gond beherrscht.

Gondwanaflora, Steinkohlenflora des Gondwanalandes; v. a. holzige Gewächse mit kleinen, hartlaubigen, ganzrandigen, fiedernervigen Blättern.

Gondwanaland (Gondwania), bis ins Mesozoikum bestehender Kontinent der Südhalbkugel, umfaßte Südamerika, Afrika, Vorderindien, Australien und Antarktika.

Gonfaloniere [italien. gomfalo'njɛ:rə, eigtl. „Bannerträger, Schutzherr"], in Italien bis 1859 gebräuchl. Bez. für das Stadtoberhaupt; in den Provinzstädten des Kirchenstaates bis 1870. **Gonfaloniere della chiesa** [italien. 'della 'kjɛ:za „Bannerträger der Kirche"], ein von den Päpsten seit 1294 bis zum 17. Jh. verliehener Ehrentitel; **Gonfaloniere di compagnia** [italien. di kompaɲ'ɲi:a „Bannerträger der Bürgermiliz"], seit Mitte des 13. Jh. militär. Befehlshaber in den italien. Kommunen; **Gonfaloniere della giustizia** [italien. 'della dʒus'tittsja „Bannerträger der Gerechtigkeit"], im MA Amtsträger in den italien. Städten.

Gong [malai.-engl.], Schlaginstrument asiat. Herkunft, bestehend aus einer Bronzescheibe, die mit einem Filzschlegel angeschlagen wird. Die Schlagstelle in der Scheibenmitte ist entweder flach oder gebuckelt. Der Rand ist nach innen gebogen, bisweilen so weit, daß eine gefäßartige Form (Kesselgong) entsteht. In seiner Größe kann der G. von kleinen, meist auf eine feste Tonhöhe gestimmten Formen bis zum großen G. (↑Tamtam, bis 150 cm Durchmesser) mit unbestimmter Tonhöhe variieren. Der weit hallende Klang ist meist tief und dunkel, kann aber auch (wie beim chin. G.) helltönend sein. G. treten einzeln, paarweise, auch als Orchestergruppe (↑Gamelan) auf; sie werden vertikal aufgehängt oder ruhen waagerecht in einem Rahmen.

Gongola, rechter Nebenfluß des Benue, Nigeria, entspringt im Bautschiplateau, mündet bei Numan, etwa 600 km lang; Aug.–Sept. ab Nafada schiffbar.

Góngora y Argote, Luis de [span. 'gɔngora i ar'ɣote], * Córdoba 11. Juli 1561, † ebd. 23. Mai 1627, span. Dichter. - Studierte die Rechte und klass. Literatur; wurde Diakon, zog sich mit 50 Jahren aufs Land zurück, wo er seine Meisterwerke schrieb; 1617 empfing er die Priesterweihe und wurde Ehrenkaplan Philipps II. G. wandte sich nach seinen frühen volkstüml. Dichtungen der Romances und Letrillas um 1600 dem „estilo culto" zu, begründete den ↑Gongorismus. G. wurde Ende des 19. Jh. durch Rubén Darío wiederentdeckt und übte auf die span. Lyrik des 20. Jh. großen Einfluß aus. Neben seinen eleganten Sonetten sind v. a. die mytholog. Versdichtung „Die Fabel von Poliphem und Galatea" (entstanden 1612, erschienen 1627) und „Die Soledades..." (1613) als die Hauptwerke des Gongorismus zu nennen. G. erneuerte auch die Kunstromanze.

Gongorismus [span.] (Culteranismo, Cultismo, Estilo culto), eigenständige span. literar. Ausprägung des ↑Manierismus, genannt nach ihrem bedeutendsten Vertreter,

Venezianische Gondel

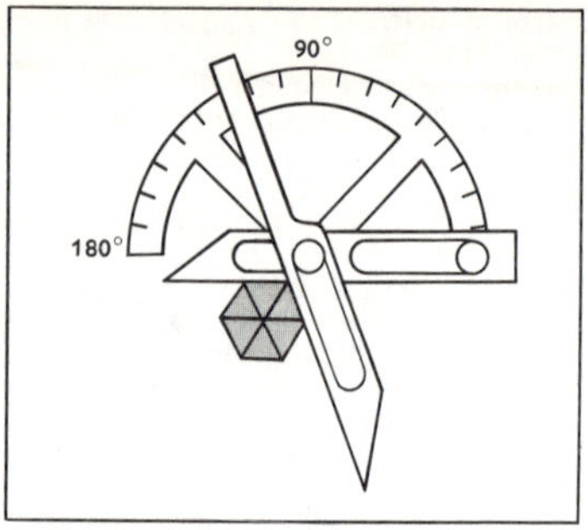

Anlegegoniometer

Luis de Góngora y Argote. Der G. ist gekennzeichnet durch eine gewollt schwierige, gedrängte und dunkle Sprache, durch Häufung von Latinismen, überraschenden metaphor. Gebrauch geläufiger Wörter, Nachahmung der freien Syntax der lat. Poesie, überreiche Anwendung rhetor. Figuren und mytholog. Anspielungen. Der G., der lange Zeit als allzu gekünstelt abgelehnt wurde, hat im 20. Jh. eine neue Wertschätzung erfahren.

Gonin, Jules [frz. gɔ'nɛ̃], * Lausanne 10. Juli 1870, † ebd. 11. Juni 1935, schweizer. Augenarzt. - Prof. in Lausanne; entwickelte den nach ihm ben. operativen Verschluß von Netzhautrissen durch Elektrokaustik in der Augenheilkunde.

Goniatiten [griech.], älteste, sehr primitive Ammoniten des Unterkarbons.

Goniometer [griech. „Winkelmesser"], Gerät zur Bestimmung des Neigungswinkels zweier Ebenen (z. B. zweier Prismen- oder Kristallflächen). Das *Anlege-* oder *Kontakt-G.* besteht aus zwei um eine gemeinsame Achse drehbaren Linealen; der von ihnen eingeschlossene Winkel läßt sich an einer Winkelskala ablesen. Die Wirkungsweise der für kristallograph. Präzisionsmessungen verwendeten *Reflexions-G.* beruht auf der Reflexion von Lichtstrahlen an den zu messenden Flächen.

Goniometrie [griech.], allg. svw. Winkelmessung, speziell das Teilgebiet der ↑Trigonometrie, das sich mit den Eigenschaften und gegenseitigen Beziehungen der goniometr. Funktionen (↑trigonometrische Funktionen) befaßt.

goniometrische Gleichungen, Gleichungen, bei denen die Variablen oder Unbekannten im Argument von ↑trigonometrischen Funktionen auftreten; Beispiel:

$$\sin 3x + \cos x^2 = 0.$$

Gonokokken [griech.], Bez. für Bakterien der Art Neisseria gonorrhoeae, Erreger des ↑Trippers.

Gonorrhö [griech.], svw. ↑Tripper.

Gontard, Carl von, * Mannheim 13. Jan. 1731, † Breslau 23. Sept. 1791, dt. Baumeister. - Vertreter eines spätbarocken Klassizismus. Schuf die südl. Erweiterungstrakte des Neuen Schlosses (1757–64) in Bayreuth, seit 1765 Oberleitung am Bau des Neuen Palais in Potsdam, 1771–78 Militärwaisenhaus und 1787–91 Marmorpalais ebd.

G., Susette, * Hamburg 9. Febr. 1769, † Frankfurt am Main 22. Juni 1802. - Gattin (seit 1786) des Frankfurter Bankiers Jakob Friedrich G., in dessen Haus Hölderlin 1796 bis 1798 die Hofmeisterstelle innehatte; Hölderlin nannte sie in seinen Gedichten „Diotima".

Gontscharow, Iwan Alexandrowitsch [russ. gɐntʃɪ'rɔf], * Simbirsk 18. Juni 1812, † Petersburg 27. Sept. 1891, russ. Schriftsteller. - Entstammte einer reichen Kaufmannsfamilie und schlug die Beamtenlaufbahn ein. Seine drei Romane, Hauptwerke des russ. Realismus, sind vom gleichen Grundthema, der maßlosen Langeweile bestimmt. Den Auftakt bildet „Eine alltägl. Geschichte" (1847). Der Titelheld von „Oblomow" (1859) ist ohne jede Aktivität und verliert schließl. die Verbindung zu seinen Mitmenschen. „Die Schlucht" (1869) nähert sich dem Nihilismus.

Gontscharowa, Natalija Sergejewna [russ. gɐntʃɪ'rɔvɐ], * Ladyschkino (Gouv. Tula) 16. Juni 1881, † Paris 17. Okt. 1962, russ. Malerin und Bühnenbildnerin. - Entwickelte mit ihrem Mann M. Larionoff den „Rayonnismus"; seit 1914 in Paris, entwarf sie für Diaghilews „Ballets Russes" Bühnenbilder und Kostüme.

Gonzaga [italien. gon'dza:ga], italien. Fürstengeschlecht, benannt nach der Burg G. bei Mantua, dort seit dem 12. Jh. urkundl. nachweisbar. 1328 gewann *Luigi I.* (* 1278, † 1360) Mantua, 1329 wurde er von Kaiser Ludwig IV., dem Bayern, mit dem Reichsvikariat über Mantua belehnt, wo die G. als Residenz den Palazzo Ducale errichteten. Von den Kaisern des Hl. Röm. Reiches 1362 zu Grafen, 1433 zu Markgrafen, 1530 zu Hzg. von Mantua ernannt, wurde den G. 1536 von Karl V. auch die Markgrafschaft Montferrat zugesprochen. Damit erreichten sie den Höhepunkt ihrer polit. Bedeutung, gleichzeitig unter *Francesco II.* (* 1466, † 1519), der mit Isabella d' ↑Este verheiratet war, auch ihre künstler. Glanzzeit (Palazzo del Te). *Ferrante* (* 1507, † 1557), Graf von Guastalla, der sich als Feldherr Karls V. hervortat, wurde vom Kaiser zum Vizekönig von Sizilien (1536–46) und zum Gouverneur von Mailand (1546–55) ernannt. Das Aussterben der Hauptlinie im Mannesstamm mit *Vincenzo III.* (1627) löste den ↑Mantuanischen Erbfolgekrieg aus.

Gonzaga, Aloisius von [italien. gon'dza:ga] ↑Aloisius von Gonzaga.

Gonzáles Videla, Gabriel [span. gɔn'salez βi'ðela], * La Serena 23. Nov. 1898, † Santiago de Chile 22. Aug. 1980, chilen. Jurist und Politiker. - Seit 1930 Abg., seit 1932 Vors. der Radikalen Partei; ab 1936 Botschafter in Paris, Rio de Janeiro und Lissabon; Staatspräs. 1946–52.

González, Julio [span. gɔn'θalɛθ], * Barcelona 21. Sept. 1876, † Arcueil bei Paris 27. März 1942, frz. Eisenplastiker span. Herkunft. - Lebte seit 1900 in Paris. Der figürl. Ansatz seiner Kompositionen geht in freie plast. Erfindungen über.

González Bravo, Luis [span. gɔn'θalɛð 'βraβo], * Cádiz 8. Aug. 1811, † Biarritz 1. Sept. 1871, span. Politiker. - 1843/44 und 1868 Min.präs. sowie Innenmin. (1864/65, 1866–68); entwickelte sich vom radikalen über den gemäßigten Liberalismus nach der Revolution von 1868 zum Anhänger der Karlisten.

Gonzáles Marquez, Felipe [span. gɔn'θalɛθ 'markes], * Sevilla 5. März 1942, span. Politiker. - Rechtsanwalt; ab 1964 Mgl. der Partido Socialista Obrero Español (PSOE), seit 1974 deren Generalsekretär; bei den Parlamentswahlen im Okt. 1982 gewann die PSOE die absolute Mehrheit, G. M. wurde im Dez. 1982 Min.präsident.

González Prada, Manuel [span. gɔn'sales 'praða], * Lima 6. Jan. 1848, † ebd. 22. Juli 1918, peruan. Schriftsteller. - Antitraditioneller und antiromant. Lyriker, Kritiker und Essayist.

Goodman, Benny [engl. 'gʊdmən], eigtl. Benjamin David G., * Chicago 30. Mai 1909, † New York 13. Juni 1986, amerikan. Jazzmusiker (Klarinettist und Orchesterleiter). - Wirkte ab 1926 in verschiedenen Gruppen des Chicago- und Swingstils und gründete 1934 eine Bigband, die zum erfolgreichsten Orchester der USA wurde. Hervorragender Klarinettist (auch klass. Musik); Autobiographie „Mein Weg zum Jazz" (1939).

Goodwill [engl. 'gʊdwɪl, eigtl. „Wohlwollen"], allg.: Ansehen, guter Ruf, worum in der Öffentlichkeit [mit publizist. Mitteln] geworben wird; Wohlwollen, freundl. Gesinnung. In *Recht* und *Wirtschaft* der über den Substanzwert [der vorhandenen Sachgüter und Rechte] hinausgehende [Mehr]wert eines Unternehmens oder einer freiberufl. Praxis (Geschäftswert, Firmenwert). Er beruht auf ungegenständl. Beziehungen und Verhältnissen, wie Lage, Organisation, Kundenstamm, Ruf und Erfolgsaussichten.

Goodyear, Charles [Nelson] [engl. 'gʊdjə:], * New Haven (Conn.) 29. Dez. 1800, † New York 1. Juli 1860, amerikan. Chemiker und Techniker. - Erfand 1839 die Kautschukvulkanisation, 1852 den Hartgummi.

Goodyear Tire & Rubber Co., The [engl. ðə 'gʊdjə: 'taɪə ənd 'rʌbə 'kʌmpənɪ], größtes Unternehmen der Welt auf dem Gebiet der Reifen- und Gummiproduktion; Sitz Akron (Ohio); gegr. 1844; Entwicklung und Vertrieb von Gummi- und gummiähnl. Produkten für alle Bereiche der Wirtschaft.

Goole [engl. gu:l], engl. Hafenstadt am Ouse, Gft. Humberside, 17 100 E. Endpunkt mehrerer Binnenschiffahrtsstraßen; Bau von Trawlern, Schleppdampfern und Landmaschinen.

Goossens, Sir (seit 1955) Eugène [engl. gu:snz], * London 26. Mai 1893, † ebd. 13. Juni 1962, engl. Dirigent und Komponist belg. Herkunft. - Seine Kompositionen (die Opern „Judith", 1929, und „Don Juan de Mañara", 1937, Bühnenmusiken, Orchester-, Kammer- und Klavierwerke, Lieder) sind dem frz. Impressionismus verpflichtet.

Göpel, durch tier. oder menschl. Muskelkraft bewegte große Drehvorrichtung („Tretmühle") zum Antrieb von Arbeitsmaschinen (Dreschmaschinen, Wasserpumpen usw.).

Goppel, Alfons, * Regensburg 1. Okt. 1905, dt. Jurist und Politiker. - 1930–33 Mgl. der BVP, seit 1945 der CSU; seit 1954 MdL in Bayern; seit 1958 Innenmin.; 1962–78 bayr. Min.präs.; seit 1979 Mgl. des Europ. Parlaments.

Göppingen, Krst. im nw. Vorland der Schwäb. Alb, Bad.-Württ., 323 m ü. d. M., 52 100 E. Museum (u. a. Fossilien); Zentrum des drittgrößten Ind.gebiets SW-Deutschlands mit metallverarbeitender-, Textil-, Spielwaren-, Holz- und Kunststoffind. - G. entstand um 1130, erhielt um die Mitte des 12. Jh. Stadtrecht und fiel 1319 an Württemberg. - Stadtpfarrkirche (1618; im 18. Jh. und 1910 erneuert), spätgot. Oberhofenkirche (1436 ff.), Schloß (1554–59).

G., Landkr. in Bad.-Württ.

Gora, in slaw. Sprachen die Bez. für Berg und Gebirge.

Gorakhpur, ind. Stadt in der nördl. Gangesebene, Uttar Pradesh, 78 m ü. d. M., 289 300 E. Univ. (gegr. 1957) mit zahlr. Colleges. U. a. Textil- und Papierherstellung, Druckereien, Chemie- und Farbind.

Goral [Sanskrit] ↑Waldziegenantilopen.

Goralen, im poln. Teil der Beskiden lebende Bergbauern, die ihr traditionelles Brauchtum bewahrt haben.

Göran [schwed. ˌjœ:ran], schwed. Form des männl. Vornamens Jürgen.

Gorbach, Alfons, * Imst (Tirol) 2. Sept. 1898, † Graz 31. Juli 1972, östr. Jurist und Politiker. - 1933–38 Landesführer der Vaterländ. Front in der Steiermark; 1938–42 und 1944/45 in KZ-Haft; seit 1945 Nationalrat, 1961–64 Bundeskanzler.

Gorbatschow, Michail Sergejewitsch, * Priwolnoje (Region Stawropol) 2. März 1931, sowjet. Politiker. Seit 1952 Mitglied der KPdSU; seit 1970 Mitglied des Obersten Sowjets, seit 1978 Sekretär des ZK der KPdSU, 1979/80 Kandidat, seit Okt. 1980 Mitglied des Politbüros, seit April 1984 Vors. des außenpolit. Ausschusses des Obersten Sowjets. Seit 11. März 1985 Generalsekretär der KPdSU, Okt. 1988–März 1990 Vors. des Präsidiums des Obersten Sowjet (Staatsoberhaupt), seitdem gewählter Staatspräsident.

Gorch Fock, Name von 2 dt. Kriegsmarine-Segelschulschiffen (Dreimastbarken): 1. Stapellauf 1933, 1 354 tons Wasserverdrängung; 2. Stapellauf 1958, 1 700 tons Wasserverdrängung.

Gordan, Paul [Albert], * Breslau 29. April 1837, † Erlangen 21. Dez. 1912, dt. Mathematiker. - Prof. in Gießen und Erlangen; bedeutende Arbeiten zur Theorie der Abelschen Funktionen und zur Invariantentheorie.

Gordian (Gordianus), Name röm. Kaiser:
G. I. (Marcus Antonius Gordianus Sempronianus), * etwa 159, † März 238, Kaiser (seit Febr. 238). - Konsul 223; wurde als Statthalter der Provinz Africa zum Gegenkaiser gegen Maximinus Thrax ausgerufen und ernannte einen gleichnamigen Sohn **Gordian II.** (* wohl 191) zum Mitregenten. Obwohl vom Senat anerkannt, beging er nach seiner Niederlage durch den loyalen Statthalter von Numidia, Cappellianus, und dem Tod G. II. Selbstmord.
G. III. (Marcus Antonius Gordianus), * 225, † bei Dura (Mesopotamien) im Frühjahr 244, Kaiser (seit 238). - Neffe von G. II., konnte in einem erfolgreichen Persienkrieg ab 242 (Schlacht bei Resaina, 243 Siege bei Carrhae und Nisibis) Mesopotamien zurückerobern, wurde jedoch, wohl auf Betreiben des späteren Kaisers Philippus Arabs, ermordet.

Gordimer, Nadine [engl. 'gɔ:dɪmə], * Springs (Transvaal) 20. Nov. 1923, südafrikan. Schriftstellerin. - Schildert in psycholog. Kurzgeschichten und Romanen (in engl. Sprache) meist südafrikan. Milieu und dessen Spannungen; u. a. „Der Besitzer" (1974). Schrieb auch „Eine Stadt der Toten, eine Stadt der Lebenden" (En., 1982).

Gordion, antike Stadt im nw. Inneranatolien, Hauptstadt des Phrygerreiches, Ausgrabungsstätte wnw. von Polatlı, Türkei. Die reiche Stadt (v. a. 8.–6. Jh.) wurde 333 v. Chr. durch Alexander d. Gr. erobert, 189 v. Chr. durch Galater zerstört.

Gordios, Name mehrerer phryg. Herrscher (vor dem 5. Jh. v. Chr.). Der myth. Begründer der Dynastie wurde anläßl. eines Zwistes unter den Phrygern zum König gewählt und galt als Erbauer von Gordion und als Vater des Midas; er soll den Gordischen Knoten geknüpft haben.

Gordischer Knoten, kunstvolle Verknotung von Stricken am Wagen des sagenhaften phryg. Königs Gordios, in der Königsburg oder im Tempel von ↑ Gordion aufbewahrt. Für die Umwohner von religiöser Bedeutung, wurde die verschieden berichtete Lösung des Knotens durch Alexander den Großen (Frühjahr 333) als Orakel für dessen künftige Herrschaft über Asien ausgelegt.

Gordon [engl. gɔ:dn], schott. Familie, schon im 13. Jh. nachgewiesen. Seit 1682 im Besitz des Adelstitels der Earls of ↑ Aberdeen:
G., George Hamilton ↑ Aberdeen, George Hamilton, Earl of.
G., Lord George, * London 26. Dez. 1751, † ebd. 1. Nov. 1793, brit. Politiker. - 1774 Mgl. des Unterhauses; fanat. Gegner der Katholiken; organisierte 1780, um das Parlament zur Aufhebung des Toleranzgesetzes von 1778 zu zwingen, in London einen blutigen Aufstand (**Gordon riots**); mußte England verlassen
G., John (Johann), † um 1649, kaiserl. Oberst. - Diente im Heer Wallensteins; neben Leslie Kommandant von Eger, ließ sich von W. Graf Butler zur Teilnahme an der Ermordung Wallensteins (24. Febr. 1634) überreden.
G., Patrick, * in Aberdeenshire 31. März 1635, † Moskau 9. Dez. 1699, russ. General (seit 1678). - Seit 1661 in russ. Diensten; bed. Verdienste in Kämpfen gegen Krimtataren (1687–89) und Türken; Berater Zar Peters I., der ihn mit der Reorganisierung des russ. Heeres nach westl. Vorbild beauftragte; an der Niederschlagung des Strelitzenaufstandes (1697) beteiligt.

Gordon, Charles George (Gordon Pascha) [engl. gɔ:dn], * Woolwich 28. Jan. 1833, † Khartum 26. Jan. 1885, brit. General. - Diente 1855/56 auf der Krim, 1860 in China; 1863 in chin. (Unterdrückung des Taipingaufstandes), 1873–79 in ägypt. Diensten (unterwarf die Äquatorialprovinzen, 1877 Gouverneur dieser Provinzen und des Sudans); nach weiteren Kommandos und Reisen 1884 zur Bekämpfung der Bewegung des Al ↑ Mahdi in den Sudan entsandt, nach 10monatiger Verteidigung von Khartum bei dessen Einnahme ermordet.
G., Jehuda Leib [ˊ– –], * Wilna 7. Dez. 1830, † Petersburg 16. Sept. 1892, hebr. Schriftsteller. - Führender Vertreter der russ.-jüd. Aufklärung (↑ Haskala); bediente sich des Hebräischen, das er im Ggs. zum Jidd. als jüd. Nationalsprache betrachtete.
G., Walter [ˊ– –], * Apolda 3. Aug. 1893, † Stockholm 24. Dez. 1939, dt. Physiker. - Prof. in Hamburg, nach seiner Emigration

(1933) in Stockholm. G. formulierte 1926 eine relativist. Verallgemeinerung der Schrödinger-Gleichung für kräftefreie Teilchen mit nichtverschwindender Ruhemasse und dem Spin Null und leitete 1928, unabhängig von C. G. Darwin, die Sommerfeldsche Feinstrukturformel (↑Feinstruktur) aus der ↑Dirac-Gleichung ab.

Gordon-Bennett-Preis ↑Bennett, James Gordon.

Gordon Setter [engl. 'gɔ:dn] ↑Setter.

Gordon Walker, Patrick [Chrestien] [engl. 'gɔ:dn 'wɔ:kə], Baron of Leyton in Greater London (seit 1974), * Worthing (Sussex) 7. April 1907, † London 2. Dez. 1980, brit. Historiker, Publizist und Politiker. - Lehrte 1931–40 Geschichte in Oxford; 1940–45 leitende Stellung beim Rundfunk; 1945–64 und 1966–74 Unterhausabg. (Labour Party); 1950/51 Min. für Commonwealthangelegenheiten, 1964/65 Außenmin., 1967 Min. ohne Geschäftsbereich, 1967/68 Min. für Erziehung und Wissenschaft.

Górecki, Henryk [Mikołaj] [poln. gu'rɛtski], * Czernica bei Rybnik 6. Dez. 1933, poln. Komponist. - Einer der wichtigsten Vertreter der poln. Avantgarde (hpts. Orchester- und Kammermusikwerke).

Göreme, Plateau in Inneranatolien, 1 400 bis 1 500 m ü. d. M., mit unzähligen, aus vulkan. Tuff herauspräparierten Erdpyramiden, in denen Wohnungen, Kirchen und Klöster angelegt worden sind. Die vom 7.–14. Jh. angelegten Höhlenkirchen sind v. a. wegen ihrer Fresken kunstgeschichtl. bedeutend.

Goretta, Claude, * Genf 23. Juni 1929, schweizer. Filmregisseur. - Vom engl. Free Cinema und vom Neorealismus beeinflußt; bed. Vertreter des jungen Films, u. a. mit „Die Spitzenklöpplerin“ (1977), „Die Verweigerung“ (1981), „Orfeo“ (1985).

Goretti, Maria, hl., * Corinaldo (Prov. Ancona) 16. Okt. 1890, † Nettuno 6. Juli 1902, italien. Bauernmädchen. - Von einem Sittlichkeitsverbrecher ermordet; als Märtyrerin der Jungfräulichkeit verehrt. - Fest: 6. Juli.

Gorey, Edward [engl. 'go:ri], * Chicago 22. Febr. 1925, amerikan. Cartoonist und Literat. - Sanfte, vergiftete Zeichnungen, u. a. in „Esquire“, „Evergreen Review“, „Playboy“, auch Bücher, z. T. mit eigenen Texten. - *Werke:* Der zweifelhafte Gast. Elf merkwürdige Bildergeschichten (1957), An omnious gathering (1971), Category/Katergory (1973).

Gorgan, Stadt 40 km östl. der SO-Spitze des Kasp. Meeres, Iran, 88 000 E. Forstwiss. Hochschule; Verwaltungs- und Handelszentrum eines Agrargebiets; Eisenbahnendpunkt. - G. war bis 1938 Hauptstadt der ehem. Prov. Gorgan.

Görges, Hans (eigtl. Johannes) [Friedrich Heinrich], * Lüneburg 21. Sept. 1859, † Aue 7. Okt. 1946, dt. Physiker und Elektrotechniker. - Ab 1901 an der TH Dresden als einer der ersten Professoren für Elektrotechnik; konstruierte u. a. den Reihenschluß-Kollektormotor für Drehstrom.

Görgey, Artúr [ungar. 'gørgɛi] (Artur G. von Görgö und Toporcz), * Toporec (Zips) 30. Jan. 1818, † Visegrád 21. Mai 1916, ungar. General. - Führend an der Organisation der ungar. Revolutionsarmee beteiligt und zuletzt deren Oberbefehlshaber, 1849 zeitweilig Kriegsmin. Einnahme von Ofen im Frühjahr 1849. Von Kossuth gefördert, lehnte G. dessen radikale Politik jedoch ab und kapitulierte, ohne eine Entscheidungsschlacht gegen die östr. und russ. Truppen zu führen, am 13. Aug. 1849 bei Világos; von Zar Nikolaus I. begnadigt; 1867 nach Ungarn entlassen.

Gorgias von Leontinoi, * Leontinoi (= Lentini, Sizilien) um 485, † Larisa (Thessalien) um 380, griech. Rhetor und Philosoph. - Neben Protagoras der wichtigste Vertreter der Sophistik; seit 427 Gesandter in Athen; später att. Wanderphilosoph. Das Wissen um die überzeugende und verführer. Macht des Wortes bestimmt G.' z. T. erhaltene Schrift „Über das Nichtseiende ...“, mit den Thesen: 1. nichts ist; 2. wenn etwas wäre, wäre es nicht erkennbar; 3. wenn es erkennbar wäre, wäre es nicht mitteilbar. Platon benannte nach G. einen seiner Dialoge.

Gorgonen, Fabelwesen der griech. Mythologie; nach Hesiod die drei Schwestern Stheno, Euryale und die sterbl. Medusa; geflügelte, grauenerregende Wesen mit Schlangenhaaren und dem versteinernden Blick, die am W-Rand der Erde wohnen und von ihren älteren Schwestern Pephredo, Enyo und Deino (den **Graien**) behütet werden. Mythos und

Gorgonen. Caravaggio, Das Haupt der Gorgo Medusa (um 1595). Florenz, Uffizien

bildner. Darstellungen konzentrieren sich auf die Gorgo Medusa, eine frühe Darstellung findet sich am Westgiebel des Artemistempels in Kerkira (um 590/80; Museum). Ihr Haupt (**Gorgoneion**) wird in der griech. und röm. Kunst als Emblem vielfach verwendet und lebt in der roman. Kunst des MA als Fratze fort. Das Motiv wird wieder aufgegriffen seit der Renaissance, berühmt das Bronzestandbild des Perseus als Besieger der Medusa von B. Cellini (1545–54; Florenz, Loggia dei Lanzi).

Gorgonzọla [nach dem gleichnam. Ort östl. von Mailand], halbfetter, pikanter italien. Blauschimmelkäse.

Gọri, sowjet. Stadt 65 km nw. von Tiflis, Grusin. SSR, 54000 E. PH, Landw.technikum; histor.-ethnograph. und Stalin-Museum; Theater; Baumwollkombinat, Apparatebau, Nahrungsmittelind. - Die Festung Tontio war schon im 7. Jh. bekannt. Nach dem Anschluß Georgiens an Rußland wurde G. Krst. Geburtsort Stalins.

Gorịlla [engl.; zu westafrikan.-griech. gorillai, eigtl. „behaarte Weiber in Afrika"] (Gorilla gorilla), sehr kräftiger, muskulöser, in normaler Haltung aufrecht stehend etwa 1,25 bis 1,75 m hoher Menschenaffe in den Wäldern Äquatorialafrikas; Gesicht nackt, schwarz, mit relativ stark vorspringender Schnauze, wulstiger Nase und starken Brauenwülsten über den relativ kleinen Augen; Beine kurz, Arme stark entwickelt, Hände sehr breit mit relativ kurzen Fingern; Fell dicht, braunschwarz bis schwarz oder grauschwarz, manchmal mit rotbrauner Kopfplatte; alte ♂♂ mit auffallend silbergrauer Rükkenbehaarung *(Silberrückenmann)*.
Der pflanzenfressende G. lebt in kleinen Gruppen. Etwa alle vier Jahre wird nach durchschnittl. neunmonatiger Tragezeit ein Junges zur Welt gebracht. Die Geschlechtsreife tritt bei ♀♀ mit etwa 6–7, bei ♂♂ mit etwa 9–10 Jahren ein. G. erreichen ein Alter von etwa 30 Jahren. Man unterscheidet zwei Unterarten: **Flachlandgorilla** (*West-G.*, *Küsten-G.*, Gorilla gorilla gorilla) nur noch in Kamerun, Äquatorialguinea, Gabun, Kongo (Volksrep.); mit kurzer Behaarung; **Berggorilla** (*Ost-G.*, Gorilla gorilla beringei) in Z-Afrika von O-Zaïre bis W-Uganda, v. a. im Gebirge; Fell sehr lang und dunkel.

Gorinchem [niederl. 'xɔrkəm], niederl. Stadt am rechten Ufer der Waal, 28000 E. Rinder- und Pferdemarkt; Nahrungs- und Genußmittel-, Papier- und Druckereiind., Schiffbau. - Entstand im 13. Jh. - Befestigungsanlagen (16. Jh.), Kirche (19. Jh.) mit 60 m hohem spätgot. Glockenturm.

Gọ̈ring, Hermann, * Rosenheim 12. Jan. 1893, † Nürnberg 15. Okt. 1946 (Selbstmord), dt. Politiker (NSDAP) und Reichsmarschall. - 1918 Kommandeur des Jagdgeschwaders Richthofen; schloß sich Ende 1922 der NSDAP an und übernahm die Führung der SA. Trotz schwerer Verwundung beim Hitlerputsch 1923 gelang ihm die Flucht nach Österreich; lebte bis 1926 in Italien und Schweden. MdR ab 1928, Reichstagspräs. ab 1932, seit 1930 polit. Beauftragter Hitlers in Berlin; 1933 Reichsmin. ohne Geschäftsbereich, Reichskommissar für Luftfahrt und für das preuß. Innenministerium, am 11. April 1933 zum preuß. Min.präs. ernannt, bis 1. Mai 1934 zugleich preuß. Innenmin. Seine preuß. Machtbasis nutzte G. zur rücksichtslosen Gleichschaltung aus, v. a. nach dem Reichstagsbrand (eine Mitverantwortung von G. ist umstritten). Seit dem 5. Mai 1933 auch Reichsluftfahrtmin., als der er die Luftwaffe (seit 1. März 1935 deren Oberbefehlshaber) aufbaute. Seit 1934 Reichsforst- und Reichsjägermeister, 1936 zunächst Rohstoff- und Devisenkommissar, dann als Beauftragter für den Vierjahresplan verantwortl. für die wirtsch. Seite der Wiederaufrüstung; ab 1936 Generaloberst, ab 1938 Generalfeldmarschall; am 20. Aug. 1939 von Hitler zum Vors. des Reichsverteidigungsrats berufen, am 1. Sept. 1939 zu seinem Nachfolger bestimmt; am 19. Juli 1940 zum Reichsmarschall ernannt. Nach dem Versuch, Ende April 1945 von Berchtesgaden aus die Führung der Staatsgeschäfte zu übernehmen, vorübergehend verhaftet, geriet dann in amerikan. Gefangenschaft. - Trotz seines schwankenden Einflusses in der Partei war G. einer der Hauptverantwortlichen für den Einsatz ausländ. Arbeitskräfte zur Zwangsarbeit und für die Maßnahmen zur Vernichtung der Juden. Beging nach der Verurteilung zum Tod durch den Strang in den Nürnberger Prozessen Selbstmord.

Gorizia [italien. go'rittsi̯a] (dt. Görz), italien. Stadt an der jugoslaw. Grenze, Friaul-Julisch-Venetien, 86 m ü. d. M., 41500 E. Hauptstadt der Prov. G.; Erzbischofssitz; Museum, Bibliotheken; Wirtschaftszentrum mit Textil-, Papier- und Möbelind., Fremdenverkehr. - Im 13. Jh. Mittelpunkt der Gft., später gefürsteten Gft. Görz; G. erhielt 1307/1455 Stadtrecht und fiel 1500 an die Habsburger. 1919 kam es an Italien, 1947 wurden die östl. Außenbezirke Jugoslawien zugesprochen (↑ Nova Gorica). - Eine Befestigungsanlage (16.–18. Jh.) mit einem einzigen Tor umschließt die Burg und die obere Altstadt; der älteste Teil der Burg ist der Palas (12./13. Jh.). Got. Kirche Santo Spirito (1414 ff.); ehem. Wohn- und Postgebäude des Simon de Taxis (um 1562). In der unteren Stadt liegt der Dom (14./15. Jh., im 17. Jh. umgestaltet) mit barocker Ausstattung und bed. Domschatz.

Gọrki, Maxim, eigtl. Alexei Maximowitsch Peschkow, * Nischni Nowgorod 28. März 1868, † Moskau 18. Juni 1936, russ.-sowjet. Schriftsteller. - Gelegenheitsarbeiter auf Wanderschaft. Wurde mit naturalist., mit romant. Zügen versehenen Schilderungen des Landstreicherlebens bekannt (1898 und 1899). Zunehmend polit. Tendenz (1905 lernte G. Lenin kennen). 1906 Amerikareise, dann jahrelang in W-Europa (bis 1913, 1921–28). Krit.-bejahendes Bekenntnis zum Bolschewismus; zählt zu den Mitbegr. des sozialist. Realismus. Schildert neben gescheiterten Existenzen bürgerl. und proletar. revolutionäre Figuren. Seinem Werk haften Kompositionsschwächen an. Bed. v.a. das Schauspiel „Nachtasyl" (1902), die Erzählwerke „Verlorene Leute" (E., 1897), „Foma Gordejew" (R., 1899), „Die Mutter" (R., 1907), die autobiograph. Werke „Meine Kindheit" (1913), „Unter fremden Menschen" (1914), „Meine Universitäten" (1923) und seine „Erinnerungen an Lew Nikolajewitsch Tolstoi" (1919).

Gorki [nach M. Gorki] (bis 1932 Nischni Nowgorod), sowjet. Gebietshauptstadt in der RSFSR, an der Mündung der Oka in die Wolga, 1,4 Mill. E. Univ. (1918 gegr.), 9 Hochschulen; Museen (u.a. Gorki-Museum); 5 Theater. G. gehört zu den wichtigsten Ind.-städten der UdSSR: Werft, Autowerk, Maschinenbau, Erdölraffinerie, Glaswerk, Nahrungsmittel- u.a. Ind.; bed. Hafen, Bahn- und Straßenknotenpunkt, ✈. - 1221 gegr.; die Teilung des Ft. Susdal (1350) gab G. den Rang einer Hauptstadt. 1500–19 Errichtung eines Kreml (2 km lange Mauern mit Türmen). Mitte des 17. Jh. Gründung eines bed. Klosters und mehrerer Kirchen.

Gorkier Stausee, Stausee der oberen Wolga, 35 km nw. von Gorki, RSFSR, 1 590 km², Kraftwerk.

Gorky, Arshile [engl. 'gɔ:kɪ], armen. Vosdanig Adoian, * 25. Okt. 1905, † Sherman (Conn.) 21. Aug. 1948 (Selbstmord), amerikan. Maler armen. Herkunft. - Mit seiner vegetabil. bestimmten abstrakten Malerei bed. Wirkung auf das Action painting (↑ abstrakter Expressionismus) in den USA.

Gorleben, Gemeinde im Landkreis Lüchow-Dannenberg, Niedersachsen, BR Deutschland, am linken Ufer der Elbe, 643 E (1985). - Auf dem Gebiet der Gemeinde war die Errichtung des nuklearen Entsorgungszentrums der BR Deutschland geplant, doch wurde die Genehmigung für eine Wiederaufbereitungsanlage 1979 von der niedersächs. Landesregierung verweigert.

Görlitz, Stadt in der östl. Oberlausitz, Bez. Dresden, DDR, 210 m ü. d. M., 79 600 E. Verwaltungssitz des Kr. G., Sitz eines ev. Bischofs und eines Apostol. Administrators; Ingenieurschule für Maschinenbau, Theater; Textilind., Maschinen- und Fahrzeugbau, opt., feinmechan. u.a. Ind. - Die 1071 erwähnte, auf altwend. Zeit zurückgehende **villa Goreliz** lag in der späteren Oberlausitz, wie diese wechselnd unter meißn., poln. und (meist) böhm. Herrschaft. Zw. 1210/20 wurde die Stadt G. gegr.; 1329–1635/48 gehörte G. zu Böhmen, danach zu Kursachsen; 1815 zu Preußen. - Spätgot. Kirchen, u.a. Sankt Peter und Paul (1423–97), Frauenkirche (1449–86), Renaissancerathaus (16. Jh.), Bürgerhäuser des 16.–18. Jh.; mehrere Tore der ma. Befestigung.

G., Landkr. im Bez. Dresden, DDR.

G. (poln. Zgorzelec), Krst. am rechten Ufer der Lausitzer Neiße, Polen▼, 200 m ü. d. M., 30 000 E. Waggonbau, Lederind., Abbau von Braunkohle. - G. umfaßt die östl. der Neiße gelegenen Stadtteile von Görlitz.

G., Apostol. Administratur (seit 1972) für den westl. der Oder-Neiße-Linie liegenden Teil des Erzbistums Breslau.

Görlitzer Abkommen, Grenzvertrag vom 6. Juli 1950 zw. der DDR und Polen, der die Oder-Neiße-Linie als „unantastbare Friedens- und Freundschaftsgrenze" bestätigte.

Görlitzer Neiße ↑ Lausitzer Neiße.

Görlitzer Programm, Parteiprogramm der SPD von 1921, ↑ Sozialdemokratie.

Gorlowka, sowjet. Stadt im Donbass, Ukrain. SSR, 341 000 E. Bergbautechnikum, PH, histor. Museum, Gemäldegalerie; Kohlenbergbau; Herstellung von Grubenausrüstungen, Alabasterkombinat, chem. u.a. Ind. - G. entstand 1867 in Verbindung mit dem Bau mehrerer Schachtanlagen und wurde 1932 Stadt.

Gorm der Alte, * um 860, † um 940, dän. König. - Errang um 920 in Dänemark die Alleinherrschaft. Unter G. begann ein neuer Ansatz zur Missionierung Dänemarks.

Gornergletscher, 14,1 km langer alpiner Gletscher auf der N-Seite der Monte-Rosa-Gruppe, Schweiz. Der am N-Rand des G. gelegene **Gornergrat** (3 089 m ü. d. M.) ist von Zermatt aus mit einer Zahnradbahn (1898 erbaut) erreichbar.

Gorno-Altaisk, Hauptstadt des Autonomen Gebietes Hochaltai innerhalb der sowjet. Region Altai, RSFSR, 34 400 E. PH, zwei Technika, Forschungsinst. für Geschichte, altaische Sprache und Literatur; Elektrogeräte-, Textil- und Fleischkombinat. - Seit 1928 Stadt.

Górny Śląsk [poln. 'gurnɨ 'ɕlɔ̃sk], poln. Bez. für ↑ Oberschlesien.

Gorontalo, Stadt an der S-Küste der nördl. Halbinsel von Celebes, Indonesien, 97 600 E. Zweig der islam. Univ. von Yogyakarta, Hafen (für Seeschiffe Reede).

Görres, Ida Friederike, * Ronsperg (= Poběžovice, Westböhm. Gebiet) 2. Dez. 1901, † Frankfurt am Main 15. Mai 1971, östr.-dt. Schriftstellerin. - Schwester von R. N. Graf Coudenhove-Kalergi; um eine innere Erneuerung des Katholizismus bemühte geistl. Gedichte, Heiligenleben, Spiele und Jugendbücher.

G., [Johann] Joseph von, * Koblenz 25. Jan.

1776, † München 29. Jan. 1848, dt. Publizist und Gelehrter. - 1806–08 Privatdozent in Heidelberg, wo er an der romant. „Zeitung für Einsiedler“ mitarbeitete und die Abhandlung „Die teutschen Volksbücher“ (1807) schrieb. Als Gegner Napoleons I. 1814–16 Hg. des „Rhein. Merkur“, der wegen Einsatzes für freiheitl. Verf. in einem geeinten Deutschland unter östr. Führung verboten wurde. 1817 Hg. der „Altteutschen Volks- und Meisterlieder“, 1819 Flucht wegen seiner Schrift „Teutschland und die Revolution“. 1827 wurde er Prof. für Geschichte in München, wo er Mittelpunkt eines bed. Kreises kath. Gelehrter war, u. a. Gründung der bald großdt. orientierten „Histor.-polit. Blätter“ (1838 ff.). G. war eine der führenden Persönlichkeiten der Spätromantik; widmete sich bes. der Mythenforschung und der christl. Mystik.

Görres-Gesellschaft zur Pflege der Wissenschaft, 1876 anläßl. des 100. Geburtstages von J. von Görres von kath. Forschern (u. a. G. von Hertling) und Publizisten in Koblenz gegr. Vereinigung zur Förderung der wiss. Arbeit dt. Katholiken. Die G.-G. arbeitet in 17 Sektionen und unterhält u. a. vier Auslandsinstitute (Vatikan, Jerusalem, Madrid, Lissabon). Bed. Herausgebertätigkeit, u. a. „Histor. Jahrbuch“ (1879 ff.), „Röm. Quartalschrift“ (1887 ff.), „Staatslexikon“ (1887 ff., ^{6}1957–70), „Philosoph. Jahrbuch“ (1888 ff.), „Jahrbuch für Psychologie, Psychotherapie und medizin. Anthropologie“ (1952 ff.).

Gorski, Alexandr Alexejewitsch, * Petersburg 18. Aug. 1871, † Moskau 20. Okt. 1924, russ.-sowjet. Tänzer und Choreograph. - Seit 1900 am Bolschoi-Theater in Moskau. Neben zahlr. Klassiker-Neuinszenierungen schuf G. dramat., realist. Handlungsballette (u. a. „Salambo“, 1910), die für das sowjet. Ballett richtungweisend wurden.

Goschun, Matsumara, Landschaft im Regen (Detail eines Stellschirms; undatiert). Tokio, Nationalmuseum

Gorter, Herman [niederl. 'xɔrtər], * Wormerveer 26. Nov. 1864, † Brüssel 15. Sept. 1927, niederl. Lyriker. - Marxist. Schrieb in klangschöner Sprache und tiefem Naturempfinden u. a. die Epen „Mai“ (1889) sowie „Pan“ (1912, erweitert 1916).

Gorton, John Grey [engl. gɔːtn], * Melbourne 9. Sept. 1911, austral. Politiker (Liberale Partei). - 1958–68 verschiedene Min.ämter; 1968–71 Premiermin. und Führer der Liberalen Partei, 1971 Verteidigungsmin.

Gortschakow, Alexandr Michailowitsch Fürst [russ. gɐrtʃɪ'kɔf], Haapsalu 15. Juni 1798, † Baden-Baden 11. März 1883, russ. Politiker. - 1856–82 Außenmin.; preußenfreundl. Haltung während der Kriege 1864 und 1866; 1867 Reichskanzler. G. erweckte in der ↑ Krieg-in-Sicht-Krise 1875 durch eine persönl. Intervention bei Bismarck den Anschein der Rettung des Friedens; wandte sich nach seiner Enttäuschung über den Ausgang des Berliner Kongresses dem Panslawismus zu.

Gortyn (Gortyna), bed. altkret. Stadt in der Mesaraebene; bereits in vordor. Zeit Kulturzentrum; ehem. röm. Prov.hauptstadt. 826 durch die Araber zerstört. 1884 Ausgrabung, durch die eine aus dem 5. Jh. v. Chr. stammende, in Stein gehauene Rechtskodifikation freigelegt wurde.

Görtz, von Schlitz genannt von, fuldaisches Adelsgeschlecht, Mgl. der Fränk. Reichsritterschaft (Kanton Rhön und Werra), 1677/83 Reichsfreiherrn, 1726 Reichsgrafen. Seit 1116 als **von Schlitz** nachweisbar.

Gorvin, Joana Maria, * Hermannstadt 30. Sept. 1922, dt. Schauspielerin. - Bed. Charakterdarstellerin.

Görz, italien. Stadt, ↑ Gorizia.

G., ehem. [gefürstete] Gft. mit dem Mittelpunkt Görz (= Gorizia), 1001 durch eine Schenkung Kaiser Ottos III. entstanden. Seit Beginn des 12. Jh. im Besitz der ↑ Meinhardiner, nach deren Aussterben (1500) habsburg.; 1815–1918 als **Görz und Gradisca** östr. Kronland. Im 1. Weltkrieg während der Isonzoschlachten hart umkämpft; 1919 ital. Prov., wurde 1947 zw. Italien und Jugoslawien aufgeteilt.

Gorze, ehem. Benediktinerabtei bei Metz; 749 gegr. Im 10. Jh. Zentrum der **Gorzer Reform** (Gorzer Bewegung, Lothring. Reform): bei Wahrung der Selbständigkeit der Klöster einheitl. Regelerklärung, gleiches Ordenskleid und Gebetsgemeinschaft. Die Reformbewegung dauerte etwa zwei Jh. an und zählte bis zu 170 Klöster. - ↑ auch kluniazensische Reform.

Gorzów Wielkopolski [poln. 'gɔʒuf

vjɛlkɔ'pɔlski], ↑ Landsberg (Warthe).

Gosauseen, drei Seen in einem Trogtal im westl. Dachstein, Oberösterreich.

Gösch [zu niederl. gens(je) „kleine Fahne"], Bez. für den Flaggenstock am Vorsteven von Schiffen und die dort gesetzte Flagge.

Goschen, George Joachim [engl. 'goʊʃən], Viscount G. of Hawkhurst (seit 1900), * Stoke Newington (= London) 10. Aug. 1831, † Seacox Heath (Sussex) 7. Febr. 1907, brit. Unternehmer und Politiker. - Enkel von G. J. Göschen. 1863–86 und ab 1887 im Unterhaus. 1871–74 sowie 1898–1900 1. Lord der Admiralität. Zunächst Liberaler; handelte 1876 die Kontrolle über die ägypt. Schuldentilgung aus; wandte sich jedoch gegen die Homerulepolitik Gladstones; schloß sich den Unionisten an. 1887–92 Schatzkanzler.

Göschen, Georg Joachim, ≈ Bremen 22. April 1752, † Gut Hohnstädt bei Grimma 5. April 1828, dt. Verlagsbuchhändler. - 1785 gründete er in Leipzig die *G. J. G.'sche Verlagsbuchhandlung*, die 1793 gegr. Druckerei verlegte er 1797 nach Grimma, 1823 auch den Verlag. Brachte u. a. typograph. mustergültige Gesamtausgaben von Goethe, Wieland, Iffland, Klopstock sowie Werke von Schiller heraus und bot zugleich billige Volksausgaben an. Die Firma wurde 1838 der Cotta'schen Buchhandlung in Stuttgart eingegliedert.

Göschenen, schweizer. Gemeinde 4 km nördl. von Andermatt, Kt. Uri, 1 097 m ü. d. M., 800 E. Nördl. Endpunkt des Gotthard-Eisenbahn- und des Straßentunnels. Stausee mit Großkraftwerk.

Goschun, Matsumura (Gekkei, Hokuba), * 28. April 1752, † Kioto 4. Sept. 1811, jap. Maler. - Begr. der von der chin. Sung- und Yüanmalerei, aber auch schon von westl. Techniken inspirierten Schidschoschule.

Gose [nach dem gleichnamigen Fluß in Goslar, dem urspr. Herstellungsort], obergäriges, säuerl.-salziges Bier, in Mitteldeutschland, v. a. in Leipzig und Umgebung, hergestellt.

Go-show [engl. goʊ'ʃoʊ „geh, schaue!"], jemand, der seine Flugreise nicht vorher gebucht hat, sondern erst am Flughafenschalter versucht, einen Platz zu bekommen.

Goslar, Krst. am N-Rand des Harzes, Nds., 320 m ü. d. M., 51 700 E. Verwaltungssitz des Landkr. G. Museen, Bibliothek, Archiv. Erzbergbau (Zink, Blei), chem. und metallverarbeitende Ind., Glas- und Baustoffwerk u. a.; Fremdenverkehr. - 922 erstmals erwähnt. 965/68 begann der Abbau der Silbererzlager im Rammelsberg, an dessen Fuß das Bergdorf G. entstand. Dessen wirtsch. Bed. veranlaßte Kaiser Heinrich II., in G. eine Pfalz zu errichten. Unter Heinrich III. und (dem wahrscheinl. in G. geborenen) Heinrich IV. entwickelte sich G. zur Stadt und war häufig Ort von Reichsversammlungen. Als Mgl. des Sächs. Städtebundes (1267/68) und Gründungs-Mgl. der Hanse nahm G. im 13. Jh. einen starken Aufschwung und errang 1290/1340 die Stellung einer Reichsstadt. 1808 preuß., 1815 an Hannover. - Kaiserpfalz (11./12. Jh.) mit Ulrichskapelle; spätroman. Domvorhalle (12. Jh.) mit Kaiserstuhl (11. Jh.); roman. Klosterkirche (12. Jh.), Jakobikirche (12./13. Jh., um 1500 umgebaut); auch die roman. Marktkirche wurde in der Gotik umgestaltet. Spätgot. Rathaus (um 1450) mit ausgemaltem Huldigungssaal; Marktbrunnen mit zwei roman. Bronzeschalen auf steinernem Sockel und Reichsadler. Zahlr. Gilde- und Bürgerhäuser, u. a. Kaiserworth (1494), Bäckergildehaus (1501), Siemenshaus (1693); Befestigungsanlagen mit Wällen und Rundtürmen.

G., Landkr. in Niedersachsen.

Go-slow [engl. goʊ'sloʊ „mach langsam!"], Bummelstreik, Dienst nach Vorschrift.

Gospel [engl. 'gɔspəl, eigtl. „Evangelium"] (Gospelsong), religiöse Liedform der nordamerikan. Schwarzen. Der G. wird solist. und chor. dargeboten, wobei die für die afroamerikan. Volksmusik und den Jazz typ. Ruf-Antwort-Muster eine bedeutsame Rolle spielen. Über den unmittelbaren Gebrauch in den Negergemeinden hinaus wurden die Stilmerkmale und Ausdrucksmittel des G. v. a. für den Hard-Bop und den Soul einflußreich.

Gosplan, Abk. für russ.: **Gos**sudarstwenny **plan**owy komitet Soweta Ministrow SSSR (Staatl. Plankomitee) (bis 1948 Gossudarstwennaja planowaja komissija [Staatl. Plankommission]), höchstes Administrativorgan der Planwirtschaft in der UdSSR; 1921 gegr., arbeitet auf der Grundlage von Direktiven der obersten Parteiorgane; seine Funktionen und seine Bed. haben sich wiederholt geändert; aus der urspr. zentralen Planerstellungsinstanz wurde so die gegenwärtig zentrale Koordinierungsinstanz aller volkswirtsch. Produktionspläne, die die Fachministerien und die Staatl. Plankomitees der 15 Unionsrepubliken vorlegen.

Gospod [russ. gas'pɔtj], in den byzantinoslaw. Liturgien nur für Gott gebrauchte Anrede; **Gospodi pomilui** („Herr, erbarme dich") entspricht dem griech. Kyrie eleison.

Gospodar (Hospodar) [slaw.], Herr, Herrscher, auch Oberhaupt einer Familie oder Sippe. Seit dem 14. Jh. Bez. west- und südslaw. Fürsten, bes. in der Moldau und der Walachei.

Gospodin [russ. gɐspa'din], [höfl. und förml.] russ. Anrede: Herr (meist mit dem Namen); zeitweilig durch die offizielle sowjet. Anrede Towarischtsch verdrängt.

Gosport [engl. 'gɔspɔːt], engl. Hafenstadt am Kanal, Gft. Hampshire, 77 300 E. Marinehafen mit Laboratorien, Hospital und regierungseigenen Fabriken; Schiff-, Leichtmaschinenbau, Herstellung von Radaranlagen u. a. - Seit 1922 Stadt.

Göss, seit 1939 Stadtteil von Leoben, Steiermark, Österreich.

Gossaert, Jan [niederl. 'xɔsa:rt], gen. Mabuse, * Maubeuge zw. 1478/88, † Breda (?) 1532, fläm. Maler. - Vollzog nach einer Romreise den Schritt vom spätgot. Antwerpener Manierismus zum ↑ Romanismus. G. brachte neues Formgut und neue (weltl.) Motive in die niederl. Kunst, bes. mit seinen mytholog. Bildern wie „Neptun und Amphitrite" (1516; Berlin, Museumsinsel), „Danae" (1527; München, Alte Pinakothek); Dekoration von Schloß Souburg (um 1515); vorzügl. Bildnisse.

Gossau (SG), Hauptort des Bez. Gossau im schweizer. Alpenvorland, Kt. Sankt Gallen, 635 m ü. d. M., 15 000 E. Sitz der Ostschweizer Käse- und Butterzentrale.

Gosse [eigtl. die Stelle, wo etwas ausgegossen wird], an der Bordkante entlanglaufende Straßenrinne, durch die Regenwasser und Schmutz abfließen; übertragen für den Bereich sozialer und moral. Verkommenheit.

Gossec, François-Joseph [frz. gɔ'sɛk], * Vergnies (Hennegau) 17. Jan. 1734, † Passy (= Paris) 16. Febr. 1829, frz. Komponist. - Wurde v. a. durch seine Revolutionsmusik (Märsche und Hymnen, mit Massenchören, Blasorchester und großem Schlagzeug besetzt) populär; komponierte daneben Opern, Ballette, Sinfonien (Nachfolge der Mannheimer Schule), Kammer- und Kirchenmusik.

Gossen, Hermann Heinrich, * Düren 7. Sept. 1810, † Köln 13. Febr. 1858, dt. Nationalökonom. - G. wurde mit seinen nach ihm benannten Gesetzen der Bedürfnissättigung und vom Ausgleich der ↑ Grenznutzen zu einem der bedeutendsten Vorläufer der Grenznutzenschule. - *Hauptwerk:* Entwicklung der Gesetze des menschl. Verkehrs und der daraus fließenden Regeln für menschl. Handeln (1854).

Gossensaß (italien. Colle Isarco), Teil der italien. Gemeinde Brenner, Südtirol. - Das erstmals um 1200 genannte G. war früher ein wichtiger Bergwerksort. - Barocke Pfarrkirche (18. Jh.) mit Fresken.

Gößweinstein, Marktgemeinde, Wallfahrts- und Luftkurort in der Fränk. Schweiz, Bay., 458 m ü. d. M., 4 000 E. Herstellung von Sportbekleidung, Radio- und Fernsehteilen. - Wallfahrtskirche (1730–39; nach Plänen von B. Neumann).

GOST-Normen [Abk. für russ.: **G**ossudarstwenny **o**bschtschessojusny **st**andart „Staatl. Allunionsnorm"], die in der UdSSR und den meisten Ländern des Ostblocks geltenden techn., industriellen und wiss. Normen.

Götaälv [schwed. ˌjø:ta'ɛlv], schwed. Fluß, entfließt dem Vänersee, mündet mit zwei Armen in das Kattegat, 93 km lang. Im Oberlauf Wasserfälle, zu deren Umgehung der **Trollhättekanal** mit drei Schleusen angelegt wurde, der Seeschiffen die Einfahrt in den Vänersee ermöglicht.

Götakanal [schwed. ˌjø:taka'nɑ:l], schwed. Kanal, verbindet den Vänersee mit der Ostsee, durchquert dabei zahlreiche Seen, u. a. den Vättersee; 191 km lang, davon nur 87 km künstl. angelegt mit 58 Schleusen; dient heute v. a. der Sportschiffahrt.

Götaland [schwed. jø:taland], histor. Bez. für das südl. der beiden Kerngebiete Schwedens.

Gote (Gode), landschaftl. für Tauf- oder Firmpatin.

Göteborg [schwed. jø:tə'bɔrj], schwed. Hafen- und Ind.stadt am Kattegat, 424 200 E. Hauptstadt des Verw.-Geb. G. och Bohus, luth. Bischofssitz; Univ. (gegr. 1891) mit ozeanograph. Inst., TH (gegr. 1829), Handels-, Lehrer-, Sozial- und Journalistenhochschule; Forschungsinst. für Schiffbau, für Nahrungsmittelkonservierung, Schiffsprüfungsanstalt; Konservatorium, Kunstakad., Bibliotheken, Museen (u. a. Seefahrtsmuseum); Theater, botan. Garten. Sitz zahlr. Banken, Versicherungen, Reedereien, Im- und Exportgesellschaften; große Werften, Automobilind. (Volvo), Kugellagerfabriken (SKF), Erdöl- und Bitumenraffinerien. Die Häfen, u. a. Containerhafen, haben eine Gesamtkailänge von 17 km. Fährverbindung nach Frederikshavn (Dänemark); internat. ✈ Landvetter. - König Gustav II. Adolf ließ 1619 das heutige G. anlegen, das 1621 Stadtrecht erhielt. Zur Zeit der Napoleon. Kontinentalsperre war G. Stapelplatz brit. Waren für den Ostseeraum. - Domkirche (1633 geweiht, nach Brand 1815 klassizist. Wiederaufbau), Altes Rathaus (17. und 19. Jh.), Neues Rathaus (1934–37).

Goten, Stammesgruppe der Ostgermanen, urspr. in S-Skandinavien und wahrscheinl. auf Gotland, dann an der unteren Weichsel (Anschluß an das Markomannenreich). Zw. 150 und 180 wanderten die G. an die N-Küste des Schwarzen Meeres ab und lösten damit die 1. german. Völkerwanderung aus. Seit 248/49 Beutezüge auf dem Balkan und nach Kleinasien; 268 nach Sparta. Ab 269 schied sich der Stamm nach seinen südruss. Wohnsitzen in ↑ Westgoten und ↑ Ostgoten.

Gotenhafen, von 1939 bis 1945 Name für ↑ Gdynia.

Gotha, Krst. im nördl. Vorland des Thüringer Walds, Bez. Erfurt, DDR, 308 m ü. d. M., 57 700 E. Stadt- und Landesbibliothek, Schloßmuseum, Theater; Herstellung von Traktoren, Getrieben, Gummiwaren, Blechbearbeitungsmaschinen, Verlage. - Aus urspr. wohl thüring., im 8. Jh. fränk. Königsgut kam G. 775 durch Schenkung Karls d. Gr.

Giotto di Bondone, Die Flucht nach Ägypten (vermutlich 1305/06). Padua, Arenakapelle

Kreuzigung (um 1280). Miniatur in einem Missale. Wien, Österreichische Nationalbibliothek

Rogier van der Weyden, Maria mit dem Kind und den Heiligen Petrus und Johannes der Täufer, Kosmas und Damian (um 1450; Ausschnitt). Frankfurt am Main, Städel

Verkündigung Mariä (um 1325). Tafelbild eines unbekannten Kölner Meisters. Köln, Wallraf-Richartz-Museum

Gotik

Kathedrale von Laon, Westfassade (um 1190 ff.)

Kathedrale von Reims, Innenansicht von West (1211 ff.)

Altstadtrathaus von Braunschweig, Nord- und Westflügel (13.–15. Jahrhundert)

Kathedrale von Wells, Westfassade (1240 ff.)

Vesperbild aus dem ehemaligen Benediktinerkloster Seeon (um 1420).

an das Stift Hersfeld; vor 1190 Stadt (Eisenacher Recht). 1247 an die Markgrafen von Meißen, jedoch von 1287 bis ins 15. Jh. als mainz. Lehen angesehen. 1485 fiel die Stadt den Ernestinern zu. 1640 Residenz des selbständigen Ft. Sachsen-G. (1681–1825 Sachsen-G.-Altenburg; ab 1826 Sachsen-Coburg und G.). - Die Stadt wird überragt vom frühbarocken Schloß Friedenstein (1643–55) mit Schloßkirche und -theater. Am Fuße des Schloßbergs liegt Schloß Friedrichsthal (1708–11, jetzt Fachschule) mit barockem Gartenparterre, Rathaus (16. und 19. Jh.), spätgot. Margarethenkirche (1494 ff.; nach dem 2. Weltkrieg wiedererrichtet).

G., Landkr. im Bez. Erfurt, DDR.

Gothaer Programm, auf dem Vereinigungskongreß des Allgemeinen dt. Arbeitervereins und der Sozialdemokrat. Arbeiterpartei in Gotha 1875 angenommenes Kompromißprogramm der Sozialist. Arbeiterpartei Deutschlands, der späteren „Sozialdemokrat. Partei Deutschlands"; wurde 1891 durch das ↑Erfurter Programm ersetzt (↑Sozialdemokratie).

Gotha, Kurzbez. für: Gothaische Genealog. Taschenbücher, ↑genealogische Taschen- und Handbücher.

Gotha-Torgauer Bündnis (1526), Bündnis ev. Reichsstände, zunächst zw. Hessen und Sachsen geschlossen (am 27. Febr. 1526 in Gotha, ratifiziert am 2. Mai in Torgau), in dem sie sich zu gegenseitiger Hilfe verpflichteten, falls sie wegen des ev. Glaubens angegriffen würden. Am 12. Juni 1526 Beitritt der Reichsstände Braunschweig-Lüneburg, Braunschweig-Grubenhagen, Anhalt, Mansfeld und der Stadt Magdeburg; v. a. als Reaktion auf die zur Durchführung des ↑Wormser Edikts geschlossenen zwei Bündnisse kath. Stände, dem Regensburger Bund (1524) und dem Dessauer Bund von 1525.

Göthe, Eosander, Freiherr ↑Eosander, Johann Friedrich Nilsson.

Gothein, Eberhard, * Neumarkt (Niederschlesien) 29. Okt. 1853, † Berlin 13. Nov. 1923, dt. Nationalökonom und Historiker. - 1884 Prof. für Nationalökonomie in Karlsruhe, 1890 in Bonn und 1905 in Heidelberg. Universalgeschichtl. motiviert, verwirklichte G. die Verbindung von Wirtschafts- und Geistesgeschichte, trat mit Arbeiten über die vorreformator. Zeit und das Zeitalter der Gegenreformation hervor.

Gothic novel [engl. 'gɔθik 'nɔvəl „got. Roman"], Bez. für den engl. Schauerroman, der Ende des 18. Jh. aufkam und das 1. Viertel des 19. Jh. beherrschte. Charakterist. Motive sind Verbrechen und unheiml.-übernatürl. Geschehen in oft ma. Architekturszenerien. Die erste G. n. ist „Schloß Otranto" (1764) von H. Walpole, entscheidend wurde A. Radcliffes Roman „The mysteries of Udolpho" (1794), weitergeführt z. B. von M. G. Lewis mit dem Roman „Der Mönch" (1795); die spätere G. n zeigt oft dt. Milieu (Einfluß der Gespenstergeschichten der dt. Romantik), so M. Shelley in „Frankenstein" (1818) und C. R. Maturin in „Melmoth der Wanderer" (1820).

Gothofredus, Dionysius, eigtl. Denis Godefroy, * Paris 17. Okt. 1549, † Straßburg 7. Sept. 1622, frz. Jurist. - Floh 1579 als Hugenotte aus Frankr. nach Genf, dort 1585 Prof.; nach abermaliger Flucht 1591 Prof. in Straßburg, 1604 in Heidelberg, seit 1620 wieder in Straßburg; besorgte u. a. die erste krit. Gesamtausgabe des Corpus Juris Civilis (1583).

Gotico-Antiqua [italien./lat.] eine v. a. in Italien gebräuchl. karoling.-got. Mischschrift.

Gotik, Stilepoche der europ. Kunst. Der Begriff G. war von Vasari abwertend von den Goten, in seinen Augen Barbaren, abgeleitet worden. Noch im Klassizismus wurde die G. als Inbegriff des Widersprüchl. und Geschmacklosen bezeichnet. Eine positive Sicht und Wertung dieser ma. Kunstepoche gelang erst der dt. Romantik.

Baukunst: Das Entstehungsgebiet der G. ist die Île de France, wo mit dem Bau der Abteikirche Saint-Denis (1137–44) die Grundlage für den sich über ganz Europa ausbreitenden Stil geschaffen wurde. Elemente, die der roman. Baukunst schon bekannt waren (Kreuzrippengewölbe, Dienst, Spitzbogen, Strebewerk, Doppelturmfassade), wurden hier zum ersten Mal in einen Zusammenhang gestellt, der eine Durchlichtung und Höhensteigerung der Räume ermöglichte. Der roman. Grundriß der Querhausbasilika wurde beibehalten, der Innenraum jedoch zu einer Raumeinheit verschmolzen, die Seitenschiffe im Chorumgang weitergeführt. Die klass. frz. Kathedralen der Hochgotik (Chartres, nach 1194 ff.; Reims, 1211 ff.; Amiens, 1220 ff.) entwickelten das offene Strebewerk und das Maßwerk, das die Auflösung der Wände zw. den Stützen im Innenraum ermöglichte; dadurch wird der für die G. typ. Eindruck von Schwerelosigkeit hervorgerufen. - Durch den Austausch von Baumeistern und Handwerkern zw. den Bauhütten in Europa breitete sich die G. rasch aus, erfuhr jedoch in den verschiedenen Ländern selbständige Ausprägungen. Ausgehend von der frz. Früh-G. entwickelte England einen got. Stil, bei dem die architekton. Struktur mehr und mehr von reinen Schmuckformen überdeckt wurde (Decorated style, um 1250–1350; Perpendicular style, um 1350 ff.). Aus dieser Sonderform erhielt wiederum die frz. Spät-G. (Flamboyantstil) wesentl. Impulse. Für die dt. G., die einzelne Bauten in enger Anlehnung an die frz. Vorbilder hervorbrachte (u. a. Köln, Domchor, 1248 ff.), wurde bes. in den Stifts- und Pfarrkirchen die Vorliebe für großflächige, kaum gegliederte Wände und die Einturmfassade charakteristisch (Freiburg im Breisgau, um 1235 ff.). Seit Mitte des 14. Jh. wurde die ↑Hallenkirche der bestimmende Kirchentypus. In Italien spielte die Bettelordensarchitektur, die einen Gegenpol zur frz. Kathedral-G. bildete, eine führende Rolle.

Plastik: Die Ausbildung der Säulenportale war die Voraussetzung für die Entstehung der aus dem Zusammenhang der Mauer herausgelösten, um eine eigene Körperachse gerundeten got. Gewändefigur (zuerst in Chartres, Säulenportale der Westfassade, 1145–55). In der frz. Hoch-G. bildete sich ein klass. Schönheitskanon heraus, der sich durch Beseeltheit, freie Beweglichkeit und differenzierte, faltenreiche Gewandbehandlung ausdrückte. Diese Entwicklungsstufe fand einen dt. Widerhall v. a. in den Naumburger Stifterfiguren (um 1250). Im 14. Jh. entstand unter dem Einfluß der Mystik das von der Architektur losgelöste ↑Andachtsbild, dem um 1400 mit dem ↑Weichen Stil eine Fülle von Einzelwerken folgte, die noch einmal eine internat. einheitl. Formensprache brachte. Eine letzte Blütezeit erlebte die got. Plastik bes. in Süddeutschland mit dem spätgot. Schnitzaltar.

Malerei: Bed. hat hier die Kathedrale nur für die ↑Glasmalerei. Den Fenstern kam eine wesentl. Funktion für den Innenraum zu. Von Paris ausgehend entwickelte sich seit Mitte des 13. Jh. eine bed. höf. ↑Buchmalerei, die im 14. Jh. in Burgund und den Niederlanden einen Höhepunkt erlebte. Sie ist eine wichtige Quelle für die Tafelmalerei, die im 15. Jh. bes. in den Niederlanden eine überragende Stellung einnahm (Brüder van Eyck u. a.). Italien, das sowohl in der Architektur als auch in der Plastik (Giovanni Pisano) Formen nord. G. in die eigene Tradition einbaute, setzte auch in der monumentalen Wandmalerei ältere Überlieferungen fort und führte sie zu Höchstleistungen got. Kunstwollens (Giotto).

🕮 *Kimpel, D./Suckale, R.: Die got. Kathedrale. Mchn. 1985. - Nussbaum, N.: Dt. Kirchenbaukunst der G. Köln 1985. - Aubert, M.: Hoch-G. Dt. Übers. Baden-Baden 1979. - Swaan, W.: Kunst u. Kultur der Spät-G. Dt. Übers. Freib. 1978. - Busch, H.: Dt. G. Mchn. 1969.*

Gotisch, zur Ostgruppe der german. Sprachen gehörende Sprache der Goten; bedeutsam als die älteste in längeren Texten erhaltene und neben dem Urnordischen der Runeninschriften archaischste aller german. Sprachen; überliefert v. a. durch die Fragmente der Mitte des 4. Jh. n. Chr. entstandenen Bibelübersetzung des Westgotenbischofs Ulfilas und drei kurze Runeninschriften (Goldring von Pietroasa, Speerblatt von Kowel, Spinnwirtel von Leţcani). Das G. ist im 4./5. Jh. durch die Wanderungen der Ost- und Westgoten sowie der Vandalen schnell über weite Teile Europas verbreitet worden, nach dem Fall der von diesen Völkern getragenen Reiche jedoch ebenso rasch untergegangen. Nur auf der Krim konnten Goten sich und ihre Sprache *(Krimgotisch)* bis ins 16. Jh. erhalten.

gotische Schrift, 1. die erste g. S. wurde für die Bibelübersetzung des westgot. Bischofs Ulfilas († 383) auf der Grundlage der griech. Unziale (mit Entlehnungen aus der lat. Unziale und der Runenschrift) gebildet. Sie ist erhalten im ↑Codex argenteus. 2. Vom Ende des 7. bis zum Ende des 11. Jh. wurde im christl. Teil Spaniens die westgot. Schrift gebraucht (ihre Anfänge fielen noch in die Zeit des Westgotenreiches), eine sehr enge Form der lat. Minuskel. 3. Seit dem 12. Jh. wurde aus der karoling. Minuskel eine Schrift mit spitzbogigem Duktus, die *got. Minuskel*, gebildet, in Form der *Textura* Prunkschrift des 14. und 15. Jh., v. a. auch für liturg. Texte (deshalb auch Missalschrift genannt). Die gleichzeitig entwickelte *Notula*, eine Kursivschrift, diente als Gebrauchsschrift. Aus beiden entstand die ↑Bastarda. In Italien nahmen die ↑Gotico-Antiqua und die ↑Rotunda abgerundete Formen an. - Die ältesten Drucktypen zeigen die strengen Formen der Textura, bald wurden aber die ↑Schwabacher sowie die ↑Fraktur die vorherrschenden Druckschriften.

Gotland, 3 001 km^2 große schwed. Insel in der Ostsee, höchster Punkt 83 m ü. d. M., Hauptort Visby. Auf etwa $^1/_4$ der aus Silurkalken aufgebauten Insel tritt der Kalkstein nackt zutage, $^2/_5$ sind mit Wald bewachsen. Das Klima ist maritim; Ausbildung einer wärmeliebenden Kalkvegetation. Etwa $^1/_3$ der landw. Nutzfläche besteht aus Wiesen. Fischerei, v. a. auf Heringe und Lachse; Herstellung von Zement und Kalk; bed. Fremdenverkehr. Mehrere Fährlinien zum Festland. ✈ in Visby. - G., um 900 den schwed. Königen zinspflichtig, wurde durch den norweg. König Olaf II., den Heiligen, christianisiert. 1288 kam G. an Schweden, 1361 durch den Dänenkönig Waldemar IV. Atterdag, 1392 von den Vitalienbrüdern erobert; es gelangte 1398 in den Besitz des Dt. Ordens, fiel 1408 an Dänemark, das es nach heftigen Kämpfen 1645 endgültig an Schweden abtrat.

Gotlandbecken, Hauptbecken der Ostsee zw. Gotland und der Lett. SSR.

Gott [vermutl. Bildung zu einem indogerman. Verb mit der Bed. „anrufen", eigtl. „das (durch Zauberwort) angerufene Wesen"], in der *Religionsgeschichte* hl., übersinnl., transzendente und unendl. Macht in personaler Gestalt, die als Schöpfer Ursache allen Naturgeschehens ist, das Schicksal der Menschen lenkt und die normative Größe für deren sittl. Verhalten darstellt. Diese Fülle von Qualitäten vereinigt der ↑Monotheismus auf eine einzige G.heit, während der ↑Polytheismus die göttl. Funktionen als auf verschiedene G.heiten verteilt (z. B. Herr des Himmels, mütterl. Erdgöttin) annimmt. In Jägerkulturen nehmen ein Herr oder eine Herrin der Tiere eine vorrangige Stellung ein, die in krieger. Gemeinschaften meist ein Kriegs-G. besitzt. Oft findet sich innerhalb des Polytheismus ein subjektiver Monotheismus, der dem Gläubigen, v. a. beim Gebet, den von ihm verehrten G. als alleinigen erscheinen läßt, auf den er die Attribute anderer Götter überträgt *(Henotheismus)*.

Der G.glaube ist kennzeichnend und von zentraler Bed. für die Vorstellungswelt fast aller Religionen, jedoch ist sein Ursprung nicht völlig geklärt. Der *Animismus* vertrat die Ansicht, die G.vorstellung habe sich aus einem primitiven Glauben an Allbeseeltheit, an Geister in jeder Form, entwickelt. Demgegenüber sieht der *Dynamismus* die von ihm meist mit dem melanes. Wort ↑Mana bezeichnete „Macht" als primäres religiöses Erlebnis an. Vorherrschend ist heute die Annahme eines urspr. Hochgottglaubens (höchstes Wesen). Die *Philosophie* findet aus ihrer Frage nach dem Sein zur Frage nach dem Urgrund des Seins (dem höchsten Seienden) und löst sie je nach ihrem Standpunkt mit theist. ↑Gottesbeweisen (Scholastik; ↑auch Analogia entis), im Deismus (M. Tindal, J.-J. Rousseau, G. E. Lessing), im Pantheismus (Spinoza), Atheismus (Sophismus, Skeptizismus, Marxismus und postulator. Atheismus N. Hartmanns) oder verneint jede philosoph.-metaphys. Aussagemöglichkeit über Gott.

Der G.begriff der *Bibel* ist monotheist., unterscheidet sich aber von dem religionsgeschichtl. Monotheismus durch eine Transzendenz, die alles Räumliche, Zeitliche, überhaupt Welthafte übersteigt. G. ist der absolute Schöpfer und Herr des Kosmos, eine Theogonie ist undenkbar. Kenntnis von G. gewinnt der Mensch ausschließl. aus der sich in Schöpfung und Geschichte erschließenden Selbstmitteilung (Offenbarung) Gottes, die in der Person Jesu Christi als des „G.sohnes" ihre uneinholbare personale Dichte gefunden hat.

Die *kath. Theologie* hat (auf der Grundlage der Hellenisierung des frühen Christentums) durch den Versuch, G. und G.erfahrung mit den Mitteln der v. a. platon.-aristotel. Philosophie zu verstehen, vieles von der dynam.-geschichtl. G.vorstellung der Bibel an ein philosoph. Seinsdenken verloren. Obwohl die Kirche schon in den christolog. Auseinandersetzungen (↑Jesus Christus) des 4. Jh. die maßgebl. Gestalt ihrer G.lehre mit den Aussagen über Gottes dreifaltiges Wesen und Wirken in Schöpfung, Erlösung, Heiligung und Vollendung gefunden hatte, blieb die ↑Trinität (v. a. in der westl. Kirche) als Ursprung der Heilsgeschichte weitgehend von den philosoph. Systembildungen über G. als das „Sein an sich" (ens a se) und über seine Beweisbarkeit (↑Gottesbeweis) verdeckt. Erst die kath. Gegenwartstheologie besinnt sich wieder

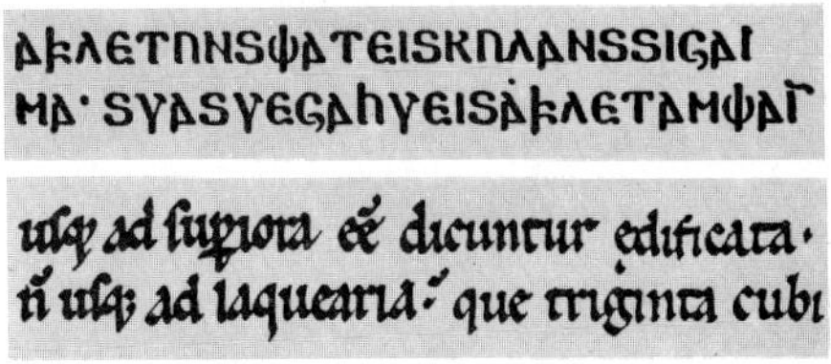

Gotische Schrift. Erste gotische Schrift im Codex argenteus (um 500; oben) und gotische Minuskel

stärker auf die existentiellen Aussagen der Bibel über G. (G. hilft, G. ist da usw.).

Die G.lehre und -anschauung der *reformator. Kirchen* ist im wesentl. ein Spiegelbild der verschiedenartigen Theologien der drei Hauptreformatoren Luther, Calvin und Zwingli; gemeinsam ist ihnen der Ausgangspunkt in der Christologie. - Für *Luther* ist G. in der Natur und dem Gesetz verborgen (Deus absconditus), dagegen offenbart er sich im paradoxen Geschehen des Leidens und Sterbens seines Sohnes am Kreuz (Theologia crucis; Deus revelatus). Luther betont deshalb in bewußtem Ggs. zur kath. Tradition die existentielle Bed. von Gnade, Macht und Wirksamkeit Gottes. - Nach *Calvin* vermag der Mensch G. nicht adäquat zu erkennen, wenn dieser sich ihm nicht in seinem Wort (= Jesus Christus) erschließt. Gottes Handeln geschieht um seiner eigenen Ehre und Selbstverherrlichung willen, die sich sowohl in erwählender Liebe als auch in strafender Verdammung (↑Prädestination) manifestieren kann. - *Zwingli* bezeichnet zwar G. im Sinne der scholast. Tradition als „Summum bonum" (höchstes Gut), betont aber v. a. die sich dem Menschen zuwendende Güte Gottes in Jesus Christus. Für ihn kann nur G. durch seine Gnade kirchl. und polit. Mißstände beseitigen. Darum trägt Zwinglis G.bild mehr als das Luthers und Calvins ins Politische und Soziale hineinreichende Züge.

📖 *Küng, H.: Existiert G.? Mchn. ^{2}1984. - Dalferth, I. U.: Existenz Gottes und christl. Glaube. Mchn. 1984. - Weischedel, W.: Der G. der Philosophen. - Neuausg. Darmst. 1983. - Moritz, K. P.: Götterlehre oder mytholog. Dichtungen der Alten. Ffm. 1979. - Keil, G.: Eine krit. Propädeutik des G.glaubens. Meisenheim 1971. - Bissinger, A.: Die Struktur der G.erkenntnis. Bonn 1970.*

Gött, Emil, * Jechtingen (= Sasbach) 13. Mai 1864, † Freiburg im Breisgau 13. April 1908, dt. Schriftsteller. - Wandernder Landarbeiter, später Landwirt, von sozialen und wirtschaftl. Reformideen erfüllt. Schrieb neben bühnenwirksamen Dramen und Lustspielen Erzählungen, Lyrik, Spruchdichtungen und Aphorismen.

Gottebenbildlichkeit (Imago Dei), auf

1. Mos. 1, 26 basierende Aussage der theolog. Anthropologie, nach der der Mensch [Eben]-bild Gottes ist.

Gotter, Friedrich Wilhelm, * Gotha 3. Sept. 1746, † ebd. 18. März 1797, dt. Dichter. - Gründete 1769 mit H. C. Boie den „Göttinger Musenalmanach“; klassizist. Lyriker und Dramatiker, u. a. „Orest und Elektra“ (Trag. nach Voltaire, 1774), „Die Geisterinsel“ (Singspiel nach Shakespeare, 1797).

Götterbaum (Ailanthus), Gatt. der Bittereschengewächse mit 10 Arten in Indien, O-Asien und Australien. Die bekannteste Art ist der **Chin. Götterbaum** (Ailanthus altissima), mit kräftigen Zweigen, großen, unpaarig gefiederten Blättern und grünl. Blüten in Rispen.

Götterdämmerung ↑ Ragnarök.

Gottesacker, alpines Gebirgsplateau westl. des Kleinen Walsertales, auf der dt.-östr. Grenze; zw. 1900 und 2000 m hoch; reich an Karsterscheinungen.

Gottesacker, svw. ↑ Friedhof.

Gottesanbeterin ↑ Fangheuschrecken.

Gottesberg (Schles.) (poln. Boguszów-Gorce), Stadt im Waldenburger Bergland, Polen', 570–780 m ü. d. M., 21 000 E. Abbau von Steinkohle und Schwerspat. - 1499 Stadt- und Bergrecht.

Gottesbeweis, Versuch, aus „Vernunftgründen“, d. h. ohne Rückgriff auf Offenbarung, auf die Existenz Gottes zu schließen, und zu einer **Gotteserkenntnis** zu kommen, wobei man auf Grund der benutzten Beweisprinzipien Kausalitäts-, Finalitäts- und Intuitionsbeweise unterscheiden kann. - Die *Kausalitätsbeweise* (klass. formuliert in den „Quinque viae“ [„fünf Wege“] des Thomas von Aquin) schließen von der Tatsache 1. der Bewegung, 2. des Verursachtseins, 3. der Kontingenz, 4. der Unvollkommenheit und 5. der Zielgerichtetheit alles Seienden auf ein jeweils letztes, nicht mehr bedingtes oder zufälliges, vollkommenes und in sich selbst ruhendes Prinzip, von dem Thomas sagt: „Et hoc dicimus Deum“ („und dieses nennen wir Gott“). Die *Finalitätsbeweise* (auch *teleolog. G.*) beruhen auf der Annahme einer zweck- bzw. zielgerichteten Ordnung der Welt, die auf einen zwecksetzenden Geist verweist. In den *Intuitionsbeweisen* (*moral. G.;* am bekanntesten ist der *ontolog. G.* des Anselm von Canterbury) wird „intuitiv“ akzeptiert, daß etwas, das man als Ziel allen vernünftigen Handelns ansieht, auch existieren müsse: Der Begriff von Gott ist etwas, zu dem nichts Größeres gedacht werden kann, was aber nur dann der Fall ist, wenn das, zu dem nichts Größeres gedacht werden kann, auch existiert, sonst würde ihm die Qualität des Seins fehlen. - Die entscheidende *Kritik* an jeder Art von G. formulierte Kant, indem er die Unmöglichkeit aufzeigte, vom *Begriff* Gottes auf sein *Dasein*, von der Existenz irgendeines Dinges auf die Existenz eines notwendigen Wesens und von der Existenz bestimmter Eigenschaften von Dingen auf ein höchstes Wesen zu schließen.

🕮 *Schmucker, J.: Kants vorkrit. Kritik der Gottesbeweise. Wsb. 1983. - Brentano, F.: Vom Dasein Gottes. Hg. v. A. Kastil. Hamb. ²1980. - Die Philosophie des Thomas v. Aquin. Hg. v. E. Rolfes. Hamb. ²1977. - Henrich, D.: Der ontolog. G. Tüb. ²1967.*

Gottesurteil. Wasserprobe (Miniatur; um 1250)

Gottesbild, svw. ↑ Idol.

Gottesdienst, dt. Bez. für den in der *Religionswissenschaft* und in der *kath. Theologie* [überwiegend] verwendeten Begriff ↑ Kult (↑ auch Liturgie, ↑ Messe). - Im Verständnis der *reformator. Kirchen* ist G. jede Versammlung von Gläubigen, in der Gottes Wort als Schriftlesung bzw. -auslegung und/oder im ↑ Sakrament verkündigt wird und die Gemeinde im ↑ Gebet antwortet. G. gehört neben Lehre, Seelsorge und Diakonie zu den grundlegenden Elementen der christl. Gemeinde. Ziel des G. ist in bezug auf den Menschen Lebenshilfe vom Evangelium her. Neben der wichtigsten Form, dem sonntägl. Haupt-G. (der heute z. T. wieder als Gesamt-G., d. h. mit Abendmahl, gefeiert wird), gibt es die Wochen-G., entweder in Form von Predigt-G. oder als liturg. geprägte Gebets-G. (u. a. auch für bestimmte Zielgruppen). Der Ablauf der herkömml. G. ist in den ↑ Agenden festgelegt.

Gotteserkenntnis ↑ Gottesbeweis.

Gottesfriede, religionsgeschichtl. der

befristete Waffenstillstand zw. kämpfenden Gruppen während gemeinsam begangener Kultfeiern und bei naturreligiösen Jugendweihen. Im MA wurde der G. (Pax Dei) von der Kirche als Befriedung bestimmter sakraler Bezirke und Personengruppen durchgesetzt und vom Königtum zur Einschränkung der Rechtsunsicherheit und der Fehde garantiert. - ↑auch Treuga Dei.

Gottesfurcht, in allen Religionen die Furcht und Ehrfurcht vor der strafenden und Heil spendenden Gottheit.

Gottesgebärerin ↑Gottesmutterschaft.

Gottesgnadentum, Bez. für die göttl. Legitimität (Jus divinum) des abendländ. Herrschers. Die in den Herrschertitulaturen seit dem 8. Jh. übl. Devotionsformel ↑Dei gratia umriß die Vorstellung von der göttl. Qualität des Königtums, in der antike, german. und christl. Komponenten zusammenschmolzen; bes. ausgeprägt im ↑Absolutismus. Erste Kritik am G. durch die Aufklärung (Lehren von der Volkssouveränität und vom Gesellschaftsvertrag).

Gotteshausbund, zur Sicherung des Landfriedens 1367 geschlossener Bund zw. dem Domkapitel (daher G.) und der Stadt Chur sowie den zum „Gotteshaus" gehörenden Talschaften, u. a. Domleschg, Oberhalbstein, Engadin, Bergell; richtete sich v. a. gegen den Bischof von Chur und die Ausdehnungsbestrebungen des Hauses Österreich.

Gotteskindschaft, allg. die Idee einer engen personalen Bindung des Menschen an Gott oder eine Gottheit; v. a. im N. T. wichtiger Begriff zur Umschreibung des Gottesverhältnisses des durch Christus mit Gott versöhnten Menschen.

Gottesknecht, im A. T. Bez. für den frommen Israeliten, im ↑Deuterojesaja für eine messian. Gestalt von königl. und prophet. Rang.

Gotteslästerung, Beschimpfung der Gottheit durch Wort, Bild oder sonstige Ausdrucksmittel. Im Strafrecht der Völker ist G. vielfach unter Strafe gestellt. Zum geltenden Recht ↑Religionsvergehen.

Gottesmutterschaft, Bez. für den bes. Charakter der Mutterschaft Marias (Gottesmutter, Gottesgebärerin, Mutter Gottes). Mit dem Begriff G. wird ausgesagt, daß Maria nicht nur Mutter der [seel.-leibl.] Menschheit Jesu Christi, sondern seiner ganzen gottmenschl. Einheit ist.

Gottesraub ↑Sakrileg.

Gottessohnschaft ↑Sohn Gottes.

Gottesstaat ↑Theokratie, ↑Hierokratie.

Gottesurteil (angelsächs. Ordal, lat. Judicium Dei), i. w. S. das strafende Eingreifen eines Gottes (Gottesgericht), i. e. S. formelles Verfahren, in dem der Spruch der Gottheit zum Beweis einer Tatsache angerufen wird. Im ma. Gerichtsverfahren diente das G. der Entkräftung eines Verdachts (**Abwehrordal**) oder der Überführung eines Täters (**Ermittlungsordal**), z. B. **Wasserprobe** (der Proband wurde gefesselt an einer Leine ins Wasser geworfen; blieb er an der Oberfläche, galt er als schuldig, da das Wasser den „Unreinen" nicht annehmen wollte; oft in Hexenprozessen angewendet, sog. „Hexenbad"), **Bahrprobe** (Konfrontation eines Mordverdächtigen mit dem Opfer, dessen Wunden in Gegenwart des Täters erneut anfangen sollten zu bluten), **Feuerprobe** (**Feuerordal**) (der Proband mußte ein glühendes Eisen tragen [**Eisenprobe**] oder barfuß über glühende Pflugscharen gehen; blieb er unverletzt, galt er als unschuldig), **Abendmahlsprobe** (Reichung der Kommunion; verräter. Reaktionen, Erkrankung oder Tod galten als Schuldbeweis). Als G. galt auch der ↑Zweikampf.

Gottfried von Straßburg mit einem Diptychon im Kreise von Freunden und Schülern (Ausschnitt aus einer Miniatur in der Großen Heidelberger Liederhandschrift; 1. Hälfte des 14. Jh.). Heidelberg, Universitätsbibliothek

Gottesvolk ↑Volk Gottes.

Gottfried, alter dt. männl. Vorname, eigtl. etwa „Gottesfrieden" (althochdt. got „Gott" und fridu „Schutz vor Waffengewalt, Friede"). Engl. Formen: Geoffrey und Jeffrey.

Gottfried, Name von Herrschern in Niederlothringen:

G. II., der Bärtige, † Verdun 21. Dez. 1069, Hzg. von Ober- und Niederlothringen (seit 1044). - Nur mit Oberlothringen belehnt, empörte er sich 1045 und 1047 gegen Ks.

Heinrich III.; nach Anerkennung seiner Ehe mit der Markgräfin Beatrix von Tuszien (1054) durch den Kaiser (1056) war G. der mächtigste Fürst in Mittelitalien; erhielt 1065 auch Niederlothringen zu Lehen.

G. IV. (**G. von Bouillon**), * um 1060, † Jerusalem 18. Juli 1100, Hzg. (seit 1087). - Folgte dem Aufruf Papst Urbans II. und brach mit etwa 20 000 Mann als erster Reichsfürst zum 1. Kreuzzug auf, schlug 1098 die türk. Seldschuken bei Antiochia und erstürmte 1099 Jerusalem; nannte sich „Vogt des Heiligen Grabes".

Gottfried von Neifen, mittelhochdt. Minnesänger des 13. Jh. - Wohl ident. mit dem zw. 1234 und 1255 nachweisbaren Angehörigen eines schwäb. Freiherrengeschlechtes, deren Stammburg Hoheneuffen in der Nähe von Urach liegt. Die meisten seiner virtuosen Lieder variieren Motive des höf. Minnesangs.

Gottfried von Straßburg, mittelhochdt. Dichter des späten 12. und frühen 13. Jh. - Über seine Person ist so gut wie nichts bekannt. In seinem Werk finden sich keine persönl. Angaben, nicht einmal sein Name, der erst von späteren Dichtern genannt wird. Ihre Bez. „Meister" (im Ggs. zu anderen Dichtern) deutet darauf hin, daß G. eine gelehrte Ausbildung genossen hat und vielleicht als Jurist oder Kleriker in Straßburg tätig war. Jedenfalls war er vielseitig gebildet wie sein Vorbild, Hartmann von Aue, oder sein Held Tristan. Aus Bezügen zu anderen mittelhochdt. Werken wird geschlossen, daß er um 1210 gestorben ist. Unter seinem Namen ist in der Großen Heidelberger Liederhandschrift auch Lyrik überliefert. G. schuf mit seinem unvollendet gebliebenen Versepos „Tristan und Isolt" (zw. 1205/10) eines der klass. Werke des MA. Den mit internat. Motiven durchsetzten Stoff entnahm er der frz.-kelt. Sagentradition, wobei er als seine Quelle den anglonormann. Dichter Thomas von Britanje (um 1180) nennt. Sein Werk ist ausgezeichnet durch sprachl. Musikalität, Klarheit, vers- und reimtechn. Raffinement, durch eine souveräne Handhabung der Mittel der antiken Rhetorik und durch die geistige und psycholog. Durchdringung der Minnethematik. Die Überlieferung des Tristanepos ist auffallend stark auf den dt. Südwesten beschränkt; im 13. Jh. stammen 9 von 10 Handschriften aus dem alemann. Raum. Das Werk wurde von Ulrich von Türheim und Heinrich von Freiberg fortgesetzt, die jedoch beide das Vorbild nicht erreichten. - Abb. S. 311.

Gottfried von Viterbo, * Viterbo 1125, † ebd. nach 1202, dt. Geschichtsschreiber. - Kaplan und Notar König Konrads III. und Kaiser Friedrichs I.; zeitweise auch diplomat. Missionen; verfaßte als Erzieher Heinrichs VI. mehrere Geschichtswerke in Vers und Prosa (u. a. „Gesta Friderici").

gottgläubig, 1936–45 offizielle Religionsbez. für Personen, die keiner anerkannten Religionsgemeinschaft angehörten, jedoch nicht glaubenslos waren.

Gotthard, alter dt. männl. Vorname (althochdt. got „Gott" und harti, herti „hart").

Gotthardbahn, Bez. für das im Gebiet der Gotthardgruppe zw. Andermatt und Airolo liegende Kernstück der Eisenbahnlinie Basel-Mailand, 1872–82 erbaut.

Völkerrecht: Für die Finanzierung des Baues der G. schlossen die Schweiz und Italien am 15. 10. 1869 einen Vertrag, dem auch das Dt. Reich [am 28. 10. 1871] beitrat. Im Vertrag wurden die Mindestzahl der tägl. verkehrenden Züge und bestimmte Höchsttarife vereinbart. Da die G. durch schweizer. Gesetz vom 18. 10. 1897 verstaatlicht wurde, kam es am 13. 10. 1909 zum Abschluß des sog. **Gotthardvertrages.** Darin übernahm die Schweiz die Verpflichtung, den Betrieb der G. jederzeit zu gewährleisten und Deutschland und Italien für den Transitverkehr bestimmte Tarife einzuräumen. Der Vertrag hatte v. a. im 2. Weltkrieg große Bedeutung, in dem die Schweiz zwar alle ihrer Neutralität zuwiderlaufenden Transite verbot, alle anderen Transporte aber trotz wiederholter Vorstellungen der Alliierten gestattete.

Gotthardgruppe, Gebirgsmassiv in den schweizer. Alpen, nördl. Teil der Tessiner Alpen, im Pizzo Rotondo 3 192 m hoch; Quellgebiet von Aare, Reuß, Rhein und Rhone. **Sankt Gotthard** (Paß) ↑Alpenpässe (Übersicht).

Gotthardvertrag ↑Gotthardbahn.

Gotthelf (Gotthilf), in der Zeit des Pietismus aufgekommener männl. Vorname.

Gotthelf, Jeremias, eigtl. Albert Bitzius, * Murten 4. Okt. 1797, † Lützelflüh (Kt. Bern) 22. Okt. 1854, schweizer. Erzähler. - Aus Altberner Patrizierfamilie, seit 1832 Pfarrer in Lützelflüh. Seine literar. Arbeit sollte als vertiefte Seelsorge das Volk erreichen. Schauplatz seiner Werke, die ihn zu einem der großen Realisten machen, ist fast ausschließl. die Berner Bauernwelt. Seine großen sprachmächtigen Romane, v. a. „Der Bauernspiegel oder Lebensgeschichte des Jeremias Gotthelf" (1837), „Wie Uli der Knecht glückl. wird" (1841, Neufassung 1846 u. d. T. „Uli der Knecht") mit der Fortsetzung „Uli der Pächter" (1849), „Wie Anne Bäbi Jowäger haushaltet..." (1843/44), „Zeitgeist und Berner Geist" (2 Teile, 1852) und „Erlebnisse eines Schuldenbauers" (1854) enthalten massive Zeitkritik aus konservativem Blickwinkel. Tragend ist sein hohes Menschenbild auf gesicherter religiöser Grundlage. Seine Erzählungen spielen z. T. auch in der Vergangenheit, sie reichen von der „Schwarzen Spinne" (1842) über „Elsi die seltsame Magd" (1843) und „Das Erdbeeri Mareili" (1851) zu köstlichen humorist. Erzählungen („Wie Joggeli eine Frau sucht", 1841, „Wie Christen eine Frau gewinnt", 1845, und v.a. „Michels Brautschau“, 1849) voller Realistik.

Göttingen, Krst. an der Leine, Nds., 150 m ü.d.M., 132100 E. Mehrere Max-Planck-Inst.; Aerodynam. Versuchsanstalt, Inst. für den wiss. Film, Niedersächs. Inst. für Landeskunde und Landesentwicklung, Inst. für Zuckerrübenforschung, Ibero-Amerikan. Institut für Wirtschaftsforschung, Sternwarte; Univ. (gegr. 1737), Konservatorium, Verwaltungs- und Wirtschaftsakad., Fremdsprachen- und Dolmetscherinst., Museen, Bibliotheken, zwei Theater; botan. Garten. Feinmechan. Werkstätten für Meßinstrumente und Mikroskopie, pharmazeut. Ind., Buchdruckereien, Verlage u.a. - Westl. des seit 953 belegten Dorfs **Gutingi** gründeten, wahrscheinl. in der 2. Hälfte des 12. Jh., die welf. Herzöge von Sachsen am rechten Leineufer die 1202 erstmals gen. Marktsiedlung G.; Stadtrechtsverleihung spätestens im frühen 13. Jh. Die Stadt gehörte seit 1235 zum welf. Hzgt. Braunschweig-Lüneburg und seit 1286 zum Ft. Göttingen; 1351–1572 Hansemitglied. 1584 fiel G. an Braunschweig-Wolfenbüttel und 1635 an Calenberg, das spätere Kurhannover. - Zahlr. Kirchen, u.a. Johanniskirche (14. Jh.), Jacobikirche (14./15. Jh.), Marienkirche (14. Jh.), Christuskirche (1954/55), Kreuzkirche (1960–62). Rathaus (im 14. und 15. Jh. erweitert), Stadt- und Konzerthalle (1962–64).

G., Landkr. in Niedersachsen.

Göttinger Hain (Hainbund), dt. Dichterkreis, gegr. 1772 von J. H. Voß, L. Hölty, J. M. Miller u.a., die wie die weiteren Mgl. (H. C. Boie, die Grafen C. und F. L. Stolberg, J. A. Leisewitz, C. F. Cramer) an der Univ. Göttingen studierten. Dem G. H. nahe standen G. A. Bürger, M. Claudius (in Wandsbeck) und v.a. Klopstock (in Hamburg), der verehrtes Vorbild war und auf dessen Ode „Der Hügel und der Hain“ sich der Name bezog. Der G. H. war eine Protestbewegung gegen den Rationalismus der Aufklärung zugunsten erlebter Gefühlsaussage.

Göttinger Manifest, öffentl. Erklärung von 18 Atomwissenschaftlern 1957 gegen die atomare Ausrüstung der Bundeswehr, veranlaßt durch das Verlangen Bundeskanzler K. Adenauers, die Bundeswehr mit takt. Atomwaffen auszurüsten.

Göttinger Sieben, die Göttinger Prof. W. E. Albrecht, F. C. Dahlmann, H. von Ewald, G. Gervinus, J. Grimm, W. Grimm und W. E. Weber, die am 18. Nov. 1837 gegen die Aufhebung der Verf. von 1833 durch König Ernst August II. protestierten und deshalb entlassen wurden. Die G. S. trugen durch ihr aufsehenerregendes Handeln wie durch ihre Rechtfertigungsschriften maßgebl. zur Entwicklung des dt. Liberalismus bei.

Göttingische Gelehrte Anzeigen, 1739 als „Göttingische Zeitungen von gelehrten Sachen“ gegründete literar.-krit. Zeitschrift, die 1753 von der Akademie der Wissenschaften in Göttingen u.d.T. „Göttingische Anzeigen von gelehrten Sachen“ übernommen wurde und seit 1802 als „G. G. A.“ erschien. 1944 stellte die Zeitschrift ihr Erscheinen ein, 1953 (207. Jg.) neu gegründet.

Gott-ist-tot-Theologie, v.a. auf G. Vahanians Buch „The death of God“ (1961) zurückgehende zusammenfassende Bez. für theolog. (bzw. atheist.) Versuche, den Gottesbegriff aus seinen myth. und metaphys. Bindungen zu lösen und vor dem Hintergrund der polit. und sozialen Realitäten und der subjektiven Betroffenheit des Menschen neu zu verstehen.

Gottkönigtum, Idee und Institution eines sakralen Herrschertums.

göttliches Recht, 1. natürl. g.R. (↑Naturrecht); 2. positives g.R., das nach kath. Kirchenlehre die unveränderl. Grundordnung der Kirche umschreibt.

göttliche Tugenden (theolog. Tugenden), in der kath. Theologie Bez. für die unmittelbar auf Gott bezogenen Tugenden Glaube, Hoffnung, Liebe, die Gott mit der heiligmachenden Gnade schenkt.

Gottlieb, männl. Vorname, der sich unter Anlehnung an das Adjektiv lieb aus Goteleib (althochdt. got „Gott“ und -leip „Nachkomme, Sohn“) entwickelt hat.

Gottlob, in der Zeit des Pietismus (17./18. Jh.) gebildeter männl. Vorname.

Gottlosenbewegung, generalisierende Bez. für kommunist. atheist. ↑Freidenker.

Gottorf (Gottorp), europ. Dyn., Nebenlinie des oldenburg.-dän. Königshauses.

Göttrick (Godofredus), † 810 (ermordet), dän. König. - Herrschte in Jütland; ließ, um das Vordringen der Franken aufzuhalten, eine Wallanlage zw. Treene und Schlei errichten die die Grundlage des ↑Danewerks wurde.

Gottschalk, alter dt. männl. Vorname; eigtl. etwa „Gottesknecht“ (althochdt. got „Gott“ und scalc „Knecht, Diener“).

Gottsched, Johann Christoph, * Juditten (= Königsberg [Pr]) 2. Febr. 1700, † Leipzig 12. Dez. 1766, dt. Literaturtheoretiker. - ∞ mit Luise Adelgunde Victorie G.; Kritiker und Spracherzieher, Reformer und geistiger Führer der Frühaufklärung. In seinem „Versuch einer Crit. Dichtkunst vor die Deutschen“ (1730) erstrebte er eine Reform der dt. Literatur, u.a. des dt. Dramas, das er nach dem Vorbild von Corneille, Racine u.a. im Sinne des frz. Klassizismus gestalten wollte. Als erster entwarf er ein geschlossenes „poetolog. Regelsystem“, wobei er sich auf die philosoph. Grundlagen C. Wolffs bezog. Oberstes Prinzip der Dichtung wurde es, die Natur nachzuahmen, G. verwarf deshalb u.a. das Wunderbare in der Poesie, die barocke Sprache, den Hanswurst in der Komödie und die Oper. Als Beispiel für die Schaubühne verfaßte er das Trauerspiel „Der sterbende Cato“ (UA 1731, erschienen 1732), die „erste regelmäßige dt. Originaltragödie“. Sein Dogmatismus (u. a. Ablehnung Shakespeares, Miltons, Klopstocks) führte zu einer heftigen literar. Kontroverse über das Wunderbare mit den Schweizern Bodmer und Breitinger und zur Gegnerschaft Klopstocks, Herders und Lessings. Sein größtes Verdienst erwarb sich G. um das dt. Theater, er sorgte für deklamator. Ausbildung der Schauspieler und in Zusammenhang mit Karoline Neuber für das soziale Ansehen des Standes. Er trat auch als Übersetzer hervor und gab u. a. die moral. Wochenschrift „Die vernünftigen Tadlerinnen“ (1725/26) heraus.

Freier, H.: Krit. Poetik. Stg. 1973.

G., Luise Adelgunde Victorie, geb. Kulmus, gen. „die Gottschedin“, * Danzig 11. April 1713, † Leipzig 26. Juni 1762, dt. Schriftstellerin. - Seit 1735 ∞ mit Johann Christoph G., dessen Literatur- und Theaterreform ihre Interessen und ihr Schaffen galten. Übersetzte frz. Komödien und begründete mit eigenen die „Sächsische Typenkomödie“. Die erste, „Die Pietisterey im Fischbein-Rocke ...“ (1736) über pietist. Frömmelei und heuchler. Betrug erregte großes Aufsehen. Auch Übersetzerin von Pope, Steele und Addison.

Gottschee, Gebiet in Unterkrain, in der jugoslaw. Republik Slowenien, Hauptort Kočevje. - G. wurde als Teil der Mark Krain durch die von den Grafen von Ortenburg im frühen 14. Jh. durchgeführte Besiedlung mit dt. Bauern zum Mittelpunkt einer bis 1941 bestehenden dt. Sprachinsel.

Gottwald, alter dt. männl. Vorname (althochdt. got „Gott“ und -walt zu walten „walten, herrschen“); heute selten.

Gottwald, Clytus, * Bad Salzbrunn (Schlesien) 2. Nov. 1925, dt. Musikforscher, Chorleiter und Komponist. - Gründete 1960 die Stuttgarter Scola Cantorum, ein Vokalensemble zur Aufführung von Musik des 15./16. Jh. und der Avantgarde. In seinen Kompositionen beschäftigt er sich mit Problemen der Sprachvertonung.

G., Klement, * Dědice (Mähren) 23. Nov. 1896, † Prag 14. März 1953, tschechoslowak. kommunist. Politiker. - Seit 1925 ZK- und Politbüro-Mgl., seit 1929 auch Generalsekretär der KPČ; 1939–45 in Moskau; danach Vors. der KPČ und der Nat. Front, zunächst stellv., seit 1946 Min.präs.; führte 1948 den kommunist. Staatsstreich durch; verwandelte als Staatspräs. seit 1948 die ČSR mit stalinist. Methoden (z. B. Schauprozeß gegen R. Slánský) in eine Volksdemokratie.

Gottwaldov [tschech. 'gɔtvaldɔf] (bis 1949 Zlín), Stadt 80 km östl. von Brünn, ČSSR, 84 700 E. Pädagog. Inst.; Schuhmuseum. Bed. Schuhind., chem. Werke. Im Ortsteil **Kudlov** Ateliers der tschech. Puppen- und Zeichentrickfilmproduktion.

Göttweig (Stift G.), Benediktinerabtei sö. von Mautern an der Donau, Niederösterreich; um 1074 als Augustiner-Chorherrenstift gegr.; 1719–65 barocker Neubau des Stifts nach J. L. von Hildebrandts Plänen, die später geändert und nur zum Teil ausgeführt wurden; u. a. Kirchenfassade (1750–65), N-Flügel (mit Kaiserstiege, 1738) und O-Flügel weitgehend nach seinen Plänen.

Götz, männl. Vorname, Kurzform von Namen, die mit „Gott-“ gebildet sind, bes. von Gottfried.

Götz, Johann Nikolaus, * Worms 9. Juli 1721, † Winterburg bei Bad Kreuznach 4. Nov. 1781, dt. Dichter. - Begründete u. a. mit J. P. Uz und J. W. Gleim den Halleschen anakreont. Dichterkreis; neben eigenen Gedichten v. a. Übersetzungen.

Götze, Carl, * Pinneberg 1. Jan. 1865, † Cuxhaven 2. Mai 1947, dt. Pädagoge. - Mitbegr. der Kunsterziehungsbewegung in Deutschland; 1921–30 Leiter des Hamburger Volksschulwesens; schrieb u. a. „Das Kind als Künstler“.

Götze [zu der mittelhochdt. Koseform für Gott götz „Heiligenbild“; bei Luther „falscher Gott“], in der wertenden Sprache einer [monotheist.] Religion ein Gegenstand göttl. Verehrung (Mensch, Naturwesen, Ding) einer anderen Religion.

Götz von Berlichingen ↑ Berlichingen, Götz von.

Gouache [gu'a:ʃ; italien.-frz.] (Guasch), Malerei mit Wasserfarben, denen Gummiarabikum oder Dextrin als Bindemittel und Deckweiß zugefügt sind; stark deckender, nach dem Trocknen aufhellender Farbauftrag, z. B. in der ma. Miniaturmalerei, in der Bildnisminiaturmalerei (15.–19. Jh.), in der Gegenwart wieder aufgegriffen.

Gouda [niederl. 'xɔu̯da:], niederl. Stadt 29 km nö. von Rotterdam, 60 900 E. Museen; Käsehandelszentrum; Viehmarkt. Molkereien, Herstellung von Tonpfeifen, Steingut u. a. - G. erhielt 1272 von Graf Floris V. von Holland Stadtrechte. 1572 fiel die bed. Handelsstadt in die Hand der Geusen; in der holländ. Ständeversammlung war G. eine der sechs großen Städte. - Spätgot. Rathaus (1450–52), spätgot. Sint-Janskerk (1485 ff.) mit Glasfenstern (16./17. Jh.).

Gouda ['gaʊda; niederl. 'xɔu̯da:; nach der gleichnamigen Stadt], urspr. niederl., brotlaibförmiger Schnittkäse mit kleinen Löchern, milder bis pikanter Geschmack, entsprechend der Reifezeit (sechs Wochen bis 18 Monate). Kleine runde G. werden als **Babygouda** oder **Geheimratskäse** bezeichnet.

Goudimel, Claude [frz. gudi'mɛl], * Besançon um 1514, † Lyon (nach der Bartholomäusnacht, vermutl. zw. dem 28. und 31.) Aug. 1572, frz. Komponist. - Komponierte Messen, Motetten und Chansons; bed. sind seine 3 Vertonungen der Genfer Psalmen von

C. Marot und T. Beza, deren letzte (1565), nicht zuletzt durch A. Lobwassers dt. Übersetzung (1573), zu einem der wichtigsten Bücher des reformierten und darüber hinaus auch des allgemein prot. Kirchengesangs wurde.

Goudsmit, Samuel Abraham [niederl. 'xɔutsmɪt], * Den Haag 11. Juli 1902, † Reno (Nev.) 4. Dez. 1978, amerikan. Physiker niederl. Herkunft. - 1941–46 am Massachusetts Institute of Technology in Cambridge und seit 1948 am Brookhaven National Laboratory in Upton (N.Y.) tätig. Führte 1925 zur Deutung der Atomspektren zus. mit G. Uhlenbeck den ↑Spin der Elektronen in die Quantentheorie ein.

Goudt, Hendrik [niederl. xɔut], * Den Haag (?) 1582 (?), † Utrecht 17. Dez. 1648, niederl. Zeichner und Kupferstecher. - Kehrte nach Elsheimers Tod von Rom nach Utrecht zurück, wo er dessen wegweisende Kunst durch sieben Stiche nach Elsheimer sowie Federzeichnungen im Stil Elsheimers (z.T. Elsheimer-Originale?) den niederl. Künstlern, insbes. Rembrandt, vermittelte.

Goudy, Frederick William [engl. 'gaʊdɪ], * Bloomington (Ill.) 8. März 1865, † Deepdene bei Marlboro (N.Y.) 11. Mai 1947, amerikan. Schriftkünstler und Buchdrucker. - Gründete verschiedene Privatpressen (u.a. Camelot Press, Village Press); schuf, bes. für die Monotype Society, weit über 100 Typenalphabete.

Gough Island [engl. 'gɔf 'aɪlənd], unbewohnte Vulkaninsel im südl. Atlantik, 90 km², bis 907 m ansteigend; Brutstätte des Wanderalbatros. - Zu Beginn des 16. Jh. von Portugiesen entdeckt; seit 1847 britisch; gehört zu Tristan da Cunha.

Goujon, Jean [frz. gu'ʒõ], * in der Normandie um 1510, † Bologna zw. 1564/69, frz. Bildhauer. - Stilist. zeigt G. einen sehr eleganten Manierismus. Sein Hauptwerk in Paris ist die „Fontaine des Innocents" (1548/49; heute Square des Innocents) mit den heute im Louvre befindl. Hochreliefs der Quellnymphen. Auch Bauplastik für den Louvre (seit 1548, u.a. Musiktribüne mit Karyatiden 1551) sowie Holzschnitte für eine Vitruv-Ausgabe (1547).

Goulart, João Belchior Marques [brasilian. gu'lar], * São Borja 1. März 1918, † Mercedes (Prov. Corrientes, Argentinien) 6. Dez. 1976, brasilian. Politiker. - Vertreter der Nationalen, 1953/54 Arbeitsmin., 1955–61 Vizepräs.; wurde 1961 Präs., wegen seiner sozialreformer. Haltung im April 1964 vom Militär gestürzt.

Gould [engl. gu:ld], Glenn Herbert, * Toronto 25. Sept. 1932, † ebd. 4. Okt. 1982, kanad. Pianist. - Machte sich v.a. als Interpret klass. Musik (Bach, Beethoven) und der Wiener Schule einen Namen.

G., Morton, * Richmond Hill (New York) 10. Dez. 1913, amerikan. Pianist, Komponist und Dirigent. - Komponierte sinfon. Werke, Revuen, Ballett- und Filmmusiken, die in den USA z.T. sehr populär wurden, u.a. „Latin American symphonette" (1941).

Goulds Amadine [engl. gu:ld; nach dem brit. Zoologen J. Gould, * 1804, † 1881] (Chloebia gouldiae), etwa 10 cm langer, sehr farbenprächtiger Prachtfink, v.a. in offenen, grasreichen Landschaften N-Australiens; Oberseite grasgrün, Brust und Bürzel blau, Bauch gelb; beliebter Stubenvogel.

Gouled Aptidon, Hassan [frz. gulɛdapti'dɔn], * Dschibuti 1916, dschibut. Politiker. - Mai–Juni 1977 Min.präs., seitdem (erster) Staatspräs. des unabhängigen Dschibuti.

Goulette, La [frz. lagu'lɛt], Stadt in N-Tunesien, am Golf von Tunis, 41 900 E. Außenhafen von Tunis (10 km lange Kanalverbindung zw. beiden Städten); Seebad; Werft für Fischereifahrzeuge und Leichter. - An der Stelle von La G. lag das antike **Toenia** oder **Ligula.**

Gounod, Charles [frz. gu'no], * Paris 17. Juni 1818, † Saint-Cloud (Hauts-de-Seine) 18. Okt. 1893, frz. Komponist. - Komponierte Opern, u.a. „Faust" (1858; in Deutschland „Margarethe"), „Roméo et Juliette" (1867), Oratorien, Messen, Sinfonien, Kammermusik und Lieder. Berühmt blieb seine „Méditation" über das erste C-Dur-Präludium aus dem „Wohltemperierten Klavier" von J. S. Bach (1852; 1859 mit einem „Ave Maria"-Text).

Gourmand [gʊr'mã:; frz.], svw. Schlemmer.

Gourmet [gʊr'me:; frz., eigtl. „Gehilfe des Weinhändlers"], Feinschmecker; Kenner von Speisen und Getränken.

Gourmont, Remy de [frz. gur'mõ], * Bazoches-en-Houlme (Orne) 4. April 1858, † Paris 27. Sept. 1915, frz. Schriftsteller. - Theoretiker des Symbolismus; skept. Antitraditionalist, an Voltaire und Renan geschult; Essayist; schrieb auch Gedichte, Dramen, Romane.

Gout [gu:; frz., zu lat. gustus „Geschmack"], Geschmack, Wohlgefallen; **goutieren,** Gefallen an etwas finden.

Gouvernante [gu...; lat.-frz. (zu ↑Gouverneur)], im 18. und 19. Jh. die Erzieherin (Hauslehrerin, Hofmeisterin) der Töchter aus vornehmem Haus, oft ausländ. Herkunft.

Gouvernement [guvɛrnə'mã:; lat.-frz. (zu ↑Gouverneur)], Regierung; Verwaltungsbezirk militär. oder ziviler Behörden.

Gouverneur [guvɛr'nø:r; lat.-frz., zu lat. gubernare „steuern, lenken" (von griech. kybernãn (mit gleicher Bed.)], höchster Exekutivbeamter eines B.-Staates (USA), einer Prov. (Belgien) oder einer Kolonie (Zivil-G.); oberster Befehlshaber einer Festung oder Garnison bzw. eines Standorts (Militär-G.).

Gove Peninsula [engl. 'goʊv pɪ'nɪnsjʊlə], Halbinsel im O von Arnhemland im austral. Nordterritorium; bed. Bauxitvorkommen; Eingeborenenreservat.

Governador Valadares [brasilian. governa'dor vala'daris], brasilian. Stadt 240 km nö. von Belo Horizonte, 166 m ü. d. M., 127 000 E. Bischofssitz; Forschungsstation für Tabak- und Maisbau; Endpunkt der Schifffahrt auf dem Rio Doce; ✈.

Gower, John [engl. 'gaʊə], * Kent um 1330, † Southwark (= London) 1408, engl. Dichter. - Schrieb neben Satiren eine didakt. aufbereitete Erzählsammlung in engl. Sprache, die „Confessio amantis" (um 1390, „Beichte des Liebenden").

Gowers, Sir (seit 1897) William Richard [engl. 'gaʊəz], * London 20. März 1845, † ebd. 4. Mai 1915, brit. Mediziner. - Prof. in London; beschäftigte sich mit der Neurologie des Gehirns und des Rückenmarks. Nach ihm sind u. a. zahlr. Syndrome benannt, u. a. **Gowers-Zeichen,** Bez. für: 1. Erweiterung der Pupille bei Lichteinfall (paradoxe Pupillenreaktion; Zeichen für Rückenmarksschwindsucht); 2. Auftreten von verstärkten Schmerzen bei Ischias, wenn der Fuß des liegenden Kranken stark nach rückwärts gedrückt wird.

Gowon, Yakubu [engl. 'gaʊən], * Jos (Z-Nigeria) 19. Okt. 1934, nigerian. Offizier und Politiker. - Machte sich 1966 zum Chef von Armee, Staat und Reg.; sein Kampf um die Einheit Nigerias mündete in einen blutigen Bürgerkrieg (↑ Biafra); 1975 als Präs. Nigerias durch Militärputsch gestürzt.

Goya y Lucientes, Francisco José de [span. 'goja i lu'θientes], * Fuendetodos bei Zaragoza 30. März 1746, † Bordeaux 16. April 1828, span. Maler, Radierer und Lithograph. - 1769 oder 1770 Studienreise nach Italien, danach Freskoauftrag in Zaragoza; 1774 Berufung durch A. R. Mengs an die königl. Teppichmanufaktur (1775–91 zahlr. Teppichkartons). Hofmaler seit 1786; 1792 ertaubt; 1795 Direktor der Akad. San Fernando in Madrid; seit 1824 in Bordeaux. Seine Kunst erwächst aus kompromiß- und illusionsloser Beobachtungsgabe und psycholog. Scharfblick. Außergewöhnl. ist seine menschl. Anteilnahme an Not und Elend des Volkes, wie seine seinen Weltruhm begründenden Radierfolgen „Los Caprichos" (1793–99), „Desastres de la guerra" (1810–14), „Tauromaquia" (1815) und „Los Proverbios" (1815 ff.) in ihrer bitteren sozialen Anklage zeigen, ebenso Gemälde wie „Die Erschießung der Aufständischen vom 3. Mai 1808" (1814; Madrid, Prado). In den düsteren Bildern seines Wohnhauses „Quinta del Sordo" malte G. 1819–23 schreckenerregende Szenerien von visionärer Phantastik. In Bordeaux entstanden auch Lithographien. G. war ein bed. Kolorist, im Spätwerk impressionist. wirkende Malweise („Das Milchmädchen von Bordeaux", 1827/1828; Madrid, Prado).

Weitere Werke: Die bekleidete Maja und Die unbekleidete Maja (beide um 1797; Madrid, Prado), Die Familie Karls IV. (1800, ebd.), Karnevalsszene (oder Das Begräbnis der Sardine, vermutl. zw. 1808 und 1814; Madrid, Academia de San Fernando), Bildnis Ramón Satué" (1820; Amsterdam, Rijksmuseum),

Francisco José de Goya y Lucientes, Die Erschießung der Aufständischen vom 3. Mai 1808 (1814). Madrid, Prado

„Selbstbildnis mit dem Arzt Arrieta" (1820; Minneapolis, Institute of Arts).

🕮 *Gassier, P./Wilson, J.: G., sein Leben - sein Werk. Bln. 1970.*

Goyen (Goijen), Jan van [niederl. 'xo:jə], * Leiden 13. Jan. 1596, † Den Haag 27. April 1656, niederl. Maler. - Seit 1631 in Den Haag; bed. Landschaftsmaler. Zunächst schlichte Motive, seit Mitte der 40er Jahre Übergang zu repräsentativen niederl. Fluß- und Küstenlandschaften sowie Städteansichten.

G., [Charles] William [engl. 'gɔjən], * Trinity (Tex.) 24. April 1915, Los Angeles 30. Aug. 1983, amerikan. Schriftsteller. - Gestaltet eine verinnerlichte Welt von Erinnerungen in einer sensiblen, musikal. und lyr. Prosa, u. a. „Haus aus Hauch" (R., 1950), „Savata" (R., 1963).

Goytisolo, Juan [span. gɔi̯ti'solo], * Barcelona 5. Jan. 1931, span. Schriftsteller. - Schreibt zeitkrit. Romane und Essays (über das Spanien Francos). - *Werke:* Die Falschspieler (R., 1954), Trauer im Paradies (R., 1955), Das Fest der anderen (R., 1956), Strandgut (R., 1958), Sommer in Torremolinos (R., 1961), Rückforderung des Conde Don Julián (R., 1970), Johann ohne Land (R., 1975).

Gozan, antike Ruinenstätte, ↑ Tall Halaf.

Gozzi, Carlo Graf [italien. 'gɔddzi], * Venedig 13. Dez. 1720, † ebd. 4. April 1806, italien. Lustspieldichter. - Lehnte für das Theater (v.a. im Ggs. zu C. Goldoni) alle fremden, v. a. frz. Einflüsse ab; versuchte die Wiederbelebung der Commedia dell'arte durch Aufnahme von Märchenelementen (Spektakel und Zauberwelt). Seine bekanntesten Stücke sind „Die Liebe zu den drei Pomeranzen" (Märchenspiel, 1761 uraufgeführt; als Oper von S. Prokofjew 1921 u. d. T. „Die Liebe zu den drei Orangen"), „Turandot" (Kom., 1762 uraufgeführt; als Oper von Busoni 1917, von Puccini 1926) und „König Hirsch" (Kom., 1762 uraufgeführt, als Oper von H. W. Henze 1956).

G., Gasparo Graf, * Venedig 4. Dez. 1713, † Padua 26. Dez. 1786, italien. Schriftsteller. - Bruder von Carlo Graf G.; Hg. und Kommentator des „Osservatore veneto" (1761/62) nach dem Vorbild von Addisons „Spectator"; auch Satiriker, Dramatiker und Übersetzer; bed. Dante-Biographie.

Gozzoli, Benozzo [di Lese], * Florenz 1420, † Pistoia 1497, italien. Maler. - Schüler (?) und Gehilfe Fra Angelicos; 1459–61 entstand mit den Fresken im Palazzo Medici-Riccardi (Florenz) sein Hauptwerk in festl. und farbigem Erzählstil; 1463–65 folgten Fresken in Sant'Agostino in San Gimignano und 1468–84 im Camposanto von Pisa (im 2. Weltkrieg fast ganz zerstört).

GP [frz. ʒe'pe], Abk. für: **G**rand **P**rix (↑ Großer Preis).

G. P., Abk. für: ↑ **G**eneral**p**ause.

gpm, Einheitenzeichen für: geopotentielles Meter (↑ Geopotential).

G-Pol, svw. ↑ Gate.

GPU, Abk. für: **G**ossudarstwennoje **p**olititscheskoje **u**prawlenije [„staatl. polit. Verwaltung"], polit. Staatspolizei in Sowjetrußland; entstand 1922 durch Umwandlung der Tscheka zur Bekämpfung der inneren Konterrevolution und ausländ. Agenten; ging 1934 im NKWD auf; seit 1946 unter der Bez. MWD dem Ministerium des Innern angegliedert; 1954 als ↑ KGB Zentrale der Spionageabwehr und des Geheimdienstes im Ausland.

Graaf, Reinier de [niederl. xra:f], * Schoonhoven 30. Juli 1641, † Delft 17. Aug. 1673, niederl. Anatom. - Arzt in Paris und Delft; beschäftigte sich mit der Anatomie und Physiologie der Genitalorgane des Menschen; erkannte die Funktion des Eierstocks und entdeckte die ↑ Eifollikel (**Graaf-Follikel**).

Graaff, Robert Jemison Van de [engl. græf], amerikan. Physiker, ↑ Van de Graaff, Robert Jemison.

Grab, Beisetzungsstätte; in heutiger Zeit übl. als Erd- oder Urnen-G. bzw. Einzel- oder Familien-G. auf Friedhöfen. Die Bestattung von Toten in Massengräbern ist nicht statthaft. - Häufige vor- und frühgeschichtl. *G.formen* sind Felsengräber, Höhlengräber, Schachtgräber, hausähnl. Grabkammern, Rundbauten u. a.; neben verschiedenen Lagerungen weit verbreitet als Hockergrab.; bed. die Megalithgräber, urspr. mit Erde aufgeschüttete Großsteingräber (Hünengräber) mit Kammer-G., Gang-G., Galerie-G. sowie Dolmen; meistens Kollektiv- und Einzelbestattungen; weite Verbreitung des Kuppelgrabes. Auf Grund der z. T. sehr früh einsetzenden Feuerbestattung in Europa während der Bronzezeit Beisetzung in sog. Brandgräbern (Urnen-G., Flach-G., Hügel-G.). Im nördl. Europa Gräber in schiffsförmigen Steinsetzungen oder in Booten (Boot-G.); in M- und W-Europa Beigabe von Wagen (Wagen-G.). Ägypt. Formen waren Pyramide und Mastaba. In Kleinasien Entwicklung des Turmgrabes. G.bau, Art der Bestattung, Riten, G.beigaben, G.steine bzw. G.mäler sind wichtige Quellen für die Erforschung der jeweiligen Religion und Sozialstruktur vor- und frühgeschichtlicher bzw. frühneuzeitlicher Perioden.

Grabar, Igor Emmanuilowitsch, * Budapest 25. März 1871, † Moskau 17. Mai 1960, sowjet. Kunsthistoriker. - Maler (Porträts und Landschaften); 1913–25 Direktor der Tretjakow-Galerie in Moskau, Mitinitiator der sowjet. Denkmalpflege; bed. wiss. Arbeiten über russ. Kunst (u. a. über I. Repin, Hg. der „Geschichte der russ. Kunst", 1909–16).

Grabbe, Christian Dietrich, * Detmold 11. Dez. 1801, † ebd. 12. Sept. 1836, dt. Dramatiker. - Sohn eines Justizbeamten; 1827–34 Jurist beim Lippischen Militär in Detmold; seine unstete Art, die Unzufriedenheit mit seiner berufl. Tätigkeit, die erfolglosen Versuche, seine oft überspannten und ins Maßlose gesteigerten Vorstellungen und Ziele (wollte Schauspieler und Regisseur werden) zu verwirklichen sowie die zerrütteten Lebensverhältnisse (unglückl. Ehe, Zerwürfnis mit seinem Verleger in Frankfurt am Main und mit K. Immermann in Düsseldorf, der seine Dramen nicht aufführte) trugen dazu bei, daß G. zunehmend dem Alkohol verfiel; kam 1836 todkrank (Rückenmarkschwindsucht) wieder nach Detmold. Gilt nach Büchner als bedeutendster dt. Dramatiker des Vormärz und als wichtiger Wegbereiter des modernen Dramas. Unter dem Einfluß Shakespeares, der Dramatik des Sturm und Drangs und des romant. Schicksalsdramas verfaßte G. die Tragödie „Herzog Theodor von Gothland" (entstanden 1819–22, erschienen 1827), mit der G. völlig von der ästhet. und eth. Tradition der dt. Klassik abrückt und eine nihilist. Weltsicht präsentiert. Sein Hang zum Grotesken, zur karikaturist. Verzerrung und seine Deutung der Welt als „mittelmäßiges Lustspiel" fanden ihren Niederschlag in der Literatursatire „Scherz, Satire, Ironie und tiefere Bedeutung" (Lsp., entstanden 1822, erschienen 1827). Pessimist. Geschichtsdeutung kennzeichnet die Römertragödie „Marius und Sulla" (Fragment, 1827). Höhepunkte seiner schwer spielbaren, heute wenig aufgeführten Dramen sind die Tragödien „Napoleon oder Die hundert Tage" (1831) und „Hannibal" (1835).

Weitere Werke: Don Juan und Faust (Dr., 1829), Kaiser Friedrich Barbarossa (Dr., 1829), Die Herrmannsschlacht (Dr., hg. 1838).

🕮 *Ehrlich, L.: C. D. G. Bln. 1983. - Porrmann, M.: G. Lemgo 1982.*

Grabbeigaben, einem Toten ins Grab mitgegebene Gegenstände aus dem profanen und kult. Bereich; schon in Gräbern der mittelpaläolith. Neandertaler bekannt. Außer Speisebeigaben und Geräten in den verschiedensten Materialien ist oft der persönl. Besitz an Schmuck und Bewaffnung beigegeben, unter Umständen auch Menschen- und Tieropfer. Bes. reich mit Beigaben ausgestattete Gräber können Aussagen über die Sozialstruktur in vor- und frühgeschichtl. Zeit ermöglichen. - Wertvolle Funde von hohem künstler. Wert finden sich v. a. in den Königsgräbern der alten Hochkulturen (Ägypten, Mesopotamien) oder in den Fürstengräbern der Reiterkulturen (Sibirien, Osteuropa, Anatolien).

Grabbienen (Erdbienen, Sandbienen, Andrenidae), weltweit verbreitete Fam. nicht staatenbildender Bienen mit über 1 000, 4–20 mm langen Arten, davon etwa 150 in M-Europa. G. graben ihre Nester meist in die Erde. Zur artenreichsten Gatt. gehören die ↑Sandbienen (i. e. S.), außerdem die ↑Trugbienen.

Graben, künstl. angelegte oder natürl. längl. Bodenvertiefung.

◆ (Grabenbruch) relative Einsenkung eines Erdkrustenstreifens an Verwerfungen zw. stehengebliebenen oder gehobenen Schollen (**Horst**).

◆ im *militär.* Bereich (auch als G.systeme) Hindernisse für den Feind oder Deckungen vor feindl. Einwirkung.

Graber, Pierre, * La Chaux-de-Fonds 6. Dez. 1908, schweizer. Politiker. - Mgl. der Sozialdemokrat. Partei; 1970–77 Bundesrat, Leiter des Polit. Departements (für Außenpolitik zuständig); 1975 Bundespräsident.

Grabeskirche, komplexe Anlage in Jerusalem, von Konstantin d. Gr. errichtet; umfaßt mehrere Sakralbauten, darunter eine Basilika und einen Zentralbau, angelegt über der vermuteten Kreuzigungs- und Grabstätte Jesu Christi. Mehrfach zerstört und wiedererrichtet.

Grabfeld, nördlichster Teil des fränk. Gäulandes, Bayern, BR Deutschland und Bez. Suhl, DDR, erstreckt sich zw. der Rhön im NW und den Haßbergen im SO, wird von der Fränk. Saale durchflossen und ist ein wichtiges altes Durchgangsland zw. Main und Werra mit Kirchenburgen und befestigten Orten. - Der Name G. ist erstmals 739 belegt; Grafen im G. waren die Popponen bzw. vom 11. Jh. an die Grafen von Henneberg; auch die Stifter Würzburg und Fulda hatten Anteil am Grabfeld.

Grabfüßer, svw. ↑Kahnfüßer.

Grabgabel ↑Spaten.

Grabheuschrecken, svw. ↑Grillen.

Grabmal, Monument für einen Toten an seiner Beisetzungsstätte, z. T. als Grabstätte. **Altertum:** Großartige Grabbauten wurden schon in früher Zeit auf Grund religiöser Vorstellungen geschaffen, in W- und N-Europa ↑Megalithgräber, in Mitteleuropa ↑Hügelgräber, im alten Ägypten ↑Pyramide und ↑Mastaba, in Osteuropa und Sibirien ↑Kurgane, im Mittelmeerraum Kuppelgräber, von denen die myken. (sog. Schatzhaus des Atreus) von bes. Bedeutung sind. Das antike Griechenland pflegte die Grabstele mit Reliefbild. In Kleinasien wurden Felsengräber z. T. mit architekton. Fassaden versehen (1. Jt. v. Chr.), ebenso die achämenid. Felsengräber (↑Naghsch e Rostam) und die Felsengräber von ↑Petra (um Christi Geburt). In Lykien (SW-Kleinasien) waren vom 6. bis 4. Jh. Pfeiler- oder Turmgräber (u. a. das Harpyienmonument von Xanthos) verbreitet. Die Türben genannten Grabtürme in Kleinasien stammen dagegen erst aus islam. Zeit, v. a. 11.–16. Jh.; sie sind seldschuk. Ursprungs; sie kommen u. a. auch im Iran vor. Im islam. Bereich entwickelten sich daraus monumentale Grabmoscheen und -medresen. - Kuppelgräber (Tumuli) tauchten seit dem 7. Jh. v. Chr. wieder in Etrurien auf. Diesen Typ übernahmen die Römer im 1. Jh. v. Chr., daneben standen v. a. Einflüsse des kleinasiat.

Grabmal. Ludovico Tullio Giacchino Visconti, Sarkophag Napoleons I. (1840). Paris, Invalidendom

Grabmal des Giuliano de' Medici, Herzog von Nemours (1520–34) von Michelangelo. Florenz, San Lorenzo

Turmgrabs. Einen Höhepunkt bildeten das Augustus-Mausoleum und die Engelsburg in Rom sowie das Grabmal Theoderichs d. Gr. in Ravenna. In der ↑Igeler Säule ist ein Pfeilermonument erhalten.
Europ. MA: In den Boden der Kirche eingelassen wurde die Grabplatte aus Stein oder Bronze, später wurde sie meist an die Kirchenwand gestellt; die *Tumba*, meist aus Stein oder Bronze, bestand aus Unterbau und Grabplatte und war freistehend über dem Bodengrab, später meist als Wandnischengrab. Seit dem 11. Jh. wurde auf der Grabplatte eine figürl. Darstellung des Toten angebracht (auch auf der der Tumba). Das Tumbengrab wurde im 14. Jh. oft von Klagegestalten umgeben (Claus Sluter: G. Philipps des Kühnen, 1404 ff., Dijon, Musée des Beaux-Arts), seit dem Spät-MA wurde der Verstorbene gelegentl. doppelt (zusätzl. als Skelett) dargestellt.
Neuzeit: In der Renaissance wurde die Figur des Toten auch von der Grabplatte gelöst (Michelangelo, Grabkapelle der Medici in Florenz, San Lorenzo, 1520 ff.), ein Zeichen der Herausstellung der einzelnen Persönlichkeit und ihrer Ansprüche. In den Grabmälern des Barock verband sich das Bedürfnis nach Repräsentation mit der Vorliebe der Zeit zu allegor. Darstellungen (Vergänglichkeitsgedanke). Seit dem Ende des 18. Jh. überwog die Ausstattung von Friedhofsgräbern, Grabbauten standen neben einfachen Gedenksteinen und Kreuzen, gern wurden zusätzl. Engel dargestellt (Seelengeleiter). Erst seit dem Ende des 1. Weltkriegs gibt es Bemühungen um eine neue Friedhofs- und Grabkultur.

🕮 *Hüppi, A.: Kunst u. Kult der Grabstätten. Olten u. Freib. 1968. - Panofsky, E.: Grabplastik. Dt. Übers. Köln 1964.*

Grabmann, Martin, * Winterzhofen (= Berching) 5. Jan. 1875, † Eichstätt 9. Jan. 1949, dt. kath. Theologe und Philosophiehistoriker. - Betrieb bed. und umfangreiche Quellenforschungen zur Philosophie- und Theologiegeschichte des MA.

Grabner, Hermann, * Graz 12. Mai 1886, † Bozen 3. Juli 1969, östr. Musikpädagoge und Komponist. - Schüler von M. Reger, Theorielehrer in Straßburg, Mannheim und Heidelberg, Leipzig und Berlin; komponierte Werke verschiedener Gattungen; bed. sind v. a. seine theoret. Schriften, u. a. „Allgemeine Musiklehre" (1924), „Handbuch der funktionellen Harmonielehre" (1944).

Grabow [...bo], Stadt an der Elde, Bez. Schwerin, DDR, 28 m ü. d. M., 8 300 E. Werkzeug-, Holz-, Bekleidungs- und Nahrungsmittelind. - Um 1252 gegr., erhielt vor 1275 Stadtrecht. - Got. Stadtkirche (13./14. Jh.); der **Grabower Altar** des Meisters Bertram befindet sich heute in der Hamburger Kunsthalle; barockes Rathaus (18. Jh.).

Grabowsky, Adolf [...ki], * Berlin 31. Aug. 1880, † Arlesheim bei Basel 23. Aug. 1969, dt. Politikwissenschaftler und Jurist. - Mitbegr. und Hg. der „Zeitschrift für Politik" (1907–33 und seit 1954); 1921–33 Dozent an

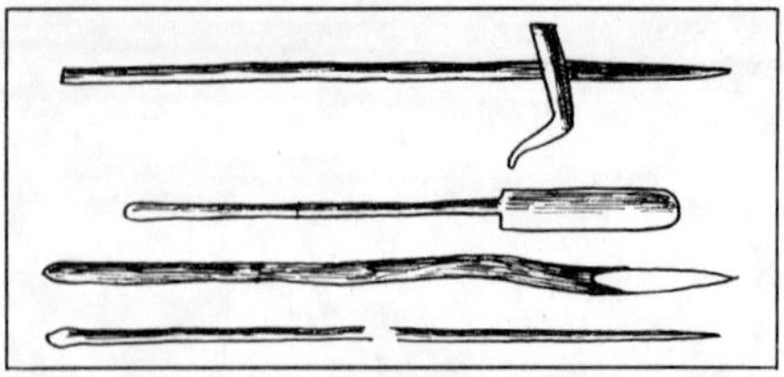

Grabstöcke aus Südostasien

der Dt. Hochschule für Politik, Berlin; 1934 Emigration in die Schweiz, wo er 1937 das „Weltpolit. Archiv" gründete; seit 1950 Prof. in Marburg, 1952–65 in Gießen.

Grabschändung, Zerstörung oder Beschädigung einer Grabstätte sowie *beschimpfender Unfug* (d. h. eine grob ungehörige, rohe Gesinnung aufzeigende schimpfl. Handlung) an ihr; sie wird gemäß § 168 StGB bzw. § 304 StGB mit Freiheitsstrafe oder mit Geldstrafe bestraft.

Grabstele, altgriech. Grabmal in Form einer ↑Stele.

Grabstichel, Werkzeug zum Gravieren, Ziselieren und Kupferstechen: ein vorn meist schräg geschliffener Stahl von quadrat. Querschnitt. **Grabstichelarbeit,** älteste Kupferstichtechnik bzw. der in dieser Technik hergestellte Stich.

Grabstock, zugespitzter Stock, der zum Ausgraben von Wurzeln und zum Auflockern oder Umbrechen des Bodens vor dem Säen dient. Bereits in der Steinzeit, heute v. a. von Sammelwirtschaft treibenden Stämmen benutzt, zunehmend von der Hacke verdrängt.

Grabtuch Jesu (Leichentuch [Jesu] Christi), Reliquie der Grablegung Jesu; es gibt etwa 40 Exemplare; das berühmteste ist das **Turiner Grabtuch.**

Grabwespen (Sandwespen, Mordwespen, Sphegidae), mit rd. 5 000 Arten weltweit verbreitete Fam. 2–50 mm großer, keine Staaten bildender Hautflügler; bes. zahlr. in den Tropen und Subtropen, in M-Europa rd. 150 Arten; mit meist schwarzgelb oder schwarzrotbraun gezeichnetem Körper, dessen Hinterleib am Brustabschnitt teils ungestielt, teils mit einem langen Stiel ansetzt und dessen Vorderfüße häufig durch starke Bedornung als Grabbeine fungieren. - Die meisten G. graben Erdröhren als Nester für die Brut. Zu den G. gehören u. a. Bienenwolf, Sandwespen, Kreiselwespen, Knotenwespen und Töpferwespen.

Gracchus ['graxʊs], wahrscheinl. aus dem Etrusk. stammender Beiname des altröm. plebej. Adelsgeschlechts der Sempronier: **G.,** Gajus Sempronius, * 154 oder 153, † 121 v. Chr., Politiker und Reformer. - Bruder von Tiberius Sempronius G.; für 123 und 122 zum Volkstribunen gewählt; nahm das Reformwerk seines Bruders wieder auf: Gesetze zur Verteilung verbilligten Getreides an die Armen und zur Milderung des Militärstrafrechts sowie ein Gesetz, das die Anlage von Kolonien außerhalb Italiens vorsah, wodurch er u. a. die Optimaten in der Staatsführung abzulösen gedachte. Trotz großer Anhängerschaft für 121 nicht mehr zum Volkstribunen gewählt. Als die Aufhebung der Gesetze des G. beantragt wurden, kam es zu Kämpfen, in deren Verlauf sich G. von einem Sklaven töten ließ.

G., Tiberius Sempronius, * 163 oder 162, † 133, Politiker und Reformer. - Das von ihm als Volkstribun (133) eingebrachte Ackergesetz sah - unter völliger Schonung des Privateigentums - vor, daß niemand mehr als 500 Morgen für sich und je 250 Morgen für zwei erwachsene Söhne an okkupiertem Staatsland besitzen dürfe, um auf dem darüber hinausgehenden, vom Staat einzuziehenden Gebiet neue Bauernstellen mit je 30 Morgen zu errichten und das stadtröm. Proletariat wieder auf dem Lande anzusiedeln. Die Akkerverteilung übernahm eine Dreimännerkommission, der auch die beiden Gracchen angehörten. Bei dem Versuch, seine Wiederwahl als Volkstribun zu erzwingen, mit 200–300 seiner Anhänger erschlagen.

Grace [engl. grɛɪs], engl. Form des weibl. Vornamens Grazia.

Gracián y Morales, Baltasar [span. gra'θian i mo'rales], * Belmonte de Calatayud 8. Jan. 1602, † Tarazona de Aragón 6. Dez. 1658, span. Schriftsteller. - Jesuit; bed. Prediger; schrieb außerdem pessimist. Aphorismen über weltkluges Verhalten („Handorakel", 1647; dt. von Schopenhauer 1862) und stellte in dem allegor.-satir. Roman „Criticon oder Über die allg. Laster des Menschen" (3 Tle., 1651–57) dem Höfling den natürl. Menschen gegenüber.

Gracia Patricia, geb. Grace Kelly, * Philadelphia 12. Nov. 1929, † Monaco 14. Sept. 1982 (Autounfall), Fürstin von Monaco. - Theater- (seit 1949 am Broadway) und Filmschauspielerin (1951–56; spielte u. a. in „Zwölf Uhr mittags", 1952; „Über den Dächern von Nizza", 1955; „Die oberen Zehntausend", 1956), heiratete 1956 Fürst Rainier III.

Graciosa [portugies. grɐ'si̯ɔzɐ], Insel der Azoren, 62 km^2; Hauptort und -hafen ist **Santa Cruz da Graciosa.**

Gracq, Julien [frz. grak], eigtl. Louis Poirier, * Saint-Florent-le-Vieil (Maine-et-Loire) 27. Juli 1910, frz. Schriftsteller. - Gestaltet in dem Roman „Das Ufer der Syrten" (1951) das Schicksal des Menschen bzw. der modernen brüchigen Gesellschaft symbolhaft im Untergang eines Stadtstaates. - *Weitere Werke:* Auf Schloß Argol (R., 1938), Ein Balkon im Wald (R., 1958), Entdeckungen (Essays, 1961), La presqu'île (Nov., 1970).

grad, Formelzeichen für ↑Gradient.

Grad [slaw.], Burg, Stadt; häufig in slaw. Ortsnamen, z. B. Belgrad.

Grad [zu lat. gradus, eigtl. „Schritt"], Einheitenzeichen °, Einheit für ebene Winkel, zur Unterscheidung vom sog. Neugrad (↑Gon) auch als Altgrad bezeichnet; 1° ist gleich dem 90. Teil eines rechten Winkels. Unterteilung: 1° = 60′ (Minuten) = 3 600″ (Sekunden). SI-Einheit für den ebenen Winkel ist der ↑Radiant.

◆ Skalenteil bzw. die durch ihn dargestellte Größe oder Einheit (z. B. Härtegrad), speziell Temperatureinheit in Verbindung mit den [die jeweils verwendete Temperaturskala bezeichnenden] Hinweiswörtern Celsius (°C), Fahrenheit (°F) und Reaumur (°R).

◆ Verhältnis einer Größe zu ihrem Optimalwert oder einer ähnl. Vergleichsgröße; z. B. Füllungsgrad, Reflexionsgrad.

◆ die höchste Potenz, in der eine Unbekannte oder Variable in einer Gleichung bzw. in einem Polynom auftritt.

◆ ↑Schriftgrade.

◆ ↑akademische Grade.

◆ ↑Freimaurerei.

grad., Abk. für: **grad**uiert, in Verbindung mit einer näheren Bez. eingeführter akadem. Titel, den Fachhochschulen, Gesamthochschulen und z. T. Hochschulen für bildende Künste verleihen, z. B. Ing. (grad.), Sozialpädagoge (grad.), Designer (grad.).

Gradabteilung ↑Gradnetz.

Gradara, italien. Gemeinde in den Marken, an der Adria, 2 400 E. - Hier soll Giancotto Malatesta nach der von Dante (Inferno V) und nach ihm von zahlr. anderen Dichtern, von Malern und Komponisten dargestellten Liebestragödie seine Gattin Francesca da Rimini und deren Liebhaber, Giancottos jüngeren Bruder Paolo Malatesta, ermordet haben.

Gradation [zu lat. gradatio „Steigerung"], in der Literaturwiss. sich steigernder Aufbau, z. B. der Szenen eines Dramas, einer Satzreihung (↑Klimax).

◆ (Tonwertabstufung) Kontrastwiedergabevermögen eines photograph. Materials. Die Wiedergabe der Helligkeitsabstufungen in Grautönen wird im Diagramm als Kurve dargestellt, die den Zusammenhang zw. Belichtung (Produkt aus Beleuchtungsstärke und Belichtungsdauer) und erzielter Dichte (Ausmaß der Schwärzung auf der belichteten photograph. Schicht) zeigt *(G.kurve, Dichtekurve, Schwärzungskurve)*. Eine G. wird weich (flach) genannt, wenn ihr geradliniger Teil einen Winkel α kleiner als 45° mit der Abszissenachse bildet ($\gamma < 1$), hart bzw. steil, wenn der Winkel 45° und größer ($\gamma \geqq 1$) *ist.*

◆ in der *Fernsehtechnik* Bez. für die Abstufung der Helligkeitswerte eines Fernsehbildes.

◆ svw. ↑Massenvermehrung.

Grade, Hans Gustav Bernhard, * Köslin 17. Mai 1879, † Borkheide (Landkr. Belzig) 22. Okt. 1946, dt. Ingenieur und Flugpionier. - Baute und flog 1908 das erste dt. Motorflugzeug (Dreidecker); gründete eine Flugschule.

Gradient [zu lat. gradiens, eigtl. „schreitend"], allg. svw. Gefälle oder Anstieg einer Größe auf einer bestimmten Strecke, z. B. Temperatur-, Druck-, Dichte-, Konzentrations-, Helligkeits-G.; auch das Gefälle bezügl. einer bestimmten Tendenz, z. B. der Entwicklungstendenz im Plasma der polarisierten Eizelle.

In der *Mathematik* bezeichnet man als G. den einem skalaren Feld (z. B. einem Temperaturfeld oder einem Potentialfeld) zugeordneten Vektor (Formelzeichen: grad), der für jeden Punkt des Feldes Richtung und Größe der stärksten Feldänderung an dieser Stelle angibt.

Gradierwerk, Holzgerüst, belegt mit Reisig oder Schwarzdornästen, über die ↑Sole herabrieselt, deren Salzgehalt hierbei infolge erhöhter Verdunstung ansteigt.

Gradisca d'Isonzo, oberitalien. Gemeinde in Friaul-Julisch-Venetien, am unteren Isonzo, 31 m ü. d. M., 6 200 E. - Von Venedig 1471–81 als Festung gegen die Osmanen angelegt; 1521 an das Haus Österreich, das Gemeinde und Umgebung zur Gft. **Gradisca** erhob; 1754 mit Görz zur Gefürsteten Gft. **Görz und Gradisca** vereinigt. Nach dem 1. Weltkrieg an Italien. - Dom (16. Jh.) mit palladian. Fassade (1752), zahlr. barocke Paläste und Bürgerhäuser; Befestigungsanlage.

Gradmann, Robert, * Lauffen am Neckar 18. Juli 1865, † Sindelfingen 16. Sept. 1950, dt. Geograph und Botaniker. - Ev. Pfarrer, schrieb als Autodidakt „Das Pflanzenleben der Schwäb. Alb" (2 Bde., 1898); Begründer der Lehre vom Einfluß der Klima- und Vegetationsveränderungen auf die vor- und frühgeschichtl. Besiedlung; 1914 Prof. in Tübingen, später in Erlangen.

Gradnetz, i. w. S. jedes die Oberfläche der Planeten oder die Himmelskugel dem geograph. G. entsprechend unterteilendes Liniennetz, i. e. S. das aus **Längenkreisen** und **Breitenkreisen** gebildete Netz der als Kugel oder Rotationsellipsoid betrachteten Erdoberfläche. Die sich von Pol zu Pol erstreckenden Meridiane dieses geograph. G. sind die Hälften von Großkreisen, die sich in beiden Polen schneiden; Nullmeridian ist der Meridian von Greenwich, von dem aus die geograph. Längen bis 180° nach O (ö. L.) bzw. nach W (w. L.) gezählt werden. Von den Breitenkreisen ist nur der Äquator ein Großkreis, während die parallel verlaufenden Breitenkreise polwärts immer kleiner werden; die geograph. Breiten zählt man vom Äquator aus bis 90° (Pol) nach N (n. Br.) bzw. nach S (s. Br.). Von Meridianen und Parallelkreisen abgegrenzte Teile der Erdoberfläche werden als **Gradabteilungen** bezeichnet. - Abb. S. 322.

Gradnetznavigation, svw. ↑Gitternavigation.

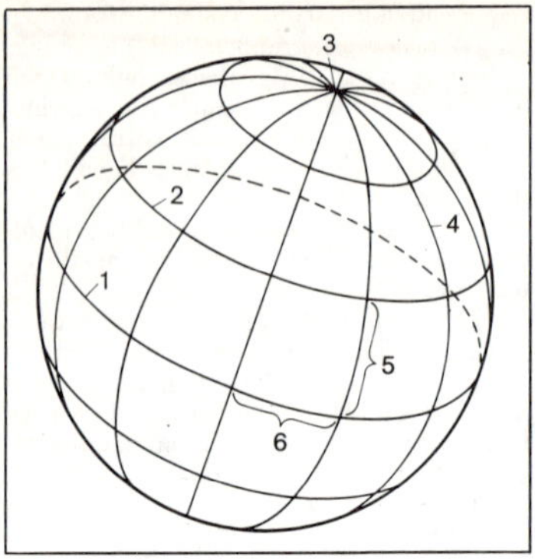

Gradnetz der Erde. 1 Äquator, 2 Breitenkreis (Parallelkreis), 3 Nordpol, 4 ein Längenkreis, 5 geographische Breite (beliebig), 6 geographische Länge (beliebig)

Grado, italien. Hafenstadt und Seebad in Friaul-Julisch-Venetien, auf einer Nehrung gelegen, 9 700 E. Fischkonservenind., Fremdenverkehr. - In röm. Zeit Hafenort Aquilejas, nach dessen Eroberung durch Hunnen (452) und Langobarden (568) Zufluchtsort eines Großteils der Bev. und des Patriarchen; 1815 östr. 1919 italien. - Altchristl. Bauten in der Altstadt, u. a. Sant-Eufemia (geweiht 579) mit 900 m² Mosaikfußboden, oktogonales Baptisterium (2. Hälfte des 5. Jh.).

Graduale [lat.], der zweite Gesang des ↑Proprium missae, ein auf den Stufen (lat. gradus) zum Ambo vorgetragenes ↑Responsorium, das nach der Epistel gesungen wird. ◆ seit dem 12. Jh. übl. Bez. für das liturg. Buch mit den Gesängen der Messe (Liber gradualis).

Gradualsystem ↑Erbfolge.

graduell [lat.-frz.], grad-, stufenweise, allmählich.

graduieren [lat.], einen ↑akademischen Grad erteilen; *graduiert* bezeichnet 1. allg. die Tatsache, daß jemand einen akadem. Grad erworben hat und ist 2. Bestandteil einer bestimmten Art akadem. Titel (↑grad.).

Graduiertenförderung ↑Ausbildungsförderung.

Gradus [lat.], Schritt, Grad, Stufe, Rang.

Gradus ad Parnassum [lat. „Stufen zum Parnaß"], Titel alphabet. geordneter griech. oder lat. Wörterbücher des 18. Jh., in denen die Silbenlänge, sinnverwandte Wörter, Beiwörter und poet. Wendungen angegeben werden (als Hilfe zum Versemachen). Auch Titel musikal. Studienwerke, z. B. der Kontrapunktlehre von J. J. Fux (1725).

Graecum (Gräkum) [griech.-lat.], eine dem Abiturabschluß entsprechende Ergänzungsprüfung eines Studierenden in der griech. Sprache.

Graefe, [Wilhelm Ernst] Albrecht von, * Finkenheerd (= Brieskow-Finkenheerd, Landkreis Eisenhüttenstadt) 22. Mai 1828, † Berlin 20. Juli 1870, dt. Augenarzt. - Prof. in Berlin; Begründer der modernen Augenheilkunde; führte den von H. L. F. Helmholtz erfundenen Augenspiegel in die Praxis ein, verbesserte die Operation des grauen Stars.

Graetz, Heinrich, * Xions (= Książ Wielkopolski, Woiwodschaft Posen) 31. Okt. 1817, † München 7. Sept. 1891, jüd. Historiker. - Seit 1869 Prof. in Breslau; verfaßte als erster eine Gesamtgeschichte des jüd. Volkes, „Geschichte der Juden von den ältesten Zeiten bis auf die Gegenwart" (11 Bde., 1853–75).

G., Leo, * Breslau 26. Sept. 1856, † München 12. Nov. 1941, dt. Physiker. - Prof. in München; entwickelte einen elektrolyt. Gleichrichter *(G.-Zelle)* und eine Schaltung zur Gleichrichtung beider Halbwellen des Wechselstromes (↑Graetz-Schaltung).

Graetz-Schaltung [nach L. Graetz], zur Gleichrichtung von Wechselstrom verwendete Brückenschaltung, bei der vier Gleichrichter die Brücke bilden, an deren einem Diagonalzweig die Wechselstromquelle angeschlossen ist, während der andere Diagonalzweig den gleichgerichteten Strom führt. -

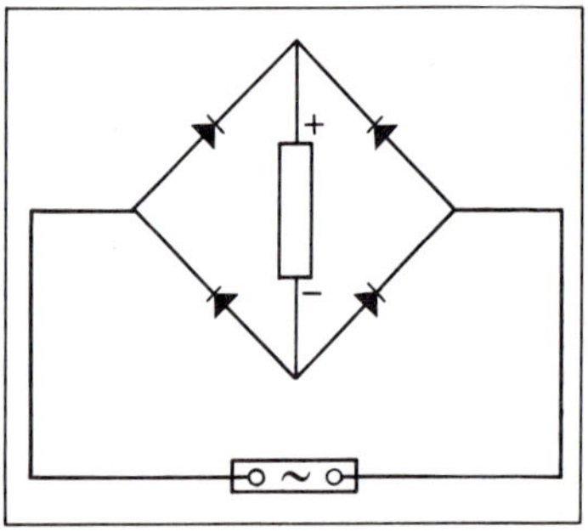

Graevenitz, Gerhard von, * Schilde bei Wittenberge 19. Sept. 1934, † in den Alpen (Flugzeugabsturz) 20. Aug. 1983, dt. kinet. Künstler. - Ging von seinen weißen Reliefstrukturen seit 1960 zu kinet. Objekten über, anfangs mit kleinsten, später größeren elektromotor. bewegten geometr. Elementen wie Streifen, Quadraten u. a.

Graf, Ferdinand, * Klagenfurt 15. Juni 1907, † Wien 8. Sept. 1969, östr. Politiker (ÖVP). - Bereitete als Staatssekretär für das Sicherheitswesen im B.-Ministerium für Inneres (1945–56) seit 1950 die Wiederbewaffnung vor; 1956–61 B.-Min. für Landesverteidigung.

G., Oskar Maria, * Berg (Landkr. Starnberg) 22. Juli 1894, † New York 28. Juni 1967, dt. Schriftsteller. - Anhänger K. Eisners; 1933 emigrierte er über Österreich, die ČSR und die UdSSR in die USA (1938). Anfängl. pazifist. und sozialkrit. Gedichte und Novellen, schrieb dann v. a. derbe, erot. Dorf- und Kleinstadtromane, Schnurren und Schwänke. *Werke:* Das bayr. Dekameron (En., 1928), Kalender-Geschichten (1929, erw. 1957), Bolwieser (R., 1931; 1964 u. d. T. Die Ehe des Herrn Bolwieser), Anton Sittinger (R., 1937), Unruhe um einen Friedfertigen (R., 1947), Die Erben des Untergangs (R., 1959), Der große Bauernspiegel (E.n, 1962).

G., Robert, * Annen (= Witten) 18. Nov. 1923, † München 4. Febr. 1966, dt. Schauspieler. - Seit 1951 an den Münchner Kammerspielen. Wurde v. a. durch schwierige Charakterrollen in Film und Fernsehen bekannt, z. B. in den Filmen „Jonas" (1957) und „Wir Wunderkinder" (1958).

G., Steffi, * Mannheim 14. Juni 1969, dt. Tennisspielerin, gewann 1986 die Internat. Dt. Tennismeisterschaft in Berlin (West), 1988 und 1989 die All England Championships in Wimbledon; steht seit Aug. 1987 an erster Stelle der Weltrangliste.

G., Urs, * Solothurn gegen 1485, † Basel (?) 1527 oder 1528, schweizer. Zeichner. - Ausgebildet als Goldschmied (schuf zahlr. Vorlagen). Seine eigenwilligen und schwungvollen [Rohrfeder]zeichnungen geben v. a. derbdrast. Darstellungen aus dem Landsknechts- und Volksleben; auch Kupferstiche u. a.

Graf [mittellat., letztl. zu griech. gráphein „schreiben"], im Früh-MA königl. Amtsträger in einem durch den Streubesitz des Königsguts nur lose bestimmten Gebiet (↑ Grafschaft). Im Fränk. Reich urspr. Führer einer Heeresabteilung, dann Amtsträger mit gerichts- und grundherrl. Berechtigungen an königl., kirchl. und auch adligem Gut zur Durchsetzung königl. Gewalt (Verwaltungs-, Rechts-, Finanz- und Wehrdienst). Mit dem Schwinden der alten Amtsgrafschaften im 11. und 12. Jh. Aufbau von Territorien durch Allodialgrafschaften und durch Vogtrechte der G. (trotz der königl. Einsetzung von Burg- und Land-G.). Der Titel G. wurde bis in die Neuzeit als Adelstitel geführt; seit 1919 ist er in Deutschland nur noch Teil des Familiennamens, in Österreich abgeschafft. - Als mit genossenschaftl. Funktionen betraute sog. „Minder-G." galten der Deich-G., Moor-G., Holz-G., Rheingraf.

Grafenfehde, der dän.-lüb. Krieg 1533–36; ben. nach den Grafen Christoph von Oldenburg und Johann von Hoya, die zus. mit Lübeck und dessen Bürgermeister J. Wullenwever die dän. Städte und den Adel in ihrem Kampf zur Befreiung des 1532 gestürzten Königs Christian II. militär. unterstützten. 1536 siegte jedoch der vom dän. Adel gewählte König Christian III.

Gräfenhainichen, Krst. in der Dübener Heide, Bez. Halle, DDR, 93 m ü. d. M., 8 200 E. Metallind., Braunkohlenbergbau. - Erhielt spätestens Anfang des 14. Jh. Stadtrecht, kam 1423 an Meißen und 1815 an Preußen. - Barocke Pfarrkirche (17. Jh.).

G., Landkr. im Bez. Halle, DDR.

Grafenkrone ↑ Wappenkunde.

Grafenwöhr, Stadt am O-Rand der Fränk. Alb, Bay., 400 m ü. d. M., 5 800 E. Heimatmuseum; Elektroapparatebau, Nahrungsmittelind.; Truppenübungsplatz. - Wird 1427 als Stadt bezeichnet.

Gräfe und Unzer GmbH ↑ Verlage (Übersicht).

Graff, Anton, * Winterthur 18. Nov. 1736, † Dresden 22. Juni 1813, schweizer. Maler. - Seit 1766 Hofmaler und seit 1789 Lehrer an der Kunstakad. in Dresden; gesuchter Porträtist, auch von bürgerl. Persönlichkeiten des kulturellen Lebens.

Graffito [italien.], Ritzinschrift, -zeichnung; auch svw. ↑ Sgraffito.

Grafschaft, Amtsbezirk des Grafen zur Institutionalisierung des königl. Herrschaftsanspruchs v. a. z. Z. Karls des Großen, der das gesamte Fränk. Reich mit einem Netz von G. *(G.schaftsverfassung)* überziehen ließ. Als Gebiete unmittelbarer Königshoheit verschwanden die G. im 11./12. Jh. und entwikkelten sich zu einer Vielfalt verschiedener Typen (*Land-*, *Mark-*, *Pfalz-* und *Burggrafen*) und wurden, da sie vererbt, verschenkt, verkauft, geteilt und verpfändet werden konnten, zum Objekt dynast. Erb- und Heiratspolitik.

Grafschaft Bentheim, Landkr. in Nds.

Graf Zeppelin ↑ Luftschiff.

Graham [engl. 'grɛɪəm], Billy, eigtl. William Franklin G., * Charlotte (N. C.) 7. Nov. 1918, amerikan. baptist. Erweckungsprediger. - Veranstaltet seit 1946 große Predigtreisen mit „Massenerweckungen".

G., Martha, * Pittsburgh (Pa.) 11. Mai 1894, amerikan. Tänzerin, Choreographin und Tanzpädagogin. - Gründete 1929 eine eigene Kompanie, für die sie etwa 150 Werke schuf, u. a. „Incantation" (1931), „Frontier" (1935), „Letter to the world" (1940), „Clytemnestra" (1958). G. entwickelte eine eigene, auf der Harmonie von Atmung und Bewegung beruhende Tanztechnik. Ihr Einfluß war ausschlaggebend für die Entwicklung des modernen Tanzes in Amerika.

G., Thomas, * Glasgow 21. Dez. 1805, † London 16. Sept. 1869, brit. Physiker und Chemiker. - Prof. in Glasgow und London. Stellte 1834 das Grahamsche Gesetz über die Diffusionsgeschwindigkeiten von Gasen auf und zählt zu den Begründern der Kolloidchemie.

Graham-Bell-Insel [engl. grɛɪəm], östl. Insel von Franz-Joseph-Land, im Nordpolarmeer, UdSSR, 1 708 km².

Grahambrot [nach dem amerikan. Arzt S. Graham, * 1794, † 1851], Weizenschrot-Vollkornbrot in Kastenform, urspr. ohne Hefe und ohne Sauerteig hergestellt.

Graham Island [engl. 'grɛɪəm 'aɪlənd] ↑Queen Charlotte Islands.

Grahamland [engl. 'grɛɪəmlænd] ↑Antarktische Halbinsel.

Graham-Salz [nach T. Graham, der es 1834 erstmals herstellte], ein Natriumpolyphosphatgemisch, das wegen seiner Fähigkeit, Calciumionen zu binden, zur Wasserenthärtung verwendet wird.

Grahamstown [engl. 'grɛɪəmztaʊn], Stadt in der südl. Kapprovinz, Republik Südafrika, 532 m ü. d. M., 41 000 E. Anglikan. Bischofssitz; Univ. (gegr. 1904), mehrere Forschungsinst., theolog. College, Lehrerseminar; Theater; botan. Garten; landw. Handelszentrum. - G. entstand um 1812. - Kathedrale von Saint Michael und Saint George (19. Jh.).

Graien ↑Gorgonen.

Grainger, Percy [engl. 'grɛɪndʒə], * Brighton bei Melbourne 8. Juli 1882, † White Plains (N. Y.) 20. Febr. 1961, amerikan. Komponist und Pianist. - Schüler von F. Busoni, sammelte v. a. engl. und skand. Volksmelodien, die auch in seine Kompositionen Eingang fanden.

Graisivaudan [frz. grɛzivo'dɑ̃], glazial überformte Längstalfurche in den frz. N-Alpen, von Arly und Isère durchflossen.

Grajische Alpen (frz. Alpes Grées, italien. Alpi Graie), Teil der Westalpen beiderseits der frz.-italien. Grenze, im vergletscherten **Gran Paradiso** 4061 m hoch.

gräkobaktrisches Reich ↑Baktrien.

gräko-buddhistische Kunst, svw. Gandharakunst (↑Gandhara).

Gräkomanie [griech.], leidenschaftl. Vorliebe für die altgriech. Kultur.

Gral [zu altfrz. graal, eigtl. „Gefäß"], in der ma. Dichtung ein geheimnisvoller, verschieden beschriebener sakraler Gegenstand (Schale, Kelch, Stein), der zus. mit einer ebenso rätselhaften blutenden Lanze in einer tempelartigen Burg von G.könig und G.rittern bewacht wird; er ist wundertätig (Glückseligkeit, ewige Jugend und Speisen in unbegrenzter Fülle spendend, heilend) und nur dem Reinen erreichbar, der zu ihm berufen wird. - Die älteste erhaltene **Gralsdichtung** ist Chrétien de Troyes' „Perceval", dem wenig später Robert de Borons „Roman de l'estoire dou Graal" folgte. Am Anfang der dt. G.dichtungen steht Wolfram von Eschenbachs „Parzival", an den Albrecht (von Scharfenberg?) mit dem „Jüngeren Titurel" anknüpft; von den späteren Dichtungen ist nur die „Crône" Heinrichs von dem Türlin eigenständig; von frz. Quellen sind auch die engl. G.dichtungen, z. B. T. Malorys „Le morte d'Arthur" (oder auch „Le morte Darthur" betitelt), der walis. „Peredur" und die altnord. „Parzifalssaga" abhängig. Der Ursprung der **Gralssage** ist umstritten: Für die Erklärung von Schüssel und Lanze in frz. Texten werden folgende Quellen vermutet: 1. christl. Überlieferung (Symbolik der Eucharistie und der Messe); 2. kelt. Erzähltradition (Märchenmotive, z. B. der G. als mag. Gefäß des Überflusses); 3. Fruchtbarkeitsriten (die Schüssel als Symbol des weibl. Schoßes, die Lanze als Phallussymbol); 4. das vieldeutig-dunkle Schrifttum des Hellenismus und der Spätantike.

Gralsbewegung, von Oskar Ernst Bernhardt (* 1875, † 1941) gegr. religiöse Gemeinschaft, nach deren Lehre Christus Gottessohn, **Abd-ru-shin** (unübersetzbare Selbstbez. Bernhardts) Menschensohn ist; in der BR Deutschland etwa 1400 Mgl.

Gram-Färbung [dän. gram'; nach dem dän. Bakteriologen H. C. Gram, * 1853, † 1938], wichtige Methode zur Charakterisierung von Bakterien. Der Bakterienausstrich wird mit einem bas. Farbstoff (z. B. Gentianaviolett, Kristallviolett oder Methylviolett) gefärbt und anschließend mit einer Jod-Jodkalium-Lösung gebeizt, wobei sich in der Zelle ein (blauer) Farblack bildet. Bei langsamem Entfärben des Präparates mit Alkohol oder Aceton entfärben sich die **gramnegativen** Bakterien rascher als die grampositiven. Durch abermalige Färbung (Gegenfärbung), z. B. mit (rotfärbendem) Fuchsin oder Safranin, können im fertigen Präparat die gramnegativen (zuvor völlig entfärbten) Bakterien deutl. erkennbar gemacht werden (sie erscheinen dann rot), während die **grampositiven** Bakterien noch ihre urspr. (blaue) Färbung zeigen.

Gramineae [lat.], svw. Süßgräser (↑Gräser).

Gramm [griech.-lat.-frz., letztl. zu griech. gráphein „schreiben"] ↑Kilogramm.

...gramm [griech.], Nachsilbe von Zusammensetzungen mit der Bed. „Schrift, Geschriebenes", z. B. Autogramm.

Grammäquivalent ↑Äquivalentmasse.

Grammar Schools [engl. 'græmə 'sku:lz, eigtl. „Grammatikschulen"], brit., den dt. Gymnasien entsprechende achtjährige Schulen (11. bis 18. Lebensjahr). Pflege der klass. Studien (Latein und Griechisch). Die Mehrzahl der Schüler verläßt die G. S. bereits nach sechs Jahren mit dem *G. School Certificate*, das zu berufl. Bildungswegen Zugang schafft (Technical Colleges). Das *Higher School Certificate* ist Voraussetzung für das Hochschulstudium.

◆ in den USA die der dt. Grundschule entsprechende Schule der Elementarstufe.

Grammatik [griech., zu grámma „Geschriebenes, Buchstabe, Schrift"], derjenige Teil der *Sprachwiss.*, der sich mit den sprachl. Formen und deren Funktion im Satz, mit den Gesetzmäßigkeiten und dem Bau einer Sprache beschäftigt; auch Bez. für die Ergebnisse der G.forschung in Form eines Buches oder einer wiss. Darstellung sowie Bez. für die der Sprache eigentüml. Struktur, d. h. für die Gesamtheit der Regeln einer Sprache. Meist wird die G. eingeteilt in Phonetik (Lautlehre), Morphologie (Formen- und Wortbildungslehre) und Syntax (Satzlehre). Je nach Forschungsziel gibt es unterschiedl. G.typen: die **histor. Grammatik** beschreibt eine Sprache in ihrer geschichtl. Entwicklung und Veränderung; die **deskriptive Grammatik** stellt ohne jede Wertung eine Sprache dar, wie sie zu einem bestimmten Zeitpunkt gesprochen wird (↑auch Diachronie, ↑Synchronie); eine **normative Grammatik** stellt Regeln für den richtigen Sprachgebrauch auf, die dann für den Benutzer verbindl. sind; in der **vergleichenden** (kontrastiven) **Grammatik** werden zwei oder mehr Sprachen miteinander verglichen. - In der modernen Linguistik wird G. häufig gleichgesetzt mit einer Theorie der linguist. Analyse. Neben der traditionellen G. gibt es u.a. folgende G.arten: ↑Dependenzgrammatik, inhaltsbezogene Grammatik (↑inhaltsbezogene Sprachbetrachtung), ↑generative Grammatik, ↑Stratifikationsgrammatik.

📖 *Das Ringen um eine neue dt. G. Hg. v. H. Moser. Darmst. ³1973. - Admoni, W. G.: Grundll. der G.theorie. Dt. Übers. Hdbg. 1971. - Hartmann, P.: Theorie der G. Den Haag 1963.*

◆ in der *analyt. Philosophie* übl. Terminus („log. G.") für die Untersuchung der sprachl. Operationen von Wissenschaftssprachen, darunter auch von formalen Sprachen; führt zu einer *log. Syntax* und *Semantik.*

Grammatikalisation (Grammatikalisierung) [griech.], das Absinken eines Wortes mit urspr. eigenständiger Bedeutung zu einem bloßen Formenelement, z.B. althochdt. *līch* „Körper, Leib" zur Nachsilbe *-lich.*

Grammatikalität [griech./lat.], Begriff aus der ↑generativen Grammatik, mit dem die bloße Übereinstimmung eines Satzes mit den Regeln der Grammatik bezeichnet wird und der von der ↑Akzeptabilität unterschieden wird.

grammatisch, (grammatikalisch) die Grammatik betreffend.

◆ nach den Regeln der Grammatik richtig gebildet (↑Grammatikalität).

grammatischer Wechsel ↑Vernersches Gesetz.

grammatisches Geschlecht ↑Genus.

Grammatom (G-Atom), diejenige Menge eines chem. Elements, die seiner [relativen] ↑Atommasse in Gramm entspricht.

Grammolekül ↑Mol.

Grammont, Maurice [frz. gra'mõ], * Damprichard (Doubs) 15. April 1866, † Montpellier 17. Okt. 1946, frz. Sprachwissenschaftler. - Prof. für vergleichende Sprachwiss. in Montpellier; bed. Phonetiker, arbeitete v.a. über die Haupterscheinungen des Lautwandels; formulierte die **Grammontschen Gesetze,** 20 Regeln, die die Dissimilation (Lautänderung) bestimmter Konsonanten im Frz. ordnen, und das **Grammontsche Dreikonsonantengesetz,** nach dem der Murmellaut [ə] im Frz. dann nicht schwindet, wenn dadurch eine Gruppe von 3 Konsonanten entstünde: L'autre jour = [lotrəʒu:r], nicht [lotrʒu:r].

Grammophon ® [zu griech. grámma „Geschriebenes, Schrift" und phōnḗ „Stimme, Ton"], in den zwanziger und dreißiger Jahren allg. übl. Bez. für ↑Plattenspieler.

Grammos, Grenzgebirge zw. Griechenland und Albanien, bis 2523 m hoch.

gramnegativ ↑Gram-Färbung.

Gramont [frz. gra'mõ], nach einer Herrschaft in Niedernavarra (Dep. Pyrénées-Atlantiques) ben., 1525 begr. frz. Adelsgeschlecht (Herzogswürde 1648), aus dem bed. Feldherren, Diplomaten und Wissenschaftler hervorgingen; u.a. Agénor Herzog von G. (* 1819, † 1880), der als Außenmin. (1861–70) für den Ausbruch des Dt.-Frz. Krieges (1870/71) mitverantwortl. war.

Grampian Mountains [engl. 'græmpjən 'maʊntɪnz] ↑Highlands.

Grampian Region [engl. 'græmpjən 'ri:dʒən], Region in NO-Schottland.

grampositiv ↑Gram-Färbung.

Gramsci, Antonio [italien. 'gramʃi], * Ales (Prov. Cagliari) 22. Jan. 1891, † Rom 27. April 1937, italien. Politiker. - 1913 Mgl. des Partito Socialista Italiano (PSI); 1921 Mitbegr. des Partito Comunista Italiano (PCI); seit 1924 Abg. und Führer des PCI; 1926 verhaftet, 1928 zu 20 Jahren Gefängnis verurteilt; wandte sich in der Haft gegen die Theorie vom Sozialfaschismus. Die während seiner Haftzeit entstandenen, von seinen umfassenden kulturellen, philosoph. und histor.-polit. Interessen zeugenden Aufzeichnungen übten auf die Nachkriegskultur Italiens tiefen Einfluß aus.

Gran (de G., G. della Torre), Daniel, ≈ Wien 22. Mai 1694, † Sankt Pölten 16. April 1757, östr. Maler. - Bed. Repräsentant der barocken Freskomalerei (Palais Schwarzenberg, 1724, 1945 fast völlig zerstört, Östr. Nationalbibliothek, 1730, in Wien, Wallfahrtskirche auf dem Sonntagberg, 1738–43, Klosterneuburg, 1749); auch Altarbilder (Stiftskirche Lilienfeld, 1745); virtuose Federzeichnungen.

Gran, dt. für ↑Esztergom.

Gran [zu lat. granum „Korn"], alte, in vielen Ländern verwendete Gewichtseinheit; als kleineres Apothekergewicht entsprach 1 G. meist 0,06 bis 0,07 g.

Grana [lat.] ↑Plastiden.

Granada [span. gra'naða], span. Stadt am NW-Abfall der Sierra Nevada, 670 m ü.d.M., 262 200 E. Verwaltungssitz der Prov. G.; Erzbischofssitz; Univ. (gegr. 1526/31); Jesuitenkolleg; Observatorium; Archiv, Prov.- und archäolog. Museum; Handel und Verarbeitung von Erzeugnissen der westl. von G. gelegenen, über 40 000 ha großen Bewässerungsoase. Der Stadtteil Albaicín mit Höhlenwohnungen wird überwiegend von Zigeunern

Granat

bewohnt; bed. Fremdenverkehr. - In der Antike **Illiberis** (kelt. Gründung), unter Augustus röm. Munizipium in der Prov. Baetica; im 5. Jh. nacheinander von Vandalen, Alanen, Sweben und Westgoten erobert. Nach der arab. Invasion im 8. Jh. Bildung des maur. Kgr. G. (1030–50 und 1238–1492, seit 1246 unter Oberhoheit der christl. Könige von Kastilien), dessen Hauptstadt G. (bis dahin **Elvira** gen.) seit 1238 war; bald reichste Stadt der Iber. Halbinsel. - Generalife (Sommerresidenz der maur. Könige, 1319 vollendet); die † Alhambra ist einer der bedeutendsten islam. Profanbauten (13./14. Jh.); Kathedrale (1523–1703) mit den Grabmälern Ferdinands und Isabellas, Philipps I. und Johannas der Wahnsinnigen; Renaissancekirche San Jerónimo (16. Jh.); Palast Karls V. (1526 begonnen). - Abb. Bd. 1, S. 224.

G., Hauptstadt des Dep. G. in W-Nicaragua, am NW-Ufer des Nicaraguasees, 45 m ü. d. M., 72 600 E. Bischofssitz; Handelszentrum eines Agrargebiets; Textil-, Holz-, Nahrungsmittelind. Hafen für die Schiffahrt auf dem Nicaraguasee; Eisenbahnendpunkt. - 1524 von Hernández de Córdoba gegr., vor 1858 zeitweilig Hauptstadt Nicaraguas. - Kirche La Merced (18. Jh.) mit klassizist. Fassade.

Granados y Campiña, Enrique [span. gra'naðos i kam'piɲa], * Lérida 27. Juli 1867, † im Ärmelkanal 24. März 1916, span. Komponist und Pianist. - Bed. Vertreter der neueren nationalspan. Musik, v. a. Klaviermusik („Danzas españolas", 1892–1900; „Goyescas", 1911; als Oper 1916).

Granat [niederdt.], svw. Nordseegarnele († Garnelen).

Granat [zu lat. granatus „gekörnt"] (Granatgruppe), Gruppe sehr verbreiteter, gesteinsbildender Minerale von wechselnder chem. Zusammensetzung; allg. chem. Formel $Me_3^{II}\,Me_2^{III}\,(SiO_4)_3$, wobei Me^{II} die zweiwertigen Metalle Ca, Mg, Fe^{II}, Y und Me^{III} die dreiwertigen Metalle Fe^{III}, Al, Cr, Ti^{III} sind; Dichte zw. 3,5 und 4,2 g/cm^3, Mohshärte von 6,5 bis 7,5; durchsichtig bis undurchsichtig, glasglänzend bis fett- oder harzglänzend; Vorkommen in metamorphen kalkigen und dolomit. Gesteinen als Kontaktmineral sowie auf Seifen und in Sanden. Die einzelnen Glieder der G.gruppe werden als Schmucksteine

Granit

und als Schleifmittel verwendet.

Granatapfelbaum (Granatbaum, Punica), einzige Gatt. der **Granatapfelgewächse** (Punicaceae; aus der Ordnung der Myrtenartigen) mit zwei Arten, von denen der **Granatbaum** (G. im engeren Sinn, Punica granatum), urspr. verbreitet von SO-Europa bis zum Himalaja, heute in den Subtropen der ganzen Welt kultiviert wird; bis 1,5 m hoher Strauch oder bis 10 m hoher Baum mit korallenroten („granatroten") Blüten; Frucht (**Granatapfel,** Punischer Apfel) eine Scheinbeere, apfelähnl., 1,5 bis 12 cm breit; die Samen werden als Obst sowie zur Herstellung von Sirup (**Grenadine**) verwendet.

Granate [italien., eigtl. „Granatapfel" (nach der Form)], sprengstoffgefülltes Artilleriegeschoß († Munition).

Granatwerfer, mörserähnl. Steilfeuerwaffe, eingesetzt zur Bekämpfung von Einzelzielen hinter Deckungen.

Gran Canaria, drittgrößte der † Kanarischen Inseln, fast rund (45 km Durchmesser), 1 532 km², im erloschenen Vulkan Pico de las Nieves 1 949 m hoch; Hauptstadt Las Palmas de Gran Canaria.

Gran Chaco [span. gran 'tʃako], Großlandschaft in S-Amerika, zw. den Anden im W und Paraguay und Paraná im O, den Llanos de Chiquitos im N und den Pampinen Sierren und Pampas im S, eine etwa 1 400 km lange, 600–700 km breite Ebene, die von 400–500 m ü. d. M. am Andenfuß bis auf unter 100 m nach O abfällt. Das Klima weist heiße Sommer und kühle Winter auf mit starken tägl. Temperaturschwankungen. Die Parklandschaft des feuchteren O geht nach W in Buschwald und Strauchdickicht über; weiter im W Dornbuschwald, der vom Monte der Pampinen Sierren und Grasland der Pampas abgelöst wird. Der G. C. war ein zieml. ungestörtes Siedlungsgebiet der Indianer; erst Ende des 19. Jh. drangen Viehzüchter ein. Nach dem 1. Weltkrieg begann im südl. Teil der Feldbau, gefördert durch den Eisenbahnbau. Anteil am G. C. haben Argentinien, Paraguay und Bolivien.

Grancino [italien. gran'tʃi:no], bed. italien. Geigenbauerfamilie in Mailand (Mitte des 17. bis Mitte des 18. Jh.); wichtigste Vertreter waren Paolo G. (arbeitete 1665–92 in Mailand, Amati-Schüler) und seine Söhne Giovanni Battista und Giovanni.

Grand [grɑ̃:; frz., eigtl. grand jeu „großes Spiel"], Großspiel, höchstes Spiel (Skat).

Grand Anicut Canal [engl. 'grænd 'ænɪkʌt kə'næl], wichtigster Bewässerungskanal im Cauverydelta, S-Indien (aus dem 11. Jh.), 106 km lang.

Grand Bahama Island [engl. 'grænd bə'hɑ:mə 'aɪlənd] ↑Bahamas.

Grand Ballon [frz. grɑ̃ba'lõ] ↑Großer Belchen.

Grand Bassa [engl. 'grænd 'bæsə], Stadt in Liberia, ↑Buchanan.

Grand-Bassam [frz. grɑ̃ba'sam], Stadt auf der Nehrung der Lagune Ébrié, Republik Elfenbeinküste, 23 000 E. Ananaskonservenfabrik, Möbelherstellung; Fischerei; Bade- und Erholungsort. - Gegr. 1850, bis 1900 Hauptstadt der Elfenbeinküste.

Grand Caicos Island [engl. 'grænd 'kɛɪkəs 'aɪlənd] ↑Turks- und Caicosinseln.

Grand Canal d'Alsace [frz. grɑ̃kanaldal'zas] ↑Rheinseitenkanal.

Grand Canyon [engl. 'grænd 'kænjən] Schlucht des ↑Colorado.

Grand Cayman [engl. 'grænd kaɪ'mɑ:n, 'grænd 'kɛɪmən], Hauptinsel der ↑Cayman Islands.

Grand Condé, Le [frz. ləgrɑ̃kõ'de] ↑Condé, Louis II, Fürst von.

Grand Coulee Dam [engl. 'grænd 'ku:lɪ 'dæm], eines der größten Stauwerke der Erde, erbaut 1933–42 im Columbia River, nahe der Einmündung des Grand Coulee im NO der USA.

Grande [lat.-span. „groß, bedeutend"], Bez. für Angehörige der obersten Klasse des span. Adels.

Grande, Bahía, Atlantikbucht an der südpatagon. Küste, Argentinien.

Grande, Río, linker Quellfluß des Paraná, entspringt in S-Brasilien, 1 450 km lang.

G., R., linker Nebenfluß des Rio São Francisco (Brasilien), entspringt in der Serra de Taguatinga, mündet bei Barra, rd. 600 km lang.

G., R., Grenzfluß zw. den USA und Mexiko, ↑Rio Grande.

Grande Armée [frz. grɑ̃dar'me „Große Armee"], Bez. für zwei Napoleon. Heere; das erste, 1805 zur Invasion in Großbrit. aufgestellt, kämpfte gegen Preußen, das zweite (453 000 Mann stark) seit 1812 gegen Rußland.

Grande Chartreuse [frz. grɑ̃dʃar'trø:z], bis 2 087 m hohes Massiv der frz. Voralpen.

Grande Comore [frz. grɑ̃dkɔ'mɔ:r], früherer Name der Komoreninsel Njazidja.

Grande de Chiapa, Río [span. 'rrio 'ɣrande ðe 'tʃi̯apa] ↑Grijalva, Río.

Grande de Santiago, Río [span. 'rrio 'ɣrande ðe san'ti̯aɣo], Zufluß zum Pazifik in Mexiko, Ausfluß des Lago de Chapala, und, durch einen Kanal direkt verbunden, Fortsetzung des Río Lerma, mündet 60 km nw. von Tepic, etwa 440 km lang.

Grandeln (Granen, Gränen, Kusen, Haken), wm. Bez. für die verkümmerten Eckzähne im Oberkiefer des Rothirsches (**Hirschgrandeln**); sehr selten auch von Reh- und Damwild; werden gern als Schmuck getragen.

Grande-Motte, La [frz. lagrɑ̃d'mɔt], Ferienstadt mit Jachthafen am Golfe du Lion, im südfrz. Dep. Hérault.

Grande Nation [frz. grɑ̃dnɑ'sjõ „Große Nation"], erstmals von Napoleon I. 1797 gebrauchte Bez. für Frankreich.

Grande peur [frz. grɑ̃d'pœ:r] (Große Furcht), Kollektivpanik im Sommer 1789, die den Ausbruch der Französischen Revolution auf dem Lande herbeiführte.

Grandeur [grɑ̃'dø:r; lat.-frz.], [strahlende] Größe, Großartigkeit.

Grandezza [lat.-italien.], eigtl. die Würde eines span. Granden; feierl., steife Würde, würdevolles Benehmen.

Grand Fleet [engl. 'grænd 'fli:t], svw. ↑Große Flotte.

Grand-Guignol [frz. grɑ̃gi'ɲɔl, eigtl. „großer Kasper"], Name eines Pariser Theaters, v. a. unter M. Maurey (seit 1899), spezialisiert auf die naturalist. Darstellung extremer Schauer- und Horrorstücke, die bald die Gattungsbez. G.-G. erhielten.

Grandi [di Mordano], Dino Graf (seit 1937), * Mordano (Prov. Bologna) 4. Juni 1895, italien. Jurist und Politiker. - Baute die faschist. Bewegung mit auf; Abg. seit 1921, 1929–32 Außenmin., 1932–39 Botschafter in London, 1939–43 Justizmin. und Präs. der Kammer; stellte im Faschist. Großrat (Mgl. seit 1922) 1943 den Antrag, der zum Sturz Mussolinis führte; 1944 zum Tode verurteilt, floh nach Portugal. - † 21. Mai 1988.

grandios [lat.-italien.], großartig.

Grand mal [frz. grɑ̃'mal „großes Übel"] ↑Epilepsie.

Grand National Steeplechase [engl. 'grænd 'næʃənəl 'sti:pltʃɛɪs] ↑Hindernisrennen.

Grand Old Man [engl. 'grænd 'oʊld 'mæn „der große alte Mann"], urspr. ehrender Beiname für W. E. Gladstone; heute auch allg. Bez. für bed. Persönlichkeiten des polit.-gesellschaftl. Lebens.

Grand Prix [frz. grã'pri] ↑Großer Preis.

Grand Rapids [engl. 'grænd 'ræpɪdz], Stadt im sw. Michigan, USA, 200 m ü. d. M., 181 800 E, Metropolitan Area 601 100 E. Kath. Bischofssitz; Colleges, theolog. Seminar, Zentrum der Möbelind. in den USA.

Grandseigneur [grãsɛn'jø:r; lat.-frz.], vornehmer, weltgewandter Herr.

Grand Slam [engl. 'grænd 'slæm], im Sport Bez. für den Sieg eines Spielers in bestimmten Turnieren innerhalb eines Jahres.

Grandson [frz. grã'sõ], schweizer. Bez.-hauptort am Neuenburger See, Kt. Waadt, 435 m ü. d. M., 1 900 E. Wein- und Obstbau; Uhrenindustrie. - Burg (gegr. um 1000) und Ort G. (gegr. um 1200) wechselten 1475/76 mehrfach zw. Bern und Freiburg. Mit der Herrschaft G. blieben sie nach dem Sieg der Eidgenossen über das Heer Karls des Kühnen bei G. (2. März 1476) bis 1798 im Gemeinbesitz von Bern und Freiburg. - Roman.-got. Kirche (12. und 14. Jh.); Burg (13.–15. Jh. und 19. Jh.; heute Museum).

Grand-Tourisme-Wagen [frz. grãtu'rism] (Gran Turismo, GT), Bez. für bestimmte Wettbewerbsfahrzeuge im ↑Motorsport. - ↑auch Homologation.

Grand Turk Island [engl. 'grænd 'tə:k 'aɪlənd] ↑Turks- und Caicosinseln.

Grandville [frz. grã'vil], eigtl. Ignace Isidore Gérard, * Nancy 15. Sept. 1803, † Vanves bei Paris 17. März 1847, frz. Zeichner und Karikaturist. - Zog in seinen polit. und Gesellschaftskarikaturen gern die Tierwelt heran; mit seinem Spätwerk gilt er als Vorläufer der Surrealisten; auch bed. Buchillustrator (La Fontaine, Swift).

Grangemouth [engl. 'grɛɪndʒmɛθ], schott. Hafenstadt am S-Ufer des Firth of Forth, Central Region, 21 700 E. Containerterminal, 4,6 km Kaianlagen; Erdölraffinerie, chem. und petrochem. Ind., Schiffbau und -reparaturen. - 1777 gegründet.

Granger, Stewart [engl. 'grɛɪndʒə], eigtl. James Lablache Stewart, * London 6. Mai 1913, engl.-amerikan. Schauspieler. - 1936–38 am Londoner Old Vic; seit 1939 beim Film; ging 1949 mit J. Simmons (mit ihr 1950–60 ∞) nach Hollywood. Trat dort bes. in Abenteurer-, Mantel-und-Degen-Rollen wie „Scaramouche" (1953), „Das Schloß im Schatten" (1955) sowie in Western, „Die letzte Jagd" (1956), hervor; spielte 1986 in der dt. Fernsehserie „Das Erbe der Guldenberg".

Grängesberg [schwed. ˌgrɛŋəsbærj, ––'–], schwed. Ort 150 km wnw. von Uppsala, 5 600 E. Bei G. liegt das größte Eisenerzvorkommen M-Schwedens.

granieren [lat.], svw. ↑granulieren.

Granikos, Fluß in Kleinasien, der heutige Kocabaş çayı (70 km langer Zufluß zum Golf von Erdek des Marmarameeres). Am G. siegte 334 v. Chr. Alexander d. Gr. über die Perser.

Granit, Ragner [Arthur], * Helsinki 30. Okt. 1900, finn.-schwed. Neurophysiologe. - Prof. in Helsinki und Stockholm; grundlegende physiolog.-chem. Untersuchungen der mit dem Sehvorgang verbundenen physiolog.-chem. Vorgänge. Erhielt dafür 1967 (zus. mit H. K. Hartline und G. Wald) den Nobelpreis für Physiologie oder Medizin.

Granit [italien., zu mittellat. granitum (marmor) „gekörntes (Marmorgestein)"], Tiefengestein; Hauptbestandteile: Feldspat, Quarz, Glimmer. Die Färbung, rötl. bis grau, wird vom Feldspat bestimmt, der mitunter als bes. große Kristalle ausgebildet ist. G. ist das häufigste Gestein der Erdkruste und beliebter Bau- und Werkstein. - Abb. S. 326.

Granjon, Robert [frz. grã'ʒõ], in Paris geborener frz. Schriftgießer und Buchdrucker des 16. Jh. - Tätig v. a. in Lyon (1558 ff.), auch in Rom und Paris; verbesserte Musiknoten und griech. Schrifttypen und schuf 1557 die „Civilité", eine got. Kursive.

Gränke, svw. ↑Rosmarinheide.

Granne, steife Borste, die sich auf dem Rücken oder an der Spitze der Deckspelzen von Gräsern befindet.

Grannendinkel ↑Dinkel.

Grannenhaare (Haupthaare, Stichelhaare, Konturhaare), zum Deckhaar zählende, über die Wollhaare hinausragende, steife, unterhalb ihrer Spitze verdickte Haare des Fells von Säugetieren.

Grannenhafer, (Ventenata dubia) Süßgräserart mit bis zu 20 cm langer, haferähnl. Rispe; in Unkrautgesellschaften und in lichten Wäldern.

◆ svw. ↑Goldhafer.

Grannenkiefer ↑Kiefer.

Grannus, kelt. Heilgott. Sein Kult war bes. in NO-Gallien verbreitet. Von den Römern wurde er mit Apollo identifiziert (daher meist Beiname zu Apollo).

Granny Smith [engl. 'grænɪ 'smɪθ] ↑Äpfel (Übersicht).

granoblastisch [lat./griech.], Gefügebez. für metamorphe Gesteine mit annähernd gleich großen Kristallen.

Granodiorit [lat./griech.], Übergangsgestein zw. Granit und Diorit.

Gran Paradiso [italien. gram para'di:zo] ↑Grajische Alpen.

Gran Sasso d'Italia, italien. Gebirgsstock in den Abruzzen, im Corno Grande 2 912 m hoch.

Gransee, Krst. am Geronsee, Bez. Potsdam, DDR, 50 m ü. d. M., 5 300 E. Konserven- und Ziegeleiind. - Erhielt 1262 Stadtrecht. - Spätgot. Pfarrkirche Sankt Marien (15. Jh.), Teile der Stadtbefestigung, u. a. Ruppiner Tor.

G., Landkr. im Bez. Potsdam, DDR.

Grant [engl. grɑ:nt], Cary, eigtl. Archibald Alexander Leach, * Bristol (England) 18. Jan. 1904, † Davenport (Ia.) 30. Nov. 1986, amerikan. Filmschauspieler engl. Herkunft. - Spielte meist in heiteren Filmen, z. B. in „Leoparden küßt man nicht" (1938), „Die Nacht vor der Hochzeit" (1940), „Arsen und Spitzenhäubchen" (1944), „Ich war eine männl. Kriegsbraut" (1949), „Der unsichtbare Dritte" (1959), „Charade" (1963).

G., Ulysses Simpson, * Point Pleasant (Ohio) 27. April 1822, † Mount McGregor (bei Saratoga, N. Y.) 23. Juli 1885, amerikan. General und 18. Präs. der USA (1869–77). - Errang im Sezessionskrieg auf seiten der Unionstruppen (seit 1864 deren Oberbefehlshaber) entscheidende Siege und zwang 1865 die Konföderierten zur Kapitulation. 1868 und 1872 als Kandidat der Republikan. Partei zum Präs. gewählt; zahlr. Korruptionsfälle während seiner Amtszeit ließen seine Wiederwahl 1876 scheitern.

Grantgazelle [nach dem schott. Forschungsreisenden J. A. Grant, * 1827, † 1892] ↑ Gazellen.

Grantha [Sanskrit „Buch"], ind. Schrift, die sich etwa seit dem 5. Jh. n. Chr. herausgebildet hat; wird noch heute in S-Indien bes. für Sanskritwerke verwendet.

Grantl [...təl], svw. ↑ Preiselbeere.

Granula, Mrz. von ↑ Granulum.

granulär [lat.] ↑ granulös.

Granulat [lat.], eine in Form unregelmäßiger Körnchen vorliegende Substanz.

Granulation [zu lat. granulum „Körnchen"], Körnung von Metallen (↑ granulieren), insbes. Ziertechnik der Goldschmiedekunst, die bereits in verschiedenen Kulturen des Altertums gebräuchl. war. Sie besteht darin, daß Gold- oder Silberkörnchen gewonnen und dann auf einen Metallgrund aufgeschmolzen werden, ohne daß die Körnchen oder Kügelchen sich verformen oder verschmoren. Bes. für Schmuck verwendet, findet sich G. bei den Ägyptern und bei den Griechen, v. a. aber bei den Etruskern, deren Verfahren mit ihrer Kultur zugrunde ging. G. spielte noch eine gewisse Rolle in der Goldschmiedekunst der Germanen in der Völkerwanderungszeit und in roman. Zeit. Erst im 19. Jh. gab es Versuche einer Neubelebung.

◆ die körnige Struktur der gesamten Sonnenoberfläche. Bei den hellen und dunklen G.elementen (**Granulen**), deren Anordnung sich innerhalb weniger Minuten ändert, handelt es sich um auf- und absteigende Gasmassen.

◆ in der *Medizin:* 1. Bildung von ↑ Granulationsgewebe; 2. Bez. für kleine Fleischwarzen oder Gewebeknoten.

Granulationsgewebe, bei der Ausheilung von Wunden, Geschwüren, chron. Entzündungen und sonstigen Gewebsschäden sich bildendes gefäßreiches Bindegewebe, das nach einiger Zeit in Narbengewebe übergeht.

Granulen [lat.], die Elemente der ↑ Granulation der Sonnenoberfläche.

granulieren (granieren) [lat.], pulverförmig vorliegende Stoffe durch Benetzen mit [wäßrigen] Bindemitteln zu Körnchen (Granulat) oder Granalien zusammenballen (zum besseren Transport oder zur besseren Weiterverarbeitung).

Granulation auf einem goldenen Armband (um 1830). Pforzheim, Schmuckmuseum

Granulom [zu lat. granulum „Körnchen"], geschwulstähnl. Neubildung aus Granulationsgewebe.

granulös (granulär) [lat.], körnig, gekörnt.

Granulozyten [lat./griech.], große Leukozyten (↑ Blut), deren Verringerung im Blut zu Agranulozytose führt.

Granulozytose [lat./griech.], starke Vermehrung der Granulozyten im Blut.

Granulum [lat. „Körnchen"] (Mrz. Granula), in der *Pharmazie:* Arzneimittelzubereitungen in granulierter Form.

◆ in der *Medizin:* 1. beim Trachom vorkommende körnige Bildung unter dem Oberlid; 2. Gewebeknoten in einem Granulationsgewebe.

◆ in der *Zytologie:* Bez. für körnchenartige Strukturen bzw. Einlagerungen im Zellplasma.

Granvelle [frz. grɑ̃'vɛl] (Granvel[l]a), Antoine Perrenot de, * Besançon oder Ornans (Doubs) 20. Aug. 1517, † Madrid 21. Sept. 1586, Kardinal und span. Minister. - Sohn von Nicolas Perrenot de G.; wurde 1538 Bischof von Arras, 1550 Nachfolger seines Vaters als Staatssekretär Karls V.; 1559–64 Berater der Margarete von Parma; 1561 Erzbischof von Mecheln (bis 1581) und Kardinal; 1571–75 span. Vizekönig von Neapel; 1584 Erzbischof von Besançon, wo er eine berühmte Bibliothek aufbaute.

G., Nicolas Perrenot de, * Ornans (Doubs) 1486, † Augsburg 27. Aug. 1550, Staatssekretär Kaiser Karls V. (seit 1530). - Vater von Antoine Perrenot de G., seit 1530 einflußreicher und bed. Staatssekretär Karls V. und Kanzler des Kgr. Neapel-Sizilien; leitete 1540 das Wormser Religionsgespräch und entwarf 1541 den Regensburger Reichsabschied.

Granville [engl. 'grænvıl], engl. Earlstitel, seit 1744 im Besitz der Familie Carteret, seit 1833 in der jüngeren Linie der Familie Gower. Bed. Vertreter:
G., George Leveson-Gower, Earl of G. (seit 1846), * London 11. Mai 1815, † ebd. 31. März 1891. - 1851/52, 1870–74 und 1880–85 unter Gladstone Leiter des Außenmin.; mitverantwortl. für die glücklose brit. Außenpolitik.
G., John Carteret, Earl of G. (seit 1744), * 22. April 1690, † London 2. Jan. 1763, Politiker. - 1721–24 Staatssekretär für die südl. (afrikan.) Kolonien, 1724–30 Lordstatthalter von Irland; 1742–44 Staatssekretär des Äußeren; 1754–63 Lordsiegelbewahrer.

Granville [frz. grã'vil], frz. Seebad an der W-Küste der Halbinsel Cotentin, Dep. Manche, 13 500 E. Museen; Fischerei- und Handelshafen; Düngemittelfabrik, Leichtmetallverarbeitung; ✈. - Entstand im 12. Jh., erhielt im 15. Jh. Stadtrecht. Die von den Engländern seit 1437 erbaute Zitadelle spielte in den engl.-frz. Kriegen eine bed. Rolle. - Kirche Notre-Dame (16./17. Jh.).

Granville-Barker, Harley [engl. 'grænvıl'bɑːkə], * London 25. Nov. 1877, † Paris 31. Aug. 1946, engl. Regisseur und Dramatiker. - Berühmt durch Shakespeare-Inszenierungen im elisabethan. Stil (bed. seine „Prefaces to Shakespeare", 5 Bde., 1927–48); beispielgebende Ibsen- und Maeterlinck-Inszenierungen. Seine eigenen Werke sind von Ibsen beeinflußt.

Granz, Norman [engl. grænz], * Los Angeles 6. Aug. 1918, amerikan. Jazzimpresario. - Erfolgreich v. a. als Begründer der weltweiten Tourneen von ↑ Jazz at the Philharmonic; auch Schallplattenproduzent; einer der bedeutendsten Propagandisten des Jazz, v. a. in Europa.

Grao de Gandía ↑ Gandía.

Grapefruitbaum [engl. 'grɛıpfruːt; zu grape „Weintraube" und fruit „Frucht"] (Citrus paradisi), Art der Gatt. Zitrus; hohe, kräftige Bäume; Blätter mit stark geflügelten Stielen; Blüten in Blütenständen. Die gelben, kugeligen Früchte (**Grapefruit**), die das bittere Glykosid Naringin enthalten, werden als Obst und für Obstsäfte verwendet (reich an Vitamin C und B_1). Hauptanbaugebiete in Israel, USA, Spanien und Marokko.

Graph [zu griech. gráphein „schreiben"], in der *Mathematik* und den *Naturwiss.* jede graph. Darstellung. Als G. einer Funktion $y = f(x)$ dient üblicherweise die Gesamtheit aller Punkte in einem Koordinatensystem, deren Koordinaten x und y die Funktionsgleichung erfüllen.
◆ Schriftzeichen, kleinste Einheit in Texten, gewonnen durch Zerlegung (Segmentierung) von Geschriebenem, im Unterschied zum ↑ Graphem aber noch nicht klassifiziert.

...graph [griech.], Nachsilbe von zusammengesetzten Substantiven mit der Bed. „Schrift„ Geschriebenes, Schreiber", z. B. Autograph.

Graphem [griech.], in der Sprachwiss. kleinste distinktive (bedeutungsunterscheidende) Einheit in einem Schriftsystem, die ein Phonem bzw. eine Phonemfolge repräsentiert; unter Umständen svw. Buchstabe. Ein G. ist nicht immer die visuelle Entsprechung eines Phonems, im Dt. wird z. B. der Laut [ʃ] durch die G. s, c und h repräsentiert.

Graphemik (Graphematik, Grapheologie) [griech.], Wiss. von den Graphemen, d. h. von den Schriftzeichen unter dem Aspekt ihrer distinktiven (unterscheidenden) Merkmale, ihrer Kombinierbarkeit und Stellung im System; sie arbeitet weitgehend mit den von der ↑ Phonologie entwickelten Methoden. Die G. ist die Grundlage für die Beschreibung der phonolog. Systeme der älteren Sprachzustände, da Sprache aus diesen Sprachstufen nur als geschriebene Sprache überliefert ist.

...graphie [griech.], Nachsilbe von zusammengesetzten Substantiven mit der Bed. „Beschreibung".

Graphik [zu griech. gráphein „(ein)ritzen, schreiben"], bes. mittels der Linie, heute auch mit [Druck]farben künstler. gestaltete Blätter, insbes. solche, die mit Hilfe bestimmter Verfahren vervielfältigt sind. I. w. S. werden auch Handzeichnungen dazu gezählt.

graphische Darstellung, i. e. S. die zeichner. Veranschaulichung eines Zusammenhanges zw. den Zahlenwerten zweier oder mehrerer veränderl. Größen, insbes. das Auftragen einer funktionalen Abhängigkeit $y = f(x)$ von Variablen x und y als Kurve in einem meist rechtwinkligen (kartes.) Koordinatensystem in der x,y-Ebene; i. w. S. jede Veranschaulichung von Größenverhältnissen (Längen, Flächen, Winkel u. a.) durch Schaubilder. - ↑ auch Diagramm, ↑ Funktion, ↑ Graph.

graphische Notation ↑ musikalische Graphik.

Graph der Funktion y = 2x + 1

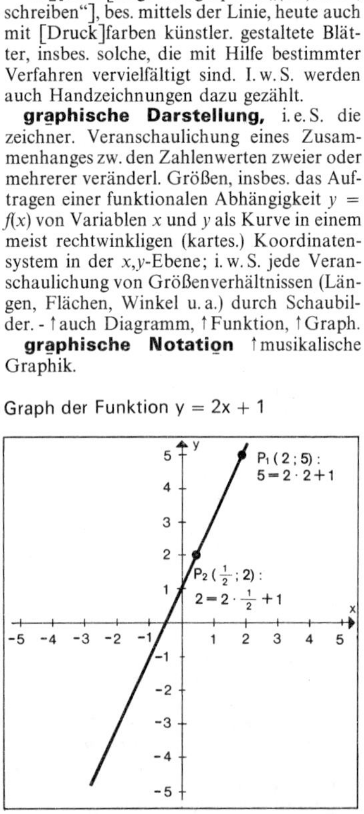

graphisches Gewerbe, veraltete, aber noch gebrauchte Bez. für die Druckindustrie.

Graphit [zu griech. gráphein „(ein)ritzen, schreiben"], hexagonal kristallisierende, stabile Modifikation des reinen Kohlenstoffs. G. ist undurchsichtig, schwarz und sehr weich. Er besitzt eine gute elektr. und insbes. therm. Leitfähigkeit und ist außerdem schwer brennbar. Der Schmelzpunkt des bei 2 500 °C zähflüssig werdenden G. liegt bei etwa 3 550 °C, sein Siedepunkt bei 4 830 °C. Durch Anwendung von sehr hohen Drücken und Temperaturen bis zu 3 000 °C gelingt es heute, sog. Industriediamanten (↑Diamant) aus G. herzustellen. - Künstl. G. (sog. *Acheson-G.*) entsteht nach dem *Acheson-Verfahren*, einer Reaktion zw. Koks und Quarz im Lichtbogenofen bei Temperaturen über 2 000 °C. - G. findet v. a. Verwendung als schwärzendes Mittel (z. B. in Bleistiften, Gummireifen usw.), als Elektroden- und Kollektormaterial sowie als Moderator in Kernreaktoren.

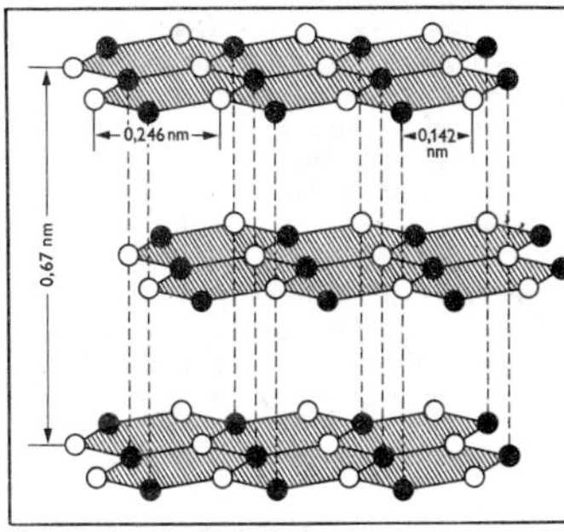

Graphit. Kristallgitter

Graphologie [griech.], Kunst der Handschriftdeutung; heute vielfach auch als Schriftpsychologie bezeichnet. Die G. versucht, aus der Handschrift Rückschlüsse auf die Persönlichkeitsstruktur des Schreibers zu ziehen. Die gegenwärtige G. ist stark an L. Klages orientiert. Wichtige Schriftcharakteristika sind u. a. Größe, Lage, Raumverteilung der Schrift, Schreibdruck und Schreibdruckverteilung, Fülle, Magerkeit und Schärfe der Schrift. Magere Schriften sollen z. B. auf eine wenig lebhafte, mehr ausgeglichene Gemütslage, Abstraktionsvermögen und krit. Denkstil, füllige Schriften dagegen auf ein starkes Gemütsleben und Phantasiebegabung schließen lassen. Bedeutung wird auch der Buchstabenschreibung selbst sowie den Buchstabenbindungen, der Zeilenführung, der Rechts- oder Linksläufigkeit beigemessen. Außerdem trägt der Gesamteindruck der Schrift zur grapholog. Begutachtung bei, da jedes Einzelmerkmal für sich mehrdeutig sein kann. Die G. wird v. a. in der Erziehungs- und Berufsberatung und bei der Personalbegutachtung sowie bei der Begutachtung von Handschriftenfälschungen (Testamente, Schecks) eingesetzt. Viele Psychologen stehen der G. jedoch krit. gegenüber.

🕮 *Knobloch, H.: G. Herrsching 1983. - Klages, L.: Handschrift u. Charakter. Bonn ^{28}1982.*

Grappa [italien.], italien. Tresterbranntwein mit 45–50 Vol.-% Alkohol.

Grappelly, Stéphane [frz. grapɛ'li], * Paris 26. Jan. 1908, frz. Jazzmusiker (Violine). - Einer der führenden europ. Geiger des Swing; spielte 1934–39 zus. mit D. Reinhardt im Pariser Quintette du Hot Club de France; war während des 2. Weltkrieges in England; danach in Paris und verschiedenen europ. Ländern tätig. Bes. Beachtung fand 1978 seine Zusammenarbeit mit Y. Menuhin.

Graptolithen (Graptolithina) [griech.], Klasse sehr kleiner, mariner, koloniebildender Kragentiere. Die Einzeltiere saßen in langen, röhren- bis schlüsselförmigen Kammern; wichtige Leitfossilien im Ordovizium bis ins Unterkarbon.

Gras, Caspar, * Mergentheim (= Bad Mergentheim) (?) 1584/85 (?), † Schwaz 3. Dez. 1674, östr. Bildhauer. - Schüler von H. Gerhard; Manierist; schuf u. a. Grabmal Erzherzog Maximilians (Sankt Jakob) und Brunnen in Innsbruck (1622–30), „Pegasus" im Lustgarten des Schlosses Mirabell in Salzburg (1661).

Gras [eigtl. „das Keimende, Hervorstechende"] ↑Gräser.

Grasaal ↑Aale.

Grasbahnrennen, Motorradrennen auf Grasbahnen, ähnl. dem ↑Speedwayrennen.

Grasbaum (Xanthorrhoea), wichtigste Gatt. der einkeimblättrigen Pflanzenfam. **Grasbaumgewächse** (Xanthorrhoeaceae) mit 12 Arten in Australien und Tasmanien; baumförmige Pflanzen mit z. T. über 4 m hohem Stamm; Blätter grasartig, am Ende der Zweige schopfartig angeordnet; Charakterpflanzen der austral. Trockenvegetation.

Graser, wm. Bez. für die Zunge bei Rot-, Reh- und Damwild, Gams- und Muffelwild.

Gräser, (Süßgräser, Gramineen, Gramineae, Poaceae) weltweit verbreitete Fam. der Einkeimblättrigen mit rd. 8 000 Arten (in Deutschland über 200 Arten) in rd. 700 Gatt.; windblütige, krautige, einjährige oder ausdauernde Pflanzen; Halme in Knoten und Internodien gegliedert; Blätter schmal, spitz, parallelnervig. Die einfachen Blüten stehen in Ähren und Ährchen; Frucht meist eine ↑Karyopse. - Die G. sind auf Savannen, Steppen, Wiesen, Dünen und anderen Formationen bestandbildend und als Nutzpflanzen für die Viehhaltung (Futter-G.) und als Getreide von größter Bedeutung. Bekannte einheim. G.gatt. sind Rispengras, Schwingel, Perlgras, Trespe und Straußgras. - Abb. S. 332.

◆ (Sauer-G.) svw. ↑Riedgräser.

Graseulen, Bez. für Eulenfalter, deren

Raupen an Gräsern fressen; in M-Europa sehr häufig die bis 35 mm spannende **Dreizackeule** (Cerapteryx graminis) mit dreizackiger, weißl. Zeichnung auf den olivgrauen bis rotbraunen Vorderflügeln.

Grasfrosch ↑Frösche.

Grashof, Franz, *Düsseldorf 11. Juli 1826, †Karlsruhe 26. Okt. 1893, dt. Maschinenbauingenieur. - Mitbegründer und erster Direktor des Vereins Dt. Ingenieure (VDI); Prof. für Angewandte Mechanik und Maschinenlehre am Polytechnikum in Karlsruhe. - Der VDI verleiht seit 1896 jährl. die *G.-Gedenkmünze* für bes. Verdienste um die Technik.

Grashüpfer (Heuhüpfer, Sprengsel), volkstüml. Bez. für kleine Feldheuschrecken.

Graslilie, (Anthericum) Gatt. der Liliengewächse mit rd. 100 Arten in Europa, Afrika und Amerika; Stauden mit grasartigen Blättern; in Deutschland zwei Arten: **Ästige Graslilie** (Anthericum ramosum) mit weißen Blüten in einer verzweigten Traube; **Astlose Graslilie** (Anthericum liliago) mit weißen Blüten in unverzweigter Traube.

◆ svw. ↑Grünlilie.

Grasmücken (Sylviidae), weltweit verbreitete Singvogelfam. mit rd. 400 8–30 cm langen Arten; mit dünnem, spitzem Schnabel; häufig unauffällig gezeichnet, ♂ und ♀ gewöhnl. gleich gefärbt. Von den sechs Arten der Gatt. **Spötter** (Hippolais) kommen in M-Europa vor: der etwa 13 cm lange **Gelbspötter** (Gartensänger, Gartenspötter, Hippolais icterina); Oberseite olivfarben, Unterseite schwefelgelb, Beine blaugrau; in Olivenhainen und Eichenwäldern des sö. Mittelmeergebietes der bis etwa 15 cm lange **Olivenspötter** (Hippolais olivetorum); oberseits bräunlichgrau, unterseits weißl. In Europa (nicht im äußersten S und N) und W-Sibirien kommt die etwa 14 cm lange **Gartengrasmücke** (Sylvia borin) vor; oberseits graubraun, unterseits hellgelblichbraun; im NW Afrikas und Europas bis zum Ural die etwa 14 cm lange **Mönchsgrasmücke** (Sylvia atricapilla); ♂ oberseits gräulichbraun, unterseits weißl.; mit schwarzer (♂) bzw. brauner (♀) Kopfplatte. Weitere bekannte Arten gehören zu den Gatt. Rohrsänger, Schwirle, Laubsänger und zur Unterfam. Goldhähnchen.

Grasnelke (Strandnelke, Armeria), Gatt. der Bleiwurzgewächse mit rd. 50 Arten auf der Nordhalbkugel (gemäßigte und arkt. Zone) und in den Anden; meist Stauden mit grundständigen, grasartigen Blättern und kopfigen Blütenständen mit weißen, rosa- oder karminroten Blüten. In Deutschland kommen drei Arten vor, darunter die **Gemeine Grasnelke** (Armeria maritima) mit blaßroten Blüten auf Salzwiesen der Küste, auf sandigen Böden des Binnenlandes.

Grasnelkengewächse, svw. ↑Bleiwurzgewächse.

Günter Grass (1976)

Gräser. Ährchen mit drei Grasblüten im Aufriß (links) und Grundriß (rechts). A Ährenachse, A' Ährchenachse, D Deckspelze, H Hüllspelze, L Lodiculae, V Vorspelze

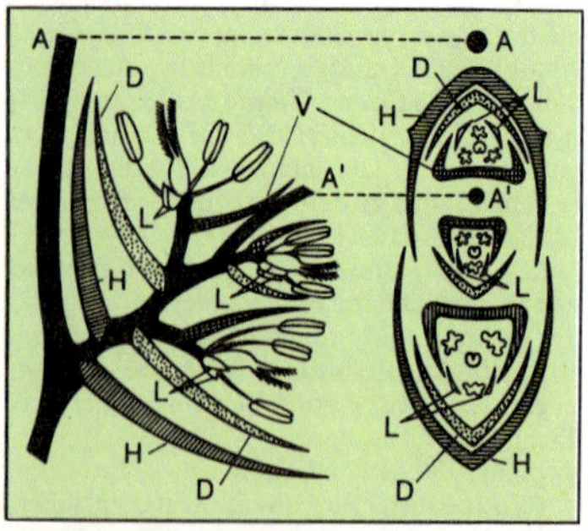

Grass, Günter, *Danzig 16. Okt. 1927, dt. Schriftsteller. - Studium der Bildhauerei in Düsseldorf und Berlin; 1956–60 als freier Schriftsteller, Bildhauer und Graphiker in Paris, dann Berlin; gehörte zur „Gruppe 47"; starkes polit. (sozialdemokrat.) Engagement. - G. trat zuerst als Lyriker („Die Vorzüge der Windhühner", 1956; „Gleisdreieck", 1960; „Ausgefragt", 1967) und Dramatiker („Onkel, Onkel"; „Die bösen Köche"; „Hochwasser"; alle 1957) an die Öffentlichkeit. Diese frühen Stücke verschärften die Tendenz zur Groteske bis zur Darstellung des Absurden; sie werden darum dem philosoph. absurden Theater zugerechnet. Auch internat. Geltung und Erfolg erreichte G. mit den Romanen „Die Blechtrommel" (1959) sowie „Hundejahre" (1963), die sich dem eingewöhnten Begriff des Bildungsromans entgegenstellten sowohl in Erfindung und Durchführung der Fabel wie im barock anmutenden Stil. Die analoge histor. Erfahrung der Zerstörung der Geschichte im

17. Jh. (30jähriger Krieg) und im 20. Jh. (Nationalsozialismus und 2. Weltkrieg) begründet die Wiederaufnahme der Tradition des desillusionierenden Schelmenromans: Die Rekonstruktion der Geschichte erscheint als Rekonstruktion des Fabulierens, dessen unzeitgemäßer „barocker" Gestus im Grotesken sein zeitkrit. Moment hat.
Weitere Werke: Katz und Maus (Nov. 1961), Die Plebejer proben den Aufstand. Ein Trauerspiel (1966), Örtlich betäubt (R., 1969), Aus dem Tagebuch einer Schnecke (Bericht, 1972), Der Butt (R., 1977), Das Treffen in Telgte (E., 1979), Kopfgeburten oder Die Deutschen sterben aus (Prosa, 1980), Die Rättin (R., 1986).

Grasse [frz. gra:s], frz. Stadt in der Provence, Dep. Alpes-Maritimes, 333 m ü. d. M., 37 700 E. Museen; Luftkurort; ein Zentrum der frz. Parfümind. - Im frühen MA entstanden, kam 1226 zur Gft. Provence und mit dieser 1486 zu Frankr. - Ehem. Kathedrale (12./13. Jh.; erneuert im 17. und 18. Jh.).

Grasser, Erasmus, * Schmidmühlen (Landkr. Burglengenfeld) um 1450, † München zw. 8. April und 1. Juni 1518, dt. Bildhauer. - Seit 1474 in München, 1480 entstanden als sein Hauptwerk für den Festsaal des Rathauses die spätgot. „Moriskentänzer" (davon 10 erhalten; Histor. Stadtmuseum), farbig gefaßte Holzfigürchen in raumgreifender Bewegung; gesichert auch das Marmorepitaph für Ulrich Aresinger (1482, Sankt Peter).

Grassi, Anton, * Wien 26. Juni 1755, † ebd. 31. Dez. 1807, östr. Porzellanmodelleur. - G. bestimmte mit seinen frühen anmutigen Porzellangruppen den Stil des Wiener Porzellans am Ende des 18. Jh.; nach 1794 klassizist. Design.
G., Ernesto, * Mailand 2. Mai 1902, italien. Philosoph. - 1937 Prof. in Freiburg im Breisgau, 1938 in Berlin, 1945 in Zürich, 1948 in München. Im Zentrum seiner Arbeit steht die Beschäftigung mit der Renaissance und dem [italien.] Humanismus, den er unter Einbeziehung von Elementen der Existenzphilosophie für die Gegenwart fruchtbar zu machen versucht.
Werke: Polit. Erbe der Renaissance (1947), Vom Ursprung der Geistes- und Naturwissenschaften (1950), Kunst und Mythos (1957), Die Theorie des Schönen in der Antike (1962), Humanismus und Marxismus (1973), Marxist. Praxis (hg. 1974, zus. mit O. K. Flechtheim), Die Macht der Phantasie. Zur Gesch. des abendländ. Denkens (1984).
G., Paolo, * Mailand 30. Okt. 1919, † London 14. März 1981, italien. Theaterleiter, Regisseur und Kritiker. - Gründete 1941 ein Avantgarde-Theater und 1947 mit G. Strehler das „Piccolo Teatro" in Mailand, das er seit 1968 allein leitete; 1972–76 Generalintendant der Mailänder Scala; wurde 1977 Präs. der staatl. italien. Rundfunkgesellschaft RAI.

Erasmus Grasser, Mauriskentänzer (1480). München, Historisches Stadtmuseum

grassieren [lat.], um sich greifen, sich ausbreiten (z. B. von ansteckenden Krankheiten und Seuchen).

Grassittiche (Neophema), Gatt. bis 22 cm langer, meist grün, gelb und blau gefärbter Sittiche mit 7 Arten in Australien; der **Schmucksittich** (Neophema elegans) ist ein beliebter Stubenvogel.

Graßmann, Hermann [Günther], * Stettin 15. April 1809, † ebd. 26. Sept. 1877, dt. Mathematiker und Sprachforscher. - Gymnasialprof. in Stettin; legte in seinem fundamentalen Werk „Die Wissenschaft der extensiven Größe oder die Ausdehnungslehre, eine neue mathemat. Disciplin" (1844) die Grundlagen der Vektor- und Tensorrechnung. Später betrieb er intensive Sanskritstudien, gab 1877 eine zweibändige Übersetzung des „Rigweda" heraus.

Grat, meist scharfe Kammlinie eines Berges.
◆ Schnittlinie zweier Dach- oder Gewölbeflächen.
◆ scharfkantig vorstehende Erhebung an den Kanten bearbeiteter metall. Werkstücke oder Gußformstücke.
◆ bei textilen Geweben eine aus der Gewebefläche heraustretende Bindungslinie mit schrägem Verlauf (Köpergrat, Atlasgrat).

Grateful Dead, The [engl. ðə 'greɪtfəl 'dæd „Die dankbaren Toten"], 1965 in San Francisco entstandene amerikan. Rockmusikgruppe; um einen Kern von 6–8 Musikern bildete sich eine bis zu 70 Mgl. starke Großfamilie (Landkommune); galten als Symbol der Hippie-Kultur, ihre Musik wurde zunächst dem Acid-Rock, später dem Folk-Rock zugerechnet.

Gräten, dünne bis fadenartige, oft gegabelte, knöcherne Strukturen im Muskelfleisch vieler Knochenfische.

Gratia [...tsia], weibl. Vorname, ↑Grazia.

Gratia [lat.], Gunst, Dank, Gnade.

Gratian (Grazian, Gratianus), männl. Vorname lat. Ursprungs, eigtl. etwa „der Anmutige" (zu lat. gratia „Anmut").

Gratian (Flavius Gratianus), *Sirmium (= Sremska Mitrovica) 359, †Lugdunum (= Lyon) 25. Aug. 383, röm. Kaiser (seit 367). - Sohn Valentinians I., 367 zum Augustus und Mitkaiser erhoben, seit 375 Vormund seines Stiefbruders Valentinian II. und Nachfolger seines Vaters im Westreich; Gegner der Arianer; besiegte 378 die Alemannen bei Colmar. Erhob 379 (anstelle Valens') Theodosius I. zum Augustus. Förderer des Christentums; legte 382 offiziell den Titel des Pontifex Maximus ab. Auf der Flucht vor dem Usurpator Magnus Maximus ermordet.

Gratian (Gratianus), *Ende des 11. Jh., †Bologna vor 1160, italien. Theologe und Kanonist. - Verfaßte um 1140 ein nach scholast. Methode angelegtes Lehrbuch (sog. ↑„Decretum Gratiani"), mit dem er durch seine ausführl. Erläuterungen zum „Vater der Kanonistik" wurde.

Gratia supponit naturam [lat. „die Gnade setzt die Natur voraus"], Axiom der scholast. Theologie, mit dem die Beziehung Mensch–Gnade dargestellt wird.

Gratifikationen [zu lat. gratificatio „Gefälligkeit"], Sonderzuwendungen im Rahmen eines Dienst- oder Arbeitsverhältnisses, die an einen Arbeitnehmer vom Arbeitgeber zu bestimmten Anlässen erbracht werden. Nach den Anlässen unterscheidet man u. a.: *Weihnachtsgeld, Urlaubsgeld, Abschlußprämie, Treueprämie, Jubiliäumsgabe, Heiratsbeihilfe* und *Geburtsbeihilfe*. Der Anspruch auf G. kann u. a. entstehen durch vertragl. Verpflichtung, bei Freiwilligkeit durch verbindl. Zusage, auf Grund des Gleichbehandlungsgrundsatzes. G. sind Bestandteile des Entgelts und unterliegen als solche der Lohn- bzw. Einkommensteuerpflicht. Für bestimmte G. werden Freibeträge gewährt.

Gräting [engl.], im Schiffswesen Bez. für einen begehbaren Gitterrost.

gratinieren [frz.], durch Überbacken mit einer braunen Kruste versehen.

gratis [lat., eigtl. „um den bloßen Dank" (zu gratia „Dank")], unberechnet, unentgeltlich, frei.

Gratisaktien, Aktien, die den Aktionären ohne direkte Gegenleistung (anstelle einer Dividende) gewährt werden. G. sind eine bes. Form der Selbstfinanzierung. Die Ausgabe von G. gilt steuerl. als Gewinnausschüttung.

Grätsche, Übung an Turngeräten (z. B. Boden, Barren, Stufenbarren, Reck, Ringe), bei der die Beine gleichmäßig seitwärts gespreizt werden; als [Stütz]sprung übl. an Bock, Kasten, Pferd.

Gratsparren, beim Walmdach der vom First nach einer ausspringenden Gebäudeecke verlaufende Sparren.

Grattage [gra'ta:ʒə; frz.], von Max Ernst erfundene Maltechnik, bei der dick aufgetragene Farbe wieder von der Leinwand geschabt wird.

Grattan, Henry [engl. grætn], *Dublin 3. Juli 1746, †London 6. Juni 1820, ir. Politiker. - 1775–97 sowie 1800 Mgl. des ir. Parlaments; erreichte 1782 die Aufhebung des ↑Poynings-Law, kämpfte jedoch vergebl. gegen die Union Irlands mit Großbrit. (1800) und für die Emanzipation der Katholiken; 1805–20 Mgl. des brit. Unterhauses.

Gratulation [lat.], Beglückwünschung, Glückwunsch; **gratulieren,** jemandem Glück wünschen, Glückwünsche überbringen.

Gratverbindung, eine Holzverbindung, bei der in eine schwalbenschwanzförmige, sich meist verjüngende Nut (**Gratnut**) ein entsprechend geformtes Holzteil eingepaßt ist.

Grau, Shirley Ann [engl. grɔ:], *New Orleans 8. Juli 1929, amerikan. Schriftstellerin. - In ihren Romanen und Kurzgeschichten zeichnet sie das Leben in den Südstaaten, u. a. „Ein Mädchen aus New Orleans (R., 1961), „Die Hüter des Hauses" (R., 1965), „Der Kondor" (R., 1971).

Grau, Bez. für jede unbunte (d. h. keinen Farbton besitzende) Körperfarbe, die zw. Weiß und Schwarz steht und sich durch opt. Mischung (z. B. auf dem Farbkreisel) aus diesen beiden unbunten Farben erzeugen läßt.

Grauammer (Emberiza calandra), etwa 18 cm großer, oberseits sand- bis graubrauner, dunkel gestreifter, unterseits weißl.-braun gestreifter Finkenvogel (Unterfam. Ammern) in Europa, NW-Afrika und Vorderasien; Kulturfolger.

Graubär, svw. ↑Grizzlybär.

Graubarsch (Seekarpfen, Pagellus centrodontus), etwa 50 cm lange Art der Meerbrassen im Mittelmeer und O-Atlantik; blaßgrau mit Silberglanz, Rücken rötl., hinter der oberen Kiemendeckelkante ein schwarzer Fleck; Flossen rot; Speisefisch.

Graubner, Gotthard, *Erlbach (Landkreis Klingenthal) 13. Juni 1930, dt. Maler. - Seine Thematik ist das Eigenleben der Farbe, dabei wird die reine Farbe selber zum Objekt, zum „Farbleib" (Kissenbilder) oder zum körperlosen Nebelraum (Farb- und Lichtenvironments).

Graubraunes Höhenvieh ↑Höhenvieh.

Graubünden, östlichster Kt. der Schweiz, 7106 km², 164800 E. Etwa 50–60% der Bev. sprechen Deutsch, 25 % Rätoroman., die übrigen Italien.; Hauptort Chur. G. umfaßt den südl. Teil der Glarner Alpen sowie die Adula, das Engadin, das Bergell und die Rät. Alpen. Wirtsch. bed. ist die Landw., v. a. die Milchviehhaltung; Ackerbau wird in den Tälern betrieben. Die Ind. konzentriert sich auf Chur und Umgebung. Von großer Bed. ist der Fremdenverkehr dank heilklimat. Kurorte und Wintersportplätze wie Davos, Arosa, Sankt Moritz, Pontresina u. a.; wichtiges Verkehrsdurchgangsgebiet.

Geschichte: Gehörte zur röm. Prov. Rätien, kam 536 zum Fränk. Reich. Gegen habsburg. Expansionsbestrebungen entstand 1367 der Gotteshausbund, 1424 bildete sich im Vorder- und Hinterrheintal und im Misox der Graue oder Obere Bund, 1436 schlossen sich die ehem. toggenburg. Gemeinden im Prättigau, um Davos, Arosa und Churwalden zum Zehngerichtebund zusammen. Nach Zusammenarbeit der 3 Bände seit 1461 Bündnis des Grauen oder Oberen Bundes (1497) und des Gotteshausbundes (1498) mit den Sieben Orten der Eidgenossenschaft. Der Bundesbrief von 1524 gewährte engeren Zusammenschluß. V. a. im Grauen Bund und im Zehngerichtebund fand die reformator. Lehre weite Verbreitung, der Gotteshausbund blieb weitgehend kath.; 1550 trat das Engadin zur neuen Lehre über. Im 17. Jh. besetzten Frankr. und Österreich bzw. Spanien abwechselnd den wegen seiner Pässe strateg. wichtigen Staat. G. Jenatsch gelang es jedoch, G. die Unabhängigkeit zu sichern. Wurde Ende des 18. Jh. Teil der Helvet. Republik, 1803 als G. 15. Kanton der Eidgenossenschaft.

Verfassung: Nach der Verfassung vom 2. Okt. 1892 liegt die Exekutive beim vom Volk auf 3 Jahre gewählten Kleinen Rat (Pitschen Cussagl/Piccolo Consiglio; 5 Mgl.). Die Legislative bilden der vom Volk auf 2 Jahre gewählte Große Rat (Grand Cussagl/Gran Consiglio; 120 Mgl.) und das Volk selbst.

Graubutt, svw. Flunder (↑Schollen).

Graudenz, Stadt in Polen, ↑Grudziądz.

Graue Eminenz, Bez. für eine „hinter den Kulissen" wirkende, nach außen kaum in Erscheinung tretende einflußreiche Persönlichkeit (meist für Politiker); z. B. F. von Holstein.

Graue Krähe, svw. ↑Nebelkrähe.

graue Märkte, Märkte für Güter, die direkt beim Hersteller oder Großhändler unter Ausschaltung des Einzelhandels gekauft werden.

Grauer Burgunder, svw. ↑Ruländer.

Grauer Kardinal ↑Graukardinäle.

Grauerle ↑Erle.

Graufilter, graugefärbtes, photograph. Aufnahmefilter, das ledigl. der Lichtschwächung dient, also keine bestimmten Farbanteile ausfiltert.

grauer Star (Cataracta), Trübung der Augenlinse mit Beeinträchtigung des Sehvermögens (↑Starerkrankungen).

Grauer Wollaffe ↑Wollaffen.

graue Substanz ↑Gehirn.

Graufäule, svw. ↑Grauschimmel.

Graufüchse ↑Füchse.

Graugans, Art der Echten ↑Gänse; bekannt durch die Verhaltensstudien von K. Lorenz zur Prägung von Verhaltensmustern.

Grauguß ↑Gußeisen.

Grauhaie, (Kammzähner, Hexanchidae) mit nur wenigen Arten in allen Meeren verbreitete Fam. bis etwa 5 m langer Haie; mit jederseits sechs oder sieben Kiemenspalten und nur einer, weit hinten ansetzender Rükkenflosse; Zähne des Unterkiefers mit sägeartiger Kante. Am bekanntesten ist der **Grauhai** (Hexanchus griseus), v. a. in trop. und subtrop. Meeren (auch im Mittelmeer), gelegentl. in der Nordsee; Körper bis 5 m lang, meist einheitl. braun, mit breitem, jederseits sechs Kiemenspalten aufweisendem Kopf und langem Schwanz.

◆ svw. ↑Menschenhaie.

Grauhörnchen (Sciurus carolinensis), oberseits meist bräunlichgraues, unterseits weißl. Baumhörnchen (Gatt. Eichhörnchen), v. a. in Eichen- und Nadelwäldern des östl. N-Amerikas; Körperlänge etwa 20–25 cm, mit etwa ebenso langem, sehr buschig behaartem Schwanz; Ohren stets ohne Haarpinsel.

Graukappe, svw. ↑Birkenröhrling.

Graukardinäle (Paroaria), Singvogelgatt. der Kardinäle mit fünf 16–19 cm großen Arten im trop. S-Amerika; Kopf (einschließl. Kehle) mit Haube rot, übriges Gefieder oben grau, unten weiß. Oft in Gefangenschaft gehalten wird der **Graue Kardinal** (Graukardinal, Paroaria coronata) mit grauen Oberflügeldecken.

Graukeil, transparente Kopiervorlage mit kontinuierlich oder stufenförmig *(Stufengraukeil)* zunehmenden Grautönen (logarithm. abgestufte Dichtewerte) für densitometr. Messungen.

Graukresse (Berteroa), Gatt. der Kreuzblütler mit sieben Arten in Europa und Z-Asien. In Deutschland kommt an warmen, trockenen, stickstoffreichen Standorten nur die **Echte Graukresse** (Berteroa incana) vor, eine bis 50 cm hohe, zweijährige Pflanze mit graufilzigen, lanzenförmigen Blättern und weißen, zweispaltigen Blütenblättern.

Graun, Carl Heinrich, * Wahrenbrück zw. 9. Aug. 1703 und 8. Aug. 1704, † Berlin 8. Aug. 1759, dt. Komponist. - Bruder von Johann Gottlieb G.; seit 1735 im Dienste Friedrichs des Großen (1740 Kapellmeister); komponierte über 30 italien. Opern, bed. Kirchenmusik, u. a. die Passionskantate „Der Tod Jesu" (1755), Konzerte und Kammermusik.

G., Johann Gottlieb, * Wahrenbrück zw. 28. Okt. 1702 und 27. Okt. 1703, † Berlin 27. Okt. 1771, dt. Komponist. - Bruder von Carl Heinrich G.; seit 1732 Konzertmeister Friedrichs des Großen; komponierte etwa 100 Sinfonien, Concerti grossi, Violinkonzerte und Kammermusik.

Graunerfling, svw. ↑ Perlfisch.

Graupapagei ↑ Papageien.

Graupeln [slaw.], Niederschlagsform: **Reifgraupeln** sind weiße, undurchsichtige, runde Körner (Durchmesser über 1 mm), die von einer harten Unterlage zurückspringen oder zerbrechen; **Frostgraupeln** sind halbdurchsichtige, runde, mehr oder weniger harte Körner von etwa 2 bis 5 mm Durchmesser; sie bestehen aus einem weichen, trüben Reifgraupelkern mit einer dünnen, umschließenden Eisschicht und zerspringen nicht beim Aufprall.

Graupen, Stadt in der ČSSR, ↑ Krupka.

Graupen [slaw.], geschälte, geschliffene und polierte Gersten-, seltener Weizenkörner von längl., halbrunder oder runder Form.

Graupner, [Johann] Christoph, * Kirchberg 13. Jan. 1683, † Darmstadt 10. Mai 1760, dt. Komponist. - 1712 Hofkapellmeister in Darmstadt; komponierte 8 Opern, über 1 400 (v. a. Kirchen-) Kantaten, 113 Sinfonien, 87 Ouvertüren, 44 Konzerte, Kammer- und Klaviermusik.

Graureiher, svw. Fischreiher (↑ Reiher).

Grauschimmel (Graufäule), Bez. für die durch den Deuteromyzeten Botrytis cinerea hervorgerufenen Krankheiten, v. a. von Zwiebeln, Gurken, Erdbeeren und Himbeeren; G. tritt meist nach vorangegangener Schädigung der Pflanzen oder Früchte auf, die dann von einem mausgrauen Schimmelrasen überzogen werden. - An reifen Weinbeeren bewirkt der G. die ↑ Edelfäule.

Grauspecht ↑ Spechte.

Grauwacke, Sedimentgestein aus kleinen Gesteinstrümmern, v. a. aus Schiefergrus.

Grauwal (Eschrichtius glaucus), etwa 10–15 m langer Bartenwal im nördl. Pazifik; mit zwei bis vier etwa 1,5 m langen Kehlfurchen; Rückenfinne fehlend; Färbung schiefergrau bis schwarz mit zahlr. weißl. Flecken.

Grauzonenwaffen, Bez. für Waffensysteme (Mittelstreckenraketen mit Atomsprengköpfen, mit Atombomben ausgerüstete Bombenflugzeuge), die einerseits in Polen, der DDR und der ČSSR, andererseits in Frankr. und Großbrit. stationiert sind und über deren Reduzierung bei den Abrüstungsverhandlungen (MBFR; ↑ auch Abrüstung) bisher nicht verhandelt wurde. Als G. betrachtet die UdSSR auch Atom-U-Boote der NATO-Staaten.

Gravamen [lat.], Beschwerde; im 15./16. Jh. in Deutschland als **Gravamina nationis germanicae** Klagen über kirchl. Mißstände.

grave [italien.], musikal. Tempo- und Vortragsbez.: schwer, langsam.

Gravelines [frz. gra'vlin], frz. Hafenstadt in der flandr. Küstenebene, Dep. Nord, 11 600 E. - 1163 gegr., seit 1659 frz. durch Vauban im 17. Jh. zur Festung ausgebaut.

Gravelotte und Saint-Privat [frz. gra'vlɔt, sɛ̃pri'va], nach den beiden frz. Orten in Lothringen, Dep. Moselle, Gravelotte (12 km westl. von Metz, 507 E, Kriegsmuseum) und Saint-Privat-la-Montagne (rd. 20 km nw. von Metz, 1 300 E) ben. Schlacht am 16./18. Aug. 1870 im Dt.-Frz. Krieg 1870/71, die zur Einschließung der Armee F. A. Bazaines in Metz beitrug.

Gravensteiner ['gra:vən...; nach dem Ort Gravenstein (dän. Gråsten) in Nordschleswig] ↑ Äpfel (Übersicht).

Graves, Robert [engl. grɛɪvz], eigtl. R. von Ranke-G., * London 26. Juli 1895, † Deya (Mallorca) 7. Dez. 1985, engl. Schriftsteller. - Urenkel Leopold von Rankes; Historiker; allg. bekannt wurde er durch den histor. Roman „Ich, Claudius, Kaiser und Gott" (1934), reich an iron. Anspielungen auf die Gegenwart, dem ähnl. Werke folgten; auch experimentelle Lyrik („Poems about love", 1968), Studien zur Literatur und Mythologie.
Weitere Werke: Strich darunter (autobiograph. Kriegsbuch, 1929), Rostbraun-gezähnt (R., 1936), Griech. Mythologie (1955), Nausikaa und ihre Freier (R., 1955).

Gravesend [engl. 'grɛɪvz'ɛnd], engl. Stadt an der Themse, Gft. Kent, 53 000 E. Schiffbau und -reparaturen, Maschinenbau, Zement- u. a. Ind. Die Hafenanlagen gehören zum Londoner Hafengebiet. - 1562 Stadt.

Gravettien [gravɛti'ɛ̃:], nach dem Abri La Gravette (Gemeinde Bayac, Dordogne, Frankr.) ben. jungpaläolith. Kulturgruppe; löste das ↑ Aurignacien ab; kennzeichnend v. a. die Gravette-Spitzen (schmale, lamellenartige Spitzgeräte mit abgestumpftem Rükken), Kerbspitzen, Stielspitzen und Stichel bes. Art, weibl. Statuetten aus Elfenbein oder Stein.

Gravida [lat.], in der Medizin Bez. für Schwangere.

Gravidität [lat.], svw. ↑ Schwangerschaft.

Gravieren [niederl.-frz., zu niederdt. graven „graben"], das Einritzen von Zeichnungen, Mustern, Verzierungen, Schrift oder Druckelementen in Metallflächen, Stein, Elfenbein, Holz, Glas u. a.; dies kann mit Gravierwerkzeugen, mit Graviermaschinen oder durch Elektrogravur erfolgen. *Gravierwerkzeuge* sind u. a. Grabstichel und Graviernadel oder auch Punze und Meißel (↑ Ziselieren) sowie Schleifrädchen (beim G. von Glas). Man unterscheidet **Flachgravieren,** bei dem an der Oberfläche Furchen eingeritzt werden, und **Reliefgravieren,** bei der Herstellung von Prägestempeln verschiedenster Art. I. w. S. gehören zum G. das Stempel- und Schriftschneiden, das Siegel-, Wappen- und Notenstechen. - Abb. S. 338.

gravierend [lat.], erschwerend, schwerwiegend.

Gravimetrie [lat./griech.], Gesamtheit der Verfahren zur Messung der durch die Erdmassen, die Erdrotation und die Massen benachbarter Himmelskörper erzeugten Schwerebeschleunigung bzw. Schwerkraft an der Erdoberfläche. Zur absoluten Schweremessung wird das Pendel verwendet, aus dessen Schwingungsdauer die Schwerebeschleunigung ermittelt werden kann. Relative Schweremessungen werden mit dem auf dem Prinzip des Federpendels beruhenden **Gravimeter** durchgeführt. Prakt. Anwendung findet die G. bei der Erkundung nutzbarer Lagerstätten von Erz, Erdöl usw. und bei der Baugrunduntersuchung.

◆ (Gewichtsanalyse) quantitatives Analysenverfahren, das sich der Messung einer Stoffmenge durch Gewichtsbestimmung (Auswaage) bedient. Dabei wird der zu bestimmende Stoff in eine schwerlösl. Verbindung (Fällungsform) überführt. Bei der zur quantitativen Bestimmung von Metallen dienenden **Elektrogravimetrie** wird ein Metall aus der wäßrigen Lösung eines seiner Salze elektrolyt. abgeschieden.

Gravina di Puglia [italien. gra'vi:na di 'puʎʎa], italien. Stadt im westl. Apulien, 350 m ü. d. M., 36 500 E. Bischofssitz; Marktort; Baustein- und Nahrungsmittelind.; Weinbau. - Im 5. Jh. entstanden, fiel 1041/42 an die Normannen und wurde Mittelpunkt einer Gft. - Dom (11. Jh.; im 15. Jh. erneuert). Nahebei die Ruinen eines Jagdschlosses Kaiser Friedrichs II. (um 1230).

Gravirezeptoren ↑Gleichgewichtsorgane.

Gravis [lat.], in der *Phonetik:* fallender Silbenakzent.

◆ bes. in der lat., griech. und kyrill. Schrift diakrit. Zeichen (Akzent) in Form eines von mittlerer Höhe nach rechts abfallenden Striches: `, z. B. frz. è.

Gravisphäre [lat./griech.], Bereich des Weltraums, in dem die [meßbare] Schwerkraft eines Himmelskörpers die anderer Himmelskörper überwiegt.

Gravität [lat.], Schwere; Würde, steife Feierlichkeit.

Gravitation [zu lat. gravis „schwer"] (Massenanziehung, Schwerkraft), die Kraft, die zwei oder mehrere Körper allein auf Grund ihrer (schweren) Masse aufeinander ausüben. Die G. der Erde bezeichnet man auch als **Schwerkraft.** Sie ist die Ursache für die Gewichtskraft (Gewicht) eines Körpers. Für den Betrag der Kraft F, mit der sich zwei Körper gegenseitig anziehen, gilt das **Newtonsche Gravitationsgesetz:** $F = \gamma \cdot m_1 m_2/r^2$ (F Betrag der Anziehungskraft, m_1 und m_2 Massen der beiden Körper, r Abstand der

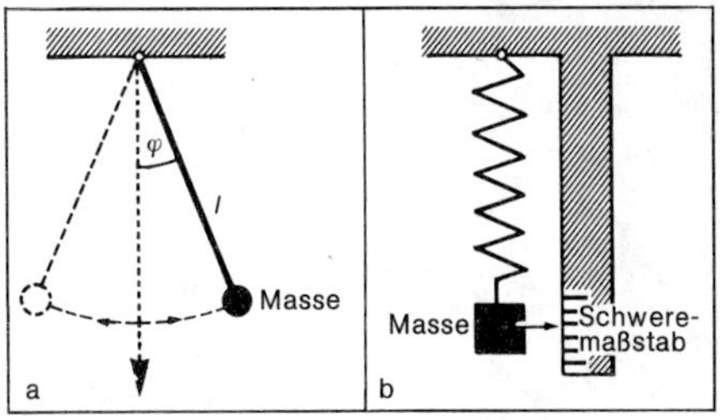

Gravimetrie. a Pendel; b Gravimeter

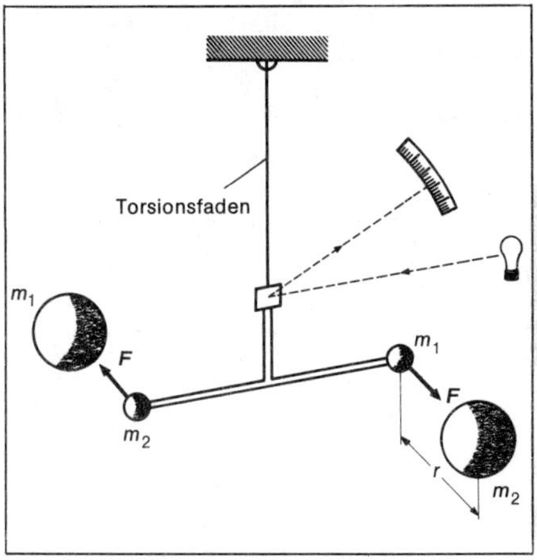

Gravitation. Versuchsanordnung von Henry Cavendish zur Bestimmung der Newtonschen Gravitationskonstante

Massenmittelpunkte beider Körper, γ **Gravitationskonstante** $6{,}672 \cdot 10^{-11}$ $\mathrm{Nm^2\,kg^{-2}}$). Als **Gravitationsfeld** bezeichnet man den Raum in der Umgebung eines Körpers, in dem er auf andere Körper eine Anziehungskraft ausübt. Maß für die Stärke des Gravitationsfeldes an irgendeinem beliebigen Raumpunkt ist der Quotient aus der Kraft F, die an diesem Punkt auf einen Körper ausgeübt wird und der Masse dieses Körpers. Er wird als **Gravitationsfeldstärke** g bezeichnet: $g = F/m$. Für den Betrag der Gravitationsfeldstärke der Erde gilt: $g = \gamma \cdot M/r^2$ (g Betrag der Gravitationsfeldstärke, M Masse der Erde, r Abstand des betrachteten Raumpunktes vom Erdmittelpunkt, γ Gravitationskonstante). Für die Arbeit W, die erforderl. ist, um einen Körper der Masse m im Gravitationsfeld der Erde aus der Entfernung r in die größere Entfernung r_g zu bringen, gilt die Beziehung:

$$W = \gamma m M\left(\frac{1}{r} - \frac{1}{r_g}\right).$$

Gravieren einer Gemme mit einer Gravierfräse

Gravitationsaberration ↑Lichtablenkung.

Gravitationskollaps, die rasche Kontraktion kosm. Materieansammlungen auf Grund der gegenseitigen Gravitationswirkung ihrer Bestandteile, insbes. massiver Sterne am Ende ihrer Entwicklung, wenn die inneren Energiereserven nahezu vollständig aufgebraucht sind. Die eintretende starke Verdichtung kann mit einer explosionsartigen Abschleuderung von Materie verbunden sein. Endzustände sind ↑weiße Zwerge, ↑Neutronensterne oder ↑schwarze Löcher.

Gravitationskonstante ↑Gravitation.

Gravitationswellen, Störungen im Gravitationsfeld, die sich wellenartig mit Lichtgeschwindigkeit im Raum ausbreiten. Nach der allg. Relativitätstheorie entstehen G. immer dann, wenn eine Masse bewegt wird. Von Bed. sind die G. allerdings erst bei großen Massen (z. B. Sonnenmasse) und hohen Geschwindigkeiten. G. konnten experimentell bisher nicht nachgewiesen werden, ihre Existenz kann jedoch aus der Gravitationstheorie und aus neueren astronom. Beobachtungen (kontinuierl. Energie- und Drehimpulsabnahme eines Doppelsternsystems) gefolgert werden. Die den G. entsprechenden Feldquanten nennt man **Gravitonen.**

Gravur [niederl.-frz.], eine in Metallflächen, Stein, Elfenbein u. a. gravierte figurative oder ornamentale Darstellung.

Gravüre [niederl.-frz.], allg. Bez. für Erzeugnis der Gravierkunst (Kupfer-, Stahlstich), insbes. für eine auf photomechan. Wege hergestellte Tiefdruckform und den davon hergestellten Druck.

Gray [engl. grɛɪ], Elisha, * Barnesville (Ohio) 2. Aug. 1835, † Newtonville (= Newton, Mass.) 21. Jan. 1901, amerikan. Erfinder. - G. beantragte am 14. Febr. 1876 - wenige Stunden nach A. G. ↑Bell - das Patent für das Telephon (gerichtl. wurde dann Bell die Priorität zuerkannt). 1888 erfand G. einen Fernschreiber (**Teleautograph**) zur Faksimileübertragung von Schrift und Zeichnungen.

G., Stephen, * vermutl. Canterbury 1666 oder 1667, † London 15. Febr. 1736, engl. Naturwissenschaftler. - Er entdeckte 1729 die Elektrizitätsleitung und die Influenzelektrizität und machte die bedeutsame Unterscheidung zw. elektr. Leitern und Nichtleitern.

G., Thomas, * London 26. Dez. 1716, † Cambridge 30. Juli 1771, engl. Dichter. - Mit seiner Erschließung altnord. und gäl. Dichtung und seiner Lyrik („Elegie auf einem Dorfkirchhof", 1751) ein Wegweiser der Romantik.

Gray [engl. grɛɪ; nach L. H. Gray, * 1905, † 1965], gesetzl. Einheit der Energiedosis (Einheitenzeichen Gy), 1 Gy = 1 J/kg.

Grays Wasserbock [engl. grɛɪ] ↑Riedböcke.

Graz, Landeshauptstadt des östr. B.landes Steiermark, am Austritt der Mur ins Grazer Becken, 364 m ü. d. M., 127 km², 243 200 E. Kath. Bischofssitz; Univ. (gegr. 1586), TH, Östr. Akad. für Führungskräfte, Akad. für Musik und darstellende Kunst; Steiermärk. Landesarchiv, Museen, u. a. Steiermärk. Landesmuseum, Volkskundemuseum, Landeszeughaus, Waffensammlung. Großbetriebe des Kraftfahrzeug-, Maschinen-, Stahl- und Waggonbaus sowie Nahrungsmittel-, Glas- u. a. Ind., Verlage. Knotenpunkt des Straßen- und Schienenverkehrs, ✈; Fremdenverkehr.

1164 als Marktsiedlung (bei der Burg auf dem Schloßberg) gen., aus der die Stadtsiedlung G. erwuchs (1222 Münzrecht; 1265 ummauert). Ab 1379 Residenz der leopoldin. Linie der Habsburger, unter Friedrich III. ab 1440 Kaiserresidenz. Seit Anfang 16. Jh. Sitz der steir. Stände. Ab 1543 zu einem Bollwerk gegen die Türken ausgebaut (Festungswerke 1784 aufgehoben, 1809 geschleift); 1564–1619 wieder Residenz für Innerösterreich.

Zahlr. Kirchen, u. a. frühgot. Leechkirche (1275–93) des Dt. Ritterordens, spätgot. erneuerter Dom (1438–62) mit im wesentl. barocker Ausstattung, Haupt- und Stadtpfarrkirche zum Hl. Blut (1519) mit Barockfassade. Mausoleum Kaiser Ferdinands II. (1614 ff.) mit barocker Ausstattung. Der Haupttrakt des sog. Landhauses (16.–19. Jh.; jetzt Landtagsgebäude) ist ein bed. Renaissancebau mit Arkadenhof. Auf dem Schloßberg als Überreste der Burg Uhr- und Glockenturm (beide 16. Jh.). Von den Bastionen ist das sog. Paulustor (1590–1612) erhalten.

Grazer Forum ↑Forum Stadtpark.

Grazia (Gratia), weibl. Vorname lat. Ursprungs, eigtl. „Anmut"; span. Form Gracia, engl. Grace.

Graziani, Rodolfo, Marchese di Neghelli

(seit 1936), * Filettino (Prov. Frosinone) 11. Aug. 1882, † Rom 11. Jan. 1955, italien. Marschall (seit 1936). - Leitete 1921–31 mit Härte die Rückeroberung Libyens, befehligte im Krieg gegen Äthiopien 1935/36 die italien. S-Front; 1936/37 Vizekönig von Äthiopien; 1939/40 Generalstabschef des Heeres, 1940/41 Oberbefehlshaber der italien. Truppen in N-Afrika; 1943–45 Verteidigungsmin., 1950 zu 19 Jahren Gefängnis verurteilt, bald darauf begnadigt; ab 1952 Führer neofaschist. Bewegungen.

Grazie [lat.], Anmut, Liebreiz; **graziös,** anmutig, lieblich.

Grazien [lat.] ↑Chariten.

grazil [lat.], schlank, schmächtig; zartgliedrig, zierlich, geschmeidig.

grazioso [italien.], musikal. Vortragsbez.: anmutig, lieblich.

Gräzismus [griech.], sprachl. Element (Wort, Form, Bedeutung, syntakt. Konstruktion usw.), das wörtl. bzw. in genauer Nachbildung aus dem Griech. in eine andere Sprache übernommen ist.

Graz-Seckau, östr. Bistum, umfaßt heute das Bundesland Steiermark; 1218 als Suffraganbistum Seckau von Salzburg gegr. Den Namen G.-S. führt das Bistum seit 1963. - ↑auch katholische Kirche (Übersicht).

grd, älteres Einheitenzeichen für ↑Grad (bei der Angabe von Temperaturdifferenzen).

Great Abaco Island [engl. 'grɛɪt 'æbəkoʊ 'aɪlənd] ↑Bahamas.

Great American Desert [engl. 'grɛɪt ə'mɛrɪkən 'dɛzət], histor.-geograph. Begriff, mit dem v. a. Anfang des 19. Jh. in den USA der westlichste Teil der Präriegebiete bezeichnet wurde.

Great Awakening, The [engl. ðə 'grɛɪt ə'wɛɪkənɪŋ „die große Erweckung"], Erweckungsbewegung in den Staaten Neuenglands; die Entwicklung setzte um 1734 ein; Hauptvertreter waren u. a. J. Edwards und G. Tennent. Nach urspr. Beschränkung auf den religiösen Bereich bekam die Bewegung großen Einfluß auf das soziale und polit. Denken in Nordamerika, bes. auf die Entwicklung eines liberalen, toleranten, demokrat. Gedankenguts; z. T. wegweisend für den amerikan. Transzendentalismus.

Great Barrier Island [engl. 'grɛɪt 'bærɪə 'aɪlənd], größte der Nordinsel Neuseelands vorgelagerte Insel, 40 km lang, bis 15 km breit, bis 621 m ü. d. M., an der SW-Küste heiße Quellen.

Great Basin [engl. 'grɛɪt 'bɛɪsn], abflußlose Großlandschaft der USA, zw. der Sierra Nevada und der Cascade Range im W, den mittleren Rocky Mountains und dem Colorado Plateau im O, nach N in das Columbia Plateau übergehend, gegliedert durch zahlr. N–S streichende Ketten, Becken und Wannen. Die meisten Flüsse münden, soweit sie nicht verdunsten oder versickern, in Endseen, die zeitweise völlig austrocknen und Salztonebenen hinterlassen. Die Vegetation ist dem ariden Klima angepaßt. Von Bed. sind die Bodenschätze und der Fremdenverkehr.

Greater Britain [engl. 'grɛɪtə 'brɪtn „größeres Britannien"], durch Sir C. W. Dilke geprägtes polit. Schlagwort des brit. liberalen Imperialismus für ein mit dem Mutterland wirtschaftl. und polit. eng verbundenes Kolonialreich.

Greater London [engl. 'grɛɪtə 'lʌndən] (Groß-London), engl. Verwaltungsgebiet.

Greater Manchester [engl. 'grɛɪtə 'mæntʃɪstə], Metropolitan County in England.

Great Inagua Island [engl. 'grɛɪt ɪ'nɑːgwə 'aɪlənd] ↑Bahamas.

Great Outback [engl. 'grɛɪt 'aʊtbæk], Bez. für die weiten Ebenen Inneraustraliens um Ayers Rock und Alice Springs.

Great Plains [engl. 'grɛɪt 'plɛɪnz], der westl. Teil der ↑Interior Plains.

Great rebellion [engl. 'grɛɪt rɪ'bɛljən „große Rebellion"] ↑Puritanische Revolution.

Great Salt Lake [engl. 'grɛɪt 'sɔːlt 'lɛɪk] (Großer Salzsee), Endsee mit sehr hohem Salzgehalt (25–27 %) im nordöstlichsten Bekken des Great Basin, USA, mittlere Größe 2 600 km^2, bis 8 m tief (meist wesentl. flacher); mehrere Inseln. Dem dynam. Gleichgewicht von Zufluß und Verdunstung entsprechen klimaabhängige Seespiegelschwankungen; jahreszeitl. Schwankungen um durchschnittl. 60 cm (250 km^2; Maximum Mai/Juni, Minimum Nov./Dez.). Der G. S. L. ist ein Rest des eiszeitl., über 50 000 km^2 großen **Lake Bonneville,** dessen einstige Uferlinien noch zu erkennen sind. Durch den G. S. L. führt ein Eisenbahndamm. Kochsalzgewinnung; Badebetrieb am S-Ufer, westl. von Salt Lake City.

Great Smoky Mountains [engl. 'grɛɪt 'smoʊkɪ 'maʊntɪnz], Teil des appalach. Gebirgssystems, an der Grenze zw. Tennessee und North Carolina, USA, im Clingman's Dome 2 025 m hoch; z. T. National Park.

Great Valley [engl. 'grɛɪt 'vælɪ] ↑Ridge and Valley Province.

G. V., Tieflandzone südl. der W-Ausläufer der Ostaustral. Kordilleren mit den größten Braunkohlenlagern der Erde im **Latrobe Valley.**

Great Yarmouth [engl. 'grɛɪt 'jɑːməθ], Stadt an der ostengl. Küste, 48 300 E. Museen; Heringsfischereihafen, Handelshafen, Schiffbau und -reparaturen, fischverarbeitende u. a. Ind. Seebad mit 8 km Strandpromenade. - Seit 1208 Stadt. - Pfarrkirche Saint Nicholas (1101 ff.); charakterist. für die Altstadt sind die „rows", sehr enge Straßen mit schmalen Häusern.

Grebenstein, hess. Stadt, 193 m ü. d. M., 5 800 E. Pendlerwohngemeinde von Kassel. - Im 13. Jh. entstanden, erhielt 1324 Stadtrecht. - Got. Stadtkirche mit Gewölbemalereien (um 1400), got. Fruchtspeicher, Fachwerkbauten (16.–18. Jh.), Rathaus mit spätgot. Untergeschoß, Fachwerkaufbau (17. Jh.) und barockem Hauptportal.

Greco, Juliette [frz. gre'ko], * Montpellier 7. Febr. 1927, frz. Chansonette und Schauspielerin. - War in der Nachkriegszeit als Chansonsängerin die typ. Vertreterin der in den Kellern von Saint-Germain-des-Prés heim. Existentialistengeneration, mit Texten von Sartre, Camus, Queneau u. a.

Juliette Greco (1969)

Greco, El [span. ɛl 'ɣreko „der Grieche"], eigtl. Dominikos Theotokopulos, * Fodele bei Iraklion (Kreta) um 1541, † Toledo 6. oder 7. April 1614, span. Maler griech. Herkunft. - Lehrjahre in Venedig in der Werkstatt Tizians. Um 1570 in Rom, spätestens ab 1577 in Toledo, erhielt zahlr. kirchl. Aufträge, auch Aufträge Philipps II. („Verehrung des heiligsten Namens Jesu", auch „Traum Philipps II.", 1580–84, „Martyrium des hl. Mauritius und der Thebaischen Legion", 1580–84; beide heute Escorial). U. a. Altarbilder für Santo Tomé („Das Begräbnis des Grafen Orgaz", 1586) und das Hospital Santo Juan Bautista de Tavera (1608 ff.) in Toledo und das Hospital de la Caridad (1603–05, mit der „Vision des hl. Ildefonso") in Illescas. Anordnung des Geschehens in einem in der Tiefe unbestimmten, von Licht und atmosphär. Phänomenen in eigenartig fahler Farbgebung dramatisierten Raum. Die religiöse Intensität ist bis zu visionärer Ekstase gesteigert, wozu kompositor. die manierist. Überlängung und Schraubung der Figuren wesentl. beiträgt. Außergewöhnl. vergeistigt auch seine Porträtkunst. *Weitere Werke:* Die Vertreibung der Wechsler aus dem Tempel (1570–75; Minneapolis, Institute of Arts), Entkleidung Christi (1590–95; München, Alte Pinakothek), Kardinal Don Fernando Niño de Guevara (um 1600; New York, Metropolitan Museum), Blick auf Toledo (1604–14; ebd.), Die Eröffnung des siebten Siegels (um 1613; ebd.).

El Greco, Die Eröffnung des siebten Siegels (um 1613). New York, Metropolitan Museum of Art

Gredos, Sierra de [span. 'sjɛrra ðe 'ɣreðɔs], Gebirgszug im westl. Teil des Kastil. Scheidegebirges, Spanien, rd. 100 km lang, 20–25 km breit, im Almanzor 2 592 m ü. d. M.

Green, Julien [frz. grin], * Paris 6. Sept. 1900, frz.-amerikan. Schriftsteller. - Prot. erzogen, trat 1915 zum Katholizismus über, 1939 erneute Konversion. Gestaltet in seinem „Journal" (9 Bde., 1938–72) und in seinen Romanen Lebensangst und vergebl. Kampf des Menschen gegen seine Triebhaftigkeit. Auch Dramen, Autobiographien. - *Weitere Werke:* Adrienne Mesurat (R., 1927), Leviathan (R., 1929), Treibgut (R., 1932), Moira (R., 1950), Jeder Mensch in seiner Nacht (1960), Der Andere (R., 1971).

Greenaway, Kate [engl. 'gri:nəwɛɪ], * London 17. März 1846, † ebd. 6. Nov. 1901, engl. Zeichnerin. - Bekannt durch ihre naivhumorvollen Illustrationen zu eigenen Kinderbüchern (u. a. „Mother Goose", 1881).

Greenbacks [engl. 'gri:nbæks; engl.-amerikan. „Grünrücken"], Staatspapiergeldnoten der USA von 1–1 000 Dollar, ausgegeben im Sezessionskrieg, ben. nach dem grünen Untergrund im Unterschied zum Papiergeld der Südstaaten, den **Bluebacks** (ben. nach dem blauen Druck der Rückseite); auch volkstüml. verallgemeinernde Bez. für ungedecktes Papiergeld.

Green Bank [engl. 'gri:n'bæŋk], Ort in W-Va., USA; seit 1962 befindet sich dort eines der größten drehbaren Radioteleskope der Erde; Durchmesser des Reflektors 91,5 m.

Green Bay [engl. 'gri:n 'bɛɪ], Stadt am S-Ufer der G. B. des Michigansees, Wis., USA,

180 m ü. d. M., 87 900 E. Kath. Bischofssitz; Univ. (gegr. 1965); bed. Käseherstellung; Hafen, Bahnknotenpunkt, ✈. - 1634 als Handelsstation gegr., die zum Ausgangspunkt der Erforschung und Besiedlung des heutigen Wisconsin und des Mississippigebiets wurde.

Greenberg, Joseph H[arold] [engl. 'gri:nbə:g], * Brooklyn (= New York) 28. Mai 1915, amerikan. Sprachwissenschaftler. - Prof. in New York, seit 1962 an der Stanford University (Calif.); beschäftigte sich v. a. mit der genet. Klassifikation der afrikan. Sprachen („The languages of Africa", 1963), später auch mit der Klassifikation der Sprachen S-Amerikas und Indonesiens.

Greene, Graham [engl. gri:n], * Berkhamsted (Hertford) 2. Okt. 1904, engl. Schriftsteller. - Trat 1926 zum kath. Glauben über; lebte in Mexiko, im 2. Weltkrieg Sondermission in Westafrika. Behandelt das Thema von Sünde und Gnade v. a. in raffiniert aufgebauten Kriminalgeschichten in einer Mischung von sehr subjektiver Religiosität, Erotischem und Abenteuerlichem mit didakt.-moral. Tendenz. - *Werke:* Orientexpress (R., 1932), Am Abgrund des Lebens (R., 1938), Die Kraft und die Herrlichkeit (R., 1940), Das Herz aller Dinge (R., 1948), Der dritte Mann (R., 1950), Das Ende einer Affäre (R., 1951), Der stille Amerikaner (R., 1955), Unser Mann in Havanna (R., 1958), Der zehnte Mann (R., 1985).

Greenheart [engl. 'gri:nha:t] (Grünherz) ↑ Hölzer (Übersicht).

Greenhorn [engl. 'gri:nhɔ:n; urspr. Bez. für: Tier mit „grünen (d. h. noch jungen) Hörnern"], Neuling, Unerfahrener.

Green Mountains [engl. 'gri:n 'maʊntɪnz], schmaler Mittelgebirgszug, Teil des appalach. Gebirgssystems, USA, im Mount Mansfield 1 339 m hoch.

Greenock [engl. 'gri:nək], schott. Hafen- und Ind.stadt am Clyde, Strathclyde Region, 57 300 E. Mit Port Glasgow und Gourock zusammengewachsen. Navigationsschule; Containerumschlagplatz. Schiffsreparaturzentrum; Schiffsmaschinen-, Flugzeugmotorenbau, Herstellung von Büromaschinen.

Greenpeace [engl. 'gri:npi:s, „grüner Friede"], internat. Umweltschutzorganisation, die seit 1971 mit oft unkonventionellen Aktionen in aller Welt gegen Umweltverschmutzung protestiert und sich für den Schutz bedrohter Tiere einsetzt.

Green River [engl. 'gri:n 'rɪvə], rechter Nebenfluß des Colorado, USA, entspringt im westl. Wyoming, durchquert in Cañons den nördl. Teil des Colorado Plateau; 1 175 km lang.

Greensboro [engl. 'gri:nzbərə], Stadt auf dem Piedmont Plateau, N. C., USA, 260 m ü. d. M., 155 000 E. Univ. (gegr. 1891), Colleges; Handelszentrum mit Textil-, Holz-, Stahl- u. a. Ind.

Greenville [engl. 'gri:nvɪl], Stadt auf dem Piedmont Plateau, S. C., USA, 290 m ü. d. M., 57 500 E. Univ. (gegr. 1826), eines der Zentren der Textilind. in den Südstaaten. - Entstand 1797 als **Pleasantburg;** G. seit 1831.

Greenwich [engl. 'grɪnɪdʒ], Stadtbezirk von London am S-Ufer der Themse. Die Sternwarte von G. befindet sich heute in Herstmonceux; sie wird wegen Umweltverschmutzung nach den Kanarischen Inseln und Hawaii verlegt. - 918 erstmals gen.; der durch die 1675 gegr. Sternwarte verlaufende Meridian ist seit 1884/1911 internat. als Nullmeridian anerkannt. - Zahlr. Bauten des 17. und 18. Jh., u. a. Queen's House (vollendet 1637).

Greenwicher Zeit ['grɪnɪtʃər; nach ↑ Greenwich], svw. ↑ Weltzeit.

Greenwich Village [engl. 'grɪnɪdʒ 'vɪlɪdʒ], Künstlerviertel im Stadtbez. Manhattan, New York, USA.

Gregarinen (Gregarinida) [lat.], Ordnung langgestreckter, spindelförmiger, meist unter 0,5 mm langer Sporentierchen, die im Darm oder in der Leibeshöhle bes. von Gliederfüßern und Ringelwürmern parasitieren.

Grégoire, Henri Graf [frz. gre'gwa:r], * Vého (Meurthe-et-Moselle) 4. Dez. 1750, † Paris 28. Mai 1831, frz. kath. Theologe. - Seit 1791 bis zum Konkordat (1801) Haupt der konstitutionellen Kirche.

Gregor, männl. Vorname griech. Ursprungs, eigtl. „der Wache, der Wachsame" (zu griech. grēgoréō „bin wach, passe auf").

Gregor, Name von Päpsten:

G. I., hl., * Rom um 540, † ebd. 12. März 604, Papst (seit 3. Sept. 590), Kirchenlehrer. - Durch vorbildl. Verwaltung des Patrimonium Petri bereitete er die weltl. Macht des ma. Papsttums und den Kirchenstaat vor; maßgebl. Vermittler zw. christl. Antike und abendländ. MA; seine liturg. Reformen dienten v. a. der Ordnung und Bewahrung des Überlieferten (↑ Gregorianischer Gesang). - Fest: 3. Sept. (früher 12. März).

G. III., hl., † Rom 28. Nov. 741, Papst (seit 18. März 731). - Im Bilderstreit (↑ Bild) verurteilte G. 731 die Bilderfeinde; sein Pontifikat steht im schwierigen Übergang von der Lösung Roms aus dem byzantin. Verband zur allmähl. Hinwendung zu den Franken.

G. VII., hl., * Soana (?) (Toskana) zw. 1019 und 1030, † Salerno 25. Mai 1085, vorher Hildebrand, Papst (seit 22. April 1073). - Benediktiner; kämpfte leidenschaftl. bis zur Schroffheit für die „Reform" (gegen Simonie und Priesterehe; ↑ gregorianische Reform), für die Reinheit und Freiheit der Kirche in seinem Verständnis. Der Anspruch zur Verwirklichung seiner Auffassungen ergab sich im ↑ Investiturstreit, der (mit unterschiedl. Heftigkeit) jahrzehntelang alle abendländ. Staaten ergriff, die schärfste grundsätzl. Zuspitzung aber im Reich erfuhr (↑ auch Canossa, 1077). Der von G. 1080 erneut verurteilte König

Heinrich IV. eroberte 1083/84 Rom und ließ sich von dem von ihm zum Gegenpapst erhobenen Klemens III. zum Kaiser krönen. Der Pontifikat G.s entschied trotz unmittelbaren Scheiterns den Sieg der gregorian. Reform. Im unbeugsamen Kampf um eine religiös bestimmte ird. Ordnung ist G. ein wesentl. Mitgestalter der hoch-ma. Welt, seine Regierung ein epochaler Höhe- und Wendepunkt in der Geschichte des Papsttums.

🕮 *Canossa als Wende. Hg. v. H. Kämpf. Darmst. ³1976.*

G. IX., * Anagni bei Frosinone um 1170, † Rom 22. Aug. 1241, vorher Ugolino Graf von Segni, Papst (seit 19. März 1227). - G. förderte schon als Kardinal entschieden neue Orden (v. a. Franziskaner und Dominikaner) und kirchl. Laienbewegungen. Sein Pontifikat war maßgebl. beherrscht von der Auseinandersetzung mit Kaiser Friedrich II. Er förderte die Mission, veröffentlichte Dekretalen († Corpus Juris Canonici) und organisierte die Inquisition.

G. XIII., * Bologna 1. Jan. 1502, † Rom 10. April 1585, vorher Ugo B[u]oncompagni, Papst (seit 13. Mai 1572). - 1531–39 Rechtslehrer an der Univ. Bologna; förderte die innerkirchl. Reform († Katholische Erneuerung) und die Gegenreformation, v. a. auch die Jesuiten bei der Mission in Indien und Japan; veranlaßte eine amtl. Ausgabe des † Corpus Juris Canonici und die Reform des Julian. Kalenders (1582).

G. XVI., * Belluno 18. Sept. 1765, † Rom 1. Juni 1846, vorher Bartolomeo Alberto Capellari, Papst (seit 2. Febr. 1831). - Polit. unerfahren und weltfremd; versäumte die Reform des zerbrechenden Kirchenstaates und verwarf „Neuerungen“ in Welt und Kirche wie die nat. Einigungsbewegung Italiens († Risorgimento); bekämpfte jedes Staats- und Nationalkirchentum, trat im Streit um die Mischehen für kath. Grundsätze ein († Kölner Wirren) und bahnte die Vorherrschaft der „röm. Theologie“ († Neuscholastik) an.

Gregor der Erleuchter, hl., Missionar Armeniens im 3./4. Jh. - Über sein Leben gibt es fast keine histor. gesicherten Angaben.

Gregor der Wundertäter (Gregorios Thaumaturgos), hl., * Neocaesarea in Pontus um 213, † zw. 270 und 275, Bischof und Kirchenlehrer. - Schüler des Origenes; seine „Dankrede an Origenes“ ist eine Hauptquelle für den theolog. Unterricht in der Schule des Origenes.

Gregor von Nazianz, hl., gen. der Theologe, * Arianz (Kappadokien) 330, † ebd. 390, Bischof, griech. Kirchenlehrer. - Gehört mit Basilius d. Gr. und Gregor von Nyssa zu den führenden Theologen des späten 4. Jh., die die theolog. Entscheidung des 1. Konzils von Konstantinopel ermöglichten. Sein schriftsteller. Werk gehört zu den besten Leistungen der altkirchl. Literatur. - Fest: 2. Jan.

Gregor von Nyssa, hl., * Caesarea Mazaca um 335, † Nyssa um 394, Bischof und Kirchenlehrer. - Jüngerer Bruder von Basilius d. Gr. Auf dem 1. Konzil von Konstantinopel 381 zählte er zu den bestimmenden Köpfen. In seinen Schriften verteidigte G. das nizän. Glaubensbekenntnis und formte die Trinitätslehre entscheidend mit.

Gregor von Tours, hl., latin. Gregorius Turoniensis, * Clermont (Auvergne) 30. Nov. 538 oder 539, † Tours 17. Nov. 594, fränk. Geschichtsschreiber. - 573 Bischof von Tours; bed. Einfluß auf die fränk. Kg.; verfaßte im Vulgärlatein des frühen MA die „Historia Francorum“, die bis 591 reicht und über die Anfänge des Merowingerreiches Aufschluß gibt. - Fest: 17. Nov.

Gregor-Dellin, Martin [...li:n], * Naumburg/Saale 3. Juni 1926, dt. Schriftsteller. - Behandelt das Leben unter totalitärer Herrschaft, u. a. „Jakob Haferglanz“ (R., 1956), „Kandelaber“ (R., 1962); „Föhn“ (R., 1974) spielt in der unmittelbaren Gegenwart; auch Forschungen zum Leben von R. Wagner (1980), M. Luther (1983) und H. Schütz (1984). Seit 1982 Präs. des P.E.N.-Zentrums der BR Deutschland. - † 23. Juni 1988.

Gregoriana, päpstl. Univ. in Rom. 1551 als „Collegium Romanum“ gegründet.

gregorianische Reform, kirchl. Reformbewegung des 11./12. Jh., benannt nach Papst Gregor VII., die sich zunächst gegen Simonie und Priesterehe wandte, dann jedoch bestehende Rechtsformen (Laieninvestitur, Kaiserrechte bei der Papstwahl) angriff; ihre Ergebnisse waren stärkere Abgrenzung der geistl. und weltl. Gewalt bei Betonung des geistl. (päpstl.) Führungsanspruchs und Bildung einer in sich geschlossenen, unter päpstl. Primat stehenden kirchl. Hierarchie (Kardinalskollegium, Kurie).

Gregorianischer Gesang (Choral, Gregorian. Choral), der chor. und solist. einstimmige liturg. lat. Gesang der röm. Kirche in den Formen von † Oration, † Lektion, † Antiphon, † Responsorium, Hymnus († Hymne) und † Sequenz, die in der Liturgie von Messe († Graduale) und Stundengebet († Antiphonar) verwendet werden. Er wurde nach Papst Gregor I. im Zusammenhang mit dessen um 600 erfolgter Liturgiereform benannt. Neben dem G. G. hat sich der Ambrosianische bis heute erhalten, während sich der gallikan. und mozarab. Gesang noch im MA verloren. - Das Melodienrepertoire des G. G. ist histor. uneinheitl.; es wurde ständig durch vom jeweiligen musikal. Zeitstil beeinflußte Neukompositionen erweitert. Generell eignet den chor. Gesängen eine schlichte Melodiebildung mit vielfach syllab. Textvortrag, den solist. ein reicher melod. Verzierungsstil. - Seit dem 9. Jh. trat neben die Überlieferung der Texte die der Melodien durch linienlose † Neumen, später eine Notenschrift, mit der auf Linien der Melodienverlauf und die Notenverteilung auf Textsilben fixiert wurden. Mit der nun genaueren Definition der Melodien verloren sich die irrationalen Elemente der älteren Praxis (z. B. Verzierungen). Gleichzeitig wurde der rhythm. Vortrag der Gesänge durch die sog. äqualist. Interpretation, bei der auf jede Differenzierung der Notenwerte verzichtet wurde (lat. aequus „gleich"), abgelöst. - Nach starken Eingriffen in die seit dem MA in röm. Quadrat- oder got. Hufnagelnotation (↑Choralnotation) aufgezeichneten Melodien durch die „Editio Medicaea" (Rom 1614/15) fußt die „Editio Vaticana" (1905 und später) auf der Restaurierung des Gregorianischen Gesangs.

Hodes, K.: Der gregorian. Choral. Darmst. ²1979. - Wagner, Peter: Einf. in die gregorian. Melodien. Lpz. ¹⁻³1911–21. 3 Bde. Nachdr. Hildesheim ²1970. - Paléographie musicale. Hg. v. A. Mocquereau u. J. Gajard. Solesmes 1889–1958. 19 Bde. Nachdr. Bern 1967ff.

Gregorianischer Kalender ↑Zeitrechnung.

Gregorius (Gregorianus), röm. Jurist des späten 3. Jh. n. Chr. - Lehrte in Berytos (= Beirut); verfaßte unter Diokletian den **Codex Gregorianus,** eine nicht erhaltene Slg. von Kaisergesetzen des 3. Jahrhunderts.

Gregoriusorden, päpstl. ↑Orden.

Gregorovius, Ferdinand, Pseud. F. Fuchsmund, * Neidenburg bei Allenstein 19. Jan. 1821, † München 1. Mai 1891, dt. Schriftsteller. - Erfolgreich mit kulturhistor. Werken, v. a. „Geschichte der Stadt Rom im MA" (8 Bde., 1859–72).

Gregory [engl. 'grɛgərı], engl. Form des männl. Vornamens ↑Gregor.

Gregory, James [engl. 'grɛgərı], * Drumoak bei Aberdeen im Nov. 1638, † Edinburgh Ende Okt. 1675, schott. Mathematiker. - Prof. in Saint Andrews und in Edinburgh. G. führte den Begriff der Konvergenz ein und stellte unabhängig von I. Newton eine weit ausgebildete Reihenlehre, verschiedene Interpolationsformeln und die Taylor-Entwicklung einer Funktion nach ihren Ableitungen auf.

Greif [zu semit.-griech.-lat. gryps (mit gleicher Bed.)], geflügeltes Fabeltier, das auf einem Löwenkörper einen Adlerkopf bzw. Adleroberkörper trägt. Altes vorderasiat. Motiv, Sinnbild der Macht und - mit Ausnahmen - der Hoheit. Auch Grab- und Torwächter. Bis heute tradiert als Wappentier. - Abb. S. 344.

Greife, svw. ↑Greifvögel.

Greifensee, See 10 km östl. von Zürich, Schweiz, 8,5 km lang, bis 1 km breit, 435 m ü. d. M. Am NO-Ufer liegt die Stadt **Greifensee** (5 400 E) mit Schlößchen (1520) und kleiner got. Pfarrkirche (gestiftet 1350).

Greiffrösche, Bez. für die in M- und S-Amerika verbreiteten Laubfroschgatt. **Phyllomedusa** und **Agalychnis;** lebhaft bunt gefärbte Tiere mit meist leuchtend grüner Oberseite; Daumen kann den übrigen Fingern gegenübergestellt werden, wodurch eine typ. Greifhand entsteht. - Abb. S. 345.

Greiffuß, in der Zoologie Bez. für einen Fuß, bei dem die erste Zehe den übrigen Zehen gegenübergestellt (opponiert) werden kann und den Fuß so zum Greifen befähigt (z. B. bei Affen). Entsprechendes gilt für die **Greifhand** (z. B. bei den meisten Affen).

Greifschwanzaffen, svw. ↑Kapuzineraffenartige.

Greifswald, Krst. am S-Ufer des Ryck, Bez. Rostock, DDR, 2–7 m ü. d. M., 63 800 E. Univ. (gegr. 1456); Museum, Theater; Herstellung von Maschinen, Bekleidung, elektron. Schiffsausrüstung, Kernkraftwerk (4 Blöcke) bei Lubmin am Greifswalder Bodden, Hafen, Vorhafen. - Entstand vermutl. als dörfl. Siedlung in Verbindung mit einem seit 1193 bezeugten Salzwerk auf dem N-Ufer des Ryck; besaß seit 1241 Marktrecht, ab 1250 lüb. Stadtrecht. Weitreichende Handelsbeziehungen, durch Zollprivilegien und Stapelrechte begünstigt; kam 1648 unter schwed. Herrschaft, 1815 an Preußen. - Drei got. Backsteinkirchen (alle 13. Jh.): Sankt Marien, Sankt Nikolai und Sankt Jakobi. Urspr. got. Rathaus (14. Jh.; barock wieder aufgebaut nach Bränden), barockes Univ.gebäude (1747–50), Franziskanerkloster (13. Jh.; jetzt Museum), spätgot. und Renaissancegiebelhäuser (16. und 17. Jh.), Reste der Stadtbefestigung (14. Jh.).

G., Landkr. im Bez. Rostock, DDR.

Greifswalder Bodden, flaches Randbecken der südl. Ostsee, DDR, mit den Häfen Stralsund, Greifswald und Wolgast.

Greifswalder Oie [ɔʏ, 'ɔʏə], Insel im O des Greifswalder Boddens, DDR; Leuchtturm.

Greifvögel (Greife, Tagraubvögel, Falconiformes, Accipitres), mit rd. 290 Arten weltweit verbreitete Ordnung 14–140 cm langer, tagaktiver Vögel mit Spannweiten von 25 cm bis über 3 m; kräftige, gut fliegende, häufig ausgezeichnet segelnde Tiere, die sich vorwiegend tier. ernähren; mit kurzem, hakig gekrümmtem Oberschnabel und kräftigen Beinen, deren Zehen (mit Ausnahme der Aasfresser wie Geier) starke, gekrümmte, spitze, dem Ergreifen und häufig auch dem Töten von Beutetieren dienende Krallen aufweisen; ♀♀ häufig größer als ♂♂. - Man unterscheidet vier Fam.: ↑Neuweltgeier, ↑Sekretäre, ↑Habichtartige und ↑Falken. Fast alle G. stehen in Europa (Ausnahme: Italien, Frankr.) unter Naturschutz.

Greifzirkel ↑Zirkel.

Grein, Stadt am linken Ufer der Donau, Oberöstr., 220 m ü. d. M., 2 900 E. Schiffahrtsmuseum. - Um 1210 Markt, 1491 Stadt. - Spätgot. Pfarrkirche zum hl. Ägidius; Rathaus (1562ff.) mit Stadttheater (1790). Spät-

Greif. Gewandbesatz aus Ekbatana (4. Jh. v. Chr.). Chicago, University of Chicago

got. Schloß Greinburg (1488–93; im 17. Jh. vollendet) mit dreistöckigen Arkaden.

Greinacher, Heinrich, * Sankt Gallen 31. Mai 1880, † Bern 17. April 1974, schweizer. Physiker. - G. machte eine Reihe von Erfindungen auf dem Gebiet der experimentellen Kernphysik: Greinacher-Schaltung zur Spannungsverdopplung (1914), Prinzip der Spannungsvervielfachung beim Kaskadengenerator (1920) und Funkenkammer zum Nachweis von Teilchen (1934).

Greindl, Josef [...dəl], * München 23. Dez. 1912, dt. Sänger (Baß). - Engagements v. a. in Berlin und Wien, sang bei den Bayreuther und Salzburger Festspielen; v. a. als Wagner-Interpret bekannt.

Greiner, Peter, * Rudolstadt 20. April 1939, dt. Dramatiker. - Seine nur zögernd aufgeführten Stücke beschäftigen sich mit (den unterschiedlichsten) Außenseitern, deren Bezugspunkt immer wieder die bürgerl. Gesellschaft ist, „Kiez" (entstanden 1974, gedruckt 1976) z. B. spielt in der Welt der Ganoven. Das Stück wurde 1978 aufgeführt, ebenso „Roll over Beethoven", „Orfeus" [über einen ausgeflippten Jugendlichen] (1978 auch gedruckt) sowie „Lady Liljas Hauer" [über Majakowski]. 1977 entstand „Türk. Halbmond" [über Gastarbeiter], 1978 „Fast ein Prolet"; 1985 wurde „Die Torffahrer" aufgeführt.

Greis, Otto, * Frankfurt am Main 28. Sept. 1913, dt. Maler. - Vertreter des ↑abstrakten Expressionismus; seine Bilder sind von lichter, harmon. Farbigkeit.

Greis [zu niederdt. grīs, eigtl. „grau"], Mann in hohem Alter (ab etwa 75 Jahren).

Greisenbart ↑Tillandsie (eine Pflanze).

Greisenbogen (Arcus senilis), bogenförmige Trübung des Hornhautrandes durch Cholesterineinlagerung; meist im Greisenalter auftretend.

Greisenhaupt (Cephalocereus senilis), bis 15 m hohe, am Grund öfter verzweigte Art der Kakteen aus Mexiko; Stamm vielrippig, säulenförmig, mit bis 12 cm langen, lockigen, grauen bis weißen Borstenhaaren; Blüten bis 7,5 cm im Durchmesser, gelblichweiß; Früchte rot; beliebte Zimmerpflanze.

Greiskraut (Kreuzkraut, Senecio), Gatt. der Korbblütler mit über 1 500 weltweit verbreiteten Arten; Kräuter, Halbsträucher, Stamm- oder Blattsukkulenten mit einzelnen oder in Trauben stehenden Blütenköpfchen. Bekannte Arten: **Jakobsgreiskraut** (Senecio jacobaea), bis 1,5 m hoch, mit goldgelben Blütenköpfchen, auf Brachland und an Wegrändern. Als Gartenpflanze kultiviert wird die ↑Zinerarie.

Greiz, Krst. an der Weißen Elster, Bez. Gera, DDR, 260–440 m ü. d. M., 35 800 E. Bauingenieurschule, Papiermuseum; Theater; Textil-, chem. und Metallindustrie. - Vermutl. im 12. Jh. in Anlehnung an die Burg auf dem Schloßberg und einen slaw. Burgweiler gegr.; wohl um 1300 zur Stadt erhoben (1350 als solche gen.). - Die Altstadt liegt am Schloßberg mit dem Oberen Schloß (16. und 18. Jh.); das Untere Schloß (1802–09) ist heute Museum. Barocke Stadtkirche mit klassizist. Ausstattung. Im engl. Park (Leninpark) frühklassizist. Sommerpalais (1779–89).

G., Landkr. im Bez. Gera, DDR.

Gremium [lat. „Armvoll, Bündel", eigtl. „Schoß"], Ausschuß, Körperschaft.

Grenå [dän. 'grɛ:nɔ:'], dän. Stadt und Seebad 50 km nö. von Århus, 18 000 E. Textilind., Maschinenbau, Stickstoffwerk. Hafen am Kattegat, u. a. Fährverkehr nach Schweden. - G. erhielt um 1300 Stadtrechte. - Zahlr. Fachwerkhäuser, Kirche (um 1400).

Grenada

Staat im Bereich der Westind. Inseln, bei 12° 7′ n. Br. und 61° 40′ w. L. **Staatsgebiet:** Umfaßt die gleichnamige Insel sowie die südl. Grenadine Islands. **Fläche:** 344 km². **Bevölkerung:** 88 000 E (1985), 255,8 E/km². **Hauptstadt:** Saint George's. **Amtssprache:** Englisch. **Nationalfeiertag:** 7. Febr. (Unabhängigkeitstag). **Währung:** Ostkarib. Dollar (EC$) = 100 Cents. **Internat. Mitgliedschaften:** Commonwealth, UN, OAS, CARICOM, SELA, der EWG assoziiert (AKP-Staat). **Zeitzone:** MEZ −5 Std.

Landesnatur: Die Inseln gehören zum inneren, vulkan. Bogen der Inseln über dem Winde. Die Hauptinsel G. (305 km²) ist im Mount Saint Catherine 840 m hoch. Von den Grenadine Islands gehören zu G.: *Carriacou Island* (34 km²), *Rhonde* (3 km²) und *Petit Martinique* (2 km²).

Klima: Trop., unter dem Einfluß des NO-Passats stehend.
Vegetation: Reste des trop. Regenwaldes sind im Gebirge der Hauptinsel erhalten.
Bevölkerung: Nachkommen der (seit dem 18. Jh. eingeführten) Sklaven sind Schwarze (74 % der Gesamtbev.) und Mulatten (20 %), als Landarbeiter kamen (ab 1877) Inder (5 %) nach G. Der Anteil der Weißen beträgt 1 %. Die Bev. ist überwiegend röm.-kath. Neben staatl. und privaten Schulen verfügt G. über ein Lehrerseminar und einen Zweig der University of the West Indies.
Wirtschaft: 80 % der Bev. leben von der Landw. Einige Großbetriebe verfügen über 50 % der landw. Nutzfläche, 87 % der Betriebe über weniger als 2 ha. Angebaut werden Muskatnußbaum, Kakao, Bananen, Zitrusfrüchte, Zuckerrohr u. a. Seit den 60er Jahren wird der Fremdenverkehr entwickelt.
Außenhandel: Eingeführt werden Nahrungsmittel, Textilien, Maschinen, Kfz. u. a., ausgeführt: Kakao, Bananen, Muskatnüsse und -blüte. G. liefert rd. $^1/_3$ der Weltproduktion an Muskatnüssen. Die wichtigsten Partner sind Großbrit., USA und Kanada.
Verkehr: Das Straßennetz ist 930 km lang, davon rd. 600 km asphaltiert. Haupthafen ist Saint George's. ✈ auf G. und Carriacou Island.
Geschichte: 1498 von Kolumbus entdeckt und **Concepción** gen.; seit 1650 ließen sich Franzosen nieder; sie rotteten die Kariben aus. 1674 frz. Kronkolonie; seit 1762/63 brit., 1958–62 Teil der Westind. Föderation (seit 1960 innere Selbstverwaltung). 1967 erhielt G. mit den südl. Grenadine Islands volle Autonomie als mit Großbrit. assoziierter Staat, am 7. Febr. 1974 die volle Unabhängigkeit, nachdem es zuvor zu blutigen Unruhen gekommen war. Seitdem herrscht eine durch Premiermin. E. Gairy (* 1923) gewaltsam unterdrückte latente Unruhe, die sich im März 1979 in einem unblutigen, von der linksgerichteten New Jewel Movement (NJM) unter ihrem Führer M. Bishop getragenen Putsch entlud. Die neugebildete Revolutionäre Volksreg. unter dem NJM-Führer M. Bishop (* 1944) als Premiermin. leitete im Innern eine Politik der Demokratisierung und der Diversifizierung der Wirtschaft unter nat. Kontrolle ein. Außenpolit. schloß sich G. der Bewegung der blockfreien Staaten an. Von den USA wirtsch. boykottiert, erhielt das Land Unterstützung durch europ. Staaten, OPEC-Länder, v. a. aber durch Kuba, mit dessen Hilfe der Ausbau des Gesundheitswesens und die Anlage eines internat. Flughafens erfolgte. Während die Bevölkerung zunächst in Formen direkter Demokratie an lokalen Entscheidungen beteiligt wurde, sah ein Gesetz von 1983 Wahlen zu parlamentar. Organen vor. Nach Meinungsverschiedenheiten im Zentralkomitee der NJM über den weiteren polit. Kurs wurde Bishop am 14. Okt. 1983 als Parteiführer abgesetzt und kam im Verlauf der folgenden blutigen Auseinandersetzungen am 19. Okt. ums Leben. Am 25. Okt. 1983 begannen US-Truppen gemeinsam mit einem Hilfskontingent aus sieben karib. Staaten mit einer Invasion Grenadas, was weltweite Proteste hervorrief. Führende Mitglieder der NJM wurden verhaftet; der brit. Generalgouverneur Sir Paul Scoon verhängte den Ausnahmezustand und ernannte im Nov./Dez. eine Übergangsregierung. Im Dez. 1983 wurde der Großteil der US-Truppen wieder abgezogen; 300 US-Militärangehörige sowie das karib. Kontingent verblieben bis März 1985 auf der Insel. Im Lauf des Jahres 1984 wurden die Parteien neugegr. und im Dez. Wahlen abgehalten, aus denen die aus drei bürgerl. Parteien gebildete New National Party als Gewinnerin hervorging.

Greiffrösche. Agalychnis callidryas

Politisches System: G. ist nach der Verfassung von 1974 (1979–84 suspendiert) eine parlamentar. Monarchie im Rahmen des Commonwealth. *Staatsoberhaupt* ist die brit. Königin, vertreten durch den Generalgouverneur. Die *Exekutive* liegt bei der dem Parlament verantwortl. Reg., an deren Spitze der Premiermin. (zugleich Finanz-, Sicherheits- und Innenmin.) steht, die *Legislative* beim Parlament, bestehend aus dem House of Representatives (15 gewählte Abg.) und aus dem Senat (13 ernannte Mgl.). *Reg.partei* ist die New National Party (NNP); die Opposition ist zerstritten, wichtigste Oppositionsparteien sind das Maurice Bishop Patriotic Movement (MBPM) und die 1987 gegr. National Democratic Congress (NDC).
Das *Rechts*system ist am brit. Vorbild ausgerichtet. *Streitkräfte* besitzt G. nicht. Eine 1983 aufgestellte Polizeitruppe wird von brit. Instruktoren ausgebildet.

Grenadier [frz., zu grenade „Granate"], seit Mitte 17. Jh. ein Soldat, der Handgranaten gegen den Feind schleuderte; später durch Angleichung der Bewaffnung svw. Infanterist. In der Bundeswehr ist G. einer der untersten Mannschaftsdienstgrade im Heer.

Grenadierfische (Panzerratten, Rattenschwänze, Macrouroidei), mit rd. 170 Arten in allen Meeren verbreitete Fam. etwa 0,2–1 m langer, tiefseebewohnender ↑Dorschfische; Körper keulenförmig, mit großem Kopf, stark verjüngtem Hinterkörper, großen stacheligen Schuppen und zwei Rückenflossen.

Grenadillen [span.-frz., eigtl. „kleine Granatäpfel"], svw. ↑Passionsfrüchte.

Grenadillholz (Grenadill) ↑Hölzer (Übersicht).

Grenadine [frz., eigtl. „aus der (span. Stadt) Granada kommend"], hart gedrehter Zwirn aus Naturseide oder Chemiefäden, aus dem der spitzenartige, gazeartige Schleierstoff gleichen Namens hergestellt wird.
◆ Granatapfelsirup zum Rotfärben von [Erfrischungs]getränken.

Grenadine Islands [engl. grɛnəˈdiːn ˈaɪləndz], Inselgruppe im südl. Bereich der Kleinen Antillen, gehören polit. zu ↑Grenada und ↑Saint Vincent.

Grenchen, schweizer. Bez.hauptort am Jurasüdfuß, Kt. Solothurn, 457 m ü. d. M., 15 900 E. Bed. Uhrenind., Bahnknotenpunkt.

Grenoble [frz. grəˈnɔbl], Stadt in den frz. Alpen, 212 m ü. d. M., 156 600 E. Verwaltungssitz des Dep. Isère; kath. Bischofssitz; Univ. (gegr. 1339), Hochschulen für Elektrochemie und -metallurgie, Elektronik und Papierverarbeitung, Handelshochschule, Hotelfachschule; dt.-frz. Kernforschungszentrum (Stellarator), Standort der geplanten europ. Synchrotonstrahlungsquelle; Museen, Bibliotheken, Theater. V. a. elektrochem. und metallurg. Ind. sowie Handschuhmacherei und Zementfabrikation. - G. geht auf das antike **Gratianopolis** zurück. Es war seit dem 4. Jh. Bischofssitz, wurde 443 burgund., 534 fränk. und gehörte ab 877 zum Kgr. Burgund; 1242 Stadt. - Kathedrale Notre-Dame (12./13. Jh.), im Chor ein 14 m hohes Ziborium (15. Jh.); Kirche Saint-Laurent (11. Jh.) mit merowing. Krypta (8. Jh.). Justizpalast (15.–16. Jh.; ehem. Parlamentsgebäude der Dauphiné), Rathaus (16. Jh.). Im O der Stadt liegt das olymp. Dorf (Winterspiele 1968).

Grenville [engl. ˈgrɛnvɪl], alte engl. Fam. aus Buckinghamshire; seit 1749 im Besitz des Titels Earl of Temple, seit 1822 des Hzg.titels von Buckingham. Bed. Vertreter:
G., George, * 14. Okt. 1712, † London 13. Nov. 1770, Politiker. - Ab 1741 Mgl. des Unterhauses, ab 1747 Erster Schatzlord, 1763–65 Premiermin. Unter ihm erging die ↑Stempelakte (1765).
G., William Wyndham Lord (seit 1790), * 25. Okt. 1759, † Dropmore (Buckinghamshire) 12. Jan. 1834, Politiker. - Sohn von George G.; leitete als Staatssekretär des Auswärtigen unter Pitt d. J. 1791–1801 die Kriegspolitik gegen das revolutionäre Frankr.; Annäherung an die Whigs unter C. J. Fox; bildete nach Pitts Tod 1804 das „Ministerium aller Talente", dem 1807 die Abschaffung des Sklavenhandels gelang, wurde jedoch wegen seines Eintretens für die Katholikenemanzipation im gleichen Jahr gestürzt.

Grenzabmarkung ↑Grenzregelung.

Grenzarbeitnehmer (Grenzgänger), Bewohner von Grenzregionen, die einer Arbeit im benachbarten Ausland nachgehen und i. d. R. tägl. in ihren Heimatstaat zurückkehren. Die im Inland beschäftigten G. werden **Einpendler,** die im Ausland beschäftigten **Auspendler** genannt. G. der EWG-Staaten benötigen in der BR Deutschland keine Aufenthaltserlaubnis. - In der Schweiz bedürfen Grenzgänger einer sog. **Grenzgängerbewilligung.**

Grenzausgleich (Währungsausgleich), innerhalb des EWG-Agrarmarktes zollähnl. Abgaben, um (höhere) inländ. Agrarpreise gegen durch Wechselkursänderungen verbilligte Importe zu schützen.

Grenzbegriff, nach Kant ein Begriff, durch den der Bereich mögl. Gegenstände der Erfahrung, und daher erfahrungsbestimmter Begriffe überhaupt, von nicht erfahrungsbestimmten Erweiterungen abgegrenzt wird.

Grenzbetrieb, Betrieb, der langfristig ohne Gewinn arbeitet; die Höhe der Umsatzerlöse entspricht der Höhe der Kosten. Der G. bietet seine Produkte zu den Selbstkosten an.

Grenze [zu mittelhochdt. greniz (aus dem westslaw., eigtl. „Kante, Rand")], kleinste obere bzw. größte untere ↑Schranke einer [beschränkten] Zahlenfolge, als *obere G. (Supremum, Finis superior)*, Abk. sup, fin sup oder fin, und *untere G. (Infimum, Finis inferior)*, Abk. inf, fin inf oder **fin,** unterschieden.
◆ polit.-geschichtl. Trennungslinie. Gegenüber der modernen linearen G. zw. Hoheitsgebieten als ↑Staatsgrenze und im freien Meer erfolgte im MA die Landscheide im Grenzsaum durch die Bildung von *Grenzmarken,* erhielt sich aber in unbefriedeten Grenzgebieten als Militärgrenze oder Siedlungs-G. Erst der moderne Flächenstaat verlangte Ende des 16. Jh. eindeutige Grenzfestlegungen.

Grenzerlös (Grenzumsatz), in der Preistheorie übl. Bez. für den Erlöszuwachs, den ein Anbieter auf einem bestimmten Absatzniveau beim Verkauf einer weiteren Gütereinheit erzielt. Für den G. *(G)* gilt die Formel:

$$G = \frac{\mathrm{d}E}{\mathrm{d}x} = p\left(1 + \frac{1}{\varepsilon}\right),$$

wobei E den Gesamterlös (Umsatz), x die Menge, p den Preis und ε die Nachfrageelastizität bezügl. des Preises bedeuten. G. und

Grenzausgabe beziehen sich auf dasselbe Phänomen, einmal vom Verkäufer, einmal vom Käufer aus gesehen.

Grenzfläche, Fläche zw. zwei Stoffen oder Phasen, an der sich die physikal. Eigenschaften innerhalb einer Strecke molekularer Größenordnung sehr stark (makroskop. sprunghaft) ändern; z. B. zw. zwei [nicht mischbaren] Flüssigkeiten, zw. einer Flüssigkeit oder einem Gas und einem festen Stoff (↑auch Grenzschicht), zw. einer Flüssigkeit und einem Gas oder Dampf (in diesem Falle meist als Oberfläche bezeichnet).
Da die Atome oder Moleküle in einer G. nicht allseitig von gleichen Nachbaratomen bzw. -molekülen umgeben sind, tritt auf Grund der beiderseits unterschiedl. bzw. sogar einseitigen Bindung eine Vielzahl von typ. **Grenzflächenerscheinungen** auf. Zu ihnen zählen die v. a. an der G. zw. festen und gasförmigen Stoffen beobachtbaren Adsorptionserscheinungen (↑Adsorption, ↑auch Adhäsion), die Ausbildung bestimmter Oberflächenformen von Flüssigkeiten in Gasen und an angrenzenden festen Stoffen (z. B. Tropfenbildung; ↑Oberflächenspannung), die zw. Flüssigkeiten und festen Stoffen auftretende ↑Benetzung, ↑Kapillarität u. a.

grenzflächenaktive Stoffe, meist synthet. organ. Verbindungen, die sich an Grenzflächen (z. B. von Gefäßwand und Wasser, Schmutzteilchen und Wasser) anreichern und die Oberflächen- bzw. Grenzflächenspannung [des Wassers] herabsetzen. Die Moleküle von [bezüglich Wasser] g. S. bestehen aus einer hydrophilen („wasserfreundl.“) Gruppe (z. B. $-COOMe$, $-SO_3Me$, $-NH_2$), die die Wasserlöslichkeit bewirkt, und einem hydrophoben („wasserfeindl.“) Rest (z. B. einem Alkylarylrest oder einer Kohlenwasserstoffkette mit 10 bis 20 C-Atomen), der für die Anlagerung an einer Grenzfläche verantwortl. ist. Man unterscheidet *anion[en]aktive Stoffe*, bei denen sich die hydrophobe Gruppe im Anion befindet (z. B. bei den Seifen), *kation[en]aktive Stoffe*, bei denen die hydrophobe Gruppe im Kation vorliegt (z. B. bei den Invertseifen), *nichtionogene* (nicht in Ionen spaltbare) *Stoffe* und innere Salze bildende *Ampholyte*. Die g. S. werden v. a. zur Herstellung von Wasch- und Reinigungsmitteln verwendet (↑auch Waschrohstoffe).

Grenzflächenspannung ↑Oberflächenspannung.

Grenzflächenwellen, an der Grenzfläche zweier Medien unterschiedl. Dichte (z. B. Wasser und Luft) unter dem Einfluß der Schwerkraft sowie der Grenzflächenspannung auftretende, sich entlang der Grenzfläche ausbreitende Transversalwellen.

Grenzgänger, svw. ↑Grenzarbeitnehmer.

Grenzgewässer, im Völkerrecht Flüsse oder andere Wasserläufe, die die Grenze zw. zwei Staaten bilden. Die Grenzlinie verläuft im allg. im *Talweg*, jener Flußrinne, welche die größte Tiefe aufweist und zur Schiffahrt benutzt wird. Die Mittellinie gilt bei Binnenseen als Grenzlinie, soweit nicht eine andere staatsvertragl. Regelung besteht (wie z. B. beim Bodensee).

Grenzkosten, preis- und produktionstheoret. Bez. für den Kostenzuwachs, der auf einem bestimmten Produktionsniveau bei der Produktion einer weiteren Gütereinheit anfällt.

Grenzlehre ↑Lehre (Meßtechnik).

Grenzmark ↑Mark.

Grenzmark Posen-Westpreußen, 1922–38 preuß. Prov., gebildet aus den Restteilen der nach dem Versailler Vertrag beim Dt. Reich verbliebenen ehem. preuß. Prov. Posen und Westpreußen; Hauptstadt Schneidemühl; 1938 aufgelöst und den Prov. Pommern, Mark Brandenburg und Schlesien zugeschlagen; 1945 zu Polen.

Grenzmaß, eines der vorgeschriebenen Maße, zw. denen das am fertigen Werkstück festgestellte Istmaß liegen muß. Der Unterschied der beiden G. ist die sog. Toleranz.

Grenznutzen, in der Haushaltstheorie der Nutzenzuwachs, den ein Wirtschaftssubjekt auf einem bestimmten Konsumniveau bei einer geringfügigen Ausweitung seines Konsums erfährt.

Grenznutzenschule, zusammenfassende Bez. für die Vertreter einer in den 70er Jahren des 19. Jh. entstandenen Richtung in der Wirtschaftstheorie, die in den individuellen Nutzempfindungen der Wirtschaftssubjekte den entscheidenden Ansatzpunkt für die wirtschaftstheoret. Analyse sahen und als bleibendes Verdienst auf method. Gebiet das Marginalprinzip entwickelten. Die drei Hauptrichtungen der G. sind die *Wiener Schule* (C. Menger, E. von Böhm-Bawerk), die *Lausanner Schule* (L. Walras, V. Pareto) und die *angloamerikan. Schule* (W. St. Jevons, F. Y. Edgeworth, J. B. Clark).

Grenzpolizei, bes. Teil der bayr. staatl. Polizei mit der Aufgabe des *Grenzschutzes* zum Ausland und zur DDR und der Überwachung des Grenzverkehrs.
In *Österreich* besteht ein sog. **Grenzkontrollorgan,** dessen Aufgaben v. a. durch die Bundespolizei, die Bundesgendarmerie und die Zollwache wahrgenommen werden.
In der *Schweiz* besteht ein **Grenzwachtkorps** als militär. organisierte Polizeieinheit zur Überwachung der Zollgrenze und Sicherung des Zolldienstes.

Grenzproduktivitätstheorie, wichtiger theoret. Ansatz für die Erklärung der Einkommensverteilung. Unter den Voraussetzungen der vollkommenen Konkurrenz, der Gültigkeit des Ertragsgesetzes und der Zielsetzung der Gewinnmaximierung lautet die zentrale Aussage der G., daß sich der Einsatz

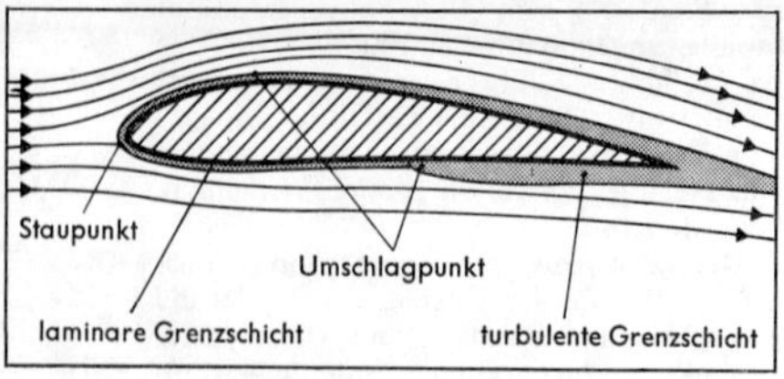

Grenzschicht. Laminar-turbulente Grenzschicht an einem Tragflügelprofil

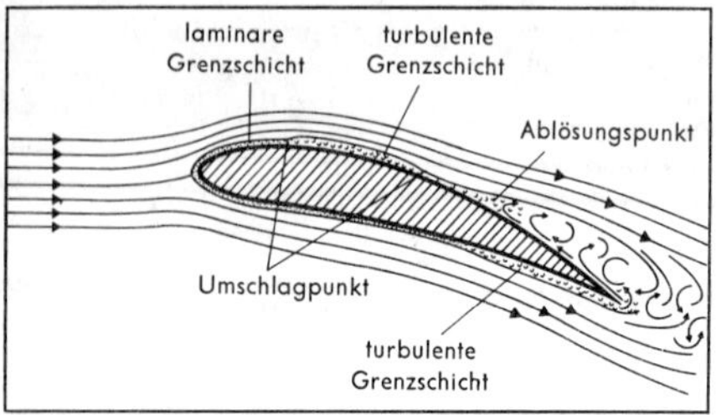

Grenzschichtablösung an einem Tragflügelprofil. Oben: Beginn der Ablösung; unten: vollständige Ablösung bei zu großem Anstellwinkel

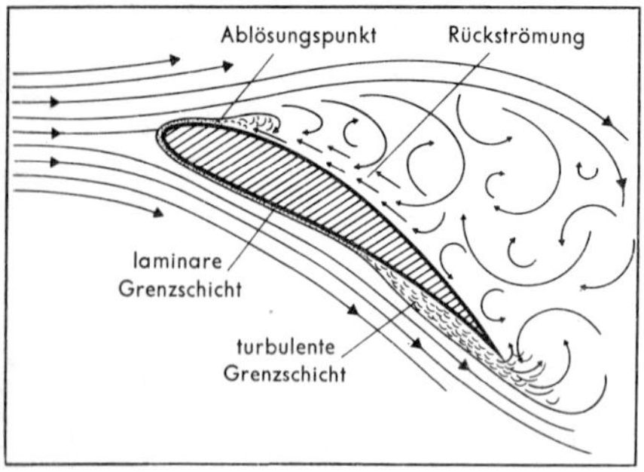

eines Produktionsfaktors bis zu dem Punkt lohnt, an dem der mit dem Marktpreis bewertete Grenzertrag gerade noch die Kosten des dazu benötigten Faktoreinsatzes deckt.

Grenzregelung, die Ordnung der Grenzverhältnisse benachbarter Grundstückseigentümer. Im bürgerl. Recht geregelt sind: **Grenzabmarkung (Abmarkung),** die Markierung des unstreitigen Grenzverlaufs durch **Grenzzeichen.** Bei ihr muß jeder Nachbar mitwirken, falls Grenzzeichen fehlen oder unbrauchbar geworden sind; **Grenzscheidung:** Auf sie kann geklagt werden, wenn der richtige Grenzverlauf nicht mehr zu ermitteln ist (**Grenzverwirrung).** Durch Gestaltungsurteil wird dann die Grenze bestimmt; [beiderseits der Grenze stehende] **Grenzeinrichtungen,** wie Mauern und Hecken. Von ihnen wird vermutet, daß die Eigentümer zur gemeinschaftl. Benutzung berechtigt sind. Dem einzelnen Nachbarn gehört jedoch nur der auf seinem Grundstück stehende Teil der Einrichtung; **Grenzbaum** und **Grenzsträucher:** Ihre Früchte gebühren den Nachbarn zu gleichen Teilen, ebenso beim Fällen das Holz.

Grenzschicht (Reibungsschicht), bei Strömungen zäher Medien entlang fester Wände diejenige Strömungsschicht in unmittelbarer Wandnähe, innerhalb der die Geschwindigkeit vom Betrag Null (Haftbedingung an der Wand) allmähl. auf den der Außenströmung ansteigt: als *G.dicke* wird gewöhnl. der Abstand von der Wand definiert, in dem die Strömungsgeschwindigkeit 99 % der Außengeschwindigkeit erreicht hat. Man unterscheidet grundsätzl. zwei Arten von G.strömungen: die *laminare G.* und die *turbulente Grenzschicht.* Innerhalb der laminaren G. verlaufen alle Stromlinien parallel zueinander, es ist nur eine Längsbewegung der einzelnen Strömungsteilchen vorhanden. Bei einer turbulenten G.strömung treten zu dieser Längsbewegung noch ungeordnete Querbewegungen der Strömungsteilchen hinzu. Von großer Bedeutung für die prakt. Anwendung z. B. in der Flugtechnik ist die Tatsache, daß der Reibungswiderstand bei laminarer G. wesentl. geringer als bei turbulenter ist.

Grenzschichtablösung (Ablösung), Abweichen der wandnahen Strömungsschicht von der Kontur eines umströmten Körpers; hinter dem Ablösepunkt bildet sich ein mit Wirbeln durchsetztes Unterdruckgebiet („Totwasser") aus, das zu starkem Anstieg des Druckwiderstandes führt. Durch die G. wird zwar der Reibungswiderstand der beströmten Oberfläche vermindert, da der Bereich hinter dem Ablösepunkt keinen Reibungsbeitrag mehr liefert, aber der durch die Totwasserbildung bedingte Druckwiderstand überwiegt diesen Gewinn mehrfach, so daß sich insgesamt ein unerwünschter Widerstandsanstieg ergibt. Turbulente Grenzschichten können wegen der ihnen eigentüml. Durchmischung einen größeren Druckanstieg bis zum Beginn der Ablösung überwinden als laminare Schichten, da die in Wandnähe am stärksten abgebremsten Strömungsteilchen durch turbulente Austauschvorgänge neue Antriebsenergie erhalten.

Grenzschichtbeeinflussung, Sammelbegriff für verschiedene Verfahren zur Strömungsbeeinflussung bei der Umströmung von Widerstands- und Quertriebkörpern (z. B. Tragflächen von Flugzeugen) durch Laminarhalten der Grenzschicht und Vermeiden der Grenzschichtablösung. Eine möglichst lange laminare Laufstrecke vermindert den Reibungswiderstand, das Vermeiden der Ablösung setzt den Druckwiderstand herab und ermöglicht bei Quertriebkörpern größere maximale Anstellwinkel und damit einen höheren Maximalauftrieb. Zur G. werden die folgenden Methoden angewendet: *Laminarhaltung* durch geeignete Form. *Beschleunigung der Grenzschichtströmung* durch Ausblasen von Druckluft. Eine techn. Verwirklichung v.a. bei den Verfahren zur Auftriebserhöhung sind Vorflügel und Doppelspaltklappe. *Grenzschichtabsaugung* durch Schlitze, perforierte oder poröse Wände; die Ablösung wird dadurch vermieden, daß die verzögerten Teile der Grenzschicht im Druckanstiegsgebiet durch Absaugen entfernt werden, bevor eine Ablösung eintritt.

Grenzschichtzaun, bei gepfeilten Tragflügeln in Strömungsrichtung weisende, auf den Flügel aufgesetzte Blechwand, verhindert die Querströmung der Grenzschicht.

Grenzschutz ↑Bundesgrenzschutz.

Grenzschutzgruppe 9 (GSG 9) ↑Bundesgrenzschutz.

Grenzsituationen, Leitbegriff in der Philosophie K. Jaspers' zur Bez. der Situationen, in denen der Mensch die Grenzen seines Erkennens, Wollens und Handelns (Vergänglichkeit und Tod) erfährt.

Grenzstrahlen (Bucky-Strahlen), Bez. für weiche (langwellige) Röntgenstrahlen, die bei der Behandlung bestimmter Hauterkrankungen angewandt werden.

Grenzstrang (Truncus sympathicus), eine paarige Ganglienkette darstellender Nervenstrang des sympath. Nervensystems der Wirbeltiere (einschließl. Mensch), beiderseits der Wirbelsäule von der Schädelbasis bis zur Steißbeinspitze verlaufend; steht einerseits mit dem effektor. Teil des Rückenmarks in Verbindung, andererseits führen die Nerven zu den inneren Organen.

Grenzverkehr, der Verkehr über die Grenzen eines Staates hinweg. Dabei wird in grenzüberschreitenden Dienstleistungs-, Waren-, Kapital- und Personenverkehr unterschieden. Eine bes. Rolle spielt der sog. **kleine Grenzverkehr** als grenzüberschreitender Verkehr von Personen mit ständigem Wohnsitz innerhalb eines Zollgrenzbezirks.

Grenzwellen, für den Nahfunkverkehr (insbes. Küstenfunk, Verkehrsfunk) verwendete elektr. Wellen (Radiowellen) mit Wellenlängen zw. 182 und 100 m (Frequenzen von 1,65 bis 3,0 MHz); sie liegen im Grenzbereich zw. Kurz- und Mittelwellen.

Grenzwert (Limes), diejenige reelle Zahl g, der sich die Glieder einer unendl. Zahlenfolge a_1, a_2, a_3, ...a_n ... in der Art nähern, daß sie sich von einem genügend hohen Index n an von g beliebig wenig unterscheiden. Das ist der Fall, wenn es zu jedem $\varepsilon > 0$ eine Nummer $N(\varepsilon)$ gibt, so daß $|g - a_n| < \varepsilon$ für alle $n > N(\varepsilon)$ ist, wenn also in jeder beliebigen Umgebung von g fast alle (alle mit Ausnahme endl. vieler) a_n liegen. Man schreibt $a_n \to g$ oder $\lim a_n = g$.

Gresham, Sir Thomas [engl. 'grɛʃəm], * London 1519, † ebd. 21. Nov. 1579, engl. Kaufmann und Finanzpolitiker. - Lebte 1551–74 in Antwerpen, wo er als privater Handelsbankier für die engl. Regierung Anleihen aufnahm. Auf eigene Kosten errichtete er 1566 die Börse von London.

Greta, aus dem Schwed. übernommener weibl. Vorname, ↑Margarete.

Gretchenfrage, nach Goethes „Faust" (1. Teil, Szene Marthens Garten) Bez. für eine [Fang]frage, die auf eine heikle, vielfach auf das Gewissen bezogene Problematik abzielt.

Gretchenfrisur, Zöpfe, die zum Kranz aufgesteckt sind.

Grete, weibl. Vorname, Kurzform von ↑Margarete.

Gretel im Busch ↑Schwarzkümmel.

Gretna Green [engl. 'grɛtnə 'gri:n], südschott. Grenzdorf am Solway Firth, Dumfries and Galloway Region, 35 km osö. von Dumfries; bekannt v. a. als Ort, wo Minderjährige, auch Ausländer, bis 1969 ohne Erlaubnis der Eltern vom Dorfschmied (Friedensrichter) getraut werden konnten. In Deutschland konnte die Ehe auf Klage der Eltern hin annulliert werden.

Grétry, André Ernest Modeste [frz. gre'tri], * Lüttich 11. Febr. 1741, † Montmorency bei Paris 24. Sept. 1813, belg. Komponist. - Bed. Vertreter der ↑Opéra comique; Opern, u. a. „Zémire und Azor" (1771), „Aucassin und Nicolette" (1779), „Richard Löwenherz" (1784), „Raoul Barbe-Bleue" (1789), „Wilhelm Tell" (1791); daneben Kirchen-, Orchester- und Kammermusik.

Gretschko, Andrei Antonowitsch, * Golodajewka (= Kuibyschewo) 17. Okt. 1903, † Moskau 26. April 1976, sowjet. Marschall (seit 1955) und Politiker. - Im 2. Weltkrieg rasche Karriere (1943 Generaloberst) als Truppenführer; nach Stalins Tod Oberbefehlshaber der sowjet. Streitkräfte in Deutschland (1953–57), der sowjet. Landstreitkräfte (1957–60) und aller Truppen des Warschauer Paktes (1960–67); seit 1967 sowjet. Verteidigungsmin.; seit 1961 Mgl. des ZK, seit 1973 auch des Politbüros der KPdSU.

Greuelpropaganda, die Verbreitung übertriebener oder erfundener Nachrichten von Gewalttaten und Verbrechen gegen die Menschlichkeit mit dem Ziel, den polit. Gegner moral. zu diffamieren, seine internat. Position zu untergraben, seine Glaubwürdigkeit im In- und Ausland zu erschüttern und oppositionelle Gruppen dem eigenen Lager zu integrieren; erreichte als Mittel psycholog. Kriegsführung bes. Höhepunkte im 1. und 2. Weltkrieg.

Greutungen, anderer Name der ↑Ostgoten.

Greuze, Jean-Baptiste [frz. grø:z], * Tournus (Saône-et-Loire) 21. Aug. 1725, † Paris 21. März 1805, frz. Maler. - Moralisierende bürgerl. Genrebilder von latenter Erotik.

Grevelingen [niederl. 'xre:vəlıŋə], Meeresarm im Rhein-Maas-Delta, durch einen Damm in einen Binnensee umgewandelt.

Greven ['gre:vən], Stadt im Münsterland, NRW, 40–60 m ü. d. M., 28 700 E. Eines der Zentren des münsterländ. Textilbezirks. - Um 890 zuerst erwähnt; gehörte bis 1803 zum Fürstbistum Münster. 1951 wurde G. Stadt. - Spätgot. Pfarrkirche Sankt Martin mit roman. Westturm.

Grevenbroich [gre:vən'bro:x], Stadt am N-Rand der Ville, NRW, 51 m ü. d. M., 56 700 E. Geolog. Museum; bed. Braunkohlentagebau; Großkraftwerk; Aluminiumind. - 1268 erstmals erwähnt, fiel 1305/07 an Jülich, um diese Zeit zur Stadt erhoben. 1614/66 fiel die Stadt an Pfalz-Neuburg (ab 1685 Kurpfalz) und gehörte ab 1815 zu Preußen. - Vom Schloß ist der Palas (15. Jh.) erhalten.

Grevenmacher [gre:vən...], luxemburg. Stadt an der Mosel, 3 000 E. Verwaltungssitz des Distrikts und des Kt. G.; Zollstation (internat. Moselbrücke). Weinhandel, Fremdenverkehr. - Erhielt im 13. Jh. Stadtrechte.

Grevesmühlen [gre:vəs...], Krst. in Mecklenburg, Bez. Rostock, DDR, 33 m ü. d. M., 11 800 E. Bekleidungs- und Schuhind., Zementwarenfabrik. - 1230 von Deutschen besiedelt, erhielt wohl schon vor 1261 Stadtrecht, gehörte stets zu Mecklenburg. - Got. Pfarrkirche Sankt Nikolai (13. Jh.) mit neugot. Chor (1870–72); barockes Rathaus (1719).

G., Landkr. im Bez. Rostock, DDR.

Grevillea [nach dem schott. Botaniker C. F. Greville, * 1749, † 1809], Gatt. der Proteusgewächse mit rd. 170 Arten in Australien, auf Neuguinea, den Molukken und auf Celebes; immergrüne Bäume und Sträucher mit vielfarbenen, paarweise stehenden Blüten in Trauben; Griffel meist aus der Blüte herausragend. Als Zimmer- oder Kübelpflanze kultiviert wird die **Austral. Silbereiche** (Grevillea robusta) mit gefiederten Blättern.

Grévy, Jules [frz. gre'vi], * Mont-sous-Vaudry (Jura) 15. Aug. 1807, † ebd. 9. Sept. 1891, frz. Politiker. - Rechtsanwalt; Republikaner, 1848/49 Mgl. der Nat.vers., 1871–73 deren Präs.; 1879–87 Staatspräs.; mußte wegen Betrügereien seines Schwiegersohnes zurücktreten.

Grew, Nehemiah [engl. gru:], ≈ Mancetter (Warwickshire) 26. Sept. 1641, † London 25. März 1712, brit. Botaniker. - Untersuchte mit dem damals gerade erfundenen Mikroskop v. a. Pflanzen und wurde so zus. mit M. Malpighi zum Begründer der Pflanzenanatomie.

Grewe, Wilhelm, * Hamburg 16. Okt. 1911, dt. Jurist und Diplomat. - Prof. in Berlin (ab 1942), Göttingen (ab 1945) und Freiburg im Breisgau (1947–55). Delegationsleiter der BR Deutschland u. a. bei den Verhandlungen zur Ablösung des Besatzungsstatuts (1951); Botschafter der BR Deutschland in den USA (1958–62) und Japan (1971–76); ständiger Vertreter der BR Deutschland bei der NATO (1962–71); Mgl. des Internat. Schiedshofes in Den Haag (seit 1954); arbeitet v. a. auf den Gebieten des Völkerrechts.

Grey (Gray) [engl. grεı], alte engl., in Northumberland ansässige Adelsfamilie normann. Herkunft. Ihr Name ist abgeleitet von der frz. Stadt Gray (Dep. Haute-Saône). Bed. Vertreter:

G., Charles, Earl of G., * Fallodon (= Falloden) bei Alnwick (Northumberland) 13. März 1764, † Howick (Northumberland) 17. Juli 1845, brit. Politiker. - Seit 1786 Mgl. des Unterhauses; trat für eine Wahlreform ein; Whig und Parteigänger von C. J. Fox; nach dessen Tod (1806) Außenmin.; 1830–34 Leiter eines Whig-Kabinetts, das mit der ersten großen Parlaments- und Wahlrechtsreform (Reform Bill 1832) die bürgerl.-liberale Umwandlung Großbrit. einleitete.

G., Sir Edward, Viscount G. of Fallodon (seit 1916), * London 25. April 1862, † Fallodon (= Falloden) bei Alnwick (Northumberland) 7. Sept. 1933, brit. Politiker. - Seit 1885 liberales Mgl. des Unterhauses; 1905–16 Außenmin. Stimmte infolge der wachsenden dt.-engl. Flottenrivalität und aus Besorgnis vor einem dt. Hegemoniestreben der russ.-brit. Verständigung und damit der Ausweitung der ↑ Entente cordiale zu; konnte trotz persönl. Friedensbemühungen den Ausbruch des 1. Weltkriegs und den Kriegseintritt Großbrit. nicht verhindern. Im Krieg sah G. als Hauptaufgabe der brit. Außenpolitik die Gewinnung weiterer Alliierter (↑ Kriegsziele) und die Verhinderung eines Sonderfriedens an (Londoner Geheimvertrag 1915).

G., Lady Jane, * Broadgate (Leicestershire) Sept. 1537, † London 12. Febr. 1554, engl. Gegenkönigin. - Urenkelin Heinrichs VII.; auf Betreiben ihres Schwiegervaters, des Hzg. von Northumberland, von Eduard VI. unter Ausschluß seiner Schwester Maria I. (Tudor) zur Nachfolgerin ernannt. Maria ließ jedoch 9 Tage nach der Krönung (6. Juli 1553) Lady Jane festsetzen und zus. mit ihrem Mann enthaupten.

Grey, Zane [engl. grεı], * Zanesville (Ohio) 31. Jan. 1875, † Altadena (Calif.) 23. Okt. 1939, amerikan. Schriftsteller. - Schrieb zahlr. Wildwestromane, u. a. „Das Gesetz der Mormonen" (R., 1912), „Wüstengold" (R., 1913).

Greyerz (amtl. Gruyères), schweizer. Gemeinde 8 km sö. von Bulle, Kt. Freiburg, 830 m ü. d. M., 1 300 E. Käsereien. - Die Siedlung entwickelte sich um das Schloß der Grafen von G. zum Städtchen. Die alte Gft. G. umfaßte neben G. u. a. Château-d'Oex und Saanen; 1554 geteilt: Bern erhielt Château-d'Oex und Saanen, Freiburg das übrige Gebiet. - Schloß (12. und 15. Jh.) mit Museum; ma. Stadtbild mit Stadtmauer und Häusern des 15.–17. Jh.

Greyerzer Käse (Gruyère-Käse), halb- oder dreiviertelfetter Hartkäse vorwiegend aus dem Greyerzer Land.

Greyerzer Land, Landschaft in den Freiburger Voralpen des Schweizer Mittellandes.

Greyerzer See, Stausee der Saane, im schweizer. Kt. Freiburg.

Greyhound [engl. 'grɛɪhaʊnd] (Engl. Windhund), große Windhundrasse mit langem, schmalem Kopf, langem Hals und gefalteten, rückwärts anliegenden Ohren sowie langer, dünner, hakenförmig auslaufender Rute; Haar kurz, fein und glänzend, einfarbig und gestromt in allen Farben.

Greyhound Corp., The [engl. ðə 'grɛɪhaʊnd kɔːpə'rɛɪʃən], amerikan. Konzern mit Haupttätigkeitsgebieten in den Bereichen Personen- und Gütertransport sowie Nahrungsmittel; Sitz Phoenix (Ariz.).

Grianan of Aileach [engl. 'grɪənən əv 'ɛɪlək], frühe ir. Bergbefestigung auf dem Greenan Mountain (245 m ü. d. M.) im N der Gft. Donegal; vom 5. bis 12. Jh. Sitz des Kgr. der O Neill of Aileach. 1101 durch Murtogh O Brien, König von Munster, zerstört und abgetragen; 1870 rekonstruiert.

Gribojedow, Alexandr Sergejewitsch, * Moskau 15. Jan. 1795, † Teheran 11. Febr. 1829, russ. Dramatiker. - Diplomat; sein Ruhm wurde durch seine einzige Komödie, „Verstand schafft Leiden" (entstanden 1824, hg. 1833) begründet, eine treffende Satire auf die Moskauer Gesellschaft.

Griebel, Otto, * Meerane 31. März 1895, † Dresden 7. März 1972, dt. Maler und Graphiker. - Vertreter des gesellschaftskrit. Verismus der 20er Jahre, soziale und antimilitarist. Bilder.

Grieben [zu althochdt. griobo, eigtl. „Grobes"], Rückstände nach dem Ausschmelzen von Speckwürfeln.

Griechenland

(amtl. Vollform: Elliniki Dimokratia), Republik im S der Balkanhalbinsel, zw. 41° 45′ und 36° 23′ n. Br. (S-Spitze der Peloponnes; Insel Gavdos: 34° 48′) sowie 19° 23′ und 28° 14′ ö. L. (Rhodos; Insel Strongili: 29° 39′). **Staatsgebiet:** G. grenzt im NW an Albanien und Jugoslawien, im N an Bulgarien und im NO an die europ. Türkei; einige der ägäischen Inseln liegen dicht vor der türk. W-Küste. **Fläche:** 131 957 km², davon Landfläche: 106 658 km² und Fläche der Inseln: 25 299 km². **Bevölkerung:** 9,97 Mill. E (1985), 75,6 E/km². **Hauptstadt:** Athen. **Verwaltungsgliederung:** 10 Regionen mit 52 Bez. (Nomos) einschl. Groß-Athen und die eingeschränkt autonome Mönchsrepublik Athos. **Amtssprache:** Neugriechisch. **Staatskirche:** Griech.-orth. **Nationalfeiertag:** 25. März (Unabhängigkeitstag). **Währung:** Drachme (Dr.) = 100 Lepta. **Internat. Mitgliedschaften:** UN, OECD, NATO, GATT, Europarat, Balkanpakt, EG. **Zeitzone:** Osteurop. Zeit (mit Sommerzeit), d. i. MEZ + 1 Std.

Landesnatur: G. ist ein vorwiegend gebirgiges Land. Der Olymp (in O-Thessalien) ist mit 2917 m ü. d. M. die höchste Erhebung. Die Faltengebirge der Helleniden als südl. Fortsetzung der Dinariden durchziehen G. in N-S-Richtung. Das zentrale Faltengebirge erreicht im nördl. Pindos Höhen von mehr als 2 000 m, setzt sich auf der Peloponnes (bis über 2 400 m) fort und bildet über die Inseln Kreta und Rhodos die Verbindung zum kleinasiat. Festland. Durch Bruchbildung entstanden großräumige Beckenzonen, wie in Makedonien, Thessalien, Böotien und der Argolis, die zu den fruchtbarsten Anbaugebieten von G. gehören. Der Golf von Patras, der Golf von Korinth und der Saron. Golf trennen die Peloponnes vom Festland. Das Meer dringt im Argol., im Lakon. und im Messen. Golf tief ins Landesinnere vor. Ebenso ist die nördl. Landmasse durch Buchten und Golfe reich gegliedert. Die starke Kammerung bes. der östl. Landeshälfte begünstigte die Entstehung großer Häfen. Die enge Verflechtung von Land und Meer zeigt sich in der Länge der Küste, 15 021 km, gegenüber der nur 1 170 km langen Landgrenze. Der W-Küste sind die Ion. Inseln, der O- und SO-Küste Kreta, Euböa und die Ägäischen Inseln vorgelagert.
Klima: Weitgehend mediterran, modifiziert durch Höhenlage, vorherrschende Windrichtungen und kontinentale Einflüsse im N und NO. Es wird von S nach N merkl. rauher. Die trockenen, heißen Sommer sind durch stärkere Luftströmungen aus dem N gekennzeichnet, die Winter durch regenbringende W-Winde. Die W-Seiten erhalten wesentl. mehr Niederschlag als die O-Seiten.
Vegetation: Der Gebirgscharakter führt zu einer Höhenstufung der Vegetation. Die immergrüne mediterrane Vegetation ist auf die Küsten und Tiefländer beschränkt. Daran schließt sich bis rd. 2 000 m Höhe die Region der Gebirgswälder mit sommergrünem Laubmischwald, in höheren Lagen mit Nadelwäldern an. Es folgt die Region alpiner Matten. Die urspr. bewaldeten Höhen wurden bereits in der Antike, bes. aber seit dem 13. Jh., weitgehend gerodet.
Tierwelt: Durch den Raubbau an den Wäldern wurde auch die urspr. Tierwelt (Bär, Auerochs, Löwe u. a.) weitgehend vernichtet.
Bevölkerung: Rd. 95 % der Bev. sind Griechen, der Rest nat. Minderheiten wie Makedonier, Türken, Albaner, Aromunen und Bulgaren; rd. 97 % sind griech.-orth. Christen, 1,3 % Muslime. Ballungsgebiete sind Athen

Griechenland

Griechenland. Übersichtskarte

und Saloniki. Auch die Beckenlandschaften sind dicht besiedelt. Es besteht allg. Schulpflicht von 6–15 Jahren. Neben 6 Hochschulen verfügt G. über 6 Univ. und eine TH (in Athen).

Wirtschaft: Obwohl die landw. Nutzfläche (ohne Weiden) nur etwa 25 % der Landesfläche einnimmt, ist die Landw. der bedeutendste Wirtschaftszweig. Sie ist seit Jahrhunderten durch Getreideanbau, Weinbau (mit Korinthen- und Sultaninenproduktion) und Ölbaumkulturen gekennzeichnet. Erweitert wurde im Hinblick auf den Anschluß an die EG der Anbau von exportfähigem Obst. Daneben sind Baumwoll- und Tabakanbau von Bed. Die Viehhaltung wird überwiegend als Weidewirtschaft (z. T. Transhumanz) betrieben, im N v. a. Rinder-, im S Schaf- und Ziegenhaltung. Infolge der jahrhundertelangen Waldverwüstung ist die Forstwirtschaft wenig ertragreich. Neben Holzkohle wird aus der Aleppokiefer Harz gewonnen; außerdem Gewinnung von Bruyèreholz. Die Fischerei wird staatl. gefördert. Abgebaut werden Braunkohle, Torf, Bauxit, Magnesit; Erdölvorkommen in der N-Ägais bei der Insel Thasos führten zu polit. Kontroversen mit der Türkei über die Abgrenzung des Festlandsockels. Hauptstandorte der Ind. und des Handwerks sind Athen, Saloniki, Patras sowie einige Mittelstädte auf Euböa und in Thessalien. Der Fremdenverkehr ist ein bed. Devisenbringer. 1984 besuchten 5,523 Mill. ausländ. Touristen Griechenland.

Außenhandel: Von den EG-Ländern ist die BR Deutschland der wichtigste Handelspartner, gefolgt von Italien, Frankr. und Großbrit. Ausgeführt werden Erdölderivate, frisches Obst, Garne, Gewebe und Textilien, Rohtabak, Aluminium, Trockenfrüchte, Obstkonserven, Magnesit, Schuhe u. a., eingeführt Rohöl, Maschinen, Fahrzeuge, Eisen und Stahl, Mais, Kunststoffe und -harze u. a.

Verkehr: Das Schienennetz ist rd. 2 480 km

lang. Das Straßennetz hat eine Länge von 37 365 km. Eine große Rolle spielt die Seeschiffahrt. 1984 betrug der Bestand an Handelsschiffen (ab 100 BRT) 2 788 Einheiten, darunter 389 Tanker. Wichtigste Häfen sind Piräus, Patras und Saloniki. Die bis 1975 zur Onassis-Gruppe gehörende Fluggesellschaft Olympic Airways wurde verstaatlicht. Sie befliegt ein internat. Streckennetz (rd. 30 Zielflughäfen im Ausland) und fliegt rd. 30 Städte bzw. Inseln des Inlands an. Internat. ✈ sind Athen, Saloniki, Alexandrupolis, Iraklion, Korfu, Kos, Mitilini (Lesbos) und Rhodos.

Geschichte ↑griechische Geschichte.

Politisches System: Nach der im März 1986 revidierten Verfassung vom 11. Juni 1975 ist G. eine parlamentar. Republik mit präsidialen Elementen. *Staatsoberhaupt* ist der vom Parlament auf 5 Jahre gewählte Präs. (seit 1985 C. Sardsetakis); er ist zugleich Oberbefehlshaber der Streitkräfte, ernennt den Min.präs. und auf seinen Vorschlag die übrigen Min. des Kabinetts. Unter bes. Umständen kann der Präs. die Leitung des Kabinetts übernehmen und den Rat der Republik zusammenrufen. Die bisherigen Befugnisse des Präs., den Min.-präs. zu entlassen, ein Referendum auszuschreiben, das Parlament aufzulösen und den Notstand auszurufen, wurden durch die Verfassungsänderung auf das Parlament übertragen. Die *Exekutive* liegt bei der Reg., die des Vertrauens des Parlaments bedarf und durch ein Mißtrauensvotum gestürzt werden kann. Der Rat der Republik, ein Gremium aus allen früheren demokrat. gewählten Präs., dem Min.präs. und dem Oppositionsführer sowie allen früheren vom Vertrauen des Parlaments getragenen Min.präs., tagt unter Vors. des Präs., wenn das Parlament nicht in der Lage ist, eine vom Vertrauen des Parlaments getragene Reg. zu bilden und kann den Präs. ermächtigen, einen Min.präs. aus den Reihen der Parlamentsabg. oder außerhalb ihrer zu ernennen. Beim Einkammerparlament, das aus 200 bis 300 (z. Z. 300) auf 4 Jahre vom Volk (auf Grund eines verstärkten Verhältniswahlrechts) gewählten Abg. besteht, liegt i. d. R. die *Legislative*. Die von ihm verabschiedeten Gesetze müssen vom Präs. bestätigt werden, dessen Veto vom Parlament durch die absolute Mehrheit aller Abg. aufgehoben werden kann. Das Parlament besitzt die Möglichkeit, den Präs. anzuklagen.

Parteien: Reg.partei war 1981–89 die von A. Papandreu 1974 gegr. Panhellen. Sozialist. Bewegung (PASOK); sie wurde in einen Korruptionsskandal verwickelt und verlor ihre absolute Mehrheit. Die 1974 von Präs. Karamanlis gegr. Partei „Neue Demokratie“ versteht sich als konservativ-liberale Volkspartei, sie stellte bis 1981 die Reg.mehrheit. Die linksliberale Union des Demokrat. Zentrums (EDIK) entstand 1974 aus der alten Zentrumsunion und einer neugegr. sozialdemokrat. Partei. Weitere Parteien sind die moskauorientierte Kommunist. Partei G. (KKE, sog. KP Ausland), die Demokrat. Sozialist. Partei, die eurokommunist. orientierte Griech. Kommunist.

Griechenland. Altkorinth

Partei (KKES; sog. KP Inland), die rechtsliberale Neoliberale Partei und das rechtsextreme Nat. Lager. *Verwaltung:* G. ist in Bezirke (Nomoi), Kreise (Eparchien) und Gemeinden (Demoi) gegliedert.

Gewerkschaften: Es gibt über 5 000 eingetragene Gewerkschaften, die in 77 Verbänden zusammengeschlossen sind. Die meisten von ihnen sind dem Allg. Griech. Arbeiterverband angegliedert (rd. 600 000 Mgl.).

Recht: Neben dem Griech. Zivilgesetzbuch, das z.T. dem dt. BGB entspricht, bestehen zahlr. Spezialgesetze. Es gibt 59 ordentl. Zivil- und Strafgerichte 1. Instanz, die alle Streitfälle aburteilen, mit Ausnahme der Verbrechen und polit. Straftaten, die vor bes. Schwurgerichten verhandelt werden. Die 12 Appellationsgerichte sind für alle Berufungsfälle zuständig. Höchste Revisionsinstanz ist der Oberste Gerichtshof. Ein Staatsrat ist Revisionsinstanz in Verwaltungsfällen und ein Bes. Oberstes Tribunal urteilt als letzte Entscheidungsinstanz in Verfassungsfragen.

Landesverteidigung: Die Streitkräfte G. umfassen rd. 214 000 Mann (Heer 170 500), Luftwaffe 24 000, Marine 19 500). Daneben gibt es paramilitär. Kräfte; sie umfassen rd. 25 000 Mann Gendarmerie und rd. 100 000 Mann Nationalgarde.

🕮 *Südosteuropa-Hdb. Hg. v. K.-D. Grothusen. Bd. 3: G. Gött. 1980. - G. vor dem Beitritt in die Europ. Gemeinschaft. Hg. v. A. E. Ott u. N. Wenturis. Ffm. 1980. - Sauerwein, F.: G. Land, Volk, Wirtschaft in Stichworten. Wien 1976. - Bakojannis, P.: Militärherrschaft in G. Stg. u.a. 1972. - Philippson, A.: Die griech. Landschaften. Ffm. 1950–59. 4 Bde. - Philippson, A.: Das Klima G.s. Bonn 1948.*

griechische Astronomie, die Griechen verwendeten anfangs das Beobachtungsmaterial der Babylonier und Ägypter zu einer kosmogon. und kosmolog. Welterklärung. Anaximander gab eine erste physikal. Erklärung der kreisförmig gedachten Mond- und Sonnenbahn; außerdem suchte er die Ausdehnung der kugelförmig gedachten Fixsternsphäre, in deren Mitte die Erdscheibe frei schweben sollte, spekulativ-mathemat. zu bestimmen. Im ausgehenden 5. Jh. v. Chr. versuchten Archytas von Tarent und andere Pythagoreer Erkenntnisse über die fünf kanon. Planeten, die Sonne und den Mond, über ihre Reihenfolge und die relativen Abstände ihrer Kreisbahnen zu gewinnen (↑Sphärenmusik). In diese Zeit fallen auch die spekulative Erschließung der Kugelgestalt der Erde durch die Pythagoreer und die Weltsysteme des Philolaos, des Ekphantos und des Hiketas. Anknüpfend an pythagoreische Vorstellungen entwickelte dann Platon eine von den Gesetzen der Harmonie bestimmte mathemat. Theorie der Planetenbewegungen, die sich bewußt über die Beobachtungen erhob. Diese Theorie hat bis hin zu J. Kepler starken Einfluß ausgeübt. Die von den Griechen gefundenen Beobachtungsergebnisse wurden im System der homozentrischen Sphären des Eudoxos von Knidos (4. Jh. v. Chr.) mathemat. erfaßt. Nach Verbesserungen durch Kallipos baute auf diesem Modell Aristoteles sein physikal. System auf, das dann bis hin zu N. Kopernikus die physikal. Grundlage aller Kosmologien bildete. Die beobachteten Phänomene zwangen jedoch, von der strengen Konzentrizität der Sphären abzugehen. Nach Ansätzen bei Herakleides Pontikos wurden die Exzentertheorie (Hipparchos) und die Epizykeltheorie (Apollonios von Perge) entwickelt. Die kinemat.-mathemat. Gleichwertigkeit beider Theorien wurde von Adrastos von Aphrodisias nachgewiesen. Ptolemäus verknüpfte sie um 150 n. Chr. miteinander. Seine „syntáxis mathematikḗ“, später Almagest genannt, bildete das maßgebl. Lehr- und Handbuch der Astronomie für fast anderthalb Jahrtausende. Der erste Fixsternkatalog, den Hipparchos erstellt hatte, wurde fast unverändert von Ptolemäus und bis hin zu N. Kopernikus übernommen. Ansätze zu einer Himmelsdynamik innerhalb der kosmogon. Wirbeltheorien einiger Vorsokratiker (Anaxagoras, Demokrit und Leukipp) fanden auf Grund der geozentr. Physik des Aristoteles, die bis ins 17. Jh. anerkannt blieb, keine Fortsetzung (Ablehnung der heliozentr. Hypothese des Aristarchos von Samos). Im strengen Sinne hatte allerdings auch Ptolemäus mit der Einführung des Ausgleichspunktes von geozentr. Prinzipien abweichen müssen. Aber bis hin zu Kopernikus und darüber hinaus standen sich „physikal.“ Astronomie und kinemat. (mathemat.-hypothet.) Astronomie unvereinbar gegenüber. Die Vermittlung der astronom. Kenntnisse der Griechen an das Abendland erfolgte seit dem 12. Jh. wesentl. durch die arab. Astronomie.

🕮 *Saltzer, W. G.: Theorie u. Ansätze in der g. A. Wsb. 1976.*

griechische Geschichte, Frühzeit und archaische Zeit (bis etwa 500 v. Chr.): Die Bez. Griechenland bezieht sich für die Antike auf die griech. Halbinsel (ohne Makedonien), die zugehörigen griech. besiedelten Inseln, die Peloponnes und die Inseln des Ägäischen Meeres (mit Kreta). Es wurde spätestens im 6. Jt. v. Chr. von Vorderasien aus in den neolith. Kulturbereich einbezogen. Um 2000 v. Chr. trafen wahrscheinl. indogerman. Stämme bei ihrer Einwanderung auf eine mit Kleinasien und den Inseln in enger Verbindung stehende Bev. In der sich unter kret. Einfluß gestaltenden myken. Kultur (seit etwa 1600 v. Chr.) entstanden offensichtl. größere Territorialherrschaften mit befestigten Zentren (Mykene, Pylos) und ausgeprägter Verwaltung. Auf Kreta entwickelte sich die in enger Verbindung zu Ägypten stehende Kultur weiter.

In einer neuen Einwanderungswelle seit 1200 über Thessalien und den Golf von Korinth wurden bes. M-Griechenland sowie nördl. und nw. Peloponnes durch die Dorier besiedelt. Reste früherer Bev. hielten sich in Arkadien, daneben kam es jedoch auch zur Auswanderung nach Kleinasien und auf die Ägäischen Inseln. Die Hellenisierung führte dort zu griech. Stammesbünden, die Berührung mit dem Osten zu einer ersten Kulturblüte (Vorsokratiker). Zugleich bildeten sich gemeingriech. Institutionen, Festspiele (Olymp. Spiele), Mythen, Kulte und Kultverbände (Delphi) heraus.
Die archaische Zeit (seit etwa 800) ist polit. durch regionale Aufsplitterung sowie Herausbildung des Gemeindestaates (Polis) mit seinen Unabhängigkeitsprinzipien nach außen, im Inneren durch allmähl. Ablösung der monarch. (Ausnahme z. B. Sparta) durch eine aristokrat. Ordnung bestimmt. Bev.überdruck führte seit dem 8. Jh. zur 2. griech. Kolonisation. Der sich entwickelnde Gegensatz zw. Volk und Adel hatte die verstärkte Teilnahme des ganzen überdies bereits zur Verteidigung der Polis herangezogenen Volkes an der Entscheidung über seine Belange zum Ziel und führte u. a. zur Übernahme der Rechtswahrung durch den Staat. Bestehende Gegensätze begünstigten den Aufstieg der von der Masse im allg. begrüßten Tyrannen (z. B. Peisistratos in Athen) mit volksfreundl. Politik und Bemühen um Wohlfahrt. Der von ihnen geförderte Abbau bestehender polit.-sozialer Verhältnisse wurde Grundlage weiterer Demokratisierung. - Sparta entwickelte sich als führende Macht der Peloponnes zum Flächenstaat, regiert von der militarist. Minderheit der Spartiaten mit rechtl. und sozialer Abstufung der anderen Bev.teile (Heloten). Neben Volksversammlung und Gerusia hielt sich ein Doppelkönigtum, das durch die 5 Ephoren (Ephorat) eingeschränkt wurde. Unter ihrem Einfluß beschränkte sich die spartan. Politik seit Mitte des 6. Jh. mehr und mehr auf innergriech., peloponnes. Angelegenheiten (Entstehung des Peloponnes. Bundes Ende des 6. Jh.). - Die in lockere Stammesbünde zusammengeschlossenen Griechen Kleinasiens fielen erst unter lyd., seit 546 unter pers. Oberhoheit. Die Unterstützung des Ion. Aufstandes (500–494) durch Athen und Eretria (Euböa) hatte die Perserkriege zur Folge.
Klass. Zeit (500–336): Die nach der Angliederung Thrakiens und Makedoniens (513) versuchte Unterwerfung Griechenlands zur Abrundung des pers. Reiches konnten die Griechen in den Schlachten bei Marathon (490) und Salamis (480) erfolgreich abwehren. Nach Befreiung der kleinasiat. Küstengebiete kam es zw. Athen und Sparta zu Differenzen und zur Gründung des Att.-Del. Seebundes (477) unter Führung Athens. Persien konnte endgültig vom Mittelländ. Meer verdrängt werden und mußte die Unabhängigkeit der westkleinasiat. Küstengebiete zugestehen. In Athen festigten sich die demokrat. Strukturen durch eine volksfreundl. Gesetzgebung. Der Att.-Del. Seebund wurde durch eine rigorose Kontrolle zum Herrschaftsinstrument Athens. Die Überführung der Bundeskasse 454 nach Athen und die durch Perikles angeregte Verwendung der Bundesmittel zum Ausbau der Akropolis dokumentierten den Anspruch Athens, das Zentrum Griechenlands zu sein, und die Bemühungen um die polit. Einigung der Griechen. Der wachsende Gegensatz zw. Athen und Sparta hatte den Peloponnes. Krieg (431–404) zur Folge, in den ganz Griechenland hineingezogen wurde und der nach pers. Unterstützung Spartas mit dessen Vormachtstellung endete. Der mit Persien 387 abgeschlossene Königsfriede sicherte den griech. Staaten die Unabhängigkeit, lieferte aber Kleinasien endgültig dem Großkönig aus. Übergriffe des als ausführendes Friedensorgan auftretenden Sparta förderten die Gründung des 2. Att. Seebundes (60 Mgl.).
Die griech. Einigungsbemühungen schlugen sich in Versuchen der Errichtung allg. Friedensordnungen nieder. Erste, konkret faßbare panhellen. Vorstellungen sahen die Einigung aller Griechen unter Führung Athens vor, zugleich aber Eroberung Kleinasiens als Siedlungsgebiet. Diese Führungsrolle übernahm 346 Philipp II. von Makedonien.
Hellenismus (336–146): Makedonien hatte sich aus einem anfängl. lockeren Gefüge monarch. regierter Einzelstämme durch zügige, von der im Gebiet der Axiosmündung regierenden Dyn. geleitete Integrationsbewegung zu einem Einheitsstaat entwickelt, der Mitte des 4. Jh. territorial tief in das Balkangebiet hineinreichte. Philipp II. schuf sich eine starke Militärmacht und dehnte den Einflußbereich Makedoniens über die ganze nördl. Ägäis aus. Sein planvolles Vorrücken fand trotz offener Rechtsbrüche nach Auflösung des 2. Att. Seebundes keinen dauernden Widerstand. Bei Chaironeia schlug Philipp II. 338 die vereinigten Athener und Thebaner entscheidend und gründete im gleichen Jahr in Korinth eine Friedensorganisation, die ihm als Exekutivmacht und Garanten polit. Stabilität die Herrschaft über Griechenland verschaffte. Nach Ermordung Philipps gelang es seinem Sohn Alexander d. Gr., Persien zu zerschlagen und die eigenen Herrschaftsgrenzen bis Ägypten (332), ins Gebiet des heutigen Turkmenistan (329–327) und zum Indus auszudehnen (326). Die durch den Feldzug gebotenen Möglichkeiten einer tiefgreifenden Neuordnung der asiat. und griech. Verhältnisse konnte er nicht mehr wahrnehmen, bei seinem Tod 323 war die Zukunft Griechenlands im neuen Reich noch ungeklärt. Die nach Alexanders Tod entstandenen Diadochenreiche bedeute-

ten die Herrschaft griech. Minderheiten über die unterworfenen Völker und Ausbreitung griech. Kultur und Lebensformen als verbindendes Element über den ganzen Orient (Hellenismus). Dies hatte einen kulturellen Aufschwung zur Folge, bei dem sich griech.-makedon. und einheim. Bev. gegenseitig fruchtbar beeinflußten. Staatsaufbau und einheim. Religion wurden im allg. von den sich auch als Träger vorgefundener Traditionen fühlenden Herrschern nicht verändert.

In der Auseinandersetzung mit Makedonien gewannen bisher unwichtige Stammesbünde als Formen föderalist. Zusammenschlüsse auf Grund demokrat. Verfassungsvorstellungen Bedeutung. Der seit 215 von Philipp V. im Bund mit Hannibal gegen die seit 229 in Epirus engagierten Römer geführte 1. Makedonische Krieg löste die makedon. Vorherrschaft in Griechenland auf, das zum röm. Einflußgebiet wurde. Weitere röm. Siege führten zur Aufteilung Makedoniens in von

Rom abhängige Reiche und schließl. zur teilweisen Einverleibung in das röm. Imperium als Prov. Macedonia (seit 148).

Römische Zeit (146 v. Chr. bis 330 n. Chr.): Entvölkerung und Ausbeutung v. a. durch röm. Steuerpächter führten, trotz Bemühungen Roms um Verbesserung der wirtsch. Möglichkeiten, zu einer katastrophalen Lage, die erneute Aufstände gegen die röm. Herrschaft nach sich zogen. Nach verschiedenen Versuchen der Neuordnung des hellenist. Ostens richtete Augustus 27 v. Chr. die Prov. Achaia mit Korinth als Hauptstadt ein und sorgte damit zunächst für eine Beruhigung. Äußerl. war die Kaiserzeit gekennzeichnet durch kaiserl. Bautätigkeit in allen Teilen des griech. Ostens, Verehrung griech. Kultur und Förderung des griech. Elements in regionaler und in Reichsverwaltung. Fortschreitende Homogenisierung und fiskal. Notwendigkeiten führten zum Verlust der Sonderstellung der Polis in Reichs- und Prov.verwaltung. Die Erhebung Byzantions (Byzanz) zur Hauptstadt des östl. Reichsteils (Ostrom) am 11. Mai 330 durch Konstantin I. konnte diesen Prozeß ebensowenig verhindern wie die zahlr., die Spätantike kennzeichnenden Notstände.

Byzantin. Zeit (330–1453): Mit Konstantinopel (Istanbul) als Hauptstadt des Röm. Reiches gab Konstantin I. d. Gr. dem Imperium ein neues Staatszentrum. Röm. Imperiumsvorstellungen, griech. Kultur und christl. Religion waren die Grundelemente des neuen Staates, der u. a. Griechenland und die Balkanmitte umfaßte. Byzanz stützte sich jedoch immer mehr auf die Tradition der griech. Kultur, so daß es sich im Grunde als eine Fortsetzung des Griechentums erwies.

Nach Teilung des Röm. Reiches (395) eroberten die Westgoten Thrakien und Makedonien und drangen bis auf die Peloponnes vor. Nach der Zeit der Völkerwanderung kam es unter Kaiser Justinian I. zur Stabilisierung. Im 7. Jh. bemächtigten sich die Araber großer Reichsteile, so daß der Rest zu einem Staat mit fast rein griech. Bev. wurde. Der damit beginnende Zerfallsprozeß des Byzantin. Reichs setzte sich in der Zeit der Kreuzzüge fort, als 1204 Konstantinopel durch Kreuzfahrer und Venezianer erobert und das Byzantin. Reich aufgeteilt wurde. Das sich zur großen Macht im Osten entwickelnde Osman. Reich reduzierte bis Ende des 14. Jh. Byzanz auf das Gebiet der Hauptstadt und Besitzungen auf der Peloponnes. Nach längerer Belagerung fiel Konstantinopel am 29. Mai 1453 in die Hand des osman. Sultans Muhammad II.

Osman. Herrschaft (1453–1830): Die Zerstörung des Byzantin. Reiches war mit der Eroberung Konstantinopels abgeschlossen. Griechenland war für mehr als 3 Jh. ein Teil des Osman. Reiches. Nachkommen byzantin. Aristokraten, Großkaufleute, Beamte der griech.-orth. Kirche und der osman. Obrigkeit bildeten die einflußreiche Oberschicht der Phanarioten. Die Grundbesitzer behielten zwar nach der Eroberung ihr Land als Militärlehen, doch wurde v. a. in den fruchtbaren Gebieten des Festlandes ein Großteil des Grundbesitzes an Muslime ausgegeben. Die bäuerl. Hintersassen wanderten im 15./16. Jh. wie die Städter zu einem großen Teil aus den von Militär und Verwaltung stärker kontrollierten Gebieten ins Ausland und in unwegsame Bergregionen ab, in denen Freidörfer mit Viehzucht und Handwerk entstanden. Seit dem 16. Jh. gerieten die Bauern unter wachsenden Steuerdruck und wurden in einigen Gebieten bei der Umwandlung der Militärlehen in marktorientierte Gutswirtschaften zu Landarbeitern enteignet. Aus geflüchteten Bauern, die den Bedrückungen entgehen wollten, bildeten sich Räuberbanden, zu deren Bekämpfung christl. Milizen (Armatolen) eingesetzt wurden. Aus ihnen bildete sich auf dem Festland eine militär. Führungsschicht, die im griech. Freiheitskampf eine bed. Rolle spielte. Durch die Verleihung von Privilegien an Regionen und Personengruppen entstanden vielfältige Formen lokaler und berufsständ. Selbstverwaltung.

Im 16./17. Jh. setzte ein wirtsch. Aufschwung ein. Bev.vermehrung und Binnenrückwanderung führten zum Anwachsen der Städte, deren Einwohner 1525–75 um etwa 68 % zunahmen, sowie zur Wiederbesiedlung der verkehrsgünstigen Küsten, der Inseln und Kleinasiens. Anfang des 19. Jh. konnte der griech. Seehandel auf Grund der Napoleon. Kriege vom Niedergang des brit. und frz. Handels profitieren. Die neu entstandene Schicht der Kaufleute und Fernhändler sah sich durch den Machtverfall des Osman. Reiches und die damit wachsende Rechtsunsicherheit sowie durch dessen allg. Rückständigkeit behindert; dank ihrer Kontakte zu M- und W-Europa wurde sie zum Vermittler des Gedankenguts der Aufklärung und der nat. Bewegungen. Nach der geglückten serb. Erhebung (1804–17) revoltierten die von Albanern und Bulgaren unterstützten Griechen gegen den Sultan und begannen am 4. März 1821 ihren Freiheitskampf. Im Jan. 1822 erklärte die 1. Nationalversammlung von Epidauros Griechenland für unabhängig. Der Aufstand wurde aber erst nach dem Eingreifen von Großbrit., Rußland und Frankr. in die Kämpfe entschieden (1827).

Der moderne griech. Staat zw. Monarchie und Diktatur (1830–1974): Im Londoner Protokoll (3. Febr. 1830) wurde Griechenland als unabhängige Erbmonarchie anerkannt. Das Staatsgebiet bestand - bezogen auf das heutige Griechenland - aus S- und Z-Griechenland einschl. Euböa und den Kykladen, aber ohne Kreta, die Ion. Inseln, den größten Teil Thessaliens und des Archipelagos. Erster Regent wurde bereits 1827 Ioannes Antonios Graf Kapodistrias. Nach seiner Ermordung (9. Okt. 1831) bestimmten die Großmächte 1832 den bayr. Prinzen Otto zum König, die Nationalversammlung stimmte am 8. Aug. 1832 zu. Die absolute Monarchie, im Ggs. zu den Idealen des Freiheitskampfes eingeführt, konnte in der Bev. keinen Rückhalt gewinnen. 1862 wurden die Wittelsbacher vertrieben und der dän. Prinz Wilhelm Georg von der Nationalversammlung zum neuen König gewählt. Dessen Dyn. Holstein-Glücksburg hatte den Thron bis 1923 und 1935–73 inne. Die 1864 ausgearbeitete Verfassung basierte auf dem Prinzip der Volkssouveränität und bildete die Grundlage des parlamentar. Reg.-systems, das nach inneren Wirren gegen die Machtansprüche der Krone durchgesetzt wurde. - Die Außenpolitik orientierte sich stets an der Idee der Bildung eines großgriech. Nationalstaates, der auch Gebiete ohne griech. Bev.mehrheit aus histor. Recht umfassen sollte. Hierin war der Konflikt mit den Nachbarvölkern angelegt, zumal die ethn. Gemengelage und die Interessen der Anrainer (Zugang zu Häfen) keine befriedigende Grenzziehung erlaubten. Im Berliner Frieden 1881 erhielt Griechenland S-Epirus, den größten Teil Thessaliens, in den Balkankriegen 1912/13 konnte das Staatsgebiet dann fast verdoppelt werden (u. a. Gewinnung von Kreta). Erst 1923 wurde die Grenze zur Türkei endgültig festgelegt. Den heutigen territorialen Bestand erreichte Griechenland nach dem 2. Weltkrieg, als Italien den Dodekanes abtreten mußte.

Erschließung des Landes, Ausweitung des inneren Marktes, Modernisierung der Verwaltung und Aufrüstung kennzeichnen die Wirtschafts- und Innenpolitik seit 1882. Griechenland nahm zw. 1879 und 1890 Auslandsschulden von 630 Mill. Goldfranc auf, der Schuldendienst betrug 1893 rund 33% der Staatseinnahmen. Infolge zusätzl. Belastungen kam die langfristig angelegte Politik der infrastrukturellen Verbesserung zum Stillstand; die Gläubigerländer verhängten über Griechenland eine internat. Finanzkontrolle. In der Folge der Militärrevolte 1909 bildete E. Weniselos 1910–15 die Reg. und führte 1911 eine Verfassungsreform durch. Auf durchgreifende Reformen folgte die von einer geschickten Diplomatie und einer Reorganisation der Streitkräfte ermöglichte siegreiche Teilnahme an den Balkankriegen (1912/13). Über die Frage des Kriegseintritts 1915 brach ein schwerer Verfassungskonflikt zw. dem für unbedingte Neutralität eintretenden König Konstantin I. und den für das Bündnis mit der Entente plädierenden Liberalen aus. Das Unvermögen des griech. Staates, seiner Neutralität Respekt zu verschaffen, löste seitens der kriegführenden Mächte sich steigernde Pressionen aus und führten im Inneren zu schweren Wirren mit Bildung einer Gegenregierung (1916). Die Intervention der Westmächte zu Gunsten der ententefreundl. Gegenregierung zwang den König zum Verlassen Griechenlands, erst 1920 konnte er zurückkehren. Der verlorene Griech.-Türk. Krieg (1921/22) zwang Griechenland zur Aufnahme von mehr als einer Mill. Flüchtlinge. Ihre Ansiedlung wurde durch eine tiefgreifende Landreform gelöst, bei der über die Hälfte der landw. nutzbaren Fläche neu verteilt wurden. Für Griechenland gibt es seitdem weder Großgrundbesitzer noch landlose Landarbeiter, sondern eine breite Schicht kleinbäuerl. Besitzer. Die radikalen Gruppen der weniselist. Parteien setzten 1924 die Abschaffung des Königtums durch, doch gelang ihnen nicht die Disziplinierung des in Verschwörerzirkel zerfallenden Offizierskorps. Innenpolit. kam Griechenland nur kurz zur Ruhe. Reg.-krisen und schließl. die Weltwirtschaftskrise führten zum Erstarken der royalist. Parteien, die 1933 die Mehrheit errangen. Nach einer gescheiterten weniselist. Revolte erzwangen sie durch Verfassungsbruch, Staatsstreich, Terror und ein gefälschtes Plebiszit die Wiedereinführung der Monarchie. Die 1936 errichtete Diktatur I. Metaxas' entglitt der königl. Kontrolle und wurde in ein faschist. Regime überführt, das allerdings bed. wirtsch. und soziale Erfolge aufzuweisen hatte.

Am 28. Okt. 1940 forderte Mussolini italien. Stützpunkte auf griech. Boden, Griechenland lehnte ab und wurde daraufhin besetzt. Während der dt.-italien.-bulgar. Okkupation entstand im Lande eine Widerstandsbewegung, deren mächtigste Organisation EAM/ELAS (Ethnikon Apeleftherotikon Metopon) kommunist. geführt wurde. Die Exzesse der Besatzungsmächte (Griechenpogrome, Massenerschießungen) blieben im Bewußtsein des Volkes. Noch während der Besatzung trat die Bekämpfung des innenpolit. Gegners immer deutlicher in den Vordergrund. Zur offenen Konfrontation kam es nach dem dt. Abzug (kommunist. Dezemberaufstand 1944). Im griech. Bürgerkrieg gelang es den Kommunisten allerdings nicht, sich zu behaupten. Nach einem Plebiszit kehrte Georg II. auf den Thron zurück. Die 1952 revidierte Verfassung von 1864/1911 entwickelte zwar das parlamentar. Reg.system weiter, doch legten die Könige in der Folgezeit (Paul I., Konstantin II.) die Bestimmungen über ihre Kompetenzen recht extensiv aus. Griechenland trat der NATO und dem Balkanpakt bei. Das polit. Leben in Griechenland blieb jedoch vergiftet; die Furcht vor dem Kommunismus förderte rechtswidrige Verwaltungspraktiken, die schließl. zur Benachteiligung auch der Parteien der Mitte führten. Die Bemühungen von K. Karamanlis 1955–63 um eine zügige Beseitigung der Kriegs- und Bürgerkriegsschäden sowie um die Wirtschafts-, insbes. die Ind.entwicklung mit Hilfe der USA und W-Europas (Assoziierungsvertrag mit der EWG 1962) blieben daher durch die Hypothek erbitterter Auseinandersetzungen mit der Opposition um die Grundlagen der Rechtsstaatlichkeit belastet. Nach der Ermordung des linkssozialist. Parlamentsabgeordneten Lambrakis (Mai 1963) trat Karamanlis nach Meinungsverschiedenheiten mit dem König zurück. Die zur Union des Zentrums vereinigten Parteien der Mitte leiteten nach Wahlsiegen (1963, 1964) die innenpolit. Liberalisierung ein. Außenpolit. war das Land durch das Zerwürfnis mit der Türkei über die Zypernfrage belastet. Ein neuer Verfassungskonflikt über die Frage der Mitsprache des Königs bei der Auswahl der Min. und der Führung der Streitkräfte führte zu schweren innenpolit. Auseinandersetzungen und nur kurzlebigen Kabinetten. Dem zw. den großen Parteien vereinbarten Wahltermin kam am 21. April 1967 ein Armeeputsch zuvor, der von einer kleinen Gruppe konservativer Offiziere um die Obristen J. Papadopulos und S. Pattakos ausging. Die Errichtung eines sozialkonservativ orientierten Regimes, Ausnahmezustand, Massenverhaftungen und -deportationen riefen im In- und Ausland wachsenden Protest hervor (Austritt aus dem Europarat 1969). Die Gemeindeselbstverwaltung wurde abgeschafft und der Staat auf eine nationalist.-autoritäre Ideologie und die Entpolitisierung der Gesellschaft ausgerichtet. Der Gegenputsch König Konstantins II. scheiterte zwar (Dez. 1967), bewies aber auch die Ablehnung, die dem neuen Regime auch in Teilen der Streitkräfte entgegenschlug. Seit Dez. 1968 war Papadopulos durch Ausweitung seiner Befugnisse Diktator Griechenlands. Im Ausland wurde das Regime mehr und mehr akzeptiert. Unter Bruch der Verfassung wurde am 1. Juni 1973 die Republik ausgerufen, eine Volksabstimmung am 29. Juli 1973 sanktionierte dies. Noch im Nov. des gleichen Jahres übernahmen die Streitkräfte erneut die Reg.gewalt und setzten Papadopulos ab. Die weitgehenden Befugnisse des Staatspräsidenten wurden ebenfalls außer Kraft gesetzt. Der Mitte Juli 1974 auf Zypern unternommene Versuch, nach dem Sturz des zypr. Staatspräsidenten Makarios durch griech. Offiziere der zypr. Nationalgarde ein Regime zu etablieren, das den Anschluß der Insel an Griechenland betreiben sollte, scheiterte durch das Eingreifen der Türkei und endete mit der diplomat. Isolierung Griechenlands. Die Militärführung des Landes entschloß sich daraufhin, die Reg. wieder an zivile Kräfte zu übertragen.

Die neue Republik (seit 1974): K. Karamanlis wurde aus seinem Exil zurückgerufen und mit der Reg.bildung beauftragt, die Verfassung von 1952 trat ohne die Artikel über die Staatsform wieder in Kraft. Bis Ende 1974 normalisierte sich das polit. Leben in Griechenland u. a. durch Bildung der polit. Parteien und die ersten Wahlen seit 10 Jahren (Nov. 1974), die für die Partei K. Karamanlis' (Neue Demokratie) die Zweidrittelmehrheit erbrachten. In einer Volksabstimmung am 8. Dez. 1974 entschieden sich 69,2 % für die Republik als Staatsform; im Juni 1975 wurde die neue Verfassung des Landes verabschiedet. Die Gemeinderatswahlen vom März 1975 erbrachten eine weitere Stärkung der linken Parteien. Außenpolit. lehnte sich Griechenland weiter an den Westen an. Im Aug. 1974 trat es allerdings aus der militär. Organisation der NATO aus, da diese den griech.-türk.

Konflikt um Zypern nicht hatte verhindern können. Auch in der Frage des Ägäissockels kam es zu Konflikten mit der Türkei, da beide Länder Anspruch auf die dort vermuteten Erdölvorkommen erheben. Inzwischen zeichnet sich in diesem Punkt eine „Kammlösung" ab, bei der die türk. „Kammzähne" zw. Samos, Chios, Lesbos und Limnos tief in den W greifen, während die griech. „Zähne" bis zu den eigenen Inseln vor der kleinasiat. Küste reichen. Im Mai 1978 einigten sich Min.präs. K. Karamanlis und der türk. Reg.chef B. Ecevit, die strittigen Fragen ohne ausländ. Einmischung zu lösen. Vor den vorgezogenen Wahlen Ende 1977 kam es noch einmal zu einer Welle von Parteigründungen, v. a. einer Rechtspartei, die Anhänger der ehem. Militärjunta und Royalisten vereinigt. Bei den Wahlen (20. Nov. 1977) verlor die Reg.partei K. Karamanlis' ihre bisherige Zweidrittelmehrheit. Obwohl die Oppositionsparteien im neuen Parlament über die Mehrheit verfügen, ist ihre polit. Schlagkraft durch ideolog., polit. und persönl. Differenzen stark eingeschränkt. Nach fast 3jährigen Verhandlungen wurde im Mai 1979 der Vertrag über den Beitritt G. zu den EG unterzeichnet, der am 1. Jan. 1981 wirksam wurde. Mit der Wahl von Min.präs. K. Karamanlis im Mai 1980 zum Nachfolger von K. Tsatsos als Präs. war zwangsweise eine Reg.neubildung verbunden: Neuer Min.präs. wurde J. Rallis (* 1918), zuvor Außenmin., der auch zum neuen Parteivors. der „Neuen Demokratie" gewählt wurde. Im Oktober 1980 ist Griechenland wieder in die militär. Organisation der NATO integriert worden.

Ein Wandel der griech. Politik bahnte sich bei den Wahlen vom 18. Okt. 1981 an, als die Panhellen. Sozialist. Bewegung (PASOK) die absolute Mehrheit gewann. Der neugewählte Min.präs. A. Papandreu erwog den Austritt aus der NATO und wollte den EG-Beitritt einem Referendum unterwerfen. Auf dem Balkan setzt er bewußt die von Karamanlis eingeleitete Politik der freundschaftl. Beziehungen fort. Das Verhältnis zu den EG blieb problematisch. Die innenpolit. Probleme Griechenlands beruhen v. a. auf der wirtsch. schwierigen Lage des Landes. Mit den Gewerkschaften geriet die sozialist. Regierung in Konflikte, weil die Arbeitslosigkeit weiter anstieg und die Absatzschwierigkeiten für griech. Produkte nicht überwunden werden konnten. Im März 1985 trat Präs. Karamanlis zurück, nachdem die regierende PASOK seine Kandidatur nicht mehr unterstützen wollte. Nach mehreren Wahlgängen wurde Ende März der Richter am Obersten Gerichtshof C. Sardsetakis, zum neuen Präs. gewählt. - Min.präs. Papandreu betrieb zugleich die geplante Verfassungsreform, die die Macht des Staatspräs. beschränken sollte und die im März 1986 vom Parlament gebilligt wurde. Das Parlament wurde daraufhin aufgelöst und im Juni neugewählt. Den vorgezogenen Wahlen schloß sich im Okt. die Einführung drakon. Sparmaßnahmen durch die wiedergewählte PASOK-Regierung an, die zu den schlimmsten sozialen Unruhen seit der Machtübernahme durch A. Papandreu im Jahr 1981 führte. Sparmaßnahmen lösten eine Welle von Streiks und Unruhen aus, die im April 1986 ihren Höhepunkt erreichten. 1988 geriet die PASOK in einen Korruptionsskandal, der bei den Neuwahlen im Juni 1989 zum Verlust der Mehrheit führte. Neue Demokratie und Kommunisten bildeten eine Übergangsreg., die den Skandal untersuchte und für Nov. 1989 Neuwahlen ansetzte. Bei diesen konnte keine Partei eine absolute Mehrheit erhalten. In der Außenpolitik kam es erneut zu Spannungen zw. Athen und den USA um die Frage der amerikan. Militärstützpunkte und wegen angebl. Verletzungen des griech. Luftraums durch amerikan. Militärflugzeuge im Rahmen einer amerikan.-türk. Übung in der Zentralägäis. Auch das Verhältnis zur Türkei blieb getrübt. Die unterschwellig schon längere Zeit vorhandenen Meinungsverschiedenheiten zw. Athen und Belgrad in der Makedonienfrage traten offen zutage, als Erklärungen Min.präs Papandreus über die „Nichtexistenz einer makedon. Nation" von jugoslaw. Seite als unannehmbar bezeichnet wurden. Im Aug 1985 erklärte G. den nach griech. Auffassung seit dem Ausbruch des italien.-griech. Krieges Ende Okt. 1940 zw. G. und Albanien der Form nach bestehenden Kriegszustand offiziell für beendet, nachdem beide Länder bereits seit 1984 Kontakte unterhielten und verschiedene Abkommen (u. a. über Verkehr, Post und wiss. Zusammenarbeit) unterzeichnet hatten.

🕮 *Der Hellenismus u. der Aufstieg Roms. Hg. v. P. Grimal. Ffm. 81980. - Bengtson, H.: G. G. Von den Anfängen bis in die röm. Kaiserzeit. Mchn. 51979. - Urban, R.: Wachstum u. Krise des Achäischen Bundes. Wsb. 1979. - Griechen u. Perser. Hg. H. Bengtson. Ffm. 101979. - Bayer, Erich: G. G. Stg. 21977. - Ostrogorsky, G.: Gesch. des byzantin. Staates. Mchn. 21975. - Woodhouse, C. M.: The story of modern Greece. London 1968.*

griechische Kolonisation, im 8. Jh. v. Chr. beginnende Siedlungsbewegungen v. a. griech. Seehandelsstädte an den Küsten des Schwarzen Meeres und des Mittelmeeres (hier Gründung von Himera, Syrakus, Tarent, Massalia [= Marseille]; Ende der g. K. im 6. Jahrhundert. - Karte S. 359.